1682 J.B. METZLER

Für Sonja und Johanna

Peter Eisenberg

Grundriß der deutschen Grammatik
Band 2:

Der Satz

2., überarbeitete und aktualisierte Auflage

Verlag J. B. Metzler
Stuttgart · Weimar

Der Autor:
Peter Eisenberg, geb. 1940; Studium der Nachrichtentechnik, Informatik, Sprachwissenschaft und Musik; Professor für Deutsche Philologie an der Universität Potsdam; 1990–1992 Vorsitzender der Deutschen Gesellschaft für Sprachwissenschaft; 1996 Deutscher Sprachpreis der Henning-Kaufmann-Stiftung; Mitglied der Deutschen Akademie für Sprache und Dichtung, Darmstadt.

Bibliografische Information Der Deutschen Bibliothek
Die Deutsche Bibliothek verzeichnet diese Publikation in der Deutschen Nationalbibliografie; detaillierte bibliografische Daten sind im Internet über <http://dnb.ddb.de> abrufbar.

Gedruckt auf chlorfrei gebleichtem, säurefreiem und alterungsbeständigem Papier

ISBN 3-476-01888-1

www.metzerlverlag.de
info@metzlerverlag.de

Einbandgestaltung: Willy Löffelhardt

Satz: Typomedia GmbH, Scharnhausen
Druck und Bindung: Kösel GmbH, Krugzell; www.koeselbuch.de

Printed in Germany
August / 2004

Verlag J. B. Metzler Stuttgart · Weimar

Inhaltsverzeichnis

Vorwort zur 1. Auflage

Der ›Grundriß‹ will die Sprache so beschreiben, wie sie heute verwendet wird. Sein Adressat ist der kompetente Sprecher des Deutschen. Die Grammatik wendet sich an Sprecherinnen und Sprecher, die etwas darüber wissen möchten, wie ihre Sprache gebaut ist und wie sie funktioniert. Ein solches Interesse kann für sich bestehen, ist meistens aber auch praktisch motiviert. Man braucht Grammatiken im Sprachunterricht, für das Studium von Spracherwerb und Sprachverlust, für Sprachtechnologien aller Art, für die Sprachbewertung, die Sprachberatung, den Sprachenvergleich und vieles andere. Was heißt da für eine Grammatik noch Vollständigkeit? Zur Beantwortung dieser und ähnlich schwieriger Fragen machen Grammatiken gern von der Metaphorik des Bauens Gebrauch. Der Grundriß zeigt einen Bau nicht vollständig, aber er zeigt, wie man sich in ihm bewegen, wie man ihn einrichten und benutzen kann. Und der Grundriß läßt Schlüsse zu auf vieles, was er gar nicht enthält.

Mit dem 1998 erschienenen ersten und dem jetzt erscheinenden zweiten Band ist diese Grammatik vorläufig abgeschlossen. Der zweite Band enthält das, was in einem hergebrachten Verständnis als Kerngebiet der Grammatik gilt, nämlich die Formenlehre und die Satzlehre. Vom Inhalt her stellt er eine stark überarbeitete, teilweise neu geschriebene Fassung der letzten einbändigen Ausgabe von 1994 dar. Es wurde alles daran gesetzt, den Gesamtcharakter des Buches zu erhalten. Wer mit der einbändigen Ausgabe gearbeitet hat, soll das genau so mit dem vorliegenden Band können.

Gegenüber der alten Ausgabe wurde der behandelte Stoff erweitert, vor allem durch Berücksichtigung von mehr Fakten in den einzelnen Abschnitten. Terminologische Änderungen betreffen Einzelheiten und bleiben eng begrenzt. Eine Neuerung stellt die durchgängige Verwendung eines kleinen Inventars von semantischen Rollen wie ›Agens‹, ›Lokativ‹ und ›Instrumental‹ dar. Mit ihm wird es möglich, sprachliche Formen in einheitlicher Redeweise auf einen überaus wichtigen Aspekt ihrer Leistung zu beziehen. Der Erfassung des Zusammenhangs zwischen sprachlicher Form und sprachlicher Leistung als *dem* Grundanliegen einer funktionalen Grammatik bleibt der Grundriß vor allem anderen verpflichtet.

Ein Wort zum Verhältnis der beiden Bände ist am Platz. Der erste Band mit der Phonologie, Morphologie und Orthographie des Deutschen (Untertitel: Das Wort) ist in sich ebenso abgeschlossen wie der vorliegende zweite. Beide zusammen stellen nicht einen fortlaufenden Gesamttext dar. Vielmehr handelt es sich um selbständige Bücher nach einheitlichem Konzept. Um für jeden der Teile Konsistenz zu erreichen, waren an einzelnen Stellen Überschneidungen zuzulassen. Aufs Ganze gesehen fallen sie aber kaum ins Gewicht.

Einer Reihe von Kolleginnen und Kollegen habe ich für schriftliche Hinweise, für Vor- und Ratschläge oder eine längerfristige Kooperation zum Gegenstand dieses Buches zu danken, namentlich Ulrich Ammon, Uschi Bredel, Monika Budde, Klaus Fenchel, Nanna Fuhrhop, Lutz Gunkel, Hartmut Haberland, Ekkehard König, Hans-Heinrich Lieb, Beatrice Primus, George Smith, Rolf Thieroff und Heide Wegener. Svetlana Anfimova, Tobias Bracht und Carolin Kirstein haben mit großem Einsatz beim Konvertieren des Textes, Erstellen der Register und Korrekturlesen geholfen. Die Herstellung der Manuskripte lag wie bisher in den Händen von Maria Pichottka.

Ein großer Dank für Ermunterung und Geduld geht an die guten Freunde, ganz besonders aber an meine Frau. Kaum zu glauben, daß sie den unleidlichen Grammatikschreiber noch einmal akzeptiert hat.

Anstelle von vorbeugenden Hinweisen auf Lücken und Unzulänglichkeiten im Text zum Schluß die noch immer wahre Geschichte. Etwa fünfzehn Jahre nach Eröffnung der Golden Gate Bridge stellte ein Mitarbeiter der Autobahngesellschaft von Nordkalifornien am südlichen Ende der Brücke Rostspuren fest. Ein Maler wurde mit dem Neuanstrich beauftragt. Er fing am verrosteten Ende an und arbeitete sich zum nördlichen Ende vor. Nach Abschluß der Arbeiten waren fünfzehn Jahre vergangen, man stellte am südlichen Ende Rostspuren fest.

Potsdam, 25. Juli 1999 — Peter Eisenberg

Vorwort zur 2. Auflage

Ganz fertig wird eine Grammatik nie, deshalb wurde die vorliegende einer mittelschweren Überarbeitung unterzogen. Anregungen und Vorschläge dafür gab es in großer Zahl. Zu danken habe ich allen Lesern, die sich geäußert haben, und namentlich Cathrine Fabricius-Hausen, Hartmut Haberland, André Herrmann, Ewald Lang, Eckhard Rolf und Rolf Thieroff.

Ein besonderer Dank geht an meine Mitarbeiterinnen Nanna Fuhrkop und Ulrike Sayatz sowie meinem Mitarbeiter George Smith für die langjährige schöne Zusammenarbeit. George hat wie immer die technische Seite der Manuskriptherstellung betreut, tatkräftig unterstützt von Franziska Buchmann, Hagen Hirschmann, Juliane Janitzek, Carolin Kirstein und Robert Langner. Möge die ganze Arbeit der Einsicht dienen, daß man an Wissen über eine Sprache nur (aber natürlich nicht ausschließlich) über ihre Grammatik herankommt.

Potsdam, 4. Juni 2004 — Peter Eisenberg

Hinweise für den Benutzer

Das vorliegende Buch soll zum Selbststudium wie als Grundlage von Lehrveranstaltungen verwendbar sein. Sein Aufbau möchte beiden Verwendungen Rechnung tragen.

Der eigentlichen Grammatik gehen zwei Einleitungskapitel voraus. Kap.1 bringt eine Orientierung über die Aufgaben von Grammatiken und über Möglichkeiten, diese Aufgaben anzupacken. Im zweiten Kapitel werden sprach- und grammatiktheoretische Grundbegriffe eingeführt und soweit expliziert, wie es zum Verständnis des Folgenden notwendig erschien. Man wird bei der Bearbeitung einzelner Teile der Grammatik immer wieder auf das zweite Kapitel zurückgreifen müssen. Es ist aber nicht notwendig, die theoretischen Teile als Ganze zu studieren, bevor man sich den inhaltlichen zuwendet. Zumindest die Kapitel 3 bis 7 sollten auch direkt zugänglich sein. Hat man erst einmal einige Kapitel gelesen, bereitet auch das zweite keine Schwierigkeiten mehr.

Dem Text sind über 200 Aufgaben (zusammengefaßt in 139 Gruppen) beigegeben. Die meisten von ihnen enthalten nicht einfach reproduktive Übungen, sondern auch Anregungen zum Weitergrübeln, Hinweise auf spezielle Fragestellungen, ungelöste Probleme, Verbindungen zu anderen Teilen der Grammatik usw. Dem Leser wird geraten, den Textverweisen auf die Aufgaben unmittelbar zu folgen und sie wenigstens kurz anzusehen. Nicht nur, weil dies eine effektive Form der Aneignung grammatischer Kenntnisse ist, sondern auch, weil der weitere Text die Kenntnis der Aufgaben und ihrer Lösungen in manchen Fällen voraussetzt. Die angebotenen Lösungshinweise sind so ausführlich, daß zumindest ein Lösungsweg erkennbar wird.

Im Text finden sich zahlreiche Literaturverweise. Sie beziehen sich einmal – als eine Art Kanon – auf etwa zwei Dutzend neuere und ältere Standardwerke. Es sind dies die Schultern der Riesen, von denen aus wir das Land zu überblicken versuchen. Zum anderen wird auf neuere Spezialliteratur verwiesen, dies natürlich unter den Beschränkungen einer subjektiven Auswahl. Die Verweise dienen der Kennzeichnung gegenwärtig vertretener Positionen, der Einordnung des eigenen Standpunkts und als Anregung zur Weiterarbeit. Die im Text aufgeführten Kurztitel nennen das Erscheinungsjahr der jeweils zitierten Auflage oder Ausgabe. Wo es von Bedeutung ist, wird im Literaturverzeichnis das Jahr der Erstausgabe vermerkt.

Sach- und Wortregister sind auf effektive Handhabung im Sinne einer detaillierten Erschließung des Textes ausgerichtet. Innerhalb des Sachregisters wird mit → mit der Bedeutung »siehe« oder »siehe auch« verwiesen. Verweise auf Textstellen, an denen ein Begriff eingeführt oder ein über das Inhaltsverzeichnis nicht sofort auffindbarer Gegenstand in der Hauptsache abgehandelt wird, sind durch Fettdruck gekennzeichnet. Textverweise der Form ›Wort, 5.3‹ beziehen sich auf den entsprechenden Abschnitt in Band 1. Der Hauptverweis auf eine Aufgabe erfolgt in Fettdruck (z.B. **Aufgabe 94a**), andere Verweise auf dieselbe Aufgabenstellung in Normaldruck.

Abkürzungen und Symbole

Syntaktische Relationen und semantische Rollen

adjattr	Adjektivattribut
adv	adverbiale Bestimmung
Ag	Agentiv, Agens
akkobj	Akkusativobjekt
appos	Apposition
attr	Attribut
datobj	Dativobjekt
Dir	Direktiv
dirobj	direktes Objekt
erg	Ergänzung
genattr	Genitivattribut
genobj	Genitivobjekt
hd	Kopf (head)
indobj	indirektes Objekt
Inst	Instrumentalis
kmp	Komplement
Lok	Lokativ
mod	Modifikator
nuk	Kern (Nukleus)
obj	Objekt
Pat	Patiens
prattr	Präpositionalattribut
präd	Prädikat
prädnom	Prädikatsnomen
probj	Präpositionalobjekt
Rez	Rezipient
subj	Subjekt
verg	verbale Ergänzung

Syntaktische Konstituentenkategorien

AdjGr	Adjektivgruppe
Adv	Adverb
AdvGr	Adverbgruppe
IGr	Infinitivgruppe
K	Konjunktion
N	Nomen
NGr	Nominalgruppe
Pr	Präposition
PrGr	Präpositionalgruppe
PtGr	Partizipialgruppe
S	Satz
V	Verb
VGr	Verbalgruppe

Wortkategorien

ADJ	Adjektiv
AKK	regiert Akkusativ
(AKK)	regiert fakultativen Akk
ANAKK	regiert PrGr mit *an* + Akk
ART	Artikel
ASUB	subordinierende Konjunktion, Adverbialsatz
COM	Gattungsname (Appellativum, Common noun)
DASS	regiert *daß*-Satz
DAT	regiert Dativ
DEF	definit
DEM	Demonstrativpronomen
DET	Determinativpronomen
ESUB	subordinierende Konjunktion, Ergänzungssatz
FEM	Femininum
FV	Funktionsverb
GEN	regiert Genitiv
HMV	Halbmodalverb
HV	Hilfsverb
IDFP	Indefinitpronomen
INDAT	regiert PrGr mit *in* + Dat
INF	regiert reinen Infinitiv
INT	Fragepronomen
KOR	koord. Konjunktion
KV	Kopulaverb
MAS	Stoffsubsatantiv (Kontinuativum, Mass noun)
MASK	Maskulinum
MV	Modalverb
MV1	Modalverb Typ 1
MV2	Modalverb Typ 2
NDEF	nicht definit
NEG	Negationselement
NEUT	Neutrum
NOM	regiert Nominativ
NOM|AKK	regiert Nominativ und Akkusativ
NRES	nicht restringiert im Numerus
NUM	Numerale
OB	regiert *ob*-Satz
PLT	Pluraletantum
POS	Possessivpronomen
PRO	Pronomen
PRP	Eigenname (Proper noun)
PRS	Personalpronomen
PRT	Partikel
REL	Relativpronomen
RES	restringiert im Numerus

SBST	Substantiv
SGT	Singularetantum
1ST	einstellig
2ST	zweistellig
SUB	subord. Konjunktion
UNSP	unspezifiziert (Valenz)
VODAT	regiert PrGr mit *von*
VV	Vollverb
WIE	regiert *w*-Satz
ZINF	regiert *zu*-Infinitiv

Einheitenkateorien

Akk	Akkusativ
Akt	Aktiv
Dat	Dativ
Det	determinierend (Adj.)
Fem	feminin
Fut1	Futur 1
Fut2	Futur 2
Gen	Genitiv
Hor	kopforientiert (head oriented)
Idet	indeterminierend (Adj.)
Imp	Imperativ
Ind	Indikativ
Inf	reiner Infinitiv
Infl	Inflektiv
Komp	Komparativ
Konj	Konjunktiv
Mask	maskulin
Neut	neutral
Nom	Nominativ
Nor	kernorientiert (nucleus oriented)
Part	Partizip
Pas	Passiv
Pf	Perfekt
Pl	Plural
Pos	Positiv
Pqpf	Plusquamperfekt
Präs	Präsens
Prät	Präteritum (Imperfekt)
Sg	Singular
Sup	Superlativ
Unfl	unflektiert
Zinf	*zu*-Infinitiv

Sonstiges

*	ungrammatisch
△	unanalysiert
⩾	größer oder gleich
⩽	kleiner oder gleich
~	Negation (**nicht**)
∧	Konjunktion (**und**)
∨	Disjunktion (**oder**)
⊃	Implikation (**wenn**)
←	**weil**
<	**da**
……	Rektionsbeziehung
–·–·–	Kongruenzbeziehung
++++	Identitätsbeziehung
–+–+	Positionsbezug
–––	syntaktische Relation, direkt oder unspezifiziert
–··–··	syntaktische Relation, indirekt
/ /	phonologische Einheit
[ ]	phonetische Einheit
< >	graphematische Einheit

1. Rahmen und Zielsetzungen

1.1 Zur Aufgabe von Grammatiken

Deutsch, Standarddeutsch, gutes und richtiges Deutsch

Eine Grammatik als Gebrauchsbuch soll Auskunft darüber geben, was richtig und was falsch ist. Eine deutsche Grammatik stellt fest, was zum Deutschen gehört und was nicht. Das Richtige seinerseits ist für eine Gebrauchsgrammatik nicht einfach richtig, sondern es kann ›kaum noch gebräuchlich‹ oder ›sogar schon möglich‹ sein, ›unschön‹ oder ›gewählt‹, ›geziert‹ oder ›schwerfällig‹.

Diese und viele andere wertende Prädikate verwendet die Duden-Grammatik zur Kennzeichnung von Ausdrücken, die für die große Mehrheit der Sprecher des Deutschen selbstverständlich sind, die sie gebrauchen, ohne sich je um die Meinung einer Grammatik zu kümmern. Fängt jemand erst an, eine Grammatik zu konsultieren, so hat sich sein Verhältnis zur Sprache schon entscheidend geändert. Er ist zu ihr auf Distanz gegangen, er ist dabei, seine Sprache mit ›dem Deutschen‹ zu vergleichen.

Das Verhältnis von Gebrauchsgrammatik und Sprache wird ganz deutlich, wenn man sich vorstellt, es gäbe keine Grammatik. Wir unterstellen, daß der Wille zum richtigen und sogar guten Deutsch nicht an der Existenz einer Grammatik hängt, wo immer er sonst herkommt. Wer ohne eine Grammatik richtig und gut sprechen will und sich dabei nicht auf sich selbst verläßt, kann nichts anderes tun, als andere Sprecher fragen, ob man so und so sagen könne. Irgendwann wird es ihm dann wie Schuppen von den Augen fallen, daß er von seinem Nachbarn oder irgendjemandem sonst keine bessere Auskunft bekommen kann als von sich selbst. Sagt ihm jemand »Du sprichst schlecht« oder »Deine Ausdrucksweise ist unschön« so wird ihm klar, daß gut und schlecht, schön und unschön, richtig und falsch nichts sind als andere Bezeichnungen für ›meine Sprache‹ und ›deine Sprache‹. Das Deutsch der anderen, die sagen, wie es gut und richtig ist, wird in der Regel ›die deutsche Standardsprache‹ genannt, oder auch ›deutsche Literatursprache‹ oder einfach ›Hochdeutsch‹. ›Mein Deutsch‹ dagegen bedeutet in der Regel ›mein Dialekt‹, ›mein Jargon‹, ›meine Alltagssprache‹.

Die Funktion von Grammatiken in diesem Zusammenhang ist es seit jeher gewesen, das Denken in den Kategorien ›meine Sprache‹ und ›deine Sprache‹ zu vermeiden und zu verhindern, es gar nicht dazu kommen zu lassen. Ist eine Grammatik als explizite, kodifizierte Norm einmal anerkannt, so beweist das nur, daß auch die Existenz einer bestimmten Sprachausprägung, etwa das Hochdeutsche, als weitgehend unabhängig von den Sprechern anerkannt ist. Die Grammatik als kodifizierte Norm verhilft einer bestimmten Sprachausprägung zum Anschein des Natürlichen, zumindest aber des nicht hinterfragbar Gegebenen. Zwar mögen einsichtsvolle Leute – unter ihnen sicherlich die Linguisten – längst wissen und auch sagen, daß es ›das Hochdeutsche‹ nicht gibt, daß die Sprache des Einen nicht schlechter sei als die des Anderen und daß es lediglich praktische Gründe für sprachliche Vereinheitlichungen zum Standarddeutschen gebe: Sie werden wenig an der verbreiteten Vorstellung ändern, man könne mithilfe der Grammatik zu gutem und richtigem Deutsch gelangen. Wer nicht glaubt, daß es sich so verhält, sollte einmal einige der Briefe mit Anfragen an Sprachberatungsstellen lesen (Berger 1968; Tebartz-van Elst 1991; Stetter 1995). Die Mitarbeiter solcher Beratungsstellen werden kaum einmal um ihre Ansicht zu diesem oder jenem Problem gebeten. Meist wird vielmehr gefragt, wie es sich denn ›wirklich‹ verhalte.

Und der Bedarf an Sprachberatung wächst. Wir verfügen heute über ungefähr ein Dutzend Beratungsstellen im deutschsprachigen Raum. »Auffallend ist der Anstieg von Gründungen in den letzten fünfzehn Jahren« (Lehr 1998: 207). Diese Entwicklung steht in auffälligem Gegensatz zum Selbstverständis zumindest eines bedeutenden Teils der Sprachwissenschaft. Die Sprachwissenschaft hat sich ja während der 70er Jahre ausdrücklich unter deskriptiver Flagge neu konstituiert. Älteren Grammatiken hielt man neben ihrer historischen Ausrichtung und allerlei Mängeln an ›Wissenschaftlichkeit‹ (dazu Cherubim 1975; Platz 1977; Rüttenauer 1979) immer wieder ihre normative Ausrichtung vor (Lyons 1980: 43 ff.; dazu auch Hartung 1977: 43 ff.; Lang, M./Thümmel, W. 1974). Die neue Sprachwissenschaft nannte sich Linguistik und verstand sich als deskriptiv. Eine Grammatik soll erfassen, was ist, und nicht vorschreiben, was sein soll.

Die Möglichkeit des Ausspielens einer deskriptiven gegen eine präskriptive (normative) Grammatik ist konjunkturabhängig, erweist sich aber auch aus immanenten Gründen als problematisch.

Einmal ist es nicht die Grammatik selbst, die normativ ist, sondern der Gebrauch, der von ihr gemacht wird. Jede deskriptive Grammatik kann so verwendet werden, u. U. ganz gegen die Intentionen ihrer Verfasser. Zweitens führt die Präzisierung der Termini ›Grammatik‹ und ›Sprache‹, wie sie in der neueren Linguistik akzeptiert ist, auch theoretisch zu der Einsicht, daß Deskription und Präskription kaum zu trennen sind. Das Problem liegt bei der Vollständigkeit, mit der eine Grammatik eine Sprache erfassen soll. In seinem 1957 erstmals erschienenen und allgemein als für den neuen Grammatikbegriff epochemachend angesehenen Büchlein ›Syntactic Structures‹ schreibt Noam Chomsky über das Verhältnis von Grammatik und Sprache (1973: 15 f.): »Von jetzt ab werde ich unter einer Sprache eine (endliche oder unendliche) Menge von Sätzen verstehen, jeder endlich in seiner Länge und konstruiert aus einer endlichen Menge von Elementen. Alle natürlichen Sprachen – in ihrer gesprochenen oder geschriebenen Form – sind Sprachen in diesem Sinn, da jede natürliche Sprache eine endliche Zahl von Phonemen (oder Buchstaben in ihrem Alphabet) hat und jeder Satz als eine endliche Folge von Phonemen (oder Buchstaben) dargestellt werden kann, obwohl es unendlich viele Sätze gibt. Ähnlich kann die Menge von ›Sätzen‹ irgendeines formalisierten Systems der Mathematik als eine Sprache verstanden werden. Das grundsätzliche Ziel bei der linguistischen Analyse einer Sprache L ist es, die grammatischen Folgen, die Sätze von L sind, von den ungrammatischen Folgen, die nicht Sätze von L sind, zu sondern und die Struktur der grammatischen Folgen zu studieren. Die Grammatik von L wird deshalb eine Vorrichtung sein, die sämtliche der grammatischen Folgen von L erzeugt und keine der ungrammatischen ...

Zu beachten ist, daß es genügt, um die Ziele der Grammatik sinnvoll zu setzen, eine Teilkenntnis von Sätzen und Nicht-Sätzen anzunehmen. Das heißt, wir können für diese Diskussion annehmen, daß gewisse Folgen von Phonemen eindeutig Sätze und daß gewisse andere Folgen eindeutig Nicht-Sätze sind. In vielen mittleren Fällen werden wir dann so weit sein, die Grammatik selbst entscheiden zu lassen, wenn nämlich die Grammatik in der einfachsten Weise aufgestellt ist, so daß sie die klaren Sätze ein- und die klaren Nicht-Sätze ausschließt.«

Die Sprache als Menge von Sätzen und die Grammatik als Mechanismus, der genau diese Menge von Sätzen erzeugt: das sind Begrifflichkeiten, die so ausschließlich auf konstruierte Sprachen passen, in denen sich die Frage der Abgrenzung grammatischer und ungrammatischer Sätze aus dem Sprachgebrauch heraus gar nicht stellt. Werden sie auf natürliche Sprachen – so nennt man unsere Sprachen, eben so, als seien sie ein Stück Natur – angewendet, dann bringt allein die Forderung nach Abgrenzung der grammatischen von den ungrammatischen Sätzen die Behauptung vom deskriptiven Charakter der Grammatik ins Wanken. Die Grammatik selbst ist es, die bestimmt, welche der Zweifelsfälle noch zur Sprache gehören und welche schon nicht mehr. Es ist und bleibt Aufgabe der Grammatik, zwischen richtig und falsch für eine Sprache zu entscheiden (ausführlicher Gloy 1993; Wort, 1.2).

Man muß allerdings zugestehen, daß die Gründe, die zu dieser Aufgabenstellung für die Grammatik führen, bei der normativen gänzlich andere sind als bei der, die deskriptiv sein möchte. Geht es im ersten Fall um Fortschreibung und Durchsetzung einer bestimmten Sprachausprägung für alle Sprecher, so geht es im zweiten Fall um den Versuch, eine Sprache möglichst vollständig und in diesem Sinne genau zu erfassen. Sprachliche Vereinheitlichung ist für eine normative Sprachauffassung die Durchsetzung des ›sprachlich Richtigen‹, während sie für eine deskriptive Sprachauffassung Ausdruck des gemeinsamen Nenners als ›sprachlicher Standard‹ ist (zur Herausbildung des Standards im Deutschen Polenz 1999: 37ff.; Mattheier 2000). Trotz solcher Unterschiede bleibt aber beiden gemeinsam, daß sie von der zweiten und eigentlich interessanten Aufgabe von Grammatiken absehen.

Die Struktur sprachlicher Einheiten

Grammatiker streiten sich ja häufig. Sie arbeiten unterschiedliche Lösungen für dieselben Mengen von Fakten aus und setzen sich darüber auseinander, welche der Lösungen die bessere oder gar die richtige ist. Beispielsweise gibt es eine lange Diskussion darüber, wieviele und welche Wortarten das Deutsche hat. Eine solche Frage betrifft nicht die Unterscheidung von richtig und falsch, sondern sie betrifft die Klassifikation von Einheiten, deren Zugehörigkeit zur Sprache außer Zweifel steht. Statt um richtig und falsch geht es darum, welche Struktur ein bestimmter Bereich des Deutschen hat. Grammatische Auseinandersetzungen sind meistens Auseinandersetzungen über Strukturen, auch wenn sie nicht als solche verstanden werden. Die zweite Aufgabenstellung der Grammatik besteht also darin, Aussagen über die Struktur von sprachlichen

Einheiten zu machen, oder, wie es oben bei Chomsky heißt, »die Struktur der grammatischen Folgen zu studieren.« Diese Aufgabe widerspricht der ersten nicht, sie geht aber wesentlich über sie hinaus. Man kann sehr wohl zwischen richtig und falsch für eine Sprache unterscheiden, ohne das Geringste über die Struktur der richtig gebildeten Einheiten zu wissen. Man kann aber nicht über die Struktur von sprachlichen Einheiten reden, ohne zu wissen, daß sie welche sind, d.h. zur Sprache gehören.

Dennoch stellt sich das Problem von richtig und falsch für den an der grammatischen Struktur Interessierten ganz anders dar als für den, der vor allem ein Interesse an der Norm hat. Jemand möchte begründen, daß er zu spät kommt, und sagt »Ich komme erst jetzt, weil ich hab noch gearbeitet«. Ausdrücke dieser Form kommen im gesprochenen Deutsch ziemlich häufig vor, gelten aber ebenso häufig als falsch oder »standardsprachlich nicht korrekt« (Kann 1972; Eisenberg 1993; Duden 2001: 930). Dem Sprachnormer fällt dazu genau eins ein, nämlich »Richtig muß es heißen ... **weil ich noch gearbeitet habe.**«

Für sich genommen ist diese Aussage blind. Sie sagt dem Belehrten nichts, solange sie nicht begründet und verallgemeinerbar wird. In einem bestimmten Sinne ist sie nicht einmal verstehbar. Fängt man aber an, die Aussage zu begründen und zu verallgemeinern, dann redet man auch über die Struktur des Satzes, um den es geht. Das beginnt mit der Feststellung, daß hier ›fälschlicherweise‹ die Nebensatzstellung (finites Verb am Schluß) durch die Hauptsatzstellung (finites Verb an zweiter Stelle) ersetzt wurde. Schon diese Feststellung enthält viel Strukturelles, denn sie weist darauf hin, daß der Sprecher nicht einfach den Bereich der Regeln verläßt. Vielmehr wählt er eine Konstruktion, die es im Deutschen tatsächlich gibt. Und es gibt neben **weil** sogar eine andere kausale Konjunktion, die den Hauptsatz verlangt, nämlich **denn**. Daß **denn** und **weil** beinahe dasselbe bedeuten, könnte sehr wohl ein Grund für die ›Verwechslung‹ von Haupt- und Nebensatz sein. Geht man dem weiter nach, dann stellt sich heraus, daß die Hauptsatzstellung gern auch bei **obwohl** verwendet wird. **Obwohl** ist konzessiv, und bei den Konzessivsätzen gibt es wie bei den Kausalsätzen ebenfalls die Konstruktion Hauptsatz + Hauptsatz, eingeleitet etwa mit **zwar ... aber**.

Möglicherweise sind **denn** und **zwar ... aber** so auf das Geschriebene festgelegt, daß ihre Funktion im Gesprochenen von **weil** und **obwohl** übernommen wird. Dazu gehört zum Beispiel, daß mit jedem der Hauptsätze ein selbständiger Sprechakt realisiert werden kann. Mit zwei Hauptsätzen kann man zweierlei behaupten, während mit dem Gefüge aus Haupt- und Nebensatz eine Behauptung mit Begründung aufgestellt wird (12.2).

Diese Sicht paßt dazu, daß wir eine andere kausale Konjunktion haben, bei der die Hauptsatzstellung nicht vorkommt, nämlich **da**. **Da** ist weitgehend auf das geschriebene Deutsch beschränkt, was bedeuten könnte, daß ihm die Freiheiten der gesprochenen Sprache verschlossen sind. Aber auch semantische Gründe spielen möglicherweise eine Rolle. Man kann nach Bedeutungsunterschieden zwischen **da** und **weil** fragen, wobei **weil** mit Hauptsatz noch einmal eine andere Bedeutung haben könnte als mit Nebensatz (10.2.2).

Und vielleicht ist man sich des im **weil**-Satz gegebenen Grundes nicht so sicher wie bei **da**. Vielleicht verwendet der Sprecher **weil** dann, wenn er eine

Begründung eher zögerlich vorbringt oder sie gar erst sucht, so daß nach **weil** leicht eine Pause entsteht. Dem würde die Hauptsatzstellung entgegenkommen, denn der Hauptsatz signalisiert nicht schon wie der Nebensatz durch seine Form, daß er Teil eines anderen Satzes ist. Zu dieser Deutung würde es auch passen, daß die Hauptsatzstellung nach **weil** nicht vorkommt, wenn der Nebensatz dem Hauptsatz vorausgeht. 1b ist ausgeschlossen, niemand würde den Satz so äußern.

(1) a. **Weil ich noch gearbeitet habe, komme ich erst jetzt**
 b. ***Weil ich habe noch gearbeitet, komme ich erst jetzt**

Schließlich könnte auch erwogen werden, daß die Konstruktion aus zwei Hauptsätzen kognitiv einfacher zu verarbeiten ist als die aus Haupt- und Nebensatz.

(2) a. b.

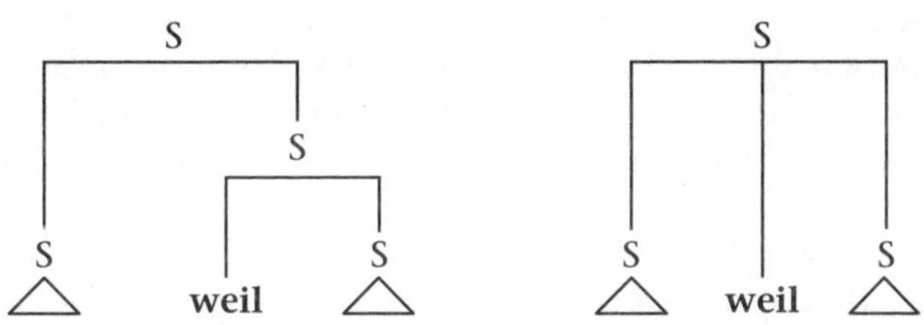

2a zeigt ein denkbares Schema für die Konstruktion mit Nebensatz. Der Nebensatz nach **weil** ist subordiniert, die Konstruktion ist hypotaktisch und erreicht eine größere ›Einbettungstiefe‹ als die parataktische Konstruktion mit zwei Hauptsätzen wie in 2b. Man weiß seit langem, daß hypotaktische Konstruktionen schwerer zu verarbeiten sind als parataktische.

Für **weil** mit Verbzweitsatz bietet sich eine Fülle von Deutungsmöglichkeiten an. Sie werden behandelbar und miteinander vergleichbar, wenn die Struktur des Satzes und seine Stellung im System erfaßt, also seine Grammatik bekannt ist. Das Beispiel **weil** mit Verbzweitsatz ist so instruktiv, weil nach anfänglicher Nichtbeachtung und Abwertung der Konstruktion heute mehrere funktionale Deutungen miteinander konkurrieren (z. B. Keller 1993; Günthner 1996; Pasch 1997; zur Übersicht Uhmann 1998; Wegener 2000).

Das über **weil** Gesagte läßt sich verallgemeinern. Die eigentlich wichtige und interessante Aufgabe einer Grammatik ist, etwas über die Struktur der Einheiten einer Sprache mitzuteilen. Wer sich mit einer Sprache zu beschäftigen hat und andere als feuilletonistische Aussagen über sie machen möchte, muß sich auf strukturelle Gegebenheiten beziehen können. Egal, ob einer den Thesen vom Niedergang unserer Muttersprache widersprechen will, ob er das Pidgin von Arbeitsimmigranten erfassen möchte, ob er sprachtherapeutisch oder sprachpädagogisch tätig ist oder irgendein anderes sprachpraktisches Interesse hat, er wird das jeweilige Sprachverhalten leichter und weitgehender verstehen, wenn die verwendete Sprache ihm strukturell durchsichtig ist.

Was aber umfaßt die strukturelle Beschreibung einer Sprache, worauf erstreckt sie sich? Die Grobgliederung einer solchen Beschreibung ist fast immer an den sog. Beschreibungsebenen orientiert. Diese ihrerseits sind durch den Aufbau des Sprachsystems selbst vorgegeben. Traditionell umfaßt die Grammatik eine Lautlehre, Formenlehre und Satzlehre, häufig noch eine Wortbildungslehre und Orthographie. Unter Formenlehre wird dabei die Lehre vom Flexionssystem einer Sprache verstanden. Man kann das Flexionssystem unabhängig von der Satzlehre betrachten, indem man Flexionsreihen zusammenstellt, sie nach Typen ordnet und ihren internen Aufbau untersucht. Die Flexionslehre konstituiert dann zusammen mit der Lautlehre, der Wortbildungslehre und der Orthographie den Teil der Grammatik, der den internen Aufbau von Wörtern und Wortformen (zu dieser Unterscheidung 2.1) behandelt. Wir nennen ihn die Wortgrammatik einer Sprache. Die Wortgrammatik des Deutschen wird in Band 1: ›Das Wort‹ behandelt. In den meisten älteren Grammatiken stellt sie einen erheblichen Anteil der Gesamtgrammatik dar (z.B. Heyse 1838/49; Blatz 1896; 1900), in anderen ist sie sogar absolut dominant (Wilmanns 1893/1909; Paul 1916/1920).

Der Wortgrammatik steht als zweiter Großbereich die Satzgrammatik gegenüber. Ganz allgemein kann man sagen: Die Satzlehre untersucht, wie Sätze aus Wortformen aufgebaut sind und welche sprachlichen Leistungen mit der Kombinatorik der Formen verbunden sind. In einer flektierenden Sprache wie dem Deutschen ist ein Teil der Wortformen flektiert, d.h. Satzlehre und Flexionslehre sind nicht voneinander zu trennen.

Die Flexionslehre gehört zur Wortgrammatik, soweit der Aufbau der Flexionsformen und ihr Verhältnis zu anderen Formen im Flexionsparadigma betroffen ist (z.B. **dies+er** ist die Form des Nominativ Maskulinum des Demonstrativums, der zugehörige Genitiv kann sowohl **dies+es** als auch **dies+en** sein). Die Flexionslehre gehört zur Satzgrammatik, soweit es um die Kombinatorik der flektierten Formen geht (z.B. der Genitiv von **dieser Monat** kann heißen **dieses Monats** oder **diesen Monats**; der Genitiv von **dieser Mensch** heißt nur **dieses Menschen**, nicht aber ***diesen Menschen**).

Statt von Satzlehre spricht man heute im allgemeinen von Syntax. Will man deutlich machen, daß dazu auch ein morphologischer Teil gehört (nämlich die Flexion), so spricht man von Morphosyntax. Die Morphosyntax, Gegenstand des vorliegenden Bandes, gilt heute meist als Kerngebiet der Grammatik. Viele neuere Grammatiken beschränken sich fast ganz auf diesen Teilbereich (z.B. Admoni 1970; Schmidt 1973; Erben 1980; Helbig/Buscha 1998), andere stellen ihn zumindest weit in den Vordergrund (Grundzüge; IDS-Grammatik).

1.2 Sprachfunktion und Sprachstruktur

Die Ankündigung, man wolle die Strukturen der Sätze einer Sprache ermitteln, kann nicht das letzte Wort zur Zielsetzung einer Grammatik sein. Denn interessant wird die Beschäftigung mit der Form von Sätzen erst, wenn man sich fragt, warum die Form so ist wie sie ist und was sie leistet. Die Funktionalität einer Form kann dabei auf zwei unterschiedlichen Ebenen thematisiert werden, nämlich sprachimmanent und sprachfunktional.

Das Funktionieren sprachlicher Einheiten

Der Gedanke einer immanenten Funktionalität ist mit dem Systemgedanken gegeben. Wenn das Sprachsystem insgesamt funktionieren soll, dann müssen seine Teilsysteme bis hin zu den einzelnen Einheiten im Sinne des Gesamtsystems funktionieren. Die innere Rationalität des Systems erzwingt dann möglicherweise Veränderungen einzelner Teile, die interpretiert werden können als ›Beseitigung von Störstellen‹, ›Ausgleich im System‹ usw. (Heeschen 1972: 49ff.). Solche Vorgänge gibt es auf allen Ebenen des Systems, in der Phonologie ebenso wie in der Syntax, bei den Wortbedeutungen ebenso wie in der Morphologie. Und sie sind seit langem Gegenstand sprachwissenschaftlicher Untersuchungen, beispielsweise in der Phonologie der Prager Schule (Trubetzkoy 1989) oder in der natürlichen Morphologie (Wurzel 1994). Besonders entwickelt wurde diese Art des funktionalen Denkens in der Erforschung von Sprachuniversalien, wie sie etwa im Anschluß an die Arbeiten des Amerikaners Joseph Greenberg betrieben wird (Greenberg 1966, 1978). Dort werden Sätze in Form von Implikationen formuliert, etwa »Wenn eine Sprache ein ausgebautes Flexionssystem hat, dann ist sie flexibel hinsichtlich der Wortstellung« oder auch »Je weniger ausgebaut das Flexionssystem, desto strikter die Wortstellungsregeln«. Die Funktionalität solcher Zusammenhänge hat man erkannt, wenn man eine systemorientierte Kausalbeziehung zwischen dem Vorsatz und dem Nachsatz gefunden hat. Für unser Beispiel scheint sie auf der Hand zu liegen. Das Deutsche hat die Abfolgen **Dein Bruder glaubt dem Chef** und **Dem Chef glaubt dein Bruder**, weil der Unterschied zwischen Nominativ (Subjekt) und Dativ (Objekt) formal markiert ist. Das Englische kennt nur **Your brother believes the boss**, nicht aber die Alternative **The boss believes your brother**, eben weil es die Kasusunterschiede nicht gibt.

Verschiedene Aspekte der systeminternen Funktionalität von strukturellen Eigenschaften sprachlicher Einheiten werden seit einer Reihe von Jahren unter dem Stichwort Grammatikalisierung diskutiert. Dabei geht es beispielsweise um die Frage, wie sprachliche Ausdrucksmittel im Gebrauch ökonomisiert werden. Das ›Abschleifen‹ der Substanz sprachlicher Formen geht regelmäßig mit bestimmten Veränderungen ihrer Funktion einher. Aus ›Vollwörtern‹ wie Substantiven oder Adverbien entwickeln sich ›Funktionswörter‹ wie Konjunktionen und Präpositionen, oder aus Wörtern entstehen Affixe. Einheiten mit bestimmten Standardleistungen können nicht abgebaut werden, ohne daß andere mit ähnlicher Leistung an ihre Stelle treten. So kommt es zu einem Wechsel von Grammatikalisierung und ›Degrammatikalisierung‹ wie beim berühmten Negations-Zyklus (Lenz 1996; zur Grammatikalisierung Lehmann 1985; 2002; Traugott/Heine Hg. 1991; Diewald 1997).

Die immanente Funktionalität von Struktureigenschaften einer Sprache muß man verstehen, wenn man ihr Gesamtsystem verstehen will. Durch bloßes Aufzählen dessen, was ist, erreicht man ein Verständnis nicht.

Wichtiger freilich ist der Zusammenhang von Sprachstruktur und Sprachfunktion. Nicht, weil das Sichbeschäftigen mit Grammatik dadurch motiviert werden kann, sondern allgemeiner, weil sprachstrukturelle Untersuchungen dadurch erst nutzbar werden, sei es für Untersuchungen in Nachbardisziplinen der Sprachwissenschaft, sei es für Zwecke der angewandten Sprachwissenschaft.

Viele Schwierigkeiten stehen dem entgegen. Weder hat sich eine funktionale Sprachbetrachtung allgemein durchgesetzt, noch ist es zu einem Konsens über die Begriffe Struktur und Funktion gekommen. Wenn von der Struktur sprachlicher Einheiten die Rede ist, bezieht man sich meistens auf ein bestimmtes Beschreibungsformat. Dabei gerät leicht in Vergessenheit, was unter einer strukturellen Analyse im Sinne des klassischen Strukturalismus zu verstehen ist. Betrachten wir ein Beispiel.

Form, Struktur, Funktion

Ein Hammer besteht aus Hammerkopf und Hammerstiel, sagen wir kurz ›Kopf‹ und ›Stiel‹. Das scheint zunächst eine Formbeschreibung zu sein. Die Struktur des Hammers hätten wir erfaßt, wenn wir außer den Bestandteilen Kopf und Stiel noch die Beziehung zwischen beiden richtig wiedergeben.

Strukturell im eigentlichen Sinne ist die Beschreibung so aber noch nicht. Ein Wort wie **Stiel** meint nicht eine Klasse von Gegenständen, die losgelöst von ihrer Funktion gesehen werden können, noch können diese Gegenstände aufgrund ihrer Form allein abgegrenzt werden. Äpfel, Harken, Bratpfannen und Hämmer haben Stiele und all die Stiele haben gemeinsame Formmerkmale, aber sie haben auch gemeinsame Funktionsmerkmale. Mit der Verwendung des Wortes **Stiel** bleibt man dem Funktionalen verhaftet. Verwenden wir also statt **Stiel** das Kürzel y_1, statt **Kopf** das Kürzel x_1 und als Bezeichnung der zwischen beiden bestehenden Beziehung das Kürzel R_1, dann sind wir die funktionalen Bedeutungsmerkmale los. Wir kommen zu rein strukturellen Aussagen wie $x_1R_1y_1$ (»beim Hammer steht das Objekt x_1 in der Relation R_1 zum Objekt y_1«) und entsprechend $x_2R_1y_2$ für die Bratpfanne, $x_3R_1y_3$ für den Apfel usw. An solchen Beschreibungen ist erkennbar, daß Hämmer, Bratpfannen und Äpfel etwas gemeinsam haben. Die Objekte y_1, y_2 und y_3 kommen nun auch noch in anderen Strukturaussagen gemeinsam vor, z. B. in solchen, die sich auf ihre Materialität beziehen (sie sind aus Holz). Und so geht es weiter.

Wir fassen die zu beschreibenden Objekte immer wieder so in Strukturaussagen, daß Gemeinsamkeiten und Unterschiede zwischen ihnen deutlich werden. Das ist die Grundlage der strukturellen Denkweise. Die Objekte des zu beschreibenden Realitätsbereichs werden mit Strukturaussagen geordnet und aufeinander bezogen. Man weiß dann, welche Objekte zu welchen anderen in Beziehung stehen, welche wieviele Eigenschaften gemeinsam haben usw.

Die wichtigste Eigenschaft sprachlicher Einheiten, die zur Grundlage von Klassenbildungen gemacht wird, ist ihre Distribution, das ist ihre Fähigkeit zum gemeinsamen Vorkommen mit anderen Einheiten. **Kind**, **Buch**, **Haus** haben etwas gemeinsam, weil sie im Unterschied zu **Hund**, **Hand**, **Stuhl** nach **das** stehen können. **Das Kind/Buch/Haus** kommt im Kontext **hat** vor, **die Kinder/Bücher/Häuser** dagegen im Kontext **haben**. Wie oben angedeutet, erhält man auf diese Weise Aufschluß darüber, welche Einheiten Äquivalenzklassen bilden. In der strukturellen Linguistik sind ausgefeilte Methoden entwickelt worden, wie man derartige Strukturanalysen durchführen und die Strukturen sprachlicher Einheiten ermitteln kann, ohne von ihrer Funktion zu reden. Eben weil die Trennung von Struktur und Funktion zunächst solche Schwierigkeiten macht, man aber andererseits vom wissenschaftlichen Wert reiner Strukturanalysen überzeugt war, wurde der Durchbruch zum Strukturalismus wissenschaftshistorisch als ein Akt der Emanzipation der Sprachwissenschaft verstanden – mit den Hauptstationen ›Explikation des Strukturbegriffs‹ bei Saussure (Struktur als System) und ›Grundlegung einer Methode zur Ermittlung der Strukturen‹ bei Bloomfield. Was dann nicht gelang, war die Vermittlung von Struktur und Funktion, so daß die Strukturalisten sich immerfort die Frage vorhalten lassen müssen, was ihre Strukturen eigentlich sind und wozu sie dienen (Bierwisch 1970; Maas 1974; Bense u.a. Hg. 1976). Es kommt darauf an, ermittelte Strukturen funktional zu deuten, etwa nach einem Prinzip wie »Was dieselbe Distribution hat, leistet wahrscheinlich auch dasselbe«. Unter ›Leistung‹ ist dabei ›Bedeutung‹ in einem weiten Sinne zu verstehen. Betrachten wir an einem berühmtem Beispiel, was auf jeden Fall dazugehört.

Das wohl einflußreichste funktionale Sprachmodell ist das aus Bühlers ›Sprachtheorie‹ von 1934 (Bühler 1965). Das Buch wird eröffnet mit dem Satz »Werkzeug und Sprache gehören nach alter Einsicht zum menschlichsten am Menschen: homo faber gebraucht gewählte und ausgeformte Dinge als Zeug und das Zoon politikon setzt Sprache ein im Verkehr mit seinesgleichen.« Bühler rückt dann Sprache und Werkzeug noch enger zusammen, indem er die Sprache selbst als Organon bezeichnet, eben als Werkzeug, Mittel oder Instrument »um einer dem anderen etwas mitzuteilen über die Dinge« (1965: 24).

Mit der Werkzeugmetapher bindet Bühler die Sprache an ihre Funktion. Der interessanten Frage, wie weit diese Metapher tatsächlich trägt, kann an dieser Stelle nicht nachgegangen werden. Klar ist aber, daß in einem Werkzeug sein Zweck vergegenständlicht ist. Das Sprachsystem wie die einzelne sprachliche Einheit haben ihre Form, weil sie einem bestimmten Zweck dienen.

Mit der Formulierung »um einer dem anderen etwas mitzuteilen über die Dinge« ist gleichzeitig die Sprechsituation allgemein gekennzeichnet: Zu ihr gehören der Sprecher, der Adressat, die Dinge (das Besprochene) und das sprachliche Zeichen selbst. Die Funktionen werden bestimmt in Hinsicht auf die Momente der Sprechsituation, das sprachliche Zeichen erhält drei Funktionen. (1) Es ist bezogen auf den Sprecher, »dessen Innerlichkeit es ausdrückt« (1965: 28). Damit ist gemeint, daß im sprachlichen Zeichen das zum Ausdruck kommt, was der Sprecher sagen will, ebenso aber der Sprecher selbst mit seiner ›inneren Einstellung‹ zu dem, was er sagt. Was manchmal in kognitive und emotive Bedeutung getrennt wird, ist in der Ausdrucksfunktion bei Bühler durchaus beisammen. (2) Das sprachliche Zeichen ist bezogen auf den Adressaten, »dessen äußeres oder inneres Verhalten es steuert« (Appellfunktion). Zum ›inneren Verhalten‹ gehört das Verstehen des Gemeinten, zum ›äußeren Verhalten‹ etwa ein Handeln wie das Erwidern einer Äußerung. (3) Schließlich ist das Zeichen bezogen auf die Welt, »die Gegenstände und Sachverhalte«. Das ist seine Darstellungsfunktion. Sie meint, daß wir nicht einfach reden, sondern daß wir über etwas reden oder etwas sagen.

Ausdruck, Appell und Darstellung finden sich als Sprachfunktionen mit vergleichbarer Bedeutung in vielen späteren sprachfunktionalen Ansätzen. Das sicher deshalb, weil schon Bühler nicht das sprachliche Zeichen für sich, sondern die Sprechsituation betrachtet. Charles Morris etwa spricht vom appreziativen, präskriptiven und designativen Signifikationsmodus (1973: 142ff.), Roman Jakobson unterscheidet im direkten Bezug auf Bühler neben anderen eine emotive, konative und referentielle Funktion (1960: 353 ff.), und in der Sprechakttheorie spricht man vom illokutionären, perlokutionären und propositionalen Akt (Searle 1971). So unterschiedlich die Theorien und die Bedeutungen der Begriffe im Einzelnen sind, so wenig umstritten ist, daß man sich bei Bestimmung der Sprachfunktionen in der angedeuteten Weise auf Sprecher, Adressat und das Besprochene zu beziehen hat. Einigkeit besteht auch darüber, daß die Sprachfunktionen nicht gleichgewichtig sind, sondern daß die Darstellungsfunktion grundlegend ist. Die Darstellungsfunktion, so wurde auch formuliert, bestimmt im wesentlichen die Sprachstruktur (Mathiot/Garvin 1975; Polenz 1985: 101 ff.). Bezieht man sich auf ein Konstrukt wie das Organon-Modell, so erweist sich die Darstellungsfunktion als grundlegend, weil der Sprecher sich ausdrückt, indem er etwas sagt, und der Adressat zu etwas veranlaßt wird, indem ihm etwas gesagt wird.

Wenn die Darstellungsfunktion die Sprachstruktur bestimmt, dann muß umgekehrt die Sprachstruktur so sein, daß sie der Darstellungsfunktion gerecht wird. Wir wollen für das Grundmuster der einfachsten Sätze des Deutschen zeigen, was damit gemeint sein kann.

Unter den beobachtbaren Sprachdaten finden sich ›kommunikative Minimaleinheiten‹ (IDS-Grammatik: 596 ff.), die ihrerseits aus jeweils zwei kleineren Einheiten bestehen. Die Menge dieser kleineren Einheiten, die wir Wortformen nennen, enthalte etwa {**Karl, Meier, arbeitet, Helga, schwitzt, schläft, läuft, ...**}. Eine distributionelle Analyse ergibt, daß sie in zwei disjunkte Klassen aufzuteilen sind. Jedes Element aus jeder der beiden Klassen kombiniert mit jedem Element der anderen, aber untereinander kombinieren sie nicht. Die distributionell ermittelten Klassen nennen wir N und V für Nomen und Verb. Das ist zunächst nur eine ganz allgemeine kategoriale Unterscheidung, die z. B. davon absieht, daß wir es mit einer bestimmten Art von Nomen (Eigenname, Substantiv) zu tun haben.

(1) a. N: **Karl, Meier, Helga**
    b. V: **arbeitet, schwitzt, schläft, läuft**

Die aus N und V gebildete größere Einheit nennen wir einen Satz (S). Da N und V in beliebiger Reihenfolge zu Sätzen kombiniert werden können, ergeben sich die beiden Satztypen in 2.

(2) a.

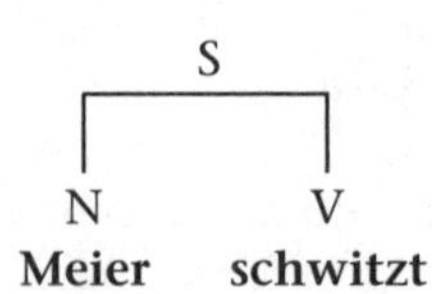

b.

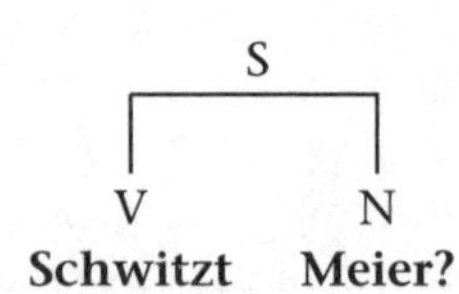

Nomen und Verb werden auf formaler Grundlage, d. h. als Formkategorien etabliert, denen man nun eine je spezifische Leistung zuschreiben möchte. Die Leistung soll dem kategorialen Unterschied entsprechen und sie soll so beschrieben werden, daß auch das Zusammenwirken von N und V im Satz erfaßt wird.

Mit einem Nomen kann referiert werden, man nimmt Bezug auf Dinge und andere nominal benennbare Entitäten. Mit einem Verb kann prädiziert werden, man nimmt Bezug auf Vorgänge und andere verbal benennbare Entitäten. Die Bedeutung des aus Nomen und Verb gebildeten Satzes heißt seine Proposition. Mit Sätzen kann man sich auf Sachverhalte (manche sagen ›Situationen‹) beziehen, so wie man sich mit Nomina auf Dinge und mit Verben auf Vorgänge bezieht. Die Zerlegung des einfachen Satzes in Nomen und Verb zeigt uns, wie es dazu kommt, wie man mit dem Satz etwas darstellen kann.

Die Sätze in 2 haben eine große Zahl von weiteren Formeigenschaften, die funktional deutbar sind. Beispielsweise lassen sich die Verben subklassifizieren. Eine verbreitete Einteilung unterscheidet Zustandsverben (3a) von Vorgangsverben, und bei diesen wieder Ereignisverben (3b) und Handlungsverben (3c). Statt Handlungen grenzt man häufig auch Prozesse von Ereignissen ab (zur weitläufigen Problematik solcher Einteilungen Vendler 1967; Pleines 1976; Bäuerle 1994; Maienborn 2003: 42ff.)

(3) a. **Frankfurt *liegt* an siebzehn Autobahnen**
Satzbasis: (Frankfurt) lieg (an siebzehn Autobahnen)
b. **Das Seminar *endet* um 20 Uhr**
Satzbasis: (Das Seminar) end (um 20 Uhr)
c. **George *zerschlägt* seinen Computer**
Satzbasis: (George) zerschlag (seinen Computer)

Wie die Klassifizierung vor sich geht, wird in Kap.3 erläutert. Von Bedeutung für das Verhältnis von Form und Funktion ist, daß die Einteilung der Verben auch etwas über die größere Einheit aussagt, in der das Verb vorkommt. Diese kann man sich als ein Konstrukt vorstellen, in dem nur der Verbstamm mit den übrigen Satzgliedern vorkommt. Mit Klein (1999; 2000) sprechen wir von der ›Satzbasis‹, die IDS-Grammatik (1960) spricht von ›Satzrest‹. Meist sagt man dann einfach, die Satzbasis bezeichne wie der Verbstamm einen Zustand, ein Ereignis oder eine Handlung. Für die Klassifizierung der Sachverhalte ergibt sich 4.

(4)

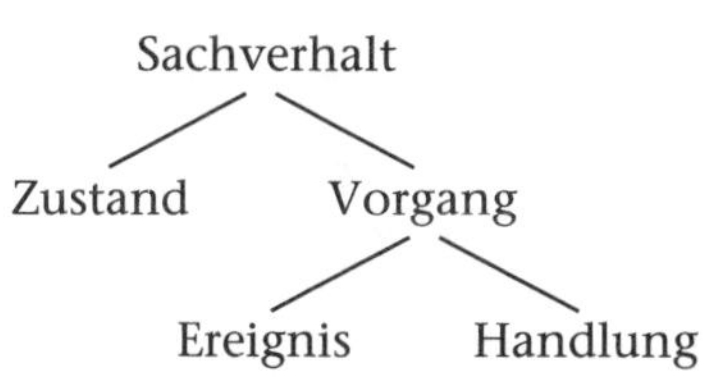

Die Reduktion auf Satzbasen ist beispielsweise nützlich, wenn es um Tempusbedeutungen geht und man das Verb bzw. den Satz zunächst ohne Tempus betrachten möchte (4.3). Ist der Unterschied zwischen Satz und Satzbasis unwichtig, sagt man einfach, ein Satz bezeichne einen Sachverhalt, einen Zustand usw.

Ein ganz andersartiger Zusammenhang von Form und Funktion ergibt sich aus dem Vergleich von 2a und 2b. Beide Sätze haben denselben propositionalen Gehalt. Ihr Formunterschied kann funktional so gedeutet werden, daß der Satz in 2a bei ›normaler‹ Verwendung dazu dient, den propositionalen Gehalt zu behaupten, ihn als zutreffend hinzustellen. Er wird deshalb Aussagesatz genannt. Entsprechend dient der in 2b dazu, das Zutreffen des propositionalen Gehalts zu erfragen, ihn bestätigen oder in Abrede stellen zu lassen, er wird deshalb ein Fragesatz genannt. Es besteht ein Zusammenhang zwischen Satzmodus und Reihenfolge der Satzglieder. Natürlich ist nicht gemeint, daß der Satztyp in 2a nur zum Behaupten und der in 2b nur zum Fragen verwendbar sei. Man kann 2a so äußern, daß der Satz als Frage oder Aufforderung verstanden wird und unterscheidet deshalb eine Satzbedeutung von einer Äußerungsbedeutung. Behauptet wird aber, daß man mit den beiden Satztypen – d.h. mit der Explikation ihres Formunterschiedes – etwas funktional Relevantes erfaßt hat (12.2).

Damit ist die Zielstellung klar: Die Grammatik soll die Form sprachlicher Einheiten so beschreiben, daß der Zusammenhang von Form und Funktion deutlich wird. Alle Formmerkmale, die funktional von Bedeutung sein können, soll die Grammatik erfassen. Das heißt aber nicht, daß alles Funktionale ein Formkorrelat hat, noch heißt es, daß jeder Formunterschied funktional relevant ist. Es interessiert der Zusammenhang, seine Explikation ist das Ziel einer funktionalen Grammatik. In Kap 2 wird nun zunächst erläutert, welche Beschreibungsmittel wir verwenden, um die syntaktische Form von sprachlichen Einheiten zu erfassen (zur phonologischen und morphologischen Form Wort, 1.3.3).

2. Grundbegriffe

2.1 Syntaktische Kategorien

Kategorien in der Grammatik

Der Begriff Kategorie ist kein Begriff der Alltagssprache. Das Universalwörterbuch (821) nennt als typische Verwendungsweisen »Jemanden in eine Kategorie einordnen« oder »Das fällt unter eine andere Kategorie.« Wir greifen zu dem Wort offenbar dann, wenn dem Bezeichneten seine rechte Bedeutsamkeit gegeben werden soll.

Seinen Ursprung hat dieser Begriffsrest wohl bei dem, was die philosophische Kategorienlehre genannt wird. Kategorien sind bestimmte Grundbegriffe des jeweiligen Systems. Sie sind als Begriffe nicht definiert, sie sind zwar explizierbar und können erläutert werden, ableitbar sind sie nicht. Beispiele für Kategorien dieser Art sind Substanz, Quantität, Qualität, Relation, Ort, Zeit, Lage, Haben, Wirken, Leiden in der Kategorienlehre des Aristoteles. Oder Materie, Bewußtsein, Bewegung, Zusammenhang, Kausalität, Wechselwirkung, Notwendigkeit, Zufall, Gesetz im philosophischen System des dialektischen Materialismus. Bei den meisten von uns ist ›Kategorie‹ ein wenig in dieser Richtung besetzt. Für die Grammatik hilft uns ein derartiger Begriff aber nicht weiter, im Gegenteil, er könnte sogar störend sein.

Dies um so mehr, als ein Teil des gebräuchlichen grammatischen Vokabulars noch an den engen Zusammenhang zwischen philosophischen und grammatischen Kategorien erinnert, der in der antiken Sprachphilosophie bestand (Cherubim 1975: 138 ff.). Unser Substantiv ist die Bezeichnung für Wörter, die etwas ›Substantielles‹ bezeichnen, etwas, das Substanz im Sinne der aristotelischen Kategorie hat (Murray 1946: 110 ff.; Lyons 1980: 274 ff.; Meineke 1996: 124 ff.). Man war der Auffassung, daß ein enger und direkter Zusammenhang zwischen Kategorien des Seins und grammatischen Kategorien besteht. Diese Auffassung ist keineswegs auf die Antike beschränkt, sondern scheint auch auf in Eindeutschungen wie ›Eigenschaftswort‹ für ›Adjektiv‹. Ein Kategorienname wie Adjektiv oder wie Präposition sagt ja eher etwas über die Syntax (die Stellung) eines Wortes aus als über seine Beziehung zu einer philosophischen Kategorie. Das ist bei ›Eigenschaftswort‹ anders.

Unser Begriff von grammatischer Kategorie wird in einer ersten Bestimmung abgegrenzt vom Begriff der Beziehung oder Relation. Relationen bestehen zwischen Individuen unterschiedlicher Zahl, zweistellige Relationen zwischen zweien wie in ***Karl* ist der Bruder von *Egon*** und dreistellige zwischen dreien wie in ***Dietrich* verrät *Helmut* an *Franz***. Kategorien sind ein spezieller Fall von Relation in einem technischen Sinne, nämlich die einstellige Relation. Kategorial in diesem Sinne wären Sätze wie **Karl ist Bäcker** oder **›Bär‹ ist ein Substantiv**. Die Sätze besagen, daß Karl zur Klasse der Bäcker gehört oder unter die Kategorie Bäcker fällt und daß **Bär** zur Klasse der Substantive gehört oder unter die Kategorie Substantiv fällt. Kategorien sind Mengenbegriffe. Der Umfang einer Kategorie, ihre Extension, ist eine Menge von Entitäten bestimmter Art. Gewöhnlich haben die Elemente dieser Menge eine bestimmte Eigenschaft gemeinsam. Diese Eigenschaft ist die Bedeutung der Kategorie oder ihre Intension.

Was hier ›Kategorie‹ genannt wird, findet sich häufig auch unter der Bezeichnung ›einstelliges Prädikat‹ oder ›klassifikatorischer Begriff‹ (Kutschera 1972: 16ff.). Danach dienen Kategoriensysteme der klassifikatorischen Gliederung von Entitäten bestimmter Art. Das wird so ausdrücklich auch für unser System von grammatischen Kategorien vorausgesetzt, und man hat zu klären, welche Art von Entitäten unter grammatische Kategorien fallen. Führen wir uns zunächst vor Augen, was üblicherweise als grammatische Kategorie angesehen wird.

Zu den grammatischen Kategorien gehören sicher die Wortarten traditioneller Grammatiken wie Verb, Substantiv, Adjektiv, Adverb, Präposition, Partikel, Konjunktion, Artikel und Pronomen. Grammatische Kategorien sind dann Mengen von Wörtern. Die Kategorie Substantiv würde eine Klasse von Wörtern umfassen, die sich von denen des Adjektivs, Verbs usw. unterscheidet. Das System der grammatischen Kategorien wäre eine Klassifikation des Wortbestandes oder Vokabulars einer Sprache.

Die grammatischen Kategorien im Sinne von Wortarten sind nach Auffassung fast aller Grammatiken in zwei Gruppen zu unterteilen, nämlich die lexikalischen Kategorien Substantiv, Verb, Adjektiv und Adverb und die Funktionswörter wie Pronomen und Artikel. Die Wörter aus den lexikalischen Kategorien haben eine Wortbedeutung im eigentlichen Sinn, die Funktionswörter haben eine ›strukturelle Bedeutung‹. In **dies Kleid** etwa kann man angeben, was der Begriffsinhalt von **Kleid** ist und auch, auf welche Art von Objekten man mit diesem Wort bezugnimmt. Dagegen hat **dies** offenbar die Funktion, eine bestimmte Art des Referierens zu sichern. Es ist nicht irgendein, sondern ein bestimmtes Kleid gemeint. Das ist seine Leistung als Funktionswort (weiter 5.2).

Mindestens bei den Präpositionen und den Konjunktionen führt diese Einteilung zu Schwierigkeiten. Beispielsweise hat **über** in **das Bild über der Tür** eine lexikalische (nämlich lokale) Bedeutung, nicht dagegen in **Sie spricht gut über dich.** In anderen Fällen sind wir unsicher, ob das eine oder das andere vorliegt, etwa in **Sie fahren über die Grenze; Der Zug fährt über Bamberg**. Bei den Konjunktionen ist **daß** wie in **Sie hofft, daß es regnet** sicherlich ein Funktionswort, während **bevor** wie in **Er schläft ein, bevor es anfängt zu regnen** eine lexikalische (nämlich eine temporale) Bedeutung hat (6.1; 6.2).

Eine andere Einteilung der Wortarten ist die in offene und abgeschlossene Kategorien. Zu den offenen gehören wieder die Substantive, Verben, Adjektive und Adverbien. Sie heißen offen, weil sie durch produktive Wortbildungsmechanismen wie die Bildung von Substantiven auf **ung** (**Erwähnung**) oder der Adjektive auf **isch** (**stilistisch**) erweiterbar sind. Wir wissen niemals, wieviele Substantive oder Adjektive das Deutsche gerade hat. Dagegen können wir die Präpositionen, Konjunktionen, Artikel, Pronomina und Partikeln wenigstens annähernd aufzählen.

Wortarten sind für uns grammatische Kategorien unter anderen. Wir besprechen sie dort, wo jede von ihnen nach dem Aufbau dieser Grammatik hingehört und nicht etwa in einem eigenen Wortartenkapitel (weiter Wort, 1.4).

Neben den Wortarten steht die große Gruppe von grammatischen Kategorien, die etwas mit dem Flexionssystem einer Sprache zu tun haben wie Femininum, Singular, 1. Person, Konjunktiv, Präteritum. Häufig werden sogar nur sie eigentlich als grammatische Kategorien angesehen und als solche neben die Wortarten gestellt. Es ist sofort klar, daß Kategorien dieser Art nicht Mengen von Wörtern sind wie die Wortarten-Kategorien. Sicher wollen wir nicht davon sprechen, daß ›Singular‹ im gleichen Sinne eine Menge von Wörtern umfaßt wie wir es uns für ›Substantiv‹ vorstellen können.

Schließlich finden wir, zumal in neueren Grammatiken und Grammatiktheorien, Aussagen über Kategorien wie »Zwei Ausdrücke gehören zur selben Kategorie, wenn sie überall füreinander ersetzbar sind, ohne daß eine Veränderung in der Grammatikalität eintritt«. Die Ausdrücke **dein großer Bruder** und **der Karl** gehören danach zur selben grammatischen Kategorie, weil sie beide im Kontext **... studiert in Berlin** und auch in anderen Kontexten gleich gut oder gleich schlecht vorkommen können. Damit ist klar, daß der Begriff der grammatischen Kategorie mithilfe des Wortbegriffes allein nicht explizierbar ist. Auch größere Einheiten als Wörter gehören zu grammatischen Kategorien, insbesondere ist auch ›Satz‹ zu den grammatischen Kategorien zu rechnen.

Damit haben wir ungefähr aufgeführt, was unser Begriff von grammatischer Kategorie umfassen muß. Wir setzen zur weiteren Erläuterung wieder beim Wortbegriff an und behalten im Gedächtnis, daß wir nur über Kategorien des syntaktischen Teiles der Grammatik reden und deshalb ebensogut von syntaktischen wie von grammatischen Kategorien sprechen können.

Wortform, Paradigma, Einheitenkategorien

Von den vielen möglichen Bedeutungen des Wortes **Wort** meinen wir zwei bestimmte, wenn wir von Wörtern reden, die in einem Satz vorkommen, und wenn wir von Wörtern reden, die in einem Lexikon stehen. In einem Lexikon findet sich nur ein Teil der ›Wörter‹, die in den Sätzen des Deutschen vorkommen, z. B. bei Substantiven der Nominativ Singular, bei Verben der Infinitiv Präsens Aktiv und bei Adjektiven die sogenannte Kurzform. Je nach Typ des Lexikons finden sich bestimmte Wörter überhaupt nicht, in einem Konversationslexikon z. B. alle nicht, die keine Substantive sind.

Der Unterschied zwischen beiden Arten von Wörtern besteht darin, daß der Lexikoneintrag, auch Lemma genannt, nicht für sich allein steht, sondern eine ganze Reihe von Wörtern im zweiten Sinne mitmeint. Was in einem Lexikon über ein ›Wort‹ mitgeteilt wird, etwa seine Bedeutung oder seine Entsprechung in einer anderen Sprache, gilt immer für mehrere *Wortformen*. Ein deutsch-französisches Wörterbuch enthält nicht gesonderte Einträge für die Wortformen **Mannes, Manne, Männer, Männern** und **Mann**, sondern einen einzigen, der für alle steht, und dem auch ein einziger im Französischen entspricht. Wir weisen nun jeder Form ihre Kategorien zu (beim Substantiv jeweils einen Kasus und einen Numerus) und nennen die Menge der so kategorisierten Wortformen ein *Wortparadigma* oder auch ein *syntaktisches Paradigma*. Zusammen mit seiner Bedeutung nennen wir es ein *lexikalisches Wort*. Mit der

Unterscheidung von Wortform und lexikalischem Wort ersetzen wir den umgangssprachlichen Begriff ›Wort‹ durch zwei speziellere Begriffe. Wenn wir in Zukunft trotzdem ›Wort‹ verwenden, dann ist damit in der Regel ›lexikalisches Wort‹ gemeint.

Nur Wortformen kommen in Sätzen vor, niemals Paradigmen oder lexikalische Wörter. Auch die sogenannten Grundformen, die in Lexika (als Namen für lexikalische Wörter) stehen, sind Wortformen wie alle anderen. Es ist prinzipiell durch nichts gerechtfertigt, sie vor den anderen Formen auszuzeichnen. Statt des Nominativ Singular könnte bei den Substantiven ebensogut der Dativ Plural oder eine andere Form als Name für das lexikalische Wort gewählt werden. Wenn wir genau sein wollen, müssen wir stets anzeigen, ob wir von Wortformen oder von lexikalischen Wörtern sprechen. Wir führen zwei Schreibweisen ein und meinen Wortformen, also den Nominativ Singular bzw. den Infinitiv Präsens Aktiv, wenn wir **Buch** und **laufen** schreiben. Schreiben wir **Buch**^{WP} und **laufen**^{WP}, so meinen wir die Wortparadigmen, zu denen diese Wortformen gehören. Handelt es sich um flektierte Wortformen, dann sprechen wir von einem Flexionsparadigma (zum Paradigmenbegriff Wort, 1.3; 5.1; Plank Hg. 1991; Lieb 1992a).

Sehen wir uns nun an einem einfachen Beispiel an, wie Flexionsparadigmen aufgebaut sind. Die substantivischen Paradigmen im Deutschen enthalten, wenn sie vollständig sind, acht Positionen. Von diesen gehören jeweils zwei den vier Kasus und jeweils vier den beiden Numeri an, schematisch wie in 1.

(1)

	Sg	Pl
Nom	**Buch**	**Bücher**
Gen	**Buches**	**Bücher**
Dat	**Buche**	**Büchern**
Akk	**Buch**	**Bücher**

Jede Position oder, wie wir sagen, jede Einheit des substantivischen Paradigmas gehört damit zwei Kategorien gleichzeitig an, einer Kasuskategorie und einer Numeruskategorie. Formal sind diese Kategorien im Endungssystem sowie durch Unterschiede der Stammfomen (hier durch den Umlaut) realisiert. Es gehört zu den Eigenschaften des Deutschen, daß solche Realisierungen Träger mehrerer Funktionen sein können. So ist es im allgemeinen nicht möglich, etwa für die Form des Genitiv Plural eine Pluralmarkierung neben einer Genitivmarkierung auszumachen. Beide sind häufig nur gemeinsam realisiert. Man sagt dann, die Kategorien von Numerus und Kasus seien *fusioniert*. In einem Flexionsparadigma stimmen häufig Wortformen, die unterschiedliche Positionen besetzen, formal überein (sog. *Synkretismus*). So sind von den vier Pluraleinheiten des substantivischen Paradigmas im Deutschen mindestens drei formgleich. Mehrdeutigkeiten dieser Art werden in der Regel im syntaktischen Kontext aufgelöst, beim Substantiv etwa durch den Artikel.

Wie die substantivischen, so sind auch andere Wortparadigmen des Deutschen intern gegliedert. Die interne Struktur wird sichtbar gemacht oder realisiert durch die Flexion. Mithilfe der Flexionskategorien erfassen wir die unterschiedliche Form der Einheiten, die zu einem Paradigma gehören und nennen sie deshalb *Einheitenkategorien*. Bei den Wortparadigmen beziehen sich Einheitenkategorien also auf Merkmale der Flexion.

Das System der Einheitenkategorien ist im Deutschen vielfältig und gehört mit den Einzelheiten in die Wortgrammatik (Wort, 5). Im vorliegenden Band wird es so weit entwickelt, wie für die Syntax erforderlich. In diesem vorbereitenden Abschnitt geben wir lediglich einige Beispiele für Einheitenkategorien, so daß die Strukturiertheit des Gesamtbereichs deutlich wird.

Die interne Gliederung der substantivischen Paradigmen wird mithilfe von sechs Einheitenkategorien beschrieben, nämlich mit zwei Numerus- und vier Kasuskategorien. Das vollständige Substantivparadigma umfaßt acht Einheiten. Wie das Substantiv wird auch der Artikel hinsichtlich Numerus und Kasus flektiert, daneben aber auch hinsichtlich des grammatischen Geschlechts mit den Kategorien Mask, Fem, Neut. Das vollständige Paradigma des Artikels, wie es beim bestimmten Artikel **der**^{WP} gegeben ist, umfaßt 16 Positionen (5.2). Etwas komplizierter liegen die Verhältnisse beim Adjektiv. Neben den 16 Positionen, die auch der bestimmte Artikel umfaßt, enthält das adjektivische Paradigma noch sogenannte starke (Stk) und schwache (Schw) Formen. Der Unterschied wird sichtbar in **das liebe Kind** vs. **ein liebes Kind** (8.2).

Die Flexion von Substantiven, Artikeln, Adjektiven und den hier nicht genannten Pronomina wird zusammenfassend *Deklination* (›Beugung‹) genannt. Die deklinierten Wortarten haben insbesondere die Gliederung hinsichtlich des Kasussystems gemeinsam. Die traditionelle Grammatik faßt daher manchmal die deklinierten Wortarten unter der Bezeichnung Nomen (N) zusammen (Sütterlin 1923: 185) und grenzt sie damit kategorial von den Flexionstypen ohne Kasusmarkierung ab. Wir werden uns ebenfalls dieses weiten Begriffs von Nomen bedienen und ihn nicht, wie es auch häufig geschieht, synonym mit Substantiv verwenden (s. u.).

Nun zu den weiteren Flexionsarten, die das Deutsche kennt. Adjektive werden nicht nur dekliniert, sondern sie haben neben der einfachen Form (›Grundform‹), dem Positiv (Pos), die Steigerungsformen des Komparativs (Komp) und des Superlativs (Sup) wie in **das schöne Wetter, das schönere Wetter, das schönste Wetter**. Man spricht hier von *Komparation*. Es ist seit jeher umstritten, ob die Formen des Komparativs und des Superlativs zum selben Paradigma gehören wie die des Positivs oder ob man drei getrennte Paradigmen annehmen soll (12.3; Wort, 5.2.3).

Die *Konjugation* ist die Flexionsart der Verben. Die Form **siehst** eines verbalen Paradigmas wie in **du siehst** wird mit fünf Einheitenkategorien beschrieben als 2.Ps, Sg, Präs, Ind, Akt. Das vollständige verbale Paradigma kennt drei Kategorien der Person (1., 2., 3.Ps), zwei Numeri (Sg, Pl) und sechs Kategorien des Tempus, nämlich das Präsens (Präs), das Präteritum oder Imperfekt (Prät), das Perfekt (Pf), Plusquamperfekt (Pqpf) und Futur (Fut1, 2). Zu den Flexionskategorien des Verbs gehören weiter die Kategorien des Modus, nämlich Indikativ (Ind) und Konjunktiv (Konj). Nur die Formen des Präs und Prät sind einfach (›synthetisch‹), alle anderen sind zusammengesetzt (›analytisch‹ wie **habe gesungen, werden singen** usw.). Zum Flexionsparadigma des Verbs gehören streng genommen nur die synthetischen Formen. In Anlehnung an das Lateinische zählt man aber meist auch die zusammengesetzten Tempusformen sowie die Formen des Passivs dazu (s. dazu 4.1). Aktiv (Akt) und Passiv (Pas) bezeichnet man als Kategorien des Genus verbi. Wir wollen beim Verb immer vom Genus verbi und nicht vom Genus sprechen, damit eine Verwechslung mit dem Genus der Nomina ausgeschlossen ist.

Zum Flexionsverhalten der regelmäßigen Verben gehört es, daß das Paradigma keine obligatorisch endungslosen Einheiten enthält. Insbesondere die Grundform selbst besteht aus Stamm (**leg**) und Endung (**en**). Man spricht hier von *Stammflexion*. Beim Substantiv (**Buch**, **Buches**) und Adjektiv (**klein**, **kleines**) ist die Grundform endungslos, man spricht von *Grundformflexion*. Die Unterscheidung von Grundformflexion und Stammflexion ist typologisch bedeutsam. Im Deutschen überwiegt Grundformflexion (Wurzel 1984: 56f.).

Kategorisierung und Markiertheit von Kategorien

Grammatische Kategorien treten grundsätzlich nicht isoliert, sondern in Gruppen auf. Wir haben die Einheitenkategorien des Substantivs nicht einfach aufgezählt, sondern gleich in zwei Gruppen zusammengefaßt, nämlich in die Gruppe der Kasuskategorien und die der Numeruskategorien. Diese Gruppen bezeichnet man als *Kategorisierungen*. ›Kasus‹ etwa ist keine Kategorie, wohl aber ›Nominativ‹. Ebenso ist ›Tempus‹ keine Verbkategorie, sondern eine Kategorisierung, während ›Präsens‹ und ›Perfekt‹ Kategorien sind. Kategorisierungen sind Mengen von Kategorien. Man vermeidet manche terminologische und konzeptuelle Verwirrung, wenn man Kategorie und Kategorisierung konsequent unterscheidet und beispielsweise nicht, wie es oft geschieht, von »der grammatischen Kategorie des Kasus« spricht.

Den Unterschied zwischen Kategorie und Kategorisierung machen wir in Klassifikationsschemata auch graphisch deutlich. Gleichzeitig auftretende Kategorisierungen werden unter einem horizontalen Balken zusammengefaßt und in Fettdruck wiedergegeben, die Kategorien werden unter der jeweiligen Kategorisierung gebündelt. 2 gibt ein Beispiel für die substantivischen Formen.

(2)

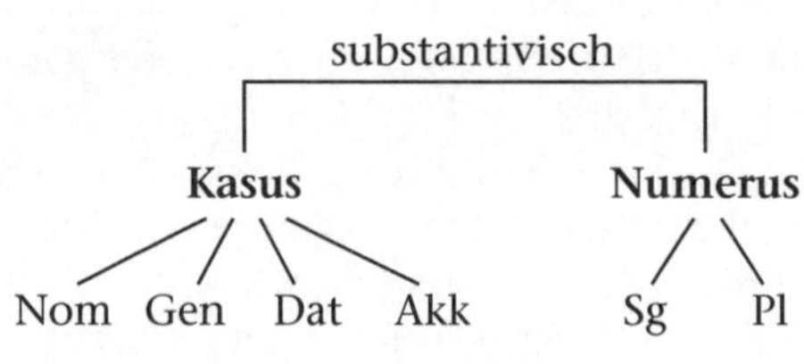

Auf den ersten Blick erscheinen die Kategorien einer Kategorisierung als gleichberechtigt und gleichgewichtig. Es gibt ebenso viele Singularpositionen wie Pluralpositionen im substantivischen und ebenso viele Präsenspositionen wie Perfektpositionen im Verbparadigma. Bei genauerem Hinsehen zeigt sich aber, daß die Kategorien nicht gleichberechtigt sind, sondern daß Asymmetrien verschiedener Art bestehen. Diese Asymmetrien können sowohl die Form als auch die Bedeutung und den Gebrauch der entsprechenden Einheiten betreffen. Betrachten wir als Beispiel wieder die Kategorien Sg und Pl beim Substantiv.

Im Deutschen wird, ebenso wie in anderen Sprachen, der Nominativ Plural aus dem Nominativ Singular gebildet, indem eine Pluralendung hinzugefügt und eventuell ein Vokalwechsel (Umlaut) vorgenommen wird. Die Pluralform ist komplexer als die Singularform, vgl. **Bild/Bilder, Haus/Häuser, Wand/Wände, Auto/Autos, Zange/Zangen**. Niemals ist im Deutschen die Singularform komplexer als die des Plurals und man sagt, die Pluralform sei *merkmalhaltig* oder *markiert*, die des Singulars sei *merkmallos* oder *unmarkiert*.

Der Begriff der Markiertheit wird meist im Anschluß an die Definition von Roman Jakobson verwendet: »falls die Kategorie I. [markiert] das Vorhandensein von A ankündigt, so kündigt die Kategorie II. [unmarkiert] das Vorhandensein von A nicht an, d.h. sie besagt nicht, ob A anwesend ist oder nicht.« (Jakobson 1966: 22; zur Kasusmarkiertheit Jakobson 1966a; ein Überblick in Wurzel 1994). Wenn das Futur 1 Zukünftigkeit signalisiert, dann signalisiert das Präsens als unmarkierte Kategorie »Zukünftigkeit ist nicht signalisiert«. Das Fut1 ist in dieser Hinsicht festgelegt, das Präs nicht. Das Präs kann in bestimmten Fällen zukunftsbezogen gelesen werden (**Nächste Woche besuchen wir dich**), aber es wird nicht immer so gelesen (**Wo ist Karl? Er besucht Paula**). Der Punkt ist von prinzipieller Bedeutung. Von zwei aufeinander bezogenen Kategorien besitzt nicht »jede ihre eigene positive Bedeutung« (Jakobson), sondern nur diejenige, die gegenüber der anderen markiert ist. Die unmarkierte ist hinsichtlich dieser Bedeutung unspezifiziert.

Idealiter geht mit der formalen Markiertheit (Merkmalhaftigkeit) einer Kategorie ihre semantische Markiertheit und die im Gebrauch einher. Beim Kategorienpaar Sg – Pl des Substantivs ist das der Fall. Der Singular als die unmarkierte Form hat die allgemeinere Bedeutung, seine Syntax ist weniger restringiert, er wird häufiger verwendet als der Plural, er wird von Kindern früher gelernt als der Plural. Es gibt eine ganze Reihe von sprachinternen und sprachexternen Kriterien, die hier herangezogen werden können (Mayerthaler 1981: 4ff.), und besonders wichtig und interessant ist, daß solche Gesichtspunkte nicht einzelsprachlich, sondern zumindest teilweise universell gelten. Das Unmarkierte stellt ja das ›Normale‹ dar, das, worüber man weniger nachdenkt und worüber man eher unbewußt verfügt, während das Markierte für das Besondere steht. Es sind deshalb sehr weitgehende Hypothesen darüber aufgestellt worden, was die Markiertheit/Unmarkiertheit von grammatischen Kategorien mit der Wahrnehmung und Bewältigung der Welt durch den Menschen zu tun hat. Bechert (1979, 1982) etwa vertritt die Auffassung, daß die unmarkierten Kategorien die sind, die Eigenschaften der Sprechsituation wiedergeben und sich auf den Sprecher selbst beziehen. Der Sprecher ist ein bestimmtes Individuum, das hier und jetzt handelt, und deshalb ist der Singular gegenüber dem Plural unmarkiert ebenso wie das Aktiv gegenüber dem Passiv, das Präsens gegenüber dem Präteritum, der Indikativ gegenüber dem Konjunktiv, das Subjekt gegenüber dem Objekt (Bechert 1982: 8; Cooper/Ross 1975; Mayerthaler 1981: 11ff.).

Nimmt man alle unmarkierten Kategorien zusammen und bildet man mit ihnen einen einfachen Satz, so ist dieser vom Typ her als unmarkiert ausgezeichnet. Als dieser Satztyp gilt allgemein der einfache Aussagesatz im Sg Präs Ind Akt mit definitem Subjekt, transitivem Verb und indefinitem Objekt wie

Karl kauft ein Feuerzeug. Von diesem Satztyp wird angenommen, daß er in der Kommunikation eine besondere Rolle spielt. Er kommt nicht nur besonders häufig vor, sondern er erfaßt das Mitzuteilende auch in einer besonders stabilen, einfachen und durchsichtigen Form. Daneben und deshalb wurde er schon immer als Dreh- und Angelpunkt für die grammatische Beschreibung angesehen. Von solchen Sätzen aus läßt sich nach dieser Auffassung die gesamte Grammatik einer Sprache aufrollen, alle anderen Satztypen lassen sich formal und semantisch auf ihn beziehen (zu diesem Problemkreis die Zusammenfassung in Givón 1979; 1984).

Die genaue Erfassung der Markiertheitsverhältnisse für die grammatischen Kategorien einer Sprache ist wegen der phantastischen Reichweite des Markiertheitsbegriffs und der Komplexität des Kategoriengefüges eine schwierige Aufgabe. Viele Kategorien treten nicht in Paaren, sondern in Tripeln oder Quadrupeln auf, so daß man einen relativen Begriff von Markiertheit braucht. Auch kann eine Kategorie in einem bestimmten Zusammenhang markiert, in einem anderen unmarkiert sein. Ein Sprecher des Berliner Dialekts stellt in manchen Stadtteilen den unmarkierten Fall dar. Bedient er sich seines Dialektes in einem literaturwissenschaftlichen Oberseminar, so wird er auffällig und stellt den markierten Fall dar. Solche *Markiertheitsumkehrungen* in speziellen Kontexten treten auf allen Ebenen der Grammatik auf. Beispielsweise kann man zu der Auffassung kommen, daß der Singular bei den Substantiven unmarkiert, bei den Personalendungen der Verben aber markiert ist (Plank 1977: 19f.).

Wir werden in unserer Grammatik keine geschlossene Markiertheitstheorie über das Deutsche anstreben und sie auch nicht voraussetzen, denn es gibt sie bisher nicht. Dennoch ist es instruktiv, wenn man sich Gedanken über die Markiertheitsverhältnisse für Einzelfälle macht. Man muß nur jeweils angeben, worauf genau sich die Markiertheit beziehen soll.

Wortkategorien

Zurück zu den syntaktischen Kategorien. Die Einheitenkategorien, mit denen wir uns bisher beschäftigt haben, sind nicht der einzige Typ von syntaktischer Kategorie, den man für eine Grammatik des Deutschen benötigt. Um das klarzumachen, vergleichen wir die Rolle des grammatischen Geschlechts beim Substantiv und beim bestimmten Artikel. Das Paradigma des bestimmten Artikels **der**^{WP} enthält Formen des Maskulinums, des Femininums und des Neutrums, das Genus ist hier eine Einheitenkategorisierung. Ein substantivisches Paradigma wie **Muttersprache**^{WP} dagegen enthält nicht Einheiten in den drei Genera, sondern das ganze Paradigma gehört zu den Feminina, ebenso wie **Mutterwitz**^{WP} zu den Maskulina und **Mutterglück**^{WP} zu den Neutra gehört. Jedes substantivische Paradigma und damit jedes substantivische lexikalische Wort gehört also einem grammatischen Geschlecht an und umgekehrt kann man sagen, daß die Genera eine Klassifizierung der Substantive als lexikalische Wörter abgeben. Für die Substantive ist das Genus nicht eine Einheiten-, sondern eine Wortkategorisierung, und die zugehörigen Kategorien heißen *syntaktische Wortkategorien*. Dies ist der zweite Typ von syntaktischer Kategorie, den wir für unsere Grammatik ansetzen. Wortkategorien sind keine Flexionskategorien. Sie treten bei flektierbaren Einheiten ebenso auf wie bei nicht flektierbaren, also bei Substantiven ebenso wie bei Adverbien oder Konjunktionen. Um Wortkategorien auch äußerlich von den Einheitenkategorien zu unterscheiden, notieren wir sie in Großbuchstaben. Mask, Fem, Neut sind also die Einheitenkategorien, wie sie beim Artikel auftreten, während MASK, FEM, NEUT die Wortkategorien des Substantivs sind.

Wir haben zur Illustration des Unterschiedes zwischen den Kategorientypen den speziellen Fall herausgegriffen, bei dem eine Einheitenkategorisierung den gleichen Namen hat wie eine Wortkategorisierung. Das ist ein Sonderfall, der nicht verallgemeinert werden kann. Er sollte uns auch nicht dazu verleiten, die Kategorien des grammatischen Geschlechts beim Substantiv und beim Artikel als ›dieselben‹ anzusehen. Es handelt sich keineswegs um dieselben Kategorien, denn daß ein Substantiv ein Neutrum ist, besagt etwas ganz anderes als daß die Artikelform **das** eine Form im Neutrum ist. Daß beide Kategorien den gleichen Namen haben, hat etwas mit der Kombinierbarkeit, also mit der Syntax von Substantiv und Artikel zu tun und besagt nicht, daß beide ›übereinstimmen‹. Wir kommen auf diesen Punkt genauer zurück.

Selbstverständlich wird in Grammatiken schon immer mit Kategorien operiert, die dem entsprechen, was wir Wortkategorien nennen, nur wurden diese Kategorien nicht unter einem Begriff zusammengefaßt und den Einheitenkategorien gegenübergestellt. In erster Näherung kann man zu den Wortkategorien bestimmte Wortarten und ihre Subklassen zählen. So gliedern wir die nominalen Wörter in die substantivischen (SBST), adjektivischen (ADJ), pronominalen (PRO) und die der Artikel (ART). Die substantivischen ihrerseits zerfallen in Kategorien nach dem grammatischen Geschlecht sowie danach, ob sie Eigennamen, Gattungsnamen oder Stoffnamen sind.

Ganz andere Wortkategorien kommen bei den Verben ins Spiel. Zunächst gliedern wir sie in Vollverben (VV), Hilfsverben (HV), Kopulaverben (KV) und Modalverben (MV). Jede dieser Klassen enthält wieder Subklassen, die Vollverben etwa die transitiven und intransitiven Verben, die danach unterschieden sind, ob sie ein Akkusativobjekt nehmen und ein Passiv bilden oder nicht. Auch Nichtflektierbare wie die Konjunktionen beschreiben wir mithilfe von Wortkategorien. Die Konjunktion **aber** beispielsweise kann Hauptsätze miteinander verbinden (**Karl schießt kein Tor, aber er ist ein disziplinierter Verteidiger**), während **obwohl** einen Nebensatz einleitet (**Karl schießt kein Tor, obwohl er ein disziplinierter Verteidiger ist**). Die Konjunktionen werden deshalb in koordinierende (KOR) und subordinierende (SUB) eingeteilt. Ebenso werden die anderen nicht deklinierbaren Klassen, also Adverbien, Präpositionen und Partikeln, mithilfe von Wortkategorien subklassifiziert. Das führt dazu, daß wir in allen diesen Fällen von *einelementigen Wortparadigmen* sprechen. Das Paradigma **aber**^{WP} enthält nur eine Form, nämlich **aber** selbst. Die Redeweise von den einelementigen oder auch uneigentlichen Paradigmen wirkt auf den ersten Blick ein wenig hergeholt und künstlich. Sie ist es nicht, denn sie macht deutlich, daß die syntaktische Feinkategorisierung der flektierbaren Wörter nach denselben Prinzipien funktioniert wie die der nicht flektierbaren. Wir werden oft flektierbare und nicht flektierbare Wörter mit dem gleichen Kategorientyp beschreiben. Der Unterschied bleibt ja dennoch bestehen: Flektierbare werden mit Einheiten- und Wortkategorien beschrieben, nicht flektierbare nur mit Wortkategorien.

Die beiden bisher besprochenen Typen, die Einheitenkategorien und die Wortkategorien, fassen wir zusammen unter der Bezeichnung *syntaktische Markierungskategorien*. Die Begründung für diese Bezeichnung wird im folgenden Abschnitt (2.2) gegeben. Die Begriffe Markierungskategorie und Markierung haben nichts mit dem vorhin eingeführten Begriff der Markiertheit zu tun. Die Ähnlichkeit der Bezeichnungen ist ganz zufällig.

Konstituentenkategorien

Neben den syntaktischen Markierungskategorien benötigt man als dritten und letzten Typ die *syntaktischen Konstituentenkategorien*. Jeder Satz ist hierarchisch gegliedert. Ein Satz besteht nicht einfach aus Wortformen, sondern zwischen dem Satz als der größten und den Wortformen als den kleinsten Einheiten der Syntax werden eine Reihe weiterer Einheiten angesetzt. Diese hierarchische Gliederung wird mithilfe der Konstituentenkategorien erfaßt. Konstituentenkategorien sind also zum Teil das, was traditionell als Wortarten bezeichnet wird, aber auch größere Einheiten fallen unter die Konstituentenkategorien, für die in älteren Grammatiken im allgemeinen kein Kategorienname zur Verfügung steht. Unsere Grammatik kommt mit relativ wenigen Konstituentenkategorien aus, denn ein wesentlicher Teil der syntaktischen Information wird mit den Wort- und Einheitenkategorien erfaßt. Die folgende Liste enthält das vollständige Inventar an Konstituentenkategorien, das wir verwenden.

(3) Konstituentenkategorien

a. Nomen (N): alle Substantive, Adjektive, Numeralia, Artikel und Pronomina. Beispiele: **Bücher, grüne, siebzehnte, des, welcher**. Nomina sind im allgemeinen deklinierbar.

b. Nominalgruppe (NGr): komplexe Nominalausdrücke d.h. deklinierbare Ausdrücke, die mindestens zwei Nomina enthalten wie **der Bluff, der große Bluff, Inge und Karl**. Nomina und Nominalgruppen werden häufig zusammengefaßt unter dem Begriff des Nominals. ›Nominal‹ ist ein Sammelbegriff, den wir abkürzend für alle deklinierbaren Ausdrücke verwenden. Er ist aber keine Konstituentenkategorie. Als nominale Konstituentenkategorien haben wir nur N und NGr.

c. Verb (V): alle Formen von Vollverben, Hilfsverben, Kopulaverben und Modalverben, z.B. **sieht, sind, bleibt, könnt**. Auch alle zusammengesetzten Verbformen gehören zur Kategorie V wie **haben gewonnen, ist vergessen worden**.

d. Verbalgruppe (VGr): Alle Ausdrücke, die aufgebaut sind aus Modalverb + Verb wie **muß schlafen, dürfte gesehen haben, sollen gewählt worden sein**

e. Präposition (Pr): wie **in, durch, angesichts, aufgrund**.

f. Präpositionalgruppe (PrGr): alle Ausdrücke, die aufgebaut sind aus Präposition + Nominal wie **auf der Heide, angesichts schwindender Exportüberschüsse, durch Wiederholen dieser Meldung**.

g. Konjunktion (K): wie **daß, obwohl, denn, aber, wie, und**.

h. Infinitivgruppe (IGr): gewisse Ausdrücke, die aufgebaut sind aus einem Infinitiv mit **zu, um zu, ohne zu, anstatt zu** + weiteren Bestandteilen.

Beispiele: **ihn zu trösten** in **Er versucht, ihn zu trösten; um zu kommen; anstatt zu fragen.**

i. Partizipialgruppe (PtGr): gewisse Ausdrücke, die aufgebaut sind aus einem Partizp 2 und weiteren Bestandteilen, z. B. **die Arme verschränkt** in **Die Arme verschränkt, stand sie vor ihm.**

j. Adjektivgruppe (AdjGr): gewisse Ausdrücke, die aufgebaut sind aus einem Adjektiv und weiteren Bestandteilen, z. B. **dem Menschen eigene** in **eine dem Menschen eigene Fähigkeit.**

k. Adverb (Adv): alle Adverbien wie **hier, nicht, erstaunlicherweise, immer, dort.**

l. Adverbialgruppe (AdvGr): Ausdrücke, die ein Adverb als ›Kern‹ enthalten, auf den eine andere Konstituente bezogen ist, z. B. **dort am Bodensee** mit **dort** als Kern.

m. Satz (S): alle Sätze gehören zur Kategorie S, egal ob sie Haupt- oder Nebensätze, Frage- oder Aussagesätze sind.

Diese Liste von Konstituentenkategorien des Deutschen wurde zur Übersicht und als erste Orientierung zusammengestellt. Die Kategorien sind darin weder in ihrem Aufbau genau gekennzeichnet noch in ihrem Umfang vollständig erfaßt. Es wurde auch noch nichts darüber gesagt, wie die verschiedenen Kategorientypen gemeinsam für die syntaktische Beschreibung von Einheiten des Deutschen verwendet werden. Mit dieser Frage beschäftigen wir uns in Abschnitt 2.2 (Syntaktische Strukturen).

Ebenso unerörtert ist bisher die Frage nach der Rechtfertigung von syntaktischen Kategorien geblieben. Sie kann im einzelnen natürlich nur bei der Formulierung der Grammatik selbst vorgenommen werden, steht aber auch im Zusammenhang mit den allgemeinen Zielen einer syntaktischen Analyse und mit der Frage, welche Methoden man verwenden sollte, um zu einer syntaktischen Analyse zu kommen. Aufgabe des vorliegenden Abschnittes ist es nicht, alle Aspekte des Kategorienproblems zu erörtern, sondern mit Plausibilitätsargumenten und anknüpfend am geläufigen Begriff von grammatischer Kategorie die in dieser Grammatik verwendeten Typen von syntaktischen Kategorien vorzustellen. Dazu fehlt als letzter Schritt, daß wir uns darüber klar werden, was für Entitäten syntaktische Kategorien sind. Wir haben bisher etwas ungenau von Einheiten, Formen und Ausdrücken gesprochen, aus denen Kategorien bestehen. Diese Ungenauigkeit soll jetzt beseitigt werden (zum folgenden genauer Lieb 1975; 1983: 80ff.; 1992).

Wir fassen alle syntaktischen Kategorien als Mengen von *syntaktischen Einheiten* auf. Syntaktische Einheiten sind die Entitäten (›Dinge‹, ›Objekte‹), mit denen sich die Syntax befaßt, die sie zu analysieren hat. Die syntaktischen Einheiten werden auch häufig die ›Ausdrücke‹ einer Sprache genannt. Dazu gehören die Sätze einer Sprache ebenso wie die Nominalgruppen, Verben, Konjunktionen usw., eben alles, was Gegenstand syntaktischer Überlegungen sein kann.

Syntaktische Einheiten sind generell aus syntaktischen *Grundformen* aufgebaut, syntaktische Grundformen sind also die elementaren syntaktischen Einheiten. Als syntaktische Grundformen kommen im Deutschen vor die *Wortformen*, die *Verschmelzungen* und die sogenannten *Wortreste*. Über den Begriff der Wortform ist früher schon einiges gesagt worden: In Sätzen und generell in syntaktischen Einheiten kommen nicht ›Wörter‹ vor, sondern Wortformen. Der Satz **Viele Franzosen frieren** enthält die Wortformen **viele, Franzosen** und **frieren**. Wortformen besonderer Art sind Einheiten wie **am, ins, im**. Wir bringen das durch den Begriff der Verschmelzung zum Ausdruck. Verschmelzungen wurden auch Portmanteau- oder Schachtelmorpheme genannt, weil man sich vorstellte, sie enthielten die Bedeutung von zwei Morphemen unlösbar in eines zusammengepackt (Hockett 1947; s.a. 6.1.2). Wortreste als dritte Art von syntaktischen Grundformen kommen vor in **Bier- und Weingläser, Laub- und Nadelbäume**. Beim Wortrest ist etwas weggelassen, das aber in der Umgebung ›wiedergefunden‹ werden kann. Auch ein Rückwärtsbezug des Wortrestes ist möglich wie in **Motorradhelm und -jacke** und sogar ein gleichzeitiger Vor- und Rückwärtsbezug kommt vor wie in **Spielerein- und -verkäufer** für **Spielereinkäufer und Spielerverkäufer**.

Syntaktische Einheiten sind nun generell Folgen von syntaktischen Grundformen. Der Begriff der Folge besagt, daß syntaktische Grundformen in syntaktischen Einheiten aneinandergereiht sind und damit in einer bestimmten Ordnung zueinander auftreten. Man kann immer angeben, ob eine bestimmte Grundform in einer Einheit vor oder nach einer bestimmten anderen auftritt. Mit dem Begriff der Folge werden die zeitliche Ordnung des Gesprochenen und die räumlich-lineare des Geschriebenen erfaßt. Viele Grammatiken sprechen in diesem Zusammenhang auch von der Verkettung von Grundformen. Damit wird aber weniger explizit auf die Ordnung zwischen den Grundformen hingewiesen als wenn man von Folgen von Grundformen spricht.

Syntaktische Grundformen sind ihrerseits natürlich weiter linguistisch analysierbar auf der Ebene der Morphologie und vor allem der Phonologie. Wir können uns hier nicht mit der Frage beschäftigen, wie syntaktische Grundformen aus Phonemen und Silben aufgebaut sind. Auch ohne das ist klar, daß eine jede syntaktische Grundform über ihre lautlichen Eigenschaften erfaßt werden kann. Jede Wortform, jede Verschmelzung und jeden Wortrest kann man phonologisch charakterisieren, indem man angibt, welche Phoneme (›Sprachlaute‹) die Grundform enthält und wie sie typischerweise betont wird (Kohler 1995; speziell Vennemann 1980; Lieb 1980; Wort, 1.3). Damit wird der Begriff der syntaktischen Einheit und auch der der syntaktischen Kategorie letztlich zurückgeführt auf phonologische Termini, denn die Phonologie beschäftigt sich mit den kleinsten sprachlichen Einheiten überhaupt.

2.2 Syntaktische Strukturen

2.2.1 Form und syntaktische Mittel

Einen Satz grammatisch beschreiben heißt, ihm seine Struktur bzw. seine Strukturen zuzuschreiben, in der Syntax speziell seine syntaktischen Strukturen. Die syntaktischen Strukturen sind Explikationen der syntaktischen Form. Wir müssen also, um über syntaktische Strukturen sinnvoll reden zu können, etwas über die Form sprachlicher Einheiten wissen. Was die Form sprachlicher Einheiten ist und wie man sie findet, liegt aber keineswegs auf der

Hand. Der für seine Aperçus bekannte Linguist von Stechow faßt diesen Tatbestand prägnant zusammen: »Die Form eines Ausdrucks erkennt man natürlich nicht durch bloßes Hinstarren« (1980: 124).

Zur Form eines Gegenstandes gehört allgemein das, was an ihm sinnlich wahrnehmbar ist, was man hört, sieht, fühlt usw. So unkontrovers das sein dürfte, so groß ist die Uneinigkeit, wenn man genauer anzugeben versucht, was man denn sieht und hört. Entscheidend dafür ist der Wahrnehmungsbegriff, den man verwendet. Über den aber gibt es sehr verschiedene Auffassungen.

In der ›Wahrnehmungspsychologie‹ von Hajos etwa heißt es einerseits »Wahrnehmungen sind raumzeitliche Abbildungen der Außenwelt« (1972: 15), praktisch ist dann jedoch nur von Wahrnehmungsschwellen, Unterschiedsempfindlichkeiten und Adaptionen der Sinnesorgane die Rede. Der Wahrnehmungsbegriff wird so auf niedriger Ebene des Erkennens angesiedelt. ›Hören‹ kann man danach Tonhöhenunterschiede, Tondauern, Lautheiten und Lautheitsdifferenzen. Hören kann man keine Wörter und schon gar keine Sätze, sondern höchstens Folgen von Lauten mit einer Lautstärke- und Tonhöhenkontur. Ein solcher Wahrnehmungsbegriff meint genau das nicht, was man zur Grundlage eines Begriffs von sprachlicher Form zu machen hat. Man kann nämlich sehr wohl Wörter und Sätze als Ganze ›hören‹ und nicht nur Folgen von Lauten, ebenso wie man Bäume und Wolken als Ganze ›sehen‹ kann und nicht nur irgendwelche Bestandteile von ihnen. Der Unterschied ist gravierend, denn er führt zu gänzlich verschiedenen Formbegriffen.

In der Sprachwissenschaft ist ein enger Formbegriff verbreitet, gegründet wohl auf einen engen Wahrnehmungsbegriff. Die Formseite des sprachlichen Zeichens wird auf das akustisch Wahrnehmbare reduziert, denn ohne das Akustische, ohne Lauterzeugung, Lautübertragung und Lautverarbeitung sei mündliche Kommunikation nicht möglich. Die lautliche Seite des Sprachzeichens wird aber, so folgert man, von der Phonetik und Phonologie bearbeitet, und nicht von der Syntax. Deshalb sind es Phonetik und Phonologie, die sich nach dieser Auffassung eigentlich mit der Formseite sprachlicher Einheiten befassen. Man versteht dann unter der sprachlichen Form »alle wahrnehmbaren, insbesondere aber die akustisch wahrnehmbaren Reize (Einzelreize und Reizfolgen), die den Mitgliedern einer bestimmten Sprachgemeinschaft zur gegenseitigen Verständigung dienen« (Meier 1961: 15).

Die Schwierigkeit mit solchen Formulierungen ist, daß das Wahrnehmen an das Akustische gebunden bleibt. Ein Wort etwa wird aber nicht lediglich als ›akustische Reizfolge‹ wahrgenommen. Damit es als Wort gehört werden kann, müssen auch sein silbischer und sein morphologischer Bau als solche gehört werden. Diese Wahrnehmung beruht zwar auf akustischer, ist selbst aber nicht akustisch, sondern phonologisch bzw. morphologisch. Wir sprechen deshalb von akustischen Wahrnehmungen mit nicht mehr Recht als von phonetischen, phonologischen, morphologischen und syntaktischen Wahrnehmungen. Die Reduktion auf das Akustische bzw. das Graphisch-Visuelle hat ihren Grund wohl in einer konkretistischen Sicht auf die Sprechsituation: Der Sprecher produziert ›Laute‹, die als ›akustisches Signal‹ zum Adressaten gelangen. Der Adressat nimmt das ›akustische Signal‹ wahr und verarbeitet es bis zur semantischen Analyse. Systematisch ist eine solche Reduktion durch nichts gerechtfertigt. Der Sprecher produziert nicht allein Laute, sondern er äußert auch Wörter und Sätze. Und der Adressat hört nicht allein Laute, sondern er hört ebenfalls auch Wörter und Sätze (instruktiv zum Begriff des Sprachhörens sind insbesondere die Erfahrungen der Ohrenphonetiker, vgl. z. B. Kohler 1995; Vieregge 1989; Wort, 2.3.1).

Um den Begriff der syntaktischen Form konkret zu machen, stellen wir uns einen Sprecher vor, der etwas sagen und dazu ein bestimmtes Wortmaterial verwenden will. Die Wörter sind also gegeben. Welche Möglichkeiten stehen ihm zur Verfügung, größere Einheiten strukturiert aus kleineren aufzubauen? Wir nehmen dazu Satz 1a und stellen fest, was man – unter Beibehaltung des Wortmaterials – an diesem Satz ändern kann, so daß andere Sätze entstehen. Es kommt dabei auf die Variation der Form an. Ein ›anderer Satz‹ ist also immer ein Satz mit einer anderen Form als der von 1a, egal, ob er mit 1a in der Bedeutung übereinstimmt oder nicht.

(1) a. **Auch unsere Gruppe erreichte den Zug nicht**
b. **Unsere Gruppe erreichte auch den Zug nicht**
c. **Erreichte unsere Gruppe auch den Zug nicht?**
d. **Den Zug erreichte auch unsere Gruppe nicht**
e. **Unsere Gruppe erreichte den Zug auch nicht**
f. **Auch nicht unsere Gruppe erreichte den Zug**
g. **Nicht unsere Gruppe erreichte auch den Zug**

Diese sieben Sätze unterscheiden sich alle in der Form, weil die auftretenden Wortformen in unterschiedlicher *Reihenfolge* erscheinen. Die Unterschiede hört man, d. h. die Reihenfolge ist ein Mittel, größere Einheiten aus kleineren Einheiten unterschiedlich zu formen. Die Reihenfolge ist jeder syntaktischen Einheit immanent, sie ist mit ihr selbst gegeben. Man braucht also, wenn man die Form explizit macht, diesen Formaspekt nicht explizit zu machen. Mit dem bloßen Hinschreiben der Einheit ist die Reihenfolge klar.

Das ist anders bei der *Intonation*. Unter Intonation verstehen wir den zeitlichen Verlauf der Kombination aus Tonhöhe, Tondauer und Lautheit, der zu einer Einheit gehört. Entscheidend für die Wahrnehmung der Intonation ist der Verlauf der Grundfrequenz. Ein Tonhöhenverlauf wird beschrieben, indem die Tonhöhe an bestimmten Stellen der Einheit als ›hoch‹ (Hochton) oder ›tief‹ (Tiefton) angesetzt wird. Die Verbindung dieser Punkte ergibt die sog. Intonationskontur.

Die Einheiten, auf deren Intonationskontur es ankommt, nennt man Intonationsphrasen. Innerhalb einer Intonationsphrase werden Tonhöhenverläufe den sprachlichen Einheiten regelhaft zugewiesen. Man kann sich etwa vorstellen, daß Satz 1a bei Akzentuierung wie in 2a oder in 2b jeweils eine Intonationsphrase hat, und bei Akzentuierung wie in 2c deren zwei. Die systematische Darstellung solcher Verhältnisse führt dann zur Intonationsstruktur als Bestandteil der syntaktischen Struktur. Einen syntaktischen Akzent deuten wir wie in 2 durch Kursivdruck oder durch ein Akzentzeichen auf dem entsprechenden Wort an (z. B. **auch únsere Gruppe**).

(2) a. **Auch *unsere* Gruppe erreichte den Zug nicht**
b. **Auch unsere Gruppe erreichte *den* Zug nicht**
c. **Auch *unsere* Gruppe erreichte den Zug *nicht***

Wir beschäftigen uns nicht weiter mit dem Begriff der Intonation noch berücksichtigen wir Intonationen systematisch in unserer Grammatik. Das bleibt ein Manko, das vorerst nicht zu beheben ist (zur Satzintonation Grundzüge: 839 ff.; Uhmann 1991; Selting 1993; 1995; und vor allem Peters 2004).

Die syntaktische Form unseres Satzes kann weiter verändert werden, indem man vorkommende Einheiten morphologisch verändert (Präfix, Suffix, Infix, Umlaut und Ablaut; Beispiele in 3).

(3) a. **Auch unsere Gruppe erreichte den Zug nicht**
b. **Auch unsere Gruppen erreichten den Zug nicht**
c. **Auch unsere Gruppe erreicht den Zug nicht**
d. **Auch unsere Gruppen erreichten die Züge nicht**

Wir nennen dieses Formmittel die *morphologische Markierung* syntaktischer Einheiten. Im Deutschen erstreckt sich die morphologische Markierung im wesentlichen auf Flexionsmerkmale. Sie schlägt sich unmittelbar nieder in Markierungskategorien.

Reihenfolge, Intonation (im Geschriebenen Interpunktion, Behrens 1989; Primus 1997a) und morphologische Markierung nennen wir die *syntaktischen Mittel* einer Sprache. Die syntaktischen Mittel sind es also, die das Instrumentarium zur strukturierten Bildung komplexer Ausdrücke abgeben. Es wird hier die Auffassung vertreten, daß Reihenfolge, Intonation und morphologische Markierung nicht nur die einzigen syntaktischen Mittel des Deutschen sind, sondern daß es überhaupt keine Sprache gibt, die andere syntaktische Mittel als diese drei zur Verfügung hat.

Diese Behauptung kann man nicht ohne weiteres beweisen, und manche Grammatiken nennen andere und vor allem mehr Formmittel als die drei (Admoni 1970: 211 ff.; Jung 1973: 122 ff.; Flämig u.a. 1972: 36 ff.). Man kann aber für jeden Einzelfall zeigen, daß die aufgeführten Formmittel entweder auf die drei reduzierbar sind oder daß es sich nicht um Formmittel im eigentlichen Sinne handelt. Betrachten wir als Beispiel die »Mittel zur Verknüpfung der Wörter« wie sie in der Grammatik von Hermann Paul (1919: 4 ff.) genannt werden. »Die Mittel, deren sich die Sprache bedient, um die Verknüpfung der Wörter und der an sie angeschlossenen Vorstellungsmassen zum Ausdruck zu bringen, sind die folgenden:

1. Die Aneinanderreihung der Wörter an sich ...
2. Die Stellung der Wörter ...
3. Die Abstufung des Stimmtones ...
4. Die Abstufung der Stimmstärke ...
5. Das Tempo der Rede ...
6. Wörter, die wir als Verbindungswörter bezeichnen können ...
7. Flexion.«

Der Unterschied, den Paul in 1. und 2. macht zwischen der Tatsache, *daß* Wörter aneinandergereiht sind und der Art und Weise *wie* sie aufeinanderfolgen (bei einer bestimmten Wortstellung also), ist kaum zu rechtfertigen. Es gibt keine ›Aneinanderreihung der Wörter an sich‹, es sei denn in einer Sprache mit vollkommen freier Wortordnung. Eine solche Sprache gibt es nicht, und es kann sie aus vielerlei Gründen auch nicht geben. Punkt 1. und 2. entsprechen dem, was wir das syntaktische Mittel Reihenfolge genannt haben.

3., 4. und 5. entsprechen der Intonation, wobei die weitere (hier nicht wiedergegebene) Erläuterung von 5. bei Paul zeigt, daß mit ›Tempo der Rede‹ auch das gemeint ist, was wir Tondauer nennen. Im übrigen ist das Tempo der Rede aber syntaktisch irrelevant etwa so, wie der Unterschied zwischen der Tonhöhe einer Kinderstimme und einer Männerstimme syntaktisch irrelevant ist.

Die ›Verbindungswörter‹ unter 6 sind kein syntaktisches Mittel in unserem Sinne. Paul führt als Beispiele solcher Wörter Präpositionen, Pronomina und Adverbien auf, meint also im wesentlichen das, was in 2.1 als abgeschlossene Klassen von Einheiten thematisiert wurde. Sie spielen für uns keine besondere Rolle im Sinne eines syntaktischen Mittels, vielmehr sind sie dem Gebrauch der syntaktischen Mittel ebenso unterworfen wie alle anderen Einheiten.

Das zuletzt genannte Mittel Flexion entspricht dem, was wir morphologische Markierung genannt haben.

Gravierende Unvereinbarkeiten zwischen unseren syntaktischen Mitteln und Pauls Verknüpfungsmitteln gibt es nicht. Der Gedanke, die syntaktische Form über den Gebrauch der syntaktischen Mittel zu explizieren, ist nicht neu. Er wird hier besonders betont, weil er in modernen Syntaxen häufig ganz in den Hintergrund getreten ist und vielfach kaum eine Rolle bei der Rechtfertigung syntaktischer Strukturen spielt. Das liegt sicher daran, daß unter Syntax meist nicht die Lehre von der Oberflächenform selbst verstanden wird, sondern die Lehre von der Herleitung dieser Form aus einer Tiefenstruktur oder semantischen Struktur. Die syntaktischen Mittel sind von Interesse nur für die Oberflächenform.

2.2.2 Das Strukturformat

Die Oberflächenform wird gebildet mithilfe der syntaktischen Mittel. Was aber *ist* die Oberflächenform (Oberflächenstruktur) selbst, und wie wird sie anschaulich gemacht?

Wir betrachten als Beispiel einen einfachen Subjekt-Prädikat-Objekt-Satz. Für diesen Satz und seine Teile tragen wir das zusammen, was uns an syntaktischer Information bekannt ist und ordnen es systematisch den Ausdrücken zu, zu denen es gehört. Alle Begriffe sind syntaktisch gemeint, es geht um *syntaktische* Strukturen.

Die syntaktische Einheit **Hans verliert die Geduld** ist eine Folge von Grundformen (Wortformen). Das machen wir mit Durchzählen der elementaren Bestandteile deutlich. Die Numerierung lassen wir im allgemeinen weg, bei vollständiger Angabe der Struktur gehört sie aber dazu.

Hans ist die Form eines Nomens, ebenso **die** und **Geduld**. Zusammen bilden letztere eine Nominalgruppe. **Verliert** ist eine Verbform, das Ganze ist ein Satz. Alle genannten Kategorien sind Konstituentenkategorien, die in 1 angegebene Struktur nennen wir eine *syntaktische Konstituentenstruktur.* Die Konstituentenstruktur gibt den hierarchischen Aufbau syntaktischer Einheiten mithilfe der Konstituentenkategorien wieder.

(1)

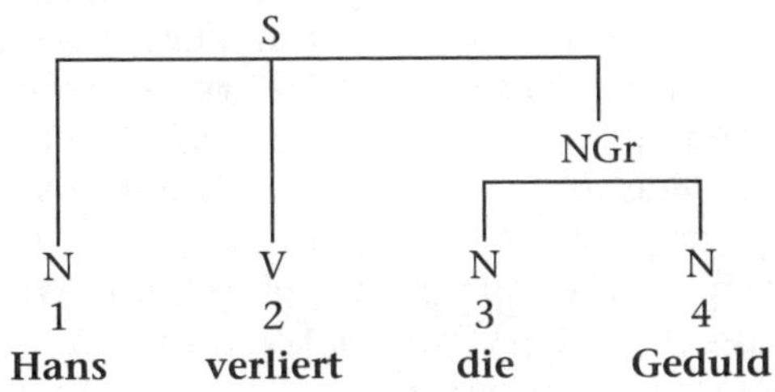

Es werden nun einige Hilfsbegriffe eingeführt, die es uns in Zukunft erleichtern werden, über Eigenschaften von Einheiten mit ihren Strukturen zu reden.

Eine *syntaktische Konstituente* ist jeder Teil einer syntaktischen Einheit, der bei einer gegebenen Konstituentenstruktur einer Konstituentenkategorie zugeordnet ist. Bezüglich 1 wären Konstituenten etwa **Hans, die Geduld** und auch der ganze Satz. Keine Konstituenten sind **Hans verliert** oder **verliert die Geduld**, denn diese Teile des Satzes sind nicht für sich zu einem Knoten zusammengefaßt.

Eine Konstituente f_1 ist einer Konstituente f_2 bei einer gegebenen Konstituentenstruktur *untergeordnet,* wenn f_1 ganz in f_2 enthalten ist. Bezüglich 1 ist beispielsweise **die Geduld** dem ganzen Satz untergeordnet, **die** ist **die Geduld** untergeordnet, **die** ist aber auch dem ganzen Satz untergeordnet. Ein besonderer Fall von Unterordnung ist die *unmittelbare Unterordnung.* Sie ist gegeben, wenn kein Knoten mehr zwischen den Kategorien zweier Konstituenten liegt. Beispielsweise ist **die** der Konstituente **die Geduld** unmittelbar untergeordnet, **die** ist aber nicht dem ganzen Satz unmittelbar untergeordnet.

Eine Konstituente f_1 ist einer Konstituente f_2 bei gegebener Konstituentenstruktur *nebengeordnet,* wenn es eine Konstituente f_3 gibt, der sowohl f_1 als auch f_2 unmittelbar untergeordnet ist. Bezüglich 1 sind etwa **Hans** und **die Geduld** nebengeordnet, oder auch **verliert** und **Hans.**

Die Konstituentenstruktur in 1 umfaßt nun keineswegs schon alles, was wir über die Grammatik der zugehörigen Einheit wissen. Wir ordnen die weitere kategoriale Information über die einzelnen Konstituenten nach Einheiten- und Wortkategorien und führen alle Kategorien auf, die für eine Konstituente überhaupt infrage kommen.

Hans kann sein Nom, Sg oder Dat, Sg oder Akk, Sg (Einheitenkategorien). **Hans** ist außerdem ein Substantiv im Maskulinum (SBST, MASK: Wortkategorien). Möglicherweise gehört **Hans** zu weiteren Wortkategorien, die wir erst aus einer genaueren Analyse der Substantive gewinnen (5.3.2). All dies repräsentieren wir als sogenannte Markierung von **Hans** wie in 2:

(2) **Hans**

{Nom, Sg}	{SBST, MASK ...}
{Dat, Sg}	{SBST, MASK ...}
{Akk, Sg}	{SBST, MASK ...}

Jede der Zeilen liefert eine mögliche kategoriale Beschreibung von **Hans** mithilfe von Einheiten- und Wortkategorien, die wir ja zusammen Markierungskategorien genannt haben (2.1). Von den in 2 angegebenen grammatischen Alternativen kommt im Satz aus 1 nur eine tatsächlich zum Zuge, denn **Hans** kann hier nur Nominativ sein. Aber zur vollständigen Charakterisierung gehören zunächst die drei Möglichkeiten.

Die Verbform **verliert** kann 3.Ps, Präs, Ind, Akt im Sg (**er verliert**) oder 2.Ps, Pl (**ihr verliert**) sein, außerdem die Pluralform des Imperativ (Imp, Pl). Als Wortkategorie für **verlieren** geben wir hier nur an, daß es sich um ein zweistelliges Verb handelt, ein Verb also, das Subjekt und Objekt regiert (2ST).

Eine der am häufigsten verwendeten Wortformen des Deutschen überhaupt ist **die**, und zum Teil beruht das darauf, daß **die** zu so vielen verschiedenen grammatischen Kategorien gehört. Als Artikel kann es Fem, Sg im Nom und Akk sein, außerdem Nom und Akk im Pl. Als Wortkategorie geben wir nur ART (Artikel) an, aber **die** kann auch Demonstrativ- und Relativpronomen sein.

Geduld wird nach denselben Gesichtspunkten Kategorien zugeordnet wie **Hans**, und **die Geduld** schließlich kann nur noch auf zwei Weisen charakterisiert werden, nämlich als Nom und Akk des Sg. Alle anderen Möglichkeiten, die **die** für sich hat, sind für **die Geduld** ausgeschlossen. Damit ergibt sich insgesamt 3.

3 gibt die syntaktische Struktur des Satzes **Hans verliert die Geduld** wieder. Sie besteht aus zwei Teilstrukturen, nämlich der Konstituentenstruktur (oberer Teil des Diagramms) und der Markierungsstruktur (unterer Teil des Diagramms). Der dritte Teil jeder vollständigen syntaktischen Struktur, die Intonationsstruktur, fehlt in 3, weil in unserer Grammatik Fragen der Intonation nur am Rande behandelt werden. Natürlich geben wir in der Regel auch die beiden anderen Teilstrukturen nicht vollständig an. Insbesondere die Markierungsstruktur wird jeweils gerade so weit ausgeführt, daß man sieht, was gemeint ist. Wichtig ist, daß mit dem in 3 exemplifizierten Strukturformat alles über die syntaktische Form von Ausdrücken gesagt werden kann, was man sagen muß. Wir wollen einige Punkte erwähnen, auf die es besonders ankommt.

(3)

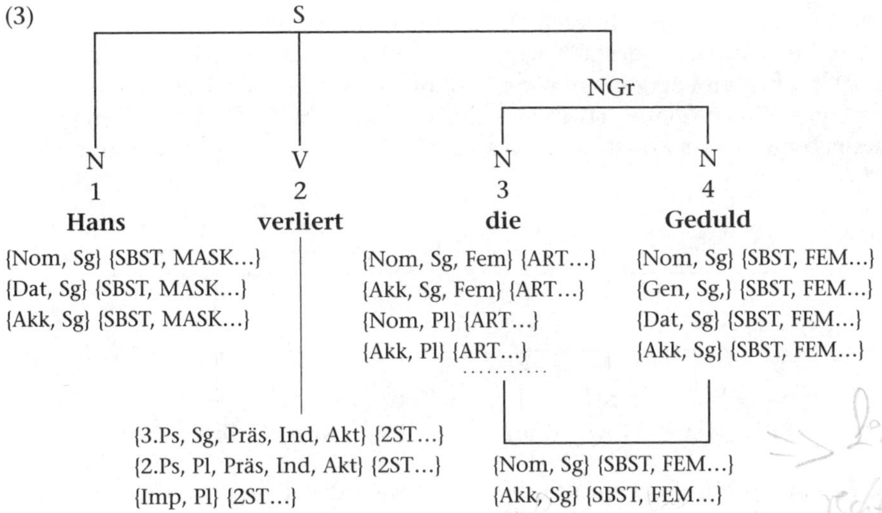

(4) a. b.

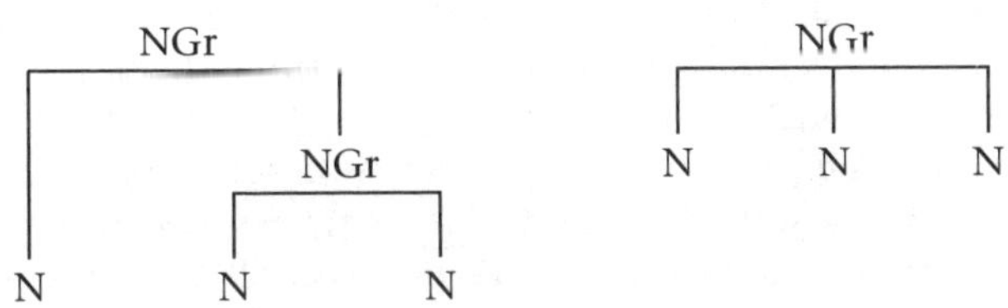

1. Beide Strukturen in 4 können Ausdrücke beschreiben, die aus drei aufeinander folgenden Nomina bestehen. Welche der Strukturen richtig ist, muß jeweils erörtert und entschieden werden, unser Format läßt beide zu. Das ist nicht selbstverständlich. Es gibt Grammatiken, die nur binäre Verzweigungen erlauben (Clément/Thümmel 1975; IDS-Grammatik).

(5)

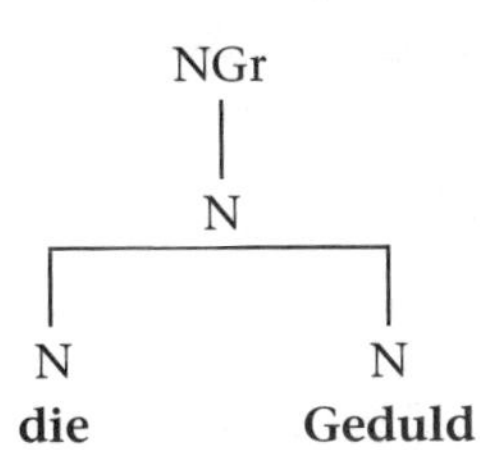

2. Eine Struktur wie in 5 ist in unserer Grammatik verboten, weil sie einen nicht verzweigenden Ast enthält (sog. Mehrfachkonstituenten). Das Verbot ergibt sich aber nicht aus dem Strukturformat, sondern aus dem der Syntax zugrunde liegenden Formbegriff. Wenn ein Ausdruck ein Nomen ist, dann hat er andere syntaktische Merkmale, als wenn er eine Nominalgruppe ist. Kategoriale Unterschiede signalisieren Unterschiede im syntaktischen Verhalten syntaktischer Einheiten, deshalb kann eine Einheit nicht gleichzeitig der einen und der anderen Kategorie in einer Struktur zugewiesen werden. Anders formuliert: eine Konstituente hat immer nur eine ganz bestimmte Form und kann deshalb nicht zwei Konstituentenkategorien gleichzeitig zugeordnet sein.

(6) a. b.

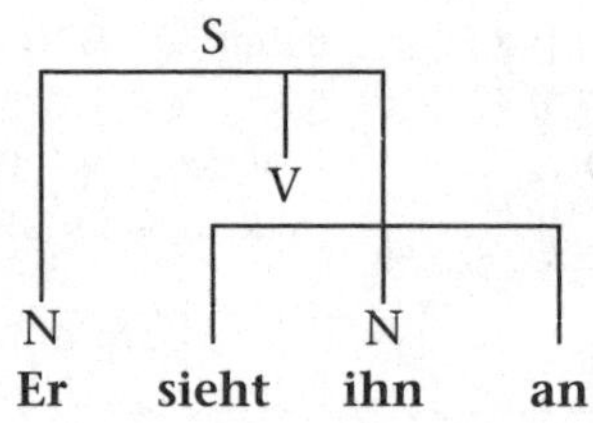

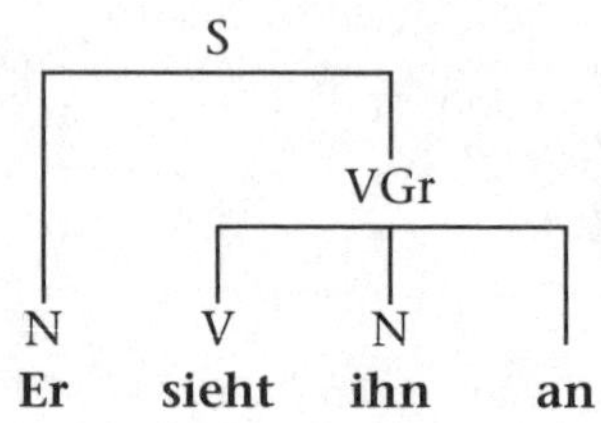

3. 6a enthält eine sogenannte unterbrochene oder *diskontinuierliche Konstituente*. Sie entsteht, weil die Verbpartikel **an** des Verbs **ansehen** unter bestimmten Umständen abgetrennt werden kann. Diskontinuierliche Konstituenten kommen im Deutschen häufig und auch in ganz anderen Konstruktionen als der in 6 vor. Viele Grammatikformate lassen sie dennoch nicht zu und greifen etwa zu Lösungen wie der in 6b, wo das Objekt mit der Verbform zu einer Verbalgruppe zusammengefaßt wird. Warum diskontinuierliche Konstituenten solche Schwierigkeiten machen, kann nicht im Einzelnen besprochen werden. Meist vermeidet man sie, weil der formale Apparat zum Aufbau der Syntax einfach gehalten werden soll. Denn es ist klar, daß der Begriff Konstituente, den 6a erfordert, formal aufwendiger ist als der, den 6b erfordert. Was nützt aber ein einfacher Begriff von Konstituente, wenn er auf das Deutsche nicht mehr paßt? (Zum Einstieg in die mit derartigen Fragen verbundene, sehr weitläufige Problematik Wall 1973; Genaues zum Begriff der Konstituente aus der hier vertretenen Sicht Lieb 1975: 11 ff.; 1977: 60 ff.; 1983: 85 ff.)

Es wird noch einmal hervorgehoben, daß in diesem Abschnitt nicht konkrete Lösungen für grammatische Probleme zu besprechen waren, sondern nur der Begriff der syntaktischen Struktur selbst. Es sollte gezeigt werden, welche Möglichkeiten man hat, die Form von Sätzen durch Angabe ihrer syntaktischen Strukturen explizit zu machen. Man hat die Bausteine. Wie die Häuser aussehen, die man damit baut, ist noch weitgehend offen. Die Steine wurden so gewählt, daß die Form des Hauses nicht schon durch die Form der Steine vorgegeben ist.

2.2.3 Syntagmatische Relationen

Das Reden vom Gebrauch der syntaktischen Mittel einerseits und den syntaktischen Strukturen als seinem Ergebnis andererseits läßt noch einen großen Abstand, eine schwer überbrückbare kognitive Lücke zwischen beidem. Zwar ist offensichtlich, daß Ausdrücke mithilfe der syntaktischen Mittel geformt werden, aber viel weniger offensichtlich ist, wie dadurch eine syntaktische Struktur entsteht. Insbesondere das Ansetzen von höheren Konstituenten muß besonders begründet werden. Sprachliche Ausdrücke haben prima facie nur eine Ausdehnung in einer Dimension, sie sind linear. Die Existenz einer hierarchischen Gliederung, einer ›verborgenen‹ Ausdehnung in die zweite Dimension, ist alles andere als offensichtlich. An ihr entzündet sich daher besonders leicht der Streit darüber, ob die vom Linguisten angegebenen syntaktischen Strukturen den Ausdrücken tatsächlich zukommen, ob sie existieren in einem vernünftigen Sinne. Oder ob sie nicht eher Resultat der Erfindungsgabe der Linguisten sind, Ausdruck von Fixiertheiten einer Disziplin, die ihren Gegenstand unbedingt einem bestimmten Strukturbegriff zugänglich machen möchte (zur instruktiven Auseinandersetzung über diese Frage im klassischen Strukturalismus Hockett 1976, 1976a).

Der Begriff, mit dem der Schritt von den syntaktischen Mitteln zu den syntaktischen Strukturen vollziehbar wird, ist der der syntagmatischen Beziehung (Saussure 1967: 147ff.; Lyons 1980: 72ff.). Syntagmatische Beziehungen oder Relationen bestehen zwischen Teilen von sprachlichen Ausdrücken untereinander, und zwar auf allen Ebenen des Systems. Speziell in der Syntax bestehen syntagmatische Beziehungen zwischen Konstituenten. Für das Deutsche setzen wir vier Typen solcher Beziehungen an, nämlich Rektion, Identität, Kongruenz und Positionsbezug.

Rektion

Es gibt Verben, deren Objekt im Akkusativ steht, neben solchen mit Dativ und solchen mit Genitiv. Diese Abhängigkeit der Objektkasus vom Verb bezeichnet man traditionell als Rektion. Die Objektkasus faßt man unter der Bezeichnung oblique Kasus zusammen und stellt sie dem Nominativ als Casus rectus gegenüber (zu einer anderen Verwendung von ›obliquer Kasus‹ 3.2; 5.1).

In unserer Grammatik verwenden wir einen verallgemeinerten Rektionsbegriff: Eine Konstituente f_1 regiert eine Konstituente f_2, wenn ein Formmerkmal von f_2 durch syntaktische Kategorien von f_1 festgelegt ist.

(1) a. b.

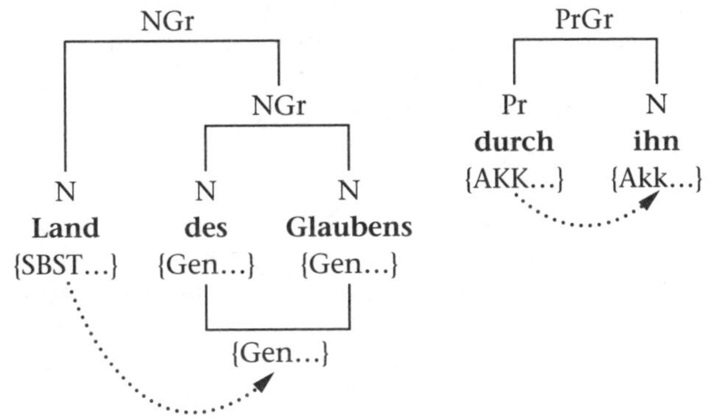

Zwei Beispiele gibt 1. Ein Substantiv (Wortkategorie SBST) kann als Kern einer NGr verschiedene Attribute haben, unter ihnen das Genitivattribut. Die Form dieses Attributs wird vom Substantiv in Hinsicht auf den Kasus festgelegt.

Es gibt nur ein Genitivattribut dieser Art und nicht auch ein Dativ- oder Nominativattribut. Wir sagen dann, das Substantiv regiert ein Nominal im Gen. Auch die Präposition in 1b regiert ein Nominal in einem bestimmten Kasus, hier dem Akkusativ. Das der Präposition folgende Nominal ist bezüglich des Kasus oder der Wahl zwischen zwei Kasus (**in** + Dat, **in** + Akk) durch die Präposition festgelegt.

Beide Beispiele in 1 sind Fälle von Kasusrektion. Sie unterscheiden sich aber wesentlich voneinander. Das Substantiv *kann* ein Genitivattribut haben, der Präposition *muß* aber in der Regel ein Nominal folgen. Man spricht hier von fakultativer vs. obligatorischer Rektion. Ein weiterer Unterschied besteht darin, daß eine Präposition die nachfolgende Konstituente in Hinsicht auf Nominalität regiert. Diese ist im Normalfall ein N oder eine NGr. Der Kasus des Nominals wird dagegen von der einzelnen Präposition regiert. Dabei kommen drei der vier Kasus vor, nämlich der Gen (**trotz des Gewitters**) der Dat (**in dem Gewitter**) und der Akk (**in das Gewitter**). Beim substantivischen Attribut gibt es dagegen nur einen Kasus. Ist ein solches Attribut vorhanden, dann steht es im Gen. Man hat die Präpositionen also in Hinsicht auf die Kasusrektion zu subklassifizieren, die Substantive aber nicht (6.1; 8.3).

Bei Kasusrektion ist die regierte Konstituente auf eine oder mehrere von vier möglichen Kasuskategorien festgelegt. Dieser Rektionstyp bezieht sich in einfacher Weise auf die Kategorien einer bestimmten Kategorisierung. Das ist nicht immer so offensichtlich. Ein Beispiel ist der von Gunnar Bech eingeführte Begriff der Statusrektion. Dem reinen Infinitiv weist er die Kategorie 1. Status zu (z.B. **werde** ***sehen***), dem **zu**-Infinitiv die Kategorie 2. Status (**versuche** ***zu sehen***) und dem Partizip 2 die Kategorie 3. Status (**habe** ***gesehen***). Offenbar ist Status nicht im selben einfachen Sinn eine Kategorisierung wie Kasus. Die Statusformen sind sowohl formal als auch in Hinsicht auf ihre Distribution heterogener als die Kasusformen. Daß man sie unter einer Kategorisierung zusammenfaßt, bedarf besonderer Rechtfertigung (Bech 1983: 12ff.; weiter 4.2).

Noch weiter weg vom traditionellen Rektionsbegriff ist man, wenn sich Rektion gar nicht auf Flexionseigenschaften der regierten Konstituente bezieht. So gibt es Verben, die **daß**-Sätze regieren, nicht aber **ob**-Sätze (2a); und umgekehrt gibt es solche, die **ob**-Sätze, aber keine **daß**-Sätze regieren (2b).

(2) a. **Karl behauptet, daß/*ob es geht**
    b. **Karl fragt, *daß/ob es geht**

Die Konjunktionen **daß** und **ob** verhalten sich hier offenbar ähnlich zueinander wie die Kasusformen bei Präpositionen. Als regierte Konstituenten weisen die Nebensätze hier einen Unterschied in der Konjunktion auf, in nichts sonst. Gibt es weitere Konjunktionen oder Formmerkmale anderer Art, die hier zu berücksichtigen sind? Soll man nach Kasus- und Statusrektion einen dritten Rektionstyp ansetzen, etwa einen, bei dem die regierten Konstituenten sich in nichtflektierbaren Einheiten unterscheiden?

Wir werden in der Grammatik auf recht unterschiedliche Ausprägungen der Rektionsbeziehung stoßen und die jeweiligen Besonderheiten an Ort und Stelle besprechen (zum Rektionsbegriff allgemein Moravcsik 1993). Zweckmäßig ist es aber, sofort zwei Teilrelationen der Rektionsbeziehung zu unterscheiden. Ein Substantiv regiert den Genitiv, das ist eine Eigenschaft der Wörter dieser Kategorie. Wir sprechen hier von *kategorialer Rektion*. Bei den Präpositionen kann vielleicht einer der Kasus als der im unmarkierten Fall regierte ausgezeichnet werden. Möglicherweise können wir sagen, eine Präposition regiere, wenn nicht ausdrücklich etwas anderes festgelegt wird, den Dativ. Diesen Kasus nennt man dann den strukturellen Kasus der Präpositionen (s. u.). Im übrigen muß aber bei jeder Präposition im Lexikon vermerkt werden, welche Kasus sie regiert. Man spricht dann von *lexikalischer Rektion*.

Auch bei den Verben ist offenbar beides möglich. Jedes Verb kann einen Nominativ nehmen (Subjekt, kategoriale Rektion), dagegen müssen sie etwa für das Genitivobjekt Verb für Verb spezifiziert werden (lexikalische Rektion): **entraten** und **gedenken** etwa regieren den Gen, **beraten** und **verdenken** regieren ihn nicht. Der Nominativ ist für das Verb ein struktureller, der Gen ein lexikalischer Kasus.

Eine besondere Form von Rektion ist die *Valenz*. Von Valenz spricht man üblicherweise dann, wenn die Einheiten einer Kategorie mehrere und verschieden viele andere Einheiten regieren können. So haben Verben Valenz, weil sie verschieden viele Ergänzungen nehmen können (Subjekt und Objekte, statt von Ergänzungen spricht man neuerdings meist von Komplementen). Die terminologische Ausgrenzung der Valenz von den Rektionsbeziehungen ist historisch bedingt. Der Valenzbegriff wurde zunächst nur in der Verbgrammatik verwendet. Dort hat er sich bis heute gehalten. Die konsequente Erweiterung des Valenzbegriffes auf einen relativ allgemeinen Rektionsbegriff findet sich im Konzept der sog. X-bar-Syntax (Stechow/Sternefeld 1988; Borsley 1997).

Die systematische Trennung von Valenz und Rektion wird manchmal so vorgenommen, daß man mit Valenz die Zahl der regierten Einheiten erfaßt, während man von Rektion dann spricht, wenn es um die Form der regierten Einheiten geht (Lieb 1983). Eine solche Trennung rekonstruiert aber gerade nicht den in der Valenzgrammatik üblichen Valenzbegriff, denn dieser meint Zahl und Form der Ergänzungen. Benennt man etwa die Rektionseigenschaften eines Verbs vollständig, nennt man also die Formen aller möglichen Ergänzungen, so ergibt sich die Zahl der Ergänzungen von selbst mit den Rektionseigenschaften.

Identität

Eine Konstituente f_1 steht in der Identitätsbeziehung zu einer Konstituente f_2, wenn es bestimmte grammatische Kategorien gibt, denen beide Konstituenten zugeordnet sind. Man kann den hier relevanten Identitätsbegriff sehr viel exakter fassen. Weil das formal aufwendig würde, lassen wir es bei der kurzen Explikation bewenden. Der entscheidende Punkt ist, daß es Konstruktionen gibt, in denen Konstituenten denselben Kategorien zugeordnet werden müssen. Das Bestehen der Identitätsbeziehung wird angedeutet durch eine Kreuzlinie. In 3 stehen **ein Kind** und **ein Mann** in dieser Beziehung. Beide können hier nur als Nominative gelesen werden und bilden zusammen das Subjekt. Dazu müssen sie im Kasus übereinstimmen, nicht aber auch in sämtlichen anderen Kategorien. Beispielsweise können sie sich im Numerus unterscheiden. Aus diesem Grunde wurde oben etwas umständlich von ›bestimmten grammatischen Kategorien‹ gesprochen.

(3)

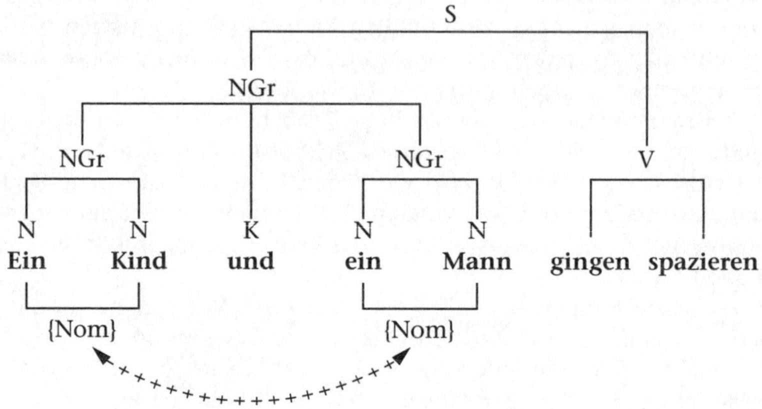

Die Identitätsbeziehung spielt eine Rolle bei den nebenordnenden Konjunktionen (**aber**, **und**, **oder**) und anderen Formen der Koordination wie in **viele blaue Veilchen**, in den sogenannten Vergleichssätzen (**Wir betrachten dich als den Würdigsten**) und aller Wahrscheinlichkeit nach auch bei Konstruktionen vom Typ **zehn Lastwagen Kies** (8.3.2). Wir kommen darauf in den entsprechenden Abschnitten genauer zu sprechen. Daß die Identitätsbeziehung als eigenständige und gar nicht selten auftretende syntagmatische Beziehung neben den anderen kaum einmal erwähnt wird, liegt wohl an der begrifflichen Unschärfe im Verhältnis zur Kongruenz.

Kongruenz

Eine Konstituente f_1 kongruiert mit einer Konstituente f_2, wenn f_1 bezüglich mindestens einer Einheitenkategorie von einer Einheitenkategorie von f_2 abhängt.

Das Entscheidende ist, daß die Kongruenzbeziehung allein auf Einheitenkategorien der beteiligten Konstituenten beruht. Kongruenz ist seltener als meistens angenommen wird, besonders deshalb, weil viele Rektionsbeziehungen irrtümlich als Kongruenzbeziehungen gelten. Wir illustrieren das Problem am Verhältnis des adjektivischen Attributs zum modifizierten Substantiv.

In den meisten Grammatiken steht, daß das adjektivische Attribut mit dem Kernsubstantiv bezüglich Genus, Numerus und Kasus kongruiere. In **Sie mag guten Wein** etwa würde **guten** mit **Wein** kongruieren, weil es Mask, Sg, Akk ist und **Wein** eben diesen Kategorien zuzuordnen wäre.

(4)

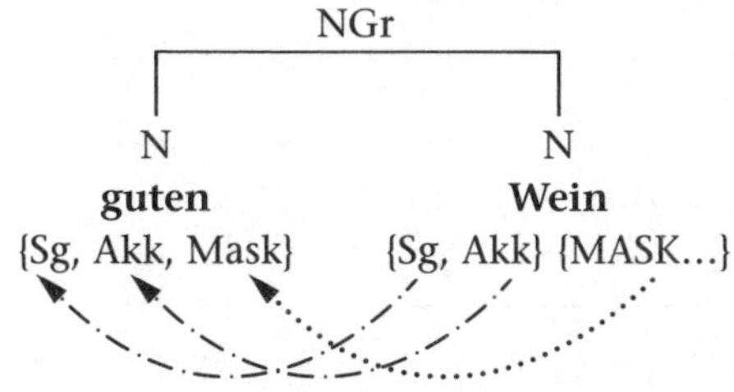

In einer solchen Sichtweise stecken zwei Irrtümer. Der erste besteht darin, daß die Kongruenzbeziehung auch auf das Genus ausgedehnt wird. Das adjektivische Attribut kongruiert mit dem Substantiv wohl hinsichtlich Numerus und Kasus, nicht aber im Genus. Das Genus ist beim Substantiv eine Wortkategorisierung, d.h. das Substantiv *regiert* das Adjektiv hinsichtlich des Genus. Tragen wir die Kongruenzbeziehung als Strichpunkt-Linie ein, dann stellen sich die syntagmatischen Beziehungen wie in 4 dar.

Der zweite Irrtum besteht darin, daß beim Adjektiv und beim Substantiv von ›denselben‹ Kategorien gesprochen wird. Man nimmt einfach an, daß Akk und Sg beim Adjektiv dasselbe sind wie Akk und Sg beim Substantiv. Diese Annahme ist unzutreffend. Der Kasus beim Adjektiv hat eine gänzlich andere Funktion als beim Substantiv, und er wird vollkommen anders gebildet. Er ist mit den substantivischen Kasus über die Kongruenzbeziehung verbunden, wird aber damit nicht zu einem substantivischen Kasus. Die Kategorien bleiben verschieden. Um das deutlich zu machen, sollte man eigentlich für die adjektivischen Kasus andere Namen einführen als für die substantivischen. Wir bleiben im allgemeinen bei den traditionellen Bezeichnungen, gehen aber an anderer Stelle genauer auf die Frage ein, worin der Unterschied zwischen den Kasus beim Substantiv und beim Adjektiv besteht (8.2; Wort, 5).

Noch deutlicher als bei Numerus und Kasus ist die Verschiedenheit der Kategorien beim Genus. Das Adjektiv flektiert hinsichtlich des Genus, die Kategorien sind hier Einheitenkategorien. Das Substantiv flektiert nicht hinsichtlich des Genus. Wer sagt, das Adjektiv habe ›dasselbe‹ Genus wie das Substantiv, irrt gleich zweimal.

Anders als die Identitätsrelation ist die Kongruenzbeziehung nicht symmetrisch. Das Adjektiv richtet sich in Hinsicht auf seine Form nach dem Substantiv, aber nicht umgekehrt. In diesem Punkt hat Kongruenz etwas mit Rektion gemeinsam.

Positionsbezug

Eine Konstituente f_1 ist positionsbezogen auf eine Konstituente f_2, wenn die Position von f_2 relativ zu f_1 festliegt.

Die Reihenfolge der Konstituenten im Satz folgt bestimmten ›Wortstellungsregeln‹, die man beschreiben kann, indem man Bezug nimmt auf die relative Anordnung der Konstituenten zueinander. So hat das Deutsche Präpositionen, d.h. die ›Adposition‹ geht dem Nominal voraus. Eine Wortstellungsregel wie die, daß das finite Verb im Nebensatz am Schluß steht, kann als Positionsbezug zwischen subordinierender Konjunktion oder einer anderen nebensatzeinleitenden Einheit und dem Finitum ausgedrückt werden (5):

(5)

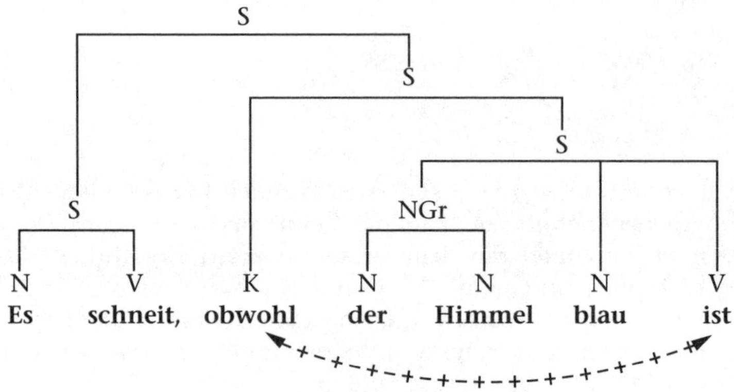

Die syntagmatische Relation Positionsbezug deuten wir durch eine Strichkreuzlinie an. Diese Relation ist meist, aber nicht notwendigerweise symmetrisch. Ganz intuitiv spielt sie für die syntaktische Struktur eine um so größere Rolle, je weniger Flexionsmarkierungen vorhanden sind.

Da das Deutsche über ein ziemlich differenziertes Inventar an Flexiven verfügt und andererseits große Klassen von nichtflektierbaren Einheiten hat, ist nicht von vornherein klar, in welchem Umfang Reihenfolgebeziehungen eine Bedeutung für die syntaktische Strukturiertheit spielen. Wir gehen der Frage in Kap.13 nach.

Das Operieren mit syntagmatischen Beziehungen und besonders die Unterscheidung von Rektion, Identität und Kongruenz mag manchem wenig ergiebig erscheinen. Tatsächlich ist sie für das Deutsche mit seinem noch ausgebildeten Flexionssystem von großer Bedeutung. Manche Erscheinungen wie die sogenannte Subjekt-Prädikat-Kongruenz lassen sich in ihrer Systematik erst verstehen, wenn man etwa Kongruenz- und Rektionsphänomene voneinander trennen kann (9.1). Der eigentliche Grund einer Bestimmung der syntagmatischen Beziehungen bleibt aber, daß sie häufig entscheidende Hinweise auf die hierarchische Strukturiertheit syntaktischer Einheiten geben.

In manchen Fällen und insbesondere dann, wenn mehrere syntagmatische Beziehungen gleichzeitig bestehen, ist es umständlich, zwischen Kongruenz, Rektion und Identität zu unterscheiden. Wir sprechen dann einfach davon, daß die Konstituenten formal aufeinander abgestimmt seien oder miteinander *korrespondieren*.

2.3 Syntaktische Relationen

2.3.1 Syntaktische Relationen als definierte Begriffe

Kategorien, Strukturen, Relationen

Über die Syntax eines Satzes kann man mithilfe von syntaktischen Kategorien und Strukturen reden, wie sie in den vorausgehenden Abschnitten charakterisiert wurden, man kann sich aber auch einer Begrifflichkeit bedienen, die Ausdrücke wie Subjekt, Objekt und Attribut enthält. Betrachten wir als Beispiel den Satz **Die Regierung besteht auf der neuen Startbahn**. Wir können ihn syntaktisch beschreiben, indem wir feststellen (1) der Satz besteht aus einer Nominalgruppe im Nominativ, einem Verb und einer Präpositionalgruppe mit Dativnominal oder (2) der Satz besteht aus Subjekt, Prädikat und Präpositionalobjekt. Beide Redeweisen sind offensichtlich weder identisch noch sind sie unabhängig voneinander, denn ›Subjekt‹ hat etwas mit ›Nominativ‹ zu tun, ›Prädikat‹ mit ›Verb‹ und ›Präpositionalobjekt‹ mit ›PrGr‹.

Begriffe wie ›Subjekt‹, ›Prädikat‹, ›Objekt‹, ›Attribut‹ und ›adverbiale Bestimmung‹ sind relationale Begriffe. Sie kennzeichnen eine Konstituente nicht für sich selbst und unabhängig von der Umgebung, sondern sie kennzeichnen, welche Funktion die Konstituente innerhalb einer größeren Einheit hat. Sie wird damit in Beziehung zu anderen Konstituenten gesetzt, und diese Beziehungen oder Relationen werden als Subjekt-Beziehung, Objekt-Beziehung usw. bezeichnet. Bezogen auf unser Beispiel sagt man etwa:

(1) a. **die Regierung** ist Subjekt zu **besteht**
b. **auf der neuen Startbahn** ist Präpositionalobjekt zu **besteht**
c. **besteht** ist Prädikat zu **Die Regierung besteht auf der neuen Startbahn**

Man sagt dann auch, daß **die Regierung** und **besteht** im gegebenen Satz und bei gegebener syntaktischer Struktur die Subjektfunktion im Deutschen erfüllen. Ein solches Paar von Einheiten ist also der Wert einer entsprechenden syntaktischen Funktion. Dieser Begriff von Funktion darf natürlich nicht mit dem in Abschnitt 1.2 erläuterten Begriff von ›Sprachfunktion‹ verwechselt werden.

Die Aussagen in 1 gelten nicht allgemein, sondern sie gelten für den Beispielsatz. Der Ausdruck **auf der neuen Startbahn** ist beispielsweise nicht in allen Sätzen, in denen er vorkommt, Präpositionalobjekt, sondern kann auch andere Funktionen haben (2).

(2) a. **Die Regierung besteht auf der neuen Startbahn**
b. **Zahlreiche Umweltschützer übernachteten auf der neuen Startbahn**
c. **Die erste Landung auf der neuen Startbahn wird verschoben**

Alle Sätze in 2 enthalten den Ausdruck **auf der neuen Startbahn**, aber nur in 2a ist er Präpositionalobjekt. In 2b hat er die Funktion einer adverbialen Bestimmung und in 2c die eines Präpositionalattributs. Diese Unterschiede in der syntaktischen Funktion lassen sich nicht dem Ausdruck selbst entnehmen. Die PrGr **auf der neuen Startbahn** hat in den drei Sätzen dieselbe Form (also auch dieselbe syntaktische Struktur), und erst bei Berücksichtigung der Umgebung ergibt sich die Verschiedenheit der Funktion. Genauer faßbar wird dieser Unterschied, wenn man die Ausdrücke mit ihrer syntaktischen Struktur betrachtet. Aus den Konstituentenstrukturen in 3 wird deutlich, daß die PrGr in jedem der drei Ausdrücke eine andere Stellung in der Struktur hat (die Strukturen dienen wiederum nur zur Demonstration und werden an dieser Stelle nicht weiter gerechtfertigt).

(3) a.

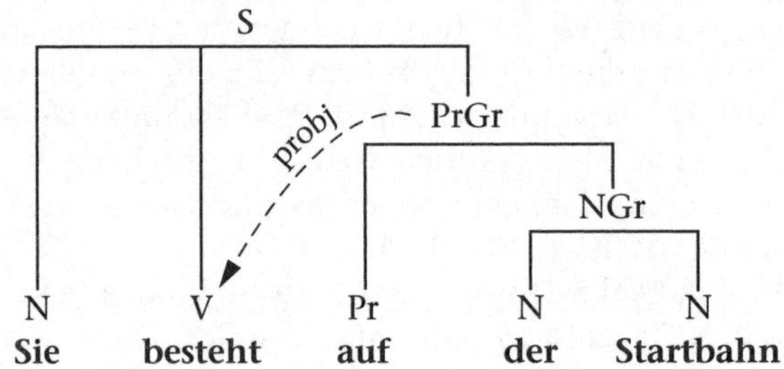

b.

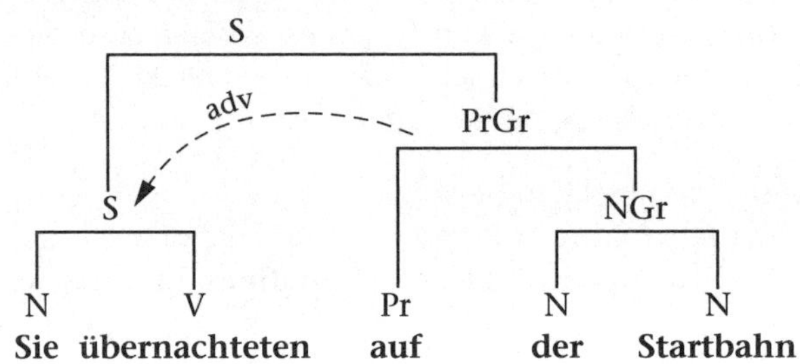

c.

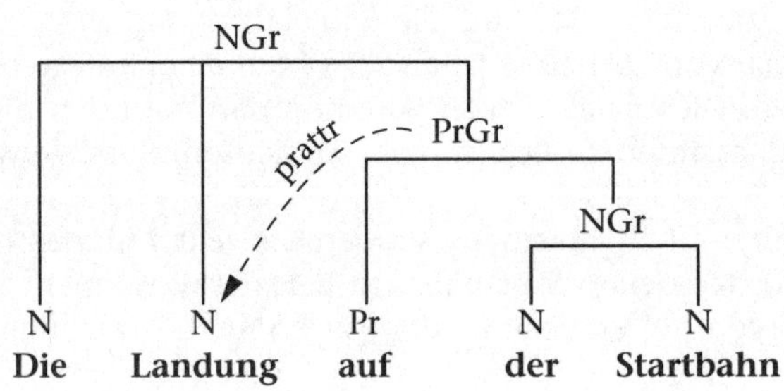

Zur genaueren Fassung des Unterschieds zwischen Objekt-, adverbialer und attributiver Funktion der PrGr genügt im Beispiel der Bezug auf die Konstituentenstruktur. Unter Berücksichtigung von 3 kommt man zu Formulierungen der folgenden Art.

(4) a. Wenn f ein Satz ist mit der Konstituentenstruktur k
und wenn f_1, f_2 Konstituenten von f mit k sind,
dann ist f_1 Präpositionalobjekt zu f_2, wenn gilt

1. f_1 ist PrGr in f mit k
2. f_2 ist V in f mit k
3. f_1 und f_2 sind f mit k unmittelbar untergeordnet

b. Wenn f ein Satz ist mit der Konstituentenstruktur k
und wenn f_1, f_2 Konstituenten von f mit k sind,
dann ist f_1 adverbiale Bestimmung zu f_2, wenn gilt
1. f_1 ist PrGr in f mit k
2. f_2 ist S in f mit k
3. f_1 und f_2 sind f mit k unmittelbar untergeordnet

c. Wenn f eine NGr ist mit der Konstituentenstruktur k
und wenn f_1, f_2 Konstituenten von f mit k sind,
dann ist f_1 Präpositionalattribut zu f_2, wenn gilt
1. f_1 ist PrGr in f mit k
2. f_2 ist N in f mit k
3. f_1 und f_2 sind f mit k unmittelbar untergeordnet

Der Leser möge sich anhand von 3a–c vergewissern, daß die in 4a–c genannten Bedingungen tatsächlich erfüllt sind und daß man so Aussagen darüber machen kann, wann eine Präpositionalgruppe die eine oder die andere syntaktische Funktion hat. In den Sätzen aus 4 wird jeweils eine bestimmte Konstituente (f_1) zu einer anderen (f_2) in Beziehung gesetzt. f_1 ist die Konstituente, um deren Funktion es geht, beispielsweise das Präpositionalobjekt **auf der Startbahn** gemäß 3a und 4a. Wir wollen sagen, daß diese Konstituente sich im Vorbereich der syntaktischen Relation befindet. Entsprechend befindet sich f_2 im Nachbereich der Relation. Da syntaktische Relationen in der Regel zweistellig sind, läßt sich meist auf diese Weise ein Vorbereich und ein Nachbereich angeben.

Zur Explikation dessen, was wir unter Präpositionalobjekt usw. verstehen wollen, bedienen wir uns in 4 der kategorialen Redeweise. Das kann man verallgemeinern: Relationale Begriffe definieren wir mithilfe von kategorialen und niemals umgekehrt. Eine solche Definition berücksichtigt die syntaktischen Merkmale, mit denen die zu definierende Größe von allen anderen unterschieden werden kann. Wenn eine PrGr im Deutschen nur die in 4 genannten drei Funktionen haben kann, dann genügt es, genau diese drei Funktionen voneinander zu trennen, um zu einer Definition für ›Präpositionalobjekt im Deutschen‹ zu kommen. Hat man umgekehrt alle für das Bestehen einer Relation relevanten syntaktischen Merkmale in einem Satz wie 4a erfaßt, so läßt sich für jede PrGr in einem Satz des Deutschen, dessen Struktur bekannt ist, feststellen, ob sie Präpositionalobjekt ist oder nicht.

In der relationalen Redeweise kann man auf einfache Weise ausdrücken, daß syntaktische Einheiten mit einer bestimmten Form, hier die Präpositionalgruppen, in unterschiedlicher syntaktischer Funktion vorkommen. Das gilt für das Deutsche allgemein, denn die meisten Einheiten kommen in mehreren Funktionen vor. Das relationale Begriffssystem gewinnt seine Eleganz und Sinnhaftigkeit umgekehrt auch dadurch, daß man syntaktischen Einheiten unterschiedlicher Form dieselbe syntaktische Funktion zuschreibt. Nach üblicher Auffassung enthalten die Sätze in 5 alle ein direktes Objekt zu **verspricht**.

(5) a. **Karl verspricht eine pünktliche Bezahlung**
b. **Karl verspricht, pünktlich zu bezahlen**
c. **Karl verspricht, daß er pünktlich bezahlt**

Dieses Objekt hat aber in 5a die Form einer Nominalgruppe, in 5b die Form einer Infinitivgruppe und in 5c die eines **daß**-Satzes. Als Indiz dafür, daß Einheiten derart unterschiedlicher Form in der Tat dieselbe Funktion haben, mag zunächst genügen, daß 5a-c im wesentlichen dieselbe Bedeutung haben (Genaueres 3.2). Eine Definition für ›direktes Objekt im Deutschen‹ hätte also zu berücksichtigen, daß das direkte Objekt unterschiedliche Form annehmen kann. Auch dies ist zu verallgemeinern: Die meisten syntaktischen Relationen haben im Vorbereich Einheiten unterschiedlicher Form.

Die Unterscheidung von Form- und Funktionsbegriffen

Das Verhältnis von Form und Funktion ist für die Syntax des Deutschen so geregelt, daß eine Form generell mehrere Funktionen erfüllen kann und daß eine Funktion generell von mehreren Formen erfüllt werden kann. Eine Eindeutigkeit gibt es weder in der einen noch in der anderen Richtung. Dieser Tatsache wird nicht in allen Grammatiken genügend Aufmerksamkeit geschenkt. Zwar werden fast überall kategoriale und relationale Begriffe nebeneinander verwendet, aber oft genug bleibt unklar, wie sich beide Terminologien zueinander verhalten und warum mal die eine und mal die andere bevorzugt wird. Noch schwerwiegender ist die Vermischung beider Redeweisen. Chomsky warnt (1969: 95): »Funktionale Begriffe wie ›Subjekt‹ und ›Prädikat‹ sind scharf von kategorialen Begriffen wie ›Nominal-Komplex‹ (NP), ›Verb‹ zu trennen. Die Unterscheidung darf nicht durch den zufälligen Gebrauch des gleichen Namens für Begriffe beider Bereiche vermischt werden.«

Vorbildlich ist in diesem Punkt etwa die ›Neuhochdeutsche Grammatik‹ von Friedrich Blatz aus den 80er Jahren des 19. Jahrhunderts (Blatz 1896; 1900). Sie trennt schon vom Aufbau her Kategorien von Funktionen und betrachtet das Deutsche systematisch unter beiderlei Aspekt. Blatz widmet den ersten Band seiner Grammatik (neben der Lautlehre) im wesentlichen der Wortlehre und diese zum allergrößten Teil der Wortformenlehre. Darunter versteht er außer der historischen Entwicklung der Wortformen ungefähr das, was wir den formalen Aufbau der einfachen syntaktischen Einheiten nennen würden. Behandelt werden die Flexion (Deklination, Komparation, Konjugation) der Hauptwortarten sowie einige Formeigenschaften einelementiger Paradigmen (Adverbien, Präpositionen, Konjunktionen). Eine Kategorie wie Genitiv etwa tritt beim Substantiv so in Erscheinung, daß alle möglichen Arten der Genitivbildung von Substantiven genannt werden. ›Genitiv‹ ist eine Klasse von substantivischen Formen, die unabhängig davon betrachtet wird, wo diese Formen vorkommen; ›Genitiv‹ ist exakt das, was wir eine Einheitenkategorie des Substantivs nennen würden.

Der zweite Band, die Syntax, gliedert den ersten Abschnitt über den Aufbau des einfachen Satzes in die Kapitel ›I. Satzglieder‹ und ›II. Verwendung der Wortarten und Wortformen zur Bildung von Satzgliedern und Sätzen‹. Unter I wird besprochen, wie die ›Satzglieder‹ (das sind für Blatz Subjekt, Objekt,

Attribut u.a.) aufgebaut sind. Der Genitiv kommt u.a. vor als Genitivobjekt und als Genitivattribut. Dieses Kapitel geht also aus von relationalen Begriffen, mit denen die syntaktische Funktion der Satzglieder vorgegeben ist, und untersucht, wie diese Funktionen gefüllt sind, mit welchen formalen Mitteln sie realisiert sind. Das zweite Kapitel fragt dann genau umgekehrt. Hier gibt es innerhalb der Kasuslehre einen Abschnitt über den Genitiv, in dem alle möglichen Verwendungsweisen des Genitivs zusammengestellt sind, in dem also das explizit gemacht wird, was sich der Leser im Prinzip auch aus dem I. Kapitel zusammensuchen kann: der Genitiv als Attribut, als Objekt usw. Die drei Darstellungsschritte der Grammatik im Überblick:

(6) *1. Schritt:* Formenlehre
a. **Chinas** ist der Genitiv von **China**[WP]
b. **des Jungen** ist der Genitiv von **der Junge**[WP]

2. Schritt: Satzgliedlehre
a. **sich erinnern** nimmt ein Genitivobjekt, also haben wir **Er erinnert sich Chinas / des Jungen**
b. Bei jedem Substantiv kann ein Genitivattribut stehen, also haben wir **die Regierung Chinas; das Alter des Jungen**

3. Schritt: Lehre von der Verwendung der Formen
a. Der Genitiv kommt als Objekt vor, deshalb haben wir **Er erinnert sich Chinas / des Jungen**
b. Der Genitiv kommt als Attribut vor, deshalb haben wir **die Regierung Chinas; das Alter des Jungen**

Der erste Schritt liefert eine Übersicht darüber, welche Formen es gibt. Der zweite Schritt liefert eine Übersicht darüber, welche syntaktischen Funktionen es im Deutschen gibt und wie sie mithilfe der vorhandenen Formen realisiert werden. Der dritte Schritt liefert eine Übersicht darüber, welche syntaktischen Funktionen jede einzelne Form haben kann. Bei strenger Durchführung des Konzepts (die bei Blatz selbstverständlich nur im Ansatz gegeben ist) sind der zweite und der dritte Schritt formal komplementär und inhaltlich letztlich identisch.

Es wäre daher möglich, den dritten Schritt der Grammatik unmittelbar an den ersten anzuschließen und dabei den Gebrauch relationaler Ausdrücke ganz zu vermeiden. Anstelle von 6.2 und 6.3 erhielte man 7.

(7) *2. Schritt:* Lehre von der Verwendung der Formen
a. Ein Genitivnominal bildet zusammen mit einem Nominativnominal und dem Verb **sich erinnern** einen Satz, also haben wir **Er erinnert sich Chinas / des Jungen**
b. Ein Genitivnominal bildet zusammen mit einem anderen Nominal eine NGr, deshalb haben wir **die Regierung Chinas; das Alter des Jungen**

Relationale Begriffe sind hier ganz vermieden. Daß wir das Ergebnis von 7a ein Objekt nennen und das Ergebnis von 7b ein Attribut, kommt nicht zur

Sprache. Auch Blatz könnte daher ohne relationale Begriffe auskommen und dennoch substantiell die gleichen Aussagen in seiner Grammatik machen wie jetzt.

Wenn man also relationale Begriffe ganz vermeiden kann und wenn Einigkeit darüber besteht, daß kategoriale und relationale nicht miteinander vermischt werden dürfen, wie sollte man dann in dieser Hinsicht verfahren? Wann ist die Verwendung relationaler Begriffe nützlich? (Eine übersichtliche Darstellung zu dieser theoretisch eminent wichtigen Frage in Primus 1993).

Chomsky (1969: 100f.) vermutet »Die traditionelle Grammatik scheint solche Relationen dort zu definieren, wo Selektionsbeschränkungen über dieses Kategorienpaar [gemeint sind die Kategorien im Vor- und Nachbereich der Relation] entscheiden. So ist die Wahl des Hauptverbs durch die Wahl des Subjekts und Objekts determiniert, Subjekt und Objekt hingegen können generell unabhängig voneinander gewählt werden, und es gibt demzufolge zwischen den beiden keine grammatische Relation der besprochenen Art.« Solche Selektionsbeschränkungen regeln, welche Subjekte mit welchen Prädikaten und welche Prädikate mit welchen Objekten semantisch verträglich sind. Es sind Regeln, die erklären sollen, warum in einem Satz wie **Dieser Birnbaum liest wöchentlich zwei Fahrräder** Subjekt und Objekt nicht zum Verb passen. Danach hätten die grammatischen Relationen etwas mit den semantischen Beschränkungen zu tun, denen die Regeln zur Bildung größerer Einheiten wie der Sätze aus kleineren Einheiten unterliegen. Sie wären nicht nur formbezogen, sondern auch bedeutungsbezogen.

So nimmt auch Katz (1972: 109ff.) an, daß zur Herleitung der Bedeutung eines Satzes nicht sämtliche Information benötigt wird, die in der syntaktischen Struktur des Satzes zur Verfügung steht. Man benötige – außer den Bedeutungen der elementaren Bestandteile des Satzes – vielmehr nur genau den Teil der syntaktischen Information, der auch benötigt wird, um die syntaktischen Relationen zu definieren. Wir haben schon angedeutet, daß die Definition von Subjekt, Prädikat usw. im wesentlichen darin besteht, Konstruktionen voneinander abzugrenzen. Ein Begriff wie ›Subjekt‹ wird nicht damit definiert, daß man alle syntaktischen Merkmale zusammenstellt, die die Subjektausdrücke haben, sondern indem man das Subjekt von den Größen syntaktisch abgrenzt, mit denen es verwechselt werden könnte, also etwa von den Objekten.

Katz' Gedanke würde erklären, warum sich relationale Begriffe neben kategorialen so hartnäckig halten. Relationale Begriffe wären in einer Grammatik mit einer expliziten Syntax nicht nur möglich, sondern sie wären auch sinnvoll. Wie wir wissen, kennzeichnet die syntaktische Struktur die Form syntaktischer Einheiten vollständig und unabhängig von ihrer Funktion. Der syntaktischen Struktur selbst ist ja nichts darüber zu entnehmen, welche Merkmale der Form entscheidend sind für die Satzbedeutung, welche bestimmten rhetorischen oder stilistischen Zwecken dienen, welche der Verbesserung der Verständlichkeit des Satzes dienen usw. Mit den syntaktischen Relationen würde eine und die wichtigste Funktion der Form von Sätzen, nämlich die Konstitution und Kodierung von Satzbedeutungen, besonders herausgehoben. Sätze wie **Sonja verpaßt den Zug** und **Den Zug verpaßt Sonja** unterscheiden sich syntaktisch erheblich voneinander, sie unterscheiden sich aber nicht in Hinsicht auf ihre relationale Struktur (beide bestehen aus Subjekt, Prädikat und Objekt) und sie unterscheiden sich folglich nicht in ihrer Bedeutung.

Auch Lieb beruft sich auf den traditionell vorgegebenen Gebrauch relationaler Ausdrücke (1980a: 90): »Es ist eine traditionelle Einsicht, daß die sog. syntaktischen Relationen wie ›Subjekt‹ und ›Prädikat‹ eine Rolle spielen, wenn es um den Aufbau von Satzbedeutungen aus Wortbedeutungen geht. Diese Einsicht bildet den Ausgangspunkt unserer eigenen Überlegungen.« Die Zuweisung von einer oder von mehreren Bedeutungen zu einem Satz sollte sich der syntaktischen Relationen bedienen, die ihrerseits über syntaktischen Strukturen definiert sind. Lieb bezeichnet deshalb relationale Ausdrücke als das Verbindungsstück (link) zwischen der Form von Sätzen und ihrer Bedeutung (1977: 54; 1983: 63ff.). Damit gewinnt der Gedanke weiter an Gestalt, daß die kategoriale Redeweise die ›eigentlich syntaktische ist‹, die verwendet wird, wenn es um die Explikation der Form von Sätzen geht, während die relationale, obwohl ebenfalls rein syntaktisch, dann verwendet wird, wenn syntaktische Fakten auf semantische bezogen werden sollen. Die Verbindung wird hergestellt, indem funktionalen Ausdrücken wie Subjekt und Attribut ein ›semantischer Gehalt‹ zugeschrieben wird. Der semantische Gehalt einer syntaktischen Relation ist etwa das, was häufig auch ›Konstruktionsbedeutung‹ genannt wird: Kennt man die Bedeutung der im Satz vorkommenden elementaren Einheiten und die Bedeutungen aller in ihm vorkommenden Konstruktionen, so kann seine Gesamtbedeutung ermittelt werden.

Entscheidend ist nun, daß der *gesamte* Prozeß der Bedeutungszuordnung über relationale bzw. funktionale Begriffe abgewickelt werden soll, d.h. die Bedeutung eines Satzes ergibt sich allein aufgrund der Bedeutungen der elementaren Einheiten und des semantischen Gehalts der syntaktischen Relationen. Bei der Herleitung der Bedeutung wird überhaupt nicht mehr direkt auf die syntaktische Struktur zurückgegriffen, sondern nur noch indirekt auf dem Wege über die syntaktischen Relationen. Was immer an syntaktischer Information für die Satzbedeutung relevant ist, muß mit Hilfe von relationalen Begriffen erfaßbar sein.

Das bedeutet, daß man mehr und andere relationale Begriffe braucht als sie in der traditionellen Grammatik üblich sind. Wie man sich eine solche Erweiterung der Begrifflichkeit vorstellen kann, wird im nächsten Abschnitt gezeigt.

Wir werden in unserer Grammatik relationale Begriffe in diesem Sinne verwenden, wenn es um den Zusammenhang von Form und Bedeutung geht. Aber wir verwenden sie auch, wenn das innerhalb der Syntax zu einer einfachen und übersichtlichen Redeweise führt. Es sollte klar sein, daß damit am Vorrang der kategorialen Begriffe nicht gerüttelt wird.

2.3.2 Syntaktische Relationen im Deutschen

In diesem Abschnitt stellen wir eine Liste der wichtigsten syntaktischen Relationen für das Deutsche zusammen. Diese Liste enthält weder genaue Definitionen noch auch nur halbwegs vollständige Beschreibungen der einzelnen Relationen. Sie dient als erste Orientierung und als Vereinbarung darüber, wie relationale Begriffe im weiteren verwendet werden. Sie soll auch noch einmal die grundlegende Einsicht illustrieren, daß einerseits Ausdrücke einer bestimmten Kategorie in unterschiedlicher syntaktischer Funktion auftreten können und daß andererseits eine bestimmte syntaktische Funktion von Ausdrücken ganz unterschiedlicher Form erfüllt werden kann. Die Darstellung erfolgt in drei Schritten.

Im ersten Schritt wird das herkömmliche relationale Vokabular eingeführt, wie man es bis heute vornehmlich in praktischen Grammatiken und allgemein in der Schulgrammatik vorfindet. Der zweite Schritt nimmt eine Systematisierung und Erweiterung dieses Vokabulars so vor, daß den in Abschnitt 2.3.1 besprochenen Anforderungen Genüge getan ist. Zum Schluß besprechen wir einige Beispiele und fassen wir die gesamte Grundbegrifflichkeit von Kapitel 2 in einer Übersicht zusammen.

Traditionelle relationale Begriffe

Die traditionelle Begrifflichkeit bezieht sich auf die Bestandteile des Satzes einerseits und der Nominalgruppe andererseits. Satz und Nominalgruppe stellen so etwas wie in sich relativ selbständige grammatische Hauptdomänen dar. Im einzelnen werden unterschieden.

1. *Subjekt.* Im Vorbereich der Subjektrelation treten Nomina und NGr im Nominativ auf (1a–d), ferner **zu**-Infinitive (1e), indirekte Fragesätze (1f) und konjunktionale Nebensätze (1g).

Im Nachbereich der Subjektrelation treten Vollverben auf (1a,c,g) neben Kopulaverben (1e,f) und Modalverben (1d; dazu weiter 3.3). Das Subjekt korrespondiert formal mit der finiten Form des Verbs hinsichtlich Person und Numerus (›Verbalkongruenz‹). In Hinsicht auf die Form (Kategorie im Vorbereich) wird das Subjekt vom Vollverb bzw. vom Prädikatsnomen regiert (Näheres 3.1; 3.2).

(1) a. b.

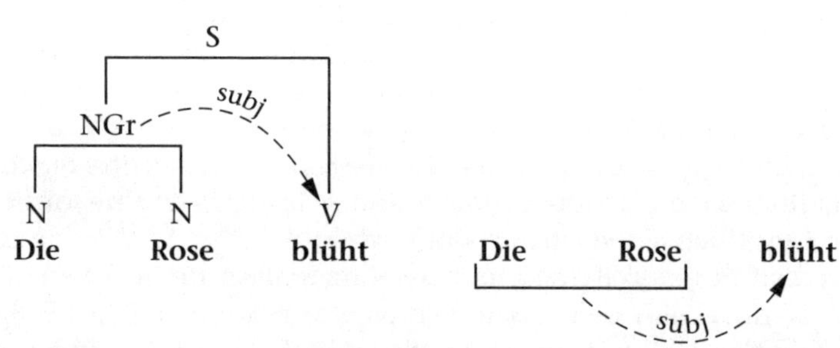

c. **Sie blüht**
d. **Große Hunde können selten beißen**
e. **Früh aufzustehen ist nicht leicht**
f. **Wieviel das kostet, wird nicht bekannt**
g. **Daß die Regierung zurücktritt, überrascht uns sehr**

Das Bestehen der Subjektrelation wie von syntaktischen Relationen allgemein kennzeichnen wir durch eine gestrichelte Pfeillinie wie in 1a, die die Konstituente im Vorbereich mit der im Nachbereich verbindet. Manchmal verwenden wir stattdessen auch die platzsparende Schreibweise 1b.

2. *Prädikat.* Als Prädikat bezeichnen wir die größte Form eines Verbs, die einem S, einer IGr oder PtGr unmittelbar untergeordnet ist. Im Vorbereich der Prädikatrelation treten demnach zunächst Formen von Vollverben (2a, b) und Kopulaverben (2c, d) auf. Wir sprechen von der ›größten Form eines Verbs‹ als dem Prädikat, weil wir bei zusammengesetzten Verbformen wie in 2b die ganze Form als Prädikat ansehen wollen. Das Prädikat von 2b ist also nicht **hat** sondern **hat gesehen**. In Sätzen mit Modalverb wie 2e bildet die Konstituente aus Modalverb + größter Verbform das Prädikat, in 2e also **mußte rechnen**. Das Prädikat ist in solchen Fällen eine VGr (3.3). Im Nachbereich der Prädikatrelation findet sich meist die Kategorie S, wir sprechen dann vom Prädikat eines Satzes.

(2) a.

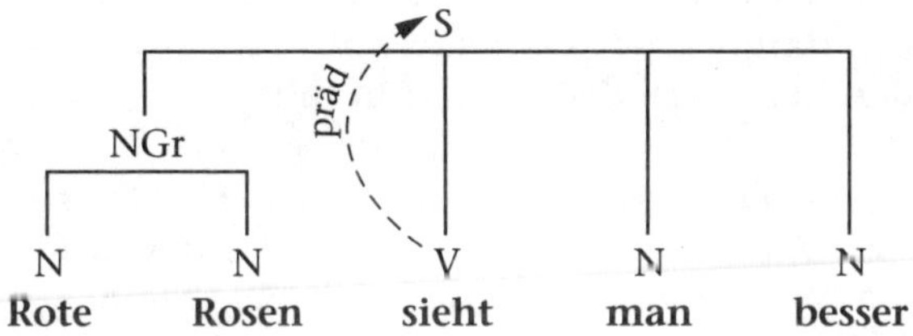

b. **Rote Rosen hat man schon immer besser gesehen**
c. **Berlin bleibt doch Berlin**
d. **Karl wird klüger und klüger**
e. **Niemand mußte mit soviel Vergeßlichkeit rechnen**

3. *Objekt.* Im Nachbereich der Objektrelation tritt die Form eines Vollverbs auf, von dem das Objekt regiert wird. Hinsichtlich seiner Form ist das Objekt sehr variabel. Im Vorbereich kommen Nominale im Genitiv (3), Dativ (4) und Akkusativ (5a) vor. Vom Prototyp des akkusativischen Objekts sprechen wir auch als dem direkten Objekt, vom dativischen als dem indirekten Objekt. Insbesondere die Stelle des direkten Objekts kann auch von **zu**-Infinitiven (5b), indirekten Fragesätzen (5c) und konjunktionalen Nebensätzen (5d) besetzt sein, verhält sich also ähnlich wie das Subjekt. Auch Verbzweitsätze sind als direkte Objekte möglich (5e).

(3) **Der Vorschlag bedarf deiner Unterstützung**

(4) **Wir trauen ihm**

(5) a. **Karl lernt Italienisch**
b. **Karl lernt, sich zu benehmen**
c. **Karl lernt, wie ein Schornstein gemauert wird**
d. **Karl lernt, daß man es ohne Krawatte zu nichts bringt**
e. **Karl lernt, Kurt habe die Sachsen befreit**

Neben den Objekten in obliquen Kasus steht die große Gruppe der Präpositionalobjekte (6a,b). Wird die Stelle des Präpositionalobjekts von einem **zu**-Infinitiv oder einem Satz besetzt, so wird es häufig (manchmal auch obligatorisch) mit einem sog. Pronominaladverb wie **darauf**, **darüber** als ›Korrelat‹ angeschlossen (6c–e).

(6) a.

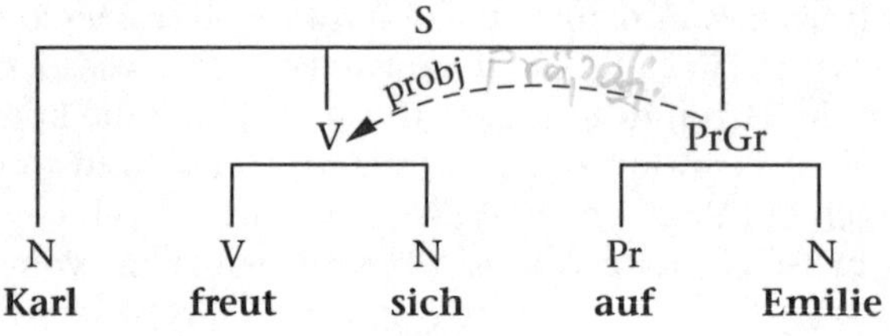

b. **Karl freut sich über Emilie**
c. **Karl freut sich (darüber), Emilie wiederzusehen**
d. **Karl freut sich darüber, wie Egon aussieht**
e. **Karl freut sich (darüber), daß Egon ihm hilft**

4. *Prädikatsnomen*. Das Prädikatsnomen ist ein Nominal im Nominativ (7a–c) oder ein Adjektiv in der Kurzform (7d,e). Im Nachbereich dieser Relation findet sich immer die Form eines Kopulaverbs. Das Prädikatsnomen wird vom Verb regiert, hat daneben aber eine enge syntaktische Beziehung zum Subjekt.

Die von einem Verb regierten Größen (Subjekt, Objekt, Prädikatsnomen) fassen wir unter dem Begriff Ergänzung (erg) oder Komplement zusammen. Ergänzungen haben im Nachbereich eine verbale Konstituente. Streng genommen muß man also von einem ›Subjekt zum Verb / zur Verbalgruppe‹ sprechen. Wir nehmen uns, wenn keine Mißverständnisse möglich sind, die Freiheit, auch vom ›Subjekt des Satzes‹, ›Objekt des Satzes‹ usw. zu sprechen.

(7) a.

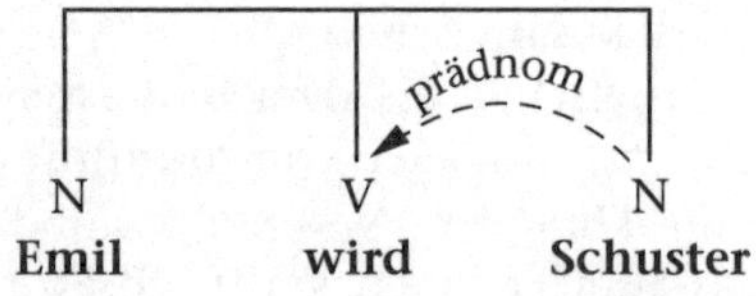

b. **Paula ist die Klügste von allen**
c. **Wir waren das nicht**
d. **Stadtamseln sind neurotisch**
e. **Der Otter ist bei uns ausgestorben**

5. *Attribut*. Wir fassen den Attributbegriff so, daß im Nachbereich dieser Relation ein Substantiv oder Pronomen auftritt. Dieses Substantiv oder Pronomen bezeichnen wir als Kern der Attributkonstruktion (**Vorschlag** in 8a, s.u.). Je nach Kategorie im Vorbereich werden dann das Genitiv-Attribut (8a), das

Präpositionalattribut (8b), das infinitivische Attribut (8c), das Satzattribut (8d, e), das adjektivische Attribut (8f), das Relativsatzattribut (8g) und als Sonderform die sogenannte enge Apposition (8h,i) unterschieden. Letztere wird nicht in allen Grammatiken zu den Attributen gerechnet. Attribute sind immer NGr untergeordnet. Da Attribute in der Regel fakultativ sind und die Bedeutung ihres Kernsubstantivs modifizieren, werden sie auch *Modifikatoren* genannt. Das Attribut wird im Einzelnen in Kap. 8 behandelt.

(8) a.

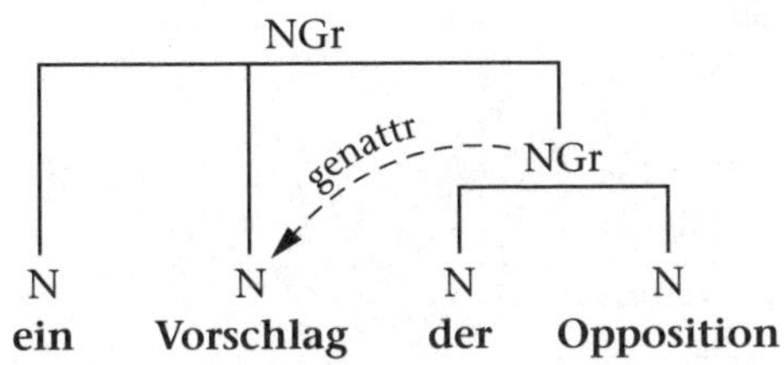

b. **die Idee von Renate**
c. **die Idee, nach München zu fahren**
d. **die Frage, wie das weitergehen soll**
e. **der Vorschlag, daß Paul das machen soll**
f. **ein ganz neuer Vorschlag**
g. **ein Vorschlag, der ganz neu ist**
h. **die Studiengruppe ›Verbvalenz‹**
i. **zwei Pfund gebrannte Mandeln**

6. *Adverbiale Bestimmung*. Die adverbiale Bestimmung (adv) ist die heterogenste unter den gebräuchlichen syntaktischen Relationen, ein typischer Restbegriff, der auch terminologisch besondere Schwierigkeiten bereitet (7.1). Wir zählen zu den adverbialen Bestimmungen als erste große Gruppe PrGr (9a,b) und Adverbien (9c,d), die Sätze modifizieren, also Sätzen nebengeordnet sind. Außerdem die Adverbialsätze (9e) sowie bestimmte IGr (9f) und PtGr (9g). Statt von adverbialen Bestimmungen spricht man hier auch von *Konjunkten*.

Die zweite große Gruppe bilden die adverbialen Adjektive wie in (10a,b). Sie modifizieren nicht den Satz, sondern das Verb. Zu den adverbialen Bestimmungen werden meist auch Einheiten wie **sehr** gerechnet, die zu Ausdrücken unterschiedlicher Kategorie treten können (10c,d). In mancher Beziehung besteht für solche Ausdrücke intuitiv eine Nähe zu den Attributen.

(9) a.

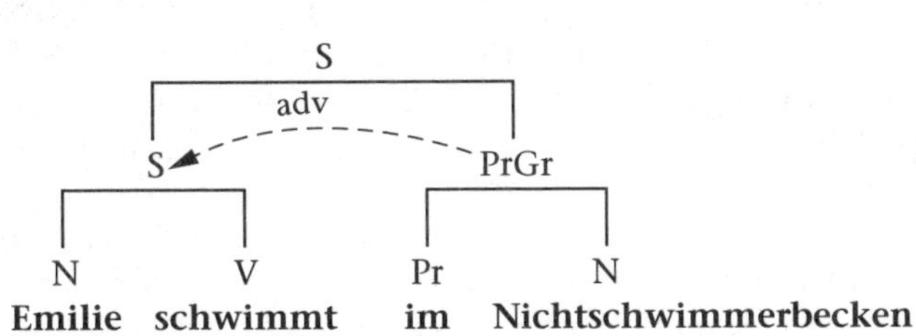

b. **Renate arbeitet bei Opel**
c. **Karl schläft hier**
d. **Karl schläft verständlicherweise**
e. **Karl schläft, weil er müde ist**
f. **Renate arbeitet, um fertig zu werden**
g. **Renate arbeitet, vom Erfolg beflügelt**

(10) a.

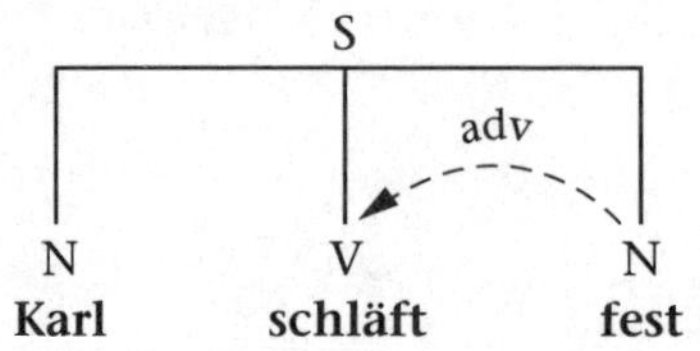

b. **Egon benimmt sich schauderhaft**
c. **Egon fürchtet sich sehr**
d. **Emilie hat eine sehr gute Begabung für Orthographie und Zeichensetzung**

Die einem Satzknoten unmittelbar untergeordneten Konstituenten fungieren in der Regel als Prädikat, Ergänzung oder adverbiale Bestimmung. Konstituenten in diesen Funktionen werden deshalb häufig Satzglieder genannt und konstituieren die traditionelle ›Satzgliedlehre‹. Wir machen gelegentlich von dieser Bezeichnung Gebrauch.

Zum relationalen Vokabular im weiteren Sinne gehören auch die Begriffe Hauptsatz und Nebensatz, denn auch sie sagen etwas über die Stellung einer Kategorie (Satz) in einer Struktur aus. Als Nebensätze wollen wir Sätze in adverbialer, attributiver und in Ergänzungsfunktion bezeichnen.

An der überkommenen Unterscheidung von Haupt- und Nebensatz ist oft Kritik geübt worden (Harweg 1971; Vater 1976; Fabricius-Hansen 1992). Problematisch ist sie vor allem bei Satzgefügen mit Ergänzungssätzen. Streicht man etwa in **Karl erwartet, daß Paul ihm schreibt** den Nebensatz, dann bleibt **Karl erwartet** übrig. Dieser Ausdruck ist für sich nicht einmal grammatisch, er ist also auch kein Satz und man kann ihn schon deshalb nicht den Hauptsatz nennen. Als Hauptsatz kann hier nur das gesamte Satzgefüge gelten, der Nebensatz ist also Bestandteil des Hauptsatzes.

Anstelle von Haupt- und Nebensatz wird im Anschluß an die Redeweise der generativen Grammatik auch von Matrix- und Konstituentensatz gesprochen. Nebensätze in der Funktion von Ergänzungen werden häufig als Komplementsätze bezeichnet. Gelegentlich faßt man auch die Adverbialsätze unter diesen Begriff. Wenn wir in der Grammatik solche Ausdrücke verwenden, dann nur so, daß keine Mißverständnisse über das jeweils Gemeinte entstehen.

Damit ist das traditionelle Vokabular zur Bezeichnung syntaktischer Relationen im wesentlichen erschöpft, wir wollen aber noch eine besondere Art des Gebrauchs solcher Begriffe einführen. Bisher wurden sie auf Paare von Konstituenten angewendet, die nebengeordnet oder unmittelbar über- bzw. untergeordnet sind. Es kommt aber auch vor, daß man strukturell weiter auseinander liegende Konstituenten in Beziehung setzen möchte. Ein Beispiel gibt 11.

(11)

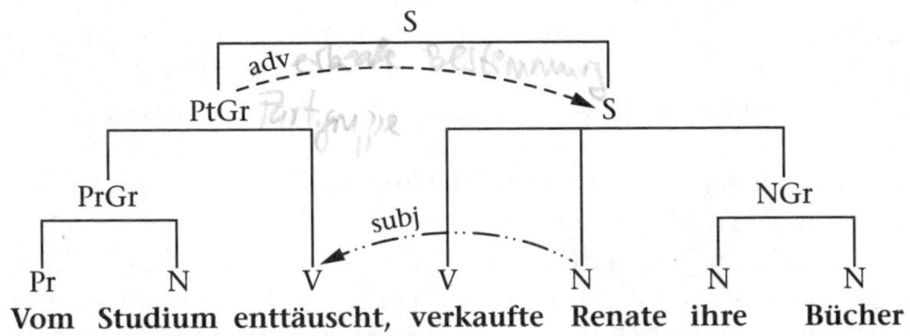

Die PtGr **vom Studium enttäuscht** ist adverbiale Bestimmung zum Satz **verkaufte Renate ihre Bücher**. Die PtGr selbst besteht aus Prädikat und Präpositionalobjekt, ein Subjekt hat sie nicht. Sie wird aber so verstanden, als sei **Renate** ihr Subjekt, denn es ist Renate, die vom Studium enttäuscht ist. Das Prädikat der PtGr ›sucht‹ sich also sein Subjekt außerhalb der PtGr und findet es im Subjekt des Hauptsatzes. Wir sagen dann, **Renate** sei *indirektes Subjekt* zu **enttäuscht**. Gleichzeitig ist **Renate** natürlich auch direktes Subjekt zu **verkaufte**. Für die indirekte Subjektrelation gelten offenbar andere syntaktische Bedingungen als für die direkte. Indirektes Subjekt und Prädikat korrespondieren nicht hinsichtlich Person und Numerus, und sie sind einander nicht nebengeordnet.

Außer für die Partizipialgruppe, deren Grammatik wir nicht in den Einzelheiten besprechen (dazu Rath 1971; 1979; Kvam 1984; Bresson/Dalmas Hg. 1994), spielt die indirekte Subjektrelation vor allem eine Rolle bei den Infinitivkonstruktionen. In **Karl versucht, Fritz zu treffen** ist **Karl** indirektes Subjekt zum Infinitiv (11.2). Auch andere indirekte Relationen als die Subjektrelation kommen vor, beispielsweise bei den Vergleichssätzen (12.3). Wenn wir von indirekten Relationen Gebrauch machen, wird das immer ausdrücklich hervorgehoben. Wir verschaffen uns auf diese Weise die Möglichkeit, strukturell beliebig entfernte Konstituenten aufeinander zu beziehen, wenn das notwendig ist. Entscheidend dabei ist nur, daß die Beziehung zwischen den Konstituenten *rein syntaktisch* hergestellt wird, denn die indirekten sollen syntaktische Relationen sein ebenso wie die direkten. Zur deutlichen Unterscheidung von den direkten markieren wir indirekte Relationen wie in 11 mit einer Doppelpunkt-Strichlinie.

Köpfe und Kerne

Kehren wir nun noch einmal zu den direkten syntaktischen Relationen zurück. So gut wie alle setzen sie nebengeordnete Konstituenten in Beziehung. Syntaktische Relationen dieser Art kann man deshalb mit Teuber (2002: 19ff.) *Schwesterrelationen* nennen. Zu ihnen gehören die Komplemente, die Adjunkte und Attribute. Aus dem Rahmen fällt das Prädikat. Die Prädikatrelation besteht im Satz mit finiter Verbform zwischen dieser Verbform (Vorbereich der Relation) und dem Satz (Nachbereich der Relation). Es handelt sich also um eine *Tochter-Mutter-Relation*. Um solche Relationen zwischen einer Konstituente und der ihr unmittelbar übergeordneten Konstituente geht es jetzt. Wir verfolgen mit ihrer Einführung auch das in Abschnitt 2.3.1 formulierte Ziel, alle Konstituenten einer komplexen Einheit mit relationalen Begriffen zugänglich zu machen. Die in früheren Ausgaben dieser Grammatik verwendeten sog. Bereichsrelationen werden aufgegeben. Sie waren eher ein Notbehelf. Das Operieren mit Tochter-Mutter-Relationen ist formal eleganter und es ist gleichzeitig aussagestärker.

Zur Etablierung der Mutter-Tochter-Relationen setzen wir bei der Unterscheidung von lexikalischen Wörtern und Funktionswörtern an (2.1). Besonders auf Seiten der Funktionswörter ist damit in der Literatur nicht immer dasselbe gemeint, aber fast immer zählt man zu den Funktionswörtern die Artikel, die subordinierenden Konjunktionen und die Hilfsverben, alle drei als Bestandteile komplexer Konstituenten. Meist werden auch die Präpositionen zu den Funktionswörtern gezählt. Die Begründung für solche Zuordnungen ist wiederum uneinheitlich. Häufig geht es lediglich um den Wortbegriff (»nicht semantisch autonom«, z.B. Grundzüge: 462ff.), aber es werden auch verschiedene syntaktische Gegebenheiten an die Funktionswörter gebunden. Weinrich (1993) beispielsweise braucht Artikel, subordinierende Konjunktionen und finite Hilfsverben als klammeröffnend für die Nominal-, die Adjunkt- und die Verbalklammer. Noch viel weiter geht die Funktion, die man ihnen als DET (Determiner), COMP (Complementizer) und INFL (flektiertes Hilfsverb oder Verbflexiv) innerhalb ihrer jeweiligen Konstituenten zuschreibt: als ›funktionale Kategorien‹ konstituieren sie das, was wir im folgenden *syntaktischer Kopf* nennen wollen (s. z.B. Olsen/Fanselow Hg. 1991; Gallmann/Lindauer 1994; Borsley 1997; zur Herausbildung syntaktischer Köpfe im Zusammenhang des Übergangs vom synthetischen zum analytischen Sprachbau Wolf 1981; Ágel 1996; Primus 1997).

Anders als in der generativen Grammatik, in der das Problem mit den genannten Begriffen rein kategorial bearbeitet wird, bleiben wir bei der funktionalen Redeweise und sagen beispielsweise, ein Artikel sei Kopf (hd für engl. head) seiner NGr (12, mit ART als Wortkategorie für Artikel). Weitere Beispiele für syntaktische Köpfe in 13 und 14.

(12) a. b.

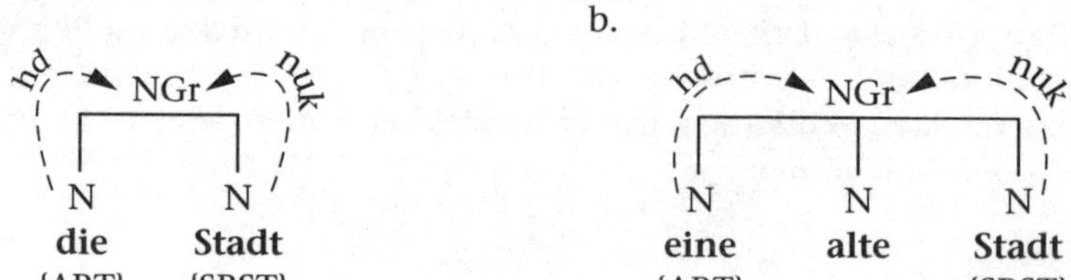

(13) a. b.

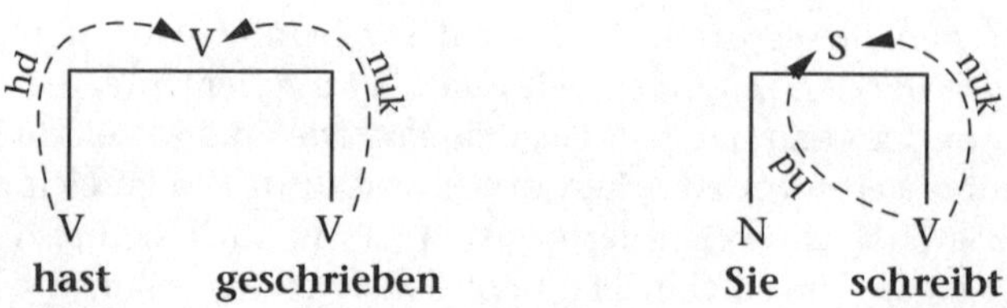

(14) a. b.

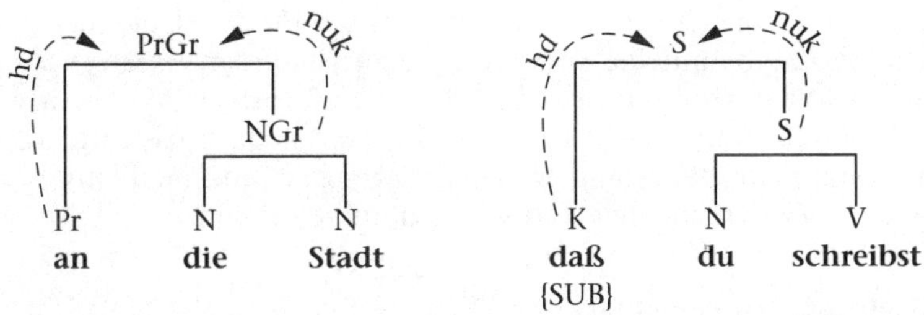

In 13a gibt das Hilfsverb (finite Form, Wortkategorie HV) den Kopf der analytischen Verbform ab, während die Kopffunktion in 13b bei der synthetischen Vollverbform (VV) liegt, die ja selbst finit ist. Eine Präposition ist Kopf ihrer PrGr (14a) und eine subordinierende Konjunktion (Wortkategorie SUB) ist Kopf des Satzes mit Finitum in Letztposition (14b).

Mit dem Reden von syntaktischen Köpfen knüpfen wir an die funktionale Begrifflichkeit in der Morphologie und Phonologie an (Wort, 1.3; 6.2.1). So ist **lich** morphologischer Kopf von **freund+lich**, **ung** ist morphologischer Kopf von **Beregn+ung**. Wichtigste Eigenschaft morphologischer Köpfe ist, daß sie die Grammatik der Gesamteinheit bestimmen (**lich** bildet Adjektive, **ung** bildet Substantive eines bestimmten Genus und Flexionstyps). Ähnliches läßt sich von syntaktischen Köpfen sagen. Ein Artikel kommt nur in NGr, ein finites Verb nur in Sätzen vor. Köpfe stehen sozusagen dem Rest der Einheit gegenüber, in der sie auftreten. Köpfe sind in der jeweiligen Konstruktion obligatorisch und bestimmen wesentlich ihr Verhalten nach außen. »Sie selegieren genau ein Komplement genau einer Kategorie« (Haider 1993: 25). Wir sprechen allerdings nicht generell vom Komplement eines syntaktischen Kopfes, weil ein Kopf nicht einer Konstituente gegenüberstehen muß. So steht in 12b der Kopf **eine** der Nichtkonstituente **alte Stadt** gegenüber.

Neben dem Relationstyp Kopf verwenden wir – wiederum wie in der Morphologie – den Relationstyp Kern (nuk). Was wir *syntaktischer Kern* nennen, entspricht weitgehend dem traditionellen Verständnis dieses Begriffes (z. B. Engel 1988: 22) und heißt neuerdings häufig lexikalischer Kopf (Haider 1993; Abraham 1995; Primus 1997) oder findet sich, wie oben angedeutet, als lexikalische Kategorien wieder, die den funktionalen Kategorien gegenüberstehen.

Typische syntaktische Kerne sind Substantive in NGr (**die alte *Stadt***), Vollverbformen in analytischen Verbformen (**hast *geschrieben***) oder beispielsweise auch Adjektive in AdjGr (**keinem Rat *folgende***). 13b zeigt, daß eine synthetische finite Verbform sowohl Kopf als auch Kern ihres Satzes ist. Die traditionelle Prädikatrelation vereinigt also die beiden Tochter-Mutter-Relationen in sich. Innerhalb der PrGr (14a) fungiert die NGr als komplexer Kern und ähnlich verhält es sich beim konjunktionalen Nebensatz (14b). Die Kernfunktion kann hier natürlich ›von unten‹ aus der Funktion der einfachen Konstituenten hergeleitet werden.

Anders als bei den Köpfen kommt es bei den Kernen häufig gerade darauf an, welche Art von Konstituenten in welcher Zahl sie regieren. Viele Kerne haben als Charakteristikum eine bestimmte Stelligkeit. Für die Ausdrücke, die zu einem Kern treten können, lassen sich analog zur Morpholgie zwei Relationstypen unterscheiden, nämlich die Komplemente (kmp) und die Modifikatoren (mod). Komplemente sind subklassenspezifisch für die Elemente einer Kategorie. Ihr Prototyp sind die vom Verb valenzgebundenen Satzglieder, die zur Unterscheidung von transitiven Verben, intransitiven Verben usw. führen. Modifikatoren führen nicht zu einer solchen Subklassifizierung, d. h. sie sind im prototypischen Vorkommen kategorial regiert und fakultativ wie z. B. die Attribute (zum relationalen Status der Adjunkte Abschnitt 7).

Beispiele und Zusammenfassung

Führen wir uns nun noch einmal den Gebrauch der relationalen Begriffe an zwei Beispielen vor Augen, in denen ein großer Teil der Standardstrukturen vorkommt.

Der Matrixsatz in 15 hat ein Verb, das neben dem Subjekt ein präpositionales und ein direktes Objekt bindet. Das direkte Objekt hat die Form eines **daß**-Satzes.

(15)

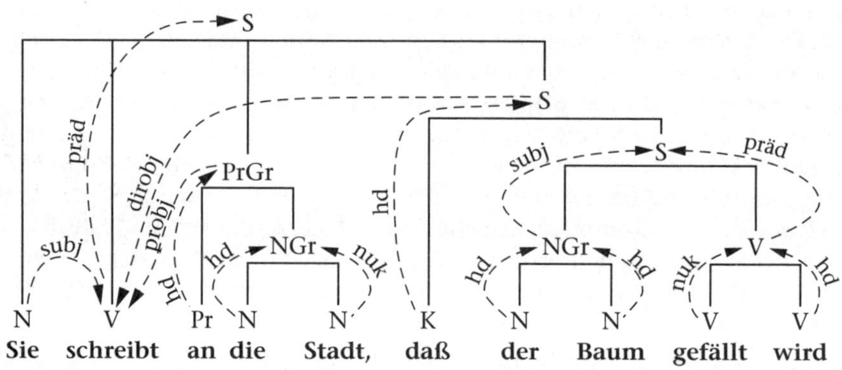

Die Köpfe und Kerne sind wie oben erläutert angesetzt. Statt von Kopf und Kern der Sätze sprechen wir von ihrem Prädikat. Das Prädikat wird im Matrixsatz von einer synthetischen, im Nebensatz von einer analytischen (passivischen) Verbform gebildet. Alle Konstituenten sind relational gebunden.

Im zweiten Beispielsatz (**Die beste Mannschaft aus Europa hat bei den Weltmeisterschaften ihre Anhänger enttäuscht**) bindet das Verb des Matrixsatzes ein Subjekt und ein direktes Objekt (16). Die PrGr ist jetzt adverbiale Bestimmung (Adjunkt).

Anders als in 15 ist das Subjekt jetzt komplex, es enthält zwei Attribute. Das Verb bildet eine diskontinuierliche Konstituente. An der Art der Verwendung der relationalen Begriffe hat sich nichts Wesentliches verändert.

Die syntaktische Grundbegrifflichkeit, die in Kapitel 2 eingeführt wurde, ist auf den ersten Blick vielfältig. Wir fassen sie deshalb in 17 noch einmal übersichtlich zusammen.

(16)

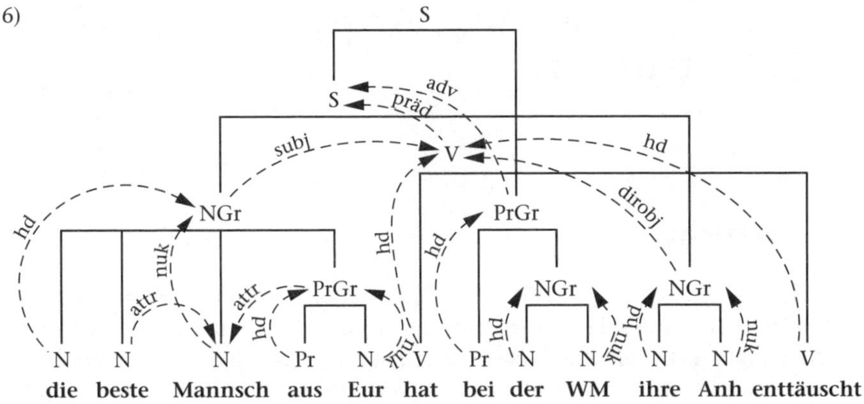

(17)

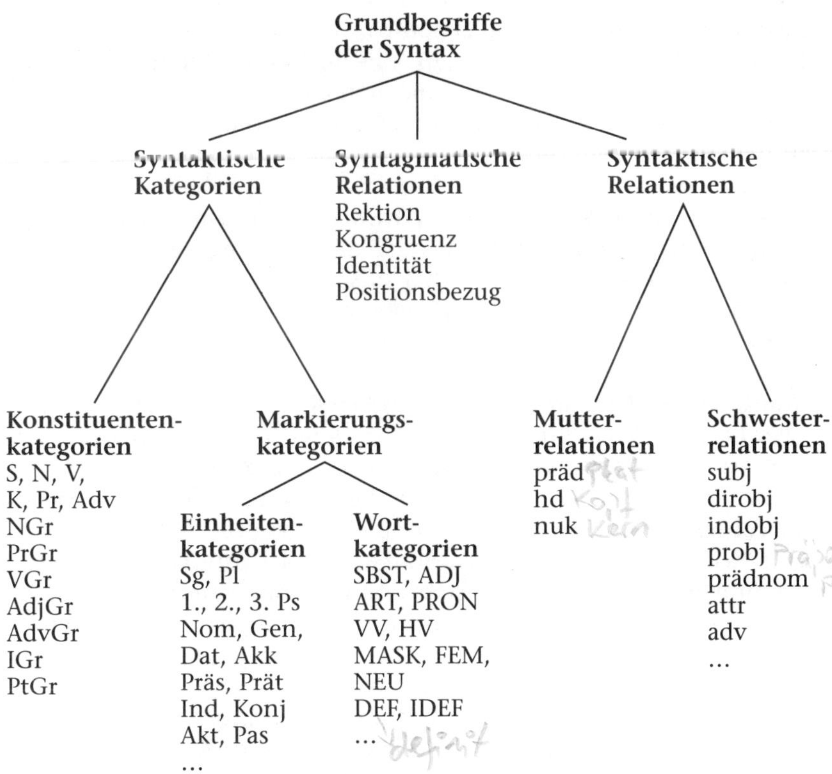

Die Übersicht enthält das vollständige Vokabular der Konstituentenkategorien, syntagmatischen Relationen und Tochter-Mutter-Relationen, das in der Grammatik verwendet wird. Für die Markierungskategorien und die Schwesterrelationen enthält es Beispiele. Diese Inventare werden in verschiedenen Teilen der Grammatik noch erweitert.

3. Das Verb: Valenz, Argumente und Satzstruktur

3.1 Übersicht

Einfache Subjekt-Prädikat-Sätze vom Typ **Jochen lächelt**; **Helga schläft** enthalten zwei Bestandteile, mit denen der Sprecher, wenn er den Satz äußert, referiert (Subjekt) und prädiziert (Prädikat). Durch Referieren und Prädizieren kommt man zur Bezeichnung von Sachverhalten, deren Bestehen behauptet, erfragt, gewünscht oder gefordert werden kann (1.2). Zur Erfassung grundlegender grammatischer Eigenschaften des Verbs beschränken wir uns im folgenden auf die Betrachtung von Aussagesätzen. Und wir stellen uns vor, daß ein solcher Satz geäußert wird, um von dem bezeichneten Sachverhalt festzustellen oder zu behaupten, daß er zutrifft.

Die zweiteilige Satzform weist ein sprachliches Minimum zur Bezeichnung von Sachverhalten auf, den allgemeinen kommunikativen und kognitiven Anforderungen genügt sie natürlich nicht. Zur Bezeichnung auch simpler und wahrnehmungsmäßig ungeteilt zugänglicher Sachverhalte verwenden wir etwa Sätze mit einem zweiten Ausdruck für ein Individuum. Ein Subjekt-Prädikat-Objekt-Satz wie **Karl sieht Fritz** bezeichnet einen Sachverhalt, indem zwei Individuen sprachlich zueinander in Beziehung gesetzt werden. »Will jemand einem anderen etwas mitteilen, so ... baut [er] sich ein elementares Sprachmodell der gewählten natürlichen Mikrosituation. Er muß vor allem auf ihre Elemente hinweisen. .. und mit den Mitteln der Sprache die Beziehungen zwischen den Gegenständen ausdrücken ... Sätze wie **Die Krähe sitzt auf dem Baum** oder **Am Ufer brennt der Wald** stellen Sprachmodelle zweier Situationen dar. Mit ihrer Hilfe kann sich der Hörer in Gedanken wirkliche Situationen vorstellen, denn die Elemente der Sprachmodelle und die Beziehungen zwischen ihnen sind den Elementen und Beziehungen solcher in der Wirklichkeit beobachteten Situationen isomorph.« (Serébrennikow Hg. 1973: 47).

Entscheidend und keineswegs selbstverständlich ist, daß im ›Spachmodell‹ einer Situation Individuen einerseits und Relationen andererseits isoliert werden. Der Satz **Karl sieht Fritz** wird für sich weder als Aussage über Karl mit einem komplexen Prädikat wie »sieht Fritz« noch als Aussage über Fritz mit einem komplexen Prädikat wie »wird von Karl gesehen« analysiert. Er kann sowohl für das eine wie für das andere und daneben rein relational verwendet werden. Seine Grundstruktur ist als relational zu kennzeichnen. Die Grammatik des Verbs wird im vorliegenden Kapitel daraufhin beschrieben, was dieser Relationalität syntaktisch entspricht.

Wie wichtig relationale Begriffe sind, zeigt schon ein flüchtiger Blick auf die Wortbedeutungen. Der weitaus größte Teil der Verben bezeichnet mehrstellige Relationen, nur ein geringer Teil ist einstellig. Und nicht nur Verben bezeichnen mehrstellige Relationen, sondern ebenso Konjunktionen, Präpositionen sowie viele Adjektive und Substantive.

(1)

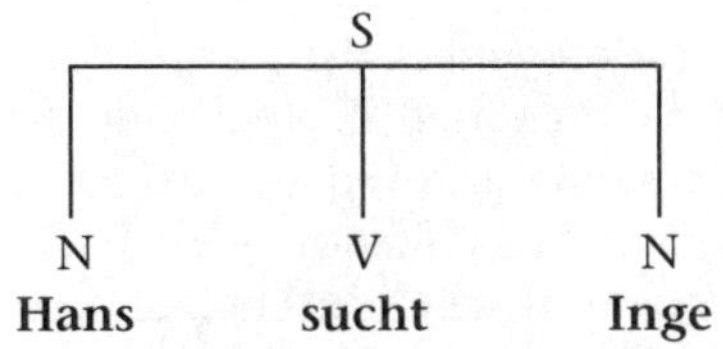

Weist man einem Subjekt-Prädikat-Objekt-Satz die Konstituentenstruktur 1 zu, so scheint die Abbildrelation zwischen Ding-Beziehung-Ding einerseits und Sprachstruktur andererseits sogar als ikonisches Verhältnis zu bestehen. Man spricht vom Verb als vom strukturellen Zentrum des Satzes und vergleicht seine Rolle mit der des Atomkerns, der Elektronen als Satelliten an sich bindet. Und es scheint offensichtlich zu sein, daß auch andere Ausdrücke ihren relationalen Charakter umstandslos in ihrer Syntax offenbaren, beispielsweise **und** in **Hans *und* Inge** oder **von** in **der Graf *von* Monte Christo**. Diese Suggestion verliert bei näherem Hinsehen schnell an Kraft. Weder tritt der relationale Charakter von Bedeutungen immer offen in der Topographie syntaktischer Strukturen zutage, noch ist es möglich, generell Aussagen darüber zu machen, warum bestimmte relationale Verhältnisse auf bestimmte Weise sprachlich abgebildet werden. Wir werden immer wieder feststellen, wie schwierig es ist, relationale Bedeutungen als solche zu erkennen (zu den Prädikaten IDS-Grammatik: 699 ff.).

Soweit sich die relationale Bedeutung eines Verbs in der Syntax zeigt, erfassen wir sie als seine Valenz. Die Valenz eines Verbs ist die Grammatik des Verbs in Hinsicht auf seine Ergänzungen oder Komplemente. Gefragt wird, welche Ergänzungen ein Verb syntagmatisch binden kann oder muß und wie sich diese Ergänzungen zueinander verhalten.

(2)

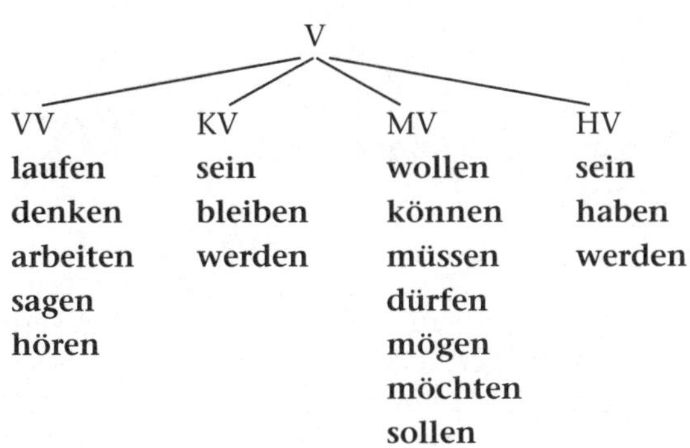

Für die Besprechung der Verbvalenz in den folgenden Abschnitten setzen wir eine Gliederung der Verben gemäß 2 voraus. Die Rechtfertigung für die Gliederung ist Teil der Darstellung selbst. 2 besagt, daß die Verben in vier Klassen aufgeteilt sind mit den Wortkategorien Vollverb, Kopulaverb, Modalverb und Hilfsverb. Die Verben der drei zuerst genannten Kategorien bilden für sich

Verbformen. Hilfsverben kommen dagegen nur als Bestandteil zusammengesetzter Verbformen vor.

Als Vater des modernen Valenzbegriffes gilt allgemein der französische Linguist Lucien Tesnière, der in seinen 1959 erschienenen ›Elements de syntaxe structurale‹ (Tesnière 1980) als erster eine systematisch umfassende Klassifikation der Verben vorgeschlagen hat. Tesnières Klassifikation wird nach zwei Gesichtspunkten vorgenommen, die bis heute als die entscheidenden jeder Valenzgrammatik zugrunde liegen: Die Verben sollen subkategorisiert werden nach der Stellenzahl sowie danach, mit welcher Art von Ausdrücken die einzelnen Stellen zu besetzen sind (Darstellungen von Tesnières Ansatz in Baum 1976; Heringer/Strecker/Wimmer 1980; s.a. Gréciano/Schumacher Hg. 1993). Die sich ergebenden Kategorien klassifizieren die Verben als lexikalische Wörter, die zur Beschreibung der Verbvalenz etablierten grammatischen Kategorien sind also Wortkategorien.

In der neueren Diskussion des Valenzkonzepts betont man zunehmend die Unterscheidung von syntaktischer Valenz einerseits sowie semantischer und manchmal logisch-konzeptueller sowie ›situativer‹ Valenz andererseits (Helbig 1992; Storrer 1992; Eichinger/Eroms Hg. 1995). Man möchte die Valenzträger nicht nur syntaktisch beschreiben. Wir verwenden im folgenden keinen umfassenden Valenzbegriff dieser Art, sondern verstehen unter Valenz ausschließlich syntaktische Valenz. Auch ›syntaktische Valenz‹ ist ein sehr komplexer Begriff (IDS-Grammatik 1027 ff.; Eroms 2001). Wir kommen darauf zum Schluß des folgenden Abschnitts zurück, in dem gezeigt werden soll, was bei der syntaktischen Klassifizierung der Verben nach der Valenz zu berücksichtigen ist. In Abschnitt 3.2.2 geht es um Grundaussagen zum Verhältnis von Valenz und Bedeutung bei den Vollverben. Insbesondere wird gefragt, warum das Deutsche von den unendlich vielen Möglichkeiten zur Bildung von Verbklassen immer wieder dieselben Grundmuster realisiert. Die weiteren Abschnitte gehen auf das Verhalten der Kopula- und Modalverben ein, auch hier vor allem unter dem Aspekt der Bindung von Ergänzungen.

3.2 Vollverben

3.2.1 Das Kategoriensystem: Valenz und Komplementstruktur

Stelligkeit und Form der Ergänzungen

Das Kategoriensystem zur Charakterisierung der Valenz von Vollverben muß berücksichtigen, *welche* Stellen ein Verb besetzen kann und *wie* es sie besetzt. Ersteres wird durch Angabe der syntaktischen Funktionen spezifiziert, die sich auf das Verb beziehen. Die Summe der besetzbaren Stellen ergibt die Stelligkeit des Verbs.

Unter der *Stelligkeit* eines Verbs versteht man also die Zahl seiner gleichzeitig möglichen *Ergänzungen* (Subjekt und Objekte). Sie werden auch die Mitspieler des Verbs oder seine *Komplemente* genannt. Im Deutschen finden sich ein- bis maximal vierstellige Verben.

Einstellige Verben haben in der Regel das Subjekt als einzige Ergänzung wie in

Sie atmet; Er schweigt; Sie handelt; Die Tagung findet statt. Aber wir haben auch eine Reihe von Verben, die mit einer anderen als einziger Ergänzung stehen können, beispielsweise in **Mich friert; Ihr graut.** Einstellig sind auch die sogenannten Wetterverben. In **Es friert; Es hagelt; Es regnet; Es donnert** ist wieder nur die Subjektstelle besetzt, und zwar obligatorisch mit dem unpersönlichen Pronomen **es** oder **das** (5.4.2). Bezeichnet man die Wetterverben als nullstellig (Heringer 1967; Horlitz 1975), so ist damit nicht eine syntaktische, sondern eine semantische Charakterisierung gegeben, die sich daran festmacht, daß **es** bei den Wetterverben semantisch leer ist. Da wir einen syntaktischen Valenzbegriff haben, werden die Wetterverben als einstellig klassifiziert. Nullstellige Verben gibt es in unserer Grammatik nicht.

Die *zweistelligen* machen den Löwenanteil unter den Verben des Deutschen aus. Zweistellige Verben bezeichnen Relationen. In der Regel zwischen dem, was die Subjekt- und die Objekteinheit bezeichnen. Zweistellige Verben, die zwei Objekte nehmen und kein Subjekt, gibt es im Deutschen nur vereinzelt (**Dir graut vor ihm**). Der häufigste Typ unter den zweistelligen Verben ist das transitive Verb der traditionellen Grammatik wie **sehen**, **lieben**, **bauen**, **verstehen**, **schlagen**, **befreien**, das einen Nominativ (das Subjekt) und einen Akkusativ (das direkte Objekt) regiert und das ein regelmäßiges Passiv bildet.

Auch die *dreistelligen* Verben sind zahlreich und gebräuchlich. Sie nehmen stets das Subjekt und zwei Objekte. Ihre Verwendung dort, wo drei Individuen an einem Vorgang beteiligt sind, macht sie schon zu einer semantisch relativ einheitlichen Klasse. Zumindest bei den konkreten Verben gehören die dreistelligen meist zum semantischen Feld um **geben** und **nehmen**, vgl. etwa **schenken**, **entreißen**, **überlassen**, **kaufen**, **vermieten**, aber auch **wünschen**, **empfehlen** und **gönnen**. Auch viele Verben, die kommunikative Handlungen bezeichnen, gehören zur Gruppe um **geben/nehmen** und sind meist dreistellig, z. B. **schreiben**, **sagen**, **beantworten**, **bitten**, **fragen**.

Bei den *vierstelligen* Verben ist bereits der Punkt erreicht, wo keine Einigkeit mehr darüber besteht, ob sie überhaupt existieren und wenn ja, in welchem Umfang. In Tesnières ursprünglichem Konzept sind (für das Französische) höchstens dreistellige Verben vorgesehen (1980: 98 f.). Nach Erben (1980: 254) weist das Valenzwörterbuch von Helbig/Schenkel für das Deutsche ein einziges vierstelliges Verb auf, nämlich **antworten** in Sätzen wie **Der Arzt antwortete mir auf den Brief, daß er käme.** Während für Engel/Schumacher (1976: 27 ff.) vierstellige Verben keine Seltenheit sind und sich in Sätzen finden wie **Uli bringt dem Vater die Mappe ins Büro**, gibt es für Heringer (1970: 198 f.) sogar Anlaß, über fünfstellige Verben nachzudenken: **Karl einigt sich mit seinem Gegner in dieser Sache auf einen Vergleich.**

Bei Annahme von höchstens vierstelligen Verben liefert uns die Einteilung nach der Stellenzahl die Kategorisierung der Verben in vier Subkategorien. Wir benennen diese vier Wortkategorien mit 1ST ... 4ST.

(1)

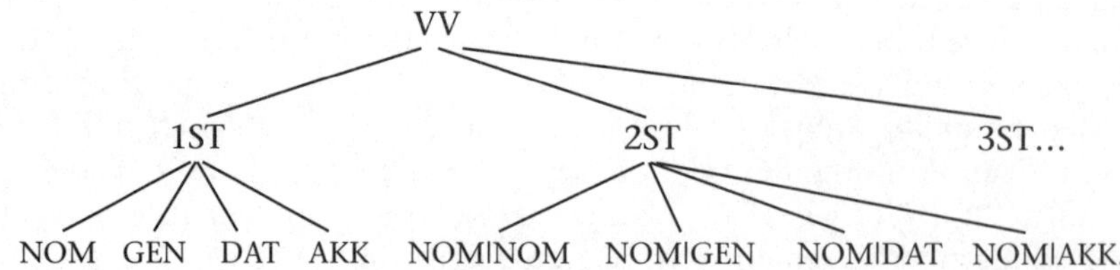

Die Einteilung der Verben nach der Zahl ihrer Ergänzungen ist strukturell eine simple Angelegenheit, die für sich genommen kaum zu einem großen Interesse an der Verbgrammatik geführt hätte. Interessant und kompliziert wird die Beschreibung und Deutung von Verbvalenzen erst dadurch, daß die einzelnen Stellen mit formal unterschiedlichen Ausdrücken besetzt werden können. Tesnière selbst sah als Ergänzungen im eigentlichen Sinne Nominalausdrücke an. Das würde für das Deutsche zu vier formal unterscheidbaren Ergänzungsklassen entsprechend den vier Kasus führen. Ein zweistelliges Verb mit einem Dativobjekt gehört danach zu einer anderen syntaktischen Kategorie als eines mit einem akkusativischen Objekt.

Führen wir für die Rektionskategorien die Namen NOM (›Nominativergänzung‹ = Subjekt), GEN (Genitivobjekt), DAT (Dativobjekt) und AKK (Akkusativobjekt) ein, so erhalten wir für die Vollverben das Kategorienschema 1. Mit NOM|GEN beispielsweise bezeichnen wir die zweistelligen Verben, die ein Subjekt und ein Genitivobjekt nehmen (**Er bedarf deiner Hilfe**), mit NOM |DAT|AKK die dreistelligen Verben, die außer dem Subjekt ein Dativ- und ein Akkusativobjekt nehmen (**Sie verspricht ihm neue Schuhe**).

Berücksichtigt man nur die ein- und zweistelligen Verben, so ergeben sich rein rechnerisch 20 Verbklassen, nämlich 4 einstellige und $4^n = 16$ zweistellige (n = Anzahl der Stellen). Bei Hinzunahme der dreistelligen erhöht sich die Zahl der möglichen Kategorien um 64, bei Hinzunahme der vierstelligen um 256. Das ist natürlich eine reine Zahlenspielerei mit geringem Wert für die Grammatik, denn die meisten dieser Kategorien gibt es nicht. Bei den einstelligen etwa gibt es kein Verb der Klasse GEN, bei den zweistelligen keine der Klassen NOM| NOM, GEN|GEN usw., und bei den dreistelligen ist auch nur eine Minderheit der formal möglichen Kategorien realisiert. Wir werden später sehen, welche der möglichen Muster Vorrang haben (**Aufgabe 1**).

Dennoch zeigt das Schema, was mit der Valenz für ungeheure Möglichkeiten zur syntaktischen Differenzierung bereitstehen. Es fungieren ja nicht nur Nominale in den vier Kasus als Ergänzungen. In der Syntax von Engel (1977: 158 ff.) etwa werden 8 formal unterscheidbare Ergänzungsklassen angesetzt, und Helbig/Buscha (1975: 554) operieren mit nicht weniger als 19 Kategorien für die Mitspieler des Verbs. Schon diese Zahlen machen deutlich, daß die deutschen Verben nicht in ein paar Klassen syntaktisch subkategorisiert werden können. Man ist deshalb schon lange dazu übergegangen, die Valenz für jedes einzelne Verb zu ermitteln und in speziellen Valenzwörterbüchern niederzulegen. Solche Wörterbücher gab es zunächst für die Verben (Helbig/Schenkel 1975; 1991; Engel/Schumacher 1976; Schumacher Hg. 1986), später wurden sie auch für Adjektive (Sommerfeldt/Schreiber 1983) und Substantive (Sommerfeldt/Schreiber 1983a) erstellt.

Syntaktische Funktion und Komplementstruktur

In der Charakterisierung eines dreistelligen Verbs wie **geben** als NOM|DAT |AKK steckt außer der Kennzeichnung von Zahl und Form der Ergänzungen noch eine weitere Information: die Kategorien tauchen in einer bestimmten Reihenfolge auf. Mit der Reihenfolge kann man etwas über die syntaktische Funktion der Ergänzungen aussagen. In NOM|DAT|AKK sind die Ergänzungen Subjekt, indirektes Objekt und direktes Objekt. Jede dieser Funktionen hat ihre syntaktischen (und semantischen) Besonderheiten und sie müssen auch unterschieden werden, wenn sie dieselbe Form haben. Wir werden gleich sehen, daß Subjekte und direkte Objekte weitgehend dieselbe Form haben können. Dann ist es wichtig, daß man der Reihenfolge die syntaktische Funktion entnehmen kann. Auch bei einem Verb wie **lehren** in **Die Krise lehrt uns Bescheidenheit** mit NOM|AKK|AKK haben die beiden Akkusative nicht dasselbe syntaktische Verhalten. Der erste kommt einem indirekten Objekt näher als der zweite, der jedenfalls ein direktes Objekt ist (Plank 1987; s.a. Aufgabe 96c). Vielleicht noch deutlicher tritt die Notwendigkeit zur Identifizierung der einzelnen Stellen über ihre syntaktische Funktion in Sätzen wie 2a,b hervor.

(2) a. **Karl trägt einen Zentner**
    b. **Karl wiegt einen Zentner**

Beide Verben regieren einen Nom und einen Akk, aber das Valenzmuster NOM|AKK reicht zur Beschreibung ihrer Valenzeigenschaften nicht aus. Denn die beiden Akkusative verhalten sich syntaktisch ganz unterschiedlich. Der in 2a ist direktes Objekt, er wird im Passiv zum Nom konvertiert (**Ein Zentner wird von Karl getragen**). Für den in 2b ist das nicht möglich, wenn das intransitive Verb **wiegen** gemeint ist (***Ein Zentner wird von Karl gewogen**). Er hat offenbar eine andere syntaktische Funktion, wir nennen sie ›Maßergänzung‹ (merg, s.a. 8.3.2). Der Unterschied wird wie in 3 dargestellt.

(3) Komplementstruktur

a.

tragen	subj	dirobj
	NOM	AKK

b.

wiegen	subj	merg
	NOM	AKK

Was in 3 spezifiziert ist, nennt man die *Komplementstruktur* von Verben. Die Komplementstruktur gibt Auskunft darüber, welche syntaktische Funktion jede der Stellen hat und wie sie gefüllt ist. Entsprechend ist unter einem verbalen Komplement, wenn man sich präzise ausdrückt, eine bestimmte sprachliche Form in einer bestimmten syntaktischen Funktion zu verstehen wie »Akkusativ in der Funktion des direkten Objekts«. Valenzmuster müssen im Prinzip als Komplementstrukturen angegeben werden. Wenn kein Zweifel über die in Rede stehenden syntaktischen Funktionen besteht, operieren wir weiter mit einfachen Schreibweisen wie NOM|AKK oder NOM|DAT.

Mit der Spezifizierung in 3b ist ein weiteres grundlegendes Problem der Valenzgrammatik verbunden, das uns verschiedentlich beschäftigen wird. Eine syntaktische Unterscheidung von direktem Objekt und Maßergänzung ist z.B.

über das Passiv ohne weiteres möglich, aber läßt sich die Maßergänzung auch in Hinsicht auf ihre Form genauer charakterisieren?

Das Verb **wiegen** fordert offenbar für seine zweite Stelle eine sprachliche Einheit, die spezifischen semantischen Anforderungen genügt. Es muß ein Gewicht bezeichnet werden, z. B. **fünf Gramm, hundert Kilo, viele Tonnen,** aber auch **eine ganze Menge** oder einfach **wenig.** Man spricht hier von einem Individuentyp oder einer Individuensorte bestimmter Art, etwa einer als Gewicht spezifizierten Quantität. Andere Individuentypen sind z. B. Zeitintervalle (**Die Reise dauert einen Tag**) oder Orte (**Sie zieht nach London**; ›Lokativ‹ oder ›Direktiv‹, s. a. 3.2.3; 5.3.2).

Die Frage ist nun, ob man Verben wie **wiegen, dauern** und **ziehen,** die in den gerade angegebenen Bedeutungen auf bestimmte Individuentypen spezialisiert sind, auch in Hinsicht auf ihre syntaktische Valenz unterscheiden kann. Kann man über die zweite Stelle syntaktisch mehr sagen, als daß sie vorhanden ist? Wir lassen es im Augenblick bei der Frage bewenden (weiter 3.2.3; 9.4) und kehren zurück zum kanonischen Bereich der Subjekte und Objekte. Bei ihnen lassen sich die jeweils regierten Formen im allgemeinen genau spezifizieren.

Ergänzungsklassen

Zur Differenzierung der Verbergänzungen auf der Formseite setzen wir folgende Ergänzungsklassen an.
1. *Nominale.* Nomina und Nominalgruppen in allen Kasus. Die zugehörigen Verbkategorien haben wir benannt mit NOM, GEN, DAT, AKK.
2. *Präpositionalgruppen* (PrGr), insbesondere in der Funktion als präpositionale Objekte. Typisch ist, daß ein Verb eine ganz bestimmte Präposition mit einem bestimmten Kasus regiert, wobei ihre (meist lokale) lexikalische Bedeutung weitgehend verlorengeht.

(4) a. **Sie hängt an ihrer elektrischen (*ihre elektrische) Eisenbahn**
b. **Sie denkt an ihre (*ihrer) Vergangenheit**
c. ***Sie hängt auf ihrer elektrischen Eisenbahn**
d. ***Sie denkt auf ihrer Vergangenheit**

(5) a. **Helga besteht auf der (*die) Trennung**
b. **Helmut hofft auf bessere (*besseren) Zeiten**
c. ***Helga besteht an der Trennung**
d. ***Helmut hofft an bessere Zeiten**

Hängen nimmt ein präpositionales Objekt mit **an** und dem Dativ. Obwohl **an** selbst sowohl mit dem Dat als auch mit dem Akk stehen kann, ist bei **hängen** in der mit 4a gegebenen Bedeutung nur der Dat möglich. 4c zeigt, daß **hängen** in dieser Bedeutung auch keine andere Präposition regieren kann. Mit dem Asterisk ist hier nicht gemeint, daß der Satz nicht existiert (ungrammatisch ist), sondern daß er für **hängen** in einer bestimmten Bedeutung nicht existiert. 4b zeigt, daß **denken** ebenfalls ein Präpositionalobjekt mit **an** nimmt, aber hier ist der Akk obligatorisch. 5 schließlich führt dasselbe für Verben mit **auf** vor. Daß Verben bestimmte Präpositionen zur Einleitung von Ergänzungen regieren, ist schon immer in Wörterbüchern niedergelegt, etwa indem beim Verb **hängen** die Variante **hängen an** und möglicherweise auch **hängen an jemandem/etwas** angegeben wird. Wer das Deutsche lernt, muß sich die Wahl der Präposition und des Kasus Verb für Verb einprägen. Einfache syntaktische oder semantische Kriterien gibt es nicht, es handelt sich um einen Prozeß der gemeinsamen Lexikalisierung von Verb und Präposition (Askedal 1995). In der Literatur findet sich für solche verbregierten PrGr häufig die Bezeichnung ›Präpositionalkasus‹.

Aus mnemotechnischen Gründen soll aus den Namen für die Verbkategorien sowohl die Präposition als auch der Kasus ersichtlich sein. Der Kategorienname wird deshalb aus den ersten beiden Buchstaben der Präposition und der Abkürzung für den Kasus gebildet, und es ergibt sich für **hängen** NOM|ANDAT, für **denken** NOM|ANAKK usw.

PrGr treten als Objekte und niemals als Subjekte auf. Eine weitere wichtige Beschränkung ist, daß präpositionale Objekte nur dativische und akkusativische Nominale enthalten können, aber keine Genitive, obwohl es viele Präpositionen gibt, die den Genitiv regieren (6.1.1). Ein besonderes Problem ist die Abgrenzung der Präpositionalobjekte von den präpositionalen Adverbialen wie im oben erwähnten Beispiel **Sie zieht nach London** (3.2.3; 9.4).

3. *Sätze.* Bestimmte Nebensatztypen können als Verbergänzungen auftreten, vor allem die mit **daß** eingeleiteten und die indirekten Fragesätze. **Daß**-Sätze besetzen in der Regel Stellen, die auch von nominalen Ergänzungen besetzt werden können, insbesondere die Stelle des Subjekts und des direkten Objekts.

Umgekehrt kann aber nicht überall dort, wo ein nominales Subjekt oder direktes Objekt stehen kann, auch ein **daß**-Satz stehen. In 6c entsteht ein ungrammatischer Satz, weil **verteilen** keinen **daß**-Satz als direktes Objekt

(6) a. { **Daß Du schreibst,** / **Der Brief** } **überzeugt mich**

b. **Wir sehen** { **, daß ihr euch bemüht** / **das Fußballspiel** }

c. **Wir verteilen** { **deinen Lottogewinn** / ***daß du im Lotto gewonnen hast** }

zuläßt. In 7a sind einige Verben aufgeführt, die **daß**-Sätze in Objektposition zulassen, in 7b solche, die sie nicht zulassen. Fassen wir die Verben, die **daß**-Sätze als Ergänzungen nehmen, unter dem Kategoriennamen DASS zusammen, dann gehört etwa **sehen** zu den Verbklassen NOM|AKK und NOM|DASS, während **verteilen** nur zur ersten der beiden Klassen gehört. Damit ist ein syntaktischer Unterschied zwischen den beiden Verben festgestellt: **Sehen** und **verteilen** haben ebenso wie die anderen Verben in 7a gegenüber denen in 7b unterschiedliche Valenzeigenschaften bezüglich der Position des direkten Objekts. Genauso trägt die Subjektposition zur Subklassifizierung der Verben bei.

Während **überzeugen** einen **daß**-Satz als Subjekt akzeptiert (6a), ist er bei **verteilen** wiederum ausgeschlossen, die beiden Verben sind syntaktisch verschieden.

(7) a. **sehen, lesen, sagen, verlangen, rechtfertigen, verteidigen**
    b. **verteilen, suchen, tragen, begeistern, hindern, kaufen**

Neben den **daß**-Sätzen spielen die indirekten Fragesätze als Ergänzungen die wichtigste Rolle. Unter einem indirekten Fragesatz verstehen wir einen Nebensatz, der mit **ob** oder einem Fragewort (**wie, was, wer** ...; 10.2) eingeleitet ist. Die indirekten Fragesätze müssen von den **daß**-Sätzen unterschieden werden, wenn es um die Verbvalenz geht, denn beide kategorisieren die Verben auf unterschiedliche Art. Betrachten wir wieder die Position des direkten Objekts. Es gibt Verben, die sowohl **daß**-Sätze als auch indirekte Fragesätze als Objekte nehmen (8a) neben solchen, die nur **daß**-Sätze zulassen (8b) und schließlich einer dritten Gruppe, die **daß**-Sätze ausschließt, aber indirekte Fragesätze zuläßt (8c).

(8)
a. **Wir sehen, { daß / ob / wie } er Auto fährt**

b. **Wir befürchten, { daß / *ob / *wie } er Auto fährt**

c. **Wir fragen, { *daß / ob / wie } er Auto fährt**

4. *Infinitive mit* ***zu*** (IGr). Viele Verben können – oft als Alternative von **daß**-Sätzen – **zu**-Infinitive als Ergänzungen regieren. Statt **Karl hofft, daß er gewinnt** ist ebenso möglich **Karl hofft zu gewinnen**. Der **zu**-Infinitiv kann in erster Näherung als eine Art verkürzter Satz aufgefaßt werden, in dem die Subjektstelle nicht besetzt ist. Zum Verstehen dieser Konstruktion ist es nötig, daß man einen Ausdruck findet, der diese Stelle besetzen könnte. Im Beispiel ist das das Subjekt von **hoffen**, also **Karl** (weiter 11.2).

(9)
a. **Helga verspricht, { daß sie wartet / zu warten }**

b. **Helga merkt, { daß sie träumt / *zu träumen }**

c. **Helga versucht, { *daß sie liest / zu lesen }**

Von den Infinitivkonstruktionen spielt der **zu**-Infinitiv eine Rolle als Verbergänzung, nicht aber die Infinitive mit **um zu, ohne zu** und **anstatt zu.** Der **zu**-Infinitiv trägt zur Subklassifizierung der Verben bei, weil nicht jedes Verb ein **daß**-Komplement durch ein Infinitivkomplement ersetzen kann (9a,b) und weil andererseits manche Verben einen Infinitiv fordern wie **versuchen** in 9c. Verben, die einen **zu**-Infinitiv regieren, ordnen wir den Kategoriennamen ZINF zu. **Versprechen** und **versuchen** werden dann als NOM|ZINF kategorisiert, **versprechen** außerdem als NOM|DASS und **merken** nur als NOM|DASS.

Damit sind die wichtigsten Formen von Verbergänzungen genannt, aber keineswegs alle. Manche Verben binden Adverbien als Ergänzungen (**Karl wohnt hier**), manche regieren Adjektive in der Kurzform (**Karl sieht gut aus**). Als weitere Form von Satzergänzung spielen Sätze eine Rolle, die wie Hauptsätze aussehen, d.h. das finite Verb in Zweitstellung haben. Es ist deshalb zu fragen, in welchem Sinn sie verbregiert sind (Frank 2000). Anders als selbständige Sätze stehen sie allerdings häufig im Konjunktiv (**Helga behauptet, Karl spiele/spielt Saxophon**, ›indirekte Rede‹, 4.4). Als weitere Infinitkonstruktion kommt der reine Infinitiv im sog. AcI vor (**Helga sieht ihn Kartoffeln schälen,** 11.2.2). Das soll als erste Übersicht genügen. Diese und andere besondere Formen von Ergänzungen kommen in den entsprechenden Abschnitten der Grammatik genauer zur Sprache (**Aufgabe 2**).

Obligatorische und fakultative Ergänzungen

Die formale Vielfalt der Verbergänzungen ist erheblich und die Zahl der syntaktisch unterscheidbaren Verbklassen entsprechend groß. Sie erweist sich als noch größer, wenn folgendes berücksichtigt wird.

Zwei Verben sind noch nicht dann bezüglich ihrer Valenz identisch, wenn sie dieselbe Stellenzahl haben und die einzelnen Positionen mit Ergänzungen derselben Form besetzen. Bisher ist einfach davon gesprochen worden, daß ein Verb Ergänzungen bestimmter Art regiert. Genauer wird nun danach unterschieden, ob eine Ergänzung bei einem Verb stehen *muß* oder ob sie bei einem

(10) a. **Else gewinnt/ißt/strickt/lernt etwas**
b. **Karl verlangt/wünscht/zerreißt/sagt etwas**

Verb stehen *kann.* Beispielsweise kann man bei den Verben in 10a das direkte Objekt weglassen, ohne daß die Sätze ungrammatisch werden. In 10b ist das Objekt dagegen gefordert, denn **Karl verlangt** usw. ist ungrammatisch. Obwohl die Verben in 10a ebenso zweistellig sind wie die in 10b und obwohl beide Stellen gleich besetzt werden können, gehören die Verben zu verschiedenen syntaktischen Kategorien. Ihre Distribution ist verschieden, weil das Objekt in 10b *obligatorisch* und in 10a *fakultativ* ist. Fakultative Ergänzungen werden in den Kategoriennamen durch Einklammern gekennzeichnet. Die Verben in 10b gehören danach zur Kategorie NOM|AKK, die in 10a zur Kategorie NOM|(AKK).

Die Identifizierung fakultativer Ergänzungen wirft ein besonderes Problem auf. Nehmen wir an, in unserem Korpus finden sich die Sätze **Else gewinnt; Else gewinnt das Halbfinale; Karl verlangt die Rechnung.** Die Valenz von

gewinnen kann mit den Mitteln, über die wir verfügen, auf zwei Weisen beschrieben werden, die sich in der Sache erheblich unterscheiden. Die eine, NOM|(AKK), nimmt das direkte Objekt als fakultativ. Die andere behauptet, **gewinnen** sei einmal einstellig mit dem Subjekt als einziger Ergänzung, Kategorie NOM, zum anderen aber zweistellig mit der Kategorie NOM|AKK. Die letztere Kennzeichnung ordnet dem Verb mehrere Valenzmuster zu, die erstere nur eines:

(11) a. **gewinnen:** NOM|(AKK) **verlangen:** NOM|AKK

b. **gewinnen:** $\left\{\begin{array}{l}\text{NOM}\\ \text{NOM}|\text{AKK}\end{array}\right.$ **verlangen:** NOM|AKK

Beide Versionen unterscheiden **gewinnen** kategorial von **verlangen**, so daß aus dieser Richtung kein Hinweis darauf kommt, welche Lösung die bessere ist. Wir wissen auch, daß Mehrfachkennzeichnungen von Verben grundsätzlich zugelassen sind, denn es kommt häufig vor, daß eine bestimmte Stelle verschieden besetzt werden kann. Lösung 11b hat den Vorteil, daß sie den Begriff der fakultativen Ergänzung ganz vermeidet. Was spricht eigentlich dafür, von fakultativen Ergänzungen zu reden, wenn damit nur strukturelle Differenzierungen erreicht werden, die auch anders zu erreichen sind? Nach einer langen und ausführlichen Erörterung der Frage in der Literatur hat sich die folgende Position am weitesten durchgesetzt.

(12) a. **Karl versteht (den Einwand)**
b. **Karl schickt (mir) einen Sonderdruck**

(13) a. **Das Finanzamt Bremen-Nord brennt (auf Revanche)**
b. **Julia entbindet (Marco Polo von seinem Versprechen)**
c. **Friedhelm verspricht sich (ein gutes Ergebnis)**

Ein unverzichtbares operationales Hilfsmittel zur Feststellung der Verbergänzungen ist die sogenannte Weglaßprobe oder Abstrichmethode. In der einfachsten Form besagt sie, daß eine Konstituente dann Verbergänzung ist, wenn sie grammatisch notwendig ist. In **Karl verlangt Respekt** wären **Karl** und **Respekt** Ergänzungen, weil sowohl **verlangt Respekt** als auch **Karl verlangt** ungrammatisch sind.

Betrachtet man nun die Fälle näher, bei denen durch Streichen einer Konstituente die Grammatikalität des Ausdrucks nicht gefährdet wird, so erweisen sich diese als uneinheitlich. Bei Streichung der Ergänzungen in 13 kehren die Verben eine andere Bedeutung hervor. Jede der Bedeutungen hat ihre eigene Valenz, und sie liegen soweit auseinander, daß wir jeweils von zwei verschiedenen, homonymen Verben sprechen. Bei den eingeklammerten Ausdrücken in 13 handelt es sich also nicht um fakultative, sondern um obligatorische Ergänzungen. Neben dem einstelligen **brennen** haben wir ein zweistelliges **brennen auf etwas** usw. In 12 dagegen ändert sich die Verbbedeutung nicht, hier ist die Rede von fakultativen Ergänzungen sinnvoll. **Karl**

schickt einen Sonderdruck enthält nur zwei Ergänzungen, aber **schicken** bleibt dennoch dreistellig, weil der Adressat mitgedacht ist. Er kann ungenannt bleiben, weil er kontextuell gegeben ist, weil er nicht interessiert oder weil er mit Fleiß verschwiegen wird. Zur Bedeutung von **schicken** gehört es aber, daß etwas jemandem oder an jemanden geschickt wird. Diese Bedeutungskonstanz ist der Grund dafür, daß man das Verb als dreistellig ansieht mit einer fakultativen Ergänzung für die Stelle des Adressaten. Entsprechend wird **verstehen** (12a) als zweistellig mit fakultativem direkten Objekt angesehen. Man sagt auch, die mitverstandene aber nicht unbedingt besetzte Komplementstelle sei semantisch mit dem bezeichneten Sachverhalt ›assoziiert‹ (Heringer 1984; Jacobs 1994a; s.a. Rapp 1997).

Dieses Vorgehen mag problematisch erscheinen, weil das Kriterium Bedeutungskonstanz ganz an der Sprecherintuition über Bedeutungsdifferenzen hängt und unabhängig davon nicht operationalisierbar ist. Dennoch dürfte der Unterschied zwischen 12 und 13 schlagend sein, und das Bild erhellt sich weiter, wenn man die zwischen diesen Extremen angesiedelten Fälle hinzunimmt. Die Idee dabei ist, einem Verb auf jeden Fall dann verschiedene Valenzmuster zuzuordnen, wenn mit diesen Mustern charakteristische Bedeutungsvarianten verbunden sind (Heringer 1968; Brinker 1972: 184f.; Helbig/Schenkel 1975: 60ff.). Ein Beispiel für systematische Bedeutungsvariation in Abhängigkeit von der Valenz geben die Dispositionsbegriffe ab (Hartmann 1980; Eroms 1981: 55ff.). Die Sätze **Karl schreibt einen Aufsatz; Egon baut einen Hühnerstall; Paul trinkt eine Koka** werden zur Bezeichnung konkreter einzelner Vorgänge verwendet. Fehlt das direkte Objekt, dann zeigt sich eine Bedeutungsvariante des Verbs, die eher einen Zustand bezeichnet, der für einige der Verben treffend als ›Disposition‹ gekennzeichnet wurde. **Karl schreibt** bedeutet dann, daß er von sich oder von anderen als jemand angesehen wird, der regelmäßig Literatur produziert. **Egon baut** bedeutet soviel wie »Egon ist Bauherr«, **Paul trinkt** soviel wie »Paul ist Trinker«. Die Bedeutungsunterschiede sind nicht so, daß man von mehreren Verben spricht, sondern eben von (systematisch aufeinander beziehbaren) Varianten ein und desselben Verbs. Der Fall liegt damit grundsätzlich anders als in 12, wo es gerade darauf ankam, daß die Verben mit und ohne Objekt dieselben Bedeutungen haben. 14 faßt die drei Möglichkeiten zusammen (**Aufgabe 3**) .

(14)	a.	**essen**	NOM | (AKK)
	b.	**brennen**$_1$	NOM
		brennen$_2$	NOM | AFAKK (»**auf** mit AKK«)
	c.	**bauen**	{ NOM NOM | AKK

Mit der Annahme fakultativer Ergänzungen wird etwas anderes ausgedrückt als mit der Annahme von mehreren Komplementstrukturen. Wir halten uns beides offen und verfügen damit über vielfältige Möglichkeiten zur differenzierten Erfassung der Valenz von Vollverben. Die Valenz eines Verbs wird spezifiziert in Hinsicht auf Stelligkeit, formale Restriktionen für die einzelnen Stellen (Rektion) und Fakultativität/Obligatorik der Besetzung jeder einzelnen Stelle oder bestimmter Stellenkombinationen. Zu den formalen Restriktionen können auch solche gehören, die auf sortalen Restriktionen, d. h. Beschränkungen des Individuentyps für bestimmte Stellen beruhen. Denkbar ist sogar, daß eine Stelle scharfen semantischen, aber nur wenigen syntaktischen Restriktionen unterliegt, weil ein gegebener Individuentyp wie dimensionierte Quantitäten oder Lokative sprachlich auf ganz unterschiedliche Weise bezeichnet werden kann (zur Systematisierung des Valenzbegriffs in diesem Sinne Jacobs 1992; 1994).

Das Kategoriensystem zur Subkategorisierung der Vollverben ist von fast unbegrenzter Variabilität. Wir führen uns das anhand von 15 vor Augen. Das Schema enthält lediglich einige Komplementstrukturen von zweistelligen Verben, wobei nur die Kombinatorik von Subjekt und direktem Objekt im Ansatz aufgeführt ist.

(15) Komplementstrukturen transitiver Verben

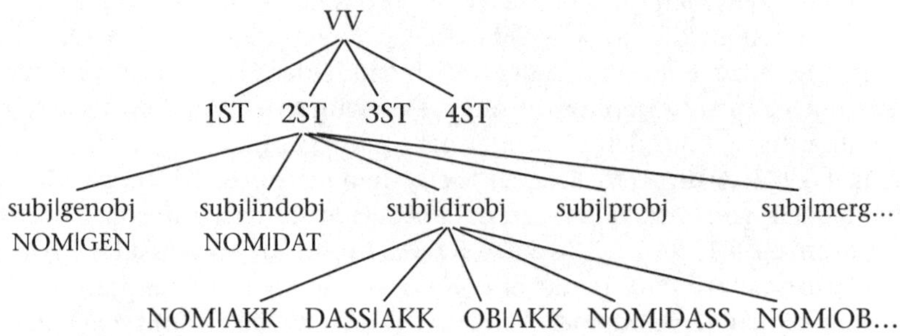

Die aufgeführten Muster verteilen sich in vielfältiger Gruppierung auf die einzelnen Verben. Im Ergebnis dürfte es nur kleine Klassen von Verben geben, die hinsichtlich ihrer Valenz vollkommen identisch sind (3.2.2).

Kasushierarchie und präferierte Valenzmuster

Andererseits sind die möglichen Muster nicht gleichmäßig über den Verbwortschatz verteilt und sie sind auch strukturell von unterschiedlichem Gewicht. Komplementstrukturen sind, wie nicht anders zu erwarten, in Hinsicht auf Markiertheit geordnet. Grundlegend bleiben die Kasusoppositionen einschließlich der ›Präpositionalkasus‹. Und unter ihnen gibt es wiederum klare Markiertheitsabstufungen, die sowohl quantitativ wie qualitativ von Bedeutung sind. Sie werden meist mithilfe der sog. *Kasushierarchie* formuliert, die für das Deutsche wie in 16 angesetzt werden kann.

(16) Kasushierarchie
Nom > Akk > Dat > Gen, PrGr

In der Form von 16 ist die Kasushierarchie als allgemeine, unspezifizierte Grundlage für die Formulierung der Markiertheitsverhältnisse von Kasusformen und Kasusfunktionen anzusehen. Die Bezeichnung ›PrGr‹ steht dabei als Kürzel für ›PrGr in Komplementfunktion‹. Ihre Gleichstellung mit den verbgebundenen Genitiven ist nicht unproblematisch. Genitiv und PrGr verhalten sich nicht gleich, sind aber gegenüber den übrigen Kasus als hierarchisch niedriger einzustufen.

Die Hierarchie bezieht sich einmal auf die *Kodierung* der Kasusformen. Im Deutschen ist der Nom formal gegenüber den übrigen Kasus unmarkiert. Beim Substantiv etwa hat er in der Regel kein Kasussuffix. Je weiter wir in der Hierarchie absteigen, desto höher wird der Kodierungsaufwand. Der Gen hat im gegenwärtigen Deutsch die konsequenteste Markierung, die PrGr enthält außer der Kasusform noch eine Präposition (5.1; 8.1).

Zum Zweiten kann die Hierarchie bezogen werden auf die Syntax der mit den Kasus realisierten syntaktischen Funktionen, hier vor allem der einzelnen Komplemente. Zu lesen ist sie dann als eine Hierarchie von Komplementpositionen gemäß 17.

(17)	**subj**	>	**dirobj**	>	**indobj**	>	**genobj, probj**
	Nom		**Akk**		**Dat**		**Gen PrGr**

Das Subjekt ist *syntaktisch* die unmarkierte Komplementposition, weil es wie kein anderes Satzglied in syntaktische Regularitäten involviert ist. Beispielsweise spielt das Subjekt eine herausragende Rolle für das Passiv. So enthält der Passivsatz **Der Schlüssel wird vom Hausmeister gesucht** ein anderes Subjekt als der zugehörige Aktivsatz **Der Hausmeister sucht den Schlüssel.** In beiden Genera verbi erscheint ein Subjekt, d. h. die Subjektposition wird erst ›geräumt‹ und dann ›neu besetzt‹. Das gilt so nur für das Subjekt. Ähnliches läßt sich etwa für Reflexivierung (5.4), für die Bildung freier Relativsätze (8.5), für die Infinitivkonstruktionen (11.2) und andere Konstruktionen feststellen. Man spricht dann auch davon, daß der Nominativ ein struktureller Kasus sei. ›Strukturell‹ in diesem Sinn meint eben Involviertheit in syntaktische Regularitäten. Die Kasushierarchie wird in vielen Teilen der Grammatik bestätigt, indem sich zeigt, daß das direkte Objekt eine weniger reiche Syntax hat als das Subjekt, das indirekte noch weniger usw.

Zum Dritten ist die Kasushierarchie beziehbar auf die Realisierung von Komplementstrukturen. Sie zeigt uns damit, welche der zahlreichen möglichen Komplementstrukturen präferiert sind und welche weniger oder gar nicht auftreten. Die entscheidende Regularität lautet, daß hierarchisch höhere Komplementpositionen gegenüber niedrigeren präferiert besetzt werden.

Die Regularität führt dazu, daß einstellige Verben im allgemeinen die Subjektstelle besetzen, zweistellige am häufigsten die des Subjekts und direkten Objekts usw. Auszählungen auf der Grundlage des Verbwortschatzes in Mater 1971 haben die Komplementstrukturen in 18 als die mit Abstand häufigsten bei den zwei- und dreistelligen Verben erwiesen (Primus 1998).

(18) a. zweistellige Verben, Häufigkeit
NOM|AKK > NOM|DAT > NOM|PrGr
b. dreistellige Verben, Häufigkeit
NOM|AKK|DAT > NOM|AKK|PrGr > NOM|DAT|PrGr

Man spricht auch hier von ›strukturellem Kasus‹. Gemeint ist dann, daß ein Verb normalerweise zuerst den Nominativ selegiert, für die zweite Stelle zuerst den Akkusativ und für die dritte den Dativ. In unserer Redeweise heißt das: für die erste Stelle ist der Nom kategorial regiert, für die zweite der Akk und für die dritte der Dat. Bereits diese Rektionseigenschaften erweisen das Verb als syntaktischen Kern des Satzes (zum syntaktischen Kopf von Sätzen 2.3.2; 13.2).

Ob das, was in der Literatur unter strukturellem Kasus verstanden wird, letztlich unter denselben Begriff gehört, bleibt an dieser Stelle offen. Die Redeweise bezieht sich einmal auf die *Selektion* von Kasuskomplementen und zum anderen auf deren *Verhalten* im Sinne von Teilhabe an syntaktischen Regularitäten. Geht es etwa um die Frage, ob der Dativ im Deutschen ein struktureller Kasus sei, dann werden in der Regel sowohl rein distributionelle Gesichtspunkte wie solche des syntaktischen Verhaltens ins Feld geführt (z. B. Wegener 1991; Vogel/Steinbach 1998; Molnárfi 1998; Ogawa 2003; 11 ff.). Dasselbe gilt für den Gegenbegriff. Der Gegenbegriff zum strukturellen ist der ›lexikalische‹ Kasus. Über einen lexikalischen Kasus wie z. B. einen verbregierten Genitiv läßt sich weder hinsichtlich seines Auftretens noch hinsichtlich seines syntaktischen Verhaltens etwas voraussagen.

Die Kasushierarchie erlaubt es, bestimmte Komplementstrukturen als formal, distributionell, syntaktisch und schließlich auch semantisch unmarkiert auszuzeichnen (zum semantischen Aspekt 3.2.3). Sie bringt damit auch eine erste Ordnung in die Vielfalt der Ausdrucksmittel, die für die Valenzrealisierung zur Verfügung stehen. Gegenüber Ordnungsversuchen, die bisher etwa unter dem Stichwort ›Satzbauplan‹ in den Grammatiken zu finden sind, stellt das einen gewichtigen Fortschritt dar.

Satzbaupläne werden durch Valenzmuster im Sinne von Komplementstrukturen festgelegt und auf Mengen von Sätzen abgebildet. Beispielsweise gehört das Muster NOM|AKK zu dem Satz **Karl verlangt die Rechnung**, aber ebenso zu **Karl verlangte die Rechnung**; **Die Rechnung wird von Karl verlangt**; **Verlangt Karl die Rechnung?**; ... **weil Karl die Rechnung verlangt**; **Die Rechnung verlangt Karl** usw. Wieviel Satzbaupläne eine Grammatik ansetzt, hängt von ihrem Valenzbegriff und ihren syntaktischen Systematisierungen bei den auftretenden Satzformen ab. Engel (1977: 180) spricht von »um die vierzig« Satzmustern für das Deutsche, wobei allerdings die Unterscheidung fakultativ/obligatorisch nicht berücksichtigt ist. Der Duden (1998: 681 ff.) führt 23 Hauptpläne und 13 Nebenpläne auf, Helbig/Buscha (1986: 625 ff.) haben eine Liste von 97 ›Satzmodellen‹ und Erben (1980: 257 ff.) unterscheidet vier ›Grundmodelle‹ nach der Stellenzahl, die nach der Besetzbarkeit der einzelnen Positionen in ›strukturelle Ausprägungen‹ differenziert werden.

Der Begriff des Satzbauplans ist nützlich, insofern er Übersicht schafft und einzelne Gemeinsamkeiten wie Unterschiede von Sätzen und Satztypen verdeutlicht. Was sein theoretischer Status ist und welche allgemeinen Aussagen über den Satzbau sich ergeben, bleibt aber unklar. Möglicherweise kann er ganz vermieden werden, wenn die Begrifflichkeit der Kasushierarchie in geeigneter Weise entwickelt und vereinfacht wird.

3.2.2 Valenz und Bedeutung

Grundpositionen

Zwei Denkweisen stehen sich gegenüber, wenn es um den Zusammenhang von Valenz und Bedeutung geht. Jede der beiden hat eine gewichtige Tradition und gute Argumente, und weil das so ist, werden einseitige Festlegungen heute meist vermieden.

Position A: Kennt man die Valenz eines Verbs und weiß man, was die einzelnen Kasus bedeuten, dann kann man aus der Valenz Rückschlüsse auf die Verbbedeutung ziehen. Die Frage nach dem Zusammenhang von Valenz und Bedeutung wird hier konzentriert und reduziert auf die Frage nach der Bedeutung der nominalen und möglicherweise auch der präpositionalen Kasus. Admoni etwa spricht von den »allgemeinen Bedeutungen« der nominalen Kasus (1970: 106ff.). Die Bedeutung des Nominativ sei es, etwas zu benennen, »um die Aufmerksamkeit des Hörenden ... auf den betreffenden Gegenstand zu lenken.« Der Akkusativ »bedeutet den unmittelbaren Gegenstand der Handlung« und der Dativ »bedeutet den Gegenstand, dem die Handlung zustrebt« (1970: 116). Andere Zuschreibungen dieser Art finden sich in der Rede vom ›inhumanen Akkusativ‹ (Kolb 1960; Wort, 7.1.2) oder vom Dativ, der »den Menschen als Person zur Geltung bringt« (Brinkmann 1971: 442), und auch für Wegener war der Dativ zunächst ein »im wesentlichen semantisch bestimmter Kasus« (1985: 326; zu den Kasusbedeutungen Helbig 1973a: 195ff.; Eroms 1981: 65ff. sowie verschiedene Beiträge in Vuillaume Hg. 1998).

Wichtig ist im Augenblick nicht so sehr, *was* die einzelnen Kasus bedeuten, sondern *daß* sie feste und unterscheidbare Bedeutungen haben. Das Verb **helfen** etwa bezeichnet dann eine Handlung, die einem Gegenstand zustrebt (**Er hilft mir**), während **unterstützen** eine Handlung bezeichnet, die unmittelbar auf einen Gegenstand gerichtet ist (**Er unterstützt mich**). Zwischen beiden Verben besteht ein Bedeutungsunterschied, der zwischen **helfen, vertrauen** und **raten** nicht besteht (sie nehmen alle den Dativ) und der auch zwischen **unterstützen** und **schlagen, lieben** usw. nicht besteht.

Position B. Ausschlaggebend ist die Verbbedeutung selbst. Mit der Verbbedeutung liegt die Zahl der Stellen fest. Die Kasusdifferenzierung dient zur Identifizierung der einzelnen Stellen, eine eigene Bedeutung kommt den Kasus nicht zu. Kennt der Hörer die Verbbedeutung, so weiß er auch, welche semantischen Rollen den einzelnen Ergänzungen entsprechen. Verschiedene Kasus gibt es im Prinzip nicht, weil damit verschiedene Bedeutungen realisiert werden sollen, sondern weil es Verben mit mehreren Ergänzungen gibt und diese Ergänzungen auseinandergehalten werden müssen (Heringer 1970: 90ff.). Die »Ergänzungen bringen zum Begriffe des verbums nichts neues hinzu, sondern legen ihn nur in einige seiner Momente auseinander« (Porzig 1973: 82).

Mit Position A ist die Gefahr einer Hypostasierung grammatischer Kategorien verbunden. Jede substantivische Form des Deutschen *muß* ja einen Kasus haben. Weist man den Kasus festliegende Bedeutungen zu, dann unterstellt man, daß dies im Prinzip die möglichen grammatischen Bedeutungen der substantivischen Formen seien. Von hier aus ist es nur ein kleiner Schritt zu der These, unser Denken sei durch die Grammatik vernagelt. Andererseits: Wenn beispielsweise zur formalen Trennung der Ergänzungen bei den dreistelligen Verben der Nom, der Dat und der Akk verwendet werden und die semantische Funktion der Mitspieler in großen Verbgruppen Ähnlichkeiten aufweist, dann sprechen schon die einfachsten Ökonomiegesichtspunkte dafür, eine bestimmte semantische Funktion wo möglich durch denselben Kasus zu kodieren. Wenn etwa alle transitiven Verben ein Agens haben, dann hätte es wenig Sinn, das Agens einmal als Nom, bei einem anderen Verb als Dat und bei einem dritten als Akk zu kodieren. Es ist deshalb gar nicht zu bestreiten, daß den Kasus in weiten Bereichen ›feste Bedeutungen‹ zugeschrieben werden können. Dies ist aber etwas anderes, als im Transport bestimmter Bedeutungen die eigentliche Kasusfunktion zu sehen. Selbst wenn ein Agens immer im Nominativ erscheint, heißt das ja nicht, daß jeder Nom auch Träger dieser semantischen Rolle ist. Vieles spricht hier für den Ansatz von Position B. Wir verfolgen ihn weiter in Abschnitt 3.2.3.

Beispiele

Die Ergiebigkeit von Position A wird vor allem dann evident, wenn man sich nicht auf eine Betrachtung nominaler Ergänzungen beschränkt, sondern das gesamte Forminventar berücksichtigt. Es mag vielfach semantisch irrelevant sein, ob ein Verb ein dativisches oder ein akkusativisches Objekt nimmt, es ist

(1) a. **Karl sieht das Saxophon**
b. **Karl sieht, daß du Saxophon spielst**

(2) a. **Karl trägt das Saxophon**
b. ***Karl trägt, daß du Saxophon spielst**

aber niemals semantisch irrelevant, ob ein Verb eine bestimmte Stelle mit einem Nominal und einem Satz besetzen kann oder nur mit einem Nominal. Mit dem Bezug auf den kategorialen Unterschied zwischen Nominal und Satz folgen wir der Denkweise von Position A.

Daß 2b ungrammatisch ist und 1b nicht, kann man semantisch folgendermaßen begründen. Der Gesamtbereich von Individuen, der sprachlich faßbar ist, die Gesamtheit der Entitäten also, die wir sprachlich benennen können, ist in sich nicht homogen, sondern gegliedert in einem System von semantischen Typen. Für die Wahrnehmung, für das Denken und für das Sprechen ist es beispielsweise nicht dasselbe, ob wir es mit einem Konkretum wie einem Spaten oder einem Abstraktum wie der natürlichen Zahl »Drei« zu tun haben. Der Unterschied zwischen beiden Typen von Individuen ist so bedeutend, daß er in die sprachliche Form durchschlägt und im unterschiedlichen syntaktischen Verhalten von **Spaten** und **Drei** manifest wird (zur Substantivklassifikation auch 5.3).

Analog liegt der Fall in 2b. Sätze bezeichnen Sachverhalte, und Sachverhalte sind für die Sprache ein anderer Individuentyp als Dinge (konkrete Objekte). Die syntaktische Beschränkung von **tragen** gegenüber **sehen** ist Ausdruck der Tatsache, daß seine Bedeutung sich nicht auf Sachverhalte beziehen kann. Sachverhalte kann man nicht tragen, verteilen, suchen oder begeistern. Man kann all dies mit Dingen tun, manches vielleicht nur mit Dingen bestimmter Art, aber nichts davon mit Sachverhalten. Dagegen kann man Dinge ebenso wie Sachverhalte sehen, lesen, erwähnen und verlangen. Daß das so ist, lehrt die Syntax dieser Verben, die allesamt als direktes Objekt ein Nominal *und* einen Satz zulassen. Der **daß**-Satz als reiner Inhaltssatz hat insofern eine feste Bedeutung, als er Sachverhalte bezeichnet. Nominale können ebenfalls Sachverhalte bezeichnen, daneben aber auch Entitäten anderen Typs. Der Unterschied in der Valenz von **tragen** und **sehen** ist ein zuverlässiger Anzeiger eines semantischen Unterschieds.

Bei semantisch nah verwandten Verben liefert ein Vergleich der Valenzen Hinweise darauf, worin genau der Bedeutungsunterschied besteht. Bestehen Unterschiede in der Komplementstruktur, so sind damit meist auch weitere Unterschiede im syntaktischen Verhalten verbunden. Betrachten wir als Beispiel die Verteilung des **daß**-Satzes auf die Subjekt- und Objektposition bei einer Gruppe von psychischen Verben. Solche Verben bezeichnen psychische Tätigkeiten und Zustände im weiteren Sinne. Sie werden uns als grammatisch auffällige und besonders interessante Verbklasse noch mehrfach begegnen.

(3) a. **verehren, lieben, bedauern, verachten, ablehnen, hassen, mögen**
b. **stören, ekeln, erzürnen, reizen, anregen, ärgern, nerven**
c. **wundern, entsetzen, freuen, erstaunen, ergreifen, interessieren**

In 3a finden sich echte transitive Verben. Ihr Subjekt bezeichnet den Handelnden, es ist ein Agens und beschränkt auf Nominale. Als direktes Objekt kann dagegen außer dem Akk auch ein **daß**-Satz stehen (**Sie liebt es, daß du lachst**).

Bei den Verben in 3b kann der **daß**-Satz nicht als Objekt, wohl aber als Subjekt auftreten (**Daß du lachst, nervt ihn**). Das Subjekt bezeichnet hier den psychischen Stimulus, der auf die von der Objektkonstituente bezeichnete Person (den Wahrnehmenden, auch Rezipient oder Experiencer) wirkt. Das Subjekt kann aber auch ein echtes Agens sein, d.h. solche Verben haben zwei deutlich unterschiedene Bedeutungsvarianten (**Du nervst ihn**; zur Rolle des Stimulus weiter 9.1).

In der dritten Gruppe (3c) gibt es die Agensvariante nicht. Auch diese Verben regieren den **daß**-Satz als Subjekt und auch hier erscheint der Wahrnehmende im Akkusativ. Das Subjekt ist jedoch auf die Rolle des Stimulus beschränkt. Ist ein Satz wie **Du wunderst ihn** überhaupt grammatisch, dann ist er zu lesen als »Dein Verhalten wundert ihn« oder »Was du tust, wundert ihn«, d.h. wir interpretieren sein Subjekt als einen Sachverhalt bezeichnend (weiter 3.2.3; 9.2)

Ein anderes berühmtes Beispiel für einen direkten und ans Ikonische grenzenden Reflex der Bedeutung in der Syntax stellen einige der sog. symmetrischen Prädikate dar.

Eine Relation R ist symmetrisch, wenn gilt $Rxy \supset Ryx$. Bei symmetrischen Relationen ist es gleichgültig, in welcher Richtung die Individuen aufeinander bezogen werden: Der Gesamtausdruck bedeutet immer dasselbe. Die Relation besteht entweder in beiden Richtungen in gleicher Weise, oder sie besteht gar nicht.

Ein Verb, das eine symmetrische Relation bezeichnet (kurz: ein symmetrisches Verb), ist **heiraten**, nicht symmetrisch ist **verehren**. Wenn Emma den Karl heiratet, dann muß auch Karl die Emma heiraten. Verehrt Emma den Karl, so ist das möglicherweise allein ihre Sache.

(4) a. **Karl heiratet Emma**
b. **Emma heiratet Karl**
c. **Karl und Emma heiraten**
d. **Die beiden heiraten**

(5) a. **Karl verehrt Emma**
b. **Emma verehrt Karl**
c. ***Karl und Emma verehren**
d. ***Die beiden verehren**

Die Besonderheit des symmetrischen Verbs besteht zunächst darin, daß Subjekt und Objekt ohne Bedeutungsänderung vertauscht werden können (4b vs. 5b). Das entspricht formal genau dem, was unter ›symmetrisch‹ verstanden wird. Die zweite Besonderheit ist, daß neben der zweistelligen auch zwei einstellige Varianten des Verbs existieren, wobei das Subjekt jeweils eine ganz bestimmte Form haben muß. Entweder es handelt sich um eine Koordination mit **und** wie in 6 oder das Subjekt steht im Plural.

(6)

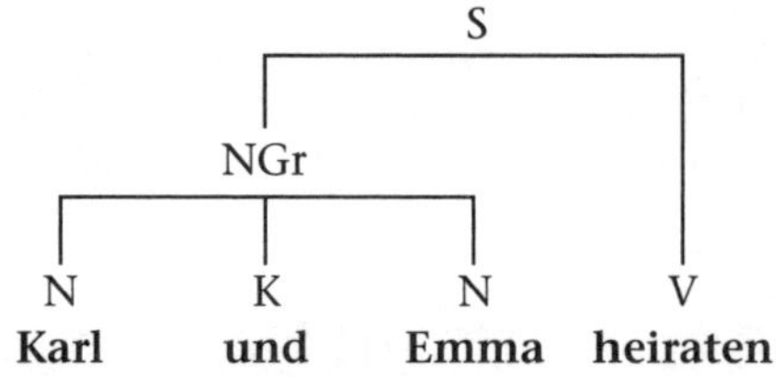

Ähnlich wie **heiraten** verhält sich eine größere Gruppe von symmetrischen Verben, deren zweite Stelle als **mit** + Dat realisiert ist (7a,b). Eine Reihe von Adjektiven kann ebenso verwendet werden (7c).

(7) a. **Helga telefoniert mit Paul – Helga und Paul telefonieren**
b. **streiten, diskutieren, wetten, feilschen, zusammenstoßen, übereinstimmen**
c. **benachbart, verheiratet, verwandt, ähnlich, gleich**

Allerdings führt Symmetrie nicht automatisch zu diesem Valenzverhalten. Andererseits kann man zeigen, daß für die symmetrische Verwendung beliebiger Verben spezifische syntaktische Mittel bereitstehen (Blume 1995; **Aufgabe 4**; zu den symmetrischen Prädikaten auch Lakoff/Peters 1969; Lang 1985).

Wir lassen es bei diesen ersten, illustrativen Beispielen zum Zusammenhang von Valenz und Bedeutung bewenden: Man kann Verbbedeutungen vergleichen, indem man Valenzen vergleicht. Ein Blick auf die Feinheiten der Komplementstruktur kommt in vielen Fällen einem Blick auf die im Verbstamm verborgene lexikalische Bedeutung gleich. Syntax und Semantik sind gerade hier besonders eng und besonders systematisch aufeinander bezogen (**Aufgabe 5, 6**).

3.2.3 Argumentstruktur und Kasusselektion

Semantische Rollen und Argumentstruktur

Ein Satz mit transitivem Verb wie **Renate vergräbt das Silberbesteck** hat eine charakteristische Form, die wir in Abschnitt 3.2.1 mithilfe des Begriffs Komplementstruktur gekennzeichnet haben. Zu der Komplementstruktur mit Subjekt und direktem Objekt gehören nun auch bestimmte Kombinationen von semantischen Rollen. Wenn wir etwa feststellen, daß das Subjekt etwas bezeichnet, dem die Rolle des Handelnden (Agens, Ag) zukommt und das direkte Objekt etwas bezeichnet, worauf sich die Handlung richtet (Patiens, Pat), dann trifft das nicht nur für **vergraben**, sondern für eine große Klasse von Handlungsverben zu.

Andere Verbklassen haben andere Rollencharakteristika. In **Das Silberbesteck fehlt/bleibt/genügt Renate** beispielsweise spielt das vom Subjekt Bezeichnete eher die Rolle des Patiens, das vom Dativkomplement Bezeichnete so etwas wie die Rolle des psychisch Betroffenen (Rezipient, Rez). Für das Deutsche insgesamt stellt sich dann die Frage, ob es eine systematische Zuordnung von semantischen Rollen einerseits und Komplementpositionen andererseits gibt. Ist eine Komplementposition mit einer semantischen Rolle gefüllt, so spricht man von einer Argumentposition (oder einfach einem Argument) und entsprechend von der Argumentstruktur des Verbs (1).

(1) a. Komplementstruktur

vergraben	subj	dirobj
	NOM	AKK

b. Argumentstruktur

	subj	dirobj
vergraben	NOM	AKK
	Ag	Pat

Begriffe wie Agens, Patiens und Rezipient erscheinen in der Literatur unter Bezeichnungen wie semantische Rolle, Aktantenfunktion, Tiefenkasus, Theta-Rolle oder thematische Rolle. Wir sprechen in der Regel von semantischen Rollen, unter Bezug auf die Literatur kommen andere Begriffe gelegentlich ebenfalls vor. Semantische Rollen werden vom Verb vergeben. Ein Ausdruck wie **seine Tochter** trägt nicht von sich aus die Agensrolle, sondern er trägt sie, wenn er in einer bestimmten syntaktischen Funktion bei bestimmten Verben auftritt. Das ist beispielsweise der Fall als Subjekt bei Verben wie **lesen**, **essen**, **vergraben**, **laufen** (**Seine Tochter liest den Werther**), nicht aber als Subjekt bei Verben wie **genügen**, **mißraten**, **gefallen**, **nützen** (**Seine Tochter genügt den Anforderungen**). Wie ein Verb Komplemente auf der Formseite vergibt, so vergibt es semantische Rollen auf der Bedeutungsseite. Nur weil beides am Verb hängt, kann man erwarten, daß es eine systematische Zuordnung von semantischen Rollen und syntaktischen Funktionen gibt.

Wir stellen nun zunächst eine Liste der semantischen Rollen zusammen, die in der Grammatik insgesamt, also teilweise auch unabhängig von der gerade besprochenen Frage, benötigt werden. Danach besprechen wir die Zuordnungsregeln, wobei es notwendig wird, einige der semantischen Rollen einer Feingliederung zu unterziehen. Das alles betrifft die Kasuskomplemente. Erst danach wird der Frage nachgegangen, wie man sich die Zuweisung von semantischen Rollen bei präpositionalen Komplementen und Adjunkten vorzustellen hat. Wir setzen folgende Rollen an (s. a. Wort, 1.3.2).

1. *Agentiv* (Ag), auch *Agens*. Der Ausführende der Handlung, die das Verb bezeichnet. ***Renate* vergräbt das Silberbesteck.**
2. *Patiens* (Pat), auch *Objektiv* oder *Thema*. Das, worauf sich die vom Verb bezeichnete Handlung richtet. **Rainer kauft *ein Auto*.** Als Subtypen des Patiens werden häufig ein affiziertes (durch die Handlung verändertes) Objekt (**Renate streicht *den Gartenzaun***) sowie ein effiziertes (durch die Handlung hervorgebrachtes) Objekt unterschieden (**Karl strickt *einen Topflappen***). Das effizierte Objekt heißt auch *Faktitiv*. Allgemein geht es um die Frage, ob und wie man das als semantische Rolle auszeichnen soll, das durch die Handlung in einen neuen Zustand übergeht. Wir kommen darauf zurück.
3. *Rezipient* (Rez), auch *Adressat*. Der Betroffene der vom Verb bezeichneten Handlung. **Karla kauft *ihrem Sohn* ein Fahrrad.** Unter diese Rolle wird meist auch derjenige gefaßt, der nicht etwas bekommt, sondern etwas abgibt wie in **Karla entzieht *meinem Nachbar* den Führerschein.** In ähnlich umfassender Bedeutung wie Rezipient findet sich auch *Benefaktiv*.
4. *Instrumental* (Inst). Die Kraft, die Person oder das Objekt mit ursächlichem Anteil am Zustandekommen der vom Verb bezeichneten Handlung. **Karl öffnet die Flasche *mit den Zähnen*.**
5. *Lokativ* (Lok). Der Ort, an dem die vom Verb bezeichnete Handlung, das Ereignis usw. stattfindet. **Karl verläuft sich *im Tiergarten*.**
6. *Direktiv* (Dir). Der Ort, auf den hin oder die Richtung, in der die Handlung ausgeführt wird oder das Ereignis stattfindet. **Renate stellt die Flasche *auf den Tisch*.** Lok und Dir sind konzeptuell eng verwandt insofern ein Ort das Ziel einer Bewegung sein kann. Unterschieden werden häufig die Quelle (*Source*) und das Ziel (*Goal*) einer Bewegung. Damit besteht auch ein enges konzeptuelles Verhältnis zu Rez (s. u.) (**Aufgabe 7**).

Versuche, die semantischen Rollen präzise und in einer für grammatische Zwecke geeigneten Art und Weise zu charakterisieren, hat es seit Charles Fillmores berühmter Arbeit über Tiefenkasus immer wieder gegeben (Fillmore 1968; 1977; ausführliche Übersicht in Rauh 1988). Von der Sache her besteht das Problem zunächst darin, daß klar sein muß, was mit semantischen Rollen in der Grammatik erreicht werden soll. Unser Ziel ist vorerst, die Zuordnung von semantischen Rollen zu den syntaktischen Komplementen zu erfassen (›Linking‹, ›Kasuszuweisung‹ oder ›Kasusselektion‹).

Basisprädikate und relative Agentivität

Für viele Zwecke gut geeignet sind Ansätze zur Zerlegung von semantischen Rollen in Basisrollen. Man beschreibt nicht mehr jede Rolle für sich, sondern setzt eine Reihe von elementaren oder Basisrollen an, die für Agens, Patiens usw. konstitutiv sind. Erreichen läßt sich damit zweierlei. Einmal kann man feststellen, daß ein Agens bei bestimmten Verben mehr Basisrollen vertritt als bei anderen, also ›agenshafter‹ ist. Ganz intuitiv würde man beispielsweise sagen, daß dem Subjekt in **Sie vertraut dir** weniger Agentivität zukommt als dem Subjekt in **Sie hilft dir**. Wenn dieser Unterschied grammatisch relevant ist, sollte er mithilfe der Basisrollen faßbar werden.

Zum Zweiten lassen sich Rollen wie Agens und Rezipient über Basisrollen aufeinander beziehen. Ein Rezipient etwa hat weniger Agensmerkmale als ein echtes Agens, und ein Patiens hat noch weniger. Tauchen sie gemeinsam in einem Satz auf, dann geht es um relative Agentivität. Hat ein Verb nur *ein* Argument, dann zählt die Menge seiner Agensmerkmale. Das Ganze läuft darauf hinaus, Grade von Agentivität und damit bestimmte Prototypen voneinander zu unterscheiden.

Vor allem in Anschluß an Dowty 1991 hat Beatrice Primus ein System von Basisrollen vorgeschlagen, das universelle Gültigkeit beansprucht, dessen Verwendbarkeit aber auch am Deutschen demonstriert wurde (Primus 1996; 1998; 1999). Wir übernehmen es mit den fünf Basisprädikaten gemäß 2, die Basisrollen an ihre Argumente vergeben. Die englischen Bezeichnungen sind die in der Literatur üblichen.

(2) Basisprädikate und Basisrollen
   a. *Control* (x ...) x ist Kontrolleur
   b. *Cause* (x ...) x ist Verursacher
   c. *Move* (x ...) x ist physisch aktiv/Bewegungsträger
   d. *Exper* (x ...) x ist der Wahrnehmende
   e. *Possess* (x ...) x ist Verfüger/Besitzer

Das Prädikat mit der höchsten Agenshaftigkeit ist *Control*. Wer die Kontrolle über einen Sachverhalt hat, ist dafür verantwortlich, daß er eintritt oder weiter besteht. Unter ›Kontrolle‹ fällt auch Intentionalität. Das ist anders bei *Cause*. In **Der Wind öffnet die Tür** bezeichnet **der Wind** den Verursacher, Kontrolle ist aber nicht gegeben. Die Agentivität ist hier niedriger als etwa in **Karl spielt die Waldstein-Sonate**. Ein berühmtes Beispiel, an dem derselbe Unterschied in Erscheinung tritt, ist **ermorden** vs. **töten**. Wer jemanden ermordet, hat die Kontrolle über das Ereignis, er will es. Wer jemanden tötet, kann das unabsichtlich tun, ist aber dennoch der Verursacher.

Das Basisprädikat *Move* meint ganz allgemein Bewegung. In **Karl gibt Paula ein Buch** bewegt Karl sich und das Buch. Ähnlich in **Karl schiebt das Auto in die Garage**. Möglicherweise kann man *Move* daneben in abstrakter Bedeutung verwenden, etwa wenn jemand jemandem etwas sagt. Auch da bewegt er sich und etwas. Wer etwas bewegt, verursacht damit etwas, aber nicht umgekehrt.

Mit *Exper* ist Wahrnehmung in einem weiten Sinne von psychischer Präsenz gemeint. In **Das mißfällt ihm** steht der Wahrnehmende im Dat, in **Das**

erschreckt ihn steht er im Akk. Allgemein gilt, daß jemand, der die Kontrolle über etwas hat, dies auch wahrnimmt.

Possess schließlich meint eine allgemeine Zugehörigkeitsbeziehung, nicht nur einen Besitz. *Possess* tritt in Erscheinung bei Verben des Gebens und Nehmens, aber z.B. auch in **Er ist dem Alkohol verfallen** (»Der Alkohol hat Verfügung über ihn«) oder **Ihr fehlt eine Stricknadel** (»Sie verfügt nicht über eine Stricknadel«). Verfügung ist ein schwaches Agensmerkmal.

Aus den Erläuterungen ergeben sich als wichtige Implikationen zwischen Formeln mit Basisprädikaten solche wie die in 3a–c und als nützliche weitere Implikation 3d (Lebewesen sind zur Wahrnehmung befähigt). Man sieht jetzt deutlich, wie es zur Abstufung von Agentivität kommt.

(3) a. *Control* (x ...) ⊃ *Cause* (x ...)
b. *Control* (x ...) ⊃ *Exper* (x ...)
c. *Move* (x ...) ⊃ *Cause* (x ...)
d. *Exper* (x ...) ⊃ *Belebt* (x)

4 demonstriert an einer Reihe von Beispielen, welche Basisprädikate zur Beschreibung der Bedeutung des jeweiligen Verbs Verwendung finden. Wir zeigen auch, auf welche Verbkomplemente die Argumente bei den Basisprädikaten jeweils bezogen sind.

(4) a. ***Renate*** (x) **fängt** ***eine Maus*** (y)
fangen: *Control* (x ...), *Possess* (x, y)
b. ***Helga*** (x) **trägt** ***den Koffer*** (y)
tragen: *Control* (x ...), *Move* (x, y)
c. ***Karl*** (x) **läßt** ***die Vase*** (y) **fallen**
fallenlassen: *Move* (x, y)
d. ***Ihrer Freundin*** (x) **gefällt** ***das Buch*** (y)
gefallen: *Exper* (x, y)
e. ***Karl*** (x) **besitzt** ***ein Einfamilienhaus*** (y)
besitzen: *Possess* (x, y)
f. ***Karl*** (x) **schreibt** ***dem Bürgermeister*** (y) ***eine Postkarte*** (z)
schreiben: *Control* (x ...), *Possess* (y, z), *Move* (x, z)
g. ***Karl*** (x) **erzählt** ***seiner Tochter*** (y) ***die Geschichte von Hans im Glück*** (z)
erzählen: *Control* (x ...), *Exper* (y, z), *Move* (x, z)
h. ***Helga*** (x) **nimmt** ***ihrem Sohn*** (y) ***die Zigarre*** (z) **weg**
wegnehmen: *Control* (x ...), ~*Possess* (y, z), *Move* (x, z)

Die Angaben zur Bedeutung der Verben, die hier mit Hilfe von Formeln mit Basisprädikaten gemacht werden, sind unvollständig. Es wird nur angegeben, welche Basisprädikate vorkommen und auf welche Komplemente sich ihre Argumente x, y und z beziehen. Über die Implikationen in 3 läßt sich auf weitere Formeln schließen. Die Argumente x, y, z in den prädikatenlogischen Satzformeln heißen im folgenden ›logische Argumente‹. Damit soll eine Verwechslung mit den Verbargumenten ausgeschlossen werden.

Kasusselektion

Aus den Bedeutungsangaben kann man nun trotz ihrer Unvollständigkeit auf die relative Agenshaftigkeit schließen, die einer Komplementposition zugeschrieben wird. Wichtig ist dafür einmal die Reihenfolge der Argumente x, y und z. In einer Formel wie *Possess* (x, z) oder *Exper* (x, z) nennen wir x das Erst- und z das Zweitargument. Da wir höchstens zwei Stellen besetzen, ist ein Zweit- auch ein Letztargument. Bei *Control* und *Cause* spezifizieren wir ausschließlich das Erstargument. Was bei diesen Prädikaten in einer vollständigen Bedeutungsrepräsentation sonst noch zu erscheinen hat, ist im Augenblick ohne Belang. Warum die Reihenfolge der Argumente bei *Move, Exper* und *Possess* gerade so angesetzt wird wie hier, ist eine Frage, die nicht mit einem Satz beantwortet werden kann. Meist macht man sich – auch in der Logik – gar keine Gedanken darüber, daß der Beweger, der Wahrnehmende und der Besitzer zuerst, das Bewegte, das Wahrgenommene und das Besessene danach erscheint. Jedenfalls ist es so, daß in der Anordnung der Argumente bei den Basisprädikaten ihre Nähe zum prototypischen Agens bzw. zum prototypischen Patiens zum Ausdruck kommt. Deshalb ergibt sich als erste Regel, daß einem Komplement umso mehr Agenshaftigkeit zugeschrieben wird, je öfter das ihm entsprechende logische Argument in Erstposition steht. Das ist fast immer das Argument x, das dem Subjekt entspricht. In 4d allerdings entspricht das Erstargument x dem Dativ, also dem indirekten Objekt (**Aufgabe 8**).

Die zweite Regel besagt, daß einem Komplement die Agensrolle jedenfalls dann zugewiesen wird, wenn das ihm entsprechende logische Argument an erster Stelle von *Control* steht. Das ist eine absolute Agensbedingung. Ein prototypisches Agens kommt also bei vielen Basisprädikaten und insbesondere bei *Control* als Erstargument vor. Man sieht sofort, daß das Subjekt bei **fangen**, **tragen**, **schreiben**, **erzählen** und **wegnehmen** ein ›gutes‹ Agens ist, nicht aber bei **besitzen** und erst recht nicht bei **gefallen**.

Umgekehrt wird nun beim Patiens verfahren. Eine absolute Patiensbedingung gibt es nicht. Ein ›gutes‹ Patiens ist aber das, was bei vielen Basisprädikaten in Letztposition erscheint. Das ist jedenfalls das Argument z bei den dreistelligen Verben, das ja dem direkten Objekt entspricht.

Prototypisch ist das Patiens auch bei den zweistelligen Verben, wenn ihm ein *Control* (4a,b) oder *Move* (4c) gegenübersteht und ihm das Zweitargument von *Possess* oder *Move* entspricht. Die Kodierung als Akkusativ, also direktes Objekt, ist dann so gut wie sicher. Ein nicht prototypisches Patiens liegt beispielsweise in 4e vor. Ein Verb wie **besitzen** hat ja auch kein prototypisches Agens, die Kodierung als NOM|AKK ist nicht zwingend. Entsprechend haben wir neben **Der Karl besitzt den Kölner Dom** auch **Dem Karl gehört der Kölner Dom** (s.u.).

Bleibt als drittes der Rezipient. Bei den dreistelligen Verben kann dafür nur das logische Argument y infrage kommen, das bei *Possess* und *Exper* in Erstposition steht und dem Dativ entspricht. Bei den zweistelligen haben wir zwei Grundtypen von Dativverben zu unterscheiden. Der erste hat ein echtes Agens als Subjekt und in den meisten Fällen einen Dativ, dem ein logisches Argument in Erstposition bei *Possess* oder *Exper* entspricht. Ein Verb wie **helfen** in **Paula (x) hilft dem Paul (y)** wird so verstanden, daß Paula die Kontrolle über ein

Ereignis hat (*Control* (x...)), das dazu führt, daß Paul über etwas verfügt (*Possess* (y...)). Einige aus der großen Klasse dieser Verben sind in 5 zusammengestellt. Als Agensverben mit indirektem Objekt stellen sie einen Prototyp des intransitiven Verbs dar.

(5) **helfen, nützen, schaden, dienen, zustimmen, widersprechen, antworten, gratulieren, zujubeln, zuwinken, opfern**

Der zweite Grundtyp hat ein nichtagentivisches Subjekt. Dem Dativ entspricht ein Erstargument bei *Cause* (6a), *Exper* (6b) oder *Possess* (6c).

(6) a. *Cause*: **gelingen, glücken, mißraten, passieren**
b. *Exper*: **gefallen, einleuchten, behagen, naheliegen**
c. *Possess*: **gehören, fehlen, frönen, entsagen**

Auch diese Klassen von Dativverben sind umfangreich. Ausgeschlossen zu sein scheinen solche, bei denen dem Dativ das Erstargument von *Control* und *Move* entspricht. Damit haben wir den prototypischen Rezipienten als semantische Rolle des Dativs identifiziert, dem ein Erstargument von *Cause*, *Exper* oder *Possess* entspricht. Man sieht, daß der Dativ bei den dreistelligen und bei allen zweistelligen semantisch vergleichsweise homogen ist.

Auf diese Weise stellt sich die Kasusselektion insgesamt als eine strukturell sehr einfache Angelegenheit heraus. Sie erfolgt gemäß 7.

(7) Grundregel der Kasusselektion
a. Das prototypische Agens wählt den Nom (Subjekt), das prototypische Patiens den Akk (direktes Objekt, Fall 8a,b). Ist ein weiteres semantisches Argument vorhanden, so wählt es den Dat (indirektes Objekt, Fall 8a).
b. Je weniger prototypisch ein Patiens ist, desto eher wählt es den Dat (Fall 8c). Je weniger prototypisch ein Agens ist, desto eher wählt auch das Agens den Dat (Fall 8d). Ist ein weiteres Argument vorhanden, so wählt es den Nom.

Für die drei- und die zweistelligen Verben ist das Ergebnis von 7 schematisch in 8 dargestellt. Bei drei Kasus sind ebenso viele Agentivitätsgrade zu unterscheiden: Drei Balken bedeutet hohe Agentivität, zwei Balken niedrige und ein Balken keine Agentivität (ein Balken entspricht dem Patiens).

(8) Kasuszuweisung bei drei- und zweistelligen Verben

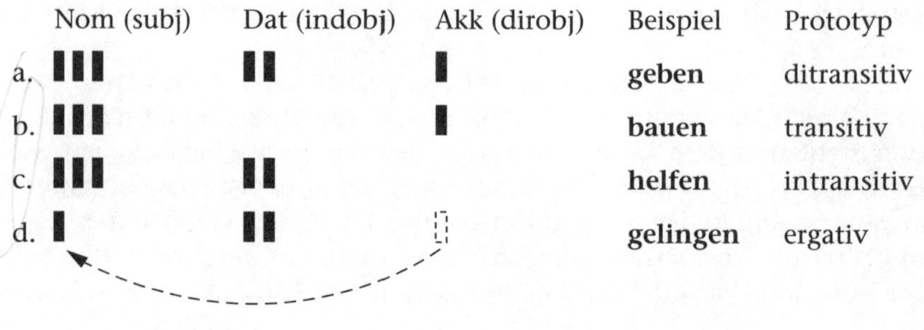

Man sieht, daß beim ›normalen‹ dreistelligen Verb die Agentivität vom Subjekt (Ag) über das indirekte Objekt (Rez) zum direkten Objekt (Pat) abnimmt.

Bei den zweistelligen Verben ist das Schema der dreistelligen in seine möglichen Bestandteile zerlegt, es ergeben sich drei Kombinationen. (1) Wir haben als häufigsten Typ das transitive Verb mit Agens und Patiens (8b). (2) Danach kommt das intransitive mit Agens und Rezipient, das in der Regel ein Dativverb ist (8c). In beiden Fällen hat das Subjekt mehr Agensmerkmale als das Objekt. Gleichzeitig ist der Kasushierarchie Genüge getan. Die Kasushierarchie **Nom** > **Akk** > **Dat** besagt ja, daß hierarchisch höhere Komplementpositionen präferiert besetzt werden (3.2.1). Formales und semantisches Selektionsprinzip sind also bei 8b und 8c in Übereinstimmung. (3) In 8d müssen nun Rezipient und Patiens kodiert werden. Hier bleibt der Rezipient beim Dativ, das Patiens geht zum Nom. In diesem und nur in diesem Fall setzt sich die Kasushierarchie gegen die Agenshierarchie durch. Der Nom (Subjekt) als struktureller Kasus schlechthin kann nicht unbelegt bleiben. So kommt es dazu, daß der Dat semantisch vergleichsweise homogen, der Nom aber höchst inhomogen ist.

8d kann so interpretiert werden, daß das Subjekt eine semantische Rolle erhält, die eigentlich eher zum direkten Objekt paßt. Es wäre deshalb nicht erstaunlich, wenn das Subjekt bei Verben aus 8d ähnliche Eigenschaften hätte wie das direkte Objekt sonst. Solche Verben gibt es in der Tat. Man nennt sie häufig ergative Verben (**Aufgabe 9**; zu den Dativverben weiter 4.5, 9.2).

7b liefert auch den Schlüssel zum Verständnis des Rollenverhaltens der einstelligen Verben. Da sie in der Regel ein Subjekt haben, muß das Subjekt jede semantische Rolle tragen können, die bei einem einstelligen Verb möglich ist. Auch daraus ergibt sich die semantische Heterogenität des Subjekts. *Wenn* ein einstelliges Verb jedoch mit einem anderen Kasus als dem Nom vorkommt, dann nur, wenn die einzige semantische Rolle nicht ein prototypisches Agens ist. Typisch ist vielmehr ein Rezipient (**Ihm graut**; **Ihn hungert**, 9a,b). Undenkbar wäre also etwa ***Ihm arbeitet**, ***Ihr ißt** (Primus 1998; Wegener 1998).

(9) a. **Ihr graut, graust, fröstelt, ekelt, schaudert,**
ist angst, ist kalt, ist warm, ist schlecht
b. **Ihn friert, hungert, dürstet, schwindelt**

Interessant ist, daß der Dat hier gegenüber dem Akk als unmarkierter Kasus zu fungieren scheint. Die Verben in 9b können als einstellige Verben fast alle auch mit Dat verwendet werden (**Ihr friert, hungert**), umgekehrt ist das viel schwieriger (***Ihn graut/ist schlecht**).

Für die in Abschnitt 3.2.2 ermittelten häufigsten Rektionsmuster des Deutschen, die alle auch produktiv zu sein scheinen, ergeben sich damit die Argumentstrukturen gemäß 10a–c. Das Deutsche erweist sich unter syntaktischem Aspekt als Nominativsprache, unter semantischem als Agenssprache. Das umso mehr, als die Gegenrolle Patiens ja unter Bezug auf Agens beschrieben worden ist.

(10) Prototypische Argumentstrukturen

a. einstellige Verben

	subj		subj		subj
arbeiten	NOM	**erschrecken**	NOM	**entstehen**	NOM
	Ag		Rez		Pat

b. zweistellige Verben

	subj	dirobj		subj	indobj		subj	indobj
trinken	NOM	AKK	**drohen**	NOM	DAT	**gelingen**	NOM	DAT
	Ag	Pat		Ag	Rez		Pat	Rez

c. dreistellige Verben

	subj	indobj	dirobj
schenken	NOM	DAT	AKK
	Ag	Rez	Pat

Zur Unterscheidung und Charakterisierung der semantischen Rollen in den Argumentpositionen der strukturell wichtigen Verbklassen kommt man, wie wir gesehen haben, mit Agens-Basisrollen aus. Daneben gibt es aber Fälle, bei denen das Patiens unabhängig vom Agens zu differenzieren ist. Beispielsweise hat das direkte Objekt in 11a andere grammatische Eigenschaften als in 12a. Die Verben **öffnen** und **finden** bilden beide ein **werden**-Passiv (11b, 12b), unterscheiden sich aber beim **sein**- oder Zustandspassiv (11c vs. 12c; 4.5). Zwar ist 12c nicht einfach ungrammatisch, aber ein Unterschied ist vorhanden. Auf ihn kommt es an.

(11) a. **Elisabeth mäht den Rasen**
b. **Der Rasen wird gemäht**
c. **Der Rasen ist gemäht**

(12) a. **Elisabeth findet den Schlüssel**
b. **Der Schlüssel wird gefunden**
c. ?**Der Schlüssel ist gefunden**

Unter Berufung auf Krifka (1989) beschreibt Dowty (1991: 67ff.) die Bedeutung eines Verbs wie **mähen** als telisch (gr. »auf das Ende gerichtet«). Begriffe wie telisch werden in der Literatur auf recht unterschiedliche Weise verwendet. Wir wollen die hier gemeinten Verben als ›inkrementell‹ bezeichnen und ›telisch‹ anders verwenden.

Ein Verb ist *inkrementell*, wenn der Ablauf des Vorgangs sich schrittweise bezogen auf das von einem der Komplemente Bezeichnete vollzieht. In 12 ist das nicht der Fall, wohl aber in 11. Die lexikalische Bedeutung von **mähen** ist derart, daß der bezeichnete Vorgang Schritt für Schritt bis zu einem Ende abläuft. Der Rasen kann zum Beispiel halb gemäht sein und wir sagen dann, dieses Verb habe ein inkrementelles Patiens. Bei **finden** liegt keine solche interne Struktur des Vorgangs vor, das Verb ist nicht inkrementell.

Ein Begriff wie inkrementelles Patiens ist nützlich, weil er einen grammatisch relevanten Subtyp von Patiens besser trifft als das traditionelle affizierte oder effizierte Objekt. Diese Begriffe sind einerseits schwer abzugrenzen. Ist etwa **ihr Fahrrad** in **Sie schiebt ihr Fahrrad** affiziert? Immerhin wird es ja bewegt. Aber **schieben** ist nicht inkrementell, auch nicht gemeinsam mit dem Objekt (**ihr Fahrrad schieben**). Der Vorgang ist nicht schrittweise auf ein Ende bezogen.

Umgekehrt sind aber Verben wie **lesen, abschreiben, kopieren** und **auswendig lernen** inkrementell, obwohl auch sie keine Spuren am Objekt hinterlassen, dieses also nicht in einem mechanischen Sinn affiziert ist. Ihr Patiens ist folglich inkrementell, das Zustandspassiv ohne weiteres bildbar (**Das Buch ist gelesen**). Typische Verben mit inkrementellem Patiens sind die in 13.

(13) **ein Haus bauen, eine Reise durchführen, ein Schloß besichtigen, ein Plakat malen, ein Buch zerreißen, einen Wald niederbrennen, einen Hammel schlachten**

Nun zu den telischen Verben. Ein Verb ist *telisch*, wenn sich seine lexikalische Bedeutung auf einen Nachzustand des von einem Komplement Bezeichneten bezieht. In **Karl schreibt einen Brief** ist das bezüglich **einen Brief** der Fall, er ist geschrieben. In **Karl behält sein Auto** ist es bezüglich **sein Auto** der Fall (es bleibt bei Karl), in **Karl sieht sein Auto** aber nicht. Man erfährt nichts über den Nachzustand des Autos. Entsprechend kann das Subjekt betroffen sein. In **Karl schläft ein** ist das der Fall, in **Karl schläft** oder **Karl arbeitet** nicht. Bei den telischen Verben kommt es auf die Thematisierung des Nachzustandes an, nicht darauf, daß er ein anderer ist als der Vorzustand. Deshalb ist **behalten** bezüglich der Objektposition und **bleiben** bezüglich der Subjektposition telisch. Inkrementell sind sie nicht. Die inkrementellen Verben sind danach eine Teilklasse der telischen. Wir werden später von beiden Begriffen Gebrauch machen, deshalb werden sie hier gemeinsam eingeführt.

In traditioneller Redeweise spricht man hier von Aktionsarten. Aktionsarten sind Eigenschaften von Verbbedeutungen, die die Struktur des Verlaufs des bezeichneten Vorgangs betreffen. Wenn wir von Aktionsarten sprechen, dann in diesem Sinne, d.h. bezogen auf die lexikalische Bedeutung von Verben (z.B. 4.3).

Semantische Rollen bei PrGr

Zurück zu den semantischen Rollen. Wir haben bisher davon gesprochen, welche Rollen Kasuskomplementen wie zugewiesen werden und wollen zum Schluß wenigstens kurz auf die nicht ganz einfache Frage kommen, wie man sich die Rollenzuweisung bei präpositionalen Komplementen und PrGr überhaupt vorstellen kann (ausführlich Eroms 1981; Breindl 1989; zur Diskussion in der neueren Grammatiktheorie Rauh 1995). Es geht also nicht um eine allgemeine Beschreibung von Präpositionen und Präpositionalgruppen, sondern nur um die Vergabe von semantischen Rollen.

Das Auftreten semantischer Rollen bei PrGr hat nichts mit der Etablierung elementarer Argumentstrukturen zu tun, die auf Mechanismen wie der Kasusselektion beruhen und syntaktisch (etwa bei der Passivbildung) in Erscheinung treten. PrGr sind in der Form vielfältiger als substantivische Kasus und syntaktisch weniger integriert. Das gilt für ihre Funktion als Adjunkte, es gilt aber auch für die echten Präpositionalobjekte.

Die meisten Präpositionen bezeichnen zweistellige Relationen. Eine Präposition mit lokaler Bedeutung wie **auf** bezeichnet eine Relation zwischen einem Objekt und einem Ort bestimmter Art. In 14 ist dieser Ort im Nominal der PrGr genannt. Aus unserem Rolleninventar wären etwa Loc (14a) und Dir (14b) geeignet, wobei die beiden nicht unabhängig voneinander sind. Dir gibt die Bewegung auf den Ort an, der Loc entspricht. Der Unterschied liegt beim Kasus. Die Präposition kann sowohl Loc als auch Dir vergeben. Beide sind mit dem Verb **bauen** verträglich.

(14) a. **Karl baut sein Haus auf dem Kreuzberg**
b. **Karl baut sein Haus auf den Kreuzberg**

Weniger offensichtlich ist, wie die andere, also die erste Stelle der Präposition besetzt ist. In Sätzen wie 14 kommen prinzipiell das direkte Objekt oder der Satz in Frage (***sein Haus* auf *dem Kreuzberg*** oder ***Karl baut sein Haus* auf *dem Kreuzberg***). Bei der ersten Analyse bezeichnet die Präposition eine Beziehung zwischen einem Objekt und einem Ort, bei der zweiten eine Beziehung zwischen einem Sachverhalt und einem Ort. Wir müssen darüber an dieser Stelle keine Entscheidung treffen. Bei beiden Analysen sieht es so aus, als vergebe die Präposition zwei semantische Rollen, und zwar unabhängig vom Verb. Wählen wir für die erste die neutrale Bezeichnung Patiens, dann hat **auf** die Rollenmuster (Pat, Loc) und (Pat, Dir).

15 und 16 zeigen nun, daß die Rollenvergabe auch bei Adjunkten nicht unabhängig vom Verb ist.

(15) a. **Karl liest die Zeitung auf dem Bahnsteig**
b. ***Karl liest die Zeitung auf den Bahnsteig**

(16) a. ***Karl stellt die Flasche auf dem Tisch**
b. **Karl stellt die Flasche auf den Tisch**

Ein Verb wie **lesen** verträgt sich nur mit (Pat, Loc), während **stellen** nur (Pat, Dir) zuläßt. Letzteres ist ein Richtungsverb, ersteres kann nicht als Richtungsverb gelesen werden. Das Verb selegiert eins der Rollenmuster, die die Präposition zuläßt. Präpositionen wie **zu**, die nur einen Kasus regieren, führen entsprechend zu ungrammatischen Sätzen (z. B. ***liest die Zeitung zum Bahnsteig** vs. **stellt die Flasche zum Blumentopf**). Präpositionen mit lexikalischer Bedeutung haben ihre Rollenmuster, aber diese müssen zum jeweiligen Verb passen.

Beim echten Präpositionalobjekt regiert das Verb eine bestimmte, also mit diesem Verb lexikalisierte Präposition ohne lexikalische Bedeutung und mit einem bestimmten Kasus. Das muß aber nicht bedeuten, daß die Präposition gar keinen Beitrag mehr zur Vergabe von semantischen Rollen leistet.

(17) a. **Karl arbeitet an seiner Beförderung**
b. **Karl glaubt an seine Beförderung**

c. **Karl wartet auf seine Beförderung**
d. **Karl träumt von seiner Beförderung**

Wie bei lokaler Bedeutung kann **an** hier mit Dat oder Akk stehen (17a,b). Dasselbe gilt für **auf, in** usw. (**Aufgabe 10**). Die Präposition regiert im Komplement dieselben Kasus wie sonst. Wie bei 15 und 16 legt das Verb unter den möglichen Kasus genau einen fest, die Möglichkeiten selbst gibt die Präposition vor. Man schreibt deshalb der Präposition auch hier einen Beitrag zur Vergabe von semantischen Rollen zu und charakterisiert diese Rollen teilweise sogar in Anlehnung an die lokale Bedeutung. In 17a spricht man etwa von einem abstrakten Raum, also einem Loc besonderer Art, für 17b und c von Goal und 17d von Source (Rauh 1995). Solche Begrifflichkeiten müssen natürlich mit denen bei lokaler Bedeutung der Präpositionen kompatibel gemacht werden. Immerhin hat man auf diese Weise einen Ansatz zur Systematisierung der zahlreichen Präpositionen, die in präpositionalen Komplementen vorkommen (weiter 6.1.1).

3.3 Kopulaverben

Eigenschaften der Kopulaverben

Unter der Bezeichnung Kopula faßt man eine kleine Gruppe von Verben zusammen, die sich syntaktisch und semantisch sowohl von den Vollverben als auch von den Modalverben unterscheiden. Ihre Zuweisung zu einer besonderen Kategorie (Wortkategorie KV; Schema 1, 3.1) stützt sich auf das Vorkommen in Sätzen mit substantivischem (1a) und adjektivischem (1b) Prädikatsnomen. **Sein** wird in diesen Sätzen als Kopula (»Verknüpfer«, »Satzband«) bezeichnet, weil es – obwohl einziges Verb im Satz – semantisch ein Leichtgewicht sei, das dazu dient, das Subjekt mit dem Prädikatsnomen zum Satz zu verbinden.

(1) a. **Paul ist Schreiner**
b. **Susanne ist bescheiden**

Zu den Kopulaverben gehören außer **sein** zweifelsfrei nur **werden** und **bleiben**. Schreibt man **sein** als Kopula eine Funktion ganz allgemeiner Art zu wie »Prädikation besteht«, dann hat **werden** die Bedeutung »Prädikation tritt ein« und **bleiben** die Bedeutung »Prädikation besteht weiter«. **Werden** hat mit dem ingressiven/inchoativen und **bleiben** mit dem durativen jeweils ein spezielles Bedeutungselement gegenüber dem neutraleren **sein**, sie sind gegenüber **sein** semantisch markiert (**Aufgabe 11**).

Die Kopulaverben und insbesondere **sein** treten außer mit Prädikatsnomen auch in einer Reihe anderer Kontexte auf, zu denen die in 2 gehören (eine vollständigere Liste der möglichen Konstruktionen in Helbig 1978; IDS-Grammatik: 1105ff., zur Semantik von Kopulasätzen mit **sein** ausführlich Maienborn 2003, mit **werden** Steinitz 1999).

(2) a. **Ich denke, also bin ich**
b. **Karl ist hier**
c. **Das Endspiel ist morgen**
d. **Er ist des Wahnsinns**
e. **Das Problem ist zu lösen**
f. **Die Tür ist offen/geöffnet/geöffnet worden**

Zur modalen Bedeutung von 2e s. 11.1. Für die meisten anderen Fälle läßt sich eine Differenzierung in »reine Existenz« (**Gott ist** oder 2a), lokale Situierung (»sich befinden«, 2b) und temporale Situierung (»stattfinden«, 2c) herauslesen. Ob man hier andere Verben **sein** neben der Kopula ansetzen oder bei einem einzigen Verb bleiben sollte, lassen wir offen (Erben 1978: 81 ff.; Bickes 1984: 73 ff.; Weber 1988; 1993). Daß man mit einer einzigen Bedeutung auskommt, ist keineswegs ausgeschlossen. Denn die **sein** etwa in 2b zugeschriebene Bedeutung »sich befinden« könnte auch kontextuell determiniert sein. Sie tritt nur im Kontext lokaler Bedeutungen auf. Ein besonderes Problem stellt die Abgrenzung der Kopula- von den Hilfsverben dar (2f; Lenz 1993; 4.4).

Eine ganze Reihe von Verben kommt den Kopulaverben syntaktisch und semantisch ziemlich nahe. Ein adjektivisches Prädikatsnomen nehmen etwa **aussehen, sich dünken, klingen, schmecken**. Ein substantivisches nehmen **heißen** und **sich dünken**.

Auch **scheinen** wird – allerdings zu Unrecht – häufig in dieser Gruppe genannt (Wahrig 1978: 30; Duden 1998: 638; dazu 11.2.1). Ein Adjektiv und einen Nominativ mit **als** können anschließen **sich vorkommen, sich erweisen, gelten**. Für das Verhalten dieser Verben ist **als** von ausschlaggebender Bedeutung (12.3).

Wie sind die Kopulaverben syntaktisch zu beschreiben? Es liegt nahe, die Form der Sätze in 1 zur Grundlage einer syntaktischen Charakterisierung zu machen. Kopulaverben wären zweistellig mit zwei Nominativen (Kategorie NOM|NOM) oder Nominativ und Adjektiv (Kategorie NOM|ADJ). Wegen dieser unterschiedlichen Kategorisierung nimmt man zuweilen keine Gesamtkategorie der Kopulaverben an, sondern unterscheidet Verben mit ›Gleichsetzungsnominativ‹ von solchen mit ›Satzadjektiv‹ (Duden 1998: 638 f.; 644 f.; 7.3). Die Beziehung zwischen substantivischem Prädikatsnomen und Subjekt wird hier als Kongruenzbeziehung hinsichtlich Kasus wahrgenommen (Erben 1978: 77 ff.) und bisweilen auch für das Genus (**Petra ist die Schönste**) und den Numerus (**Die Männer sind Angestellte**) unterstellt (Duden 1984: 656 ff.). Wir schließen uns dieser Sichtweise nicht an. Genus (**Die Frau ist ein Genie**) und Numerus (**Unsere Bobfahrer sind der Stolz der Nation**) des Prädikatsnomens sind im allgemeinen Fall unabhängig vom Subjekt. Nach der in 2.2.3. eingeführten Begrifflichkeit läge außerdem Kategorienidentität und nicht Kongruenz vor.

Die Struktur von Kopulasätzen

Entscheidend für das Verhalten der Kopulaverben und die Struktur von Kopulasätzen ist nun, daß eine ausgeprägte Rektionsbeziehung vom Prädikatsnomen auf das Subjekt besteht. Das zeigt sich, wenn man als Subjekte nicht nur Nominative, sonder auch **daß**-Sätze berücksichtigt.

(3) a. **Daß sie schreibt, ist ein Erfolg**
b. ***Daß sie schreibt, ist ein Brief**

Die Möglichkeit und Unmöglichkeit des **daß**-Satzes in 3 hängt allein vom Substantiv im Prädikatsnomen ab. Das Prädikatsnomen hat die Eigenschaften eines syntaktischen Kerns. Das Kopulaverb ist syntaktisch als zweistellig markiert, es hat aber – abgesehen von der Korrespondenz hinsichtlich Person und Numerus – keinen Einfluß auf die Form des Subjekts. Es ist mit jeder Form von Subjekt verträglich, die das Prädikatsnomen zuläßt. Das Kopulaverb hat die Eigenschaften eines syntaktischen Kopfes. Wir wollen sagen, die Kopulaverben seien hinsichtlich der Subjektwahl unspezifiziert (UNSP). Sie gehören damit den Kategorien UNSP|NOM und UNSP|ADJ an.

Die syntagmatischen Beziehungen im Kopulasatz verdeutlichen wir an einem Beispiel. In 4a regiert das Verb den Nominativ des Prädikatsnomens. Der Nominativ des Subjekts ist kategorial regiert, er verträgt sich mit jedem Prädikatsnomen. Anders in 4b. Hier ist der Subjektsatz vom Prädikatsnomen lexikalisch regiert.

(4) a.

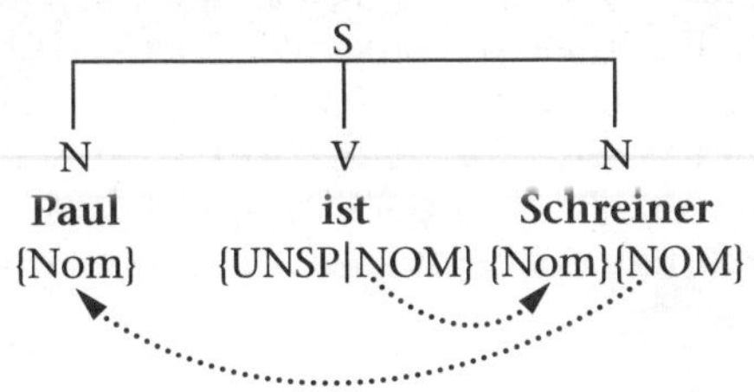

b.

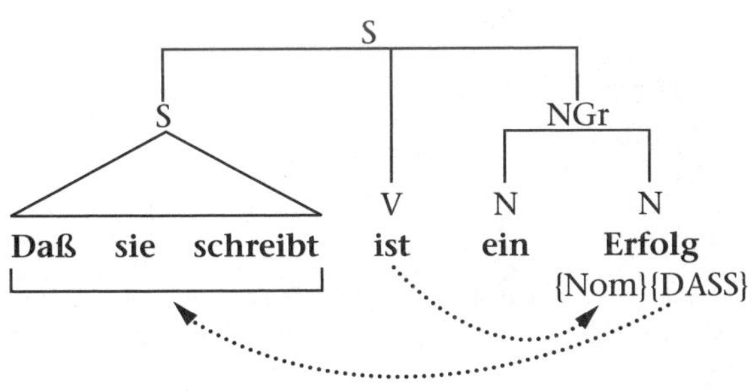

In der Konstituentenstruktur unterscheidet sich der Kopulasatz nicht vom Subjekt-Prädikat-Objektsatz mit Vollverb wie **Hans sucht den Schlüssel**. Der Unterschied liegt in der Markierungsstruktur. Beim Vollverb laufen alle syntagmatischen Beziehungen der unmittelbaren Konstituenten des Satzes zusammen. Das Kopulaverb dagegen sichert lediglich die Zweistelligkeit und regiert das Prädikatsnomen. Kopulaverben (und Modalverben, s. 3.4) haben damit eine Eigenschaft, die häufig und unserer Auffassung nach zu Unrecht auch für Vollverben angenommen wird: sie regieren nicht das Subjekt (dazu 3.2.1; 9.1). Das Prädikatsnomen sehen wir dagegen als regiert an (anders z.B. Admoni 1995: 173; IDS-Grammatik: 1107). Denn die Kopulaverben bilden eine Wortkategorie, die sich zumindest im Kern syntaktisch einheitlich verhält.

Verglichen mit dem Vollverb ist die Stellung des Kopulaverbs schwach, verglichen mit dem Objekt ist die Stellung des Prädikatsnomens stark. Das Prädikatsnomen ist nicht nur selbst Ergänzung, sondern es hat auch Einfluß auf andere Ergänzungen und verhält sich in dieser Hinsicht ähnlich wie ein Vollverb. Ganz deutlich wird das, wenn man die Valenzeigenschaften des adjektivischen Prädikatsnomens berücksichtigt (Sommerfeldt/Schreiber 1983; Eisenberg 1976; Lee 1994).

(5) a. **Sie ist klug**
b. **Sie ist des Wartens müde**
c. **Sie ist dem Kind fremd**
d. **Sie ist den Aufwand leid**

Bei den Adjektiven sprechen wir von Valenz im selben Sinne wie bei Vollverben. 5 enthält Adjektive mit Ergänzungen in den obliquen Kasus. **Klug** ist einstellig mit der Kategorie NOM, **müde** ist zweistellig mit der Kategorie NOM|GEN, **fremd** wird kategorisiert als NOM|DAT und **leid** als NOM|AKK (**Aufgabe 12**).

Die Form des Adjektivs selbst bezeichnet man als seine *Kurzform*. Diese Form hat eine ausgezeichnete Stellung innerhalb des adjektivischen Paradigmas insofern ihr keine Flexionskategorien zugewiesen werden können. Sie ist als einzige Form im Paradigma endungslos. Während also das substantivische Prädikatsnomen flektiert ist (Nom, Sg/Pl), kennzeichnen wir das adjektivische mit der Einheitenkategorie Unm (unmarkiert) als kasus-, numerus- und genuslos. Für 5c erhalten wir 6.

(6)

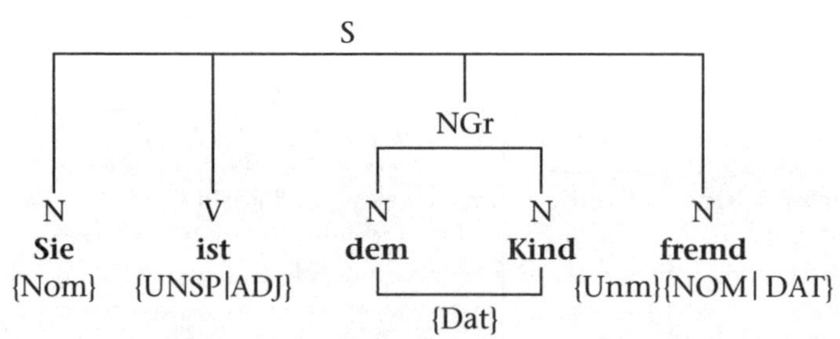

Die Konstituentenstruktur des in Rede stehenden Satzes wird in kaum einer Grammatik so angesetzt wie in 6. Wir wollen deshalb die Alternativen darstellen und kurz kommentieren. Weil es dabei in erster Linie um den hierarchischen Aufbau der Sätze geht, führen wir nicht die Kategoriennamen der verschiedenen Grammatiken ein, sondern ersetzen sie durch die hier verwendeten oder – in kritischen Fällen – durch die neutralen Namen X, Y.

Eine gänzlich andere Ausgangsposition ergibt sich für Grammatiken, die den Satz grundsätzlich in Subjekt und Prädikat teilen und insbesondere die Objekte nicht dem Satz, sondern einer Verbalgruppe oder Verbalphrase unmittelbar unterordnen. Der einfache Kopulasatz erhält dann die Struktur 7a (Duden 1998: 685f.; Grundzüge 249; Weinrich 1993: 115ff.) Auf die Frage, ob jeder

Satz in Subjekt und Prädikat gegliedert ist, kommen wir in Abschnitt 9.1 zurück. Für den Kopulasatz scheint es aber besonders gute Gründe zu geben, 7a und nicht 7b anzusetzen. Denn Kopula und Prädikatsnomen haben gemeinsam die Funktion, die das Vollverb allein hat. Das Prädikatsnomen als inhaltlich ›eigentliches‹ Prädikat und gleichzeitig Valenzträger im Kopulasatz wird deshalb traditionell *Prädikativum* genannt, auch die Bezeichnung Prädikatsnomen erinnert an diese Funktion. Die Rolle der Kopula wird in Lösungen dieser Art eher heruntergespielt. »Das Kopula-Verb erscheint …. als semantisch leer. Es fungiert im wesentlichen als Träger der Verbmorpheme …« (Grundzüge 250). Seyfert (1976: 263f.) formuliert, die Bedeutung der Kopula sei instabil und ihre Funktion bestehe darin, dem Prädikativum »die finite Form zu verleihen«. Letztlich wird hier versucht, den Kopulasatz auf die Form des Satzes mit Vollverb zu bringen. Indem Kopula + Prädikatsnomen zum Prädikat zusammengefaßt werden, erhält der Satz **Sie ist klug** dieselbe Struktur wie **Sie schläft.** Die wesentliche Unangemessenheit von 7a besteht aus unserer Sicht darin, daß die Rektionsbeziehung zwischen Prädikatsnomen und Subjekt nicht herauskommt.

(7) a. b.

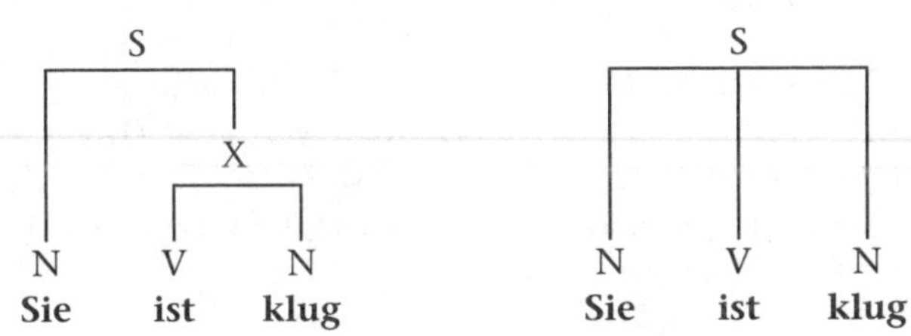

Wie problematisch 7a ist, zeigt sich dann deutlich bei Sätzen mit Objekt. Für Satz 5c setzt der Duden die Struktur 8a an. Sein Argument ist, daß das Objekt nur von **fremd** abhängig sei (Duden 1998: 679f.). Die Grundzüge nehmen dagegen Lösung 8b als richtig an, weil **dem Kind** als Objekt zum Prädikat **ist fremd** angesehen wird. Zwar heißt es auch hier, daß das Adjektiv der Valenzträger sei, aber das Objekt sei immer Objekt zum gesamten Prädikat, also zu **ist fremd** (Grundzüge: 232f., 251). Die Unsicherheit in der hierarchischen Zuordnung von **dem Kind** führen wir auf die Unangemessenheit der Ausgangsstruktur 7a zurück. Schon diese Struktur berücksichtigt die tatsächlich bestehenden Rektionsbeziehungen nicht.

(8) a. b.

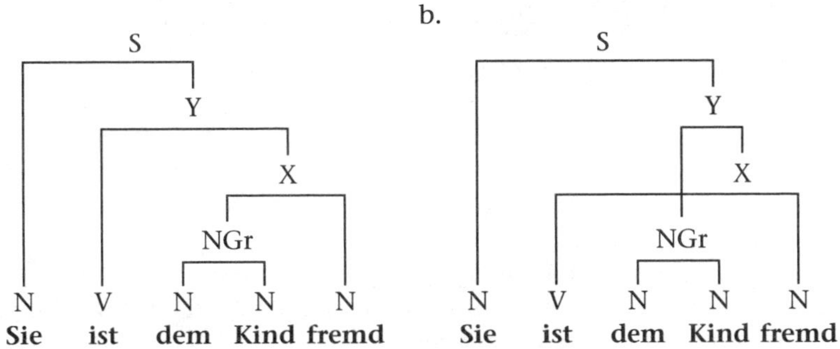

Grammatiken, die sich ausdrücklich auf den Valenzgedanken berufen, favorisieren meist Struktur 7b (Erben 1980: 264; Engelen 1975: 90; Engel 1988: 196 ff.; Ausnahme: Heringer 1970: 169 ff.). Auch hier wird mit einer allgemeinen Annahme über die Satzstruktur argumentiert: Wenn das Vollverb strukturelles Zentrum des Satzes ist, dann auch das Kopulaverb. Prädikatsnomina sind dann Ergänzungen wie alle anderen. Objekte werden nicht zu den Verbergänzungen gezählt, sondern als Ergänzungen des Prädikatsnomens diesem nebengeordnet (Erben 1980: 290; Engel 1977:177). Es ergibt sich die Hierarchie in 9.

(9)

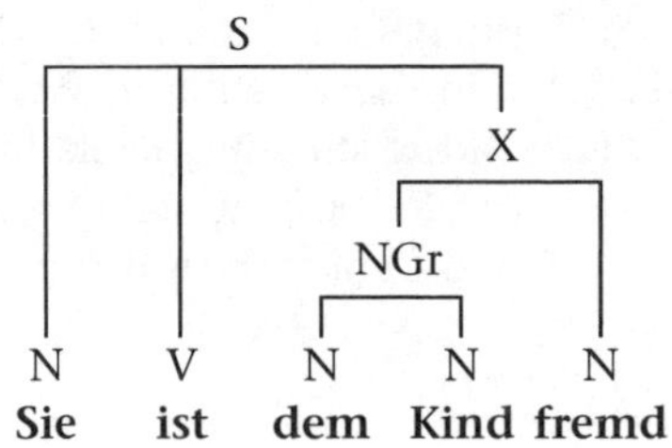

Alle überhaupt denkbaren Möglichkeiten bezüglich der Konstituentenhierarchie von Kopulasätzen werden also auch tatsächlich vertreten. Die formale Trennung von syntaktischem Prädikat und dem, was man semantisch den prädizierenden Ausdruck nennt, macht diesen einfachen Satztyp strukturell unübersichtlich (zu den Kopulasätzen auch 7.2; 9.1).

3.4 Modalverben

Abgrenzung, Flexionsverhalten, Gebrauchsweisen

Wie die Kopulaverben (3.3) sind die Modalverben gering an Zahl, eine kleine, abgeschlossene Klasse. Wir fassen sie unter dem Kategoriennamen MV (Wortkategorie) zusammen, vgl. Schema 2, 3.1. Ihr wichtigstes syntaktisches Charakteristikum ist, daß sie einen reinen Infinitiv als Ergänzung nehmen, also einen Infinitiv ohne **zu**.

(1) a. **Paula muß schlafen**
b. **Karl soll Bier holen**
c. **Egon will Bäcker werden**

Den Infinitiv bei den Modalverben bezeichnen wir als *verbale Ergänzung* (verg). In Sätzen wie 1 sind Modalverben zweistellig mit Subjekt und verbaler Ergänzung. Da sie das Subjekt nicht regieren (s. u.), gehören sie zur Kategorie UNSP|INF (3.3).

Zweifelsfrei zu den Modalverben gehören die unter 2a. Unter 2b sind einige Verben aufgeführt, die manchmal zu den Modalverben, manchmal zu den Hilfs- oder Vollverben gerechnet werden.

(2) a. **dürfen, können, mögen, müssen, sollen, wollen**
b. **brauchen, möchten, nicht brauchen, lassen, werden**

Die Gründe für die Unsicherheit der Zuordnung sind unterschiedlich. Für **möchten** besteht das Problem darin, daß es etymologisch verwandt ist mit **mögen**. Noch in der Grammatik von Blatz (1896: 554) erscheint nur **mögen**, nicht aber **möchten**. Das Präteritum zu **ich mag** ist **ich mochte** und dessen Konjunktiv heißt nach Blatz **ich möchte**. Auch wenn heute **ich möchte** zweifelsfrei als Präsensform anzusehen ist, die etwas anderes bedeutet als **ich mag**, fallen doch die Formen beider Verben teilweise noch immer zusammen. So lautet das Präteritum zu beiden **ich mochte**. Eine Infinitivform **möchten** gibt es noch nicht. Diese Form dient in 2b nur als Name des lexikalischen Wortes (Wortparadigma **möchten**^{wp}; zur Einordnung von **werden** Aufgabe 28; zu **brauchen** und **lassen Aufgabe 13**).

Alle Modalverben nehmen den reinen Infinitiv als Ergänzung, aber es gibt auch andere Verben mit dieser Eigenschaft. Die verbale Ergänzung ist ein notwendiges, nicht jedoch ein hinreichendes Kriterium zur syntaktischen Abgrenzung der Modalverben. Außer bei **lassen** und **(nicht) brauchen**, die sich möglicherweise zu Modalverben entwickeln, kommt der reine Infinitiv vor allem in Sätzen wie 3 vor (zur Abgrenzung 11.1; zur syntaktischen Abgrenzung der Modalverben Reis 2001).

(3) a. **Er** $\left\{\begin{array}{l}\textbf{geht}\\ \textbf{kommt}\end{array}\right\}$ **baden**

Neben der besonderen Valenz zeigen die Modalverben ein charakteristisches Flexionsverhalten. Warum sie sich so verhalten, läßt sich teils nur historisch, teils aber auch aus ihrem syntaktischen und semantischen Verhalten erklären. Wir benennen die wichtigsten Besonderheiten der Konjugation, obwohl die Verbflexion generell erst in Kap. 4 besprochen wird.

1. Modalverben haben keinen Imperativ. Zwar werden sie häufig für Aufforderungen und Verbote verwendet (**Du sollst das tun; Du darfst das nicht tun**), aber die Formen des Imperativ fehlen im Paradigma (***müsse; *sollt**). Für **mögen, möchten** und **wollen** kann man sich von der Bedeutung her einen Imperativ vorstellen. Es kann durchaus sinnvoll sein, jemanden dazu aufzufordern, etwas Bestimmtes zu wollen. Für **müssen, können, dürfen** und **sollen** ist der Imperativ schon aus semantischen Gründen ausgeschlossen (dazu auch Aufgabe 17 unten).

2. Die zusammengesetzten Formen der Vergangenheit (Perfekt und Plusquamperfekt) werden bei den Modalverben nicht mit dem Partizip des Pf, sondern mit dem Inf Präs gebildet.

(4) a. **Er hat schlafen müssen**
b. ***Er hat schlafen gemußt**
c. **Wir hatten aufbrechen wollen**
d. ***Wir hatten aufbrechen gewollt**

(5) a. **Er hat das gewollt**
b. **Vielleicht hätte ich es gekonnt**

5 zeigt, daß das Part des Pf wohl im Paradigma der Modalverben vorhanden ist. Es wird aber nicht verwendet, wenn beim Modalverb eine verbale Ergänzung steht wie in 4. Weil der Infinitiv hier offenbar anstelle des Partizips steht, wird er meist als Ersatzinfinitiv bezeichnet. Es entsteht eine Konstruktion mit doppeltem Infinitiv. Warum die Ersetzung stattfindet und welche syntaktischen Folgen das hat, ist in der Literatur seit langem weitläufig erörtert worden (Kohrt 1979a; Askedal 1991; Eisenberg u.a. 2001).
3. Modalverben sind Präteritopräsentia. Damit ist gemeint, daß sie das Präsens so bilden wie andere Verben das Präteritum. Im Prät stimmen die 1.Ps Sg und die 3.Ps Sg formal überein (**ich/er sagte, ich/er war**). Bei den starken Verben sind diese Formen darüber hinaus endungslos (**ich/er lief; ich/er lag**). Beide Merkmale finden sich bei den Präsensformen der Modalverben:

(6)	**ich**	**will**	**lief**
	du	**willst**	**liefst**
	er	**will**	**lief**
	wir	**wollen**	**liefen**
	ihr	**wollt**	**lieft**
	sie	**wollen**	**liefen**

Die Präsensformen der Modalverben sind durch Umdeutung entstanden (›Reanalyse‹; ausführlich Birkmann 1987, inbes. 203 ff.). Bei **wollen** wurde ein Konj zum Ind umgedeutet, bei den anderen ein Prät zu einem Präs. Mit der Umdeutung zum Präsens war das Präteritum unbesetzt und mußte neu gebildet werden. Die Neubildung erfolgte ›regulär‹, also mit schwachen Formen (**konnte, durfte**), und im Präsens der Modalverben haben sich Formen des alten Präteritums erhalten. Die Flexion des Präteritums der starken Verben im Mittelhochdeutschen hat sich als Präsens der Modalverben sogar reiner erhalten als bei den starken Verben selbst. Die starken Verben wiesen ursprünglich einen Vokalwechsel von den Formen des Sg zu den Formen des Pl auf, und derselbe Vokalwechsel wurde auch im Konjunktiv vollzogen. Beides treffen wir heute nur noch in wenigen erstarrten und isolierten Formen an, z.B. in **er sang – sie sungen** (»Wie die Alten sungen«); **ich starb – ich stürbe; es verdarb – es verdürbe.** Bei den Modalverben ist der Vokalwechsel dagegen erhalten, bis auf **sollen** vollziehen sie ihn alle (**er darf – sie dürfen – er dürfe**).

Zu den Präteritopräsentia gehören mit einer Ausnahme nur die Modalverben. Das einzige Vollverb in dieser Gruppe ist **wissen** (**Aufgabe 14**).

Die Modalverben konservieren Teile eines alten Konjugationsmusters, das sonst fast ganz verschwunden ist. Die Eigenheiten des Formensystems entstehen nicht durch Bildung neuer Formen, sondern dadurch, daß bestimmte allgemein wirksame Veränderungen im Konjugationssystem von einer Verbklasse nicht mitgemacht werden. Man nennt diesen Vorgang *Isolierung*. Isolierung ist einer der wichtigsten Vorgänge bei der Herausbildung neuer grammatischer Kategorien oder kategorialer Verschiebungen (Paul 1975: 189 ff.).

Worin besteht nun die semantische Funktion der Modalverben, und wie werden die semantischen Leistungen syntaktisch realisiert? Wenn jemand einen Aussagesatz äußert und sagt »Karl fährt mit dem Bus«, dann gibt er einem Wissen über die Welt Ausdruck: Er äußert einen Satz, von dessen Wahrheit er überzeugt ist, und das heißt, daß der vom Satz bezeichnete Sachverhalt zutrifft, ein Sachverhalt in der realen Welt ist. Dies ist der unmarkierte Fall, bei dem weder im Satz selbst noch im Kontext Hinweise darauf enthalten sind, daß der Satz nicht in dieser Weise zu verstehen wäre.

Anders verhalten sich Sätze wie **Karl fährt möglicherweise mit dem Bus** oder **Es ist möglich, daß Karl mit dem Bus fährt** bezüglich des Sachverhaltes »Karl fährt mit dem Bus«. Beide Sätze bezeichnen ebenfalls diesen Sachverhalt, nur wird er nicht mehr als ein Sachverhalt in der realen Welt hingestellt. Daß Karl mit dem Bus fährt, wird als im Bereich des Möglichen liegend behauptet. Gegenüber dem auf das Reale bezogenen Satz ist der Möglichkeitssatz *modalisiert.* Der Übergang vom Realen zum Möglichen ist nur eine unter vielen Arten der Modalisierung. Andere sind der Übergang zu dem, was notwendig ist (**Karl fährt notwendigerweise mit dem Bus**), zu dem, was erlaubt ist (**Karl darf mit dem Bus fahren**), zu dem, was gewünscht wird (**Ich möchte, daß Karl mit dem Bus fährt**). Modalisierung liegt auch vor, wenn das Eintreten des Sachverhaltes in der realen Welt von Bedingungen abhängig gemacht wird wie in **Karl fährt mit dem Bus, wenn du ihm das Fahrgeld gibst.** ›Modalisierung‹ ist also ein ziemlich allgemeiner semantischer Begriff, und zahlreich sind die sprachlichen Mittel, die für Modalisierungen zur Verfügung stehen. Grammatische Bezeichnungen wie Modus, Modalpartikel, Modaladverb, modaler Infinitiv und Modalverb bringen die Vielfalt der Mittel mit ähnlicher oder zumindest vergleichbarer Funktion auch terminologisch zum Ausdruck. Und es gibt eine Reihe von Untersuchungen, die das ›Modalsystem‹ einer Sprache insgesamt thematisieren, indem sie nach den semantischen Grundlagen und insbesondere den semantischen Gemeinsamkeiten der verschiedenen Modalitäten fragen (Calbert 1975; Gerstenkorn 1976; Dietrich 1992). Speziell für die Modalverben unterscheidet man zwei Arten der Modalisierung, die zunächst als unterschiedliche Gebrauchsweisen zu fassen sind.

(7) a. **Er soll über den Ärmelkanal geschwommen sein**
b. **Er soll die Kirche im Dorf lassen**

(8) a. **Sie müßten es eingesehen haben**
b **Sie mußten es nachmachen**

(9) a. **Sie könnte in Freiburg wohnen**
b. **Sie konnte in Freiburg nicht gewinnen**

In 7a–9a ist jeweils eine Stellungnahme des Sprechers enthalten. Mit 7a etwa sagt man so viel wie »Ich habe Grund zu der Annahme, daß er über den Ärmelkanal geschwommen ist«. Der Sprecher hat irgendwelche, im Modalsatz aber nicht genannte Gründe für das Zutreffen des bezeichneten Sachverhaltes und legt dem Adressaten damit nahe, den Sachverhalt ebenfalls als zutreffend anzusehen. Die Bedeutung von **sollen** in 7a hat wenig mit der Bedeutung von **sollen** als »zu etwas verpflichtet sein« in 7b zu tun. Entsprechendes gilt für die anderen Beispiele. Den Modalverbgebrauch in den Sätzen unter a nennt man *inferentiell,* weil auf das Zutreffen des Sachverhaltes geschlossen werden kann. Man nennt ihn auch pragmatisch, weil ein spezifischer Bezug auf die Sprechsituation vorliegt (Stellungnahme des Sprechers), und man nennt ihn subjektiv, weil der Sprecher seiner Meinung Ausdruck verleiht und nicht einfach etwas behauptet. Für die Sätze unter b spricht man dann vom *nicht-inferentiellen* oder objektiven Gebrauch der Modalverben (zusammenfassende Darstellung in Gerstenkorn 1976: 288 ff.; Öhlschläger 1989: 27 ff.).

Viel diskutiert ist die Frage, ob dem inferentiellen Gebrauch besondere Formen des Modalverbs vorbehalten sind oder ob der Unterschied sonstwie grammatikalisiert ist (umfassend Diewald 1999). Für unsere Beispielsätze liegt zweifellos immer die eine oder die andere Interpretation besonders nahe (vielleicht mit Ausnahme von 9a). Es ist aber klar, daß viele Sätze beide Lesarten haben. So kann man **Ihr müßt das gesehen haben** verstehen als »Ihr müßt unbedingt alles tun, damit ihr das seht« (nicht-inferentiell) oder als »Es kann doch gar nicht sein, daß ihr das übersehen habt« (inferentiell) (**Aufgabe 15**).

Syntaktische Struktur, Subklassen

(10) a. b.

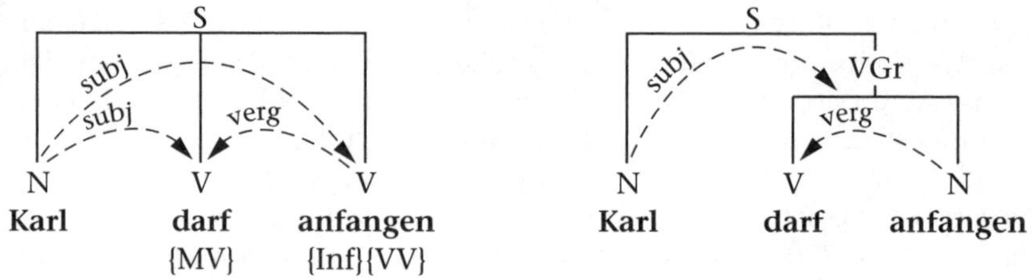

Für den einfachen Modalsatz kommt die Konstituentenstruktur in 10a oder b infrage. Die Unterscheidung von Modalverb und Vollverb erscheint in der Markierungsstruktur. In der Kategorisierung als Modalverb ist mit ausgedrückt, daß das betreffende Verb eine verbale Ergänzung im Infinitiv nimmt.

(11) a. **Wie du aussiehst, interessiert uns**
b. **Wie du aussiehst, muß uns interessieren**
c. ***Wie du aussiehst, gehört uns**
d. ***Wie du aussiehst, kann uns gehören**

Die Rechtfertigung der Konstituentenhierarchie soll sich auf die syntagmatischen Beziehungen stützen. Als zwei Verbformen gehören Modalverb und Infinitiv eng zusammen, das spricht für 10b. In Hinsicht auf Kongruenz und Rektion verhält sich das Subjekt ähnlich wie bei Kopulaverben, das spricht für 10a: Es ist bezüglich Person und Numerus auf die finite Verbform abgestimmt und wird im allgemeinen Fall regiert von der zweiten Ergänzung, also vom Infinitiv. Als Subjekte sind in Sätzen mit Modalverben deshalb genau die Ausdrücke zugelassen, die der Infinitiv zuläßt. 11b ist grammatisch, weil auch 11a grammatisch ist (**interessieren** läßt **w**-Sätze als Subjekte zu). 11d ist ungrammatisch, weil 11c ungrammatisch ist (**gehören** läßt in dieser Bedeutung keine **w**-Sätze als Subjekte zu). Natürlich nimmt der Infinitiv in Modalsätzen auch alle Objekte, die aufgrund seiner Valenz zugelassen oder gefordert sind.

Diese Objekte haben mit dem Modalverb selbst nichts zu tun. In **Karl will Bier holen** ist **Bier** direktes Objekt zu **holen**, die funktionalen Verhältnisse liegen wie in 12. Für den Gesamtsatz hat der Infinitiv die Funktion des syntaktischen Kerns, die Kopfeigenschaften liegen beim Modalverb **(Aufgabe 16)**.

(12)

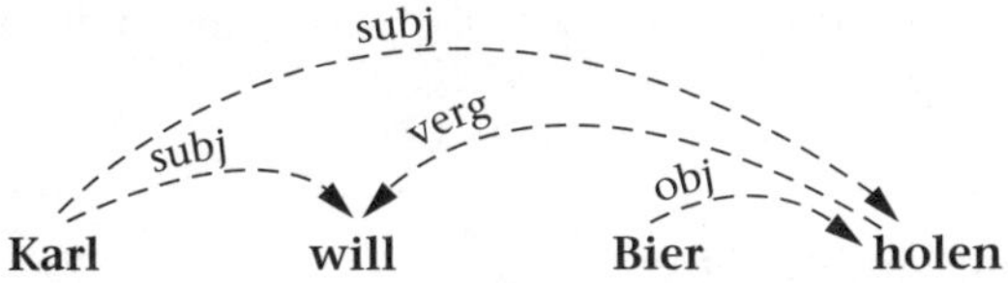

Als Konstituentenstruktur für 12 liegt deshalb 13a nahe. 13c ist schnell abgetan, wenn wir an dem Grundatz festhalten, daß die Ergänzungen zu einem Verb diesem nebengeordnet sind. Mit 13c würde zwar die Objekt-Funktion von **Bier** angemessen erfaßt, nicht aber die syntaktischen Beziehungen zwischen **will** und **holen** sowie die zwischen **Karl** und **holen**. Einen Prädikatskomplex wie **Bier holen** mit einer eigenen Kategorie wie ›Verbalgruppe‹ kann man bei Modalverben kaum verteidigen.

(13) a. b.

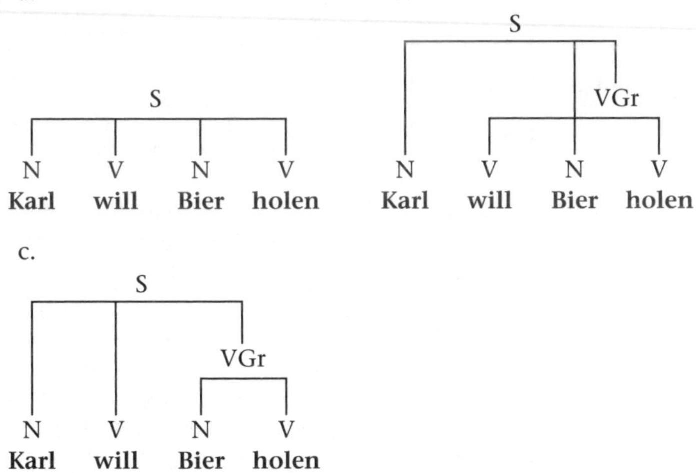

Stärkere Argumente als sie für die entsprechende Struktur bei den Kopulaverben vorgebracht werden, sprechen für 13b und damit 10b. Behandelt man die Modalverben wie Hilfsverben, dann ist als gemeinsame Kategorie V anzusetzen, das Ganze wäre eine zusammengesetzte Verbform. In der Tat verhalten sich Modalverben in mancher Hinsicht wie Hilfsverben: Sie sind als finite Formen auf das Subjekt abgestimmt, regieren aber nicht das Subjekt. Das Objekt steht in 13b innerhalb einer unterbrochenen Konstituente zwischen finiter und infiniter Verbform, ganz so wie in **Karl hat Bier geholt**. Modalverben werden manchmal kategorial unter die Hilfsverben subsumiert oder als ›Hilfsverben mit Infinitiv‹ zu einer Teilklasse der Hilfsverben gemacht (Helbig/Buscha 1998: 122f.). Insbesondere auch tiefenstrukturelle Analysen haben lange die Sichtweise bevorzugt, daß ›eigentlich‹ (d. h. tiefenstrukturell) ein Unterschied zu den Hilfsverben nicht besteht (Chomsky 1969: 90 ff. als Basisargumentation. Die Literaturübersicht in Öhlschläger 1989 zeigt, daß diese Auffassung an Boden verloren hat).

Andererseits verhalten sich Modalverben nicht wie Hilfsverben, und die auftretenden Unterschiede sprechen wieder für 13a. Ein Teil der Modalverben nimmt **daß**-Sätze in Objekt-Position (MV1, vgl. 14), der andere Teil nimmt **daß**-Sätze als Subjekte (MV2, vgl. 15).

(14)
a. **Er {mag / möchte / will}, daß du bleibst**

b. ***Er {muß / kann / soll / darf}, daß du bleibst**

(15)
a. ***Daß du bleibst {mag / möchte / will} sein**

b. **Daß du bleibst {muß / kann / soll / darf} sein**

Eine kleine Komplikation tritt bei **mögen** auf, denn man kann durchaus sagen **Es mag sein, daß du recht hast** mit einem **daß**-Satz als Subjekt. Aber **mögen** hat hier eine ähnliche Bedeutung wie **können**, und das ist nicht die in 14a. Mit dieser anderen Bedeutung könnte **mögen** auch zu MV2 gehören. Im übrigen zeigen 14 und 15 aber, daß Modalverben wie Vollverben die Form der Ergänzungen bestimmen. Hilfsverben treten als Bestandteil zusammengesetzter Verbformen auf. Modalverben kann man so nicht charakterisieren, schon weil sie **daß**-Sätze als Ergänzungen zulassen. Es wäre beispielsweise sinnlos, **will, daß du kommst** insgesamt als Verbform anzusehen. Wir kommen zu dem Schluß, daß Modalverben mit Infinitv einer Konsituentenkategorie eigener Art zuzuweisen sind, die wir Verbalgruppe nennen. Die VGr entfaltet Kongruenz- und Rektionseigenschaften als Ganze, ohne daß sie eine Form ist, die ins verbale Paradigma gehört. Es ergibt sich 13b.

Syntaktisch sind die Verben aus MV1 **(mögen, möchten, wollen)** weiter dadurch gekennzeichnet, daß sie außer **daß**-Sätzen auch Akkusative als Objekte nehmen (16) und mit Einschränkungen sogar passivfähig sind (17). Beides findet sich bei MV2 **(dürfen, können, müssen, sollen)** nicht. Die Trennung von **mögen** und **möchten** ist im Passiv wiederum nicht möglich, deshalb erscheint in 17 nur ein Beispiel für beide. Wir stellen fest, daß die Verben der Gruppe MV1 sich weitgehend wie transitive Verben verhalten. Damit wird ihr Status als Modalverben keineswegs in Frage gestellt, denn die

Subklassifizierung erfaßt das Verhalten der Modalverben insgesamt. Man sollte nicht einfach neben den Modalverben entsprechende Vollverben ansetzen. Aber es kann sinnvoll zwischen ›transitiven‹ (MV1) und ›intransitiven‹ (MV2) Modalverben unterschieden werden (Calbert 1975: 6ff.).

(16) a. **Sie mag Himbeereis**
b. **Er möchte eine Erbsensuppe**
c. **Er will den besten Startplatz**

(17) a. **Der Friede wird von allen gewollt**
b. **Karl wird von allen gemocht**

Bedeutung: Sachverhalt als Handlungsziel

Wir wollen nun versuchen, wie in Kap. 3.2.2 die Brücke vom Valenzverhalten zur Bedeutung der Modalverben bei nicht-inferentiellen Gebrauch zu schlagen. Wie läßt sich das bisher besprochene syntaktische Verhalten der Modalverben aus ihrer Bedeutung erklären?

Nach einem Vorschlag in Brünner/Redder 1983 kann die Bedeutung von Modalverben mit dem Begriff des Handlungszieles beschrieben werden. Ein Handlungsziel ist mit einem Modalsatz gegeben wie ein Sachverhalt mit einem nicht modalen Aussagesatz. Der Sachverhalt zu **Karl schwimmt** wird in **Karl will schwimmen** potentiell, in der Zukunft liegend: Er wird zum Handlungsziel.

Ein Handlungsziel kommt nicht irgendwoher, sondern es wird von jemandem gesetzt. Es muß aber auch jemanden geben, der versucht, dieses Ziel zu erreichen. Calbert (1975: 22ff.) spricht davon, daß für jemanden eine Obligation zum Handeln bestehen muß. Derjenige, der ein Handlungsziel setzt, ist die Quelle der Obligation. Derjenige, auf den sich die Obligation richtet, also der potentiell Handelnde, ist das Ziel der Obligation. Bei den Verben aus MV1 ist die Quelle der Obligation das vom Subjekt Bezeichnete. In **Karl will/mag/möchte schwimmen** ist es Karl selbst, der das Handlungsziel setzt. Dagegen liegt die Quelle der Obligation für MV2 außerhalb des Satzes. In **Karl muß/kann/darf/soll schwimmen** wird nicht explizit gemacht, woher das Handlungsziel kommt. Die Quelle der Obligation ist dem Adressaten aus dem Kontext bekannt, oder sie bleibt überhaupt im Dunkeln **(Aufgabe 17)**.

Damit ist klar, warum MV1 keine **daß**-Subjekte zuläßt. Ein Handlungsziel kann von einer Person gesetzt werden oder – was schon eine starke Abstraktion ist – von einer Institution (**Die Universität will ...; Der Staat möchte ...**). Dies sind Entitäten, die mit Nominalausdrücken, nicht aber mit **daß**-Sätzen bezeichnet werden. Das Wollen, Mögen und Möchten ist an mentale Prozesse beim Handelnden gebunden, die den Individuentyp des Subjektausdrucks einschränken (Ehlich/Rehbein 1972).

Woran liegt es aber, daß bei MV1 **daß**-Objekte zugelassen sind und nicht bei MV2? Bei MV1 bezeichnet das Subjekt die Quelle der Obligation. Soll außer der Quelle auch das Ziel der Obligation genannt werden, dann gibt es logisch dafür zwei Möglichkeiten. Entweder Quelle und Ziel fallen zusammen (18a), oder der Ausdruck wird so erweitert, daß Quelle und Ziel sprachlich getrennt werden können. Das geschieht mit dem **daß**-Satz als Ergänzung (18b). Der **daß**-Satz enthält ein eigenes Subjekt, das das Ziel der Obligation bezeichnet, und der **daß**-Satz insgesamt bezeichnet den Sachverhalt, der das Handlungsziel ist (Näheres zum **daß**-Komplement bei **wollen** in Redder 1983). Mit dem **daß**-Satz als Objekt verschaffen sich die Verben aus MV1 also die Möglichkeit, ein weiteres Argument einzuführen.

(18) a. **Karl will kommen**
b. **Karl will, daß du kommst**

Für MV2 besteht diese Notwendigkeit nicht, denn hier wird das Ziel der Obligation vom Subjekt bezeichnet, die Quelle der Obligation bleibt offen. Man kann noch einen Schritt weiter gehen: Soll die Quelle genannt werden, so ist das mit einem **daß**-Komplement gar nicht möglich (weil diese das Handlungsziel bezeichnen würde), sondern etwa mit einem vom Verb unabhängigen Adverbialsatz **(Karl muß schwimmen, weil der Doktor das für gesund hält)**. Ein **daß**-Objekt ist daher für MV2 aus semantischen Gründen ausgeschlossen.

Der letzte und besonders interessante Fall sind die **daß**-Subjekte bei MV2. Wie kommt es dazu, daß diese Verben **daß**-Subjekte zulassen, wo doch festgestellt wurde, daß solche Subjekte überhaupt nicht vom Modalverb regiert sind? Daß das Modalverb unter den besonderen Umständen von 15b etwas mit der Subjektwahl zu tun hat, steht außer Frage, denn die analogen Sätze mit MV1 sind ungrammatisch (15a). Die ›besonderen Umstände‹ bestehen offenbar in der Verwendung von **sein** als verbaler Ergänzung.

(19) **Es** { **ist** / ***wird** / ***bleibt** } **nicht der Fall, daß er kommt**

Sein ist das einzige Kopulaverb, das im Kontext von 15b vorkommen kann, **werden** und **bleiben** sind ausgeschlossen. Die Bedeutung von **sein** ist hier »der Fall sein«. Sätze mit **der Fall** als Prädikatsnomen sehen auf den ersten Blick wie gewöhnliche Kopulasätze aus. Sie haben aber die Besonderheit, daß, wie in 15b, **werden** und **bleiben** als Verben ausgeschlossen sind und daß außerdem **daß**-Subjekte gefordert sind. **Der Fall** hat auch keine der in 3.3 besprochenen semantischen Funktionen des Prädikatsnomens, sondern es hat eine rein pragmatische Funktion. Mit dem Äußern eines Aussagesatzes ist in der Regel ein Akt des Behauptens verbunden. Dieser Akt kann sprachlich explizit gemacht werden durch Hinzusetzen von **Es ist der Fall, daß.** Wer äußert **Es ist der Fall, daß Karl kommt** anstelle von **Karl kommt**, bekennt sich ausdrücklich zur Wahrheit des Satzes. Unter rein semantischen Gesichtspunkten ist die Verwendung von **der Fall** oder **nicht der Fall** entbehrlich. Sie gewinnen ihre Funktion erst auf der kommunikativ-pragmatischen Ebene. **Der Fall** ist also nicht ein Prädikatsnomen wie alle anderen. **Der Fall sein** ist ein singulärer Ausdruck, der im Kontext 15b **sein** ersetzen kann, ohne daß eine wesentliche Veränderung der Bedeutung eintritt.

Die Erklärung dafür, daß die Verben aus MV2 mit **sein** in der Bedeutung von

»der Fall sein« **daß**-Subjekte nehmen, ist nun einfach. Das Subjekt enthält bei MV2 den Ausdruck, der das Ziel der Obligation bezeichnet. Ist das Subjekt ein Satz, so bezeichnet es das Handlungsziel, wobei sich das Ziel der Obligation meist im Subjekt dieses Satzes findet: **Es muß sein, daß du kommst** läßt sich paraphrasieren mit **Du mußt kommen**. Fehlt das Ziel der Obligation gänzlich wie in **Es darf nicht sein, daß es regnet** (›unpersönliches‹ **es** im **daß**-Satz), dann wird der Modalsatz in diesem Punkt unbestimmt. Er bleibt aber ein Modalsatz, weil sich hinsichtlich der Quelle der Obligation nichts geändert hat. Sie wird nach wie vor dem Kontext entnommen.

Die Verben aus MV2 lassen **daß**-Subjekte zu, weil bei ihnen auch das Ziel der Obligation nicht explizit genannt sein muß. Die Bedeutung dieser Verben ist abstrakter als die von **wollen, mögen** oder **möchten**. Bei **müssen, dürfen, sollen** und **können** kann sozusagen vom Menschen ganz abgesehen werden, die Bedeutung dieser Verben kann abstrakt sein bis hin zu einer Funktion als Operator über potentiellen Sachverhalten. In einem Satz wie **Es muß nicht sein, daß es regnet** sind Modalität und potentieller Sachverhalt sprachlich voneinander getrennt, wobei der Matrixsatz ganz ähnlich funktioniert wie Modaladverbien vom Typ **möglicherweise** und **notwendigerweise** (7.2). Sicheres Kennzeichen für diese Funktion als ›Satzoperator‹ ist das Fehlen eines Nominalausdrucks, der die Quelle oder das Ziel der Obligation bezeichnen könnte. In der Syntax der Modalverben ist das Faktum verankert, daß für eine Verpflichtung, eine Erlaubnis oder ein Verbot (für all das, was mit MV2 ausgedrückt wird) nicht explizit sein muß, woher sie kommen und auf wen sie sich richten. Dagegen muß immer gesagt werden, wer etwas will, möchte oder mag.

4. Die Einheitenkategorien des Verbs

4.1 Übersicht: Die Menge der Verbformen

Bei der Einteilung von Wortarten zählt man das Verb mit dem Substantiv, Adjektiv, Artikel und Pronomen zu den flektierenden Kategorien. Jedes Verb flektiert, aber damit ist über seinen Formenbestand weniger ausgesagt als bei den anderen Kategorien dieser Gruppe. Zum einen sind viele Verbformen nicht als Ganze flektiert, nämlich wenn sie zusammengesetzt sind (**wird gewonnen**; **gewonnen haben**) und zweitens unterscheiden sich die Wortparadigmen beim Verb im Aufbau und im Umfang wesentlich voneinander. Der Formenbestand eines Hilfsverbs sieht ganz anders aus als etwa der eines passivfähigen Vollverbs. Die Gründe für diese Diversität kann man in drei Punkten so zusammenfassen.

(1) ist das Verb als Satzkern, der Argumente unterschiedlicher Art bindet, kategorial stärker gegliedert als die anderen Kategorien, die üblicherweise als Wortarten angesehen werden. (2) ist das Verb als ›Wortquelle‹ nicht nur für die Wortbildung im Sinne von Affigierung von Bedeutung, sondern auch und vor allem im Sinne von Konversion. Infinitive werden regelmäßig substantiviert (**das Herumstehen**, **Schwarzfahren**, **Sein**), Partizipien regelmäßig zu Adjektiven (**entsetzt**, **vergessen**, **besiegelt**), diese wieder zu Substantiven, die Infinitive zu Verlaufsformen (**am Herumstehen**, **Nichtstun**, **Saubermachen**), die Präsensstammform zum sog. Inflektiv (**keuch**, **durchdreh**, **kaputtlach**) usw. All dies bringt Abgrenzungs- und Klassifikationsprobleme mit sich. (3) schließlich besteht ein Teil der Verbformen aus mehreren Wortformen, hat also intern eine syntaktische und nicht eine morphologische Struktur. Offenbar haben wir es bei den analytischen Verbformen mit Syntagmen an der Grenze zur Morphologie zu tun (Teuber 2002). Was im Deutschen als zusammengesetzte (analytische, auch periphrastische) Verbform erscheint, kann im Lateinischen synthetisch sein (**bin gekommen** vs. **veni**) und was heute synthetisch ist, kann morgen analytisch sein (**ging** vs. **ist gegangen**).

Das alles zeigt, daß der Formenbestand des Verbs noch weitgehender als beim Substantiv oder Adjektiv aus einer syntaktischen Perspektive zu erfassen ist. Wir geben im folgenden einen komprimierten Überblick zum Aufbau des verbalen Paradigmas, wie er ausführlicher in der Wortgrammatik für das Vollverb entwickelt wurde (Wort, 5.3). Der Überblick enthält einige Hinweise auf syntaktische Verwendungen der Formen und umgekehrt werden wir in verschiedenen Teilen der Grammatik auf die Frage zurückkommen, ob und wie bestimmte Formen ins Wortparadigma gehören.

Grundlegend ist die Einteilung der Verbformen in finite und infinite (Kategorisierung Finitheit). Als finite Formen sehen wir solche an, die in Hinsicht auf Person (1., 2., 3.Ps) kategorisiert sind (z. B. **legst**, **leget**, **legte**). Auch zusammengesetzte Formen mit finitem Hilfsverb sehen wir als finit an (**hat gelegt**, **wart gelegt worden**). Als Grenzfall zählen wir auch die Imperative zu den finiten

Formen, obwohl sie nicht nach Person, sondern nur nach Numerus flektiert werden. Ausschlaggebend dafür ist die Verwendung dieser Formen im Imperativsatz (s. u.). Alle übrigen Formen sind infinit und werden nach dem Infinitheitstyp klassifiziert (Thieroff 1992: 7 ff.; 1).

(1) Verbparadigma, infinite Formen

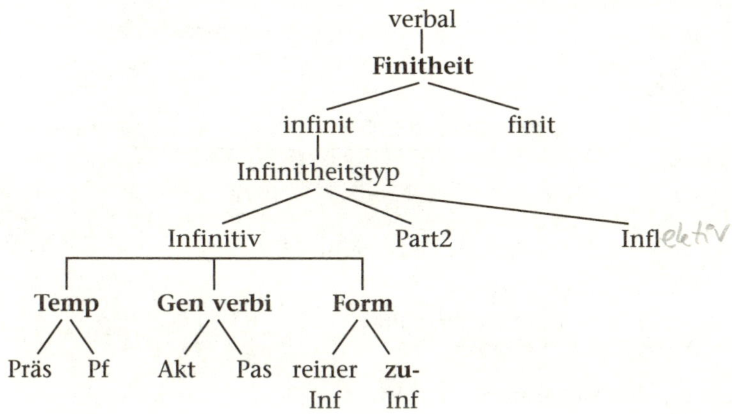

Die meisten Formen hat der Infinitiv. Dem Präs (**legen**) steht das Pf (**gelegt haben**) gegenüber, im Akt wie im Pas (**gelegt werden**; **gelegt worden sein**). Alle diese Formen nennen wir ›reine‹ Infinitive und stellen sie den **zu**-Infinitiven gegenüber (**zu legen**, **gelegt zu haben**, **gelegt zu werden**, **gelegt worden zu sein**). Die Verbindung aus **zu** + reiner Inf wird dabei als *eine* Wortform angesehen. Reine und **zu**-Infinitive verhalten sich syntaktisch ganz unterschiedlich. Erstere stehen z. B. bei Modalverben (**soll gelegt haben**; 3.4), letztere bilden das Prädikat in bestimmten Infinitivgruppen (**hofft ihn zu legen**, über die **zu**-Infinitive weiter 11.2).

Von den Partizipien sehen wir nur das sog. Partizip Perfekt oder Partizip 2 als Bestandteil des verbalen Paradigmas an (**gelegt**). Es kommt in zahlreichen zusammengesetzten Verbformen vor (**hatte gelegt**, **wird gelegt**; 4.3). Das Partizip Präsens (Part1) **legend** wird nicht innerhalb irgendwelcher Verbformen verwendet und gilt uns als Adjektiv (**die Eier legende Wollmilchsau**). Den Inflektiv schließlich finden wir in teilweise ziemlich komplexen Einwortäußerungen und keineswegs nur in solchen von Micky und Donald (**Aufgabe 18**).

Nun zu den Subkategorien von ›finit‹. Die finiten Formen werden zunächst in Hinsicht auf Imperativität in die nichtimperativischen und die imperativischen gegliedert. Die imperativischen weisen lediglich eine Klassifizierung in Hinsicht auf Numerus auf (**leg(e)** – **legt**). Eine nichtimperativische Verbform wie **legst** wird mit je einer Kategorie der Kategorisierungen Person, Numerus, Modus, Tempus und Genus verbi beschrieben, sie ist 2. Ps Sg Ind Präs Akt. eine analytische finite Verbform besteht aus einer finiten Hilfsverbform im Präs oder Prät und einem infiniten Anteil (**hast gelegt** – **hattest gelegt**; **bist gelegt worden** – **warst gelegt worden**). Die Formen des Präs und Prät bilden zusammen mit dem Imperativ das eigentliche Flexionsparadigma des Verbs (4.2).

Alle anderen Formen sind analytisch. Die Kategorien, die nur analytische Formen enthalten, sind in 2 hervorgehoben.

(2) Verbparadigma, finite Formen

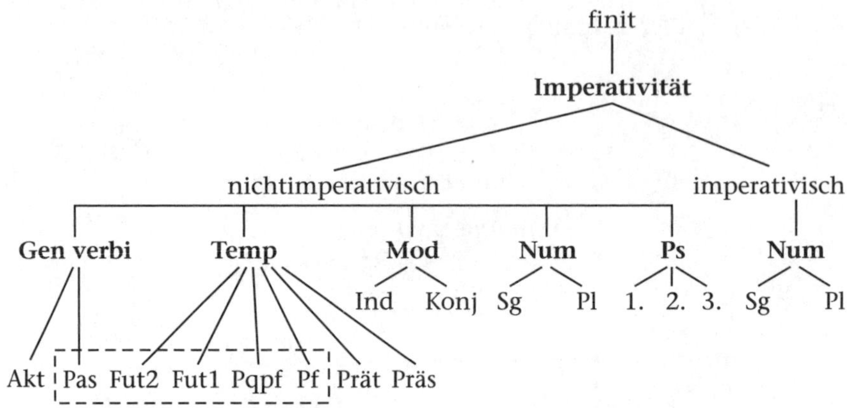

Mit jeder der Kategorisierungen sind spezielle Probleme der Verwendung verbunden. Imperativische Formen kommen vor allem in subjektlosen Verberstsätzen vor (**Leg ihm die Hand auf den Kopf; Legt die Bauern**), sie können aber durchaus eine Einheit enthalten, die und den Adressaten explizit nennt (**Leg du ihm die Hand auf den Kopf**; 13.1.1). Bei Person und Numerus der nichtimperativischen Formen geht es zum Beispiel um die formale Abstimmung mit dem Subjekt, die wir als Subjekt-Prädikat-Korrespondenz in Abschnitt 9.1 behandeln (**du legst**, **sie legt**, aber **du und sie legt/legen**?). Die Schwierigkeiten beim Modus betreffen vor allem die Verwendung des Konjunktivs, teilweise auch seine Formbildung. Wann wird der Konj verwendet, wann sollte er verwendet werden, und kann er mit **würde** gebildet sein wie in **Karl sagt, sie würde immer seine Rohrzange in den Nähkasten legen**? (4.4). Beim Tempus ist so gut wie alles umstritten. Die Zahl der für das Deutsche angesetzten Tempora schwankt zwischen 0 und 18, über kaum einen Gegenstand der Grammatik gibt es so viele Theorien wie über die Tempora, und auch das Verhältnis einzelner Kategorien zueinander wie das des Prät zum Pf wird immer wieder neu verhandelt: wann sagen wir **du legtest**, wann **du hast gelegt**? (4.3). Schließlich haben wir uns beim Passiv mit der Systematik seines Verhältnisses zum Aktiv, mit seiner Funktion und damit zu beschäftigen, was zum Passiv gehört (4.5).

Besonders interessant wird die Grammatik der finiten Verbformen dadurch, daß man ihre Kategorisierungen nicht einfach nebeneinander stellt, sondern sie in eine Ordnung bringen kannn. Für die in 2 angesetzten Kategorisierungen der nichtimperativischen Formen ergibt sich nach Bybee 1985 die Hierarchie in 3 (auch die imperativischen Formen können integriert werden. Sie stehen dann ganz rechts (d.h. unten) in der Hierarchie, s. Wunderlich/Fabri 1995).

(3) Hierarchie der verbalen Kategorisierungen
Genus verbi > Tempus > Modus > Numerus > Person

An diese Hierarchie sind recht unterschiedliche Aspekte der Morphologie, Syntax und Semantik der Verbformen gebunden worden. Ganz allgemein kann man sagen, daß eine niedrigere Kategorie ›weniger verbal‹ ist als eine höhere. So ist ihr morphologischer Marker weiter vom Verbstamm entfernt (z. B. **leg+te+st** mit dem Präteritummarker **te** am Stamm und dem Person/Numerusmarker rechts davon); ihre Funktion kann etwas betreffen, was es auch im nominalen Bereich gibt, z. B. Person beim Personalpronomen; die semantische Funktion des Tempus ist ›verbaler‹ als die der Person. Dasselbe gilt für ihre syntaktische Wirkung. So sind die niedrigen Kategorien von Person und Numerus für die Korrespondenz mit dem Subjekt zuständig (also bezogen auf Nominales), während das Passiv die Valenz betrifft. Wir werden auf die Bybee-Hierarchie in verschiedenen Zusammenhängen zurückkommen, schon weil sie ein überaus nützliches Hilfsmittel für die grammatische Analyse der komplex strukturierten finiten Formen ist (zur Übersicht Wort, 5.3).

4.2 Grundzüge des verbalen Flexionsparadigmas

Die Verbparadigmen des Deutschen unterscheiden sich erheblich darin, wie regelmäßig sie flektieren. Es gibt zahlreiche größere und kleinere Gruppen von Verben, die sich gleich verhalten, aber in der einen oder anderen Weise vom produktiven Prototyp abweichen. Der produktive Prototyp sind die schwachen Verben vom Typ **spielen, legen, kaufen** mit nur einer Stammform **spiel** usw., aus der man sämtliche Verbformen und insbesondere den Infinitiv **spielen**, die Präteritalform **spielte** und das Partizip 2 **gespielt** direkt ableiten kann. Diese und alle übrigen synthetischen Verbformen gehen aus der Stammform durch Hinzufügen segmentaler morphologischer Einheiten nach festen Regularitäten hervor. Eben das ist gemeint, wenn von regelmäßiger Formbildung die Rede ist. Die meisten Verben überhaupt und alle jetzt durch Entlehnung ins Deutsche gelangenden Verben flektieren schwach.

Auch die Zahl der starken Verben vermehrt sich, aber nur noch durch Präfixe (**singen – besingen**), Verbpartikeln (**singen – absingen – durchsingen**) und Kompositabildung (**singen – probesingen**, Wort, 6.2; 7.1). Die Zahl der einfachen Stämme liegt bei ungefähr 160 und nimmt langsam ab. Wichtigstes Kennzeichen der starken Verben ist, daß sie einen Teil der morphologischen Information nicht segmental, sondern durch Vokalwechsel kodieren. Bestimmend ist der Ablaut, der dazu führen kann, daß im Infinitiv Präsens, Präteritum und Partizip 2 je ein anderer Stammvokal auftritt (**singen – sang – gesungen; helfen – half – geholfen**). Starke Verben können noch andere als diese drei Stammvokale haben, z. B. ein **i** in der 2. und 3.Ps des Ind Präs (**ich helfe – du hilfst – er hilft**) und im Imp Sg (**hilf**) sowie einen Umlautvokal im Konj Prät (**ich hülfe, ich sähe**). Im Unterschied zum Ablaut lassen sich die übrigen Vokalwechsel jedoch nach bestimmten phonologischen Regeln ermitteln. Wir berücksichtigen sie deshalb im folgenden nicht, sondern beschränken uns darauf, die Bildung der Formen des Präs und Prät unter Berücksichtigung des Ablauts für ein starkes und daneben für ein schwaches Verb darzustellen. Diese beiden sind die wichtigsten verbalen Flexionstypen, über die das gegenwärtige Deutsche verfügt (genauer zur Formbildung B.Wiese 1994; A. Bittner 1996; Darski 1999; Wort, 5.3).

Starke Verben haben in allen Formen des Ind Präs eine Personalendung, d. h. es liegt Stammflexion vor. Dabei ist das **e** der 1.Ps Sg (Schwa) fakultativ (1a).

(1) Präsens, stark

a. Indikativ

		Sg	Pl
1.	**treib**	**(e)**	**en**
2.		**st**	**t**
3.		**t**	**en**

b. Konjunktiv

		Sg	Pl
1.	**treib**	**e**	**en**
2.		**est**	**et**
3.		**e**	**en**

Unabhängig von der Fakultativität des **e** in der 1.Ps Sg sind im Sg des Präs Ind alle Formen verschieden. Das steht in Einklang mit den Markiertheitsverhältnissen. Diese Flexionsreihe ist die unmarkierte überhaupt und stellt den Nahbereich dar. Bereits im Pl ist ein systematischer Synkretismus der 1. und 3.Ps gegeben. Morphologisch wird also nur der Adressat (2.Ps) vom Rest unterschieden. Im übrigen werden Person und Numerus gemeinsam kodiert. Ein Pluralmorph oder eines für eine bestimmte Person im Sg und Pl läßt sich nicht ausmachen. Person und Numerus fusionieren. Das ist möglich, weil sie in der Hierarchie der verbalen Kategorisierungen benachbart sind. Trivialerweise können nur benachbarte Kategorien fusionieren.

Die Hierarchie kommt in 1a weiter darin zum Ausdruck, daß Synkretismen die Person, aber nicht den Numerus betreffen. Auch das kann man verallgemeinern. Treten in einem Flexionsparadigma Synkretismen auf, dann zuerst bei der niedrigeren Kategorisierung. Die Übereinstimmung zwischen der 3.Sg (**sie singt**) und der 2.Pl (**ihr singt**) ist nicht von derselben Qualität wie die zwischen 1. und 3.Ps Pl. Das erkennt man schon, wenn man den Konj (1b) betrachtet, wo letztere ebenfalls, erstere aber nicht gegeben ist.

Das Formeninventar des Konjunktivs ist einheitlicher als das des Ind. Alle Formen sind zweisilbig. Der Synkretismus von 1.Ps und 3.Ps gilt jetzt auch für den Sg. Mit der Zweisilbigkeit weisen sämtliche Formen ein **e** auf, das dem Stamm unmittelbar folgt. Man kann erwägen, es als Konjunktivmorph anzusehen. Viele Beschreibungen der Verbmorphologie verfahren so, und mit der Hierarchie der Kategorisierungen ist es vereinbar. Der Modusmarker steht links vom Marker für Person und Numerus.

Für das Präteritum zeigt sich bei den starken Verben strukturell ein ganz ähnliches Bild wie für das Präsens. Die Stammform enthält den Ablaut. Der Synkretismus zwischen 1. und 3.Ps ist durchgängig. Beide Formen sind im Singular endungslos.

(2) Präteritum, stark

a. Indikativ

		Sg	Pl
1.	**trieb**	–	**en**
2.		**st**	**t**
3.		–	**en**

b. Konjunktiv

		Sg	Pl
1.	**trieb**	**e**	**en**
2.		**est**	**et**
3.		**e**	**en**

Wie im Präs so sind im Konj des Prät alle Formen zweisilbig und mit **e** gebildet. Das Endungsinventar ist dasselbe wie im Präs, die Stammformen unterscheiden sich aber. Damit sind die vier Teilparadigmen untereinander hinreichend verschieden. Personalendungen sind weitgehend einheitlich, Modus ist segmental durch **e** markiert, Tempus durch Ablaut. Was die Zahl der morphologischen Marker betrifft, so hat der Ind Präs keinen, der Konj Präs einen (nämlich **e**), der Ind Prät einen (den Ablaut, abgekürzt a), der Konj Prat hat zwei (**e** und a). Schematisch ergibt sich 3 mit dem Konj Prät als dem Teilparadigma, das morphologisch am aufwendigsten ist.

(3) Flexion stark, Kodierungsaufwand

	Ind	Konj
Präs	–	**e**
Prät	a	a+**e**

Sehen wir uns nun im Vergleich dazu die schwachen Verben an. Im Präs gibt es keinen Unterschied zu den starken, solange diese keinen Vokalwechsel haben. Wir schreiben das Präsens dennoch hin, um es unmittelbar neben das Prät zu stellen.

(4) Präsens, schwach

a. Indikativ

		Sg	Pl
1.	**glaub**	**(e)**	**en**
2.		**st**	**t**
3.		**t**	**en**

b. Konjunktiv

		Sg	Pl
1.	**glaub**	**e**	**en**
2.		**est**	**et**
3.		**e**	**en**

(5) Präteritum, schwach

a. Indikativ

		Sg	Pl
1.	**glaubte**	–	**n**
2.		**st**	**t**
3.		–	**n**

b. Konjunktiv

		Sg	Pl
1.	**glaubt**	**e**	**en**
2.		**est**	**et**
3.		**e**	**en**

Die Segmentierung in Stamm+Endung wurde für den Konj Prät so vorgenommen, daß sich das für den Konj übliche Endungsinventar ergibt. Der Unterschied zum Konj Präs liegt beim Stamm, nur ist er hier nicht durch Ablaut, sondern segmental durch das Präteritalsuffix **t** markiert. So weit ist alles in Ordnung. Dasselbe gilt für den Ind Prät. Auch er unterscheidet sich durchgängig von Ind Präs. Die Opposition zwischen Ind und Konj Prät ist dagegen verschwunden. Wir haben sie in 5 formal aufrecht erhalten, indem **glaubte** mit **e** zur Stammform des Ind gemacht wurde. Aber das ist problematisch, denn damit behaupten wir, daß **e** im Ind eine andere Funktion hat als im Konj. Strukturell geht so alles auf und auch historisch läßt sich durchaus für eine derartige Lösung argumentieren. Sie ändert aber nichts daran, daß Indikativ und Konjunktiv im Präteritum der schwachen, also der regelmäßigen Verben formal zusammenfallen. Dies ist ein morphologisches Faktum, das für den Status des Konjunktivs im gegenwärtigen Deutsch von großem Interesse ist. Es könnte sowohl dafür mitverantwortlich sein, daß der Konjunktiv ganz verschwindet als auch dafür, daß er, wenn er sich hält, durch die sog. **würde**-Konstruktion ersetzt wird (weiter 4.4; **Aufgabe 19**).

4.3 Das Tempus

Grundlagen der Formbildung

Unter den Einheitenkategorien des Verbs sind die des Tempus formal am weitesten differenziert. Wir setzen sechs Tempora an, von denen mindestens vier im alltäglichen Gebrauch des durchschnittlichen Sprechers sind (zur Zahl der Tempora, die für das Deutsche überhaupt angesetzt werden und zum Verhältnis vom Geschriebenen zum Gesprochenen Thieroff 1992: 289 ff.; Hauser-Suida/Hoppe-Beugel 1972). Das Forminventar ist relativ kompliziert, aber sehr systematisch aufgebaut. Nur das Präsens und das Präteritum im Aktiv haben einfache (d.h. synthetische) Formen. Perfekt, Plusquamperfekt sowie Futur 1 und 2 im Aktiv und alle Formen des Passivs sind zusammengesetzt (analytisch). Wir betrachten die Grundregeln der Formbildung am Beispiel der 1.Ps Sg des Indikativ Aktiv, getrennt nach schwachen und starken Verben.
1. *Schwache Verben.* Die Form des Präsens **leg+e** wird gebildet aus Verbstamm und Personalendung. Für das Präteritum **leg+t+e** wird zwischen Verbstamm und Personalendung das Präteritalmorphem eingeschoben. Das Futur 1 **werd+e leg+en** hängt das Personalsuffix dem Stamm von **werden** an und verwendet den Infinitiv des Vollverbs. Im Perfekt **hab+e ge+leg+t** wird die finite Form von **haben** (bei anderen Verben von **sein**) gebildet. Das Partizip 2 besteht aus **ge** und dem Präteritalstamm. Das Plusquamperfekt **hatte gelegt** bildet die finite Form als Präteritalform von **haben/sein** und das Futur 2 **werde gelegt haben** schließlich verwendet wieder als finite Form das Präsens von **werden** zusammen mit dem Partizip und dem Infinitiv von **haben/sein**.

Zur Bildung der Tempusformen verwendet das Vollverb drei Verbstämme, die immer wieder den gleichen Operationen zur Bildung bestimmter finiter/infiniter Formen unterworfen werden. Die drei Stämme bezeichnen wir mit A (Vollverbstamm), B (Stamm von **werden**) und C (Stamm von **haben/sein**). Die auf diesen Stämmen durchgeführten Operationen nennen wir Operation 1 (Bildung der finiten Form, d.h. Anhängen der Personalendung), Operation 2 (Bildung des Präteritalstammes, also z.B. Anhängen von **t** bei den schwachen, Ablautung bei den starken Verben), Operation 3 (Anhängen von **en** an einen Vollverbstamm wie beim Infinitiv **leg+en** oder Part2 **ge+worf+en**) und Operation 4 (Präfigierung von **ge**). Die Tempusbildung der schwachen Verben im Aktiv läßt sich folgendermaßen schematisieren (zum Passiv **Aufgabe 20**).

(1) Tempusbildung der schwachen Verben

Präs	A1	**leg+e**
Prät	A21	**leg+t+e**
Fut1	B1 A3	**werd+e leg+en**
Pf	C1 A42	**hab+e ge+leg+t**
Pqpf	C21 A42	**hatt+e ge+leg+t**
Fut2	B1 A42 C3	**werd+e ge+leg+t hab+en**

Anhand dieses Schemas als dem der regelmäßig gebildeten Tempusformen kann man einige Spekulationen darüber anstellen, welche Gruppen von Tempora es gibt und in welchem Verhältnis die Formen zueinander stehen. Als eine Gruppe heben sich die Tempora mit der Form A42 (Partizip 2) und dem Stamm C (**haben/sein**) heraus: Pf, Pqpf und Fut2 gehören zusammen. Stellt man sie den drei anderen gegenüber, so ergeben sich als weitere Systematik auffällige formale Analogien zwischen den Elementen der beiden Gruppen. Das Pqpf verhält sich zum Pf wie das Prät zum Präs (jeweils Ausführung der Operation 2). Das Fut2 verhält sich zum Pf wie das Fut1 zum Präs; aus der finiten Form wird jeweils der Infinitiv (A1→A3 bzw. C1→C3) und als finite Form wird die Form B1 (**werden**) genommen. Die Tempusformen wären bei dieser Analyse in zwei Gruppen zu gliedern. Im Zentrum der ersten Gruppe würde das Präsens, im Zentrum der zweiten Gruppe würde das Perfekt stehen. Natürlich lassen sich aus 1 auch andere Systematisierungen herauslesen. Keine dürfte aber ein vergleichbar dichtes formales Gefüge ergeben. Das wichtigste ist freilich, daß die dargelegte Systematik der Formen sich in der Semantik des Tempussystems wiederfindet (s. u.).

2. *Starke Verben*. Wir betrachten als Beispiel das Verb **rufen**. Behalten wir die Parameter der Formbildung von den schwachen Verben bei, so ergibt sich Schema 2. Die Unterschiede zwischen starker und schwacher Formbildung sind für den Aufbau des Tempussystems unerheblich. Daß das Part2 nicht das Präteritalmorphem, sondern das Infinitivmorphem **en** enthält, verändert nicht das Verhältnis der Formen zueinander. Das Part2 wird bei den starken Verben nicht generell mit Hilfe des Präsensstammes gebildet wie bei **rufen – gerufen**. In zahlreichen Fällen wird die Infinitivendung vielmehr dem Präteritalstamm suffigiert wie in **heben – hob – gehoben, schreiben – schrieb – geschrieben**. Es kann auch sein, daß der Perfektstamm einen Vokal hat, der weder der des Präsens noch der des Präteritums ist wie in **stehlen – stahl – gestohlen**. Die Besonderheiten der Ablautreihen bestimmen aber nicht wesentlich die Struktur des Tempussystems.

(2) Tempusbildung von starken Verben

Präs	A1	**ruf+e**
Prät	A21	**rief**
Fut1	B1 A3	**werd+e ruf+en**
Pf	C1 A43	**hab+e ge+ruf+en**
Pqpf	C21 A43	**hatt+e ge+ruf+en**
Fut2	B1 A43 C3	**werd+e ge+ruf+en hab+en**

Perfekt: Selektion des Hilfsverbs

Sowohl unter den starken als auch unter den schwachen Verben gibt es solche, die das Pf, Pqpf und Fut2 mit **sein** bilden, und solche, die **haben** erfordern. Bei einigen Verben ist sowohl **sein** als auch **haben** möglich.

1. *Transitive Verben* bilden das Pf, Pqpf und Fut2 mit **haben**, vgl. **Sie hat ihn geohrfeigt; Er hat es verkauft; Er hat es geschrieben**. Das reguläre transitive Verb regiert ein direktes Objekt und bildet ein Passiv. Im Perfekt des Passivs erscheint immer **sein** wie in **Er ist von ihr geohrfeigt worden; Es ist von ihm verkauft worden; Es ist von ihm geschrieben worden**. Im Passiv kann nun auch ein Satz ohne **von**-Phrase und ohne **worden** als sog. Zustandspassiv gebildet werden (3a). Der Satztyp 3b entsteht aus dem Aktivsatz im Perfekt, wenn das direkte Objekt wegfällt. Beide Satztypen unterscheiden sich nur noch durch **haben/sein**. Verben, die ein Zustandspassiv haben, *müssen* das Perfekt Aktiv mit **haben** bilden.

(3) a. **Er ist geohrfeigt; Es ist verkauft; Es ist geschrieben**
b. **Sie hat geohrfeigt; Er hat verkauft; Er hat geschrieben**

2. Für *intransitive Verben* wird meist angenommen, daß sie **haben** vs. **sein** prinzipiell in Abhängigkeit von der Aktionsart verwenden (Helbig/Buscha 1998: 75 f.; Grundzüge: 505; Duden 1998: 120 ff.).

Die Einteilung der Verben nach Aktionsarten ist eine semantische Klassifizierung, durch die »Art und Verlaufsweise eines Vorgangs« erfaßt werden sollen (Grundzüge: 501). Die meistgenannten Aktionsarten sind die *durative/punktuelle* oder *imperfektive/perfektive*. Durative Verben bezeichnen Vorgänge, die eine gewisse zeitliche Erstreckung haben (4a).

(4) a. **schneien, regnen, schlafen, arbeiten, reden, blühen, wohnen**
b. **ankommen, losfahren, einschlafen, aufblühen, sterben, umziehen**

Punktuelle Verben (4b) dagegen bezeichnen Vorgänge, die sich zu einem Zeitpunkt abspielen. Sie werden so verstanden, als hätten die von ihnen bezeichneten Vorgänge keine zeitliche Erstreckung. Die Einteilung ist verwandt mit der in atelische und telische Verben, wobei telische wie die in 4b auf einen Nachzustand eines der am Vorgang Beteiligten Bezug nehmen. Insbesondere für Verben, die eine Zustandsveränderung (*transformativ*) bezeichnen, ist eine Reihe weiterer Aktionsarten vorgeschlagen worden. Man unterscheidet etwa Verben, die das Eintreten oder den Beginn eines Zustandes oder Vorganges bezeichnen (*inchoativ* wie **einschlafen, öffnen, anstecken, losfahren, aufgehen, aufblühen**) von solchen, die das Ende eines Zustands oder Vorgangs bezeichnen und beispielsweise *egressiv* (**aufwecken, austrinken, verlassen, verlieren**) oder *resultativ* sind (**durchbohren, zudecken, abschließen, totschlagen**). Das Aktionsartensystem ist für das Deutsche bisher ziemlich uneinheitlich und unterschiedlich beschrieben worden (Steinitz 1981; Grundzüge: 502 ff.; Duden 1998: 90 f.).

Bei intransitiven Verben geht es in aller Regel um den Zustand des vom Subjekt Bezeichneten. Mit **Die Blume ist aufgeblüht** wird ein Sachverhalt bezeichnet, der auf einen spezifischen Zustand der Blume nach dem Vorgang des Aufblühens Bezug nimmt. In **Die Blume hat geblüht** ist das nicht der Fall.

Die Bedeutung von **blühen** impliziert nichts darüber, in welchem Zustand sich die Blume zu irgend einem Zeitpunkt befindet, der nach dem liegt, auf den mit dem Satz Bezug genommen wird. Wir wissen zwar, daß jede Blume leider irgendwann verblüht. Im Satz **Die Blume hat geblüht** ist aber nur vom Blühen und nicht vom Verblühen die Rede. Es geht um die Bedeutung des Verbs und nicht um unser Weltwissen.

Die These ist also: Intransitive Verben bilden das Perfekt genau dann mit **sein**, wenn sie bezüglich des Subjekts telisch sind. Das Partizip 2 als infinite Verbform des Perfekts bezieht sich auf den mit der Verbbedeutung gegebenen Nachzustand.

Die These leuchtet sofort ein für Verben wie **aufblühen, verblühen, einschlafen, aufwachen, zerfallen, verkommen, heranwachsen, reifen**, bei denen der Nachzustand ein anderer als der Vorzustand ist. Sie bilden den Kern dessen, was in der generativen Grammatik ein ergatives oder unakkusatives Verb genannt wurde. Wesentlich kritischer sind Verben wie die in 5b im Vergleich zu 5a.

(5) a. **einleuchten, gefallen, nützen, schmeicheln, vorschweben, widerstehen**
b. **auffallen, entgleiten, entgehen, gelingen, mißglücken, unterlaufen**

Vergleichen wir **Der Torwart hat ihm gefallen** und **Der Torwart ist ihm aufgefallen**. Der Unterschied für das vom Subjekt Bezeichnete besteht darin, daß derjenige, der einmal aufgefallen ist, für den Nachzustand markiert bleibt. Die Verbbedeutung nimmt auf diesen Zustand Bezug. Damit ist nicht unbedingt gesagt, daß sich das vom Subjekt Bezeichnete in einem anderen Zustand als bisher befindet. Sehr schön sieht man das am Kopulaverb **bleiben**. Wir haben seine Bedeutung beschrieben als »Prädikation bleibt bestehen«(3.3). Mit **Renate bleibt Ministerin** wird ausdrücklich auf die Nichtveränderung Bezug genommen. Der Nachzustand, so sagt das Verb, ist derselbe wie der Vorzustand. Aber dieser Nachzustand wird thematisiert, deshalb muß **bleiben** (ebenso wie **werden**) ein **sein**-Perfekt haben.

Als besonders problematisch für die Bildung des Perfekts mit **haben** bzw. **sein** gelten Bewegungsverben wie die in 6a sowie einige damit entfernt verwandte (6b).

(6) a. **gehen, laufen, fahren, reiten, schwimmen, wandern, joggen, fliegen**
b. **kommen, umziehen, ausweichen, entgegengehen, nachfolgen**

Für die in 6a besteht das Problem darin, daß sie sowohl mit **haben** als auch mit **sein** vorkommen (**Sie ist/hat geschwommen**) und daß man in solchen Sätzen auch beim besten Willen nichts vom Bezug auf einen Nachzustand feststellen kann. Es wird eine Bewegung als Zustand beschrieben. Das ändert sich aber, wenn eine Richtungsangabe dazukommt. Während bei Lokalangaben sowohl **haben** als auch **sein** möglich ist (**Sie ist/hat in der Ostsee geschwommen**), steht bei Richtungsangaben nur **sein**. **Sie ist/*hat an die Ostsee gefahren; Er ist/*hat in die Stadt gefahren.**

Der Bezug des Partizips auf den Nachzustand erklärt auch seinen systematischen Übergang zum Adjektiv. Das Partizip 2 telischer Verben steht im Perfekt nicht nur in einem Satz, der aussieht wie ein Kopulasatz (**Der Kerl ist frech; Die Rose ist erblüht**), sondern es kann auch wie ein Adjektiv attributiv verwendet und entsprechend flektiert werden (**der freche Kerl; die erblühte Rose**). Für die Verben in 6a tritt bei attributiver Verwendung derselbe Effekt wie eben ein. Für sich sind sie attributiv nicht verwendbar (**die *gefahrene/*geflogene Studentengruppe**, aber **die nach Paris gefahrene/geflogene Studentengruppe**).

Die Verben in 6b können das Perfekt nur mit **sein** bilden. Auch hier läßt sich der Bezug auf den Nachzustand durch Richtungsangaben herstellen und damit ein adjektivisches Verhalten evozieren. Nicht möglich ist **der gekommene/umgezogene Professor**, sehr wohl möglich dagegen **der nach Berlin gekommene/umgezogene Professor**. Der systematische Übergang des Partizips zum Adjektiv hat dieser Form ihren Namen gegeben (»doppelte Zugehörigkeit«) und die traditionelle Grammatik veranlaßt, vom ›Mittelwort‹ zu sprechen.

Was die Perfektbildung betrifft, so ist die Wahl von **sein** an bestimmte Verbbedeutungen gebunden, die wir als Aktionsarten beschrieben haben. Die Wahl von **haben** unterliegt solchen Bedingungen nicht, sie ist der unmarkierte Fall. So sehen es viele ältere wie neuere Grammatiken. Allerdings muß **haben** dann gewählt werden, wenn das Verb passivfähig ist. **Sein**-Perfekt und Passivbildung schließen sich gegenseitig aus. Auf diesen Zusammenhang kommen wir beim Passiv zurück (**Aufgabe 21**).

Bedeutung der Tempora

Die Tempora wurden bisher als Mengen von Formen präsentiert ohne Bezug darauf, was dem Bau dieser Formen gemäß 1 und 2 semantisch entspricht. Anhand von 7 machen wir einen ersten Gang durch die Tempora im Indikativ Aktiv und stellen die Zeitbezogenheit dieser Sätze schematisch in 8 dar. Dabei wird angenommen, daß die Tempora im Konjunktiv und im Passiv im Prinzip auf dieselbe Weise beschreibbar sind.

(7) a. **Karl schläft**
b. **Karl schlief (als wir ankamen)**
c. **Karl wird schlafen (wenn wir ankommen)**
d. **Karl hat geschlafen**
e. **Karl hatte geschlafen (als wir ankamen)**
f. **Karl wird geschlafen haben (wenn wir ankommen)**

(8)

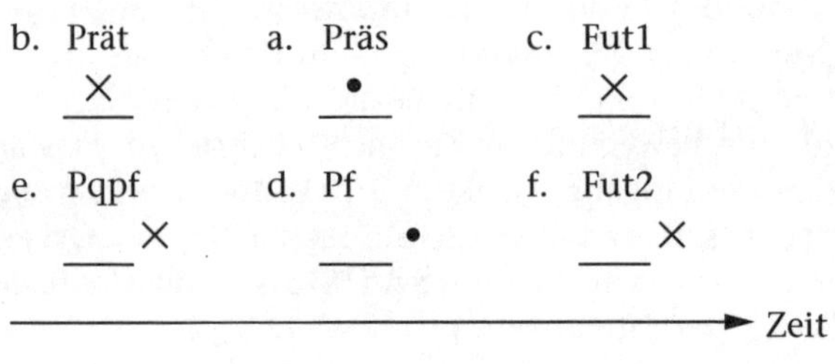

Der von der Satzbasis (1.2) sämtlicher Sätze in 7 bezeichnete Sachverhalt (»Karl schlaf«) hat eine nicht abgegrenzte zeitliche Erstreckung. Diese Zeitspanne von unbestimmter Länge repräsentieren wir in 8 als — und bezeichnen sie als *Aktzeit*. Die Aktzeit ist jedes Zeitintervall, das der vom Satz ohne Tempusmarkierung bezeichnete Sachverhalt einnehmen kann.

Ohne weitere Festlegung durch einen Kontext besagt **Karl schläft** (7a), daß Karl zum Zeitpunkt der Äußerung dieses Satzes schläft. Den Zeitpunkt der Äußerung (die zeitdeiktische Origo) bezeichnen wir als *Sprechzeit* und repräsentieren sie in 8 als •. Das Präsens in 7a signalisiert also, daß die Sprechzeit innerhalb der Aktzeit liegt. Auch die Bedeutung des Perfekts 7d läßt sich allein mithilfe von Sprechzeit und Aktzeit darstellen. Wenn jemand ins Kinderzimmer kommt, Karl mit roten Backen in der Wiege liegen sieht und sagt »Karl hat geschlafen«, dann bezeichnet er den Vorgang von Karls Schlafen als zur Sprechzeit abgeschlossen. Die Aktzeit liegt vor der Sprechzeit, kann aber bis unmittelbar an die Sprechzeit heranreichen.

Das Präteritum kann in dieser Situation nicht verwendet werden. Das Prät in 7b signalisiert zwar wie das Pf, daß die Aktzeit vor der Sprechzeit liegt, es benötigt aber, um verstanden zu werden, die Relativierung auf eine weitere Zeit (Zeitpunkt oder Zeitintervall), die wir *Betrachtzeit* nennen. Die Betrachtzeit ist in 7b durch den in Klammern gesetzten temporalen Nebensatz gegeben, sie kann aber auch durch den weiteren Kontext gegeben sein. Auch wenn nur der Satz **Karl schlief** geäußert wird, ist eine Betrachtzeit mitverstanden. Wir repräsentieren sie in 8 als x. Für das Prät in 7b liegt die Betrachtzeit innerhalb der Aktzeit und beide liegen vor der Sprechzeit (**Aufgabe 22**).

Bezogen auf den Sprechzeitpunkt spiegelbildlich zum Präteritum liegt das Futur 1. Der Satz **Karl wird schlafen** wird ebenfalls über eine Betrachtzeit verstanden, die bei 7c in der Aktzeit liegt. Beide liegen nach der Sprechzeit.

Von den zur Explikation der Zeitbezüge verwendeten Begriffen ist vor allem der der Betrachtzeit erläuterungsbedürftig. Kratzer (1978: 69) schreibt, der Satz **Ich nieste** sei »nicht schon dann wahr, wenn ich überhaupt irgendwann einmal vor meiner Äußerung geniest habe. Das habe ich aber bei dieser Äußerung sicher nicht im Sinn. Was hier gemeint ist, ist so etwa, daß ich zu einer Zeit geniest habe, *von der gerade die Rede ist*«. Diese Zeit ist die Betrachtzeit. In 7 ist sie jeweils durch den Nebensatz als Zeitpunkt gegeben, im allgemeinen ist sie aber wie die Aktzeit ein Zeitintervall. So bedeutet etwa **Heute wird Karl schlafen** mit »heute« als Betrachtzeit, daß Karl in einem Zeitintervall schläft, das nach der Sprechzeit und mindestens teilweise innerhalb des von **heute** bezeichneten Zeitintervalls liegt.

Auch für das Präs und das Pf muß man im allgemeinen Fall mit einer Betrachtzeit arbeiten. Für **Karl schläft** und **Karl hat geschlafen** in 7 fällt die Betrachtzeit mit dem Sprechzeitpunkt zusammen, für **Heute abend schläft Karl** aber beispielsweise nicht unbedingt. Hier kann die Sprechzeit innerhalb der Aktzeit und der Betrachtzeit liegen.

Die Explikation der Tempusbedeutungen mit Hilfe von Begriffen wie Aktzeit, Sprechzeit und Betrachtzeit geht auf die frühe zeitlogische Tempusanalyse von Hans Reichenbach (1947) zurück und wird in prinzipiell vergleichbarer, in den Einzelheiten aber auch wieder unterschiedlicher Weise in vielen neueren linguistischen Arbeiten zum Tempus verwendet. Auch in eine Reihe von Grammatiken hat sie Eingang gefunden (Eichler/Bünting 1976; Helbig/Buscha 1998; IDS-Grammatik). Unsere Verwendung der Begriffe ähnelt am ehesten der von Klein (1994; 1999; 2000). Klein operiert mit einer Situationszeit, das ist die Zeit der von der Satzbasis beschriebenen Situation (ähnlich unserer Aktzeit), sowie einer Topikzeit, das ist die Zeit, für die eine Behauptung aufgestellt wird, z.B die Behauptung, der bezeichnete Sachverhalt treffe zu.

Ein Vorteil solcher Ansätze ist, daß sie den zeitreferentiellen Aspekt der Tempusbedeutung zu trennen erlauben von anderen Aspekten, insbesondere dem modalen und dem der Aktionsarten. Beide wurden und werden häufig als integraler Bestandteil der Tempusbedeutung mitbehandelt. Zur Verdeutlichung der Problematik gehen wir wieder von den Sätzen in 7 aus.

Für einige der Sätze in 7 wurde festgestellt, daß Abgeschlossenheit des Vorgangs signalisiert ist, für andere ist das nicht der Fall. Vereinbaren wir, diesen Unterschied mit dem Begriffspaar perfektiv/imperfektiv zu erfassen.

Ein Vorgang ist *imperfektiv*, wenn das Zeitintervall, in dem er sich abspielt, beidseitig offen ist, wie das für die Aktzeit in 7a,b,c gilt. Er ist *perfektiv*, wenn das Zeitintervall nach rechts (›hinten‹) abgeschlossen ist, wie das in 7d,e,f für die Aktzeit angenommen wurde. Die Sätze besagen ja, daß es einen Zeitpunkt gibt, zu dem Karl nicht mehr schläft. Beim Pf in 7d ist dies die Sprechzeit, beim Pqpf in 7e und beim Fut2 in 7f ist es die Betrachtzeit. Ob eine Verbform den Vorgang oder Zustand perfektiv (abgeschlossen) oder imperfektiv (nicht abgeschlossen) faßt, hinge also zumindest in bestimmten Fällen vom Tempus ab. Die Unterscheidung perfektiv/imperfektiv ist auf Einheitenkategorien beziehbar und hat deshalb einen grundsätzlich anderen Status als die Unterscheidung punktuell/durativ, die ja auf einer Klassifikation von Verben als lexikalischen Wörtern beruht: **schlafen** ist ein duratives Verb, das perfektive und imperfektive Formen hat, und man sagt dann, diese Formen seien unterschieden im *Aspekt*.

Eine Tempusanalyse gemäß 8 bezieht also die aspektuelle Unterscheidung perfektiv/imperfektiv in die Tempusbedeutung ein. Das hat bei unserem Vorgehen insbesondere Folgen für den Begriff der Aktzeit. Die Aktzeit ist nicht mehr die Zeit, die der von der Satzbasis bezeichnete Sachverhalt einnehmen kann (hier eine beidseitig offene Zeitspanne), sondern die Aktzeit ergibt sich daraus kompositionell unter Berücksichtigung des Aspekts. Das Verb **schlafen** bezeichnet einen beidseitig offenen Vorgang, der Infinitiv des Perfekts **geschlafen haben** aber einen nach rechts (›hinten‹) abgeschlossenen. Viele Tempusanalysen beziehen den Aspekt ein, u.a. weil dadurch eine Trennung von lexikalischer Bedeutung des Verbs und der Tempusbedeutung möglich wird (zum Grundsätzlichen Thieroff 1992: 65ff.; Leiss 1992: 15ff.; 191ff.; s.a. Grewendorf 1995; Radtke 1998: 154ff.; **Aufgabe 23**).

Gebrauchsvarianten

Anders rekonstruiert Klein (1999; 2000) die Bedeutung des Perfekts. Auf der Bedeutung der Satzbasis »Karl schlaf«, die sich ja ergibt als Prädikation des Verbstammes über dem Subjekt, operiert das semantische Äquivalent von Partizip und Hilfsverbstamm. Prädiziert wird nicht mehr mit **schlaf**, sondern mit **geschlaf hab**. Das bewirkt, daß dem vom Subjekt Bezeichneten die Eigenschaften von »nach dem Schlafen« zugeschrieben werden. Diese Eigenschaften sind aber bei einem durativen Verb wie **schlafen** lexikalisch nicht spezifiziert. Das ist anders bei einem Verb wie **einschlafen**. Im Perfekt mit der Prädikation von **eingeschlafen sei** werden dem vom Subjekt Bezeichneten die Eigenschaften von »nach dem Einschlafen« zugeschrieben, und das bedeutet, daß es nun schläft. Als letzter Bedeutungsanteil kommt die Präsensbedeutung des Hilfsverbs hinzu. Sie bezieht die beschriebene Prädikation auf die Sprechzeit und man sieht schön, wie die ›Präsensbedeutung‹ des Perfekts zustande kommt. Dies Vorgehen macht Gebrauch von der oben beschriebenen Bedeutung des Partizip 2 (Bezug auf einen mit der Verbbedeutung gegebenen Nachzustand). Was dann Aspekt genannt wurde, ergibt sich aus dem Zusammenwirken der Verbbedeutung mit der einheitlichen Perfektbedeutung.

Die mit »nach« charakterisierte Perfektbedeutung kann nun nicht nur auf die Prädikation der Satzbasis, sondern auf diese insgesamt bezogen sein: »nach« besagt, daß der Sachverhalt »Karl schlaf« in der Vergangenheit zutraf. Mit der Präsensbedeutung wird ›Vergangenheit‹ wieder auf die Sprechzeit bezogen. **Karl hat geschlafen** bedeutet jetzt, daß Karl irgendwann vor der Sprechzeit geschlafen hat. Dies ist die zweite Bedeutung des Satzes mit Perfekt, wie wir sie in **Gestern nachmittag hat Karl geschlafen** oder **Um neun Uhr ist Karl eingeschlafen** vorfinden. Sie ist frei von der ›aspektuellen‹ Bedeutungskomponente und weitgehend bedeutungsgleich mit dem Präteritum. Die teilweise Ersetzbarkeit des Präteritums durch das Perfekt ist auf verschiedene Weise erklärt worden. Kleins Analyse kommt mit *einer* Perfektbedeutung aus. Die beiden Bedeutungen kommen dadurch zustande, daß der Bedeutungsbeitrag von Partizip + Hilfsverbstamm auf unterschiedlichen Größen operiert oder, wie man sagt, zweierlei Skopus hat.

Auch anderen Tempora werden mehrere Bedeutungen oder ›Gebrauchsvarianten‹ zugeschrieben, die meisten wohl dem Präsens. Wunderlich (1970: 124ff.) kommt auf sieben Gebrauchsweisen mit weiteren Subvarianten. Wir haben als Bedeutung des Präs für den Satz 7a den in 8 wiedergegebenen Zeitbezug identifiziert, der besagt, daß die Sprechzeit innerhalb der Aktzeit liegt. Daneben kommt das Präs auch in Sätzen mit dem Zeitbezug des Fut1 vor (›futurisches Präsens‹, vgl. 9). Es tritt weiter mit dem Zeitbezug des Präteritums als ›historisches‹ (10) und ›szenisches‹ (11) Präsens auf.

(9) a. **Morgen schneit es**
b. **Wenn dieses Tief hier durchzieht, schneit es**

(10) a. **Im Jahre 1968 gewinnt die Eintracht erstmals die Fußballmeisterschaft**
b. **Am 6. März 1983 ziehen die Grünen in den Bundestag ein**

(11) a. **Vor ihr fuhr ein Daimler. Plötzlich fängt er an zu rasen. Sie rechts an ihm vorbei, berührt ihn am Kotflügel und bringt ihn zum Stehen**
b. **Sie saßen gerade bei der Lindenstraße als es passierte. Das Telefon klingelt, alle starren auf Siegfried**

(12) a. **Wes Brot ich esse, des Lied ich singe**
b. **Mord ist Tötung aus niederen Motiven**
c. **Die älteren Mitbürger sind als Käuferschicht ebenso wichtig wie die Jugendlichen**
d. **Der 2. Hauptsatz der Thermodynamik besagt, daß jeder Wärmeprozeß in Richtung auf eine Erhöhung der Entropie verläuft**
e. **Zwei mal drei ist sechs**

Und schließlich wird das Präs in allen Sätzen verwendet, die keinen von den Zeitbezügen haben, die von einer Tempusbedeutung nach 8 realisiert sind, sondern die ›zeitlos‹ sind. Dazu gehören Sprichwörter und Gesetzesaussagen. Es gibt kein anderes Tempus, das in Sätzen mit ähnlich unterschiedlichen Zeitbezügen vorkommt wie das Präs. Dies und insbesondere sein Vorkommen in ›zeitlosen‹ Sätzen spricht dafür, das Präs als die unmarkierte Tempuskategorie anzusehen. Wie wir wissen, ist eine markierte Kategorie dadurch ausgezeichnet, daß sie ein bestimmtes Merkmal hat oder signalisiert, während die unmarkierte Kategorie signalisiert, daß dieses Merkmal nicht vorhanden ist. Bezieht man dies auf das Prät und das Fut1, so wäre der Gegenwartsbezug des Präs zu deuten als »weder vergangen noch zukünftig« (Ludwig 1971; 1972). Noch allgemeiner ist die Kennzeichnung des Präs als ›Atemporalis‹ (Vennemann 1987: 239f.; ähnlich IDS-Grammatik: 1692ff.). Es habe keine temporale Eigenbedeutung, Zeitbezüge seien aus dem Kontext abzuleiten.

Zur Situierung des Präsens innerhalb des Tempussystems bei ›normalem Sprachgebrauch‹ bezieht man es häufig nur auf das Zukünftige. Es gilt dann als unmarkiert gegenüber dem Futur und hat als temporale Bedeutung »Aktzeit liegt nicht vollständig vor der Sprechzeit«. Damit wäre auch die Verwendung in 12 vereinbar. Das historische Präsens gilt dann als markierte Verwendung, die mit der temporalen Bedeutung des Präsens eigentlich nicht vereinbar ist und daraus seine spezielle Wirkung bezieht (Grewendorf 1982: 235f.; Thieroff 1992: 97ff.; Leiss 1992: 246). Es spricht viel für eine derartige Lösung. Auch das Präteritum hat ja als Erzählzeit eine Verwendung, die nicht zeitdeiktisch im üblichen Sinne ist. Erzählt wird im Prät, egal ob die Handlung in Troja oder Abeokuta, ob sie 2020 oder irgendwann spielt. Deiktisch geht es um Distanz und nicht um Zeit (Weinrich 1964; Thieroff 1992; **Aufgabe 24**).

4.4 Indikativ und Konjunktiv

Indikativ und Konjunktiv sind syntaktische Einheitenkategorien, die der Signalisierung von Modalität dienen. Der Indikativ spielt dabei formal und semantisch die Rolle der unmarkierten Kategorie. Deshalb ist es einfacher, die Besonderheiten des Konj gegenüber dem Ind herauszuarbeiten als Ind und Konj jeweils positiv und für sich zu charakterisieren. Unsere Aufmerksamkeit gilt deshalb vornehmlich dem Konjunktiv.

Es sind zwei Fragen, die die Diskussion der Grammatik des Konjunktivs bestimmen. Die erste betrifft seine Bedeutung. Hat der Konj gegenüber dem Ind einheitliche Bedeutungsmerkmale und wenn ja welche? Die zweite ist die vorgängige und prinzipiellere: wie ist der Konjunktiv organisiert? Welche Formen gehören überhaupt zum Konjunktiv und welche Stellung nehmen sie im verbalen Paradigma ein? Bezüglich dieser Frage beziehen wir folgenden Standpunkt.

Sind Konj und Ind grammatische Kategorien und kategorisieren sie die Verbformen hinsichtlich Modus, dann muß im regelmäßig ausgebildeten Verbparadigma jeder indikativischen eine konjunktivische Form gegenüberstehen. Danach gibt es den Konj für alle Personalformen in allen Tempora im Aktiv wie im Passiv. Fehlt er irgendwo, dann hat das besondere Gründe. Treten Formen auf, die sich dem Schema nicht fügen, sind sie zumindest nicht ohne weiteres als Formen des Konj anzusehen. Wir werden sehen, daß der Begriff des Modus ebenso wie der des Konjunktivs oftmals nicht in dieser Weise verstanden wird.

Ob eine Verbform indikativisch, konjunktivisch oder beides ist, erkennt man an ihrem finiten Bestandteil. Die zusammengesetzten Verbformen sind für Ind und Konj bis auf die einfache finite Form identisch. Da diese immer eine Form des Präs oder Prät ist, braucht man zur Herleitung des vollen Forminventars des Konj nur den Konj Präs und den Konj Prät aller Verben zu kennen. Wir haben die Grundzüge der Formbildung in Abschnitt 4.2 dargestellt und dabei gesehen, daß sie von großer Regelmäßigkeit gekennzeichnet ist. Das gilt auch und gerade für die Verbgruppen, die im Indikativ des Präsens Suppletion aufweisen. Da nur der Ind Präs Suppletion und Besonderheiten der Formbildung wie die Vokalhebung aufweist, ist das Verhältnis des Konj zum Ind hier insgesamt kompliziert und anders geregelt als im Prät. Das legt die Vermutung nahe, daß beide Konjunktive auch funktional ein unterschiedliches Verhältnis zum jeweiligen Indikativ haben **(Aufgabe 25)**.

Potentialis und Irrealis

In der Tat ist das der Fall. Der Bedeutungsunterschied zwischen den Konjunktiven geht so weit, daß jeder einige spezielle Kontexte hat, in denen der andere nicht stehen kann, in denen deshalb auch unterschiedliche Leistungen der Konjunktive faßbar werden. Für den Konj Prät ist ein solcher Kontext der Konditionalsatz. Um das zu zeigen, vergleichen wir indikativische und konjunktivische Konditionalsätze in den verschiedenen Tempora.

(1) a. **Wenn du kommst, fahren wir**
    b. ***Wenn du kommest, fahren wir**

(2) a. **Wenn du kamst, fuhren wir**
    b. **Wenn du kämest, führen wir**

(3) a. **Wenn du gekommen bist, sind wir gefahren**
    b. ***Wenn du gekommen seist, seien wir gefahren**

(4) a. **Wenn du gekommen warst, waren wir gefahren**
    b. **Wenn du gekommen wärest, wären wir gefahren**

Wir haben der Einfachheit halber für Nebensatz (**wenn**-Satz) und Hauptsatz immer dasselbe Tempus und denselben Modus gewählt.

In Konditionalsätzen können nicht der Konj Präs (1b) und nicht der Konj Pf (3b) stehen, ebenso nicht die Konjunktive des Futurs (für die wir der Kürze halber keine Beispielsätze anführen). Der Konditionalsatz ist beschränkt auf den Konj Prät (2b) und den Konj Pqpf (4b), auf zwei Tempora also, die eine analoge Stellung im Tempussystem haben (Schema 8, 4.3). Der Gemeinsamkeit dieser beiden gegenüber allen übrigen Konjunktiven trägt man terminologisch Rechnung, indem man sie unter der Bezeichnung *Konjunktiv II* zusammenfaßt.

2b besagt, daß wir jetzt oder zukünftig fahren, wenn du jetzt oder zukünftig kommst. Beides hat nicht stattgefunden, aber es besteht die Möglichkeit, daß du kommst, deshalb wird 2b ein *potentialer* Konditionalsatz genannt. 4b besagt, daß du nicht gekommen bist und wir nicht gefahren sind. Das erstere hat nicht stattgefunden und deshalb auch nicht das letztere. Über die Möglichkeit wird nichts ausgesagt, deshalb wird 4b ein *irrealer* Konditionalsatz genannt. 1a–4a heißen *reale* Konditionalsätze.

Der Irrealis signalisiert, daß weder der vom Antezedens noch der von der Konsequenz bezeichnete Sachverhalt zutrifft. Der Potentialis signalisiert dies ebenfalls, läßt aber die Möglichkeit offen, daß die Sachverhalte in Zukunft zutreffen könnten. Natürlich ist das auch beim Irrealis rein logisch nicht ausgeschlossen. Das Mögliche als Zukünftiges kommt aber von der Bedeutung des Irrealis her gar nicht ins Blickfeld. Mit dem Irrealis verweist der Sprecher ausschließlich auf das Nichtzutreffen der Sachverhalte in einem vergangenen Zeitintervall, mit dem Potentialis schließt er die Perspektive auf das Mögliche als Zukünftiges mit ein. Umgekehrt kann man in einem Satz der Form 2b (Potentialis) unerfüllbare Bedingungen setzen und damit auch die Konsequenz kontrafaktisch machen (**Wenn Paris am Rhein läge, wäre es die Hauptstadt von Rheinland-Pfalz**). Man kann hier von kontingenter Irrealität sprechen. An der Konstruktionsbedeutung des Potentialis und an der Berechtigung dieser Bezeichnung ändert das nichts. Problematisch und ganz mißverständlich ist die Bezeichnung indikativischer Konditionalsätze als Realis. Mit **Wenn Karl kommt, gehe ich** wird ja keineswegs unterstellt oder behauptet, daß einer der beiden bezeichneten Sachverhalte jetzt oder irgendwann zutrifft. Das gilt nicht einmal für Sätze in Vergangenheitstempora und schon gar nicht für solche im Futur. Allenfalls wenn das Antezedens im Pqpf steht, könnte es sein, daß der betreffende Sachverhalt als zutreffend unterstellt wird (**Wenn Karl gekommen war, bin ich gegangen**).

Der indikativische Konditionalsatz sagt nichts über das Zutreffen der bezeichneten Sachverhalte, er sagt aber auch nichts über ihr Nichtzutreffen (genauer dazu Fischer 1981: 124ff., 174ff.). Er ist damit bezüglich der Unterscheidung ›Sachverhalt trifft zu/trifft nicht zu‹ unmarkiert. Der konjunktivische Konditionalsatz ist bezüglich dieser Unterscheidung markiert. Charakteristisch für die Konditionalsätze insgesamt ist also, daß niemals das Zutreffen der bezeichneten Sachverhalte behauptet oder präsupponiert wird. Wollte man dem terminologisch Rechnung tragen, dann sollte der indikativische Konditionalsatz nicht Realis, sondern Nicht-Irrealis genannt werden (10.4.2; **Aufgabe 26**).

Der KonjII hat die Funktion als Potentialis/Irrealis allgemein in Sätzen, die als Konditionale interpretiert werden, auch wenn sie nicht die zweiteilige Form des **wenn-dann**-Satzes haben (5).

(5) a. **An deiner Stelle täte ich das auch**
b. **Unter dieser Voraussetzung hätte ich zugesagt**

In 5 ist das Antezedens des Konditionals noch aus der sprachlichen Form rekonstruierbar, aber in vielen anderen einfachen konjunktivischen Sätzen ist das nicht der Fall. Es ist deshalb problematisch, wenn auch Sätze wie die in 6 oder 7 auf ›zugrunde liegende‹ Konditionalsätze bezogen werden (Grundzüge: 525; s.a. Kasper 1987: 22ff.)

(6) a. **Der Lothar ginge niemals nach Dortmund**
b. **Du kämest mit Brille besser zur Geltung**

(7) a. **Waltraud hatte diese Aufgabe gelöst**
b. **Paul hätte den Pullover nicht gekauft**

Der potentiale bzw. irreale Charakter dieser Sätze kommt nicht durch ein Antezedens, sondern allein durch den Konjunktiv zustande. Die Bedingungen für Potentialität und Irrealität bleiben sprachlich implizit.

Im Sinne eines allgemeinen Modalitätsbegriffs (4.3) liegt beim Potentialis wie beim Irrealis Modalisierung durch den Konjunktiv vor. Für solche Verwendungen des KonjII entspricht dem Verbmodus die Signalisierung von Modalität.

Faktivität und indirekte Rede; volitiver Konjunktiv

Für die Konjunktive des Prät und des Pqpf ist damit eine spezifische Leistung angegeben, und es fragt sich, ob das auch für die Konjunktive der übrigen Tempora möglich ist. Betrachten wir dazu den Konjunktiv in der sog. indirekten Rede, auch Referatskonjunktiv genannt.

(8) a. **Karl meint/behauptet/hofft/glaubt, daß Egon bleiben will/wolle**
b. **Karl versteht/vergißt/entschuldigt/weiß, daß Egon bleiben will/ *wolle**
c. **Karl berichtet/erzählt/teilt mit/sagt, daß Egon bleiben will/wolle**

Wir gehen aus vom Konj Präs. Es gibt zahlreiche Verben, bei denen der Konj Präs im Objektsatz stehen kann (8a, **daß**-Satz oder Verbzweitsatz, z.B. **Karl meint, Egon wolle bleiben**), während er bei anderen ausgeschlossen ist (8b). 8b wird grammatisch, wenn man statt **wolle** die indikativische Form **will** einsetzt. Man kann die Verben mit **daß**-Komplementen in zwei disjunkte Klassen danach einteilen, ob sie den Konj Präs im **daß**-Satz akzeptieren oder nicht. Akzeptiert ein Verb den Konj nicht, so ist es faktiv, d.h. der Sprecher setzt die Wahrheit des Komplementsatzes voraus. Wer äußert »Karl versteht, daß Egon bleiben will« muß voraussetzen, daß Egon tatsächlich bleiben will, anderenfalls kann er das Verb **verstehen** hier nicht verwenden. Wer äußert »Karl hofft, daß Egon bleiben will«, setzt die Wahrheit des Komplementsatzes nicht notwendig voraus und kann deshalb statt des Ind ebensogut den Konj setzen. Der Konj Präs kann stehen, wenn der Sprecher sich nicht zur Wahrheit des Komplementsatzes bekennen muß. Das gilt natürlich nur dann, wenn der

Sprecher die übergeordnete Prädikation tatsächlich behauptet. In einem Satz wie **Karl würde es verstehen, daß Egon verloren hätte** sind die Verhältnisse komplizierter.

Durch Einsetzen anderer Tempora in 8 kann man sich davon überzeugen, daß die Konjunktive des Pf, des Fut1 und des Fut2 sich bezüglich Faktivität ebenso verhalten wie der Konj Präs. Man faßt die Konjunktive dieser vier Tempora wegen ihrer Gemeinsamkeiten unter der Bezeichnung *Konjunktiv I* zusammen. Wir werden diese Bezeichnung im folgenden ebenfalls verwenden, halten aber fest, daß mit KonjI (= Konj Präs, Konj Pf, Konj Fut) und KonjII (= Konj Prät, Konj Pqpf), lediglich die Konjunktive mehrerer Tempora gemeinsam abkürzend benannt werden. KonjI und KonjII sind keine grammatischen Kategorien.

Nach dem Gesagten gilt als Regularität: in **daß**-Komplementen von faktiven Verben steht der Ind, in solchen von nicht-faktiven Verben kann der Ind wie der KonjI stehen. Damit ist etwas über die Distribution des KonjI gesagt, aber noch nichts über seine Funktion. Bei den Verben in 8a ergibt sich durch den Konjunktiv kein Bedeutungsunterschied. **Karl hofft, daß Egon bleiben will** und **Karl hofft, daß Egon bleiben wolle** bedeuten dasselbe. Der Konjunktiv ist bei den Verben in 8a funktionslos, bei denen in 8b unmöglich.

Vergleichen wir nun ein nichtfaktives Verb wie **behaupten** mit einem aus der Gruppe 8c.

(9) a. **Bild behauptet, daß der Graf verhaftet worden ist**
b. **Bild berichtet, daß der Graf verhaftet worden ist**

(10) a. **Bild behauptet, daß der Graf verhaftet worden sei**
b. **Bild berichtet, daß der Graf verhaftet worden sei**

Für **behaupten** ist es wieder gleichgültig, ob im **daß**-Satz der Ind oder der Konj verwendet wird. 9a stellt die Verhaftung des Grafen wie 10a als Behauptung von Bild hin. Ähnlich in 10b. Der Satz bedeutet soviel wie »Es stand in Bild«, wobei der Sprecher durch den Konjunktiv signalisiert, daß er zum Wahrheitsgehalt des Berichts nicht Stellung nimmt.

Anders in 9b. Dieser Satz kann faktiv gelesen werden. Der Indikativ als unmarkierte Moduskategorie erzwingt die faktive Lesart nicht, aber er macht sie möglich. Das gilt so für alle Verben aus der Gruppe 8c. Bei ihnen dient der Konjunktiv zur Signalisierung von Nichtfaktivität. Diese Verben sind weder einfach faktiv noch nichtfaktiv, sondern sie können auf beide Weisen verstanden werden. Dabei ist die Signalisierung von Nichtfaktivität markiert.

In vielen Analysen zum Konjunktiv finden sich ähnliche Aussagen. Jäger (1971a: 242f.) diskutiert das Satzpaar **Er teilte mir mit, daß er kommt/komme** und stellt fest, daß der Sprecher beim Gebrauch des Indikativ absolut sicher sei, daß er kommt, während er mit dem Konjunktiv keine Stellung beziehe. Das kommt der obigen Analyse nahe, nur meinen wir, daß mit dem Ind Faktivität angezeigt werden *kann*, aber nicht angezeigt werden *muß*. Außerdem meint Jäger wie die meisten zu dieser Frage konsultierten Grammatiken, daß ein solches Verhalten typisch sei für Verba dicendi. Der Konjunktiv wird an die ›indirekte Rede‹ gebunden. Unsere Analyse macht dagegen vom Begriff der indirekten Rede keinen Gebrauch.

Der KonjI ist in **daß**-Komplementsätzen nicht an die indirekte Rede, sondern allgemeiner an Nichtfaktivität gebunden. Bei faktiven Verben steht er nicht, bei nichtfaktiven ist er ohne Bedeutungsänderung gegen den Ind austauschbar und bei Verben mit einer faktiven und einer nichtfaktiven Variante zeigt er an, daß die nichtfaktive gemeint ist.

Nichtfaktivität spielt auch eine Rolle beim KonjI in modalen Vergleichssätzen. Bei Vergleichssätzen mit **als wenn, wie wenn, als ob** kann zunächst der Konj ebenso stehen wie der Ind, weil diese Konjunktionen selbst Nichtfaktivität anzeigen: **Paul benimmt sich, als ob er alles weiß/wisse**. Anders bei **als**. Hier muß der Konj stehen, und zwar beim Verberstsatz **(Paul benimmt sich, als wisse er alles)**. Der Konj mit Verberstsatz ist in dieser Funktion auf vergleichbare Weise syntaktisiert wie der Konj mit Verbzweitsatz als Komplement.

Die Bindung des KonjI an Nichtfaktivität hat gegenüber der Bindung an die indirekte Rede zwei Vorteile. Erstens ist sie allgemeiner. Die Verba dicendi sind nur eine Teilklasse der Verben, die im Komplement den KonjI regieren. Beispielsweise nehmen **hoffen** und **glauben** den Konjunktiv, sie sind nicht faktiv. Es bedarf einer gewaltigen terminologischen Strapaze, sie den Verba dicendi zuzuschlagen **(Aufgabe 27)**.

Zweitens aber spricht der Begriff der indirekten Rede selbst gegen eine solche Bindung. Daß eine Redewiedergabe indirekt ist, wird durch vielerlei grammatische Mittel angezeigt: gegenüber der direkten ist die Einheit der indirekten Rede tendenziell stärker syntaktisch abhängig und es findet eine ›Verschiebung‹ der situationsbezogenen Ausdrucksmittel (der sog. Deiktika, 5.4.1) von der wiedergegebenen auf die Wiedergabesituation statt. Ein Beispiel ist die Personverschiebung wie in **Karl sagt: »Ich bleibe da«** vs. **Karl sagt, daß er da bleibt**. Daneben gibt es Verschiebung bei den Orts- und Zeitangaben sowie den epistemischen Sprecherbezügen. Dazu gehört auch die Entscheidung, ob der Sprecher eine Obligation in Hinsicht auf die Wahrheit des Komplementsatzes eingeht oder nicht. Bei einem Satz wie **Karl teilte mit, daß Helga morgen abreist** kann der **daß**-Satz faktiv zu lesen sein und **morgen** kann sich auf den Tag nach der Äußerung des Gesamtsatzes beziehen. Unter diesen Umständen liegt das ›epistemische Zentrum‹ einschließlich der zeitdeiktischen Origo beim Sprecher. Seine Perspektive zählt. In **Karl teilte mit, daß Helga morgen abreise** ist der **daß**-Satz dagegen nichtfaktiv. Bezieht sich **morgen** außerdem auf den Tag nach Karls Mitteilung, dann findet in beiderlei Hinsicht nicht ein Bezug auf den Sprecher, sondern auf die vom Subjekt bezeichnete Person Karl statt. Die Redewiedergabe ist in diesem Sinne ›direkter‹.

Es ist gezeigt worden, daß die Mittel zur Perspektivierung im Rahmen einer hierarchischen Ordnung getrennt voneinander eingesetzt werden können (Plank 1986). ›Indirektheit‹ meint hier Bezug auf den Sprecher als Origo. Indirektheit im Sinne von Nichtwörtlichkeit ist dabei vorausgesetzt.

Nichtwörtlichkeit der Rede muß im allgemeinen nicht besonders angezeigt werden. Vor allem im Gesprochenen spielt sie kaum eine Rolle. Man teilt mit, was jemand hofft, sagt, glaubt oder schreibt, indem man den Inhalt wiedergibt. Handelt es sich um etwas, das tatsächlich *sprachlich* vorliegt, kann es als wörtliche Rede wiedergegeben werden. Es wird dann als solche markiert. Der Begriff ›indirekte Rede‹ ist auch insofern problematisch, als er den Eindruck erweckt, die direkte als wörtliche Rede sei der Normalfall. Für das Gesprochene gilt das nicht. Im Geschriebenen liegen die Dinge insofern etwas anders, als es in vielen Textsorten gerade auf den Unterschied von Wörtlichkeit und Nichtwörtlichkeit ankommt. Das Geschriebene hat deshalb spezielle Mittel zur Markierung von Wörtlichkeit entwickelt, die kein direktes Äquivalent im Gesprochenen haben.

Die primäre Funktion des Konjunktivs liegt mit Sicherheit nicht bei der Signalisierung von Nichtwörtlichkeit. Auch wenn überhaupt kein Verb da ist wie in **Christian wollte zurück nach Deutschland. Er hatte acht Jahre in Kairo gearbeitet. Nun sei es Zeit heimzukehren** weist er den letzten Satz als etwas aus, das irgendwie auf Christian zurückgeht (sog. berichtete Rede; Pütz 1989; Askedal 1996). Ersetzt man hier den Konj durch einen Ind, dann ergibt sich keineswegs eine direkte Rede von Christian.

Mit der Lösung des KonjI von der indirekten Rede und der Bestimmung seiner Leistung als Signalisierung von Nichtfaktivität ist ein Schritt von der Norm (»Die indirekte Rede sollte im Konjunktiv I stehen«, Duden 1997: 388) zum System gemacht. Um das auch terminologisch zum Ausdruck zu bringen, bietet sich statt ›indirekte Rede‹ an, vom Konjunktiv in Indirektheitskontexten zu sprechen (IDS-Grammatik: 1753 ff.)

Eine weitere Funktion des KonjI wollen wir wenigstens erwähnen. In Hauptsätzen und bestimmten Nebensatztypen dient er auch dazu, die Setzung eines Sachverhaltes oder die Aufforderung zur Realisierung eines Sachverhaltes auszudrücken.

(11) a. **Dies sei ein rechtwinkliges Dreieck mit A als Hypotenuse**
b. **Sei dies ein rechtwinkliges Dreieck mit A als Hypotenuse**
c. **Sage er ihm, er kann mich**
d. **Man nehme eine Bratpfanne und schlage ein Ei hinein**
e. **Lang lebe die deutsche Bundespost**

Man nennt den Konjunktiv in dieser Verwendung *volitiv*. Aus pragmatischen Gründen kommt er hier so gut wie nur in der 3.Ps vor, denn man fordert sich selten selbst verbal auf, und statt der 2.Ps steht der Imperativ zur Verfügung. Ob der volitive Konjunktiv lediglich als historisches Relikt anzusehen ist (Fourquet 1973a) und ob es sich dabei um eine gänzlich andere Funktion als die oben besprochene handelt, muß offen bleiben.

Zum Verhältnis von KonjI und KonjII

KonjI und KonjII sind bisher getrennt behandelt worden, indem wir je spezifische semantische Leistungen in je spezifischen Kontexten herausgestellt haben. Für den KonjII in Bedingungssätzen ist dies Vorgehen realistisch, für den KonjI in Komplementsätzen zur Signalisierung von Nichtfaktivität aber nicht. Denn hier taucht häufig auch der KonjII auf, vgl. **Karl sagte, daß Egon käme** oder **Karl glaubte, daß Egon geschlafen hätte**. Offenbar ist statt des Konj Präs auch der Konj Prät und statt des Konj Pf auch der Konj Pqpf ohne wesentliche

Bedeutungsänderung verwendbar. Was heißt aber ›wesentliche‹ Bedeutungsänderung? Läßt sich dieses Eindringen des KonjII in die Domäne des KonjI verstehen, oder läßt es sich nur feststellen?

Die verbreitetste Deutung besagt, daß der KonjII in Komplementsätzen an die Stelle des KonjI treten kann, weil der KonjI gegenüber dem Ind formal häufig schlecht markiert ist. Damit der Konj überhaupt als solcher erkennbar sei, müsse man den KonjII verwenden (Grundzüge: 527; Helbig/Buscha 1975: 165; Wichter 1978: 99ff.).

Tatsächlich stimmen die Formen des Konj Präs weitgehend mit denen des Ind Präs überein, während der Konj Prät sich immer vom Ind Präs unterscheidet, denn er wird mit dem Präteritalstamm gebildet. Dennoch ist die ›Ersatzregel‹ in ihrer allgemeinen Form unhaltbar. Jägers Untersuchungen über die Häufigkeit der Konjunktivformen haben ergeben, daß mehr als 90% aller Formen des Konj Formen der 3.Ps Sg sind und daß über 80% der KonjII-Formen in Indirektheitskontexten ebenfalls Formen der 3.Ps Sg sind. Etwa 20% der Formen des KonjII in indirekter Rede entfallen auf die 1.Ps (1970a: 246f.). Da der Konj Präs und der Ind Präs sich gerade in der 3.Ps Sg immer unterscheiden (**er kommt – er komme; sie gibt – sie gebe**), könnte die Ersatzregel vor allem für die 1.Ps Sg sowie für die seltener auftretende 1. und 3.Ps Pl eine Rolle spielen (Duden 1997: 390; IDS-Grammatik: 1773f.). Mit der Beschränkung auf Synkretismen ist die allgemeine Verwendung des Konj Prät aber nicht erklärt.

Ein weiterer Grund für das Auftreten des KonjII in Indirektheitskontexten ist rein konstruktiv, ergibt sich also aus den besprochenen Regularitäten ganz unabhängig vom KonjI.

(12) a. **Karl sagte: »Ich komme, wenn du willst«**
b. **Karl sagte: »Ich käme, wenn du wolltest«**

(13) a. **Karl sagte, er komme, wenn du wollest**
b. **Karl sagte, er käme, wenn du wolltest**

Als Wiedergabe von 12a in indirekter Rede kann 13a gelten. Für 12b ist nicht ganz klar, wie die Wiedergabe in indirekter Rede aussehen müßte. Wählt man die Form 13a, so bleibt unberücksichtigt, daß die direkte Rede ein Potentialis ist. Wählt man 13b, so hat man – abgesehen von der Ersetzung der 1.Ps des Personalpronomens durch die 3.Ps (Personverschiebung in der indirekten Rede) – am Satz in direkter Rede nichts geändert und dennoch den KonjII in der indirekten Rede. Der KonjII tritt also in der indirekten manchmal einfach deshalb auf, weil er auch in der direkten Rede auftritt, nämlich als Potentialis und Irrealis. Dem Satz 13b ist durch nichts anzusehen, ob er ›Ersatz‹ für den KonjI oder ein Potentialis ist. Man hat damit erst einmal einen Grund dafür, daß der KonjII hier überhaupt und unabhängig vom KonjI zum Zuge kommt. Nach Jäger (1971a: 249) ist in weniger als der Hälfte aller Fälle eindeutig, daß der KonjII in der indirekten Rede nicht ein Potentialis oder Irrealis ist.

Aber auch wenn man weiß, warum der KonjII überhaupt in Indirektheitskontexten auftritt, bleibt die Frage nach einem Funktionsunterschied zum

KonjI bestehen, zumal ein solcher Unterschied die weite Verbreitung des KonjII erklären könnte.

In der Literatur werden bezüglich dieser Frage zwei Positionen bezogen. Die Untersuchungen von Bausch (1975, 1979) haben ergeben, daß der Unterschied im Gebrauch von KonjI und II nicht semantisch bestimmt, sondern eher registerabhängig ist. Der KonjI wird mehr in öffentlichen, der KonjII mehr in nicht-öffentlichen Situationen verwendet, er ist die Form des informellen Sprechens. Bauschs Ergebnisse vertragen sich ohne weiteres mit der These von der ›Ersatzfunktion‹ des KonjII.

Jedoch scheint hier der Anlaß für die Normierungsbestrebungen zu liegen, die ja darauf aus sind, den KonjII zugunsten des KonjI zurückzudrängen. Denn man fordert, daß in der indirekten Rede der KonjI verwendet wird. Einige Grammatiken unterstützen die Normierung darüber hinaus durch ihre ›semantische‹ Analyse des KonjII. Weithin akzeptiert ist die Auffassung, der Sprecher nehme »wenn er in indirekter Rede den KonjII verwendet, gegenüber dem Inhalt der referierten Aussage eine skeptische Haltung ein« (Jäger 1971a: 250). Das bedeutet praktisch folgendes. Wenn jemand sagt »Karl hat erzählt, du wärest krank«, dann nennt er Karl einen Schwindler, sagt er aber »Karl hat erzählt, du seist krank«, dann nicht. Mit der Vorschrift zur Verwendung des KonjI ist also ein Angebot der Normsetzer verbunden. Wer den KonjI verwendet, signalisiert generell weniger Skepsis gegenüber dem Wahrheitsgehalt der Aussagen anderer als der, der den KonjII verwendet. Der KonjII als die Form des Skeptikers? Wenn Bausch recht hat und der KonjII in Wahrheit eher dem informellen und möglicherweise einem sozial gebundenen Sprechen angehört, steckt an dieser Stelle eine brisante Umdeutung sprachlicher Variation in außersprachliche Wertsetzungen.

Das Konstruieren einer einfachen semantischen Opposition zwischen KonjI und KonjII, wie es gerade kritisiert wurde, hat eine strukturelle Entsprechung. Manche Grammatiken sprechen nicht vom Ind und Konj als den Modi des deutschen Verbs, sie nehmen vielmehr den KonjI und den KonjII als relativ selbständige Modi an, die parallel zum Ind auf den verschiedenen Stufen des Tempussystems angesetzt werden (Grundzüge: 523; Duden 1998: 115 ff.; zur Diskussion des Konjunktivparadigmas weiter Bausch 1979: 61 ff.) Eine solche Sicht ist unakzeptabel, schon weil sie nicht dem formalen Aufbau des Verbparadigmas folgt.

Die *würde*-Konstruktion

Für das künstliche ›Aufkonstruieren‹ von ›Konjunktivparadigmen‹ spielt besonders die sog. **würde**-Umschreibung eine Rolle. Was aber könnte der Status dieser Formen im Paradigma sein? Eine Möglichkeit zur Deutung mindestens bestimmter Vorkommen der **würde**-Form wird in Thieroff 1992 (140 ff.) dargelegt. Thieroff schließt an bei Tempustheorien, die dem Prät neben dem Präs eine zentrale Stellung im System zuweisen. Um das Präs gruppieren sich Fut1,2 und das Pf, um das Prät gruppieren sich das sog. Futur des Präteritums1, 2 und das Pqpf (Jørgensen 1970; Weinrich 1964; 1993: 198 ff.). Das FutPrät1 wird gebildet mit **würde** + Infinitiv (14a), das FutPrät2 mit **würde** + Part Pf + **haben/sein** (14b).

(14) a. **Karla wollte sich beeilen. Sie würde vor Olaf zu Hause sein und schon die Kartoffeln aufsetzen**
b **Karla wollte sich beeilen. Sie würde vor Olafs Ankunft die Kartoffeln aufgesetzt haben**

Die **würde**-Form wird hier als Indikativ gedeutet. Der Satz mit **würde** in 14a bezeichnet ein Ereignis, das als zukünftig aus der Perspektive des Vorsatzes (im Prät) gilt. Er verhält sich zum Prät wie das Fut1 zum Präs. Entsprechend verhält sich das FutPrät2 zum Prät wie das Fut2 zum Präs. Besonders häufig kommt der Ind des FutPrät in der erlebten Rede vor, er stellt eine typisch literarische Verwendung der **würde**-Konstruktion dar. Sie ist damit ins verbale Paradigma integriert, aber die Integration betrifft nur recht spezielle Verwendungen.

Eine umfassendere Integration könnte folgendermaßen aussehen. Bei der Besprechung der Tempora (4.3) ist die Rede davon gewesen, daß nicht alle der erwähnten Kategorien denselben Status im gegenwärtigen Deutsch haben. Einmal ist überhaupt umstritten, wieviele Tempora das Deutsche hat. Beispielsweise gibt es kein Futur, wenn man **werden** als Modalverb ansieht. Zweitens gibt es Gebrauchsunterschiede etwa zwischen dem Gesprochenen und dem Geschriebenen, die vor allem das Verhältnis von Perfekt und Präteritum betreffen. Der von Süden nach Norden fortschreitende Präteritumschwund betrifft das Gesprochene, während das Prät als Erzählzeit im Geschriebenen stabil ist. Mit Überlegungen dieser Art gelangt man schließlich zu dem, was Thieroff (1992: 296) den »nicht weiter reduzierbaren« Kernbereich der Verbformen des Gesprochenen nennt. Er besteht aus Präsens und Perfekt, wobei das Präs den Konj mit **würde** und das Pf den Konj in Abhängigkeit von der Selektion des Hilfsverbs mit **hätte** bzw. **wäre** bildet (15, mit 2.Ps Sg als Beispielform).

(15) a.

	Präs	Pf
Ind	**hörst**	**gehört hast**
Konj	**hören würdest**	**gehört hättest**

b.

	Präs	Pf
Ind	**gehen**	**gegangen bist**
Konj	**gehen würdest**	**gegangen wärest**

In einem Schema dieser Art hat der synthetische Konj der Vollverben keinen Platz mehr und insbesondere steht dem synthetischen Inikativ der analytische **würde**-Konjunktiv gegenüber. Er muß die Funktionen übernehmen, die im ›traditionellen‹ Paradigma den sythetischen Formen des Präs und Prät zukommen, jedenfalls soweit der Konj Prät dieselben Verwendungen wie der Konj Präs hat.

Und in der Tat ist gezeigt worden, wie weit die **würde**-Konstruktion die Funktionen des synthetischen Konj übernimmt und wie dies aufgrund der Bedeutung von **werden** und seines Konjunktivmarkers möglich ist (Fabricius-Hansen 2000). Gemäß 15 gibt 16 ein einfaches Beispiel für Potentialis und indirekte Rede im Präsens, 17 ein analoges für Irrealis und indirekte Rede im Perfekt.

(16) a. **Wenn du bleiben würdest, würde er dich abholen**
b. **Otto erzählt, Paula würde morgen abreisen**

(17) a. **Wenn du geblieben wärest, hätte er dich abgeholt**
b. **Otto erzählt, Paula wäre gerstern abgereist**

Aus dieser Sicht ist die **würde**-Konstruktion *nicht* ins traditionelle Verbparadigma integriert, sondern sie ist Ausdruck des Übergangs von synthetischen zu analytischen Verbformen. Würde der Konjunktiv analytisch, dann wären im Deutschen nur noch die äußeren, in der Bybee-Hierarchie niedrigsten Kategorien des Numerus und der Person synthetisch kodiert (Nübling 2000; Eisenberg 2004).

Normierungsbestrebungen zum Erhalt des synthetischen Konjunktivs und insbesondere des KonjI in der indirekten Rede sind damit ausdrücklich als am Geschriebenen orientiert zu verstehen. Das Geschriebene verwendet ja mit dem Prät generell mehr synthetische Formen als das Gesprochene.

4.5 Aktiv und Passiv

Im vollständigen Paradigma des Vollverbs gibt es zu jeder Form im Aktiv eine Form des Passivs, das verbale Paradigma ist hinsichtlich des Genus verbi zweigeteilt. Der Ausdruck Genus verbi (»Art des Verbs«) als Name einer Einheitenkategorisierung gibt uns – anders als etwa der Ausdruck Tempus – keinen Hinweis darauf, was der Bedeutungsunterschied zwischen den Formen der zugehörigen Kategorien sein könnte. Und in der Tat liegt hier das Hauptproblem für ein Verständnis der Kategorisierung in Aktiv und Passiv. Warum gibt es beide Kategorien, wo doch aktivische und passivische Sätze im wesentlichen gleichbedeutend sind? Das Interesse der Grammatiker am Passiv speist sich wesentlich aus der Schwierigkeit, diese Frage schlüssig zu beantworten. Sehen wir uns zunächst an, wie der prototypische Passivsatz aufgebaut ist.

Passivformen und Diathese

Seine Verbform wird gebildet mit dem Hilfsverb **werden** und dem Partizip 2. Pf, Pqpf und Fut2 verwenden außerdem Formen von **sein**. Eine Zweiteilung der Verben danach, ob diese Tempora mit **sein** oder mit **haben** gebildet werden, gibt es nur im Aktiv. Das Passiv kennt allein die Bildung mit **sein**. Man kann das darauf zurückführen, daß **werden** selbst (und zwar auch als Kopulaverb) alle Formen mit **sein** bildet.

(1)	a.		b.
	Präs	**wird geteilt**	**wird ärgerlich**
	Prät	**wurde geteilt**	**wurde ärgerlich**
	Fut1	**wird geteilt werden**	**wird ärgerlich werden**
	Pf	**ist geteilt worden**	**ist ärgerlich geworden**
	Pqpf	**war geteilt worden**	**war ärgerlich geworden**
	Fut2	**wird geteilt worden sein**	**wird ärgerlich geworden sein**

Ein Vergleich der Passivformen (1a) mit den Formen des Kopulaverbs **werden** (1b) zeigt weitgehende Identität. Der einzige Unterschied ist die Partizipalform **geworden** beim Kopulaverb, wo das Passiv **worden** hat. Die Verwendung von **worden** statt **geworden** gibt umgekehrt ein Merkmal zur Unterscheidung von passivischen Sätzen und Kopulasätzen ab (s. u.). Sie vermeidet gleichzeitig das doppelte Präfix **ge** wie in ***Das Vaterland ist geteilt geworden** (zu den Formen von **werden Aufgabe 28**).

Die interne Systematik der passivischen Formen ist dieselbe wie im Aktiv. Das Präs mit dem Prät und dem Fut1 bilden eine Gruppe von Formen gegenüber dem Pf mit dem Pqpf und dem Fut2, die alle **worden** und eine Form von **sein** enthalten. Die Parallelität von Aktiv- und Passivformen erschließt sich sofort, wenn man ihre Bildungsschemata nebeneinander hält (4.3, Aufgabe 20). Hervorzuheben ist noch, daß sich bei der Präsensgruppe (Präs, Prät, Fut1) des Passivs formal derselbe Aufbau findet wie bei der Perfektgruppe des Aktivs, nur daß beim Passiv **werden** anstelle von **haben/sein** erscheint (**er wird geteilt** vs. **er hat geteilt**). Diese Übereinstimmung hat gute Gründe und weitreichende Folgen (s. u.; 4.3). Da der Übergang vom analytischen zum synthetischen Formenbau im Deutschen beim Tempus ansetzt (Präs vs. Pf im Aktiv), ist nach der Hierarchie der verbalen Kategorisierungen zu erwarten, daß alle Formen des Passivs analytisch sind (**Genus verbi > Tempus**).

Auch die Struktur des Satzes mit passivischer Verbform unterscheidet sich nicht von Strukturen, die wir von Sätzen im Aktiv kennen. Die zusammengesetzte Verbform (**wird geteilt, hat geteilt**) tritt im Verbzweitsatz wie im Aktiv als diskontinuierliche Konstituente auf, die Objekte und Adverbiale einklammert (Verbalklammer, 2). Die strukturelle Gleichheit bleibt auch in Verberst- und Verbletztsätzen gewahrt (***Wird* die Beute von Karl *geteilt*?; daß die Beute von Karl *geteilt wird***).

(2)

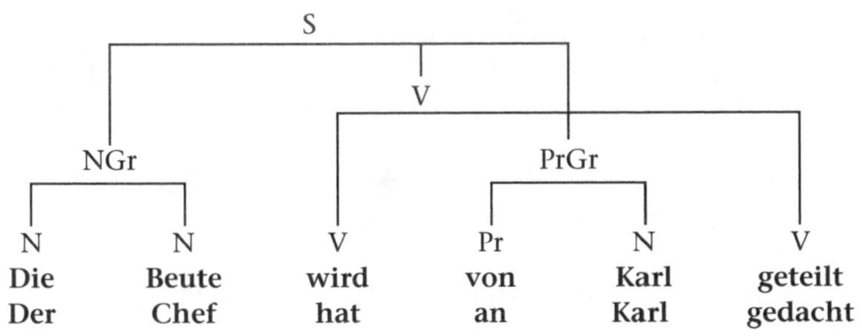

Der prototypische Passivsatz ist der mit transitivem Verb. Der zugehörige Aktivsatz bestehend aus Subjekt, Prädikat und direktem Objekt hat als Äquivalent einen Passivsatz bestehend aus Subjekt, Prädikat und präpositionaler Ergänzung mit **von** oder **durch**. Aktivsatz und Passivsatz kodieren also dieselben semantischen Rollen, aber über unterschiedliche syntaktische Funktionen. Die Verhältnisse können übersichtlich wie in 3 dargestellt werden (nach Wunderlich 1987).

(3) Diathese, **werden**-Passiv

	subj NOM	dirobj AKK	prerg (VODAT)
teilen	Ag.	Pat	
geteilt werden	Pat		Ag

Mit denselben semantischen Rollen wie im Aktiv bindet das Verb im Passiv eine andere Komplement- und damit auch Argumentstruktur, wobei man die des Aktivs dem Verbstamm (**verteil**) und die des Passivs dem Hilfsverb + Part2 (**werd verteilt**) zuschreiben kann (sog. lexikalistischer Ansatz, Höhle 1978). Wenn man sagt, der Passivsatz bedeute »im wesentlichen« dasselbe wie der Aktivsatz, dann ist genau dies gemeint. Man spricht dann auch von den *Diathesen* eines Verbs.

Das Verhältnis von Aktivdiathese und Passivdiathese kann für das Deutsche allgemein so gekennzeichnet werden:

(4) a. der aktivischen Verbform entspricht die passivische Verbform
b. dem Subjekt des Aktivsatzes entspricht eine fakultative präpositionale Ergänzung mit **von/durch** + Dat/Akk im Passivsatz, dem direkten Objekt des Aktivsatzes entspricht das Subjekt des Passivsatzes
c. allen anderen Ergänzungen im Aktivsatz entsprechen Ergänzungen gleicher Form im Passivsatz
d. bis auf das Subjekt gemäß 4b ändert sich an der Obligatorik/Fakultativität von Ergänzungen zwischen Aktiv und Passiv nichts

4b gilt unabhängig von der Form, die Subjekt und direktes Objekt im Aktivsatz haben. Wir demonstrieren das anhand von 5 mit einem **daß**-Satz als Subjekt und anhand von 6 mit einem **daß**-Satz als Objekt.

(5) a. ***Daß du rauchst*****, stört ihn**
b. **Er wird dadurch gestört, *daß du rauchst***

(6) a. **Die Regierung kündigt an, *daß die Mehrwertsteuer steigt***
b. ***Daß die Mehrwertsteuer steigt*****, wird von der Regierung angekündigt**

Die Gültigkeit von 4c demonstriert 7 für Sätze mit nominalem und 8 für Sätze mit präpositionalem Objekt. Solche Sätze sind subjektlos, weil das Subjekt des Passivsatzes gemäß 4b an ein direktes Objekt im Aktivsatz gebunden, ein solches aber nicht vorhanden ist (**Aufgabe 29**).

(7) a. **Karl hilft *uns* – *Uns* wird von Karl geholfen**
b. **Die Nation gedenkt *seiner* – *Seiner* wird von der Nation gedacht**

(8) a. **Wir haben lange *über dich* geredet – *Über dich* ist lange von uns geredet worden**
b. **Alle warten *auf den Aufschwung* – *Auf den Aufschwung* wird von allen gewartet**

(9) **Sie nannte *ihn den größten Angeber der ganzen Bundesliga* – Er wurde von ihr *der größte Angeber der ganzen Bundesliga* genannt**

(10) a. **Wir sehen *deinen Vorschlag als möglichen Kompromiß* an – *Dein Vorschlag* wird von uns *als möglicher Kompromiß* angesehen**
b. **Sie behandelt *ihn wie einen dummen Jungen* – *Er* wird von ihr *wie ein dummer Junge* behandelt**

Ein Sonderfall oder gar eine Abweichung von 4 scheint auf den ersten Blick bei einigen Verben mit doppeltem Akkusativ vorzuliegen (**nennen, schimpfen, rufen, heißen** (9)), sowie bei Verben mit **als**- und **wie**-Ergänzungen (10). Denn in diesen Fällen wird nicht *ein* akkusativisches Nominal des Aktivs zum Nominativ des Passivs, sondern zwei. 9 und 10 erfaßt man mit Hilfe des Begriffs Koordination. Der Akkusativ **einen dummen Jungen** in 10b etwa ist gefordert, weil beide Objektkasus übereinstimmen müssen. Die Übereinstimmung im Kasus muß auch im Passivsatz gewahrt bleiben, deshalb erscheinen beide Nominale im Nominativ (12.3).

Die Eindeutigkeit der Formbeziehung bei weitgehender Bedeutungskonstanz hat die Ableitung des Passivs aus dem Aktiv zu einem der bevorzugten Gegenstände der transformationellen Grammatik in den 60er und auch noch 70er Jahren gemacht. Bedeutungsgleiche, also nur syntaktisch unterschiedene Sätze waren in der Grammatik formal aufeinander zu beziehen, sei es über eine gemeinsame zugrundeliegende Repräsentation, sei es durch direkte Ableitung des einen aus dem anderen. Der Passivsatz wurde dann mit Hilfe der ›Passivtransformation‹ aus dem Aktivsatz oder einem ihm ähnlichen Gebilde hergeleitet (Bierwisch 1963: 90ff.; Huber/Kummer 1974: 221ff.; **Aufgabe 30**).

Heute wird das Verhältnis der Diathesen meist über strukturelle Bedingungen und nicht über eine Ableitungsmaschinerie erfaßt. Dabei geht man in zwei Schritten vor. Der eine beschreibt das Verhältnis des Subjekts im Aktiv zur **von**-Phrase im Passiv. Man spricht dabei von Subjektkonversion; und wenn man ausdrücken möchte, daß das Agens die ausgezeichnete syntaktische Funktion des Subjekts zugunsten der fakultativen einer präpositionalen Ergänzung verläßt, auch von Degradierung oder Dezentrierung des Subjekts. Der zweite Schritt beschreibt das Verhältnis des direkten Objekts im Aktiv zum Subjekt im Passiv (Objektkonversion, Promotion, Beförderung oder Zentrierung des Objekts). Das Ganze kann ein Zweischritt- oder Zweitaktpassiv genannt werden (z.B. Grewendorf 1988: 147ff.; Borsley 1997: 214ff.; IDS-Grammatik: 1790ff.). Daß eine Aufteilung dieser Art sinnvoll ist, ergibt sich schon daraus, daß die Subjektkonversion wie in 7 und 8 ohne eine Objektkonversion möglich und auch logisch vorgängig ist. Die Subjektstelle des Aktivs muß ja ›geräumt‹ sein, wenn sie im Passiv anders besetzt werden soll. Betrachten wir zunächst weiter die Subjektkonversion.

Das Subjekt ist im Aktiv kategorial regiert und im allgemeinen obligatorisch.

Da die **von**-Phrase in der Regel fakultativ ist, kann das Verb im Passiv eine Stelle weniger besetzen als im Aktiv. Falls es Passivtypen ohne **von**-Phrase gibt, kommt es zu einer obligatorischen Minderung der Stellenzahl (s. u.). Die Valenzminderung ist eben deshalb signifikant, weil sie das kategorial regierte Komplement betrifft. Die oder eine Funktion des Passivs könnte also darin bestehen, dieses Argument loszuwerden.

Passivfähige Verben und Subjektkonversion

Nicht jedes Subjekt kann konvertiert werden, nicht jedes Verb ist passivfähig. Dabei sind strukturelle Beschränkungen am besten bei den zweistelligen Verben mit nominalen Komplementen faßbar, weil bei ihnen die Zuweisung von semantischen Rollen zu syntaktischen Funktionen im Prinzip systematisch geregelt ist (3.2.3). Als wichtigste Gruppen solcher nichtpassivfähiger Verben erhalten wir die mit Akkusativ in 11 und die mit Dativ in 12.

(11) a. **haben, besitzen, bekommen, kriegen, erhalten**
b. **kosten, wiegen, gelten, enthalten, fassen**
c. **erstaunen, freuen, verwundern, entsetzen, schmerzen**

Über die Agenshaftigkeit der Subjektargumente der Verben läßt sich gemäß 3.2.3 folgendes sagen. In 11a (Besitzverben) ist dem Subjekt das Erstargument von *Possess* zugeordnet, dem Akkusativ das Zweitargument. *Possess* ist das bezüglich Agenshaftigkeit schwächste Basisprädikat, es gibt deshalb praktisch kein Agensgefälle vom Nom zum Akk. Bei **bekommen** usw. ist sogar das Basisprädikat *Move* zu berücksichtigen, dessen Erstargument agenshafter als das dem Subjekt zugeordnete ist (man bekommt etwas von jemandem, der dieses Etwas bewegt).

Die Verben in 11b bezeichnen Mengenrelationen, ihre zweite Stelle ist prototypisch mit Maßangaben wie **einen Heller, fünf Zentner** besetzt (8.3.2). Für ihre Bedeutung haben die agensbezogenen Basisrollen kein Gewicht. Dagegen kommt es bei den Verben in 11c sogar zu einem Agentivitätsanstieg vom Subjekt zum Akkusativkomplement, denn letzterem ist das Erstargument von *Exper* (dem Wahrnehmenden) zugeordnet.

Ein ähnliches Bild geben die Dativverben ab. Für die symmetrischen Prädikate in 12a sind keine agensbezogenen Basisprädikate von Bedeutung. Die übrigen Gruppen weisen wieder einen Agentivitätsanstieg auf. Bei 12b ist – konvers zu 11a – das Zweitargument von *Possess* dem Subjekt zugeordnet, bei 12c das Zweitargument von *Exper* und bei 12d das von *Cause*. Hier ist der Dativ am stärksten agentiv, 12d umfaßt die Gruppe der ergativen Dativverben.

(12) a. **gleichen, ähneln**
b. **gehören, fehlen, entfallen, entsprechen, entgehen**
c. **gefallen, einleuchten, behagen, naheliegen, schmecken**
d. **gelingen, mißlingen, glücken, mißraten, entwischen**

Insgesamt stellen wir fest, daß Subjektkonversion dann ausgeschlossen ist, wenn vom Subjekt zum zweiten Argument kein oder nur ein geringes Agensgefälle vorliegt. Der Umkehrschluß ist zulässig. Zweistellige Verben sind passivfähig, wenn das Subjekt dem zweiten Argument gegenüber hinreichend agentiv ist, wenn semantische Transitivität vorliegt. Oder anders gesagt: das Auftreten eines hinreichend agentiven Subjekts kann im Passiv unterbunden werden.

Die Syntaktisierung einer agenslosen Konstruktion ist mit dem kommunikativen Bedarf an Darstellung von Handlungen als Ereignisse gedeutet worden. Pape-Müller (1980: 59ff.) argumentiert folgendermaßen. Den größten Anteil an den Vollverben haben die Handlungsverben. Sie dienen zur Darstellung von Ereignissen, die von jemandem verursacht (oder nach 3.2.3 ›kontrolliert‹) sind. Eine Handlung ist ein Ereignis, das von einem Menschen verursacht oder kontrolliert wird. Daß die meisten Verben Handlungsverben sind, liegt an der ›anthropozentrischen Sichtweise‹, die in unserer Sprache steckt. Die Handlungsorientiertheit muß aber neutralisierbar sein, deshalb gibt es das Passiv. Das Passiv als syntaktisch markierte Kategorie dient also – anders als die übrigen formal markierten Verbkategorien – der Neutralisierung. Diese Sicht gibt auch einen der Gründe ab für die Kennzeichnung des Passivs als ›täterabgewandt‹ (Weisgerber 1963) oder ›nicht täterbezogen‹ (Grundzüge: 541f.; ähnlich Haspelmath 1990; Ágel 1997 u.v.a).

Einer besonderen Betrachtung bedarf das Passivverhalten einstelliger Verben, bei denen es ja kein Agensgefälle gibt. Handlungsverben lassen zweifellos Subjektkonversion zu, aber das degradierte Subjekt wirkt irgendwie künstlich, mehr konstruiert als dem normalen Sprachgebrauch zugehörig (13a).

(13) a. **Von Friedhelm wird gearbeitet/gehandelt/eingekauft/abgewaschen**
b. **Von so einem Kanzler wird doch wenigstens gearbeitet/gehandelt/eingekauft**
c. **Von allen muß gearbeitet/gehandelt/eingekauft/abgewaschen werden**
d. **Es wird gearbeitet/gehandelt/eingekauft/abgewaschen**
e. **Hier wird nicht gearbeitet/gehandelt/eingekauft/abgewaschen**

Der Passivsatz wird glatter durch geeignete Kontextualisierung, die sich etwa in 13b in Partikel, Adverb und markierter Intonation niederschlägt (s.u.). Noch besser ist 13c mit unspezifischem Agens und am unauffälligsten sind Sätze ganz ohne **von**-Phrase (13d,e).

13d,e machen den Kernbereich des sog. unpersönlichen Passivs aus. Wir wollen diesen Begriff für das agenslose Passiv einstelliger Verben reservieren. Im unpersönlichen Passiv ist das **es** wie in 13d nicht grammatisches Subjekt, sondern dient der Sicherung des Verbzweitschemas. Der Verbzweitsatz braucht per definitionem ein Vorfeld. Das Vorfeld wird von **es** besetzt, wenn kein anderer Ausdruck zur Verfügung steht (Vorfeld-**es**, 5.4.2).

Von 13a zu 13e nimmt die Indivdualität und Identifizierbarkeit des Agensreferenten ab, 13e ist nur noch eine Aufforderung mit unbestimmtem Adressatenbezug. Wir haben in verschiedenen Zusammenhängen festgestellt, daß der Grad an Individuierung etwa im Sinne eines Bezugs auf prototypische Sprechereigenschaften grammatisch von Belang ist. Bei der Subjektkonversion intransitiver und vor allem einstelliger Verben wirkt er sich als agensrelevant aus.

(14) **Hier wird nicht eingeschlafen/gestorben/geähnelt/mißraten/ gestunken/geregnet**

Ohne Gefälle wird Agentivität als Maß unbrauchbar, das unpersönliche Passiv ist praktisch ohne sichere Grammatikalitätsgrenze bildbar. Die Literatur ist voll von Beispielen wie 14, die zeigen, daß mit dem unpersönliche Passiv so gut wie jedem Verb ein unbestimmter Handlungsbezug implantiert werden kann.

Objektkonversion, Reflexivpassiv, Medium

Nun zur Objektkonversion. Der Übergang des Akk zum Nom zeigt einmal mehr, daß das Subjekt die strukturelle Argumentposition schlechthin besetzt. Die Subjektstelle wird im Passiv geräumt und kann wieder besetzt werden, die Objektstelle wird nur geräumt und sie *muß* geräumt werden, wenn die Subjektstelle frei ist. Objektkonversion kommt nicht für sich vor, es gibt sie nur bei transitiven, also mindestens zweistelligen Verben. Semantisch ist sie an die Patiensrolle gebunden, die wir als ›Gegenrolle‹ zum Agens ohne eigene Basisrollen eingeführt haben (3.2.3). Je agenshafter das Subjekt, desto patienshafter das direkte Objekt.

Eine Wirkung dieses Zusammenhangs zeigt sich bei Reflexivität. Ein Reflexivpronomen kann eine Komplementstelle besetzen, die auch nichtreflexiv besetzbar ist (15a,b).

(15) a. **Karla beschuldigt Klaus**
b. **Karla beschuldigt sich**

Zu 15a gibt es ein Passiv, zu 15b nicht, und das offenbar gleich aus einer Reihe von Gründen. (1) Das Reflexivpronomen **sich** hat keinen Nominativ, wie sollte also die Konversion zum Subjekt aussehen? (2) Das Reflexivpronomen hat das Subjekt als Antezedens. Wo bleibt der Bezug, wenn das Subjekt im Passiv verschwindet? (3) Mit Subjekt und Reflexivum wird auf dieselbe Person referiert. Den Bezug auf diese Person und damit auf ein Agens würden wir auch im Passiv nicht los. Wozu dann das Passiv?

Bei vielen und insbesondere den obligatorisch reflexiven Verben ist die Stelle des Reflexivums nicht wie in 15a anders besetzbar. Für die meisten Grammatiken sind solche Verben, von denen 16 einige nennt, nicht passivfähig. Nach dem Gesagten verwundert das auch nicht.

(16) a. **sich beeilen, entschließen, vertragen, kümmern, bessern, bewerben**
b. **sich schämen, verkriechen, anstellen, verweigern, versprechen, beklagen**

Es gibt nun aber ein Passiv, in dem gerade solche Verben häufig vorkommen. Das ›Reflexivpassiv‹ (Vater 1995; Ágel 1997) ist nach Duden dann möglich, wenn »das Subjekt nicht genannt wird oder eine energische Aufforderung ausgesprochen werden soll« (1997: 564). Es handelt sich also um Sätze analog zu 13d,e, um ein unpersönliches Passiv mit **sich** (17).

(17) a. **Es wird sich jetzt endlich beeilt/entschlossen/vertragen/gekümmert**
b. **Hier wird sich nicht geschämt/verkrochen/angestellt/verweigert**

Aus dem Valenzverhalten der Verben im Passiv ergibt sich, daß viele passivische Sätze kein grammatisches Subjekt haben, nämlich alle die Sätze, deren Verb nicht transitiv ist. Nur bei den transitiven Verben wird ja das direkte Objekt des Aktivs zum Subjekt im Passiv.

Ágel (1997: 161 ff.) deutet das reflexive Passiv damit, daß bei den Sätzen in 17 keine konzeptuelle Trennung zwischen dem vom Subjekt und dem von Reflexivum Bezeichneten gegeben ist. In 15b ist das sehr wohl der Fall, eben weil man sich selbst wie jemand anderen beschuldigen kann. Konzeptuelle Nichttrennbarkeit kann auch so verstanden werden, daß das Reflexivum in 17 nicht patiensfähig ist, weil es referentiell sozusagen mit dem Subjekt verschmilzt. Es ist ein so schlechtes Patiens, daß es nicht in die Subjektstelle einrücken kann.

Konstruktiv weist 17 mit der Räumung der Subjektstelle ein Merkmal des Passivs, mit dem Reflexivum eins des Aktivs auf. Die Sätze sind nach dieser Analyse weder eindeutig passivisch noch eindeutig aktivisch und werden deshalb *medial* genannt. Von den obligatorisch reflexiven wird dann auch als medialen Verben gesprochen. Sie bilden kein Passiv, sondern ein Medium.

Ein Medium (auch Mittelkonstruktion) in einem vergleichbaren Sinn gibt es nun auch von transitiven Verben. Es besteht dann neben dem Passiv und hat im allgemeinen keine **von**-Phrase. Objektkonversion liegt vor, das Reflexivum ist obligatorisch. Den Kern der Konstruktion bilden Sätze mit adverbial gebrauchtem Adjektiv (18a); 18b,c zeigen stärker grammatikalisierte Formen. 18d ist mit einstelligen Verben gebildet und demonstriert den interessanten Fall einer Mittelkonstruktion, die mit **es** und **sich** zwei marginale Satzglieder enthält (zur Mittelkonstruktion weiter Vater 1988; Fagan 1992; Steinbach 2002; 9.1.2).

(18) a. **Dies Buch liest sich gut; Leinenhemden bügeln sich schwer**
b. **Das Fenster öffnet sich; Die Tapete löst sich; Kein Problem löst sich von selbst**
c. **Das versteht sich; Das ergibt sich; Das gehört sich; Das entscheidet sich**
d. **Es sitzt sich hier bequem; Morgens lernt es sich am besten**

Weitere Formen der Passivdiathese

Als Passivdiathese hat weiter der sog. modale Infinitiv zu gelten (Gelhaus 1977; Höhle 1978: 46ff.). 19a wird gelesen als »Es ist möglich/notwendig, diese Entscheidung zu akzeptieren«.

(19) a. **Diese Entscheidung ist zu akzeptieren**
b. **Die Niederlage ist vom Trainer zu verantworten**
c. **Der Erfolg deiner Mühe bleibt abzuwarten**
d. ***Der Erfolg deiner Mühe wird abzuwarten**

Der modale Infinitiv mit **sein** kann von den meisten transitiven Verben gebildet werden und neben dem konvertierten Objekt auch eine **von**-Phrase enthalten (19b). Die Bildungsmöglichkeiten mit **bleiben** (19c) sind in beiderlei Hinsicht beschränkt. Mit **werden** (19d) ist der modale Infinitiv ausgeschlossen.

Einen interessanten Grenzfall zum modalen Passiv stellen Sätze wie 20a,b dar.

(20) a. **Diese Entscheidung ist schwer zu akzeptieren**
Es ist schwer, diese Entscheidung zu akzeptieren
b. **Karl ist leicht zu betrügen**
Es ist leicht, Karl zu betrügen
c. **Karl ist entschlossen zu gewinnen**
***Es ist entschlossen, Karl zu gewinnen**
d. **Karl ist bereit zu betrügen**
***Es ist bereit, Karl zu betrügen**

Die Konstruktion kann einmal aufgefaßt werden als modales Passiv mit einem Adjektiv in adverbialer Funktion. Daneben ist eine Analyse möglich, bei der die IGr Teil des Subjekts mit kataphorischem **es** ist (**Es ist schwer...**). Bei dieser Analyse muß das Objekt zum **zu**-Infinitv (**die Entscheidung** im zweiten Satz von 20a) zum Subjekt des Gesamtsatzes ›angehoben‹ werden. Der Unterschied zwischen den Adjektiven in 20a,b einerseits und 20c,d andererseits wurde zuerst am Englischen für Adjektive wie **tough**, **easy** einerseits und **eager** usw. andererseits diskutiert, deshalb hieß die Bewegung des Objekts zum Subjekt *Tough movement.* Das berühmte Satzpaar **John is easy to please – John is eager to please** demonstrierte auch, daß Sätze gleicher Oberflächenform ganz unterschiedliche ›Tiefenstrukturen‹ haben können (zum Deutschen Demske-Neumann 1994).

Als Passiv umstritten, in der Literatur aber meist als Zustands- oder **sein**-Passiv geführt sind die Sätze in 21. Eins der Probleme betrifft den Unterschied zwischen 21a,b und c.

(21) a. **Das Fenster ist gestrichen; Die Tür ist geöffnet; Der Brief ist geschrieben**
b. **Das Buch ist gelesen; Der Aufsatz ist kopiert; Das Tal ist durchschritten**
c. **Der Schlüssel ist gefunden; Das Auto ist gehört; Die Studentin ist gegrüßt;**
Das Bild ist angeblickt; Das Haus ist gezeigt; Die Arbeit ist gelobt

Die Verben in 21a bezeichnen Vorgänge, mit denen das vom Subjekt Bezeichnete in den Nachzustand gebracht wird, auf den das Partizip Bezug nimmt (4.3). Der Vorgang selbst ist inkrementell, er vollzieht sich kontinuierlich in Schritten derselben Art (3.2.3). Meist werden solche Verben als transformativ oder resultativ, das Subjekt als affiziert oder effiziert bezeichnet. Beides macht die Existenz eines **sein**-Passivs plausibel.

Ein Problem stellt dann 21b dar, denn hier wird nichts transformiert, affiziert oder effiziert. Aber diese Verben sind wie die in 21a inkrementell. Das scheint entscheidend zu sein. Es käme nicht auf das Ergebnis, sondern auf den zeitlichen Verlauf des Vorgangs an. Bestätigt wird das durch 21c. Die Verben sind nicht inkrementell, die Existenz des Zustandspassivs ist zweifelhaft.

Ein inkrementelles Subjekt (Patiens) ist hinreichend, nicht notwendig für das **sein**-Passiv. Beispielsweise wird dieses auch von vielen Verben gebildet, die man aktionsartlich als egressiv kennzeichnen kann wie in **Die Frage ist ausdiskutiert; Das Glas ist geleert**.

Ein anderes Problem stellt sich für Verben mit nichtagentiver Lesart wie **verbinden, trennen, teilen, bedecken**, bei denen trotzdem ein **werden**- und auch ein **sein**-Passiv möglich ist (Höhle 1978; IDS-Grammatik: 1812f; 22).

(22) a. **Die beiden Zimmer werden/sind durch einen Gang verbunden**
b. **Die Stadt wird/ist durch die Eisenbahnlinie geteilt**
c. **Die Berge werden/sind von/mit Schnee bedeckt**

Die einfachste Lösung ist wohl, solche Fälle auf die agentive Grundbedeutung zu beziehen, die derartige Verben haben, wobei das Auftreten der PrGr mit **durch** oder **mit** anstatt **von** als Anzeichen für die ›Deagentivierung‹ gelten kann.

Grundsätzlich ist ein Zustandspassiv dann anzusetzen, wenn man die Konstruktion mit **sein** + Part2 regelhaft an das **werden**-Passiv binden kann dergestalt, daß sie für eine bestimmte Teilklasse der passivfähigen Verben bildbar ist. Das scheint möglich zu sein. Eine andere Frage ist, ob man immer Kriterien zur Unterscheidung von Zustandspassiv und Kopulasatz findet. Viele Partizipien sind eindeutig als Adjektive lexikalisiert, aber das schließt nicht aus, daß man das ›Mittelwort‹ häufig sowohl als verbale Form (Partizip im Verbparadigma) wie als Adjektiv anzusehen hat (zu dieser weitläufigen Frage z.B. Lenz 1993a; Bresson/Dalmas Hg. 1994; Rapp 1996; 1997a; **Aufgabe 31**).

Als letzte Diathese betrachten wir das inzwischen weit verbreitete Rezipienten-Passiv, auch Dativ- oder **bekommen**-Passiv genannt. Sie ist entstanden durch Grammatikalisierung der nicht passivfähigen Besitzverben **bekommen, kriegen, erhalten** zu Hilfsverben (Reis 1976). Das Geschriebene bevorzugt **bekommen**, im Gesprochenen findet sich überwiegend **kriegen**. Am besten etabliert ist das **bekommen**-Passiv für dreistellige Verben mit Agens, Rezipient und Patiens (23), aber auch für Verben ohne direktes Objekt ist es gang und gäbe (24).

(23) a. **Karl bekommt von Paula das Auto geliehen**
b. **beibringen, berichten, bescheinigen, erklären, empfehlen, schicken, verweigern**

(24) a. **Renate kriegt von Rainer gedroht**
b. **helfen, danken, applaudieren, gratulieren, kündigen, verzeihen, widersprechen**

Mit dieser Konstruktion wird das **werden**-Passiv besonders offensichtlich auf systematische Weise ergänzt. Die Objektkonversion mit dem Dativ bedeutet etwa für die dreistelligen Verben in 23, daß jede der semantischen Rollen als Subjekt kodiert werden kann (25).

(25) a. ***Die Karla* füllt dem Karl das Formular aus**
b. ***Der Karl* bekommt von der Karla das Formular ausgefüllt**
c. ***Das Formular* wird dem Karl von der Karla ausgefüllt**

Ein wichtiger syntaktischer Unterschied besteht darin, daß das **bekommen**-Passiv stets ein Dativ-Komplement fordert, während das **werden**-Passiv auch für einstellige Verben möglich ist. Entsprechend restriktiver sind die semantischen Bedingungen für Passivfähigkeit. Das **bekommen**-Passiv ist nur für einen begrenzten Teil der Dativverben möglich (**Aufgabe 32**).

Wegen des niedrigeren Grammatikalisierungsgrades ist die Beurteilung der Grammatikalität des **bekommen**-Passivs teilweise schwierig. Trotzdem und trotz einer noch immer verbreiteten Bewertung als stilistisch markiert oder umgangssprachlich besteht an seiner systematischen Verankerung kein Zweifel. Seine Stellung unter den Passivdiathesen zeigt noch einmal, daß der Dativ als struktureller Kasus fungieren kann, daß er aber in der Grammatikalisierungshierarchie nach dem Nom und dem Akk rangiert. Syntax und Leistung des **bekommen**-Pasivs sind ausführlich beschrieben worden (s. v. a Eroms 1978; Reis 1985a; Wegener 1985a; Leirbukt 1987; 1997).

Die Menge der passivischen und passivähnlichen Konstruktionen ist damit keineswegs erschöpft. Die beschriebenen und einige weitere operieren in der Regel über Teilklassen der Verben mit **werden**-Passiv. Ihre Systematisierung hat auf der Folie dieses am weitesten grammatikalisierten Passivtyps zu erfolgen (dazu insbesondere Höhle 1978; Askedal 1987; IDS-Grammatik 1788ff.; **Aufgabe 33**). Es bietet sich deshalb auch an, Passivfunktionen, die sich aus der Form der Diathesen ergeben, anhand des **werden**-Passivs zu besprechen.

Zur Funktion des Passivs: Agens und Informationsstruktur

In den Grundzügen (542) heißt es, im Passiv werde »angezeigt, daß das Geschehen ausdrücklich als nicht agensbezogen gelten soll ... sofern ein Täter überhaupt – beiläufig – genannt wird, geschieht das durch eine präpositionale Wortgruppe«. Hier wird festgestellt, daß es neben dem semantischen Unterschied zwischen den Ergänzungen des Verbs noch Unterschiede auf einer anderen Ebene gibt. Die Kodierung einer Rolle als Subjekt macht sie wichtig, die Nennung in der **von**-Phrase ist ›beiläufig‹.

Die Unterscheidung wichtiger und unwichtiger, hervorgehobener und beiläufig genannter Satzglieder ist zur Klärung der Funktionalität des Passivs von Bedeutung, sie kann aber nicht einfach auf das Subjekt (wichtig) und die **von**-Phrase (unwichtig) bezogen werden. Sie beruht vielmehr auf einer die syntaktische Struktur überlagernden ›Informationsstruktur‹, die sich erst auf der Ebene des Textes erschließt. Sie ist zuerst von der Prager Linguistengruppe um Eduard Beneš (bekannt als Prager Funktionalisten) in der Theorie der funktionalen Satzperspektive ausgearbeitet worden (Beneš 1967; Firbas 1964; Sgall 1972; zur Übersicht Eroms 1986; Jacobs Hg. 1992).

(26) a. **Der Präsident schlägt den Kanzler vor. Der Kanzler benennt die Minister**
b. **Der Präsident schlägt den Kanzler vor. Der Kanzler wird vom Parlament gewählt**
c. **Der Präsident schlägt den Kanzler vor. Den Kanzler wählt das Parlament**
d. **Der Präsident schlägt den Kanzler vor. Benannt werden die Minister vom Kanzler**

Ein Text ist nicht einfach eine Aneinanderreihung von Sätzen, vielmehr gibt es in jedem Satz Ausdrücke, die an bereits Genanntes oder Bekanntes anknüpfen und sich darauf zurückbeziehen. Solche Bezüge zwischen Sätzen machen einen Text inhaltlich und formal kohärent. Im einfachen Fall wird etwas schon Genanntes wieder aufgenommen und mit neuer Information versehen, inhaltlich weiterentwickelt. Im zweiten Satz von 26a stellt das Subjekt **der Kanzler** die Verbindung zum vorausgehenden Satz her. Es ist der bekannte, vorerwähnte Satzteil und wird das *Thema* des Satzes genannt. Der Rest des Satzes ist sein *Rhema*. Das Rhema enthält die neue Information über das Thema, das, was über das Thema ausgesagt werden soll (traditionell ›Satzaussage‹). Dieser Begriff von Thema darf nicht verwechselt werden mit Thema als einer semantischen Rolle.

Die Thema-Rhema-Struktur ist als eine nur textlinguistisch erfaßbare Gliederung auf der pragmatischen Ebene anzusehen. Diese beruht ihrerseits natürlich auf dem Einsatz satzgrammatischer Mittel, so daß man aus der Form von Sätzen Rückschlüsse auf den Mitteilungsschwerpunkt bzw. die Thema-Rhema-Struktur ziehen kann. Ein kohärenter Text entsteht erst, wenn das, was satzgrammatisch als Thema/Rhema gekennzeichnet ist, verträglich ist mit dem, was textuell als Thema/Rhema erwartet wird. Ein Beispiel für eine inkohärente Satzfolge ist in 26d gegeben. Obwohl der zweite Satz dasselbe besagt wie in 26a, ist er schwer oder gar nicht als Folgesatz zum ersten zu verstehen, weil er eine dem Zusammenhang nicht angemessene Thema-Rhema-Struktur hat.

Von den satzgrammatischen Mitteln zur Kennzeichnung von Thema und Rhema sind in unserem Zusammenhang zwei besonders wichtig. Im Deutschen ist das Thema meistens der Ausdruck, der (1) das Subjekt ist und (2) am Satzanfang steht. Es ist umstritten, ob beide Bedingungen unabhängig voneinander gelten, oder ob das Subjekt meist thematisch ist, weil es am Satzanfang steht (Eroms 1975; Reis 1982: 175f.). Sasse (1978) schlägt vor, neben der semantischen Funktion (Agens) die pragmatische Funktion (Thema) als kennzeichnend für das prototypische Subjekt anzusehen (9.1).

In den Folgesätzen der Beispiele in 26 ist jeweils das erste Satzglied Thema, in 26b das Subjekt des Passivsatzes und in 26c das Objekt des Aktivsatzes. Der

Passivsatz erlaubt es also, dieselbe semantische Rolle zu thematisieren wie der Aktivsatz mit vorangestelltem Objekt.

Beide Satztypen lassen entsprechend eine Rhematisierung des Subjekts zu, wobei rein statistisch der Aktivsatz auch hier weit häufiger verwendet wird als der Passivsatz. Enthält der Passivsatz allerdings eine **von**-Phrase, so ist diese in der Regel rhematisiert. Entweder sie ist selbst das Rhema oder sie bildet das Rhema gemeinsam mit dem Verb. Diese letzte Möglichkeit gibt es sogar nur im Passiv, im Aktiv steht sie aus strukturellen Gründen gar nicht zur Verfügung (Schoenthal 1987: 169 ff.). Die **von**-Phrase ist in 26b wichtigster Teil des Rhemas, in 26c ist das Subjekt Teil des Rhemas mit **wählt** als wichtigstem Bestandteil (Indikator dafür ist der unterschiedliche Satzakzent in beiden Fällen; Pape-Müller 1980: 135 ff.).

Spricht man über semantische Rollen, so dient das Passiv vor allem zur Herstellung von Agenslosigkeit. Spricht man über die funktionale Satzperspektive, so bewirkt das Passiv vor allem eine ›Entthematisierung‹ des Agens (Askedal 1987), verbunden mit einer Rhematisierung des Prädikats und – soweit vorhanden – des Agens selbst. Bezogen auf die Argumente des Verbs kann das Passiv also ›täterabgewandt‹ genannt werden, bezogen auf die funktionale Satzperspektive aber nicht. Die Kategoriennamen Aktiv und Passiv sind irreführend insofern sie nur anzeigen, was die semantische Funktion des grammatischen Subjekts in den Diathesen ist. Tatsächlich kann das Agens im formal aufwendig kodierten rhematischen Satzglied der markierten Satzform des Passivs stärker zur Geltung kommen als im Aktiv **(Aufgabe 34)**.

5. Substantiv, Artikel, Pronomen

5.1 Die Flexion des Substantivs

Das Substantiv ist die mit Abstand umfangreichste Wortkategorie, im Deutschen wie in anderen Sprachen auch. Sein Anteil am Gesamtwortschatz macht mindestens 60% aus. Unter den entlehnten Wörtern ist sein Anteil noch höher, und für keine andere Wortkategorie gibt es annähernd so viele Wortbildungsmechanismen wie für das Substantiv (Wort, 6.2, 7.2).

Auch im Gebrauch ist das Substantiv sehr variabel. Wir verwenden es beispielsweise häufig in Einwortäußerungen oder gemeinsam mit einem Artikelwort zur Beantwortung von Fragen oder zum sprachlichen Verweisen. Zudem ist die Grammatik des Substantivs fein differenziert und unterscheidet schon bei den morphologisch Einfachen eine Reihe von Subklassen wie die Eigennamen (**Renate, Istanbul**), Gattungsnamen (**Buch, Tier**), Stoffnamen (**Eisen, Wasser**) und Kollektiva (**Möbel, Obst**) mit je charakteristischen Eigenschaften (5.3).

Die große Zahl wie die Vielfalt im Gebrauch haben dazu beigetragen, daß das Flexionsverhalten des ›Hauptwortes‹ unübersichtlicher und uneinheitlicher ist als das aller anderen flektierenden Klassen. Nirgendwo gibt es so viele Flexionstypen, Untertypen, Mischtypen, Ausnahmen und Einzelfälle wie beim Substantiv, und nirgendwo ändert sich das Flexionsverhalten im gegenwärtigen Deutsch so schnell wie hier. Dem entspricht eine bemerkenswerte Uneinigkeit darüber, wie sie Substantivflexion systematisch am besten zu erfassen ist. In einer kaum überschaubaren Menge an speziellen Untersuchungen werden zwischen vier und über 20 Flexionstypen nach recht unterschiedlichen Kriterien angesetzt. Man ist sich in vielen Fällen nicht einmal darüber einig, welche Flexionsformen gutes und welche weniger gutes Deutsch sind.

Neben **dem Jahre** ist jedenfalls auch **dem Jahr** zugelassen, aber wie ist es mit **dem Mensch, dem Rabe** statt **dem Menschen, dem Raben**? Man liest und hört **des Autors** neben **des Autoren; des Partizips** neben **des Partizip; des Buchstabens** neben **des Buchstaben** und **die Kontos, die Atlasse** neben **die Konten, Atlanten**. Solche Zweifelsfälle kann man grammatisch insofern klären, als sich die Bedingungen spezifizieren lassen, unter denen sie in Erscheinung treten. In der Regel gibt es grammatische Gründe dafür, daß das Flexionsverhalten schwankt. Für unsere gegenwärtigen Zwecke muß weder eine solche Klärung erfolgen noch muß auf alle Einzelheiten der Flexion eingegangen werden (mehr dazu Wort, 5.2.1).

Im vorliegenden Abschnitt geht es vorrangig um eine Beschreibung der Flexion in Hinsicht auf die Syntax. Dazu gehört beispielsweise die Frage, wie die Flexion des Substantivs auf die des Artikels abgestimmt ist (**ein Stuhl – eines Stuhles** im Maskulinum, aber **eine Vase – einer Vase** im Femininum) und was passiert, wenn noch ein Adjektiv dazukommt (**der hohe Stuhl** aber **ein hoher Stuhl**). Die wirksamen Regularitäten betreffen in erster Linie den produktiven Teil des Flexionssystems, d.h. die Flexionstypen, deren Umfang sich gegenwärtig erweitert. Der produktive Teil ist in seinen Grundzügen vergleichsweise übersichtlich und umfaßt trotzdem mindestens neun von zehn Substantiven. Wir geben in 1 das Grundschema mit seinen sechs Flexionstypen wieder und erläutern dann in Kürze, welche Substantive zu welchem der Typen gehören.

(1) Substantivflexion, Grundtypen

	MASK	NEUT	FEM
unmarkiert	**es/e** 1	**es/e**	**en** 2
markiert	**en/en** 3	**es/er"** 4	**e"** 5
s-Flexion	**s/s** 6	**s/s** 4	**s**

Ist im Schema ein einzelner Flexionsmarker eingetragen, so bezieht er sich auf die Pluralbildung. Besteht ein Marker aus einem Vokal- und einem Konsonantbuchstaben, so kann er silbisch sein. Meistens kann er auch nichtsilbisch sein (z.B. Typ 2 **die Kiste – die Kiste+n** aber **die Last – die Last+en**). Ein Konsonantbuchstabe steht für ein nichtsilbisches Suffix, z.B. Typ 6 **der Schal – die Schals**. Ein Vokalbuchstabe steht für das entsprechende silbische Suffix (z.B. Typ 1 **der Tisch – die Tisch+e**). Ein hochgestelltes Anführungszeichen zeigt an, daß zu diesem Suffix der Umlaut des Stammvokals gehört (z.B. Typ 5 **die Not – die Nöte**).

Sind im Schema für einen Typ zwei Marker angegeben, so ist mit dem ersten das Suffix des Genitiv Singular gemeint, mit dem zweiten wieder der Plural, z.B. Typ 3 **der Hund – des Hundes – die Hunde** (**Aufgabe 35**). Man sieht, daß die Feminina nur in Hinsicht auf den Plural charakterisiert werden müssen. Kasusendungen im Singular gibt es nicht.

Das Schema ordnet die Typen einmal nach dem grammatischen Geschlecht der Substantive, zum anderen unterscheidet es die **s**-Flexion (Typ 6) von den unmarkierten und markierten Typen. Angenommen wird also, daß die **s**-Flexion einen besonderen Typus darstellt, während die übrigen eng aufeinander bezogen sind. Die einzelnen Typen lassen sich in Kürze so charakterisieren:

1. Dieser Typ heißt ›starke Substantivflexion‹. Er umfaßt die meisten Maskulina und Neutra. Der Gen Sg kann in der Regel sowohl silbisch als auch nichtsilbisch sein (**des Stuhles, des Stuhls**). Bei einsilbigen Stämmen ist im Dativ ein **e** möglich (**dem Stuhle**). Im Plural ist der Stammvokal manchmal, aber nicht regelmäßig umgelautet (**die Stühle**, aber **die Hunde**). Ist der Stamm zweisilbig mit Schwa in der zweiten Silbe (**er, el, en**, sog. Pseudosuffixe), dann ist der Plural endungslos (›Nullplural‹ wie in **die Eimer, Esel, Wagen**). Typ 1 wird auch von den produktivsten Ableitungssuffixen des Maskulinums und Neutrums gewählt, z.B. **er** (**Lehrer**), **ling** (**Fremdling**), **chen** (**Hütchen**).

2. Zu Typ 2 gehören die weitaus meisten Feminina, einmal morphologisch einfache (**die Uhr – die Uhren, die Straße – die Straßen**), zum anderen abgeleitete mit produktiven Ableitungssuffixen wie **in** (**Bäckerinnen**), **heit** (**Dummheiten**), **keit** (**Eitelkeiten**), **ung** (**Forderungen**) und die Fremdwörter auf **ität** (**Realitäten**). Typ 1 und 2 heißen unmarkiert, weil sie den Normaltyp für die Substantive im Kernbereich darstellen.
3. Hier sind die sog. schwachen Maskulina versammelt. Sie bezeichnen in der Regel Lebewesen im Sinne von Bezeichnungen für Personen oder Tiere. Als einziges Flexionssuffix haben sie (**e**)**n**. Im Gen Sg und im Pl ist es obligatorisch (**des Menschen, des Löwen** bzw. **die Menschen, die Löwen**). Die Formen des Dat und Akk Sg sind gelegentlich schon endungslos (**dem Mensch, den Mensch**). Die schwachen Maskulina nehmen zu, weil viele Fremdwörter diesen Typ wählen, insbesondere solche auf **at** (**Diplomat**), **ant** (**Komödiant**), **and** (**Diplomand**), **ient** (**Rezipient**), **ist** (**Sozialist**) und einige andere. Viele von ihnen sind Personenbezeichnungen und passen deshalb gut zur schwachen Flexion, aber keineswegs alle (**Gradienten, Sonoranten, Automaten**).
4. Typ 4 enthält eine größere Zahl (knapp 20%) der einfachen Neutra. Der Gen Sg wird wie bei der starken Flexion gebildet (**des Kindes, des Buches**). Das Pluralsuffix **er** ist stets silbisch und geht wenn immer möglich mit Umlautung des Stammvokals einher (**die Kälber, Löcher, Bücher**). Als einziges möglicherweise produktives Ableitungssuffix haben wir **tum** (**Fürstentümer, Heiligtümer**).
5. Noch isolierter ist Typ 5. Feminina können einen **e**-Plural nur dann bilden, wenn sie gleichzeitig den Stammvokal umlauten (**die Städte, Nöte, Lüfte**). Damit ist dieser Flexionstyp keinem produktiven Ableitungssuffix zugänglich. Er umfaßt wenige Dutzend einfache Feminina.
6. Die **s**-Flexion wird von Substantiven mit mehrsilbigen Stämmen gewählt, deren letzte Silbe unbetont ist und einen Vollvokal enthält (**der Kakadu, das Auto, die Oma**). Die letzte Silbe darf also insbesondere nicht Schwa enthalten wie in **der Rabe** oder **die Tante**. Nach der **s**-Flexion werden außerdem Eigennamen (**die Kochs, alle Richards**), Abkürzungen (**der ICE, das AKW**) und Kurzwörter flektiert (**der Prof, die Bib**, unter ihnen auch zahlreiche mit unbetontem Vollvokal in der letzten Silbe wie **der Promi, das Modem, die Hallu**). Bei den fremden Wörtern bevorzugen vor allem Anglizismen (**Flop, Shop, Pudding, Nugget**) und Gallizismen (**Balkon, Restaurant, Souvenir**) diesen Typ. Er breitet sich im gegenwärtigen Deutsch rasch aus, eben weil viele neue Wörter ihn wählen.

Als wichtige allgemeine Regularitäten der Substantivflexion halten wir noch zweierlei fest. (1) Der Plural wird in aller Regel so gebildet, daß die Wortformen mit einer betonten gefolgt von einer unbetonten Silbe enden. Pluralformen weisen also eine charakteristische rhythmische Struktur auf. Sie enden auf einen Fuß, der in der klassischen Verslehre die Bezeichnung Trochäus trägt (**die Sózis, Stráßen, Realitäten, Húnde, Diplomáten, Stádte, Kínder**). Bei vielen abgeleiteten Wörtern liegt auf der vorletzten Silbe nicht der Hauptakzent des Wortes, sondern ein Nebenakzent (geschrieben als › ̀ ‹). Auch damit ist das charakteristische Betonungsmuster gegeben (**Léhrerìnnen, Mínderhèiten,**

Níederùngen, Fúrstentùmer; zu Einzelheiten Wort, 7.2). (2) Der Dativ Plural wird genau dann mit einem **n** von den übrigen Pluralformen unterschieden, wenn durch Anhängen des **n** an die Form des Nom Pl keine weitere Silbe entsteht. Deshalb haben wir ein **n** z.B. in **den Stühlen, Eimern, Städten, Kindern**, aber nicht in **den *Autosn, *Wagenn, *Hütchenn, *Diplomatenn**. Man kann also sagen, daß das Erscheinen oder Nichterscheinen eines Dativ-**n** von der Lautstruktur der betreffenden Pluralform abhängt. Deshalb muß dieses Suffix nicht für die einzelnen Flexionstypen spezifiziert werden.

Insgesamt ist beim Substantiv der Plural und bei den Maskulina wie Neutra der Gen Sg deutlich gekennzeichnet. Der markierte Flexionstyp des Mask verwendet denselben Marker wie der unmarkierte des Fem (nämlich **n**). Der markierte Flexionstyp des Fem verwendet umgekehrt denselben Pluralmarker wie der unmarkierte des Mask und Neut (nämlich **e**). Auf diese Grundstrukturen kommt es vor allem an, wenn es um das Zusammenwirken von Substantiv, Artikel und Adjektiv in der NGr geht (**Aufgabe 36**).

5.2 Der Artikel. Determination und Quantifikation

Artikel und Artikelwort

Syntaktisches Hauptcharakteristikum der Artikel ist ihr Auftreten mit dem Substantiv. Oft wird dies so verstanden, daß das Substantiv ›Hauptwort‹ und alleiniges Zentrum (›Kern‹) der Nominalgruppe sei. Der Artikel ist dann ›Begleiter des Substantivs‹ (Duden 1984: 314) und hat eine »Hilfswort-Funktion ... im Bereich des Substantivs« (Grundzüge: 541; so auch Engel 1988: 523ff.; Weinrich 1993: 406ff.).

Diese Sicht stößt zunächst auf die Schwierigkeit, daß das Substantiv häufig nicht ohne Artikel stehen kann (**Der Baum wird gefällt; *Baum wird gefällt**). Auch formal besteht keine Abhängigkeit des Artikels vom Substantiv in Hinsicht auf Numerus und Kasus, denn Artikel und Substantiv kongruieren bezüglich dieser Kategorisierungen (**der Baum, des Baumes, die Bäume ...**). Dagegen wird das Genus des Artikels vom Substantiv regiert, so daß in diesem Punkt tatsächlich eine Abhängigkeit besteht. Alle Artikel flektieren im Genus und haben daher das grammatische Geschlecht als Einheitenkategorien, während die Genera beim Substantiv als Wortkategorien auftreten: Ein bestimmtes Substantiv hat ein festliegendes Genus. Der bestimmte Artikel in **der Baum; die Wiese; das Buch** etwa macht das am Substantiv nicht offen gekennzeichnete Genus formal sichtbar. Man sah in älteren Grammatiken darin manchmal die Hauptfunktion des Artikels und nannte ihn das Geschlechtswort (Sütterlin 1923: 208; Jude 1975: 106).

Als Alternative zur These vom abhängigen Artikel wird häufig das vertreten, was man ›Gruppenflexion‹ genannt hat (Ágel 1996: 22f. s.a. Durrell 1977; 1979). Die Idee ist, daß Artikel und Substantiv (sowie, wenn vorhanden, das Adjektiv) die Flexionsmarkierung der NGr gemeinsam erbringen und man letztlich keinem von ihnen eine dominante Rolle zuschreiben kann. Dazu später mehr. Zunächst zur Abgrenzung der Artikel.

Was als Artikel zu gelten hat, ist umstritten. Mit dem Substantiv treten viele

Einheiten auf, die man üblicherweise nicht zu den Artikeln, sondern zu den Pronomina rechnet und sie deshalb unter allgemeineren Bezeichnungen wie Artikelwort oder Determinantien zusammenfaßt: Neben **der/ein Baum** haben wir auch **dieser/mein/kein Baum; einige/wenige/viele/alle Bäume**. Zu den Artikelwörtern gehören dann die eigentlichen Artikel sowie Pronomina, die adsubstantivisch verwendbar sind (Vater 2000). Zur Abgrenzung der Artikel im engeren Sinne von den Pronomina verwenden wir ein einfaches Kriterium. Artikelparadigmen sind nur die, deren Formen speziell auf den adsubstantivischen Gebrauch abgestimmt sind. Damit ergibt sich:

1. Nicht zu den Artikeln gehören Wörter, deren Formen sowohl adsubstantivisch als auch für sich stehen können wie **dieser, jener, einige**. Wir haben **Diesen Kuchen mag ich** neben **Diesen mag ich** und genauso in allen anderen Kasus des Sg und Pl, deshalb ist **dieser** kein Artikel. Dagegen gibt es sowohl einen Artikel **der** wie ein Pronomen **der**. Beide unterscheiden sich beispielsweise im Dat Pl (**Wir glauben den Sternen** vs. **Wir glauben denen**).
2. Nicht zu den Artikeln gehören etwa **einer, keiner** und **meiner**. Sie sind Pronomina, denn ihre Formen können nicht durchweg adsubstantivisch gebraucht werden (z.B. ***einer/*keiner/*meiner Hut**. Dagegen gibt es die Artikel **ein, kein** und **mein**.

Die Zahl der Artikel bleibt mit dieser Abgrenzung klein und ist beschränkt auf die in 1.

(1) **der, ein, kein, mein, dein, sein**.

Außer dem bestimmten und dem unbestimmten Artikel fassen wir unter ART auch den Negationsartikel **kein** und die Possessivartikel **mein, dein, sein**, die als einzige aus der großen Zahl der adsubstantivisch gebrauchten Wörter das Abgrenzungskriterium erfüllen.

Der bestimmte Artikel flektiert ähnlich wie die meisten Pronomina. Eine morphologische Trennung von Stamm und Endung ist jedoch nur bedingt möglich, weil der bestimmte Artikel nicht über einen silbischen Stamm verfügt. Deshalb werden seine Formen meist nicht in Stamm und Flexionsendung zerlegt. Ordnen wir die Formen so an, daß Nom und Akk als unmarkierte sowie Gen und Dat als markierte Formen zusammen stehen, erhalten wir 2. Da es im Plural keine Differenzierung nach dem Genus gibt, sieht Pl im Schema wie ein viertes Genus aus (ausführlich Wort, 5.2.2).

(2)

	Mask	Fem	Neut	Pl
Nom	**der**	**die**	**das**	**die**
Akk	**den**	**die**	**das**	**die**
Dat	**dem**	**der**	**dem**	**den**
Gen	**des**	**der**	**des**	**der**

Für alle übrigen Artikel ergibt sich 3.

(3)

		Mask	Fem	Neut	Pl
Nom	**kein**	–	e	–	e
Akk		en	e	–	e
Dat		em	er	–	en
Gen		es	er	es	er

Kein, mein, dein, sein stimmen im Flexionsverhalten vollständig überein. **Ein** hat keinen Plural. Was man als die Pluralbedeutung des unbestimmten Artikels erwartet, wird im wesentlichen durch Artikellosigkeit der Substantive realisiert (**ein Baum – Bäume**). Die Artikellosigkeit im Plural vergegenständlicht man sprachlich häufig als sogenannten Nullartikel (Erben 1980: 227; Helbig/Buscha 1975: 335 ff.; Engel 1988: 525; Löbner 1986).

Eine besondere grammatische Ausprägung der Artikelfunktionen liegt in der Verschmelzung mit Präpositionen vor. Wir gehen auf Einheiten wie **am**, **vom** und **ins** bei den Präpositionen näher ein (6.1.2).

Was bei der Kasusmarkierung des Substantivs als Tendenz sichtbar war, zeigt sich wieder bei den Artikeln: Nom und Akk stimmen bis auf den Sg Mask überein, der Gen ist innerhalb der einzelnen Genera gut markiert.

Artikel und Substantiv: Kopf und Kern

Noch ausgeprägter wird diese Tendenz bei der Verbindung aus Artikel und Substantiv. Wir wählen zur Demonstration Substantive der unmarkierten Flexionstypen, d. h. ein starkes für Mask/Neut und Pl (**Brief, Bein**) sowie eins mit **en**-Plural für das Fem (**Bahn**).

(4) a. Mask: **kein Brief**, Neut: **kein Bein**, Fem: **keine Bahn**, Pl: **keine Briefe**

b.

	Mask		Neut		Fem		Pl	
	Art	Subst	Art	Subst	Art	Subst	Art	Subst
Nom	–	–	–	–	e	–	e	e
Akk	en	–	–	–	e	–	e	e
Dat	em		em		er	–	en	en
Gen	es	es	es	es	er	–	er	e

In der Verbindung aus Art + Subst gibt das Substantiv in keinem Fall mehr Hinweise auf den Kasus der zusammengesetzten Einheit als der Artikel. Beim Substantiv ist jedoch der Plural einheitlich markiert, so daß insgesamt von einer Funktionsteilung gesprochen werden kann: der Artikel differenziert die Kasus, das Substantiv die Numeri (**Aufgabe 37**).

Zu einer Deutung dieser Ausprägung des Formensystems kommen wir, wenn wir den Kasus die Aufgabe zuschreiben, die syntaktische Funktion von Nominalen anzuzeigen. Ob ein Nominal etwa Subjekt, Objekt oder Attribut ist, hängt wesentlich auch von seinem Kasus ab. Zwei Nominale A und B sollten dann durch den Kasus unterschieden werden können, wenn eine der folgenden Bedingungen erfüllt ist.

1. *Syntagmatische Bedingung*. Die Nominale A und B stehen im Satz nebeneinander und haben verschiedene syntaktische Funktion, die auch durch den Kasus angezeigt wird. Die Kasusformen ermöglichen oder erleichtern es dann, die jeweilige Funktion von A und B zu erkennen.
2. *Paradigmatische Bedingung*. A steht an einer Stelle im Satz, an der auch B stehen könnte. Die syntaktische Funktion von A kann dann an der Kasusform erkannt werden.

Um die Wirksamkeit der Kasusmarkierung zu demonstrieren, werfen wir einen ersten Blick auf die Syntax der Nominale. In 5 ist aufgelistet, welche Kasus vornehmlich nebeneinander vorkommen. Die Liste ist natürlich unvollständig, vermittelt aber einen richtigen ersten Eindruck.

(5)	a.	**der Plan des Ministers**	Nom – Gen
		den Plan des Ministers	Akk – Gen
		des Plans des Ministers	Gen – Gen
		dem Plan des Ministers	Dat – Gen
	b.	**Ein Arzt schickt ein Auto**	
		Ein Arzt schickt einem Kranken ein Auto	Dat – Akk
	c.	**weil ein Arzt einem Kranken ein Auto schickt**	Nom – Dat
			Dat – Akk
	d.	**weil ein Arzt einen Pfleger schickt**	Nom – Akk
		weil ein Pfleger einen Arzt schickt	Nom – Akk

Betrachten wir in den Beispielen zunächst die Formen des Artikels. Man sieht sofort, daß der Gen aufgrund der Attributfunktion neben allen anderen Kasus stehen kann und diese Funktion durch die Stellung des Attributs und seine deutliche Markierung anzeigt (5a). Nom und Dat einerseits sowie Dat und Akk andererseits stehen vor allem bei dreistelligen Verben nebeneinander (5c, zweiter Satz von 5b). Sie sind hier sogar noch stellungsmäßig variabel (13.1.2). Für Nom und Akk gibt es weniger Grund zur Formunterscheidung. Im Verbzweitsatz sind sie beispielsweise häufig durch das finite Verb getrennt, wobei im unmarkierten Fall das Subjekt vor dem Finitum steht (erster Satz in 5b).

Etwas Interessantes zeigt 5d. Beim Mask im Sg und nur dort sind Nom und Akk formal unterschieden. Das Mask kann als das unmarkierte Genus für Personen- und Tierbezeichnungen gelten (5.3.1). Da Nominale dieser semantischen Klassen besonders häufig als Subjekt auftreten (sie sind Prototypen des Agens mit dem Merkmal ›belebt‹), ist es funktional, gerade hier die Markierung des Akk und damit den Formunterschied der Komplemente des zweistelligen transitiven Verbs zu bewahren. Die germanischen Sprachen verlieren eben diese Kasusmarkierung als letzte (dazu Lyons 1980: 365 f.). Im Deutschen wird sie auch durch die Restmarkierung des Akk bei den schwachen Maskulina unterstützt, die ja ebenfalls weit überwiegend Bezeichnungen für Lebewesen sind.

Für die gute Trennung von Dat und Akk dürfte neben dem syntagmatischen auch ein paradigmatischer Gesichtspunkt ausschlaggebend sein. Viele der am häufigsten verwendeten Präpositionen regieren sowohl den Dat als auch den Akk (**auf dem Mond; auf den Mond**). Die Syntax der PrGr ist daher besonders auf die Unterscheidbarkeit dieser Kasus angewiesen. Insgesamt lassen sich die Kasusmarkierungen als unmittelbar syntaktisch motiviert verstehen.

Mit Artikel und Pronomen einerseits und Substantiv andererseits stehen sich im Prototyp der minimalen NGr zwei Einheiten ganz unterschiedlicher Art gegenüber. Wir erfassen das damit, daß wir erstere als Kopf (hd), letzteres als Kern (nuk) der NGr bezeichnen (6a). Die genannten Einheiten behalten ihre Funktion als Kopf und Kern genauso auch in komplexeren Nominalgruppen (6b; allgemein dazu 2.3.2).

(6) a. b.

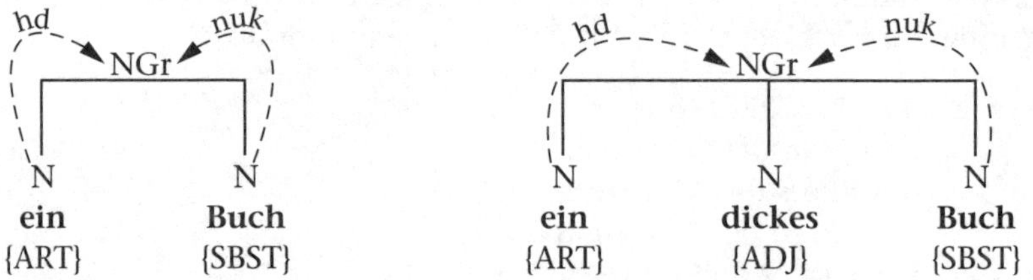

Der Kopf einer NGr ist eine Einheit aus einer geschlossenen Klasse (Artikel oder Pronomen), die entweder keine lexikalische Bedeutung hat (Artikel) oder deren lexikalische Bedeutung wie bei den Indefinitpronomina **mancher**, **einiger**, **vieler** zur Differenzierung in bestimmten, genau festgelegten Dimensionen wie hier der von Quantitäten dient. Die allgemeine semantische Funktion des Kopfes besteht in der Konstituierung von Referentialität. Mit der Substantivform **Buch** kann nicht referiert werden, wohl aber mit **ein Buch**, **das Buch**, **mein Buch** usw. (s. u. und 5.4).

Formal ist der Kopf einer NGr durch seine Position und durch seine dominante Rolle bei der Kasusmarkierung ausgezeichnet. Im allgemeinen steht er linksperipher und hat eine festliegende Kasusmarkierung, wobei diese für das Verhalten der übrigen flektierenden Einheiten der NGr den Ausschlag gibt. Am offensichtlichsten ist das beim adjektivischen Attribut (**ein/mein dickes Buch** vs. **dieses/manches dicke Buch**, 8.1). Für das Kernsubstantiv haben wir oben festgestellt, daß es den Artikel in der Kasusflexion unterstützt, eine darüber hinausgehende Differenzierung aber nicht aufweist. Im Prinzip leistet der Kopf die Kasusdifferenzierung allein, das Kernsubstantiv ist weitgehend entlastet.

Die Entlastung drückt sich nicht nur im Abbau der Kasusflexion beim Substantiv aus, sondern ist auch strukturell festgeschrieben. Es gibt, wie wir in Abschnitt 5.3.2 sehen werden, einige Typen von Nominalen, die keinen Kopf brauchen (z. B. **Gold macht glücklich**; **Bücher wirft man nicht weg**). Ausgeschlossen bleib aber, daß ein solches Substantiv mit einer Kasusmarkierung allein auftreten kann. Für die PrGr mit Dat (**zu Eis/*zu Eise**, **mit Stahl/*mit Stahle**) ist das lange bekannt, in seiner allgemeineren Gültigkeit aber nicht (Gallmann 1990; 1996). Ágel (1996: 18; 39 f.) verwendet hier eine Redeweise analog zum Verb: Das Deutsche habe praktisch keine synthetischen (d. h. nur aus dem Kernsubstantiv bestehenden) finiten (d.h. flexionsmarkierten) Nominale im Singular mehr, vgl. 7.

(7) a. ***Der Preis Goldes sinkt** – **Der Preis des Goldes sinkt**
b. ***An Golde hängt doch alles** – **Am Golde hängt doch alles**
– **An diesem Golde hängt doch alles**
– **An reinem Golde hängt doch alles**
– **An Gold hängt doch alles**

Besonders eindrucksvoll ist 7b. Die suffixlose Dativform kann für sich stehen, die mit Suffix aber nicht. Das Schwasuffix des Dativs ist also nicht einfach fakultativ und ein wenig steif oder veraltet, sondern es ist hier aus strukturellen Gründen ausgeschlossen. Substantive mit einem Kasusmarker brauchen einen syntaktischen Kopf, auch wenn sie an sich ohne Kopf stehen können. Man kann hier von einem morphologisch erzwungenen Kopf sprechen. Einen solchen erzwungenen Kopf stellt insbesondere das Adjektiv in 7b (**reinem Golde**) dar. Es trägt zur Referenzfähigkeit des Nominals nichts bei und ist als Adjektiv auch kategorial nicht für die Kopffunktion determiniert. Es hat die Kopffunktion aus rein formalen Gründen.

Die mit 7 demonstrierte Regularität gilt allgemein für den Singular von Substantiven des Kernwortschatzes mit Ausnahme der Eigennamen. Die Eigennamen verhalten sich markant anders (5.3.2; 8.3.1). Für den einzigen substantivischen Kasusmarker im Plural, das Dativ-**n**, gilt sie erwartungsgemäß nicht (**Sie glaubt Kindern**). Die These von der Gruppenflexion dürfte mit 7 hinfällig sein. Denn hier wird ganz deutlich, daß die Kasusflexion der Artikel bzw. der syntaktischen Köpfe innerhalb der NGr dominant ist (**Aufgabe 38**).

Das Verhalten des Kopfes spielt in der neueren Literatur zur Syntax der NGr eine bedeutende Rolle. Meist redet man hier aber kategorial und nicht funktional von der NGr als DP (›Determinerphrase‹ statt der alten ›Nominalphrase‹, z.B. Bhatt 1990; Haider 1992; übersichtlich Gallmann/Lindauer 1994).

Determination und Quantifikation

Sehen wir uns nun etwas genauer an, auf welche Weise mit NGr referiert werden kann.

(8) a. **Der Baum wurde gefällt**
b. **Ein Baum wurde gefällt**

Sowohl in 8a als auch in 8b ist von genau einem Baum die Rede. 8a kann nur dann geäußert werden, wenn der Sprecher unterstellt, daß der Hörer weiß, worauf er sich mit **der Baum** beziehen soll. *Wie* Sprecher und Hörer den gemeinsamen Bezug hergestellt haben, ob davon vorher die Rede war, ob auf einen Baumstumpf gezeigt wurde oder ob sie den Baum vor zwanzig Jahren gemeinsam gepflanzt haben, ist gleichgültig. 8a kann etwa vorkommen im Zusammenhang **Karl hat eine Kastanie gepflanzt. Der Baum wurde gefällt**. Der Hörer hat die Kastanie vielleicht nie gesehen, er weiß nicht einmal, ob es sie wirklich gibt. Das mit **der Baum** Bezeichnete ist ihm lediglich ›in gewisser

Weise‹ bekannt. Er hat dafür eine ›kognitive Adresse‹ und kann diese Adresse ansprechen (zu den sprachlichen Mitteln, mit denen das erreicht wird, genauer Hawkins 1978 für das Englische, Vater 1984 für das Deutsche; allgemeiner Löbner 1987).

Ausdrücke wie **der Baum** und **mein Baum**, die in der angedeuteten Weise aus der Menge der benennbaren Dinge ein bestimmtes bezeichnen, heißen *definite Kennzeichnungen,* Ausdrücke wie **ein Baum** und **kein Baum** heißen *nicht definite Kennzeichnungen.* Von den Artikeln sind also **der** und **mein, die, sein** definit, **ein** und **kein** sind nicht definit. Die Klassifikation gilt auch für große Gruppen von Pronomina. So sind **dieser Baum, jener Baum, derjenige Baum** definit und **einige Bäume, manche Bäume** nicht definit. Eine semantische Leistung von Artikeln und Pronomina ist also die Signalisierung von definit/nicht definit für den Hörer. Da gezeigt werden kann, daß die definiten und die nicht definiten Artikel und Pronomina sich syntaktisch unterschiedlich verhalten (s.u.), etablieren wir die Wortkategorien DEF und NDEF. **Der** und **mein** sind DEF, **ein** und **kein** sind NDEF.

Die Unterscheidung von definiten und nicht definiten Kennzeichnungen gilt auch für Nominale im Plural. In **Die Bäume wurden gefällt** ist das Subjekt definit. Artikellosigkeit wie in **Bäume wurden gefällt** signalisiert Nicht-Definitheit. Im Plural ist bei einer definiten Kennzeichnung nicht genau ein Objekt gemeint, sondern eine bestimmte Menge von Objekten mit mehr als einem Element. Die von einer definiten Kennzeichnung benannte Menge kann als Ganze eingeführt sein, sie kann aber auch über ihre einzelnen Elemente eingeführt sein.

(9) a. **Das Fahrrad ist ein umweltfreundliches Verkehrsmittel**
b. **Ein Fahrrad ist ein umweltfreundliches Verkehrsmittel**

(10) a. **Das Fahrrad wurde um 1850 erfunden**
b. **Ein Fahrrad wurde um 1850 erfunden**

(11) a. **Die Fahrräder sind umweltfreundliche Verkehrsmittel**
b. **Fahrräder sind umweltfreundliche Verkehrsmittel**

Außer auf einzelne Objekte und Mengen von Objekten bezieht man sich mit Artikel-Substantiv-Verbindungen auch auf Gattungen. Mit 9a und 9b wird etwas ausgesagt, das gelten soll für alle Exemplare der Gattung Fahrrad, deshalb nennt man Sätze dieser Art *generisch* (»die Gattung betreffend«, Gerstner-Link/Krifka 1993). In 9a wird mit dem bestimmten Artikel angezeigt, daß die Gattung selbst gemeint ist. Man kann 9a paraphrasieren mit »Wenn etwas ein Fahrrad ist, dann gehört es zu einer Gattung mit der Eigenschaft umweltfreundliches Verkehrsmittel«. Daß eben dies ausgesagt wird, zeigt 10a, wo **das Fahrrad** ebenfalls generisch im gerade angegebenen Sinne gelesen werden muß. Der unbestimmte Artikel meint dagegen nicht die Gattung selber, sondern er kennzeichnet ein einzelnes Fahrrad als Element der Gattung in ›exemplarischer Sicht‹ (Oomen 1977). 10b ist in der Lesart 10a ungrammatisch, weil das Prädikat nicht für alle Exemplare der Gattung gilt, sondern für die Gattung selbst. Es ist unzutreffend, wenn festgestellt wird, daß der bestimmte und der unbestimmte Artikel in generischen Sätzen dieselbe Bedeutung hätten (Helbig/Buscha 1986: 37Sf.; Duden 1973: 166). Daß 9a und 9b synonym sind, hängt mit der besonderen Struktur dieser Sätze zusammen, bei der der Unterschied verschwindet, der in 10 sichtbar ist (**Aufgabe 39**).

Der Unterschied definit/nicht definit bleibt auch in generischen Sätzen erhalten, und zwar im Singular wie im Plural. In 11a wird wieder direkt auf die ganze Gattung Bezug genommen, in 11b wird die Gattung erfaßt über ›beliebige Teilmengen‹. 11b kann paraphrasiert werden mit »Nimm irgendwelche Fahrräder: sie sind alle umweltfreundliche Verkehrsmittel«.

(12) a. **Ich habe ein Feuerzeug gefunden**
b. **Karl hat ein Feuerzeug gefunden**
c. **Ich suche ein Feuerzeug**

Warum sprechen wir von ›nicht definiten‹ Kennzeichnungen statt von ›indefiniten‹? Betrachten wir dazu 12. Wer 12a äußert, bezieht sich mit **ein Feuerzeug** auf ein ganz bestimmtes Objekt, für das er auch eine kognitive Adresse hat (nur der Hörer hat keine) und wir sprechen vom spezifizierenden oder *spezifischen* Gebrauch des Artikels. Im Gegensatz zu 12a haben nun 12b,c jeweils zwei Lesungen, nämlich die spezifische und eine weitere, bei der weder der Sprecher noch der Hörer etwas über das Feuerzeug weiß. **Ein Feuerzeug** ist dann ersetzbar durch **irgendein Feuerzeug**. Diese Lesart heißt nicht spezifisch und kann treffend auch *indefinit* genannt werden (Bierwisch 1972: 74f.). 12 zeigt schon, daß die Unterscheidung spezifisch – nicht spezifisch satzsemantisch rekonstruiert werden muß. Sie hängt nicht an der Form des Nominals allein (**Aufgabe 40**).

Die gemeinsame semantische Grundfunktion von Artikeln und Pronomina ist die als Determinatoren: der syntaktische Kopf sorgt dafür, daß mit der NGr referiert werden kann. Bestimmten Artikelwörtern wird daneben eine Funktion als *Quantoren* zugesprochen, wobei es in der traditionellen Prädikatenlogik vor allem um die Unterscheidung von Allquantoren und Existenzquantoren geht. Allquantoren tauchen in der logischen Repräsentation von generischen Sätzen auf, sie sollen explizit machen, daß in einem generischen Satz Aussagen über alle Elemente einer bestimmten Klasse gemacht werden. **Der Löwe ist ein Raubtier** würde expliziert als »Für alle x gilt: wenn x ein Löwe ist, dann ist x ein Raubtier«. Auch bestimmte andere Nominale werden mit Allquantor dargestellt, z. B. **Meine Brüder sind stark** als »Für alle x gilt: wenn x mein Bruder ist, ist x stark« oder **Kein Auto wurde verkauft** als »Für alle x gilt: wenn x ein Auto ist, wurde es nicht verkauft«.

Existenzquantoren tauchen vor allem in der logischen Repräsentation von Ausdrücken mit **ein** oder mit nicht definiten Pronomina auf. So kann der Satz **Einige Niedersachsen sind klug** die Existenzaussage machen »Es gibt einige x, so daß gilt: x ist ein Niedersachse und x ist klug«. Der Satz muß aber nicht so verstanden werden. Ebensogut kann er meinen, daß wir es mit einer Gruppe von Niedersachsen zu tun haben, von denen einige klug sind. Bei dieser Interpretation wird keine Existenzbehauptung aufgestellt und es wäre nicht angemessen, den Satz mit Existenzquantor darzustellen.

Für die Bedeutung vieler Nominale mit Artikelwörtern spielt weder der Existenz- noch der Allquantor eine Rolle. Und insbesondere zur Kennzeichnung von Bedeutungsunterschieden wie zwischen **ein, einige, manche** usw. stellt die einfache Prädikatenlogik keine Mittel bereit. Wir verfolgen deshalb den Begriff des logischen Quantors nicht weiter, sondern schließen uns bei der Bedeutungskennzeichnung dem Vorgehen von Arbeiten an, die unter Quantoren einfach solche Ausdrücke verstehen, mit denen Quantitäten bezeichnet werden. ›Quantor‹ ist damit ein semantischer Begriff (Löbner 1987a).

Nimmt man als Startpunkt, daß von einem Substantiv eine Menge M_1 bezeichnet wird (von **Baum** die Menge der Bäume als seine Extension), dann operiert ein adsubstantivischer Quantor auf einer solchen Menge M_1 und spezifiziert auf ihr als Basis absolut oder relativ eine weitere Menge M_2. M_2 kann eine festliegende Anzahl von Elementen aus M_1 umfassen, z.B. zwei Elemente wie in **zwei Bäume**, M_2 kann unbestimmt viele Elemente aus M_1 umfassen wie in **einige Bäume, viele Bäume**, und es kann alle Elemente umfassen wie in generischen Sätzen.

(13) a. **Alle/viele/einige/manche Äpfel sind sauer**
b. **Alle/viele/einige/manche der Äpfel sind sauer**
c. **Äpfel sind immer/meistens/oft/manchmal sauer**

Aber auch hinsichtlich M_1 muß differenziert werden. 13a hat zwei Lesungen. Es kann paraphrasiert werden mit 13b und meint dann, daß M_1 eine bestimmte, kontextuell gegebene Menge von Äpfeln ist. Löbner (1987a: 196ff.) spricht hier von referentieller Quantifikation im Gegensatz zur generischen Quantifikation bei der Paraphrase 13c. Hier wird über die Gattung der Äpfel quantifiziert.

Zur Festlegung der absoluten Elementzahl von M_2 dienen die Numeralia (NUM). Die Zahlwörter für Kardinalia ≥ 2 nehmen in der Regel den Plural (**drei Bäume**) und markieren als Kasusform allenfalls den Genitiv bei artikellosem Gebrauch (**das Fällen dreier Bäume**). Das Zahlwort zur Bezeichnung der Eins spielt eine Sonderrolle. Es ist umstritten, ob man ein Zahlwort **ein** vom unbestimmten Artikel zu unterscheiden hat (Vater 1986; H.Wiese 1995; zur Zwei Reis/Vater 1982; **Aufgabe 41**).

Ist ›Quantor‹ nicht nur ein semantischer, sondern auch ein syntaktischer Begriff? Soll man neben dem syntaktischen Kopf mit Determinatorfunktion einen zweiten mit Quantorfunktion ansetzen? In der Literatur wird eine solche Forderung verschiedentlich erhoben (z.B. Löbel 1989; 1990; Vater 1986; 1996). Ein Argument ist etwa, daß Determinatoren und Quantoren in bestimmten Fällen miteinander kombinierbar sind (**Das eine Paket ging verloren; Die vielen Menschen störten mich nicht**). Aber das geht bei weitem nicht immer (***die einigen Menschen; *das manche Buch**). Läßt man den Artikel in einem solchen Ausdruck weg (**manches Buch**), dann stellt sich aus unserer Sicht die Frage, ob das Pronomen **mancher** jetzt die Kopffunktion übernommen hat. Denn das Pronomen quantifiziert nicht nur, sondern es verhilft der NGr auch zu Referentialität. Den formalen Anforderungen an Köpfe genügt es ebenfalls.

Ein anderes Argument für eine syntaktische Abgrenzung der Quantoren ist die Möglichkeit, letztere zu ›floaten‹, d.h. in Distanzstellung zum Kern zu bringen. Mit Determinatoren sei das nicht möglich (15b).

(15) a. **Brot ist eins/keins/viel da**
b. ***Brot ist das/meins/deins da**
c. **Brot ist frisches/teures/dunkles da**

15c zeigt, daß das sog. Quantifier floating etwas ist, was in den Bereich des Adjektivs gehört. Syntaktisch geht es weniger um das Verhältnis von Determinatoren und Quantoren, sondern um das von Kopf und Attribut innerhalb der NGr (weiter 8.2).

Damit ist der umfangreichen Debatte über Quantoren sicher nicht Genüge getan, aber es ist ein Anhalt für die Begründbarkeit der folgenden Position gegeben: Man hat gute syntaktische Gründe, die Artikelwörter innerhalb der NGr als Köpfe mit der einheitlichen Grundfunktion ›Determination‹ auszuzeichnen. Was in der Literatur Quantor genannt wird, liegt syntaktisch quer zur Kopf- bzw. Attributbeziehung. Kategorial handelt es sich bei den Quantoren teilweise um Artikel, teilweise um Pronomina, Numeralia oder Adjektive.

Vater (1986; 1996) stellt fest, daß die Quantoren sämtlich nicht hinsichtlich Definitheit markiert sind. Wo Quantoren als Köpfe fungieren, also auch Determinatoren sind, kann ihnen deshalb die syntaktische Kategorie NDEF zugewiesen werden. Daraus ergibt sich die Rechtfertigung zur Einführung der Wortkategorien DEF und NDEF.

Wie bei manch anderer Wortstellungsregularität scheint die unmarkierte Abfolge der präsubstantivischen Einheiten in der NGr semantisch motiviert zu sein. An der Spitze steht das determinierende Element, es folgen quantifizierende, erst dann kommen die ›qualifizierenden‹, also die Eigenschaftsterme (Adjektive). Aus dieser Abfolgeregularität erklärt sich beispielsweise, daß **solcher** in der Bedeutung »derartiger« zu den Adjektiven rückt (16a,b). Die IDS-Grammatik (1937) kommt aus teilweise anderen Gründen zu dem Schluß, **solcher** sei dabei, »sich zu einem Adjektiv zu entwickeln« (weiter 13.2).

(16) a. **die wenigen solchen noch existierenden Bücher**
b. **mancher solche gute Polizist**

Die Grammatik der Artikelwort-Substantiv-Verbindungen ist damit bei weitem nicht erschöpft. Wir besprechen einiges im Zusammenhang der Substantivklassifikation (5.3.2), bei den Pronomina (5.4) sowie beim adjektivischen und genitivischen Attribut (8.2; 8.3.1; **Aufgabe 42**). Die Klassifikation der Nominale wird in Schema 17 zusammengefaßt, so weit sie in diesem Abschnitt zur Sprache kam. Das Schema führt noch einmal vor Augen, wie differenziert das Inventar der einfachen Nominale, d. h. der nominalen Wörter, ist. Gemeinsam haben sie die Flexion in Hinsicht auf Kasus, aber die Kasusmarkierung ist einerseits sehr unterschiedlich ausgeprägt (bis an die Grenze der kasuellen Nichtdifferenziertheit), und andererseits treten die Kasuskategorien mit sehr verschiedenen weiteren Flexionskategorien gemeinsam auf.

(17) Nominale Wortkategorien

N

ART		NUM	PRO	ADJ	SBST
		eine	**einer**	**ganz**	5.3
DEF	NDEF	**zwei**	**der**	**viel**	
der	**ein**	**drei**	**dieser**	**wenig**	
mein	**kein**	**zwanzig**	**jener**	8.2	
dein			**einiger**		
sein			5.4		

5.3 Wortkategorien des Substantivs

5.3.1 Das Genus

Das Genus oder grammatische Geschlecht ist die durchgängigste und einheitlichste Kategorisierung der deutschen Substantive. Sieht man ab von den Pluraliatantum (5.3.2), dann gehört jedes Substantiv genau einer der Kategorien des Genus an, ist also MASK, FEM oder NEUT. Es gibt nur wenige Ausnahmen zu dieser Regel. Einige Substantive schwanken im Genusgebrauch (1a). In weiteren Fällen stimmen einige oder auch alle Formen von Substantiven mit unterschiedlichem Genus überein (1b). Von ›Genusschwankung‹ kann hier nicht die Rede sein.

(1) a. **der/das Barock, Entgelt, Filter, Gummi, Hehl, Joghurt, Knäuel, Lasso, Raster, Sims, Spind, Zepter**
  b. **der/das Balg, Band, Ekel, Gummi, Kalkül, Paternoster, Verdienst der/die Flur, Hut, Kunde, See; die/das Maß, Steuer, Wehr**

Auffällig ist, daß in 1 überwiegend Paare mit dem Maskulinum und dem Neutrum auftreten. Von Interesse sind in diesem Zusammenhang auch Unsicherheiten bei der Genuszuweisung von Fremdwörtern, weil sich daraus Regularitäten über die Genuszuweisung allgemein ableiten lassen (**Aufgabe 43**).

Nach welchen Kriterien wird den Substantiven des Deutschen ein grammatisches Geschlecht zugewiesen und welcher Gebrauch wird vom Genus gemacht? Wir behandeln die Frage in drei Schritten und klären zunächst, welche Formeigenschaften von Substantiven einen Hinweis auf ihr Genus geben (strukturelle Genusdetermination). Wir wenden uns dann der semantischen Rolle der Genus zu und fragen schließlich nach der syntaktisch-perzeptuellen und kommunikativen Funktion, die es möglicherweise hat. Die Darstellung kann Faktoren benennen und Beispiele für ihre Wirksamkeit geben. Sie kann aber nicht das komplizierte Zusammenwirken der Faktoren bei der Genusdetermination thematisieren (dazu Köpcke/Zubin 1984; Zubin/Köpcke 1996).

Strukturelle Genusdetermination

Obwohl das grammatische Geschlecht von Substantiven meist unter dem Blickwinkel des Verhältnisses zum natürlichen Geschlecht diskutiert wird, ist es in den allermeisten Fällen rein strukturell bedingt. Diese Bedingungen können morphologischer wie phonologischer Art sein.

Ein großer Teil der deutschen Substantive wird durch Ableitung aus anderen Wörtern mit Hilfe von Ableitungssuffixen gewonnen. Diese bestimmen teilweise die Bedeutung der abgeleiteten Substantive, und sie bestimmen fast immer ihr grammatisches Geschlecht.

(2) a. Maskulina
er (Behälter), ler (Wissenschaftler), ling (Fremdling)
b. Feminina
ei (Heulerei), in (Lehrerin), heit (Trunkenheit), keit (Lauterkeit), igkeit (Neuigkeit), schaft (Freundschaft), ung (Befreiung)
c. Neutra
chen (Gläschen), Ge+e (Gelache), lein (Männlein), nis (Ereignis), tum (Beamtentum)

Ist das grammatische Geschlecht eines abgeleiteten Substantivs nicht aufgrund seines charakteristischen Affixes vorhersagbar, dann ist das Affix nicht mehr produktiv (wie bei **sal, das Schicksal, die Trübsal**), oder es ist für ein bestimmtes Genus nicht mehr produktiv. So war **nis** (bzw. sein Vorläufer) früher für das Femininum produktiv, ist es aber heute allenfalls noch für das Neutrum (Fleischer/Barz 1992: 165). Substantive wie **Finsternis, Bewandtnis** entsprechen also der ›alten Regel‹ für **nis** und können so nicht mehr gebildet werden. (**Aufgabe 44**).

Andere Formen des morphologisch determinierten Genus finden wir bei den nominalisierten Verbformen vor. Der nominalisierte Infinitiv ist ein Neutrum (**das Wandern, Saufen**). Dagegen tauchen nominalisierte Partizipien in allen Genera auf (**der, die, das Betreffende; der, die, das Betroffene**). Das ist nicht anders zu erwarten, denn diese Ausdrücke sind sämtlich auch adjektivisch verwendbar, und Adjektive haben generell Nominalisierungen in allen Genera (**der, die, das Alte**). Morphologisch geregelt ist auch das grammatische Geschlecht der Substantivkomposita. Komposita, deren zweites Glied ein Substantivstamm ist, haben das Genus dieses Substantivs (**die Türkentaube, das Elefantenbaby, der Einigungsversuch**). Diese Regularität überrascht ebenfalls nicht, denn Substantivkomposita haben intern eine Art Attributstruktur mit dem zweiten Substantiv als morphologischem Kopf. Dieser bestimmt allgemein die grammatischen Eigenschaften des Kompositums nach außen. Wörter wie **die Schwermut, Wehmut, Sanftmut** sind nicht als Substantivkomposita gebildet, sonst müßten sie Maskulina sein. **Sanftmut** z.B. ist eine Rückbildung aus **sanftmütig**.

Mit hoher Wahrscheinlichkeit läßt sich auch von einigen Flexionstypen her auf das Genus schließen. In 5.1 wurde festgestellt, daß z.B. die schwach deklinierten Substantive Maskulina sind (**Mensch, Geselle, Bote**) und daß die Feminina einen eigenen Flexionstyp bilden mit nur einer Form für den gesamten Sg und einer für den Pl (**Blume – Blumen**). Die Frage ist allerdings, ob das grammatische Geschlecht vom Deklinationstyp bestimmt wird oder ob es ihn nicht teilweise selbst bestimmt. Mit den Regularitäten der Genusdetermination wird ja nur festgestellt, woraus man auf das Genus schließen kann, nicht aber, was Ursache und was Folge ist.

Nicht für alle Wörter läßt sich ohne weiteres feststellen, ob sie interne morphologische Grenzen haben, und mit der internen Strukturiertheit nimmt auch die Regelmäßigkeit der Genusdetermination ab. Noch weitgehend gesichert ist sie bei Mehrsilbern mit ›suffixähnlicher‹ Endung (Pseudosuffixe, Wort, 4.4). Beispielsweise sind im allgemeinen die Substantive auf **ich** (**Rettich, Kranich, Fittich, Estrich**) und **ig** (**König, Honig, Pfennig, Essig**) Maskulina. Interessant ist das Verhalten der Endungen mit Schwa. Die Zweisilber auf **e** weitaus überwiegend Feminina (**Hose, Beere, Watte, Klaue**). Sie bilden den Plural auf **en**. Die Substantive auf **en** sind in der Regel Maskulina (**Wagen, Regen, Spaten, Besen**). Etwas Ähnliches gilt für **er** (**Hammer**), **el** (**Feudel**) und **em** (**Atem**). Diese Substantive flektieren stark, die entspechenden Einsilber bilden den Pl auf **e** (**Sinn – Sinne**). Genusendung und Pluralendung sind also annähernd komplementär verteilt (Köpcke 1993).

Bei den Einsilbern schließlich ist eine morphologische Genuszuweisung gar nicht mehr möglich. Strukturelle Genusdetermination kann hier nur noch über phonologische Eigenschaften der Wörter erfolgen.

Für das Deutsche sind eine Reihe von Regularitäten dieser Art bekannt, mit deren Hilfe man für ungefähr 90% aller im Rechtschreibduden aufgeführten einsilbigen Substantive das grammatische Geschlecht richtig voraussagen kann (Köpcke 1982: 81ff; Köpcke/Zubin 1983). Eine solche Regel lautet etwa:

(3)

$$\text{Endet ein Substantiv auf } [(\text{k})\begin{Bmatrix} \text{f} \\ \text{\c{c}} \\ \text{x} \end{Bmatrix}\text{t}]\text{, so ist es ein Femininum.}$$

Die in Rede stehenden Substantive haben am Ende fakultativ einen Konsonanten (k), gefolgt von einem [f], [ç] (wie in **ich**) oder [x] (wie in **ach**), gefolgt von einem [t]. Beispiele: **die Luft, Kraft, Sicht, Schicht, Frucht, Pacht**. Das entscheidende Merkmal ist also, daß das Wortende von einem Frikativ bestimmter Art gebildet wird, gefolgt von einem [t]. Von 55 Substantiven mit dieser Eigenschaft sind 35 Feminina entsprechend Regel 3. Vier von ihnen sind Maskulina und 16 bekommen ihr grammatisches Geschlecht aufgrund anderer Regeln, z. B. aufgrund semantischer Merkmale wie **der Knecht, Wicht**. Phonetische Kriterien scheinen dort zu greifen, wo es keine stärkeren Merkmale für die Genuszuweisung gibt (**Aufgabe 45**).

Eine andere Regularität oder doch allgemeine Tendenz ist die folgende.

(4) Je größer die Anzahl der Konsonanten am Wortanfang oder am Wortende, desto größer ist die Wahrscheinlichkeit, daß das Substantiv ein Maskulinum ist.

Ordnet man die deutschen Einsilber nach der Zahl der Konsonanten am Wortanfang und Wortende, so ergibt sich folgendes Bild (nach Zubin/Köpcke 1981: 441).

(5) a.

Konson. am Wortanfang	Substantive insgesamt	davon Mask in Prozent	Beispiele
0	57	46	**Ast, Ulk**
1	853	59	**Mast, Reif**
2	505	73	**Spaß, Brief**
3	51	82	**Sproß, Strumpf**

b.

Konson. am Wortende	Substantive insgesamt	davon Mask. in Prozent	Beispiele
0	77	43	**Schuh, Brei**
1	753	63	**Schuß, Stuhl**
2	503	74	**Schutz, Halt**
3	73	77	**Schurz, Pelz**

Anmerkung: **Schurz** und **Pelz** enden mit drei Konsonanten, weil <z> wie [ts] gesprochen wird.

Für ungefähr neun von zehn einsilbigen Substantiven kann man das Genus unter Berücksichtigung phonologischer Gegebenheiten richtig voraussagen. Das ist ein erstaunliches Ergebnis, das die auch in der Sprachwissenschaft verbreitete Ansicht von der Willkürlichkeit des Genus korrigieren sollte. Allerdings ist schwer zu sagen, wie Ergebnisse dieser Art zu interpretieren sind. Handelt es sich um psychophonetische Gegebenheiten, also um etwas wie ›maskuline Klänge‹ und ›feminine Klänge‹? Psychophonetische Untersuchungen, mit denen die lange Zeit postulierte Arbitrarität des sprachlichen Zeichens ausdrücklich in Frage gestellt wird, sprechen zumindest nicht gegen eine solche Interpretation (Fónagy 1963; Ertel 1969; Tanz 1971; Wort, 5.1). Das umso mehr, als gezeigt wurde, daß phonologische Genuszuweisung auch bei Pseudowörtern vollzogen wird. Ein Sprecher des Deutschen weist einem Kunstwort wie **Knorpf** viel eher das Mask als das Fem oder Neut zu (Köpcke/Zubin 1983).

Genus und Bedeutung

Eine semantische Genusdetermination ist damit aber keineswegs ausgeschlossen, schon weil es ja konkurrierende Regularitäten geben kann. Der Zusammenhang von grammatischem Geschlecht und Bedeutung wird meist als Verhältnis von Genus und Sexus begriffen. Der Gedanke einer Zuordnung von strukturellen und semantischen Merkmalen, vom Abbildcharakter der Sprache oder der Entsprechung von Weltsicht und grammatischer Form liegt beim Genus besonders nahe. Er bildet auch den Hintergrund der Debatte über das Verhältnis von Sprache und Geschlecht.

Hat es eine Entwicklungsstufe des Deutschen oder seiner Vorläufer gegeben, auf der die Zuordnung von grammatischem und natürlichem Geschlecht systematischer war als heute? Sind die Kategorien des Genus strukturell-semantische Kategorien in diesem Sinne gewesen?

Die Auseinandersetzung um diese Frage hat in der Sprachwissenschaft Tradition (Royen 1929). Humboldt und Grimm haben als Vertreter eines Sprachbegriffs, der die sprachliche Form in direkte Beziehung zur Bedeutung bringt, eine genetische Einheit von Genus und Sexus unterstellt und sogar postuliert. Dagegen hält etwa der Junggrammatiker Brugmann (1889; 1891) eine solche Verbindung zumindest nicht für zwingend. Im Anschluß an Brugmanns Hypothesen wird heute meist die Auffassung vertreten, daß die Grundklassifikation bei der Entstehung des Genus die nach Belebtheit ist. In unseren Genuskategorien ausgedrückt führt dies zur Unterscheidung von Maskulinum und Neutrum. Ein drittes Genus, also das Femininum, etabliert sich dann unterhalb dieser Grundklassifikation zur Bezeichnung von Kollektiva und Abstrakta (Leiss 1994; Fritz 1998; Vogel 1999; unter typologischer Perspektive Corbett 1991; Dahl 1999). Erst danach »überlagert ein jüngeres, durch das natürliche Geschlecht bestimmter Designata motiviertes, Genussystem ein älteres Genussystem, in dem das natürliche Geschlecht als Unterscheidungsmerkmal unberücksichtigt bleibt.« (Fritz 1998: 255).

Aus dieser Sicht kann man also durchaus einen systematischen Zusammenhang zwischen grammatischem und natürlichem Geschlecht annehmen, wenn man ihn als Teil eines komplexeren Systems versteht. Und die Hypothese, das Femininum habe ursprünglich etwas mit Kollektiva und Abstrakta zu tun, ist noch für das gegenwärtige Deutsch attraktiv. So gut wie alle abgeleiteten Abstrakta sind Feminina (dazu die Suffixe in 2b oben) und auch der Plural hat bei den Artikeln und Pronomina viel mit den Feminina gemeinsam. Man kann sogar die Substantivierungssuffixe des Deutschen insgesamt in eine semantisch fundierte Ordnung nach dem Genus bringen: Die Abfolge der Derivationssuffixe im Wort entspricht der Belebtheitshierarchie mit der Reihenfolge Mask, Fem Neut, ähnlich wie die Abfolge der Verbkomplemente im Satz (13.1.2; Wort, 7.2.2). So haben wir beispielsweise **Lehr+er+schaft** und **Jüng+lings+tum** mit dieser und nicht etwa der umgekehrten Reihenfolge der Suffixe.

Als weiteres kleines Beispiel betrachten wir die Diminutiva. Die Suffixe **chen** und **lein** stehen ganz unten in der Hierarchie (ganz rechts im Wort). Sie werden etwa mit **Mädchen** und **Fräulein** immer wieder als ›Beweis‹ dafür angeführt, daß es eine semantische Genusdetermination im Deutschen nicht gibt. Die Bedeutung von **das Mädchen** sei hinsichtlich des Sexus markiert, die Form aber sei ein Neutrum. Das ist richtig, läßt aber außer acht, daß das Genus in diesem Fall eine andere Bedeutung hat, eben die mit dem Suffix verbundene. Das Genus selbst zeigt Diminution an und nicht Sexus. Daß dazu das Neutrum gewählt wird, hat seinerseits aber sogar wieder etwas mit dem Sexus zu tun. Denn erstens kann sich das ›Verkleinern‹ auf Entitäten aller Art beziehen, auf sexusneutrale ebenso wie auf sexusmarkierte, und wenn für sämtliche Fälle ein einziges Genus gewählt werden muß, dann ist das Neutrum semantisch am angemessensten. Zweitens kann die ›Verkleinerung‹ zu einer wahrnehmungsmäßig vollzogenen Geschlechtsabstraktion führen, die sprachlich als Neutralisation nachvollzogen wird (**die Frau – der Mann – das Kind** oder **das Mädchen** und **das Jungchen**). Dies alles ändert jedoch nichts daran, daß eine der semantischen Funktionen des Genus im Deutschen die Markierung von Diminutiva bleibt und dies die Bedeutung des Neutrums in unserem Beispiel ist.

Allgemein dient das Genus zur Signalisierung des natürlichen Geschlechts noch am ehesten bei den Personenbezeichnungen und bestimmten Tierbezeichnungen (s. u.). Die Grundregularität bei Personenbezeichnungen besagt, daß grammatisches und natürliches Geschlecht dann auseinanderfallen, wenn in der Wortbedeutung ein Merkmal des Sexus besonders markiert wird. Diese Markierung ist stets abwertend oder neutral, niemals aber mit einer positiven Konnotation verbunden. Als abweichend vom Maskulinum werden immer genannt **Memme** und **Tunte**. Beide sind Feminina. Charakteristisch ist, daß als Synonyma zu **Memme** meist Substantive in übertragener Bedeutung gebraucht werden, die Feminina sind (**die Flasche, Niete, Pflaume**) oder Maskulina (**der Schlappschwanz, Waschlappen**), kaum aber Neutra, die zitierfähig sind. Dagegen kommen als Abweichungen vom Femininum Neutra durchaus vor (**das Weib, Reff**). Maskulina tauchen meist als Metaphern auf (**der Drachen, Besen, Blaustrumpf, Vamp**).

Viele Gruppen von Personenbezeichnungen sind hinsichtlich des natürlichen Geschlechts symmetrisch aufgebaut. In **Frau – Mann – Mensch** beispielsweise haben wir einen geschlechtsneutralen Ausdruck neben zwei geschlechtsspezifischen. Daß **Mensch** ein Maskulinum ist, muß diese Symmetrie nicht stören. **Mensch** ist, zumindest synchron und im Gegensatz zum englischen **man**, mit **Mann** ebensowenig identisch wie mit **Frau**.

In anderen Bereichen sind die Bezeichnungen jedoch ungleichmäßig verteilt. An ihnen entzünden sich die Auseinandersetzungen innerhalb der feministischen Linguistik (Pusch 1980; 1990; Leiss 1994). Linguistisch ist eine Kritik unter der Voraussetzung gerechtfertigt, daß für Personenbezeichnungen der Bezug des grammatischen auf das natürliche Geschlecht im Prinzip gegeben ist. Ist er nicht gegeben, so bezieht man mit seiner Unterstellung eine Position, wie sie seit Brugmann als überholt gelten kann. Die Frage ist nicht trivial und ihre strukturelle Seite jedenfalls von Interesse. Pusch weist auf folgende Asymmetrien hin.

1. Bei substantivierten Adjektiven und insbesondere Partizipien liegt ›Differentialgenus‹ vor, d. h. es gibt genusunterschiedene Substantive für das jeweilige natürliche Geschlecht, vgl. **die/der Abgeordnete, Jugendliche, Heranwachsende, Angestellte, Auszubildende, Neunmalkluge**. Von der Form her unterscheiden sich Substantive dieser Art genusabhängig wie die Formen des Adjektivs (z. B. **ein Angestellter – eine Angestellte**). Aber auch hier kann keine Rede davon sein, daß die feminine Form von der maskulinen abgeleitet oder ihr sonst irgendwie nachgeordnet sei. Eine Asymmetrie entsteht für Wortpaare dieser Art allerdings auf der Bedeutungsseite: **der Angestellte** bezeichnet sowohl den männlichen Angestellten als auch die Spezies der Angestellten. Das Maskulinum als unmarkierter Fall gibt die Bezeichnung für den übergeordneten, an sich geschlechtsneutralen Begriff ab.
2. Zu zahlreichen Personenbezeichnungen im Maskulinum lassen sich Feminina morphologisch ableiten (›Movierung‹). Im Deutschen dient dazu vor allem das Suffix **in**: **der/die Lehrer(in), Student(in), Verkäufer(in), Arbeiter(in)**. Die Feminina als abgeleitete Formen existieren hier nicht unabhängig von den Maskulina, es besteht eindeutig ein Verhältnis der Voraussetzung. Dieses Verhältnis besteht in der Regel sowohl synchron/diachron-morphologisch als auch realiter für das Bezeichnete. Und wieder wird die maskuline Form zur Bezeichnung des Genus proximum verwendet. Die Asymmetrie geht noch weiter als bei den substantivierten Adjektiven. Waren dort die Plurale

geschlechtsneutral (**die Angestellten** als Mask und Fem), so haben wir hier auch im Plural das Movierungssuffix (**die Studentinnen – die Studenten**). Im vorliegenden Falle hat ein abgeleitetes (derivationelles) Genus die Funktion, ein natürliches Geschlecht zu markieren. Das ist, wie wir gesehen haben, im Deutschen nicht der Normalfall. Die Tatsache, daß es ein derivationelles Genus gibt, kann aber sehr wohl als ein Grund dafür angesehen werden, daß sich ein Movierungssuffix derart weitgehend durchgesetzt hat.

3. In einer Reihe von Wortbildungsregeln wird auch dort vom maskulinen (unmarkierten) Stamm Gebrauch gemacht, wo eine movierte Form existiert, vgl. Puschs Beispiele **ärzt+lich**, **schriftsteller+nd**, **künstler+isch**, **jurist+isch**, **Meister+schaft**. Daß dies so ist, erscheint schon aus Gründen der Ökonomie ›natürlich‹ – es zeigt damit aber gerade, wie sehr die femininen Formen nachgeordnet sind.

4. Man kann als weitere Gruppe die Vornamen hinzufügen. Viele unserer Mädchen heißen **Nikola, Manuela, Petra, Johanna** und **Henriette**. Aber kein Junge heißt **Evus** oder **Magdalen**, und im Deutschen ist sogar der **Mario** eine Rarität (**Aufgabe 46**).

Wir lassen es bei diesen Hinweisen auf das Genus von Personenbezeichnungen bewenden und zählen noch einige andere Gruppen von Substantiven auf, bei denen es eine Korrelation von Genus und Bedeutung gibt. Maskulina sind Wochentage (auch die, die nicht auf **tag** enden), Himmelsrichtungen, Winde (**der Föhn, Passat, Scirocco, Monsun**), alkoholische Getränke (**der Gin, Schnaps, Whisky, Wein, Grog**, aber das wichtigste ist eine Ausnahme: **das Bier**). Neutra sind Maßeinheiten, die Fachsprachen entnommen sind (**das Erg, Phon, Hertz, Watt, Joule, PS**, aber **der/das Meter, Liter** und **die Kalorie**), Bezeichnungen für Metalle (**Silber, Blei, Eisen, Kupfer**) sowie solche Substantive, die hoch in Begriffshierarchien stehen und Dinge bezeichnen, die der Mensch zum Leben braucht; etwa Haustiere, wenn nicht auf das natürliche Geschlecht Bezug genommen wird (**das Vieh, Geflügel, Rind, Schwein, Pferd, Huhn**, aber **der Hund, die Gans**) oder Lebensmittel (**das Getränk, Gemüse, Obst, Korn**). Man kann einige weitere Klassen hinzufügen wie Städtenamen, die Neutra sind, Schiffsnamen und Motorradmarken, die Feminina sind (Duden 1984: 200 ff.).

Über die Systematik eines Zusammenhangs von Genus und Bedeutung läßt sich solchen Aufzählungen wenig entnehmen. Auch mit einem sehr abstrakten Verständnis von ›natürlichem Geschlecht‹ kommt man hier nicht weiter. Das gilt ja für die oben skizzierte globale Zuordnungstendenz der Abstrakta zu den Feminina ebenfalls. Nehmen wir sie als Anzeichen dafür, daß auch bei den Lebewesen Genus und Sexus nur begrenzt systematisch aufeinander beziehbar sind. Anderenfalls gäbe es wirklich Grund zur Beunruhigung. Denn Zubin/Köpcke (1996) beschreiben ein ›ethnozoologisches Kontinuum‹, das von Bezeichnungen für Menschen bis zu denen für Weichtiere reicht. Menschen, Affen, Säugetiere, Fische, Vögel sind Maskulina. Bei den Reptilien kippt es um. Schlangen, Insekten und Weichtiere sind Feminina.

Weitere Funktionen des Genus

Neben den nur in Teilbereichen eindeutigen semantischen Leistungen erfüllt das Genus im Deutschen eine Reihe von syntaktischen und kommunikativen Funktionen, die ganz unabhängig davon sind, ob es etwas Bestimmtes bedeutet oder nicht. Das Genus erfüllt diese Funktionen rein strukturell dadurch, daß es zur Formdifferenzierung einerseits und zur Formabstimmung andererseits beiträgt. Man kann annehmen, daß sich das Genus im Deutschen auch wegen der Wichtigkeit dieser Funktionen hält. Wir kommen auf seine syntaktische Rolle in verschiedenen Zusammenhängen genauer zu sprechen und geben hier nur einige Hinweise anhand von Beispielen (ausführlich Werner 1975).

Artikel und adjektivisches Attribut kongruieren hinsichtlich Kasus und Numerus mit dem substantivischen Kern eines Nominals und werden hinsichtlich des Genus vom Substantiv regiert (5.2; 8.2). So trägt das Genus neben Kasus und Numerus zur formalen Redundanz und damit zur Stabilität von Nominalen bei. In einem Ausdruck wie **als ein neuer Stadtverordneter aufgeregt hereinkam** sind die Einheiten **ein, neuer** und **Stadtverordneter** auch durch das Genus formal aufeinander abgestimmt. Das Nominal wird dadurch perzeptuell zur Einheit.

Anders als Numerus und Kasus hat das Genus darüber hinaus eine besondere Funktion in der sogenannten Nominalklammer. Mit dem Artikel und dem Kernsubstantiv enthält die Nominalgruppe in der Regel zwei ›genusbehaftete‹ Einheiten, die als ihr Kopf und Kern fungieren (Artikel: Klammer auf; Substantiv: Klammer zu, vgl. 6). Mit dem Genus des Artikels ist dabei schon am Anfang des Nominals klar, welche Art von Substantiv abgewartet werden muß, damit die Klammer schließt (13.3).

(6) ***der*** **besonders an den Ergebnissen unserer Arbeitsgruppe interessierte** ***Minister***

Außer zum Aufbau der Nominalklammer ist das Genus besonders für den Gebrauch von Pronomina von Wichtigkeit. Pronomina und insbesondere auch die Personalpronomina der dritten Person haben Formen in allen Genera. Werden Pronomina textverweisend (phorisch) gebraucht, so richten sie sich im Genus und im Numerus nach dem Bezugsnominal, im Kasus nach ihrer jeweiligen syntaktischen Funktion. In vielen Fällen ist es das Genus des Pronomens allein, das den richtigen Bezug möglich macht.

(7) **Schmidts Engagement für eine Annäherung ist zum Scheitern verurteilt, weil** ***sie/es/er*** **auf das Wohlwollen der Opposition angewiesen ist**

Das Subjekt in 7, nämlich **Schmidts Engagement für eine Annäherung**, enthält je ein Nominal im Maskulinum, Femininum und Neutrum. Auf jedes dieser Nominale kann man sich pronominal beziehen. Eindeutig wird dieser Bezug nur durch das Genus. In seiner textverweisenden und damit die Kohärenz von Texten sichernden Funktion kann die Bedeutung des Genus kaum überschätzt werden.

Auf eine mögliche weitere, im engeren Sinne kommunikative Leistung des Genus haben wiederum Zubin/Köpcke (1981: 446f.) hingewiesen. Betrachtet man Gruppen von Substantiven, die semantisch, perzeptuell und/oder lokal aufeinander bezogene Dinge bezeichnen (substantivische Wortfelder) wie Bezeichnungen für Werkzeuge, Teile des menschlichen Körpers oder Küchengeräte, so stellt man fest, daß das Genus ziemlich gleichmäßig über Gruppen dieser Art verteilt ist. Hier z. B. Bezeichnungen für Teile des Kopfes:

(8) a. **der Kopf, Hals, Nacken, Scheitel**
b. **die Nase, Lippe, Backe, Stirn, Schläfe**
c. **das Auge, Haar, Ohr, Kinn, Gesicht**

Auffällig sind auch Verteilungen in Minigruppen wie **der Löffel – die Gabel – das Messer; der Boden – die Decke; das Haus – der Garten** usw. Der Grund für solche Genusverteilungen wird wieder in der Möglichkeit zur eindeutigen Verweisung durch Pronomina gesehen, jetzt aber besonders in der gesprochenen Sprache. In der mündlichen Kommunikation kommt man häufig ganz ohne Substantive aus, wenn es möglich ist, statt dessen Pronomina gemeinsam mit einer Hinweisgeste oder auch ohne eine solche zu gebrauchen. Man sagt etwa »Hast du sie/ihn/es gefunden? Ist es scharf? Gib ihn her. Halte sie andersherum« usw. Dabei ist es offenbar nützlich, wenn Bezeichnungen für nahe beieinanderliegende oder sonstwie im Wahrnehmungsraum gleichberechtigte Gegenstände grammatisch voneinander getrennt sind und deshalb mit unterschiedlichen Pronomina identifiziert werden. Diese Art des Pronominalgebrauchs ist ein Kennzeichen für die größere Situationsgebundenheit des Gesprochenen gegenüber dem Geschriebenen. Das Nominal wird reduziert auf seinen Kopf, das Kernsubstantiv kann entfallen.

5.3.2 Individualität: Gattungsnamen, Stoffnamen, Eigennamen

Außer nach dem Genus können die Substantive nach einer ganzen Reihe von Kriterien subklassifiziert werden, etwa in morphologisch einfache vs. morphologisch komplexe und letztere weiter nach dem Wortbildungs- oder Nominalisierungstyp (Wort, 6.2; 7.2). Man kann Substantive ähnlich wie Verben nach der Valenz klassifizieren (8.4) oder auch explizit semantische Kriterien zur Grundlage der Klassenbildung machen. Wir behandeln im folgenden nur die Einteilung der Substantive in Gattungsnamen, Stoffnamen und Eigennamen, in drei Klassen, die je spezifische grammatische und semantische Merkmale haben. Für die Bedeutungsunterschiede zwischen den Klassen ist ausschlaggebend, wie die gemeinten Entitäten sprachlich zusammengefaßt oder einzeln bezeichnet werden. Deshalb sprechen wir von einer Kategorisierung hinsichtlich ›Individualität‹. Ob es neben den genannten weitere Substantivklassen gibt, die in ein System dieser Art gehören, etwa Zahl- oder Maßausdrücke, wird im jeweiligen Kontext erörtert (z. B. 8.3; 9.4). Nach den Besonderheiten der drei Klassen besprechen wir noch kurz die sogenannten Sammelnamen sowie eine Möglichkeit zur Integration der Abstrakta in das System der Wortkategorien des Substantivs.

Gattungsnamen

Gattungsnamen auch Appellativa oder Common nouns (COM) genannt, sind die größte Klasse unter den Substantiven. Das Appellativum ist das ›Normalsubstantiv‹, mit dem im Bereich des Konkreten die Objekte der uns umgebenden Wirklichkeit bezeichnet werden. **Tisch**, **Buch** und **Feder**; **Auto**, **Hase** und **Zange**; **See**, **Kind** und **Baum** sind alles Gattungsnamen. Ein Versuch, sie in Bedeutungsgruppen systematisch zu erfassen, ist an dieser Stelle nicht möglich. Grammatisch sind die Gattungsnamen unauffällig, gegenüber den beiden anderen ist COM jeweils die unmarkierte Kategorie. Gattungsnamen haben in der Regel ein vollständiges Paradigma mit dem ›normalen‹ Unterschied von Sg und Pl. Manche Klassifizierungen führen sie unter der Bezeichnung Individuativum oder Count noun.

Was Gattungsnamen bedeuten, scheint auf der Hand zu liegen. Als Konkreta bezeichnen sie Klassen von Objekten, **Tisch** die Klasse der Tische und **Buch** die Klasse der Bücher. Gemeint ist damit die jeweilige Wortbedeutung. Aber wie kommt man zu der Behauptung, daß **Buch**^{WP} »die Klasse der Bücher« bezeichnet? Auf »die Klasse der Bücher« kann man sich allenfalls mit Ausdrücken wie **alle Bücher** oder auch **die Bücher** beziehen. Diesen zusammengesetzten Einheiten ist aber nicht zu entnehmen, was **Buch**^{WP} bezeichnen könnte.

Man setzt Klassen von Objekten als Extension von Appelativa an, weil sich damit auf einfache Weise die Bedeutung der Nominale aufkonstruieren läßt, in denen Formen des Substantivs vorkommen. Dazu gehören insbesondere die artikellosen Plurale wie in **Bücher liest sie am liebsten** sowie Ausdrücke aus Artikelwort + Substantiv wie **ein Buch**, **das Buch**, **einige Bücher**, **sämtliche Bücher** (5.2). Außerdem ist es mit dieser Annahme möglich, den Bedeutungsunterschied etwa zwischen Gattungsnamen und Eigennamen auf einleuchtende Weise anzugeben.

Stoffsubstantive

Sie werden auch unter den Bezeichnungen Kontinuativa oder Mass terms (MAS) geführt. Zu den Stoffsubstantiven gehören Bezeichnungen für Substanzen jeder Art und aller Aggregatzustände wie **Holz**, **Bier**, **Stahl**, **Gas**, **Papier**, **Mehl**, **Öl** und **Sauerstoff**. Eine besondere morphologische Kennzeichnung dieser Klasse gibt es nicht. Stoffsubstantive kommen in allen Genera vor und deklinieren nach unterschiedlichen Flexionsmustern. Ihre grammatischen Besonderheiten gegenüber den Gattungsnamen zeigen sich vor allem im Artikelgebrauch.

(1) a. **Stahl wird immer billiger**
    b. ***Auto wird immer teurer**

(2) a. **Japan versorgt Europa mit Stahl**
    b. ***Japan versorgt Europa mit Auto**

Stoffsubstantive können, anders als Gattungsnamen, auch im Singular ohne Artikel oder eine andere determinierende Einheit auftreten. Der in 1 und 2 sichtbare Unterschied im syntaktischen Verhalten von **Stahl** (MAS) und **Auto**

(COM) wäre allein Grund genug, diese Substantive verschiedenen grammatischen Kategorien zuzuweisen.

(3) a. **Japan versorgt Europa mit billigem Stahl**
b. **Japan versorgt Europa mit billigem Stahle**
c. **Japan versorgt Europa mit Stahl**
d. ***Japan versorgt Europa mit Stahle**

Die Verwendbarkeit artikelloser Formen ist einerseits ein Charakteristikum von Stoffsubstantiven, ist andererseits aber wieder systematisch beschränkt. Die Einheit **billigem Stahl** in 3a ist ein Dativ. Das geht hier eindeutig nur aus der Endung des Adjektivs hervor, aber auch dem Substantiv kann das Dativ-**e** angehängt werden wie in 3b. Das Ganze weist keinerlei Auffälligkeiten auf. **Mit** verlangt den Dativ und der Dativ kann beim Substantiv mit dem veralteten, aber möglichen **e** markiert werden. 3c ist auf den ersten Blick ebenfalls nicht auffällig: **Stahl** kann man ansehen als Dativ ohne **e**. 3d zeigt aber, daß diese Sicht unzutreffend ist. Das Dativ-**e** kann nicht stehen, es handelt sich bei **Stahl** in 3c also ebenfalls nicht um eine dativische Form.

4 zeigt, daß derselbe Effekt beim Genitiv auftritt. Auch hier kann die kasusmarkierte Form des Stoffsubstantivs ohne Begleiter nicht stehen. Wir hatten in 5.2 gesehen, daß dies Verhalten auf einer generellen Beschränkung beruht (**Aufgabe 47**; zu den Eigennamen s.u.).

(4) a. **der Preis japanischen Stahls**
b. ***der Preis Stahls**

Was soll man nun als die Bedeutung von Stoffsubstantiven ansehen? Klar ist, daß **Stahl** nicht eine Menge von Objekten bezeichnet wie ein Gattungsname. Es ist überhaupt fraglich, ob man mit dem Begriff Objekt zur Erfassung der Bedeutung von Stoffsubstantiven auskommt.

Von den verschiedenen Bedeutungskonzeptionen für Stoffsubstantive (Pelletier 1979; Krifka 1989) werden zwei besonders häufig genannt. Die eine ist ontologisch vorsichtig, sie möchte keine Entitäten besonderer Art für Stoffsubstantive einführen, sondern mit denen auskommen, die man sowieso braucht. In diesem Sinne hat W.V.O. Quine vorgeschlagen, als Extension von Stoffsubstantiven ein ›scattered object‹ anzusehen (1960: 97f.). **Stahl** würde also das ›verstreute Objekt‹ bezeichnen, das aus der Menge des überhaupt existierenden Stahls besteht. Grundlegend bleibt der Begriff des Objekts, so wie er auch grundlegend für die Extension von Gattungsnamen ist. Die Welt besteht für uns aus Objekten, aus Objekten sehr verschiedener Art vielleicht, aber etwas anderes als Objekte gibt es nicht.

Parsons (1970) schlägt vor, neben dem Begriff des Objekts andere Grundbegriffe zuzulassen, etwa den der Substanz. Stoffsubstantive hätten als Extensionen Substanzen. Ein Ausdruck wie **dieser Stahl** würde nicht wie **dieser Baum** ein ganz bestimmtes Objekt, sondern eine ganz bestimmte Quantität der betreffenden Substanz bezeichnen. Determination und Quantifikation sind dann für Stoffsubstantive ganz ähnlich möglich wie in 5.2 für Gattungsnamen besprochen, nur daß jeweils nicht die Rede von Objekten und Mengen von

Objekten ist, sondern von Quantitäten und Mengen von Quantitäten von Substanzen. Substanz als Grundbegriff wird auch den anderen semantischen Eigenschaften von Stoffsubstantiven gerecht: (1) Das von ihnen Bezeichnete verliert seine konstitutiven Eigenschaften bei Teilung nicht. Stahl bleibt Stahl, gleichgültig, wieviel man davon hat. (2) Das von Stoffsubstantiven Bezeichnete ist nicht zählbar.

Als weiteres Charakteristikum von Stoffsubstantiven wird in Grammatiken häufig ihre Plurallosigkeit angesehen (Admoni 1970: 90; Engel 1988: 503f.; Helbig/Buscha 1998: 276f.). Das Fehlen des Plural wäre auch einfach erklärbar. Wenn der Sg die Substanz als Ganze bezeichnet, ist für den Pl semantisch kein Platz.

Was der Plural von Stoffsubstantiven sein könnte, tritt in zwei unterschiedlichen Kontexten auf. Der erste ist gegeben in Sätzen wie **Wir bestellen fünf Biere und drei Schnäpse.** Der Ausdruck **drei Schnäpse** bezeichnet eine Menge von Quantitäten einer Substanz und ist gleichbedeutend mit **drei Gläser Schnaps** oder **drei Glas Schnaps** (8.3.2). Die selbe Verwendung ist auch im Singular möglich, z.B. **das Bier, ein Schnaps.** Die Substantive bezeichnen hier nicht Substanzen, sondern Objekte. Sie sind Appellativa und wir stellen fest, daß es zu manchen Stoffsubstantiven ein formgleiches Appellativum gibt.

Der zweite Kontexttyp ist gegeben in **Werkzeug- und Edelstähle, Öle und Fette, Biere und Säfte.** Mit **Öle** etwa kann gemeint sein »schweres und leichtes Öl«, »Olivenöl, Sonnenblumenöl und Rapsöl« usw. **Öle** hat die Bedeutung »Sorten von Öl«. Diese Form des Plurals gliedert die von **Öl** bezeichnete Substanz in Teilsubstanzen auf. Die Extension der pluralischen Form ist eine Menge von Substanzen, die alle in der vom Stoffsubstantiv selbst bezeichneten Substanz enthalten sind.

Der ›Sorten-Plural‹ breitet sich schnell aus. In den meisten Fällen dürfte die Entwicklung von fachsprachlichen Notwendigkeiten in Gang gesetzt werden und von dort aus auf die Gemeinsprache übergreifen. In der zunehmenden Verwendung dieses Plurals drückt sich aus, daß wir mit vielen Substanzen differenzierter umgehen und sie differenzierter wahrnehmen als früher. Es gibt keinen Grund, den Sorten-Plural als irgendwie unsystematisch oder marginal anzusehen. Er ist so gut verankert, daß bereits auch zugehörige Singularformen existieren. **Ein Öl** etwa ist zu lesen als »eine Sorte Öl«. Damit liegt wiederum ein Appellativum vor: Auch **Öl** ist sowohl Stoffsubstantiv als auch Gattungsname.

Umgekehrt verhalten sich Appellative im Plural ähnlich wie Stoffsubstantive im Singular. Insbesondere können sie ohne Artikel stehen, z.B. **Anna ißt Äpfel/Apfelmus** (Krifka 1989: 227; s.a. Löbner 1987; Thieroff 2000: 88f.). Es ist deshalb vorgeschlagen worden, die Substantive selbst gar nicht zu klassifizieren, sondern die unterschiedliche Bedeutung von COM und MAS allein am syntaktischen Kontext festzumachen. Wir schließen uns dieser Sichtweise nicht an, sondern bleiben bei Substantivklassen mit unterschiedlicher Grundbedeutung. Ihr grammatisches Verhalten läßt sich aufeinander beziehen, wird dadurch aber nicht identisch. Der kategoriale Unterschied von COM und MAS ist nicht in Frage gestellt (**Aufgabe 48**).

Eigennamen

Sie auch Propria oder Proper names (PRP) genannt. Ein formal faßbarer und als grammatische Kategorie brauchbarer Begriff von Eigenname läßt sich am Flexionsverhalten und am Artikelgebrauch festmachen. Charakteristisch für eine große Klasse von Eigennamen ist, daß sie einen Gen Sg auf **s** haben (**Helgas, Josephs, Amerikas, Chomskys**) und daß Pluralformen nur in systematisch eingeschränktem Umfang existieren. Pluralformen von Eigennamen sind zwar bildbar (mit dem Pluralmorph **s**), werden tatsächlich aber nur dann gebildet, wenn mehrere gleichnamige Entitäten gemeinsam zu nennen sind wie in **die Lehmanns** oder **beide Deutschlands**. Dies ist ein vollkommen anderer Vorgang als etwa die Pluralbildung bei den Gattungsnamen. **Deutschland** bezeichnet niemals eine Menge von Ländern, sondern immer genau ein Land. Solange es zwei Länder dieses Namens gab, konnten sie mit der Pluralform gemeinsam bezeichnet werden. Das ändert aber nichts daran, daß **Deutschland** genau eine Entität bezeichnet.

(5) a. **Karls Vorschlag**
b. ***Biers Preis**

(6) a. **Er erinnert sich Amerikas**
b. ***Er erinnert sich Goldes**

Die Möglichkeiten eines artikellosen Gebrauchs haben solche Eigennamen mit den Stoffsubstantiven gemeinsam. Anders als die Stoffsubstantive legen sie aber bei artikellosem Gebrauch die Flexionsendung gerade nicht ab. Für diese Eigennamen ist also typisch, daß sie insbesondere im Genitiv artikellos und mit Flexionsendung auftreten. Eine andere syntaktische Auffälligkeit insbesondere von Personennamen zeigt 7.

(7) a. **Arturo Uis Aufstieg**
b. **der Aufstieg des Arturo Ui**
c. ***der Aufstieg des Arturo Uis**

Das Genitiv-**s** kann nicht stehen, wenn der Eigenname dem Artikel folgt. Die Eigennamen verhalten sich in diesem Punkt gerade komplementär zu den Stoffsubstantiven, die ja nur dann eine Kasusmarkierung haben können, wenn sie einen Begleiter haben. Wie bei den Stoffsubstantiven stellt sich die Frage, was **Arturo Ui** in 7b für eine Form ist. Hat das Paradigma zwei verschiedene Genitive oder handelt es sich um eine kasuslose Form? Wiederum zeigt sich, daß nicht überall dort, wo man eine flektierte Form erwarten sollte, diese auch tatsächlich stehen kann.

Semantisch sind die Eigennamen durch zwei Eigenschaften als besondere Klasse der Substantive ausgewiesen (Leys 1979; Wimmer 1980; Knobloch 1992).

1. Eigennamen bezeichnen genau ein Individuum, die Definitheit ist fest und braucht im Sprachgebrauch nicht jeweils hergestellt werden. Das wird besonders deutlich daran, wie Eigennamen anders als Gattungsnamen im Diskurs eingeführt werden.

(8) a. **Es war einmal ein Mann. Dieser Mann hatte sieben Söhne**
b. ***Es war einmal ein Karl. Dieser Karl hatte sieben Söhne**
c. **Karl hatte sieben Söhne. Er lebte in Nürnberg**
d. ***Dieser Mann hatte sieben Söhne. Er lebte in Nürnberg**

Der Ausdruck **dieser Mann** in 8a bezeichnet genau ein Individuum. Dieses Individuum muß identifizierbar sein. Das wird hier durch Vorerwähnung (**ein Mann**) erreicht. 8c zeigt, daß **Karl** einen Text ohne Vorerwähnung eröffnen kann. Selbst wenn der Adressat nicht weiß, wer Karl ist, ist 8c als Textbeginn möglich. Es gibt viele Menschen, die Karl heißen. Verwendet jemand den Eigennamen **Karl**, so bezieht er sich auf genau einen von ihnen. Die Tatsache, daß es viele Menschen gleichen Namens gibt, ändert also nichts daran, daß Eigennamen definit verstanden und dann verwendet werden, wenn beim Hörer genug Hintergrundwissen zur Identifizierung der gemeinten Person vorhanden ist (sog. propriale Referenz).

2. Eigennamen dienen zur Identifizierung von Objekten innerhalb gekennzeichneter Klassen. Mit **Karl** bezieht man sich auf ein Individuum innerhalb der Klasse der männlichen Wesen, mit **London** auf eins innerhalb der Klasse der Städte usw. Sie sind semantisch leer in dem Sinne, daß mit ihnen keine Vorstellung verbunden ist. Eigennamen bezeichnen ein Ding als Ganzes, ohne ihm bestimmte Eigenschaften zuzuschreiben. Sie sind geeignet zum Referieren, nicht aber zum Prädizieren (1.2).

Zwei Einwände können gegen diese Charakterisierung vorgebracht werden. Einmal ist offensichtlich, daß wir mit jedem Eigennamen, der etwa zu einer Person gehört, auch Vorstellungen über diese Person verbinden. Das ändert aber nichts an der identifizierenden Funktion von Eigennamen. Daß Karl ein Mensch mit ganz bestimmten Eigenschaften ist, hat nichts mit dem Wort **Karl** zu tun. Daß ein Hammer ein Werkzeug ganz bestimmter Art ist, gehört dagegen zur Bedeutung des Wortes **Hammer**. Zum anderen könnte darauf verwiesen werden, daß Eigennamen doch semantische Merkmale haben. **Karl** ist ein Jungenname und kein Mädchenname. Eben deshalb sprechen wir davon, daß Eigennamen Objekte innerhalb gekennzeichneter Klassen identifizieren. Wie Gattungsnamen begrifflich nicht vollständig festgelegt sind, sind Eigennamen nicht begrifflich vollständig leer.

Als grammatische Kategorie ist PRP soweit nicht besser und nicht schlechter begründet als COM und MAS, dennoch gibt es bei den Eigennamen eine umfangreiche Abgrenzungsdebatte. Ein Grund dafür ist, daß Eigennamen ganz systematisch sowohl zu Stoffnamen wie zu Gattungsnamen werden können und daß andererseits viele Nominale, die grammatisch eindeutig nicht Eigennamen sind, gewisse Eigenschaften mit Eigennamen gemeinsam haben.

Zum ersten Problemkreis gehören als besonders schlagendes Beispiel die Marken- und Produktnamen. Ein Firmenname wie **Opel** oder **Esso** ist zweifellos ein Eigenname im strengen Sinne. Alle grammatisch-semantischen Kriterien, die oben genannt wurden, sind erfüllt. Nun werden solche Ausdrücke aber nicht nur als Firmenbezeichnung, sondern auch als Produktbezeichnungen verwendet. Je nach Produkt sind sie dann Gattungsnamen oder Stoffnamen. Es gibt grammatisch-semantisch keinen Unterschied zwischen **Opel** und **Auto**, beide gehören zu den Gattungsbezeichnungen. Ebensowenig sind

Esso und **Wasser** auseinanderzuhalten, beide sind Stoffsubstantive (**Aufgabe 49**). Wenn etwa festgestellt wird, daß Firmenbezeichnungen Eigennamen seien und Produktbezeichnungen Gattungsnamen seien (Vater 1965: 212, 213), dann gehört ein Wort wie **Opel** zu beiden Kategorien.

Der für die grammatische Beschreibung relevante Begriff von Eigenname ist damit aber noch immer nicht vollständig gekennzeichnet. Zu berücksichtigen sind insbesondere Fälle wie in 9.

(9) a. **der Feldberg, der Bodensee, die Karlsaue, das Leinetal, das Zentralmassiv**
b. **der Rhein, der Fläming, die Eifel, die Schweiz, die Alpen, das Elsaß**
c. **der Missouri, der Ätna, der Ural, die Sahara, das Karakorum, das Médoc**

Diese Einheiten sehen aus wie Nominalgruppen. Der Artikel ist obligatorisch und eine Flexion ist wie bei anderen NGr möglich, wenn nicht notwendig (**auf dem Feldberge, längs des Rheins**). Ob der Genitiv markiert werden *muß*, ist umstritten und eine Frage der Normierung. Im allgemeinen Gebrauch dürften die in 9a flektiert sein, die in 9b weniger konsequent und die Fremdwörter in 9c noch weniger. Allen gemeinsam ist, daß wie bei den einfachen Eigennamen keine Determination durch den Artikel erfolgt. Der bestimmte Artikel ist fest, andere Artikel sind bei normalem Gebrauch ausgeschlossen (Vater 1965; Thieroff 2000: 68f.). Für Namen des Typs 9a schlägt Harweg (1983) den Terminus ›Gattungseigenname‹ vor, weil sie einen Gattungsnamen als Bestandteil enthalten. Solche Ausdrücke sind natürlich nicht in derselben Weise begrifflich leer wie einfache Eigennamen, aber auch sie können ihren begrifflichen Inhalt leicht verändern oder einbüßen. Der Berliner Gendarmenmarkt ist ja alles andere als ein Markt.

Eine weitere große Klasse von Einheiten, die man intuitiv zu den Eigennamen zählen möchte, enthält sogar noch Attribute, z.B. **die Französische Revolution, die Lüneburger Heide, das Schwarze Brett, das Schwarze Meer**. Daß sie Eigenschaften von Eigennamen haben, ist neben dem spezifischen Gebrauch des bestimmten Artikels vor allem an der engen Bindung des Attributs an den Kern zu erkennen. Fügt man ein weiteres Attribut ein, dann geht der Eigennamencharakter der Gesamteinheit verloren: **das schwarze lange Brett, das schwarze tiefe Meer**. Kriterien dieser Art sind von entscheidender Bedeutung, wenn es um Fragen der Groß- und Kleinschreibung geht (Wort, 8.5).

(10) a.

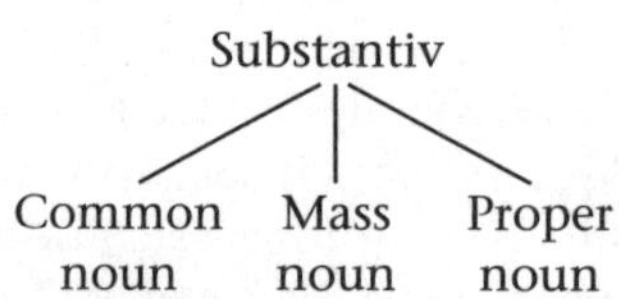

b.

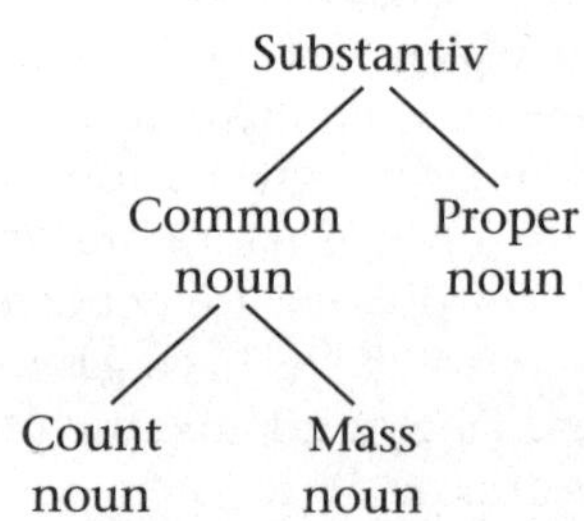

Die Einteilung der Substantive in Gattungsnamen, Stoffnamen und Eigennamen haben wir so vorgenommen, daß die drei Klassen mit ihren Gemeinsamkeiten und jeweiligen Besonderheiten nebeneinanderstehen (10a), aber auch eine Klassifikation entsprechend 10b ist denkbar (Duden 1998: 195ff.; Helbig/Buscha 1998: 230f.). Sie stellt die Substantive mit begrifflicher Bedeutung den Eigennamen gegenüber. Die Allgemeinbegriffe werden dann in die ›Zählbaren‹ (Count nouns) und die Stoffsubstantive untergliedert. Diese Klassifizierung hat viel für sich. Andererseits haben wir gesehen, daß nicht nur Stoffsubstantive als Gattungsnamen verwendbar sind, sondern daß auch Eigennamen wie die beiden anderen Klassen kontextualisiert werden können. Das spricht eher dafür, wie in 10a zu verfahren. Also lassen wir es dabei.

Weitere Substantivklassen und Übersicht

Eine Klasse von Substantiven, die häufig neben den bisher behandelten genannt wird, sind die Sammelnamen oder Kollektiva. Sie »drücken eine Vielheit von Personen, Tieren, Pflanzen oder Gegenständen aus« (Helbig/Buscha 1986: 231). Sammelnamen sind teilweise am Wortbildungstyp erkennbar, etwa am Präfix **Ge** (**Geäst, Gebüsch, Gebirge, Gebälk, Gewölk**) oder am Suffix **schaft** (**Elternschaft, Hundertschaft, Ritterschaft, Mannschaft, Nachbarschaft**). Jedoch sind diese Wortbildungsmittel nicht an die Sammelnamen gebunden, und viele andere Sammelnamen haben keinerlei morphologisches Charakteristikum (**Obst, Immobilien, Familie, Schmuck, Wild, Trümmer**). Auch gemeinsame grammatische Merkmale gibt es nicht. Die Sammelnamen werden deshalb durchweg als eine nur semantisch faßbare Klasse angesehen, ›Sammelname‹ ist keine grammatische Kategorie (Admoni 1970: 92ff.; Grundzüge 570; Duden 1998: 197). Wir schließen uns dieser Auffassung an und ziehen den Schluß, daß die Sammelnamen auf die vorhandenen Substantivkategorien aufgeteilt werden müssen. So verhalten sich **Obst, Schmuck, Wild, Trümmer** und **Gewölk** wie Stoffsubstantive, während **Familie, Mannschaft, Hundertschaft** und **Gebirge** den Gattungsnamen zuzuschlagen sind.

(11) a. **Familie, Mannschaft, Volk, Gebirge, Werkzeug**
b. **Obst, Schmuck, Wild, Gebälk, Gepäck**
c. **Möbel, Musikalien, Leute, Ferien, Textilien, Spesen**

Die grammatische Behandlung der Sammelnamen könnte damit – abgesehen von einigen Schwierigkeiten bei der Aufteilung auf die Kategorien – als erledigt gelten, wenn hier nicht die Numerusfähigkeit auf besondere Weise in Erscheinung träte. Sammelnamen bezeichnen eine Mehrheit von Objekten und man könnte vermuten, daß sie deshalb nur im Plural vorkommen. Es gibt aber Sammelnamen mit Sg und Pl (11a) neben solchen, die nur den Sg haben (11b) und solchen, die nur den Pl haben (11c). Nicht bei allen, aber doch bei einem großen Teil von ihnen ist die Zuordnung zu einer der drei Klassen eindeutig. Am Beispiel der Stoffsubstantive haben wir gesehen, daß früher auf den Sg beschränkte Substantive systematisch einen Pl bekommen. Dennoch sind die Beschränkungen bei vielen Substantiven strikt und veranlassen uns, eine Kategorisierung hinsichtlich Numerusfähigkeit für *alle* Substantive vorzunehmen. Die weitaus meisten sind hinsichtlich Numerus nicht restringiert (NRES), sie haben sowohl Sg als auch Pl. Die restringierten (RES) werden aufgeteilt in auf den Sg beschränkte (Singulariatantum, SGT) und auf den Pl beschränkte (Pluraliatantum, PLT. Achtung, kleine Bildungsfalle: es heißt *das Singularetantum – die Singulariatantum* und entsprechend *das Pluraletantum – die Pluraliatantum*). Pluraliatantum haben kein Genus.

Das Verhalten der Sammelnamen zeigt, daß der Bedeutungsunterschied zwischen einem Pluraletantum und einem Singularetantum nicht darin bestehen muß, daß ersteres eine Mehrheit, letzteres ein einziges Objekt bezeichnet. Es gibt Singulariatantum, die sich so verhalten, etwa bestimmte Eigennamen, aber notwendig ist das nicht. Singulariatantum bezeichnen häufig Mehrheiten von Objekten. Pluraliatantum sind in dieser Hinsicht stärker festgelegt, es gilt, »daß nahezu allen Pluraliatantum eine Pluralstufe zugrundeliegt« (Baufeld 1980: 78). Sie bezeichnen in der Regel Entitäten, die Mehrheiten von Objekten sind. Dies unterschiedliche Verhalten von SGT und PLT ist mit Sicherheit darauf zurückzuführen, daß Pl gegenüber Sg die markierte Kategorie ist. Eine Untersuchung der Semantik von Pluraliatantum hat ergeben, daß Objekte dann begrifflich zu einer Mehrheit zusammengefaßt werden, wenn zwischen ihnen enge, auf ihrem natürlichen Vorkommen oder ihrem Gebrauchswert für den Menschen beruhende Beziehungen bestehen (Baufeld 1980; 1986).

Singulariatantum und Pluraliatantum gibt es in allen Substantivklassen. Das System von Wortkategorien des Substantivs kann, soweit es in 5.3.1 und 5.3.2 besprochen wurde, wie in 12 zusammengefaßt werden. 12 setzt das Kategorienschema 17 aus 5.2 fort. Für die verschiedenen Kategorienkombinationen ist je ein Beispiel eingetragen.

(12) Klassifikation der Substantive

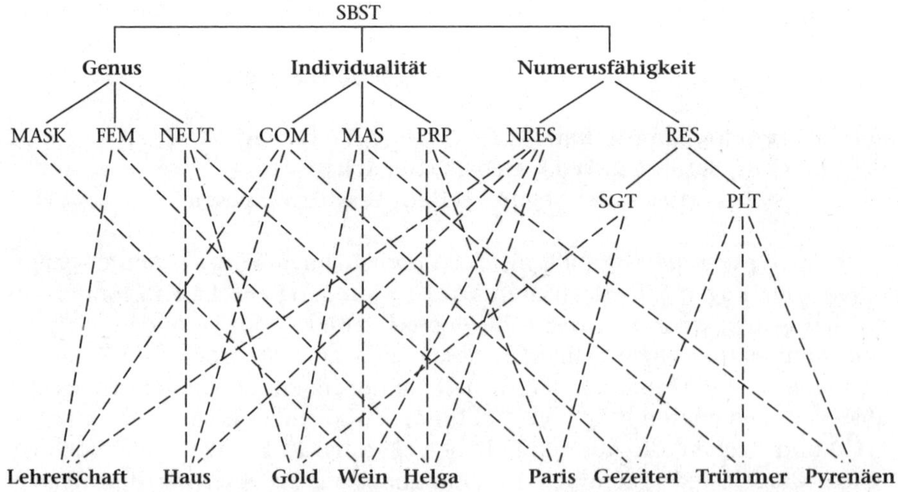

Ähnlich wie die Sammelnamen behandeln wir auch die letzte hier zu erwähnende Substantivklasse, die Abstrakta. Es wird vorgeschlagen, die Unterscheidung konkret – abstrakt als eine Differenzierung auf der semantischen

Ebene anzusehen, die sich weder in der Morphologie noch in der Syntax einheitlich niederschlägt. Die Abstrakta gliedern sich dann wie die Konkreta in COM, MAS und PRP. Es wird also angenommen, daß die für das Konkrete entwickelten Kategorien sich im Abstrakten wiederfinden. Typisch für Abstrakta ist, daß sie mehreren Kategorien angehören können, insbesondere sind sie häufig sowohl COM als auch MAS (**Aufgabe 50**).

5.4 Pronomina

5.4.1 Gebrauch und Funktion von Pronomina. Grundbegriffe der Deixis

Das Pronomen und seine Verwendung

Der Kategorienname Pronomen teilt uns mit, daß diese Ausdrücke eine besondere Beziehung zu anderen Nomina haben. Das Pronomen **sie** kann in pronominaler Beziehung stehen **zu eine Tante, die Tante, die Tanten** und **Tanten**, nicht aber zu **der Onkel** oder **das Auto**. Worin besteht aber die pronominale Beziehung? Wir setzen bei der Feststellung an, daß Pronomina alle oder doch wesentliche syntaktische Funktionen erfüllen können, die auch von Nominalen mit einem Substantiv erfüllt werden. Dazu gehören insbesondere die Funktion als Subjekt (1a), als Objekt (1b), als Attribut (1c) und als Kern einer Präpositionalgruppe (1d).

(1) a. **Ihr Freund ist verreist, *meiner* nicht**
b. **Joseph kaufte den Häuserblock und ließ *ihn* abreißen**
c. **Karl telefonierte mit der Dame, *deren* Wohnung vermietet werden sollte**
d. **Paula schreibt an die Verwaltung, um sich bei *ihr* zu beschweren**

Schon dies sehr allgemeine Kriterium führt zu einem engeren Begriff von Pronomen, als wir ihn in vielen Grammatiken vorfinden. So gehören in 1 nur die hervorgehobenen Ausdrücke zu den Pronomina, also **meiner** in 1a, nicht aber **ihr. Ihr** als Form des Nom Sg steht nur adsubstantivisch und erfüllt daher nicht die Funktionen substantivischer Nominale. Es ist nicht Pronomen, sondern Artikel (5.2).

Die Stellung der Pronomina im jeweiligen sprachlichen Kontext ist auf unterschiedliche Weise geregelt. Als grundlegend unterscheiden wir dabei einen *selbständigen* von einem *unselbständigen* oder *phorischen* Gebrauch. Jemand möchte ein Auto kaufen und sagt zu seinem Geschäftsfreund »Ich nehme diesen hier«. Wenn er gleichzeitig mit der Äußerung auf ein bestimmtes Fahrzeug zeigt, wird er in jedem Fall verstanden. Weil er in eindeutiger Weise mit dem Pronomen referiert, ist etwa die Genuswahl zweitrangig. Vielleicht ›versteht‹ der Verkäufer bei Wahl des Maskulinums »Ich nehme diesen Wagen hier«, aber er könnte auch etwas ganz anderes verstehen und die Äußerung hören als »Ich nehme diesen Daimler hier«. Die Situation soll so sein, daß es kein Substantiv gibt, das man eindeutig als Bezugssubstantiv identifizieren kann. In diesem Fall sprechen wir vom selbständigen Gebrauch des Pronomens. Beim selbständigen Gebrauch gewinnt das Pronomen seine grammatischen Eigenschaften (insbesondere das Genus und den Numerus) nicht durch formale Korrelation mit einem weiteren Nominal, sondern aus anderen Quellen, beispielsweise aus den Eigenschaften des Bezeichneten. Dagegen ist die Form des Pronomens bei phorischem Gebrauch von der Form eines anderen Nominals bestimmt. Fragt der Verkäufer »Welche Kiste wollen Sie denn?« und der Kunde antwortet »Ich nehme diese hier«, dann liegt phorischer Gebrauch vor: **diese** ist Fem Sg, weil **welche Kiste** FEM Sg ist. Geht der Bezugsausdruck wie in unserem Beispiel dem Pronomen voraus, so sprechen wir von einem *anaphorischen* (rückbezüglichen) Pronomen. Folgt der Bezugsausdruck dem Pronomen wie in **Sie war heute wieder besonders eindrucksvoll, die Nancy**, dann sprechen wir von einem *kataphorischen* (vorbezüglichen) Pronomen. Kataphorische Pronomina sind schwerer zu verarbeiten als anaphorische, denn es bleibt zunächst offen, worauf sie sich beziehen. Sie erhalten ihre Füllung erst nach Auftauchen des Bezugsnominals. Schon deshalb ist der kataphorische Pronominalgebrauch seltener als der anaphorische, und in vielen Konstruktionen ist er ganz ausgeschlossen (Bátori 1981:135 ff.; IDS-Grammatik: 547 ff.).

Wir besprechen im folgenden zunächst die Personalia, den Prototyp des selbständig verwendeten Pronomens (PRS **ich/du/er**). Danach die umfangreiche Gruppe der Determinativpronomina mit den Demonstrativa, Possessiva und Indefinita (DET) sowie schließlich die Fragepronomina (INT). Das Relativpronomen kommt beim Relativsatz zur Sprache (REL; 8.5). Das Relativpronomen hat nur Formen, die auch bei anderen Pronomina vorkommen. Die Flexion der Pronomina wird jeweils in Kürze dargestellt (ausführlicher zum regulären Flexionstyp Wort, 5.2.2). Die Stellung der Kategorie PRO im System der nominalen Wortkategorien gibt 2 wieder. 2 setzt Schema 17 aus 5.2 fort.

(2)

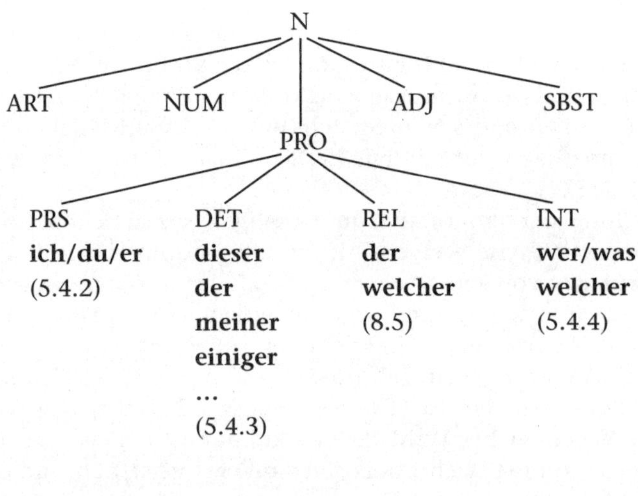

Deixis

Eine charakteristische, an ihre Bedeutung fest gebundene Gebrauchsweise vieler Pronomina ist die *deiktische* oder *indexikalische*. Der Begriff der Deixis ist fundamental für ein Verständnis des Systems der Pronomina und wird deshalb an dieser Stelle eingeführt. Er ist aber auch bedeutsam für weitere Bereiche der Grammatik wie das Tempus, die lokalen und temporalen Präpositionen, die Personalendungen des Verbs, die Bewegungsverben und die Raum- und Zeitadverbien. Der Deixisbegriff wird daher in einem kurzen Exkurs so allgemein dargelegt, daß wir uns auch in anderen Kapiteln auf ihn beziehen können.

Deiktika (von griech. deiknymi δείκνυμι = »zeige«) sind Ausdrücke, die in spezifischer Weise auf die Äußerungssituation bezogen sind. Was sie bezeichnen, läßt sich nur unter systematischem Bezug auf die Äußerungssituation angeben. Das Verstehen der Deiktika setzt eine Strukturanalyse der Äußerungssituation voraus, und umgekehrt spiegeln die Deiktika insgesamt eine Strukturiertheit der Äußerungssituation wider.

Die klassische Arbeit zur Deixis ist der zweite Hauptteil aus Karl Bühlers Sprachtheorie, überschrieben ›Das Zeigfeld der Sprache und die Zeigwörter‹ (Bühler 1965, andere grundlegende Darstellungen in Lyons 1980; Harweg 1990, zum Deutschen Diewald 1991; Ehrich 1992; Blühdorn 1993). Bühler geht aus von der Analogie zwischen Zeiggeste und Zeigwort, die darin besteht, daß mit der gleichen Form von Situation zu Situation auf Unterschiedliches verwiesen werden kann. Das Zeigwort **ich** etwa bezeichnet den Sprecher, insofern liegt seine Bedeutung als symbolische fest. Der Sprecher ist aber von Situation zu Situation eine andere Person. Worauf man mit **ich** referiert, ist – anders als bei Nominalen sonst – rein kontextuell fixiert.

Die Deiktika werden geordnet mit Hilfe des Begriffes der *Origo*, dem Zentrum der in Raum und Zeit situierten Äußerungssituation. Die Origo ist gegeben durch den Sprecher (**ich**), der an einem bestimmten Ort (**hier**) und zu einer bestimmten Zeit (**jetzt**) spricht. **Ich**, **hier** und **jetzt** sind die urdeiktischen Ausdrücke; jeder von ihnen wird zum Kern eines Systems von Deiktika, nämlich der Personaldeixis, der Raumdeixis und der Zeitdeixis.

Die *Personaldeixis* erfaßt die kommunikativen Rollen in der Äußerungssituation und ist im Singular differenziert nach der Rolle des Sprechers (1.Ps), des Adressaten (2.Ps) und dessen, worüber gesprochen wird, Bühler nennt es das Besprochene (3.Ps). Deiktisch ist ein Ausdruck nach dieser Differenzierung, insofern er sich auf eine kommunikative Rolle bezieht. Das ›Zeigen‹ ist hier metaphorisch gemeint, die Zeigwörter haben gewisse Merkmale mit der Zeiggeste gemeinsam.

Problematisch wird ein solcher Deixisbegriff für das Besprochene. Das Besprochene erscheint unter sachlichem wie sprachlichem Aspekt ungleich vielfältiger als Sprecher und Adressat. Man bezieht sich darauf nicht allein mit dem Personalpronomen der 3.Ps, sondern mit Nominalen jeglicher Art. Das Besprochene ist trivialerweise deiktisch, insofern es eine kommunikative Rolle meint. Wenn aber Ausdrücke wie **die Wand** oder **ein Mensch** als deiktisch zu gelten haben, wird der Begriff leer. Solche Ausdrücke sind nach Bühler gerade nicht deiktisch, sondern symbolisch. Was sie bezeichnen, ergibt sich aus ihrer Bedeutung und dem Äußerungskontext, setzt aber nicht die strukturelle Analyse der Äußerungssituation wie bei den Deiktika voraus.

In einem anderen Sinne kann aber auch das Besprochene eindeutig deiktisch sein. Eine Äußerung von **Das ist sie** oder **Dieses Auto kaufen wir nicht** kann zum Verständnis geradezu eine Zeiggeste verlangen. Es wird also realiter gezeigt, und das Zeigen wird sprachlich unterstützt und nachvollzogen durch Ausdrücke wie **das** oder **dieses**. Diese Art des sprachlichen Zeigens wird ›gestisch‹ oder ›zeiggestenhaltig‹ genannt. Etwas verallgemeinert heißt ›zeigen‹ oder ›deiktischer Gebrauch‹ hier soviel wie die Aufmerksamkeit des Adressaten auf etwas Bestimmtes lenken. Dieser Fokussierungsprozeß ist mehrfach zur Grundlage eines entsprechenden Deixisbegriffes gemacht worden (Ehlich 1983; Bosch 1983; s. a. Harweg 1990a; 7.2).

Die *Raumdeixis* mit dem Sprechort als Zentrum ist in der einfachsten Ausprägung, wie sie mit lokalen Adverbien realisiert wird, in vielen Sprachen isomorph zur personalen Deixis aufgebaut, d. h. es gibt – beispielsweise im Spanischen und im Japanischen – Ausdrücke für den Ort des Sprechers, den Ort des Adressaten und den Ort des Besprochenen (Bühler 1965: 90 f; Hottenroth 1982; Coulmas 1982). Im Deutschen wird der Ort des Adressaten nicht besonders gekennzeichnet. Mit **hier – da/dort** unterscheiden wir lediglich Bereiche in ihrer Beziehung auf den Sprecher (7.2). Die räumliche Anordnung von Objekten relativ zur Origo wird insbesondere mit Präpositionen erfaßt. So besagt der Satz **Karl versteckt sich hinter dem Baum**, daß der Baum sich zwischen Sprecher und Karl befindet (6.1.1). Bewegungsrichtungen werden danach unterschieden, ob sie auf die Origo zu oder von der Origo weg gerichtet sind. Diese Differenzierung findet sich sowohl bei Adverbien (**herunter – hinunter**, Brennenstuhl 1977) als auch bei Verben (**kommen – gehen, nehmen – geben**). In speziellen Untersuchungen über Weg- und Raumbeschreibungen ist die enorme Bedeutung der Deixis für die Orientierung des Menschen im Raum herausgearbeitet worden (Ullmer-Ehrich 1979, 1982; Klein 1979,1982; dazu auch Wunderlich 1982).

Die *Zeitdeixis* ist insbesondere realisiert im System der temporalen Präpositionen, Adverbien und Konjunktionen sowie im Tempussystem. Ein Bezug auf die kommunikativen Rollen hat in der Zeitdeixis wenig Sinn. Ihre Grundlage ist die Orientierung von Zeitpunkten, Zeitintervallen und gerichteten Zeitverläufen am Sprechzeitpunkt. Die Verwendung zeitdeiktischer Begriffe hat die meisten neueren Tempusanalysen stark beeinflußt (4.3; Rauh 1983).

Ein wichtiger Parameter zur Beschreibung des Deiktischen ergibt sich aus der Unterscheidung von Nähe zur und Ferne von der Origo. Die Entfernung kann fein abgestuft werden und korrespondiert dann mit der ›Höhe der Zeiggeste‹ (der erhobenen Hand, z. B. **da vorn; weiter weg; da hinten**). In manchen Fällen treten Entfernungssprünge auf. Man spricht dann besser nicht von Nah/Fern-, sondern von Diesseits/Jenseits-Deixis und bringt damit zum Ausdruck, daß es um Grenzziehungen oder speziell um sprachliches Revierverhalten geht. Die Diesseits/Jenseits-Deixis scheint quer zur Unterscheidung von personaler, räumlicher und zeitlicher Deixis zu liegen, sie kommt überall vor. Eine ihrer Erscheinungsformen sieht man manchmal im Auftreten der Höflichkeitsformen von Personalpronomina (**du – Sie**). Obwohl mit solchen Unterscheidungen Distanz zur Origo signalisiert wird, liegt wohl nicht etwas im eigentlichen Sinne Deiktisches vor. Denn nur in Ausnahmefällen wechselt man zwischen **du** und **Sie** gegenüber einer bestimmten Person in Abhängigkeit von der jeweiligen Sprechsituation (Harweg 1990b; 5.4.2).

Räumliches, Zeitliches und Personales waren bisher immer konkret gemeint, aber auch das Deiktische kennt natürlich abgeleitete, metaphorische und abstrakte Verwendungen (Rauh 1983a). Man kann sich etwa vorstellen, daß topologische Merkmale der konkreten Räumlichkeit auf bestimmte Gegenstandsbereiche übertragen werden, so daß man sich dort ›räumlich‹ orientiert (Klein 1978). Auf diese Weise konstituiert sich zum Beispiel ein Text- oder Diskursraum, in dem man sich auf Text- oder Redeteile bezieht mit Ausdrücken wie **oben** und **unten**, **vorn** und **hinten**, **hier** und **dort**. Ebenso ist zeitdeiktische Orientierung möglich mit Zeitadverbien und Tempusformen (**Wie vorhin gezeigt wurde ...; Wie wir gleich sehen werden ...**). Auch der phorische Gebrauch von Pronomina kann als textverweisend und damit als textdeiktisch angesehen werden, daher spricht Bühler von anaphorischer Deixis. Daß mit phorisch verwendeten Pronomina im Text verwiesen wird, ist gar nicht zu bestreiten. Dennoch wird das Anaphorische gegenwärtig meist gerade nicht als deiktisch angesehen, eben weil die deiktische Prozedur als Neuorientierung des Adressaten auf ein Objekt begriffen wird (dazu die zitierten Arbeiten von Ehlich und Bosch, zur Textdeixis weiter Ehlich 1982; Harweg 1990c).

Deiktische Analysen sind von besonderer Bedeutung für ein Verständnis des Verhältnisses von Sprachstruktur und Außersprachlichem. Einerseits sind viele Merkmale des Deiktischen fast trivialerweise universell (etwa die Grundzüge der Rollenaufteilung), andere sind aber in einer phantastischen Variationsbreite einzelsprachlich und häufig unmittelbar kulturspezifisch interpretierbar (dazu die Beiträge in Weissenborn/Klein 1982). Die Reichweite des Deixisbegriffes ist – ähnlich der des Markiertheitsbegriffs für das Verstehen grammatischer Strukturen – gegenwärtig nicht vollständig abschätzbar. Deixis und Markiertheit berühren sich im übrigen über die jeweiligen Zentralbegriffe der Origo und der prototypischen Sprechereigenschaft. Auch diesem Zusammenhang wird weiter nachzugehen sein.

5.4.2 Das Personalpronomen

Formen und Funktionen des Personalpronomens

Das Paradigma des Personalpronomens (PRS) ist nur teilweise regelmäßig und nach geläufigen Schemata der Nominalflexion aufgebaut. Wir betrachten zunächst nur die Formen der 1. und 2. Person.

(1) a.

1.Ps	Sg	Pl
Nom	**ich**	**wir**
Gen	**meiner**	**unser**
Dat	**mir**	**uns**
Akk	**mich**	**uns**

b.

2.Ps	Sg	Pl
Nom	**du**	**ihr**
Gen	**deiner**	**euer**
Dat	**dir**	**euch**
Akk	**dich**	**euch**

Die Teilparadigmen sind vollständig, aber stark suppletiv. Darin spiegelt sich die singuläre Stellung des Personalpronomens im grammatischen System. Das Personalpronomen fungiert in der Regel als Satzglied (**Sie kennt ihn**) oder Kern einer PrGr (**bei ihr; unter uns**). Als Subjekt steuert es die formale Korrespondenz mit dem Prädikat (**Du lachst; Sie lacht**) und als Träger der Personaldeixis ist es kommunikativ von zentraler Bedeutung. Die meisten Formen des Personalpronomens gehören zu den hochfrequenten Formen des Deutschen und weisen die für Suppletion typische »Kopplung von maximaler Differenzierung und Kürze« auf (Nübling 1998: 83).

Wir können das Verhältnis der Formen zueinander an dieser Stelle nicht in den Einzelheiten darstellen. Zweierlei springt aber ins Auge. Einmal gibt es kaum Synkretismen, was ja aus Suppletion nicht unbedingt folgt. Es hängt wohl auch damit zusammen, daß alle obliquen Kasus des Personalpronomens der 1. und 2. Person reflexiv verwendbar sind. Beziehen sich die Nominale in zwei Satzgliedern auf dasselbe Objekt oder haben sie dieselbe Bedeutung und wird dies ausdrücklich durch ein phorisch gebrauchtes Pronomen signalisiert, so sprechen wir von Reflexivität. Reflexivität wird in 2a–c durch Rückbezug der Objekte auf das Subjekt, in 2d durch Rückbezug des indirekten auf das direkte Objekt realisiert. Bei Formgleichheit von Kasusformen und insbesondere des Nominativs mit Formen der obliquen Kasus wären solche Sätze syntaktisch mehrdeutig.

(2) a. **Ich wasche mich**
  b. **Du traust nur dir**
  c. **Du erinnerst dich deiner**
  d. **Karl überläßt dich dir**

Auffällig ist weiter die Übereinstimmung des Genitivs mit Formen des Possessivums. Historisch haben sich das Possessivpronomen **meiner** (5.4.3) und der Possessivartikel **mein** aus dem Genitiv des Personalpronomens entwickelt. Wie wir wissen, ist die Hauptfunktion des Genitivs im gegenwärtigen Deutsch die des Attributs. Das Genitivattribut zeigt eine allgemeine und ziemlich unspezifische Zugehörigkeitsrelation zwischen dem von zwei Nominalen Bezeichneten an, beispielsweise eine Besitzrelation wie in 3b. Der analog zu 3b konstruierte Ausdruck 4b ist nun ungrammatisch, weil das Personalpronomen generell von der Funktion als Genitivattribut ausgeschlossen ist. Diese Funktion hat der Possessivartikel übernommen. Die Herausbildung des Possessivums hat also zur Folge, daß das Personalpronomen einen Teil seiner syntaktischen Funktionen verliert: es ist als reiner Kasus nicht mehr als Attribut, sondern nur noch als Ergänzung verwendbar. Semantisch ist das Possessivum eigentlich überflüssig, denn was mit ihm gesagt wird, könnte auch mit dem Genitivattribut des Personalpronomens gesagt werden. Viele Sprachen kommen auch ohne ein besonderes Possessivum aus (Seiler 1983: 17 ff.).

(3) a. **Das Haus gehört dem Bürgermeister**
  b. **das Haus des Bürgermeisters**

(4) a. **Das Haus gehört dir**
b. ***das Haus deiner**
c. **dein Haus**

Die Personalpronomina der 1. und 2.Ps werden fast ausschließlich selbständig verwendet. Mit **ich** bezieht sich der Sprecher auf sich selbst, mit **wir** auf eine Menge von Individuen, die ihn einschließt. Mit **du** bezieht sich der Sprecher auf einen einzelnen Adressaten, mit **ihr** auf eine Menge von Individuen, die den Adressaten oder mehrere Adressaten (aber keinesfalls den Sprecher) einschließt (genauer Plank 1984; s. a. 4.2).

Sprecher und Adressat sind in der normalen Äußerungssituation anwesend, deshalb gibt es keinerlei Schwierigkeiten bei der Referenzfixierung der Personalpronomina der 1. und 2.Ps. Dies hat zur Konsequenz, daß **ich, du, wir, ihr** sowie das unpersönliche Personalpronomen **man** (das nur als Subjekt vorkommt) weitgehend funktional äquivalent verwendbar sind, wenn nur die Äußerungssituation genügend Hinweise auf das jeweils Gemeinte gibt. So können 5a,b sehr wohl auf den Sprecher selbst bezogen sein, also dasselbe bedeuten wie 5c. Und ebenso kann man 6a,b im Sinne von 6c äußern (eine erschöpfende Zusammenstellung solcher Fälle in den Grundzügen: 653 ff.).

(5) a. **Da strengt man sich an und erreicht nichts**
b. **Da strengst du dich an und erreichst nichts**
c. **Da strenge ich mich an und erreiche nichts**

(6) a. **Wenn ich die Gefahr kenne, muß ich mich doch anders verhalten**
b. **Wenn man die Gefahr kennt, muß man sich doch anders verhalten**
c. **Wenn du die Gefahr kennst, mußt du dich doch anders verhalten**

Nur so ist es auch möglich, daß Pronomina der 1., 2. und 3.PS im Sg und im Pl sozusagen semantisch abweichend als Höflichkeitsformen oder sonstwie an soziale Rollen gebunden zur Referenz auf den Adressaten verwendet werden. Der Variabilität von Anredeformen sind kaum Grenzen gesetzt (Kohz 1982: 32 ff.; Simon 2003).

Die situativ gesicherte Eindeutigkeit des Referierens dürfte auch der Grund dafür sein, daß die Personalpronomina der 1. und 2.Ps nicht in Hinsicht auf das Genus differenziert sind. Wenn klar ist, wer mit **ich** und **du** gemeint wird, dann ist die Differenzierung nach dem Genus überflüssig. Für die 3.Ps gilt das jedoch nicht. Das Besprochene ist vielfältig, es ist anwesend oder nicht anwesend, und das, was im Mittelpunkt des Interesses steht, kann sich im Verlauf eines Diskurses ständig ändern. Wenn jemand sagt »Er ist es gewesen« und ihm wird widersprochen mit »Nein, sie«, dann kann gerade die Differenzierung nach dem Genus den entscheidenden Hinweis zur Identifizierung des Gemeinten geben (zu einer vergleichbaren Funktion des Genus beim Substantiv s. 5.3.1; zur Nichtdifferenzierung des Plurals **Aufgabe 51**).

(7)

	Mask	Fem	Neut	Pl
Nom	**er**	**sie**	**es**	**sie**
Gen	**seiner**	**ihrer**	**seiner**	**ihrer**
Dat	**ihm**	**ihr**	**ihm**	**ihnen**
Akk	**ihn**	**sie**	**es**	**sie**

Auch bei der 3.Ps fällt der Gen mit Formen des Possessivums zusammen. Anders als bei der 1. und 2.Ps stimmen hier Nom und Akk außer beim Mask stets überein. Daß es dennoch nicht zu Schwierigkeiten bei der Reflexivierung kommt, liegt daran, daß das Personalpronomen der 3. Ps über das Reflexivpronomen **sich** verfügt. Reflexivierung wird hier also nicht durch einen speziellen Gebrauch der ›normalen‹ Pronomina, sondern durch ein spezielles Pronomen erreicht.

Das Reflexivum

Ein Reflexivpronomen gibt es nur für die 3.Ps und auch hier nur für die gängigen Objektkasus Dat und Akk im Sg und im Pl, nicht aber für den Gen, vgl. 10a. Man erkennt an einem Vergleich von 8b und 9b einerseits mit 10b andererseits gut, wozu uns das Reflexivpronomen dient.

10b hat zwei Bedeutungen und kann heißen, daß er seiner selbst gedenkt oder daß er an jemand anderen denkt, auf den mit **seiner** Bezug genommen wird. 8b und 9b haben dagegen nur eine Bedeutung, denn **ihm** bzw. **ihn** kann sich nicht auf das Subjekt zurückbeziehen. Für den Rückbezug dient ausschließlich das Reflexivpronomen **sich**.

(8) a. **Er hilft sich**
b. **Er hilft ihm**

(9) a. **Er sieht sich**
b. **Er sieht ihn**

(10) a. ***Er gedenkt sich**
b. **Er gedenkt seiner**

Das Reflexivpronomen **sich** ist also eine besondere Form des Dat und Akk für das Personalpronomen der 3.Ps. Die 1. und 2.Ps brauchen ein Reflexivum nicht, weil hier die Referenzidentität mit dem üblichen Personalpronomen eindeutig angezeigt werden kann. Weil immer klar ist, wer Sprecher und wer Adressat ist, kann das Personalpronomen der 1. und 2.Ps reflexiv verwendet werden. Ein Reflexivpronomen ist es damit aber nicht. Ähnlich wie beim grammatischen Geschlecht muß auch die Differenzierung in reflexive und nichtreflexive Formen bei der 3.Ps auf die von ihr bezeichnete kommunikative Rolle zurückgeführt werden.

Mit der Analyse des Reflexivpronomens sind eine Reihe von Schwierigkeiten verbunden, die meist darauf zurückzuführen sind, daß eben nicht zwischen dem Reflexivpronomen und der viel allgemeineren Erscheinung der Reflexivität unterschieden wird. Viele Grammatiken sehen Einheiten wie **mich** und **dir** in 2 nicht als reflexivisch verwendetes Personalpronomen, sondern als Reflexivpronomen an (Grundzüge: 642; Duden 1998: 332f.). Das führt dann zu dem Versuch, ein Paradigma des Reflexivpronomens für die 1., 2., 3.Ps und möglichst viele Kasus zu konstruieren (Leys 1973: 225; Duden 1998: 333f.). Daraus ergibt sich dann umgekehrt das Problem, die Reflexivpronomina wiederum von den Personalpronomina abzugrenzen. Eine besondere Rolle spielt in diesem Zusammenhang die Partikel **selbst**. Leys nimmt ein Reflexivpronomen der 3.Ps für alle Kasus an. Als Nominativ etwa gilt ihm ein Ausdruck wie **er selbst**. Die Funktion als Reflexivpronomen zeige sich in Einheiten wie **ein Mann, der noch er selbst ist ...**

Genauere Analysen erweisen **selbst** als eine Einheit, die ziemlich unrestringiert in einer Art Appositionsbeziehung zu anderen Nominalen auftritt (**der Mann selbst; ich selbst; den Tisch selbst**). Es ist in dieser Verwendung betont und fokussiert das Bezugsnominal. Das Bezeichnete wird auf Alternativen bezogen. **Der Mann selbst** besagt so viel wie »eben der Mann und nicht ein anderer Anwesender oder das Kind oder ...«. Im Beispiel **ein Mann, der noch er selbst ist** ... liegt eine derartige Verwendung vor. Obwohl reflexiviert wird und man sogar von emphatischen Reflexiva oder Intensifikatoren spricht, gehört **er selbst** nicht mit **sich** in dasselbe Paradigma (Plank 1979; König/ Siemund 2000; zur Reflexivierung weiter 9.1.2).

Das Pronomen es

Neben dem Reflexivum muß eine andere Form des Personalpronomens der 3. Ps besonders behandelt werden, nämlich **es**. Seine Verwendung ist gegenüber der von **er** und **sie** so vielfältig, daß ihm viele spezielle Untersuchungen und sogar ganze Monographien gewidmet wurden (Pütz 1986; Marx-Moyse 1983; Sandberg 1998). Karl Kraus sieht in ihm »eines der merkwürdigsten Sprachgeheimnisse,« das die Grammatik »bis heute nicht zu erschließen vermocht hat« (1921: 47). Er bearbeitet das Wort, »das kleinste unserer Sprache,« fast zehn Jahre später in einer der letzten Glossen noch einmal (Kraus 1932). Was sich in neueren Übersichten wie Askedal 1990 und Zifonun 1995 findet, hat Kraus trotz eines sehr begrenzten methodischen Rüstzeugs im wesentlichen gesehen. Wir unterscheiden folgende Hauptverwendungsweisen.

1. Phorisches **es**. Als Personalpronomen des Neut der 3.Ps Sg ist **es** weitgehend parallel zu **er** und **sie** verwendbar. Mit **es** wird auf alles Bezug genommen, worauf auch mit einem substantivischen Nominal des Neutrum im Sg Bezug genommen werden kann wie in 11.

(11) a. **Hast du *dem Kind* geholfen oder hat *es* die Aufgabe allein gelöst?**
b. **Jemand hat *das Werkzeug* benutzt und *es* draußen liegen lassen**

In phorischer Verwendung hat **es** gegenüber **er** und **sie** zwei Besonderheiten. Einmal kann damit Bezug genommen werden auf einen Satz, also auf eine Einheit, die nicht für Num und Gen markiert ist. **Es** braucht also weniger syntagmatische Bezüge als **er** und **sie**, es ist das ›neutrale‹ Pronomen (12a).

(12) a. **Sie hofft, *daß es regnet*, und sie glaubt *es* auch**
b. ***Das Kind* lernt laufen. *Es* ist ein Jahr alt**
c. ***Das Kind* lernt laufen. Der Opa hat *es* an der Hand**
d. ***Das Kind* lernt laufen. *_Es_ hat der Opa an der Hand**
e. ***Der Junge* lernt laufen. *Ihn* hat der Opa an der Hand**

Andererseits ist das phorische **es** stark beschränkt. Seine vielfältige Verwendbarkeit macht **es** zu einer im wörtlichen Sinne unbetonten Einheit. Nur als Subjekt kann es im Vorfeld stehen (12b), nicht aber als Objekt (12c, d). Bei **ihn** ist das ohne weiteres möglich (12e, s. a. 13.1.2).

In den weiteren Verwendungen ist **es** nicht phorisch. Damit ist es nicht Träger einer semantischen Rolle und in diesem Sinn semantisch leer. Die traditionelle Grammatik spricht deshalb vom unpersönlichen **es** (zu seiner Geschichte Lenerz 1993, zu seiner syntaktischen Funktion Budde 1996). Wir unterscheiden ein expletives von einem Vorfeld- und einem Korrelat-**es**.

2. Expletives **es** (von lat. *expleo* = »vervollständige«). Bei verschiedenen Verben und Adjektiven tritt **es** als obligatorische Ergänzung auf, d. h. eine bestimmte Position in der Komplementstruktur des Verbs oder Adjektivs kann nur mit **es** (und bei etwas anderer Bedeutung mit **das**) besetzt sein. Der einfachste Fall dieser Art sind die Wetterverben (13a).

(13) a. **Es donnert/hagelt/schneit/regnet/zieht/weihnachtet**
b. **Es brennt/blüht/schmeckt/stinkt/klopft/taut**
c. **Es ist warm/kalt/spät/trocken**

Die Funktion des expletiven **es** erschöpft sich darin, die Subjektstelle formal zu besetzen und so zur Konstitution eines vollständigen Subjekt-Prädikat-Satzes beizutragen. **Es** korrespondiert mit dem Verb und ist eine nominativische Form, erfüllt also die Voraussetzungen für ein grammatisches Subjekt.

Analog zum Subjekt bei den Wetterverben ist **es** bei den Verben in 13b zu sehen. Der Unterschied besteht darin, daß die Verben in 13b außer **es** auch substantivische Subjekte nehmen können (**Das Buch brennt; Der Baum blüht**). Die Wahl von **es** als Subjekt erfolgt nicht zwangsläufig, sondern ist semantisch begründet. Ähnlich wie diese Verben verhält sich eine Reihe von Adjektiven, von denen einige in 13c aufgeführt sind.

(14) a. **Es bleibt bei/fehlt an/geht um/kommt zu/wimmelt von**
b. **es anlegen auf/aufnehmen mit/bringen zu/lassen bei/halten mit/ verderben mit**

Außer bei den Wetterverben tritt **es** als semantisch leeres grammatisches Subjekt obligatorisch bei einigen Verben auf, die neben dem Subjekt eine oder mehrere weitere Ergänzungen regieren wie den Akk in **Es gibt kein Bier**. Besonders häufig treten Präpositionalobjekte auf (14a, Zusammenstellung der Fälle in Pütz 1986: 29 ff.). Diese Verben können das Subjekt auch anders besetzen, **es** ist aber dann obligatorisch, wenn das Objekt mit der angegebenen Präposition eingeleitet wird (**Aufgabe 52**).

Auch als Objekt tritt **es** obligatorisch auf. Die Verben in 14b, bei denen das der Fall ist, kommen alle auch als transitive Verben vor. Das ist kein Zufall: Man kann sich das semantisch leere Objekt-**es** entstanden denken als Folge der Metaphorisierung des transitiven Verbs.

(15) a. **Es friert/hungert/dürstet/ekelt ihn**
b. **Es graut/graust ihnen**

Nicht obligatorisch, aber ebenfalls semantisch leer ist das grammatische Subjekt **es** auch in 15. Die auftretenden Verben sind nicht einstellig, sondern können oder müssen ein Objekt nehmen. Ist die Objektstelle besetzt, so kann die Subjektstelle leer bleiben. Das Verb behält aber auch dann die auf **es** beziehbare Form 3.Ps Sg:

(16) a. **Ihn friert/hungert/dürstet/ekelt**
b. **Ihnen graut/graust**

Als grammatisches Subjekt hat **es** hier nicht wie bei den Wetterverben die Funktion, zur Bildung eines vollständigen Satzes beizutragen, denn auch die subjektlosen Sätze in 16 sind wohlgeformt. Für das Auftreten von **es** in 15 scheint vielmehr eine Regularität verantwortlich zu sein, die besagt, daß es im Deutschen keine Verben gibt, die kein Subjekt nehmen können. Zumindest das neutrale **es** ist als Subjekt möglich. Das Verb hat mit und ohne Subjekt dieselbe Flexionsform, die ja ebenfalls als ›neutrale‹ Form zu gelten hat (9.1).

3. Vorfeld-**es**. Im Verbzweitsatz erscheint das Subjekt bei unmarkierter Abfolge der Satzglieder in der Regel an erster Stelle im Satz (Vorfeld, d.h. vor dem finiten Verb). Unter bestimmten Bedingungen kann das Subjekt ins Mittelfeld oder Nachfeld rücken, wobei das Vorfeld von **es** besetzt wird (17).

(17) a. **Ein Gewitter wird nahen – Es wird ein Gewitter nahen**
b. **Dein Paul grüßt dich – Es grüßt dich dein Paul**
c. **Herr Schulz hat sie bedient – Es hat sie bedient Herr Schulz**

Die Konstruktion mit **es** dient der Rhematisierung des Subjekts. Im zweiten Satz von 17c etwa wird zuerst mitgeteilt, daß es um die Bedienung geht und erst dann, wer der Bediener ist. Letzteres ist der eigentliche Inhalt der Mitteilung.

Ein ähnlicher Fall tritt im unpersönlichen Passiv auf. Im ersten Satz von 18a, b besetzt **es** das Vorfeld, wenn dieses nicht anders besetzt ist.

(18) a. **Es wird hier gearbeitet – Hier wird gearbeitet**
b. **Es wird jedem geholfen – Jedem wird geholfen**

Weder in 17 noch in 18 ist **es** grammatisches Subjekt. Für 17 erkennt man das an der Korrespondenz des Verbs, z.B. 17b **Es grüßen dich deine Söhne**. In 20 tritt per definitionem kein Subjekt auf, weil die Verben nicht transitiv sind (4.5). Das Vorfeld-**es** zeigt uns, daß das Schema des Verbzweitsatzes als solches eine strukturelle Wirkung entfaltet. Auch wenn wir alle Satzglieder außerhalb des Vorfeldes plazieren, kann das Vorfeld nicht verschwinden.

4. Korrelat-es. Ist das Subjekt ein Satz oder eine Infinitivgruppe, so kann es nicht im Mittelfeld, wohl aber im Nachfeld erscheinen (›Ausklammerung‹ oder ›Extraposition‹; 13.1). Im Vorfeld (19a,b) oder Mittelfeld (19c) steht dann **es**.

(19) a. **Es begeistert ihn, daß wir mitmachen**
b. **Es nervt sie, mich anzuhören**
c. **Den Verkäufer nervt es, sie anzuhören**

Bei Extraposition ist **es** nicht eine selbständige Ergänzung, sondern bildet gemeinsam mit dem extraponierten Ausdruck das Subjekt. Man nennt **es** hier das Korrelat zum **daß**-Satz bzw. der IGr (10.3). Dies kommt in der Konstituentenstruktur zum Ausdruck, wenn man dem Subjekt intern die Struktur ähnlich einer Attributkonstruktion gibt (20). Eine Lösung dieser Art kommt nur für auf **es** bezogene Sätze und IGr in Frage, nicht aber für substantivische Nominale wie in 17. Wegen seiner Bindung an eine andere Konstituente sollte man in 19 und 20 nicht von einem expletiven **es** sprechen.

(20)

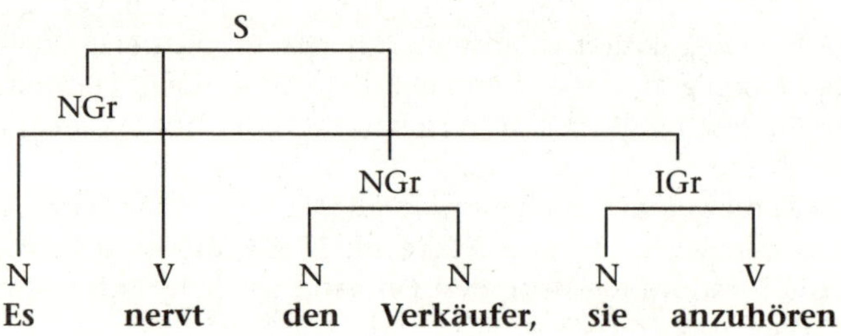

Das Korrelat-**es** kann auch innerhalb des Objekts auftreten (21a). Die Vorfeldposition ist ihm dann aber – wie schon beim phorischen **es** – verschlossen (21b) (**Aufgabe 53**).

(21) a. **Sie hat es bedauert, daß du abgefahren bist**
b.* **Es hat sie bedauert, daß du abgefahren bist**

Zur Theorie der Pronominalisierung

Die Kompliziertheit der Grammatik des Personalpronomens spiegelt sich auch in der Entwicklung seiner Theorie, auf die wir zum Abschluß kurz eingehen wollen. Es geht dabei besonders um das Verhältnis von selbständigem und phorischem Gebrauch. Die Unterscheidung der Gebrauchsweisen erscheint naheliegend und fruchtbar, schon weil sie manchen Hinweis zur Erklärung des Verhaltens von Pronomina liefert, unumstritten ist sie aber nicht. Sie liefert auch keine einfache Zweiteilung der Verwendungen, man denke nur an das Vorfeld-**es** (zu ihren theoretischen Implikationen Zifonun 1995).

In der generativen Linguistik war zunächst angenommen worden, daß das anaphorische Pronomen der Normalfall, wenn nicht der einzig mögliche Fall von Pronomen sei (Lees/Klima 1963 für das Englische). Man stellte sich vor, daß Pronomina der 3.Ps durch Umwandlung aus einem substantivischen Nominal entstehen unter der Bedingung, daß der entsprechende Satz oder Text zwei identische Nominale enthält. **Karl weiß, daß er träumt** wäre entstanden aus **Karl weiß, daß Karl träumt**. Der Umwandlungsprozeß, die sogenannte Pronominalisierung, ersetzt das zweite Vorkommen von **Karl** durch **er**, führt also zu einem phorischen Pronomen. Man nahm den Begriff des Pronomens wörtlich und deutete ihn als »tritt an die Stelle eines substantivischen Nominals«. Als attraktiv galt diese für das Denken der Transformationsgrammatik typische Auffassung auch deshalb, weil man glaubte, damit an den in der traditionellen Grammatik verankerten Begriff von Pronomen anzuschließen, ihn aber neu und strenger zu explizieren, indem man ihn reduzierte auf den Begriff der syntaktischen Anapher (Lees/Klima 1963: 17f.). Das war freilich ein Irrtum, denn die Grammatiker wissen seit langem, daß es einen selbständigen neben einem phorischen Pronominalgebrauch gibt (Blatz 1896: 255ff; Paul 1919:121ff.). Es fand also nicht eine Explikation des traditionellen Pronominalbegriffes statt, sondern eine Reduktion, zugeschnitten auf die Bedürfnisse einer syntaxzentrierten Grammatikkonzeption.

(22) a. **Der Fremde trug ein Gewand, wie sie bei Zirkusleuten üblich sind**
b. **Auf der Brücke stand ein Paar. Sie stritten sich heftig**
c. **Die Eltern des Kindes waren entsetzt, sie war dem Weinen nahe**

(23) a. **Karl hat das Mädchen gesehen, wie sie das Haus verließ**
b. **Der Mann da drüben war es**
c. **Die Bremen lief am 12. April aus. Es war ein stolzes Schiff**

Es war daher kein Wunder, daß bald Material auftauchte, an dem die Reduktion als solche erkennbar wurde. Sätze wie 22 und 23 zeigen, daß das Pronomen, das man intuitiv gern als anaphorisch ansehen möchte, keineswegs immer mit dem Antezedens formal in Hinsicht auf Person, Numerus und Genus korrespondieren muß. Beispiele dieser Art sowie einige andere wie das sogenannte Bach-Peters-Paradox (**Aufgabe 54**; Diskussion relevanter Fälle in B.Wiese 1983: 380ff.) haben dann die Hypothese von den identischen Nominalen als Basis für Pronomina immer zweifelhafter werden lassen. Auch der Versuch, den syntaktischen durch einen semantischen Anaphernbegriff zu ersetzen, und nicht mehr syntaktische Identität, sondern Referenzidentität zwischen beiden Nominalen als entscheidend zu postulieren, mußte scheitern (Dougherty 1969; Jackendoff 1972; Steinitz 1974 für das Deutsche). Denn es gibt Fälle, wo man intuitiv wiederum gern von einem anaphorischen Pronomen sprechen möchte, wo aber überhaupt kein Antezedens vorhanden ist (›missing antecedent‹, Grinder/Postal 1971).

(24) a. **England versenkte einen Zerstörer und Argentinien auch, und sie gingen beide mit Mann und Maus unter**
b. **Karl hat keine Freundin, wohl aber Egon. Und sie ist auch noch nett**

Weder in 24a noch in 24b gibt es einen Ausdruck, den man als Antezedens für **sie** im Nachsatz ansehen könnte, mit dem **sie** also referenzidentisch sein könnte.

Als Konsequenz aus solchen Schwierigkeiten ergibt sich das, was man den pragmatischen Ansatz zur Deutung der Pronomina nennen kann (z.B. Lasnik 1976; Batori 1981: 134ff.; B.Wiese 1983: 391ff.). Man hebt bei diesem Ansatz stärker auf die Eigenbedeutung der Pronomina ab und stellt nicht den Zwang zur formalen Korrespondenz in den Vordergrund. Ein solcher Zwang wird auch in der neueren generativen Grammatik nur noch für Reflexiva und Reziprokpronomina wie **einander**, nicht mehr aber für Personalpronomina sonst gefordert (Stechow/Sternefeld 1988: 213ff.; erstere werden dann als Anaphern von den Pronomina auch terminologisch unterschieden). Worauf ein Pronomen Bezug nehmen kann, ist wie bei Nominalen allgemein von seiner Bedeutung abhängig. Natürlich ist der semantische Gehalt von Pronomina gering im Vergleich zu dem anderer Nominale. Für **er** etwa wissen wir nur, daß das Bezeichnete nominal benennbar sein muß und daß es eine Differenzierung nach Numerus und nach Genus gibt. Mit **er** kann damit auf eine bestimmte Teilklasse dessen referiert werden, worauf mit Nominalen allgemein referiert werden kann.

Dadurch, daß nun ein bestimmter Referent in einem Satz oder Text mit einem substantivischen Nominal und mit einem Pronomen benennbar sein muß, ergibt sich vielfach die formale Korrespondenz zwischen beiden. Die formale Korrespondenz kann kommunikativ bedeutsam sein, sie kann zur Identifizierung des vom Pronomen Bezeichneten beitragen und sie kann sogar als zwingend erscheinen: Grundlage des Pronominalgebrauchs ist sie nicht. Was mit einem Pronomen benannt werden kann, hängt vielmehr zuerst von seiner Bedeutung ab.

Auf dem Hintergrund eines solchen Ansatzes gibt es keine selbständigen und phorischen Pronomina im Sinne von semantischen oder gar syntaktischen Klassen, sondern es gibt nur einen selbständigen und einen phorischen Gebrauch von Pronomina, wobei der selbständige Gebrauch letztlich grundlegend, der phorische Aspekt dennoch in vieler Beziehung kommunikativ von Bedeutung ist. Daß nicht immer klar ist, welches Gewicht der phorische Aspekt hat, ob und in welchem Sinn man von phorischem Pronominalgebrauch sprechen sollte, ist dann nicht verwunderlich. Verwunderlich wäre dies nur, wenn beide Gebrauchsweisen nichts miteinander zu tun hätten.

5.4.3 Determinativpronomina: Demonstrativa, Possessiva, Indefinita

Klassifikation und Flexionsverhalten

Zum Verweis auf das Besprochene steht das Personalpronomen der 3.PS zur Verfügung, das zuerst dazu dient, das Besprochene vom Sprecher (1.Ps) und vom Adressaten (2.Ps) abzugrenzen. Die Arten des Verweisens auf das Besprochene sind aber derart differenziert, daß es dafür eine Reihe weiterer Pronomina mit je speziellen Aufgaben gibt. Man faßt sie meist in drei Gruppen als Demonstrativa, Possessiva sowie Indefinita zusammen und rechtfertigt eine solche Einteilung semantisch. Syntaktisch lassen sich die drei Gruppen zur Kategorie der Determinativpronomina (DETPR) vereinigen und den Personalia, Relativa und Fragepronomina gegenüberstellen. Die Determinativpronomina werden syntaktisch subklassifiziert danach, ob sie Definitheit signalisieren oder nicht (Kategorien DEF – NDEF zur syntaktischen Rechtfertigung 5.2). Demonstrativa (DEM) und Possessiva (POS) gehören zu DEF, die Indefinitpronomina (IDF) sind NDEF. Schema 2 aus 5.4.1 wird wie in 1 fortgeschrieben.

(1)

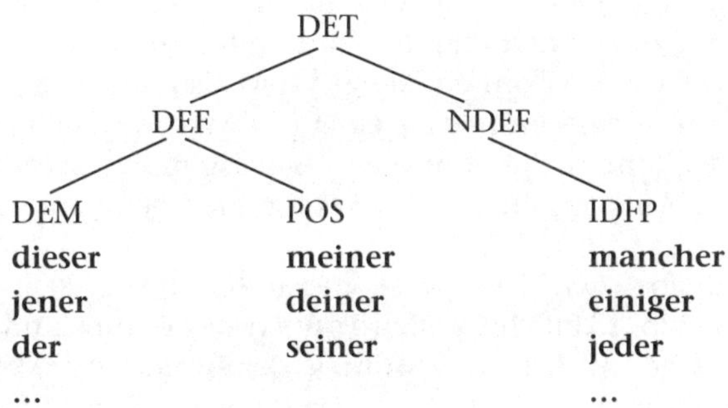

Die meisten der Pronomina flektieren nach dem Muster der sog. *pronominalen Flexion:*

(2)

		Mask	Fem	Neut	Pl
Nom	**dies**	**er**	**e**	**es**	**e**
Gen		**es**	**er**	**es**	**er**
Dat		**em**	**er**	**em**	**en**
Akk		**en**	**e**	**es**	**e**

Pronomina erfüllen allein dieselben syntaktischen Funktionen wie Nominalgruppen. Es muß möglich sein, ein Pronomen als Subjekt, Attribut oder Objekt zu identifizieren, deshalb treten bei den Pronomina die gleichen Synkretismen und Formdifferenzierungen auf wie bei den Nominalen mit Artikelwort. In der pronominalen Flexion sind die Merkmale der Nominalflexion insgesamt konzentriert (ausführlich Wort, 5.2). Sie gilt für die Pronomina in 3a und mit Einschränkungen für die in 3b.

(3) a. **dieser, jener, solcher, meiner, keiner, einer, mancher, einiger, jeder, weniger, vieler, welcher**
b. **der, wer**

Demonstrativ- und Possessivpronomina

Als erste Gruppe der auf das Besprochene verweisenden Pronomina behandeln wir die Demonstrativa, zu denen meist **dieser, jener, der, derjenige** und **solcher** gezählt werden.

Für die Grammatik der Demonstrativa besteht, wie für die meisten anderen Pronomina aus 3, vor allem das Abgrenzungsproblem zu den Artikeln. Die Abgrenzung kann nicht nach einem generellen Schema erfolgen, sondern muß für jedes Pronomen besonders begründet werden.

Dieser und **jener** werden formgleich als Artikel und als Pronomina verwendet. Wir wollen nicht davon sprechen, daß es die Artikel und die Pronomina **dieser** und **jener** gibt, sondern daß die Pronomina **dieser** und **jener** auch als Artikel verwendet werden können. Sie gehören also immer der syntaktischen Kategorie PRO an, auch wenn sie bei einem Substantiv stehen wie in **dieses Haus, aus diesen Büchern**. Ihr Auftreten als selbständige Satzglieder unterscheidet sie von den Artikeln, die auf das Vorkommen beim Substantiv beschränkt sind (5.2).

Anders ist die Situation bei **der**. Der Artikel **der** unterscheidet sich vom Pronomen **der** in der Flexion, nämlich in allen Formen des Genitivs und im Dativ Plural. Die Genitive des Artikels (**des Stuhles, der Blume, des Kindes, der Kinder**) werden beim Pronomen zu **dessen, deren, dessen, deren**, der Dat Pl (**den Kindern**) wird zu **denen**. Die zweisilbigen Formen des älteren Pronomens sind zu den einsilbigen Artikelformen ›eingelaufen‹. Bei den Pronominalformen gibt es eine Konkurrenz zwischen **derer** und **deren** (**Er erinnert sich deren/derer noch ganz gut**, beide Formen können Gen Sg Fem wie Gen Pl sein). Als Attribute sind die Formen komplementär verteilt. Präsubstantivisch steht **deren** (**deren/*derer Ansicht; deren/*derer Ansichten**), postsubstantivisch **derer** (**die Ansicht *deren/derer; die Ansichten *deren/derer**; Bærentzen 1995). Präsubstantivisch setzt sich die Analogie **dessen – deren** durch. Hier kommt es darauf an, den Unterschied des Pronomens zum Artikel zu markieren (**der Ansicht – deren Ansicht**). Postsubstantivisch hat das Pronomen die kanonische Position des Genitivattributs, in der der Kasus markiert sein muß. Ist das nicht der Fall, dann kommt es zu syntaktischen Lücken (8.3.1). Deshalb setzt sich hier die stärkere Form durch. Man kann durchaus erwägen, sie als **d+er+er** mit einem Genus- und einem Kasussuffix zu analysieren (**Aufgabe 55**).

Vom Paradigmenaufbau her ist der Artikel **der** also ohne weiteres vom Pronomen **der** zu unterscheiden. Weniger offensichtlich ist, ob dasselbe **der** sowohl Demonstrativum als auch Relativpronomen ist. Das Relativpronomen hat zweifellos demonstrative Funktion, und formal unterscheidet es sich in nichts vom Demonstrativum. Seine Syntax ist aber eine gänzlich andere. Wir setzen deshalb auch ein Relativpronomen **der** an.

Dieser/jener und **der** sind stets definit. Als Pronomina können sie sowohl selbständig als auch phorisch verwendet werden. Phorischer Gebrauch liegt vor in Fällen wie **Es war einmal ein Mann, der hatte sieben Söhne**. Der selbständige Gebrauch ist meist zugleich deiktisch im Sinne von gestisch, d.h. mit Äußerung des Pronomens wird gleichzeitig gezeigt (**Der war es**). Das Zeigen ist bei **dieser/jener** differenziert entsprechend der Nah/Fern- oder Diesseits/Jenseits-Deixis. **Der** ist gegenüber dieser Unterscheidung neutral, hat also einen weiteren Anwendungsbereich als **dieser** und **jener**. Allerdings wird die Diesseits/Jenseits-Differenzierung in der Umgangssprache nicht mit **dieser/ jener** realisiert, sondern es werden Verbindungen aus **der** und geeigneten Deiktika gebildet: **der hier, der da, der dort** (Braunmüller 1977: 140). Auch **dieser** ist so verwendbar.

Rein phorisch, nämlich kataphorisch, wird **derjenige** gebraucht. Der morphologische Bestandteil **jen** signalisiert den Verweis auf ein in einem nachfolgenden Relativsatz zu Spezifizierendes **(derjenige, der ...; diejenigen, die ...)**. Obwohl **derjenige** genannt wird, bevor das Referenzobjekt spezifiziert ist, ist es immer definit. Der Bestandteil **der** flektiert nicht wie das Pronomen **der**, sondern wie der Artikel. Der Bestandteil **jenige** hat nur zwei Formen, nämlich **jenige** für den Nom Sg und **jenigen** sonst. Zusammen mit **derselbe** und vielleicht **dergleiche** ist **derjenige** einer der seltenen Fälle, wo im Deutschen ein Wort nicht am Ende flektiert wird (zu **solcher: Aufgabe 56a,b**).

(4) a. **Meiner ist verschwunden**
b. **Er will meinen**
c. **Sie vertraut meinem**
d. **Er vergewissert sich meiner/?meines**
e. ***Die Bücher meines**

Als Possessivpronomina werden an erster Stelle fast immer **mein/dein/sein** genannt, obwohl sich diese Einheiten nicht wie Pronomina, sondern wie Artikel verhalten. Wir haben sie deshalb in 5.2 als Artikel klassifiziert und als Possessivartikel bezeichnet. Die eigentlichen Possessivpronomina sind **meiner/deiner/seiner**. Sie deklinieren pronominal und haben syntaktisch die Funktion als Verbergänzung (Subjekt und Objekt, 4a–c), nicht aber die eines Genitiv-Attributes (4e). Auch die Verwendung des Genitivs **meines** von **meiner** als Genitivobjekt ist, wie 4d zeigt, so gut wie ausgeschlossen, weil das Possessivum tendenziell in ein Personalpronomen uminterpretiert wird. Diese Beschränkungen als Genitiv beruhen auf dem besonderen Verhältnis von Personalia und Possessiva, auf das schon in 5.4.2 hingewiesen wurde. Die Grundform des Possessivpronomens fungiert ja gleichzeitig als (suppletiver) Genitiv des Personalpronomens **ich**, schon von daher ergibt sich eine große Nähe zwischen beiden Paradigmen.

Der Aufbau der Paradigmen **meiner/deiner/seiner** spiegelt auf das Genaueste ihre Bedeutung und syntaktische Funktion wider. Mit dem Possessivum werden Objekte in Beziehung gesetzt zu den kommunikativen Rollen Sprecher, Adressat und Besprochenes. Das Possessivpronomen hat wie das Personalpronomen Formen der 1., 2. und 3.Ps im Sg und im Pl (Personaldeixis). Die Beziehung selbst entspricht dem, was mit dem Genitivattribut ausgedrückt werden kann. Das Possessivpronomen kann also keineswegs nur ein Besitzverhältnis anzeigen, sondern ebensogut das, was mit dem Genitivus subiectivus, obiectivus usw. ausgedrückt wird. Das Objekt im Nachbereich bestimmt das Genus und den Numerus des Possessivpronomens. Mit **meiner** etwa wird Bezug genommen auf ein Objekt, das mit einem maskulinen Nominal bezeichnet werden kann, und entsprechend für **meine** und **meins**. In der

Regel wird **meiner** hier phorisch verwendet wie in **Petras Oma ist prima, meine weniger.** (Zum wichtigsten Fall des selbständigen Gebrauchs von **meiner** mit eigener lexikalischer Bedeutung s.a. Moravia o.J.). Der Kasus des Possessivpronomens schließlich wird, mit der oben erwähnten Einschränkung beim Genitiv, von seiner jeweiligen syntaktischen Funktion bestimmt.

In den Paradigmen **meiner/deiner/seiner** ist das volle Inventar an Formen entfaltet, dessen Pronomina im Deutschen fähig sind (ähnlich der Artikel **mein/dein/sein**). Wie das Personalpronomen hat das Possessivum die Differenzierung hinsichtlich Person und hinsichtlich Genus in der 3.Ps, wie die übrigen Pronomina hat es die Differenzierung im Genus danach, ob das Bezeichnete maskulin, feminin oder neutral benennbar ist **(Aufgabe 56c)**.

Indefinitpronomen

Wir kommen zu den Indefinitpronomina. Mit diesem Terminus ist traditionell eine semantische Kennzeichnung der nicht definiten Pronomina gemeint. Er ist unzutreffend insofern Indefinita hinsichtlich Definitheit unmarkiert und nicht etwa indefinit sind (5.2). Ihre semantische Funktion ist nicht die Signalisierung von Indefinitheit, sondern die Ausgrenzung von Quantitäten. Die Indefinita machen relative Mengenangaben. **Einige Bücher** etwa besagt nichts über die Zahl der Bücher, sondern nur, daß von einer geringen Anzahl von Büchern im Verhältnis zur kontextuell vorgegebenen Gesamtmenge die Rede ist.

Von besonderer Bedeutung für die Grammatik der Indefinita ist die Unterscheidung von Appellativa und Kontinuativa. Viele von ihnen verbinden sich nur mit Stoffsubstantiven. Wir verschaffen uns eine Übersicht über die Indefinita, indem wir sie nach dem Flexionsverhalten ordnen.

Nur eine Form im Paradigma haben die in 5.

(5) **etwas, nichts, mancherlei, allerlei, vielerlei, verschiedenerlei**

Nach dem vereinbarten Sprachgebrauch werden diese Pronomina selbständig verwendet. Phorischer Gebrauch kommt nicht vor. In Sätzen wie **Er hat etwas gegessen** bezieht sich **etwas** grammatisch nicht auf ein anderes Nominal. Was es bezeichnet, ergibt sich nicht aus einer phorischen Prozedur. Mit den Pronomina in 5 können Sachen (einschl. Abstrakta) bezeichnet werden, nicht aber Personen. Speziell zur Bezeichnung von Personen dienen **niemand** und **jemand**. Bis auf den Gen (**jemandes, niemandes**) kann auch hier für alle Kasus dieselbe Form verwendet werden. Pluralformen gibt es aber nicht.

Nur Singularformen haben auch **jeder** und **einer**. Mit **einer**, dem Pronomen zum Artikel **ein**, können nur Entitäten bezeichnet werden, die appellativ benennbar sind. Stoffsubstantive nehmen in ihrer Grundbedeutung nicht den Artikel **ein**. Entscheidend ist Zählbarkeit. Die Bedeutung von **jeder** zeigt sich am einfachsten im Vergleich zu **alle**. Wie bei generischem **der** vs. **ein** (5.2), so wird mit **alle** vs. **jeder** in unterschiedlicher Weise auf eine ganze Menge zugegriffen. **Jeder** meint die einzelnen Elemente einer Menge, **alle** die Elemente der Menge insgesamt. Dabei kann **alle Bäume** generisch zu lesen sein oder referentiell, d.h. auf eine kontextuell gegebene Gesamtmenge bezogen wie in **alle Bäume in diesem Wald**. Beide Lesarten gibt es natürlich auch für **jeder Baum**. Der Bezug auf eine Menge über ihre einzelnen Elemente ist ›distributiv‹ genannt worden (Vater 1979: 75f.; 132).

Nur Pluralformen hat **mehrere** mit der Bedeutung »wenige, aber ausdrücklich mehr als eines«. Aus dieser Bedeutung ergibt sich die Beschränkung auf den Plural. **Mehr** wird nicht als Form von **mehrere**, sondern als suppletiver Komparativ zu **viel** angesehen.

(6) a. **vieler, weniger, aller, etlicher, verschiedener, übriger**
b. **keiner, mancher**

Ein voll ausgebildetes Forminventar finden wir bei der größten Zahl der Indefinita vor. Wir ordnen sie in 6 danach, für welche Art von Entitäten sie stehen können. Die in 6a bezeichnen im Sg nur Entitäten, die mit Stoffsubstantiven benennbar sind. In Sätzen wie **Etliches fiel auf guten Boden; Übriges wird nicht weggeworfen** können sich **etliches** und **übriges** etwa auf das beziehen, was mit **etlicher Samen; übriges Maschinenöl** bezeichnet wird, nicht aber mit ***etlicher/*übriger Baum**. Im Pl können diese Pronomina Entitäten jeglicher Art bezeichnen. **Viele** kann meinen **viele Bäume**, aber auch **viele Maschinenöle**. Wir stellen also fest: die Pronomina aus 6a können adsubstantivisch verwendet werden im Sg bei Stoffsubstantiven, im Pl bei allen pluralfähigen Substantiven. Im Sg grenzen sie Teilquantitäten von Substanzen aus, im Pl Teilmengen von Gattungen oder kontextuell gegebenen ›Gesamtmengen‹. Stehen sie adsubstantivisch, dann nehmen sie syntaktisch die Position von adjektivischen Attributen ein, nicht die von Artikeln. 7 und 8 zeigen, daß die Pronomina nicht statt, sondern neben dem Artikel auftreten und daß sich ihre Flexionsendung wie bei den Adjektiven in Abhängigkeit davon ändert, ob der bestimmte Artikel vorhanden ist. Wir haben es also bei 6a mit Pronomina zu tun, die auch als adjektivische Attribute verwendet werden können. Einige von ihnen, nämlich **viel** und **wenig**, sind wahrscheinlich sogar als Adjektive anzusehen, denn sie haben auch Komparationsformen (weiter 8.2).

(7) a. **guter/vieler Wein**
b. **der gute/viele Wein**

(8) a. **gute/viele Weine**
b. **die guten/vielen Weine**

Keine syntaktisch-semantische Beschränkung auf Stoffsubstantive besteht bei **keiner** und **mancher** in 7b. Diese Pronomina stehen vielmehr für Entitäten jeder Art. Zu **keiner** gibt es den Artikel **kein**, zu **mancher** die obsolete Form **manch** (zu den nichtflektierten **manch, all, solch** Aufgabe 42, 5.2). Beide verbinden sich sowohl mit Appellativa als auch mit Kontinuativa. Eine Affinität zu den Adjektiven besteht bei ihnen nicht **(Aufgabe 57)**.

5.4.4 Fragepronomina

Die wichtigsten Fragepronomina des Deutschen sind **welcher** und **wer/was**. Ihre Grundfunktion ist die Markierung einer semantischen Leerstelle in Fragesätzen (1).

(1) a. **Welche Partei wählst du?**
b. **Welches hast du gekauft?**
c. **Wem bist du gefolgt?**

Wie andere Pronomina liefern die Fragepronomina gewisse Informationen über das Bezeichnete. Während das Bezeichnete aber bei **jener, solcher** usw. über eine phorische oder gestische Prozedur im Kontext zu ermitteln ist, wird mit der Äußerung von **welcher** und **wer/was** in Fragesätzen gefordert, das Bezeichnete zu nennen. Die Fragepronomina unterscheiden sich von den Determinativa im wesentlichen durch die Prozedur der referentiellen Füllung. Zur Frage gehört eine Antwort.

Hervorstechendes syntaktisches Charakteristikum der Fragepronomina ist ihre Stellung am Anfang eines Verbzweitsatzes (eines Satzes mit dem finiten Verb in zweiter Satzgliedposition). Nur bei markierter Satzintonation mit dem Hauptakzent auf dem Pronomen ist eine andere Position möglich (**Du hast *welches* gekauft?**). Dieses Verhalten teilen die Fragepronomina mit anderen Fragewörtern und insbesondere den Frageadverbien **wie, wo, warum, wann** usw. Es ergibt sich für alle der Typus des sog. **w**-Fragesatzes, des Verbzweitsatzes mit **w**-Wort am Anfang (zu den Frageadverbien 7.2.2; zu den Fragesätzen 10.2; 13.2).

Die Spitzenstellung des Fragewortes führt zu strukturellen Parallelen zwischen **w**-Fragesätzen und bestimmten Nebensätzen. Der typische Nebensatz beginnt mit einem Einleitewort, das eine Konjunktion sein kann (***obwohl* du verreist bist**) sowie ein Relativpronomen (***die* das gesagt hat**) oder ein Fragewort (***wo* du gewohnt hast**). Entsprechend bezeichnet man die Nebensatztypen als Konjunktionalsatz, Relativsatz und indirekten **w**-Fragesatz. Zwei von ihnen, nämlich der Relativsatz und der indirekte **w**-Fragesatz, können Einleitewörter haben, die den Fragepronomina formgleich sind. 2 gibt Beispiele für **welcher** mit Fragesatz (2a), Relativsatz (2b) und indirektem Fragesatz (2c). In 3 finden sich entsprechende Beispiele für **was**.

(2) a. ***Welche* wählst du?**
b. **die Partei, *welche* du wählst**
c. **Er weiß, *welche* du wählst**

(3) a. ***Was* hat sie gesagt?**
b. **das, *was* sie gesagt hat**
c. **Du weißt, *was* sie gesagt hat**

Das Auftreten derselben Formen in den drei Satztypen wird durch die Gemeinsamkeit der Spitzenstellung zumindest erleichtert und schlägt sich in der engen Verwandtschaft zwischen Relativ- und Fragepronomina nieder. Dabei haben die Fragepronomina als systematisch primär zu gelten. Die Relativa sind dann mit ihren Besonderheiten auf der Folie der Interrogativa zu beschreiben (8.5).

Welcher flektiert pronominal mit Formen in allen Kasus des Sg und des Pl. Im Sg findet sich die übliche Differenzierung nach dem Genus (zum Forminventar Schema 2, 5.4.3). Wie 1 zeigt, ist adsubstantivischer Gebrauch ebenso möglich wie der in Satzgliedfunktion. Das gilt für alle Kasus einschließlich des Genitivs. In 4 fungiert der Genitiv als Artikelwort, in 5 als Objekt. Restriktionen scheint es lediglich bei Bindung des Genitivs an einen präpositionalen Kopf zu geben (6).

(4) a. **Welches Vorwurfs muß sich Rainer erwehren?**
b. **Welcher Frage nimmst du dich zuerst an?**

(5) a. **Welches erinnerst du dich am besten?**
b. **Welcher hat er sich vergewissert?**

(6) a. **?angesichts welches; *bezüglich welches**
b. **mit welchem; an welchem/welchen**

Im Gen Sg des Mask und Neut gibt es wie bei **dieser** die Varianten **welches** und **welchen**, wobei letztere bei den schwachen Substantiven ausgeschlossen ist (***welchen Hasen** als Gen, s.a. 8.2). **Welcher** gehört zu den Pronomina, die als Kern einer NGr alle postnuklearen Attribute nehmen können (**welcher Spieler; welcher von ihnen; welcher, der so aussieht wie Rainer**).

Viel schwieriger liegen die Dinge bei **wer/was**. Seine Syntax ist beschränkter als die von **welcher**. Adsubstantivischer Gebrauch ist nicht möglich und von den Attributen erscheint nur das präpositionale (**wer von ihnen; was an diesem Antrag**). Die Ermittlung des Flexionsparadigmas ist ein grammatisches Puzzle, bei dem man sich ständig vor Augen halten muß, daß es allein um die Feststellung der *syntaktischen* Kategorien des Genus, Numerus und Kasus geht. Über keine der anzusetzenden Kategorien besteht in den Grammatiken Einigkeit. Beginnen wir mit dem Genus.

Häufig wird angenommen, daß man mit **wer** nach Personen, mit **was** nach Nicht-Personen (Dingen, Sachverhalten usw.) fragt. Daraus zieht man dann den Schluß, weder **wer** noch **was** habe ein Genus (Engel 1988: 681ff.; Eisenberg 1994: 314; Helbig/Buscha 1998: 253f.). Andere Grammatiken setzen mit ähnlichen Begründungen für **wer** das Mask/Fem und für **was** das Neut an (Grundzüge: 657; Duden 1998: 348).

Einen geeigneten grammatischen Test bietet Pittner an (1996: 74). Aus einem Satz wie **Wer hat seinen Lippenstift vergessen?** gehe hervor, daß **wer** nicht sowohl Mask und Fem, sondern nur Mask sei. Auf ein Femininum **wer** müßte man sich mit **ihren Lippenstift** beziehen können, was aber nicht möglich ist. Betrachten wir dazu 7.

(7) a. ***Wer*** **hat** ***sein*** **Versprechen gehalten?**
b. ***Der Minister*** **hat** ***sein*** **Versprechen gehalten**
c. ***Die Ministerin*** **hat** ***ihr*** **Versprechen gehalten**
d. ***Das Ministerium*** **hat** ***sein*** **Versprechen gehalten**

7b und d zeigen, daß in 7a keine Entscheidung über Mask oder Neut möglich ist. Hinsichtlich des ›Besitzenden‹ läßt sich beim Possessivum das Mask vom Neut nicht trennen (5.4.3). Lediglich das Fem scheidet aus. Ähnlich bei **was.**

(8) a. ***Was* hat *seinen* Höhepunkt erreicht?**
b. ***Der Bauboom* hat *seinen* Höhepunkt erreicht**
c. ***Die Inflation* hat *ihren* Höhepunkt erreicht**
d. ***Das Desaster der Grünen* hat *seinen* Höhepunkt erreicht**

Auch bei **was** stellen wir formale Korrespondenz mit dem Mask und Neut des Possessivums fest. Innerhalb des Paradigmas von **wer/was** als Fragepronomen gibt es damit keine Genusopposition, selbst wenn man nur *ein* Wort **wer/was** ansetzt. Wir haben es nicht mit Einheitenkategorien zu tun, sondern mit einer Wortkategorie. **Wer/was** ist der Kategorie MASK/NEUT zuzuweisen.

Etwas Vergleichbares ergibt sich für den Numerus. Alle formalen Korrespondenzen zeigen, daß **wer/was** syntagmatisch auf den Singular bezogen ist. 9a illustriert das für die Subjekt-Prädikat-Korrespondenz, 9b für die des Possessivums.

(9) a. **Wer hat/*haben das gesagt?**
b. **Was hat/*haben dich interessiert?**
c. **Wer hat seine/*ihre** (Pl!) **Schlüssel vergessen?**
d. **Was hat seinen/*ihren** (Pl!) **Geist aufgegeben?**

Wer/was ist nicht ›numerusneutral‹ oder etwas derartiges, sondern es ist wie **jeder** oder **das Wild** ein Singularetantum (SGT; 5.2).

Die einzige Formdifferenzierung im Flexionsparadigma von **wer/was** ist die hinsichtlich Kasus. Für **wer** sind die Kasus unproblematisch, für **was** ist der Dativ marginal. Neben **Wem hilfst du?** ist nicht auch ***Was hilfst du?** mit **was** als Dativ möglich. Pittner (1996: 76) bringt als Hörbeleg **Wem oder was haben wir das zu verdanken?**, in dem **was** durch Koordination mit **wem** sozusagen über Wasser gehalten wird. Viel besser ist **was** bei Präpositionen, die den Dat und den Akk regieren. Vorkommen wie die in 10 sind wohl nicht als marginal anzusehen.

(10) a. **An was hältst du dich fest? Am Geländer**
b. **In was hast du dich getäuscht? In der Haltbarkeit des Geländers**

Als Fragepronomina sind **wer** und **was** keinen gemeinsamen Kategorisierungen unterworfen. Sie bilden ein je eigenes Flexionsparadigma (11). Der Unterschied zwischen beiden ist semantischer Natur. **Wer** bezeichnet Belebtes (und darauf Bezogenes wie Institutionen), **was** bezeichnet den Rest. **Wer** ist gegenüber **was** semantisch markiert.

(11)

	wer^{WP}	was^{WP}
Nom	**wer**	**was**
Gen	**wessen**	**wessen**
Dat	**wem**	**(was)**
Akk	**wen**	**was**

Ein weiteres Fragepronomen ist **was für einer**. Da **für** hier nicht die Merkmale einer Präposition hat, müssen die Formen dieses zusammengesetzten Pronomens als Wendungen gelten. **Was für einer** dekliniert pronominal. Im Plural werden Formen von **welcher** verwendet (**was für welche**).

Vom Fragepronomen **was für einer** ist der Frageartikel **was für ein** zu unterscheiden, der – wie Artikel immer – nur adsubstantivisch steht (**was für ein Glück**). **Was für ein** dekliniert wie der unbestimmte Artikel. Die Formen des Plurals lauten sämtlich **was für** (**Aufgabe 58**).

6. Präpositionen und Konjunktionen

Präpositionen und Konjunktionen spielen unter den Nichtflektierbaren als Funktionswörter eine besondere Rolle. Beide sind konstitutiv am Aufbau von Satzgliedern in der Funktion von Ergänzungen und Adverbialen beteiligt. Sowohl bei den Präpositionen wie bei den Konjunktionen gibt es deshalb voll grammatikalisierte neben Einheiten mit lexikalischer Bedeutung. Darauf beruht die Vielfalt ihrer Verwendung. Als prototypischen Konnektoren kommt den koordinierenden Konjunktionen eine Sonderrolle in diesem Bereich zu.

6.1 Präpositionen

6.1.1 Präposition und Präpositionalgruppe

Bau und Funktionen der PrGr

Die Konstituentenkategorie Präposition umfaßt nichtflektierbare Einheiten, die zusammen mit einem Substantiv oder Pronomen auftreten. Präposition und Nominal bilden zusammen eine Präpositionalgruppe, in der die Präposition als syntaktischer Kopf das Nominal in Hinsicht auf den Kasus regiert (1). Ein Teil der Präpositionen regiert genau einen Kasus (GEN, DAT, AKK), andere regieren zwei Kasus. Besonders verbreitet sind die Kombinationen Dativ/Genitiv und Dativ/Akkusativ. Dabei ist die Wahl zwischen Dat und Akk syntaktisch-semantisch determiniert, die zwischen Dat und Gen dagegen stilistisch. Alle drei Kasus regiert **entlang**.

(1) a. **durch den Oberrhein**
b. **mit einem Freund**
c. **wegen solcher Vorteile**
d. **trotz Geld**

(2)

Pr

GEN	DAT	AKK	GEN, DAT	DAT, AKK
kraft	**aus**	**für**	**trotz**	**in**
seitens	**bei**	**durch**	**wegen**	**neben**
diesseits	**zu**	**bis**	**statt**	**hinter**
infolge	**von**	**gegen**	**während**	**vor**
zugunsten	**seit**	**ohne**	**längs**	**über**
aufgrund	**laut**	**um**	**mittels**	**unter**
links	**mit**		**dank**	**an**
	nach		**südlich**	**auf**
	gegenüber			**zwischen**

Ob auch der Nominativ als von Präpositionen regierter Kasus zu gelten hat (1d), muß besonders besprochen werden. Manchmal werden auch **als** und **wie** zu den Präpositionen gezählt, sie gelten dann als ›Präpositionen ohne Kasusforderung‹. Einige Präpositionen können außer substantivischen Nominalen auch Adjektive **(Ich halte das für gut)** oder Adverbien **(Er kommt von dort)** und insbesondere andere PrGr **(Sie läuft bis nach Ulm)** nehmen **(Aufgabe 59)**. Von den regierten Kasus tritt der Dat im Kernbereich der Präpositionen am häufigsten und gleichzeitig als Alternative zum Gen wie zum Akk auf. Wenn man bei den Präpositionen einen Kasus als strukturellen auszeichnet, dann den Dativ (Abraham 2001).

Die Struktur einer einfachen PrGr ist die in 3.

(3)

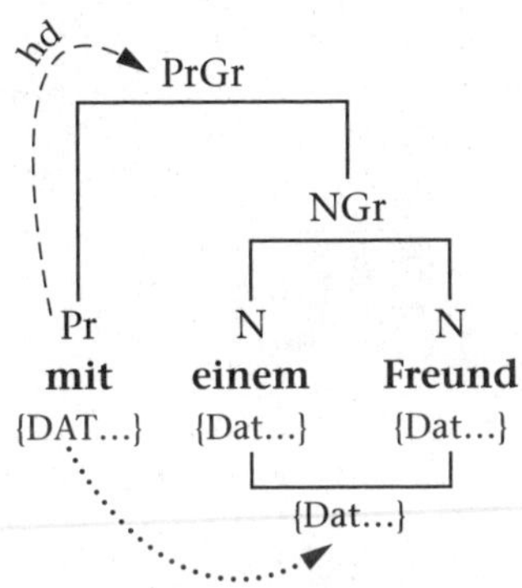

Neben der Form 3 gibt es PrGr mit nachgestellter Präposition wie in **die Straße entlang; dem Kino gegenüber**. Man spricht dann von Postpositionen (und wenn die Position außer Betracht bleibt von Adpositionen; zur Übersicht Wunderlich 1984; Schröder 1990; Helbig/Buscha 1998: 401 ff.).

PrGr kommen in dreierlei syntaktischer Funktion vor, nämlich als Adverbial, als Ergänzung (Objekt) und als Attribut. Als Adverbial sind sie meist einem Satz nebengeordnet, sie situieren den vom Satz bezeichneten Sachverhalt. Die Präposition selbst ist relational. In 4 bezeichnet **auf** eine Relation zwischen dem Sachverhalt »Karl rastet« und dem Bismarckturm. Die Bedeutung der Präposition in dieser Verwendung ist konkret. Sie ist eine lexikalische Bedeutung im üblichen Sinne. Wegen der offensichtlichen funktionalen Verwandtschaft zwischen adverbialen PrGr und Adverbien werden beide häufig kategorial aufeinander bezogen. Präpositionen gelten dann als transitive Adverbien oder umgekehrt Adverbien als intransitive Präpositionen (z. B. Stechow/Sternefeld 1988: 143 ff.; Pittner 1998: 55 ff.).

(4)

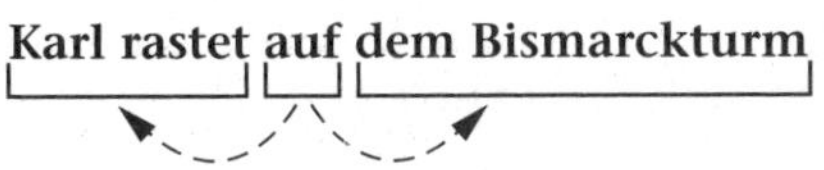

Anders liegen die Verhältnisse bei den präpositionalen Objekten. Die PrGr ist dem Prädikat nebengeordnet, sie wird vom Verb regiert. Die enge syntaktische Beziehung zeigt sich daran, daß viele Verben eine ganz bestimmte Präposition mit einem ganz bestimmten Kasus fordern. Die an das Verb fixierte Präposition verliert ihren eigenständig relationalen Charakter. Sie ist nicht mehr Träger der übergeordneten Relation im Satz, sondern sie bezeichnet zusammen mit dem Verb eine komplexe Relation zwischen den Nominalen im Subjekt und im Objekt (**hoffen auf; warten auf; pfeifen auf...**). Semantisch liegt dieselbe Struktur vor wie in Sätzen mit Subjekt und nominalem Objekt, nur wird die Relation zwischen Subjekt und Objekt von einem komplexen Prädikat bezeichnet. Die Präposition hat ihren Einfluß auf diese Relation und differenziert sie im einzelnen aus (**sich freuen auf – über – mit – an**), bleibt aber syntaktisch und semantisch an das Verb gebunden.

(5) a. **Inge hofft auf bessere Zeiten**
b. **Karl wartet auf Godot**
c. **Paul pfeift auf den Fingern**
d. **Helga pfeift auf Dieters Ratschläge**
e. **Wir beziehen uns auf Ihr Schreiben von letzter Woche**
f. **Wir verweisen auf die einschlägigen Regelungen**

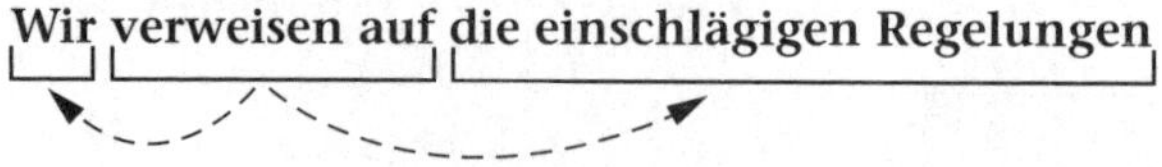

(6) a. **Helgas Hoffnung auf bessere Zeiten**

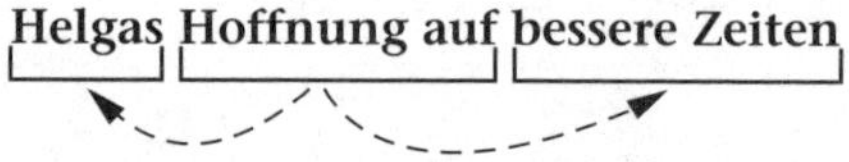

b. **Karls Rast auf dem Bismarckturm**

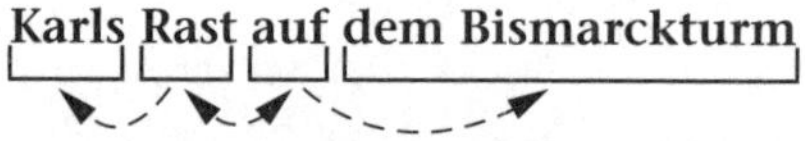

In der dritten Funktion, dem präpositionalen Attribut, tauchen beide Arten von Bezügen auf. Eine PrGr wie in 6a ähnelt eher einem Objekt, die in 6b ähnelt eher einem Adverbial. Es ist aber nicht möglich, die präpositionalen Attribute einfach in die objektähnlichen und in die adverbialähnlichen aufzuteilen. Bei allen Analogien hat das präpositionale Attribut seine durchaus eigenständige Grammatik (8.4).

Wir haben bisher umstandslos von jeweils einer Präposition **in, vor, über** usw. gesprochen, nun aber gesehen, daß diese Präpositionen wegen der funktionalen Vielfalt der PrGr unterschiedliche Bedeutungen und unterschiedliche semantische Bezüge haben können. Was entspricht dem syntaktisch? Ein Hauptproblem für die Grammatik der PrGr besteht darin, daß mit dem Nominal in der PrGr nur der Nachbereich einer semantischen Beziehung syntaktisch leicht zu identifizieren ist (die Pr ist Kopf der PrGr, 2.3.2). Viel schwieriger ist es, die Beziehung zum Vorbereich zu bestimmen (3.2.3; 9.4).

Kernbestand: lokale Präpositionen

Den Kernbestand an Präpositionen bildet eine relativ kleine und in sich geschlossene Gruppe von Ausdrücken mit meist lokaler Bedeutung (Blatz 1896: 605 f.). Historisch gehen diese Präpositionen auf Adverbien zurück. So haben das Adverb **vorn** und die Präposition **vor** gemeinsam die adverbiale Wurzel **forna** des Ahd. In den meisten Fällen entwickelte sich aus dem Adverb sowohl eine Präposition als auch eine gleichlautende Verbpartikel, so daß wir etwa haben **Sie sitzt vor der Versammlung** (Präposition) und **Sie sitzt der Versammlung vor** (Verbpartikel).

Die lokalen Bedeutungen von Präpositionen sind sowohl in Grammatiken (Brinkmann 1971: 152ff; Helbig/Buscha 1998: 412ff.) als auch speziellen Arbeiten (Desportes 1984; Wunderlich/Herweg 1991) ausführlich dargestellt worden. Es kristallisieren sich zwei Hauptgruppen heraus.

(7) a. **in; an; bei**
zu; nach; von; aus
durch
b. **auf; über – unter**
vor – hinter; diesseits – jenseits
neben; links – rechts

Die Bedeutung der Präpositionen in 7a erfaßt man einfach und elegant mit Hilfe topologischer Begriffe wie dem des Raumgebietes, der Begrenzung (dem Rand) des Raumgebietes und der Umgebung des Raumgebietes (das ist wieder ein Raumgebiet; Wunderlich 1982). Ist ein Raumgebiet R bezeichnet durch **das Kongreßzentrum** und ein Objekt x_1 durch **der Bus**, dann bedeuten: **der Bus im Kongreßzentrum** »x_1 befindet sich ganz innerhalb von R«; **der Bus am Kongreßzentrum** »x_1 befindet sich am äußeren Rand von R (Kontakt)«; **der Bus beim Kongreßzentrum** »x_1 befindet sich in der Umgebung von R (kein Kontakt)«; **der Bus zum Kongreßzentrum** »x_1 befindet sich zu einer bestimmten Zeit nach der (kontextuell gegebenen) Bezugszeit an R«; **der Bus vom Kongreßzentrum** »x_1 hat sich zu einer bestimmten Zeit vor der Bezugszeit an R befunden«; **der Bus aus dem Kongreßzentrum** »x_1 hat sich zu einer bestimmten Zeit vor der Bezugszeit in R befunden«; **der Bus durch das Kongreßzentrum**: Dieser Ausdruck besagt, daß x_1 zunächst nicht in R dann in R und danach wieder nicht in R ist. Der Punkt, an dem x_1 R betritt, darf dabei nicht identisch oder benachbart sein dem Punkt, an dem x_1 R verläßt.

(8) a. **der Bus nach Hamburg**
b. **der Bus zur Ostsee**
c. ***der Bus nach der Ostsee**
d. ***der Bus zu Hamburg**

Nicht erfaßt wurde bisher **nach**, das ebenso wie **zu** nur in Richtungsangaben vorkommt. **Nach** ist beschränkt auf Ortsnamen und kann daneben mit lokalen Adverbien verwendet werden (**nach hinten/unten**). Im übrigen unterscheiden sich lokale und direktionale Bedeutung der Präpositionen hinsichtlich der Parameter des Räumlichen nicht. So hat **an** in **der Bus an der Ostsee** dieselbe räumliche Bedeutung wie in **der Bus an die Ostsee**. Der Unterschied besteht nur im Zeitlichen: **der Bus an die Ostsee** besagt, daß die von **der Bus an der Ostsee** bezeichnete Position zu einem Zeitpunkt nach einer gegebenen Bezugszeit erreicht wird (Schröder 1978; Wunderlich 1982: 15).

Die Präpositionen in 7b sind unmittelbar auf die Morphologie des menschlichen Körpers zu beziehen. Der Mensch orientiert sich im Raum entlang bestimmter Koordinaten, die teils absolut (Schwerkraft), teils relativ (Deixis) festliegen. Drei Ebenen spielen die entscheidende Rolle. Die erste ist die Grundebene, gegeben mit der Erdoberfläche und definiert als die Ebene orthogonal zur Richtung des freien Falls. Der menschliche Körper ist hinsichtlich dieser Ebene asymmetrisch gebaut. Der Mensch steht auf der Erde, er berührt sie notwendigerweise. **Auf** steht für dieses Grundverhältnis isoliert neben **über** und **unter**, die beide eine Berührung des Bezugsobjekts nicht erzwingen. Die Lampe über dem Tisch berührt letzteren ebensowenig wie die Füße unter dem Tisch. Nur die Flasche auf dem Tisch wird vom Tisch in Richtung der Fallinie unterstützt. Weil die Menschen den Kopf oben tragen (sollten), ist die Richtung entgegen der Schwerkraft nicht nur verbal besonders differenziert (**auf** und **über** gegenüber **unter**), sondern sie gibt auch für den abgeleiteten Gebrauch die positive Orientierung ab. Der Mensch freut sich auf und über etwas, aber er leidet unter etwas.

Auch die zweite Bezugsebene ist eine Asymmetrieebene bezüglich des Körperbaus. Man gewinnt sie als Schnittebene, die den Körper in eine vordere und eine hintere Hälfte teilt. Senkrecht zu dieser Ebene nach vorn liegt die Hauptorientierungs- und Bewegungsrichtung, auf die der gesamte Körperbau mit seinen Wahrnehmungs- und Bewegungsorganen ausgerichtet ist. Weil diese Bezugsebene an den Körper selbst gebunden ist, sind die zugehörigen Präpositionen deiktisch. **Vor mir** und **hinter mir** sind keine absoluten, sondern auf die jeweilige Stellung des Sprechers bezogene Ortsangaben. Im allgemeinen Fall bedeutet x_1 **vor** x_2 **(der Baum vor der Mauer)**, daß x_1 sich auf derselben Seite von x_2 wie der Sprecher befindet. Bei x_1 **hinter** x_2 befindet sich x_2 zwischen dem Sprecher und x_1. Ist x_2 eine Grenze irgendwelcher Art, so ist dies auch die Bedeutung von **diesseits/jenseits**, allerdings ohne Orientierung auf eine Bezugsebene.

Nicht nur der Mensch hat eine Vorder- und eine Rückseite, sondern ebenso alle mit der Fähigkeit zur Bewegung und Richtungswahrnehmung begabten Lebewesen, außerdem viele Dinge wie Autos, Schränke, Häuser und Bücher, die der Mensch richtungsgebunden und unter Bezug auf seine eigene Vor- und Rückorientierung benutzt. Auch bezüglich dieser Dinge kann die Bezugsebene für **vor** und **hinter** aufgespannt sein, der Orientierungsmodus ist der einer ›analogen Deixis‹. **Der Baum vor dem Haus** kann dann zwei Positionen des Baumes meinen, nämlich einmal an der Vorderseite des Hauses und zum zweiten zwischen dem Haus und dem Sprecher **(Aufgabe 60)**.

Interessant ist die an **vor** gebundene Zeitmetaphorik. Das Fußballspiel vor einer Woche liegt in der Vergangenheit. Wir können in die Vergangenheit hineinsehen, deshalb liegt sie ›vor‹ uns. Aber auch die Zukunft liegt ›vor‹ uns, denn wir schreiten mit der Zeit ›voran‹, blicken ›vorwärts‹ und lassen damit das Vergangene ›hinter‹ uns. In dieser doppelten, scheinbar widersprüchlichen Zeitbedeutung von **vor** drückt sich aus, daß sowohl das Vergangene als auch das Zukünftige die Orientierungsrichtung abgeben kann. Das Vergangene können wir sehen und nicht erreichen, das Zukünftige können wir erreichen und nicht sehen.

Die dritte Bezugsebene erhalten wir als Schnittebene im Sinne des Schwabenstreichs. Sie ist rein äußerlich eine Symmetrieebene. Sprachlich spiegelt sich das wider im Gegenüber von **rechts** und **links** sowie in der Bedeutung von

neben, in der der Unterschied zwischen **rechts** und **links** neutralisiert ist. **Rechts** und **links** können ebenso wie **vor** und **hinter** deiktisch und in analoger Deixis verwendet werden. Ob sich die Tatsache, daß der menschliche Körper nur äußerlich symmetrisch aufgebaut ist, in der Grammatik von **rechts** und **links** zeigt, ist nicht bekannt, wenn wir einmal absehen vom bekannten etymologisch-morphologischen Zusammenhang **rechts-recht-richtig**.

Verglichen mit den lokalen ist der Bestand an temporalen Präpositionen gering. Temporale Relationen bestehen nicht zwischen Dingen, sondern zwischen Sachverhalten. Deshalb ist die eigentliche Domäne für zeitrelationale Ausdrücke der Satzverknüpfer, die Konjunktion, und nicht die Präposition. Die meisten Präpositionen mit temporaler Bedeutung sind offensichtliche Übertragungen aus dem Räumlichen. Davon auszunehmen sind lediglich **während** und **seit** (sowie mit Einschränkungen **bis**). Diese drei sind jedoch alle auch Konjunktionen **(Aufgabe 61)**.

Neben der räumlichen und zeitlichen gibt es bei vielen der alten Präpositionen weitere Bedeutungen, wie die kausalen in 9 oder die noch abstrakteren in 10. Man nimmt nun meistens an, daß es sich bei 7, 9 und 10 um unterschiedliche Bedeutungen derselben Präpositionen und nicht etwa um verschiedene Präpositionen handelt. Festzustehen scheint auch, daß diese Bedeutungen nicht gänzlich unabhängig voneinander sind.

(9) a. **Karl ist müde von der Reise**
b. **Helga tut das aus Furcht**
c. **Renate ist sprachlos vor Erstaunen**
d. **Joseph bildet sich etwas ein auf seine Herkunft**
e. **Franz ist zermürbt durch langes Warten**

(10) a. **die Vierzehnte von Brahms**
b. **Renate hilft mir aus den Schwierigkeiten**
c. **Der Frieden kommt vor der Freiheit**
d. **Sie wohnt auf dem Lande**
e. **Ich habe Karl durch dich kennengelernt**

Wie aber hängen sie genau zusammen? Bezieht man die verschiedenen Bedeutungen systematisch auf die lokale als Grundbedeutung, so spricht man von einer lokalistischen Bedeutungskonzeption (Anderson 1971; Radden 1985). Die lokalistische Position geht oft einher mit der These, die lokale Beziehung sei das, was Präpositionen ›eigentlich‹ bezeichneten. Man kommt auf diese Weise zu einem engen Begriff von Präposition und schließt viele Einheiten von dieser Kategorie aus, die nicht ins lokalistische Bild passen. Das betrifft insbesondere eine Reihe morphologisch komplexer Einheiten, die synchron-systematisch ohne Zweifel zu den Präpositionen gehören, die aber nichts mit einer lokalen Bedeutung zu tun haben.

Gesamtbestand an Präpositionen und Pränominaladverbien

Versteht man unter Präpositionen nichtflektierbare Einheiten, die ein substantivisches Nominal bezüglich Kasus regieren, dann hat das Deutsche mehrere hundert Präpositionen. Schon Schweisthal (1971: 43ff.) setzt 200 Präpositionen an. Di Meola (2000) untersucht die adpositionale Verwendung von Ausdrücken unterschiedlicher Kategorie und kommt auf ungefähr 450 Einheiten, von denen man bei großzügiger Zählung über 300 zu den Präpositionen zählen kann. Darunter befinden sich Adverbien (**Er steht abseits** vs. **abseits des Weges**), Adjektive (**Sie bleibt sich gleich** vs. **gleich ihrem Vater**), mehrere Typen von Partizipien (**entsprechend dem Antrag; ungeachtet aller Vorteile**), Substantive (**am Ende der Straße** vs. **Ende des Jahres**) sowie verschiedene syntaktische Konstruktionen, unter denen das Zusammenwachsen von PrGr zu komplexen Präpositionen (**auf Grund/aufgrund**) die wichtigste Rolle spielt. In welchen Fällen hier von einem morphologischen Ableitungsverhältnis zur Präposition hin gesprochen werden kann, ist eine weitläufige Frage. Produktive Derivationsmuster gibt es nicht, wohl aber, wie Di Meola (2000) zeigt, nach bestimmten Mustern ablaufende Grammatikalisierungsprozesse. Und die Bedeutung eines Teils der komplexen Präpositionen läßt sich gut unter Rückgriff auf die in ihnen enthaltenen einfachen Stämme von Adjektiven, Verben usw. erfassen. Von einer lokalen Grundbedeutung kann natürlich keine Rede sein (**Aufgabe 62**).

Aber auch für die alte, morphologisch einfache Schicht wird die These von der Bedeutungseinheitlichkeit zweifelhaft – sei sie nun lokalistisch fundiert oder nicht. Denn die bisher betrachteten Bedeutungen sind sämtlich noch relativ anschaulich verglichen mit denen, die typischerweise in Präpositionalobjekten auftauchen.

Dennoch wollen wir auch bezüglich der alten Schicht weiter davon sprechen, daß es jeweils *eine* Präposition gibt, die aber in PrGr unterschiedlicher Funktion ganz Unterschiedliches leisten kann. Syntaktisch läßt es sich nicht rechtfertigen, etwa von **aus**$_1$ in **Anne kommt aus Köln** und **aus**$_2$ in **Das Hemd ist aus Seide** zu sprechen. Syntaktisch tut die Präposition in beiden Fällen dasselbe, indem sie als unmittelbare Konstituente einer PrGr ein Nominal im Dativ regiert. Verschieden sind nicht die Präpositionen, sondern die Funktion der PrGr. Was die Funktion der PrGr ist, ergibt sich im allgemeinen nicht aus ihrer internen Struktur, sondern aus der syntaktischen Umgebung.

Sollte man aber nicht die Präpositionen der älteren und der jüngeren Schicht syntaktisch voneinander trennen, d.h. Teilkategorien von Pr etablieren, die dieser Schichtung entsprechen? Die älteren kommen in PrGr als Adverbial, Objekt und Attribut, die jüngeren nur in Adverbialen und Attributen vor. Dieser Unterschied gibt kein Klassifikationskriterium ab, weil er ebenfalls nicht die interne Struktur der PrGr betrifft.

Weitere Unterschiede betreffen die aus Präpositionen ableitbaren Einheiten. Dazu gehören einmal die Verschmelzungen wie **am** und **im**, bestehend aus einem präpositionalen und einem Artikelanteil. Ihre Bildbarkeit ist zu einem wesentlichen Teil phonologisch determiniert und konstituiert keine syntaktische Subkategorie von Präpositionen (6.1.2).

Der zweite Bereich, in dem jüngere und ältere Präpositionen sich unterschiedlich verhalten, ist die Bildung von Proformen. Eine spezifische Art der Pronominalisierung von PrGr besteht in der Verbindung von Präposition + Pronomen:

(11) a. **über dem Tisch – über ihm, über dem, über diesem, über jenem**
b. **zugunsten deines Bruders – zugunsten seiner, zugunsten dessen, zugunsten dieses, zugunsten jenes**

Obwohl die jüngeren Präpositionen sich vornehmlich mit Formen des Demonstrativums **der** verbinden **(infolge dessen; anhand dessen...)**, funktioniert diese Art der Pronominalisierung für PrGr mit älteren und jüngeren Präpositionen prinzipiell auf dieselbe Weise. Nicht so die zweite Form der Proformbildung für PrGr. Statt **über ihm** kann auch gesetzt werden **darüber**, statt **zugunsten dessen** aber nicht ***dazugunsten.**

Zusammensetzungen aus den Adverbien **hier** und **da**+Präposition **(hiermit, davon)** nennt man *Pronominaladverbien*. Zu dieser Gruppe gehören außerdem Bildungen aus **wo**+Pr **(womit, wozu, wovon ...)**, die sowohl als Frageadverbien wie als Relativa vorkommen. Manchmal werden auch Zusammensetzungen aus einer Form des Demonstrativums+Pr **(deswegen, demgegenüber, dementsprechend, demzufolge)** zu den Pronominaladverbien gezählt (Grundzüge: 406f., 446f.), andere Grammatiken bezeichnen diese Einheiten als Konjunktionaladverbien, weil sie sich funktional stark den Konjunktionen annähern (Helbig/ Buscha 1998: 341; 7.2.1). Die zuletztgenannten Beispiele zeigen, daß auch jüngere Präpositionen an Zusammensetzungen beteiligt sind, die als Proformen dienen. Von den jüngeren gibt es aber keine Zusammensetzungen mit **hier** oder **da**. Allein auf sie kommt es im Augenblick an.

Die Funktion von Ausdrücken wie **hierzu, hiermit, darauf, davon** usw. ist sowohl syntaktisch als auch semantisch prinzipiell die von PrGr mit denselben Präpositionen. Pronominaladverbien können wie die entsprechenden PrGr als Attribute (12a), als Adverbiale (12b) und als Objekte (12c) verwendet werden.

(12) a. **die Antwort hierauf; das Haus davor**
b. **Otto schläft daneben; Karlchen spielt dahinter**
c. **Helga denkt daran; Renate leidet darunter**

Wie die Pronomina, so können auch die Pronominaladverbien selbständig oder phorisch verwendet werden (5.4.1). Die phorische Verwendung ergibt sich schon aus dem Vorhandensein der deiktischen Adverbien **hier** und **da**. Ein Satz wie **Karlchen spielt dahinter** kann mit einer Zeiggeste geäußert werden. Ein Antezedens gibt es dann nicht, der Gebrauch von **dahinter** ist selbständig. Beim phorischen Gebrauch kann sowohl die gesamte PrGr als Antezedens dienen (13a) als auch das Nominal allein, wobei die im Pronominaladverb enthaltene Präposition im Kontrast zu einer anderen stehen kann (13b). Pronominaladverbien sind nur sehr selten personenbezogen (Erben 1980: 236). Ein Satz wie **Renate leidet darunter** meint in der Regel, daß Renate unter etwas und nicht unter jemandem leidet.

(13) a. **Die Flasche steht auf dem Tisch und das Glas steht auch darauf**

b. **Gabi stellt ihr Auto nicht gern in die Garage, sondern lieber davor**

Interessant ist das Zusammenspiel von Pronominaladverbien und den Adverbien, die diese selbst enthalten. In vielen Dialekten sind Sätze wie **Da freuen wir uns drauf/dran/drüber** ganz verbreitet, daneben aber auch solche wie **Da haben sie nichts von/durch gelernt**. Im ersten Fall (vokalisch anlautende Pr) sieht es so aus, als sei zum ›verkürzten‹ Pronominaladverb **drauf** usw. noch ein **da** im Vorfeld getreten (›Verdoppelungskonstruktion‹). Im zweiten Fall (konsonantisch anlautende Pr) scheint das Pronominaladverb so aufgespalten zu sein, daß das Adverb im Vorfeld steht und die Pr zurückbleibt (›Preposition stranding‹). Welche der beiden Satzformen der jeweils anderen zugrunde liegt, ist umstritten (Oppenrieder 1991).

Eine besondere Form der phorischen Verwendung von Pronominaladverbien ist die als Korrelat zu Ergänzungssätzen wie in **Wir warten darauf, daß die Steuern gesenkt werden** (10.3). Diese Verwendung zeigt noch einmal, daß Pronominaladverbien auch in der Funktion von Objekten stehen, und das ist wichtig für die Deutung des Terminus Pronominaladverb selbst. Wir hatten gesagt, daß Pronominaladverbien als Proformen für PrGr dieselben Funktionen erfüllen wie die PrGr. Kategorial sind sie eine Teilklasse der Adverbien. Der Terminus Pronominaladverb ist dann zu lesen als »Adverb, das die spezielle Funktion einer Proform hat«. Er ist ausdrücklich nicht zu lesen als »Proform in adverbialer Funktion« (Rüttenauer 1978; Grundzüge: 446 f.).

Die funktionale Vielfalt der PrGr bringt die Präpositionen einerseits in die Nähe der obliquen Kasus und läßt sie als Funktionselemente erscheinen. Andererseits unterliegen die PrGr als Adverbiale und als Attribute zumindest in vielen Fällen keiner auf die Präposition bezogenen Rektionsbindung. Dieses freie Vorkommen der PrGr ist eine Voraussetzung dafür, daß sich der Bestand an Präpositionen so vermehren konnte. Dies wiederum macht die Präpositionen zum Grenzfall unter den geschlossenen Wortklassen und hat dazu beigetragen, daß sie in generativen Syntaxen oft als eine der vier lexikalischen Hauptkategorien angesehen werden (8.4).

6.1.2 Verschmelzungen

Der Begriff Verschmelzung wird allgemein reserviert für Einheiten mit einem präpositionalen und einem Artikelanteil wie **im, unters, zur**. Verschmelzungen dieser Art sind einfache syntaktische Einheiten. Sie geben einerseits die verschmolzene Präposition und andererseits Flexionssuffixe der pronominalen Flexion zu erkennen. So ist **im** als Mask/Neut, Sg, Dat und **zur** als Fem, Sg, Dat markiert. Verschmelzungen sind meist singularisch, jedenfalls erreichen Formen wie **untern** (**Untern Franzosen fühlt man sich wohl**) nicht den Grad an Grammatikalisierung wie die Singularformen (s. u.). Man ordnet die Verschmelzungen deshalb meist nach Genus und Kasus, Singular wird vorausgesetzt.

Unsere Beschreibung der Formseite von Verschmelzungen bleibt so neutral wie möglich. Wir wollen nicht davon sprechen, daß etwa **im** eine besondere Beziehung zu **in dem** und nur zu **in dem** habe, daß es aus Präposition und bestimmtem Artikel entstanden sei usw. Das Interessante an den Verschmelzungen ist gerade, daß einerseits tatsächlich eine Präposition und eine Artikelform zusammengezogen wird und ein semantischer Unterschied zur Wortfolge nicht feststellbar ist, andererseits aber voll grammatikalisierte Formen vorliegen, denen man mit dieser Sicht nicht gerecht wird (zum Status der Verschmelzungen Eisenberg u.a. 1975: 138ff.; Raffelsiefen 1987; Nübling 1992: 144ff.; schöne Übersicht in Wiegand 2000).

Verschmelzungen können entstehen, weil Artikelformen phonologisch leicht sind und beim schnellen Sprechen häufig auf einen lautlichen Rest reduziert werden. Voraussetzung ist Unbetontheit. Sind die phonologischen Voraussetzungen erfüllt, dann lehnt sich der Artikel sozusagen an die benachbarte Wortform an, es beginnt ein sog. Klitisierungsprozeß. Er führt dazu, daß die Formen *eine* phonologische Wortform bilden. Dabei unterscheidet man zwischen Proklise (**n'Auto**) und Enklise (**geht's?**). Von Klitisierung betroffene oder durch sie entstandene Formen nennt man *Klitika* (Sg. *Klitikon*). Die Redeweise ist in der Literatur nicht einheitlich insofern zu den Klitika einerseits das Ergebnis solcher Prozesse wie die Verschmelzungen, andererseits auch reduzierte aber nicht verschmolzene Artikelformen gezählt werden. Klitisierung gehört zu den wichtigsten Mechanismen im Verlauf von Grammatikalisierungsvorgängen (zum Deutschen umfassend Nübling 1992).

Die Bildung von Verschmelzungen beginnt mit Klitisierung im Sinne von Enklise. Formal hat man dabei doppelt von einfach reduzierten Formen zu unterscheiden. Doppelt reduziert sind **im** und **am**, die Präposition wie die Artikelform hat phonologische Substanz verloren. Einfach reduziert sind **zur** und **unters**, bei denen die Reduktion allein auf Kosten der Artikelform geht.

Für eine grammatische Beschreibung der Verschmelzungen werden im ersten Schritt grammatikalisierte von reinen Reduktionsformen getrennt. Von Reduktionsformen wollen wir dann sprechen, wenn es keinen funktionalen Unterschied zwischen Verschmelzung und Wortfolge gibt. Reduktionsformen entstehen beim schnellen Sprechen und werden im allgemeinen so auch nicht geschrieben, und wenn, dann mit Apostroph als Spur der Reduktion (**Gegen's Präsidium kommst du nicht an; Außer'm Karl hat sie niemanden**). Die Erscheinungsformen solcher Reduktionen sind vielfältig und variantenreich. Wir verfolgen sie nicht weiter.

Bei den grammatikalisierten Verschmelzungen lassen sich wiederum zwei Hauptgruppen unterscheiden. Bei der einen ist die Verschmelzung in der Regel bei keiner Verwendung einer Wortfolge äquivalent. Diese Verschmelzungen sind am stärksten grammatikalisiert (**im, am** usw.). Bei der anderen Gruppe kann die Verschmelzung in bestimmten Vorkommen durch eine Wortfolge ersetzt werden, ohne daß sich die Bedeutung ändert. So sind **Luise stellt sich aufs/auf das Garagendach** äquivalent, nicht aber **Luise geht aufs/auf das Ganze**. Es kommt also darauf an, die Bedingungen für Grammatikalisierung zu spezifizieren. Das soll im folgenden ansatzweise geschehen.

Zu allen Präpositionen der alten Schicht gibt es Verschmelzungen. Die Grammatikalisierung geht am weitesten, wenn die Präposition (1) zum Kernbereich der lokalen gehört, (2) einsilbig ist und (3) vokalisch oder auf den unmarkierten Sonoranten [n] auslautet. Das trifft auf die fünf in 1a zu. Bemerkenswert ist, daß die Bedingungen 2 und 3 allein dieselbe Gruppe von Präpositionen aussondern. Bedingung 1 ist überflüssig.

(1) a. **an, in, von, bei, zu**
b. Mask/Neut, Dat
am, im, vom, beim, zum
c. Fem, Dat
zur

Die fünf Präpositionen bilden einheitlich Verschmelzungen für den Dativ, ihren strukturellen Kasus. Dabei bilden die des Mask/Neut eine formal einheitliche Gruppe mit dem auslautenden Dativ-**m**, das entweder [n] ersetzt oder dem Stamm nichtsilbisch angehängt wird. Das Fem kann den Dativ nur für **zu** bilden. Die Form **beir** ist wegen des Diphthongs phonotaktisch ausgeschlossen, **ar**, **ir** und **or** aus unterschiedlichen Gründen ebenfalls (Wort, 4.3).

Auch der Akk kann nicht einheitlich markiert werden. Im Fem der pronominalen Flexion gibt es für ihn kein Flexiv. Das Mask kann sein Akkusativ-**n** nicht unterbringen, weil **an, in** schon ein [n] haben und weil **von, bei, zu** nur den Dativ regieren. Lediglich im Neut ist der Akk markierbar. Die Verschmelzungen **ans, ins** gibt es auch. Sie sind aber im Vergleich zu denen in 1b isoliert und entsprechend weniger grammatikalisiert (s. u.).

(2) ***am*** **schön*st*en, *am* brauchbar*st*en**

(3) a. **am *raten* – zu *raten* – *raten* – ge*raten***
b. **am *singen* – zu *singen* – *singen* – gesungen**
c. **am *lachen* – zu *lachen* – *lachen* – gelacht**

Den höchsten Grammatikalisierungsgrad erreicht **am**, einmal in der Kurzform des Superlativs, wo es gemeinsam mit **st** das Formmerkmal innerhalb des Adjektivparadigmas bildet (2). Danach folgt **am** in der Verlaufsform des Verbs. Der **am**-Infinitiv paßt gut in die Reihe der infiniten Verbformen. Am stärksten analogisch gestützt ist er bei den starken Verben, deren zweiter Ablaut dem Grundvokal gleicht (3a), aber auch sonst paßt er zu den einfachen infiniten Formen mit Ausnahme des Partizips 2 (3b, c; 4.2).

Ebenfalls weit grammatikalisiert ist **im** mit der Spezialisierung auf PrGr, die als Adverbiale so etwas wie eine allgemeine Verweisfunktion haben und deren zweiter Bestandteil trotz des hohen Grammatikalisierungsgrades großgeschrieben werden soll (4; Wort, 8.5).

(4) **im allgemeinen, im wesentlichen, im folgenden, im ganzen, im einzelnen, nicht im entferntesten**

Etwas geringer ist der Grammatikalisierungsgrad bei den verbalen Fügungen in 5.

(5) a. **beim Lesen, beim Angeln**
b. **zum Wandern, zum Heulen**
c. **vom Saufen, vom Kochen**

Während die Verlaufsform in 3 eher eine ›Konstruktionsbedeutung‹ hat, wird in 5 ein lexikalischer Bedeutungsrest erkennbar. Eine lokalistische Interpretation der Verschmelzung ist ohne weiteres möglich. Die geringere Grammatikalisierung drückt sich weiter in einer Tendenz zur Großschreibung und der Möglichkeit zum Ausbau der NGr aus. Anders als in 4 sind etwa möglich **bei jedem Angeln, zum ewigen Wandern, von dauerndem Saufen, vom dauernden Saufen**. Die einzige Verschmelzung aus 1, die u. W. keine spezielle Funktion der beschriebenen Art hat, ist das in der Reihe isolierte **zur**. Es gehört funktional anscheinend zur zweiten Hauptgruppe (6).

(6) a. **ans, aufs, durchs, fürs, ins, ums, vors**
b. **hinterm, überm, unterm, hintern, übern, untern**
c. **hinters, übers, unters**

Diese Verschmelzungen sind sämtlich einfach reduziert, die Präposition bleibt unberührt. Formal lassen sie sich nach der prosodischen Struktur und dem Flexionssuffix unterteilen. Das Suffix **s** (Neut, Akk, 6a) verhindert eine vollständige Grammatikalisierung ebenso wie die Zweisilbigkeit mit Voll- und Schwasilbe (6b). In 6c ist beides gegeben.

Den höchsten Grammatikalisierungsgrad erreichen die Verschmelzungen der zweiten Hauptgruppe in Idiomatisierungen jeder Art. In der jeweiligen Bedeutung ist die Verschmelzung nicht ersetzbar. **Du führst sie hinters Licht** bedeutet nicht dasselbe wie **Du führst sie hinter das Licht** (7a).

(7) a. **hinters Licht; hinterm Berg; überm Sternenzelt; unterm Rad; aufs Ganze; aufs Dach; ans Eingemachte**
b. **auf'n Senkel/Geist; durch'n Wind; mit'm Holzhammer; aus'm Vollen/Nichts**

7b zeigt die Grenze dieses Grammatikalisierungstyps. Ist das Flexionssuffix nicht syllabierbar, hat also die Verschmelzung eine Silbe mehr als die Präposition, dann tritt im allgemeinen keine Bedeutungsveränderung ein. **Du gehst ihr auf'n Geist** bedeutet dasselbe wie **Du gehst ihr auf den Geist**. Hier haben wir es mit einfachen Reduktionen zu tun.

Der in der Literatur meistdiskutierte Fall ist der, wenn eine Verschmelzung und eine Wortfolge nicht dasselbe bedeuten, obwohl keine oder nur schwache Idiomatisierung vorliegt. Er tritt häufig mit Verschmelzungen der ersten Hauptgruppe, aber auch mit solchen der zweiten auf (8, 9).

(8) a. **Am/an dem/an einem Vormittag arbeitet Luise**
b. **Sie arbeitet im/in dem/in einem Garten**
c. **Und sie frühstückt beim/bei dem/bei einem Chinesen**

(9) a. **Am Montag geht Luise ins/in das/in ein Kino**
b. **Im nächsten Jahr schickt sie ihre Kinder zur/zu der/zu einer Schule**
c. **Paul wohnt unterm/unter dem/unter einem Dach**

In der PrGr mit bestimmtem Artikel ist die NGr definit, mit dem unbestimmten ist sie nicht definit zu lesen. Nichts ist daran auffällig. Die PrGr mit Verschmelzung hat dagegen eine Art generische Lesung. Das ist am einfachsten mit Neutralisierung von Definitheit zu erfassen. Der erste Schritt zur Grammatikalisierung von Verschmelzungen besteht danach in der Neutralisierung der Distinktivität von bestimmtem und unbestimmtem Artikel. Formal wird diese Sicht dadurch gestützt, daß der Artikelrest in allen Fällen außer beim **s** Flexionsendung des bestimmten wie des unbestimmten Artikels sein kann (**Aufgabe 63**).

6.2 Konjunktionen

Bei großzügiger Zählung finden wir im Deutschen zwischen siebzig und achtzig Konjunktionen (Erben 1980: 189; Buscha 1989). Pasch u. a. (2003: 353; 418; 453) führen etwa 100 konjunktionale Satzkonnektoren auf. Der Umfang dieser kleinsten Konstituentenkategorie ist ziemlich konstant, trotzdem aber durch einen »morphosyntaktisch heterogenen Formenbestand« gekennzeichnet (Lang 2002: 635). Zuwachs erhält die Klasse allenfalls durch Übergang von Elementen aus anderen Kategorien, etwa von den Adverbien (s. u.). Die Mechanismen zur Bildung neuer Konjunktionen sind noch träger als bei den Präpositionen.

Die Konjunktionen gehören wie die Adverbien und Präpositionen zu den nicht flektierbaren Einheiten. Der Kategorienname Konjunktion (K) verweist darauf, daß diese Einheiten Ausdrücke bestimmter Form miteinander verbinden. Als syntaktische Hauptklassen werden koordinierende (KOR) von subordinierenden (SUB) Konjunktionen getrennt. Koordinierende Konjunktionen verbinden Einheiten, ihre Konjunkte, indem sie diese einander nebenordnen (**Kaspar und Gesa; träge aber aufmerksam**). KOR und SUB sind in unserem System Wortkategorien (zum Begriff Koordination genauer 12.1).

Die Unterscheidung von koordinierenden und subordinierenden Konjunktionen beruft sich auf das unterschiedliche Verhalten bei der Verbindung von Sätzen. Eine koordinierende Konjunktion verbindet Sätze gleicher Form (Hauptsätze mit Hauptsätzen, Nebensätze mit Nebensätzen), während eine subordinierende Nebensätze, und zwar Verbletztsätze, einleitet. In diesem Sinne unterscheiden sich etwa die bedeutungsverwandten kausalen Konjunktionen **denn** und **weil**. Mit **denn** sind nur Hauptsätze verbindbar (1a), mit **weil** kann auch ein Nebensatz angeschlossen werden (1b). Ein Vergleich der Strukturen zeigt, daß die subordinierende Konjunktion Teil des Nebensatzes ist, die koordinierende dagegen außerhalb der Einheiten steht, die sie verbindet.

(1) a.

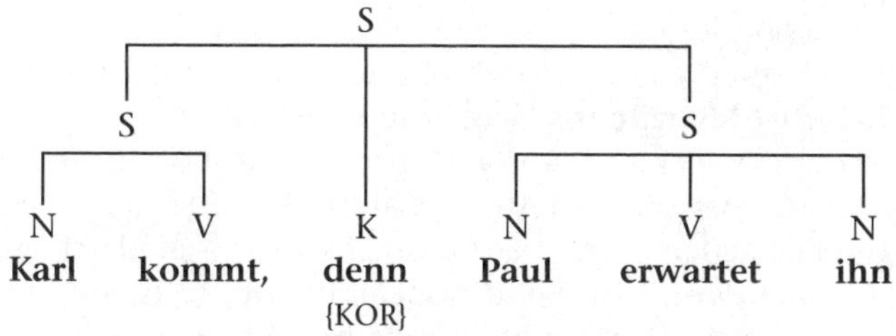

b.

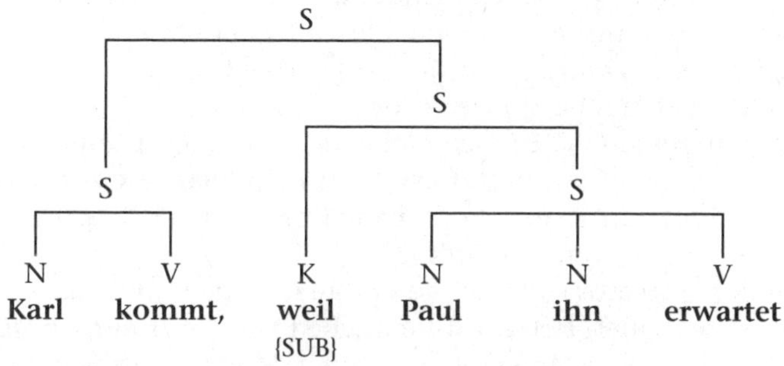

6.2.1 Subordinierende Konjunktionen

Nach der äußeren Gestalt werden die subordinierenden Konjunktionen meist in einfache (1a-c) und zusammengesetzte unterschieden (1d–f). Den zusammengesetzten geben wir den Status von Wortformen. Wir weisen ihre Bestandteile nicht selbst wieder syntaktischen Kategorien zu, **so daß**, **je desto** usw. sind nur als Ganze Konjunktionen.

(1) a. **daß, ob, wie**
b. **als, bevor, bis, da, damit, ehe, falls, indem, nachdem, obgleich, obwohl, seit, seitdem, sobald, sofern, soweit, während, weil, wenn, wie, wieweit, wiewohl**
c. **anstatt, ohne, um**
d. **als ob, anstatt daß, auch wenn, ohne daß, so wie, ungeachtet daß**
e. **als daß, als wenn, auf daß, nur daß, so daß/sodaß**
f. **je desto, je umso**

Die Einteilung in einfache und zusammengesetzte bleibt äußerlich, sie sagt nichts über das Verhalten der Konjunktionen. Die Bildung homogener Klassen und damit von Subkategorien der unterordnenden Konjunktionen ist schwierig, weil die Klassen sehr klein werden und manche Konjunktionen ein individuelles Verhalten zeigen. Sehen wir uns darauf hin die sechs Klassen in 1 an.

Die drei in 1a sind echte Funktionswörter. Sie haben keine lexikalische Bedeutung. Ihr Verhalten ist insofern einheitlich, als sie Komplementsätze einleiten. **Daß**- und **ob**-Sätze kommen als Subjekt, direktes Objekt und mit

Korrelat als Präpositionalobjekt (**Sie glaubt daran, daß ...**) sowie als Attribut vor (8.4; 10.1). Eine Sonderrolle spielt **wie**, weil es auch als Konjunktion die Nähe zum Fragewort nicht ganz verloren und eine sehr beschränkte Distribution hat (**Er sieht, wie die Brille ins Wasser fällt**, 11.2.2).

Das Grundvorkommen der mit Abstand größten Gruppe in 1b ist das in Adverbialsätzen, daneben auch in Attributsätzen. Diese Konjunktionen werden wie die Adverbiale generell meist erst einmal semantisch klassifiziert, etwa in temporale (**als, nachdem, bis**), konditionale, (**wenn, falls, sofern**), finale, (**damit**), kausale, (**da, weil**), konzessive, (**obwohl, obgleich, wiewohl**), konsekutive (**so daß**) und instrumentale (**indem**; dazu weiter 10.4). Auch sie sind echte Funktionswörter insofern sie auf die Spitzenposition im Verbletztsatz fixiert sind. Andererseits haben sie lexikalische Bedeutung und die Klasse weist eine gewisse Offenheit auf (s. 1d).

Die drei Konjunktionen in 1c leiten nicht Sätze, sondern Infinitivgruppen in adverbialer Funktion ein (**Karl liest, anstatt zu schreiben**). Sie werden manchmal Infinitivkonjunktionen genannt, manchmal aber auch in diesem Vorkommen zu den Präpositionen gezählt (11.2).

Bei den zusammengesetzten leitet die größte Gruppe (1d) wiederum Adverbialsätze ein. Sie verhalten sich im wesentlichen wie die einfachen in 1b und zeigen, wie es etwa durch Univerbierung zur Bildung neuer Konjunktionen kommen kann.

Ganz anders liegen die Dinge in 1e und 1f, insofern hier speziellere syntaktische Bedingungen als für den Rest bestehen. Konjunktionale Nebensätze können normalerweise das Vorfeld besetzen (**Bevor Sonja abreist, ruft Robert an**) oder ausgeklammert sein (**Robert ruft an, bevor Sonja abreist**). Bei den Konjunktionen in 1e ist dagegen nur Nachstellung möglich (***So daß Sonja abreist, ruft Robert an**; **Robert ruft an, so daß Sonja abreist**). Für sie ist deshalb die Bezeichnung Postjunktion oder Postponierer vorgeschlagen worden. Diese syntaktische Restriktion geht damit einher, daß der Hauptakzent der Gesamtkonstruktion normalerweise im Nebensatz liegt und nur die Gesamtkonstruktion einen Fokus bilden kann. Eine Alternative kommt nicht zu einzelnen Teilen des Satzes, sondern nur zum Gesamtsatz in den Blick (Pasch u. a. 2003: 436 f.). Das ist Ausdruck einer besonders engen Bindung zwischen Haupt- und Nebensatz.

Einige der Konjunktionen in 1e sowie die beiden in 1f sind auf Vergleichssätze spezialisiert. Die in 1f sind stellungsmäßig noch restringierter als die übrigen, insofern sie nur diskontinuierlich vorkommen (**je älter desto/umso schöner**; 6.2.2).

Bei allen Unterschieden und trotz der größeren syntaktischen Differenzierung der Konjunktionen springt doch ihre Verwandtschaft zu den Präpositionen ins Auge. Wie Präpositionen eine PrGr, so leiten subordinierende Konjunktionen einen Nebensatz ein. Die sich ergebenden Konstituentenstrukturen sind weitgehend parallel aufgebaut:

(2)

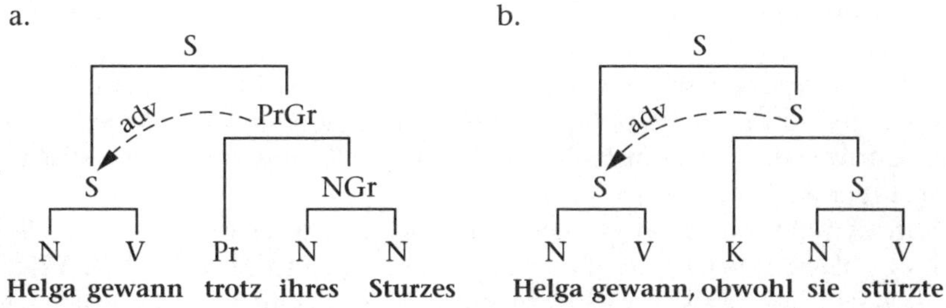

PrGr und konjunktional eingeleitete Sätze haben als Objekte, Adverbiale und Attribute gemeinsame syntaktische Funktionen. Semantisch sind Präpositionen zweistellig relational ebenso wie Konjunktionen. Jede der beiden Kategorien ist dabei auf bestimmte Inhaltsbereiche spezialisiert. So gehören die Lokalbeziehungen zur Domäne der Präposition, weil räumliche Entitäten mit Nominalausdrücken bezeichnet werden. Räumliche Konjunktionen gibt es nicht. Sachverhalte müssen zeitlich situiert werden, deswegen gibt es zahlreiche temporale Konjunktionen. Wegen des ausgiebigen Gebrauchs, den das Deutsche von Nominalisierungen macht, können viele semantische Beziehungen sowohl mit Konjunktionen als auch mit Präpositionen ausgedrückt werden. Bei den temporalen gibt es einige Homonyme (**seit, bis, während**) oder aber die Ausdrücke beider Kategorien sind morphologisch voneinander abgeleitet (**nach – nachdem; seit – seitdem; vor – bevor**; mit anderem semantischen Hintergrund auch **mit – damit; statt – anstatt; in – indem; ohne – ohne daß** usw.). Aus all diesen Gründen ist es sehr wohl erwägenswert, die Präpositionen mit den subordinierenden Konjunktionen (›Satzpräpositionen‹) zu einer Kategorie zusammenzufassen und sie den koordinierenden als den eigentlichen Konjunktionen gegenüberzustellen (**Aufgabe 64**).

6.2.2 Koordinierende Konjunktionen

Koordinierende Konjunktionen stellen syntaktische Einheiten nebeneinander. Semantisch bringen sie Entitäten vergleichbarer Art als Zusammenfassung, als Alternativen, als Gegensätze oder im Vergleich ins Spiel. Die semantische Vielfalt ist hier von vornherein geringer und die Bedeutungen sind abstrakter als bei den subordinierenden Konjunktionen. Auch Grammatikalisierungsvorgänge der üblichen Art gibt es kaum. Bei den koordinierenden hat jede ihr eigenes Verhalten und es ist schwer zu entscheiden, welcher von ihnen man eine lexikalische Bedeutung zusprechen soll. Eine mögliche Gruppierung gibt 1.

(1) a. **und, oder, aber, sondern, statt, denn**
  b. **sowohl als auch, weder noch**
  c. **nicht nur sondern auch**
  d. **als, wie**

Die neutralste Bedeutung hat **und** gefolgt von **oder**, ihnen sind die elementaren kognitiven Operationen ›Zusammenfassung‹ und ›Alternative‹ zugeordnet (mehr dazu in 12.2). Dem entspricht die Breite der syntaktischen Verwendbarkeit. Einheiten sämtlicher Konstituentenkategorien einschließlich der Konjunktionen selbst können mit ihnen koordiniert werden, dazu eine große Zahl von Einheiten, die nicht Konstituenten sind. In **Bärbel schlachtet den Ganter und Otto ein Huhn** ist das zweite Konjunkt **Otto ein Huhn** keine Konstituente.

Eine syntaktische Besonderheit von **und** und **oder** ist die Möglichkeit zur unbegrenzten Wiederholung der Koordination. Ausdrücke wie **Ulla oder Fritz oder Karin** können so nur mit **und** und **oder** gebildet werden, nicht jedoch mit **aber, sondern** und **denn**, die jeweils nur genau einmal vorkommen und damit genau ein Paar von Einheiten koordinieren können.

Auch **aber** ist sehr flexibel. Es tritt mit allen Formen von Sätzen auf, mit Infinitivgruppen (**Sie versucht reich zu werden, aber ehrlich zu bleiben**), Adverbien (**immer, aber heute auch**), Verben (**Er will essen, aber abnehmen**) und vielen Formen von Nominalen. Die Bezeichnung von Gegensätzen mit **aber** ist auf systematische Weise eingeschränkt durch die zweite adversative Konjunktion, nämlich **sondern**. Beide können manchmal füreinander ersetzt werden, schließen sich vielfach aber gegenseitig aus. Auch **statt** gehört in dieses Feld (**schwarz statt grün; roter Wein statt weißer Käse**). Es hat die Besonderheit, daß es eine formgleiche Präposition gibt. Am eingeschränktesten im Vorkommen ist **denn**, es verbindet nur Hauptsätze (**Karl bügelt, denn Paula ist verreist**). Daß diese Konjunktion nebenordnend ist, bedarf besonderer Aufmerksameit. Meist sieht man die Bedeutung von **denn** ja als kausal an. Kausalität ist aber eine asymmetrische Relation zwischen Sachverhalten, die sich mit Koordination nicht recht verträgt. Dazu kommt, daß auch **weil** eine Tendenz zur Nebenordnung hat, wahrscheinlich also ebenfalls nicht einfach kausal im Sinne des Verhältnisses von Ursache und Wirkung ist (10.4; **Aufgabe 65**).

Betrachten wir noch einmal, was **oder, aber, statt** und **sondern** gegenüber **und** gemeinsam haben (2).

(2) a. **Helga und Renate gewinnen**
b. **Helga oder Renate gewinnt**
c. **Nicht Helga aber Renate gewinnt**
d. **Nicht Helga, sondern Renate gewinnt**

Mit **und** werden die bezeichneten Personen zusammengefaßt, mit **oder** als Alternativen ausgewiesen. Auch **aber** und **sondern** machen sie zu Alternativen, wobei mitgeteilt wird, für welche Alternative die Prädikation zutrifft und für welche nicht. Renate gewinnt, Helga gewinnt nicht. Grammatisch drückt sich die Gemeinsamkeit von **oder, aber, sondern** im Vergleich zu **und** darin aus, daß sie beim Vorkommen im Subjekt zum Singular des Finitums führen. Etwas Ähnliches wie mit 2b-d läßt sich mit einem Satz wie **Nur *Renate* gewinnt** erreichen. Dabei liegt auf **Renate** der Hauptakzent des Satzes. Die Alternative ist nicht genannt, sondern muß kontextuell gegeben sein. **Renate** ist der Fokus des Satzes. Fokussierung dient allgemein dazu, Alternativen ins Spiel zu bringen (7.1).

Mit einem Teil der koordinierenden Konjunktionen wird auf spezielle Weise fokussiert. Können die Alternativen bei Fokussierung allgemein implizit bleiben, so dient die Konjunktion dazu, die Nennung der Alternative zu ermöglichen. Das ist insbesondere auch die Funktion der zusammengesetzten Konjunktionen in 1b (3).

(3) a. **Sowohl Helga als auch Renate gewinnt**
b. **Weder Helga noch Renate gewinnt**
c. **Nicht nur Helga, sondern auch Renate gewinnt**

Die drei zusammengesetzten führen erwartungsgemäß zum Singular des Finitums. **Sowohl als auch** hat eine ähnliche Bedeutung wie **und**, nur ist sie distributiv. Die Prädikation gilt ausdrücklich für jedes einzelne der Konjunkte. Bei **weder noch** gilt sie für jedes der beiden nicht. Die Bedeutung von **nicht nur, sondern auch** läßt sich kompositionell erfassen. **Nur Helga** bedeutet »niemand sonst«, **nicht nur Helga** bedeutet enstsprechend »noch jemand außer Helga«. **Nicht nur Helga, sondern Renate** schließlich bedeutet »noch jemand außer Helga, und zwar Renate«, wobei **sondern** außerdem signalisiert, daß das Ganze als Korrektur der Aussage zu gelten hat, daß nur Helga gewinne.

Eine Rolle ganz anderer Art spielen **als** und **wie**. Beide werden in Vergleichssätzen verwendet. **Wie** bzw. **so wie** bezeichnet eine Ähnlichkeitsbeziehung zwischen den Vergleichsgrößen (4a,b), oder es zeigt an, daß die Vergleichsgrößen eine bestimmte Eigenschaft gemeinsam haben (4c).

(4) a. **Kurt arbeitet wie ein Profi**
b. **Sie hilft mir wie einem Bruder**
c. **Niki fährt so schnell wie Walter**

(5) a. **Du als der Präsident darfst das doch**
b. **Ich rate ihm das als Freund**
c. **Niki fährt schneller als Walter**

Als bezeichnet die Identitäts- oder Subsumtionsbeziehung (5a,b). Bei **als** in Vergleichssätzen geht es darum, in welchem Maß die Vergleichsgrößen eine bestimmte Eigenschaft haben.

Für **als** und **wie** gibt es besondere Abgrenzungsprobleme. Nicht nur, daß es auch subordinierende Konjunktion **als** (6a) und **wie** (6b) sowie ein Frageadverb **wie** (6c) gibt. Beide verhalten sich in mancher Beziehung darüber hinaus ähnlich wie Präpositionen (12.3; zur Abgrenzung von den Adverbien **Aufgabe 66**).

(6) a. **Alle gratulierten, als Johanna zur Schule kam**
b. **Gabi hört, wie sie aus der Schule kommt**
c. **Wir sind gespannt, wie sie die Lehrerin findet**

7. Adverb, Adverbial, Partikeln

Adverbien sind nichtflektierbare Einheiten, die zum überwiegenden Teil der lokalen, temporalen und modalen Situierung von Entitäten jeder Art dienen. Die Kategorie Adverb (Adv) ist eine Konstituentenkategorie, die im Deutschen einige hundert Einheiten umfaßt wie **oben, hinten, hier, dort, links** (lokal), **bald, eben, immer, jetzt, nie** (temporal), **gern, kaum, vielleicht, leider, gewiß** (modal) und **sehr, ganz, weitaus, höchst** (graduierend). Eine ziemlich vollständige und weit systematisierte Darstellung der Wortklassen, die als Adverbien infrage kommen, liegt in Schmöe (2003) vor. Sie enthält über neunhundert mögliche Adverbien und zeigt erneut, wie heterogen der Gesamtbestand ist. Gleichgültig wie man sie intern gliedert und nach außen abgrenzt: die Adverbien sind nicht nur eine umfangreiche, sondern auch eine offene Wortklasse. Es gibt produktive Wortbildungsmuster, die ihren Bestand erweitern (7.2.1). Adverbien haben im allgemeinen eine lexikalische Bedeutung, sie sind lexikalische Einheiten und nicht Funktionswörter.

Die Adverbien gehören zum Widerspenstigsten und Unübersichtlichsten, was die deutsche Grammatik zu bieten hat. Kaum eine andere Kategorie wird nach so unterschiedlichen Gesichtspunkten gegliedert und nach außen abgegrenzt. Besonders kritisch ist das Verhältnis der Adverbien zu den unflektierten Adjektiven und den Partikeln, die wir beide ebenfalls in diesem Kapitel behandeln (7.3, 7.4). Auch im Terminologischen besteht ein Wirrwarr, der seinesgleichen sucht. Wir verwenden deshalb den ersten Abschnitt dieses Kapitels (7.1) darauf, einige Abgrenzungsfragen zu erörtern und vor allem eine feste Terminologie für diesen Bereich zu vereinbaren.

7.1 Abgrenzung und Begriffliches

Zum Begriff ›Adverb‹

Kein terminologischer Glücksfall ist das Nebeneinander der Begriffe Adverb und Adverbial. Meistens – aber längst nicht immer – wird Adverb als kategorialer, Adverbial als relationaler Begriff verwendet. Wir folgen diesem Usus und gebrauchen ›Adverbial‹ synonym mit ›adverbiale Bestimmung‹ als Bezeichnung für eine syntaktische Relation (s. u.).

Was aber ist ein Adverb? Bei den Grammatikern besteht nicht einmal Einigkeit darüber, was der Ausdruck **Adverb** bedeutet. Erben (1980: 166) übersetzt ad-verbium als Bei-wort im Sinne von »Nebenwort« und entnimmt dieser Bezeichnung, daß es sich bei den Adverbien um unselbständige Wörter in ›dienender‹ Funktion handelt. Lyons dagegen sieht im ad-verbium ein Wort, das ›zum Verb‹ tritt, das also das Verb in seiner Bedeutung modifiziert (1980: 331). Lyons weist darauf hin, daß dabei mit verbum nicht unser Verb, sondern eine viel größere Menge von Ausdrücken gemeint ist (*verbum* = »Wort«; weiter dazu Matzel 1989; Renz 1993: 15ff.; Schmöe 2003).

Beide Lesarten besagen immerhin so viel, daß das Adverb zu Ausdrücken verschiedener Kategorie treten kann. Die Stellung der Adverbien in der Konstituentenhierarchie ist uneinheitlich, ein und dasselbe Adverb kann auf ganz verschiedene Kategorien bezogen sein. In 1 sind Möglichkeiten des Adverbs **hier** zusammengestellt.

(1) a.

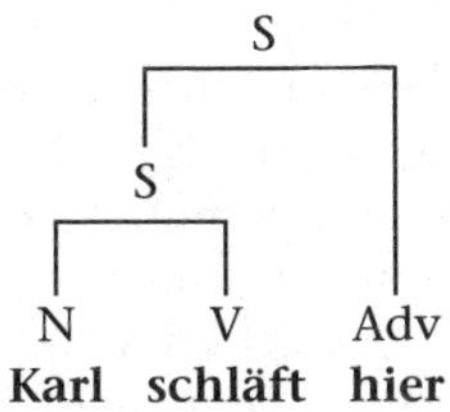

b.

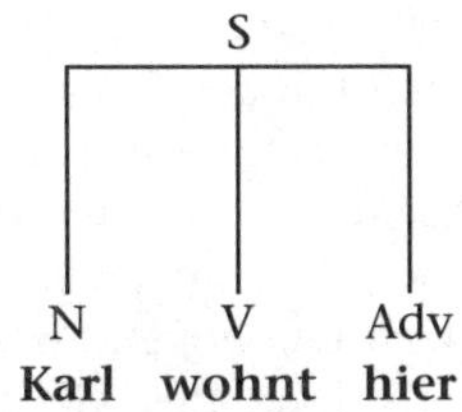

c.

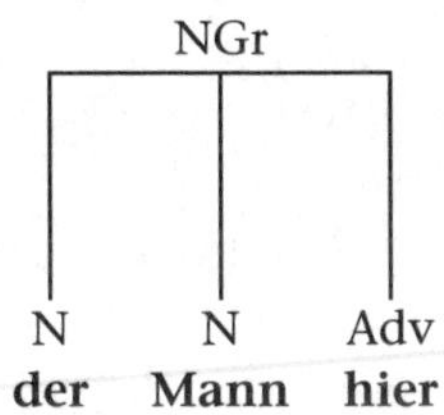

d.

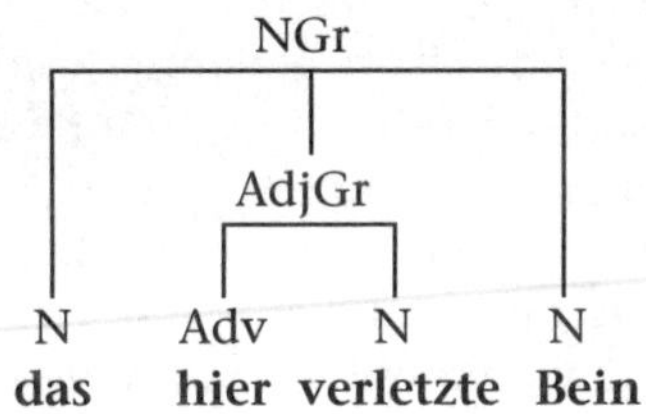

e.

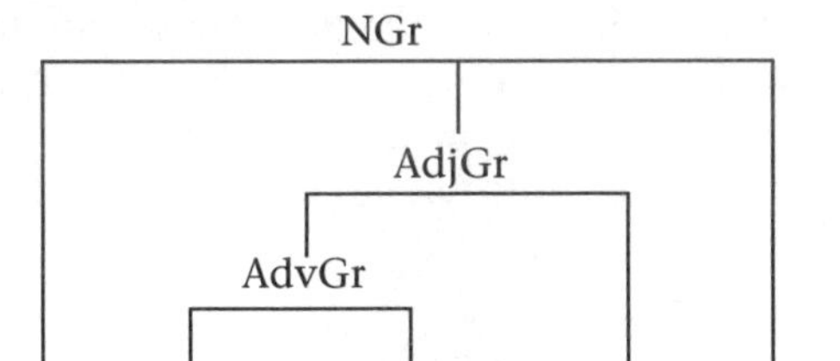

In 1a tritt **hier** zum Satz **Karl schläft**, d.h. der vom Satz bezeichnete Sachverhalt wird durch das Adverb lokal situiert. In 1b ist **hier** dagegen Ergänzung zu **wohnt**. Ohne **hier** wäre der Satz ungrammatisch. Den Fall 1c hat man die attributive Verwendung des Adverbs genannt, weil es ein Substantiv ›näher bestimmt‹ (Helbig/Buscha 1998: 587f.; Grundzüge: 689). In 1d tritt **hier** zum Adjektiv, in 1e tritt **hier** gemeinsam mit **am Knie** zum Adjektiv. Hier ist – ähnlich wie manchmal bei der engen Apposition (7.3.2) – nicht ohne weiteres klar, ob einer der Bestandteile den anderen ›näher bestimmt‹ oder ob sie sich nicht eher gegenseitig bestimmen. Wir entscheiden uns für **hier** als Kern der Konstituente und weisen den Gesamtausdruck der Kategorie AdvGr zu.

Die Vielfalt der Bezugsmöglichkeiten unterscheidet Ad-verb von den anderen mit **ad** gebildeten Termini. Das Ad-jektiv ist das deklinierte Beiwort zum Substantiv und das Ad-tribut ist ebenfalls auf ein Substantiv bezogen. In einem ersten Schritt wäre das Adverb also zu charakterisieren als nichtflektierbare, einfache Einheit mit lexikalischer Bedeutung, die nicht oder nicht nur auf Substantive und die prototypisch auf Sätze beziehbar ist. Außerdem kann das Adv Kern einer AdvGr sein.

Eine weitere terminologische Schwierigkeit beruht nun darauf, daß man vielfach doch bei der nächstliegenden Bedeutung des Wortes Adverb anknüpft und unterstellt, das Adverb sei ›eigentlich‹ eine nähere Bestimmung zum Verb. Es steht dann in begrifflicher Opposition zu ›Adnominal‹, wozu z.B. die Adjektive gehören. Bei dieser engen Bedeutung von Adverb geht das oben herausgestellte Charakteristikum des vielfältigen Bezuges verloren, man hebt ein bestimmtes Vorkommen als konstituierend für die Kategorie heraus (Admoni 1970: 188; Erben 1980: 177). Das hat mindestens zwei problematische Folgen. Die eine ist, daß dann meist auch umgekehrt alle das Verb modifizierenden Ausdrücke Adverbien genannt werden, insbesondere solche wie **schnell** in **Helga läuft schnell**. Unserer Auffassung nach handelt es sich hier nicht um Adverbien, sondern um Adjektive (7.3).

Der zweite Nachteil ist folgender. Es ist gar nicht zu bestreiten, daß Adverbien nicht nur zum Verb, sondern auch zu anderen Kategorien und insbesondere zum Satz treten (1a). Adverbien, für die dies typisch ist, werden dann ›Satzadverbien‹ genannt (Bartsch 1972: 15). Hetland (1992) reserviert ›Satzadverb‹ sogar für Ausdrücke, die zu ganz bestimmten Sätzen treten. Zwar ist das Verb der Kern des Satzes und der Satz, wie man heute sagt, eine ›Verbprojektion‹, aber das macht den Unterschied nicht hinfällig. Man müßte bei dieser Redeweise also Satz- und Verbadverbien unterscheiden. Den Terminus Verbadverb verwendet zwar niemand, die Konsequenz zeigt aber, wie problematisch die Bildung Satzadverb ist: sie vermischt Kategoriales mit Funktionalem.

Die Gliederung der Nichtflektierbaren

Als nichtflektierbare Einheiten müssen die Adverbien von anderen Nichtflektierbaren abgegrenzt werden. Die Trennung von den Präpositionen und Konjunktionen bereitet keine Schwierigkeiten. Präpositionen regieren einen Kasus oder auch mehrere Kasus, Adverbien haben mit Kasuszuweisungen nichts zu tun. Konjunktionen verbinden Ausdrücke bestimmter Kategorien miteinander, Adverbien stehen bei Ausdrücken bestimmter Kategorie, d.h. Konjunktionen sind zweistellig, Adverbien einstellig (s.a. 6.1.1).

Ganz neue Abgrenzungsprobleme für die Adverbien wie die Nichtflektierbaren überhaupt stellen sich, wenn man die Partikeln berücksichtigt. Die Partikeln, diese Zaunkönige und Läuse im Pelz der Sprache, wurden lange und aus verschiedenen Gründen stiefmütterlich oder gar nicht behandelt. Heute spielen sie die wichtige Rolle einer Restklasse. Wußte man früher ein Wort nicht recht einzuordnen, so erklärte man es zum Adverb. Heute sagt man meist, es sei wohl eine Partikel.

Wer überhaupt von Partikeln spricht, zählt dazu Wörter wie **schon** in **Schon Adalbert war Existentialist** (Fokuspartikel) und **aber** in **Du bist aber gewachsen** (Abtönungspartikel). Beide sind als Nichtflektierbare bereits kategorisiert, **schon** als Adverb und **aber** als Konjunktion. Intuitiv möchte man sie hier anders kategorisieren, denn sie haben weder die für Adverb bzw. Konjunktion typische Position im Satz noch deren lexikalische Bedeutung. Die Alternative sind Partikelkategorien.

Vorausgesetzt es gelingt, für einzelne Partikelklassen oder sogar die Partikeln insgesamt einheitliche grammatische Merkmale nachzuweisen, wie sind sie dann ins Gefüge der grammatischen Kategorien einzuordnen und wie verhalten sie sich insbesondere zu den anderen Nichtflektierbaren?

(2)

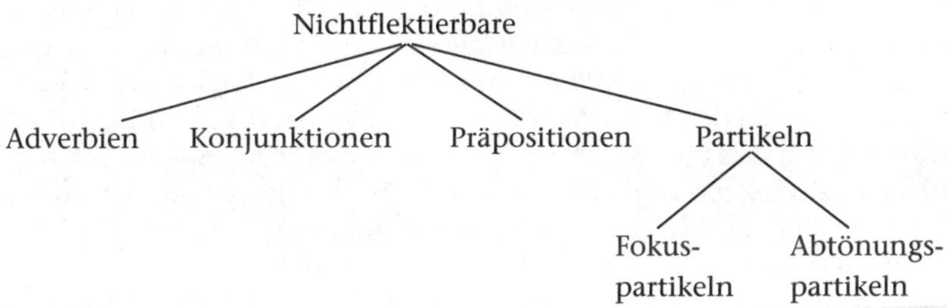

Betrachtet man die Partikeln als grammatische Kategorie neben den anderen Nichtflektierbaren, so ergibt sich Schema 2 (Grundzüge: 683; ähnlich Helbig/Buscha 1998; Duden 1998). Das Schema setzt voraus, daß es typische und allen Partikeln gemeinsame grammatische Merkmale gibt. Eine andere Lösung sieht – etwa im Sinne eines partikelzentrierten Weltbildes – alle Nichtflektierbaren als Partikeln an. Klassen wie die Fokus- und Abtönungspartikeln stehen dann gleichberechtigt neben den Adverbien (jetzt Adverbialpartikeln genannt), Konjunktionen und Präpositionen (Altmann 1976: 3; dazu auch Krivonosov 1977; Weydt 1977: 3; zur Übersicht Hartmann 1994).

(3)

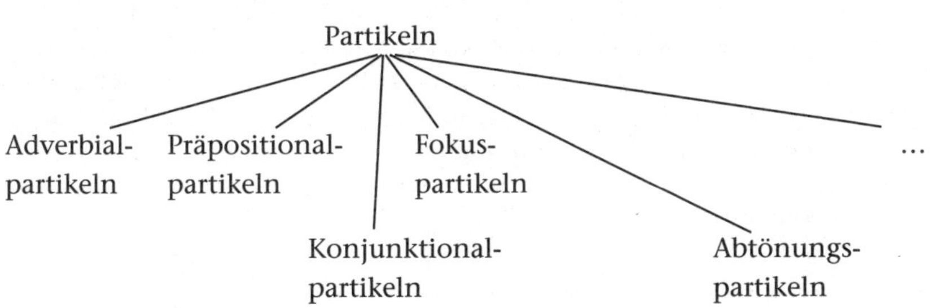

Häufig wird auch ein Kategorienschema gemäß 3 verwendet, ohne daß man die traditionellen Kategoriennamen aufgibt. Fokuspartikeln und Abtönungspartikeln stehen dann als Wortarten neben den Adverbien, Konjunktionen usw. Der Unterschied zu 3 ist rein terminologischer Art (Engel 1988; IDS-Grammatik).

Lösungen gemäß 2 und 3 stimmen darin überein, daß es Klassen von Partikeln gibt, die als eigenständige Kategorien neben den anderen Nichtflektierbaren anzusetzen sind. Mit den Partikeln führen beide Lösungen Kategorien ein, die keine nur diesen Kategorien zugehörige Ausdrücke enthalten (Lieb 1977b: 163; aus semantischer Perspektive Heringer 1988). In dieser Hinsicht würden die Partikelkategorien nicht nur von den anderen Nichtflektierbaren, sondern von den Kategorien generell abweichen, die wir bisher kennengelernt haben. Jede Kategorie hatte ja eigene, nur ihr zugehörige Ausdrücke, und es bedürfte wohl einer besonderen Rechtfertigung, wollte man diesen Gesichtspunkt außer acht lassen.

Aus der Kritik an 2 und 3 ergibt sich der Grundgedanke einer alternativen Lösung: Es bleibt bei den Kategorien Adverb, Konjunktion und Präposition. Die Partikelkategorien werden nicht neben ihnen, sondern als Teilklassen von ihnen errichtet. Fokuspartikeln, Abtönungspartikeln und möglicherweise weitere Partikelklassen sind Teilklassen der Adverbien, Konjunktionen usw. Bei den Abtönungspartikeln gehören etwa **doch, wohl, eben** zu den Adverbien und **aber, denn** zu den Konjunktionen. Mit einer derartigen Lösung wird nicht ausgeschlossen, daß die Partikelklassen grammatische Kategorien (Wortkategorien) sind. Ausgeschlossen wird nur, daß sie neben den anderen Nichtflektierbaren als weitere Konstituentenkategorien auftauchen.

Wir weisen noch einmal darauf hin, daß es im vorliegenden Kapitel nur um die Besprechung bestimmter Klassen von Nichtflektierbaren (Adverbien und Partikeln) sowie der unflektierten Adjektive in adverbialer Funktion geht, nicht aber allgemein um die syntaktische Funktion ›adverbial‹. Weitere Einheiten in adverbialer Funktion kommen beispielsweise in den Abschnitten 9.4 (PrGr), 10.4 (Adverbialsätze) und 11.3 (Infinitvgruppen) zur Sprache.

7.2 Adverbien

7.2.1 Adverbien als Adverbiale zum Satz

Zur Klassifikation von Adverbien

Wir besprechen in diesem Abschnitt die Hauptgruppen der lokalen, temporalen und modalen Adverbien und damit die Klassen, die praktisch in der gesamten Literatur zu den Adverbien gezählt werden. Sehen wir uns an, wie man bei einer Klassifizierung vorgehen kann, d. h. welche Verhaltensunterschiede Adverbien aufweisen können.

(1) a. **Helga liest den Spiegel**
b. **Helga liest immer den Spiegel**
c. **Helga liest den Spiegel immer**
d. **Immer liest Helga den Spiegel**
e. **Den Spiegel liest Helga immer**

Im einfachen Subjekt-Prädikat-Objekt-Satz kommt das Adverb in vier Positionen vor, wobei die Position nach dem finiten Verb (1b) als die unmarkierte gilt. Bei allen vier Wortstellungen bleibt das Adverb Satzadverbial, d. h. es ist stets dem Satz 1a oder einer Stellungsvariante dieses Satzes als Konstituente nebengeordnet. 1b–e bedeuten deshalb auch dasselbe. Stets wird der von 1a bezeichnete Sachverhalt als solcher vom Adverb zeitlich situiert.

Die Sätze mit markierter Satzgliedfolge (1c–e) unterscheiden sich von 1b dadurch, daß bei normaler Äußerung eine oder mehrere Konstituenten besonders akzentuiert sind. In 1c etwa könnte das Adverb den Hauptakzent im Satz tragen (**Helga liest den Spiegel *immer***). Man sagt dann, **immer** sei fokussiert oder der Fokus, der Rest des Satzes bilde den Hintergrund für die Fokussierung. Diese dient allgemein der Hervorhebung einer Einheit so, daß damit Bezug auf mögliche Alternativen genommen wird. Die Alternativen ergeben sich kontextuell unter Berücksichtigung der Bedeutung des Fokus. 1c besagt so viel wie »Helga liest den Spiegel immer, also liest sie ihn weder manchmal noch selten noch nie ...«. »Manchmal, selten, nie ...« sind die zu »immer« ins Auge gefaßten Alternativen (weiter, auch zur Begrifflichkeit, **Aufgabe 67**).

Die Positionen wie in 1 können mehr oder weniger gut von allen Adverbien eingenommen werden, eine syntaktische Differenzierung ist auf dieser Grundlage nur eingeschränkt und allenfalls dann möglich, wenn die Akzentverhältnisse berücksichtigt werden. Andere Positionen sind beschränkter und erlauben eher die Bildung syntaktischer Teilklassen.

(2) a. **Immer Helga liest den Spiegel**
b. **Den Spiegel liest immer Helga**
c. **Immer den Spiegel liest Helga**

Auch mit diesen Sätzen wird ausgesagt, daß Helga den Spiegel liest, jedoch ohne Situierung des Sachverhalts durch **immer**. Das Adverb nennen wir hier einen Fokusoperator, den Fokus selbst bildet **Helga** (2a,b) bzw. **den Spiegel** (2c). Wie oben geht es um Alternativen, die der Fokus setzt (»immer Helga und nicht Martin, Tanja, Anke ...«). Schon einige mit **immer** semantisch scheinbar eng verwandte Adverbien können nicht wie in 2a verwendet werden **(oft, häufig)**. 2c besagt, daß, wenn Helga etwas liest, dann den Spiegel. Auch diese Position kann nicht von allen Adverbien eingenommen werden. Die Bedeutung von **immer** in 2 ist zumindest nicht mehr rein temporal, es kann fast ohne Bedeutungsveränderung des Satzes durch **nur** ersetzt werden. Möglicherweise liegt hier bereits eine Verwendung des Adverbs als Fokuspartikel vor (7.4).

Zwar können Adverbien aller drei Klassen auf den Satz bezogen sein, aber es zeigt sich auch, daß die lokalen ›nach unten‹ auf das nominal konkret Benennbare orientieren, die temporalen auf Abstraktes (im Beispiel ein Verbalabstraktum), und daß die modalen noch höher in der Hierarchie angesiedelt sind.

Ebenfalls stark beschränkt ist die ›attributive‹ Position der Adverbien nach einem Nomen, auf das sie sich beziehen wie in **die Frau da; die Zeitung hier; die Brüder und Schwestern drüben**. Nur wenige temporale **(das Auto eben; dein Geschrei immer)** können so verwendet werden und gar keine modalen (s.u).

Für die Subklassifizierung der Adverbien spielt weiter ihre Kombinierbarkeit eine Rolle. Die Verhältnisse sind kompliziert, aber zweierlei läßt sich als Trend feststellen. Einmal sind Adverbien unterschiedlicher Klassen nicht nur kombinierbar, sondern auch in der Reihenfolge vertauschbar.

(3) a. **Helga liest heute vielleicht den Spiegel**
b. **Helga liest vielleicht heute den Siegel**
c. **Helga liest hier leider den Spiegel**
d. **Helga liest leider hier den Spiegel**

Bringt man mehrere Adverbien unterschiedlicher Klassen zusammen, so erhält man in vielen Fällen die Reihenfolge temporal > lokal > modal als die ›natürliche‹ oder unmarkierte (3a vs. 3b und 3c vs. 3d). Auch 4a,b bestätigen das. Dagegen führen 4d,e vor Augen, daß, es beim Kombinieren innerhalb der Klassen erhebliche Probleme gibt.

(4) a. **Helga liest heute hier unnötigerweise den Spiegel**
b. **Helga liest gleich oben wunderbarerweise den Spiegel**
c. **Helga liest heute jetzt jemals den Spiegel**
d. **Helga liest vielleicht vermeintlich offenbar den Spiegel**

Solche Restriktionen haben letztlich semantische Ursachen (**Aufgabe 68**; 13.1.2). Wir wenden uns zunächst der Bedeutung einiger wichtiger Teilklassen zu.

Lokale und temporale Adverbien

Bei den *lokalen* Adverbien ist der weitaus größte Teil morphologisch komplex und auf die eine oder andere Weise auf Präpositionen bezogen. Einige der Ausdrücke sind sowohl Adverbien als auch Präpositionen (**links, rechts; oberhalb, unterhalb**), andere enthalten eine Präposition oder verwandte Form als Bestandteil (**in** vs. **innen, drinnen; unter** vs. **unten, herunter, hinunter, unterhalb; über** vs. **drüben, überall** usw.). Auch wenn diese Beziehungen synchron teilweise nur schwach wirksam sind, sollten die Adverbien nicht unabhängig von den Präpositionen betrachtet werden. Wir geben einer genaueren Behandlung der lokalen Präpositionen als den morphologisch einfacheren Einheiten den Vorzug (6.1). Wesentliche Parameter der Analyse können auf die Adverbien übertragen werden.

Gänzlich unabhängig von Einheiten anderer Kategorien sind die lokalen Deiktika **hier, da, dort** (zum Grundsätzlichen 5.4.1). Bei einer Bedeutungsanalyse der drei Adverbien geht man am besten von **hier** aus. **Hier** bezeichnet im einfachsten Fall den Ort des Sprechers (3a), allgemeiner kann seine Bedeutung angegeben werden mit »Sprecherort S liegt innerhalb eines Bezugsbereichs B«. 5b,c zeigen, daß der Bezugsbereich ein Raumbereich sein kann, ebenso aber ein Zeitintervall (5d) oder der Bereich einer Institution (5e).

(5) a. **Hier stehe ich**
b. **hier im Hörsaal**

c. **hier über den Alpen**
d. **hier während der Sitzung**
e. **hier im ADAC**

Für die Bedeutung von **hier** ist neben dem Sprecherort und dem Bezugsbereich als dritter der sogenannte Verweisbereich V von Bedeutung, der in 6a gegeben ist durch **auf dem Tisch**.

(6) a. **Hier in meiner Küche sitzt eine Maus auf dem Tisch**
b. **Hier sitzt eine Maus auf dem Tisch**
c. **Hier sitzt eine Maus**
d. **Hier zieht's**

(7) a. b.

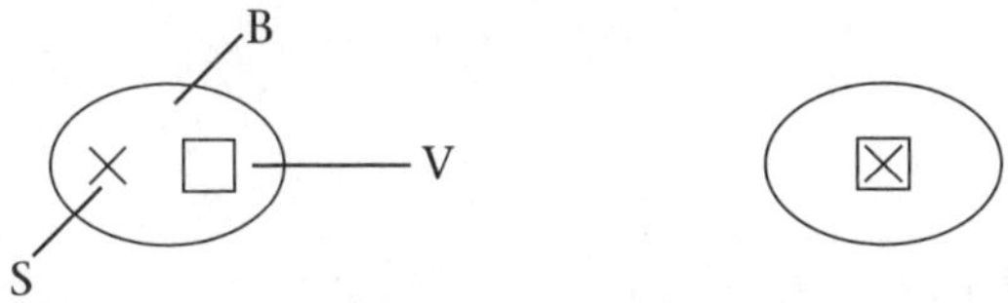

7a gibt die Konstellation der Bereiche wieder, die in 6a ausgedrückt wird. Es gibt den Bezugsbereich **in meiner Küche**, den Verweisbereich **auf dem Tisch** und den Sprecherort. Mit **hier** wird gesagt, daß S und V innerhalb von B liegen. In speziellen Fällen können Sprecherort und Verweisbereich zusammenfallen (6d, wiedergegeben in 7b). Offenbar ist auch in Fällen dieser Art ein Bezugsbereich mitgemeint. Wer sagt »Hier zieht's« kann meinen »Hier wo ich sitze«; »Hier neben der Tür«; »Hier im Auto« usw. Was der Bezugsbereich jeweils ist, kann allein kontextuell-situativ ermittelt werden. Bei Äußerung von 6c weiß man ohne den Kontext nur, daß der Sprecher und die Maus im Bezugsbereich sind, bei 6b kommt der Tisch dazu. Alles weitere über den Bezugsbereich und damit die Verwendbarkeit von **hier** hängt am jeweiligen Kontext.

Die Explikation der Bedeutung lokaler Deiktika mit Hilfe der Bereiche B, S, V geht auf einen Vorschlag von Veronika Ehrich (1983) zurück. Wichtig ist vor allem die Unterscheidung von Bezugs- und Verweisbereich. Der Bezugsbereich ist ein Bereich, in dem sich der Sprecher selbst und mit ihm das in Rede stehende Objekt, das Ereignis, die Handlung usw. befindet. Dieses gemeinsame Sich-Befinden konstituiert einen Bereich psychischer, nicht metrischer Nähe. Deshalb ist es sowohl möglich zu sagen **hier in Europa** als auch **hier bei der SPD**: psychische Nähe ist weder an räumliche Nähe noch an Raum überhaupt gebunden, **hier** ist daher bei einer Explikation dieser Art von vornherein nicht nur ein lokales Adverb.

Systematisch hat diese Analyse zwei Vorteile. Einmal wird unmittelbar an die Struktur der Tempusbedeutungen angeknüpft (4.3). Dort war von Sprechzeit, Betrachtzeit und Aktzeit die Rede, d.h. es gibt offenbar strukturelle Analogien zwischen beiden Bereichen. Wie die Analogien aussehen und wie weit sie reichen, kann nicht erörtert werden; daß sie bestehen, ist aber keine Frage (Ehrich 1992).

Zum anderen lassen sich nun auf überzeugende Weise die Bedeutungen von

da und **dort** unterscheiden, was in den älteren Arbeiten zur Deixis nie ganz gelungen ist (Bühler 1965: 100f.). Wenn jemand 8a äußert, dann ist gesagt, daß sich Helgas Wohnung nicht innerhalb des gerade gültigen Bezugsbereichs befindet. Hält sich der Sprecher in Frankfurt auf, dann kann er sagen »Helga ist nach München umgezogen, dort wohnt sie in einer Fünfzimmerwohnung«. Nicht akzeptabel wären dagegen »Helga ist nach Frankfurt umgezogen, dort...« und »Helga ist nach München umgezogen, hier...«. Bedingung für **dort** ist also, daß der Sprecherort innerhalb und der Verweisort außerhalb des Bezugsbereichs liegen (8b).

(8) a. **Dort wohnt Helga in einer Fünfzimmerwohnung**
b.

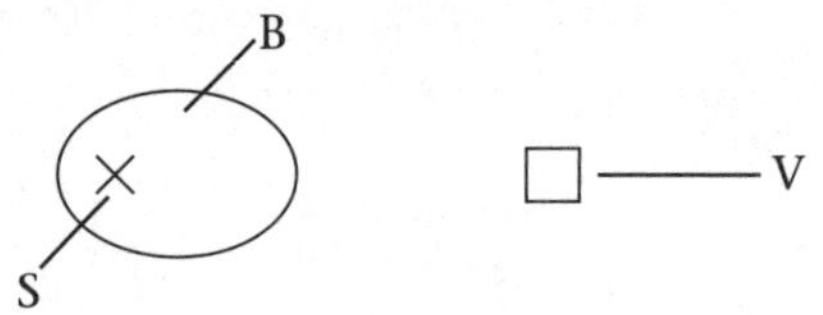

(9) a. **Da sitzt eine Maus auf dem Tisch**
b. **Da zieht's**
c. **Da wohnt Helga in einer Fünfzimmerwohnung**

Für **da** weicht unsere Analyse von Ehrich 1983 ab. 9a hat dieselbe Bedeutung wie 6b, **da** leistet dasselbe wie **hier.** 9b bedeutet nicht dasselbe wie 6d; d.h. **hier** kann nicht durch **da** ersetzt werden, wenn Sprecherort und Verweisbereich zusammenfallen. 9c bedeutet dasselbe wie 8a, **da** leistet dasselbe wie **dort.** Von den drei Adverbien hat **da** die allgemeinste Bedeutung. Es kann immer an die Stelle von **dort** und häufig an die Stelle von **hier** treten **(Aufgabe 69).**

Für die *temporalen* Adverbien erhält man eine grundlegende Klassifikation durch die Unterscheidung von durativen, iterativen und der großen Klasse der deiktischen (›zeitrelativen‹) Adverbien. Letztere situieren Sachverhalte zeitlich durch Bezug auf Zeitpunkte oder Zeitintervalle, die relativ zum Sprechzeitpunkt festgelegt sind. Die Zeitadverbien dieser Klasse wirken unmittelbar mit den Tempusbedeutungen zusammen. So bezeichnet **bald** als temporaldeiktisches Adverb einen Zeitpunkt, der (kurz) nach dem Sprechzeitpunkt liegt. In dem Satz **Helga wird bald kommen** gibt **bald** die Betrachtzeit ab. Während das Tempus nur signalisiert, daß der Sachverhalt nach dem Sprechzeitpunkt eintreten wird, legt **bald** ihn genauer fest. Im Satz **Helga kommt bald** wird Zukünftigkeit nur einmal signalisiert, nämlich von **bald.** Das Präsens ist als unmarkiertes Tempus mit Zukünftigkeit verträglich, hat aber von sich aus keine futurische Bedeutung. Diese hängt allein am Adverb.

(10) a. **einst, einmal, eben, neulich, gestern, vorhin, eben**
b. **jetzt, gerade, augenblicks, nun, heute**
c. **sofort, gleich, bald, demnächst, nachher, morgen, einst**
d. **irgendwann, jemals, vorher, nachher, anfangs**

In 10 sind die Adverbien danach geordnet, ob die Betrachtzeit beim Vorkommen im einfachen Hauptsatz vor, bei oder nach dem Sprechzeitpunkt liegt. Die Adverbien in 10d sind nicht in dieser Weise festgelegt.

(11) a. **Gestern war Karl unglücklich**
b. **Anfangs war Karl unglücklich**

(12) a. **Karl wird bald Oberkellner**
b. **Karl wurde bald Oberkellner**

Ein anderes Ordnungskriterium für diese Adverbien schlägt Steube vor (1980: 73ff.). In 11a wird der von **Karl war unglücklich** bezeichnete Sachverhalt auf eine ganz bestimmte Zeit bezogen, in 11b dagegen kommen eine ganze Reihe von Zeitpunkten bzw. Zeitintervallen als Betrachtzeit in Frage. Diese Unterscheidung erlaubt es, wichtige Vorkommensrestriktionen für Zeitadverbien zu erfassen (**Aufgabe 70a**). 12 zeigt, daß einige Adverbien auf beide Weisen verwendbar sind. Während **bald** in 12a den Sachverhalt auf einen Zeitpunkt bezieht, hat es in 12b die Bedeutung »bald danach« und verhält sich so wie **anfangs**.

(13) **da, danach, dann, darauf, davor, vorher, nachher, inzwischen, unterdessen**

Soll ein Sachverhalt auf eine im Diskurs bereits eingeführte Zeit bezogen werden, so geschieht das mit den Adverbien in 13. Zum Verstehen von **Danach schlief Karl ein** muß ein weiterer Zeitpunkt bekannt sein, der vor dem Einschlafen von Karl liegt. Die Adverbien in 13 werden in der Regel phorisch verwendet, die in 10 nicht.

Für unsere Zeiterfahrung und Zeitwahrnehmung spielt die Unveränderlichkeit eine besondere Rolle. Zeit wird zwar wahrnehmbar erst durch das Ablaufen von Prozessen, also das Sichverändern von etwas. Mit der Veränderung ist aber als Gegenpol die Unveränderlichkeit immer mitgegeben, d. h. die Fähigkeit zur Wahrnehmung von Veränderungen setzt voraus und hat zur Folge die Fähigkeit zur Wahrnehmung des immer Gleichen, der ›reinen Zeit‹. Kategorial ist der Gegensatz in unserer Grammatik bisher im Begriffspaar Vorgang – Zustand zum Ausdruck gekommen. Mit den durativen Zeitadverbien ist es möglich, das Andauern von Vorgängen und Zuständen über das hinaus zu differenzieren, was das Tempus in dieser Beziehung leistet.

(14) a. **bisher, bislang, seitdem, seither, längst, noch**
b. **fortan, weiterhin, schon**
c. **ewig, lang, kurz**

Die durativen Adverbien können wieder danach geordnet werden, ob man sich mit ihnen auf eine Zeit vor (14a) oder nach (14b) dem Sprechzeitpunkt bezieht oder ob der Sprechzeitpunkt keine Rolle spielt (14c mit adverbial gebrauchten Adjektiven). Aus 14a sind nur **seither** und **seitdem** phorisch verwendbar (zur Bedeutung von **noch – schon**: **Aufgabe 70b**).

Das Nebeneinander oder die Gleichzeitigkeit von Veränderung und Unveränderlichkeit macht das Spezifische der iterativen Adverbien aus. Die Wiederholung und damit der Rhythmus überhaupt ist für die Zeitwahrnehmung grundlegend und natürlich unabhängig von jeder Zeitmessung (**Tag – Nacht**; **Sommer – Winter**), für die Raumwahrnehmung ist er aber zunächst nur eine Metapher. Vielleicht hängt es damit zusammen, daß das Deiktische (›Egozentrische‹) für die iterativen Adverbien keine Rolle spielt. Steube (1980: 121ff.) schlägt eine Gliederung vor danach, ob die Iteration implizit ist (15a) oder ob in der Wortbedeutung etwas über die Anzahl, Frequenz oder Häufigkeit der Iteration explizit gemacht wird (15b).

(15) a. **erstmals, jeweils, wieder, letztmals**
b. **einmal, zweimal, mehrmals, jedesmal, nie, niemals, oft, stets, immer**

Modale Adverbien

Die dritte und zugleich größte Klasse von Adverbien sind die *modalen*. Ihre Zugehörigkeit zu einer Klasse ist weitgehend unkontrovers, terminologisch jedoch erreicht die Uneinigkeit hier einen Höhepunkt. Die Grundzüge (687f.) sprechen von Modalwörtern als Teilklasse der Adverbien, Helbig/Buscha (1998: 500f.) von Modalwörtern, die ausdrücklich keine Adverbien seien. Lang (1979) nennt sie Satzadverbiale, Clément/Thümmel (1975: 48ff.) und die IDS-Grammatik (58) entscheiden sich für Modalpartikeln, und der Duden (1998: 369f.) zählt den größten Teil von ihnen zu den Modaladverbien. Der Versuch einer terminologischen Klärung ist an dieser Stelle hoffnungslos, er kann nur im Rahmen einer Gesamtanalyse des Bereichs der Partikeln und Adverbien erfolgen (s.a. 7.4). Einigkeit besteht aber darüber, daß diese Ausdrücke als Konstituenten zum Satz treten und ihre Aufgabe darin besteht, Sachverhalte entweder zu modalisieren oder sie zu bewerten. Semantisch entsprechen dem die Hauptklassen in 16a und 16b.

(16) a. **vielleicht, hoffentlich, sicherlich, zweifellos, bekanntlich, offenbar, vermutlich, mutmaßlich, angeblich, vermeintlich, wirklich, tatsächlich**
b. **leider, klugerweise, leichtsinnigerweise, richtigerweise, erstaunlicherweise, bedauerlicherweise, unverhoffterweise, unnötigerweise**

Mit einem Adverb wie **hoffentlich** oder **zweifellos** in **Helga singt hoffentlich/zweifellos** sagt der Sprecher etwas über die Gültigkeit des von **Helga singt** bezeichneten Sachverhaltes aus. Es wird nicht einfach behauptet, er sei ein Sachverhalt in der realen Welt, sondern seine Geltung wird mit den Adverbien thematisiert (Ramat/Ricca 1998: 190). Sie werden deshalb auch epistemische Adverbien genannt. Ihr Bezug auf die Bedeutung des gesamten Restsatzes steht außer frage und insofern steht auch außer Frage, daß sie zu den Satzadverbien gehören. Ein grammatisches Problem besteht aber darin, daß sie – mit Ausnahme von **vielleicht** – alle mehr oder weniger gut auch attributiv stehen können (**die zweifellose Annäherung der Standpunkte; eine vermutliche Einigung**). Schön sind solche Ausdrücke nicht, aber einfach ungrammatisch sind sie auch nicht. Will man hier nicht von flektierenden Adverbien sprechen und damit eine der letzten Bastionen des traditionellen Begriffs von Adverb aufgeben (»Adverbien sind nichtflektierbar«), dann ist das Adjektiv als Konversionsprodukt aus dem Adverb anzusehen (Eisenberg 2002; 8.2).

Mit **leider, klugerweise** und den anderen Adverbien in 16b wird dagegen nicht die Geltung eines Sachverhaltes thematisiert, vielmehr gibt der Sprecher eine Bewertung dieses Sachverhaltes zum Besten. Das Zutreffen des Sachverhaltes in der realen Welt wird vorausgesetzt, diese Adverbien sind faktiv (Lang 1979: 201). Ihre Charakterisierung als ›Modaladverbien‹ meint also nicht Modalität im üblichen Sinne, sondern etwas wie Evaluierung (Ramat/Ricca 1998: 192; Pittner 1999: 12). Die evaluierenden Adjektive sind nur adverbial verwendbar. Sie stehen weder prädikativ (***Helga ist bedauerlicherweise**) noch attributiv (***der bedauerlicherweise Verlust**), sind also syntaktisch echte Satzadverbien (**Aufgabe 71**).

Der Extremfall eines modalen Adverbs, mit dem etwas über die Geltung von Sachverhalten ausgesagt wird, ist **nicht**. In vielen grammatischen Analysen wird **nicht** jedoch nicht in der Reihe der modalen Adverbien gesehen. Man etabliert vielmehr einen statusmäßig unklaren Bereich oder gar eine grammatische Kategorie ›Negation‹ und handelt dort die sprachlichen Mittel ab, mit denen ein Satz negiert werden kann (Admoni 1970: 154; Stickel 1970: 33 ff., Jung 1973: 107 ff.; vgl. auch Harweg 1979). Diese Mittel sind je nach Abgrenzung mehr oder weniger heterogen, sie reichen von den Adverbien wie **nicht, niemals, nirgends** über das ›Satzwort‹ **nein**, den Artikel **kein**, die Präfixe **un, ver** bis zu Wörtern, deren Funktion als ›Negationsträger‹ erst deutlich wird, wenn man sie neben geeignete andere Wörter hält wie **ohne** vs. **mit, zweifeln** vs. **glauben** oder **mißfallen** vs. **gefallen**.

Der Begriff Negation ist, wenn er auf der Basis derart vielfältiger sprachlicher Mittel eingeführt wird, jedenfalls kein syntaktischer Begriff, und es ist auch nicht klar, ob er als semantischer einheitlich gefaßt werden kann. Die einfachste semantische Explikation faßt ›Negation‹ relational. Sie besagt, daß ein Satz f_1 die Negation eines Satzes f_2 ist genau dann, wenn f_1 und f_2 immer verschiedene Wahrheitswerte haben. f_1 ist wahr, wenn f_2 falsch ist und umgekehrt. Diese Relation ist symmetrisch. Wenn **Karl schläft nicht** die Negation von **Karl schläft** ist, dann ist auch **Karl schläft** die Negation von **Karl schläft nicht**. Alle Sätze sind damit zugleich negiert und nicht negiert, denn jeder Satz ist natürlich die Negation von irgend welchen Sätzen.

Andere Ansätze fassen Negation über Begriffe wie ›negative Tatsache‹ oder ›negativer Sachverhalt‹ (zur Übersicht Heidolph 1970; Kürschner 1983: 9 ff.). Ein solcher Begriff ist schwer verständlich. Was ist das für ein Sachverhalt, der von **Karl entdeckt Amerika nicht** bezeichnet wird? Wird er uns über den von **Karl entdeckt Amerika** bezeichneten Sachverhalt zugänglich? Offenbar nicht als ›negativer Sachverhalt‹, denn der Satz meint, daß ein Sachverhalt nicht existiert und nicht, daß ein Nicht-Sachverhalt existiert. Was ein mit **nicht** negierter Satz bezeichnet, läßt sich nicht als eine Entität bestimmter Art positiv charakterisieren.

Wie allgemein man werden muß und auf welcher Ebene man einen einheitlichen und sprachwissenschaftlich relevanten Begriff von Negation und ›negativer Entität‹ ansehen soll, muß hier offenbleiben. Wir konzentrieren uns im Folgenden auf das Verständnis von **nicht**, das eigentliche und einzige »reine Negationswort« des Deutschen (Duden 1973: 595). Das Verhalten von **nicht** ist jedenfalls syntaktisch sowie semantisch im engeren Sinne zu beschreiben. Auf der Basis des Verständnisses von **nicht** lassen sich dann allgemeinere Aussagen darüber machen, was unter Negation in einem syntaktischen Sinne zu verstehen ist.

(17) a. **Helga liest den Spiegel**
b. **Helga liest nicht den Spiegel**
c. **Helga liest den Spiegel nicht**

(18) a. ***Nicht liest Helga den Spiegel**
b. **Nie liest Helga den Spiegel**

Nicht steht im einfachen Hauptsatz in denselben Positionen wie auf den Satz bezogene Adverbien (17), nicht jedoch als einzige Konstituente im Vorfeld (18a; zum Stellungsverhalten weiter Ulverstad 1975; Jacobs 1982). Das Adverb **nie** ist hier möglich (18b). Mit dieser Restriktion hängt zusammen, daß insbesondere Modaladverbien sich auf einen nichtnegierten Satz (19a) genau so beziehen können wie auf einen negierten. 19b,c bedeuten beide »Es ist wahrscheinlich, daß Helga nicht den Spiegel liest«, d.h. die Modalisierung betrifft den negierten Satz. **Nicht** befindet sich im Skopus von **wahrscheinlich**, das Umgekehrte ist nicht möglich.

(19) a. **Wahrscheinlich liest Helga den Spiegel**
b. **Wahrscheinlich liest Helga nicht den Spiegel**
c. **Helga liest wahrscheinlich nicht den Spiegel**

Auch als Fokusoperator fungiert **nicht**. In 20a ist **Helga** fokussiert, in 20b **heute**.

(20) a. **Nicht Helga liest den Spiegel**
b. **Helga liest den Spiegel nicht heute**

In beiden Fällen kann die ins Auge gefaßte Alternative mit **sondern** realisiert werden (**nicht Helga, sondern Renate; nicht heute, sondern übermorgen**). Solche Fokussierungen mit **nicht** dienen dazu, einen Widerspruch einzuleiten (6.2.1). Bei den Sätzen in 20 spricht man von Satzgliednegation oder Sondernegation im Gegensatz zur Satznegation in 17b. Der Status der Satzgliednegation war lange unklar, ihr Verhältnis zur Satznegation wurde erst mit den Arbeiten zur Fokussierung durchsichtig (Jacobs 1982; Nußbaumer/Sitta 1986).

7.2.2 Frageadverbien

Der weitaus überwiegende Teil der in 7.2.1 behandelten Adverbien hat außer der Nichtflektierbarkeit gemeinsam, daß sie im Grundvorkommen Sätzen beliebiger Form (Verberst-, Verbzweit- und Verbletztsätze) nebengeordnet sein können. Sie fungieren als Adverbiale zum Satz. Das ist anders bei den Frageadverbien. Ihre Distribution ist einerseits vielfältiger und andererseits stärker syntaktisiert. Da die Frageadverbien außerdem eine geschlossene – jedenfalls nicht durch produktive Wortbildungsmechanismen erweiterbare – Wortklasse sind, gehören sie eher als die anderen Adverbien zu den Funktionswörtern.

Die den Frageadverbien gemeinsame starke Syntaktisierung zeigt sich am Verhalten in sog. **w**-Fragesätzen. Wir demonstrieren das zunächst am Kernbestand der morphologisch einfachen bzw. uneinheitlich strukturierten Frageadverbien in 1a.

(1) a. **wann, warum, weshalb, weswegen, wie, wieso, wo**
b. **Warum liest Verena dicke Bücher mit rotem Umschlag?**
c. **Iken versteht, warum Verena dicke Bücher mit rotem Umschlag liest**

Ein selbständiger **w**-Fragesatz wie 1b besetzt eine Satzgliedposition (Komplement oder Adjunkt, s. u.) mit einem Frageadverb. Es markiert das Erfragte. Im Beispiel wird nach dem Grund dafür gefragt, daß der vom Restsatz bezeichnete Sachverhalt besteht.

Noch stärker syntaktisiert ist die Verwendung in 1c. Hier besetzt das Frageadverb die Spitzenposition in einem Komplementsatz, dem indirekten **w**-Fragesatz. Dieser Satztyp trägt zur syntaktischen Subklassifizierung der Vollverben bei und das Fragepronomen ist strikt an die Spitzenposition gebunden (3.2; 10.2).

Die Zuweisung der Wörter in 1a zu den Adverbien rechtfertigt sich neben der Nichtflektierbarkeit vor allem daraus, daß sie im einfachen Hauptsatz dieselben Positionen wie Adverbien einnehmen können. **Wann** beispielsweise kann dort stehen, wo das temporale Adverb **morgen** stehen kann (2).

(2) a. **Morgen/Wann trifft Luise den Herrn Direktor(?)**
b. **Luise trifft morgen/wann den Herrn Direktor(?)**
c. **Luise trifft den Herrn Direktor morgen/wann(?)**

Allerdings ist fraglich, ob man das Verhalten gemäß 2 zum Kriterium machen kann. Die unmarkierte Position für **morgen** ist die in 2b, die unmarkierte für **wann** ist die in 2a. Darin besteht ja gerade das syntaktische Charakteristikum des **w**-Fragesatzes. Die Vorkommen 2b,c sind zwar möglich, sie sind aber nicht wie 2a ein ›normaler‹ Fragesatz, sondern werden zum Nachfragen verwendet. Das Verhältnis der Aussagesätze zueinander ist semantisch ein anderes als das der Fragesätze zueinander.

Als weiterer Gesichtspunkt kann geltend gemacht werden, daß es zu jedem Frageadverb ein nicht interrogatives Adverb als Gegenstück gibt (›Demonstrativadverb‹). Beide kommen tatsächlich in weitgehend denselben syntaktischen

Funktionen vor. Die Paarbildung wird in den meisten Fällen auch am Wortkörper daran kenntlich, daß sich die Einheiten nur im Anlaut durch den Wechsel von **w** zu **d** unterscheiden (**wann – dann**, anders aber **wie – so; wo – da**).

Funktional verhalten sich die Frageadverbien insofern wie die ›echten‹ Adverbien, als sie die Funktion von Satzadverbialen haben können, einem Satz nebengeordnet sind. In 2a etwa ist **wann** dem Satz **Trifft Luise den Herrn Direktor?** nebengeordnet. Im übrigen zeigt sich an den möglichen syntaktischen Funktionen aber am deutlichsten das differenzierte Verhalten der Frageadverbien. Jedes der Adverbien ist auf bestimmte Inhaltsbereiche festgelegt und tritt deshalb in den Funktionen auf, in denen die diesen Inhaltsbereichen zugeordneten Ausdrücke in Aussagesätzen auftreten. Vergleichen wir dazu **warum** und **wie**.

(3) **Warum tut Paula das,** { **wegen Helga** / **weil sie Angst hat** / **damit Paul sich freut** / **um den Frieden zu sichern** } ?

Bilden wir die Aussagesätze zu den Fragesätzen in 3, beispielsweise **Paula tut das wegen Helga**, so sind die Kausalangaben immer Satzadverbiale. **Warum** ist daher auf die Funktion eines Satzadverbials beschränkt.

(4) **Wie arbeitet Paula,** { **indem sie die Bücher vollschmiert** / **gründlich** } ?

Anders **wie**. In 4 ist die rechts herausgestellte Antwort im zugehörigen Aussagesatz entweder Satzadverbial (das Instrumental **indem** . . .) oder Adverbial zum Verb (**gründlich**). Außerdem kann **wie** ›attributiv‹ zum Adjektiv auftreten (**Wie gründlich arbeitet Paula?; Wie alt ist Fritz?**). Insgesamt ist **wie** funktional variabler als **warum**. Beide gehören daher verschiedenen Subkategorien von Adverbien an.

(5) **woran, worauf, woraus, wobei, wodurch, wofür, wogegen, worum, womit, wonach, woneben, worüber, worunter, wovon, wovor, wozu, wozwischen**

Die größte morphologisch einheitliche Klasse unter den Frageadverbien sind die Pronominaladverbien aus **wo(r)** + Präposition (5). Ihr nicht interrogatives Gegenstück ist das Pronominaladverb mit **da** und **hier** (**daran, hieran**; 6.1.1). Die Pronominaladverbien können mit den alten, morphologisch einfachen Präpositionen gebildet werden. Unter diachronem Aspekt gehören in diese Reihe auch **woher** und **wohin**. Im allgemeinen haben die Pronominaladverbien auf **wo** dieselben Funktionen wie die entsprechenden PrGr (Adverbial 6a, Objekt 6b und Attribut 6c).

(6) a. **Woran sitzt Paula, am Schreibtisch?**
b. **Woran arbeitet Ulrike, an ihrer Biographie?**
c. **Der Glaube woran ging verloren, an bessere Zeiten?**

(7) **weshalb, weswegen, wemzufolge, wemgegenüber, wementsprechend**

Als letzte ist die kleine Gruppe der Frageadverbien zu nennen, die aus einer Form von **wer/was** und einer morphologisch komplexen Präposition (oder Postposition) gebildet sind (7). Viele Einheiten dieser Art sind noch nicht voll lexikalisiert. Funktional sind sie mehr oder weniger beschränkt als Satzadverbiale. Da sie häufig auf Adverbialsätze bezogen sind, werden sie auch Konjunktionaladverbien genannt (**Weshalb tut Paula das, weil sie Angst hat?** s.a. 6.1.1).

Zu erwähnen ist schließlich das (auch diachron) enge Verhältnis zwischen bestimmten Frage- und Indefinitpronomina, z.B. **was – etwas, wer – irgendwer**. Ob man etwa **wen** in **Wen hat sie gesehen** und **Sie hat wen gesehen** (i.S. von **irgendwen/jemanden**) als dasselbe Pronomen ansieht oder nicht, hat weitreichende Folgen für die Beschreibung von Fragesätzen im Verhältnis zu anderen Satztypen (Pasch 1991; Reis 1991; ähnlich oben in 2b,c **wann**).

Die Fragepronomina werden als Klasse zusammengehalten durch gemeinsame syntaktische und teilweise auch morphologische Basiseigenschaften. Darüber hinaus besteht mit dem einheitlichen Anlaut [v] ein paradigmatischer Zusammenhalt, der so im Deutschen wohl nirgendwo sonst vergleichsweise konsequent verwirklicht ist.

Der einheitliche **w**-Anlaut findet sich aber nicht nur bei den Frageadverbien, sondern ebenso bei den Fragepronomina **wer** und **was** (5.4.4). Die Fragepronomina sind auch in ihrem übrigen Verhalten kaum von den Frageadverbien zu trennen, einschließlich der paradigmatischen Opposition von **w**-Wörtern und **d**-Wörtern. Wir haben **wer – der, was – das** genauso wie **wann – dann, weshalb – deshalb, warum – darum**, und der Wowoismus von Friedhelm Kändler genießt in Hannover als Hommage an Kurt Schwitters' Dadaismus seit langem hohes Ansehen. Der **d**-Anlaut ist insgesamt wohl etwas weniger konsequent und einheitlich realisiert als der **w**-Anlaut, aber das berührt die Gemeinsamkeiten von Fragepronomina und Frageadverbien nicht. Man faßt beide Gruppen wegen ihrer Gemeinsamkeiten häufig unter der Bezeichnung ›Fragewörter‹ zusammen, ähnlich wie bestimmte Pronomina wegen ihres adsubstantivischen Gebrauchs ›Artikelwörter‹ genannt werden (5.2). Solche Klassifizierungen stehen andererseits quer zu den Flexionseigenschaften der klassifizierten Wörter und gehen deshalb nicht direkt in das System der Wortkategorien ein.

7.3 Adjektive als Adverbiale zum Verb

Adverb und Adjektiv

Ausdrücke wie **laut** und **sorgfältig** in 1 bezeichnet man meist entweder als adverbiale Adjektive oder als adjektivische Adverbien. **Laut** in 1a bezieht sich auf den Vorgang des Schreiens selbst, es teilt uns eine Eigenschaft dieses Vorgangs mit und bezieht sich nicht etwa auf den gesamten Sachverhalt »Paula schreit«. Einen grammatischen Test für die Unterscheidung von satzbezogenen Adverbialen liefern Kopulasätze wie 2a. Die Kopula **sein**, das semantisch ›leere‹ Verb, kann nicht von verbbezogenen Adverbialen modifiziert werden. Deshalb ist 2b ungrammatisch. 2c ist dagegen grammatisch, weil **hier** Satzadverbial zu **Hans ist Lehrer** ist.

(1) a. **Paula schreit laut**
    b. **Hans verwischt sorgfältig alle Spuren**

(2) a. **Hans ist Lehrer**
    b. ***Hans ist sorgfältig Lehrer**
    c. **Hans ist hier Lehrer**

Das Nebeneinander der Bezeichnungen adverbiales Adjektiv und adjektivisches Adverb verweist uns zunächst auf das Problem der Kategorienfestlegung: Handelt es sich bei den verbbezogenen Adverbialen um Adjektive oder um Adverbien? Befürworter einer Zuweisung zu den Adverbien (Erben 1980: 177f.; Helbig/Buscha 1998: 19; 337f.; Admoni 1970: 198f.; weiterführend Starke 1977) machen vor allem Dreierlei geltend. (1) **Laut** und **sorgfältig** können im allgemeinen die Positionen einnehmen, die auch Adverbien wie **hier** und **niemals** einnehmen können. (2) Sie sind auf das Verb bezogen und schon deshalb als Adverbien zu bezeichnen, und (3) sie sind wie die Adverbien unflektiert.

Wir schließen uns dieser Position nicht an, sondern wollen von adverbialen Adjektiven sprechen. Zu den drei genannten Argumenten: (1) adverbiale Adjektive haben viele Stellungsmöglichkeiten mit Adverbien gemeinsam, viele andere aber nicht, beispielsweise die in 2. Auf syntaktische Unterschiede wird später noch eingegangen. (2) Adverbiale Adjektive sind auf das Verb bezogen, das ist unstrittig. Nennt man sie deshalb Adverbien, so müssen die Adverbien anders benannt werden, denn sie sind gerade nicht auf das Verb bezogen (7.2.1). (3) Die Zuweisung zu den Adverbien aufgrund von Unflektiertheit beruht auf einem systematischen Irrtum. Adverbien haben einelementige (›uneigentliche‹) Paradigmen, die wir deshalb als nichtflektierbar bezeichnet haben (2.1). Nichtflektierbar und unflektiert ist nicht dasselbe. Die Kurzform des Adjektivs, wie sie in prädikativer und adverbialer Position erscheint, ist unflektiert, das Adjektiv ist aber flektierbar. Wer Nichtflektiertheit zum ausschlaggebenden Kriterium für eine Zuweisung zu den Adverbien macht, müßte auch das prädikative Adjektiv zu den Adverbien zählen (so im Prinzip in Droescher 1974).

Auch aus der Sicht einer traditionellen Kategorienlehre hätte die Klassifikation als Adverbien unerwünschte Konsequenzen. Fast alle Adjektive können adverbial verwendet werden. Würde man sie in dieser Verwendung als Adverbien klassifizieren, wären die Adjektive Homonyme einer Teilklasse der Adverbien. Die Kategorie Adjektiv würde nur Elemente enthalten, zu denen es auch ein homonymes Adverb gäbe (Grundzüge: 621). Eine der vier lexikalischen Hauptkategorien hätte ihre Eigenständigkeit verloren.

Adjektive bezeichnen Eigenschaften. Berücksichtigen wir zunächst nur ihren attributiven und prädikativen Gebrauch (**das kluge Kind** vs. **Das Kind ist klug**), dann bezeichnen Adjektive Eigenschaften von etwas, das mit einem Nomen benennbar ist. Syntaktisch sind beide Verwendungsweisen des Adjektivs gänzlich verschieden, die semantische Leistung aber offensichtlich nicht.

Insbesondere ist der Begriff von Eigenschaft, den man zur Explikation von Adjektivbedeutungen braucht, ziemlich homogen. Weil das Adjektiv in attributiver und prädikativer Position Eigenschaften ›desselben Dinges‹ bezeichnet, besteht kaum ein Zweifel daran, daß es sich in beiden Positionen auch um ›dasselbe Wort‹ handelt. Aus typologischer wie aus genetischer Sicht läßt sich sogar ein Prototyp von Adjektiv auszeichnen, der ›einfache‹ Eigenschaften von Dingen bezeichnet und in seiner Grundbedeutung attributiv und prädikativ, nicht aber adverbial verwendbar ist. Dazu gehörten etwa Form- und Farbadjektive. So haben wir **Der Tisch ist rund/grün** und **der runde/grüne Tisch**. Dagegen haben diese Adjektive bei adverbialer Verwendung (**Der Motor läuft rund**; **Karl denkt grün**) nicht die Grundbedeutung. Und auch deshalb wurden attributives und prädikatives Adjektiv in transformationellen Grammatiken aufeinander bezogen, d. h. als nur oberflächensyntaktische Varianten derselben zugrundeliegenden Repräsentation angesehen (Motsch 1971; Edmondson 1982: 89ff.; 8.2).

Im Deutschen ist die Kategorie Adjektiv weit über solche Grundklassen hinaus ausgebaut. Ein großer, wenn nicht der überwiegende Teil von ihnen bezeichnet Eigenschaften von Entitäten, die nominal *oder* verbal benannt werden kann. Ordnet man die lexikalischen Klassen in einem Kontinuum, das zwischen den Substantiven auf der einen und den Verben auf der anderen Seite aufgespannt ist, so stehen die Adjektive in der Mitte (Lehmann 1992; Wort, 1.4). Sie sind weder substantivisch noch verbal, und andererseits kann mit ihnen über substantivisch Benennbares wie über verbal Benennbares prädiziert werden.

Ein weiteres Anzeichen dafür, daß die von Adjektiven bezeichneten Eigenschaften sowohl nominal als auch verbal Benennbares charakterisieren, ist die dichte morphologische Beziehung zwischen Substantiv und Verb. Systematisch ausgeprägt ist insbesondere die Ableitung von Substantiven aus Verben. Zu den meisten Verben gibt es mehrere Substantivierungen (meist spricht man von Nominalisierungen). Ullmer-Ehrich (1977: 5) versteht unter einer Nominalisierung ohne Zögern ein ›deverbatives Nomen‹ (zur Übersicht Ehrich 1991; Motsch 1999: 321 ff.; Wort, 7.2).

Zu einem Satz wie **Karl befragt den Minister** können wir einen Nominalausdruck **Karls Befragung des Ministers** bilden, dessen Kern die Nominalisierung des Verbs ist und der die Ergänzungen des Verbs als Attribute enthält. Zwischen beiden Ausdrücken gibt es formale Analogien und eine enge semantische Beziehung (8.3.1). Soll nur der vom Verb bezeichnete Vorgang genauer charakterisiert werden, dann schreibt man ihm eine Eigenschaft zu mit Hilfe eines adverbialen Adjektivs: **Karl befragt den Minister sorgfältig**. Eben dieses Adjektiv wird auch verwendet, wenn das ›Verbalabstraktum‹ im Nominal näher zu bestimmen ist, man erhält **Karls sorgfältige Befragung des Ministers**. Der Zusammenhang zwischen adverbialem und attributivem Adjektiv ist noch um einiges enger und regelmäßiger als der zwischen Verb und Nominalisierung. Es ist damit zwar nicht ›bewiesen‹, daß beide Ausdrücke zur selben Kategorie (Adjektiv) gehören, es ist aber gezeigt, daß die von **sorgfältig** bezeichnete Eigenschaft systematisch sowohl nominal als auch verbal Benennbarem zugeschrieben werden kann (dazu grundsätzlicher Kaznelson 1974: 180 ff.).

(3) a. b.

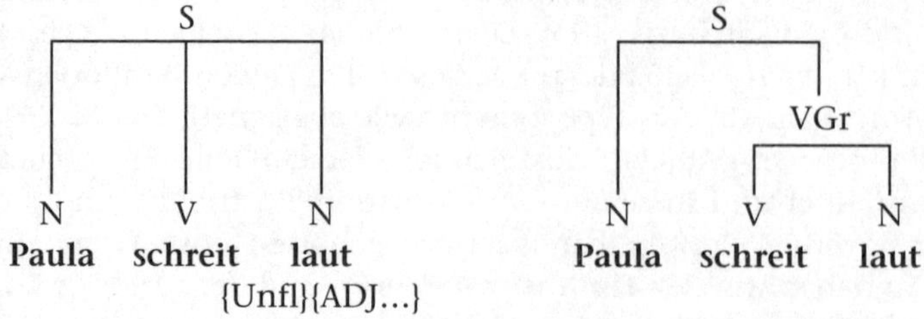

Für einen Satz wie 1a können wir damit die Struktur in 3a ansetzen. **Laut** ist die Kurzform des Adjektivs (unflektiert), die dem Verb (Prädikat) nebengeordnet ist. Die Bezeichnung als Adverbial erinnert daran, daß diese Konstituente kategorial regiert wird und dabei fakultativ ist. Das adverbiale Adjektiv ist eine freie Konstituente im Sinne einer Angabe **(Aufgabe 72)**.

Auch eine weitere Ergänzung im Satz ändert an der hierarchischen Zuordnung des adverbialen Adjektivs nichts, als Konstituentenstruktur ergibt sich:

(4)

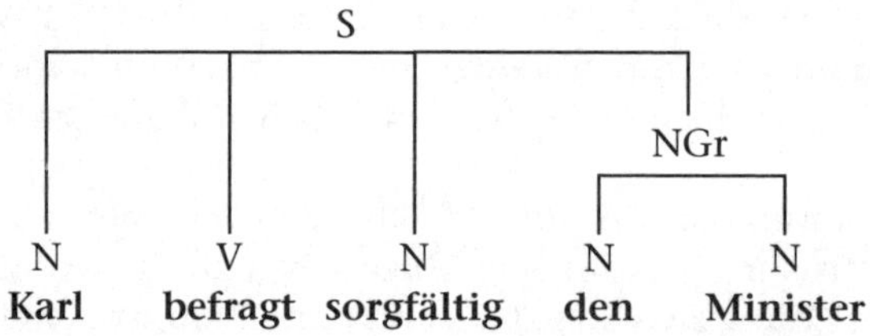

Diese Struktur zeigt noch deutlicher als 3a eine vielleicht als unschön empfundene Konsequenz unserer Vorgehensweise. Wenn das adverbiale Adjektiv dem Verb nebengeordnet ist, dann ist es automatisch auch den Ergänzungen nebengeordnet. Was aber hat das Adverbial mit Subjekt und Objekt zu tun? Sollte man die Nebenordnung zu ihnen nicht vermeiden und etwa einen Knoten Verbalgruppe einführen (3b), der die Nebenordnung auf das Verb beschränkt?

Bezug auf Subjekt und Objekt

Die Nebenordnung des Adjektivs zum Verb einerseits wie zum Subjekt und Objekt andererseits (3a, 4) sollte nicht aufgegeben werden, denn das adverbiale Adjektiv ist sehr wohl auch auf die Ergänzungen bezogen (Rath 1972; Eichinger 1979; Vogel 1997). Betrachten wir folgende Sätze mit dem Adverbial in Spitzenstellung.

(5) a. **Laut ruft Anetta ihren Sohn**
b. **Präzise beantwortet Paula die Frage**

(6) a. **Krank liegt Karl im Bett**
b. **Jung heiratet Paula ihren Fritz**

(7) a. **Blank putzt Hans seine Zähne**
b. **Rot färbt Egon seine Haare**

Das Adverbial bezieht sich in 5 auf das Prädikat (das Rufen ist laut), in 6 auch auf das Subjekt (Karl ist krank) und in 7 auch auf das Objekt (die Zähne sind blank). Mit ›bezieht sich‹ ist dabei zunächst nur eine nicht näher gekennzeichnete semantische Beziehung gemeint. Adjektive bezeichnen Eigenschaften von nominal wie verbal Benennbarem, aber auf beiden Seiten gibt es Prototypen. Das kommt hier zum Ausdruck. Ein Ding ist eher blank als ein Vorgang, ein Vorgang seinerseits ist eher laut als ein Ding. Es fragt sich dann, ob dem auch syntaktische Unterschiede entsprechen.

Am einfachsten wäre es, man könnte die Adjektive entsprechend subklassifizieren. Obwohl einige insbesondere morphologisch charakterisierbare Adjektivklassen eher zum einen als zum anderen Bezug neigen, ist das Verfahren prinzipiell unangemessen. Denn die meisten Adjektive können auf mehrere, wenn nicht auf jede der drei Weisen bezogen sein.

(8) a. **Der Graf kalauerte frech im Bundestag herum**
b. **Frech schaut Karl ihm ins Gesicht**
c. **Der Präsident formulierte seine Antwort frech**

Wenn überhaupt ein eindeutiger Bezug erkennbar ist, dann dürfte **frech** in 8a auf das Prädikat, in 8b auf das Subjekt und in 8c auf das Objekt bezogen sein.

Ebensowenig wie eine kategoriale ist eine strukturell-hierarchische Unterscheidung der Fälle möglich. Es wäre Willkür und nichts als eine Abbildung semantischer Verhältnisse in die Syntax, wollte man etwa **frech** in 8b der Subjekts- und in 8c der Objektskonstituente zuschlagen.

Vergleichen wir etwas genauer ein typisch verbbezogenes (9) mit einem typisch subjektbezogenen Adjektiv (10).

(9) a. **Präzise beantwortet Paula die Frage**
b. **Paula beantwortet präzise die Frage**
c. **Paula beantwortet die Frage präzise**

(10) a. **Jung schreibt Karl sein erstes Streichquartett**
b. **Karl schreibt jung sein erstes Streichquartett**
c. **Karl schreibt sein erstes Streichquartett jung**

Bei Subjektbezug (man spricht auch von freiem Prädikativ oder Subjektsprädikativ) sind dieselben Positionen wie bei Verbbezug möglich, jedoch scheint bei Subjektbezug die Position nach dem Objekt markiert (10c gegenüber 9c). Noch kritischer wird dieser Fall bei einem Objekt mit unbestimmtem Artikel (11c). Wenn dieser Satz überhaupt grammatisch ist, dann mit Kontrastakzent auf **jung**.

(11) a. **Jung schreibt Karl ein Streichquartett**
b. **Karl schreibt jung ein Streichquartett**
c. **Karl schreibt ein Streichquartett jung**

Das Objekt mit unbestimmtem Artikel ist typischerweise Rhema oder Teil des Rhemas, d.h. pragmatisch funktional die ›Satzaussage‹. Das Objekt stellt damit eine Barriere für den Subjektbezug des Adjektivs dar. Eine zweite Prädikation durch das Adjektiv scheint unter diesen Bedingungen nicht möglich zu sein.

Einen noch extremeren Unterschied im Bezug zeigt 12. **Sorgfältig** bezeichnet eine Eigenschaft, die Vorgänge ebenso wie Personen haben können. Wer etwas sorgfältig tut, ist selbst sorgfältig (dazu auch 8.2). Aber dieser Bezug auf das Subjekt ist sekundär, er muß erschlossen werden. Zumal bei rhematischem Objekt legt die Grammatik des Satzes ihn nicht nahe. Die Bedeutung von 12a kann wiedergegeben werden mit »Wenn Karl ein Streichquartett schreibt, dann schreibt er es sorgfältig«. Weil der sekundäre Subjektbezug auf agentive Subjekte beschränkt ist, spricht die Literatur hier gelegentlich vom agensorientierten Adverbial (Pittner 1999: 95 ff.).

(12) a. **Karl schreibt ein Streichquartett sorgfältig**
b. ***Karl nimmt eine Aspirin krank**

Krank in 12b bezeichnet eine Eigenschaft, die wohl Personen, nicht aber Vorgängen zukommt. Es kann deshalb nur auf das Subjekt bezogen sein. Weil dieser Bezug durch die Grammatik des Satzes ausgeschlossen ist, wird der Satz ungrammatisch.

Wie bei der Negation und den Adverbien allgemein (7.2.1) können wir das Verhalten des adverbialen Adjektivs systematisch beschreiben durch die Unterscheidung des syntaktischen Bereichs einerseits und eines Fokusbezugs andererseits. Syntaktisch ist das Adjektiv dem Verb nebengeordnet. Was sein Fokusbezug sein kann, hängt von seiner Position, dem Satzakzent und offenbar auch von der Thema-Rhema-Struktur ab.

Die spezielle Leistung des adverbialen im Vergleich zum attributiven Adjektiv kennzeichnen Helbig/Buscha (1998: 556) damit, daß das adverbiale (sie nennen es ›prädikatives Attribut‹) »keine dauernde Eigenschaft des Subjekts bzw. Objekts, sondern eine – durch die Beziehung auf die Aktzeit des Verbs – zeitlich beschränkte Eigenschaft« benenne.

(13) a. **Ein blinder Mann stand auf der Straße**
b. **Ein Mann stand blind auf der Straße**

13b wird in der Regel nicht im Sinne von 13a gelesen. Viel näher liegt eine Lesung, die besagt, der Mann auf der Straße habe für einen Moment nichts sehen können. Möglich ist auch eine Lesung mit **blind** in einer abgeleiteten Bedeutung. Das attributive Adjektiv ist nun aber nicht auf die Bezeichnung ›dauernder Eigenschaften‹ beschränkt, sondern in dieser Hinsicht unrestringiert. Deshalb sind Sätze wie 14a möglich und weitgehend synonym mit 14b. Beschränkt auf ›temporäre Eigenschaften‹ ist dagegen das adverbiale Adjektiv, es stellt eine gegenüber der attributiven semantisch markierte Verwendung dar. Deshalb sind die Sätze in 15b schwer interpretierbar.

(14) a. **Das weinende/kranke Kind lag im Bett**
b. **Das Kind lag weinend/krank im Bett**

(15) a. **Der morsche/alte Baum wurde gefällt**
b. **Der Baum wurde alt/morsch gefällt**

Die Beschränkung auf temporäre Eigenschaften entspricht der Syntax des adverbialen Adjektivs. Als Adverbial bleibt es stets auch bezogen auf das Verb. Bei Subjektbezug bezeichnet es nicht einfach eine Eigenschaft des vom Verb bezeichneten Vorganges oder Zustandes, wohl aber bezeichnet es eine Eigenschaft, deren zeitliche Ausdehnung an diesen Vorgang oder Zustand gebunden ist (Eichinger 1979: 88f.).

Das Objektsprädikativ

Beim Objektbezug eines Adjektivs (häufig spricht man vom Objektsprädikativ) sind mehrere und auf unterschiedliche Weise syntaktisierte Fälle zu unterscheiden. Hier ist es nicht mehr möglich, generell von einem Adverbial zum Verb zu sprechen.

Weitgehend parallel zum Subjektbezug liegen die Dinge in 16, wo dem vom Objekt Bezeichneten die vom Adjektiv bezeichnete Eigenschaft zugeschrieben wird. Adjazent zum Verb kann das Adjektiv nicht stehen (16c). Das gilt für alle Objektsprädikative.

(16) a. **Helga kauft das Auto gebraucht**
b. **Karl ißt die Mohrrüben roh**
c. ***Helga kauft gebraucht das Auto**

Bei vielen transitiven und noch mehr intransitiven Verben wird nun nicht einfach die vom Adjektiv bezeichnete Eigenschaft zugeschrieben, sondern eine, die sich aus der Verbalhandlung ergibt. Die Konstruktion wird als Resultativ gedeutet (Bausewein 1990: 236ff.; IDS-Grammatik: 1114ff.). Betrachten wir zuerst einige transitive Verben.

(17) a. **Ödipus schlägt seinen Vater tot**
b. **Karl streicht Gabis Fahrrad grün**
c. **Karl kocht die Kartoffeln weich**

17a kann als Resultativ gelesen werden, 17b,c aber nicht. Diese Sätze sind wahr, wenn Karl dabei ist, Gabis Fahrrad zu streichen bzw. die Kartoffeln weich zu kochen. Bei inkrementellen Prädikaten kommt es nicht auf das Resultat, sondern auf das Ablaufen des Vorgangs selbst an. Das Adjektiv charakterisiert den Vorgang, es geht um das »Grünstreichen« und um das »Weichkochen«, deren Resultat die Zuschreibung der entsprechenden Eigenschaft sein kann, aber nicht sein muß.

Noch klarer wird dies beim Objektsprädikativ intransitiver Verben, der in großem Umfang wie in 18 auftritt (Wunderlich 1997; St. Müller 2002: 209ff.).

(18) a. **Edmund labert die Studenten voll**
b. **Christine klebt die Plakate fest**
c. **Fritz spricht seinen Bruder heilig**

Weil das Verb nicht transitiv ist, kann sich ein Resultativ auf Basis der Verbalhandlung in solchen Sätzen nicht ergeben. Transitiv ist aber wieder die Verbindung aus Verb und Adjektiv, also **vollabern, festkleben, heiligsprechen**. Die Studenten sind nicht voll, sondern vollgelabert, die Plakate sind festgeklebt, der Bruder ist heiliggesprochen. Ob er dadurch heilig wird, ist ja eine ganz andere Frage. Der Objektsprädikativ neigt also aus konstruktiven Gründen dazu, ein komplexes Verb mit telischer Bedeutung zu bilden. Es gibt eine große Zahl von lexikalisierten Verben dieser Art (19).

(19) a. **Ute schreibt Karl krank**
b. **Helmut betet uns gesund**
c. **Abwarten macht sie kaputt**

Die Tendenz des Objektprädikativs zur Inkorporierung ins Verb führt dazu, daß der adjektivische Bestandteil im Verhalten einer Verbpartikel nahe kommt (**krankschreiben, gesundbeten, kaputtmachen** wie **abgeben, aufhängen, weglaufen**, 20; Wort, 8.4).

(20)

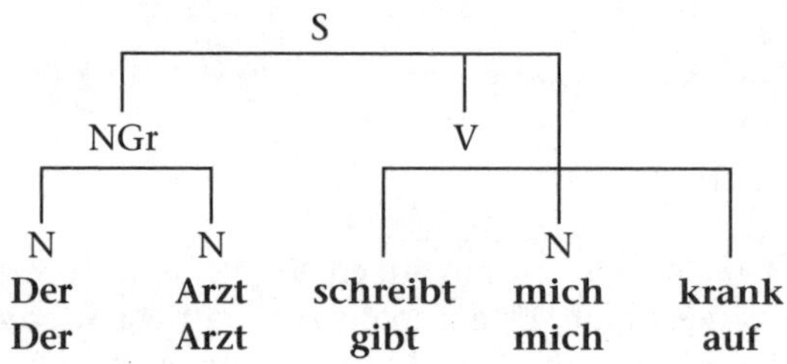

Wir sind bei der Besprechung des adverbialen Adjektivs vom Standardfall eines Bezugs auf das Verb ausgegangen (**Paula schreit laut**) und haben von da aus die Erweiterung auf Subjekt- und Objektbezug entwickelt. Auch der umgekehrte Weg ist möglich. Plank (1985) sieht das prädikative Adjektiv im Kopulasatz (21a) als Grundlage des subjektbezogenen und das Adjektiv bei Verben mit doppeltem Akkusativ (21b) als Grundlage des objektbezogenen Adverbials an. Der Vorteil dieser Sicht ist, daß der Subjekt- bzw. Objektbezug des adver-

(21) a. **Der Kanzler ist/wird/bleibt liberal**
b. **Meier nennt/heißt/schimpft/findet Mair affektiert**

bialen Adjektivs als ganz ›natürlich‹ erscheint. Denn er liegt ja auch schon in 21a,b vor. Der Nachteil ist, daß der Bezug auf das Verb als abgeleitet oder markiert angesehen werden muß. Sind aber nicht Sätze wie **Hans schläft gut** und **Paula schreibt langsam** gerade die einfachsten dieses Konstruktionstyps? (**Aufgabe 73** und **74**).

7.4 Partikeln: Fokussierung und Abtönung

In Abschnitt 7.1 wurden Möglichkeiten zur Klassifizierung der Nichtflektierbaren besprochen und es wurde gezeigt, daß dabei üblicherweise eine ›Restkategorie‹ angesetzt wird. Von einer Restklasse – nenne man sie nun Adverbien oder Partikeln – ist nicht zu erwarten, daß sie homogen ist. Nicht einmal einen kategorialen Kern für alle diese Wörter wird es geben. Was der Bereich nach Aussonderung der einfach faßbaren Fälle wie der Konjunktionen, der Präpositionen und der prototypischen Adverbien als Kandidaten für eine Restklasse ›Partikeln‹ mindestens umfaßt, illustrieren wir zunächst an den terminologischen Zuordnungen in drei Grammatiken, nämlich Hentschel/Weydt 1990, Weinrich 1993 und der IDS-Grammatik (1).

(1)

	Hentschel/Weydt	Weinrich	IDS-Grammatik	Beispiele
a.	Konjunktional-adverb	Nexus-Adverb	Konnektiv-partikel	**indessen, dennoch, sonst**
b.	Modalwort	Geltungs-Adverb	Modalpartikel	**vielleicht, wahrscheinlich**
c.	Negationspartikel	Geltungs-Adverb	Negations-partikel	**nicht, gar nicht**
d.	Fokuspartikel	Fokus-Adverb	Gradpartikel	**nur, sogar, allein**
e.	Abtönungs-partikel	Partikel	Abtönungs-partikel	**aber, eben, ja**
f.	Intensivpartikel	Intensitäts-Adv.	Intensitäts-partikel	**sehr, ziemlich, höchst**
g.	Antwortpartikel	Geltungs-Adverb	Responsiv-partikel	**ja, nein, okay, kaum**

Die Klassen sind verschieden geschnitten, unterschiedlich benannt und vor allem wird die Abgrenzung von Adverbien und Partikeln unterschiedlich vorgenommen. Und schon bei den wenigen Beispielen ist nicht ganz sicher, ob in jedem Einzelfall die Intention der jeweiligen Grammatik getroffen wurde. Auch ist mit der Nennung eines Beispiels nicht ohne weiteres klar, welchen Wortgebrauch man meint. Was mit **aber** als Konjunktion und **eben** als temporalem Adverb gemeint ist, steht außer Frage, aber was sind die entsprechenden Abtönungspartikeln? Man hat zuerst Verwendungsbeispiele zu geben. Gehen wir die Liste kurz durch.

Konjunktionaladverbien haben Satzgliedstatus. Sie besetzen wie andere Satzglieder und insbesondere Adverbiale das Vorfeld (**Dennoch fahren wir fort**) oder eine entsprechende Position im Mittelfeld (**Wir fahren dennoch fort**). Ihre vergleichsweise einheitliche syntaktische Funktion manifestiert sich teilweise sogar in einem wiederkehrenden morphologischen Muster (7.2.1).

Den Wörtern in 1b kann im Grundvorkommen ebenfalls Satzgliedstatus zugeschrieben werden. **Vielleicht** etwa hat eine lexikalische Bedeutung, die an ein für Adverbien typisches syntaktisches Verhalten gebunden ist (**Vielleicht fahre ich mit; Ich fahre vielleicht mit**).

Darauf beziehbar und in diesem Sinne abgeleitet ist die Abtönungspartikel wie in **Du bist vielleicht schlau** (s. u.). Wenn man die ›Modalwörter‹ nicht zu den Adverbien zählt, wird diese Kategorie sehr reduziert. Die Gemeinsamkeiten zwischen ihnen und den temporalen wie lokalen Adverbien sind jedenfalls größer als die zwischen den Modalwörtern und den Abtönungspartikeln.

Über den Status von **nicht** wurde in 7.2.1 einiges ausgeführt. Neben seiner eher adverbialen Funktion als Satznegator dient es bei Satzgliednegation als Fokussierer (**Nicht *Renate* lacht; Renate trifft nicht *Paul***). Zweifel an der Zugehörigkeit zu den Adverbien sind vor allem mit dem Ausschluß vom Vorfeld begründet. Bei Satzgliednegation kommt **nicht** außerdem dem Verhalten einer Fokuspartikel nahe (1d). Eine qualitative Grenze scheint also bei 1c zu liegen. Die Wortklassen wurden so angeordnet, daß alle unterhalb von 1c nicht Satzglieder im üblichen Sinne sind. Abtönungspartikeln (1e) haben zwar Satzbezug, besetzen aber ebenfalls nicht das Vorfeld (**Männer sind eben so; Renate sitzt ja im Kinderwagen**). Gar nicht satzbezogen kommen die Intensivpartikeln vor. Sie stehen am häufigsten bei Adjektiven (**sehr schlau; höchst betreten**) und eingeschränkt bei Verben (**jemanden sehr verehren**, 1f.). Wieder ganz anders verhalten sich Antwortpartikeln. Als charakteristisches Vorkommen gilt das als Antwort auf **ja/nein**-Fragen, aber natürlich gibt es eine unbegrenzte Anzahl von mehr oder weniger konventionalisierten Ausdrücken in dieser Verwendung, von den Modaladverbien über **okay** bis **denkste**.

Nicht als Kern einer einheitlichchen Kategorie Partikeln, aber doch in sich vergleichsweise homogene und auch umfangreiche Wortklassen, die zudem funktional wie lexikalisch den Adverbien am nächsten stehen, erweisen sich die Fokuspartikeln und die Abtönungspartikeln. In der Partikelforschung der vergangenen 30 Jahre haben sie eine zentrale Stellung. Für beide wurden immer wieder Vorschläge zur einheitlichen Interpretation gemacht, für beide wurde der Status einer syntaktischen Kategorie postuliert. Die Diskussion ist vielschichtig. Wir können nur im Ansatz zeigen, was man unter ›einheitlicher Interpretation‹ für beide Klassen versteht.

Der Gesamtbestand an Fokuspartikeln des Deutschen ist ungefähr der in 2.

(2) Fokuspartikeln
allein, auch, bereits, besonders, bloß, einzig, eben, ebenfalls, erst, etwa, gar, genau, gerade, gleich, lediglich, noch, nur, selbst, schon, sogar, zumal

Die Wortklasse verdankt ihren Namen der gemeinsamen Funktion als Fokusoperatoren. Sie besteht darin, das vom Fokus Bezeichnete auf Alternativen vom selben semantischen Typ zu beziehen. In **Auch *Helga* will ein Auto** bezieht **auch** den Fokus ***Helga*** auf eine Menge von Entitäten, die kontextuell z. B. als Karl und Fritz gegeben sind. Sie läßt sich rekonstruieren als Menge von Propositionen, in denen die auf den Fokus bezogene Position jeweils anders besetzt ist (Karl will ein Auto, Fritz will ein Auto usw.).

Als Fokusoperator ist die Fokuspartikel unbetont, betont ist ja der Fokus selbst. Unbetontheit gehört im Normalfall zur Funktion als Fokusoperator. Wir haben es hier mit dem alten Problem einer Unterscheidung von syntaktischer Kategorie und syntaktischer Funktion zu tun. Sieht man **schon** in **Schon *Karl***

wußte das als Adverb an, dann ist es als Adverb in der Funktion eines Fokusoperators unbetont. Sieht man es als Fokuspartikel an, dann ist Nichtbetonbarkeit eine kategoriale Eigenschaft dieser Partikelklasse.

Die Wirkung von Fokusoperatoren und damit der Partikel ist an topologische Bedingungen gebunden, etwa derart, daß der Operator der Partikel innerhalb einer Fokusdomäne vorausgeht. Dabei kann die Position des Operators variabel sein. So liegen in 3a,c dieselben funktionalen Verhältnisse vor, und ebenso in 3b,d. Wie die Domänen in den verschiedenen Typen von syntaktischen Phrasen aussehen, kann hier nicht besprochen werden (weiter dazu 13.2).

(3) a. **sogar ein *mitverantwortlicher* Begleiter**
b. **sogar ein mitverantwortlicher *Begleiter***
c. **ein sogar *mitverantwortlicher* Begleiter**
d. **ein sogar mitverantwortlicher *Begleiter***

Die Art und Weise des Bezugs auf semantische Alternativen ist nicht für alle Fokuspartikeln gleich (4).

(4) a. **Wenn du etwa/auch *Paul* fragst**
b. **Wenn du sogar/selbst *Paul* fragst**

Mit **etwa** und **auch** in 4a wird **Paul** auf eine Menge (z. B. von Personen) bezogen, deren Elemente untereinander wie bezüglich Paul ungeordnet sind. Die Fokussierung stellt einfach eine bestimmte Person heraus. Mit 4b dagegen wird signalisiert, daß die Elemente der Bezugsmenge geordnet sind. Präsupponiert ist die Existenz einer gerichteten Skala mit einem bestimmten Platz für das vom Fokus Bezeichnete. **Sogar *Paul*** besagt, daß dem Paul ein niederer Rang auf der Skala zugeordnet ist, andere wären vor ihm zu befragen; ähnlich bei **selbst *Paul***. Die ›Skalarität‹ einer Teilklasse der Fokuspartikeln ist der Grund, daß diese und gelegentlich auch die Gesamtklasse als Gradpartikeln bezeichnet werden (Altmann 1976; Jacobs 1983; s. a. König 1993: 980).

Den Bestand an Abtönungspartikeln (gelegentlich auch Modalpartikeln genannt), den die Literatur am häufigsten nennt, faßt 5 zusammen.

(5) Abtönungpartikeln
aber, auch, bloß, denn, doch, eigentlich, eben, einfach, etwa, erst, halt, ja, jetzt, mal, nun, nur, schon, vielleicht, ruhig, wohl

Dem weitaus größten Teil der Abtönungspartikeln steht eine homonyme Konjunktion, ein Adverb oder Adjektiv gegenüber. Ihre Funktion wird im allgemeinen darin gesehen, den Inhalt des Satzes, dem sie nebengeordnet sind, auf die Sprechsituation zu beziehen. Abtönung durch eine Partikel teilt »die Stellung des Sprechers zum Gesagten« mit (Weydt 1969: 61). Auch als illokutionsindizierend und -modifizierend sind die Abtönungspartikeln gedeutet worden. So kommen **auch, denn, eigentlich** und **etwa** nur in Fragen vor, während **nämlich, immerhin** und **aber** auf Behauptungen beschränkt sein sollen. **Ja** wie in **Mach ja das Licht aus** markiert eine Aufforderung als Erinnerung, **schon** wie in **Mach schon das Licht aus** markiert ihren Vollzug als überfällig (König 1977; Hartmann 1977; Jacobs 1991; zur Frage ausführlich Fernández Bravo 1993). Mit dem Bezug auf Sprechakte wird zugleich plausibel, warum Abtönungspartikeln vorwiegend in Hauptsätzen vorkommen. Nebensätze haben ja in der Regel keine selbständige illokutive Kraft.

Weitergehend und solche Deutungen einschließend ist die Analyse von König (1997) im Rahmen der sog. Relevanztheorie (Sperber/Wilson 1986). Danach dient die Abtönung eines Satzes der Mitteilung an den Adressaten, wie er mit der Satzbedeutung umzugehen hat oder welche Relevanz sie für ihn nach der Sprecherintention haben soll. Relevanz bedeutet, daß die neue Information dazu genutzt werden kann, etwas in Zweifel zu ziehen, etwas zu bekräftigen oder auf etwas zu schließen. Betrachten wir ein Beispiel.

(6) a. **Karl hat doch große Sprüche gemacht**
b. **Karl hat vielleicht/aber/erst große Sprüche gemacht**
c. **Karl hat halt große Sprüche gemacht**

Mit **doch** in 6a wird dem Hörer signalisiert, daß irgendeine seiner Äußerungen oder Annahmen nicht zutreffen kann, weil sie in Widerspruch dazu steht, daß Karl große Sprüche gemacht hat. Das Zutreffen dieses Sachverhalts selbst wird als bei Sprecher und Hörer unstrittig unterstellt.

Die Partikeln in 6b stehen bei graduierbaren Prädikaten und zeigen an, daß die dem Karl zugeschriebene Eigenschaft, große Sprüche gemacht zu haben, in hohem Maß besteht. König sieht darin gleichzeitig eine Verstärkung der Behauptung, d. h. die Partikeln fungieren als Stärkeindikatoren.

In 6c schließlich wird Karls Sprüchemachen durch die Partikel **halt** zur Prämisse oder Voraussetzung von etwas anderem gemacht. Der Hörer soll die Information verwenden, um daraus Schlüsse zu ziehen. Eine andere, kommunikativ höchst wichtige Steuerung der Kontextualisierung einer Äußerung ist die durch **eigentlich** in Fragesätzen. Mit **Wo wohnst du eigentlich?** wird ein Kontextwechsel angezeigt. Dem Hörer wird signalisiert, er möge den Satz nicht im laufenden Diskurs interpretieren.

Die Explikation von Abtönung als ›metapragmatische Instruktion‹ an den Hörer führt in den meisten Fällen dazu, daß einer Partikel genau eine Funktion zugeschrieben wird. Sie kann erklären, daß bestimmte Atönungspartikeln auf bestimmte Illokutionstypen beschränkt sind und sie macht verständlich, warum sie satzbezogen, trotzdem aber nicht Satzglieder sind (**Aufgabe 75**).

8. Attribute

8.1 Übersicht

Die primäre Leistung der Attribute besteht darin, das von einem Substantiv Bezeichnete ›näher zu bestimmen‹. Wie diese Bestimmung im Einzelnen aussieht, hängt von der Form des Attributs und seinem Verhältnis zu anderen Attributen ab. Attribute sind unmittelbare Konstituenten von Nominalgruppen und dem Kernsubstantiv nebengeordnet. Die wichtigsten Attributtypen des Deutschen sind das adjektivische sowie das Genitiv-, Präpositional- und Relativsatzattribut (1).

(1)

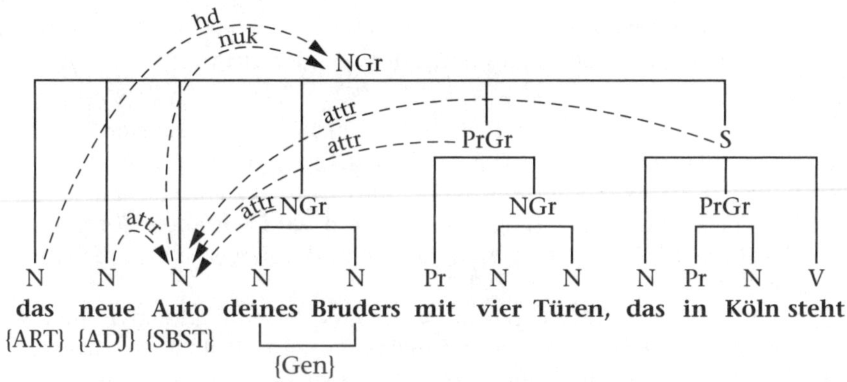

Nicht zu den Attributen gehören die Artikelwörter in Kopffunktion, die ja in vielen Fällen notwendig sind und den Kern nicht modifizieren, sondern der NGr zu Referentialität verhelfen (5.2). Zwischen dem Kopf und dem Kern steht als erstes das adjektivische Attribut, das in seinem Flexionsverhalten auf beide abgestimmt ist (8.2). Unmittelbar nach dem Kern folgt das Genitivattribut (8.3.1). Wir behandeln es gemeinsam mit einer Reihe verwandter Konstruktionen, in denen es ebenfalls um die ›nähere Bestimmung‹ von Substantiven geht. Zu diesen gehören vor allem Formen der Apposition wie in 2 sowie solche mit Maßangaben (›Numerativkonstruktionen‹) wie in 3 (8.3.2).

(2) a. **der Freistaat Sachsen**
b. **dein Bruder der Vielschreiber**

(3) a. **drei Lastwagen Kies**
b. **ein Liter Rotwein**

Den nominalen Attributen folgt das präpositionale (8.4) und als letztes der Relativsatz (8.5). Insgesamt sind die Attribute bei unmarkierter Abfolge nach dem Gewicht geordnet. Es gilt das ›Behaghelsche Gesetz‹, demzufolge schwerere Einheiten leichteren folgen (13.2).

Die ausgebaute NGr weist zwei im Grundsatz unterschiedlich strukturierte Felder auf, nämlich einmal das über Flexion syntagmatisch stark integrierte Feld vom Kopf bis zum Kern, wobei man dem Kopf und dem Kern häufig sogar eine Klammerfunktion zuschreibt (Nominalklammer, 8.2).

Der Bereich nach dem Kern ist syntagmatisch weniger dicht. Reihenfolge und Form der Attribute sind zwar für den Prototyp eindeutig syntaktisiert, aber es gibt hier trotzdem vielerlei Ambiguitäten und Bezugsprobleme. Eine auffällige Eigenschaft der postnuklearen Attribute ist auch, daß sie in einer Reihe von Fällen kein Substantiv als Kern benötigen, sondern auf Pronomina bezogen sein können. Wir demonstrieren das an einigen Beispielen (4), können den Restriktionen, die hier gelten, aber nicht im Einzelnen nachgehen.

(4) a. Genitivattribut
keiner/mancher/welcher ... dieser Herkunft
b. Präpositionalattribut
keine/manche/einige/viele/alle ... aus Georgien
c. Relativsatz
der/einer/keiner/mancher/jeder ..., der das tut

Vom Relationstyp her sind Attribute Modifikatoren. Ein Substantiv kann im Prinzip alle Formen von Attribut nehmen. 4 zeigt aber, daß es in dieser besonderen Form von Anbindung durchaus Differenzierungen zwischen den Attributtypen gibt. Bei substantivischem Kern wird vor allem für präpositionale Attribute häufig angenommen, sie seien Komplemente und nicht Modifikatoren (8.4).

Für einzelne Attributtypen und insbesondere beim adjektivischen sowie beim Relativsatz treten zwei grundsätzlich unterschiedliche Lesarten in Erscheinung, die man die appositive oder nichtrestriktive einerseits und die restriktive andererseits nennt. Ein Beispiel gibt 5.

(5) a. **seine Eltern – seine reichen Eltern**
b. **seine Freunde – seine reichen Freunde**

Das adjektivische Attribut in 5a bestimmt das Kernsubstantiv näher, indem mitgeteilt wird, daß von reichen Eltern die Rede ist. Das Attribut hat auf die Extension der Verbindung aus ADJ + SBST aber keinen Einfluß. Das ist die appositive Lesart. Dagegen ist die naheliegende Lesung in 5b restriktiv, denn die reichen Freunde machen in der Regel nur eine Teilklasse der Freunde aus. Meist läßt sich nur kontextuell entscheiden, ob ein Attribut restriktiv oder appositiv zu lesen ist. Umso interessanter sind Fälle, die eine der Lesarten besonders nahe legen.

8.2 Das adjektivische Attribut

Flektiertes und unflektiertes Attribut

Als Attribut steht das Adjektiv in der Regel vor dem Kernsubstantiv und ist dann in Hinsicht auf Genus, Numerus und Kasus flektiert (z. B. Genus: **ein klug+er Kopf; eine klug+e Idee; ein klug+es Buch**). Flektiert ist das Adjektiv auch in der sog. Distanzstellung (**Katzen haben sie nur klug+e; Salat kauft er nur frisch+en**). Nicht flektiert ist das adjektivische Attribut, wenn es dem Kernsubstantiv unmittelbar folgt (**Röslein rot, Jesulein zart, s. u.**). Prädikativ (**Ihre Ideen sind klug**), adverbial (**Er redet klug**), in der Mittelkonstruktion (**Das liest sich leicht**; 4.4) sowie als Objektsprädikativ (**Sie schläft sich gesund**; 7.3) ist das Adjektiv ebenfalls unflektiert.

Die Attributfunktion ist damit die einzige, in der das Adjektiv sowohl flektiert als auch unflektiert auftritt, wobei die unflektierte, nachgestellte offenbar seine markierte Form ist. In der Regel tritt sie unter der Voraussetzung auf, daß das Nominal weder einen Kopf noch weitere Attribute hat und im Singular steht. Dürscheid (2002: 62ff.) unterscheidet zwei Haupttypen. Beim ersten folgt dem Kernsubstantiv nur das Adjektiv selbst. Meist handelt es sich dann um idiomatisierte Ausdrücke (**Forelle blau, Kaffee verkehrt**) oder um Produktbezeichnungen (**Aktie gelb, Henkell trocken, Schauma mild**). Die Substantive sind jeweils als Mass nouns verwendet. Beim zweiten Typ ist die Verbindung weniger fest. Insbesondere kann das Adjektiv modifiziert werden (**Schnitzel paniert** vs. **Schnitzel gekonnt paniert**, ähnlich **Eiche rustikal, Spinat tiefgefroren, Bier gezapft**). Die Beispiele zeigen schon, wie solche Nominale verwendet werden. Meist treten sie in Isolierung auf und das Adjektiv modifiziert die Bedeutung eines Substantivs, das kommunikativ im Mittelpunkt steht.

Ist das Adjektiv flektiert, so folgt es immer demselben Flexionstyp. Anders als Substantiv und Verb flektiert das Adjektiv einheitlich. Auftretende Unterschiede sind morphoprosodischer Natur, d. h. sie hängen von der lautlichen Gestalt des Stammes ab (z. B. **ein heitrer/heiterer Tag** aber **ein dunkler/ *dunkeler Tag**, dazu und zum gesamten Flexionsverhalten genauer Wort, 5.2.3). Das Adjektiv flektiert in allen Steigerungsstufen auf dieselbe Weise. Im Positiv (**des dünn+en Buches**), Komparativ (**des dünner+en Buches**) und Superlativ (**des dünnst+en Buches**) werden dieselben Flexionssuffixe verwendet.

Beim attributiven Gebrauch ist die Wahl des Flexionsmarkers abhängig vom syntaktischen Kontext. Die Hauptrolle spielt dabei der Kopf der NGr, d. h. das vorausgehende Artikelwort. Flektiert das Artikelwort stark (pronominale Flexion wie **dieser**), dann wählt das Adjektiv die sog. schwachen Formen gemäß 1. (**dieser kluge Kopf; dieses kluge Buch; diese kluge Idee; diese klugen Ideen**).

(1) Adjektiv, schwache Flexion

		Mask	Neut	Fem	Pl
Nom	**klug**	**e**	**e**	**e**	**en**
Akk		**en**	**e**	**e**	**en**
Gen		**en**	**en**	**en**	**en**
Dat		**en**	**en**	**en**	**en**

Das Muster enthält nur zwei Formen, wobei die phonologisch leichte, die auf **e** (Schwa), offenbar die distributionell markierte ist. Sie wird gewählt, wenn das Genus am Kopf eindeutig kodiert ist. Beim Pronomen sind die Formen des Mask, Fem, Neut im Nom (**dieser** – **diese** – **dieses**) und Akk (**diesen** – **diese** – **dieses**) unterschieden, im Gen und Dat sind sie es nicht. Das Adj wählt für Nom und Akk Sg **e** und zeigt damit an, daß Genusmarkierung vorliegt. Sonst wählt es **en**. Einzige Ausnahme ist der Akk des Mask, der auch beim Adj **en** hat. Wie in anderen Zusammenhängen hat das Mask im Akk Sg eine besondere Form.

Hat das vorausgehende Artikelwort keine Flexionsendung, dann übernimmt das Adjektiv die starke. Das ist insbesondere bei den Artikeln **ein**, **kein**, **mein**, **dein**, **sein** im Nom des Mask sowie im Nom und Akk des Neut der Fall (**kein klug+er Kopf**, **kein klug+es Kind**). Alle anderen Adjektivformen sind auch hier schwach gemäß 1. Meist wird diese Art der Adjektivflexion ›gemischt‹ genannt. Man kann die schwache und gemischte Flexion aber auch zu einer zusammenfassen und sie die ›kopforientierte‹ Flexion nennen (Einheitenkategorie Hor für *head oriented*). Wenn man weiß, wie der Kopf flektiert, dann weiß man auch, welche Endung das Adjektiv wählt.

Ist kein Kopf vorhanden, dann bekommt das Adjektiv die Endungen der starken Flexion (**kalt+er Tee**, **kalt+es Wasser**, **kalt+e Milch**, **kalt+e Kartoffeln**). Die einzige Abweichung von diesem Muster zeigt sich im Gen des Mask und Neut, wo die schwache Form gewählt wird. Es heißt **kalten Tees**, **kalten Wassers** und nicht ***kaltes Tees/Wassers**. Der Grund ist, daß beim Mass noun des Mask und Neut, das ja regelmäßig den Kern von kopflosen NGr bildet, so gut wie immer ein Genitiv-**s** vorhanden ist (5.3.2). Das Adjektiv braucht kein Genitiv-**s**, flektiert hier also ›kernorientiert‹ (Nor für *nucleus oriented*). Die Kernorientiertheit der Adjektivflexion ist fest grammatikalisiert, während die des Pronomens variabel bleibt (vgl. **diesen/dieses Jahres**, Aufg. 55 oben). Bei NGr mit Kopf und Kern wird das Adjektiv in Hinsicht auf die Flexionsart vom Kopf und hinsichtlich des Genus vom Kern regiert (2; **Aufgabe 76**).

(2)

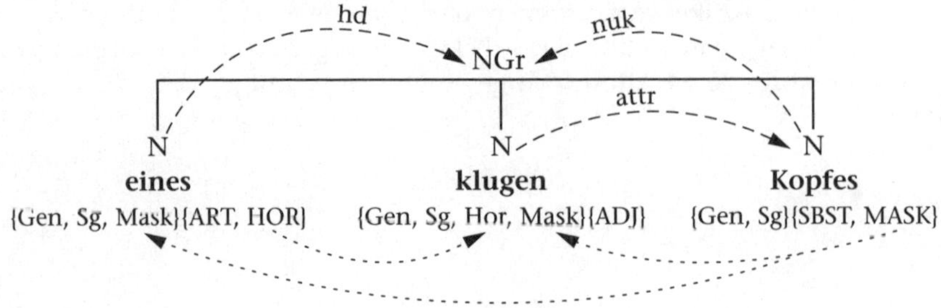

Die Idee, statt der üblichen drei Flexionsarten für das Adjektiv (stark, schwach, gemischt) nur zwei anzusetzen, ist nicht neu. Darski (1979) beispielsweise schlägt mit ganz ähnlicher Zielrichtung ›indeterminierend‹ und ›determinierend‹ als Flexionsarten vor. Wir vermeiden solche Begriffe, weil sie leicht mit ›Determination‹ in Zusammenhang gebracht werden könnten. In einer NGr wie **kalter Tee** hat das Adjektiv die Endung der pronominalen Flexion, aber es determiniert nicht. Die NGr hat keinen Kopf, weil mit dem Mass noun auch ohne Adjektiv in derselben Weise referiert werden kann; eine Bezeichnung wie determinierende Flexion ist deshalb ungünstig (**Aufgabe 77**).

Betrachten wir kurz das Flexionsverhalten von Adjektiven in Distanzstellung. Sie ist möglich, wenn ein kopfloses Nominal im Vorfeld steht, d.h. topikalisiert ist (man spricht auch von NP-Aufspaltung oder *Split topicalization*). Zwischen dem topikalisierten Nominal und dem Adjektiv besteht Kasuskongruenz. Das Adjektiv muß stark flektieren. Möglich sind alle Kasus im Sg und Pl mit Ausnahme des Gen Sg (3c). Wieder stellt sich der schon bekannte Konflikt zwischen Kopf- und Kernorientierung ein, während der Gen im Pl möglich ist (3f).

(3)	a.	Nom	**Geld hilft dir nur gefälschtes weiter**
	b.	Akk	**Wein nimmt sie nur süßen**
	c.	Gen	***Geldes bedürfen sie nur gefälschtes/gefälschten**
	d.	Dat	**Geld trau nur gefälschtem**
	e.	Dat Pl	**Häusern trauen wir nur unterkellerten**
	f.	Gen Pl	**Häuser bedürfen wir nur unterkellerter**

Die Distanzstellung ist nicht nur für Adjektive möglich, sondern auch für Artikel und Pronomina. Steht ein solcher Ausdruck für sich, dann fungiert er natürlich als Pronomen und kann nur pronominal flektieren, z.B. **Geld brauchen wir keins** vs. ***Geld brauchen wir kein**. Folgt noch ein Adjektiv, dann übernimmt das Artikelwort die Rolle des syntaktischen Kopfes und flektiert wie ein Artikel (**Geld brauchen wir kein gefälschtes**). Auch der Gen Sg ist jetzt – wenn auch stilistisch höchst markiert – möglich (**Geldes bedürfen wir keines gefälschten; Aufgabe 78**).

Absolute, relative und Qualitätsadjektive

Was leistet das adjektivische Attribut, welchen Beitrag liefert es zur Bedeutung der NGr? Nicht einmal sehr allgemeine Charakterisierungen wie ›eine NGr mit adjektivischem Attribut ist extensional eingeschränkt gegenüber einem Nominal ohne Attribut‹ treffen für alle Adjektive zu.

So sind die kranken Fische auf einfache Weise eine Teilmenge der Fische (noch sind sie sogar eine echte Teilmenge davon), die geplanten Häuser sind aber nicht im selben Sinne eine Teilmenge der Häuser. Auch ist ein freiwilliger Verzicht ein Verzicht bestimmter Art, ein scheinbarer Verzicht dagegen ist überhaupt keiner. Will man die Leistung des Attributs für den gesamten Adjektivwortschatz erfassen, so muß man ihn zunächst systematisch klassifizieren. Solche Klassifikationen können nach unterschiedlichen Kriterien vorgenommen werden, etwa nach dem syntaktischen Verhalten der Adjektive, ihrem

Valenzverhalten, ihrer morphologischen Struktur oder nach explizit semantischen Gesichtspunkten (Leisi 41 ff.; Ballmer/Brennenstuhl 1982; zur Übersicht Grundzüge: 602 ff.; IDS-Grammatik: 1997 ff.). Wir beschränken uns auf die Kennzeichnung markanter Klassen und geben jeweils Hinweise auf ihre strukturellen (morphosyntaktischen) Eigenschaften, soweit diese direkt auf die Semantik beziehbar sind.

1. *Absolute Adjektive* bezeichnen Eigenschaften im eigentlichen Sinne, d. h. ihre Extensionen sind Klassen von Objekten. 4 nennt als Beispiele Farbadjektive, Formadjektive und als dritte Klasse deverbale in der Form des Part2 von telischen Verben. Das Adjektiv bezeichnet die Eigenschaft, die ein Objekt dadurch gewinnt, daß es auf bestimmte Weise in einen Vorgang involviert war (4.5). Ob das der Fall war und ob also das Ding die Eigenschaft tatsächlich hat, läßt sich prinzipiell ohne Schwierigkeiten entscheiden. Dasselbe gilt für die anderen Gruppen in 4. Im Prinzip steht fest, wann etwas rund, blau oder quadratisch ist, unabhängig davon, um was für ein Ding es sich handelt. Die Extension des Adjektivs ist von der des Substantivs unabhängig.

(4) a. **blau, hellblau, seidenmatt**
b. **rund, gerade, eckig, viereckig, rechteckig, quadratisch**
c. **getauft, immatrikuliert, beauftragt, entdeckt, verheiratet**

Farb- und Formadjektive sind in speziellen Kontexten komparierbar. Das Farbspektrum bildet ein Kontinuum, daher kann man ein Ding als blauer, ein anderes als grüner bezeichnen. Ebenso kontinuierlich ist der Übergang von oval zu rund, daher kann ein Ding in diesem Feld runder als ein anderes genannt werden. Wenn wir von eingeschränkter Graduierbarkeit sprechen, dann beziehen wir uns auf die Bedeutung.

Das gilt auch für die Adjektive in 4c. Wenn jemand sagt »Karl ist verheirateter als Fritz«, dann macht er nicht einfach einen grammatischen Fehler. Wohl kann man nur entweder verheiratet oder nichtverheiratet sein. Mit dem Komparativ **verheirateter** ist trotzdem der Bezug auf etwas wie einen Prototyp des Verheiratetseins möglich. Es bleibt dabei, daß Nichtgraduierbarkeit keine im engeren Sinn grammatische Eigenschaft von Adjektiven sein kann.

Als Attribut schränkt das absolute Adjektiv die Extension der NGr ein. Schneidet man die Extension von **Student** mit der von **verheiratet**, so erhält man die Extension von **verheirateter Student**. Durchschnittsbildung ist die einfachste semantische Leistung eines Attributs überhaupt.

2. *Relative Adjektive* haben nicht eine Extension im üblichen Sinne. Ein hoher Turm muß vielleicht 30 Meter hoch sein, damit er so genannt werden kann, dagegen würden wir einen Stuhl schon hoch nennen, wenn seine Sitzfläche wenige Zentimeter höher als üblich ist. Was hoch oder niedrig ist, steht nicht ein für allemal fest, sondern ist abhängig von den in Rede stehenden Objekten. Deshalb werden die Adjektive in 5 relativ genannt.

(5) **hoch, lang, schmal, dünn, tief, niedrig, groß, breit, klein, dick, eng, alt, neu, jung**

Der Ausdruck **x ist ein hoher Turm** besagt etwa dasselbe wie **x ist hoch für einen Turm**. Etwas ausführlicher kann er paraphrasiert werden mit »die Höhe von x ist größer als die eines durchschnittlich hohen Turmes«. Implizit enthält der Ausdruck einen Vergleich. Auf der einen Seite steht ein bestimmter Turm, auf der anderen Seite eine Art Durchschnittsturm, und beide werden in Hinsicht auf die Höhe miteinander verglichen. Wird die Höhe des Durchschnittsturms übertroffen, dann ist unser Turm hoch, wird sie nicht erreicht, so ist er niedrig. Die Bedeutung von **hoch** enthält damit zwei wesentliche Elemente. Einmal die *Dimension* (»Höhe«). Sie gilt in der Regel für ein Paar von Adjektiven **(hoch – niedrig)** und grenzt jedes Paar von allen anderen ab. Zu den genannten gehören Dimensionen wie Länge, Breite, Höhe, Alter, Dicke, Tiefe, Größe, Weite.

Die meisten räumlichen Dimensionen sind unmittelbar bezogen auf die Art und Weise, wie sich der Mensch im Raum orientiert und wie sein Körperbau auf diese Orientierung ausgerichtet ist. So orientiert sich **Höhe** an der Richtung, die durch den aufrechten Gang vorgegeben ist, **Breite** an einer Richtung senkrecht dazu. Die Abhängigkeit vom wahrnehmungsmäßigen Zugriff geht so weit, daß ein Ding je nach Lage verschieden benannt werden kann. Steht beispielsweise eine Stange als Maibaum auf der Wiese, dann sagen wir, sie sei hoch. Liegt sie dagegen in einer Holzhandlung auf einem Stapel mit anderen Stangen, dann sagen wir, sie sei lang (Bierwisch 1970a; s.a 6.1.1).

Das zweite Bedeutungselement ist die *Orientierung* auf einer (metrischen) Skala. **Hoch** signalisiert »Durchschnittshöhe wird überschritten«, **niedrig** signalisiert das Unterschreiten der Durchschnittshöhe. Der Punkt auf der Skala kann auch genauer festgelegt werden. **Ein sehr hoher Turm** besagt, daß der Durchschnittswert erheblich überschritten wird. **Ein 30 Meter hoher Turm** gibt einen bestimmten Punkt auf der Skala an, der sowohl über als auch unter dem Duchschnittswert liegen kann (s. u.). Zur Syntax von relativen Adjektiven gehört es, daß sie sich mit Maßangaben in der jeweiligen Dimension verbinden. Messen in diesem Sinne ist der numerische (Größen-)Vergleich von Objekten in Hinsicht auf eine bestimmte Dimension.

(6) a. **Karls Haare sind kurz**
b. **Karls Haare sind kürzer**
c. **Karls Haare sind am kürzesten**

Wie mit dem Positiv, so wird auch mit den Formen des Komparativs und Superlativs ein Vergleich angestellt, jedoch jeweils auf spezifische Weise. 6b vergleicht nicht die Länge von Karls Haaren mit einer Durchschnitts-, sondern mit einer ganz bestimmten Länge, etwa der Länge von Emils Haaren. Karls Haare unterschreiten diese Länge. Wichtig ist vor allem: **Karls Haare sind kürzer** impliziert nicht **Karls Haare sind kurz**. Der Komparativ teilt nichts darüber mit, wie sich Karls Haare zur Durchschnittslänge verhalten, er bezieht sie allein auf einen bestimmten Vergleichswert. Die Bezeichnung ›Steigerungsform‹ für den Komp legt eine falsche Vorstellung über dessen Bedeutung nahe.

Dasselbe gilt für die ›Höchststufe‹, den Sup. **Karls Haare sind am kürzesten** besagt nur, daß Karls Haare die geringste Länge innerhalb einer gegebenen

Vergleichsgruppe haben. Wenn Karls Haare am kürzesten sind, können sie immer noch lang sein.

Relative Adjektive treten in der Regel paarweise auf, wobei die Elemente eines Paares das sogenannte konträre Gegenteil voneinander bedeuten. Damit ist gemeint: Aus **x ist hoch** folgt **x ist nicht niedrig**. Aus **x ist nicht hoch** folgt aber nicht **x ist niedrig**. Zwischen beiden gibt es eine Zone des Indifferenten, des weder Hohen noch Niedrigen.

Die Elemente eines Paares von relativen Adjektiven verhalten sich in vieler Hinsicht nicht symmetrisch. Als unmarkiert hat das jeweils »größer als« signalisierende, das sogenannte *positiv polarisierte* Adjektiv zu gelten.

Keine Adjektivklasse ist ähnlich ausführlich semantisch analysiert worden wie die relativen (Bierwisch 1970a, 1987; Wunderlich 1975; Bartsch/Vennemann 1972; Lang 1987; Varnhorn 1993). Über die Bedeutungselemente Dimension und Orientierung besteht dabei weitgehend Klarheit. Schwierigkeiten bereitet eine genaue Bestimmung dessen, was ›Durchschnittswert der Höhe‹ genannt wurde. Die relativen Adjektive gewinnen einen Teil ihrer aktuellen Bedeutung aus dem Kontext, denn nur dem Kontext ist zu entnehmen, was jeweils als Durchschnittswert zu gelten hat. Wie aber die ›Errechnung‹ dieses Wertes zugleich psychologisch realistisch und linguistisch adäquat zu erfolgen hat, ist nicht abschließend geklärt (Pinkal 1980; **Aufgabe 79**).

(7) **gesund, ehrlich, gut, schön, klug, fleißig, fröhlich, höflich, krank, unehrlich, schlecht, häßlich, dumm, faul, traurig, unhöflich**

3. *Qualitätsadjektive* (7) ähneln in mancher Beziehung den relativen, haben aber auch Eigenschaften der absoluten. Ein Satz wie **Karl ist gesund** besagt nicht, daß Karl hinsichtlich Gesundheit einen bestimmten Durchschnittswert übertrifft, sondern er besagt, daß Karl bezüglich Gesundheit einer bestimmten Norm entspricht. Ebenso bedeutet **Karl ist krank** nicht, daß Karl einen Durchschnittswert an Gesundheit unterschreitet, sondern daß Karl einer ›Negativnorm‹ entspricht.

Das Charakteristische der Qualitätsadjektive wird ganz deutlich am Verhältnis der Antonyme zueinander. **Karl ist nicht gesund** impliziert, daß Karl krank ist und **Karl ist nicht krank** impliziert, daß er gesund ist. Zwischen **gesund** und **krank** gibt es keine Zone des Indifferenten wie zwischen **lang** und **kurz**. Elemente eines solchen Paares besagen das sogenannte kontradiktorische Gegenteil voneinander, sie sind schärfer gegeneinander abgegrenzt als beim konträren Gegenteil. Das zeigt sich am Verhalten dieser Adjektive auf allen Ebenen, einschließlich der syntaktischen.

Paare von Qualitätsadjektiven haben nicht wie die relativen eine gemeinsame Dimension, sondern jedes hat eine eigene. So kann nicht nur das positiv, sondern auch das negativ polarisierte Adjektiv nominalisiert werden, und beide Nominalisierungen sind vollkommen gleichberechtigt (**Gesundheit – Krankheit; Ehrlichkeit – Unehrlichkeit**). Auch dort, wo das Adjektiv allein die Dimension meint, braucht man bei den relativen nur eines (**Wie alt?; *Wie jung?**), hier aber beide (**Wie gesund?; Wie krank?**). Auf der Ebene der Wortbildung entspricht dem, daß viele negativ polarisierte Qualitätsadjektive durch Präfigierung von positiv polarisierten abgeleitet sind (**unehrlich, unfreund-**

lich, unglücklich, unhöflich). Dieses Mittel der Paarbildung steht den relativen Adjektiven zumindest in ihrem Kernbestand im Deutschen wie in vielen anderen Sprachen nicht zur Verfügung (Wurzel 1987: 463f.; Wort, 7.1.1).

Die ›doppelte Polarisierung‹ der Qualitätsadjektive hängt damit zusammen, daß sie Eigenschaften bezeichnen, die nicht metrisierbar sind. Qualitätsadjektive nehmen deshalb in ihrer standardsprachlichen Bedeutung auch keine Maßangaben (***Karl ist 39 Grad krank**). Woran das liegt, demonstriert 8.

(8) a. **Käthe ist eine schöne Frau**
b. **Der Deister ist eine schöne Gegend**
c. **Luise hat ein schönes Arbeitszimmer**
d. **Das ist ja eine schöne Schweinerei**

Ist in allen Sätzen aus 8 dieselbe Dimension »Schönheit« gemeint? Zweifellos wird ein Jüngling durch andere Merkmale zu einer Schönheit als ein Auto oder eine Landschaft. Was »Schönheit« als Dimension meint, hängt vom Kontext ab. Deshalb sind Sätze wie **Käthe ist genauso schön wie der Deister** eigentlich gar nicht zu verstehen. Graduierbarkeit ist bei Qualitätsadjektiven nur in engen Grenzen semantisch homogener Substantivklassen gegeben. Andererseits findet innerhalb einer solchen Klasse im Positiv nicht ein Bezug auf Durchschnitts-, sondern auf Normwerte statt.

Abgeleitete Adjektive; Attribut und Transformation

Um weiter zu verdeutlichen, wie sich komplexe Bedeutungen aus Adjektiv + Substantiv kompositionell ergeben, betrachten wir in Kürze noch einige Klassen von abgeleiteten Adjektiven (Wort, 7.2).

4. *Deverbale Adjektive* auf **bar**. Die Ableitung ist regelmäßig möglich mit Stämmen von transitiven Verben (9).

(9) **eßbar, begehbar, erziehbar, zählbar, formbar, dehnbar, unaufführbar, korrigierbar, mobilisierbar**

Das Adjektiv bezeichnet eine Eigenschaft als Disposition. Das Kernsubstantiv wird auf die vom Verbstamm bezeichnete Handlung bezogen. Die Prädikation in **eßbarer Fisch** besagt: »Es ist möglich, daß die Verbalhandlung am vom Substantiv Bezeichneten in der semantischen Rolle das Patiens vollzogen wird«. Die Konstruktion hat eine passivische Bedeutung (4.4).

5. *Desubstantivische Adjektive* auf **ig**, **lich** und **isch**. Sie bezeichnen Eigenschaften auf der Basis der Bedeutung von Substantiven, mit ihnen werden zwei Substantivbedeutungen zueinander in Beziehung gesetzt (die des Basissubstantivs und die des Kernsubstantivs). Es handelt sich beim Attribut dieser Art um eine Konstruktion, die den Attributen mit substantivischem Kern semantisch nahesteht, besonders den Genitiv- und den Präpositionalattributen.

(10) a. **staubig, wolkig, kurzbeinig, zornig, eifrig, rechteckig, kitschig, langweilig**
b. **ärztlich, hausfraulich, brüderlich, wissenschaftlich, kirchlich**

c. **französisch, hessisch, goethisch, linguistisch, semantisch, produktionstechnisch, sozioökonomisch**

So verbindet sich **ig** gern mit Konkreta und bestimmten Abstrakta (z. B. Eigenschaftsbezeichnungen) und signalisiert, daß das vom Basissubstantiv Bezeichnete beim Kernsubstantiv ›vorhanden ist‹. Ein wolkiger Himmel ist ein Himmel mit Wolken, ein eifriger Schüler ein Schüler mit Eifer (10a). Noch allgemeiner besagen Adjektive von Personenbezeichnungen auf **lich** etwas wie ›in der Art von‹ und solche von Abstrakta nur noch ›bezogen auf‹ (**beruflich** = »bezogen auf den Beruf«, 10b). Eine große Gruppe von **isch**-Adjektiven signalisiert ›Zugehörigkeit‹ in einem weiten Sinne wie in **hessische Stadt** oder **semantische Theorie** (10c). Was hier unter Eigenschaft zu verstehen ist, kann nur unter Berücksichtigung des Bedeutungsverhältnisses der beteiligten Substantive expliziert werden, und auch das syntaktische Verhalten dieser Adjektive kann nur so verstanden werden. Beispielsweise ist möglich **die semantische Theorie**, aber nicht ***Die Theorie ist semantisch**. Die semantische Beziehung zwischen **Theorie** und **Semantik** ist nicht so, daß sie in den einfachen Kopulasatz ›paßt‹ (eine genaue Analyse für die **isch**-Adjektive unter diesem Gesichtspunkt in Eichinger 1982).

6. *Deadverbale Adjektive* auf **ig** wie in 11 sind ebenfalls auf die attributive Verwendung beschränkt (**Die heutige Sitzung – *die Sitzung ist heutig**). Hier ist die Beschränkung wohl unmittelbar mit dem Verhalten der Adverbien zu begründen.

(11) **heutig, hiesig, dortig, einstig, sonstig, wohlig, nachherig**

Die meisten der Basisadverbien können in Kopulasätzen und in Sätzen mit bestimmten kopulaähnlichen Verben prädikativ stehen (**Die Sitzung ist heute; Die Sitzung findet heute statt; Karl ist hier; Karl befindet sich hier**). Das Adverb nähert sich also dem Adjektiv auf zwei Weisen an, einmal durch Eindringen in Adjektivkontexte (prädikativ) und einmal durch Ableitung eines deklinierbaren Adjektivs auf **ig** (attributiv). Diesem **ig**-Adjektiv fehlt die Kurzform im Paradigma, sie wird ersetzt durch das Adverb. Man muß sich klarmachen, daß es die in 11 aufgeführten Kurzformen nicht gibt, denn diese Adjektive kommen nur mit Deklinationsendung vor.

7. *Deadverbale Adjektive,* die *implizit* abgeleitet sind, dem Adverb gegenüber also kein spezifisches Adjektivsuffix aufweisen (7.3). Die entsprechenden Adverbien sind ihrerseits deverbal und modal im engeren Sinne. Der Sachverhalt, auf den sie sich beziehen, wird nicht als tatsächlich zutreffend behauptet (**Karl ist**

(12) **angeblich, vermutlich, mutmaßlich, augenscheinlich, vermeintlich**

angeblich der Mörder). Die Modalisierung bleibt auch bei attributiver Verwendung erhalten. Der angebliche Mörder ist wahrscheinlich keiner, der mutmaßliche Mörder ist möglicherweise keiner. Die Adjektive in 12 sind nur attributiv verwendbar. Ihre Kombinationsmöglichkeiten mit weiteren Attributen sind stark eingeschränkt, vgl. **der angebliche brutale Mörder** und **der brutale angebliche Mörder**. Beide Ausdrücke werden als in sich widersprüchlich empfunden und der zweite gar als abweichend. Mit **der brutale Mörder** wird das Mördersein der in Rede stehenden Person präsupponiert. Explizit geht es nicht darum, daß x ein Mörder ist, sondern zu welcher Art von Mörder er zu rechnen ist. Die Präsupposition »x ist ein Mörder« kann nun bei dem zweiten Attribut **angeblich** nicht aufrechterhalten werden, zu dessen Bedeutung ja eben die Modalisierung von »x ist ein Mörder« gehört. Der Widerspruch wird offenbar besonders deutlich empfunden, wenn die Präsupposition erst gesetzt und dann wieder aufgehoben wird.

Schon die wenigen Beispiele zeigen, wie vielfältig das ist, was mit dem adjektivischen Attribut ausgedrückt werden kann. Man hat nun versucht, diese Vielfalt zu erfassen, indem man das Adjektivattribut als syntaktisch kompakte Konstruktion systematisch auf eine Reihe anderer, syntaktisch expliziter Konstruktionen mit derselben Bedeutung bezog. Am naheliegendsten ist der Bezug auf den Relativsatz. Die beiden Ausdrücke in 13a bedeuten ziemlich genau dasselbe. Die Parallelität beider Konstruktionen geht bis in Einzelheiten weiter. 13b etwa zeigt, daß das adjektivische Attribut wie der Relativsatz auch nichtrestriktiv sein kann, und mit 14 wird illustriert, wie das Adjektiv seine Valenzeigenschaften auch als Attribut behält (Dativobjekt in 14a, Maßangabe in 14b; **Aufgabe 80**).

(13) a. **die Bäume, die morsch sind** vs. **die morschen Bäume**
b. **seine Eltern, die reich sind** vs. **seine reichen Eltern**

(14) a. **der Vorschlag, der allen gleichgültig ist** vs. **der allen gleichgültige Vorschlag**
b. **der Turm, der dreißig Meter hoch ist** vs. **der dreißig Meter hohe Turm**

Freilich lassen sich längst nicht alle attributiven Adjektive in dieser Weise auf Relativsätze beziehen, schon weil viele nicht prädikativ stehen können. Und auch umgekehrt läßt sich nicht jeder Relativsatz mit prädikativem Adjektiv in ein attributives umwandeln, schon weil viele Adjektive nur prädikativ stehen können. Häufig ergibt sich bei der Umwandlung auch eine Veränderung der Bedeutung wie in **mein Freund, der alt ist** vs. **mein alter Freund** oder **ein Jäger, der leidenschaftlich ist** vs. **ein leidenschaftlicher Jäger** (zahlreiche Beispiele in Duden 1984: 270ff.).

Statt auf den Relativsatz mit prädikativem Adjektiv bezog man das adjektivische Attribut in solchen Fällen auf andere Konstruktionen, **ein leidenschaftlicher Jäger** etwa auf **jemand, der leidenschaftlich jagt**; **ein starker Raucher** auf **jemand, der stark raucht**. Ziel solcher Analysen ist es, das Adjektivattribut als abgeleitete Konstruktion zu erweisen, die in jedem Einzelfall rein strukturell auf einer ›expliziteren‹ Konstruktion ›beruht‹. Dabei wird von der expliziten insbesondere verlangt, daß sie einen Satz enthält. Nennt man die Regel zur Umwandlung der einen Konstruktion in die andere eine Transformation, dann ist damit gesagt, daß das adjektivische Attribut generell per Transformation aus einem Attributsatz hergeleitet werden kann (Motsch 1967; Grundzüge: 835ff.; weiter dazu und zu einigen didaktischen Konsequenzen Rösler 2000).

Transformationen kennt unsere Grammatik nicht. Ist eine Konstruktion wie das Adjektivattribut einmal etabliert, so entwickelt sie gegenüber allen anderen Konstruktionen ein Eigenleben. Die rein syntaktische Beziehung zwischen Konstruktionen etwa im Sinne einer puren Ökonomisierung des Ausdrucks gibt es u. E. in natürlichen Sprachen nicht. Darin liegt das Hauptproblem ›syntaktischer‹ Transformationen. Wir sprechen weitere Aspekte dieser Frage beim Genitivattribut und beim Präpositionalattribut an.

8.3 Substantivische Attribute und Apposition

8.3.1 Das Genitivattribut

Syntax und Grundfunktion

Das Attribut ist die Domäne des Genitivs. Während seine Bedeutung als Objektkasus zurückgegangen ist, kann von einem Funktionsverlust als Attribut trotz der Konkurrenz präpositionaler Attribute nicht die Rede sein.

Jedes Substantiv kann ein Genitivattribut zu sich nehmen: Es gehört zu den syntaktischen Eigenschaften der Substantive, daß sie den Genitiv regieren (kategoriale Rektion). Das Attribut ist daher dem regierenden Substantiv, dem Kern der Attributkonstruktion, in der Konstituentenstruktur nebengeordnet **(Aufgabe 81)**.

(1)

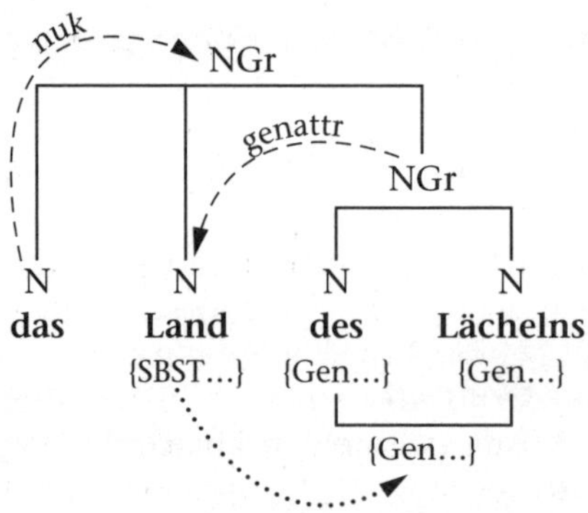

Das Genitivattribut ist auf das nächststehende nebengeordnete Substantiv bezogen, es ist dem Kernsubstantiv adjazent. Deshalb bestehen kaum Unklarheiten darüber, welches das Bezugssubstantiv für ein Genitivattribut ist. Dies und die Tatsache, daß das Genitivobjekt dem Kern im Normalfall folgt und deshalb beim Erscheinen sofort auf den Kern bezogen werden kann, dürften die Gründe dafür sein, daß im Deutschen Attributkonstruktionen von erheblicher Komplexität vorkommen, die aber dennoch kaum Verständnisschwierigkeiten bereiten (zu einigen Problemen mit der Adjazensbedingung Aufgabe 93b).

(2)

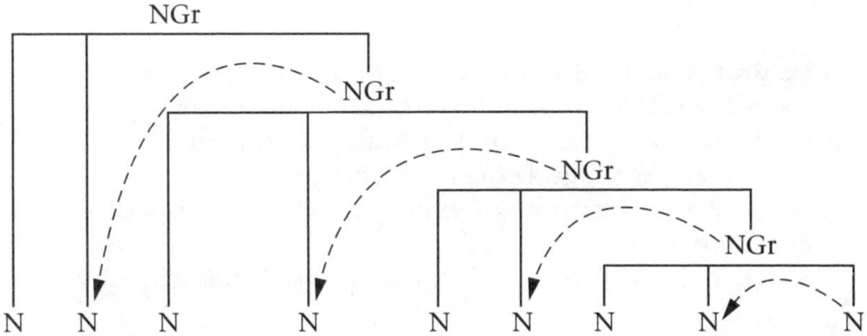

der Versuch einer Einschüchterung des Großteils der Bevölkerung Hannovers

In 2 ist die Attributrelation viermal auf strukturell gleiche Weise realisiert: die NGr als übergeordnete Konstituente enthält eine gleichstrukturierte Nominalgruppe, diese wieder eine, usw. Konstruktionen dieser Art werden – je nachdem wie die in Rede stehende Erscheinung genau expliziert wird – als selbsteinbettend, *endozentrisch* (Gegenbegriff *exozentrisch)* oder auch *rekursiv* bezeichnet (Bloomfield 1935: 194f.; Wall 1973: 9ff.).

Das charakteristische und theoretisch interessante Merkmal solcher Konstruktionen ist die prinzipiell unbegrenzte Hinzufügbarkeit eines Ausdrucks einer bestimmten Kategorie oder Struktur. In unserem Beispiel ist damit eine unbegrenzte Einbettungstiefe des Genitivattributs verbunden. Rekursivität als Eigenschaft von natürlichen Sprachen spielt eine besondere Rolle für die Grammatiktheorie, weil man damit zeigen kann, daß die Zahl der Sätze trotz endlichen Vokabulars nicht endlich ist. Chomsky stellt gleich auf der ersten Seite seiner ›Aspekte der Syntaxtheorie‹ (1969) heraus, daß Rekursivität formaler Ausdruck des ›kreativen Aspekts‹ der Syntax natürlicher Sprachen sei. Hier beweise sich nicht nur die Richtigkeit von Humboldts Diktum, die Sprache mache »unendlichen Gebrauch von endlichen Mitteln«, sondern man habe mit der Rekursivität auch verstanden, wie es zu diesem unendlichen Gebrauch eigentlich komme. Im Deutschen gibt es eine ganze Reihe endozentrischer Konstruktionen, aber bei kaum einer dürfte von dieser Eigenschaft ähnlich oft und ähnlich weitgehend Gebrauch gemacht werden wie beim Genitivattribut **(Aufgabe 82)**.

Wenn es heißt, das Attribut habe die Aufgabe, ein Substantiv »zu charakterisieren, auszudeuten und genauer zu bestimmen« (Duden 1973: 540), was ist damit für das Genitivattribut gemeint?

Die Bedeutung der übergeordneten NGr ergibt sich wesentlich aus den Bedeutungen des Kernsubstantivs und des Attributs, und zwar sowohl hinsichtlich des Begriffsumfanges (der Extension) als auch des Begriffsinhaltes (der Intension). Betrachten wir zunächst den *Begriffsumfang*. Die Klasse der Autos ist größer als die Klasse der Autos der Stadtreinigung. Das Genitivattribut in 3a grenzt eine Teilklasse aus. Ebenso in 3b. Die ausgegrenzte Klasse enthält aber genau ein Element **(Auto deiner Tochter)**. Extrem sind die Verhältnisse in 3c. **Papst** bezeichnet eine Klasse mit genau einem Element, **Papst der römischen Kirche** kann also hinsichtlich des Begriffsumfangs gegenüber **Papst** nicht eingeschränkt sein. Das Genitivattribut ist – bezogen auf die Funktion, die

Mächtigkeit einer Klasse zu reduzieren – überflüssig. Es ergibt sich der seltene Fall eines Genitivattributs mit nichtrestriktiver Lesart.

(3) a. **Da drüben steht ein *Auto*. Das Auto gehört der Stadtreinigung**
Da drüben steht ein *Auto der Stadtreinigung*
b. **Da drüben fährt ein *Auto*. Das Auto gehört deiner Tochter**
Da drüben fährt das *Auto deiner Tochter*
c. **So ein Vorwurf trifft den *Papst* nicht. Der Papst ist das Oberhaupt der römischen Kirche**
So ein Vorwurf trifft den *Papst der römischen Kirche* nicht

Die NGr in 3c ist definit. **Papst** als Unikum kann ohne Vorerwähnung definit gebraucht werden, folglich auch **Papst der römischen Kirche. Auto der Stadtreinigung** bezeichnet eine Klasse von Autos. Dieser Ausdruck kann wie jedes einfache Substantiv definit gebraucht werden, wenn er vorerwähnt oder sonstwie kontextuell eingeführt wurde. Ist das nicht der Fall, erhalten wir den nichtdefiniten Gebrauch wie in 3a.

Der wichtigste Fall ist 3b, denn er zeigt, wie das Genitivattribut selbst die entscheidende Information dafür liefert, daß der Gesamtausdruck definit wird. Das Genitivattribut macht das Objekt, auf das referiert wird, identifizierbar. Aber wie kommt diese Leistung zustande? Es ist angenommen worden, daß die Definitheit des Gesamtausdrucks sich aus der Definitheit des Attributs herleiten läßt (**deiner Tochter** ist definit, Grundzüge: 289 f., 302 f.). Der Ausdruck mit nichtdefinitem Attribut kann aber ebenfalls definit sein (**Da drüben fährt das Auto eines Landtagsabgeordneten**). Ausschlaggebend ist wohl ein spezieller Aspekt der semantischen Beziehung zwischen beiden Substantiven. Eine Person hat normalerweise genau ein Auto und ein Auto gehört normalerweise genau einer Person, so daß eine eineindeutige Zuordnung zwischen Personen und Autos möglich ist. Deshalb kann mit **Auto einer Person** genau ein Auto gemeint sein ebenso wie mit **Auto der Person**. Wird aber der ganze Ausdruck so verstanden, daß er genau ein Ding bezeichnet, dann ist er nur definit verwendbar. Das ist beim Genitivattribut nicht anders als bei anderen Attributen auch.

Typen des Genitivattributs

Zur Beschreibung des Begriffs*inhalts*, der mit dem Genitivattribut transportiert wird, verfügt die Grammatik seit jeher über eine Reihe spezieller Termini. Diese Termini bezeichnen inhaltliche Beziehungen zwischen Genitivattribut und Kernsubstantiv etwa derart, daß bei **Auto deiner Tochter** von einer Besitzrelation gesprochen wird. Wir geben die Einteilung von Blatz (1900: 358 ff.) wieder (andere ausführliche Darstellungen in Behaghel 1923: 498 ff.; Brinkmann 1971: 68 ff.; Helbig 1973).

1. *Definitionsgenitiv.* **Das Laster der Trunksucht; dies Kleinod einer Muschel.** Der Genitiv steht zum Bezugssubstantiv in einem ähnlichen Verhältnis wie die Bezeichnung der Art zur Bezeichnung der Gattung in Begriffsdefinitionen: **Die Trunksucht ist ein Laster** vs. **Die Linguistik ist eine Naturwissenschaft.** Ist der Satz mit Attribut wahr, dann ist der Satz mit dem Nominal des Attributs

allein ebenfalls wahr: Aus **Sie bekämpfen das Laster der Trunksucht** folgt **Sie bekämpfen die Trunksucht.**

2. *Genitivus auctoris, Genitivus possessoris (Possessivus)*, das ist der Genitiv des Erzeugers oder Besitzers einer Sache (**die Tochter reicher Eltern; das Auto deiner Schwester**). Der Possessivus wird in etwas verallgemeinerter Form (›Verfügung‹) häufig als der eigentliche Kernbereich des Genitivattributs angesehen. Daß er mit dem Genitivus auctoris (**das Buch einer Kollegin; die Arbeit einer Studentin**) zusammengefaßt wird, ist eher die Ausnahme. Denn dieser steht semantisch dem Genitivus subiectivus nahe (s. u.). Als eine besondere Ausprägung des Possessivus wird häufig auf die Teil-von-Relation verwiesen (**das Dach des Hauses; der Kopf des Angeklagten; Aufgabe 83**).

3. *Eigenschaftsgenitiv (Genitivus qualitatis).* **Eine Frau hohen Ansehens; ein Mann großer Klugheit.** Das Kernsubstantiv des Attributs ist häufig ein Abstraktum, das ohne Kopf stehen kann (**Alter schützt vor Klugheit nicht**). Im Attribut braucht es aber einen Kopf, weil es sonst den Kasus allein tragen müßte (***Eine Frau Ansehens**) oder als Gen unmarkiert wäre (***ein Mann Klugheit**, 5.2).

4. *Partitivgenitiv (Genitivus partitivus).* **Eine Schar Neugieriger; eine Gruppe französischer Schüler; 10 Tonnen japanischen Stahls.** Der Partitivus nennt eine Menge (**Neugierige; französische Schüler**) oder Substanz (**japanischer Stahl**), aus der das Kernsubstantiv einen Teil ausgliedert. Das Kernsubstantiv ist ein Mengensubstantiv (**Gruppe, Kilo**). Der Partitivus wird teilweise verdrängt von der engen Apposition.

Eine derartige semantische Charakterisierung der Genitivattribute ist rein beschreibend, sie erklärt nichts. Man weiß nicht einmal genau, wie vollständig und systematisch die gefundene Liste von Attributtypen ist, und deshalb ist es auch kein Wunder, daß fast jede Grammatik ihre eigene Einteilung der Genitive hat. Man kommt bei der systematischen Erfassung der Semantik des Genitivattributs ein gutes Stück voran, wenn man sich fragt, welche semantischen Eigenschaften von Kernsubstantiv und Attribut dafür verantwortlich sind, daß eine bestimmte semantische Beziehung zwischen ihnen zustandekommt. Welche Substantive etwa treten als Kern und Attribut beim Possessivus auf? Welche Eigenschaften des vom Kern Bezeichneten können mit einem Qualitatis bezeichnet werden und welche nicht? (Teubert 1979; **Aufgabe 84**).

Aber was ist mit der Formseite? Können wir einer Attributkonstruktion ansehen, welcher semantische Typ vorliegt oder ist das grundsätzlich ausgeschlossen? Die bisher genannten Typen dürften im allgemeinen formal nicht voneinander trennbar sein, vielleicht mit Ausnahme einiger Teilbereiche des Partitivus. Dagegen werden zwei weitere Teilrelationen des Genitivattributs schon immer auf morphosyntaktische Fakten bezogen, nämlich der Genitivus subiectivus und der Genitivus obiectivus.

5. *Subjektsgenitiv.* Der *Genitivus subiectivus* bezeichnet »bei Substantiven verbaler Natur ... den thätigen Gegenstand. Dieser Genetiv heißt Subjektsgenetiv, weil bei Umwandlung des regierenden Substantivs in ein Verb der Genetiv Subjekt wird« (Blatz 1900: 367). Blatz' Formulierung gibt gleichzeitig eine formorientierte (Bezug auf das grammatische Subjekt) und eine bedeutungsorientierte (»thätiger Gegenstand«) Bestimmung. Beides fällt häufig zusammen

(**das Bellen der Meute** vs. **die Meute bellt; der Sieg der Nato** vs. **die Nato siegt**), aber das Subjekt ist keineswegs immer ein »thätiger Gegenstand« (**die Entstehung der Welt** vs. **die Welt entsteht; das Fehlen meiner Tochter** vs. **meine Tochter fehlt**). Es ist also in der Tat so, daß der Genitivus subiectivus auf das *grammatische* Subjekt des zugehörigen Verbs zu beziehen ist, unabhängig davon, ob das Subjekt ein Agens ist oder nicht.

6. *Objektsgenitiv.* Der *Genitivus obiectivus* ist entsprechend auf das Objekt, und zwar in aller Regel auf das direkte Objekt des zugehörigen Verbs bezogen. Der Objektsgenitiv tritt deshalb vor allem bei Substantiven auf, die von transitiven Verben abgeleitet sind (**die Zerstörung Karthagos** vs. **jemand zerstört Karthago; der Verfasser dieser Zeilen** vs. **jemand verfaßt diese Zeilen**).

Als Subjektivus und Objektivus sind zwei semantische Rollen des Verbs, von dem das Substantiv abgeleitet ist, mit demselben Kasus kodiert, eben als Genitiv. Lassen sich Subjektivus und Objektivus dennoch nach allgemeinen Regeln unterscheiden? Allein möglich ist der Subjektivus dort, wo es kein direktes Objekt gibt, also bei Substantiven, die von einstelligen und solchen mehrstelligen Verben abgeleitet sind, die kein direktes Objekt regieren (4a) und natürlich bei den meisten Ableitungen von Adjektiven (4b).

(4) a. **die Mündung der Mosel; die Wirkung dieser Maßnahme; die Hilfe des Roten Kreuzes; die Angst des Torwarts; die Sprache des Unmenschen**
b. **die Höhe des Turmes; die Gesundheit deines Sohnes; die Gläubiger der Deutschen Bank; diese Frechheit des Ministers**

Eine Nichtunterscheidbarkeit von Subjektivus und Objektivus kann bei Ableitungen von transitiven Verben auftreten (Grundzüge: 313):

(5) **Regierung, Leitung, Beobachtung, Begleitung, Bedauern, Verleumdung, Annahme, Gründung, Erfindung, Verabredung**

Insgesamt ist die Zahl der Mehrdeutigkeiten, die an dieser Stelle auftreten, jedoch ziemlich gering. Es scheint zu gelten, daß das direkte Objekt als Teil des Rhemas vorrangig als Genitivattribut in der bisher besprochenen Form erscheint, während für das Subjekt andere Möglichkeiten der Kodierung bereitstehen.

Eine solche Möglichkeit ist die Verwendung eines zweiten, dem Kernsubstantiv vorausgestellten Genitivattributs, des sog. *sächsischen Genitivs* (Blatz 1900: 180f.). Vorangestellte Genitive waren früher besonders in ›gehobener Sprache‹ keine Seltenheit (zur historischen Entwicklung Demske 1996).

Der vorangestellte Genitiv von Eigennamen wird für alle Genera mit **s** gebildet (**Heiners Antrag; Renates Geburtstag; Frankreichs Außenpolitik**), bei **s**-Auslaut einer betonten Silbe auch mit **ens** (**Hansens Freundin**), sonst endungslos (**Johannes' Freundin**). Der vorangestellte Genitiv hat Kopffunktion, er kann dieselbe Position wie ein Artikel einnehmen (6a). Bei Nachstellung ist er dagegen ein ganz normales Attribut, das mit der Referentialität der

(6) a. **Heiners Antrag/der Antrag/*Antrag ist gut begründet**
b. **Der Antrag Heiners/*Antrag Heiners ist gut begründet**
c. **frischer Lach's aus Helga's Stehimbis's**

NGr nichts zu tun hat. Weil die Eigennamen als Köpfe fungieren können und weil sie nur in Isolierung, aber nicht innerhalb der ausgebauten NGr das **s**-Flexiv haben **(der Aufstieg des Arturo Ui/*des Arturo Uis)**, hat man angezweifelt, daß es sich hier überhaupt um das Kasussuffix eines Substantivs handele. Vorgeschlagen wurde etwa, den vorangestellten Eigennamen als Adjektiv oder das **s**-Flexiv als eine ›Possessiv-Markierung‹ ähnlich dem englischen sog. *apostrophic genitive* **(John's mother)** anzusehen (der sich im Deutschen zum *catastrophic genitive* wie in 6c wandelt; dazu weiter Bhatt 1990: 113ff.; Lindauer 1995: 200ff.; Klein 2002). Häufig geht dies mit der Annahme einher, einfache Eigennamen könnten im Prinzip nur vorausgestellt sein, d.h. NGr wie **der Antrag Heiners** seien marginal oder sogar neugrammatisch (weiter dazu Teuber 2000; Eisenberg/Smith 2002).

Die hier vorgeschlagene Analyse ergibt etwas anderes. Weil mit Eigennamen definit referiert werden kann, ist die Markierung des Gen Sg gerade auf das isolierte Vorkommen abgestimmt, und zwar in *allen* Funktionen des Gen (5.3.2). 7 zeigt das für das Objekt und die Adposition. Schlagend ist 7c mit **wegen** als Postposition. Hier muß ein Gen stehen, während nach der Präposition **wegen** ja auch der Dat folgen kann. Es ist nicht so, daß das **s**-Flexiv nur oder so gut wie nur als sächsischer Genitiv auftritt.

(7) a. **Wir erinnern uns Michelangelos/des Michelangelo**
b. **bezüglich Michelangelos/des Michelangelo**
c. **Michelangelos wegen/des Michelangelo wegen**

Bei Voranstellung des Genitivs kann dem Kern ein weiterer Genitiv nachgestellt werden, wir erhalten Ausdrücke wie **Nowottnys Befragung des Kanzlers**. Hier ist nun keine Verwechslung von Subjektivus und Objektivus möglich: Der sächsische Genitiv ist immer Subjektivus, wenn ein weiterer Genitiv folgt. Allerdings hat diese Konstruktion den Nachteil, daß sie wegen der Definitheit des Eigennamens nur definit gelesen werden kann. **Nowottnys Befragung des Kanzlers** heißt immer **die Befragung** und nicht **eine Befragung**. Der nichtdefinite Fall kann dann anders realisiert werden, nämlich als **eine Befragung des Kanzlers durch Nowottny**. In dieser Form kann die NGr ebenfalls auf das Verb **befragen** bzw. einen Satz mit diesem Verb bezogen werden, nämlich auf einen Satz im Passiv. Das Präpositionalobjekt mit **durch** entspricht der ›Agens-Phrase‹ im Passivsatz **Der Kanzler wird durch Nowottny befragt**. Erscheint eine **durch**-Phrase neben einem Genitivattribut, so kann dieses Genitivattribut kein Subjektivus, sondern nur ein Objektivus sein.

Man benötigt ein sprachliches Mittel wie das Präpositionalattribut mit **durch** auch deshalb, weil der sächsische Genitiv auf Eigennamen beschränkt ist. Will man den Satz **Sämtliche Journalisten befragen den Kanzler** nominalisieren und die Form **sämtlicher Journalisten Befragung des Kanzlers** vermeiden, so bleibt nur das Präpositionalattribut **(die Befragung des Kanzlers durch sämtliche Journalisten)**.

Der Objektivus ist offenbar nicht generell auf das Objekt transitiver Verben zu beziehen. Wahrscheinlich besteht eine engere Verbindung zum Subjekt des Passivsatzes. Das würde bedeuten, daß sowohl Subjektivus als auch Objektivus einem grammatischen Subjekt entsprechen. Ersterer dem von Aktivsätzen, letzterer dem von Passivsätzen. Als Genitivattribut können dann die semantischen Rollen auftauchen, die beim Verb als Subjekt kodiert sind. Alle anderen erscheinen als Präpositionalattribute (s. aber **Aufgabe 85**).

Ob ein Genitivattribut als Subjektivus oder als Objektivus zu lesen ist, kann in zahlreichen Fällen aus den grammatischen Eigenschaften des zugrundeliegenden Verbs oder Adjektivs geschlossen werden, etwa aus der Valenz. Diese grammatischen Eigenschaften sind aber auch beziehbar auf die Nominalisierungstypen, die ein Verb oder Adjektiv zuläßt. Deshalb ist zu erwarten, daß der Nominalisierungstyp Rückschlüsse darauf zuläßt, ob das Attribut Subjektivus oder Objektivus ist (Wort 7.2).

Eine große Gruppe von Verben etwa läßt die Ableitung von Substantiven auf **er** zu wie **Läufer, Schläfer, Geher, Trinker, Denker, Schreiber, Verfasser, Entdecker**. Man spricht hier von Agens-Nominalisierungen, weil ein solches Substantiv sich auf die Klasse der Individuen bezieht, die die entsprechende Tätigkeit vollziehen. Wird das Individuum genannt, so erscheint es im Subjekt: **Karl schläft**. Wird das Verb nominalisiert, so bezeichnet es eine Klasse, die das vom Subjekt Bezeichnete einschließt: **Karl ist ein Schläfer**. Bilden wir ein analoges Satzpaar mit einem transitiven Verb (**Karl schreibt diesen Brief** vs. **Karl ist der Schreiber dieses Briefes**), dann stellen wir fest, daß das direkte Objekt als Genitivattribut erscheint. Das läßt sich für die Agensnominalisierungen verallgemeinern: ihr Genitivattribut ist niemals ein Subjektivus, weil sie semantisch das Subjekt des zugrundeliegenden Verbs inkorporiert. Nominalisierungen auf **er** können nur dann einen Subjektivus nehmen, wenn sie keine Agensnominalisierungen sind wie in **Karls Hopser/Schluchzer/Lacher**. Diese Substantive sind sämtlich nicht von transitiven Verben abgeleitet. Für Substantive auf **er** gilt daher: der Subjektivus tritt nur bei Ableitungen von intransitiven, der Objektivus nur bei Ableitungen von transitiven Verben auf (**Aufgabe 86**).

Nominalgruppen und Sätze

Wie bei anderen Attributkonstruktionen, so deutet auch beim Genitivattribut vieles darauf hin, daß es enge formale und semantische Beziehungen zwischen Nominalgruppen und Sätzen gibt. Den Grammatikern ist diese Beziehung seit langem bewußt, das zeigen schon die ehrwürdigen Begriffe Genitivus subiectivus und Genitivus obiectivus. Es gibt keinen großen Bedeutungsunterschied zwischen **Karls Beförderung freut mich** und **Daß Karl befördert wird, freut mich**. Die erste Konstruktion ist kompakter als die zweite, liefert aber im gegebenen Kontext dieselbe Information.

8 zeigt, wie ähnlich sich NGr und Satz auch strukturell sein können. Die NGr mit zwei Genitivattributen enthält nicht nur den Satzgliedern analoge Konstituenten, sondern diese haben auch dieselbe Reihenfolge wie im Satz und sind hierarchisch in derselben Weise zueinander geordnet. Der einzige gravierende Unterschied scheint darin zu bestehen, daß die NGr kein finites Verb

hat. Die NGr erscheint als ›Ersatz‹ für einen Satz nur dort, wo insbesondere die Tempus- und Modusinformation kontextuell gegeben ist.

(8) a. b.

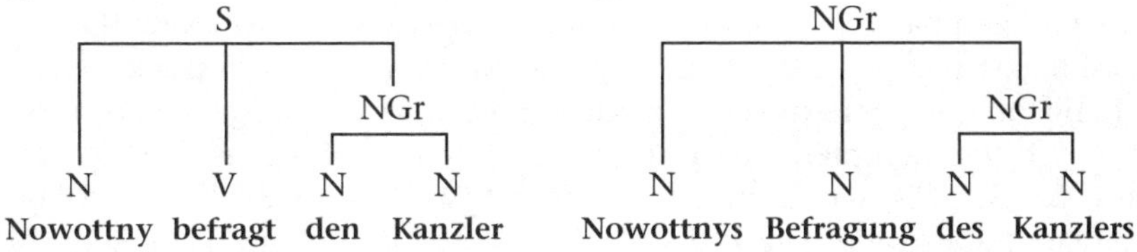

Im übrigen sind der Verwendung von NGr kaum Grenzen gesetzt. Nimmt man noch die Präpositionen dazu, dann lassen sich die meisten Nebensatztypen nominal paraphrasieren (**weil Nowottny den Kanzler befragt** vs. **wegen Nowottnys Befragung des Kanzlers**): dem ›Nominalstil‹ mit seinen kompakten und beliebig komplexen Begriffsauftürmungen sind Tür und Tor geöffnet.

Viele Grammatikkonzeptionen bringen die Analogien zwischen NGr und Satz durch besondere Mechanismen, durch bestimmte terminologische Festlegungen oder auch durch bestimmte methodische Prinzipien für die Festlegung syntaktischer Strukturen zum Ausdruck.

Das beginnt bei den Begriffen, mit denen die semantische Funktion der Attribute erfaßt wird. Nimmt man etwa die semantische Rolle ›Possessor‹ als typisch für ein Genitivattribut an, dann können verbspezifische Rollen wie Agens auf substantivspezifische Rollen wie ›Autor‹ oder ›Produzent‹ als Teilrollen von Possessor abgebildet werden (**Storm erzählt** vs. **Storms Erzählung**). Das Rolleninventar der NGr wird dann insgesamt substantivspezifisch. Umgekehrt kann man aber Rollen wie Agens und Patiens in den Vordergrund rücken und damit die Verwandtschaft zwischen NGr und Satz betonen (weiter zu diesen Alternativen Fabricius-Hansen 1993: 198 ff.).

Für die klassische Transformationsgrammatik lag die Annahme nahe, Nominalgruppen seien zumindest dann aus Sätzen abzuleiten, wenn ihr Kern ein deverbales oder deadjektivisches Substantiv ist (Lees 1960 für das Englische; Pusch 1972 für das Englische und Deutsche). Andererseits sind Nominalisierungen häufig lexikalisiert, sie entwickeln als Wörter ein grammatisches und semantisches Eigenleben. Der Bezug auf ein Verb oder Adjektiv ist zwar noch vorhanden, aber er ist nicht mehr strikt und als syntaktischer Zusammenhang (›Transformation‹) formulierbar. Beispielsweise sind **Duldung** und **Hebung** beide von transitiven Verben abgeleitet, verhalten sich aber als Substantive ganz verschieden. **Pauls Duldung dieses Vorfalles** ist grammatisch, **Pauls Hebung dieses Kartoffelsackes** ist ungrammatisch. Argumente dieser Art wurden von denen geltend gemacht, die eine transformationelle Herleitung von Nominalisierungen ablehnten und stattdessen eine ›lexikalische‹ Lösung befürworteten: Die Nominalisierung sollte für sich (das heißt im Lexikon) und unabhängig von anderen Einheiten beschrieben werden (Chomsky 1970; für das Deutsche Esau 1973). Eine realistische Lösung für eine transformationelle Grammatik lief dann darauf hinaus, einen Teil der Nominalisierungen lexikalisch zu beschreiben und nur den an noch produktive Ableitungsmuster gebundenen Teil transformationell zu erfassen (Ullmer-Ehrich 1977; die Frage, ob Substantivierungen eher syntaktisch oder morphologisch zu behandeln sind, bleibt auch für die neuere Diskussion von Interesse; s. Ehrich 1991).

Die Systematik des Verhältnisses von Satz und NGr erfaßt man in der neueren generativen Grammatik über das Konzept der X̄-Syntax (sprich: [ʔɪksbɑːʀzʏntaks]). Sie stellt ein Beschreibungsformat zur Verfügung, das weitgehend analoge Strukturen für Sätze und NGr liefert. Die Verwandtschaft zwischen Verbkomplementen und bestimmten Attributen expliziert man mithilfe des Begriffs der Argumentvererbung: Ein Genitivattribut wird beispielsweise als Subjektivus gelesen, weil seine semantische Rolle dieselbe ist wie die eines Verbkomplements (zu den Genitivattributen bei Nominalisierungen weiter Lindauer 1995: 81 ff.; zur Argumentvererbung 8.4; Wort, 6.2).

Die X-bar-Konvention hebt einen Aspekt heraus, der bei der syntaktischen Beschreibung eine Rolle spielen muß, nämlich die Rektion. Die Rektion bestimmt dann, wie Kategoriennamen aussehen. Außerdem bestimmt sie wesentlich die Konstituentenhierarchie. Nach unserer Auffassung ist Rektion nur eine der syntagmatischen Beziehungen, die eine Einheit syntaktisch strukturieren (2.2.2). Zwar muß aus der vollständigen syntaktischen Beschreibung ersichtlich sein, wo Rektionsbeziehungen bestehen, aber das Bestehen einer Rektionsbeziehung zwischen zwei Konstituenten ist weder notwendige noch hinreichende Bedingung dafür, daß diese zusammen eine höhere Konstituente bilden.

Die X-bar-Konvention will eine bestimmte Eigenschaft der Objektsprache direkt spiegeln. Indem sie ein gemeinsames Format für Sätze und Nominalgruppen festlegt, muß sie ein für allemal bei der Behauptung bleiben, beide Kategorien seien in besagter Hinsicht identisch strukturiert. Die syntaktische Interpretation der Fakten wird umso stärker von der Beschreibungssprache vorgeprägt, je restringierter diese ist. Was als ›wesentliche‹ und was als ›unwesentliche‹ Eigenschaft einer Konstruktion anzusehen ist, wird bei einer stark restringierten Beschreibungssprache erfahrungsgemäß häufig durch diese vorgegeben. Es besteht die Gefahr, daß das Beschreibungsformat den Blick auf die Fakten kanalisiert (zur Struktur der NGr unter diesem Aspekt weiter 8.4).

8.3.2 Enge Apposition

Apposition und Parenthese

Es besteht keine Einigkeit darüber, was unter ›Apposition‹ zu verstehen ist, zudem gibt es in diesem Bereich eine Reihe ungefestigter, im Umbruch befindlicher Konstruktionen. Viel häufiger als sonst ist es schwierig, eine klare Grenze zwischen grammatischen und ungrammatischen Ausdrücken zu ziehen.

(1) a. **Oberbürgermeister Eichel, der mit den Grünen koaliert, hat noch auf Jahre eine sichere Mehrheit**
b. **Ein Oberbürgermeister, der mit den Grünen koaliert, hat noch auf Jahre eine sichere Mehrheit**

Der Begriff Apposition ist uns schon beim appositiven Attribut begegnet. Der Relativsatz in 1a wird appositiv genannt, weil er – im Gegensatz zu dem in 1b – keinen Einfluß auf die Extension der übergeordneten NGr hat, **Oberbürgermeister Eichel** wird hinsichtlich des Begriffsumfanges vom Relativsatz nicht verändert.

(2) a. **Ronald – er ist der berühmte Kammersänger –**
b. **Ronald – berühmter Kammersänger –**
c. **Ronald, der berühmte Kammersänger,** } **tritt in Berlin auf**
d. **Ronald der berühmte Kammersänger**
e. **Der berühmte Kammersänger Ronald**

Eben dies hat wohl als Kern des traditionellen Begriffs von Apposition zu gelten. Danach ist die Apposition eine ›Beifügung‹ zu einem substantivischen Nominal, die den Begriffsumfang dieses Nominals nicht verändert. Zu unterscheiden ist die Apposition von der Parenthese. Beide leisten teilweise dasselbe, aber »Parenthesen bilden einen Einschub in der Linearstruktur ..., der funktional nicht integriert ... ist« (Hoffmann 1998: 307). Parenthesen sind häufig unabhängige Sätze (2a) oder sie verdoppeln eine Satzgliedposition, wobei wie in 2b Formen auftreten können, die nicht integrierbar sind. Eine Apposition bildet dagegen mit anderen Einheiten eine Konstituente, die insgesamt Satzgliedfunktion hat. In 2c etwa ist die NGr **der berühmte Kammersänger** Apposition zu **Ronald**, zusammen fungieren sie als Subjekt. Auch 2d und e gelten als Apposition, nur ist hier nicht mehr ohne weiteres klar, welcher Ausdruck appositiv und welcher der Kern ist. Neben der grammatischen besteht damit auch eine begriffliche Schwierigkeit. Üblicherweise verwendet man ›Apposition‹ als Bezeichnung für eine (asymmetrische) syntaktische Relation. Die Formulierung ›x ist Apposition zu y‹ besagt, daß x die Apposition und y der Kern ist, auf den x bezogen ist. Sind Kern und Apposition nicht zu unterscheiden, dann ist diese Redeweise hinfällig und muß ersetzt werden durch ›x ist Apposition zu y und y ist Apposition zu x‹. Dieser Fall tritt häufig ein (s. u.).

Die Appositionsbeziehung wird weiter danach differenziert, wie eng die beteiligten Nominale aneinandergerückt sind. 2c bezeichnet man als *lockere Apposition,* 2d,e als *enge Apposition.* Was eng und locker hier genau besagen, ist nicht ganz geklärt. Nach Helbig/Buscha (1998: 606f.) kongruiert die lockere Apposition mit dem Bezugssubstantiv im Kasus und wird durch Satzzeichen abgetrennt. Die Abtrennung erfolgt im Gesprochenen durch Pause und Neuansatz eines Intonationsbogens (Raabe 1979: 278ff.). Die Übereinstimmung im Kasus ist als Abgrenzungskriterium jedenfalls ungeeignet, denn sie kommt häufig genug auch bei der engen Apposition vor.

Wir beschäftigen uns im folgenden ausschließlich mit der engen Apposition (s. aber **Aufgabe 87**). Es geht dabei nicht um den Versuch einer Begriffsklärung. Uns interessiert die Grammatik einer Klasse von Ausdrücken, die in der Regel als Apposition und manchmal als enge Apposition bezeichnet werden, uns interessiert aber nicht, ob diese Ausdrücke zu Recht oder zu Unrecht so genannt werden. Ausgeschlossen bleiben Verbindungen mit **als** und **wie** (**Man-**

fred als erster Soldat dieses Landes; eine Frau wie Katharina; dazu 12.3; zum Begriff der Apposition ausführlich Raabe 1979; Lawrenz 1993).

Die Einheiten mit enger Apposition lassen sich systematisch in zwei Gruppen einteilen, nämlich in solche, deren Prototyp einen Eigennamen enthalten (**mein Freund Paul**) und solche, die eine Maßangabe enthalten (**ein Liter Bier**). Historisch haben sie nichts miteinander zu tun.

Apposition mit Eigenname

Der einfachste Fall einer Apposition mit Eigenname liegt vor bei der Zuordnung eines ›Titels‹ wie in 3a.

(3) a.

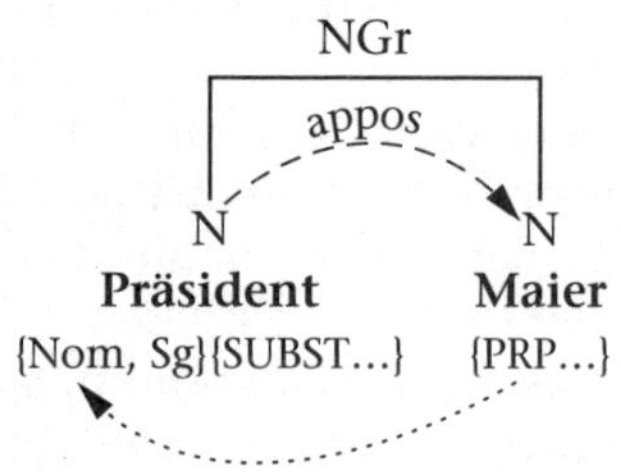

b. **Onkel Karl; Fräulein Dorothea; Schlosser Hans-Dietrich; Mutter Courage; Martin Frankenstein**

In 3b sind einige Beispiele für diesen Konstruktionstyp aufgeführt. Als Titel in diesem Sinne kann fast jedes Substantiv fungieren, am häufigsten sind Berufsbezeichnungen, Verwandtschaftsbezeichnungen und Vornamen. Das Appositionsverhältnis beruht auf einer Rektionsbeziehung: Das Kernsubstantiv regiert den Titel in Hinsicht auf Kasus (Nominativ).

Diese Aussage ist insofern problematisch, als hier nicht eine lexikalische Rektionseigenschaft von bestimmten Substantiven, sondern eine Eigenschaft der Konstruktion ausschlaggebend für das Erscheinen des Nom ist. Strukturell regiert das Substantiv ja nur den Genitiv. Lawrenz (1993: 34f; 49f.) spricht deshalb von einer Zuweisung des Nom als dem Default-Kasus. Wichtig und davon unabhängig ist vor allem: Das grammatische Verhalten der NGr nach außen wird vom Kernsubstantiv bestimmt (**Präsident Maiers Wiederwahl; das Examen Martin Frankensteins**), d.h. der Titel behält die Form des Nom bei, auch wenn der Kern flektiert wird. Dies ist das normale Verhalten eines regierten Attributes, etwa auch des Genitiv- oder des Präpositionalattributes, so daß man 3 ohne weiteres als eine Attributkonstruktion ansehen kann.

Schon weniger klar liegen die Verhältnisse, wenn beim ersten Substantiv ein Artikel steht, wie in **der Schlosser Hans-Dietrich; das Land Hessen; die Linguistin Senta; der Monat Dezember**. Jung (1973: 84) meint, daß mal das eine und mal das andere Nominal Apposition sei, »je nachdem, ob der Name oder die Gattungsbezeichnung näher bestimmt wird.« Der Duden (1998: 674) spricht von Juxtaposition, wobei das erste Substantiv »der eigentliche Kern« sei. Für Motsch (1965: 109) »läge [es] nahe«, solche Einheiten entsprechend 3a zu behandeln. Da aber das Verhalten der NGr nach außen gerade nicht wie in 3a vom Eigennamen bestimmt wird, ist diese Lösung ausgeschlossen: **der Antrag des Landes Hessen** vs. ***der Antrag das Land Hessens** und auch ***der Antrag des Landes Hessens**. Grammatisch sind die Ausdrücke nur, wenn der Eigenname im Nom steht, der Eigenname ist syntaktisch abhängig (4).

(4)

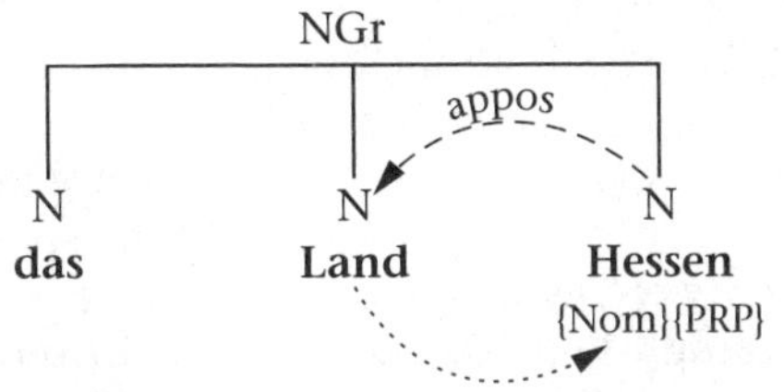

Auch 4 ist eine ›normale‹ Attributkonstruktion mit dem Attribut als abhängiger Größe, nur sind die Abhängigkeitsverhältnisse umgekehrt wie in 3. Das mag erstaunen, wo doch Ausdrücke gemäß 3 und 4 ganz ähnliche Bedeutungen haben können (**Schlosser Hans-Dietrich** vs. **der Schlosser Hans-Dietrich**) und der ganze Formunterschied darin besteht, daß 4 einen Artikel enthält, wo 3 keinen hat. Dieser Unterschied ist aber insofern wichtig, als in 3 ein artikelloses Appellativum eine Kasusendung tragen müßte, um als Kern zu fungieren. Das ist, wie wir wissen, nicht möglich (***Präsidenten Meiers Wiederwahl**; 5.3.2). Deshalb kippt die Konstruktion mit dem Erscheinen des Artikels um. Ein solches ›Umkippen‹ der Abhängigkeitsverhältnisse ist charakteristisch für die enge Apposition. Das von ihr ausgedrückte semantische Verhältnis ist derart, daß es vielfach schwerfällt, eines der beteiligten Nominale als das semantisch gewichtigere auszumachen, als den Kern, der vom anderen ›modifiziert‹ wird. Das Verhältnis ist variabel bis hin zur Gleichberechtigung, die sich grammatisch als Übereinstimmung im Kasus geltend macht. Stellen wir das Substantiv mit Artikel dem Eigennamen nach, so müssen beide Nominale denselben Kasus haben:

(5) a. **Dies ist Helmut das Finanzgenie**
b. **ein Vorschlag Helmuts des Finanzgenies**
c. **Wir vertrauen Helmut dem Finanzgenie**
d. **Wir verjagen Helmut das Finanzgenie**

Wie ist diese Konstruktion syntaktisch zu deuten? Fast alle Grammatiken erklären den Eigennamen zum Kern und das zweite Nominal zur Apposition. Dieses Nominal gilt ihnen als ›Beiname‹ und wird eingeführt mit Beispielen wie **Karl der Große** (Duden 1984: 593), **Nathan der Weise** (Helbig/Buscha 1998: 607) oder **Trabant 601** (Jung 1973: 84, gemeint ist der leistungsstärkste Kleinwagen der Welt). Das mag die häufigste Verwendung dieser Konstruktion sein, die einzige ist es nicht. In einem Satz wie **Was Hänschen der Assistent nicht lernt, lernt Hans der Professor nimmermehr** sind beide Ausdrücke semantisch gleichgewichtig.

Das entscheidende Argument ist aber syntaktisch. Strukturell sind die beiden

Ausdrücke nicht über eine Rektionsbeziehung verbunden, sondern über die Beziehung der Kasusidentität. Sie bewirkt hier, daß jedes der beiden Nominale für sich in der Lage ist, die syntaktische Funktion der ganzen NGr zu übernehmen. Man kann in 5 jeweils eines der Nominale streichen, ohne daß sich funktional etwas ändert oder die Ausdrücke ungrammatisch werden.

Identität im Kasus nebengeordneter Nominale gilt als typisches Kennzeichen für Koordination. Man kann deshalb erwägen, die Apposition als einen besonderen Fall von Koordination anzusehen. Da andererseits zwischen den nebengeordneten Nominalen ein Verhältnis ähnlich dem des Gleichsetzungsnominativs in Kopulasätzen besteht, hat man hier auch von ›Prädikation‹ gesprochen (Löbel 1986: 103ff.) und die Apposition sogar einen ›reduzierten Kopulasatz‹ genannt (Helbig/Buscha 1998: 606). Für diese Sicht spricht, daß man solche Konstruktionen auch zur Eigennamenzuschreibung verwenden kann, etwa in der Form **das Restaurant ›Vier Jahreszeiten‹**, **das Unternehmen ›Barbarossa‹**. Von hier aus ist es nur noch ein kleiner Schritt zur Verwendung ohne Namen wie in **der Begriff Entfernung**, **das Gefühl Liebe**. Die Konstruktion dient dazu, einerseits eine Bezeichnung zu etablieren (»das Gefühl, das wir Liebe nennen«) und andererseits ein Inklusionsverhältnis festzustellen (»Liebe ist ein Gefühl«, Hackel 1999).

Apposition mit Maßangabe

Nun zu den Konstruktionen mit Maßangaben, den ›Numerativkonstruktionen‹ (**ein Liter Bier; zehn Zentner Kartoffeln**). Unter einer Maßangabe verstehen wir einen Ausdruck aus mindestens einem Numerale und einem Substantiv (**ein Liter; zehn Zentner**). Mit dem Numerale wird eine Anzahl festgelegt, mit dem Substantiv eine Maßeinheit. Die Maßeinheit gibt Auskunft darüber, in welcher Form das Gemessene oder Gezählte in Erscheinung tritt: über einen Aggregatzustand, über eine Dimension oder einfach über eine Form. Eine syntaktisch einheitliche Klasse sind dabei die ›echten Maßeinheiten‹ wie **Pfund** und **Meter**. Sie haben keinen Plural. Außerdem kommen hier Appellativa (**drei Bäume Kirschen; zwei Bücher Unsinn**) und Eigennamen vor (**ein Hertz; ein Newton**). Stoffsubstantive scheinen auf die zweite Position beschränkt zu sein, in der sie als Artangabe fungieren (**Bier; Benzin**). Sie bezeichnen Substanzen. Artikellos können auch Appellative im Plural stehen, auch sie kommen als Artangaben vor (**zehn Ladungen Autos, sechs Hektar Kirschbäume**). Das semantische Verhältnis von Maßangabe und Artangabe ist ziemlich einheitlich: Die Artangabe spezifiziert eine Substanz (den Inhalt), die Maßangabe eine Anzahl und eine Erscheinungsform (die Form). Nominalgruppen aus Maßangabe und Artangabe bezeichnen Mengen von ›komplexen Dingen‹ mit sprachlich jeweils explizitem Bezug auf den Inhalts- und auf den Formaspekt (dazu ausführlich Löbel 1986). Wie aber ist das grammatische Verhältnis von Maß und Art genau geregelt? Regiert die Form den Inhalt oder der Inhalt die Form? Wir finden die Auffassung, daß die Maßangabe von der Artangabe abhängig sei (Grundzüge: 308f.; einige generative Analysen sprechen gar von ›Komplement‹, z.B. Bhatt 1990), daß das Abhängigkeitsverhältnis umgekehrt bestehe (Helbig/Buscha 1998: 595; Jung 1973: 84) und daß Koordination vorliege (Erben 1980: 152; s.a. Raabe 1979: 117ff. für die enge

Apposition allgemein). Unserer Auffassung nach gibt es keine generelle Lösung, vielmehr läßt die Konstruktion mehrere Möglichkeiten zu. Welche im Einzelfall zum Zuge kommt, ist jedoch in den meisten Fällen eindeutig entscheidbar.

Historisch geht die Artangabe auf einen Genitivus partitivus, also ein Attribut zurück (**eine Flasche Weins**). Da nun die Artangabe häufig aus einem unbegleiteten Substantiv besteht, kann der Genitiv nur an diesem Substantiv markiert sein. Der Genitiv ist im allgemeinen gut markiert beim Maskulinum und Neutrum im Singular, er ist nicht markiert beim Femininum und generell im Plural. Er war auch im Mhd. an diesen Formen nicht markiert. Ausdrücken wie **ein Löffel Suppe; drei Pfund Äpfel** war äußerlich der Genitiv von **Suppe** und **Äpfel** nicht anzusehen. Diese Formen wurden als Formen des Nominativs reanalysiert (manchmal werden sie auch als kasuslos oder unflektiert angesehen, was im Augenblick aber ohne Belang ist). Die umgedeuteten Genitive wurden zum Ausgangspunkt der heutigen Form von Artangaben (Paul 1975: 294ff.): Auch im Sg des Mask und Neut, wo der Genitiv markiert ist, setzte man ihn nicht mehr, und es entstanden Ausdrücke wie **eine Flasche Wein; ein Kasten Bier**.

Allerdings ändert dieser Vorgang noch nichts an der Abhängigkeit der Artangabe von der Maßeinheit. Die Artangabe steht jetzt nicht mehr im Genitiv, sondern generell im Nominativ. In **eine Flasche Wein** bestehen intern dieselben Abhängigkeiten wie in **das Land Hessen** (4), die Artangabe bleibt die regierte Größe. Aber diese Größe ist formal vereinheitlicht, sie tritt generell als Substantiv ohne Kasusendung auf. Rein strukturell bedeutet dies eine Aufwertung gegenüber der uneinheitlichen Form des Partitivus. Die Artangabe gewinnt durch das einheitliche Formcharakteristikum strukturell an Gewicht.

Der Übergang vom Partitivus zur endungslosen Form des Nominativs trägt auch zur Herausbildung eines grammatischen Charakteristikums der Stoffsubstantive bei. Stehen Stoffsubstantive für sich, d.h. referiert man mit ihnen ohne Begleitung durch einen Artikel oder ein Adjektiv auf eine Substanz, dann müssen sie endungslos sein (5.3.2). Diese Regularität fordert das Wegfallen der Genitivendung. Damit behaupten wir, daß Ausdrücke wie **ein Kasten Biers; eine Flasche Weins** im gegenwärtigen Deutsch nicht nur selten und ›gespreizt‹ sind, sondern veraltet im Sinne von nicht mehr grammatisch.

Der Übergang zur endungslosen Form wurde möglich, weil der Genitiv bei den Substantiven häufig nicht markiert ist. Er begann daher bei Artangaben, die nur aus einem Substantiv bestehen. Ist das Substantiv von einem Artikel oder Adjektiv begleitet, dann ist der Genitiv meist markiert. Der Partitivus bleibt dann grammatisch (6).

(6) a. **eine Flasche guten Weines**
b. **ein Konvoi britischer Schiffe**
c. **fünf Tonnen dieser Butter**
d. **zwanzig Prozent deines Einkommens**

6c und 6d enthalten nun nicht einen Partitivus im selben Sinne wie 6a,b. Nur in 6a,b ist das zweite Nominal nicht definit und damit Artangabe im Sinne einer engen Apposition. Man erkennt das daran, daß nur bei 6a,b der Nominativ statt des Genitivs stehen kann:

(7) a. **eine Flasche guter Wein**
    b. **ein Konvoi britische Schiffe**
    c. ***fünf Tonnen diese Butter**
    d. ***zwanzig Prozent dein Einkommen**

Es liegt nahe, die Artangaben in 7a,b syntaktisch ebenso zu deuten wie die Artangaben ohne Adjektiv oder Artikel. In 7a etwa wäre **guter Wein** hinsichtlich des Kasus regiert von **Flasche**. Diese Deutung ist richtig, wenn der Nom von **guter Wein** immer steht, gleichgültig, in welchem Kasus **Flasche** erscheint. 8 zeigt, daß es sich in der Tat so verhält. Steht **guter Wein** im Nom, so ist es ein regiertes Nominal, egal, ob man es Attribut oder Apposition nennt.

(8) a. **Eine Flasche guter Wein kostet zwei Mark**
    b. **Wegen einer Flasche guter Wein geht Karl meilenweit**
    c. **Wir sitzen zusammen bei einer Flasche guter Wein**
    d. **Karl trinkt eine Flasche guter Wein**

Nicht alle Sprecher freilich halten sämtliche Sätze in 8 für grammatisch. Über jeden Zweifel erhaben ist nur 8a, der Fall also, wo Maßangabe und Artangabe im Kasus übereinstimmen. Werden die anderen Sätze akzeptabler, wenn hier ebenfalls Kasusidentität hergestellt wird?

(9) a. **Eine Flasche guter Wein kostet zwei Mark**
    b. **Wegen einer Flasche guten Weines geht Karl meilenweit**
    c. **Wir sitzen zusammen bei einer Flasche gutem Wein**
    d. **Karl trinkt eine Flasche guten Wein**

Die Sätze b, c und d sind jetzt vollkommen grammatisch. Bei zusammengesetzten Artangaben dieses Typs liegt Kasusidentität mit der Maßangabe vor, und es kann kein Zweifel daran bestehen, daß beide Nominale nebengeordnet sind. Die NGr **einer Flasche gutem Wein** aus 9c etwa hat die Struktur 10. Das Hinzufügen eines Adjektivs zur Artangabe bewirkt, daß die Artangabe der Maßangabe nebengeordnet werden kann. Aber damit nicht genug. Neben den mit 8 und 9 demonstrierten Möglichkeiten kann die Artangabe vielfach auch im Akkusativ stehen:

(10)

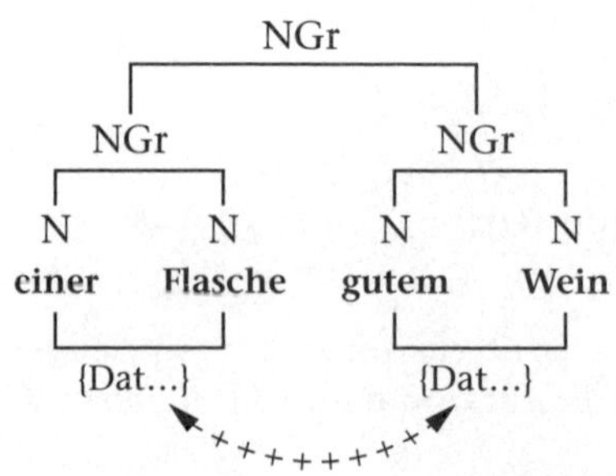

(11) a. **Eine Flasche guten Wein kostet zwei Mark**
b. **Wegen einer Flasche guten Wein geht Karl meilenweit**
c. **Wir sitzen zusammen bei einer Flasche guten Wein**
d. **Karl trinkt eine Flasche guten Wein**

Wiederum werden die Beispiele b und c vielen Sprechern zweifelhaft erscheinen, aber einfach ungrammatisch sind sie nicht. Sie demonstrieren zumindest, daß bei der Kasuszuweisung zu Artangaben große Unsicherheiten bestehen. Die alte, mit dem Partitivus gegebene grammatische Abhängigkeit der Artangabe ist verlorengegangen, ohne daß gegenwärtig zu erkennen wäre, welche der möglichen Alternativen (Nominativ, Kasusidentität, Akkusativ, Präpositionalattribut) sich durchsetzen wird **(Aufgabe 88)**.

Ausgehend vom Genitivattribut haben wir nach den Abhängigkeitsverhältnissen zwischen den Bestandteilen der engen Apposition gefragt, so weit sie am Kasus sichtbar sind. Falls eine Tendenz zur Kasusidentität tatsächlich besteht, heißt dies aber noch nicht, daß von einer syntaktischen Abhängigkeit innerhalb der Nominalgruppe bei der Apposition nicht mehr gesprochen werden könne. Kasus ist nur eine Kategorisierung von Nominalgruppen. Bezieht man insbesondere den Numerus mit ein, so zeigt sich, daß der Kern der Maßangabe in der Regel eindeutig als Kern der Gesamtkonstruktion zu identifizieren ist, vgl. z.B. **Drei Körbe Obst wurden/*wurde heute morgen geliefert** oder **Der Strauß Blumen, über den/*die sie sich gefreut hat, ist schon verwelkt** (Löbel 1986; 1990). In **die knapp ein Dutzend alten Männer** dagegen wird, so Löbel, **ein Dutzend** als ›komplexes Zahlwort‹ gebraucht, in **Eine Menge Äpfel lag/lagen auf dem Boden** haben wir es mit der üblichen Constructio ad sensum zu tun.

8.4 Präpositionalattribut und Substantivvalenz

Reichweite und Flexibilität des Präpositionalattributs

Als Attribut ist die PrGr dem Kern der Attributkonstruktion nebengeordnet. Das Präpositionalattribut folgt fast immer dem Kern. Vorausstellungen wie **über der Tür das Bild** sind selten und nur mit Kontrastakzent möglich.

(1)

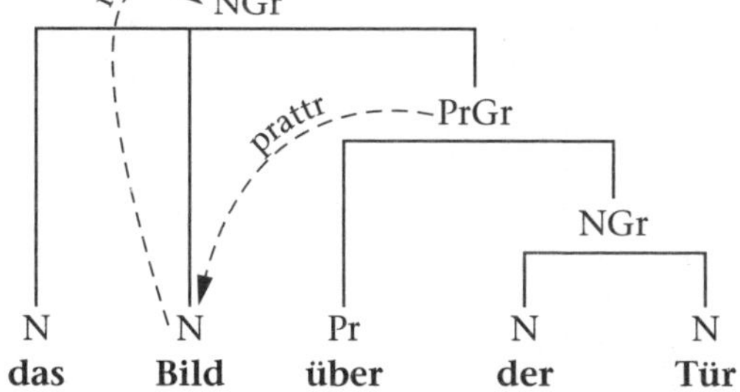

Jede PrGr kann als Attribut verwendet werden. Möglich sind sowohl Präpositionen mit konkreter Bedeutung (**der Spatz auf dem Dach; das Bild über der Tür**) als auch solche, deren Bedeutung abstrakt ist, wie in vielen Präpositionalobjekten (**das Warten auf Paul; die Freude über Helga**). Das präpositionale Attribut ist die einzige syntaktische Funktion der PrGr, in der sie mit jeder Präposition und die Präposition mit jeder ihrer Bedeutungen auftreten kann.

(2) a. **das Haus des Bürgermeisters mit dem roten Dach**

a. **das Haus am Marktplatz mit dem roten Dach**

Im präpositionalen Attribut wird ein Nominalausdruck zum Kernsubstantiv in Beziehung gesetzt. Lexikalischer Träger dieser Beziehung ist die Präposition, auch wenn sie in vielen Fällen abstrakt oder semantisch leer ist. Die etwa zweihundert Präpositionen sichern dem präpositionalen Attribut erhebliche semantische Reichweite. Sie geht insbesondere weit über die des Genitivattributs hinaus. Das spiegelt sich auch in der Syntax. Während das Genitivattribut das nächststehende Substantiv modifiziert, ist das Präpositionalattribut in dieser Hinsicht frei. Sowohl in 2a als in 2b ist **Haus** der Kern zur PrGr **mit dem roten Dach**. Ein Präpositionalattribut kann also sowohl ein Genitivattribut als auch ein anderes Präpositionalattribut ›überbrücken‹ und sich auf ein weiter entferntes Substantiv beziehen. Damit wird es möglich, auch mehrere und prinzipiell unbegrenzt viele Attribute zum selben Substantiv zu haben. Beim Genitiv ist ihre Zahl auf zwei begrenzt, nämlich ein vorgestelltes und ein nachgestelltes.

(3) a. **die Brücke über den Kanal in Buchholz**
b. **das Festhalten an dieser Bindung für das ganze Leben**
c. **die Familie deines Bruders in Amerika**

Zwei aufeinanderfolgende Präpositionalattribute sind natürlich nicht immer auf dasselbe Substantiv bezogen, sondern es kann auch Subordination vorliegen. Konstruktionen dieser Art sind syntaktisch mehrdeutig. Ihnen werden zwei Konstituentenstrukturen zugewiesen, weil sich syntaktisch nicht entscheiden läßt, ob das zuletzt auftretende Attribut dem vorausgehenden neben- oder untergeordnet ist. So kann 3a gelesen werden als »*die Brücke* über den Kanal, *die* sich in Buchholz befindet« und als »die Brücke über *den Kanal, der* sich in Buchholz befindet«. Entsprechende Lesarten haben 3b und 3c (**Aufgabe 89**).

Im Vergleich zum Genitivattribut erweitert also das Präpositionalattribut die Ausdrucksmöglichkeiten der Nominalgruppe auf zwei Weisen. Einmal quantitativ, weil an die Stelle der einen Konstruktionsbedeutung des Genitivs eine große Zahl von Präpositionen tritt, die teilweise noch mehrere Kasus regieren. Zum anderen qualitativ, weil das Präpositionalattribut auch auf entfernter stehende Substantive bezogen sein kann. Damit könnte auch die Möglichkeit verbunden sein, mehr als zwei Argumente zu realisieren und von Stelligkeit des Substantivs zu sprechen, so wie man von Stelligkeit des Adjektivs oder Verbs spricht.

Bedeutet das, daß Substantive Valenz haben? Sind Genitivattribute und Präpositionalattribute in ähnlicher Weise an Substantive gebunden wie Komplemente an Verben und Adjektive? Jedes Substantiv regiert den Genitiv, und es ist möglich, für große Klassen von deverbalen und deadjektivischen Substantiven Genitivattribute auf semantische Rollen der zugrundeliegenden Verben und Adjektive zu beziehen (Genitivus subiectivus vs. Genitivus obiectivus). Valenz im eigentlichen Sinne liegt beim Genitivattribut aber nicht vor. Die Verb- und Adjektivvalenz macht sich gerade daran fest, daß die Einheit eine bestimmte Stellenzahl hat und für jede der Stellen Ausdrücke einer bestimmten Form zugelassen oder vorgeschrieben sind. Ein Substantiv kann dagegen ohne Genitivattribut ebenso wie mit einem oder zwei Genitivattributen auftreten. Selbst bei einfachen Appellativa können zwei Genitive stehen. Ausdrücke wie **Karls Rosen dieser Sorte** oder **Helgas Bücher dieses Autors** sind vielleicht selten, ungrammatisch sind sie nicht. Wenn beim Genitivattribut von Valenz gesprochen wird, dann ist jedenfalls nicht ein syntaktischer Valenzbegriff im Sinne von Kap. 3.2 gemeint. Über das Genitivattribut kommt man nicht zu einer syntaktischen Subklassifizierung der Substantive.

Zum Verhältnis von Attributen und verbalen Argumenten

Viele Präpositionalattribute kommen dem Verhalten valenzgebundener Einheiten aber scheinbar ziemlich nahe. Das betrifft vor allem wieder Attribute bei Substantiven, die von Adjektiven und Verben abgeleitet sind. Ganz allgemein gilt, daß ein Präpositionalobjekt bei einem Adjektiv oder Verb sich in derselben Form als Präpositionalattribut beim abgeleiteten Substantiv wiederfindet. Auch nominale Ergänzungen wie das Subjekt und das direkte Objekt können vielfach systematisch auf Präpositionalattribute bezogen werden. Im einzelnen gilt folgendes (Droop 1977; Lauterbach 1993; Schierholz 2001; 2004; eine genauere Analyse muß die Substantivierungstypen berücksichtigen wie es in Ehrich/Rapp 2000 für die **ung**-Substantive geschieht).

1. *Genitivobjekt.* Ein als Genitivobjekt kodiertes Argument taucht beim Substantiv als Präpositionalattribut auf, niemals als Genitivattribut. Ein Teil der Verben mit Genitivobjekt kann auch ein Präpositionalobjekt nehmen. Das Attribut beim deverbalen Substantiv hat dann die Form dieses Präpositionalobjekts:

(4) a. **sich erinnern an – die Erinnerung an**
b. **sich schämen über – die Scham über**
c. **spotten über – der Spott über**
d. **sich besinnen auf – die Besinnung auf**

Nominalisierungen von Verben, die nur ein Genitivobjekt zulassen, nehmen zur Kodierung der entsprechenden semantischen Rolle ebenfalls ein Attribut mit einer bestimmten Präposition. Die Wahl der Präposition ist jedoch uneinheitlich. So haben wir **bedürfen** mit den Nominalisierungen **Bedürfnis**

nach und **Bedarf an/nach/von**. Zu **gedenken** gibt es die Nominalisierung **Gedanke an**, deren Präposition aber mit Sicherheit auf **denken an** zurückgeht.

2. *Dativobjekt.* Hier liegen die Verhältnisse ähnlich. Ein Teil der Verben mit Dativobjekt kann auch ein Präpositionalobjekt nehmen und gibt damit die Form des Attributes vor (5a). Ein größerer Teil läßt für die entsprechende Rolle kein Präpositionalobjekt zu (5b). Die Wahl der Präposition bei den zugehörigen Nominalisierungen ist wieder uneinheitlich **(Dank an; Gehorsam gegenüber; Hilfe für)**.

(5) a. **schreiben an; vertrauen auf; zustimmen zu; beitreten zu**
b. **danken, drohen, gehorchen, gratulieren, helfen, raten, kündigen, mißtrauen**

3. *Akkusativobjekt* Wir beschränken uns auf Akkusative in der Funktion des direkten Objekts. Ihnen entspricht in den meisten Fällen ein Genitivus obiectivus. Er kann fast immer durch ein Präpositionalobjekt mit **von** ersetzt werden **(die Berufung von einem Psycholinguisten; die Verhaftung von zwei Polizisten; der Verkauf von französischen Autos)**. Ein Präpositionalattribut mit **von** entspricht in der Regel einem direkten Objekt, wenn das Substantiv von einem transitiven Verb abgeleitet ist.

(6) a. **verlangen nach; rufen nach; suchen nach**
b. **fürchten, lieben, hassen, wünschen**

Auch einige transitive Verben regieren neben dem akkusativischen ein präpositionales Objekt. In solchen Fällen taucht dieselbe Präposition im Attribut auf (6a). Bei einigen Verben schließlich findet sich die Rolle des direkten Objekts immer als Präpositionalattribut. Diese Verben bezeichnen psychische Aktivitäten (6b) und sind bezüglich der semantischen Restriktion des Subjekts mit denen in 6a verwandt. Möglicherweise haben wir hier eine Verbklasse vor uns, bei deren Substantivierungen nur schwer zwei Genitivattribute unterzubringen sind (s. a. 3.2.3).

4. *Subjekt.* Die semantische Rolle des Subjekts kann als Präpositionalattribut mit **von** und mit **durch** kodiert sein. Bei Ableitungen von transitiven Verben ist die **von**-Phrase dem Objekt vorbehalten, die Subjektrolle erscheint im Attribut mit **durch (der Verkauf von älteren Schulgebäuden durch die Stadt; der Bau von zwei Stahlwerken durch ein deutsch-britisches Konsortium)**. Bei Ableitungen von allen anderen Verben kann die Subjektrolle als **von**-Phrase erscheinen **(die Nörgelei von Emma; die Hilfe von Karl; der Rat von Paula)**. **Von** und **durch** im präpositionalen Attribut sind also ganz systematisch auf grammatische Subjekte bezogen: **durch** auf das grammatische Subjekt von transitiven Verben im Aktivsatz, **von** auf alle anderen Subjekte (nämlich die der intransitiven und die der transitiven im Passivsatz). Als Präpositionalattribut erscheint auch das Subjekt bei Verben wie **begeistern (Aufgabe 90)**.

5. *Präpositionalobjekte* werden natürlich systematisch auf Präpositionalattribute übertragen. Eine formale Übereinstimmung von Objekt und Attribut ist zumindest dort gegeben, wo die Nominalisierung einem produktiven Ableitungs-

muster folgt. Auswertungen größerer Korpora, die Stefan Schierholz freundlicherweise zur Verfügung gestellt hat, ergeben fas 90% direkte Übertragung von Präpositionalobjekten auf Attribute. Ist das Substantiv lexikalisiert und hat es eine andere Bedeutung als nach dem Ableitungsmuster zu erwarten wäre, dann kommt es vor, daß ein zum Objekt formgleiches Attribut nicht existiert. So haben wir **jemanden zu etwas bewegen** aber nicht **die Bewegung zu etwas** und wir haben **auf etwas weisen** aber nicht **die Weisung auf etwas**. Fälle dieser Art sind relativ selten und verlangen eine je besondere Erklärung.

Dasselbe gilt für andere in dieser Übersicht nicht aufgeführte Zusammenhänge zwischen verbaler und substantivischer Valenz. Es gibt zahlreiche Subregularitäten und viele singuläre Fälle. Nominalisierungen sind zwar einerseits Derivate und als solche semantisch und syntaktisch an ihre Basiseinheiten gebunden, sie sind aber andererseits Substantive in eigenem Recht und können sich jederzeit mehr oder weniger weit von der Basis entfernen.

Der Begriff der Substantivvalenz bei abgeleiteten Substantiven füllt sich weiter, wenn man auch die anderen Formen von Verbergänzungen berücksichtigt. Die folgenden Beispiele zeigen, daß alle Ergänzungen in gleicher Form als Attribute vorkommen. Ausgenommen sind allein die reinen Kasus.

(7) a. **daß**-Satz
der Ärger, daß Fritz krank ist; die Behauptung, daß das stimmt
b. **ob**-Satz
die Unsicherheit, ob Inge kommt; ein Hinweis, ob das passiert ist
c. **wie**-Satz
die Frage, wie das gehen soll; der Vorschlag, wie du dich kämmst
d. **zu**-Infinitiv
die Hoffnung zu gewinnen; der Versuch, den Zugang freizuhalten

Ob das Substantiv ein Attribut bestimmter Form zuläßt, hängt wieder von den Valenzeigenschaften des Basisverbs und vom Nominalisierungstyp ab. Nominalisierungen auf **ung** verhalten sich anders als solche auf **er, heit, tum** usw. (dazu auch Aufgabe 77). Im übrigen können die Substantive wie die Verben nach den Komplementen entsprechend 7 subklassifiziert werden: ***die Hoffnung, ob Inge kommt** ist ebenso ungrammatisch wie ***Wir hoffen, ob Inge kommt**. Auch kann beim Substantiv in gleicher Weise wie beim Verb ein Pronominaladverb als Korrelat verwendet werden (**die Hoffnung darauf, daß Inge schläft** vs. **Wir hoffen darauf, daß Inge schläft**).

Präpositionale sowie Satz- und Infinitivkomplemente von Verben und Adjektiven können also in derselben Form als Attribute beim Substantiv stehen. Man erfaßt diesen Zusammenhang meist über den Begriff Argumentvererbung. Bei den in Rede stehenden Komplementtypen ist damit gemeint, daß das Substantiv eine Argumentstelle besetzt, die in Hinsicht auf Form und semantische Rolle mit einer Argumentstelle seiner morphologischen Basis übereinstimmt (Toman 1988; Olsen 1986; 1992; Wort, 6.2.1).

Aber nicht nur abgeleitete, sondern sogar einfache Substantive können lexikalische Rektionseigenschaften haben. Die Notwendigkeit einer eigenständigen Substantivvalenz wird häufig mit der Rektionsbindung von PrGr an Substantive begründet, die zumindest synchron als nichtabgeleitet oder idiomatisiert zu gelten haben (8a). Die Beispiele in 8b zeigen, daß beim Attribut sogar eine Präposition der jüngeren Schicht regiert sein kann (solche Beispiele schon in Chomsky 1970: 196; s. a. Wolf 1984: 412 ff.; Engel 1988: 622 f.; IDS-Grammatik: 1977 ff.; Wiegand 1996).

(8) a. **Angst vor, Spaß an, Lust auf, Recht auf, Gnade für**
b. **Dankbarkeit/Ergebenheit/Gehorsam gegenüber**

Komplemente und Adjunkte beim Substantiv?

Wenn ein Substantiv Komplemente und damit Argumente wie ein Verb oder Adjektiv haben kann, dann muß beim Substantiv auch die Unterscheidung von Komplement und Adjunkt möglich sein (ausführlich Schierholz 2001: 131 ff.). Betrachten wir dazu als erstes die Konstituentenhierarchie innerhalb der NGr.

(9) a.

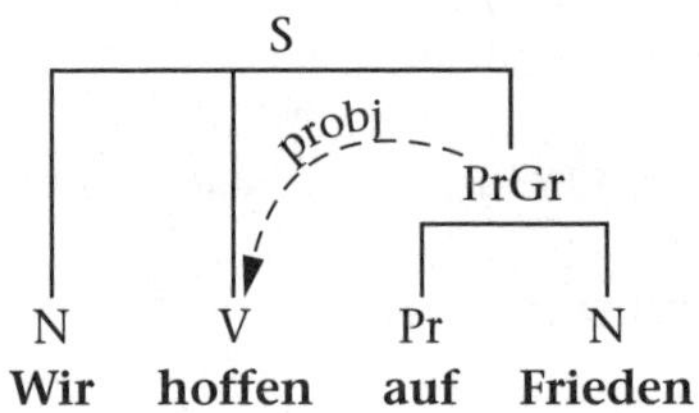

b.

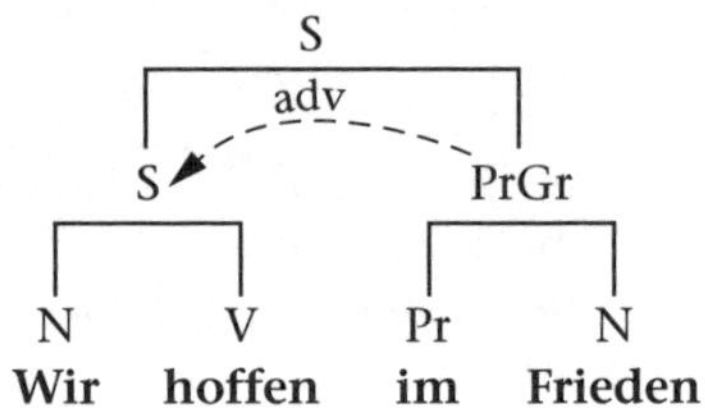

c.

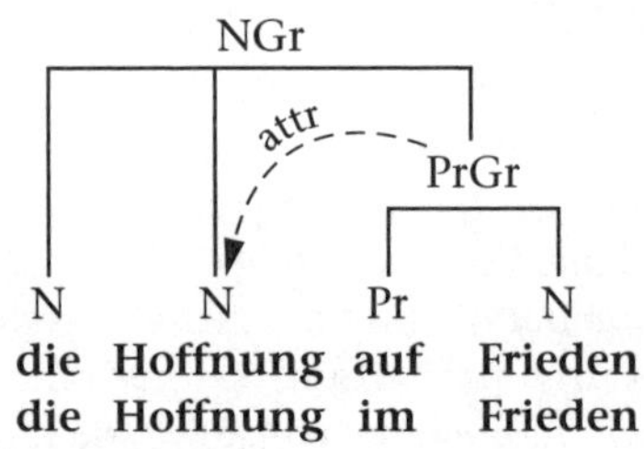

d.

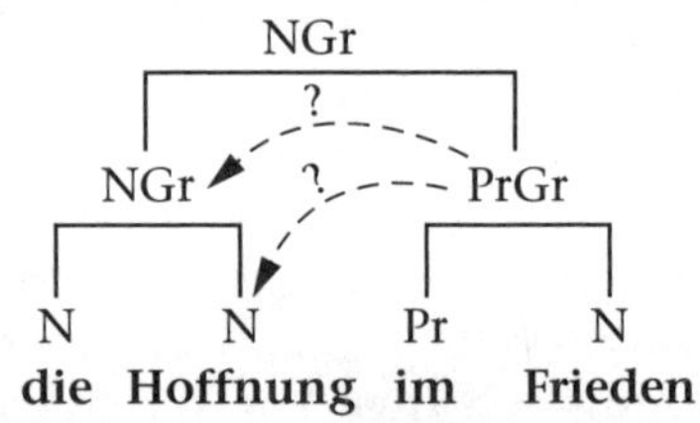

Ein Satz mit einer PrGr als Adjunkt kann eine andere Konstituentenhierarchie haben als einer mit Komplement (9a,b). Das Temporaladverbial in b ist einem Satz nebengeordnet. Es ist nicht vom Verb regiert und hat die Funktion, den vom Satz **Wir hoffen** bezeichneten Sachverhalt zeitlich zu situieren. Eine derartige Unterscheidung ist bei den Attributen nicht möglich, in beiden Fällen ergibt sich die Konstituentenhierarchie von 9c. 9d ist ausgeschlossen, weil **im Frieden** Attribut zu **Hoffnung** sein soll.

Natürlich ist das erst einmal ein Darstellungsproblem und natürlich gibt es syntaktische Formate, in denen **auf Frieden** und **im Frieden** als Attribute unterscheidbar sind. 9c kann aber aufgrund der Art und Weise, wie im gegebenen Format Komplemente und Adjunkte unterscheidbar sind, als Indiz dafür gelten, daß Attribute keine Komplementpositionen besetzen.

Eine Komplementposition ist eine *bestimmte* Position innerhalb der Komplementstruktur eines Valenzträgers. Ein Verb hat eine festliegende Anzahl von bestimmten Komplementpositionen wie das Subjekt und das indirekte Objekt. Ein Substantiv hat nur Positionen für Attribute d.h. von Modifikatoren. Dabei liegt weder die Zahl der Modifikatoren fest noch läßt sich von bestimmten Modifikatorpositionen sprechen. Der Begriff ›Argumentvererbung‹ bleibt deshalb problematisch. Substantivierungen erben nicht Argumente, sondern allenfalls semantische Rollen. Die semantische Rolle eines präpositionalen Objekts etwa wird auf einen Modifikator übertragen, der dieselbe Form wie das Objekt hat, der aber keine Komplementposition besetzt. Noch weniger geeignet ist der Begriff Argumentvererbung beim Genitivus subiectivus und obiectivus, wo nicht einmal dieselbe Form vorliegt wie bei dem entsprechenden Komplement. Wie wenig man beim Substantiv von einer festen Zuordnung semantischer Rollen zu syntaktischen Positionen sprechen kann, illustrieren wir noch einmal mit 10. Als semantische Rollen kommen nur Agens und Patiens vor, als Formen des Attributs im weiteren Sinne lassen wir neben den Genitiven sowie **von** + Dat und **durch** + Akk zu Demonstrationszwecken auch den ersten Bestandteil eines Kompositums zu (Wort, 6.2.1). Es geht darum, Steiner als Autor mithilfe des Substantivs **Beschreibung** auf die Hochzeit als das Beschriebene zu beziehen. Möglich ist unter anderem:

(10) a. **Steiners Beschreibung der Hochzeit**
b. **die Steinerbeschreibung der Hochzeit**
c. **Steiners Hochzeitsbeschreibung**
d. **die Hochzeitsbeschreibung von Steiner**
e. **Steiners Beschreibung von der Hochzeit**
f. **die Beschreibung der Hochzeit durch Steiner**

Weitere Kodierungen von Agens und Patiens sind möglich. Nicht alle NGr in 10 sind gleich gut und gleich ›natürlich‹, aber alle sind verständlich und nicht in dem Sinne ungrammatisch, in dem eine falsche Komplementkodierung beim Verb einen Satz ungrammatisch macht (***Steiner beschreibt der Hochzeit**; ***Steiners beschreibt die Hochzeit** usw., s.u.).

Die Konstituentenhierarchie der NGr ist flach, die Basis der Attributsyntax beruht auf den kategorialen Rektionseigenschaften, die im Prinzip für alle Substantive im Kern der NGr dieselben sind. Auch wo es lexikalische Rektion gibt, kann man nicht von Komplementen sprechen, weil es keine Fixierung von Komplementpositionen gibt. Attribute sind syntaktisch weder Komplemente noch Adjunkte, sondern sie sind Modifikatoren. Ihre syntaktische wie semantische Wirkung bleibt auf das Innere der NGr beschränkt. Feste Kodierungen und Positionszuordnungen für semantische Rollen gibt es nicht, ja es ist sogar schwierig, eine strikte Systematik der Verteilung von Rollen auf Attributtypen herauszufinden, wenn gleichzeitig mehrere Attribute realisiert sind. Naheliegende Thesen wie die, daß in einem Rektionskompositum die Subjektrolle nicht im ersten Bestandteil kodiert sein kann, andere Rollen aber innerhalb des Kompositums kodiert sein müssen, lassen sich für das Deutsche nicht halten. Nicht einmal der Kernbezug selbst ist sicher. Fabricius Hansen (1993) legt dar, daß ›falsche‹ Bezüge eines Genitiv- oder Präpositionalattributs auf den ersten Bestandteil eines Kompositums wie in **die Absturzursache des Flugzeugs** nicht einfach Unglücksfälle oder sprachliche Entgleisungen sind, sondern unter bestimmten Bedingungen häufig vorkommen und kaum auffallen (**Aufgabe 91**)

Fassen wir zusammen. Substantive haben nicht Valenz im selben Sinne wie Verben und Adjektive, weil (1) Substantive nicht syntaktisch nach der Stellenzahl subkategorisierbar sind, (2) eine Unterscheidung zwischen Komplementen und Adjunkten nicht möglich ist, (3) eine Unterscheidung zwischen fakultativen und obligatorischen Attributen nicht möglich ist und (4) die NGr nicht wie der Satz durch Argumentpositionen des Kerns strukturiert ist.

Eine methodische Schwierigkeit bei der Etablierung einer vermeintlichen Substantivvalenz besteht in der Unsicherheit von Grammatikalitätsurteilen. Die Rektionsbindung von PrGr ist auch bei manchen Verben unsicher (heißt es nur **zittern vor Angst** oder auch **aus Angst**, warum **schwärmen von/für?**), bei den Substantiven hat sie aber eine andere Größenordnung. Insgesamt ist die Rektionsbindung hier aus offensichtlichen Gründen schwächer. Geht es um einen Nachweis von Valenz, wertet man unsichere oder nicht sofort interpretierbare Fälle dann leicht als ungrammatisch, so als wären sie *syntaktisch* nicht wohlgeformt. Hier eine kleine Auswahl solcher Ausdrücke: **Der Mann nach Frankfurt; das Haus am Morgen** (Droop 1977: 96, 98), **Vaters Schreibtisch des Direktors** (Engel 1977: 132); **der Mann wegen des Staubsaugers; Quarz am Nachmittag** (Steinitz 1969: 116); **das Laster von der Trunksucht** (Teubert 1979: 26). Unserer Auffassung nach sind diese Ausdrücke grammatisch und ohne Schwierigkeiten interpretierbar. Das Spezifische an der Attributrelation ist, daß sie semantisch wenig festgelegt ist. Was immer wir an nominal benennbaren Entitäten auf wie verwickelte und abseitige Weise zueinander in Beziehung setzen: wir werden eine Attributkonstruktion finden, die auf die Beziehung ›paßt‹, und sei es, daß wir sagen, »der Baum bezüglich meiner Großmutter«.

8.5 Relativpronomen und Relativsatz

Der relative Anschluß

Im fortlaufenden Text wird im allgemeinen fortlaufend über dieselben Dinge geredet. Die Sätze in 1a als Teil eines Textes zeigen das rein äußerlich daran, daß der zweite Satz die substantivischen Nominale des ersten als phorische Prono-

(1) a. **Paula ging gestern zu einem Notar. Den hatte sie noch nie gesehen**
 b. **Paula ging gestern zu einem Notar, den hatte sie noch nie gesehen**
 c. **Paula ging gestern zu einem Notar, den sie noch nie gesehen hatte** → Attributsatz

mina wieder aufnimmt. **Den** bezieht sich auf dasselbe Individuum wie **einem Notar**, sein Genus und sein Numerus sind dadurch festgelegt: Es *muß* eine Form des Mask Sg gewählt werden. Der Kasus des Pronomens richtet sich dagegen nach seiner syntaktischen Funktion. **Den** ist Akk, weil es direktes Objekt zu **gesehen** ist.

Dieselbe grammatische Beschreibung trifft auf das Relativpronomen **den** in 1c zu. Es fungiert als direktes Objekt im Relativsatz, gewinnt aber grammatisches Geschlecht und Numerus durch Bezug auf das vorausgehende Substantiv. Wie das Demonstrativum ist es phorisch, leitet aber nicht einen selbständigen, sondern einen Attributsatz ein. Der Relativsatz ist Attribut zum Kernsubstantiv **Notar**. Mit dem Relativpronomen in der Erstposition und dem finiten Verb am Schluß hat er die für den Nebensatz typische Form des ›Spannsatzes‹ (10.1; 13.1.2).

In 1b haben wir den Fall, der den Übergang markiert. Syntaktisch handelt es sich bei dem Satz nach dem Komma nicht um einen Relativsatz. Beide Sätze sind vielmehr nebengeordnet, wobei der zweite aber semantisch in besonderer Weise auf den ersten bezogen ist (Gärtner 2000; Zifonun 2001).

Das Relativpronomen ist natürlich nicht auf die Funktion eines direkten Objekts beschränkt, sondern kann als Komplement in allen Kasus auftreten. 2 gibt für jeden Kasus ein Beispiel.

(2) a. **Wir schließen einen Vertrag, der allen nützt**
b. **Wir schließen einen Vertrag, dessen ihr euch bedienen werdet**
c. **Wir schließen einen Vertrag, dem alle trauen**
d. **Wir schließen einen Vertrag, den auch die Schweiz unterstützt**

3 zeigt am Beispiel 2c, wie der Relativsatz syntaktisch in das übergeordnete Nominal integriert ist. Das Relativpronomen (REL) wird hinsichtlich Kasus regiert vom Verb im Relativsatz (**trauen** nimmt ein Dativobjekt), hinsichtlich Genus vom Kernsubstantiv der NGr (**Vertrag** ist ein Maskulinum). Außerdem kongruiert es mit dem Kernsubstantiv im Numerus. Wie ein grammatisches Gelenk verbindet das Relativpronomen Kernsubstantiv und eingebetteten Satz.

(3)

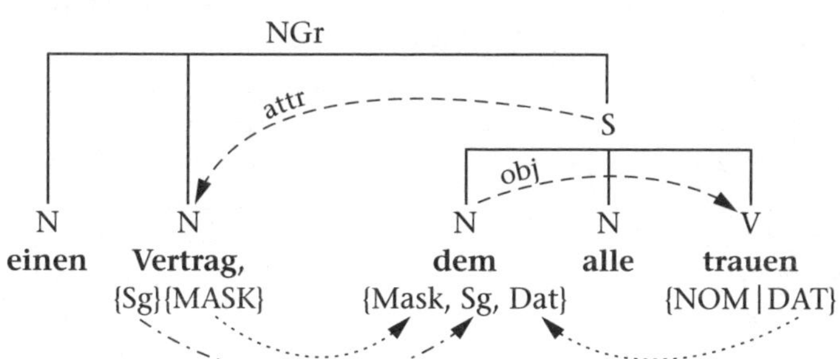

Anders ist der Satz angeschlossen, wenn das Relativpronomen Attribut ist. Wir gehen wieder von der Satzfolge mit Demonstrativum aus. **Dessen** in 4a ist Genitivattribut zu **Vorteile, dessen Vorteile** ist insgesamt so strukturiert wie **Karls Auto** oder **des Mannes Spielzeug** (vorausgestellter oder sächsischer Genitiv, 8.3.1). An der attributiven Funktion ändert sich auch in 4b nichts,

d. h. das Relativpronomen **dessen** ist nach wie vor Attribut zu **Vorteil**. Der relative Anschluß hat jetzt eine Gestalt wie in 5.

(4) a. **Wir schließen einen Vertrag. Dessen Vorteile sind unbestreitbar**
b. **Wir schließen einen Vertrag, dessen Vorteile unbestreitbar sind**

(5)

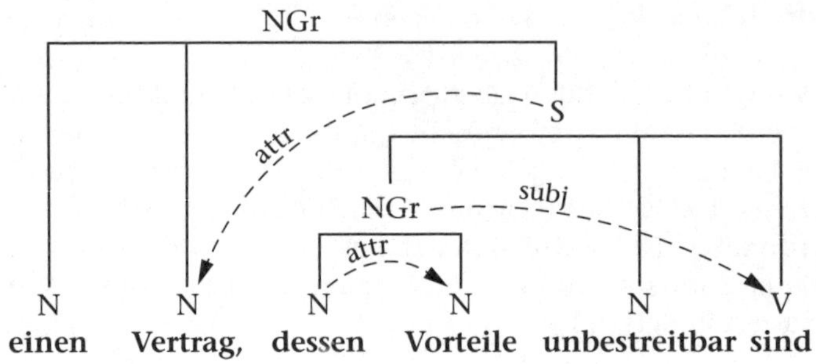

Die NGr **dessen Vorteile** ist Subjekt des Relativsatzes, das Subjekt ist seinerseits aufgebaut aus Kern und Attribut. Der Relativsatz bleibt als Ganzer Attribut zum Kern der übergeordneten NGr, also zu **Vertrag**. Das Gegeneinander der beiden Attributbeziehungen gibt der Konstruktion etwas Vexierhaftes. Aus der Sicht der übergeordneten NGr sprechen wir von einem Vertrag, der im Relativsatz näher charakterisiert wird. Im Relativsatz selbst sprechen wir von den Vorteilen, die Vorteile des Vertrages sind. Was ›von oben gesehen‹ Kern ist (**Vertrag**), ist ›von unten gesehen‹ Attribut (**dessen**).

Es gibt einen weiteren Fall, bei dem das Relativpronomen nicht Satzglied des Relativsatzes, sondern tiefer eingebettet ist. Macht man **Marseillaise** in 6a zum Bezugsnominal eines Relativsatzes, so entsteht 6b. Das Relativpronomen ist hier Objekt innerhalb der IGr, diese selbst ist als Ganze Objekt zu **verspricht**, auch wenn Pronomen und **zu**-Inf eine diskontinuierliche Konstituente bilden. 6c zeigt, daß der **zu**-Inf besser vor als nach dem übergeordneten Verb steht. Er kann sogar direkt an das Relativpronomen heranrücken (6d).

In 7 ist die Einbettung noch tiefer. Das Relativpronomen kann trotzdem alle Infinitive vor das übergeordnete Verb (7c) oder direkt an sich ziehen (7d). Die relative Reihenfolge der Infinitive bleibt erhalten. Man nennt das den Rattenfänger-Effekt (engl. *pied piping*, Ross 1967: 112f.). Der Rattenfänger-Effekt bei Infinitivgruppen kann zu komplizierten Strukturen führen. Er ist Anlaß zu umfangreicher theoretischer Diskussion (Riemsdijk 1985; Grewendorf 1986; **Aufgabe 92**).

(6) a. **Andreas verspricht, die Marseillaise zu singen**
b. **die Marseillaise, die Andreas verspricht zu singen**
c. **die Marseillaise, die Andreas zu singen verspricht**
d. **die Marseillaise, die zu singen Andreas verspricht**

(7) a. **Andreas verspricht zu beginnen zu versuchen, die Marseillaise zu singen**
b. **die Marseillaise, die Andreas verspricht zu beginnen zu versuchen zu singen**
c. **die Marseillaise, die Andreas zu beginnen zu versuchen zu singen verspricht**
d. **die Marseillaise, die zu beginnen zu versuchen zu singen Andreas verspricht**

Betrachten wir nun etwas genauer das semantische Verhältnis von Relativsatz und Kernsubstantiv. 8 und 9 zeigen, daß dieses Verhältnis in einem wichtigen Punkt uneinheitlich ist.

(8) a. **Die Pädagogik ist eine Disziplin, die der Menschheit immer Segen gebracht hat**
b. **Diejenigen Bäume, die morsch sind, werden gefällt**
c. **Jeder Linguist, der was auf sich hält, geht zweimal jährlich zum Friseur**

(9) a. **Seine Eltern, die wohlhabende Leute sind, ließen ihn verkommen**
b. **Du, der du immer Glück gehabt hast, solltest dich da heraushalten**
c. **Die Sonne, die jetzt eigentlich sieben Stunden täglich scheinen sollte, ist überhaupt nicht zu sehen**

Die Relativsätze in 8 werden *restriktiv* genannt, weil die NGr mit Relativsatz extensional eingeschränkt ist gegenüber der ohne Relativsatz. In 8c etwa kann **jeder Linguist** auf jedes Element der Menge der Linguisten bezogen sein, **jeder Linguist, der was auf sich hält** aber nur auf jedes Element einer Teilmenge der Linguisten, denn nicht alle Linguisten halten unbedingt etwas auf sich.

Die Relativsätze in 9 werden *nichtrestriktiv* oder appositiv genannt, weil sie nichts an der Extension der NGr, in der sie enthalten sind, ändern. **Seine Eltern, die reiche Leute sind** in 9a etwa bezieht sich auf dieselben Personen wie **seine Eltern** allein. Beim Personalpronomen **du** in 9b kann die Extension ebenfalls nicht durch den Relativsatz eingeschränkt werden, es muß nichtrestriktiv gelesen werden. Eine Besonderheit ist hier die ›doppelte‹ Besetzung der Subjektposition (**der** und **du**). Das Personalpronomen kann auch entfallen, das Verb steht dann natürlich in der 3.Ps (**Du, der immer Glück gehabt hat...**). Auch bei dieser Form ist der Relativsatz nichtrestriktiv zu lesen. 9c schließlich liest man nichtrestriktiv, solange die Sonne als Unikat zu gelten hat.

Beide Arten von Relativsätzen geben uns eine ›nähere Bestimmung‹ des modifizierten Nominals. Bei den restriktiven betrifft diese Bestimmung aber den Umfang der bezeichneten Klasse, bei den nichtrestriktiven nicht. Erstere tragen zur Identifizierung des Bezeichneten bei, letztere nicht.

Viele Relativsätze können in Isolierung sowohl restriktiv als auch nichtrestriktiv gelesen werden. Wenn jemand sagt »Die Kirche, die wir gestern noch besucht haben, ist abgebrannt«, und dem Adressaten ist bekannt, um welche

Kirche es sich handelt, dann ist die Lesung nichtrestriktiv. Wird die Kirche erst durch den Relativsatz identifiziert, dann ist restriktiv gelesen worden. Allgemein gilt: ist das Nominal ohne Relativsatz definit, dann kann er nur nichtrestriktiv gelesen werden, sonst auch restriktiv. Sind beide Lesarten möglich, dann ist die restriktive eine Folgerung aus der nichtrestrikiven. Häufig wird der nichtrestriktive Relativsatz durch eine Pause vom Kern getrennt und durch eine Partikel oder ein Adverb abgetönt (**Die Kirche, die wir ja/übrigens/zufälligerweise ... gestern noch besucht haben, ist abgebrannt**). Es sind noch eine Reihe weiterer Formkriterien bekannt, mit deren Hilfe sich beide Gruppen unterscheiden lassen (Motsch 1965; Becker 1978; IDS-Grammatik: 2007 ff.). Dennoch bleibt es dabei, daß der größte Teil der Relativsätze beide Lesungen hat. (**Aufgabe 93**).

Das Relativpronomen

Nun zunächst zu den Relativpronomina selbst. Über welche Formen des Relativpronomens verfügt das Deutsche, welchen Platz nehmen sie im System der Pronomina ein? (Schema 2, 5.4.1).

Das häufigste Relativpronomen ist **der**. Es wird nach Mask, Fem, Neut, Pl und nach Kasus flektiert. Historisch geht es auf das Demonstrativum **der** zurück, noch heute haben beide Pronomina dieselben Formen im Paradigma. Vom bestimmten Artikel unterscheiden sie sich im Gen Sg (**des**, **der**, **des** beim Artikel vs. **dessen**, **deren**, **dessen** bei den Pronomina) sowie im Gen und Dat Pl. Die Abweichung der Pronominalformen von den Artikelformen schließt Verwechslungen und syntaktische Mehrdeutigkeiten aus, wie sie sonst besonders bei der Verwendung des Relativpronomens als Genitivattribut auftreten würden (**Aufgabe 94**).

Der relative Anschluß kann auch mit **welcher** realisiert werden. **Welcher** flektiert wie **der** im Sg hinsichtlich Kasus und Genus, im Pl nur hinsichtlich Kasus. Als Relativpronomen gilt es »jedoch als schwerfällig und stilistisch unschön und wird allenfalls gebraucht, um bei einer Häufung von Relativsätzen zu variieren oder um das Zusammentreffen des Relativpronomens **der, die, das** mit dem Artikel zu vermeiden« (Duden 1984: 332). Auffälligstes Merkmal im Flexionsparadigma ist das Fehlen des Genitivs. Ein Grund dafür ist, daß das Fragepronomen **welcher** adsubstantivisch, also in der Position des Artikels, verwendet werden kann und dann mit dem Substantiv im Kasus kongruiert. In **Welchen Weges erinnerst du dich?** oder **Welcher deiner Schandtaten schämst du dich am meisten?** beispielsweise sind **welchen** oder **welcher** Genitive, weil die NGr, in der sie vorkommen, Genitivobjekte sind (5.4.4). Versucht man nun, einen relativen Anschluß entsprechend 5 mit Formen von **welcher** zu konstruieren, so erhält man Ausdrücke wie 10.

(10) a. ***das Haus, welchen Schornstein Karl gebaut hat**
b. ***die Bauern, welcher Dörfer zerstört sind**

Welchen Schornstein und **welcher Dörfer** können nicht als Attributkonstruktionen mit Relativpronomen gelesen werden wie **dessen Schornstein** und **deren Dörfer**. Vielmehr kann beim Substantiv nur das Fragepronomen stehen, weil Verwechslungen sonst an der Tagesordnung wären. Als Objektkasus ist der Gen von **welcher** im Fem und Pl möglich (11a,b). Im Mask und Neut ist er aber auch hier ausgeschlossen (11c,d), wohl einfach deshalb, weil die Form **welchen** in diesem Kontext immer als Akk des Mask gelesen würde.

(11) a. **die Schulden, welcher man sich entledigt**
b. **eine Versuchung, welcher er sich erwehrt**
c. ***der Friedensschluß, welchen wir gedenken**
d. ***ein Ereignis, welchen wir uns erinnern**

Das dritte Relativpronomen ist **wer/was**. Der Aufbau seines Flexionsparadigmas ist – ähnlich wie beim Fragepronomen – umstritten.

Meist wird angenommen, daß im Paradigma von **wer/was** das Mask mit dem Fem und der Sg mit dem Pl zusammenfallen. Außerdem fehle der Dat des Neut ganz (Duden 1998: 348f.). Helbig/Buscha (1998: 253f.; 264) und Engel (1988: 662; 675) gehen noch weiter und setzen gar kein eigenständiges Relativ- neben dem Fragepronomen an. Wie beim Fragepronomen wären **wer** und **was** nicht Formen desselben Paradigmas und der Unterschied zwischen ihnen nicht einer des Genus, sondern semantischer Art. **Wer** sei beschränkt auf die Bezeichnung von Personen, **was** auf die von Nicht-Personen (dazu auch Ross 1979). Die Flexion von **wer/was** sähe wie in 12 aus.

(12) Duden / Helbig/Buscha

	Mask/Fem Person	Neut Nicht-Person
Nom	**wer**	**was**
Gen	**wessen**	**wessen**
Dat	**wem**	–
Akk	**wen**	**was**

Unserer Auffassung nach hat das Relativpronomen **wer/was** nur Formen des Mask und des Neut, wobei es im Neut Formen für alle Kasus gibt, zumindest marginal auch einen Dat. Das Fem fehlt ganz. Es ergibt sich:

(13)

	Mask	Neut
Nom	**wer**	**was**
Gen	**wessen**	**wessen**
Dat	**wem**	**(wem)**
Akk	**wen**	**was**

Nicht jeder Relativsatz kann mit **wer/was** eingeleitet werden, seine Verwendung ist auf ganz bestimmte Kontexte beschränkt. Es kann etwa stehen, wenn das Bezugsnomen eine Form des Demonstrativums **der** ist und der Relativsatz dem Bezugsnomen vorausgeht wie in 14a. Dieser Satz ist eine alternative Formulierung zu 14b mit dem kataphorischen Demonstrativum **derjenige** und dem folgenden, nun aber mit **der** oder **welcher** eingeleiteten Relativsatz. Bei

Verwendung des **wer**-Satzes ist das gemeinte Individuum allein durch das Involviertsein in den vom Relativsatz bezeichneten Sachverhalt identifiziert, es geht darum, ›wer das tut‹. Sonstige Attribute zum Bezugsnomimal **der** sind nicht möglich. Der Relativsatz befindet sich in der Position des Topik. Zwar bildet **wer** in der üblichen Weise den relativen Anschluß zum Bezugsnominal, jedoch geht der Relativsatz diesem voraus und ist deshalb nicht wie sonst Attribut. Es ist vorgeschlagen worden, 14a als Herausstellung nach links zu analysieren (13.2). Herausstellung nach links dient allgemein der Topikalisierung, indem ein Ausdruck außerhalb des eigentlichen Satzgliedverbandes an den Satzanfang gestellt wird.

(14) a. **Wer das tut, den haun wir auf den Hut**
b. **Denjenigen, der das tut, haun wir auf den Hut**

15 bringt je ein Beispiel für die Formen von **wer** in allen Kasus, 16 je eines für die Formen von **was**.

(15)	a.	Nom	**Wer zuerst kommt, der gewinnt**
	b.	Gen	**Wessen du dich bedienst, dem geht es schlecht**
	c.	Dat	**Wem er vertraut, dem hilft er auch**
	d.	Akk	**Wen ich zuerst treffe, der wird gefragt**

(16)	a.	Nom	**Was gut ist, das darf auch teuer sein**
	b.	Gen	**Wessen man sich rühmt, das vergißt man nicht**
	c.	Dat	**Wem man hier entsagen muß, das bekommt man drüben auch nicht**
	d.	Akk	**Was wir lieben, das behalten wir**

Wir meinen nun, daß 16c mit **wem** als Dat Neut nicht ungrammatisch, sondern höchstens ein wenig veraltet ist. Sätze dieser Art kommen selten vor, weil das Dativobjekt meist ein ›persönliches‹ Objekt ist, auf das nicht mit einer Form des Neutrums Bezug genommen wird.

Daß die Formen von **wer** Mask und nicht Mask/Fem sind, erkennt man, wenn man in 15 als Bezugsnomen Formen des Fem setzt. Es ergeben sich durchweg ungrammatische Sätze wie ***Wer zuerst kommt, die gewinnt**. Damit ist 13 als Paradigma des Relativpronomens **wer/was** gerechtfertigt (**Aufg. 95**).

Freie Relativsätze; Relativadverbien

In der bisher besprochenen Form hatte der Relativsatz immer Bezug auf ein Nominal mit substantivischem oder pronominalem Kern. Daneben gibt es aber eine ganze Reihe von Formen des relativen Anschlusses ohne Bezugsnominal. Bei Relativsätzen mit **wer/was** stellt sich dabei insbesondere das Problem ihrer Abgrenzung von den indirekten Fragesätzen (10.2.2).

(17) a. **Wer zuerst kommt, gewinnt**
b. ***Wessen du dich bedienst, geht es schlecht**

c. **Wem er vertraut, hilft er auch**
d. **Wen ich zuerst treffe, frage ich**

Beginnen wir mit dem Anschluß durch **wer/was**. In einem Satz wie 15a kann das Bezugsnomen **der** weggelassen werden, wir erhalten 17a. Führen wir dieselbe Operation auf den anderen Sätzen aus 15 durch, so erhalten wir bis auf 17b ebenfalls grammatische Sätze. Das hängt offenbar damit zusammen, daß in 17b Relativpronomen (**wessen**) und Bezugsnominal (**dem**) nicht im Kasus übereinstimmen. Stimmen beide im Kasus überein, dann haben sie dieselbe syntaktische Funktion in ihrem jeweiligen Satz. So ist in 15a **wer** Subjekt des Relativsatzes, **der** Subjekt des Hauptsatzes. Unter dieser Voraussetzung kann das Bezugsnominal fehlen. Es ergibt sich ein sog. freier Relativsatz.

Kasusidentität ist hinreichende Bedingung für die Möglichkeit freier Relativsätze, notwendig ist sie nicht. In 18a steht das Relativpronomen im Nom, das Bezugsnominal im Akk. 18b ist trotzdem möglich, weil Nom und Akk von **was** formgleich sind.

(18) a. **Was uns teuer ist, das haben wir meistens schwer erarbeitet**
b. **Was uns teuer ist, haben wir meistens schwer erarbeitet**

Auch Sätze wie in 19a–c sind grammatisch, jedenfalls besteht ein deutlicher Unterschied zu 19d. Das Bezugsnominal kann fehlen, wenn es höher in der Kasushierarchie Nom > Akk > Dat > PrGr steht als das Relativpronomen (3.2.3). Ist das nicht der Fall, wird die Konstruktion mit freiem Relativsatz ungrammatisch (19d; Pittner 1995a; viel Material in Leirbukt 1995). Wie wir wissen, ist mit der Kasushierarchie eigentlich eine Hierarchie der Komplementpositionen beim Verb gemeint. Die hierarchisch höhere Komplementposition ist sowohl die häufigere als auch weitergehend syntaktisiert. Sie kann deshalb insgesamt leichter erschlossen werden als eine weniger hohe. Das kommt an dieser Stelle erneut zum Ausdruck. (Schon in Zaefferer 1984 wird gezeigt, daß es bei den freien Relativsätzen auf dieselbe syntaktische Funktion von Bezugsnominal und Relativierer ankommt).

(19) a. Akk – Nom **Wen er trifft, trägt blaue Flecken davon**
b. Dat – Nom **Wem sie hilft, hat nichts zu befürchten**
c. Dat – Akk **Wem sie vertraut, nimmt sie auch mit**
d. Nom – Dat ***Wer nichts zu befürchten hat, hilft sie**

Eine andere Form des Anschlusses mit **was** illustriert 20b.

(20) a. **Der Bundestag erhöht die Branntweinsteuer. Das nützt allen**
b. **Der Bundestag erhöht die Branntweinsteuer, was allen nützt**

Was bezieht sich wie das Demonstrativum **das** in 20a nicht auf ein Nominal, sondern auf den ganzen Hauptsatz. Das Pronomen des Neutrums kann den Sachverhalt bezeichnen, der auch vom Hauptsatz bezeichnet wird. **Was** hat damit das für Relativpronomina typische phorische Element, es ist in dieser Verwendung kein Fragepronomen. Allerdings kann der Relativsatz hier ebenfalls nicht als Attributsatz angesehen werden, denn er bezieht sich nicht auf ein Nominal. Das Relativpronomen hat in solchen Sätzen gewisse Ähnlichkeiten mit einer subordinierenden Konjunktion, der Relativsatz gerät in die Nähe konjunktionaler Nebensätze. Man spricht hier meist von ›weiterführenden Nebensätzen‹.

Ganz deutlich tritt dieser Effekt beim Relativpronomen in PrGr auf. Überhaupt werden formale wie semantische Vielfalt der Relativsätze stark erweitert durch das Vorkommen des Relativums in PrGr. Der relative Anschluß besteht hier aus Präposition + Relativpronomen. Dies ist der einzige Fall, in dem das Relativpronomen nicht selbst den Relativsatz einleitet.

Ist die PrGr im Relativsatz Objekt oder Adverbial, so gibt es für den relativen Anschluß keine Beschränkungen. Wie erwartet, bestimmen Präposition und Verb den Kasus des Pronomens, Numerus und Genus sind abhängig vom Bezugsnominal:

(21) a. **der Beschluß, aufgrund dessen Renate befördert wird**
b. **die Windpocken, unter denen Paul leidet**
c. **der Brief, über den sich Karl freut.**

Im Schriftdeutsch kaum anzutreffen ist das Relativpronomen in attributiven PrGr (22). Anders als beim Genitivattribut wie in 5 wirken die Ausdrücke in 22 ziemlich linkisch. Der Grund dürfte sein, daß das Präpositionalattribut anders als das Genitivattribut dem Kern in aller Regel folgt (8.4). Seine Voraussstellung im Relativsatz führt außerdem dazu, daß Pronomen und Artikel unmittelbar aufeinander folgen (**denen die**; **der der** in 22). Auch das dürfte den Drang zu dieser Konstruktion beeinträchtigen.

(22) a. **Meiers, über denen die Wohnung er bewohnt**
b. **die Stadt, von der der Bürgermeister ein Kommunist ist**

Präpositionen sind relationale Ausdrücke mit teilweise ganz konkreter Bedeutung (6.1.1). In 23a etwa signalisiert **in** eine temporale Beziehung, und zwar die der Gleichzeitigkeit. Diese Beziehung kann auch mit der temporalen Konjunktion **wenn** ausgedrückt werden, so daß 23b dasselbe bedeutet wie 23a.

(23) a. **der Moment, in dem das passiert**
b. **der Moment, wenn das passiert**

Eine besondere Rolle spielt in diesem Zusammenhang das Wörtchen **wo**. **Wo** ist zunächst ein Frageadverb zur Markierung der Leerstelle für Lokalbestimmungen wie in **Wo wohnst du? In der Stadt**. Ganz ähnlich wie **wenn** in 23 kann **wo** aber auch einen relativen Anschluß bilden.

(24) a. **die Stadt, in der ich wohne**
b. **die Stadt, wo ich wohne.**

Da nun **wo** von Hause aus nicht wie **wenn** eine Konjunktion, sondern ein Adverb ist, zieht es nicht den Relativsatz in die Nähe eines konjunktionalen Nebensatzes, sondern wird selbst zu einer Art ›nichtflektierbarem Relativpronomen‹. In bestimmten Fällen, nämlich nach artikellos verwendeten Ortsnamen, kann der relative Anschluß sogar nur mit **wo** und nicht mit dem ›normalen‹ Relativpronomen hergestellt werden (**Berlin, wo ich arbeite** vs. ***Berlin, in dem ich arbeite**). Wegen seiner Nichtflektierbarkeit nennen wir **wo** in dieser Verwendung ein *Relativadverb*.

Wo hat die Tendenz, als relativer Anschluß nicht nur bei lokalen, sondern auch bei anderen Inhaltsbeziehungen aufzutreten. Der Duden (1998: 765) erkennt den temporalen Anschluß mit **wo** entsprechend 25a bereits als grammatisch an. Alle anderen Beziehungen verwirft er zwar, es ist aber durchaus unklar, wo genau die Grenze für **wo** als Relativadverb verläuft.

(25) a. **der Moment, wo das passiert**
b. **ein Vorschlag, wo man nicht weiß, was aus ihm folgt**
c. **eine Ehe, wo immer Krach ist**
d. ***die Aufsätze, wo Hans korrigiert hat**

Daß gerade **wo** in die Rolle eines ›universellen Relativadverbs‹ schlüpft, hängt sicherlich mit seiner lokalen Grundbedeutung zusammen. Wir wissen aus vielen anderen Zusammenhängen, daß das Lokale besonders häufig metaphorisiert wird und Grundstrukturen für viele andere Inhaltsbereiche abgibt. Die besondere Stellung von **wo** erweist sich auch daran, daß es als Bestandteil von Pronominaladverbien (6.1.1) auftritt, mit denen ebenfalls relative Anschlüsse hergestellt werden können. Da es sich hier wieder um nichtflektierbare Einheiten handelt, zählen wir diese Klasse der Pronominaladverbien wie **wo** selbst zu den Relativadverbien. Der Mechanismus ist ersichtlich aus 26.

(25) a. **der Hammer** { **mit dem** / **womit** } **ich arbeite**

b. **das Haus** { **in dem** / **worin** } **du wohnst**

Das Relativpronomen in einer PrGr wird ersetzt durch ein der Pr vorangestelltes **wo(r)**. Auch hier kann **wo** praktisch jedes Relativpronomen ersetzen, so daß der relative Anschluß mit einer nichtflektierbaren Einheit erfolgt. Die Relativadverbien **wofür, wodurch, wonach, wovon, woran** usw. bringen den Relativsatz wiederum ganz in die Nähe von konjunktional angeschlossenen Nebensätzen (**Aufgabe 96**).

Der Relativsatz ist in seiner Grundfunktion Attribut. Da aber das phorische Element des relativen Anschlusses ebenso wie das Phorische allgemein nicht beschränkt ist auf Nominale, sondern auch auf Sätze bezogen sein kann, berührt sich der Relativsatz an verschiedenen Stellen mit Nebensätzen anderer

Art. Damit wird das Attribut als Grundfunktion nicht in Frage gestellt. Daß der Relativsatz teilweise in die Nähe von Ergänzungs- und Adverbialsätzen gerät, zeigt aber wieder, daß es funktionale Überschneidungen zwischen Attributen und Satzgliedern gibt (8.4).

9. Subjekte und Objekte

Die Grammatik der Verbergänzungen wurde in ihren Grundzügen im Zusammenhang mit dem Begriff der Valenz besprochen (Kap. 3). Das vorliegende Kapitel behandelt die Ergänzungen für sich und stellt ihre Besonderheiten heraus. 9.1 thematisiert den Inhalt des Begriffs Subjekt als *das* Beispiel für eine syntaktische Bestimmungsrelation. Als syntaktisch unmarkiertes Komplement ist das Subjekt strukturell vor allem auf das direkte Objekt bezogen (9.1.2). Eine besonders enge Verbindung von Grammatik und Semantik zeichnet den Dativ aus (9.2). Seine Rektionsbindung wird deshalb häufig als eingeschränkt angesehen, man spricht vom ›freien‹ Dativ. 9.3 bespricht die Reste des Genitivobjekts im Gegenwartsdeutschen, und 9.4 erörtert die notorisch schwierige Abgrenzung von Objekten und Adverbialen bei den Präpositionalgruppen. In 9.5 kommt mit den Funktionsverbgefügen ein Typus enger Bindung der PrGr an das Verb zur Sprache, der teilweise an der Grenze zur Lexikalisierung steht.

Die Grammatik der Ergänzungen und Adverbiale wird fortgesetzt in den Kapiteln 10 (Sätze) und 11 (Infinitivkonstruktionen).

9.1 Subjekt und direktes Objekt

Fast jeder Satz des Deutschen enthält einen Ausdruck, den man ohne Umschweife als sein Subjekt bezeichnen wird. In **Dieses Bild hängt schief** besteht die Subjektbeziehung zwischen **dieses Bild** und **hängt**. Sie ist explizierbar damit, daß das betreffende Nominal im Nominativ steht und mit dem Prädikat formal korrespondiert. Eine Explikation dieser Art liefert das syntaktische oder grammatische Subjekt, ›Subjekt‹ ist eine syntaktische Schwesterrelation.

Außer vom grammatischen wird in Grammatiken auch vom semantischen, logischen oder psychologischen Subjekt gesprochen. Diese Begriffe werden meist in eine komplizierte Beziehung zum grammatischen Subjekt gebracht. Die langandauernde Debatte, was sinnvoll unter ›Subjekt‹ zu verstehen sei, kreist dabei vor allem um zwei Fragen. (1) Wenn viele Sätze des Deutschen Ausdrücke enthalten, die sich von der Form her einheitlich als Subjekt kennzeichnen lassen, dann sollte man annehmen, daß sie auch funktional etwas gemeinsam haben. Denn ihre formale Einheitlichkeit sollte nicht zufällig sein (9.1.1). (2) Wie weit ist der übliche syntaktische Subjektbegriff überhaupt ein einheitlicher Begriff? Ist es beispielsweise sinnvoll, nominale Subjekte und Satzsubjekte darunter zusammenzufassen? Sind die syntaktischen Unterschiede nicht größer als die Gemeinsamkeiten? Und sind die Gemeinsamkeiten mit bestimmten direkten Objekten nicht größer als die der Subjekte untereinander? Solche im engeren Sinne grammatischen Fragen kommen in Abschnitt 9.1.2 zur Sprache.

9.1.1 Semantisches, psychologisches, logisches Subjekt

Den zweiten Teil seiner ›Ausführlichen deutschen Grammatik‹ beginnt Karl Friedrich Becker (1843) mit den Sätzen: »Man nennt den in Worten ausgedrückten Gedanken einen **Satz**. Jeder Gedanke ist ein Akt des menschlichen Geistes, durch welchen der Begriff einer **Thätigkeit** (das Prädikat) mit dem Begriff des **Seins** (dem Subjekte) zu einer Einheit verbunden, und die **Thätigkeit** als eine Thätigkeit des **Seins** angeschauet wird, z. B. ›Der Baum blühet‹, ›Der Hund ist toll‹.«

Subjekt und Prädikat sind für Becker etwas Psychisches, dem etwas Sprachliches entspricht. Wie ist dieses Verhältnis von Psychischem und Sprachlichem geregelt? Läßt sich das, was unter einem psychologischen Subjekt verstanden wird, grammatisch fassen? Einigen Aufschluß gibt die Erklärung von Hermann Paul (1919: 12): »Ein Satz besteht daher mindestens aus zwei Gliedern. Diese verhalten sich nicht gleich. Das eine vertritt die Vorstellung ..., die zuerst in der Seele des Sprechenden vorhanden ist, das andere die daran neu angeknüpfte. Die erstere bezeichnen wir als das psychologische Subjekt, die letztere als das psychologische Prädikat. Diese brauchen nicht mit dem grammatischen Subj. oder Präd. identisch zu sein .... So sind in den Sätzen **mich friert ... mir graut, aller guten Dinge sind drei** die verschiedenen Kasusformen ... die psychologischen Subjekte. Weiterhin brauchen ... die grammatischen Subjekte oder Prädikate nicht psychologische Subjekte oder Prädikate zu sein.«

Psychologisches und grammatisches Subjekt müssen also insbesondere dann nicht zusammenfallen, wenn kein grammatisches Subjekt vorhanden ist. Und sie fallen dann nicht zusammen, wenn das grammatische Subjekt keine lexikalische Bedeutung hat wie beim unpersönlichen **es** (**Es hagelt**).

Im Verhältnis von psychologischem und grammatischem Subjekt wird von Becker ebenso wie von Paul ein unabhängiger Begriff von psychologischem Subjekt gesetzt, und es wird dann untersucht, was ihm grammatisch entspricht. Ganz ähnlich verfährt man mit dem, was das logische Subjekt genannt wird. Sütterlin (1923: 300) kommentiert »Man hat früher aber nicht nur ein sprachliches (grammatisches) und ein psychologisches Subjekt und Prädikat unterschieden, sondern auch noch ein *logisches,* und darunter den natürlichen Träger der Verbalhandlung verstanden, auch in einem passiven Satze.« Danach wäre in **Die Partie wurde vom Herausforderer verloren** die **von**-Phrase das logische Subjekt, eine Auffassung, die sich genau so bei Chomsky findet (1969: 97). Das logische Subjekt in diesem Sinne wird häufig auch als semantisches Subjekt oder Agens bezeichnet und wie das psychologische in Opposition zum grammatischen Subjekt eingeführt. Mit dem logischen Subjekt ist aber in der Regel ein sprachlicher Ausdruck gemeint und nicht eine psychische Entität. So bezeichnet Blatz (1896: 13) als logisches Subjekt »einen obliquen Kasus ..., der ... durch leichte Umgestaltung des Satzes in das grammatische Subjekt verwandelt werden kann«, z. B. die Dative in **Mir ist traurig zumute; Dem König ist nicht wohl**. Das ist durchaus verträglich mit dem Ansatz von Paul, der ja nicht diese Ausdrücke, sondern die von ihnen vertretenen Vorstellungen ›psychologisches Subjekt‹ nennt. Wir können es im wesentlichen als semantische Rolle mit der höchsten Agentivität gemäß 3.2.3 rekonstruieren.

Die zitierten älteren Grammatiken bemühen sich also, den Subjektbegriff auch dort verwendbar zu machen, wo es kein grammatisches (syntaktisches) Subjekt gibt. Man wollte an der überkommenen Zweiteilung des Satzes in Subjekt und Prädikat festhalten und führte neben dem grammatischen ein logisches und ein psychologisches Subjekt ein. Weniger explizit war der Versuch, eine einheitliche semantische oder funktionale Deutung für das grammatische Subjekt zu geben. Diese für die Syntax eigentlich interessante Frage wurde differenziert erst in jüngerer Zeit bearbeitet. In ihrer Arbeit über das Subjekt im Deutschen diskutiert Reis mehrere Möglichkeiten (Reis 1982; s.a. Oppenrieder 1991a: 13ff.).

1. Das Subjekt ist Thema.

(1) a. **Wir sitzen hier alle in *Hörsaal A. Der* ist schlecht geheizt.**
b. ***Wir sitzen hier alle in Hörsaal A. Das* bekommt uns gar nicht gut.**
c. ***Wir* sitzen hier *alle* in Hörsaal A. *Jeder* versucht, was aufzuschreiben.**

Es kommt auf die Thema-Rhema-Struktur des jeweils zweiten Satzes der Texte in 1 an. Das Thema wurde, zusammen mit der Bezugseinheit im vorausgehenden Satz, durch Kursivdruck gekennzeichnet. Die drei Sätze haben unterschiedliche Thema-Rhema-Struktur, in allen fallen jedoch Thema und Subjekt zusammen. Haben wir also mit dem Thema eine Explikation des traditionellen Begriffs ›Satzgegenstand‹ vor uns, hat Thema-Rhema etwas mit Subjekt-Prädikat zu tun? Auszählungen haben ergeben, daß in größenordnungsmäßig 60% der geäußerten Aussagesätze des Deutschen Thema und Subjekt zusammenfallen (Engel 1972), daß also kein anderes Komplement annähernd so häufig wie das Subjekt zum Thema gemacht wird. Doch sagt schon diese Zahl, daß man ›Subjekt‹ keinesfalls mit Hilfe von ›Thema‹ definieren kann.

(2) a. **Wir sitzen hier alle in *Hörsaal A. Diesen Hörsaal* hätte man etwas besser heizen können.**
b. ***Wir* sitzen hier alle in Hörsaal A. *Uns* wurde nämlich von der Verwaltung kein anderer Raum zur Verfügung gestellt.**

2 zeigt, daß man unseren Ausgangssatz auch ohne weiteres so fortsetzen kann, daß nicht das Subjekt, sondern ein Objekt zum Thema wird.

Gegen eine Gleichsetzung von Subjekt und Thema sprechen auch Topikalisierungsprozesse. So sind die Objekte **diesen Hörsaal** und **uns** in 2 topikalisiert. Das bewirkt hier eine Hervorhebung des entsprechenden Satzgliedes, wobei dieses in der Regel gerade nicht Subjekt ist, sehr wohl aber Thema sein kann. Das statistisch signifikante Zusammenfallen von Subjekt und Thema im Deutschen beruht darauf, daß das Subjekt bei den meisten Verben in der unmarkierten Satzgliedfolge vor den anderen Komplementen steht (13.1). Eine definierende Größe für ›Subjekt‹ ist das Thema nicht **(Aufgabe 97)**.

2. Das Subjekt ist das referentielle Nominal (5.2). In Sätzen wie 3a-c kommen jeweils zwei Nominale vor, von denen eines referentiell ist **(Karl, dein Onkel, Alexanders Freund)**. Sätze mit referentiellem Nominal kann man nicht sinn-

voll äußern, ohne die Existenz des Denotats zu präsupponieren. Wenn Alexander keinen Freund hat, dann wird 3c nicht einfach falsch, sondern der Satz wird sinnlos.

(3) a. **Karl wird Maurer**
b. **Dein Onkel baut eine Brücke**
c. **Alexanders Freund geht noch zur Schule**

Nach Keenan (1976: 317f.) ist Referentialität als typisches Merkmal von Subjekt-Nominalen anzusehen. Zumindest wenn ein Satz referentielle und nichtreferentielle Nominale als Verbkomplemente enthält, sollte das Subjekt referentiell sein. Die folgenden Sätze zeigen, daß jede Hypothese dieser Art für das Deutsche unzutreffend ist.

(4) a. **Die Bundesregierung bürgt für die AEG**
b. **Ein Minister ist nicht notwendig ein Falschmünzer**
c. **Ihm fehlt eine Tracht Prügel**
d. **Ihn besucht niemand**

In 4a sind beide Nominale referentiell, in 4b ist es keines, also auch das Subjekt nicht, und in 4c,d ist jeweils nur das Objekt referentiell. Es ist daher aussichtslos, den Begriff der Referentialität zur Grundlage des Subjektbegriffes zu machen **(Aufgabe 98).**

3. Das Subjekt ist agentiv. Die These vom Subjekt als dem Agens, dem Handelnden oder ›Täter‹ wird im allgemeinen nur noch in sehr relativierter Form vertreten mit Formulierungen wie das Subjekt »nennt gemeinhin die *Ansatzstelle* oder *-größe,* den *Träger* des Geschehens oder Seins« (Erben 1980: 139). Einerseits gibt es große Gruppen von Verben, deren Subjektstelle auch im Normalfall nicht von einem Agens besetzt ist, wie die Impersonalia **(es donnert, es spukt)** oder bestimmte Zustandsverben **(Berlin liegt zwischen Potsdam und Strausberg)**, und es gibt Verben, die schon von ihrer Syntax her jede Agentivität des Subjekts bezüglich ihrer eigenen Bedeutung ausschließen. So hat **Karl** in **Karl scheint zu arbeiten** bezüglich **scheint** nichts von einem Agens, obwohl es ein agensfähiges Substantiv ist. Andererseits gibt es auch Verben, bei denen das Subjekt jedenfalls nicht mehr von einem Agens hat als andere Argumente **(Dieser Neubau ärgert mich; Karl gefällt mir)**.

Nach den Prinzipien der Kasusselektion (3.2.3) sind derartige Befunde einsichtig. Es gibt keinen Grund zu der Annahme, daß jedes Verb eine seiner Argumentstellen mit einem Agens besetzt, selbst wenn man einen relativen Agensbegriff vertritt. Da aber jedes Verb ein grammatisches Subjekt nehmen kann, fallen grammatisches Subjekt und Agens notwendigerweise nicht immer zusammen.

Auch wenn Subjekt und Agens nicht gleichgesetzt werden können, gibt es doch Anhaltspunkte für eine inhärente Agensbezogenheit des Subjekts.

(5) a. **Viele große Firmen schädigen wissentlich den Staat**
b. **Der Staat wird wissentlich von vielen großen Firmen geschädigt**

Das tätigkeitsbezogene Adverbial **wissentlich** bezieht sich in 5a nur auf das Subjekt, nicht aber auf die semantische Rolle, die als Objekt erscheint. In 5b erscheint diese Rolle als Subjekt und kann, so die Hypothese, deshalb als Bezug für **wissentlich** dienen. 5b hat daher zwei Bedeutungen: Sowohl dem Staat als auch den großen Firmen kann das Wissen über eine Schädigung unterstellt sein. Wie gewichtig solche Fakten als Anzeichen für eine inhärente Agensbezogenheit des Subjekts sind, muß dahingestellt bleiben (Reis 1982: 181ff.). Denkbar ist beispielsweise, daß die allgemein enge Korrelation von Subjekt und Agens einen entsprechenden Grammatikalisierungseffekt hat.

Damit sind die Möglichkeiten, nach einem nichtsyntaktischen Korrelat zum grammatischen Subjekt zu suchen, im wesentlichen erschöpft **(Aufgabe 99)**. Der Schluß ist unvermeidlich, daß das grammatische Subjekt kein einheitliches außersyntaktisches Korrelat hat.

Aus dieser Erkenntnis sind ganz unterschiedliche Konsequenzen gezogen worden. In der zitierten Arbeit von Keenan wird statt mit einem nun mit vielen ›subjekttypischen‹ Kriterien gleichzeitig operiert. Keenan geht es um einen universell gültigen Subjektbegriff, seine Liste bildet aber auch die Grundlage für die Bestimmung von ›Subjekt‹ in den Sätzen einer Einzelsprache. Die Idee ist, für jedes Nominal in einem Satz anzugeben, wieviele der subjekttypischen Eigenschaften es hat. Das Nominal ist umso ›subjekthafter‹, je mehr dieser Eigenschaften es besitzt, statt vom Subjekt wird zunächst nur von der Subjekthaftigkeit eines Ausdrucks gesprochen. **Den Studenten** in 6a bezeichnet etwas Belebtes und ist Agens. Mit diesen Eigenschaften ist es eher das Subjekt als **den Semesterferien**. Aus gleichen Gründen ist **die Studenten** auch Subjekt von 6b, nicht aber **Angst** oder **den Semesterferien. Die Studenten** in 6b hat darüber hinaus das für das Deutsche typische Subjektmerkmal, daß es im Nominativ steht und ist damit ›subjekthafter‹ als **den Studenten** in 6a.

(6) a. **Den Studenten graut vor den Semesterferien**
  b. **Die Studenten haben Angst vor den Semesterferien**

Für Keenan sind nicht allein syntaktische Gesichtspunkte ausschlaggebend. Wie die älteren Grammatiken findet er mit seinem Ansatz in jedem Satz ein Subjekt, in dem er eines finden will.

Die beschriebenen Ansätze fragen entweder nach der funktionalen Einheitlichkeit des Subjekts oder sie bestimmen die Subjekthaftigkeit von Komplementen im Sinne einer Prototypentheorie. Beide Vorgehensweisen treffen nicht das, was als ›Subjekt‹ für die Grammatik einer Einzelsprache zu explizieren ist. Wir wollen im folgenden Abschnitt das wichtigste von dem zusammenstellen und weiterführen, was in verschiedenen anderen Abschnitten über das grammatische Subjekt ausgeführt wird. Deutlich werden soll, warum man von einem funktionalen Begriff, und noch dazu dem, der die Funktion des unmarkierten Komplements bezeichnet, nicht erwarten darf, daß er eine kategorial einheitliche Menge von sprachlichen Einheiten umfaßt.

9.1.2 Grammatisches Subjekt und direktes Objekt

Zum Ausgangspunkt der Darstellung von Eigenschaften des grammatischen Subjekts nehmen wir seine kategoriale Regiertheit. Jedes Verb des Deutschen besetzt eine Komplementposition mit dem Subjekt. Das hat zur Konsequenz, daß das Subjekt als Type wie als Token der häufigste Komplementtyp des Deutschen und daß es semantisch besonders heterogen ist. Was beispielsweise an semantischen Rollen bei einstelligen Verben überhaupt vorkommt, kann – abgesehen von den wenigen Verben wie in **Ihr graut; Ihm schwindelt** – als Subjekt kodiert sein (3.2.3).

Für die überwältigende Mehrzahl der Verben gilt nun nicht nur, daß sie ein Subjekt regieren *können*, sondern das Subjekt ist obligatorisch. Im Aussagesatz, im Fragesatz sowie in allen Typen von Nebensätzen des Aktivs muß seine Position besetzt sein.

Bezüglich der Form ist das Subjekt ähnlich flexibel wie das direkte Objekt. Neben Nominalen im Nominativ treten insbesondere die **daß**-, **ob**- und **w**-Sätze sowie Infinitivgruppen in Erscheinung. Außer dem Nominativ kommen sie alle auch als direktes Objekt vor. Das direkte Objekt seinerseits verfügt mit dem Akkusativ sowie dem Verbzweitsatz und den speziellen Formen zur Wiedergabe von Indirektheit (z. B. indirekte Rede) über eine Reihe von Komplementformen, die nur ihm zugänglich sind.

Daß das Subjekt eine erhebliche semantische Diversität aufweist, ändert nichts daran, daß es andererseits strikten Selektionsregeln für semantische Rollen unterworfen ist. Insbesondere gilt, daß dem Subjekt beim transitiven wie mehrstelligen intransitiven Verb die Rolle mit der höchsten Agentivität zugewiesen wird. Außer bei den ergativen und bestimmten Dativverben kommt es deshalb bei den mehrstelligen regelmäßig zu einem Agensgefälle vom Subjekt zu den übrigen Argumenten.

Die Sonderrolle des Subjekts

Viele der zentralen grammatischen Eigenschaften des Subjekts kann man damit in Verbindung bringen, daß es als obligatorisches Argument in der geregelten Mehrzahl der Fälle auch das Argument mit der höchsten Agentivität ist. Denn einerseits spielt ›der Handelnde‹ wie allgemein die Origo mit den prototypischen Sprechereigenschaften konzeptuell eine herausragende Rolle, und andererseits muß es Möglichkeiten geben, den obligatorischen Bezug auf das Agens außer Kraft zu setzen. Wir fassen die entsprechenden Subjekteigenschaften in fünf Punkten zusammen.

1. *Reflexivierung*. Für den Dat und den Akk der 3.Ps des Personalpronomens steht das Reflexivum **sich** zur Verfügung (5.4.2). Ausgangspunkt für Grammatikalisierungs- und Idiomatisierungsvorgänge sowie für Lexikalisierungen ist eine phorische Verwendung des Reflexivums mit Bezug auf das Subjekt. Koreferenz kann hergestellt werden von allen Komplementpositionen aus, vom direkten Objekt wie vom indirekten und präpositionalen (1a). Ein Bezug des Reflexivums auf andere Komplemente als das Subjekt ist möglich, aber marginal (1b).

(1) a. **Karl rasiert ihn/sich; Karl hilft ihm/sich; Karl glaubt an ihn/sich**
b. **Renate überläßt ihn sich; Renate erinnert ihn an sich; Renate empfiehlt ihm sich**

In 1b ist ein Bezug von **sich** auf das jeweils andere Objekt herstellbar, aber immer auch auf das Subjekt. Entscheidend für die Sonderrolle des Subjekts bleibt daneben, daß das Reflexivum niemals ein Nominativ ist. Das Subjekt kann nicht reflexiviert werden.

»Die wirklich interessante Frage bei den Reflexivpronomina ist die nach der Grenze zwischen koreferentiellem und nicht-referentiellem Gebrauch.« schreibt Kunze (1997: 89) in seiner umfangreichen Analyse zur Reflexivierung im Deutschen. Unterschieden werden dort nicht weniger als 16 Reflexivierungstypen, wobei jeweils gezeigt wird, ob und wie sie sich auf einen koreferentiellen Gebrauch beziehen lassen. Beispiele für drei Typen von obligatorisch reflexiven Verben bringt 2.

(2) a. **Karl ziert sich; Inge richtet sich ein**
b. **Karl eignet sich das Buch an; Er nimmt sich das Leben**
c. **Die Erde dreht sich; Das Metall erwärmt sich**

Die Lexikalisierungen in 2a zeigen noch deutlich die Argumentstruktur des transitiven Verbs wie die phorische Verwendung von **sich**. Sie beruhen darauf, daß der Referent des direkten Objekts konzeptuell vom Subjekt nicht mehr unterscheidbar ist. In 4.5 hatten wir festgestellt, daß solche Verben zur Bildung des Reflexiv-Passivs neigen.

Bei 2b spricht Kunze von quasianaphorischen Lexikaliserungen. Sie beruhen auf einer Abweichung von der natürlichen Rollenzuweisung bei Verben des Gebens und Nehmens. Der ›Normalfall‹ ist, daß ein Rezipient nicht koreferent mit dem Agens ist (man gibt oder nimmt jemandem etwas, nicht sich selbst), während in 2b ein Rückbezug auf das Subjekt stattfindet.

2c enthält Fälle von Intransitivierung. Das direkte Objekt des transitiven Verbs ist hier Subjekt, es ergibt sich die Argumentstruktur von ergativen Verben. Gesichert wird sie wie bei zahlreichen psychischen Verben (**sich wundern, freuen, ängstigen, begeistern . . .**) durch das Reflexivum. Es macht diese Verben als Mittelverben kenntlich.

Das Reflexivum ist in den drei Beispielgruppen unterschiedlich stark grammatikalisiert. Es steht entweder in der Position eines degenerierten nicht-agentivischen Arguments oder es zeigt an, daß das Subjekt nichtagentivisch ist. Reflexivität und Agentivität sind so oder so aufeinander bezogen.

2. *Diathese.* Als Grundfunktion des **werden**-Passivs haben wir in Abschnitt 4.5 die Beseitigung des Agens durch Subjektkonversion herausgestellt. Sie ist bei transitiven (3a) wie bei intransitiven (3b) Agensverben möglich. Ein prototypischer Rezipient verhilft zusätzlich zum **bekommen**-Passiv (3c). Unter den agenslosen Diathesen führen wir an dieser Stelle noch die Mittelkonstruktion an, bei der Medialität durch Reflexivierung nicht wie oben lexikalisch, sondern konstruktiv erreicht wird (3d).

(3) a. **Johannes wird (von Gerhard) gewählt**
b. **Dem Joschka wird (von den Freundinnen und Freunden) müde applaudiert**
c. **Der Joschka bekommt (von den Freundinnen und Freunden) müde applaudiert**
d. **Utas Rede verdaut sich schwer**

Der hohe Syntaktisierungsgrad des Subjekts wird im Passiv an der Objektkonversion deutlich. Sowohl das direkte (3a,d) wie das indirekte (3c) Objekt kann in die Subjektposition einrücken. Das **werden**-Passiv ist seinerseits so weit syntaktisiert, daß intransitive Agensverben kein Subjekt brauchen (3b). Der Satzstatus ist hier durch das Finitum gesichert, das ja im Personalsuffix wie in einer Pro-drop-Sprache das nominale Element kodiert. Im übrigen ist das Passiv mit Sicherheit als Analogiebasis für die Argumentstruktur ergativer Verben wirksam. Ergativität und Passiv stützen sich gegenseitig, indem sie denselben Prototyp von nichtagentivem Subjekt liefern.

3. *Imperativ.* Beim Imperativsatz geht Subjektlosigkeit einher mit Erststellung einer verbalen Imperativform (4).

(4) a. **Warte nicht auf bessere Zeiten**
b. **Lobet den Herrn**

Bei unmarkierter, d. h. modusgerechter Verwendung hat der Imperativsatz Adressatenbezug, wobei der Adressat die Agensrolle füllt. Die Subjektlosigkeit des Imperativsatzes ist also mit dem Zusammenfall von Agens und Adressat begründet. Damit wird nicht behauptet, daß Nichtagensverben keinen Imperativ bilden, sondern nur, daß beim prototypischen Imperativ eine spezielle Form von Agenskodierung vorliegt.

4. *Infinitkonstruktionen.* Partizipial- und Infinitivgruppen sind Phrasen, in denen das Subjekt als einzige Komplementposition nicht besetzt ist (5).

(5) a. **Überwältigt vom Heimweh buchte Willi den Rückflug**
b. **Paul vergißt, die Tür abzuschließen**
c. **Paula verreist, um ihrer Silberhochzeit zu entgehen**

Subjektlosigkeit ist bei Infinitkonstruktionen nicht wie beim Imperativ auf eine spezielle Form der Agenskodierung und auch nicht wie bei den subjektlosen Passivsätzen auf Subjektkonversion unter Zurücklassung einer finiten Verbform zurückzuführen, sondern darauf, daß der Träger der semantischen Rolle des Subjekts außerhalb der Einheit gefunden werden kann. Am striktesten syntaktisiert ist der Außenbezug bei den adverbialen Infinitivgruppen, denn hier liefert das übergeordnete Subjekt regelmäßig den Subjektreferenten (z. B. **um zu**-Infinitive wie in 5c). Die **zu**-Infinitive in Komplementfunktion haben den Außenbezug als Kontrollrelation nur teilweise syntaktisiert. Ist Syntaktisierung gegeben, dann läßt sie sich in der Regel aus der Argumentstruktur der betroffenen Matrixverben herleiten, sie ist semantisch fundiert (11.2).

Daß in Infinitkonstruktionen das Subjekt und nicht ein anderes Komplement ›fehlt‹, hat eine Reihe von strukturellen Korrelaten. Nur das Subjekt ist kategorial regiert und nur zwischen ihm und dem Finitum gibt es eine formale Korrespondenz. Der Begriff *Infinit*konstruktion impliziert bereits einen Bezug auf das Subjekt.

5. *Abfolge der Argumente.* Die Wirkungsweise der Kasusselektionsregeln hat zur Folge, daß bei allen Agensverben ein Agensgefälle vom Subjekt über das indirekte zum direkten und präpositionalen Objekt auftritt. Dieses Gefälle schlägt sich unmittelbar in der Grundreihenfolge (unmarkierten Abfolge) der Argumente nieder. Sie sind, wie oben schon festgestellt wurde, nach dem Agentivitätsgrad gereiht, so daß das Subjekt als erstes Argument erscheint (6).

(6) a. **Heute hat Helene ihrer Sekretärin mehr Geld versprochen**
b. **weil wir der Behörde die Zahl unserer Bücher bekanntgeben**

Die Grundreihenfolge der Argumente ist semantisch fundiert. Meist spricht man in diesem Zusammenhang nicht von Agentivitätsgefälle, sondern beruft sich auf eine Belebtheitshierarchie. Diese ist nicht mit der Kasushierarchie homomorph, läßt sich aber aus deren Wirkungsweise ableiten (13.1.2).

Aus der Sonderrolle, die das Subjekt unter den Komplementen spielt, sind weitreichende Schlüsse über den Satzbau gezogen worden. Insbesondere geht es um die Frage, ob ein Satz grundsätzlich zwei unmittelbare Konstituenten habe (das Subjekt und den Rest, das Prädikat, das kategorial meist Verbalphrase oder Verbalgruppe genannt wird) oder ob der Satz entsprechend der Wertigkeit des Verbs mehr als zwei unmittelbare Konstituenten haben kann. Vor der systematischen Ausarbeitung des Valenzbegriffes galt meist die binäre Teilung als selbstverständlich. Neuerdings kehrt man vielfach zu dieser Auffassung zurück, eben weil das Subjekt sich anders verhalte als die übrigen Ergänzungen. Die generative Grammatik spricht von Subjekt-Objekt-Asymmetrien und nennt Sprachen, für die eine Verbalphrase anzusetzen sei, konfigurational. Das außerhalb der Verbphrase angesiedelte Subjekt nennt man dann das externe Argument, alle übrigen sind interne Argumente. Ob das Deutsche eine konfigurationale Sprache sei, ist natürlich umstritten (Fanselow 1987; Oppenrieder 1991a: 36ff.).

Für das Deutsche läßt sich gut auch der entgegengesetzte Standpunkt vertreten, daß nämlich im Subjekt-Prädikat-Objekt-Satz das Subjekt mit dem Prädikat eine Konstituente bilde, die dem Objekt gegenübersteht. Otto Jespersen schreibt »The subject is the primary which is most intimately connected with the verb (predicate) in the form which it actually has in the sentence.« (1969: 126, ähnlich Dal 1969: 18; Ágel 1993: 28ff.; weitere Verweise in Falkenberg 1974: 36f.). Syntagmatisch ist das Subjekt mit dem Prädikat nicht nur über die Valenz, sondern zusätzlich durch formale Korrespondenz verbunden (s.u.). Die Zusammenfassung von Subjekt und Prädikat zu einer Konstituente wird jedoch von keiner der verbreiteten deutschen Grammatiken vertreten.

Unser Standpunkt in dieser Frage ergibt sich daraus, daß der Valenz des Verbs entscheidende Bedeutung für die Grundstruktur des Satzes zugebilligt wird. Das Subjekt ist im übrigen nicht nur kategorial vom Verb regiert, sondern – wie die Objekte – auch lexikalisch. Subjektsätze und Subjektsinfinitive sind lexikalisch regiert. Daß das Subjekt sich anders verhält als die Objekte, trifft zu. Dies wäre jedoch allenfalls dann für die Satzstruktur von ausschlaggebender Bedeutung, wenn die Objekte ein einheitliches Verhalten hätten. Das ist nicht der Fall. Jede der Ergänzungen hat ihre Eigenheit, das direkte Objekt ebenso wie das indirekte und das präpositionale. Auch hier liegen Asymmetrien vor.

Die Korrespondenz von Subjekt und finitem Verb

Betrachten wir nun etwas genauer, wie die formale Korrespondenz zwischen Subjekt und finitem Verb geregelt ist (Dal 1969; Findreng 1976; Jaeger 1992). Wir haben den Begriff Kongruenz in diesem Zusammenhang vermieden und allgemeiner von formaler Korrespondenz gesprochen.

Die Grundregularität wird meist beschrieben mit einer Formulierung wie »Subjekt und finites Verb kongruieren in Hinsicht auf Person und Numerus«. Die Person-Kongruenz kann demonstriert werden mit 7a, die Numeruskongruenz mit 7b.

(7) a. **ich gehe**
du gehst
er geht
b. **ich gehe**
wir gehen

Das Paradigma des Personalpronomens **ich**[WP] enthält 24 Formen, wenn man von der Aufspaltung der 3.Ps Sg (**er/sie/es**) absieht. Die 24 Formen sind kategorisiert nach Person (je acht 1., 2., 3.Ps), Numerus (je 12 Sg/Pl) und Kasus. Jede Form ist mit Einheitenkategorien entsprechend Person und Numerus zu beschreiben. Das gleiche gilt für die finiten Verbformen. Sie werden u.a. in Hinsicht auf Person und Numerus beschrieben. Beim Zusammentreffen von Personalpronomen und finiter Verbform wie in 7 liegt nach unserer Begrifflichkeit Kongruenz vor (2.2.3). Man muß sich dabei vor Augen halten, daß die grammatischen Kategorien von Personalpronomen und Verb wohl kongruieren, nicht aber identisch sind, auch wenn sie die gleichen Namen tragen. Die Gleichbenennung der Kategorien bringt die Subjekt-Prädikat-Kongruenz zum Ausdruck. Das Wissen um die Kongruenz ist der Grund für die Gleichbenennung, und es ist falsch, die Gleichbenennung als ›Ursache‹ für die Kongruenz zu berufen, wie das geschieht mit Formulierungen wie »Im Satz stimmen Subjekt und Finitum hinsichtlich der grammatischen Person überein« (Duden 1984: 646). Damit wird der Eindruck erweckt, als handele es sich nicht um kongruierende, sondern um identische Kategorien.

Bei den meisten Subjekten im Deutschen besteht nun zum finiten Verb nicht eine Kongruenz-, sondern eine Rektionsbeziehung. Kongruenz in Hinsicht auf Person ist bei Personalpronomina im Subjekt gegeben, sonst aber nicht, und insbesondere nicht bei substantivischen Nominalen. In einem Satz wie **Der Mann steht am Tor** liegt keine Kongruenz hinsichtlich Person vor. Eine Einheit wie **der Mann** ist hinsichtlich Kasus und Numerus flektiert, nicht hinsichtlich Person, es gibt weder eine 1. noch eine 2. Person zu **der Mann**. Die formale Abhängigkeit zwischen Subjekt und finitem Verb in der Person ist als

Rektionsbeziehung zu fassen: Ein substantivisches Subjekt fordert für das Verb die 3. Person, eine Wortkategorie regiert eine Einheitenkategorie. In Hinsicht auf den Numerus liegt dagegen bei substantivischen Subjekten Kongruenz mit dem finiten Verb vor, denn das Substantiv flektiert im Numerus (**Aufgabe 100**).

Natürlich ist die Wahl der 3.Ps hier kein Zufall. Sie beruht darauf, daß man sich auf solche Subjekte mit Pronomina der 3.Ps bezieht (**der Mann – er**). Das syntaktische System wird durch die Wahl der 3.Ps für das finite Verb durchsichtig und ökonomisch, jede andere Wahl würde zu erheblichen Komplikationen führen. Das ändert aber nichts daran, daß das Reden von Kongruenz oder gar Übereinstimmung in der Person für substantivische Subjekte den Sachverhalt nicht trifft.

Noch einen Schritt weiter müssen wir bei Subjektausdrücken gehen, die keine Nominale sind. Sie kongruieren mit dem finiten Verb weder in der Person noch im Numerus. Sätze und **zu**-Infinitive haben keinen Plural. Die Formbeziehung zum finiten Verb kann wiederum nur eine Rektionsbeziehung sein. Nichtnominale Subjekte fordern beim Verb den Sg wie in **Daß er froh ist, gefällt uns**. Auch diese Wahl hat gute Gründe, denn der Sg ist gegenüber dem Pl unmarkiert, und man bezieht sich auf Sätze grundsätzlich mit singularischen Pronomina wie **dies, es, das, jenes**. Gewählt wird die 3.Ps Sg als die ›unmarkierte Verbform‹ (4.2).

Auf zweierlei kommt es besonders an. (1) Die sogenannte Subjekt-Prädikat-Kongruenz ist im Deutschen in den allermeisten Fällen nicht eine reine Kongruenzbeziehung, sondern teilweise oder ganz eine Rektionsbeziehung. (2) Das Verhalten der Subjektsätze fügt sich logisch in das System der formalen Korrespondenz zwischen Subjekt und Prädikat ein. Der Übergang von den Personalpronomina zu den substantivischen Nominalen ist qualitativ vergleichbar (analog) dem Übergang von den substantivischen Nominalen zu den Sätzen. Jedesmal wird eine Kongruenzbeziehung ersetzt durch eine Rektionsbeziehung.

Für mit **und** koordinierte nominale Subjekte gilt nun im allgemeinen, daß sie beim Verb den Plural fordern, auch wenn sie selbst im Singular stehen (**Aufgabe 101**):

(8) a. **Hansens Absage und Fritzens fehlende Entschuldigung *ärgert/ärgern mich sehr**
b. **Der Zeitpunkt von Hansens Ankunft und die Dauer seines Aufenthaltes *müßte/müßten doch zu ermitteln sein**

Formt man diese Subjekte in (Subjekt-)Sätze um, so ist aber für das Verb nicht mehr der Plural, sondern der Singular gefordert.

(9) a. **Daß Hans nicht kommt und Fritz sich nicht dafür entschuldigt, ärgert/*ärgern mich sehr**
b. **Wann Hans kommt und wie lange er bleibt, müßte/*müßten doch zu ermitteln sein**

Reis zieht aus diesem Unterschied den Schluß (1982: 195) »die betreffenden Satztypen enthalten für den Sprecher keine Bezugs-NP für Kongruenz. Dies zeigt, daß die Kongruenzregel tatsächlich Nominativ-bezüglich ist; eine ›Subjekt‹-bezügliche Formulierung und die damit verbundene Gleichstellung von Nominativ-NPs und den betreffenden Gliedsätzen als ›Subjekte‹ sind nicht gerechtfertigt.«

Es trifft zu, daß Numerus-Kongruenz nur bei nominativischen Nominalen vorliegt. Sätze sind nicht hinsichtlich Numerus markiert, auch dann nicht, wenn sie koordiniert sind. Es wäre ein schwerer Verstoß gegen den im syntaktischen System verankerten Unterschied zwischen Nominal und Satz, wenn man koordinierten Sätzen wie in 9 die Kategorie Plural zuweisen müßte. Der Singular des Verbs ist Ausdruck der Tatsache, daß das Subjekt satzwertig ist, nicht aber Ausdruck dafür, daß die Sätze nicht als Subjekte anzusehen sind. Auch das weitere syntaktische Verhalten koordinierter Subjektsätze zeigt, daß man im Verb nur den Singular erwarten darf. So bezieht man sich auf die Subjekte von 8 mit einem pluralischen Pronomen (z. B. **sie**), auf die Subjekte in 9 aber mit einem singularischen (z. B. **es**).

Subjekt und Prädikatsnomen

Was den Umfang betrifft, plädieren wir also für einen weiten, am Valenzkonzept orientierten Subjektbegriff. Sollen wir aber auch jede Konstituente, die die Eigenschaften eines grammatischen Subjekts hat, als Subjekt bezeichnen? Diese Frage wird virulent bei Sätzen mit Gleichsetzungsnominativen. Kopulaverben und einige Vollverben wie **heißen** und **scheinen**, die sehr spezielle syntaktische Eigenschaften haben, können zwei Nominative regieren. Wir beschränken uns auf die Betrachtung einiger Kopulasätze vom Typ **Der Baum ist eine Fichte**, dessen Nominale wir als Subjekt und Prädikatsnomen bezeichnen. Ist diese Benennung willkürlich oder läßt sich entscheiden, was Subjekt und was Prädikatsnomen ist? Es zeigt sich nämlich, daß nicht nur beide Nominale im Nominativ stehen, sondern daß beide im Regelfall auch im Numerus übereinstimmen und also mit dem Verb im Numerus kongruieren (10).

(10) a. **Der Wal ist ein Säugetier/*Säugetiere**
b. **Wale sind *ein Säugetier/Säugetiere**

Auch 11 ist nicht nach Numeruskongruenz entscheidbar. **Wer** und **was** sind nicht numerusmarkiert, deshalb gibt es bei ihnen keine Numeruskongruenz. Mit **wer** und **was** kann man sich wie mit **das** und **es** auf Entitäten beziehen, die pluralisch benennbar sind (11b,c). Der Plural des Verbs verweist auf diese pluralische Bedeutung des Pronomens.

(11) a. **Wer *ist/sind die Leute?**
b. **Das *ist/sind Tatsachen**
c. **Karl hat zwei Hunde, es sind Bernhardiner**
d. **Was ist/sind das?**

Die Signalisierung von Plural, die sonst Subjekt und Prädikat gemeinsam leisten, liegt hier beim Prädikat allein. Der Plural dient nicht mehr der Formabstimmung, sondern ist unmittelbar semantisch determiniert. 11d zeigt, daß der Numerus des Verbs sogar allein ausschlaggebend sein kann für die Interpretation von Subjekt *und* Prädikatsnomen.

Sehen wir die Pronomina im Vorfeld von 11b,c als Subjekt an, dann gestehen wir zu, daß Numeruskongruenz hier keine notwendige Bedingung für Subjekt ist. Als syntaktisches Kriterium bliebe nur die Reihenfolge. In Fällen wie 12 halten wir dagegen am Kriterium Kongruenz fest. Nur **du** bzw. **ich** kommt als Subjekt infrage (Personkongruenz)

(12) a. **Du bist/*ist der Täter**
b. **Ich bin/*bist der Täter**

Nun lassen sich in 10 wie in 11 die Nominale durchaus auch anders als durch die Reihenfolge syntaktisch unterscheiden, etwa durch einen Stellungstest mit **nicht** (**Ein Säugetier ist der Wal nicht** vs. ***Der Wal ist ein Säugetier nicht**). Aber wird damit gerade der Unterschied zwischen Subjekt und Prädikatsnomen angezeigt? Und gibt es nicht doch Fälle, in denen überhaupt kein syntaktischer Unterschied besteht, etwa in ›echten‹ Gleichsetzungssätzen mit zwei referentiell identischen Nominalen wie in **Mein Bruder ist der Kaiser von China**? Es ist nicht ausgemacht, daß die vielfach unternommenen Versuche zur Unterscheidung von Subjekt und Prädikatsnomen wirklich erfolgreich sind. Denn sie laufen meist darauf hinaus, nicht durchweg tragfähige syntaktische Gesichtspunkte oder eben wieder außersyntaktische wie Thema-Rhema-Struktur, Referentialität oder semantische Relationen zwischen den Nominalen (Klasseninklusion) als definierende Größen für ›Subjekt‹ heranzuziehen (**Aufgabe 102**; zur Übersicht Findreng 1976: 348 ff.).

Aber muß man Subjekt und Prädikatsnomen immer unterscheiden? Zumindest in bestimmten Fällen sollte man das gar nicht versuchen, sondern einfach von syntaktischer Mehrdeutigkeit sprechen. Betrachten wir 13.

(13) a. **Der Präsident des VfB Stuttgart ist der Kultusminister von Baden-Württemberg**
b. **Die Industrie fördert die Wissenschaft**
c. **Die Frau friert**

13b ist eines der Beispiele, in denen Nominativ und Akkusativ (Subjekt und direktes Objekt) nicht unterschieden werden können. Es bleibt unklar, wer wen fördert. Allerdings gibt es nur jeweils eine Subjekt-Objekt-Kombination. Ist die Industrie Subjekt, dann kann die Wissenschaft nur Objekt sein und umgekehrt. Ähnlich liegen die Verhältnisse in 13a. Sieht man **der Kultusminister von Baden-Württemberg** als Subjekt an, kann **der Präsident des VfB Stuttgart** nur Prädikatsnomen sein und umgekehrt.

Der Unterschied zwischen 13a und 13b besteht darin, daß 13b bei den beiden unterschiedlichen Subjekt-Objekt-Konstellationen verschiedene Bedeutungen hat, 13a hat bei beiden dieselbe Bedeutung. Aber auch damit steht dieser Satztyp nicht allein. In 13c kann **die Frau** ebenfalls Subjekt oder Objekt sein (analog zu **ich friere** und **mich friert**) und der Satz bedeutet in beiden Fällen zumindest annähernd dasselbe. 13a ist daher in seiner relationalen Strukturiertheit weder singulär noch fällt der Satz theoretisch aus dem Rahmen. Die Nichtunterscheidbarkeit von Subjekt und Prädikatsnomen führt zu syntaktischer Mehrdeutigkeit, aber nicht zu Verstehensproblemen. Sie ist kein Anlaß, den Subjektbegriff aufzugeben.

9.2 Indirektes Objekt, Dativobjekt, freier Dativ

Die obliquen Kasus Genitiv, Dativ und Akkusativ haben wir bisher kennengelernt in je bestimmten syntaktischen Funktionen, und zwar den Gen als Attribut und Objekt, den Dat und den Akk als Objekt, sowie alle drei als Kasus von präpositional regierten Nominalen. Gibt es nun weitere syntaktische Funktionen dieser Kasus und ist es insbesondere möglich, sie als Adverbiale ›frei‹ zu verwenden? Die Frage läßt sich nicht für alle drei gemeinsam beantworten. Jeder von ihnen hat noch andere als die eben genannten Funktionen.

(1) Genitiv
  a. **Da kamen fröhliche Demonstranten des Weges**
  b. **Eines Tages hatte Otto eiligen Schrittes das Haus verlassen**
  c. **Seines Erachtens hatte Paul ganz recht**

(2) Dativ
  a. **Ihr seid mir schöne Republikaner**
  b. **Karl wusch seiner Schwester das Auto**
  c. **Du warst dem Richter wohl zu frech**

(3) Akkusativ
  a. **Wir schliefen den ganzen Tag**
  b. **Sie gingen den halben Weg zu Fuß**

Der folgende Abschnitt behandelt allein den Dativ (zum Genitiv Aufgabe 76e; zum Akkusativ Bausewein 1990; David 1995). Beim Dat ist sowohl die Zahl der in Frage kommenden Konstruktionen als auch die Häufigkeit ihrer Verwendung am größten. Und für keinen anderen Kasus sind die ›freien‹ Verwendungen ähnlich ausführlich untersucht worden wie für den Dativ. Was aber ist ein freier Dativ, was unterscheidet ihn von den Objekten?

Satzbezogene Dative

Ein typisches Dativverb wie das dreistellige **überreichen** regiert neben dem agentivischen Subjekt ein dativisches und ein akkusativisches Objekt mit den semantischen Rollen Rezipient und Patiens (4a).

(4) a. **Da überreicht doch der Meier dem Schulze das Bundesverdienstkreuz**

b. **Da überreicht mir doch der Meier dem Schulze das Bundesverdienstkreuz**
c. ***Da überreicht doch der Meier mir dem Schulze das Bundesverdienstkreuz**

Dem Satz kann nun ein weiterer Dativ des Personalpronomens der 1. oder 2.Ps (**mir, dir, uns, euch**) hinzugefügt werden (4b). Er ist im Verbzweitsatz auf die Position nach dem Finitum (›Wackernagelposition‹, 13.1.2) beschränkt. Andere Positionen wie die in 4c sind ausgeschlossen. Ein solcher Dativ ist frei, er ist nicht von bestimmten Verben regiert und dem ganzen übrigen Satz nebengeordnet.

Man nennt das Dativnominal in dieser Funktion *ethischen Dativ*. Becker (1843: 234f.) charakterisiert seine Leistung so: »Eine Beziehung auf ein Empfinden und Begehren drückt insbesondere derjenige Dativ aus, welcher auf eine ganz unbestimmte Weise eine gemütliche Teilnahme der sprechenden oder angesprochenen Person an dem Ausgesagten bezeichnet, z.B. **Ich lobe mir das Landleben. Es sind Euch gar trotzige Kameraden.**« Mit dem Ethicus bringt der Sprecher sich selbst oder den Adressaten auf einer kommunikativ-pragmatischen Ebene ins Spiel. Seine Leistung ist zu Recht mit der von Abtönungspartikeln verglichen worden. In 4b unterstützt er die Abtönungspartikel, er kann deren Funktion aber auch allein übernehmen (**Du bist vielleicht ein Schwätzer – Du bist mir vielleicht ein Schwätzer – Du bist mir ein Schwätzer**; Wegener 1989a; ausführlich Ogawa 2003: 124ff.; **Aufgabe 103**).

Auch in den folgenden Sätzen haben die Dativnominale nicht dieselbe syntaktische Funktion. Streicht man nämlich **zu** bzw. **genug**, dann werden solche Sätze ungrammatisch (***Du schreibst ihnen der Oma selten**). Die spezifische Funktion von **ihnen** in 5a ist an das Vorkommen von **zu** oder **genug** gebunden: Das Dativnominal wird von **zu** + Adj bzw. Adj. + **genug** regiert.

(5) a. **Du schreibst ihnen der Oma zu selten**
b. **Ich spende ihm wohl der Partei zu wenig?**
c. **Karl folgt ihm den Aufforderungen der Polizei nicht schnell genug**

Man spricht hier vom Dativ des Beurteilers oder *Dativus iudicantis*. Er kann dort stehen, wo ein unflektiertes Adjektiv durch **zu** oder **genug** modifiziert wird, also beim adjektivischen Prädikatsnomen (6a) und beim adjektivischen Adverbial (6b).

Der Judicantis kann prinzipiell dieselben Positionen einnehmen wie ein dativisches Objekt. Auch in der Konstituentenhierarchie nimmt er dieselbe Stellung ein wie die Ergänzungen. Dennoch ist er keine Ergänzung (Brinkmann 1971: 109; Jung 1973: 207), denn er ist nicht im Stellenplan des Adjektivs oder Verbs verankert. Auch der Analyse des Judicantis als satzmodifizierend (Wegener 1985: 54f.) stimmen wir nicht zu, weil er eindeutig an die Kookkurrenz mit einem Satzglied gebunden ist.

(6) a. b.

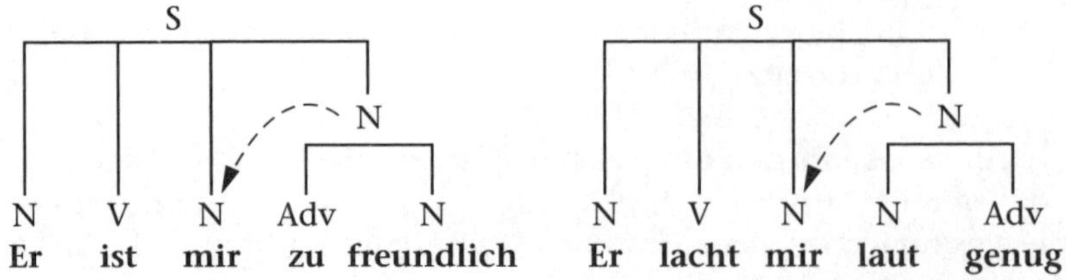

Den Judicantis findet Blatz (1896: 425f.) auch in Sätzen wie **Nun hieß er jedem klug und schön**. Die engere Fassung erlaubt es aber, den Judicantis syntaktisch abzugrenzen und ihm eine einheitliche Leistung zuzuschreiben. Das Dativnominal bezeichnet eine Person, die für eine skalierbare Größe (Adjektiv) einen Normwert setzt. Das vom Subjekt Bezeichnete entspricht diesem Normwert nicht, weil es ihn überschreitet (**zu**), oder es entspricht ihm, weil es ihn erreicht (**genug**).

Dativkomplemente

Das Verhalten des Dativs als *Komplement* läßt sich am besten von den dreistelligen Verben her entwickeln. Die größte Gruppe enthält Verben des Gebens und Nehmens im weitesten Sinne. Sie regieren außer dem Dativobjekt meist ein Akkusativobjekt (7). Präpositionalobjekte sind weniger häufig (**Er verhilft mir zu etwas; Er berichtet mir über etwas**).

(7) a. **geben, nehmen, kaufen, verkaufen, schicken, schenken, überlassen, übertragen, entziehen, bringen, holen, stehlen, besorgen**
b. **sagen, antworten, beichten, mitteilen, berichten, bescheinigen, erklären, entlocken, erlauben, verbieten, ersparen, erzählen, verdanken, versprechen**

Solche Verben können nach dem Verhalten des Subjekts oder des direkten Objekts weiter subklassifziert werden. In 7 sind sie danach klassifiziert, ob als direktes Objekt ein **daß**-Satz zugelassen ist (7b) oder nicht (7a). Zu den Verben mit **daß**-Objekt gehören in erster Linie die ›kommunikativen Verben‹. Häufig hat das Verb mit **daß**-Satz eine abgeleitete Bedeutung. So bedeutet **nachtragen** in **Er trägt ihr die Bücher nach** etwas anderes als in **Er trägt ihr nach, daß sie zu Hause geblieben ist**. Ähnlich bei **abkaufen, mitgeben, anhängen, hinwerfen, eingeben**.

Auf das Verhalten des Dativs haben solche Klassifizierungen keinen Einfluß. Ist das Subjekt ein Agens und das direkte Objekt ein Patiens, so wird die dritte Stelle nach der Kasushierarchie mit einem Dativ besetzt, der Rezipient ist. Der Dativ fungiert als struktureller Kasus mit festliegender semantischer Rolle. Ob dabei die Basisrolle des Wahrnehmenden (*Exper*), die man für **beichten, mitteilen, erklären** und **erzählen** erwägen könnte, oder die des Besitzers (*Possess*) wie bei **geben, schenken, überlassen** und **erlauben** für den Dativ zum Zuge kommt, ist teilweise schwer zu entscheiden und für sein wichtigstes syntaktisches Charakteristikum unerheblich: die ditransitiven Verben in 7 bilden neben dem **werden**- auch ein **bekommen**-Passiv. Der Dativ ist hier semantisch stabil und er ist syntaktisch in das Diathesensystem integriert.

Keine wesentlichen Unterschiede ergeben sich für den Dativ bei zweistelligen Agensverben, deren zweites Argument einen Rezipienten kodiert (8). Auch diese Verben bilden neben dem **werden**- ein **bekommen**-Passiv, wobei dieses aber insgesamt weniger gut etabliert ist als bei den dreistelligen Verben und viel eher als ›schlechtes Deutsch‹ gilt.

(8) **danken, drohen, dienen, fluchen, folgen, gehorchen, gratulieren, helfen, trauen, zürnen, absagen, auflauern, ausweichen, nachblicken, nachfahren, zuwinken, zuraten**

Die große Gruppe der Agensverben gilt als Kernbereich des Dativobjekts bei Zweistelligkeit. Die inhaltsbezogene Grammatik leitet hier seine Kennzeichnung als ›Zuwendgröße‹ ab, weil der Dativ bei solchen Verben nicht neben, sondern scheinbar an Stelle des Akkusativs steht (Glinz 1965: 165; Duden 1966: 475). Brinkmann (1971: 445) bewest das entsprechende Satzmuster mit »Der Mensch verwirklicht sein Wesen als Person im Miteinander . . . So ist der Dativ der gegebene Kasus für zwischenmenschliche Begegnung«. Die Grundzüge beschreiben das Problem der semantischen Charakterisierung des Dativkomplements so: »Die Schwierigkeit zusammenfassender semantischer Charakterisierungen besteht . . . weniger darin, einen allgemeinen Begriff zu finden, dem sich alle einzelnen Fälle unterordnen, als darin, mit diesem zugleich auch alle nicht zugehörigen Fälle auszuschließen«. Und weiter heißt es an derselben Stelle der Grundzüge (341), »daß Verben, die als einziges Objekt nur unbelebte Gegenstände zulassen, nicht den Dativ regieren können«. Eine vergleichbare Sicht ergibt sich aus dem Ansatz, wie wir ihn mit den Kasusselektionsregeln verfolgen. Danach kann man feststellen, daß der Dativ bei agentivischem Subjekt für das zweite Komplement umso eher gewählt wird, je weniger Patienseigenschaften kodiert werden müssen. Die Wahl des Dativs kann für ein prototypisches Patiens praktisch ausgeschlossen werden, die Wahl des Akkusativs für einen Rezipienten aber nicht **(Aufgabe 104)**.

Eine Subklassifizierung danach, ob der Dat eher ein Argument von *Exper* oder eher eins von *Possess* kodiert, ist auch bei den zweistelligen Agensverben schwierig. Eine Subklassifizierung in Interaktionsverben (einer reagiert auf den anderen, z. B. **danken, antworten, applaudieren**) und Korrespondenzverben (beide tun dasselbe bzw. etwas gemeinsam, z. B. **begegnen, helfen, folgen**) ist ebenfalls schwierig und nicht ohne weiteres auf unterschiedliche Basisrollen zu beziehen (Blume 1994; Primus 1999).

Einen Grenzfall bezüglich der Verbklasse in 8 stellen die symmetrischen Prädikate wie **ähneln** und **gleichen** dar. Die semantischen Bedingungen für die Zuweisung des Dat sind erfüllt, das Agensgefälle vom Subjekt zum Dativ ist aber so gering, daß ein Passiv nicht möglich ist. Es wird ja bei geringem Gefälle auch nicht gebraucht.

Wir kommen zu den Verben mit nichtagentivischem Subjekt. In Abschnitt 3.2.3 hatten wir nach der Basisrolle, die der Dativ kodiert, solche mit *Cause* (9, 10), *Exper* (11) und *Possess* (12) unterschieden.

(9) **gelingen, glücken, mißraten, entgleiten, passieren**

(10) a. **Die Möbel verbrennen ihm**
b. **Die Hose zerreißt ihm**
c. **Das Glas zerbricht ihm**
d. **Das Eis schmilzt ihm**
e. **Das Bier kippt ihm um**

Die *Cause*-Verben werden in der Literatur häufig als Verben der Verantwortlichkeit gekennzeichnet. Die vergleichsweise kleine Gruppe in 9 wird wesentlich erweitert durch solche von transitiven Verben abgeleiteten wie in 10, die als ein Typ von ergativem Verb gelten (Wegener 1985: 200ff.). Das direkte Objekt des transitiven Verbs wird Subjekt beim Dativverb, das Subjekt des transitiven Verbs wird zum Dativkomplement (**Er verbrennt die Möbel – Die Möbel verbrennen ihm**).

Beide Konstruktionen haben unterschiedliche Bedeutung. Das Nominal »im Dativ bezeichnet eine Person, der der zugrunde gegangene oder geschädigte Gegenstand anvertraut war« (Grundzüge: 369), deshalb die Rede vom Verantwortlichen. Die Dativergänzung in dieser Bedeutung kommt auch außerhalb des diatheseähnlichen Verhältnisses vor, läßt sich dann aber meist auf Sätze mit **lassen** beziehen (**Ihm kocht die Milch über** vs. **Er läßt die Milch überkochen**). Ein Passiv ist in der Regel nicht möglich, weil die Verben typischerweise ein nichtagentivisches Subjekt haben. Der Dativ dieser Verben wird manchmal dem Dativus incommodi zugerechnet (s.u.).

Umfangreich ist auch die Gruppe der Verben, bei denen der Dativ den Wahrnehmenden kodiert. Eine kleine Auswahl enthält 11.

(11) **einfallen, vorschweben, auffallen, behagen, bekommen, einleuchten, imponieren, gefallen, schmecken, wohltun, grauen, schmeicheln, widerstreben, naheliegen**

Brinkmann (1971: 444) charakterisiert eine ähnliche Gruppe so: »Die Verben ... bezeichnen Geschehen, urteilen über den Erfolg und den Nutzen für den Menschen. Sie sind im allgemeinen auf die Berichtsform (3. Person) beschränkt, weil das Subjekt außerpersönlich ist.« In den Grundzügen (344) heißt es zu einer vergleichbaren Gruppe: »Das Verb beschreibt den Eintritt dieses Ereignisses, setzt es aber zugleich in Relation zu der Person, die das Dativobjekt bezeichnet. Diese Relation besagt allgemein, daß das Ereignis zu denjenigen gehört, die die betreffende Person wünscht, fürchtet, positiv oder negativ bewertet und an denen sie in dieser oder jener Weise interessiert ist.«

Solche Beschreibungen lassen immerhin auch gewisse Rückschlüsse auf die Syntax zu. Die Verben in 11 regieren in der Regel Satz- oder infinitivische Subjekte (›Geschehen‹, ›Ereignis‹). Allgemein gibt es keine Präferenz für ein persönliches, sondern für ein unpersönliches Subjekt (Duden 1984: 611f.), was bei diesen Verben in der Form möglicher Subjekte syntaktisiert ist.

Während man bei den *Cause*- und *Exper*-Verben von einer Agentivitätsinversion sprechen kann, ist das bei den *Possess*-Verben nur bedingt der Fall. Der Agensanstieg ist schwächer als bei den anderen Gruppen (**Die Ehre gebührt**

der Universität; Martin genügt den Anforderungen). In einigen Fällen muß der Dativ nicht einmal etwas ›Belebtes‹ bezeichnen.

(12) **gebühren, gehören, fehlen, liegen, obliegen, genügen, ausgehen, mangeln, frönen, entsagen**

Es lassen sich einige weitere Klassen von zweistelligen Dativverben ausgrenzen. Insgesamt ist festzustellen, daß Schwierigkeiten bei der Zuordnung des Dativs zu einer bestimmten Basisrolle bestehen, daß dies aber kaum etwas an der relativen semantischen Homogenität des Dativs als Komplement ändert. Wir wissen nicht immer genau, welche Basisrolle kodiert ist, aber wir wissen, daß sie sich im Bereich des prototypischen Rezipienten im Verhältnis zum Agens und Patiens bewegt. Für die einstelligen Verben wie in **Mir graut; Ihr schaudert** gilt das ebenfalls. Auch sie haben jedenfalls kein agentivisches Argument.

Freier Dativ?

Für die bisher besprochenen Dativtypen konnte nach ziemlich klaren Kriterien entschieden werden, ob sie vom Verb regiert sind oder nicht. Dabei blieb unberücksichtigt, daß der Dativ als Dritter in der Kasushierarchie von den hierarchisch Höheren und insbesondere auch vom Akkusativ abhängig ist. Damit ist gemeint, daß bei zahlreichen Verben ein Dativ nur dann stehen kann, wenn auch ein Akkusativ steht. So haben wir **Er bringt/besorgt/beweist /gibt/sagt /erlaubt jemandem etwas** und können **jemandem** streichen, nicht aber **etwas**. Diese Abhängigkeit hat dazu beigetragen, daß der Dativ als ›indirektes‹ Objekt gilt und in einer Reihe von Vorkommen gar nicht als verbregiert angesehen wird. Das Problem der freien Dative beruht zum Teil auf der besonderen Beziehung zum Akkusativ. Halten wir zunächst aber fest, daß der Dativ keineswegs durchgängig vom Akk abhängig ist. Vielfach sind beide Objekte obligatorisch, manchmal ist auch das direkte Objekt vom indirekten abhängig in diesem Sinne **(Aufgabe 105)**.

Kritisch ist die Unterscheidung von verbregierten und freien vor allem für zwei Dativtypen, nämlich den Dativus commodi/incommodi (den Dativ des Nutznießers/Geschädigten wie in 13) sowie den Dativus possessivus oder Pertinenzdativ (*pertinere* = »sich erstrecken«) wie in 14. Die Probleme liegen in beiden Fällen unterschiedlich.

(13) a. **Er putzt seiner Tochter die Schuhe**
b. **Er fängt seiner Freundin einen Hecht**
c. **Sie vermittelt ihren Kunden Kredite**
d. **Sie lehnt ihm den Antrag ab**

(14) a. **Sie trat ihm auf den Fuß**
b. **Er brach sich den Arm**
c. **Man nahm ihm die Kinder weg**

Mit *Dativus commodi* ist etwas Semantisches bezeichnet, und zwar etwas, das wir mühelos unter die typischen Dativrollen subsumieren können. Eine Abgrenzung des Commodi von den Objekten und seine Deutung als Adverbial hätte zur Folge, daß Komplemente und Adjunkte im Kernbereich des Dativs dieselbe semantische Rolle kodieren. Und natürlich müßten auch syntaktische Kriterien verfangen.

Wir sehen einmal von der Schwierigkeit ab, überhaupt zu entscheiden, wann ein Commodi vorliegt. Bei Verben wie **kaufen, androhen, überlassen** und sogar **geben, nehmen** kann man sehr wohl auch von einem Nutznießer oder Geschädigten sprechen. Trotzdem werden die Dative bei diesen Verben meist umstandslos als Objekte angesehen, auch wenn der Commodi als Adverbial gilt.

Daß der Commodi Objekt und nicht Adverbial ist, zeigt sich einmal am Verhalten im Passiv. 15b und c sind so gebildet, wie wir es von Sätzen mit Dativobjekt erwarten. Insbesondere c ist schlagend, weil hier der Dat des Aktivsatzes als Subjekt des **bekommen**-Passivs auftaucht. Bei der Passivbildung sprechen wir von Subjektkonversion und Objektkonversion. Möglich ist vielleicht, daß ein Komplement durch Konversion zum Adverbial wird (z.B. das Subjekt zur **von**-Phrase), keinesfalls aber umgekehrt ein Adverbial zum Komplement (4.5). Außerdem trägt der Commodi wie jedes andere Dativobjekt zur Subklassifizierung der Verben bei. Viele Verben lassen keine Dativergänzung und damit auch keinen Commodi zu (16a; einige ganz beliebig ausgewählte Verben, die keinen Dativ regieren, in 16b). Warum wird der Commodi trotzdem vielfach als ›freier Dativ‹ angesehen?

(15) a. **Er putzt seiner Tochter die Schuhe**
b. **Seiner Tochter werden von ihm die Schuhe geputzt**
c. **Seine Tochter bekommt von ihm die Schuhe geputzt**

(16) a. ***Sie versteht dem Bibliothekar dieses Buch**
b. **vertragen, umziehen, erschüttern, verreisen, begreifen, entbehren, vermeiden, betreten**

Die Grundzüge (368) machen geltend, vom Commodi werde »nicht wie im Fall der nicht notwendigen Dativobjekte eine in der Verbbedeutung latent angelegte Valenzstelle aktualisiert«. Das ist – wie der Begriff des Commodi selbst – eine rein semantische Einlassung, die überdies bezweifelt werden darf. Denn natürlich liegt es letztlich an der Bedeutung der Verben in 16, daß sie keinen Dativ zulassen, während die in 13 eine Bedeutung haben, die den Dativ möglich macht.

Helbig/Buscha (1998: 289f.; 552f.) stellen fest, der Commodi könne ersetzt werden durch eine PrGr mit **für**. Abgesehen davon, daß der Status solcher Ersetzungen zur Unterscheidung von Objekten und Adverbialen ungeklärt ist, gilt, daß (1) auch viele als Dativobjekte anerkannte Nominale ›ersetzbar‹ sind **(Sie kauft ihm/für ihn einen Lolli)** und (2) nur der Commodi, nicht aber der Incommodi so abgrenzbar ist (**Sie lehnt für ihn den Antrag ab** bedeutet etwas anderes als **Sie lehnt ihm den Antrag ab**). Helbig/Buscha bringen als zweites Argument den Hinweis, der Dativ in **Sie schreibt ihm einen Brief** stehe für unterschiedliche Rollen (»für ihn« und »an ihn«). Das bedeutet einen Bezug des Dativs auf unterschiedliche Basisrollen, hat aber mit seinem Status als Objekt nichts zu tun.

Helbig/Schenkel (1975: 39) wollen den Commodi vom Dativobjekt durch einen Paraphrasetest trennen (**Er wäscht seinem Vater das Auto** vs. **Er wäscht das Auto. Das Waschen geschieht für seinen Vater**). An anderer Stelle wird gezeigt, daß ein solcher Test nicht zur Unterscheidung von Angaben und fakultativen Objekten geeignet ist (9.4). **Verkaufen** regiert nach Helbig/Schenkel ein Dativobjekt, aber die Paraphrase ist hier genauso gut oder schlecht möglich: **Er verkauft der Genossenschaft seine Kartoffeln** vs. **Er verkauft seine Kartoffeln. Der Verkauf geschieht an die Genossenschaft.**

Dem wahren Grund für das Unbehagen am Commodi als Objekt gibt wohl Engel Ausdruck (1977: 166; s. a. Engel/Schumacher 1976: 61), wenn er einerseits feststellt, dieser Dativ (er nennt ihn Sympathicus) sei Ergänzung, dann aber fortfährt: »Trotzdem bringt es Nachteile mit sich, den Dativus sympathicus unbesehen zu den E_3 [Dativobjekten] zu rechnen, weil dann die Klasse der ›Dativverben‹ extrem ausgeweitet würde und letztlich praktisch alle Vollverben umfassen würde, die ein absichtliches Tun ausdrücken können«. Warum das ein Nachteil ist, wo doch die Klassen der Nominativ- wie die der Akkusativverben noch extremer ausgeweitet sind, bleibt verborgen.

Der *Pertinenzdativ* ist nach den beim Commodi genannten Kriterien ebenfalls Objekt: Zu Sätzen mit Pertinenzdativ kann ein regelmäßiges Passiv gebildet werden (**Karl-Heinz tritt dem Paul vors Schienbein** vs. **Der Paul bekommt von Karl-Heinz vors Schienbein getreten**) und natürlich kann der Pertinenzdativ nicht bei Verben stehen, die keinen Dativ regieren. Die Kennzeichnung als Pertinenzdativ ist wieder rein semantischer Natur. Wann liegt Pertinenz vor? Wenn es sich um ein Unveräußerliches handelt wie Körperteile oder Verwandte (**Er putzt sich die Zähne; Man nimmt ihnen den Vater**), wenn es sich um ein für jeden Einzelnen einmaliges Besitzstück handelt (**Man kündigt ihm die Wohnung; Man entzieht ihm den Führerschein**), oder soll der Pertinenzbegriff weiter gefaßt werden, so daß er in die Nähe des Commodi gerät (**Karl putzt ihm die Schuhe**)? Die Frage läßt sich mit gleich guten Gründen ganz unterschiedlich beantworten (zum Verhältnis von Affiziertheit und Zugehörigkeit Ogawa 2003: 28 ff.).

Syntaktisch wird der Pertinenzdativ öfter als der Commodi den Ergänzungen zugerechnet (Polenz 1969; Grundzüge: 333; Duden 1984: 591, 630; Wegener 1985: 120 f.). Wegen seiner teilweise engen semantischen Beziehung zum Genitivattribut wurde er von Transformationsgrammatikern manchmal mit einer ›Dativtransformation‹ auf Attribute bezogen (Issatschenko 1965; dazu auch Polenz 1969; Wegener 1985: 122 ff.; Engel 1977: 168 f.).

Von den besprochenen Dativtypen der traditionellen Grammatik erweisen sich nur der Ethicus und der Judicantis nicht als Ergänzungen. Alle übrigen erfüllen die syntaktischen wie die semantischen Bedingungen, die an Argumente zu stellen sind.

9.3 Genitivobjekt

In der Hierarchie der Kasus, nach der sich sowohl Ihre Vorkommenshäufigkeit als auch ihre strukturelle Bedeutung als Verbkomplemente bemißt, nimmt der Genitiv eine Letztposition ein (3.2.3). Der Gegenwartsdeutsche verfügt über etwa fünfzig Verben, die den Genitiv als Objektkasus regieren, dazu kommen einige Adjektive (**des Wartens überdrüssig sein**) und komplexe Prädikate mit substantivischem Kern (**des Leidens Herr werden**). Zahlreiche Genitivverben sind nicht mehr frei verwendbar, sondern kommen fast nur noch mit einer oder mit wenigen NGr in festen Syntagmen vor (**eines Amtes walten, der Ruhe pflegen**; IDS-Grammatik 1349). Im gesprochenen Deutsch tritt der Objektsgenitiv so kaum noch auf. Dabei ist er nicht nur ein Kennzeichen des Geschriebenen, sondern er ist auch hier noch einmal beschränkt. Meist kommt er in Texten vor, die die Sphäre des Alltäglichen meiden.

Wie stark der Objektsgenitiv auch in der jüngeren Geschichte des Deutschen an Verbreitung verloren hat, zeigt ein Blick in die Grammatik von Friedrich Blatz. Sie enthält eine Liste von ungefähr 160 Genitivverben. Vergleicht man diesen Bestand vom Ende des 19. Jahrhundert mit dem von heute, dann zeigt sich, daß ein Aderlaß auf allen denkbaren Wegen stattgefunden hat. Ein Teil der Verben ist einfach verschwunden. Selbst gebildete jüngere Sprecher können etwa mit **Sie hat des Lebens sich entbrochen** oder **Er ist seiner Wunden genesen** nichts oder fast nichts mehr anfangen. Ein erheblicher Teil der Verben ist zum Akkusativ (z. B. **vergessen, entbehren, brauchen**), ein weiterer zum Präpositionalobjekt (**warten auf, achten auf, hoffen auf**) als einziger noch gebräuchlicher Form des Komplements übergegangen. In jüngster Zeit scheint es verstärkt Übergänge zum Dativ zu geben (s. u.). Den Bestand an halbwegs gebräuchlichen Verben, die nur oder auch den Gen regieren, enthält 1.

(1) a. **bedürfen, entbehren, entraten, ermangeln, gedenken, spotten**
b. **sich annehmen, bedienen, befleißigen, begeben, bemächtigen, entäußern, enthalten, entledigen, erbarmen, erinnern, schämen, vergewissern**
c. **anklagen, berauben, beschuldigen, bezichtigen, entheben, überführen, versichern**

Die Verben in 1a sind zweistellig mit Subjekt und Genitivobjekt, die in 1b sind zusätzlich obligatorisch reflexiv und die in 1c regieren außer dem Genitiv noch einen Akkusativ, der als direktes Objekt fungiert. Die dreistelligen in 1c gehören fast alle der Gerichtssprache an, was ihrem Genitiv die Bezeichnung *Genitivus criminis* eingebracht hat.

Gemeinsames Kennzeichen der Genitivverben ist, daß sie ein **werden**-Passiv bilden können. Dabei entsteht bei den Verben in 1a entsprechend den allgemeinen Regeln ein subjektloses Passiv (**Von niemandem wird deines Entschlusses gedacht**). Wo das Passiv fremd klingt (**Von niemandem wird deines Lobes entraten**) liegt das eher an der Ungebräuchlichkeit der Verben als etwa daran, daß ihr Subjekt nicht hinreichend agentiv wäre. Für die Verben in 1b ergibt sich das Reflexiv-Passiv (**Es wird sich niemandes angenommen**). Auch hier ist die Zweifelhaftigkeit des Passivs nicht mit mangelnder Agentivität des

Subjekts, sondern mit dem akkusativischen Reflexivum begründet. In Abschnitt 4.5 hatten wir Verben vom Typ 1b als medial bezeichnet: Subjekt und (reflexives) direktes Objekt verschmelzen konzeptuell zu einer Einheit. Damit ist die sonst beim **werden**-Passiv übliche Konversion des Akkusativs ausgeschlossen, auch das Passiv enthält das Reflexivum im Akkusativ. Die Verben in 1c schließlich sind echte transitive Verben mit Subjekt- und Objektkonversion im Passiv (**Ernst wird von Jutta des Diebstahls angeklagt**).

Durch die Agentivität des Subjekts und damit Passivfähigkeit erweisen sich die Genitivverben noch als syntaktisch ins System integriert. Sie bilden nicht einfach eine isolierte Restklasse, sondern sind noch systematisch auf andere Verbklassen bezogen. Gerade deshalb richtet sich das Interesse der Grammatiker immer wieder auf die Frage, aus welchen Gründen und auf welchen Wegen ein bedeutender Objektkasus marginalisiert worden ist und welche Spuren dieses Prozesses man noch erkennt. Wir wollen wenigstens einige der Überlegungen kurz zusammenfassen.

Eine verbreitete Annahme besagt, das Althochdeutsche und teilweise auch noch das Mittelhochdeutsche habe keine strukturelle, sondern nur lexikalische Kasuszuweisung vom Verb an seine Komplemente gekannt. Das schließt insbesondere ein, daß es keine die Selektion determinierende Kasushierarchie gegeben hat, es schließt aber nicht aus, daß Kasusselektion zumindest teilweise semantisch determiniert war. Welche Bedeutung hatte also der Genitiv in Objektfunktion? Richard Schrodt setzt sie zu der des Akkusativs ins Verhältnis (1995: 72): »Bei der komlementativen Vorstellung [Akkusativobjekt] stellt sich der Referent des Objekts als Ergebnis der Verbalhandlung ein, während er bei der verbativen Vorstellung ... [Genitivobjekt] bereits vor dem Ende der Verbalhandlung präsent ist.« Typisch sei etwa, daß das altsächsiche **wardon** im Sinne von »sich hüten vor etwas« den Akk regiere, im Sinne von »jemanden schützen« den Gen (Schrodt 1995: 92).

Eine derartige Sicht hat aus verschiedenen Gründen zumindest eine hohe Plausibilität für sich. Einmal läßt sie sich auf den überwiegenden Teil der heutigen Genitivverben anwenden, prototypisch etwa auf **bedürfen, gedenken, sich bemächtigen, sich erinnern** sowie die Verben mit Genitivus criminis. Zweitens läßt sich möglicherweise von hier aus eine Brücke zu anderen Charakteristika des Objektsgenitivs schlagen, insbesondere dazu, daß er vorwiegend bei perfektiven Verben auftrat und Indefinitheit signalisierte, während der Akkusativ bei perfektiven Verben Definitheit signalisierte, genauso aber auch bei imperfektiven Verben stehen konnte. Das würde ja auch bedeuten, daß der Gen schon im Althochdeutschen im Vergleich zum Akk eine höhere Spezialisierung aufwies, seine Verwendung restringierter war.

Auf die weitere Entwicklung hat dann wohl die Herausbildung struktureller Kasus einen entscheidenden Einfluß gehabt (Abraham 1995: 233ff.). Der Akkusativ als struktureller Kasus des direkten Objekts hat im Gegenwartsdeutschen die wenigsten semantischen Restriktionen überhaupt, das Patiens ist lediglich durch Nichtagentivität charakterisiert. Der Akk konnte sich also ausbreiten und er tat es u. a. auf Kosten des Genitivs. Von vergleichbarer Bedeutung, wenn auch nicht als Übergang zu struktureller Kasusrektion faßbar, war die Ersetzung des Genitivs durch Präpositionalkasus. Dabei fand häufig gleichzeitig ein Übergang vom präfigierten, Perfektivität signalisierenden Verbstamm zu einem einfachen Verbstamm statt, z.B. wird aus dem präfigierten Genitivverb in **jemandes gedenken** das einfache **an jemanden denken** mit Präpositionalrektion.

Der Dativ hat lange Zeit als Übergangskasus für den Genitiv keine Rolle gespielt. Er war viel länger als der Akkusativ lexikalisch regiert, d.h. die Merkmale eines strukturellen Kasus sind beim Dativ vergleichsweise jung. Dies trifft sich mit der Beobachtung von Lenz (1998), daß der Dativ erst jetzt und möglicherweise auch zukünftig den Genitiv ersetzen kann. Zwei Gruppen von Daten werden dazu präsentiert (Lenz 1998: 5f.).

(2) a. **Wir konnten uns diesem Trend nicht erwehren**
b. **... daß fremde Mütter sich den Kindern annehmen**
c. **Frankreich gedachte seinem langjährigen Präsidenten**
d. **So hat er sich seinen Verpflichtungen im Außendienst entledigt**

(3) a. **Sie erbarmt sich ihrem/* ihren Bruder**
b. **Sie bemächtigt sich seinem/* sein Auto**
c. **Sie enthält sich dem/* den Kommentar**

Bei den Beispielen in 2 handelt es sich durchweg um Hörbelege, d.h. um gesprochene Sprache, während 3 einen Grammatikalitätstest wiedergibt: die Sprecher des Deutschen akzeptieren bei den vorkommenden Verben die Ersetzung des Genitivs durch den Dativ eher als die Ersetzung durch den Akkusativ. Lenz interpretiert die Daten so: wo immer möglich, ist das Genitivobjekt durch einen Akkusativ oder durch eine PrGr ersetzt worden. Dieser Prozeß kann als abgeschlossen gelten. Warum er abgeschlossen ist, muß im einzelnen gezeigt werden. Beispielsweise ist der Übergang zum Akk bei den Verben in 1b blockiert, weil das Reflexivum bereits im Akk steht. Aber auch semantische Gründe können ausschlaggebend sein. Der Dativ stößt sozusagen in die dadurch entstandene Lücke und etabliert sich als Übergangskasus. Das ist, um es mit den in 3.2.3 entwickelten Begriffen zu sagen, überall möglich, wo die semantische Rolle des Genitivs mit der des Dativs im gegenwärtigen Deutsch verträglich ist.

Insgesamt stellt sich die Situation für Objektsgenitiv so dar: am stabilsten wenn auch textsortenspezifisch hoch beschränkt ist er bei den Verben in 1c. Bei einigen Verben aus 1a, b ist ein Übergang zum Dativ wahrscheinlich. Wo das nicht möglich ist, wird der Objektsgenitiv weiter isoliert werden. Welche Verben wann ganz verschwinden, bleibt wohl Spekulation.

9.4 Präpositionalobjekt und präpositionales Adverbial

Abgrenzungsprobleme

Präpositionalgruppen können vom Verb lexikalisch regiert sein (1a), sie können aber auch vom Einzelverb unabhängig sein (1b).

(1) a. **Sonja hängt an ihrer Puppe**
b. **Ilse frühstückt in der Küche**

Ist eine PrGr lexikalisch regiert, dann liegt sowohl die Präposition als auch der Kasus des Nominals fest (**hängen an** + Dat). Die PrGr fungiert als Ergänzung (Komplement, 2a). Ist sie Adverbial (Adjunkt), so kann sie auf das Verb oder auf den Satz bezogen sein (6.1). 2b gibt ein Beispiel für Satzbezug.

(2) a. b.

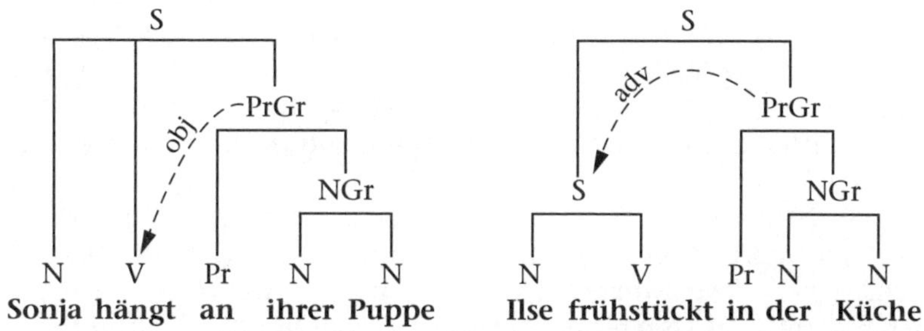

Verbbezogene adverbiale PrGr liegen vor in Sätzen wie **Jürgen reinigt mit Hingabe den Teppich; Renate liest in Eile die Gebrauchsanweisung**. Hier sind die PrGr dem Verb nebengeordnet, aber sie sind nicht lexikalisch, sondern kategorial regiert. Wann eine adverbiale PrGr verbbezogen und wann sie satzbezogen ist, läßt sich mit den üblichen syntaktischen Tests nicht immer entscheiden. Die Gründe für diese Schwierigkeit werden gleich verdeutlicht. Wir wollen sie aber nicht im einzelnen besprechen, sondern uns auf die Frage konzentrieren, ob und mit welchen Mitteln man lexikalisch regierte von adverbialen PrGr unterscheiden kann. Als Bezugspunkte dienen die Konstruktionen in 2 mit der PrGr als Objekt und Satzadverbial.

In älteren Grammatiken werden beide Funktionen der PrGr teilweise gar nicht unterschieden (Sütterlin 1923: 346f.; aber auch Schmidt 1973: 168f.), teilweise trennt man sie rein semantisch (Blatz 1896: 19f.; aber auch Admoni 1970: 266) und faßt etwa Orts-, Zeit- und Kausalangaben als adverbiale Bestimmungen oder Umstandsbestimmungen zusammen. Sie werden den Präpositionalobjekten mit einer ›inhaltsleeren‹ Präposition gegenübergestellt. 2a enthielte ein Präpositionalobjekt, 2b eine adverbiale Bestimmung des Ortes. In neueren Arbeiten spricht man auch allgemein von Adverbialen, differenziert sie aber funktional in Komplemente und Adjunkte (Renz 1993; Pittner 1998; 7.1).

Die einfache Gegenüberstellung von Objekten und Adverbialen ist wohl der historischen Perspektive geschuldet, der unsere Großväter Grammatiker verpflichtet waren. »Die älteste Schicht der Präpositionen geht zurück auf Ortsadverbia ... Stand noch ein Kasus daneben, so war dieser eigentlich vom Verbum abhängig, das Adv. diente nur zu genauerer Bestimmung des im allgemeinen schon durch den Kasus bezeichneten Raumverhältnisses. Von hier aus ... ging [das Adverb] eine engere Verbindung mit dem Kasus ein und wurde so zur Präp.« (Paul 1920: 3). Wenn der Vorgang sich so abgespielt hat, dann liegt es aus historischer Sicht nahe, die entstehenden PrGr als Ortsangaben einheitlich zu behandeln und die aus und neben den Ortsangaben sich entwickelnden Zeit- und Kausalangaben zur so etablierten Klasse von Adverbialen zu rechnen.

Das Zitat von Paul enthält jedoch auch einen Hinweis in eine andere Richtung. Es heißt, daß der Kasus »vom Verbum abhängig« war. Nehmen wir an, daß damit ein Rektionsverhältnis gemeint ist, dann heißt das, daß etwa ein lokativer Dativ nicht bei jedem Verb stehen konnte. Er war valenzgebunden. Die neu entstehende PrGr stand damit von vornherein im Spannungsfeld zwischen den syntaktischen Funktionen ihrer Bestandteile. Sie konnte einerseits in der Position des Adverbs auftreten und war Adverbial, andererseits stand sie an der Stelle des reinen Kasus und war dort Objekt. In beiden Fällen hätte sie lokale Bedeutung, so daß auch für die historisch frühe Form der PrGr eine rein semantische Unterscheidung von Objekt und Adverbial nicht möglich wäre.

Eben darin besteht die Schwierigkeit. Wir haben einerseits lokale PrGr, die das Verb aufgrund seiner lokalen Bedeutung an sich zieht bis hin zur formalen Abhängigkeit: **Das Fahrrad lehnt am Gartentor** hat eine obligatorische PrGr, deren Kasus vom Verb regiert ist (***Das Fahrrad lehnt ans Gartentor**). Andererseits kann dieselbe PrGr frei sein wie in **Harald unterhält sich am Gartentor** (Typ 2b). Und drittens schließlich kann dieselbe PrGr nach einem Abstraktionsprozeß mit semantisch leerer Präposition eine formale Bindung zum Verb haben, die nicht mehr in einfacher Weise aus der Verbbedeutung erklärbar ist (**Harald arbeitet am Gartentor** mit der Bedeutung »arbeiten an etwas«, Typ 2a)

Die Bindung der PrGr an das Verb ist also verschieden motiviert. Es kommen mehrere der Bindungstypen zum Tragen, die man zur Explikation eines Begriffs von prototypischer Valenz unterscheiden kann (z. B. Jacobs 1994; s. a. 3.2). Einmal zieht das Verb mit seiner konkreten – etwa lokalen – Bedeutung eine passende PrGr an sich. Zum anderen findet ein Abstraktionsprozeß von Verb und PrGr gemeinsam statt, der beim reinen Formbezug des Präpositionalobjekts endet. Damit gibt es einerseits semantische Gemeinsamkeiten zwischen verbregierten lokalen und freien lokalen PrGr, aber andererseits syntaktische Gemeinsamkeiten zwischen den verbregierten PrGr unabhängig von ihrer Semantik.

Tatsächlich ist es noch niemandem gelungen, die Objekt- und Adverbialfunktion der PrGr durchgängig zu trennen. Ist damit die Unterscheidbarkeit der Funktionen selbst in Frage gestellt? Die Diskussion über die Abgrenzung von Objekten und Adverbialen wurde zeitweise so geführt, als ginge es dabei um eine Überlebensfrage des Valenzgedankens überhaupt. Helbig/Schenkel (1975: 24 f.) sprechen von einer nötigen Voraussetzung für einen ›klaren Valenzbegriff‹, Helbig (1991) nennt sie ›konstitutiv‹. Eine ganz dem Thema gewidmete Monografie will versuchen, den Valenzbegriff »vollständig zu klären und einheitlich zu fassen« mit Hilfe von »klaren Abgrenzungskriterien und überzeugenden Analyseverfahren, die es erlauben, eindeutig zwischen valenzgebundenen und nicht valenzgebundenen Satzgliedern zu unterscheiden« (Heuer 1977: 1). Für Seyfert (1976: 43) ist die Frage gar »Der neuralgische Punkt einer jeden Grammatik, die auf der Valenz des Verbs aufgebaut wird«.

Aus den Abgrenzungsproblemen wurde auch umgekehrt geschlossen, daß ein syntaktischer Valenzbegriff nichts taugt und Valenz ›eigentlich‹ etwas Semantisches oder Pragmatisches sei. Formulierungen wie »daß rein ausdruckssyntaktische Valenzbegriffe ... Unzulänglichkeiten und Widersprüchlichkeiten aufweisen« (Eroms 1981: 388) tun, als seien die Mängel notwendig mit jedem syntaktisch fundierten Valenzbegriff verbunden. Mit einem semantischen Valenzbegriff beschreibt man Bedeutungen von Einheiten, mit einem syntaktischen ihre Form. Das ist der ganze Unterschied. Verkennt die Behauptung, ein syntaktischer Valenzbegriff sei schon deshalb zu verwerfen, weil er nicht in jedem Einzelfall zu entscheiden erlaube, ob eine PrGr Adverbial oder Objekt sei, nicht ein Problem syntaktischer Analysen im allgemeinen? Keine syntaktische Kategorie oder Relation kann eindeutig von jeder anderen abgegrenzt werden. Möglich ist eine scharfe Abgrenzung überhaupt nur dort, wo die Grammatik nicht eine gegebene Sprache beschreibt, sondern wo sie selbst eine Sprache ›definiert‹, wie das formale Grammatiken tun (1.1). Manche Adjektive kommen den Artikeln nahe, manche Vollverben den Modalverben, es gibt Präpositionalgruppen, die den Präpositionen nahekommen, und die jeweils umgekehrten Fälle gibt es ebenfalls. Kann man deshalb behaupten, es gäbe weder Artikel noch Modalverben oder Präpositionen als syntaktische Kategorien? Nur wer die Frage bejaht und das gesamte Gebäude syntaktischer Kategorien und Funktionen in Frage stellt, kann mit den genannten Abgrenzungsproblemen die Möglichkeit eines syntaktischen Valenzbegriffes bestreiten. Tut er es aber, dann befindet er sich in der Lage des Mannes, der einen Mulatten trifft und den Schluß zieht, es gäbe weder Schwarze noch Weiße (zur neueren Diskussion Storrer 1992; Lehmann 1992a; Ágel 1993).

Präpositionalobjekt: Kriterien

Wir wollen nun zuerst die Gründe nennen, die dafür geltend gemacht worden sind, daß eine PrGr Objekt ist. Danach behandeln wir einige der Vorschläge zur Abgrenzung von Objekten und Adverbialen (Breindl 1989; Beckmann 1997).

Als Präpositionalobjekt wird traditionell eine PrGr angesehen, deren Präposition *keine festumrissene Bedeutung* hat. Die Präposition ist zwar nicht einfach bedeutungslos, ihre Bedeutung ist aber eher der funktionaler als lexikalischer Einheiten vergleichbar. Deshalb spricht man hier auch vom Präpositionalkasus. Die Präpositionen sind Funktionselemente, sie leisten letztlich dasselbe wie Kasusmorpheme:

(3) a. **Helmut glaubt an Helga**
b. **Karla verliebt sich in Karl**
c. **Joseph leidet unter Jolante**
d. **Hans verläßt sich auf Harald**

Die These von der Bedeutungslosigkeit gibt kein syntaktisches Kriterium zur Abgrenzung der Präpositionalobjekte ab. Aber auch als semantische Bedingung ist sie weder notwendig noch hinreichend für Präpositionalobjekte (s. u.). Und schließlich ist – auch unabhängig von lokalistischen Bedeutungskonzeptionen

– bezweifelt worden, daß überhaupt Bedeutungslosigkeit vorliegt (**Aufgabe 106**).

Ein formbezogenes Kriterium ist, daß in Präpositionalobjekten nur *Präpositionen der alten Schicht* vorkommen können, nicht aber die jüngeren, morphologisch komplexen wie **infolge, entsprechend, zuzüglich, aufgrund**. Allerdings ergibt sich hier nur eine notwendige Bedingung für Präpositionalobjekte, denn die alten Präpositionen können auch in Adverbialen stehen. Und syntaktisch ist das Kriterium nur dann, wenn alte und neue Präpositionen syntaktisch unterschieden werden können. Wir haben diese Möglichkeit verneint (6.1.1).

Eine andere Bedingung ist der *Bezug auf Pronominaladverbien*. Bezeichnet das Nominal im Objekt etwas Nichtbelebtes, so ist die Objektstelle auch mit einem Pronominaladverb besetzbar, und der Inhalt dieser Konstituente kann durch ein entsprechendes Pronomen erfragt werden.

(4) a. **glauben an etwas – glauben daran – glauben woran**?
b. **bestehen auf etwas – bestehen darauf – bestehen worauf?**
c. **bitten um etwas – bitten darum – bitten worum?**
d. **leiden unter etwas – leiden darunter – leiden worunter?**

Das Pronominaladverb nimmt die Präposition der PrGr auf, für die sie steht. Das Pronominaladverb kann als Proform dann stehen, wenn das Verb eine bestimmte Präposition fordert, und insofern ist seine Verwendbarkeit notwendige Bedingung für bestimmte Präpositionalobjekte. Freilich nicht für alle, denn nicht alle Präpositionalobjekte in unserem Sinne sind nur mit einer oder einer geringen Zahl von Präpositionen realisierbar (s. u.). Das Umgekehrte gilt ebenfalls nicht immer. Nicht jedes Pronominaladverb besetzt eine Objektstelle (**Johanna tanzt am liebsten auf Parkett – Johanna tanzt am liebsten darauf**). **Auf Parkett** ist hier nicht Objekt.

In engem Zusammenhang mit dem vorigen steht das Kriterium *Kommutierbarkeit*. Ein Objekt liegt zweifelsfrei vor, wenn ein Verb genau eine Präposition regiert (**warten auf**) und alle anderen zu ungrammatischen Ausdrücken führen. Dieser Fall kommt relativ selten vor. Können mehrere Präpositionen stehen, so ist die Bedingung dennoch manchmal streng erfüllt. In Fällen wie **bestehen auf – aus** liegt nämlich nicht ein Verb mit zwei Präpositionen vor, sondern es gibt zwei Verben **bestehen**, die jeweils eine verschiedene Präposition fordern (Heringer 1968). Das Kriterium kann in seiner Anwendbarkeit möglicherweise erweitert werden. Ebenso wie ein Verb flexibel in der Kasuswahl sein kann, kann es auch flexibel in der Wahl der Präposition sein. Dabei sind mindestens zu unterscheiden: (1) Verben mit nur einer Pr (**bestehen auf**), (2) Verben mit mehreren Pr und festem semantischen Verhältnis wie Negation (**sich entscheiden für/gegen**) oder Synonymie (**verteilen an/unter**), (3) Verben mit mehreren Pr aus einem größeren semantischen Feld (**hängen an/auf/unter/neben ...**) und (4) Verben mit semantisch kaum beschränkten Pr (**bauen auf/in/wegen/nach/mit**; zur Systematisierung weiter Breindl 1989: 28ff.).

Auf die Parallelität von nominalem und präpositionalem Objekt hebt die Bedingung der *Austauschbarkeit* ab. Eine PrGr ist dann Objekt, wenn dieselbe semantische Rolle als nominales Objekt kodiert sein kann (Erben 1980: 147ff.; Matzel 1976).

(5) a. **jemandem schreiben – an jemanden schreiben**
b. **jemandem etwas sagen – zu jemandem etwas sagen**
c. **jemanden rufen – nach jemandem rufen**
d. **sich jemandes erinnern – sich an jemanden erinnern**

Diese Bedingung kann in einer relativ geringen Zahl von Fällen als notwendiges und hinreichendes Merkmal für den Status einer PrGr als Objekt gelten **(Aufgabe 107)**. Allerdings ist nicht immer leicht zu entscheiden, ob tatsächlich dieselbe semantische Rolle kodiert ist. Beispielsweise dürfte in **Helga schämt sich seiner** und **Helga schämt sich wegen ihm** nicht dieselbe Rolle gemeint sein.

Obligatorik und Regiertheit

Das letzte Kriterium schließlich ist *Obligatorik*. Eine PrGr ist dann Objekt, wenn ihr Weglassen den Satz ungrammatisch macht. So eindeutig syntaktisch dieses Kriterium ist, so ungeklärt und umstritten sind die Folgerungen, die aus seiner konsequenten Anwendung für den Valenzbegriff zu ziehen sind. Denn während alle bisher genannten Kriterien bis zu einem gewissen Grade mit dem semantischen Kriterium ›Präposition hat keine konkrete Bedeutung‹ in Einklang zu bringen waren, ist dies nun ganz bestimmt nicht mehr möglich. Es gibt zahlreiche nicht tilgbare PrGr mit unterschiedlichen Bedeutungen wie den folgenden.

(6) Ort (lokal)
a. **Er befindet sich in München**
b. **Die Zeitung steckt hinterm Spiegel**

(7) Ort (direktional)
a. **Er zieht nach Berlin**
b. **Sie stellte das Auto vor die Tür**

(8) Zeit
a. **Die Sitzung dauert bis acht Uhr**
b. **Diese Leistung weist ins 21. Jahrhundert**

(9) Grund
a. **Der Brand entstand aus Unachtsamkeit**
b. **Das kommt vom vielen Saufen**

(10) Instrument
a. **Johanna umgibt sich mit einflußreichen Leuten**
b. **Karl operiert mit schlechten Argumenten**
c. **Hans überhäuft Paula mit Frechheiten**

Die Verbbedeutung ist in solchen Fällen so spezialisiert, daß eine semantisch konkrete Ergänzung der jeweiligen Art verlangt ist. **Sich befinden** etwa bezeichnet eine Relation zwischen einem Individuum und einem Ort, **entstehen** eine Relation zwischen einem Sachverhalt (es läßt Subjektsätze zu) und seinem Grund.

Das Kriterium Obligatorik ist schwerer zu handhaben als meist angenommen wird. So zeigt Pittner (1998: 64ff.), wie es durch geeignete Fokussierung (Alternativenbezug) dazu kommt, daß Sätze wie **Der Mann liegt; Karl wohnt nicht, sondern er haust; Es ist ein Brand entstanden** grammatisch werden. Das damit aufgeworfene Problem verlangt einen differenzierten Gebrauch des Kriteriums Obligatorik, ist aber nicht spezifisch für PrGr. Es ändert auch nichts daran, daß bestimmte PrGr sozusagen in einem absoluten Sinn obligatorisch sind, sogar mit ihrer konkretesten, der lokalen Bedeutung. Von Nichtkommutierbarkeit kann in solchen Fällen keine Rede sein, denn es tritt ein ganzes Bündel von Präpositionen auf. Außerdem kann die Stelle durch Adverbien und entsprechende Nebensätze besetzt werden **(Karl befindet sich hier; Karl befindet sich, wo der Pfeffer wächst)**.

Ist es angesichts dieser Vielfalt überhaupt möglich, die Besetzbarkeit der betreffenden Stelle syntaktisch zu spezifizieren oder kommt man nur semantisch weiter, etwa indem man feststellt, hier müsse eine Ortsangabe stehen? Meistens nimmt man dies an und rechnet die PrGr in 6 und 7 nicht zu den Objekten, sondern zu einer Zwitterrelation, die man mit entsprechenden Hybridbezeichnungen wie ›notwendige Adverbialbestimmung‹ (Helbig/Schenkel 1975: 41f.) oder ›Umstandsergänzung‹ (Duden 1966: 480ff.) versieht. Es ist sogar erwogen worden, das Kriterium Obligatorik zur Unterscheidung von Ergänzungen und Angaben ganz fallen zu lassen und Ergänzungen nur noch morphologisch zu spezifizieren (Andresen 1973). Die Folge sind wieder ›obligatorische Angaben‹, die morphologisch frei sein können. Auch Andresen zählt das Beispiel **wohnen** zu dieser Gruppe. Tatsächlich ist die PrGr jedoch weder bei **wohnen** noch bei einem der anderen Verben aus 6 und 7 frei. **Wohnen** fordert ja dann, wenn eine Präposition mehrere Kasus zuläßt, den Dativ. ***Ich wohne in die Schweiz** ist ungrammatisch und darin drückt sich eine Rektionseigenschaft des Verbs aus. Obligatorik ist für viele der Streitfälle also nicht das einzige Kriterium für Regiertheit. Der regierte Kasus kommt hinzu.

Sogar wenn bei Präpositionen mit Dat und Akk beide Kasus möglich sind, können sie je für sich lexikalisch regiert sein. Warum sollten beispielsweise 12a und 12b als systematisch aufeinander bezogene Valenzmuster anzusehen sein (›Intransitivierung‹), nicht aber 11a und 11b? In der Weigerung, obligatorische PrGr generell als Ergänzungen anzuerkennen, drückt sich eine Anhänglichkeit an die alte, semantisch fundierte Unterscheidung von Objekt und Adverbial aus.

(11) a. **Ich stecke die Zeitung hinter den Spiegel**
b. **Die Zeitung steckt hinter dem Spiegel**

(12) a. **Ich koche die Milch**
b. **Die Milch kocht**

Eine präpositionale Ergänzung ist nach unserer Auffassung gekennzeichnet durch Präposition und Kasus. Wenn Eroms (1981: 324) meint »Die immer noch vorhandene Kasusmorphologie der durch Präpositionen angeschlossenen Nomina wird auf den Status von bedeutungslosen Morphemen herabgedrückt, deren Funktion nicht mehr angebbar ist«, so trifft dies gerade auf die kritischen Fälle nicht zu: Kommutierbarkeit der Präposition geht einher mit Fixiertheit des Kasus. Wir plädieren dafür, nicht weglaßbare PrGr zu den Ergänzungen zu zählen. Auch wenn eine solche Argumentposition allgemein nur semantisch charakterisierbar ist, können gerade für die PrGr auch syntaktische Spezifizierungen gegeben werden. Terminologisch sollte dann so verfahren werden, daß alle von einem Verb oder Adjektiv lexikalisch regierten PrGr Ergänzungen, alle anderen Adverbiale heißen. Der Terminus Präpositionalobjekt bleibt so der Teilrelation von Ergänzung vorbehalten, bei der eine semantisch leere Präposition auftritt (**Aufgabe 108**).

9.5 Funktionsverbgefüge

Funktionsverben und Funktionsverbgefüge

Auf den ersten Blick haben die Sätze in 1 zweistellige Verben mit Subjekt und präpositionalem Objekt (**kommen, stehen, geraten**). Die in 2 haben dreistellige Verben mit Subjekt, direktem und präpositionalem Objekt. Alle Verben haben eine lokale bzw. direktionale Grundbedeutung, sind hier aber offenbar in einer abgeleiteten Bedeutung verwendet. Weil die abgeleitete mit einem charakteristischen syntaktischen Verhalten zusammengeht, faßt man die Verben unter einer besonderen Bezeichnung zusammen und nennt sie *Funktionsverben* (Polenz 1963). Sollte sich ›Funktionsverb‹ (FV) als grammatische Kategorie erweisen, wäre sie als Wortkategorie neben den Vollverben, Kopulaverben und Modalverben anzusiedeln (Schema 2 aus 3.1).

(1) a. **Paulas Argumente kommen nicht zur Geltung**
b. **Der Großflughafen Berlin steht wieder mal zur Diskussion**
c. **Unbequeme Versprechungen geraten leicht in Vergessenheit**

(2) a. **Kollege von Stichling bringt ein neues Verfahren zur Anwendung**
b. **Professor Piscator setzt seine Gegner ins Unrecht**
c. **König Hirsch stellt ehrliche Absichten unter Strafe**

Zu den Charakteristika der Funktionsverben gehört eine besonders enge Bindung an die PrGr (**zur Geltung kommen; zur Anwendung bringen**). Funktionsverb und PrGr bilden gemeinsam ein sogenanntes *Funktionsverbgefüge* (FVG). Der Status dieses Begriffs ist viel unklarer als der des Funktionsverbs selbst. ›Funktionsverbgefüge‹ ist mit Sicherheit keine grammatische Kategorie. Es ist nicht einmal klar, ob Ausdrücke wie **kommen zur Geltung** in 1a für sich eine Konstituente bilden. Mit ›Funktionsverbgefüge‹ wird am ehesten die besondere syntaktische Beziehung zwischen PrGr und FV zum Ausdruck gebracht. Wir kommen darauf zurück.

Die Konstruktion mit Funktionsverb ist syntaktisch und semantisch zwischen mehreren anderen Konstruktionen angesiedelt. Sie hat ihre eigenen Merkmale, läßt sich aber nicht mit einem einzigen Merkmal von allen anderen Konstruktionen abgrenzen. Man sollte sich deshalb bei ihrer Beschreibung an einem Prototyp orientieren und entgeht so auch der Gefahr, den Funktionsverbgefügen einen ganz besonderen Status unter den ›Nominalprädikaten‹ zuzuweisen. Van Pottelberge (2001) hat mit Nachdruck und zurecht auf ihre Verwandtschaft mit andren Konstruktionen hingewiesen, die ebenfalls ein semantisch ›ausgebleichtes‹ oder sonstwie merkmalarmes Verb (engl. *light verb*) und nominale Elemente der einen oder anderen Art enthalten.

Den Kernbereich der FVG bilden nach fast einhelliger Meinung in der Literatur Ausdrücke aus FV + PrGr. Wir stellen sie im folgenden in den Mittelpunkt. Nicht behandelt werden die manchmal zu den FVG gerechneten Ausdrücke entsprechend 3, also Fügungen mit Kopulaverben (**in Aufregung sein**), mit **haben** + PrGr (**zur Verfügung haben**), sowie Konstruktionen mit ›ausgebleichter‹ Bedeutung, die ein Nominal im Akk (**Kenntnis bekommen**) oder Dat (**einem Irrtum unterliegen**) regieren. Ein Funktionsverb im engeren Sinne haben diese Konstruktionen nicht.

(3) a. **Die Partei ist in Aufregung**
b. **Karl hat zwanzig Dollar zur Verfügung**
c. **Karl bekommt Kenntnis von diesem Vorfall**
d. **Karl unterliegt einem Irrtum**

Die mit Abstand häufigsten Funktionsverben sind **kommen** und **bringen**, gefolgt von den anderen in 4. Als Präpositionen kommen fast ausschließlich **in** und **zu** vor, in ganz wenigen Fällen außerdem **an, auf, unter, außer**.

(4) **kommen, bringen, stehen, geraten, setzen, stellen, halten, nehmen**

Zur Ermittlung erster allgemeiner Charakteristika vergleichen wir ein FVG (5c) mit einem präpositionalen Objekt (5b) und einem präpositionalen Adverbial (5a).

(5) a. **Johanna spielt auf dem Balkon**
b. **Sonja verweist auf ihren Antrag**
c. **Gabi kommt in Schwung**

Mit dem präpositionalen Adverbial wird der von **Johanna spielt** bezeichnete Sachverhalt lokal situiert. Der vom Nominal **(dem Balkon)** bezeichnete Ort steht in einer explizit genannten Beziehung **(auf)** zum Sachverhalt. Historisch hat das Adverbial als Quelle sowohl für das Objekt als auch für das FVG zu gelten. Synchron-systematisch ist die Verwendung der PrGr im Adverbial wenn nicht als deren ›Hauptfunktion‹ (Grundzüge: 370), so doch als relativ unrestringiert gegenüber den beiden anderen anzusehen. Als lokales Adverbial ist die PrGr unabhängig vom Verb, sie kann mit jeder lokalen Präposition gebildet werden.

Das präpositionale Objekt ist demgegenüber beschränkt durch Bindung der Pr an das Verb. Das Verb fordert eine bestimmte Präposition, beide zusammen erst setzen die Nominale **(Sonja; ihren Antrag)** semantisch zueinander in Beziehung. Mit der Bindung der Pr an das Verb geht beim typischen Präpositionalobjekt ein Abstraktionsprozeß einher: Die Pr verliert ihre lokale Bedeutung. Das präpositionale Objekt kann daher bei Verben jeder Art stehen, nicht nur bei solchen mit einer ›lokalen‹ Bedeutung. Im Extremfall wird die Bindung zwischen Verb und Präposition eng bis zur Inkorporierung der Pr als Verbpartikel **(anziehen, aufgeben, einholen)**.

Beim Funktionsverbgefüge nun bindet sich die Präposition nicht ans Verb, sondern an das Nominal der PrGr. Die entstehende Einheit **(in Schwung)** ist enger als bei der üblichen PrGr mit ihrer Rektionsbindung, sie kann bis zur Lexikalisierung führen. Die PrGr insgesamt tritt dann in eine syntaktische (und semantische) Beziehung zum Verb und bildet das Funktionsverbgefüge. Damit wären die FVG sowohl von den Adverbialen als auch von den Objekten unterschieden, nur müßte die bisher ganz auf Intuition gestützte Redeweise von ›enger Bindung‹ zwischen Pr und Nominal sowie zwischen PrGr und Verb bei den FVG präzisiert werden. Wir sehen uns zuerst die PrGr näher an. Als Materialgrundlage dienen die über 400 FVG, die in Herrlitz 1973 (161 ff.) für die 8 häufigsten FV zusammengestellt sind.

Die PrGr in FVG hat eine Pivot-Struktur mit der Pr als festem und dem Nominal als beweglichem Teil. Die Position der Pr wird zu über 90 Prozent von **in** oder **zu** besetzt. Das typische Nominal ist ein deverbales Nomen actionis. FVG und Basisverb sind dann semantisch eng verwandt.

(7) a. **zum Abschluß bringen – abschließen**
b. **in Begeisterung bringen – begeistern**
c. **zum Ausbruch kommen – ausbrechen**
d. **in Schwingung kommen – schwingen**
e. **unter Anklage stehen – angeklagt werden**
f. **zur Wahl stellen – gewählt werden**
g. **in Versuchung geraten – versucht werden**
h. **in Verbindung setzen – verbinden**
i. **zur Diskussion stellen – diskutieren**

Ein solcher Bezug von FVG auf einfache Verben ist aber nur zum Teil möglich. Fast ebenso häufig sind Fälle wie 8, für die der Bezug nicht oder nicht direkt besteht. Wegen des fehlenden direkten Bezuges auf ein Verb spricht Fleischer (1997) von FVG als Phraseolexemen.

(8) a. **zur Deckung bringen; ins Elend bringen; in Form bringen; zum Stillstand bringen; zur Sprache bringen**
b. **vor Augen kommen; in Betracht kommen; zu Ende kommen; in Stimmung kommen; in Verruf kommen**

c. **in Armut geraten; in Verzug geraten; in Wut geraten; in Harnisch geraten**
d. **in Aussicht stehen; in Kraft setzen; ins Unrecht setzen; ins Werk setzen**

In der Literatur wird dennoch besonders das enge Verhältnis von FVG und einfachen Verben betont. So heißt es bei Engelen (1968: 289), daß »der Inhalt des entsprechenden Vollverbs durch den nominalen Teil [des FVG] weitgehend aufgehoben« sei. Auch Heringer (1968a: 26ff.) macht das Nomen actionis zum konstituierenden Bestandteil von FVG, ist sich aber bewußt, daß »nicht alle Nomina actionis deverbal gebildet sein« müssen. Noch in den Grundzügen (433) werden FVG als ›Streckformen‹ aus PrGr und Funktionsverb definiert, »die mit Vollverben bei weitgehender (nicht notwendig vollständiger) Synonymie alternieren können.«

Diese Übergeneralisierung eines teilweise bestehenden Zusammenhangs hat außerlinguistische Gründe. Die FVG sind ein Zankapfel zwischen Sprachkritik und Sprachwissenschaft. Bevor sie einer eigentlich grammatischen Analyse zugänglich wurden, mußten sie erst einmal der vorschnellen Bewertung durch eine Sprachkritik entzogen werden, die in ihnen nicht viel mehr als Ausdruck inhaltsleerer Aufblähung sehen konnte. Sämtliche einschlägigen Vokabeln vom seelenlosen Bürokratentum bis zum Verlust an Sinnlichkeit im technischen Zeitalter sind in diesem Zusammenhang gefallen. Polenz' (1963) Apologie der FVG konzentrierte sich daher zunächst auf die Durchdringung des Zusammenhangs zwischen FVG (›Nominalstil‹) und Verben. Das Ergebnis war (natürlich), daß beide keineswegs dasselbe leisten (s.u.). Dennoch war der Blick erst einmal besonders auf das Verhältnis zum einfachen Verb gerichtet. (Eine empirisch gut fundierte Studie zur Entwicklung der FVG in Gesetzestexten seit Beginn des 18. Jhdts liegt jetzt mit Seifert 2004 vor).

Morphosyntax der FVG

So beschränkt die Zahl der vorkommenden Präpositionen ist, so schwer dürfte es sein, die in FVG vorkommenden Substantive aufzuzählen oder durch Formkriterien abzugrenzen. Charakteristisch ist zumindest nicht nur der Typ des Substantivs selbst, sondern sein Verhalten in der PrGr. Einschränkungen bestehen für die Attribute. Adjektivische Attribute sind teilweise möglich (**in helle Aufregung bringen; zum sofortigen Abdruck kommen**), werden aber immer unmöglicher, je weiter die PrGr lexikalisiert ist (?**Karl bringt sich in gute Form;** ??**Diese Lösung kommt nicht in engeren Betracht;** ***Karl stellt die Übereinkunft in dringende Frage**). Ein Genitivattribut kommt nur unter sehr speziellen Bedingungen vor (**Aufgabe 109**).

Noch beschränkter als bei den Attributen sind die Substantive bei der Artikelwahl. Der Artikel liegt in der Regel fest. Entweder er taucht in Form einer Verschmelzung auf (**zur Entscheidung kommen; ins Gerede bringen**) oder er ist unmöglich (**in Verzug kommen; zu Fall bringen**). Der Negationsartikel **kein** ist in der Regel ausgeschlossen, die Negation wird mit **nicht** vollzogen (**Karl bringt Emma nicht in Aufregung; *Karl bringt Emma in keine Aufregung**). Die Artikelfixierung dürfte ihren Grund in der Nichtreferentialität der

Nominale in FVG haben (Grundzüge: 441; 5.2). Bestätigt wird diese Vermutung dadurch, daß die PrGr in FVG nicht auf die übliche Weise pronominalisierbar und erfragbar sind (9). Systematisch anders verhalten sich wieder die in Aufgabe 109 besprochenen Fälle.

(9) a. **Helga bringt ihre Überzeugung zum Ausdruck**
b. ***Helga bringt ihre Überzeugung dazu**
c. ***Wozu bringt Helga ihre Überzeugung?**

Wann wird eine Verschmelzung verwendet, wann eine einfache Präposition? Man hat angenommen, der Artikel in Form einer Verschmelzung erscheine immer, wenn die Verschmelzung möglich sei. Ausnahmen deuten auf Lexikalisierung der PrGr hin (Heringer 1968a: 57 f.).

Die Annahme erweist sich als richtig für PrGr mit **zu**. Bei **zu** kann der Dat für Substantive aller drei Genera markiert werden, d. h. in den PrGr mit **zu** und Substantiv im Sg ist eine Verschmelzung möglich (**zum Abschluß; zur Anwendung; zum Erliegen**). Von den bei Herrlitz aufgeführten 160 FVG mit **zu** enthalten alle bis auf 18 eine Verschmelzung. Von diesen 18 sind 9 lexikalisiert und werden zusammengeschrieben (**zutage, zustatten . . .**). In den restlichen 9 kommen vor **zu Gebote, zu Bewußtsein, zu Ende, zu Fall, zu Gehör, zu Papier, zu Protokoll**. Die Gründe für das Ausbleiben von Verschmelzungen sind hier uneinheitlich und können nicht im einzelnen besprochen werden. Als Schluß ist aber zulässig: Bei FVG mit **zu** steht im Regelfall eine Verschmelzung oder die PrGr ist lexikalisiert.

Komplizierter, aber aufschlußreich für die Struktur der PrGr ist das Verhalten von **in**. **In** kann sowohl den Dat als auch den Akk regieren. Den Ausschlag für die Kasuswahl gibt das Funktionsverb. **Kommen, bringen, geraten, setzen, stellen** und **nehmen** verlangen den Akk, **stehen** und **halten** verlangen den Dat. Die Akkusativverben können eine Verschmelzung nur bei Substantiven im Neutrum haben (**ins Belieben stellen**), die Dativverben nur bei Substantiven im Mask (**im Widerspruch stehen**) oder Neut (**im Belieben stehen**). Wir haben also nur für das Neut die Möglichkeit, beide Kasus zu markieren, und diese Möglichkeit wird auch durchgehend genutzt. Einzige Ausnahme ist **in Erstaunen**. Bei femininen Substantiven kommt keine Verschmelzung vor, sie stehen durchweg ohne Artikel. Die PrGr hat dann weder Kasusmarkierung noch Artikel, aber dafür taucht sie bei allen Funktionsverben in derselben Gestalt auf (**in Beziehung bringen/kommen/setzen/stehen/geraten/halten**). Damit kommt es zur Reihenbildung mit der PrGr als fester und dem Funktionsverb als variabler Größe. Während man meist von ›Reihenbildung‹ und damit ›Produktivität‹ von FVG spricht, weil ein FV eine Vielzahl von PrGr zu sich nimmt, zeigt sich hier, daß auch in umgekehrter Richtung von einem Ansatz zur Reihenbildung zu sprechen ist. Daß die Reihenbildung in dieser Richtung strukturell wirksam wird, erweisen die maskulinen Substantive bei **in**. Bei ihnen kann der Dat, nicht aber der Akk durch eine Verschmelzung markiert werden. Auf die Markierung des Dat wird aber fast durchweg verzichtet, so daß auch für die Maskulina die PrGr bei allen Verben in derselben Gestalt erscheint (**in Einklang kommen/bringen/stehen**). Kann die Verschmelzung überhaupt realisiert werden **(im Kontakt halten; im Zusammenhang stehen)**, so ist sie stilistisch weniger hoch bewertet als die einheitliche Form mit **in**.

Heringer (1968a: 39f.) verweist darauf, daß der weitaus größte Teil der Substantive in FVG Abstrakta sind, die generell, also auch außerhalb von FVG, mit und ohne Artikel stehen können. Nur aus diesem Grunde besteht in FVG überhaupt die Möglichkeit, zwischen Verschmelzung und einfacher Präposition zu wählen. Auch bei Wahl der einfachen Präposition bleibt die PrGr insgesamt grammatisch. Das Fehlen des Artikels kann nicht als Anzeichen für Lexikalisierung genommen werden. Lexikalisiert wird vornehmlich in den Fällen, wo das Substantiv an sich einen Artikel fordert und ein Zusammenrücken nicht phonetisch ausgeschlossen ist.

Die Artikelwahl in FVG ist regelgeleitet, sie kann nicht nach semantischen Gesichtspunkten erfolgen. Dasselbe gilt für die Numeruswahl. Als Numerus des Substantivs liegt fast immer der Sg fest. Pluralformen sind entweder Formen von Pluraliatantum **(in Schulden kommen)** oder sie kommutieren mit Formen des Sg, sind also semantisch gewählt **(zu Kräften kommen; in Schwingungen geraten)**.

Die PrGr in FVG enthalten nichtreferentielle Nominale, deren Artikel und Numerus festliegen. Zusammen mit der Beschränkung auf die Präpositionen **in** und **zu** spricht dies dafür, daß die Formkonstanz der PrGr ein wichtiges Merkmal für den Aufbau der FVG ist: **In** und **zu** bilden Reihen mit den Nominalen, die FV bilden Reihen mit den PrGr, aber auch umgekehrt bilden die PrGr Reihen mit den FV. FVG sind also nicht Lexikalisierungen, sondern folgen produktiven Mustern. Ihr Aufbau ist stark restringiert, weicht aber nicht von grammatischen Regularitäten ab. Lexikalisierungen kommen vor, jedoch kann von einer allgemeinen Tendenz der FVG zur Lexikalisierung (Helbig 1979: 279) nicht die Rede sein. Das würde ja auch bedeuten, daß die Produktivität dieser Konstruktion verlorenginge **(Aufgabe 110)**.

Wie ist nun ein FVG in die Satzstruktur integriert? Als naheliegendste Alternativen kommen 10 und 11 in Betracht. 10 setzt Nebenordnung von Objektiv und PrGr an, während 11 das FVG für sich als Konstituente den übrigen Satzgliedern gegenüberstellt. Für 11 werden neben semantischen (FV und PrGr bilden »eine semantische Einheit« (Helbig 1979: 274) vor allem zwei Argumente genannt: (1) das FVG hat als Ganzes Valenz und (2) das FVG bildet eine Satzklammer analog zu der aus Verbstamm und Verbpartikel.

(10)

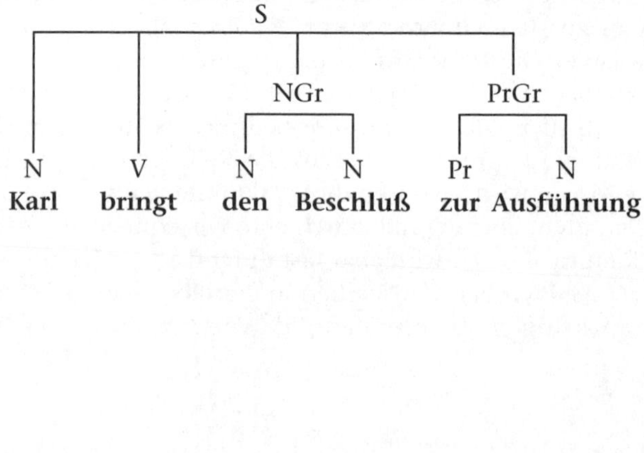

(11)

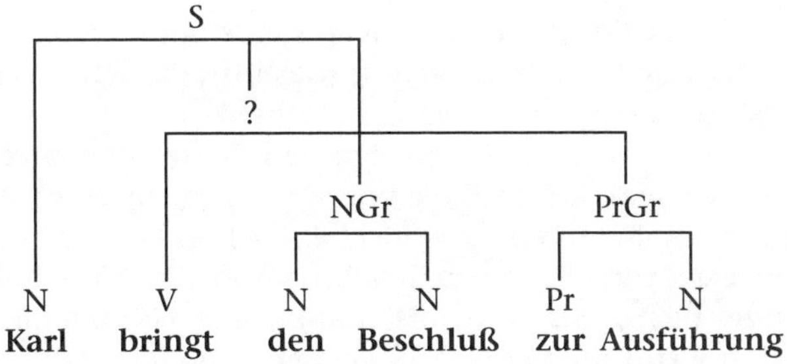

Zu (1). Es gibt keine ausreichenden Gründe für 11. **Bringen** sollte als dreistellig analysiert werden mit akkusativischem und präpositionalem Objekt. Helbig (1979) illustriert den Charakter der FVG als Valenzträger aber mit Beispielen anderer Art, z. B. mit **Sie gerät in Abhängigkeit von ihren Eltern**. Ist **von ihren Eltern** hier Attribut zu **Abhängigkeit** oder ist es Ergänzung? Die Grundzüge (441) sprechen von einer Zwitterstellung zwischen beiden Funktionen. Entschließt man sich, **von ihren Eltern** nicht als Attribut anzusehen, so läge jedenfalls 11 näher als 10, denn mit dem FV **geraten** hat **von ihren Eltern** nichts zu tun **(Aufgabe 111)**.

Im Valenzwörterbuch von Helbig/Schenkel (1975) werden die PrGr in FVG als präpositionale Ergänzungen analysiert, es ergäbe sich in unserem Ansatz Struktur 10. Diese Analyse ist kritisert worden, weil sie nicht die besondere, enge Bindung zwischen FV und PrGr in FVG berücksichtige (Günther/Pape 1976). Der Hinweis erfolgt zurecht, schließt aber nicht 10 aus. Bei dieser Struktur kann genau eine der Ergänzungen des FV als Funktionsverbergänzung ausgezeichnet werden, alle anderen sind ›normale‹ Komplemente. Diese Lösung trägt auch der immer wieder berufenen Ähnlichkeit zwischen Funktionsverben und Modalverben Rechnung. Während MV durch den Infinitiv als ›Modalverbergänzung‹ charakterisiert sind, sind es FV durch die PrGr als ›Funktionsverbergänzung‹. Eroms (2000: 165) bezeichnet das FVG in diesem Sinne als ›periphrastischen Komplex‹.

(12) a. **weil Karl einschläft**
b. **weil Karl jetzt einschläft**
c. ***weil Karl ein jetzt schläft**

(13) a. **weil Josef in Verlegenheit kommt**
b. **weil Josef jetzt in Verlegenheit kommt**
c. ***weil Josef in Verlegenheit jetzt kommt**

(14) a. **weil Helga an ihren Vater schreibt**
b. **weil Helga jetzt an ihren Vater schreibt**
c. **weil Helga an ihren Vater jetzt schreibt**

Zu (2). Funktionsverb und PrGr wären jedenfalls für sich zu einer Konstituente zusammenzufassen, wenn sie eine Satzklammer bilden. Der Verbpartikel sehr nahe kommen lexikalisierte PrGr, die ja teilweise sogar mit dem FV zusammengeschrieben werden (**weil Karl alles infragestellt; damit das zustandekommt** (Polenz 1987). Solche Schreibungen sind wohl als Rückbildungen aus substantivischen Infinitiven zu deuten wie **das Infragestellen, Zustandekommen, Instandsetzen**). Aber auch nicht lexikalisierte PrGr haben einige Stellungseigenschaften mit der Verbpartikel gemeinsam. So stehen Partikel und Verbform im Nebensatz gemeinsam am Ende und können nicht durch Adverbien getrennt werden (12). FVG verhalten sich ähnlich (13), nicht jedoch Objekte (14). Ganz überzeugend ist diese Gemeinsamkeit der FVG mit den Partikelverben allerdings nicht, denn über die Grammatikalität von 13c kann man streiten. Aber selbst wenn 13c zweifelsfrei ungrammatisch ist, beweist das nur, daß die PrGr in FVG eine besonders enge Bindung an das Verb hat. Ihr syntaktisches Verhalten ist generell keineswegs das der Verbpartikel. So kann die PrGr im Hauptsatz in Spitzenstellung erscheinen (Herrlitz 1973:13), nicht aber die Verbpartikel:

(15) a. **In Verlegenheit kommt Josef nicht**
b. ***Ein schläft Josef nicht**

Im Nebensatz mit doppeltem Infinitiv kann die PrGr des FVG unter den Bedingungen von 16 vor und nach der finiten Verbform stehen, die Verbpartikel aber nur beim Vollverbstamm.

(16) a. **weil er die These wird unter Beweis stellen müssen**
b. **weil er die These unter Beweis wird stellen müssen**

(17) a. **weil er den Vorschlag wird ablehnen müssen**
b. ***weil er den Vorschlag ab wird lehnen müssen**

Insgesamt verhält sich die PrGr in Funktionsverbgefügen syntaktisch anders als Verbpartikeln. Auch ihre semantische Funktion ist eine andere.

Zur Funktion der FVG

Was leisten die Funktionsverbgefüge, warum sind sie so zahlreich im Deutschen vertreten? Die FVG schließen lexikalische Lücken, sie erlauben besondere Thema-Rhema-Strukturen und sie ermöglichen bestimmte Passivumschreibungen. Ihre eigentliche Leistung besteht jedoch in Kausativierung und der Signalisierung von Aktionsarten. »Es kann sich [bei den FVG] nicht nur um okkasionelle phraseologische Wortverbindungen handeln, denn immer wieder zeigen sich die gleichen Erscheinungen: Verben ganz bestimmter Art mit Richtungspräpositionen und nomina actionis in der Struktur des analytischen Vorgangsgefüges, und, vom Inhalt her gesehen, die abstrakte Umsetzung konkret-räumlicher Vorstellungen in zeitlicher Phasenabstufung.« (Polenz 1963: 260). Die Funktionsverben gewinnen ihre Bedeutung durch Abstraktion aus Positions- und Bewegungsverben so, daß sie noch zur Signalisierung von Kausativität und Aktionsarten geeignet sind. Der vom Vollverb (**entscheiden**) bezeichnete Vorgang ist im FVG ›zeitlich zerdehnt‹ (Polenz) in den Vorgang ›an sich‹ einerseits (Nomen actionis) sowie die Verursachung des damit verbundenen Sachverhalts und seines zeitlichen Verlaufs andererseits (Funktionsverb). In einem Satz wie **Die Regierung bringt den Gesetzentwurf zur Entscheidung** kann die Bedeutung von **bringen** mithilfe der semantischen Basisprädikate *Control* und *Move* beschrieben werden: Als prototypisches Agens verursacht die Regierung intentional, daß der Gesetzentwurf sich in Richtung Entscheidung bewegt. Das Basisprädikat *Control* haben wir in Abschnitt 3.2 als das mit der höchsten Agenshaftigkeit spezifiziert. Wer einen Sachverhalt bewußt verursacht, kontrolliert ihn.

Der Sachverhalt, um den es geht, ist »Entscheidung über den Gesetzentwurf«. Daß er eintritt, wird verursacht, indem der Gesetzentwurf als Patiens des Funktionsverbs bewegt wird. Als Funktionsverb ist **bringen** ein transitives Verb und ein lexikalisches Mittel zur Kausativierung von Sachverhalten. Die hohe Frequenz von **bringen** in der Geschichte der FVG in Sachtexten mindestens seit Beginn des 18. Jh.s kann wohl als Folge eines Bedarfs an eindeutiger Kodierung von Verursachung verstanden werden (zu **bringen** als FV ausführlich Van Pottelberge 2001: 301ff.). Bei den Asktionsarten (3.2, 4.2) geht es vor allem um Eigenschaften des Patiens. In **Die Regierung bringt den Gesetzentwurf zur Entscheidung** geht der Gesetzentwurf in einen neuen Zustand über, das Funktionsverb ist transformativ. Dasselbe gilt für das zweite häufige Funktionsverb **kommen**. In Der **Gesetzentwurf kommt zur Entscheidung** geht es um denselben Nachzustand des Gesetzentwurfs wie eben, nur erscheint dieser nun im Subjekt und nicht mehr als direktes Objekt. Ein Agens ist nicht vorhanden. **Bringen** und **kommen** verhalten sich zueinander wie ein transitives zu einem ergativen Verb.

In **Der Gesetzentwurf steht zur Entscheidung** geht es ebenfalls um den Nachzustand des Patiens (**der Gesetzentwurf**), aber das Funktionsverb ist durativ. Signalisiert wird das Andauern eines Zustandes, und zwar genau des Zustandes, der als Nachzustand der Sätze mit **bringen** und **kommen** spezifiziert ist. Insgesamt bilden die Funktionsverben aus 1 semantisch ein geschlossenes System, sie sind kausativ (**bringen, setzen, stellen, nehmen**), transformativ (**kommen, bringen, geraten, setzen, stellen, nehmen**) oder durativ (**stehen, halten**).

10. Adverbial- und Ergänzungssätze

10.1 Übersicht

In diesem Kapitel besprechen wir die Haupttypen der Nebensätze mit Satzgliedstatus, das sind Nebensätze in der Funktion von Komplementen (Ergänzungs- oder Komplementsätze) und Adjunkten (Adverbial- oder Adjunktsätze).

(1) a. **Karl beachtet das Rauchverbot, weil er Nichtraucher ist**
b. **Karla beachtet, daß Gerhard den Chef zitiert**
c. **Karla beachtet, wen Gerhard zitiert**

(2) **Karla beachtet die Ankündigung, der Gerhard folgt**

Ein Adjunktsatz ist mit einer subordinierenden Konjunktion an den übergeordneten Satz angeschlossen (1a). Jeder der beiden Sätze bezeichnet einen Sachverhalt, die Konjunktion bezeichnet eine Beziehung zwischen ihnen. In 1a signalisiert **weil**, daß der vom Nebensatz bezeichnete Sachverhalt den Grund für das Eintreten des vom Hauptsatz bezeichneten abgibt. Der Adjunktsatz ist von der Valenz des Verbs im Hauptsatz unabhängig.

Dagegen ist der Komplementsatz valenzgebunden, er ist Subjekt oder Objekt (1b,c sind beide Objekt) zum Verb des übergeordneten Satzes. Der Komplementsatz bezeichnet einen Sachverhalt, der Bestandteil des vom Gesamtsatz bezeichneten ist. Von der Form her kann er Konjunktionalsatz (1b) oder **w**-Satz (1c) sein.

Die dritte Hauptfunktion von Nebensätzen ist die attributive, vor allem in der Form des Relativsatzes (2; 8.5). Attributsätze und insbesondere Relativsätze kommen im vorliegenden Kapitel im Zusammenhang von Abgrenzungs- und Übergangsfragen zur Sprache.

Die Beispiele in 1 und 2 enthalten den Prototyp des Nebensatzes im Deutschen, das ist der Spannsatz. Wo dieser Begriff verwendet wird, expliziert man ihn über die Endstellung des finiten Verbs (13.1). Der Verbletztsatz hat als weiteres Charakteristikum, daß am Anfang ein und genau ein spezifisches Einleitewort steht. Das Einleitewort kann eine Konjunktion (1a,b), ein Fragewort (**w**-Satz in 1c) oder ein Relativpronomen sein. Endstellung des Finitums tritt also nicht als isoliertes Strukturmerkmal auf, sondern ist an das Vorhandensein eines zweiten Strukturmerkmals gebunden. Die Bezeichnung Spannsatz kann auf dieses gemeinsame Auftreten gemünzt werden. Finitum und Einleitewort spannen den Satz zwischen sich auf.

Das Besondere an der Beziehung zwischen der ersten und der letzten einfachen syntaktischen Einheit im Nebensatz ist ihre rein topologische Natur. Die beiden Einheiten haben von der jeweiligen syntaktischen Funktion her nichts miteinander zu tun. Das ergibt sich schon aus ihrem unterschiedlichen syntaktischen Status. Ein Einleitewort kann als Konjunktion außerhalb des

Satzgliedverbandes des Nebensatzes stehen, kann aber auch Komplement oder Adjunkt sein. In Relativsätzen treten Attribute oder sehr tief eingebettete Einheiten in Erstposition auf (Pied piping, 8.5). Hat der Nebensatz das finite Verb am Schluß, so muß unter allen Bedingungen die Erstposition entsprechend besetzt sein. Wir erfassen das mithilfe der syntagmatischen Relation ›Positionsbezug‹ (2.2.3). Das Letztelement ist positionell auf das Erstelement des Nebensatzes bezogen. Sieht man die Satztypen Verberstsatz (**Beachtet Karla ihn?**), Verbzweitsatz (**Karla beachtet ihn**) und Verbletztsatz (**daß Karla ihn beachtet**) als Formen mit je spezifischem syntaktischen Kopf an, dann ist das Erstelement Kopf eines Verbletztsatzes. Eine derartige Kopfposition ist aber, wie gesagt, strukturell höchst uneinheitlich realisiert.

Der Vollständigkeit halber wird daran erinnert, daß auch Verbzweit- und Verberstsätze als Nebensätze vorkommen. Man bezeichnet sie als uneingeleitete Nebensätze.

(3) a. **Es scheint, du brauchst neue Schuhe**
b. **Karl behauptet, Paul sei deutscher Tennismeister**
c. **Karl weiß, Paul ist deutscher Tennismeister**

3a gibt ein Beispiel, in dem ein Verbzweitsatz (**du brauchst neue Schuhe**) Subjekt oder Teil des Subjekts ist (zu dieser sehr seltenen Konstruktion 11.2.1). In 3b ist der Verbzweitsatz Objekt in einer Verwendung, die meist als indirekte Rede bezeichnet wird. Das Verb kann hier im Konjunktiv stehen. Das ist anders in 3c. Bei einem Verb wie **wissen** muß der Verbzweitsatz im Indikativ stehen. Ebenso können **w**-Sätze verwendet werden (**Karl will wissen, wer ist eigentlich deutscher Tennismeister**). Verbzweitsätze dieser Art sind syntaktisch weitgehend desintegriert und es fragt sich, ob sie noch als untergeordnet und damit als Nebensätze anzusehen sind (s. a. 4.3; zum Verhältnis von Subordination und Integration ausführlich Fabricius-Hansen 1992).

Als Adjunkt kommen uneingeleitete Verberstsätze im Vorfeld, d. h. als Bestandteile von Verbzweitsätzen vor. Sie sind dann ersetzbar durch einen Konjunktionalsatz mit **wenn** in konditionaler (4a) oder konzessiver (4b) Lesart (10.4.2).

(4) a. **Liest Hans im Bett eine Grammatik, schläft er schneller ein**
b. **Liest Hans im Bett auch eine Grammatik, schläft er doch schneller ein**

Wir beschäftigen uns im weiteren vor allem mit dem Verbletztsatz als wichtigstem Typ von Nebensatz. In 10.2 geht es um das Verhältnis von Konjunktional- und **w**-Sätzen einerseits sowie um die notorisch schwierige Abgrenzung der **w**-Sätze von den Relativsätzen andererseits. 10.3 gibt einen Überblick zur Grammatik der Korrelate. Das sind Einheiten wie **es** in **Sie will es nicht glauben, daß du wieder lügst**, die als ›Bezugswörter‹ für Komplement- und Adjunktsätze fungieren. 10.4 schließlich klassifiziert die Adjunktsätze und zeigt Charakteristika einzelner Typen auf.

10.2 Ergänzungssätze

10.2.1 Konjunktionalsatz und indirekter Fragesatz

Unsere Besprechung der Komplementsätze soll klären, wie das Verhältnis von Form und Funktion in diesem Bereich geregelt ist. Betrachtet werden dazu Objektsätze, die von der Form her Verbletztsätze mit **daß** (1a), **ob** (1b) oder einem **w**-Wort (1c) in Erstposition sind.

(1) a. **Stefanie beweist, daß du es warst**
b. **Stefanie beweist, ob du es warst**
c. **Stefanie beweist, wer es war**

Fast alle Grammatiken nennen diese drei als wichtigste Typen von Komplementsätzen. Aber warum gibt es gerade diese? In welchem Verhältnis stehen sie zueinander? Engel (1988: 243 ff.) sieht in ihnen verschiedene »Ausdrucksformen für Ergänzungssätze«, Eisenberg (1994: 345 ff.) meint im Anschluß an Zint-Dyhr 1982, **ob**- und die **w**-Sätze könnten unabhängig voneinander mit **daß**-Sätzen kommutieren. Wo die Frage in der neueren Literatur explizit gestellt wird, nimmt man dagegen meist an, daß **ob**- und **w**-Sätze *eine* Komplementklasse bilden, d. h. entweder beide von einem Verb regiert werden oder beide nicht (z. B. Wunderlich 1976; Reis/Rosengren 1991; IDS-Grammatik: 2266; s. u.).

In traditioneller Redeweise geht es um die Begriffe Inhaltssatz und indirekter Fragesatz. Der Terminus ›Inhaltssatz‹ meint, daß mit dem entsprechenden Satz nur ein Inhalt transportiert wird und nicht gleichzeitig ein semantisches Verhältnis wie bei den mit **weil**, **obwohl** usw. eingeleiteten Adjunktsätzen. Der reine Inhaltssatz ist der **daß**-Satz. Ihm stehen die **ob**- und **w**-Sätze als indirekte Fragesätze gegenüber. Gelegentlich zählt man alle drei Typen zu den Inhaltssätzen, weil man nicht von indirekten Fragesätzen sprechen möchte (z. B. Duden 1998: 766 ff.).

Von indirekten Fragesätzen läßt sich jedenfalls dann sprechen, wenn der Begriff an den des direkten Fragesatzes gebunden werden kann. Die direkten Fragesätze gliedert man unter syntaktischem wie semantischem Aspekt in die Hauptgruppen der Entscheidungs- oder **Ja/Nein**-Fragesätze und die Ergänzungs- oder **w**-Fragesätze. Mit einer Entscheidungsfrage verlangt der Sprecher Auskunft über einen Wahrheitswert. Er will wissen, ob der vom Fragesatz bezeichnete Sachverhalt zutrifft oder nicht. Mit einer Ergänzungsfrage verlangt der Sprecher die Füllung einer Lücke. Die Lücke ist im Fragesatz selbst durch das Fragewort markiert. Die in 5.4.4 und 7.2.2 besprochene syntaktische Differenzierung der **w**-Wörter dient der Spezifizierung dieser Lücke. Ob nach einer Eigenschaft, einer Lokalangabe, einer Person, einem Instrument usw. gefragt wird, ergibt sich aus dem Fragewort (**Aufgabe 112**).

Auch bei den indirekten Fragesätzen tauchen diese beiden Typen auf. Der Entscheidungsfragesatz ist als **ob**-Satz (2), der Ergänzungsfragesatz ist als **w**-Satz (3) realisiert. Die Analogie zwischen direkten und indirekten Fragesätzen ist also auf der Formseite gegeben.

(2) a. **Ilse überprüft, ob Herbert Staub gewischt hat**
b. **Hat Herbert Staub gewischt?**

(3) a. **Ilse überprüft, wie Herbert Staub gewischt hat**
b. **Wie hat Herbert Staub gewischt?**

Aber was besagt die formale Analogie? Haben indirekte Fragesätze wie direkte im Normalfall etwas mit dem Fragen zu tun? Häufig hat man das angenommen. So spricht Brinkmann (1971: 658 ff.) von ›Auskunftsätzen‹ und Erben sieht »natürlich die umformende Rückführung auf einen unabhängigen Fragesatz« als möglich an (1980: 211). Dahinter steckt die Auffassung, indirekte Fragesätze seien von Frageverben regiert. In der älteren Ausgabe der Grammatik von Jung etwa heißt es (1973: 23): »Das regierende Verb zu einer **ob**-Frage ist entweder verneint oder hat wenigstens den Charakter der Unsicherheit: **Ich weiß nicht, ob er kommt** (Aber: **Ich weiß, daß er kommt**). **Es ist zweifelhaft, ob wir ihn treffen** (Aber: **Es ist sicher, es ist nicht zweifelhaft, daß wir ihn treffen**.).« Auch bei Helbig (1974: 195) fand sich die Auffassung, **wissen** verbinde sich nicht mit **ob**. Ein Satz wie **Der Lehrer weiß, ob der Schüler in Berlin gewesen ist**, sei ungrammatisch.

Komplementsätze mit **ob** und **w**-Wörtern in Erstposition stehen nach Verben des Fragens (**fragen, untersuchen**) ebenso wie nach Verben des Mitteilens (**mitteilen, berichten**); sie stehen nach Verben des Nichtwissens (**vergessen, entgehen**) ebenso wie nach solchen des Wissens (**wissen, entdecken, behalten**). Als das bemerkt wurde, problematisierte man den eingebürgerten Begriff des indirekten Fragesatzes (Abraham 1969; Sitta 1971: 76 f.; Helbig 1974). Zu einem einheitlichen Gebrauch oder zur generellen Vermeidung des Terminus kam es trotzdem nicht. Engel (1988: 872) faßt darunter nach wie vor den »Nebensatz mit Endstellung des finiten Verbs, der durch **ob** oder ein Fragewort eingeleitet ist.« Die Grundzüge (823 f.) sowie Flämig (1991: 308 f.) beschränken ihn auf Verben des Fragens und sprechen im übrigen von abhängigen oder indirekten Aussagesätzen. Warum diese eine Alternative (**ob**-Satz) oder eine Lücke (**w**-Satz) ins Spiel bringen, bleibt ungeklärt. Andere Grammatiken vermeiden den Terminus (Jung 1990: 36 f.) oder lehnen ihn explizit ab (IDS-Grammatik: 2253 f.).

Von unserem Grammatikverständnis her sind hier zwei Fragen zu besprechen. Einmal ist zu klären, wie weit **ob**- und **w**-Sätze ein einheitliches Verhalten zeigen. Tun sie das nicht, dann ist die Frage nach einem gemeinsamen Oberbegriff hinfällig. Verhalten sie sich einheitlich, wird man einen geeigneten Terminus finden. Eher zweitrangig ist dann, ob man gerade auf ›indirekter Fragesatz‹ verfällt.

Aber was soll ›einheitliches Verhalten‹ heißen? Wir haben die Grammatik der Nebensätze von Anfang an, d. h. mit der Einführung des Valenz- und Komplementbegriffs in Abschnitt 3.2, von den syntaktischen Funktionen her aufgezogen. Auch im vorliegenden Abschnitt geht es deshalb primär um die Frage, ob diese Sätze ein einheitliches Verhalten bei der Füllung von Komplementpositionen zeigen oder nicht. Treten sie als *eine* Komplementklasse oder treten sie getrennt in Erscheinung?

Oben wurde schon bemerkt, daß dazu unterschiedliche Auffassungen bestehen, meist aber eine Komplementklasse für die **ob**- und **w**-Sätze angesetzt wird. Wir schließen uns dieser Auffassung an. Obwohl es Schwierigkeiten mit Grammatikalitätsurteilen und einige Abgrenzungsprobleme gibt, scheinen für jede der relevanten Komplementpositionen die gleichen distributionellen Verhältnisse zu bestehen: Ein Verb besetzt eine Position entweder nur mit **daß**-Sätzen oder nur mit **ob**- und **w**-Sätzen oder mit **daß**-, **ob**- und **w**-Sätzen. Für die Position des direkten Objekts ergeben sich Verbklassen entsprechend 4, 5 und 6, wobei wir die Verben mit ausschließlich **daß**-Sätzen noch einmal in nichtfaktive (4a) und faktive (4b) klassifizieren.

(4) **daß**-Sätze
a. **abstreiten, androhen, antworten, beantragen, behaupten, bestreiten, folgern, vermuten, versichern, zusagen, denken, annehmen**
b. **akzeptieren, bedauern, begreifen, beklagen, leugnen, vorwerfen, bestaunen, bewundern**

Bei den Verben in 4a geht es um Übermittlung oder Verarbeitung von Information durch die vom Subjekt bezeichnete Person. Es handelt sich um Verben, die meist als Verba dicendi mit indirekter Rede geführt werden. Der Komplementsatz kann im Konjunktiv stehen (**Karl bestreitet, daß Paula abgeschrieben habe**). Der Sprecher bezieht mit dem Äußern solcher Sätze keinerlei Stellung zur Wahrheit des Komplementsatzes.

Das ist anders bei Sätzen mit den Verben in 4b. Wer äußert **Karl akzeptiert, daß Helga abgereist ist** muß als zutreffend ansehen, daß Helga abgereist ist. Ohne diese Präsupposition kann er das Verb **akzeptieren** nicht wie im Beispielsatz verwenden, die Verben sind faktiv. Bei normaler Verwendung lassen sie keinen Konjunktiv im Komplementsatz zu (***Karl akzeptiert, daß Helga abgereist sei**). Bei einer Reihe dieser Verben kann der Eindruck entstehen, sie regierten neben **daß**- auch **w**-Sätze (**Aufgabe 113**).

(5) **ob**- und **w**-Sätze
fragen, erforschen, nachforschen, untersuchen, überlegen, vorfühlen, erproben, prüfen

In 5 finden sich die eigentlichen Frageverben. Die vom Subjekt bezeichnete Person möchte etwas im Sinne einer Entscheidungs- oder Ergänzungsfrage wissen (**Renate untersucht, ob Paul Gelbsucht hat/wieviel ein Euro wiegt**). Sätze mit diesen Verben sind formal und semantisch ohne Schwierigkeiten auf direkte Fragesätze beziehbar. Sie entsprechen dem traditionellen Verständnis von ›indirekter Fragesatz‹ und stehen außerhalb der Klassifikation faktiv/nichtfaktiv.

(6) **daß**-, **ob**- und **w**-Satz
andeuten, berichten, beweisen, erkennen, erläutern, erzählen, verraten, wissen, ahnen, bemerken, hören, sehen, raten, vergessen

Wer sagt **Gerhard erkennt, daß Berlin ein gefährliches Pflaster ist** muß präsupponieren, Berlin sei tatsächlich ein gefährliches Pflaster. Die Verben in 6 sind faktiv, zumindest haben sie eine faktive Lesart. Nur diese interessiert hier, weil nur sie für die Komplementkombination in 6 verantwortlich ist (zu ›faktive Lesart‹ weiter 4.3).

Aus 4 bis 6 kann geschlossen werden, daß Faktivität nur dann vorliegt, wenn das Verb einen **daß**-Satz regiert und immer dann vorliegt, wenn es außerdem auch **ob**- und **w**-Sätze regiert. Faktivität bezieht sich dabei auf den **daß**-Satz: Wenn die Proposition p die Bedeutung des **daß**-Satzes ist, dann wird p präsupponiert, d.h. als wahr vorausgesetzt.

Zu fragen ist nun, was Faktivität für **ob**- und **w**-Sätze bedeutet. Wer äußert **Gerhard erkennt, ob Berlin ein gefährliches Pflaster ist** präsupponiert nicht eine bestimmte Proposition , sondern eine aus der Menge {p, ~p}. Mit derselben Menge hat man es beim **ob**-Satz als Komplement von Verben aus 5 zu tun. Die Menge von Propositionen {p, ~p} bildet hier die Menge der möglichen Antworten (Bäuerle/Zimmermann 1991; zur Semantik der **ob**- und **w**-Sätze auch Rehbock 1991 und ausführlich IDS-Grammatik: 2253ff.). Die Bedeutung eines **ob**-Satzes ist also ein Paar von Propositionen. Sie stellt bei den Verben aus 5 die Menge der möglichen Antworten dar, bei den faktiven Verben aus 6 die Menge der möglichen Präsuppositionen. Entsprechendes gilt für **w**-Sätze. In **Wieviel wiegt das Auto?** oder in **Gerhard fragt, wieviel das Auto wiegt** und genauso in **Gerhard erkennt, wieviel das Auto wiegt** kann dem **w**-Satz dieselbe Menge von Propositionen als Bedeutung zugeschrieben werden. Diese Menge stellt in den beiden ersten Fällen wieder die Menge der möglichen Antworten, im letzten die Menge der möglichen Präsuppositionen dar.

Wenn syntaktische und semantische Einheitlichkeit das Kriterium ist, dann sind wir berechtigt, die **ob**- und **w**-Sätze in Komplementposition unter einen Begriff zu fassen. Der traditionelle Begriff ›indirekter Fragesatz‹ kann dafür ohne Schaden verwendet werden, solange man ihn nicht auf die Komplemente von Frageverben gemäß 5 einschränkt. Geklärt werden muß allerdings, wie die **w**-Komplementsätze von den **w**-Relativsätzen abzugrenzen sind. Wir wenden uns dieser Frage im folgenden Abschnitt zu.

10.2.2 Indirekter Fragesatz und Relativsatz

Ausdrücke wie **welcher, wer, wem, was** sind sowohl Formen von Relativpronomina als auch von Fragepronomina. Ähnliches gilt für einige Adverbien. So gehören **wo** und **wie** zu den Relativadverbien wie zu den Frageadverbien (7.2.2; 8.5). Nebensätze, die eine solche Einheit als Einleitewort haben, sind deshalb von ihrer Form her nicht auf eine Funktion festgelegt. Je nach syntaktischer Umgebung fungieren sie als Relativsatz, als indirekter Fragesatz oder als beides. Betrachten wir ein Beispiel.

(1) **was Manfred ausgesucht hat**

(2) a. **Monika bezahlt das, was Manfred ausgesucht hat**
b. **Monika bezahlt, was Manfred ausgesucht hat**

(3) a. **Monika vergißt das, was Manfred ausgesucht hat**
b. **Monika vergißt, was Manfred ausgesucht hat**

Der w-Satz **was Manfred ausgesucht hat** fungiert in 2a als Relativsatz zum pronominalen Kern **das**. Er ist Attribut, das Ganze ist direktes Objekt zum transitiven Verb **bezahlen**. In 2b steht derselbe w-Satz ohne Bezugsnominal als freier Relativsatz. Er fungiert nun allein als direktes Objekt. An den funktionalen Verhältnissen wie an der Bedeutung des Gesamtsatzes hat sich gegenüber 2a nichts Wesentliches geändert.

Dieselben Verhältnisse bestehen in 3a. Auch **vergessen** ist ein transitives Verb, dessen direktes Objekt hier aus pronominalem Kern und Relativsatz besteht. Läßt man nun in 3a das Pronomen weg, dann ändern sich die Verhältnisse. In 3b ist der w-Satz noch immer direktes Objekt, aber er hat zwei syntaktische Interpretationen. **Vergessen** regiert im Gegensatz zu **bezahlen** indirekte Fragesätze, deshalb kann der w-Satz hier sowohl als freier Relativsatz wie als indirekter Fragesatz gelesen werden. An der Konstituentenstruktur wird davon nichts sichtbar. Für 2b und für 3b sieht sie wie in 4 aus.

(4)

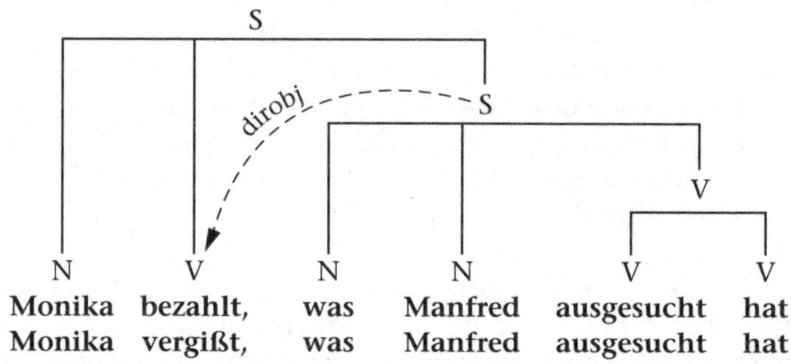

Syntaktisch wird der Unterschied zwischen den Sätzen greifbar, weil **vergessen** bezüglich der Objektposition für indirekte Fragesätze subklassifiziert ist, **bezahlen** nicht. Die syntaktische Mehrdeutigkeit von 3b beruht darauf, daß der w-Satz als freier Relativsatz nur eine nominal (hier akkusativisch) spezifizierte Komplementposition besetzen kann, der indirekte Fragesatz nur eine für Sätze spezifizierte. Bei Beschreibung der Valenz eines Verbs bedarf es keines Hinweises auf die Möglichkeit, eine Argumentstelle mit einem freien Relativsatz zu besetzen. *Jede* Argumentstelle ist mit einem Satz dieser Art besetzbar, wenn die strukturellen Voraussetzungen gegeben sind (s. u.). Freie Relativsätze können als Subjekte wie als direkte, indirekte und innerhalb präpositionaler Objekte auftreten.

Ob ein w-Satz eine nominal oder eine sentential spezifizierte Komplementstelle füllt, ist semantisch relevant. Nehmen wir an, Manfred hat einen Mantel ausgesucht. 2 besagt dann, daß Monika den Mantel bezahlt und 3a besagt, daß Monika ihn vergißt. Auch 3b kann das besagen. Allgemeiner: mit dem freien Relativsatz kann Bezug genommen werden auf nominal Benennbares, er ist dann referentiell. Die Möglichkeit zur referentiellen Verwendung teilt er mit den Nominalen. Die IDS-Grammatik (2270 ff.) spricht treffend von der gegenstandsfundierten Verwendung der w-Sätze.

In der anderen Bedeutung besagt 3b nicht, daß Monika den Mantel vergißt, sondern er besagt, daß sie nicht mehr weiß, was er ausgesucht hat. Sie vergißt nicht irgendeinen Gegenstand, sondern sie vergißt, um welchen Gegenstand es sich handelt. Der **w**-Satz wird nicht referentiell, sondern essentiell gebraucht. Die IDS-Grammatik spricht von der propositionsfundierten Verwendung der **w**-Sätze und legt Wert auf die Feststellung, daß der **w**-Satz selbst in beiden Fällen nicht nur dieselbe Form, sondern auch dieselbe Bedeutung habe. In unserer Redeweise: der semantische Unterschied beruht auf der unterschiedlichen syntaktischen Spezifikation der Komplementposition. Was den **w**-Satz betrifft, handelt es sich nicht um einen kategorialen, sondern um einen Unterschied in der Verwendung.

Verwendungsunterschiede sind häufig weniger leicht zu identifizieren als kategoriale, deshalb weist Ludwig Wittgenstein ausdrücklich auf die Gefahr der Verwechslung hin. Entsprechende Passagen aus seinen ›Philosophischen Untersuchungen‹ kommentiert Savigny (1974: 33) so: »Ein sehr typischer Fehler schließlich, der nicht nur hier eine böse Rolle spielt, ist die Verwechslung von Wortfragen und Relativsätzen ... Fragesätze sind Nebensätze in den Sätzen ... **ich definiere, was ein Spiel ist; ich begreife, was ein Spiel ist; ich erkläre, was ein Spiel ist; ich gebe ein Beispiel dafür, was ein Spiel ist.** Wer Relativsatz und indirekten Fragesatz verwechselt, liest unbewußt: ... **ich definiere das, was ein Spiel ausmacht; ich erfasse das, was ein Spiel ausmacht; ich beschreibe das, was ein Spiel ausmacht; ich gebe ein Beispiel dafür, was ein Spiel ausmacht.** Und »das« ist natürlich das Wesen des Spiels.«

Im Kontext dieses Absatzes wird der Frage nachgegangen, ob Wörter bestimmte, feststehende Bedeutungen haben. Wittgenstein verneint sie und weist gleichzeitig darauf hin, was uns immer wieder zur gegenteiligen, falschen Annahme verleitet. Ein Grund sei die Verwechslung von indirekten Fragesätzen und Relativsätzen. Der Relativsatz als Attribut stehe bei einem Nominalausdruck (**das**). Unbewußtes Einschieben eines solchen Nominalausdrucks führe zu dem Denkfehler, es müsse etwas Bestimmtes sein, das diesem Nominalausdruck semantisch entspricht und damit müsse auch der Ausdruck **Spiel** bzw. **ein Spiel** eine bestimmte Bedeutung haben.

Die Argumentation ist insofern problematisch, als die **w**-Sätze in den Beispielen auch ohne **das** als Relativsätze gelesen werden können. Es geht also nicht um Verwechslung, sondern um die Auflösung einer syntaktischen Mehrdeutigkeit. Der Hinweis auf den Bedeutungsunterschied ist selbstverständlich berechtigt. Wird der **w**-Satz in **Ich definiere, was ein Spiel ist** als indirekter Fragesatz gelesen, dann geht es tatsächlich um die Definition von »ein Spiel«. Wird als Relativsatz gelesen, dann ist »das, was ein Spiel ist« vorausgesetzt und wird nun Gegenstand des Definierens.

Natürlich läßt sich mit satzgrammatischen Mitteln nicht zeigen, ob ein mehrdeutiger Satz so oder so zu lesen ist. Zeigen läßt sich aber, unter welchen Bedingungen ein **w**-Satz nur als Relativsatz, nur als indirekter Fragesatz oder als beides gelesen werden kann. Der Grammatik ist das Problem seit langem bekannt (Blatz 1896: 942ff.) und fast jede Grammatik erwähnt es, aber seine Bearbeitung blieb lange unvollständig. Entweder wurden nur sehr allgemeine und auf die Sätze selbst bezogene Bestimmungen gegeben (z.B. indirekter Fragesatz als ›Formkategorie‹, Helbig 1974: 198), oder die Unterscheidung gelang nicht vollständig bzw. blieb auf Einzelfälle beschränkt (Abraham 1969;

Eisenberg 1980) oder aber der Unterschied wurde für letztlich zweitrangig gehalten (Wunderlich 1976: 242f.). Dem entspricht der Ansatz einiger Grammatiken, die Konjunktionalsätze den Relativsätzen als Hauptklasse von Nebensätzen gegenüberzustellen (Moskalskaja 1971; Weinrich 1993).

Und was den systematischen Platz der Erscheinung betrifft, gibt es neuerdings eher weniger Einmütigkeit, besonders hinsichtlich der freien Relativsätze. Mit der Verwendung dieses Begriffs macht man deutlich, daß diese **w**-Sätze prinzipiell auf dem Hintergrund der Attributbeziehung zu analysieren sind. Die Gegenüberstellung freier Relativsatz – indirekter Fragesatz hält daran fest, daß die Opposition von Substantiv und Verb und damit von Nominalgruppe und Satz (als ›Verbalgruppe‹) für die Syntax insgesamt grundlegend ist. Wir meinen, daß dieser Weg beschritten werden sollte.

Engel etwa lehnt den Begriff freier Relativsatz ab, »weil Relativsätze immer ein unmittelbares Bezugselement im Obersatz haben, und dieses Bezugselement fehlt gerade den hier zur Debatte stehenden Nebensätzen.« (1988: 248). Diese Sicht müßte wohl zur Konsequenz haben, daß der Nebensatz in 2a ein Relativsatz ist, in 2b aber nicht. Wie 2b syntaktisch-funktional zu deuten wäre, bleibt unklar. Engels Charakterisierung als ›indefinite und generalisierende Nebensätze‹ besagt allenfalls etwas Semantisches.

Auch die IDS-Grammatik lehnt die Unterscheidung von freien Relativsätzen und indirekten Fragesätzen ab – fast emphatisch (2264): »Wieso sollen Sätze identischer Struktur prinzipiell mit zwei verschiedenen Bedeutungen/Funktionen angesetzt werden?« Die Antwort wäre: weil wir in der Syntax wo immer möglich so verfahren, daß Form und Funktion unterschieden werden. Eine NGr im Genitiv kann Objekt, Attribut oder Kern einer PrGr sein, ein Adjektiv in der Kurzform kann prädikativ oder adverbial stehen usw. Und die IDS-Grammatik selbst hat wie bisher keine andere deutlich gemacht, daß indirekte Fragesätze generell das syntaktische Verhalten vom Komplementsätzen haben, freie Relativsätze aber viel eher das von Attributen.

Der in diesem Zusammenhang wichtigste Punkt ist, daß Relativsätze bei ihrem Bezugsnominal und insbesondere auch im Mittelfeld stehen können (5a). Das gilt auch, wenn das Bezugsnominal ein Pronomen ist (5b) und sogar dann, wenn es fehlt (5c). Ausklammerung ist natürlich möglich (5d).

(5) a. **Monika hat den Mantel, den Manfred ausgesucht hat, bezahlt**
b. **Monika hat das, was Manfred ausgesucht hat, bezahlt**
c. **Monika hat, was Manfred ausgesucht hat, bezahlt**
d. **Monika hat bezahlt, was Manfred ausgesucht hat**

Ist ein **w**-Satz nur als indirekter Fragesatz analysierbar, dann ist seine Plazierung im Mittelfeld ausgeschlossen (6a). Das gilt sogar, wenn ein Korrelat zum **w**-Satz vorhanden ist (6b). Wie bei Komplementsätzen allgemein, ist Ausklammerung obligatorisch (6c) und nur in diesem Fall besteht Analogie zu 5 (6c wie 5d; weiter 13.1.1).

(6) a. ***Monika hat, wer Manfred besuchen wollte, vergessen**
b. ***Monika hat es, wer Manfred besuchen wollte, vergessen**
c. **Monika hat vergessen, wer Manfred besuchen wollte**

Ein anderer genuin syntaktischer Unterschied besteht bei den Korrelaten. Wir gehen auf einige Gesichtspunkte, die diesen Bereich strukturieren, im nächsten Abschnitt ein. Für die Unterscheidung von indirekten Fragesätzen und freien Relativsätzen läßt sich folgendes vorwegnehmen.

Indirekte Fragesätze wie Komplementsätze generell können oder müssen Korrelate haben, die als Formen für diese Funktion grammatikalisiert sind. Besonders häufig treten die Pronominalform **es** und Pronominaladverbien auf. Ihre Form ist auf die jeweilige Komplementposition bezogen und sie ist unabhängig davon, welche Form der Komplementsatz hat (7 und 8).

(7) a. **Sie hat es gewußt, daß du umziehst**
 b. **Sie hat es gewußt, ob du umziehst**
 c. **Sie hat es gewußt, wer zu dir zieht**

(8) a. **Er interessiert sich dafür, daß du umziehst**
 b. **Er interessiert sich dafür, ob du umziehst**
 c. **Er interessiert sich dafür, wer zu dir zieht**

Bei Relativsätzen sind dagegen Bezugsnominal und Relativpromen über feste Regeln des relativen Ausschlusses grammatisch aufeinander abgestimmt. Im Standardfall übernimmt das Relativpronomen Genus und Numerus vom Kern der Nominalgruppe. Auch bei einem pronominalen Kern wie in 2a muß Genuskongruenz bestehen (**Monika bezahlt das/*den, was Manfred ausgesucht hat**; Numerus ist bei **was** neutralisiert).

Eine Abstimmung dieser Art findet sich auch beim freien Relativsatz. Betrachten wir zur Illustration noch einmal topikalisierte **w**-Sätze. Ein freier Relativsatz kann stehen, wenn Relativpronomen und Bezugsnominal im Kasus übereinstimmen (9a,b), anderenfalls kann er ungrammatisch werden (9c,d).

(9) a. **Wer Zeit hat, der hilft dir auch**
 b. **Wer Zeit hat, hilft dir auch**
 c. **Wer Geld hat, dem hilfst du auch**
 d. ***Wer Geld hat, hilfst du auch**

Die Übereinstimmung zwischen **wer** und **der** besteht nun natürlich nicht nur in Hinsicht auf Kasus, sondern sie besteht a fortiori auch in Hinsicht auf Numerus und Genus. Der freie Relativsatz hat also sozusagen einen verschärften relativen Anschluß, der auf Kasus erweitert ist.

Wie wir in 8.5 gesehen haben, kann die Kasusregel gelockert und verallgemeinert werden. Der freie Relativsatz ist auch möglich, wenn der Kasus des Relativpronomens dem in der Kasushierarchie Nom > Akk > Dat > PrGr übergeordneten Kasus folgt wie in 10a (Akk < Nom) und 10b (Dat < Nom). Die Hierarchie kann verletzt werden, wenn Synkretismus mit einer durch die Hierarchie zugelassenen Form besteht (Nom > Akk, aber Akk (**das**) = Nom (**das**)). Ähnlich 10d mit präpositionalem Anschluß.

(10) a. **Wen du bezahlst, der hilft dir auch/hilft dir auch**
 b. **Wem du Geld gibst, der hilft dir auch/hilft dir auch**

c. **Was dir gefällt, das kaufst du/kaufst du**
d. **Wofür er bezahlen muß, dafür arbeitet er auch/arbeitet er auch**

Relativpronomen und möglicher Bezugsausdruck sind also in differenzierter Weise funktional über die Kasushierarchie oder unter ihrer Umgehung direkt formal aufeinander abgestimmt und sind insofern keine Korrelate (s. a. Pittner 1995a). Die Abstimmung scheint unter ökonomischem Gesichtspunkt zunächst kontraproduktiv zu sein, denn sie schließt zahlreiche kommunikativ sinnvolle und in den Bestandteilen auch grammatische Sätze vom Typ 9d aus. Verständlich wird sie, wenn man die grammatischen Eigenschaften der ›leeren‹ Komplementposition beim übergeordneten Verb berücksichtigt. Der Ökonomiegesichtspunkt kehrt sich dann um. Bemerkenswert ist, wieviele freie Relativsätze möglich sind. Wie beim Kontrollproblem (11.2) handelt es sich bei den freien Relativsätzen darum, daß das Fehlen rekonstruierbarer grammatischer Information syntaktisiert ist.

Die Deutung eines **w**-Satzes als indirekter Fragesatz oder Relativsatz ist vor allem dann kritisch, wenn kein Bezugswort vorhanden ist. Für diesen Fall läßt sich das Verhältnis der beiden Satzfunktionen zusammenfassend so beschreiben: (1) Ein valenzgebundener **w**-Satz (Komplement) ist indirekter Fragesatz. (2) Ein nicht valenzgebundener **w**-Satz ist freier Relativsatz. (3) Sind bei einem valenzgebundenen **w**-Satz die Bedingungen für eine Deutung als freier Relativsatz erfüllt, dann liegt ein Fall von syntaktischer Mehrdeutigkeit vor.

Das logische Verhältnis der Sätze (1) bis (3) ist trivial. Nicht trivial ist, die Valenzgebundenheit einerseits und die syntaktischen Bedingungen für freie Relativsätze andererseits präzise zu beschreiben. Je besser das gelingt, desto unproblematischer dürfte die Beibehaltung der traditionellen Begriffe sein (**Aufgabe 114**).

10.3 Zur Grammatik der Korrelate

Als Korrelate bezeichnet man Einheiten, die als Bezugseinheiten für Nebensätze oder Infinitivgruppen fungieren. Als Korrelate zu Nebensätzen werden beispielsweise Formen von Pronomina, Pronominaladverbien und Adverbien wie die kursivgedruckten in 1 angesehen.

(1) a. **Wir bedauern *es*, daß Karl fehlt**
b. **Sie trauert *dem* nach, daß Paul nicht bei der Polizei ist**
c. **Er rühmt sich *dessen*, daß er nach Cannes eingeladen wurde**
d. **Er wartet *darauf*, daß es dunkel wird**
e. **Er kommt *deswegen*, weil er mitfahren will**
f. **Sie macht es *so*, wie Luise gesagt hat**

Der Korrelatbegriff ist uns schon verschiedentlich begegnet. Er gehört zu denen, die in vielen Bereichen der Grammatik eine Rolle spielen und auf recht unterschiedliche Weise verwendet werden. Wichtig ist er, weil von seiner Füllung abhängt, wie man die Einbindung der Nebensätze in die übergeordnete Struktur versteht.

Eine extreme Auffassung besagt zum Beispiel, daß im Prinzip jeder Nebensatz ein Korrelat im übergeordneten Satz hat, auch wenn es nicht unbedingt auftritt: »Alle Nebensätze sind Hinzufügungen zu einem entsprechenden Korrelat; sie können als Attributsätze im weitesten Sinne des Wortes angesehen werden.« (Helbig/Buscha 1998: 670). Ausgenommen werden lediglich die weiterführenden Nebensätze wie in **Sie hat einen neuen Termin vereinbart, womit alles wieder offen ist.** Hier läßt sich der Nebensatz nicht an einen bestimmten Bestandteil des Hauptsatzes binden, sondern nur auf diesen insgesamt beziehen.

Die meisten Grammatiken verfahren anders und orientieren Korrelate von vornherein auf die Funktion von Nebensätzen, wobei mindestens nach Korrelaten bei Komplementsätzen und solchen bei Adjunktsätzen differenziert wird (Engel 1988: 252 ff.; 287 ff.; IDS-Grammatik: 1787 ff.). Wir wollen ebenso verfahren und im Überblick darstellen, womit man formal und funktional bei den Komplement- und Adjunktsätzen zu rechnen hat und was diese Sicht für die Attributsätze bedeutet. Weitere Einzelheiten zur Grammatik der Korrelate finden sich, wie gesagt, über die Grammatik verteilt. Wichtige neuere Literatur zum Thema sind Sonnenberg 1992; Sandberg 1998; Zitterbart 2002. Einen instruktiven Überblick gibt Pittner (1999: 215 ff.).

Die Form des Korrelats bei *Komplementsätzen* ist von der jeweils besetzten Komplementstelle abhängig. Für Subjektsätze (2) und Objektsätze (direktes Objekt, 3) ist am wichtigsten **es**. Das Korrelat geht dem Bezugssatz voraus und ist unabhängig von der Form des Nebensatzes (**daß-**, **ob-**, **w-**Satz).

(2) a. **Es interessiert ihn, daß/ob/wie du nach Berlin fährst**
b. **Ihn interessiert es, daß/ob/wie du nach Berlin fährst**
c. ***Es, daß/ob/wie du nach Berlin fährst, interessiert ihn**
d. **Daß/ob/wie du nach Berlin fährst, es interessiert ihn**

(3) a. ***Es weiß er, daß/ob/wie du nach Berlin fährst**
b. **Er weiß es, daß/ob/wie du nach Berlin fährst**
c. ***Es, daß/ob/wie du nach Berlin fährst, weiß er**
d. **Daß/ob/wie du nach Berlin fährst, er weiß es**

Als Korrelat ist **es** nicht betonbar. Wo es betont werden müßte wie in 3a, wird der Satz ungrammatisch. 2a ist dagegen grammatisch, weil das Subjekt im Vorfeld nicht betont werden muß. Wir hatten dieses **es** in Abschnitt 5.4.2 als Vorfeld-**es** bezeichnet, weil es generell steht, wenn das Vorfeld nicht anders besetzt ist, nicht nur bei Subjektsätzen (**Es interessiert ihn dein Kontoauszug**). Insofern ist das **es** in 2a als eine Besonderheit unter den Korrelaten anzusehen.

Nicht als Korrelat-**es** sieht man meist Verwendungen wie in 2d und 3d an. Das **es** folgt dem Komplementsatz und hat hier die Funktion eines resumptiven Pronomens, d.h. eines Pronomens, das bei einem nach links herausgestellten Komplementsatz die entsprechende Argumentstelle besetzt. In dieser Verwendung wird ein Pronomen weder als Kern eines Attributes betrachtet, noch als Korrelat wie in den anderen Fällen aus 2 und 3. Vielmehr handelt es sich um eine Verwendung eigener Art, die z. B. auch bei Spaltsätzen und freien Relativsätzen vorkommt.

Als wichtiger Hinweis auf den Status des Korrelat-**es** gilt die Nichtgrammatikalität von 2c und 3c. Sie zeigt nämlich, daß das Korrelat nicht referentiell und damit nicht als Kern einer Attributkonstruktion angesehen werden kann. Der Nebensatz restringiert nichts oder bestimmt nichts näher, worauf mit **es** Bezug genommen würde. Vielmehr ist **es** als Strukturelement anzusehen, das gewisse grammatische Merkmale der jeweils besetzten Position trägt (es ist eine Pronominalform des Nom/Akk). Syntaktisch hat es eine Kopf- und keine Kernfunktion: wir machen es zum Kopf einer Subjekt- bzw. Objektkonstituente, die dadurch ihren Satzstatus nicht verliert (4a für einen Subjektsatz).

(4) a. b.

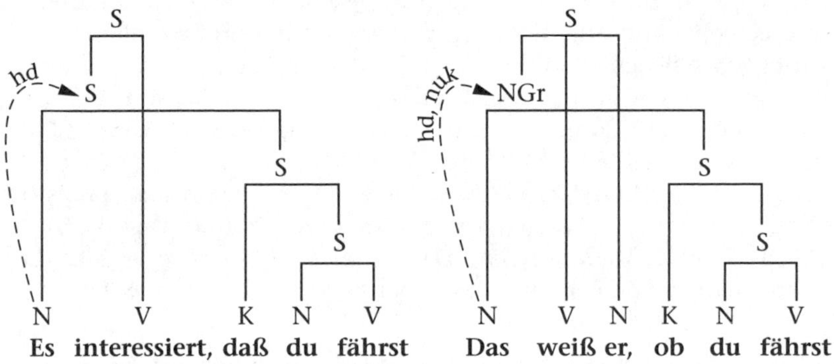

Manche Verben verlangen ein Korrelat-**es**, bei anderen ist es fakultativ oder ganz ausgeschlossen. Das Korrelat zum Objektsatz muß beispielsweise stehen bei **ablehnen**, **aufgeben**, kann stehen bei **abwarten** und **erkennen**, ist ausgeschlossen bei **beantragen** und **meinen** (Listen in Engel 1988: 253 ff.; s. a. Aufgabe 115c unten). Die Differenzierung erfolgt nach semantischen Kriterien und nach dem Grammatikalisierungsgrad. Je weniger eine Komplementposition für Sätze syntaktisch festgeschrieben ist, desto eher braucht sie **es** zur Anbindung des Satzes. Das verträgt sich gut mit der Beobachtung, daß **es** bei nichtkanonischen Komplementsätzen, z. B. den **wenn**-Sätzen, eine wichtige Rolle spielt (10.4.2). Das Korrelat-**es** ist mit der Verbvalenz zu spezifizieren.

Das betonbare Gegenstück zu **es** ist **das**. Es kann einige, aber nicht alle der Positionen besetzen, die dem Korrelat-**es** unzugänglich sind, z. B. 3a (**Das weiß er, ob du nach Berlin fährst**). Das Pronomen hat hier zumindest wichtige Merkmale des Kerns einer Attributkonstruktion. Wir sehen es entsprechend als Kopf und Kern einer NGr an (4b). Dem entspricht seine Distribution. **Das** als Bezugselement muß nicht lexikalisch spezifiziert werden. Es ist bei fast allen Verben mit Subjekt- und Objektsätzen in derselben Weise verwendbar.

In den übrigen Komplementpositionen stehen Bezugseinheiten, die von der Form her spezifischer sind als **es** und entsprechend weniger als Korrelate grammatikalisiert. Für ein Dativ- und ein Genitivobjekt findet sich je ein Beispiel in 1b,c. Es handelt sich um Formen mit eindeutiger Kasusmarkierung, die wohl als Kerne von Attributkonstruktionen anzusehen sind. Bemerkenswert an 1b ist, daß mit der Dativform **dem** ein Satz dort angebunden wird, wo Komplementsätze sonst nicht zugelassen sind.

Beim Präpositionalobjekt hat das Korrelat generell die Form des entsprechenden Pronominaladverbs (**warten auf etwas – warten darauf, daß; sich freuen über etwas – sich freuen darüber, daß**). Was oben über die Obligatorik bzw. Fakultativität von **es** gesagt wurde, gilt hier in ähnlicher Weise.

Pronominaladverbien unterscheiden sich von **es** durch ihre Betonbarkeit. Sind sie unbetont, fungieren sie als syntaktische Köpfe mit ähnlicher Distribution wie **es** (5a-c). Die erste Silbe kann dann auf einen komplexen Onset reduziert werden (**drauf, drüber**)

(5) a. ***Drauf wartet sie, daß du nach Berlin fährst**
b. **Sie wartet drauf, daß du nach Berlin fährst**
c. ***Drauf, daß du nach Berlin fährst, wartet sie**
d. ***Daß du nach Berlin fährst, drauf wartet sie**

Sämtliche ungrammatischen Sätze aus 5 werden grammatisch, wenn der deiktische Bestandteil des Pronominaladverbs betont wird (**dárauf, dárüber**). Für 5a bis c wäre wieder von einer Attributkonstruktion, für 5d von Herausstellung nach links zu sprechen.

Hier läßt sich die Darstellung der Bezugswörter zu *Adjunktsätzen* unmittelbar anschließen. Nach dem Muster von 1e kommen Adverbien unterschiedlicher Art und morphologischer Struktur vor wie **dann, da, so, darum, deswegen, deshalb** (Einzelheiten in 10.4), die alle textdeiktisch verwendet werden können. In allen vier Vorkommen 6a-d liefern sie grammatische Sätze.

(6) a. **Deshalb tut Christa das, weil niemand hilft**
b. **Christa tut das deshalb, weil niemand hilft**
c. **Deshalb, weil niemand hilft, tut Christa das**
d. **Weil niemand hilft, deshalb tut Christa das**

Obligatorik kann es bei den Korrelaten zu Adjunktsätzen nicht geben, weil keine Valenzbindung vorliegt. Im Prinzip sind sie fakultativ. Dem entspricht, daß Adjunktsätze für sich als Einheiten erkennbar sind, die die Funktion von Adjunkten erfüllen. Der Prototyp ist von einer subordinierenden Konjunktion mit lexikalischer Bedeutung eingeleitet (**weil, nachdem, obwohl**). Diese Konjunktionen sind im allgemeinen ein sicherer Hinweis darauf, daß der Nebensatz Adjunktsatz ist. Sie unterscheiden sich gerade in diesem Punkt grundlegend vom verbgebundenen Korrelat **es** (Pittner 1999: 221 ff.).

Wo ein Korrelat zu einem Adjunktsatz gesetzt wird, ist es in der Regel betont, wobei die Betontheit wie oben bei **das** und den Pronominaladverbien als syntaktisches Mittel zum Verweis auf den Nebensatz anzusehen ist. Der Nebensatz wird damit intonatorisch in den Gesamtsatz integriert. Semantisch entspricht dem, daß der Nebensatz in die Fokus-Hintergrund-Gliederung des Gesamtsatzes einbezogen ist. Er kann selbst den Fokus darstellen, kann aber auch zum Hintergrund gehören. Eine Einheit mit vom Hauptsatz unabhängiger Fokus-Hintergrund-Gliederung ist er in beiden Fällen nicht. Wie die anderen betonten Korrelate ist er sowohl syntaktischer Kopf wie syntaktischer Kern der Konstituente, die er mit dem Adjunktsatz bildet.

Die Frage, wann man sinnvollerweise von einem Bezugswort als dem Korrelat eines Nebensatzes spricht, ist damit nicht beantwortet. Es sollte aber deutlich geworden sein, daß man sie auf verschiedene Weise beantworten kann. Der verbreitetste Gebrauch meint wohl Bezugswörter zu Komplement- und Adjunktsätzen sowie zu den Attributsätzen, deren Bezugswörter regiert sind. Dazu gehören vor allem solche, die durch Vererbung zu einem spezifischen Bezugswort kommen (**sich freuen darauf, daß** → **Freude darauf daß**; 8.4). Verständigt man sich darauf, daß die resumptiv verwendeten Einheiten wie in den Sätzen d aus 2, 3, 5 und 6 nicht zu den Korrelaten gehören, dann ergibt sich dasselbe auch für andere Herausstellungskonstruktionen. Der Relativsatz in **Wer das tut, dem glaubt sie** hätte kein Korrelat **dem**, und genausowenig hätte der Spaltsatz **Dem Karl, dem glaubt sie** eines. Auf diese Weise hat man den Begriff auf Einheiten in einigermaßen homogenen syntaktischen Verwendungen begrenzt, für die sonst ja auch kein eingebürgerter Terminus zur Verfügung steht (**Aufgabe 115**).

10.4 Adverbialsätze

10.4.1 Kausale und temporale Konjunktionalsätze

Abgrenzung und Einteilung

Den Kernbereich der Adverbialsätze machen konjunktional eingeleitete Nebensätze in Konstruktionen wie 1 aus. Die hier vorkommenden Konjunktionen haben lexikalische Bedeutung, sie bezeichnen eine zweistellige Relation zwischen den von Bezugssatz und Adverbialsatz bezeichneten Sachverhalten. Eine semantische Klassifikation könnte aussehen wie in 2.

(1)

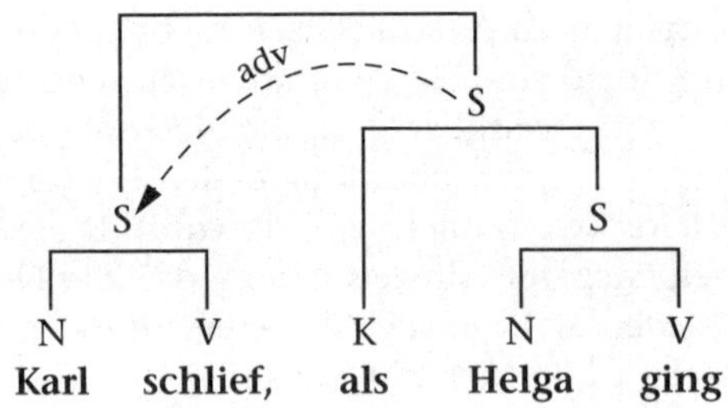

(2)	temporale	**als, wenn, bis, nachdem, bevor, ehe, solange, während**
	kausale	**da, weil**
	instrumentale	**indem**
	konzessive	**obwohl, obgleich, wiewohl**
	konditionale	**wenn, falls, sofern**
	finale	**damit**
	konsekutive	**sodaß**

Manche Klassifizierungen stellen die temporalen Konjunktionen dem ganzen Rest gegenüber, den man dann kausal im weiteren Sinne nennt (s.u.). Wir sprechen deshalb in der Überschrift dieses Abschnittes einfach von temporalen und kausalen Konjunktionalsätzen. Auch Konditionalität wird gelegentlich als Gegenbegriff zu Temporalität verwendet (Grundzüge: 788; 794). Auf Grundlage eines Begriffs von natürlichem Schließen spricht J. Klein (1987) von konklusiven Relationen, deren Bezeichnung in der Gruppe der nichttemporalen Konjunktionen als lexikalisches System grammatikalisiert ist. Wir gehen zunächst auf einige allgemeine Analyseprobleme und dann auf einige markante Konjunktionen individuell ein. Wegen ihrer vielen Besonderheiten wird den Konditionalsätzen ein besonderer Abschnitt gewidmet (10.4.2).

Die Konjunktionen in 2 leiten Adjunktsätze ein, deren Funktion am ehesten vergleichbar ist mit der nichtverbregierter PrGr. Zu den dort verwendeten Präpositionen haben viele der Konjunktionen ein enges semantisches und morphologisches Verhältnis (6.2.2). Den Adverbialsatz nennt man auch Verhältnissatz und stellt ihn damit dem mit **daß** und **ob** eingeleiteten Inhaltssatz gegenüber, der ja Komplement ist. Instruktiv ist ein Vergleich dort, wo beide Gruppen in derselben syntaktischen Position auftreten, nämlich als Attribut (3).

(3) a. **Eine Entscheidung, bevor du abfährst, wäre anfechtbar**
b. **Die Beseitigung des Hausmülls, indem man ihn verbrennt, bringt nur andere Probleme**
c. **Eine Beförderung, weil du der Chefin gefällst, ist ausgeschlossen**

(4) a. **Die Entscheidung, daß du abfährst, wäre anfechtbar**
b. **Die Untersuchung, ob das Wasser sauber ist, dauert an**

3 enthält Sätze mit ›adverbialer‹ Konjunktion im Attributsatz. Solche Sätze sind selten, wenn überhaupt, treten sie bei Nomina actionis auf (Blatz 1896: 1020f.). Denkbar wäre etwa eine Deutung als Ellipsen. Zu ihrer Vervollständigung gehört dann ein Relativsatz mit Funktionsverb, zu dem der Konjunktionalsatz Adverbial ist (**Eine Entscheidung, die getroffen wird, bevor du kommst, wäre anfechtbar**).

Die Attributsätze in 4 dagegen sind valenzgebunden (8.4). Sie explizieren das vom Kernsubstantiv Gemeinte. »Daß du abfährst« ist Inhalt der Entscheidung (4a) und »Ob das Wasser sauber ist oder nicht« ist Gegenstand der Untersuchung (4b). Auch diese Attributsätze stehen nicht bei jedem Substantiv. Ihre Beschränkung ist aber zumindest in einem Kernbereich syntaktisch als Rektion faßbar.

Das unterschiedliche syntaktische Verhalten von Komplement- und Adjunktsätzen rechtfertigt eine weitere Klassifizierung der subordinierenden Konjunktionen (SUB). Es ergeben sich die Teilklassen (Wortkategorien) ESUB (**daß, ob**) und ASUB (**weil, obwohl** ...). Beispielsweise sind Adjunktsätze im Mittelfeld möglich, Komplementsätze nicht (5).

(5) a. **Wolfgang hat, weil/obwohl Helmut zurücktritt, geweint**
b. ***Edmund hat, daß/ob er Katholik ist, vergessen**

Mit **daß**, **ob** und **w**-Wort eingeleitete Sätze sind in unterschiedlicher Funktion frei verwendbar, Adjunktsätze nicht.

(6) a. **Daß mir keiner den Hund beißt**
b. **Daß Hans es immer wieder versucht**
c. **Ob es diesmal klappt?**
d. **Wie nett sie wieder spricht**
e. **Wie man hier wohl am besten wegkommt?**
f. **Wenn es doch Nacht würde**
g. **Und wenn die Preußen kämen**

(7) ***Obwohl/*weil/*nachdem du das getan hast**

6a beispielsweise kann als Aufforderung, 6b als Ausruf, 6c als Frage auch in der besonderen Form der sog. Echofrage wie in **Klappt es diesmal? Ob es diesmal klappt?** verstanden werden (Reis 1991a). Für Verhältnissätze ist das nicht möglich (7; Weuster 1983; 33ff.; Reis 1985: 280ff.). Die Sätze in 7 können zwar auch für sich auftreten, sie sind dann aber Teil nur textgrammatisch erfaßbarer Ellipsen. Der einzige Ausreißer ist **wenn**, das einerseits Adjunktsätze einleitet, sich aber andererseits wie ESUB verhält (6f,g). **Wenn** ähnelt auch in anderer Hinsicht der ESUB-Konjunktion **daß**: Sätze mit diesen beiden Konjunktionen sind vielfach durch konjunktionslose Sätze ersetzbar, und zwar **daß** durch einen Kernsatz (8) und **wenn** durch einen Stirnsatz (9).

(8) a. **Egon vermutet, daß Paul seine Angel vergessen wird**
b. **Egon vermutet, Paul werde seine Angel vergessen**

(9) a. **Wenn du pünktlich kommst, bist du als erster dran**
b. **Kommst du pünktlich, bist du als erster dran**

Das Verhalten von **wenn** und seine Zugehörigkeit zu einer der Teilklassen von SUB bedarf also genauerer Analyse (10.4.2).

Wir wollen nun auf die Bedeutungen und syntaktischen Besonderheiten der einzelnen in 2 aufgeführten Konjunktionen zu sprechen kommen. Die meisten Grammatiken gehen in diesem Punkt so vor, daß sie nicht die einzelnen Konjunktionen, sondern die von ihnen bezeichneten semantischen Beziehungen zur Grundlage der Beschreibung machen. Man bekommt dann etwa Abschnitte über die Kausalrelation, die Temporalrelation usw. (Erben 1980: 202ff.; Duden 1984: 691ff.; Grundzüge: 785ff..), und es wird gefragt, mit welchen sprachlichen Mitteln die einzelnen Relationen realisiert werden können. Unter systematischem Aspekt ist dieses Vorgehen problematisch. Einmal bleibt unklar, woher die zugrunde gelegte Klassifikation kommt. Ist sie semantischer Art oder beruht sie nicht doch auf dem Bestand an Konjunktionen, die das Deutsche hat?

Zum zweiten bleibt für viele Fälle unklar, woran es liegt, daß ein bestimmtes semantisches Verhältnis zwischen Adverbial und Bezugssatz besteht. Wenn es beispielsweise im Duden (1998: 790) heißt, für das Kausalverhältnis sei auch eine Partizipialkonstruktion möglich (10a), so zeigen die Beispiele 10b-c, daß mit dieser Konstruktion auch andere semantische Verhältnisse ausgedrückt werden können.

(10) a. **Von seiner schauspielerischen Leistung überzeugt, ging er zum Theater**
b. **Zuhause angekommen, zog sie ihre Pantoffeln an**
c. **Den Rücken gekrümmt, wartete er auf den nächsten Biß**

Die Frage ist dann: ist die Signalisierung von Kausalität eine spezifische Leistung dieser Konstruktion? Hängt das kausale Verhältnis in 10a nicht eher am Inhalt der beteiligten Ausdrücke? Wenn letzteres zutrifft, liegt der Fall systematisch anders als bei Sätzen mit einer kausalen Konjunktion. Wir vermeiden solche Unklarheiten, wenn wir von den Konjunktionen selbst ausgehen. Nicht Kausalität allgemein ist dann das Thema, sondern das Verhalten und die Leistung bestimmter Konjunktionen. Nun zu den Konjunktionen im Einzelnen (vollständiger Pasch u. a. 2003).

Kausalsätze

weil. In 11 bezeichnet **weil** eine Relation zwischen zwei Sachverhalten derart, daß das Eintreten des einen als hinreichende Bedingung für das Eintreten des anderen behauptet wird. Sei b eine aussagenlogische Konstante, die für den vom Adjunktsatz bezeichneten Sachverhalt steht (»Ein Baum liegt auf der Straße«) und stehe a entsprechend für den vom Bezugssatz bezeichneten Sachverhalt (»Karl bremst«), dann behauptet der Sprecher mit 11, daß b kausal für das Eintreten von a ist.

(11) **Karl bremst, weil ein Baum auf der Straße liegt**

Der Konnektor → steht für die Bedeutung von **weil**. Mit **weil** können nur Sachverhalte verknüpft werden, die zutreffen: Die Wahrheitsbedingungen von b → a sind dieselben wie die von a ∧ b (a und b). Der komplexe Sachverhalt trifft genau dann zu, wenn beide verknüpften Sachverhalte zutreffen. Darin besteht etwa ein Unterschied zwischen **weil** und **wenn**. Mit 12 ist weder gesagt, daß Karl bremst, noch ist gesagt, daß ein Baum auf der Straße liegt.

(12) **Karl bremst, wenn ein Baum auf der Straße liegt**

Die von **weil** bezeichnete Relation ist nicht symmetrisch. Wenn Karl bremst, weil ein Baum auf der Straße liegt, dann heißt das nicht, daß immer dann, wenn Karl bremst, ein Baum auf der Straße liegt. Karl wird tunlichst auch bei anderen Gelegenheiten bremsen. Mit b ist daher eine hinreichende Bedingung für das Eintreten von a genannt, nicht aber eine notwendige. Wenn b → a gilt, dann gilt nicht notwendig a → b.

(13) a. **Helga behauptet, daß Luise kommt, weil sie Geburtstag hat**
b. **Weil sie Geburtstag hat, behauptet Helga, daß Luise kommt**

Steht der **weil**-Satz nach einem Objektsatz, so ist syntaktisch ein doppelter Bezug möglich. Mit 13a kann mit dem **weil**-Satz der Grund für Helgas Behauptung, aber auch für Luises Kommen gegeben sein. Für 13b ist die zweite Lesung von 13a nicht möglich (dazu weiter unter **da**).

(14) a. **Karl bremst deswegen, weil ein Baum auf der Straße liegt**
b. **Weil ein Baum auf der Straße liegt, deshalb bremst Karl**

Weil-Sätze können mit den Pronominaladverbien **darum, deshalb** und **deswegen** als Korrelate an den übergeordneten Satz angebunden sein. Die Anbindung kann sowohl bei vor- wie bei nachgestelltem Adverbialsatz erfolgen (14). Der Bezug von **weil**-Sätzen auf Pronominaladverbien ist ziemlich unbeschränkt möglich. Darin drückt sich das enge Verhältnis zwischen **weil**-Sätzen und kausalen PrGr mit **wegen** und **halber** aus (**um** als kausale Pr ist nicht mehr gebräuchlich. Wo es vorkommt, hat es eher finale Bedeutung). Zu den Pronominaladverbien gehören die morphologisch verwandten Frageadverbien **warum, weshalb, weswegen**, mit denen der Inhalt von **weil**-Sätzen erfragt werden kann.

(15) a. $a' \subset b'$
b. »Man bremst, wenn etwas auf der Straße liegt«

Gründen wir den Kausalitätsbegriff zunächst auf den Begriff der Bedingung, dann können wir sagen, daß ein Kausalsatz umso eher als solcher akzeptiert wird, je offensichtlicher b unter den obwaltenden Umständen hinreichende Bedingung für a ist. Häufig beruht dann die Einsichtigkeit des Kausalitätsverhältnisses auf einem generell gültigen Bedingungsgefüge $b' \supset a'$ derart, daß b' eine Verallgemeinerung von b und a' eine Verallgemeinerung von a ist. Für 11 etwa könnte man 15b ansetzen.

da. Als kausale Konjunktion ist **da** in verschiedener Hinsicht syntaktisch und semantisch gegenüber **weil** beschränkt. Syntaktische Beschränkungen zeigen sich etwa bei den Korrelaten (16, 17) und bei Antwortsätzen auf Ergänzungsfragen (18). Die mit 17 und 18 demonstrierten Beschränkungen sind sicher nicht unabhängig voneinander, denn das Pronominaladverb (Korrelat) ist morphologisch mit dem Frageadverb verwandt (zu den Unterschieden weiter Thümmel 1979; Pasch 1989; Redder 1990).

(16) a. **Karl kommt, weil er mit dir reden will**
b. **Karl kommt deshalb, weil er mit dir reden will**

(17) a. **Karl kommt, da er mit dir reden will**
b. ***Karl kommt deshalb, da er mit dir reden will**

(18) **Weshalb tust du das? Weil es mir gefällt/*Da es mir gefällt**

Der semantische Unterschied zwischen **da** und **weil** wird am deutlichsten bei den sogenannten replikativen oder reduktiven Schlüssen. Vielfach kann **weil** ohne wesentliche Bedeutungsveränderung durch **da** ersetzt werden (19). Kehrt man aber das Kausalverhältnis um, so bekommt man nur für **da** einen interpretierbaren Satz (20a). Hier wird aus der Folge (»Karl bremst«) auf die

Ursache (»Ein Baum liegt auf der Straße«) zurückgeschlossen. Wegen der ›verkehrten‹ Schlußrichtung nennt man solche Schlüsse replikativ oder reduktiv.

(19) a. **Karl bremst, da ein Baum auf der Straße liegt**
b. **Karl bremst, weil ein Baum auf der Straße liegt**

(20) a. **Da Karl bremst, liegt ein Baum auf der Straße**
b. **Weil Karl bremst, liegt ein Baum auf der Straße**

Mit **da** wird allgemein eine Folgerungsbeziehung zwischen Sachverhalten bezeichnet. In $a < b$ (mit $<$ als Bedeutung von **da**) wird das Zutreffen von b präsupponiert (d.h. b wird nicht ausdrücklich behauptet) und es wird behauptet, daß a eine Folgerung aus b sei. In $a \leftarrow b$ (mit $\leftarrow$ als Bedeutung für **weil**) kann ebenfalls ein Folgerungsverhältnis gemeint sein, es kann aber auch das viel direktere Verhältnis einer kausalen Verknüpfung gemeint sein dergestalt, daß **weil** aus zwei Sachverhalten einen zusammengesetzten, kausalen Sachverhalt aufbaut (Pasch 1982: 95ff.; 112ff). Wird **weil** in replikativen Schlüssen verwendet wie in 20b, so ist dies besonders anzuzeigen. Möglich wäre etwa **Weil Karl bremst, muß wohl ein Baum auf der Straße liegen**. Möglich ist auch **weil** mit Verbzweitsatz: **Ein Baum liegt auf der Straße, weil Karl hat gebremst** (1.2; 6.2.1; **Aufgabe 116**).

obwohl, auch **obgleich, obschon**. Zwischen diesen konzessiven Konjunktionen scheint es keine wesentlichen syntaktischen und semantischen, sondern nur Unterschiede im Gebrauch zu geben.

(21) **Helga arbeitet, obwohl sie müde ist**

Der Begriff konzessiv weicht von den anderen zur Kennzeichnung von Adverbialsätzen verwendeten Begriffen ab. Er ist nicht relational. Mit **obwohl sie müde ist** in 21 wird auch nichts bezüglich **Helga arbeitet** konzediert. Vielmehr kann der Gesamtsatz verwendet werden, um etwas zu konzedieren (etwa einen entsprechenden Sprechakt zu realisieren: **Du hast es nicht geschafft, obwohl du dich bemüht hast**).

(22) a. $b \supset {\sim}a$
b. »Wenn sie müde ist, arbeitet Helga (normalerweise) nicht«
c. »Wer müde ist, arbeitet normalerweise nicht«

Wie der Kausalsatz ist der Konzessivsatz nur dann wahr, wenn beide Teilsätze wahr sind. Seine Besonderheit zeigt sich auf der Ebene der Präsuppositionen. Steht a für die Bedeutung von **Helga arbeitet** und b für die Bedeutung von **Sie ist müde**, dann wird bei der Äußerung von 21 präsupponiert, daß die Implikation 22 gilt. 22a kann gelesen werden wie 22b und möglicherweise verallgemeinert werden zu 22c. Der Konzessivsatz stellt dann fest, daß zwischen zwei Sachverhalten ein Verhältnis besteht, wie es ›normalerweise‹ oder ›natürlicherweise‹ gerade nicht besteht. Dieses Element von Widerspruch oder Überraschung wird gelegentlich etwas irreführend als Verhältnis des unzureichenden Grundes charakterisiert (Erben 1980: 205).

Ist eine Präsupposition der Form 22 nicht sofort aus dem semantischen Verhältnis der Teilsätze ersichtlich, so wird sie vom Hörer konstruiert. In einem Satz wie **Karl ging zur Bank, obwohl er gerade seine Tante besucht hatte** besteht an sich keinerlei Widersprüchlichkeit zwischen den Teilsätzen. Der Hörer muß aber annehmen, daß Karls Gang zur Bank nach einem Besuch bei der Tante nicht erwartet worden war. Daran zeigt sich, daß **obwohl** eine konzessive Interpretation erzwingt.

Die konzessiven Konjunktionen sind historisch jung und gehen auf Verschmelzungen des konditionalen **ob** mit Fokuspartikeln zurück (**und ob ich schon wanderte im finsteren Tal ...** vs. **und obschon ich wanderte im finsteren Tal ...**; s.a. **wenngleich; wenn auch**). Mit den Konditionalen sind sie noch heute über die sogenannten Irrelevanzkonditionale verbunden (**Aufgabe 117**). Die konzessiven Konjunktionen sind – ebenso wie Adverbien zur Bezeichnung von Konzessivität (**nichtsdestoweniger, gleichwohl, dennoch**) – sämtlich morphologisch komplex. Auch die einzige konzessive Präposition **trotz** ist komplex, so daß es keine regulär auf **da** und **hier** gebildeten Pronominaladverbien gibt. Als Korrelate zu Konzessivsätzen kommen aber beispielsweise **trotzdem** und **dessen ungeachtet** in Frage

(23) a. **Obwohl ich keine Zeit habe, besuche ich dich trotzdem**
b. ***Ich besuche dich trotzdem, obwohl ich keine Zeit habe**

indem. Diese Konjunktion wird teils als instrumental, teils als modal charakterisiert, denn »Im Nebensatz wird genauer erläutert, wie eine Handlung ausgeführt wird, die im Hauptsatz genannt ist« (Duden 1998: 806; s.a. Grundzüge: 811f.). Die Charakterisierung als instrumental stellt die semantische Gemeinsamkeit von **indem** mit den kausalen, konzessiven und konditionalen Konjunktionen heraus: Das semantische Verhältnis zwischen Nebensatz und Hauptsatz beruht auf einer Implikation, in der der vom Nebensatz bezeichnete Sachverhalt die Rolle des Antezedens spielt (24). Mit dem **indem**-Satz behauptet der Sprecher, daß der vom Nebensatz bezeichnete Sachverhalt hinreichende Bedingung für das Eintreten des vom Hauptsatz bezeichneten Sachverhalts ist und daß der erste intentional hinsichtlich des zweiten realisiert wird. Der Begriff des Instrumentalen ist von dem der Intentionalität nicht zu trennen (3.2.2).

(24) a. **Emma erfreut Rainer, indem sie ihn einlädt**
b. $a \subset b$
c. »Man erfreut jemanden, indem man ihn einlädt«

Indem-Sätze haben keine festen Korrelate. Wir haben aber semantisch äquivalente Konstruktionen mit obligatorischem Korrelat (**damit, daß; dadurch, daß**). Sie weisen die instrumentalen Präpositionen **mit** und **durch** als morphologische Bestandteile der Pronominaladverbien auf.

damit. Die finale Konjunktion **damit** ist semantisch die Konverse zur instrumentalen **indem.** Bei **indem** liefert der Nebensatz das Mittel, der Hauptsatz den Zweck. Bei **damit** liefert der Nebensatz den Zweck, der Hauptsatz das Mittel (25).

(25) a. **Emma erfreut Rainer, indem sie ihn einlädt**
b. **Emma lädt Rainer ein, damit er sich freut**
c. a ⊃ b
d. »Man lädt jemanden ein, damit er sich freut«

Auch morphologisch ist die Verwandtschaft von Instrumentalsatz und Finalsatz ersichtlich. Die finale Konjunktion **damit** ist als Pronominaladverb Korrelat in Instrumentalsätzen (26).

(26) a. **Daß Emma Rainer einlädt, damit erfreut sie ihn**
b. **Emma lädt Rainer ein, damit sie ihn erfreut**

Ein Unterschied besteht darin, daß bei **indem** der den Zweck kennzeichnende Sachverhalt als bereits eingetreten und also zutreffend unterstellt ist, bei **damit** aber nicht. Hier wird nur mitgeteilt, daß etwas Bestimmtes geschieht, das das Eintreten des vom Nebensatz bezeichneten Sachverhalts bewirken soll. Syntaktische Folge davon ist, daß der finale Nebensatz im Konjunktiv stehen kann (**Emma lädt Rainer ein, damit er sich freue**; zur Finalität auch 11.3).
sodaß/so daß. Meist wird unter Konsekutivität verstanden, daß der vom Nebensatz bezeichnete Sachverhalt aus dem vom Hauptsatz bezeichneten folgt. In **Karl fährt schnell, sodaß er rechtzeitig ankommt** wäre Karls schnelles Fahren als Ursache für die Folge seines rechtzeitigen Ankommens dargestellt. Es läge ein zum Üblichen umgekehrtes Verhältnis von Ursache und Folge vor, die Ursache wird ja sonst im Nebensatz genannt. Konerding (2002: 110ff.) schlägt vor, den Hauptsatz als ›ereignismotivierend‹ für das vom Nebensatz bezeichnete Ereignis anzusehen. Eine generelle Frage dabei ist, ob beim grammatikalisierten **sodaß** noch etwas vom verweisenden und etwa an ein modales Adverbial gebundenen so vorhanden ist (**Karl fährt so schnell, daß er rechtzeitig ankommt**). Häufig stellt man jedenfalls fest, daß eine damit verbundene ›Moduskontinuierung‹ (Konerding) explizit gegeben ist, z.B. in **sie lebt anspruchsvoll, sodaß du besser bescheiden bleibst** (s.a. 10. 4. 3).

Temporalsätze

Nun zu den temporalen Konjunktionen. Um ihre Funktion zu beschreiben, betrachten wir zunächst ein Beispiel.

(27) **Am 4. Mai fuhren sie nach Stuttgart. Nachdem/Bevor sie dort angekommen waren, trat der Neckar über die Ufer**

Mit dem Adjunktsatz **nachdem/bevor sie dort angekommen waren** wird in Hinsicht auf den Kontext eine neue Betrachtzeit gesetzt. Im Beispiel ist das die Zeit ihrer Ankunft. Sie wird bezogen auf den 4. Mai, die Zeit der Reise. Diese Zeit ist für die Interpretation des Satzes kontextuell gegeben, sie ist präsupponiert.

Die zweite Funktion besteht darin, daß mit der temporalen Konjunktion der von Hauptsatz bezeichnete Sacherhalt (»Der Neckar tritt über die Ufer«) zeitlich auf den vom Adjunktsatz bezeichneten Sachverhalt (»Sie kommen in

Stuttgart an«) unter Berücksichtigung des gewählten Tempus situiert wird. Die semantische Charakterisierung der temporalen Konjunktionen erfolgt meist danach, ob hier Gleichzeitgkeit, Vorzeitigkeit oder Nachzeitigkeit gegeben ist. Sehen wir uns die Konjunktionen daraufhin an.

als. Mit **als** werden Sachverhalte aufeinander bezogen, die vor der Sprechzeit liegen. Die Dudengrammatik nimmt an, daß dabei sämtliche Zeitbezüge möglich sind. In 28a wäre Vorzeitigkeit gegeben, in 28b Nachzeitigkeit und in 28c Gleichzeitigkeit (Duden 1984: 378; 1998: 405).

(28) a. **Als er eine Weile gewartet hatte, ging die Tür auf**
b. **Als ich nach Hause kam, hatte meine Frau diesen Herrn bereits überzeugt**
c. **Als sie die Geschichte hörte, hat Luise nur gelacht**

Dieses Verhalten von **als** beschreibt Bäuerle (1995) sozusagen begrifflich komplementär. Es wird gezeigt, daß **als** nicht alle möglichen Zeitbezüge realisiert, sondern gar keinen. Zwei mit **als** verbundene Sätze sind zeitlich so aufeinander bezogen wie bei Asyndese (29).

(29) a. **Ich reparierte das Auto von Fritz. Das war in Rom**
b. **Als ich sein Auto reparierte, war Fritz in Rom**
c. **Als Fritz in Rom war, reparierte ich sein Auto**

Die Funktion von **als** ist damit auf die des Setzens einer neuen Betrachtzeit beschränkt. Diese Lösung hat viele Vorteile, unter anderen den, daß eine Verbindung zu **als** in der Koordination hergestellt werden kann (12.3).

(30) a. **Wenn Karl im Harz wanderte, schneite es**
b. **Wenn Karl im Harz wandert, wird es schneien**
c. **Wenn Karl im Harz wandert, schneit es**

wenn läßt sich am besten auf dem Hintergrund von **als** besprechen. Im Unterschied zu **als** bezieht man sich mit **wenn** aber nicht auf ein ganz bestimmtes Paar von Sachverhalten. Mit 30a ist auch bei rein temporaler Interpretation von **wenn** nichts darüber gesagt, wie oft beide Sachverhalte stattgefunden haben. Die häufig vorgenommene Kennzeichnung von **wenn** als iterativ gegenüber **als** ist nicht zutreffend (Helbig/Buscha 1998: 472; Petkov 1979: 221). Man braucht deshalb auch nicht zwei verschiedene Bedeutungen für **wenn** anzusetzen je nachdem, ob die Sachverhalte nur vor oder nach dem Sprechzeitpunkt liegen können (30a,b) oder in dieser Hinsicht überhaupt nicht festgelegt sind (30c). Helbig/Buscha etwa nehmen an, daß mit **wenn** bei Gegenwarts- und Zukunftsbezug ein einmaliges Geschehen gemeint sei, sonst ein wiederholtes. Das trifft nicht zu. Auch mit 30b,c ist nichts darüber gesagt, wie oft und ob überhaupt die Sachverhalte eintreten. Eben dies macht ja die Schwierigkeit aus, zwischen temporalem und konditionalem **wenn** zu unterscheiden. Wäre Temporalität an Einmaligkeit oder Faktivität gebunden, bestünde diese Schwierigkeit nicht. **Wenn** wäre dann allerdings auch nicht von einer temporalen zu einer konditionalen Konjunktion geworden.

(31) a. **Während Karl im Harz wanderte, schneite es**
b. **?Während Karl seine Mütze verlor, schneite es**
c. **Während es schneite, verlor Karl seine Mütze**

Während signalisiert, daß die Aktzeiten der beiden Sachverhalte sich überlappen. 31a besagt, daß zumindest in einem Teil des Zeitraumes von Karls Wanderung Schnee fällt. In 31c ist die Aktzeit des **während**-Satzes ein Zeitpunkt, der innerhalb des Zeitintervalls liegt, das der Aktzeit des Hauptsatzes entspricht. Ist umgekehrt die Aktzeit des Adverbialsatzes ein Zeitpunkt, so kann **während** nicht verwendet werden (31b).

Das beschriebene Zeitverhältnis hat dazu geführt, daß **während** neben der temporalen eine im weiteren Sinne kausale Bedeutung hat. Sie tritt in Erscheinung, wenn der vom Hauptsatz bezeichnete Sachverhalt angesichts des vom **während**-Satzes bezeichneten ›eigentlich‹ nicht eintreten sollte (32a). Diese Verwendung von **während** wird manchmal adversativ, manchmal konzessiv genannt. Bei nachgstelltem **während**-Satz kommt in dieser Verwendung Verbzweitstellung vor (32b).

(32) a. **Während Karl um sieben aufsteht, schläft Angelika bis neun**
b. **Der Staat verarmt, während Jürgen immer reicher wird**

(33) a. **Bis Karl im Harz wanderte, blitzte es**
b. **Bis Karl im Harz gewandert hat, blitzt es**
c. **Bis Karl aufwacht, blitzt es**

Bis signalisiert, daß der vom Hauptsatz bezeichnete Sachverhalt zutrifft und fortbesteht und daß er von einem mit dem **bis**-Satz gegebenen Zeitpunkt an möglicherweise nicht mehr zutrifft. Trotz dieser Bedeutung von **bis** ist der Hauptsatz nicht auf durative und der **bis**-Satz nicht auf punktuelle Sachverhalte beschränkt. Bei punktuellen Sachverhalten im Hauptsatz wird iterativ interpretiert (33a besagt, daß es immer wieder blitzte). Ist der **bis**-Satz durativ, dann besteht der vom Hauptsatz bezeichnete Sachverhalt bis zu irgendeinem Zeitpunkt innerhalb der Aktzeit (des Zeitintervalls) des Nebensatzes. 33a kann geäußert werden, auch wenn es noch während Karls Wanderung blitzt. Falsch wird er erst, wenn es nach Karls Heimkehr noch immer weiter wetterleuchtet. Ist im Nebensatz irgendetwas über Beginn oder Abschluß des Bestehens des Sachverhaltes gesagt, so wird dieser Zeitpunkt zum Bezug für **bis** (33b,c). 33b besagt also, daß es jedenfalls bis zum Ende von Karls Wanderung blitzen wird.

Seit. Die Bedeutung von **seit** ist komplementär zu der von **bis**. Geht es bei **bis** um das mögliche Ende des Bestehens eines Sachverhalts, so bei **seit** um den Anfang des Bestehens eines Sachverhalts. Im Unterschied zu **bis** liegt bei **seit** der relevante Zeitpunkt vor der Sprechzeit.

Als Alternative zu **seit** tritt **seitdem** auf. Da dies auch die Form des zugehörigen Pronominaladverbs ist, können hier Konjunktion und Korrelat formgleich sein (**Seitdem Karl im Harz gewandert ist, seitdem blitzt es**) (**Aufgabe 118**).

10.4.2 Konditionalsätze

Die Form von Konditionalsätzen

Mit einem Konditionalsatz wird behauptet, daß ein bestimmter Sachverhalt unter der Bedingung eintritt, daß ein bestimmter anderer Sachverhalt besteht oder eintritt. Der Ausdruck, der den bedingenden Sachverhalt bezeichnet, wird das *Antezedens* des Konditionalsatzes genannt, der andere wird die *Konsequenz* oder das Konsequens (Stegmüller) oder das Sukzedens genannt. In der Konsequenz finden wir den bedingten Sachverhalt. Mit ›Antezedens‹ und ›Konsequenz‹ bezieht man sich eigentlich auf semantische Funktionen von Ausdrücken. Es hat sich aber eingebürgert, damit auch Teile von Konditionalsätzen selbst zu bezeichnen. In **Wenn Karl kommt, gehe ich** würde man **Wenn Karl kommt** das Antezedens und **gehe ich** die Konsequenz nennen. Diese Redeweise ist ungenau, aber sie ist bequem und führt auch nicht zu Schwierigkeiten, wenn man sich ihrer bewußt bleibt.

(1) a. **Kommt Karl, gehe ich**
b. **Angenommen Karl kommt, dann gehe ich**
c. **Wenn Karl kommt, gehe ich**

(2) a. **Unter der Voraussetzung, daß Karl kommt, gehe ich**
b. **Gesetzt den Fall, daß Karl kommt: dann gehe ich**
c. **Bei Karls Ankunft gehe ich**
d. **Es kann sein, daß Karl kommt. Ich gehe dann aber**
e. **Karl kommt? Dann gehe ich**

Das konditionale Verhältnis kann im Deutschen auf vielfältige Weise sprachlich realisiert werden, wir wollen aber nur Sätze des Typs 1a–c näher betrachten. Mit ›Konditionalsatz‹ haben wir zunächst ja lediglich eine unbestimmte semantische Kennzeichnung einer Klasse von Sätzen gegeben. Da es uns um die Beschreibung eines bestimmten Typs von Adverbialsatz geht und nicht etwa um die Vielfalt der Mittel zum Ausdruck von Konditionalität, stehen im Mittelpunkt die **wenn**-Sätze und die anderen adverbialen Konstruktionen aus 1. Jede so vorgenommene Abgrenzung ist aber willkürlich. Man könnte die eine oder andere Konstruktion aus 2 mit gutem Recht ebenfalls zu den ›Konditionalsätzen im engeren Sinne‹ rechnen.

Die Konditionalsätze in 1 unterscheiden sich vor allem in der Form des Antezedens. Das Antezedens kann ein uneingeleiteter Stirnsatz (1a), eine Partizipialgruppe (1b) oder ein Konjunktionalsatz sein (1c).

(3) a. **Ich gehe, kommt Karl**
b. **Kommt Karl, gehe ich**
c. **Haust du meinen Emil, trete ich deinen Otto**

Das Antezedens als uneingeleiteter Stirnsatz (finites Verb in Erstposition) kann dem Hauptsatz nachgestellt (3a) oder vorgestellt sein (3b,c). Ist es vorgestellt, so haben Antezedens und Konsequenz dieselbe Satzgliedfolge. Der Adverbialsatz ist vom Hauptsatz weder durch ein Einleitewort noch durch die

Wortstellung zu unterscheiden. Was Antezedens und was Konsequenz ist, läßt sich nur noch an der Abfolge der Sätze erkennen. Syntaktisch besteht der Gesamtsatz aus zwei nebengeordneten Stirnsätzen, wobei aber natürlich nicht Koordination, sondern Adjunktion vorliegt (4).

(4)

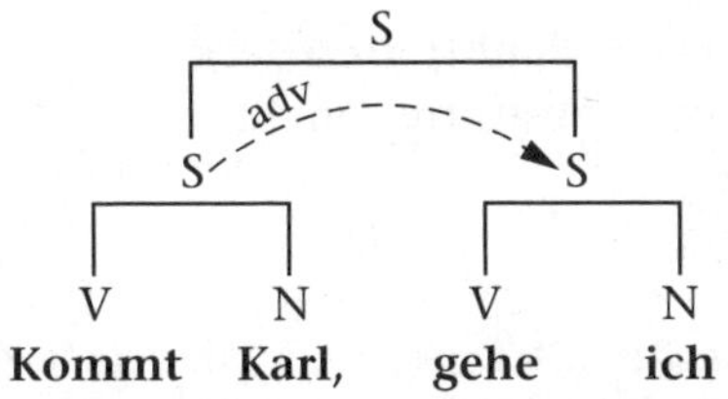

Bei vorangestelltem Antezedens können in diesem Typ von Konditionalsatz die Korrelate **dann** und **so** stehen **(Kommt Karl, dann/so gehe ich)**. Das Korrelat ist auf die Position zwischen den Teilsätzen beschränkt, es nimmt insbesondere nicht die Spitzenstellung im Satz ein **(*Dann, kommt Karl, gehe ich)**. Bei Verberstsatz als Antezedens können **dann** und **so** als Bezugswörter auftreten. Beide haben aber die sehr eingeschränkte resumptive Verwendung (5a). Die sonst bei Adjunktsätzen möglichen Korrelatpositionen sind ausgeschlossen (5b,c). Der Stirnsatz kann also nicht als Attributsatz zu einem Korrelat aufgefaßt werden. Darin besteht ein wichtiger Unterschied zum **wenn**-Satz (s.u.).

(5) a. **Kommt Karl, dann/so gehe ich**
b. ***Dann/so kommt Karl, gehe ich**
c. ***Ich gehe dann/so, kommt Karl**

Im zweiten Typ von Konditionalsatz ist das Antezedens als Partizipialgruppe realisiert (6a).

(6) a. **Vorausgesetzt, / Gesetzt, / Angenommen,** } **Karl kommt, dann gehe ich**
b. **Angenommen Karl kommt: dann gehe ich**
c. **Angenommen Karl kommt. Ich gehe dann**

Die Partizipien sind Formen von Verben des Sagens und Denkens, die Kernsätze als Komplemente nehmen **(Wir nehmen an, Karl kommt)**. Diese Verben sind uns als eine besondere Klasse im Zusammenhang von Konjunktiv und indirekter Rede begegnet (4.4). Auch in der Partizipialgruppe bleibt der Kernsatz als Komplement erhalten. So ergibt sich der Satztyp in 6.

Verbzweitsätze als Komplemente sind syntaktisch wenig in den Gesamtsatz integriert. Dasselbe gilt für die Partizipialgruppen. 6b,c zeigen, daß **dann** in allen Positionen des Adverbs möglich ist und offenbar in der Regel eine eigene Fokusdomäne bildet. Unterstützt wird die Desintegration durch das Fehlen der subordinierenden Konjunktion.

(7) a. **Dann, wenn Karl kommt, werde ich Paul treffen**
b. **Wenn Karl kommt, dann werde ich Paul treffen**

(8) a. **Dann werde ich Paul treffen, wenn Karl kommt**
b. **Ich werde dann Paul treffen, wenn Karl kommt**
c. **Ich werde Paul dann treffen, wenn Karl kommt**

(9) a. **Ich werde dann, wenn Karl kommt, Paul treffen**
b. **Ich werde Karl dann, wenn Paul kommt, treffen**

wenn-Sätze

Im dritten und häufigsten Typ von Konditionalsatz erscheint das Antezedens als Konjunktionalsatz mit **wenn, falls** oder **sofern**. Wir betrachten die **wenn**-Sätze mit dem fakultativen Korrelat **dann**. Auffällig an **dann** ist die Vielfalt seiner möglichen Positionen. Bei vorgestelltem Antezedens kann es resumptiv (7a) und als Träger einer Attributbeziehung zum Antezedens verwendet werden (7b). Bei nachgestelltem (ausgeklammertem) **wenn**-Satz steht **dann** auch im Mittelfeld, wo Adverbien stehen können (8), und schließlich ist der **wenn**-Satz auch innerhalb der Satzklammer bei **dann** möglich (9). Wir schließen daraus, daß der **wenn**-Satz allgemein und mit Ausnahme von 7a Attribut zu **dann** ist. Als Struktur für 7b etwa ergibt sich 10 (**Aufgabe 119a**).

(10)

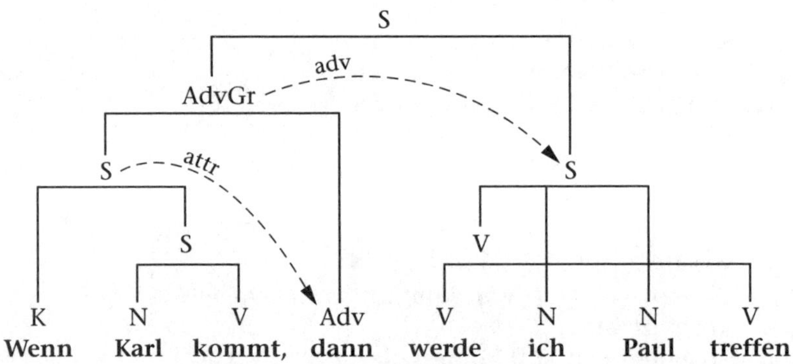

In den bisher besprochenen Beispielen war der **wenn**-Satz entweder selbst Adverbial (1c) oder er bildete mit **dann** zusammen eine Konstituente, die als Ganze Adverbial war (7–10). Anders liegen die Verhältnisse bei den sog. ergänzenden **wenn**-Sätzen (Fabricius-Hansen 1980; Metschkowa-Atanassowa 1983: 126ff.; Bausewein 1990). An dieser Konstruktion läßt sich gut zeigen, wie eine an sich auf die Funktion eines Adverbials festgelegte Satzform in die Position von Ergänzungen gelangen kann.

(11) a. **Es ist erfreulich, daß/wenn du schläfst**
b. **Ich bin es leid, daß/wenn du nichts tust**
c. **Es ärgert Paula, daß/wenn Hans-Dietrich verreist**
d. **Paula vergißt es, daß/wenn Franz ihr was schenkt**

Der **wenn**-Satz steht mit **es** als Korrelat sowohl bei Adjektiven (11a,b) als auch bei Verben (11c,d) in Subjektposition (11a,c) wie in Objektposition (11b,d). Der **wenn**-Satz kommt dort vor, wo auch ein **daß**-Satz stehen kann. Syntaktische Bedingung für sein Auftauchen ist **es** oder ein anderes Korrelat, das die Position der entsprechenden Ergänzung besetzen kann. Das Korrelat ist beim **wenn**-Satz obligatorisch, auch wenn es beim **daß**-Satz fakultativ (12) oder überhaupt nicht zugelassen ist (13).

(12) a. **Wir bedauern es, daß/wenn du nicht kommst**
b. **Wir bedauern, daß du nicht kommst**
c. ***Wir bedauern, wenn du nicht kommst**

(13) a. **Daß du nicht kommst, bedauern wir**
b. ***Wenn du nicht kommst, bedauern wir**
c. ***Daß du nicht kommst, bedauern wir es**
d. **Wenn du nicht kommst, bedauern wir es**

Auch beim vorausgestellten **wenn**-Satz muß **es** stehen, sogar dann, wenn es beim **daß**-Satz nicht stehen darf. Dieser Zwang zum Korrelat ist einsichtig und entspricht einer seiner Grundfunktionen: Der **wenn**-Satz ist an sich kein Ergänzungssatz. Er kann nur mithilfe eines geeigneten syntaktischen Kopfes in die Komplementposition gebracht werden.

Von wenigen Ausnahmen abgesehen, sind die Verben und Adjektive mit ergänzenden **wenn**-Sätzen faktiv. Nur bei faktiven Prädikaten kann der **wenn**-Satz seine spezifische Leistung entfalten. **Wir bedauern es, daß du nicht kommst** ist wahr, wenn du tatsächlich nicht kommst und wir dies tatsächlich bedauern. Dagegen ist die Wahrheit von **Wir bedauern es, wenn du nicht kommst** von der Wahrheit des **wenn**-Satzes unabhängig. Wie bei Konditionalsätzen allgemein ist allein das Zutreffen des Bedingtseins der Konsequenz durch das Antezedens für die Wahrheit des Gesamtsatzes ausschlaggebend (s. u.)

(14) a. **Wir freuen uns, wenn du kommst**
b. **Wir freuen uns darüber, wenn du kommst**
c. **Wenn du kommst, freuen wir uns (darüber)**

Der Kollaps von adverbialer und Ergänzungsfunktion der **wenn**-Sätze tritt nun ein bei bestimmten polyvalenten Verben wie **trauern, sich freuen, sich ärgern.** In 14a kann der **wenn**-Satz ein ganz normaler Adverbialsatz sein, wobei **sich freuen** als einstellig verstanden wird. Es gibt aber auch eine zweistellige Version dieses Verbs **(sich freuen über).** Bei der zweistelligen Version kann der **wenn**-Satz zusammen mit dem Korrelat **darüber** als Objekt auftreten (14b). Streicht man jetzt das Korrelat, so erhält man 14a, wobei der **wenn**-Satz allein als Objekt fungiert. Dasselbe passiert beim **wenn**-Satz im Vorfeld (14c).

Man kann natürlich einfach behaupten, der **wenn**-Satz in 14a sei kein Objektsatz, weil er kein Korrelat habe. Eher zutreffend ist wohl die Auffassung, daß der Unterschied zwischen Objektsatz und Adverbialsatz für Sätze wie 14a nicht gemacht werden kann. Beide Funktionen fallen konstruktiv zusammen **(Aufgabe 119b).**

Konditionale Bedeutung

Wir kommen zur Semantik, wobei wir uns der Übersichtlichkeit halber auf die **wenn**-Sätze beschränken. Zwei Probleme sind zu besprechen, nämlich einmal das Verhältnis der konditionalen Bedeutung zu anderen Bedeutungen dieses Satztyps und zum anderen die konditionale Bedeutung selbst: Was bedeutet ›Bedingung‹ und was ist insbesondere das Verhältnis von Bedingung und Kausalität?

Einem Gefüge mit **wenn**-Satz werden meist drei Bedeutungen oder Gebrauchsweisen zugeschrieben, nämlich die konditionale (15a), die temporale (15b) und die epistemische (15c).

(15) a. **Wenn er es getan hätte, wüßtest du es**
b. **Wenn ich vom Einkaufen zurück bin, schäle ich Kartoffeln**
c. **Wenn die Sozialisten jetzt die Wahl gewonnen haben, verdanken sie das dem Präsidenten**

In Sätzen mit temporalem **wenn** ist nichts darüber gesagt, wie oft die von den Teilsätzen bezeichneten Sachverhalte eintreten oder eingetreten sind. Auch das rein temporale **wenn** grenzt nicht notwendig ein bestimmtes Paar von Sachverhalten aus. Damit ist der Übergang zur konditionalen bereits in der temporalen Bedeutung der Konjunktion angelegt (10.4.1; Pasch 1994).

Bei der epistemischen Lesart in 15c wird der vom **wenn**-Satz bezeichnete Sachverhalt als zutreffend unterstellt, aber nicht im Sinne einer semantischen Präsupposition wie bei faktiven Verben oder der Konjunktion **da**. Vielmehr geht es um die Berufung auf gemeinsames Wissen. Weder muß der vom **wenn**-Satz bezeichnete Sachverhalt eingetreten sein (**Wenn die Sozialisten am kommenden Sonntag die Wahl gewonnen haben werden, verdanken sie das dem Präsidenten**), noch muß er einmalig sein (**Wenn sie dir immer wieder hilft, dann nur, weil sie dich so lange kennt**).

Auch bei temporaler Interpretation hat der **wenn**-Satz etwas von dieser faktischen Bedeutung. Eine zeitliche Abfolge zu behaupten hat ja nur Sinn, wenn man annimmt, daß es tatsächlich zum Eintreten des Sachverhaltes kommt oder gekommen ist. (FabriciusHansen/Sæbø 1983). Der temporale **wenn**-Satz ist eine Aufforderung an den Hörer, solche Zeitintervalle zu berücksichtigen, an denen der vom **wenn**-Satz bezeichnete Sachverhalt zutrifft (IDS-Grammatik: 228 ff.).

Das ist grundsätzlich anders bei konditionaler Interpretation, die den vom Antezendens bezeichneten Sachverhalt ja ausdrücklich nicht als faktisch unterstellt. Hier geht es allein um das konditionale Verhältnis zwischen den Sachverhalten unter der *Hypothese*, daß das Antezedens zutrifft. 15a,b haben also das konditionale, 15b,c das faktische Element gemeinsam.

Weitere Hinweise geben die Korrelate. Redder (1987) charakterisiert **dann** als linear in dem Sinne, daß der Inhalt des **dann**-Satzes den Inhalt des **wenn**-Satzes, verstanden als Sprecher/Hörer-Wissen, kontinuierlich entwickle. Das paßt gut zu der temporalen Grundbedeutung von **dann** und läßt sich auch auf die konditionale Lesart als ›logische Folge‹ übertragen. Dagegen signalisiere **so**, daß vom Inhalt des **wenn**-Satzes ausgehend im **so**-Satz eine qualitative Veränderung vorzunehmen sei. Der Inhalt des **so**-Satzes ist typischerweise nicht die zeitliche oder logische Folge des **wenn**-Satzes, sondern enthält etwas über seinen Inhalt, etwa eine Bewertung. Das wiederum paßt gut zur Grundbedeutung von **so** als deiktischem Adverb, das dem Vergleich dient (Ehlich 1987). Man kann auf diese Weise erklären, warum **so** vornehmlich bei epistemischer, **dann** vornehmlich bei konditionaler und temporaler Lesart auftritt (**Aufgabe 120**).

Wir sind damit beim zweiten Punkt, nämlich dem konditionalen Verhältnis selbst und dem von Konditionalität zu Kausalität. Ob man beide immer unterscheiden kann und ob es ein Fundierungsverhältnis in der einen oder anderen Richtung gibt, ist alles andere als offensichtlich. Und weil die Literatur dazu zum größeren Teil von Philosophen und Logikern und nur zum geringeren von Sprachwissenschaftlern stammt, ist nicht immer klar, ob das Interesse eines Autors vorrangig einem Begriff von Kausalität ›an sich‹ oder aber der Bedeutung eines natursprachlichen Ausdrucks wie **weil** gilt. Sehen wir einmal von dieser Schwierigkeit ab, dann läßt sich das Problem – grob vereinfacht – folgendermaßen darstellen.

Wenn wir wissen, daß das Zutreffen eines Sachverhalts a hinreichende Bedingung für das Zutreffen eines Sachverhaltes b ist: Wissen wir dann auch, daß a die Ursache für b ist? Kann man den Begriff der Ursache auf den der Bedingung reduzieren? Intuitiv verbinden wir mit dem Begriff der Ursache bzw. dem der Kausalität so etwas wie einen notwendigen inneren Zusammenhang zwischen zwei Sachverhalten. Ist a die Ursache für b, so führt a notwendig zu b und b ist ohne a nicht denkbar. Abhängig davon ist auch der Begriff der Erklärung. Wenn wir b beobachten und a als Ursache für b erkennen, dann haben wir b erst einmal erklärt. Wir wissen nämlich, warum es zu b gekommen ist.

Wiederum ganz intuitiv verbinden wir mit dem Begriff der Bedingung bzw. Konditionalität nicht unbedingt ein derart enges Verhältnis zwischen den aufeinander bezogenen Sachverhalten. Wenn ein Dreieck gleichseitig ist, dann ist es auch gleichwinklig. Das eine bedingt das andere, aber ist das eine auch die Ursache des anderen? Man wird sicher nicht so weit gehen wollen, das eine als durch das andere erklärbar anzusehen. Geläufig ist uns die Problematik auch aus gewissen Ansätzen der sogenannten empirischen Sozialwissenschaften. Wenn die Statistik besagt, Raucher gingen überwiegend am Herzinfarkt zugrunde, dann heißt das nicht, daß Rauchen die Ursache des Infarkts ist. Beides könnte ebensogut eine gemeinsame Ursache haben. Beispielsweise wäre es möglich, daß der sogenannte Infarkttyp zum Rauchen neigt. Im Hintergrund erhebt sich dann die Frage, ob wir überhaupt etwas anderes feststellen können als Bedingungen für das Eintreten von Sachverhalten. Wissen wir jemals, daß wir tatsächlich die Erklärung für einen beobachteten Sachverhalt gefunden haben? Ganze Wissenschaftlergenerationen haben das jedenfalls für ihre wissenschaftliche Arbeit verneint und sich mit dem ausdrücklich als schwächer angesehenen Begriff der Bedingung begnügt. »In der Natur gibt es keine Ursache und keine Wirkung« heißt es bei dem Physiker Ernst Mach (Die Mechanik und ihre Entwicklung. 1901: 513).

Wir verkürzen das Problem noch einmal und spitzen es auf die Bedeutung von Konditionalsätzen zu. Es lassen sich hier zwei Positionen danach unterscheiden, ob Konditionalität einen wie immer gearteten Begriff von Kausalität voraussetzt oder nicht, und diese Positionen werden deutlich an der Frage, welche Rolle die materiale Implikation (⊃) für die semantische Analyse von natursprachlichen Konditionalsätzen spielt.

Die materiale Implikation ist ein aussagenlogischer Verknüpfer. Die mit seiner Hilfe gebildete zusammengesetzte Aussage a ⊃ b ist nur dann falsch, wenn a wahr ist und b falsch. Sonst ist sie wahr. Der Satz **Wenn es regnet, dann bleibe ich zu Hause** ist wahr, wenn ich wirklich zu Hause bleibe. Er ist auch dann wahr, wenn es nicht regnet und ich das Haus verlasse. Regnet es aber und ich verlasse das Haus, dann kann er nicht mehr als wahrer Satz geäußert werden.

Wie weit entspricht diese wahrheitswertfunktional definierte Implikation der Bedeutung von **wenn**? In vielen Fällen scheint die Wahrheitswertverteilung wie bei der materialen Implikation eine notwendige Bedingung für die Wahrheit des Konditionalsatzes zu sein, nicht aber eine hinreichende. Man erkenne das, so wird argumentiert, in Sätzen wie **Wenn Paris die Hauptstadt Frankreichs ist, dann ist es jetzt neun Uhr** oder **Wenn meine Großmutter Räder hat, dann ist Dioxin ungefährlich.** Nach den Regeln der materialen Implikation müßte der erste Satz zumindest dann wahr sein, wenn es neun Uhr ist. Der zweite müßte immer wahr sein, denn meine Großmutter hat niemals Räder.

Die Verfechter einer Nicht-Äquivalenz von ⊃ und **wenn** meinen, derartige Sätze könnten nicht als wahr anerkannt werden, eben weil der ›innere Zusammenhang‹ zwischen Antezedens und Konsequenz fehle. **Wenn** bezeichne eine speziellere Relation als die wahrheitswertfunktional erfaßbare. Welche Eigenschaften diese Relation haben müßte und was genau unter dem ›inneren Zusammenhang‹ zwischen Antezedens und Konsequenz zu verstehen wäre, ist allerdings schwer zu sagen und Gegenstand weitläufiger Diskussion, der wir nicht nachgehen können. Wir können aber wohl zweierlei festhalten. (1) Die Forderung nach einem inneren Zusammenhang ist schwächer als die Forderung nach einer Kausalbeziehung, und (2) die Forderung nach einem inneren Zusammenhang darf nicht an kontextlose Sätze herangetragen werden. Es sind ohne weiteres Situationen denkbar, in denen der Satz **Wenn Paris die Hauptstadt Frankreichs ist, dann ist es jetzt neun Uhr** seinen guten Sinn hat. Ist ein solcher Sinn aber nicht zu sehen, so wird der Hörer dennoch versuchen, dem Satz einen zu geben. Er wird unterstellen, daß der Satz für den Sprecher einen Sinn hat. Mit der Äußerung des Konditionalsatzes wird also nicht ein innerer Zusammenhang zwischen Antezedens und Konsequenz vorausgesetzt oder unterstellt, sondern er wird gerade behauptet. Der Sprecher teilt mit, daß für ihn – auf dem Hintergrund seines Wissens von der Welt – ein Bedingungsverhältnis zwischen Antezedens und Konsequenz besteht. Erschließt sich dem Hörer dieses Bedingungsverhältnis nicht, so hat er den Satz nicht verstanden. Ein unverstandener Satz ist aber nicht dasselbe wie ein falscher Satz. Die Frage nach dem Wahrheitswert von Konditionalsätzen hat nichts zu tun mit der nach dem inneren Zusammenhang von Antezedens und Konsequenz. Erstere ist eine semantische, letztere eine nach der Situationsangemessenheit von Äußerungen (Fischer 1981; **Aufgabe 121**; zu den konjunktivischen Konditionalsätzen 4.4).

11. Infinitivkonstruktionen

11.1 Übersicht

Unter der Bezeichnung Infinitivkonstruktion fassen wir informell eine Reihe von Einheiten zusammen, in denen Infinitive als Satzglied oder als Kern eines Satzgliedes auftreten. Funktional handelt es sich dabei um Ergänzungen sehr verschiedenen Typs oder um Adverbiale. Einige der Konstruktionen sind äußerst produktiv, andere sind auf wenige Infinitive oder wenige regierende Verben beschränkt und gelten als isolierte historische Reste (zur jüngeren Geschichte Cho 1999). Wieder andere sind lexikalisiert oder neigen zur Kompositabildung, d.h. der Inf ist morphologischer und nicht syntaktischer Bestandteil der Gesamtkonstruktion (z.B. **kennenlernen, spazierengehen**). Wir erwähnen solche Typen in der folgenden Übersicht, befassen uns in den weiteren Abschnitten des Kapitels aber in erster Linie mit den produktiven syntaktischen Konstruktionen.

In 1 sind Sätze mit Infinitivkonstruktionen unterschiedlicher Art zusammengestellt, an denen sich die Hauptprobleme ihrer Grammatik zeigen lassen.

(1) a. **Egon kann fliegen**
b. **Egon geht schwimmen**
c. **Egon sieht ihn lesen**
d. **Egon läßt antreten**
e. **Egon glaubt zu verstehen**
f. **Egon glaubt, das Buch zu verstehen**
g. **Egon scheint zu träumen**
h. **Egon freut es zu gewinnen**
i. **Egon ist zu schlagen**
j. **Egon hat zu folgen**
k. **Egon lebt, um zu arbeiten**

Einige der Sätze in 1 enthalten als Verbform den reinen Infinitiv, die anderen den **zu**-Infinitiv. Beide sind einfache Verbformen, denn auch den **zu**-Infinitiv betrachten wir ja als *eine* Wortform (4.1; 11.2). Beide verhalten sich ganz unterschiedlich zum finiten Verb. Eine der Grundfragen ist also, wie das Verhältnis des Infinitivs zum finiten Verb geregelt ist.

In 2a bildet das Modalverb mit dem Infinitiv eine Verbalgruppe. Das ist Ausdruck einer engen syntagmatischen Bindung zwischen beiden Formen, das Modalverb kommt einem Hilfsverb nahe (3.4). In 2b mit **gehen** als Vollverb ist das nicht der Fall. Beide Verbformen sind unmittelbare Konstituenten des Satzes. Dasselbe gilt beim **zu**-Infinitv in 2c. Treten weitere Satzglieder dazu wie das direkte Objekt in 2d, so bilden sie mit dem **zu**-Inf eine IGr. 2 demonstriert einen Teil der Vielfalt, die das Verhältnis der Infinitivkonstruktion zum finiten Verb bestimmt (weiter 11.2).

(2) a. b.

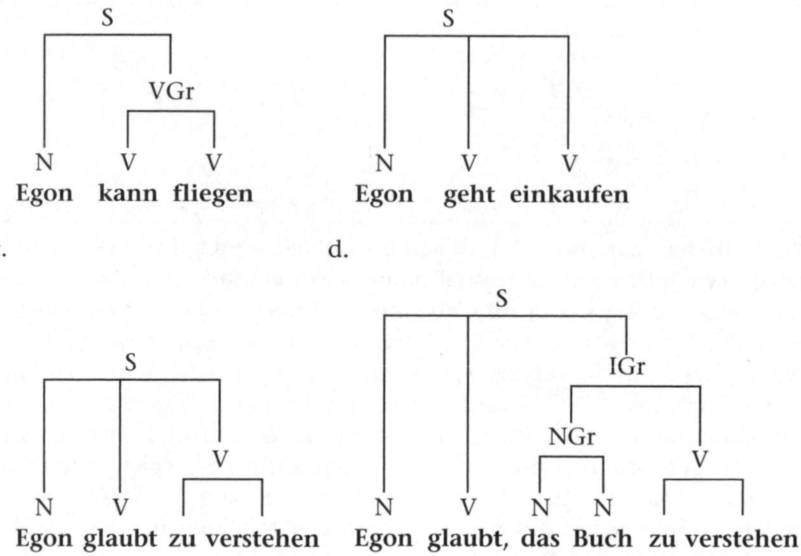

Damit in Zusammenhang steht die Frage nach dem Subjektreferenten des Infinitivs. Die in jedem der Sätze enthaltene finite Verbform korrespondiert wie üblich mit dem Subjekt in Hinsicht auf Person und Numerus, die Infinitive tun das per definitionem nicht. Trotzdem finden sie ihren Subjektreferenten. In der Bedeutung von 2a spielt der Sachverhalt »Egon fliegt« eine Rolle. Der Satz besagt, daß Egon in der Lage ist, diesen Sachverhalt zu realisieren. Das grammatische Subjekt des Satzes korrespondiert hinsichtlich Person und Numerus mit dem Modalverb. Gleichzeitig liefert es aber den Referenten für den Inf, den im Satz ohne Modalverb **(Karl fliegt)** das Subjekt liefert. Charakteristisch für Infinitivkonstruktionen ist, daß der Subjektreferent nicht als grammatisches Subjekt zu diesem Verb kodiert ist. Dagegen regiert der Inf innerhalb einer Infinitivkonstruktion genau die Objekte, die das Verb auch sonst regiert. Da das grammatische Subjekt fehlt, sprechen die Grammatiken manchmal vom logischen oder semantischen Subjekt zum Inf (9.1).

Läßt sich mit rein syntaktischen Mitteln angeben, welche Konstituente im Satz als Lieferant des Subjektreferenten für den Infinitiv in Frage kommt, so nennen wir diese Konstituente ein indirektes Subjekt zum Inf. In 2b beispielsweise ist **Egon** indirektes Subjekt zu **einkaufen**. Gleichzeitig ist **Egon** natürlich direktes Subjekt zu **geht**.

Nun in einer kurzen Übersicht zu den weiteren Beispielsätzen. 1b enthält im Unterschied zu 1a die finite Form eines Vollverbs. In dieser Konstruktion kommt eine Reihe von Bewegungsverben vor **(kommen, gehen, fahren, laufen: Karl fährt Milch holen; Elisabeth kommt Karl abholen)**. Die verbale Ergänzung bezeichnet bei den Bewegungsverben eine Art abstrakte Richtungsbestimmung, nämlich »einen Vorgang, eine Tätigkeit als intendierten Schlußzustand« der vom Subjekt bezeichneten Person (Moilanen 1983: 140; dazu umfassender jetzt Fuhrkop 2003). In vergleichbarer Weise objektbezogen sind

Verben wie **holen, rufen, schicken (Käthe schickt Heiner Kastanien sammeln)**. Auch sie sind Richtungsverben.

Semantisch kommt der Typ 1b einem finalen Adverbial nahe. Der Vergleich von **Karl fährt Milch holen** mit dem finalen Infinitiv **Karl fährt, um Milch zu holen** zeigt aber, daß nicht Finalität im engeren Sinne vorliegt. Finalität ist eine Relation zwischen voneinander getrennten Sachverhalten. Eine solche Trennung ist bei **Karl fährt Milch holen** nicht gegeben.

Eine andere Gruppe dieses Typs regiert anstelle des reinen auch den **zu**-Infinitiv, z. B. **lehren, lernen, lieben, üben, verabscheuen** (**Karl lernt laufen** vs. **Karl lernt zu laufen**). Als einziges echt statisches Verb mit reinem Inf haben wir **bleiben**. Es kombiniert auch nur mit einer begrenzten Zahl von anderen statischen Verben wie in **hängen/kleben/liegen/sitzen/stecken bleiben**. Es neigt hier zur Kompositabildung und damit zur Zusammenschreibung (Fuhrkop 2003: 103).

1c besagt, daß Egon den Sachverhalt »er liest« wahrnimmt. Der Subjektreferent findet sich im Akkusativ **ihn**. Die Konstruktion mit Akk und Inf (AcI) tritt insbesondere bei einer Gruppe von Wahrnehmungsverben auf (11.2.2).

Ein singuläres Verb ist **lassen** (1d). Es verhält sich anders als die Modalverben. Denn während für die Bedeutung von 1a der Sachverhalt »Egon fliegt« eine Rolle spielt, kommt »Egon tritt an« in der Bedeutung von 1d nicht vor. Es bleibt offen, wer antreten soll. Der Subjektaktant zum Inf könnte aber in einem Akk genannt sein **(Egon läßt die Nato antreten)**, es entsteht ein AcI. **Lassen** ist aber kein AcI-Verb im selben Sinne wie **sehen**, schon weil bei **sehen** der Akk nicht wegfallen kann (11.2.2).

In 1e besetzt der **zu**-Infinitiv die Stelle des direkten Objekts zu **glaubt**. Diese Stelle kann auch von einem **daß**-Satz besetzt werden **(Egon glaubt, daß er versteht)**. **Er** ist anaphorisch auf **Egon** bezogen, d. h. der Subjektreferent des Infinitivs findet sich im grammatischen Subjekt. Ganz ähnlich kommt der **zu**-Infinitiv in Subjektposition vor (1h, mit Korrelat **es**). Hier findet sich sein Subjektreferent im direkten Objekt. Zu einer besonderen Gruppe von Verben mit **zu**-Infinitiv als Objekt gehört **scheinen**. Die Typen 2e-h werden ausführlich in 11.2.1 besprochen.

1i und 1j faßt man meist unter der Bezeichnung modaler Infinitiv zusammen. 1i kann als eine besondere Form des Passivs mit den Lesungen »Es ist möglich/notwendig Egon zu schlagen« gedeutet werden (modales Passiv, 4.5).

1j wäre dagegen die besondere Form eines ›modalen Aktivs‹ mit der Lesung »Es ist notwendig, daß Egon folgt« (zum Gebrauch der Konstruktion Gelhaus 1977: 118ff.). Als Argumente treten genau die des Vollverbs in der Aktivdiathese auf. Vieles spricht dafür, die Einheit **hat zu folgen** als eine Form von **folgen**^{WP} anzusehen. Ebenso wie mit mehreren Passivtypen hätten wir auch mit mehreren Aktivtypen zu rechnen.

1i und 1j sind keine Infinitivkonstruktionen wie die übrigen. Deuten wir 1h als einen Typ von Passiv und 1j als einen Typ von Aktiv, so haben wir **sein** und **haben** hier als Hilfsverben zu kategorisieren. Die Infinitive sind dann nicht Ergänzungen, sondern jeweils Teil der Verbform. 1j hat die Struktur 3, besteht also nur aus Subjekt und Prädikat.

(3)

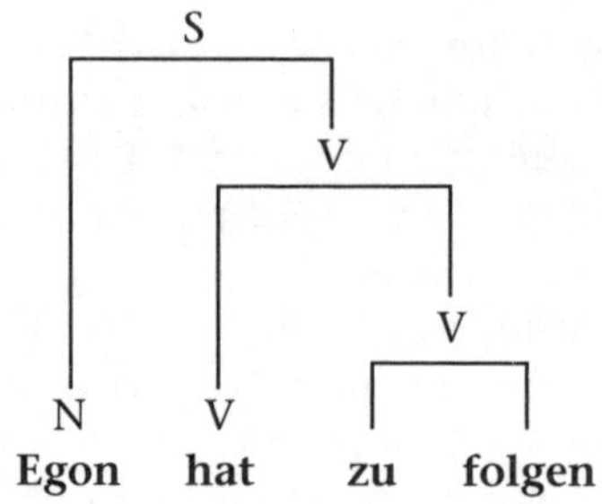

In 1k schließlich ist der Inf mit **um zu** adverbiale Bestimmung. Er tritt in finaler Bedeutung zum Satz **Er lebt**. Entsprechend andere semantische Relationen signalisieren **ohne zu** und **anstatt zu** (11.3).

Wir haben die wichtigsten Infinitivkonstruktionen genannt und kurz charakterisiert, damit aber noch wenig über die Einheitlichkeit dieses Konstruktionstyps und seine Stellung im grammatischen System gesagt. Eine Möglichkeit zur Systematisierung besteht darin, die Infinitive zusammen mit den Partizipien als Kerne von Infinitkonstruktionen zu analysieren. Infinitkonstruktion wäre alles, was nur ein Infinitum enthält, also bestimmte Verbformen, Infinitivgruppen und Partizipialgruppen.

Eine frühe Systematisierung der Infinitkonstruktionen des Deutschen liegt mit Bech 1983 (Original 1955/1957) vor. Bech unterscheidet für den hier interessierenden Bereich drei infinite Verbformen und weist ihnen – ganz analog zum Kasus der Nominale – einen sog. Status zu: Der reine Infinitiv **(laufen)** hat den 1. Status, der **zu**-Infinitiv **(zu laufen)** hat den 2. Status und das Partizip 2 **(gelaufen)** hat den 3. Status. Diese drei Formen werden in einer Kategorisierung zusammengefaßt, weil sie die Verben subklassifizieren, d. h. es gibt Verben, die den 1. Status regieren (**können, gehen, sehen, lassen** wie in 1a-d), es gibt solche, die den 2. Status regieren (**glauben, scheinen** wie in 1e-g) und schließlich solche, die den 3. Status regieren (**sein**, wie in **Helga ist gelaufen; haben** wie in **Helga hat geschlafen** usw.). Andere Formen, etwa das Partizip 1 **laufend**, gehören nicht in diese Reihe, weil sie nicht statusregiert sind. Es gibt keine Verben, die das Partizip 1 regieren.

Mithilfe der Statusrektion läßt sich insbesondere die Systematik von Ausdrücken mit mehreren Verbformen beschreiben. In **Helga hat versucht zu laufen** etwa regiert **hat** den 3. Status und **versucht** den 2. Status. In **Belgien wird gewinnen können** regiert **wird** den 1. Status und **können** ebenfalls den 1. Status. Auf dieser Basis läßt sich die Grammatik der Ausdrücke aufrollen, und vieles davon ist in unterschiedlichen Zusammenhängen in unserer Grammatik erörtert worden. Wir wollen aber auf einen Aspekt des Begriffes Infinitkonstruktion, wie er seit Bech verwendet wird, besonders hinweisen. Was unter dieser Bezeichnung abgehandelt wird, steht quer zur traditionellen Einteilung in Formenlehre und Satzlehre. In Abschnitt 4.5 (Aktiv und Passiv) haben wir die Frage aufgeworfen, ob neben dem üblichen **werden**-Passiv nicht noch andere Formen ins Verbparadigma aufzunehmen sind wie das **sein**-Passiv, das **bekommen**-Passiv, die Mittelkonstruktion usw. Ein Operieren mit dem Paradigmenbegriff setzt eben die Trennung und Trennbarkeit von Formenlehre und Satzlehre voraus, sieht also etwa einen reinen Infinitiv im AcI als etwas grundsätzlich anderes an als einen reinen Infinitiv in der Form des Futurs.

Im Sinne einer Grammatik der Infinitkonstruktionen besteht ein solcher Unterschied erst einmal nicht. Entscheidend ist zunächst, wie die Konstruktion aufgebaut ist. Was kompositionell ist, wird auch so behandelt. Ob eine Rektionsklasse groß oder klein, eine Konstruktion grammatikalisiert ist oder nicht, spielt keine Rolle. Diese Herangehensweise macht erneut klar, daß unsere Sicht auf das Verbparadigma, wie sie in den erwähnten Erörterungen der Passivtypen zum Ausdruck kommt, vielleicht noch zu sehr vom Bild eines flektierenden Verbs wie im Lateinischen geprägt ist. Mit einem rein konstruktiven Zugriff über Begriffe wie Statusrektion stellt sich die Systematik des Forminventars vielfach anders dar, als wenn man vom Verbparadigma her denkt.

Im folgenden beschäftigen wir uns mit einem im engeren Sinne syntaktischen Teilbereich der Infinitkonstruktionen, wie er sich im Rahmen der dieser Grammatik zugrundeliegenden Satzgliedlehre ergibt. Die behandelten Konstruktionen sind zudem solche, denen in letzter Zeit die besondere Aufmerksamkeit der Grammatiker gegolten hat. Es ist aber nicht ausgemacht, daß dieser Bereich von Fakten systematisch gerade so ausgegrenzt werden sollte.

11.2 Ergänzungen

11.2.1 Infinitive mit *zu*

Infinitivkomplement vs. Satzkomplement

Der mit **zu** gebildete Infinitiv hat an der Subklassifizierung der Verben teil, er ist valenzgebunden. Er kann die Stelle des Subjekts (1a), des direkten Objekts (1b) und des Präpositionalobjekts (1c) besetzen. Als indirektes Objekt kommt er nicht vor.

(1) a. **Öffentlich zu sprechen liegt ihr**
b. **Paula glaubt, pünktlich zu kommen**
c. **Karl wartet darauf, befördert zu werden**

Valenzungebunden als Adverbial findet sich der **zu**-Infinitiv nur in isolierten und stilistisch markierten Einzelfällen, die als Verkürzungen von **um zu**-Konstruktionen anzusehen sind (2). Als Attribut schließlich ist er vor allem bei Substantiven möglich, die von Verben und Adjektiven mit Infinitivkomplement abgeleitet sind (3). Die valenzmäßige Verwandtschaft (Argumentvererbung) von Nominalisierungen und ihren Basiseinheiten gilt also für Infinitivkomplemente in gleicher Weise wie für Satzkomplemente (8.4).

(2) a. **Sie kommt zu helfen**
b. **Er geht, Brötchen zu holen**

(3) a. **Paulas Hoffnung, pünktlich zu sein**
b. **Karls Erwartung, befördert zu werden**

Wie soll man nun die Verbindung **zu** + Infinitiv analysieren, welcher Kategorie gehört insbesondere **zu** an? Wir kennen **zu** als Präposition. Erben (1980: 301) bezeichnet den **zu**-Infinitiv als präpositionalen Infinitiv, verwirft diese Bezeichnung aber sofort wieder, weil zu einer Präposition die Kasusrektion gehört. Verbreiteter ist die auf Glinz zurückgehende Bezeichnung von **zu** als Infinitivkonjunktion (Grundzüge: 701; Duden 1998: 403f.). Entsprechend galt **zu** in der generativen Syntax lange als Complementizer (Übersicht und teilweise Rückwendung zur Analyse als Pr in Abraham 1998). Gemeinsamkeiten hat **zu** vor allem mit **daß**. Wie **daß**-Sätze sind **zu**-Infinitive Ergänzungen, und häufig können **daß**-Sätze durch **zu**-Infinitive ersetzt werden, ohne daß eine wesentliche Änderung der Bedeutung eintritt.

Für **zu** als Konjunktion können viele weitere Parallelen zwischen der Syntax von konjunktionalen Nebensätzen und der Syntax von Infinitivkomplementen geltend gemacht werden. Die Reihenfolge der Satzglieder ist – abgesehen vom fehlenden Subjekt – prinzipiell dieselbe wie im konjunktionalen Nebensatz (4).

(4) a. **Karl beschließt, daß er morgen der Behörde die Kündigung schickt**
b. **Karl beschließt, morgen der Behörde die Kündigung zu schicken**

Die Objekte in der Infinitivgruppe sind ebenso gut und ebenso schlecht austauschbar wie im Nebensatz, auch die möglichen Positionen von Adverbialen sind dieselben. Beide zeichnen sich weiter durch Endstellung des Verbs aus. Die Parallelität ist in diesem Punkt strikt. Wo im konjunktionalen Nebensatz das finite Verb steht, hat das Infinitivkomplement **zu** + Inf (5, 6). Die Stellung von **zu** signalisiert also, welche Verbform der finiten Form im Nebensatz entspricht. Was dem einen sein Finitum, ist dem anderen sein Infinitiv mit **zu**.

(5) a. **Helmut hofft, daß er sich verbessert hat**
b. **Helmut hofft, sich verbessert zu haben**

(6) a. **Annemarie glaubt, daß sie nicht zurücktreten darf**
b. **Annemarie glaubt, nicht zurücktreten zu dürfen**

Eben dies spricht nun dagegen, daß **zu** eine Konjunktion ist. Da **zu** nicht wie die Konjunktionen am Satzanfang steht, sondern bei der dem Finitum entsprechenden Verbform, sehen wir es als Bestandteil der Verbform an und nehmen neben dem reinen Infinitiv (**schicken**) den **zu**-Infinitiv **(zu schicken)** ins verbale Paradigma auf (4.1). Die Form **zu schicken** hat den Status einer syntaktischen Grundform, sie ist eine Wortform. Das bedeutet insbesondere, daß **zu** nicht für sich einer Konstituentenkategorie zugewiesen wird. **Zu schikken** ist nur als Ganzes Form eines Verbs. Konsequenterweise ist es dann als Verbpräfix zu betrachten. Ijbema/Abraham (2000) schlagen vor, **zu** als Präfix zu betrachten, mit dem »das externe Argument [also das Subjekt] unterdrückt« wird (2000: 135).

(7)

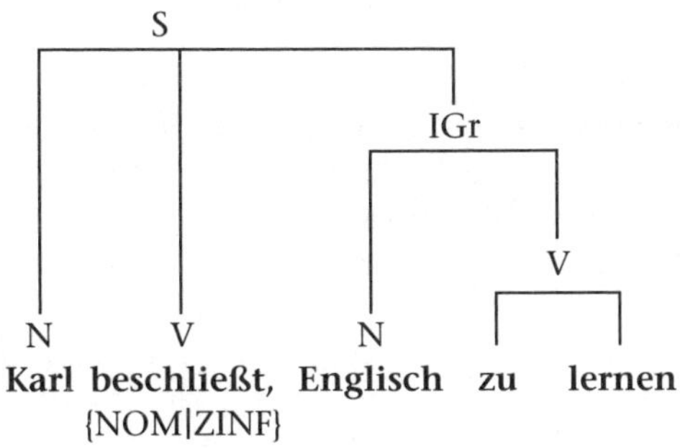

Daß **zu** Bestandteil einer Verbform ist, zeigt sich schließlich an den Partikelverben. **Zu** erscheint zwischen Partikel und dem Rest des Verbstammes (**abzuschicken, wegzugehen, abzuverlangen**). Sieht man Partikelverben als Wörter an, kann **zu** nicht Konjunktion sein (Wort, 7.1). Als Konstituentenstruktur eines Satzes mit **zu**-Infinitivkomplement ergibt sich damit 7. Das Matrixverb ist als zweistellig markiert, wobei die zweite Stelle mit einem **zu**-Infinitivkomplement besetzt ist (NOM|ZINF). Das Subjekt zum Matrixverb ist indirektes Subjekt zum Inf. Andere Konstituenten kommen dafür im vorliegenden Beispiel nicht in Frage.

(8) a. **Auf die Mehrwertsteuer beabsichtigt Hans zu verzichten**
b. **Diesen Unsinn beschließt Maria nicht länger mitzumachen**
c. **Neuerer technischer Hilfsmittel vermochte er sich nicht zu bedienen**

(9)

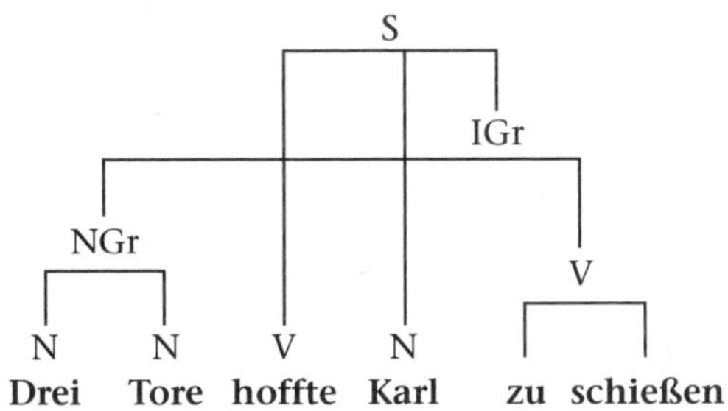

Neben den genannten Parallelen in der Syntax von Infinitivkomplementen und Satzkomplementen gibt es nun auch signifikante Unterschiede. So ist es möglich, Komplemente und Adjunkte einer IGr im Vorfeld zu plazieren, so daß eine diskontinuierliche Konstituente entsteht (8, 9). Die IGr rahmt den Rest des Satzes ein, es entsteht eine ›Linksverschachtelung‹ (Kvam 1979). Die Plazierung eines Arguments vor dem regierenden Verb ist mit starken Restriktionen auch im Verbletztsatz (10a, b) und allgemein im Mittelfeld möglich (10c, d; dazu weiter Wunderlich 1980; Kvam 1980). Man spricht hier seit einiger Zeit von der Dritten Konstruktion und meint damit eine, die weder kohärent noch inkohärent ist (Wöllstein-Leisten 2001; zur Unterscheidung kohärent-inkohärent kommen wir später).

(10) a. **weil Hans auf die Mehrwertsteuer glaubt verzichten zu können**
b. ***weil Hans auf die Mehrwertsteuer erklärt zu verzichten**
c. **Maria hat dieses Buch versucht zu verkaufen**
d. ***Maria hat dieses Buch behauptet zu verkaufen**

Eine Plazierung einzelner Satzglieder von Komplementsätzen an den Satzanfang ist zwar ebenfalls möglich, aber sie erfolgt mit ganz anderen Mitteln als der Linksverschachtelung (11a-c). Aus Komplementsätzen sind nur Ausdrücke ganz bestimmter Form unter sehr speziellen Bedingungen herausstellbar (11c). Das Ergebnis sind sogenannte Satzverschränkungen: komplizierte und stark restringierte Konstruktionen, deren Grammatikalität vielfach zweifelhaft ist (Andersson/Kvam 1984).

(11) a. **Hans glaubt, daß er auf die Mehrwertsteuer verzichten könne**
b. ***Auf die Mehrwertsteuer glaubt Hans, daß er verzichten könne**
c. **Was die Mehrwertsteuer betrifft, glaubt Hans, daß er auf sie verzichten könne**
d. **Auf diesem Gebiet glaube ich, daß man viel mehr tun kann**

Das unterschiedliche Verhalten von **zu**-Inf und Satzkomplement bezüglich Linksverschachtelung könnte den Grund haben, daß die IGr nicht nach links mit einer Konjunktion abgeschlossen ist. Die herausgestellte Konstituente braucht nicht – wie beim Komplementsatz – eine auf diese Weise markierte Konstituentengrenze zu überwinden. Für eine Deutung dieser Art spricht auch, daß etwa bei **um zu**-Infinitiven keine Linksverschachtelung möglich ist. Diese IGr sind nach links mit **um** abgeschlossen.

Der Subjektsinfinitiv

Nun zu der Frage, woher der **zu**-Inf seinen Subjektreferenten gewinnt. Sie wird in der neueren generativen Literatur als ›das Kontrollproblem‹ behandelt. Beginnen wir mit den Subjektsinfinitiven (Ashedal 1988).

(12) a. **Viel zu reden widerstrebt ihr**
b. **gefallen, fehlen, imponieren, wehtun, behagen, bekommen, einfallen, liegen, glücken, genügen, schwerfallen, zustehen**

(13) a. **Nichts zu verstehen ärgert mich**
b. **begeistern, freuen, entrüsten, entwaffnen, erschrecken, erzürnen, ermutigen, knechten, beeindrucken, erheitern, quälen, belasten**

Der **zu**-Infinitiv kommt in Subjektposition vor bei Verben und Adjektiven, die physisch-psychische Zustände bezeichnen. Derjenige, von dessen Befindlichkeit die Rede ist, wird in der Objektkonstituente genannt (Rezipient). Das

Objekt kann ein Dat (12) oder ein Akk sein (13). Die Subjektkonstituente bezeichnet das, was Anlaß für die jeweilige Befindlichkeit gibt. Der Anlaß kann eine Person, aber auch ein Ding oder ein Sachverhalt sein. Die Argumentstruktur solcher Verben ist markiert, denn das Subjekt ist weniger agentiv als das Objekt (3.2.3).

Die Konstituentenstruktur von 12a ist in 14 wiedergegeben. Als indirektes Subjekt von **zu reden** kommt nur das Dativobjekt in Frage. Da alle Verben in 12 und 13 ein typischerweise belebtes Objekt haben, erwarten wir generell Objektkontrolle.

(14)

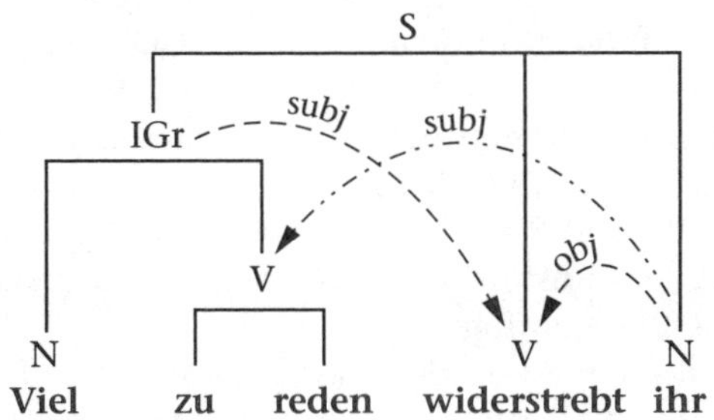

Die Mehrzahl der Dativverben erfüllt die Erwartung. Zweifelhaft sind nur **gefallen** und **genügen**, eindeutig anders orientiert **imponieren** und **wehtun**. Der Satz **Energie zu verschwenden imponiert Harald** meint nicht, daß Harald der Verschwender ist. Ein Subjektreferent zum Inf ist nicht genannt, der Satz wird generisch gelesen als »Wenn jemand Energie verschwendet, imponiert das Harald«. Genauso sind die meisten Akkusativverben aus 13 zu lesen. **So einen Quatsch zu reden, erheitert mich** meint nicht unbedingt, daß ich selbst Quatsch rede.

Nicht alle **zu**-Infinitive bei Verben aus 12 und 13 sind also notwendig objektkontrolliert, aber Objektkontrolle kann mit einfachen Mitteln erzwungen werden. Schon die Nachstellung des **zu**-Infinitivs bewirkt in den meisten Fällen Objektkontrolle (15). Obligatorisch gegeben ist sie, wenn statt des Inf Präs ein Inf Pf genommen wird (16).

(15) a. **Es erheitert mich, so einen Quatsch zu reden**
b. **Es erschreckt ihn, Steuern zu hinterziehen**

(16) a. **Es tut Karl weh, Steuern hinterzogen zu haben**
b. **Es ärgert Paula, gelogen zu haben**

Die Kontrollverhältnisse in Sätzen mit **zu**-Infinitiv im Subjekt sind also nicht ein für allemal mit dem Matrixverb festgelegt. Insbesondere beim vorausgestellten Inf Präs Akt sind Abweichungen von Objektkontrolle möglich. Diese Auffälligkeit im Kontrollverhalten wird verständlich, wenn man sich weitere Charakteristika des Subjekts bei psychischen Verben vergegenwärtigt.

(17) a. **Obst zu essen bekommt Paula**
b. **Daß sie Obst ißt, bekommt Paula**
c. **Wenn sie Obst ißt, bekommt das Paula**
d. **Obst essen bekommt Paula**
e. **Obstessen bekommt Paula**

Normalerweise besetzt der **zu**-Infinitiv die Position einer Ergänzung, die auch von einem **daß**-Satz besetzt werden kann. Die Konstruktion mit **daß**-Satz bedeutet meist auch dasselbe wie die mit **zu**-Infinitiv. Bei den psychischen Verben ist das anders. Der **zu**-Infinitiv in Subjektposition ist hier nicht auf den **daß**-Satz, sondern auf den **wenn**-Satz zu beziehen: 17a ist paraphrastisch zu 17c, nicht zu 17b. Der **wenn**-Satz ist an ein nominales Korrelat gebunden (**das** in 17c), anders kann er in der Subjektposition nicht auftreten. Denn eigentlich fungiert er ja als Adverbialsatz.

Die sogenannten ergänzenden **wenn**-Sätze treten vornehmlich bei faktiven Verben auf (10.4.2). Die Verben in 12 und 13 sind fast alle faktiv. Bei der Äußerung von 17b wird unterstellt, daß Paula wirklich Obst ißt. Beim **wenn**-Satz wird das nicht unterstellt. Er gibt uns die Möglichkeit, bei einem faktiven Verb ein nichtfaktives Komplement anzubringen.

Es scheint nun so zu sein, daß nur der **zu**-Inf des Präs Akt, also der **zu**-Inf des unmarkierten Tempus und Genus verbi, Paraphrase zum **wenn**-Satz ist. Das Präs als Tempus von zeitlosen, generell gültigen Aussagen paraphrasiert den **wenn**-Satz, der generisch zu lesen ist. Dagegen ist etwa der **zu**-Inf des Pf auf den **daß**-Satz zu beziehen und die IGr wie der **daß**-Satz faktiv zu lesen. 18a ist paraphrastisch zu 18b, nicht aber zu 18c.

(18) a. **Steuern hinterzogen zu haben, erschreckt Paula**
b. **Daß sie Steuern hinterzogen hat, erschreckt Paula**
c. **Wenn sie Steuern hinterzogen hat, erschreckt das Paula**

Der **zu**-Inf des Präs spielt eine Sonderrolle auch insofern, als er eng bezogen ist auf den reinen Inf. Sätze der Form 17a sind verwandt mit denen der Form 17d,e. Semantisches Charakteristikum der reinen Infinitive ist, daß sie nicht der Objektkontrolle unterliegen. Vielfach unterscheiden sich gerade darin die Bedeutungen der Sätze mit **zu**-Infinitiv und reinem Infinitiv. In 19a ist das Steuerhinterziehen wohl eher auf Paula selbst zu beziehen als in 19b. Nur 19b ist Paraphrase zu 19c.

(19) a. **Steuern zu hinterziehen, erschreckt Paula**
b. **Steuern hinterziehen erschreckt Paula**
c. **Wenn sie Steuern hinterzogen hat, erschreckt das Paula**

Der reine Inf in Subjektposition kann nur ein Inf Präs sein, das Pf etwa ist ausgeschlossen (***Steuern hinterzogen haben erschreckt Paula**). Man kann zeigen, daß das Subjekt in Sätzen wie 17d,e und 19b ein Substantiv und nicht ein Verb ist (Eisenberg u.a. 1975: 112ff.). Nominalisierbar ist aus naheliegenden Gründen der Inf Präs und nicht der Inf Pf.

Obwohl systematisch ein Bedeutungsunterschied zwischen Sätzen mit **zu**-Inf und reinem Inf im Subjekt besteht, wird der erste offenbar durch den zweiten beeinflußt. Der **zu**-Inf wird teilweise der Objekt-Kontrolle entzogen. Das ist nur im Präs möglich. Denn nur im Präs tauchen beide Infinitive als Subjektkomplemente auf und nur im Präs sind sie beide paraphrastisch auf ergänzende **wenn**-Sätze bezogen.

Zweierlei halten wir fest. (1) **Zu**-Infinitive im Subjekt sind in der Regel vom Objekt des Matrixverbs kontrolliert. Unter besonderen Bedingungen wird diese Kontrolle außer Kraft gesetzt. (2) **Zu**-Infinitive im Subjekt sind in der Regel durch **daß**-Sätze paraphrasierbar, unter besonderen Bedingungen auch durch ergänzende **wenn**-Sätze. Die jeweils gemeinten ›besonderen Bedingungen‹ ergeben sich erst, wenn man die weitere Grammatik des Subjekts von psychischen Verben mitberücksichtigt **(Aufgabe 122)**.

Der Objektsinfinitiv

Wir wenden uns dem in der Literatur viel öfter behandelten **zu**-Inf in Objektposition zu. Auch er tritt meist alternativ zum **daß**-Satz auf, und es ist instruktiv, sich die Verbklassen anzusehen, bei denen nur ein **zu**-Inf bzw. nur ein **daß**-Satz stehen kann.

(20) a. **Helga versucht zu laufen – *Helga versucht, daß sie läuft**
b. **beabsichtigen, sich weigern, versäumen, versuchen, zögern**
c. **Helga wagt es zu rauchen – *Helga wagt es, daß sie raucht – Helga wagt es und raucht**
d. **sich aufraffen, sich erdreisten, sich herablassen, sich unterstehen, wagen**

Nur ein Infinitivkomplement und kein **daß**-Satz steht bei einer Reihe von Verben mit intentionaler Bedeutung (20a,b). Die vom Subjekt bezeichnete Person will oder will nicht die Handlung ausführen, die im Komplement genannt ist. Von der Bedeutung des Matrixverbs her ist es nicht möglich, im Komplement ein anderes Subjekt zu haben als im Matrixsatz. Ein Satz wie ***Helga versucht, daß Egon läuft** ist mit der Bedeutung von **versuchen** unverträglich, denn man kann nur versuchen selbst etwas zu tun. Ähnlich verhalten sich sog. implikative Verben (20c,d). Daß die vom Subjekt bezeichnete Person die Handlung ausführt, ist notwendige und hinreichende Bedingung dafür, daß der vom Komplement bezeichnete Sachverhalt zustande kommt. Interessant ist, daß alternativ zum Infinitivkomplement und gleichbedeutend mit ihm eine Koordination mit **und** angeschlossen werden kann, aber auch sie nur ohne zweites Subjekt (**Helga wagt es und Helga raucht** bedeutet nicht dasselbe wie der Satz in 20c, ausführlich Reis 1993).

(21) a. **Helga sieht, daß sie gewinnt – *Helga sieht zu gewinnen**
b. **hören, fühlen, riechen, sehen, wissen**

Nur **daß**-Sätze und keine Infinitivkomplemente nehmen andererseits bestimmte Klassen von kognitiven Verben und Verba sentiendi (21). Die vom Subjekt bezeichnete Person richtet ihre Aufmerksamkeit auf Sachverhalte in der Welt. Das wahrnehmende, erkennende Subjekt nimmt Informationen von außen auf. Für die Bedeutung dieser Verben ist es unwichtig, ob die wahrnehmende Person selbst am wahrgenommenen Sachverhalt teilhat oder nicht. Der **daß**-Satz läßt das offen. Diese Verben sind faktiv (10.2.1).

(22) a. **Renate nimmt an, daß sie die erste ist**
b. **Renate nimmt an, die erste zu sein**
c. **beschließen, erzwingen, glauben, hoffen, träumen, üben, vermuten, wünschen**

Eine dritte Gruppe kann die Objektstelle sowohl mit **daß**-Satz als auch mit Infinitivkomplement besetzen (22). In der zweistelligen Version liegt bei ihnen Subjektkontrolle des Infinitivkomplements vor. 22b kann nur so gelesen werden, daß Renate annimmt, daß sie selbst die erste ist.

Auch bei den zweistelligen Verben muß nicht unbedingt Subjektkontrolle gegeben sein. Beispiele sind **ablehnen** und **verachten. Karl verachtet es, die Universität zu betrügen** meint nicht nur Karls Betrügereien. Erwartungsgemäß ist das Infinitivkomplement hier mit einem ergänzenden **wenn**-Satz paraphrasierbar.

Wie ist nun die Kontrollbeziehung bei dreistelligen Verben geregelt, bei Verben also, die außer dem Subjekt ein weiteres Komplement haben, das als indirektes Subjekt fungieren kann? Wir betrachten zuerst die Gruppe der sogenannten direktiven Verben. Das sind Verben mit einem akkusativischen (23) oder dativischen Objekt (24) und einem Infinitivkomplement, das alternativ zu einem **daß**-Satz steht. Das akkusativische oder dativische Objekt benennt das Agens für den im Infinitivkomplement bzw. **daß**-Satz benannten Sachverhalt. In den Beispielsätzen 23a, 24a liegt Objektkontrolle vor.

(23) a. **Emma bittet Karl, sie mitzunehmen**
b. **anregen, warnen, zwingen, hindern, beschwören, auffordern, überreden, beauftragen**

(24) a. **Emma befiehlt Karl, sie mitzunehmen**
b. **raten, erlauben, empfehlen, verbieten, gestatten**

Bei der Behandlung des Kontrollproblems hat man lange versucht, den zweistelligen Verben wie in 22 die dreistelligen wie in 23 und 24 als Regelfall gegenüberzustellen. Für **zu**-Infinitive im Objekt gilt dann: Die Kontrolle des **zu**-Infinitivs hängt vom Matrixverb ab. Ist das Matrixverb zweistellig, dann liegt Subjektkontrolle vor. Ist es dreistellig, dann liegt Objektkontrolle vor.

Eine Regularität dieser Art wurde schon von Bech (1983: 31ff.) als grundlegend für die Kontrollbeziehung im Deutschen angesehen. Sie findet sich dann – in der Formulierung dem jeweiligen Stand der Theorie entsprechend – in vielen Arbeiten zur generativen Syntax wieder. Die ursprüngliche Idee dabei ist eine Tilgungstransformation. Ist das Subjekt des Komplementsatzes identisch mit dem Subjekt bzw. dem Objekt des Matrixverbs, so wird es getilgt und es entsteht das subjektlose Infinitivkomplement (›Equi-NP-Deletion‹). Vorausgesetzt wird dabei, daß das Matrixverb allein entscheidend für die Regelung der

Kontrollbeziehung ist (Rosenbaum 1970 für das Englische; Huber/Kummer 1974: 161 ff.; Edmondson 1982: 161 ff. für das Deutsche; Chomsky 1984: 74 ff. für alle Sprachen; zur Übersicht Siebert-Ott 1983: 23 ff.).

(25) a. **Emma bittet Karl, sie mitzunehmen**
b. **Karl wird von Emma gebeten, sie mitzunehmen**

(26) a. **Emma befiehlt dem Karl, sie mitzunehmen**
b. **Dem Karl wird von Emma befohlen, sie mitzunehmen**
c. **Der Karl bekommt von Emma befohlen, sie mitzunehmen**

Aus 25a und 26a ist nun ersichtlich, daß mit Subjektkontrolle und Objektkontrolle jedenfalls nicht einfach ein Bezug auf oberflächensyntaktisch definierte Satzgliedfunktionen gemeint sein kann. Bei den Akkusativverben geht die Kontrolle im Passiv auf das grammatische Subjekt über (25b). Bei den Dativverben ebenfalls, wenn ein **bekommen**- oder **kriegen**-Passiv gebildet wird (26c). Beim **werden**-Passiv bleibt die Kontrollfunktion des Dativobjekts erhalten (26b). Diese oberflächensyntaktische Variabilität der Kontrollbeziehungen überrascht nicht. Sie sind so geregelt, daß bei jeder Diathese derselbe Referent für den **zu**-Inf gefunden wird.

(27) a. **Emma bittet Karl, sie mitzunehmen**
b. **Emma bittet Karl, mitgenommen zu werden**
c. **Karl wird von Emma gebeten, mitgenommen zu werden**

(28) a. **Emma befiehlt dem Karl, sie mitzunehmen**
b. **Emma befiehlt dem Karl, mitgenommen zu werden**
c. **Der Karl bekommt von Emma befohlen, mitgenommen zu werden**

Die Kontrollbeziehungen ändern sich aber auch, wenn im Komplement das Aktiv durch ein Passiv ersetzt wird. In 27b und 28b wird bevorzugt mit Subjektkontrolle gelesen, aber auch die Lesung mit Objektkontrolle ist möglich. Deshalb spricht man hier von wechselnder Kontrolle. Setzt man Matrixverb und Infinitiv ins Passiv, so entstehen massive Zuordnungsprobleme (27c, 28c). Man weiß nicht mehr recht, wie die Sätze zu verstehen sind.

Die Kontrollverhältnisse dürfen also nicht allein am Matrixverb festgemacht werden. Matrixverb und Infinitiv spielen auf zumindest teilweise systematisch explizierbare Weise zusammen. Setzt man den Infinitiv ins Passiv, so hat er kein obligatorisches Komplement mehr (27b, 28b). Damit ist es prinzipiell möglich, die Komplemente des Matrixverbs beliebig auf die semantischen Rollen des Infinitivs zu verteilen. Man kann verschiedene Verteilungen mit ganz unterschiedlichen Mitteln erzwingen, beispielsweise durch anaphorische Pronomina. 29a läßt offen, ob Subjekt- oder Objektkontrolle vorliegt, 29b ist auf Subjektkontrolle festgelegt und 29c schließlich auf Objektkontrolle.

(29) a. **Emma bittet Karl, mitgenommen zu werden**
b. **Emma bittet Karl, von ihm mitgenommen zu werden**
c. **Emma bittet Karl, statt ihrer mitgenommen zu werden**

Der starke Einfluß des Passivs auf die Kontrollverhältnisse läßt vermuten, daß auch andere, dem Passiv semantisch nahestehende Konstruktionen diese Wirkung haben. Verwendet man im Komplement ein Modalverb der Gruppe um **dürfen** (MV2 nach 3.4, wobei allerdings nicht jedes dieser Modalverben zu jedem Matrixverb semantisch paßt) oder ein nicht passivfähiges Verb der Gruppe um **bekommen** (4.5), so stellt sich ebenfalls Umkehrung oder Spaltung der Kontrollbeziehung ein. Die ›Standardform‹ des Komplements (30a) weist wieder Objektkontrolle auf, 30b,c dagegen zumindest als nächstliegend Subjektkontrolle.

(30) a. **Emma bittet Karl, Egon die Auskunft zu geben**
b. **Emma bittet Karl, Egon die Auskunft geben zu dürfen**
c. **Emma bittet Karl, endlich die gewünschte Auskunft zu bekommen**

(31) a. **Egon schwört Paula, sie anzurufen**
b. **ankündigen, drohen, geloben, versprechen, verraten**

Neben der großen Gruppe von dreistelligen Verben, die im Standardfall (**zu**-Inf des Präs Akt) Objektkontrolle bewirken, steht eine kleine Gruppe, die Subjektkontrolle nach sich zieht (31). Alle diese Verben haben ein Dativobjekt, Akkusativobjekte kommen nicht vor. Die Verben sind performativ. 31a besagt, daß Egon im Vollzug eines Sprechakts des Schwörens angekündigt hat, einen bestimmten Sachverhalt zu realisieren. Die Verben in 31 sind mit Infinitivkomplement durchweg nur beschränkt im Passiv verwendbar (**?Der Paula wird von Egon geschworen, sie anzurufen**). Ein solcher Passivsatz enthält die IGr als grammatisches Subjekt. Die Orientierung auf die **von**-Phrase bereitet bei den Subjektkontrollverben offenbar Schwierigkeiten.

(32) a. **Egon schwört Paula, von ihr angerufen zu werden**
b. **Egon schwört Paula, von ihm angerufen zu werden**
c. **Egon schwört Paula, von Willi angerufen zu werden**

Veränderung der Kontrollbeziehung ist erwartungsgemäß durch das Passiv und semantisch verwandte Konstruktionen im Komplement möglich. In 32a kontrolliert das Subjekt, in 32b das Objekt und in 32c liegt wechselnde Kontrolle vor (**Aufgabe 123; 124**).

Wir haben damit das Kontrollproblem in seinen Grundzügen besprochen, ohne es allerdings auch nur für eine bestimmte Verbklasse zum Abschluß zu bringen. Es bleibt unentschieden, ob und bis zu welchem Punkt Kontrolle syntaktisiert ist oder ob man nur bei Berücksichtigung semantischer oder pragmatischer (einschließlich enzyklopädischer) Gesichtspunkte weiterkommt (dazu Abraham 1983a; Wegener 1989; Růžička 1999; Köpcke/Panther 2004).

Infinitivgruppen bei Halbmodal- oder Hebungsverben

Das Kontrollproblem stellt sich in der bisher diskutierten Form für Vollverben mit Infinitivkomplement. Es stellt sich anders für eine kleine, theoretisch viel beachtete Verbklasse, der wir uns jetzt zuwenden wollen. Diese Verben werden aus Gründen, die gleich deutlich werden, üblicherweise nicht zu den ›Kontrollverben‹ gerechnet, obwohl sie einen **zu**-Infinitiv regieren. Es handelt sich um **scheinen** sowie um **pflegen, drohen** und **versprechen** in einer modalen Bedeutung, wie sie in den Beispielen 33 gegeben ist. In dieser speziellen Bedeutung haben **pflegen, drohen** und **versprechen** eine mit **scheinen** weitgehend übereinstimmende Syntax. Nur diese interessiert jetzt.

(33) a. **Karl scheint zu schlafen**
b. **Renate pflegt mit dem Taxi zur Schule zu fahren**
c. **Diese Wand droht einzustürzen**
d. **Der nächste Sommer verspricht schön zu werden**

Auf den ersten Blick haben wir normale Subjektkontrollverben vor uns. **Karl scheint zu schlafen** wäre zu analysieren wie **Karl wünscht zu schlafen**. Aber das Sprachgefühl sagt uns auch, daß der **zu**-Infinitiv enger an **scheinen** gebunden ist als an **wünschen**. Der Rechtschreibduden trug dem früher Rechnung mit einer besonderen Kommaregelung. **Zu**-Infinitive nach **scheinen, pflegen, drohen** und **versprechen** wurden generell nicht durch Komma abgetrennt (Duden 1991: 42). Nach der Neuregelung ist unsinnigerweise ein Komma erlaubt (**Karl scheint, zu schlafen**).

Die enge Bindung des Inf an das Verb erinnert an die Modalverben, nur regieren die Modalverben statt des **zu**-Inf den reinen Inf. Bestätigt wird die Verwandtschaft mit den MV durch ein charakteristisches Stellungsverhalten. Im konjunktionalen Nebensatz kann das Infinitivkomplement bei Vollverben ausgeklammert werden (34; ›Extraposition‹), bei Modalverben nicht, und ebensowenig bei der **scheinen**-Gruppe (35, 36).

(34) a. **daß Karl endlich zu schlafen wünscht**
b. **daß Karl wünscht, endlich zu schlafen**

(35) a. **daß Karl endlich schlafen will**
b. ***daß Karl will endlich schlafen**

(36) a. **daß Karl endlich zu schlafen scheint**
b. ***daß Karl scheint endlich zu schlafen**

Unter Rückgriff auf den von Bech (1983) eingeführten Kohärenzbegriff spricht man in der Literatur bei 35 und 36 häufig von einer kohärenten Infinitivkonstruktion, 34 gilt je nach Fassung des Begriffs als inkohärent oder als beides.

Am einfachsten ist der Kohärenzbegriff, wenn Kohärenz als Wortkategorisierung gefaßt wird. Danach wären **scheinen** und **wollen** Kohärenzverben, **wünschen** nicht. Letzteres bettet eine vergleichsweise abgeschlossene IGr ein, erstere haben eine engere Bindung zum Infinitiv. Man kann das als Neuformulierung der Frage ansehen, unter welchen Bedingungen Infinitivkonstruktionen satzwertig sind. Ein Satz gilt dabei als syntaktische Einheit mit ausgeprägten Grenzen. Beispielsweise kann nur innerhalb von Satzgrenzen reflexiviert werden, Satzglieder können meist nur innerhalb von Satzgrenzen verschoben werden und Sätze können nur als Ganze bewegt werden (zu den Kriterien für Kohärenz bzw. Satzwertigkeit in diesem Sinne Grewendorf 1987; Stechow/Sternefeld 1988: 406ff; Haider 1993: 247ff.; ausführlicher Bezug auf Beck in Gunkel 2003: 122ff.; **Aufgabe 125**).

Die Extraponierbarkeit der IGr in 34 im Gegensatz zu 35 und 36 gilt als Kriterium für Satzwertigkeit und damit für die Inkohärenz dieser Konstruktionen. Das rechtfertigt es, die **scheinen**-Gruppe einer eigenen grammatischen Kategorie zuzuweisen. Wir wollen ihr die Bezeichnung Halbmodalverb (HMV) geben. Die Wortkategorie HMV wird auf einer Ebene mit den Kategorien Vollverb, Kopulaverb, Modalverb und Hilfsverb angesiedelt (3.1, Schema 2; zur Vielfalt der Verwendbarkeit von **scheinen** Askedal 1998).

Welche Konstituentenstruktur hat nun ein Satz mit einem Halbmodal? Betrachten wir dazu das Verhältnis von **daß**-Satz und **zu**-Inf bei **scheinen** (nicht alle Halbmodale verhalten sich in diesem Punkt gleich).

(37) a. **Karl scheint zu schlafen**
b. **Es scheint, daß Karl schläft**
c. ***Daß Karl schläft, scheint**

(38) a. **Es stimmt, daß Karl schläft**
b. **Daß Karl schläft, stimmt**

37b sieht ähnlich aus wie 38a. Der **daß**-Satz wäre an **es** gebunden und Teil des Subjekts. Man hat in der generativen Syntax lange eine Analyse dieser Art angesetzt. 37a würde aus 37b abgeleitet, indem das Subjekt des Nebensatzes **(Karl)** in der Konstituentenstruktur ›angehoben‹ und damit zum Subjekt des Matrixsatzes wird (die entsprechende Transformation heißt Raising, genauer: Subjekt-zu-Subjekt-Raising; Huber/Kummer 1974: 253ff.).

Der **daß**-Satz bei **scheinen** ist aber offenbar nicht Teil des Subjekts. Er ist nicht wie üblich voranstellbar (37c), er kann **es** nicht verdrängen (37c vs. 38b). Auch vom Funktionalen her entstehen Schwierigkeiten, wenn man 37a auf 37b bezieht. Üblicherweise besetzt der **zu**-Inf dieselbe Stelle wie der **daß**-Satz. Wenn der **zu**-Inf in 37a nicht Subjekt ist, wie kann dann der **daß**-Satz in 37b Teil des Subjekts sein? **Es** und der **daß**-Satz besetzen bei **scheinen** nicht gemeinsam die Subjektstelle, sondern sie besetzen verschiedene Stellen. **Scheinen** ist also ein dreistelliges Verb mit Subjekt, fakultativem Dativobjekt und **zu**- bzw. **daß**-Komplement (**Es scheint mir, daß Karl schläft**; Olsen 1981: 117ff.).

(39) a. **Karl wünscht, daß dem Mann geholfen wird**
b. ***Karl wünscht, dem Mann geholfen zu werden**

(40) a. **Es scheint, daß dem Mann geholfen wird**
b. **Es scheint dem Mann geholfen zu werden**

Entscheidend für die Konstituentenanalyse von 37a ist nun das folgende. Wir haben den **zu**-Infinitiv bisher stets als Komplement ohne grammatisches Subjekt angesehen. Alle Mitspieler des Verbs können vorhanden sein, das

Subjekt muß aber fehlen. Den **zu**-Inf gibt es nur parallel zu Konstruktionen mit grammatischem Subjekt, nicht aber zu solchen ohne grammatisches Subjekt. Deshalb sind Ausdrücke wie 39b ungrammatisch (der **daß**-Satz in 39a hat kein Subjekt, s. a. Aufgabe 123b oben). Bei **scheinen** ist eben dies möglich: Der **zu**-Inf kann dort stehen, wo subjektlose Sätze stehen (vgl. auch **Es scheint ihn zu frieren; Es scheint getanzt zu werden**). Wir schließen daraus, daß der **zu**-Infinitiv bei den Halbmodalen nicht wie üblich als subjektloses Komplement anzusehen ist (Ebert 1975; Olsen 1981: 138ff.). Das grammatische Subjekt des Matrixverbs (Halbmodals) ist gleichzeitig Subjekt zum Infinitiv. Wie bei den Modalverben ist die Subjektrelation gespalten. Das grammatische Subjekt korrespondiert in Person und Numerus mit dem Halbmodal, wird aber gleichzeitig regiert vom **zu**-Inf. Der **zu**-Inf kann daher – wie der reine Inf bei den Modalverben – mit seinen Mitspielern keine Konstituente bilden. Er muß dem grammatischen Subjekt nebengeordnet sein. Es ergibt sich 41.

(41)

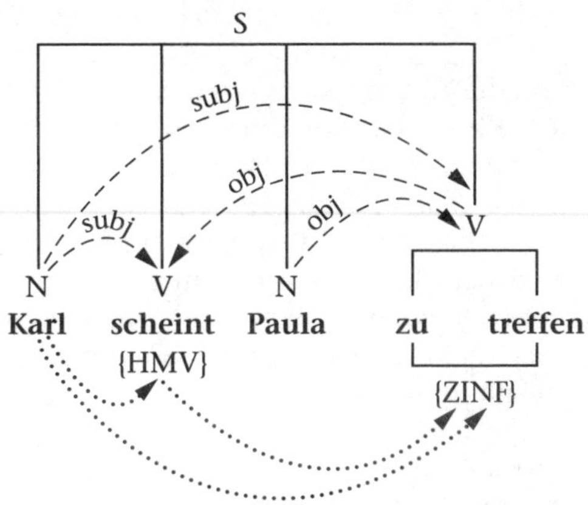

Daß der **zu**-Inf bei den Halbmodalen tatsächlich das Subjekt regiert, sieht man an Beispielen wie 42, 43. Nur wenn das Verb im Komplement ein unpersönliches **es** als Subjekt regiert, ist das **es** bei **scheinen** unpersönlich (42). Und nur wenn das Verb im Komplement einen **daß**-Satz zuläßt, wird der Satz mit **daß**-Subjekt grammatisch (43).

(42) a. **Es scheint zu regnen**
b. **Es scheint zu schlafen**

(43) a. **Daß Emma hier war, scheint zu stimmen**
b. ***Daß Emma hier war, scheint zu schlafen**

11.2.2 Der AcI

Der AcI bei Wahrnehmungsverben

Eine kleine Gruppe von Verba sentiendi verbindet sich mit einem Akkusativnominal und reinen Infinitiv als Ergänzung (1). Der AcI (accusativus cum infinitivo) gehört zu den kohärenten Infinitivkonstruktionen. Das zeigt schon das im vorausgehenden Abschnitt erläuterte Kriterium Extraposition. Sie ist beim AcI nicht möglich (2).

(1) a. **Helga sieht ihren Sohn rauchen**
b. **sehen, hören, fühlen, spüren**

(2) a. **daß Helga ihren Sohn rauchen sieht**
b. ***daß Helga sieht ihren Sohn rauchen**

Außer den genannten Verba sentiendi kommen als AcI-Verben noch **heißen, machen** und **lassen** in Betracht (s. u.; zu weiteren Kandidaten Reis 1976a: 9 f.).

Beschränken wir uns zunächst auf die Wahrnehmungsverben. In der einfachsten Version sind sie transitiv. Die Stelle des Objekts kann von einem Akkusativ und von einem **daß**-Satz besetzt werden. Zu ihren Besonderheiten gehört die Besetzbarkeit der Objektstelle durch einen **wie**-Satz. Der ergänzende **wie**-Satz signalisiert Gleichzeitigkeit der Wahrnehmung mit dem wahrgenommenen Sachverhalt. 3b besagt, daß Helga dabei ist, als ihr Sohn raucht, 3a besagt das nicht unbedingt. Der AcI ist paraphrastisch zum **wie**-Satz und nicht zum **daß**-Satz (Vater 1976; 10.2.2). Der AcI dient also zur Mitteilung unmittelbarer Wahrnehmungen der im Subjekt genannten Person.

(3) a. **Helga sieht, daß ihr Sohn raucht**
b. **Helga sieht, wie ihr Sohn raucht**
c. **Helga sieht ihren Sohn rauchen**

Die Signalisierung von Gleichzeitigkeit schlägt sich formal in der Beschränkung auf den Infinitiv des Präsens nieder. Das Präs als unmarkiertes Tempus wird jeweils auf die vom Matrixverb bezeichnete Aktzeit bezogen (4). Da andere Zeitverhältnisse als Gleichzeitigkeit nicht in Frage kommen, sind andere Infinitive ausgeschlossen (5):

(4) **Helga sieht ihren Sohn rauchen. Sie hat ihn rauchen gesehen und sie wird ihn rauchen sehen**

(5) a. ***Helga sieht ihren Sohn geraucht haben**
b. ***Helga hat ihren Sohn geraucht haben gesehen**
c. ***Helga sieht ihren Sohn rauchen werden**

Der Subjektreferent des Inf steckt im Akk des AcI. Der Infinitiv selbst kann Objekte entsprechend seiner Valenz mit sich führen, so daß bei akkusativischem Objekt zwei Akkusative unmittelbar aufeinander folgen (6c). Der erste der beiden ist dann der Akk des AcI. 6d kann nur gelesen werden als »Die Zigarren rauchen ihren Sohn« und ist deshalb aus semantischen Gründen nicht akzeptabel.

(6) a. **Helga sieht ihren Sohn seinem Vater helfen**
b. **Helga sieht ihren Sohn auf seine Freundin warten**
c. **Helga sieht ihren Sohn Zigarren rauchen**
d. **Helga sieht Zigarren ihren Sohn rauchen**

Bei der Konstituentenanalyse des AcI steht man vor der Frage, ob der Akkusativ dem Matrixverb oder dem Infinitiv nebenzuordnen ist. Versuchen wir es zuerst mit dem Inf (7).

(7)

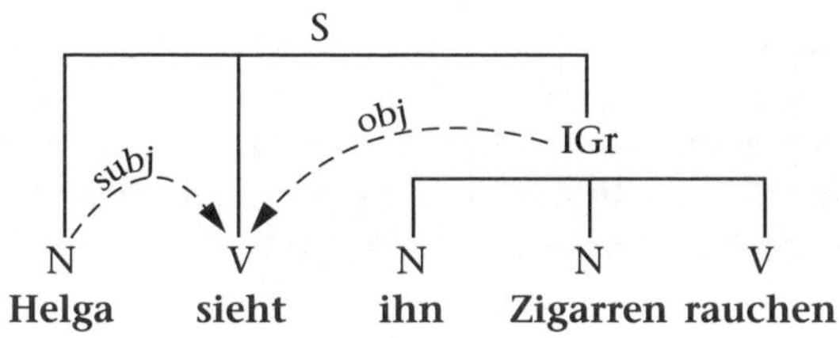

Bei der Struktur in 7 bleibt **sehen** zweistellig. Der AcI besetzt scheinbar die Stelle des direkten Objekts, die auch von einem **daß**- oder **wie**-Satz besetzbar ist. Der AcI wäre eine spezielle Form des Objektsinfinitivs, wobei allerdings die Konstituentenkategorie IGr im Umfang erweitert werden müßte. Nach der bisherigen Festlegung enthält sie ja nur **zu**-Infinitive (2.1).

Mit 7 gibt es andereseits eine Reihe von Schwierigkeiten. Ungewöhnlich ist, daß die IGr eine Konstituente enthält, die ihren Subjektreferenten liefert. Die Struktur der IGr in 7 sieht wie die eines Satzes aus, nur daß das ›Subjekt‹ im Akk steht und das Verb infinit ist. Das widerspricht allem, was bisher über Sätze und IGr gesagt wurde. Erstere sind finit, letztere haben gerade kein direktes, sondern ein indirektes Subjekt.

Darüber hinaus ist der AcI in 7 nicht ein direktes Objekt wie Objektsinfinitive sonst. Der Objektkonversion der **werden**-Passivs ist er nicht zugänglich (8b). Wenn das Passiv von 8a überhaupt bildbar ist, dann wie in 8c mit Konversion des Akk allein. 8c wird nicht von allen Sprechern als grammatisch angesehen und dürfte nur sehr selten vorkommen. In Hyvärinen 1984 etwa findet sich unter hunderten von AcIs aus dem Mannheimer Korpus kein Fall dieser Art. Die Sprecher sind sich andererseits einig, daß 8c eher grammatisch ist als 8b. Der Akk hätte nicht nur mit dem Kasus, sondern auch im Diatheseverhalten Eigenschaften des direkten Objekts zum Matrixverb bewahrt.

(8) a. **Helga sieht ihn Zigarren rauchen**
b. ***Ihn Zigarren rauchen wird von Helga gesehen**
c. **Er wird von Helga Zigarren rauchen gesehen**

Als Alternative kommt die Struktur in 9 infrage. Sie weist **sehen** mit AcI als dreistelliges Verb aus, das neben dem Subjekt und direkten Objekt eine IGr mit reinem Inf als Ergänzung regiert. Diese IGr ist nach Form und Funktion ein Komplement besonderer Art. Mit den IGr sonst hat sie immerhin das Fehlen des direkten Subjekts gemeinsam.

(9)

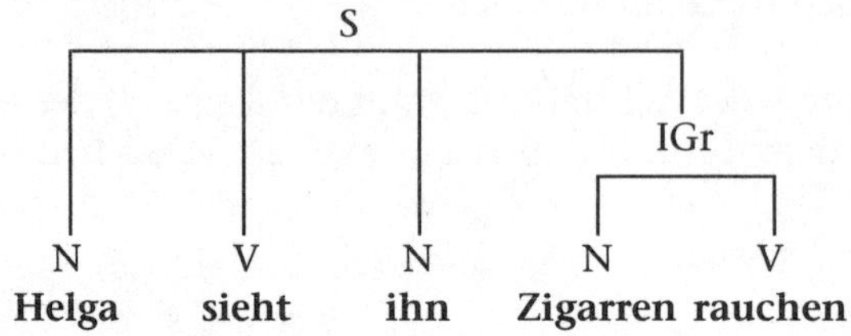

Für 9 lassen sich weitere Argumente ins Feld führen. So können der Akk und die IGr getrennt das Vorfeld besetzen (10a,b). Beide gehören nicht unauflöslich zusammen. Sehr stark ist das Argument allerdings nicht, denn sie können auch gemeinsam im Vorfeld stehen (10c). Darüber hinaus kann sogar – wie bei den Satzverschränkungen des **zu**-Inf – das Objekt des Inf allein topikalisiert werden (10d).

(10) a. **Ihn sieht Helga Zigarren rauchen**
b. **Zigarren rauchen sieht Helga ihn**
c. **Ihn Zigarren rauchen sieht Helga**
d. **Zigarren sieht ihn Helga rauchen**

Ein anderer Hinweis auf die Struktur in 9 könnte das unterschiedliche Verhalten von **daß**- und **wie**-Satz bei AcI-Verben sein. Der **daß**-Satz besetzt nur für sich die Objektposition, ein zusätzlicher Akk ist nicht möglich (11a,b). Der zum AcI paraphrastische **wie**-Satz läßt den Akk zu (11d,e).

(11) a. **Helga sieht ihn Zigarren rauchen**
b. **Helga sieht, daß er Zigarren raucht**
c. ***Helga sieht ihn, daß er Zigarren raucht**
d. **Helga sieht, wie er Zigarren raucht**
e. **Helga sieht ihn, wie er Zigarre raucht**

Der Zwischenstellung oder Doppelfunktion des Akkusativ im AcI wird in Ableitungsgrammatiken Rechnung getragen, indem man ihn auf verschiedenen Ableitungsstufen strukturell unterschiedlich plaziert. Die klassische Analyse der generativen Syntax siedelt ihn tiefenstrukturell als Subjekt zum Infinitiv an, aber diesem Subjekt kann nicht sein normaler Kasus zugewiesen werden. Man spricht von ›Exceptional Case Marking‹ (ECM). Damit das übergeordnete Verb den Akk zuweisen kann, wird die Satzgrenze, die den AcI tiefenstrukturell abgrenzt, durchlässig gemacht. Das Tiefensubjekt wird zum Objekt des Matrixverbs angehoben (›Subjekt-zu-Objekt-Raising‹). Es sind auch andere Ableitungsmechanismen vorgeschlagen worden, mit denen die komplizierten syntaktischen Verhältnisse bei Reflexivierung, beim Passiv, beim Scrambling (d. h. den Wortstellungsregularitäten) erfaßt werden können. Dabei geht es immer wieder um die Rekonstruktion der Beziehung des AcI zum Akk als direktem Objekt einerseits sowie zu den Satz- und Infinitivkomplementen andererseits (Suchsland 1987; Grewendorf 1987; 1994; Gunkel 2003a; **Aufgabe 126**).

Zur Grammatik von *lassen*

Neben den Wahrnehmungsverben spielen in diesem Zusammenhang einige weitere Verben eine Rolle. **Lassen**, **machen** und **heißen** in 12 sind wie die Wahrmehmungsverben ›objektorientiert‹, stehen im übrigen aber den Modalverben nahe. Am gebräuchlichsten von ihnen ist das Chamäleon **lassen**, das mit einer Vielzahl von Komplementtypen in mehreren Bedeutungsvarianten vorkommt. Wir begnügen uns damit, die Hauptbedeutungen von **lassen** zu nennen und zu zeigen, wie sie an ein jeweils spezifisches syntaktisches Verhalten gebunden sind.

(12) a. **Sie läßt ihn gehen**
b. **Sie macht ihn zittern**
c. **Sie heißt uns beten**

Wie bei den Modalverben wird die Bedeutung von **lassen** mit Hilfe des Begriffs des Handlungsziels beschrieben. In **Karl läßt mich arbeiten** ist von einem Handlungsziel (einem zu realisierenden Sachverhalt) »Ich arbeite« die Rede. Zu einem Handlungsziel gehört eine Obligation mit ihrer Quelle und mit ihrem Ziel. Das Besondere von **lassen** gegenüber den Modalverben ist, daß Quelle und Ziel im Satz getrennt bezeichnet sind. Bei den Modalverben fallen sie zusammen (MV1, Typ **wollen**) oder es wird nur das Ziel der Obligation genannt (MV2, Typ **dürfen**).

In der einfachsten Version **Karl läßt mich** sind nur Quelle (Subjekt) und Ziel (direktes Objekt) der Obligation genannt. **Lassen** ist transitiv. Es bildet das Pf mit **haben** + Partizip (**Karl hat mich gelassen**) und ist passivfähig (**Ich werde von Karl gelassen**). Seine Bedeutung ist permissiv. Ausgesagt wird, daß ein Zustand, in dem die vom Objekt bezeichnete Person sich befindet, bestehen bleiben kann. Der Begriff des Handlungsziels ist hier also schon zu stark. Es geht nicht um die Realisierung eines Sachverhaltes, sondern um sein Aufrechterhalten. Als Infinitive kommen bei dieser Version nur Verben mit einer statischen Bedeutung in Frage, bei denen der Subjektreferent nicht ein Agens mit dem Basisprädikat *Control* oder *Cause* ist. So haben wir **Karl läßt mich warten/schlafen** mit dem entsprechenden Perfekt (**Karl hat mich schlafen gelassen**) und dem Passiv (**Ich werde von Karl schlafen gelassen**). Viele solcher Fügungen neigen zur Lexikalisierung (**liegenlassen, fallenlassen, stehenlassen**), d. h. hier setzt sich das einfache transitive **lassen** erneut durch. Ein anderes Verhalten zeigt **lassen** bei Infinitiven von nichtstatischen Verben (13).

(13) a. **Karl läßt mich arbeiten**
b. ***Karl hat mich arbeiten gelassen**

c. **Karl hat mich arbeiten lassen**
d. **?Ich werde von Karl arbeiten gelassen**

Das Pf mit dem Partizip ist jetzt ungrammatisch. Wie bei den Modalverben wird es mit dem Ersatzinfinitiv gebildet (13c; 3.4). Das Passiv wird von den meisten Sprechern ebenfalls als ungrammatisch angesehen.

In 13a hat **lassen** zwei Bedeutungen, nämlich eine permissive wie vorher (»Karl läßt mich beim Arbeiten in Ruhe«) und eine direktive (»Karl veranlaßt mich zu arbeiten«). Man spricht hier auch von einer kausativen Bedeutung. Für die permissive wie für die kausative Bedeutung bezeichnet das Subjekt die Quelle und das Objekt das Ziel der Obligation.

(14) a. **Karl läßt antreten**
b. **Paul läßt dir helfen**
c. **Karl läßt die Bäume fällen**
d. **Paul läßt einen Graben ausheben**
e. **Egon läßt die Vase fallen**
f. **Hans läßt alles anbrennen**

Anders als bei den Wahrnehmungsverben ist bei **lassen** der Akk nicht obligatorisch. So entstehen Sätze wie 14a,b. Sie können nur kausativ gelesen werden. Dasselbe gilt für 14c,d mit dem Infinitiv eines Agensverbs. Der Akk wird hier als Objekt zum Infinitiv gelesen. Dagegen enthalten 14e,f Infinitive von Verben, deren Subjekt nicht prototypisch ein Agens ist. Der Akk ist dann jedenfalls Objekt zu **lassen**.

Fügt man bei Sätzen wie 140a–d das akkusativische Objekt zu **lassen** hinzu, so kodiert dieser Akk gleichzeitig das Agens für den Infinitiv: **In Karl läßt ihn die Bäume fällen** ist **ihn** Agens zu **fällen**. Dieses Agens kann ohne weitere Veränderung des Satzes auch wie im Passiv als **von**-Phrase kodiert sein, wir erhalten **Karl läßt von ihm die Bäume fällen** (zum kausativen **lassen** einschl. des Kausativpassivs weiter Gunkel 2003: 175 ff.).

Höhle (1978: 50 ff.) beobachtet, daß für Sätze mit nicht agensfähigem Objekt auch besondere Stellungsregularitäten gelten. Während ein Dativobjekt des Inf dem belebten Akkusativobjekt von **lassen** nachgestellt sein muß (15), geht es dem nicht agensfähigen Akkusativobjekt von **lassen** voraus (16). Die für die Satzgliedfolge auch sonst relevante Belebtheitshierarchie (13.2) behält hier die Oberhand über die von den syntaktischen Funktionen her natürlichste Satzgliedfolge. Suchsland (1987a) zeigt, daß **lassen** lediglich bei direktiver Bedeutung das Verhalten eines AcI-Verbs hat.

(15) a. **Karl läßt den Paul seiner Mutter helfen**
b. ***Karl läßt seiner Mutter den Paul helfen**

(16) a. **Karl läßt seinem Gläubiger einen Ziegel auf den Kopf fallen**
b. ***Karl läßt einen Ziegel seinem Gläubiger auf den Kopf fallen**

Nur permissiv gelesen werden kann **lassen** in der Verwendung als obligatorisch reflexives Verb (17). Der Objektreferent des Inf tritt als grammatisches

Subjekt von **lassen** auf. Es handelt sich um eine Medialkonstruktion analog zu **Dieser Wein trinkt sich gut** (4.5).

(17) a. **Dieser Wein läßt sich trinken**
b. **Ein solches Vorgehen läßt sich dem Parlament gegenüber rechtfertigen**

(18) a. **Darüber läßt sich reden**
b. **Dem Manne läßt sich helfen**

(19) a. **Es läßt sich darüber reden**
b. **Es läßt sich dem Manne helfen**

Eine Besonderheit des **lassen**-Mediums ist, daß es subjektlos sein kann. Der Fall tritt ein, wenn als Inf ein Verb ohne direktes Objekt genommen wird (18). Auch das **es** in 19 ist nicht grammatisches Subjekt, sondern ein Vorfeld-**es**.

11.3 Adverbiale

Infinitivkonjunktionen und Subjektkontrolle

Adverbiale Funktion haben Infinitivgruppen mit **um zu, ohne zu** und **anstatt zu** (Alternative **statt zu**). Ihre syntaktische Analyse und eine erste Einordnung ins System der Komplement- und Adverbialkonstruktionen gewinnen wir am einfachsten durch Bezug auf die **zu**-Infinitive.

Zu haben wir als Bestandteil einer Verbform analysiert (11.2.1). **Zu arbeiten** ist insgesamt eine Infinitivform neben der Form des reinen Infinitivs **arbeiten**. Daraus folgt, daß **um zu, ohne zu** und **anstatt zu** keine Einheiten sind. **Zu** bildet nicht mit **um, ohne, anstatt** eine Einheit, sondern mit dem jeweiligen Infinitiv.

Um, ohne und **anstatt** ihrerseits sind subordinierende Konjunktionen besonderer Art. Die meisten subordinierenden Konjunktionen sind Einleitewörter von Nebensätzen (6.2.1.), diese drei sind Einleitewörter von Infinitivgruppen. Sie regieren den 2. Status. Als Konstituentenstruktur für einen Satz mit adverbialer Infinitivkonstruktion ergibt sich 1.

(1)

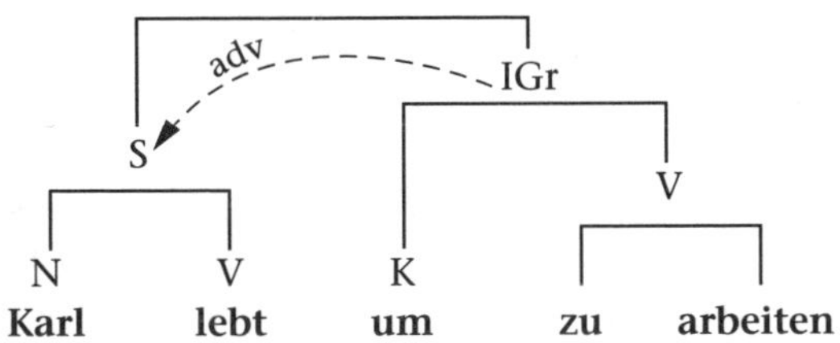

Um, ohne und **anstatt** sind als Konjunktionen jung. Am ältesten von ihnen ist **um**. Alle drei haben sich durch syntaktische Reanalyse von Komplementstrukturen aus Präpositionen entwickelt (zur Entstehung Behaghel 1924:

335 ff.). Für **ohne** und **anstatt** ist die semantische Nähe zu den Präpositionen auch synchron gegeben, für **um** nur sehr beschränkt. **Um** hat das gegenwärtige Deutsch lediglich als lokale Präposition. Die finale Präposition **umbe**, von der die Konjunktion **um** sich herleitet, existiert nur noch in der Zusammensetzung mit **willen (um des lieben Friedens willen)**.

Daß Einheiten sowohl Präpositionen als auch Konjunktionen sind, ist nichts Außergewöhnliches. Besonders temporale Nebensätze werden von Konjunktionen eingeleitet, die auch Präpositionen sind **(bis, seit, während)** oder von Präpositionen abgeleitet sind (**nach – nachdem; vor – bevor** usw.; 10.4). Auch von daher gibt es keine Bedenken zur Klassifizierung von **um, ohne** und **anstatt** als Konjunktionen.

Anders als bei den Ergänzungen sind die Kontrollbeziehungen der adverbialen Infinitivgruppen ziemlich strikt und einheitlich geregelt (ausführlich Leys 1971). Im Standardfall findet sich der Subjektreferent des Inf im Subjekt des Matrixsatzes. Auch bei mehrstelligen Matrixverben mit agensfähigem Objekt ist Subjektkontrolle gegeben und zwar auch dann, wenn bei **zu**-Infinitiven Objektkontrolle vorliegt (2–4).

(2) a. **Karl bittet Emma, pünktlich zu sein**
b. **Karl bittet Emma, um pünktlich zu sein**

(3) a. **Karl rät dem Paul, ihn kennenzulernen**
b. **Karl rät dem Paul, ohne ihn kennenzulernen**

(4) a. **Karl veranlaßt Emma, Fritz abzuholen**
b. **Karl veranlaßt Emma, anstatt Fritz abzuholen**

Ein Bezug auf das Objekt ist nur bei wenigen Verben und nur bei **um zu** möglich. Immer wieder genannt werden Beispiele wie **Man brachte die Kinder aufs Land, um bei der Ernte zu helfen** oder **Der Vater schickte seinen Sohn, um den Streit zu schlichten**. Auch hier ist Objektkontrolle nicht zwingend, sondern sie ist nur neben Subjektkontrolle möglich. Der Duden (1998: 806) rät vom Gebrauch solcher Konstruktionen ab, weil »leicht Mißverständnisse aufgrund der doppelten Beziehbarkeit entstehen«.

(5) a. **Der Bauer zündete den Hof an, um die Versicherung kassieren zu können**
b. **Der Hof wurde vom Bauern angezündet, um die Versicherung kassieren zu können**

Auch die Passivierung des Matrixverbs oder des Infinitivs, die wir beim **zu**-Infinitiv als probates Mittel zur Veränderung von Kontrollbeziehungen kennengelernt haben, greift hier kaum. Höhle (1978: 183 ff.) hat festgestellt, daß eine **von**-Phrase mit agensfähigem Nominal nur dann den Subjektreferent zum Infinitiv liefert, wenn das grammatische Subjekt aus semantischen Gründen dafür nicht in Frage kommt. So kann 5b wie 5a nur mit »Bauer« als Subjektreferent zum Inf gelesen werden. Zweifel an der Grammatikalität solcher Sätze bleiben aber (s. u.). Sind zwei agensfähige Nominale vorhanden, so wird mit Subjektkontrolle gelesen. Dies gilt auch für Subjekte in Passivsätzen (6b) und es gilt, obwohl das Subjekt im Passivsatz eigentlich wenig geeignet ist, den Subjektreferenten für ein Adverbial mit finaler Bedeutung zu liefern. Der finale Infinitiv bei passivischen Sätzen ist aus semantischen Gründen fast durchweg schlecht interpretierbar.

(6) a. **Emma lud den Paul ein, um glücklich zu werden**
b. **Der Paul wurde von Emma eingeladen, um glücklich zu werden**

Die syntaktische Fundierung der Kontrollbeziehung bei den adverbialen Infinitiven überrascht nicht. Das Adverbial als verbunabhängiges Satzglied kann nicht von Verb zu Verb unterschiedlichen Deutungsregeln unterworfen sein. Als auf den Satz bezogen, muß seine semantische Interpretation auf einem konstitutiven Bestandteil des Satzes ruhen. Da ist das Subjekt erster Kandidat. Der syntaktisch lockeren Bindung des Adverbials entspricht eine strikte Regelung der Kontrollbeziehung. Anderenfalls wäre die Konstruktion semantisch wenig stabil. Der adverbiale Infinitiv ist offenbar dort entstanden, wo im Standardfall der Subjektreferent für beide Verben derselbe war. Die Bedeutung der Konjunktionen **um, ohne, anstatt** schränken die Selektion dabei auf das Subjekt als den im Standardfall ›intentionsbegabten‹ Referenten ein. Wir kommen auf die Bedeutung der Konjunktionen zurück, betrachten aber zunächst einige weitere Beispiele mit **um zu**, in denen Subjektkontrolle nicht vorliegt (Beispiele nach Clément 1986).

(7) a. **Der Zeitpunkt scheint mir günstig, um darüber nachzudenken**
b. **Die Mitgliedschaft in der DKP reichte der Behörde aus, um dem Beamten zu kündigen**

(8) a. **Der Zeitpunkt scheint günstig, um darüber nachzudenken**
b. **Die Mitgliedschaft in der DKP reichte aus, um dem Beamten zu kündigen**
c. **Die Geschichte ist eingebaut worden, um den Artikel farbiger zu machen**
d. **Eine feuchte Atmosphäre ist wichtig, um Verwelken zu verhindern**

(9) a. **Diese Lücke ist zu groß, um sie unerwähnt zu lassen**
b. **Es fehlt an Kapital, um die Möglichkeiten zu nutzen**

In 7 liegt ein Agentivitätanstieg vom Subjekt zum Dativ vor. Semantisch kommt nur der Dat als Subjektreferent des Infinitivs infrage. Dennoch wird der Inf nicht einfach auf den Dat bezogen, sondern ist auch lesbar mit einem Referenten, der gar nicht im Satz vorkommt (›arbiträre Kontrolle‹).

In 8a,b fehlen die Dative. Hier wird allein mit arbiträrer Kontrolle gelesen. Ebenso 8c. Alle drei Sätze haben gemeinsam, daß ein kontrollierendes Satzglied latent vorhanden ist (der Dat in 8a,b; die **von**-Phrase in 8c). Das ist anders in 8d. Der Satz wird, weil das Subjekt trotz Unbelebtheit zum Infinitiv paßt, mit Subjektkontrolle oder arbiträrer Kontrolle gelesen. Semantisch gänzlich ausgeschlossen ist Subjektkontrolle in 9.

Die Sonderfälle 7, 8, 9 lassen sich offenbar auf der Basis des Standardfalles von Subjektkontrolle semantisch deuten, aber auch eine syntaktische Ausgrenzung ist möglich. Eine genauere Analyse zeigt, daß die IGr hier nicht Adverbial, sondern Ergänzung ist (**günstig zu; ausreichen zu** usw., vergleichendes **zu ... um zu**; Eisenberg 1992, dort auch ausführlich der Bezug zur Kontrolltheorie).

Für die Kontrolltheorie, wie sie für **zu**-Infinitive in Objektposition entwickelt wurde, stellen die adverbialen Infinitivgruppen theoretisch ein Problem dar. Soweit das Kontrollproblem nämlich syntaktischen Lösungen zugeführt wurde, setzt man eine Rektionsbeziehung zwischen Matrixverb und Infinitivgruppe voraus. Eine solche Beziehung besteht bei den adverbialen Infinitiven nicht. Ihr Kontrollverhalten ist im Standardfall verbunabhängig syntaktisiert. Erst wenn ein Ausdruck auf dieser Basis nicht interpretierbar ist, treten andere Kontrollmechanismen in Kraft.

Semantik der adverbialen Infinitive

Was ist nun die semantische Leistung der adverbialen Infinitive? Aus der großen Zahl der möglichen und von Konjunktionen bezeichneten semantischen Beziehungen zwischen Adverbial und Bezugssatz werden drei als Infinitivkonstruktion realisiert, alle anderen bleiben auf den Adverbialsatz angewiesen. Geschieht das, weil die drei semantische Gemeinsamkeiten haben oder ist es eher ein Zufall?

Betrachten wir die drei Konjunktionen im Vergleich. In einem Satz wie 10c werden zwei Sachverhalte miteinander verknüpft, nämlich »Elisabeth studiert Medizin« und »Elisabeth will Ärztin werden«. Die Verknüpfung signalisiert, daß Elisabeth das erste mit dem Ziel tut, das zweite zu erreichen. Zweck ihres Tuns ist, den im Adverbial genannten Sachverhalt zu realisieren. Dieser Sachverhalt kann unrealisiert sein, das gehört zur finalen Bedeutung von **um**. Der im Hauptsatz genannte Sachverhalt ist dagegen realisiert.

(10) a. **Karl lebt, um zu arbeiten**
b. **Martin fährt nach Frankfurt, um zu angeln**
c. **Elisabeth studiert Medizin, um Ärztin zu werden**

Zur Bedeutung von **um** gehört weiter eine spezielle Form von Präsupposition. 10c wird verstanden auf dem Hintergrund einer Implikation des Inhalts »Wenn man Ärztin werden will, studiert man Medizin«, aussagenlogisch $b \supset a$. Dabei gewinnt man b und a als Generalisierung der Bedeutungen des Adverbials bzw. des Bezugssatzes. Je offensichtlicher die Gültigkeit einer solchen Implikation ist, desto leichter ist ein Satz als Finalsatz zu interpretieren (ausführlich 10.4).

(11) a. **Karl lebt, anstatt zu arbeiten**
b. **Martin fährt nach Frankfurt, anstatt zu angeln**
c. **Elisabeth beschäftigt eine Putzfrau, anstatt selber sauber zu machen**

Auch bei **anstatt** wird vom ersten Sachverhalt behauptet, er sei realisiert, während der zweite aber ausdrücklich als nicht realisiert hingestellt wird. Das semantische Verhältnis zwischen beiden ist derart, daß die Nichtrealisiertheit des zweiten abhängig von der Realisiertheit des ersten ist. Beide sind nicht unabhängig voneinander, sie schließen einander aus. Das Verständnis solcher Sätze basiert ebenfalls auf einer Präsupposition, die die Form einer Implikation hat. Sie besagt für 11c »Wenn man nicht selber sauber macht, muß man eine Putzfrau beschäftigen«, aussagenlogisch ~b ⊃ a. Je offensichtlicher eine solche Implikation gilt, desto offensichtlicher wird die wertende, auf eine Verhaltensnorm weisende Bedeutung von **anstatt** (**Anstatt Sport zu treiben, schreibt Leo Bücher. Anstatt seine Dozentenpflichten wahrzunehmen, schreibt Jürgen freche Briefe**).

(12) a. **Karl lebt, ohne zu arbeiten**
b. **Martin fährt nach Frankfurt, ohne zu angeln**
c. **Elisabeth heiratet Karl, ohne ihn zu lieben**

Wie bei **anstatt**, so wird bei **ohne** behauptet, daß der vom Hauptsatz bezeichnete Sachverhalt zutrifft und der vom Adverbial bezeichnete nicht zutrifft. Die Bedeutung von **ohne** ist im übrigen konzessiv. 12c ist zu lesen als »Elisabeth heiratet Karl, obwohl sie ihn nicht liebt«. Wie der Konzessivsatz enthält das Adverbial mit **ohne** ein Moment des Unerwarteten. Man sollte annehmen, daß Elisabeth sich angesichts ihrer Empfindungen Karl gegenüber anders verhält, als sie es tut. Da der konzessiv angeschlossene Sachverhalt immer negiert ist, hat die präsupponierte Implikation die allgemeine Form ~b ⊃ ~a, für 12c etwa »Wenn man einen nicht liebt, heiratet man ihn nicht«. Je offensichtlicher eine derartige Implikation gilt, umso deutlicher tritt der konzessive Charakter des Adverbials mit **ohne** hervor.

Die semantische Gemeinsamkeit von Sätzen mit infinitivischem Adverbial besteht darin, daß jeweils ein als zutreffend behaupteter Sachverhalt auf einen zweiten bezogen wird, der entweder nicht zutrifft (**anstatt, ohne**) oder nicht notwendigerweise zutrifft (**um**). Die Sätze werden verstanden auf der Basis einer Präsupposition, die die Form einer Implikation hat. Antezedens und Konsequenz dieser Implikation ergeben sich aus Verallgemeinerungen der Teilsatzbedeutungen. Sätze mit **um, anstatt** und **ohne** sind hinsichtlich der Form ihrer Präsupposition klar voneinander unterschieden:

(13) **um**: b ⊃ a
anstatt: ~b ⊃ a
ohne: ~b ⊃ ~a

Bei den Sätzen mit adverbialem Infinitiv betreffen die beteiligten Sachverhalte dieselbe Person. Nach Auffassung des Sprechers gilt: Der erste Sachverhalt ist realisiert, damit der zweite realisierbar wird (**um**). Der erste Sachverhalt ist realisiert, obwohl der zweite realisiert werden sollte (**anstatt**). Der erste Sachverhalt ist realisiert und der zweite nicht, obwohl man dies hätte erwarten müssen (**ohne**).

Die adverbialen Infinitivkonstruktionen werden wie die ergänzenden theoretisch häufig auf vollständige Nebensätze bezogen. Während etwa die Grundzüge (794, 805) adverbiale Infinitive umstandslos als Abwandlungen oder

Reduktionsformen von vollständigen Sätzen bezeichnen und die Dudengrammatik (1998: 805ff.) einfach von Finalsätzen und Modalsätzen spricht, nimmt man vielfach auch Unterschiede wahr. Besonders **um** bzw. **um zu** wird nicht einfach auf **damit** bezogen, nur weil beide eine finale Bedeutung haben. **Um** hat morphologisch nichts mit **damit** zu tun, warum sollten beide dasselbe bedeuten? Erben (1980: 207) stellt fest, **um** signalisiere Finalität »weniger eindeutig« als **damit**. Es gibt zahlreiche Verwendungen von **um**, bei denen nicht ohne weiteres von Finalität gesprochen werden kann und ein Bezug auf **damit** nicht immer möglich ist. Beispiele in 14 sind das sog. teleologische **um** (14a), das faktisch-prospektive **um** (14b) oder das metakommunikative **um** (14c; ausführlich zu **um** Leys 1988; 1991).

(14) a. **Die Bäume werfen die Blätter ab, um den Winter zu überleben**
b. **Karl kam herein, um das Zimmer gleich wieder zu verlassen**
c. **Wir sind – um das hervorzuheben – auf Helmut angewiesen**

Ohne und **anstatt** sind direkter auf Adverbialsätze beziehbar, nämlich auf die mit **ohne daß** und **statt daß** eingeleiteten. Hier ist der konjunktionale Nebensatz als Alternative anscheinend immer möglich, nur wird er durch den Konjunktiv manchmal unverhältnismäßig aufwendig. Aufgrund der dargelegten Semantik (Nichtrealisiertheit des vom Adverbial bezeichneten Sachverhalts) kann im Nebensatz der Konjunktiv stehen (und zwar der Konj des Pqpf, 15). Steht nun der Hauptsatz im Konj, so muß der Nebensatz ebenfalls im Konj stehen. Der einfachen Infinitivkonstruktion steht der umständliche Konjunktionalsatz gegenüber (16; **Aufgabe 127**).

(15) a. **Karl verschwindet, ohne sich abzumelden**
b. **Karl verschwindet, ohne daß er sich abmeldet**
c. **Karl verschwindet, ohne daß er sich abgemeldet hätte**

(16) a. **Karl verschwände, ohne sich abzumelden**
b. ***Karl verschwände, ohne daß er sich abmeldet**
c. **Karl verschwände, ohne daß er sich abgemeldet hätte**

Weil die Negation des Adverbials bei **ohne** bzw. **ohne daß** in der Konjunktion steckt, befindet sie sich stets im Skopus einer wie immer gearteten Negation im Hauptsatz. Während 17a besagt, daß Martin angelt und nichts fängt, besagt 17b nicht etwa, daß er nicht angelt und nichts fängt. Vielmehr wird festgestellt, es könne nicht sein, daß er angle und nichts fängt.

(17) a. **Martin angelt, ohne etwas zu fangen**
b. **Martin angelt nicht, ohne etwas zu fangen**

12. Koordination

12.1 Zum Begriff Koordination

Bei der syntaktischen Beschreibung der Sätze in 1 kennzeichnet man Ausdrücke wie **die Belgier und die Italiener** oder **den Belgiern und den Italienern** mit Hilfe des Begriffs Koordination. Genauer sagt man, daß etwa in 1a die Nominale **die Belgier** und **die Italiener** mit Hilfe von **und** koordiniert und damit *Konjunkte* von **und** seien. **Und** selbst wird entsprechend eine koordinierende Konjunktion genannt.

(1) a. ***Die Belgier* und *die Italiener* tun am meisten für Europa**
b. **Die Briten mißtrauen am meisten *den Belgiern* und *den Italienern***

Unter Koordination in diesem Sinne ist offenbar eine syntaktische Relation zu verstehen. Sowohl **die Belgier** als auch **die Italiener** ist in 1a an dieselbe Konjunktion gebunden. Die Bindung an dieselbe Konjunktion bedeutet, daß sie einander koordiniert sind.

Im Kern kann Koordination als die Grammatik der koordinierenden Konjunktionen aufgefaßt werden, was bei deren Beschreibung in Abschnitt 6.2.2 schon deutlich wurde. Die Konjunktion regelt sowohl die Einbindung in die übergeordnete Struktur als auch das Verhältnis der Konjunkte zueinander. Ein Beispiel für ersteres ist, daß bei mit **und** koordinierten Subjektnominalen das Verb nur im Plural stehen kann (2a,b), während es bei **sowohl als auch** singularisch ist (2c,d).

(2) a. **Karola und Jürgen gehen nach Brüssel**
b. ***Karola und Jürgen geht nach Brüssel**
c. **Sowohl Karola als auch Jürgen geht nach Brüssel**
d. ***Sowohl Karola als auch Jürgen gehen nach Brüssel**

Auch was die Form der Konjunkte selbst betrifft, unterscheidet sich **sowohl als auch** von **und**. So koordiniert **und** Verbzweitsätze (3a), **sowohl als auch** nicht ohne weiteres (3b).

(3) a. **Karola geht nach Brüssel und Benny geht nach Straßburg**
b. ***Sowohl Karola geht nach Brüssel als auch Benny geht nach Straßburg**

Insofern Konjunktionen die Form der Konjunkte festlegen, liegt Rektion vor. Die Konjunktionen fungieren als syntaktische Köpfe. Anders als im allgemeinen regieren sie aber nicht eine Einheit, sondern zwei. Die Konjunktionen werden in Hinsicht auf die Einheiten subkategorisiert, die sie koordinieren.

Für den Kernbereich von Koordination nimmt man weiter an, daß eine spezielle Form von syntaktischer Nebenordnung vorliegt. Die Konjunkte sind formal aufeinander abgestimmt, wobei der Identitätsbeziehung eine besondere Bedeutung zukommt. Koordinierte Nominale beispielsweise stehen im selben Kasus und erfüllen damit eine notwendige Bedingung für das Auftreten in derselben syntaktischen Funktion. Identität als syntagmatische Relation benötigt man vor allem zur Beschreibung von Koordination. Sind die Identitäsbedingungen erfüllt, dann ist die Koordination ›symmetrisch‹. Das Reden von symmetrischer Koordination liegt für eine Sprache wie das Deutsche auch deshalb nahe, weil die Konjunktionen, soweit sie einfach sind, zwischen den Konjunkten stehen und damit Symmetrie ikonisch zum Ausdruck bringen. Zumindest für **und** und **oder** soll Symmetrie auch besagen, daß die Konjunkte ohne Bedeutungsänderung vertauschbar sind.

Wie weit man den Begriff Koordination faßt, hängt zunächst davon ab, was zu den koordinierenden Konjunktionen gezählt wird. In der Literatur spricht man von Koordination immer bei **und** und **oder**, häufig auch bei **aber, sondern** und **statt**, selten bei **als** und **wie.**

Stellt man die Konjunktionen nicht allein in den Mittelpunkt und läßt man kategoriale oder funktionale Identität von Einheiten als hinreichend zu, so kommen eine ganze Reihe weiterer Konstruktionen für Koordination in Betracht. Kategorienidentität ist beispielsweise gegeben bei Verben mit doppeltem Akkusativ wie **nennen, heißen, schelten** (Gleichsetzungsakkusativ), sie liegt vor bei Kopulaverben (Gleichsetzungsnominativ), bei der engen Apposition und schließlich der sogenannten Asyndese. Asyndetische Konstruktionen enthalten konjunktionslos aufgereihte Elemente wie in 4 (συνδέω = »verbinde«). Asyndese gilt meist als ein Sonderfall der Koordination mit **und** (Lang 1977: 73f.). Das ist besonders für die aufgereihten Adjektivattribute problematisch. Die **verkommene französische Gastronomie** ist weder dasselbe wie die **französische verkommene Gastronomie** noch dasselbe wie die **verkommene und französische Gastronomie** (Erben 1980: 287; 13.2). Falls hier Asyndese vorliegt, ist jedenfalls unklar, was sie mit **und**-Koordination zu tun hat.

(4) a. **eine neue, großartige, weiterführende Idee**
b. **Alles rettet, rennt, flüchtet**
c. **Gekommen waren Opas, Tanten, Cousinen, Schwäger**

Auch für andere der genannten Konstruktionen wird immer wieder auf die Nähe zur Koordination verwiesen, so für die enge Apposition (Erben 1980: 172) und die Vergleichssätze (Wunderlich 1973: 645). Wieviel die Konstruktionen formal und semantisch gemeinsam haben und welche Rolle Kategorienidentität überhaupt in der Grammatik des Deutschen spielt, ist aber noch nicht im Zusammenhang untersucht, der Begriff Koordination insofern offen.

Der zweite Abschnitt dieses Kapitels konzentriert sich auf die Koordination mit **und**, der syntaktisch flexibelsten Konjunktion. Sie ist auch am ausführlichsten untersucht worden. Die Geschichte ihrer Beschreibung innerhalb neuerer grammatiktheoretischer Ansätze spiegelt auf besonders eindrucksvolle Weise Veränderungen im grammatischen Denken wider. An **und** lassen sich auch gut die Grenzen zeigen, die einem Begriff von symmetrischer Koordination gesetzt sind.

Abschnitt 12.3 behandelt Vergleichssätze mit **als** und **wie**, das sind einige der Typen von Vergleichssätzen, die in der traditionellen Gramatikschreibung kaum einen, zumindest aber keinen festen Platz haben. Für uns gehören sie in das vorliegende Kapitel, weil **als** und **wie** im Verhalten am ehesten den koordinierenden Konjunktionen nahe kommen, wenn man einmal das für die Nichtflektierbaren etablierte Kategorieninventar als gegeben ansieht.

12.2 Grundzüge der Koordination mit *und*

Konjunkte: Symmetrie und Identität

Und ist nicht nur die gebräuchlichste und eine besonders vielfältig verwendbare Konjunktion, sondern es gehört auch zu den am häufigsten verwendeten Formen des Deutschen überhaupt (Wängler 1963: 50; Meier 1964: 52). Auf der Bedeutungsseite weist man **und** ebenfalls meist eine Sonderstellung unter den Konjunktionen zu, vor allem wenn die Bedeutung wahrheitswertfunktional gefaßt wird. Aussagenlogisch wird ihm ein logisches Äquivalent »und« ($\wedge$) zugeordnet, das zwei Sätze a und b zu einem Satz a $\wedge$ b verbindet. Der Satz a $\wedge$ b ist genau dann wahr, wenn sowohl a als auch b wahr ist. Steht a für **Heiner geht** und b für **Helmut bleibt**, so ist der Satz **Heiner geht und Helmut bleibt** wahr, wenn beides der Fall ist. Auf dieser Basis lassen sich dann weitere Satzverknüpfer definieren. Beispielsweise ist **Wenn Heiner geht, dann bleibt Helmut** (a $\supset$ b) immer wahr, außer wenn Heiner geht und Helmut trotzdem nicht bleibt (a $\wedge$ ~b mit ~ als Zeichen für die Negation). Die Implikation $\supset$ kann man also mit Hilfe von $\wedge$ und ~ definieren, und dasselbe ist auch für andere Satzverknüpfer wie $\vee$ (**oder**) möglich. Die meisten Logikbücher nehmen **und** als Ausgangspunkt ihrer Überlegungen zur Semantik der Satzverknüpfer, weil es die primitivste Bedeutung hat (Allwood/Anderson/Dal 1973: 29ff.).

Mit der wahrheitswertfunktionalen Explikation läßt sich die Leistung von **und** nur teilweise verstehen. Beispielsweise läßt sich **und** nicht von **weil** unterscheiden. Der Satz a $\leftarrow$ b **(Heiner geht, weil Helmut bleibt)** ist nur dann wahr, wenn a $\wedge$ b wahr ist, und er ist dann falsch, wenn a $\wedge$ b falsch ist. Offenbar verwenden wir **weil**, wenn wir außer der Wahrheit von a und b eine spezielle semantische Beziehung zwischen ihnen behaupten, derart, daß b als der Grund für das Eintreten von a anzusehen ist. Dieses Bedeutungselement hat **und** nicht. Aber warum verbinden wir überhaupt zwei Sätze mit **und**? Besteht nicht doch eine spezifische inhaltliche Beziehung zwischen ihnen bzw. den mit **und** verknüpften Konjunkten?

Der Frage ist im einzelnen Ewald Lang (1977) nachgegangen. Auch Lang macht die Bedeutung von **und** (neben der von **oder**) zur Grundlage der Bedeutung anderer Konjunktionen wie **aber, sondern, denn**. Die Bedeutung von **und** selbst wird mit Hilfe des Begriffes der ›gemeinsamen Einordnungsinstanz‹ der Konjunkte expliziert. Zum Verstehen eines Ausdrucks mit **und** gehöre es, daß man die Konjunkte integriere und auf eine gemeinsame Größe beziehe. Als eine solche Größe kann man sich etwa bei koordinierten Nominalen wie in 1 einen geeigneten Oberbegriff vorstellen. Bei der semantischen Analyse (gedacht als kognitiver Prozeß) verstehe man das Auftauchen von **und** als Anweisung, nach einem solchen Oberbegriff zu suchen. Was also **Helga** aktuell bedeutet, sei in 1a etwas anderes als in 1b und 1c, weil jeweils eine andere ›gemeinsame Einordnungsinstanz‹ gefunden werde. In 1c etwa ist der Oberbegriff (»meine Schwestern«) explizit gemacht durch das zweite Konjunkt, in anderen Fällen sind der Phantasie kaum Grenzen gesetzt. In 1e kann Helga mein Dackel sein, aber ebensogut die Angelrute oder meine kleine Tochter.

(1) a. **Helga und Elise**
b. **Helga und Karl**
c. **Helga und meine andere Schwester**
d. **Helga und die Frauenbewegung**
e. **Helga und mein Rucksack**

Lang möchte auf diese Weise klären, warum die Konjunkte von **und** in der Regel zugleich semantisch ähnlich und ›kontrastfähig‹ sind, wie sich ihre Bedeutungen gegenseitig beeinflussen, warum bestimmte Ausdrücke besser koordiniert werden können als andere und warum wir mit bestimmten Koordinationen bestimmte Effekte erzielen (1977: 31; so der in dem Tucholsky-Zitat **Nach Berlin besuchen wir noch Persien, Europa und Heidelberg** oder der Frage an Palästina-Ankömmlinge in den 30er Jahren **Kommen Sie aus Deutschland oder aus Überzeugung?**).

Betrachtet man Sätze mit **und**-Koordination, so drängt sich der Eindruck auf, der beschriebene kognitive Prozeß habe ein Formkorrelat: **und** steht zwischen grammatisch vollständig oder weitgehend identischen Konstituenten und bildet mit ihnen eine Einheit derselben Kategorie wie jedes der Konjunkte.

(2) a. **Helga nimmt alles mit, was vor und neben dem Schrank steht**
b. **Karl schält und kocht Kartoffeln**
c. **Renate hat eine linke und eine liberale Tageszeitung abonniert**
d. **Egon geht mit Karl und Else ins Kino**
e. **Franz lädt Emma und Paul ein**
f. **Helmut staunt, daß Hans abwäscht und Anetta nichts tut**
g. **Hans wäscht ab und Anetta tut nichts**

In 2a steht **vor und neben** dort, wo auch **vor** oder **neben** allein stehen könnte. In 2b stehen zwei Verben dort, wo auch jedes von ihnen stehen könnte usw., bis hin zu 2g, wo zwei Sätze mit **und** verbunden sind, von denen jeder für sich stehen könnte.

(3) a. b. c.

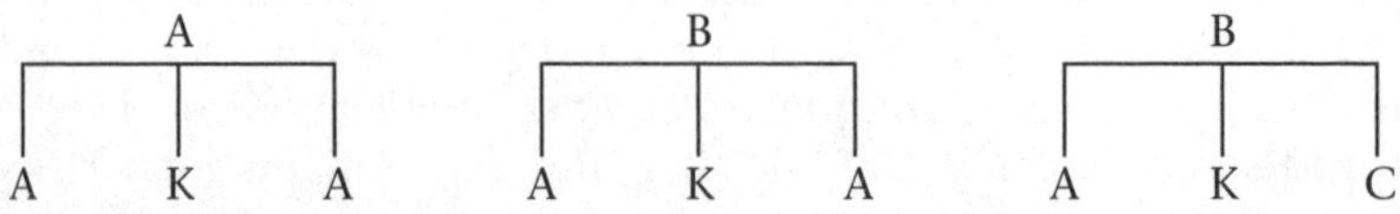

In all diesen Fällen liegt eine Konstituentenstruktur der Form 3a nahe. Klar ist, daß wir außer mit 3a auch mit 3b rechnen müssen, etwa wenn wir die Nomina **Emma** und **Paul** zur NGr **Emma und Paul** zusammenfügen. Dagegen entspricht 3c schon weniger der Intuition über zu erwartende Strukturen, denn das Spezifische scheint gerade die kategoriale Identität der Konjunkte zu sein. Insgesamt sollte die Koordination mit **und** den Bedingungen in 4a genügen.

(4) Koordination mit **und**
a. 1. beide Konjunkte sind Konstituenten
2. beide Konjunkte sind kategorial identisch
3. beide Konjunkte bilden zusammen mit **und** eine Konstituente
b. Wenn S_1 und S_2 grammatische Sätze sind und S_1 von S_2 nur dadurch unterschieden ist, daß in S_1 dort X erscheint, wo in S_2 Y erscheint (d.h., S_1 = ..X.. und S_2 = ..Y..) und X und Y Bestandteile desselben Typs in S_1 bzw. S_2 sind, dann ist S_3 ein Satz, wobei S_3 das Ergebnis der Ersetzung von X durch X + **und** + Y in S_1 (d.h., S_3 = ..X + **und** + Y..) ist.

4a entspricht weitgehend dem in 4b wiedergegebenen frühen Vorschlag von Chomsky zur Erfassung von **und**-Koordinationen in einer transformationellen Grammatik (1973: 43). Chomsky würde etwa den Satz 2b aus den beiden Sätzen **Karl schält Kartoffeln** und **Karl kocht Kartoffeln** abgeleitet haben, also zwei Sätze zu einem mit einer **und**-Koordination zusammenfassen. Der Grundgedanke ist, Sätze mit einem Vorkommen von **und** als Zusammenfassung zweier Sätze aufzufassen. Der Mechanismus zur Verkürzung wird Koordinationsreduktion genannt. Chomskys Formulierung enthält direkt unsere Bedingungen 1 und 2 aus 4a. Bedingung 3 ist nicht enthalten, wohl weil sie als selbstverständlich gilt.

Die Grammatik von **und** bzw. engl. **and**, wie sie seit Beginn der sechziger Jahre betrieben wurde, war lange eine Auseinandersetzung mit der Frage, wie weit 4b durchgehalten werden kann, wie weit Koordination eine in diesem Sinne grammatisch einheitliche Erscheinung ist. Die dabei aufgetretenen Schwierigkeiten sind so groß, daß eine strukturelle Handhabbarkeit der Koordination überhaupt in Zweifel gezogen wurde (Lobin 1993). Einige der Schwierigkeiten sind die folgenden (zur Übersicht Thümmel 1970; 1979a; B.Wiese 1980).

1. Konjunkte als Konstituenten. Entsprechend 4b kann man einen Satz mit **und**-Koordinationen nur bilden, wenn zwei geeignete Sätze samt ihren Konstituentenstrukturen gegeben sind. Die Ausgangssätze müssen syntaktisch analysiert sein, die Grammatik von **und** setzt die Grammatik des einfachen Satzes voraus, sie ist eine Art Grammatik ›zweiter Stufe‹ (Lang 1977: 14f., 36ff.). Andererseits heißt es bei Chomsky auch »tatsächlich liefert sie [die Regel 4b] eines der besten Kriterien dafür, wie Bestandteile zu bestimmen sind« (1973: 45). Das Verhalten der Ausdrücke bei Koordination soll also Kriterium dafür sein, ob sie Konstituente sind oder nicht. Das ist ein direkter Widerspruch zu der Annahme, Koordination setze diese Kenntnis voraus. In der Literatur werden beide Positionen immer wieder vertreten, und mit beiden lassen sich je unterschiedliche Strukturen rechtfertigen. Halten wir an unseren Prinzipien zur Etablierung von Konstituenten fest, dann sind nicht alle Konjunkte von **und** Konstituenten, beispielsweise nicht **der große** oder **Franz Bohnensuppe** in 5.

(5) a. **der große und der kleine Klaus**
b. **Hans kocht Kartoffeln und Franz Bohnensuppe**

2. Mehrfachkoordination. Wie soll man Ausdrücke mit mehr als zwei Konjunkten behandeln? Nach 4 würde sich 6a ergeben. Bei dieser Struktur würden jeweils zwei Konjunkte zusammen mit **und** eine Konstituente bilden (Bedingung 3 aus 4a).

(6) a. b.

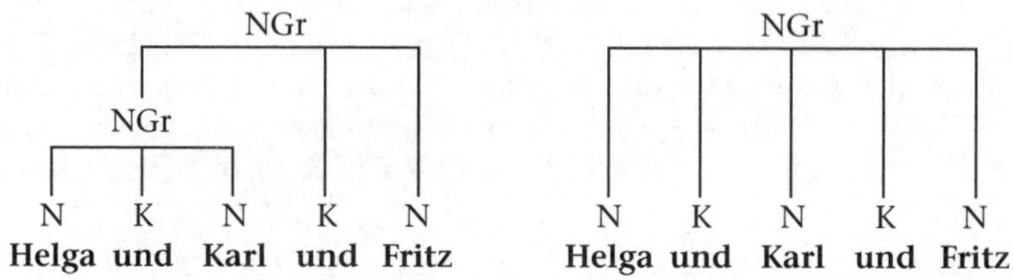

Außerdem wäre die Koordination mit **und** eine endozentrische Konstruktion, die Struktur wäre im üblichen Sinne rekursiv (8.3.1). Dennoch wird 6a in der Literatur fast durchweg als ›überstrukturiert‹ verworfen und durch 6b ersetzt. Damit ist auch Bedingung 3 hinfällig: Nicht immer bilden zwei Konjunkte zusammen mit **und** eine Konstituente.

3. Identität der Konstituenten. Offensichtlich ist auch dies keine notwendige Bedingung, schon weil die Konjunkte nicht immer Konstituenten sind. Aber auch wenn wir davon absehen und die Konjunkte selbst betrachten, liegt nicht durchweg Identität vor. Was ›Identität‹ in diesem Zusammenhang genau bedeuten sollte, ist außerdem unklar. Müssen die Konjunkte syntaktisch völlig identisch sein oder nur in Hinsicht auf bestimmte ›Hauptkategorien‹? Kommt es nicht vielmehr auf semantische Kompatibilität im Sinne der Überlegungen von Lang an? Oder sind überhaupt nicht die Kategorien, sondern eher die syntaktische Funktion der Konjunkte bzw. ihrer Teile ausschlaggebend? Wir beschränken uns auf einige Beispiele, die zeigen, daß nicht einmal identische Konstituentenkategorien für die Konjunkte gefordert sind.

(7) a. **Hans und wer sonst noch Lust hat, soll mitkommen**
b. **Johanna arbeitet diszipliniert und mit großem Erfolg**
c. **Paul versprach, den Briefkasten zu leeren und daß das Haus gereinigt würde**
d. **Aus fertigungstechnischen und Kostengründen wird der Fachbereich Germanistik geschlossen**

In 7a sind **Hans** und **wer sonst noch Lust hat** kategorial verschieden, können aber dieselbe syntaktische Funktion (als Subjekt) haben. Entsprechendes gilt für 7b,c. In 7d sind nicht einmal beide Konjunkte Wortformen **(fertigungstechnischen und Kosten-)**. Eine Durchsicht relevanter Fälle zeigt, daß kein Identitätsbegriff angemessen ist, der allein kategoriale oder allein funktionale Gesichtspunkte berücksichtigt (Brettschneider 1978: 118ff.; dort Beispiele wie 7).

4. Phrasenkoordination. 4b will Sätze mit **und**-Koordination auf mit **und** verbundene Sätze zurückführen. Diese Reduktion ist als ein syntaktischer, d.h.

formbezogener Prozeß möglich in Fällen wie 8. Die beiden grammatisch identischen Sätze können durch einen Tilgungsprozeß ›reduziert‹ werden auf 8a. 8a enthält nichts, was nicht auch in 8b enthalten wäre. Anders in 9. Auch 9b enthält grammatisch identische Sätze, beim Übergang zu 9a muß aber der Numerus des Verbs geändert werden. 9a enthält als Bestandteil keinen der Sätze aus 9b. Noch stärker ist die Abweichung bei symmetrischen Prädikaten wie in 10. Außer dem Numerus des Verbs ändert sich auch die syntaktische Funktion der Mitspieler. Außerdem enthält 10a das Reflexivpronomen.

(8) a. **Emma nimmt Valium und Paula Librium**
b. **Emma nimmt Valium und Paula nimmt Librium**

(9) a. **Heiner und Helmut verlassen das Parlament**
b. **Heiner verläßt das Parlament und Helmut verläßt das Parlament**

(10) a. **Alfred und Josef ähneln sich**
b. **Alfred ähnelt Josef und Josef ähnelt Alfred**

Bei den symmetrischen Prädikaten kann keine Koordinationsreduktion im Sinne von 4b vorgenommen werden. 4b mußte aufgegeben oder weniger restriktiv formuliert werden. Die zweite Möglichkeit bestand für die transformationelle Grammatik nicht. Man wollte nämlich einen Satz wie 10a grammatisch genauso beschreiben wie etwa den Satz **Diese beiden Knaben ähneln sich** und diesen wiederum wie **Diese Knaben ähneln sich**. Alle diese Sätze haben ja im Prinzip dieselbe Oberflächenform. Aus welchen **und**-Koordinationen sollte aber der zuletzt genannte Satz abgeleitet werden? Offenbar ist ein syntaktischer Bezug eines Pluralnominals auf koordinierte Singularnominale nur willkürlich möglich. Dennoch wurde versucht, auch Sätze wie **Diese Knaben ähneln sich** auf **und**-Koordinationen zurückzuführen und damit 4b zu retten (Thümmel 1968). Im allgemeinen ging man nicht diesen Weg, sondern gab die Rückführung auf. Die Folge war eine Unterscheidung zweier Grundformen von Koordination. *Satzkoordination* meint, daß Rückführung auf mit **und** verbundene Sätze möglich ist (8a auf 8b). *Phrasenkoordination* meint, daß eine solche Rückführung nicht möglich ist, wie bei 10a. In solchen Fällen werden die Konjunkte direkt (das heißt für den Transformationsgrammatiker in der Tiefenstruktur) miteinander verbunden (Lakoff/Peters 1969).

Wie Phrasen- und Satzkoordination voneinander abzugrenzen sind, war lange umstritten. Ein am transformationellen Ansatz orientiertes Konzept würde so viel wie möglich der Satzkoordination zuschlagen und der Phrasenkoordination den verbleibenden Rest überlassen. Da in vielen neueren Konzeptionen Transformationen keine oder eine andere Rolle als in der klassischen Transformationsgrammatik spielen, wird die Koordinationssyntax meist nicht mehr auf Satzkoordination gegründet. Schon Ökonomiegesichtsunkte sind Anlaß genug, auf höhere Konstituenten nur so weit zurückzugreifen wie unbedingt erforderlich. Damit wird der Phrasenkoordination von vornherein mehr Raum gegeben (zum Deutschen Lobin 1993; Wesche 1995; IDS-Grammatik: 2364 ff.).

Als naheliegendes Kriterium ergibt sich: Kann das zweite Konjunkt unterhalb von S nicht zu einer Konstituente vervollständigt werden, dann liegt Satzkoordination vor, sonst Phrasenkoordination. **Karl kocht Tee und schält Kartoffeln** ist dann eine Satzkoordination, denn **schält Kartoffeln** bildet keine Konstituente und kann nur zu S vervollständigt werden. **Karl kocht Tee und Kaffee** wäre dagegen eine Phrasenkoordination, weil **Kaffee** Konstituente ist.

Wie solche Fälle oberflächensyntaktisch zu erfassen sind, ist damit aber nicht geklärt.

(11)

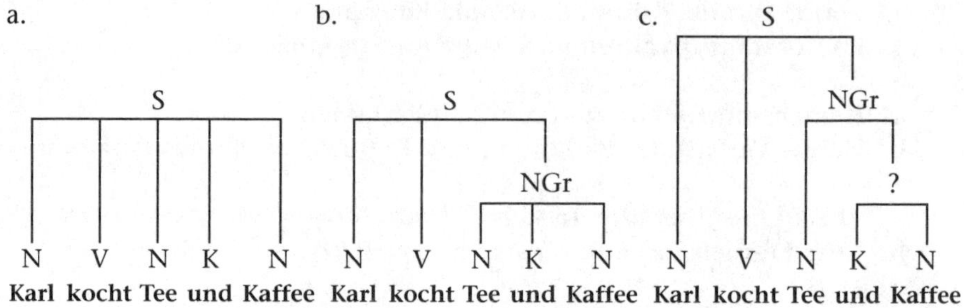

In 11a sind die Konjunkte nebengeordnet, aber die Komplementstruktur des Verbs wird mit der der Koordination sozusagen kontaminiert. Eine Rekonstruktion der syntaktischen Relationen im Satz ist mithilfe der Markierungsstruktur noch möglich, bei einer derartig flachen Struktur aber unverhältnismäßig aufwendig. 11b vereinigt die Konjunkte zu einer komplexen Objektkonstituente, Nebenordnung ist ebenfalls gegeben. Dieses Strukturierungsprinzip läßt sich aber nicht verallgemeinern. In 11c schließlich bindet die Konjunktion das zweite Konjunkt an das erste, ohne es nebenzuordnen. Auch dieses Verfahren ist nicht verallgemeinerbar. So bleibt es letztlich bei 11a. Und vielleicht ist die Lösung gar nicht schlecht. Denn man darf nicht vergessen: was als Beschreibung umständlich und kompliziert aussieht, kann für die Sprachverarbeitung ganz einfach sein (**Aufgabe 128**).

Konjunkte: Asymmetrien

In den bisher betrachteten Beispielen war es möglich, aus der vorhandenen lexikalischen und grammatischen Information jedes Konjunkt so weit zu vervollständigen, daß die Symmetrieeigenschaften der Konstruktion deutlich werden. Selbst in 7d oben läßt sich **aus fertigungstechnischen und Kostengründen** so vervollständigen. Wir wollen nun wenigstens einige Fälle betrachten, in denen Asymmetrien verschiedener Art zutage treten.

(12) a. **Du kommst nach Hause und siehst den Gerichtsvollzieher vor der Tür stehen**
b. **Früh kommst du nach Hause und siehst den Gerichtsvollzieher vor der Tür stehen**
c. **Kommst du nach Hause und siehst den Gerichtsvollzieher vor der Tür stehen?**

d. **Wenn du nach Hause kommst und siehst den Gerichtsvollzieher vor der Tür stehen, bleib ruhig**
e. **Wenn du nach Hause kommst und wenn du den Gerichtsvollzieher vor der Tür stehen siehst, hau ab**

12a sieht wie eine Satzkoordination aus, deren Konjunkte bis auf das Fehlen des Subjekts im zweiten übereinstimmen. 12b zeigt, daß das subjektlose zweite Konjunkt nicht auf die Vorfeldposition des Subjekts im ersten Konjunkt angewiesen ist. In 12c ist das erste Konjunkt ein Verberst-, in 12d ein Verbzweitsatz. Trotzdem kann das zweite Konjunkt stehen wie bisher. Höhle (1990; s.a. Wunderlich 1987a) spricht von Subjektlücke. Vervollständigen kann man das zweite Konjunkt nur zu einem Verbzweitsatz, d.h. es liegt ein Typ von asymmetrischer Koordination vor. Büring/Hartmann (1998) zeigen, daß das Lückenkonjunkt eine andere Bedeutung als das entsprechende symmetrische Konjunkt hat. So liegt in 12d Nachzeitigkeit des zweiten Konjunkts vor, in 12e nicht. Dies und eine Reihe weiterer ›Subordinationseffekte‹ veranlassen sie, dem zweiten Konjunkt die Funktion eines Adjunkts zuzuweisen. Es sei dem ersten subordiniert.

Ein anderer Asymmetriebereich betrifft die morphologische Abstimmung regierter Einheiten. Werden syntaktische Phrasen aus Kopf und regierter Einheit koordiniert und stimmen die regierten Einheiten überein, dann sind die Köpfe für sich koordinierbar (13–15).

(13) a. **in das Haus und durch das Haus – in und durch das Haus**
b. **zu dem Haus und durch das Haus – *zu und durch dem Haus**

(14) a. **diesem Abgeordneten oder jenem Abgeordneten – diesem oder jenem Abgeordneten**
b. **ein Abgeordneter oder dieser Abgeordnete – *ein oder dieser Abgeordneter**

(15) a. **er erinnert sich deines Rates und erfreut sich deines Rates – er erinnert sich und erfreut sich deines Rates**
b. **er erinnert sich deines Rates und verlangt deinen Rat – *er erinnert sich und verlangt deines Rates**

Die Koordinationen unter a sind jeweils möglich, weil die regierte Einheit zu beiden Köpfen paßt. In b ist das anders, die Sätze werden ungrammatisch. Wieder grammatisch werden sie, wenn die regierten Einheiten trotz morphologischer Verschiedenheit phonologisch identisch sind. Der Unterschied darf beim Genus (16a), Numerus (16b) oder Kasus (16c) liegen.

(16) a. **der oder die Abgeordnete**
b. **Nimm einen oder mehrere Eimer Wasser**
c. **mit und ohne Geld**

Unter Bezug auf die Morphologie sind solche Koordinationen nicht als symmetrisch anzusehen, und man kann sogar noch einen Schritt weiter gehen.

(17) a. **mit Kindern und ohne Kinder – mit und ohne Kinder**
b. ***mit und ohne Kindern**
c. **ohne und mit Kindern**

(18) a. **Sie vertraut ihrem Bruder und unterstützt ihren Bruder – Sie vertraut und unterstützt ihren Bruder**
b. ***Sie vertraut und unterstützt ihrem Bruder**
c. ***Sie unterstützt und vertraut ihrem Bruder**
d. ***Sie unterstützt und vertraut ihren Bruder**

Zwei Faktoren wirken offenbar zusammen, nämlich die Nähe der regierten Einheit zum Kopf sowie zum anderen die Kasushierarchie. Steht die regierte Einheit beim Kopf und ist ihr Kasus der hierarchisch höhere, dann ist die Koordination jedenfalls möglich (17a, 18a). Steht die mit dem hierarchisch niedrigeren Kasus beim falschen Kopf, dann ist Koordination nicht möglich (17b, 18b). In den beiden anderen Fällen scheinen die Verletzungen der Constraints bei Präpositionen weniger ins Gewicht zu fallen als bei Verben. Das Beispiel zeigt, wie morphologische Bedingungen mit phonologischen Mitteln außer Kraft gesetzt werden können (**Aufgabe 129**).

Ein umfangreiches und produktives Muster, für das Asymmetrien strukturbildend sind, stellen die sog. Paarformeln oder Binomialbildungen dar. Am häufigsten tritt wieder **und** mit je zwei Substantiven, Adjektiven und Verben auf (19), aber auch andere derartige Formeln sind möglich (**ex und hopp; rot aber tot; drüber und drunter; halb und halb; Mensch, Natur, Technik; Männer, Mäuse und Matronen**).

(19) a. **Mann und Maus, Frau und Kind, Kind und Kegel, Haus und Hof, Mensch und Technik, Tag und Nacht, Brot und Spiele, Berg und Tal, Thema und Rhema**
b. **dumm und dämlich, lieb und wert, grün und schwarz, rank und schlank, hoch und heilig, kurz und gut, kurz und klein, klipp und klar**
c. **bete und arbeite, zittern und zagen, kommen und gehen, schalten und walten, hauen und stechen, hegen und pflegen, recken und strecken**

Einheiten dieser Art sind zuerst Gegenstand der Phraseologismusforschung, weil ihre Bedeutung nicht kompositionell aus der (wörtlichen) Bedeutung der Bestandteile herleitbar ist. In diesem Sinne sind sie feste Wendungen und idiomatisiert (Pilz 1981; Fleischer 1982). Ihre Bildung unterliegt andererseits Regeln, die gerade den Unterschied zwischen den Konjunkten betreffen und die Asymmetrie der Koodination ausmachen. Kehrt man die Reihenfolge der Konjunkte um, dann ergibt sich in den meisten Fällen eine ›normale‹ Koordination (**Hof und Haus; heilig und hoch; gehen und kommen**; eine umfassende und übersichtliche Darstellung in Müller 1997).

Dominant ist ein semantischer Constraint. Das Wort mit der größeren Nähe zum prototypisch Menschlichen steht an erster Stelle (›semantische Salienz‹). Wie sonst auch geht Nähe vor Ferne, gilt eine Belebtheitshierarchie und umfassender eine Ordnung der Dinge nach ihrer Bedeutsamkeit für den Menschen. Paarformeln wie **Maus und Mann, Hof und Haus, gehen und kommen** etablieren sich nicht.

An zweiter Stelle stehen prosodische Beschränkungen, vor allem die, daß Paarformeln vom Ende her vollständig in Füße aufzuteilen sind. Wie beim Wortakzent setzt sich dabei der Trochäus – die Folge aus betonter und unbetonter Silbe – zuerst durch. Man sieht das gut an Paarformeln mit semantisch gleichgewichtigen Bestandteilen wie **Púnkt und Kómma, Máx und Móritz, Stŕich und Fáden**. In der gegebenen Reihenfolge bestehen sie aus zwei Trochäen, in der anderen (**Kómma und Púnkt**) wäre die Prosodie unausgeglichen. Dem dreisilbigen Daktylus würde ein betonter Einsilber folgen, der innerhalb der Paarformel unpedifiziert bliebe. Er wäre nicht Bestandteil eines Fußes (Wort, 4.5).

Eine dritte Gruppe von Constraints betrifft das phonologische Gewicht der beteiligten Formen nach der Maxime ›die schwerere Form folgt der leichteren‹. Bei gleicher Silbenzahl ist eine Form schwerer als eine andere, wenn sie mehr Lautsegmente hat (**Saft und Kraft, Pomp und Pracht**). Das Gewicht des Einzelsegments steigt umgekehrt proportional zu seiner Sonorität, so daß etwa Plosive schwerer sind als Frikative und Sonoranten (**Schritt und Tritt, Rat und Tat**) oder vordere geschlossene Vokale schwerer als hintere offene (**Hinz und Kunz, Drum und Dran**). Insgesamt ergibt sich aus dem Zusammenwirken aller Constraints, daß fast immer eine der Abfolgen natürlicher klingt als die andere. Die Produktivität der Binomialbildung beruht ja darauf, daß auch bei nichtidiomatisierten Koordinationen Asymmetrieeffekte auftreten.

Mit Bedeutung der Bestandteile, Prosodie und lautlicher Substanz operieren die Bildungsbeschränkungen für Paarformeln in ähnlicher Weise auf Eigenschaften der Bestandteile wie die Regeln zur Bildung von Wörtern auf den ihren. Das legt die Vermutung nahe, daß Paarformeln in mancher Hinsicht eher Eigenschaften von Wörtern als von syntaktischen Phrasen haben. Und in der Tat verhalten sie sich auch morphosyntaktisch in manchem wie Wörter. Eine adjektivische Paarformel etwa flektiert – wenn überhaupt – wie ein einfaches Adjektiv. Die Ausdrücke in 20b bedeuten wiederum nicht dasselbe wie die in 20a.

(20) a. **ein ihr lieb und wertes Kind; ein fix und fertiges Haus**
b. **ein ihr liebes und wertes Kind; ein fixes und fertiges Haus**

Der prototypische Koordinator **und** kommt in manchen Kontexten einerseits in die Nähe eines Subordinators und, wie wir jetzt gesehen haben, andererseits in die eines Infixes (**Aufgabe 130**).

12.3 Koordination und Vergleichssätze

Als koordinierende Konjunktionen haben **als** und **wie** vergleichbare, einander ergänzende Funktion (zur Einordnung 6.2.1). Zwei syntaktische Kontexte spielen dabei die Hauptrolle. In 1 verbinden **wie** und **als** Nominale mit Nominalen (**Herrn Meier – unseren Chef**). In 2 sind sie an das Vorkommen von Adjektiven gebunden, und zwar **wie** (meist **so wie**) an den Positiv und **als** an den Komparativ. Wir besprechen in diesem Abschnitt beide Vorkommen.

(1) a. **Wir verehren Herrn Meier wie unseren Chef**
    b. **Wir verehren Herrn Meier als unseren Chef**

(2) a. **Karl ist stolz wie ein Spanier**
    b. **Karl ist stolzer als ein Spanier**

Als und *wie* als koordinierende Konjunktionen

Wie in 1b zwei Akkusative, so verbinden **als** und **wie** auch Nominale in allen anderen Kasus, seien sie nun selbst Ergänzungen oder seien sie Bestandteile von PrGr (**Die Kinder hängen an Herrn Schulze als einem lieben Menschen**). Wir setzen Struktur 3 an.

(3)

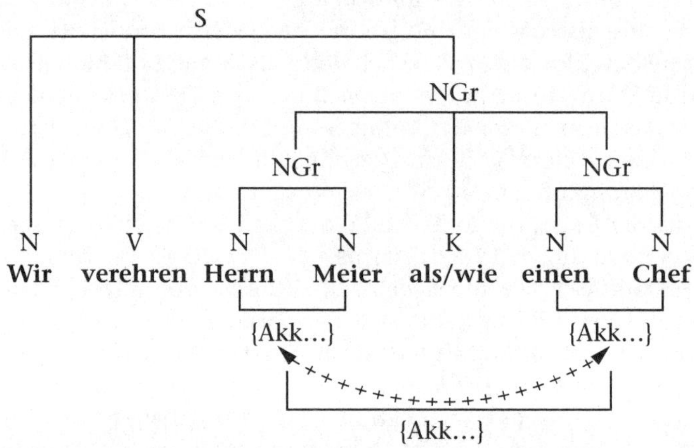

Die beiden kasusidentischen Nominale fungieren gemeinsam als Objekt, Koordination heißt hier Nebenordnung der Konjunkte. Eine weitere wichtige syntaktische Eigenschaft von **als** und **wie** ist die Möglichkeit zur Distanzstellung der Konjunkte, wobei zwischen beiden zahlreiche Unterschiede bestehen. Bei **als** im Subjekt etwa gibt es vier Positionen (4). Offenbar hat **als** + Nominal stellungsmäßig ähnliche Möglichkeiten wie Adverbiale. Sogar die Voranstellung des ›zweiten Konjunkts‹ vor das erste ist möglich (4d).

(4) a. **Herr Schulze *als erfahrener Lehrer* weiß sowas**
    b. **Herr Schulze weiß *als erfahrener Lehrer* sowas**
    c. **Herr Schulze weiß sowas *als erfahrener Lehrer***
    d. ***Als erfahrener Lehrer* weiß Herr Schulze sowas**

Die syntaktische Beziehung der durch **als** und **wie** verbundenen Nominale gilt manchmal als besondere Form des Attributs (Duden 1998: 403) oder –

unter Berufung auf die Kasusidentität – als Form der engen Apposition (Jung 1973: 86f; Erben 1980: 201). Wie man hier verfährt, ist eine terminologische Frage. Semantisch errichtet **wie** zwischen den Bedeutungen der Nominale ein Ähnlichkeitsverhältnis, **als** ein Subsumtionsverhältnis. Mit **wie** besagt 3, daß Herr Meier Ähnlichkeiten mit dem hat, was man sich unter einem Chef vorstellt und wir ihn gerade unter dieser Perspektive verehren. Mit **als** besagt 3, daß Herr Meier einer der Chefs *ist*. Unsere Verehrung ist entsprechend anders motiviert als eben.

Als Sonderfall der Subsumtion tritt wie üblich die Identitätsbeziehung auf (**Herr Schulze als der Präsident unserer Republik**). Das semantische Verhältnis der Konjunkte ist ein ganz anderes als bei **und, oder, aber** usw. Dennoch kann man auch hier davon sprechen, daß die Bedeutungen der Konjunkte bestimmte Gemeinsamkeiten und bestimmte Verschiedenheiten aufweisen. Im letzten Beispiel liegt der Fall besonders einfach. **Herr Schulze** und **der Präsident unserer Republik** haben dieselbe Extension, aber verschiedene Intension. Das zweite Konjunkt spielt dabei die Rolle einer Explikation. Es ist ein Eigenschaftsterm.

Außer Bestandteil einer NGr kann **als** + Nominal auch Ergänzung sein (Heringer 1970: 124ff.; zur Unterscheidung beider Konstruktionen Kolde 1971. Unsere Beispiele sind teilweise dieser Arbeit entnommen).

(5) a. **Bismarck gilt als großer Staatsmann**
b. **Sein alter Lehrer dient ihm als Vorbild**
c. **Sie bezeichnet ihn als einen ausgezeichneten Pianisten**

Die **als**-Phrase enthält ein Nominal im Kasus einer der anderen Ergänzungen. In 5a,b steht sie im Nom, in 5c im Akk. Zwischen den Nominalen im selben Kasus besteht semantisch wieder das Verhältnis von Subsumtion bzw. Identität, allerdings nicht als vorausgesetztes Verhältnis wie in 3 und 4, sondern vermittelt über die vom Verb bezeichnete Beziehung. 5c besagt nicht, daß er ein ausgezeichneter Pianist ist, sondern nur, daß er als solcher bezeichnet wird. Auf ähnliche Weise modal sind die in 5a,b auftretenden Relationen »gelten« und »dienen«. Syntaktisch und semantisch liegt etwas Ähnliches vor wie bei Verben mit doppeltem Akkusativ, sofern deren zweiter ein Gleichsetzungsakkusativ ist (**Ich nenne dich ein Genie**).

Bei der Zuweisung einer Konstituentenstruktur stößt man auf Schwierigkeiten, aber sie sind von anderer Art als bei **und**.

(6)

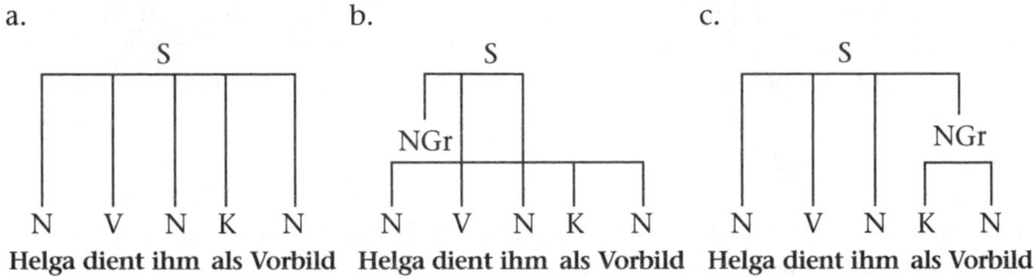

6a bringt weder die Stelligkeit des Verbs zum Ausdruck noch bilden die Konjunkte mit **als** eine Konstituente. In 6b ist letzteres der Fall, aber das Verb erscheint als zweistellig. In 6c ist es dreistellig, aber die Konjunkte bilden wiederum keine Konstituente. Trotzdem dürfte diese Struktur die größte Aussagekraft haben, denn sie erlaubt auch, die **als**-Phrase direkt auf den Dativ, der hier ein echter Rezipient ist, zu beziehen. Die Stellung der Konjunktion innerhalb der NGr ist allerdings eher die einer Präposition. Das mag ein Grund für die Unsicherheit der Zuordnung sein. Gerade bezüglich der Verwendung **als** + Nominal besteht große Uneinigkeit.

Helbig/Buscha (1998: 415) wählen den Ausweg einer Präposition »ohne Kasusforderung«. Auch Erben (1980: 201) ist für Präposition. Jung (1973: 387), die Grundzüge (701) und der Duden (1984: 378) sind für Konjunktion, Admoni (1970:138) schlägt eine Hybridkategorie ›präpositionale Konjunktion‹ vor und die IDS-Grammatik (61 f.) erfindet den Adjunktor (dazu weiter Kolde 1971: 186 f.; Eroms 1981: 134 f.). Wir bleiben bei der Zuweisung von **als** und **wie** zu den koordinierenden Konjunktionen. **Als** steht wie Präpositionen mit Nominalen, und es könnte durchaus sein, daß die PrGr strukturierend auf die Konstruktion **als** + Nominal wirkt. Grundlage des syntaktischen Verhaltens bleibt aber die Koordination kasusgleicher oder sonstwie identischer Ausdrücke. Das haben alle Verwendungen von **als** und **wie** gemeinsam und das haben beide mit den anderen koordinierenden Konjunktionen gemeinsam. Wir wenden uns jetzt den Vergleichssätzen zu und werden sehen, daß **als** auch hier nicht immer nebenordnend ist **(Aufgabe 131)**.

Vergleichssätze im Positiv und im Komparativ

Man vergleicht zwei Dinge durch Wägen hinsichtlich einer bestimmten Eigenschaft. Haben zwei Dinge keine Eigenschaften gemeinsam, so sind sie nicht vergleichbar. Dieser Tiefsinn kommt aber nicht zum Tragen, weil wir gewöhnlich in der Lage sind, für zwei Dinge einen gemeinsamen Bezugspunkt, ein gemeinsames Merkmal ihres Gebrauchs, ihrer Funktion, ihrer Herkunft oder unserer Erfahrung mit ihnen zu finden. Beim Vergleich spielt offenbar etwas Ähnliches eine Rolle wie die ›gemeinsame Einordnungsinstanz‹ bei Koordination mit **und**. Die gemeinsame Eigenschaft zweier Dinge ist Bedingung der Möglichkeit des Vergleichs, sein qualitatives Fundament. Der Vergleich selbst mit dem quantitativen Moment des Abwägens fragt, in welchem Maß einem Ding eine Eigenschaft zukommt.

Weil es um Eigenschaften geht, stehen Sätze mit prädikativem und adverbialem Adjektiv bei den Vergleichssätzen im Zentrum. Einiges zur Bedeutung von Adjektiven und damit gegebenen Möglichkeiten zum Vergleichen wurde in Abschnitt 8.2 ausgeführt. Im Augenblick geht es vor allem um die Argumentstruktur von Vergleichssätzen (dazu jetzt ausführlich Hahnemann 1999; Thurmair 2001). Der Prototyp setzt natürlich ein komparierbares Adjektiv voraus. Wir orientieren uns im folgenden am Verhalten relativer Adjektive wie **alt, schnell, hoch, lang**.

Als Positiv im Kopulasatz regiert ein solches Adjektiv zwei Stellen. Im Subjekt findet sich die erste Vergleichsgröße, das Komparandum. Die zweite Stelle weist Unterschiedliches auf.

(7) a. **Paul ist ziemlich/sehr alt**
b. **Paul ist zehn Jahre alt**
c. **Paul ist so alt wie Emil**
d. **Paul ist so alt wie er aussieht**
e. **Paul ist so alt, daß er schon krabbeln kann**

In 7a ist die zweite Stelle mit Wörtern besetzt, die meist Intensitätspartikeln oder -adverbien genannt werden (7.4). Das Adjektiv schreibt aber nicht eine Eigenschaft im Sinne von etwas Intensivierbarem, sondern von etwas Quantifizierbarem (›Extensivierbarem‹) zu. Deswegen kann die zweite Stelle bei diesen Adjektiven auch als Maßangabe realisiert sein (7b). Eine zweite Vergleichsgröße findet sich in 7c. Sie ist bezüglich der vom Adjektiv bezeichneten Eigenschaft mit dem Signifié des Subjekts vergleichbar und steht wie das Subjekt im Nominativ. Die Vergleichsgrößen sind als Konjunkte von **wie** im Kasus identisch.

In 7d ist der **wie**-Satz über obligatorisches **so** angeschlossen. Es werden nicht zwei Personen hinsichtlich einer Eigenschaft verglichen, sondern mit der Eigenschaft von etwas verbal Benennbarem. Hier steht der **wie**-Satz als einziger **w**-Satz, wobei die Funktion von **wie** durch das entsprechende Adjektiv vorgegeben ist (**Karl sieht gut aus**; s. u.). 7d schließlich vergleicht Paul mit etwas, das aus einem Sachverhalt gefolgert werden kann. **So** ist wieder obligatorisch. Ob es in 7c-e Korrelat ist, lassen wir offen. Mindestens so naheliegend wäre, von zusammengesetzten Konjunktionen **so wie** und **so daß** zu sprechen. Die Bedeutung von **wie** in 7 müssen wir nicht neu fassen. Bisher war von Ähnlichkeit die Rede, jetzt geht es um Gleichheit als einem Grenzfall davon.

(8) a. **Paul ist viel älter**
b. **Paul ist zehn Jahre alt**
c. **Paul ist älter als Emil**
d. **Paul ist zehn Jahre älter als Emil**
e. **Paul ist älter als er aussieht**

Die Argumente in Vergleichssätzen mit Komparativ sind offenbar nicht von ganz anderer Art als die beim Positiv. Man kann versuchen, die Systematik der Valenz des Adjektivs auf den einzelnen Steigerungsstufen durch Abstraktion auf die ›reine‹ Adjektivvalenz einerseits und die Zuschreibung von Rektionseigenschaften zum Pos-, Komp- und Sup-Marker zu erfassen (Varnhorn 1993; Bergerová 1997). Der wichtigste syntaktische Unterschied des Komparativs zum Positiv besteht darin, daß die Quantitätsangabe und die Vergleichsgröße beim Pos alternativ auftreten, beim Komp gemeinsam. 8d ist sozusagen die Vereinigung von 7b und 7c. In 8c liegt syntaktisch wie semantisch dieselbe Argumentstruktur vor wie in 7c. Die kasusidentischen Nominale liefern die Vergleichsgrößen, wobei dem Komparandum in 7 dasselbe, in 8 ein höheres Maß der in Rede stehenden Eigenschaft zugeschrieben wird. Da es beim Komp um ein Mehr oder Weniger und nicht um Gleichheit oder Ähnlichkeit geht, ist **wie** ausgeschlossen. Das Quantitätsargument ist ebenfalls entsprechend beschränkt. Nur Quantitätsangaben wie **viel, eine Menge, wenig** kommen in Frage.

Ähnliche semantische Rollen finden sich beim Superlativ. Dem Komparandum wird das höchste Maß innerhalb einer Vergleichsmenge zugeschrieben. Die Quantitätsangabe bezeichnet einen Abstand (9b), die Vergleichsgröße ist deshalb meist in einer PrGr mit Präpositionen wie **von** oder **aus** genannt (9c). Koordination spielt keine Rolle, was ja semantisch ganz plausibel ist.

(9) a. **Paul ist am ältesten**
b. **Paul ist knapp/bei weitem am ältesten**
c. **Paul ist bei weitem am ältesten von den Bewerbern**

Insgesamt stellen wir schon bei grober Beschreibung fest, daß die Argumentstrukturen der Komparationsformen signifikante syntaktische und semantische Ähnlichkeiten aufweisen. Es handelt sich nicht um ein Diathesenverhältnis wie beim Passiv, aber ebenso wenig um Unterschiede wie sie typisch sind für das Verhältnis von Basis und Derivat. Auch von Argumentvererbung kann man nicht sprechen. Das syntaktische Verhalten der Komparationsformen legt eher den Ansatz eines umfassenden Adjektivparadigmas als das von getrennten Paradigmen nahe. Komparation wäre ein Typ von Flexion und nicht von Wortbildung (Wort, 5.3.2).

Vielleicht noch deutlicher als in Kopulasätzen treten die koordinierenden Eigenschaften von **als** und **wie** bei Sätzen mit adverbialen Adjektiven in Erscheinung. Das Vollverb bringt seine Argumente mit, so daß nicht allein das Subjekt als erstes Konjunkt in Frage kommt. Wir demonstrieren das am Komparativ mit **als**.

(10) a. **Luise gefällt Karl besser als seine/seiner Mutter**

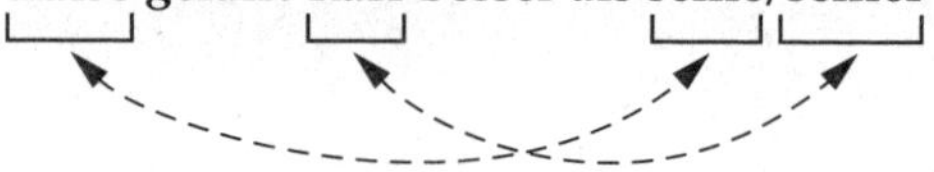

b. **Besser als seine/seiner Mutter gefällt Luise Karl**

10a zeigt, wie die zweite Vergleichsgröße durch Änderung des Kasus auf verschiedene Argumente bezogen werden kann. Anders als bei **und** ist die **als**-Phrase nicht nur Konjunkt, sondern auch Argument. Stellungsmäßig ist die nicht an das erste Konjunkt, sondern an das Adjektiv gebunden und nur mit ihm verschiebbar (10b, **Aufgabe 132**).

Das vom Komparativ zusätzlich ins Spiel gebrachte Argument kann auch ein Satz sein (11a,b). Kasusidentität ist dann nicht möglich. Dieser Typ von Komplementsatz hat trotzdem besondere Eigenschaften, wenn man ihn mit anderen Komplementsätzen vergleicht.

(11) a. **Ulrike läuft schneller als Hans fährt**
b. **Renate schreibt schneller ein Buch als Ralf eine Zeitung liest**

Bei Komplementsätzen wie 11 sprechen fast alle Grammatiken von einer Konjunktion **als**. Aber wo steckt das erste Konjunkt? Ist es ein Satz und ist das zweite Konjunkt ein normaler konjunktionaler Nebensatz, dann werden zwei Sachverhalte verglichen. Wahrscheinlich ist es jedoch richtiger, 11a als Vergleich zwischen Vorgängen anzusehen, nämlich den Vorgängen »Ulrikes Laufen« und »Hansens Fahren«. Vorgänge können eine Geschwindigkeit haben, Sachverhalte wohl kaum. Syntaktisch entspricht dem, daß in **Ulrike läuft schnell** nach unserer Analyse (7.3) das adverbiale Adjektiv ausdrücklich nicht den Satz **Ulrike läuft** modifiziert, sondern nur das Verb.

(12) a. **Ulrike läuft schneller als Hans vorsichtig fährt**
b. **Ulrike läuft schneller, weil Hans vorsichtig fährt**

Vergleichen wir nun 11a mit 12. Hält man 12a überhaupt für grammatisch, dann nur bei einer Lesung »Die Geschwindigkeit von Ulrikes Laufen übersteigt die Vorsichtigkeit von Hansens Fahren«. Der ›Nebensatz‹ **Hans vorsichtig fährt** in 12a besagt also nicht, daß Hans vorsichtig fährt. Es bleibt offen, ob Hans vorsichtig oder unvorsichtig fährt. Angesprochen ist nur die Dimension »Vorsichtigkeit«, nicht aber eine bestimmte Polarisierung. Das ist anders im Nebensatz von 12b, der in der Tat besagt, daß Hans vorsichtig fährt.

Der **als**-Satz hat nicht die übliche Semantik von Nebensätzen. Er ist hinsichtlich der Stelle des verbbezogenen Adverbials offen, und zwar rückbezogen auf den Komp. **Schneller** in 11a steht in indirekter adverbialer Beziehung zum Verb im **als**-Satz, also zu **fährt**. Wie immer man dieses Faktum im einzelnen behandelt: **Als**-Sätze beim Komparativ sind keine in sich abgeschlossenen Nebensätze. Die Schrift spiegelt dieses Faktum durch das bei **als**-Sätzen teilweise fehlende Komma.

(13) a. **Arnim kocht besser als Dieter annimmt**
b. **Paula antwortet schneller als Manfred fragt**
c. **Johanna ist frecher als mir gefällt**

Noch deutlicher wird die Nichtabgeschlossenheit der **als**-Sätze, wenn ihr Verb einen **daß**-Satz oder **ob**-Satz als Ergänzung nimmt. **Annehmen** in 13a regiert obligatorisch ein direktes Objekt, meist einen **daß**-Satz (***Dieter nimmt an**). Im **als**-Satz kann das Objekt jedoch fehlen. Dasselbe gilt für den **ob**-Satz in 13b und in 13c sogar für den Subjektsatz (**daß**-Satz) zu **gefallen**. Das zweite Konjunkt enthält die zugehörige Vergleichsgröße unvollständig. Sie muß aus dem Gesamtsatz rekonstruiert werden, für 13a etwa als »Dieters Annahme über Arnims Kochen«. Ob der fehlende Objektsatz auch syntaktisch als indirektes Objekt rekonstruiert werden kann und sollte, muß offen bleiben.

13. Wortstellung

Syntaktische Einheiten sind allgemein Folgen von syntaktischen Grundformen (meist Wortformen), die Grundformen treten in einer bestimmten Reihenfolge auf. Den Gebrauch des syntaktischen Mittels Reihenfolge kann man sich mechanisch so vorstellen, daß aus der Menge der Wortformen gerade die Folgen gebildet werden, die Sätze sind. Nur bei dieser Sicht ist es eigentlich sinnvoll, von Wortstellungsregeln oder genauer: von Wortformenstellungsregeln zu sprechen. Praktisch verfährt man natürlich nicht so, sondern beschreibt die möglichen Abfolgen im Satz über größere Einheiten. Das sind vor allem die Satzglieder, die als Komplemente, Adjunkte und Prädikate fungieren (13.1).

Unterhalb der Satzebene sind die Abfolgeregularitäten innerhalb der NGr von besonderem Interesse (13.2). NGr machen den Löwenanteil von komplexen Einheiten aus, mit denen wir bei Beschreibung der Satzgliedstellung direkt oder indirekt (z. B. über PrGr) operieren. Auch an anderer Stelle ist ja schon deutlich geworden, daß Sätze und NGr als *die* Großbereiche der Syntax einander gegenüberstehen (z. B. 8.3; 8.4).

13.1 Satzgliedstellung

13.1.1 Satztypen und topologische Felder

Satztypen und ihre Funktion

Zur systematischen Erfassung der Satztopologie geht man üblicherweise vom finiten Verb als positionsfester Größe aus. Das Finitum kann an erster, zweiter oder letzter Position im Satz stehen. Damit werden die Satztypen Verberst-, Verbzweit- und Verbletztsatz unterscheidbar (1).

(1) a. ***Holt* Paul Milch?**
b. **Paul *holt* Milch**
c. **weil Paul Milch *holt***

Die Satztypen heißen auch Stirnsatz, Kernsatz und Spannsatz (Duden 1998: 814f.; Jung 1990: 48). Manchmal werden sie numeriert, etwa als Stellungstypen 1,2,3 bei Helbig/Buscha (1998: 564f.) oder Strukturtypen 1,2,3 bei Jung (1990: 48). Die Grundzüge (703ff.) sprechen von Erststellung, Grundstellung und Endstellung.

(2) a. **Der Paul, *holt* er Milch?**
b. **denn der Paul *holt* Milch**
c. **Hat sie nicht bemerkt**
d. **weil Paul weiß, daß er Milch *holt***

Die Charakterisierung der Satztypen als Verberst, Verbzweit und Verbletzt ist deskriptiv eine erste Näherung. Ihr Kriterium ist nicht auf alle Sätze mechanisch anwendbar, sondern auf Satzglieder in bestimmten kanonischen Positionen gemünzt. So wird man 2a mit links herausgestelltem Subjekt als Stirnsatz bezeichnen, obwohl das Finitum nicht in erster Position steht. 2b ist ein Kernsatz, weil die nebenordnende Konjunktion **denn** nicht den Status eines Satzgliedes hat. Auch 2c ist als elliptischer Kernsatz anzusehen. Ihm fehlt das direkte Objekt (**Das hat sie nicht bemerkt**). Im Gesprochenen werden thematische Satzglieder in Erstposition häufig weggelassen. In 2d schließlich ist der **weil**-Satz ein Spannsatz, der den **daß**-Satz als Satzglied enthält, auch wenn das Finitum nicht in letzter Position steht. Eine genaue und umfassende Charakterisierung der Satztypen hat Fälle wie diese zu berücksichtigen. Intuitiv ist aber klar, daß man ihretwegen keine weiteren Satztypen ansetzen, sondern daß man die Bedingungen angeben sollte, unter denen von den Prototypen in 1 abgewichen wird. Wir kommen auf die Frage zurück.

Das Verhältnis der Satztypen zueinander im Sinne einer Unterscheidung eines Grundtyps von den abgeleiteten Typen wird nicht in allen Grammatiken explizit thematisiert. Implizit zeichnet man häufig Verbzweit als Grundtyp aus, etwa durch die Bezeichnung Kernsatz (Duden) oder durch die Zuweisung des Index 1 als Stellungstyp 1 (Helbig/Buscha) und Strukturtyp 1 (Jung). Ausdrücklich zu Verbzweit als Grundtyp bekennt sich Brinkmann (1971: 477) und im Anschluß an ihn Erben (1980: 243). Ausschlaggebend ist hier ein kommunikativ-pragmatischer Gesichtspunkt. Der Satz mit Zweitstellung des Finitums ist der ›normale‹ Aussagesatz für eine ›eigenständige Mitteilung‹ (Brinkmann). Die IDS-Grammatik bleibt bei den neutralen Bezeichnungen Verberst-, -zweit- und -letztsatz, Engel (1988) vermeidet Bezeichnungen für Satztypen ganz.

Typologische Klassifizierungen ziehen neben dem Verb (V) in der Regel die beiden ranghöchsten Komplementpositionen heran, für Sprachen wie das Deutsche Subjekt (S) und direktes Objekt (O). Verbendstellung gilt meist als unmarkiert, das Deutsche wäre SOV (Hawkins 1983). Für Greenberg (1966) galt Verbzweit als unmarkiert, das Deutsche wäre SVO. Verberst als unmarkiert wird anscheinend nirgendwo für das Deutsche in Erwägung gezogen. Vennemann (1974) sieht das Deutsche im Übergang von SOV zu SVO.

In der generativen Syntax gab es von Anfang an viele Stimmen für Verbletzt als unmarkierte Reihenfolge (Bach 1962; Bierwisch 1963; Esau 1973a). Heute ist diese Position so gut wie unbestritten (Uszkoreit 1987; Grewendorf 1988; Haider 1993; Borsley 1997). Daß das Generieren einer zugrundeliegenden Reihenfolge und die Auszeichnung eines Satztyps als kommunikativ-pragmatisch unmarkiert nicht auf dasselbe hinauslaufen muß, zeigen die Grundzüge. Auch sie generieren zunächst den Satz mit Verbendstellung (137f.), sprechen dann aber von Verbzweit als der Grundreihenfolge. Die Grundreihenfolge ist ähnlich wie bei Brinkmann die Reihenfolge des Satztyps, dessen Hauptfunktion die als ›Aussagehauptsatz‹ (705) ist.

Mit der Auszeichnung des Kernsatzes als Aussagehauptsatz wird gleichzeitig eine Form- und Funktionsbestimmung gegeben. Damit ist die weitläufige Frage aufgeworfen, ob den Satztypen generell bestimmte Funktionen zuzuweisen sind (zur Behandlung der Frage in neueren Grammatiken Dieckmann u.a. 2000). Gängig ist ja nicht nur die Rede vom Aussagesatz, sondern auch vom

Fragesatz, vom Befehls- oder Aufforderungssatz und möglicherweise weiteren Satzarten. Wir wollen von Satzarten im Unterschied zu Satztypen dann sprechen, wenn von Sätzen bestimmter Form unter funktionalem Aspekt die Rede ist. Unsere Satztypen verteilen sich auf die Satzarten Aussagesatz, Fragesatz und Aufforderungssatz folgendermaßen.

(3) a. Stirnsatz
Holt Karl Milch? : Entscheidungsfragesatz
Hol Milch : Aufforderungssatz
b. Kernsatz
Karl holt Milch : Aussagesatz
Wer holt Milch? : Ergänzungsfragesatz

Die beiden Arten des Stirnsatzes sind syntaktisch klar unterschieden. Als Aufforderungssatz ist der Stirnsatz subjektlos und enthält als Finitum einen Imperativ. Der Kernsatz taucht ebenfalls in zwei Formen als unterschiedliche Satzart auf. Die Besonderheit des Fragesatzes dem Aussagesatz gegenüber ist u. a. sein Fragewort. Insgesamt ergibt sich eine eindeutige Beziehbarkeit von Satzform und Satzfunktion als Satzart.

Die funktionale Seite von ›Satzart‹ findet sich häufig unter der Bezeichnung Satzmodus (zur Übersicht Meibauer 1987; Altmann 1987; 1993; IDS-Grammatik: 607 ff.). Sie wird manchmal semantisch, manchmal pragmatisch und häufig sowohl semantisch als auch pragmatisch expliziert. Semantisch läßt sich ein Aussagesatz etwa durch seine Wahrheitsbedingungen beschreiben, ein Fragesatz durch die Bedingungen seiner Beantwortbarkeit und ein Aufforderungssatz durch die Bedingungen seiner Erfüllbarkeit. Pragmatisch ist eine Beschreibung über Sprechakttypen möglich mit der Grundfunktion zur Realisierung von Aussagen, Fragen und Aufforderungen. Da diese Grundfunktionen aber auf der Bedeutung der Sätze beruhen, gilt eine sprechaktmäßige Beschreibung vielfach als Teil der Satzsemantik (Wunderlich 1976). Soll mit ›Satzmodus‹ Modalität im üblichen Sinne gemeint sein (3.4), so ist die Funktionalität der Satzarten jedenfalls auch semantisch zu explizieren.

Im Gegensatz zur semantischen und pragmatischen Funktion bei Stirnsatz und Kernsatz ist die Funktion des Spannsatzes primär syntaktisch zu kennzeichnen: er ist Ergänzungssatz, Adverbialsatz oder Attributsatz. Zu dieser syntaktischen Funktion gehört als Merkmal neben der Endstellung des Finitums das Einleitewort, das als subordinierende Konjunktion, Fragewort oder Relativpronomen die syntaktische Funktion des Spannsatzes spezifiziert. Gegenüber den Satzmodi ist der Spannsatz neutral, derselbe Satz kann innerhalb einer jeden Satzart auftreten.

(4) a. Entscheidungsfragesatz
Fragt Inge, ob er kommt?
b. Aufforderungssatz
Frag, ob er kommt
c. Aussagesatz
Inge fragt, ob er kommt
d. Ergänzungsfragesatz
Wer fragt, ob er kommt?

Mit vier Satzarten gemäß 3 sind nicht alle Vorkommen von Stirnsatz und Kernsatz erfaßt. Insbesondere wenn man neben der Stellung des Finitums andere Formcharakteristika berücksichtigt, lassen sich die Satztypen auf weitere Satzmodi beziehen. Für das Gesprochene gehört dazu vor allem auch die von uns gar nicht berücksichtigte Intonation (**Aufgabe 133**).

Die soweit vorgenommene Einteilung in Satztypen gründet auf der Position des Finitums. Bei Spezifizierung der Satzmodi wurde auf weitere syntaktische Gegebenheiten zurückgegriffen, aber auch hier unter Bezug auf die Reihenfolge mit Aussagen wie »In Erstposition steht ein Konj Präs«. Allgemein spricht man also über Einheiten bestimmter Kategorie in bestimmter Position der linearen Abfolge. Führen wir uns vor Augen, was man damit *nicht* ausdrückt.

Als Stirnsatz steht der subjektlose Aufforderungssatz dem von der Komplementstruktur her vollständigen Entscheidungsfragesatz gegenüber (3a). Fries (1996: 50ff.) zeigt, daß auch in Aufforderungssätzen wie **Hol du Milch; Hol einer Milch** das Pronomen nicht als grammatisches Subjekt im üblichen Verständnis fungiert, u.a. weil keine Kongruenz in Hinsicht auf Person besteht. Entscheidungsfragesätze und Aufforderungssätze bleiben trotz Zugehörigkeit zum selben Satztyp in jedem Fall unterschiedlich strukturiert.

Ähnlich beim Verbzweitsatz. Die Besonderheit des Ergänzungsfragesatzes ist unter Bezug auf kategoriale und positionelle Information einfach, daß die Erstposition durch ein Fragewort besetzt ist (3b). Nimmt man Verbletzt zum Ausgangspunkt der syntaktischen Beschreibung, dann muß das **w**-Wort, das ja beliebige Komplement- und Adjunktposition haben kann, an die Spitze des Satzes gelangen (**w**-Bewegung oder **wh**-Movement). Auch wenn man nicht von Bewegung sprechen möchte, bleibt es dabei, daß die Erstposition im Fragesatz syntaktisch von der im Aussagesatz zu unterscheiden ist und daß die Unterscheidung mehr involviert als den Bezug auf Fragewörter (Reis 1991).

Für den Verbletztsatz ist die Uneinheitlichkeit der syntaktischen Struktur vielleicht am offensichtlichsten. Die Letztposition des Finitums geht einher mit unterschiedlich besetzter Erstposition. Den Konjunktionen stehen die Fragewörter und Relativpronomina gegenüber. Sie führen wohl bei *jeder* Art von Grammatiktheorie zu ungleichen Strukturen.

Topologie des Verbzweitsatzes

Angesichts der damit nur angedeuteten gravierenden syntaktischen Verschiedenheiten von Sätzen, die einem Satztyp zugeschlagen werden, ist fast erstaunlich, daß man rein topologisch überhaupt zu Verallgemeinerungen kommt. Offenbar sind die topologischen bis zu einem gewissen Grade Regularitäten sui generis mit der Besonderheit, daß man sie von den übrigen teilweise isolieren kann. Zu ihrer Formulierung bietet sich die seit Drach (1940) übliche Feldterminologie an. Wie Drach entwickeln wir die Feldterminologie am Kernsatz und übertragen sie dann auf die anderen Satztypen. Drach selbst (1940: 15ff.) sah für den Kernsatz allerdings nicht die Zweitstellung des Finitums, sondern die Zentralstellung des Verbs als Charakteristikum an. Entsprechend 5 unterscheidet er für den Aussagehauptsatz ein Vorfeld, eine Mitte und ein Nachfeld. Die Mitte wird dabei zwar immer als »Personalform des Verbs« beschrieben, funktional jedoch als »Geschehen« gekennzeichnet, d.h. Drach beschreibt als Prototyp den Satz mit einfacher Verbform. An der Bezeichnung ›Mitte‹ für die Position des Verbs wird ausdrücklich auch dann festgehalten, wenn im Nachfeld wie in 5c mehrere Satzglieder stehen.

(5)

	Vorfeld	Mitte	Nachfeld
a.	**Hunger**	**ist**	**der beste Koch**
b.	**Einen Kamm**	**braucht**	**jeder**
c.	**Wir**	**versprechen**	**dir einen Brief**

Allgemeingültige und vollständige Beschreibungen der Topologie des Kernsatzes unterscheiden heute meist sechs Positionen oder Felder gemäß 6, die natürlich unterschiedlich benannt und weiter differenziert werden (Höhle 1986; Askedal 1986; 1986a; IDS-Grammatik: 1502ff.; 1577ff.).

(6)

	Konj	Vorfeld	Fin	Mittelfeld	Infiniter VK	Nachfeld
a.	**Denn**	**Irene**	**hat**	**ihm den Stern**	**gezeigt**	**heute morgen**
b.	**Und**	**daß du gehst**	**wird**	**seinen Sinn**	**haben**	
c.		**Ihm**	**ist**	**der Pfusch**	**aufgefallen**	
d.	**Aber**	**warum**	**fragst**	**du heute**		**ob er liest**
e.		**Heute**	**haben**	**wir die Frau**	**sehen wollen**	**die hier wohnt**

Der Unterschied zu 5 besteht neben der Vervollständigung durch die fakultative koordinierende Konjunktion vor allem darin, daß bei der Festlegung der Feldterminologie die zusammengesetzte Verbform als Normalfall angesetzt ist. Erst dadurch entsteht zwischen Finitum und infinitem Verbalkomplex ein Feld, eben das Mittelfeld. Was in 6 als Nachfeld erscheint (der Satzteil nach dem infiniten Verbalkomplex) war bei Drach als Feldgröße nicht ausgezeichnet. Wir gehen nun die einzelnen Positionen von 6 durch und besprechen ihre Besetzbarkeit sowie ihre Beziehung zueinander.

In der ersten Position können die meisten koordinierenden Konjunktionen stehen. Eine solche Konjunktion stellt eine Verbindung zu einer vorausgehenden Einheit her. Für die Topologie ist belanglos, wie diese Verbindung im einzelnen geregelt ist. Auch wird nichts darüber gesagt, ob und wie die Konjunktion in den nachfolgenden Satz syntaktisch integriert ist.

Zwischen Konjunktion und Vorfeld kann ein nach links herausgestelltes Satzglied (Left dislocation) stehen, das manchmal Vor-Vorfeld oder Außenfeld genannt und als weiteres Feld geführt wird. Einige solcher Herausstellungen zu 6a bringt 7. Man sieht, daß im allgemeinen das zum herausgestellten Satzglied phorische Pronomen ins Vorfeld rückt. Eine Dislozierung des direkten Objekts in 6a, die den Restsatz gänzlich unverändert läßt, führt zu einem Satz von zweifelhafter Grammatikalität (**Denn den Stern, Irene hat ihm den gezeigt**).

(7) a. **Denn *die Irene, die* hat ihm den Stern gezeigt heute morgen**
b. **Denn *dem Paul, dem* hat Irene den Stern gezeigt heute morgen**
c. **Denn *den Stern, den* hat Irene ihm gezeigt heute morgen**
d. **Denn *heute morgen, da* hat Irene ihm den Stern gezeigt**

Herausstellungen nach links kommen in allen Satztypen vor. Starke Beschränkungen bestehen allerdings beim Spannsatz (s. u.).

Das Vorfeld ist im einfachsten Fall mit genau einem Satzglied besetzt. 8 demonstriert das wieder für 6a.

(8) a. **Denn *ihm* hat Irene den Stern gezeigt heute morgen**
b. **Denn *den Stern* hat Irene ihm gezeigt heute morgen**
c. **Denn *heute morgen* hat Irene ihm den Stern gezeigt**

Sätze vom Typ 8 beschreibt man manchmal mit dem Begriff Subjekt-Verb-Inversion (Admoni 1970: 300f.; Duden 1998: 819). Diese Redeweise hebt die Vorfeldstellung des Subjekts als ›gerade Wortstellung‹ besonders heraus und legt die Vorstellung nahe, das Subjekt tausche mit dem Finitum den Platz, wenn ein anderes Satzglied das Vorfeld besetzt. Diese Vorstellung ist unzutreffend, denn das Subjekt tritt ja im Mittelfeld nicht nur unmittelbar nach dem Finitum auf.

Das Vorfeld kann auch mit mehreren Satzgliedern besetzt sein. Zur Formulierung der Grundregularität benötigen wir wieder den Begriff der unmarkierten Reihenfolge. Nehmen wir an, der Satz 9a weise die unmarkierte Reihenfolge der Satzglieder auf. Im Vorfeld können dann die kursiv gesetzten Ausdrücke stehen, und zwar in derselben Abfolge wie in 9a.

(9) a. **Irene hat ihm den Stern gezeigt**
b. ***Gezeigt* hat Irene ihm den Stern**
c. ***Ihm den Stern* hat Irene gezeigt**
d. ***Den Stern gezeigt* hat Irene ihm**
e. ***Ihm den Stern gezeigt* hat Irene**

Bezugspunkt ist der infinite Verbalkomplex. Er kann für sich im Vorfeld stehen (9b) ebenso wie die vor ihm stehenden Satzglieder (9c). Die Satzglieder (Objekte und Adverbiale) besetzen auch gemeinsam mit dem Infinitum das Vorfeld (9d,e). Weicht man von den topologischen Verhältnissen der unmarkierten Reihenfolge ab, so ergeben sich markierte Wortstellungen **(Ihm gezeigt hat Irene den Stern)** oder ungrammatische Wortfolgen (zu 9c etwa ***Den Stern ihm hat Irene gezeigt**; genauere Beschreibung dieser Effekte in St. Müller 2003).

Ein Satzglied, das bei unmarkierter Reihenfolge im Nachfeld steht, kann nach der allgemeinen Regularität ebenfalls das Vorfeld besetzen:

(10) a. **Wir haben ihn gefragt, ob er mitmacht**
b. ***Ob er mitmacht,* haben wir ihn gefragt**
c. ***Gefragt, ob er mitmacht,* haben wir ihn**
d. ***Ihn gefragt, ob er mitmacht,* haben wir**

Das Subjekt scheint bezüglich der Vorfeldbesetzung insofern eine Sonderrolle zu spielen, als es nicht oder nur unter starken Restriktionen gemeinsam mit einem anderen Satzglied das Vorfeld besetzt. Eine der Möglichkeiten zeigt 11. Bei Verben mit Agentivitätsanstieg vom Subjekt zum Objekt und **sein**-Perfekt kann das Subjekt das Partizip ins Vorfeld ziehen (11a) ebenso wie im Passiv (11b). Dieses Verhalten wird als Anzeichen für Ergativität gewertet (Haider 1985).

(11) a. ***Eine Lösung eingefallen* ist mir nicht**
b. ***Die Blumen gegossen* wurden von unserer Nachbarin**
c. ***Eine Baufirma gebaut* hat den Anbau**
d. ***Der Antrag gewundert* hat den Fachmann**

Zur Besetzung der dem Vorfeld folgenden Position ist nicht viel zu sagen. Das Finitum steht im allgemeinen allein. Von größter Wichtigkeit ist die Funktion des Finitums als Bestandteil der Klammer. Wir besprechen sie im Zusammenhang mit dem zweiten Klammerteil.

Auch zur Besetzung des Mittelfeldes braucht man keine langen Ausführungen zu machen. Sie läßt sich am einfachsten unter Bezug auf die Restriktionen des Vor- und Nachfeldes erfassen: Was im Vorfeld und im Nachfeld stehen kann, kann auch im Mittelfeld stehen, was im Vorfeld oder Nachfeld stehen muß, natürlich nicht (s. u.). Gegenstand umfangreicher Erörterung ist dagegen die Reihenfolge der Satzglieder im Mittelfeld (13.1.2).

Der dem Mittelfeld folgende infinite Verbalkomplex schließt die Satzklammer (auch Verbalklammer genannt). Anders als das Finitum kann der infinite Verbalkomplex intern syntaktisch strukturiert sein, er konstituiert selbst ein Feld. Die Bestandteile des Verbalkomplexes sind untereinander und mit dem Finitum über Statusrektion verbunden (12).

(12) a. **Joseph wird denken**
b. **Joseph wird denken wollen**
c. **Joseph wird haben denken wollen**

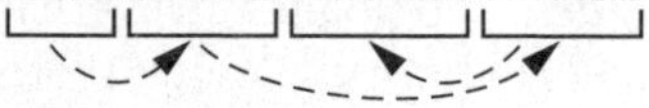

Askedal (1986: 271) plädiert dafür, den Terminus Verbalkomplex für den zweiten Bestandteil der Satzklammer aufzugeben und nur noch von einem Klammerfeld zu sprechen. Dieser Satzteil könne auch nichtverbale Bestandteile enthalten und sei komplexer strukturiert als meist angenommen. Ein Beispiel ist 13a. Das präpositionale Objekt **an Inge** steht unmittelbar vor dem regierenden Verb und jedenfalls innerhalb des Verbalkomplexes. Andererseits ist es möglich, Satzglieder dieser Art ins Mittelfeld zu rücken (13b), während das Umgekehrte nicht immer gelingt (14a,b). Das Vorkommen nichtverbaler Bestandteile im Verbalkomplex ist sehr restringiert und betrifft das, was Bech (1983) das Oberfeld des Verbalkomplexes genannt hat. Wir haben auf Konstruktionen dieser Art schon beim sog. Ersatzinfinitiv im Perfekt der Modalverben hingewiesen (3.4; dort weitere Literaturangaben).

(13) a. **Joseph wird haben *an Inge* denken wollen**
b. **Joseph wird an Inge *haben denken* wollen**

(14) a. **Joseph wird *seinem Sohn ein Auto* haben kaufen wollen**
b. ***Joseph wird haben *seinem Sohn ein Auto* kaufen wollen**

Eine zweite Form der Verbalklammer wird aus flektiertem Verbstamm und Verbpartikel gebildet wie in **Joseph *denkt* über Inge *nach*.** Insofern Partikelverben Wörter sind, kann man hier nicht von einer syntaktischen Rektionsbeziehung zwischen **denken** und **nach** sprechen. Die beiden Einheiten sind Bestandteile einer Wortformzerlegung, d.h. zwischen ihnen liegt trotz syntaktischer Trennbarkeit eine morphologische Bindung vor (Wort, 7.1.2). Daß die Wortform zum Zwecke der Klammerbildung zerlegt wird, zeigt im übrigen noch einmal, daß die zweite Position im Kernsatz tatsächlich die Position des Finitums und nicht die des Verbs ist. Auf das Verb als Wortform (›Träger des Geschehens‹) kommt es gar nicht an, sondern nur auf das Verb als Träger der Finitheitskategorien.

Das letzte topologische Feld des Kernsatzes, das Nachfeld, ist hinsichtlich seiner Besetzbarkeit teilweise schwer zu beschreiben. Der Besetzung des Nachfeldes wird häufig eine kommunikativ-pragmatische Funktion zugeschrieben derart, daß ins Nachfeld besonders umfangreiche, semantisch gewichtige oder rhematische Satzglieder rücken. Strukturell versteht man die Besetzung des Nachfeldes als ›Ausklammerung‹, in der noch erhaltenen Redeweise der Transformationsgrammatik als ›Extraposition‹. Hinter diesem Begriff steckt die Vorstellung, daß die Satzklammer für den Kernsatz konstitutiv ist und der Satz ›eigentlich‹ mit dem Schließen der Klammer endet. Neben Ausklammerung finden sich dann entsprechend stärkere Metaphern wie Lockerung (Schmidt 1973: 267), Durchbrechung (Engel 1970) oder Sprengung der Klammer (Jung 1973: 105f.). Auch im Duden (1998: 820) wird noch davon gesprochen, daß Ausklammerung häufig möglich, niemals aber obligatorisch sei. Ähnlich die Grundzüge (705; 759ff.), die in der Grundreihenfolge kein Nachfeld ansetzen und alle dort auftretenden Satzglieder als extraponiert ansehen. Zumindest oberflächensyntaktisch ist diese Sicht unhaltbar, denn sowohl Adverbialsätze (15) wie Ergänzungssätze (16) treten im Vorfeld oder im Nachfeld, nicht aber im Mittelfeld auf. Lediglich als Parenthesen wie in 15d kommen sie im Mittelfeld vor, aber dieser Fall ist keinesfalls als Grundposition anzusehen, von der aus extraponiert oder ausgeklammert werden könnte. Allein Attributsätze wie in 17 können im Mittelfeld stehen.

(15) a. **Er hat den Zug genommen, *weil das schneller geht***
b. ***Weil das schneller geht,* hat er den Zug genommen**
c. ***Er hat den Zug *weil das schneller geht* genommen**
d. **Er hat – *weil das schneller geht* – den Zug genommen**

(16) a. **Er hat gesehen, *daß du dabei warst***
b. ***Daß du dabei warst,* hat er gesehen**
c. ***Er hat *daß du dabei warst* gesehen**

(17) a. **Sie hat das Buch, *das du ihr geschenkt hast*, gleich gelesen**
b. **Sie hat das Buch gleich gelesen, *das du ihr geschenkt hast***

Wir schließen uns einer Sichtweise an, die zwischen grammatikalisierter und ›stilistischer‹ Nachfeldbesetzung unterscheidet (Helbig/Buscha 1998: 564f.; auch dort wird allerdings generell von Ausrahmung gesprochen). Die Besetzung des Nachfeldes durch Adverbial- und Ergänzungssätze sowie Infinitivgruppen mit **zu**-Inf ist syntaktisiert, die Besetzung mit anderen Satzgliedern zumindest nicht immer. Wo die Grenze der Syntaktisierung zu ziehen ist, kann hier nicht besprochen werden. 18 gibt eine Reihe von Beispielen mit abnehmender Akzeptabilität, wobei die letzten beiden wohl als ungrammatisch zu gelten haben.

(18) a. **Sie ist heute morgen sehr lange oben geblieben auf dem Eiffelturm**
b. **Wir haben Uschi begleitet auf ihrem Weg zur Weltspitze**
c. **Sie haben sich gut vorbereitet auf die Prüfung**
d. **Er hat dich gesehen am vorletzten Abend**
e. **Sie haben gedacht an ihn**
f. **Sie haben gesehen ihn**
g. **Ihn haben gesehen sie**

Topologie von Verberst- und Verbletztsatz

Wie steht es nun mit der Feldeinteilung bei den beiden anderen Satztypen, dem Stirnsatz und dem Spannsatz? Die Redeweise von Vorfeld, Mittelfeld und Nachfeld bietet sich für den Kernsatz ja schon wegen der deutlich markierten Verbalklammer an. Der Spannsatz hat eine Verbalklammer normalerweise nicht und auch der Stirnsatz hat sie, wenn er ein Aufforderungssatz ist, nur unter besonderen Bedingungen.

Dennoch arbeitet man bei beiden Satztypen im wesentlichen mit denselben Feldbegriffen wie beim Kernsatz. Das ist gerechtfertigt, weil beide Satztypen Abschnitte haben, für die dieselben Abfolgeregeln gelten. Solche Abschnitte werden dann mit denselben Bezeichnungen belegt.

Der Stirnsatz ist dem Kernsatz topologisch am ähnlichsten. Der Hauptunterschied, das fehlende Vorfeld, hat für den Entscheidungsfragesatz (19a-c) andere Konsequenzen als für den Aufforderungssatz (19d-h). Beim Entscheidungsfra-

(19)	Konj	Fin	Mittelfeld	Infiniter VK	Nachfeld
a.	**Aber**	**hat**	**Irene ihm den Stern**	**gezeigt**	**heute morgen?**
b.	**Und**	**wird**	**es seinen Sinn**	**haben**	**daß du gehst?**
c.		**Wird**	**sie fest**	**geschlafen haben?**	
d.		**Vergiß**	**es**		
e.	**Und**	**hol**	**ihn am Bahnhof**	**ab**	
f.		**Überlegt**	**euch**		**ob ihr mitgeht**
g.		**Zeig**	**ihm den Stern**		**heute morgen**
h.		**Laß**	**ihn**	**laufen**	**wenn er will**

gesatz tritt im Mittelfeld und Nachfeld ein Satzglied mehr auf als beim Kernsatz. Auf die Besetzbarkeit des Nachfeldes hat das jedoch keine Auswirkungen, und für die relative Reihenfolge der Satzglieder im Mittelfeld auch nicht.

Wegen des fehlenden grammatischen Subjekts hat der Aufforderungssatz dieselbe Zahl von Satzgliedern im Mittel- und Nachfeld wie ein entsprechender Kernsatz. Meist fehlt auch eine Verbalklammer und damit eine eindeutige Begrenzung des Nachfeldes (19g). Ob man bei Sätzen mit AcI wie 19h tatsächlich von einer Verbalklammer (gebildet aus **laß** und **laufen**) sprechen soll, lassen wir offen. Es scheint hier aber ein Nachfeld im üblichen Sinne zu geben.

Als besondere topologische Position hat der Spannsatz das Einleitewort. Das Einleitewort selbst kann nicht immer für sich als Besetzung des topologischen Feldes SUB (für ›subordinierend‹) auftreten. Insbesondere wenn das Einleitewort ein attributives Relativpronomen ist, wird SUB komplex (20d). Bei Fragepronomen und Relativpronomen als Einleitewort ist SUB von einem Satzglied besetzt (20b,c). Weil zwischen dem Einleitewort und dem Finitum eine feste syntagmatische Beziehung besteht (Positionsbezug), kann SUB nicht nur als linke Begrenzung des Mittelfeldes, sondern als linker Klammerteil angesehen werden. Beim Verbletztsatz ist dann nicht von einer Verbal-, sondern nur von einer Satzklammer zu sprechen.

(20)

	Konj	SUB	Mittelfeld	VK	Nachfeld
a.	**und**	**daß**	**Irene ihm den Stern**	**gezeigt hat**	**heute morgen**
b.		**wie**	**du wieder**	**aussiehst**	**im Morgenrock**
c.		**der**	**dich**	**treffen wird**	
d.	**oder**	**deren Hut**	**du auf dem Bahnhof**	**abgeben sollst**	
e.		**ob**	**man es ihm nie**	**sagen können wird**	
f.		**weil**	**man es ihm nie**	**wird sagen können**	
g.		**weil**	**man es nie**	**wird ihm sagen können**	
h.		**nachdem**	**du den Brief**	**gefunden hast**	**den ich suche**

Der Verbalkomplex des Spannsatzes ist nicht wie bei den anderen Satztypen infinit, sondern umfaßt das Finitum. Enthält er einen doppelten Infinitiv (z.B. weil ein Modalverb auftritt), so kann das Finitum wie sonst am Ende des Verbalkomplexes stehen (20e), aber ebensogut an seinem Anfang (20f). Unter dieser Bedingung ist es – ähnlich wie in 13 für den Kernsatz demonstriert – wieder möglich, Teile des Mittelfeldes in den Verbalkomplex zu verschieben (20g). Sogar mehrere Satzglieder können in dieser Position unmittelbar vor dem regierenden Verb stehen (**weil die Amerikaner niemals werden den Europäern in dieser Frage nachgeben können**).

Daß tatsächlich der gesamte Bereich zwischen Einleitewort und Verbalkomplex des Spannsatzes zum Mittelfeld gehört und insbesondere nicht die Erstposition wie eine Vorfeldposition auszeichnet, zeigt 21.

(21) a. **Inge sieht heute gut aus**
b. **Gut sieht Inge heute aus**
c. ***Heute sieht gut Inge aus**
d. ***weil gut Inge heute aussieht**

Das Adjektiv kann wohl im Vorfeld, nicht aber in der ersten Position des Mittelfeldes stehen. Das gilt für Verbzweit- wie Verbletztsatz (**Aufgabe 134**).

13.1.2 Die Satzgliedfolge im Mittelfeld

Abfolgeregularitäten

Die Regularitäten, nach denen das Vor- und Nachfeld besetzt wird, sind teilweise kompliziert, aber sie bleiben in ihren Prinzipien einigermaßen übersichtlich. Dies gilt für das Mittelfeld nicht.

Das Problem der Abfolgeregularitäten stellt sich für das Mittelfeld von vornherein anders dar, weil hier typischerweise eine Satzgliedfolge anzutreffen ist, während Vorfeld und Nachfeld meist von einem Satzglied besetzt sind. Im Stirnsatz und im Spannsatz enthält das Mittelfeld vielfach sämtliche Ergänzungen und Adverbiale des Satzes, es gehört zum eigentlichen ›Hauptfeld‹ (Grundzüge 705 f.).

Welche Faktoren auf welche Weise die Abfolgeregularitäten im Mittelfeld bestimmen und wie sie zusammenwirken, ist nur teilweise geklärt. Eine Reihe der wichtigsten nennt 1 (zur Übersicht Lenerz 1977; Reis 1987; Uhmann 1993; IDS-Grammatik: 1495 ff., wo viele Regularitäten erfaßt sind).

(1) a. Syntaktische Funktion. Tendenz z. B.: subj vor obj
daß Inge den Bleistift spitzt vs. **daß den Bleistift Inge spitzt**

b. Thema-Rhema-Struktur. Tendenz: Thema vor Rhema
(das rhematische Satzglied ist in den Beispielen hervorgehoben)
Was hat Inge gesehen? Ich glaube, daß Inge *das Endspiel* gesehen hat
Wer hat das Endspiel gesehen? Ich glaube, daß das Endspiel *Inge* gesehen hat

c. Satzakzent. Tendenz: akzentuiertes nach unakzentuiertem Satzglied
(der Träger des Hauptakzentes ist in den Beispielen hervorgehoben)
Schenkst du dem Staat *das Geld?* Schenkst du das Geld *dem Staat?*

d. Form der Satzglieder. Tendenz z. B. Pronomen vor substantivischem Nominal
Schenkst du das dem Staat? Schenkst du dem Staat das?

e. Bedeutung der Satzglieder. Tendenz z. B. definites vor nichtdefinitem Satzglied
Schenkst du dem Kind ein Buch? Schenkst du ein Buch dem Kind?

f. Bedeutung der Satzglieder. Tendenz z. B. belebt vor unbelebt
Hilft dem Kind das Medikament? Hilft das Medikament dem Kind?

g. Bedeutung der Satzglieder. Tendenz z. B. Start vor Ziel
Luise fliegt von Bonn nach Köln – Luise fliegt nach Köln von Bonn

h. Länge der Satzglieder. Tendenz: Längere nach kürzeren Satzgliedern
(›Gesetz der wachsenden Glieder‹, s. a. 13.2)

Bei den Regeln, die von solchen Kriterien Gebrauch machen, sind zwei Typen zu unterscheiden. Regeln des ersten Typs spezifizieren für bestimmte Einheiten feste Positionen oder feste Abfolgen. Abweichung davon führt zu Nichtgrammatizität.

Ein Beispiel ist sind Abfolgen von Pronomina und Abtönungspartikeln. Sind Subjekt und Objekte Personalpronomina, geht das Subjekt den Objekten voraus, und zwar unabhängig vom Verbtyp. Die Regel gilt für Agensverben (2a) genauso wie für psychische Dativ- und Akkusativverben mit Agentivitätsanstieg vom Subjekt zum Objekt (2b,c).

(2) a. **Grüßt sie dich? (*dich sie)**
b. **Gefällt sie dir? (*dir sie)**
c. **Erstaunt sie dich? (*dich sie)**

Ebenso syntaktisiert ist die Position einer Abtönungspartikel. Sie kann nur nach den Pronomina stehen (3a,b). Ist aber das Subjekt ein substantivisches Nominal, kann die Partikel ihm wie dem anderen Pronomen vorausgehen (3c). Es steht dann in der ersten Position des Mittelfeldes und bei einer Verbalklammer unmittelbar nach dem Finitum. Diese ausgezeichnete Position ist auch einem (3d) oder mehreren (3e) Pronomina zugänglich. Zu Ehren des Indogermanisten Jacob Wackernagel (1853–1938) wird sie Wackernagel-Position genannt. Die Wackernagel-Position ist strukturell von Bedeutung für Klitisierungsprozesse, die zum Beispiel dazu führen können, daß ein Pronomen zum verbalen Personalsuffix grammatikalisiert (**Gehste mit?** Wort, 5.3.2).

(3) a. **Grüßt sie dich denn?**
b. ***Grüßt denn sie dich?**
c. **Grüßt *denn* die Chefin dich?**
d. **Grüßt *dich* die Chefin denn?**
e. **Bezahlt *ihn dir* die Chefin denn?**

Die insgesamt wirksamen Regularitäten des ersten Typs sind kompliziert. Sie wären erklärt, wenn man gezeigt hat, welche der in 1 genannten oder welche anderen Wortstellungsparameter kodiert sind. Was wurde als Abfolge syntaktisiert? (Lenerz 1993; U.Hoffmann 1994).

Im zweiten Regeltyp werden Präferenzen oder Tendenzen so wirksam, wie sie in 1 formuliert sind. Für Adverbiale gilt beispielsweise die Abfolge ›Zeit vor Ort‹, und das sogar weitgehend unabhängig von ihrer Form (4).

(4)
$$\textbf{Wir wollen} \left\{\begin{array}{l}\textbf{heute}\\ \textbf{dauernd}\\ \textbf{am Abend}\end{array}\right\} \left\{\begin{array}{l}\textbf{hier}\\ \textbf{überall}\\ \textbf{in Köln}\end{array}\right\} \textbf{an euch denken}$$

Keine der Abfolgen von Adverbialen ist ungrammatisch, aber die in 4 hingeschriebene ist offenbar anderen gegenüber präferiert, sie ist die normale oder unmarkierte.

Das Nebeneinander mehrerer Abfolgen von Satzgliedern und Partikeln, das nicht auf feste Positionen bezogen ist, wird in der generativen Syntax als

Scrambling (»Durcheinanderrühren«) bezeichnet (Stechow/Sternefeld 1988: 452 ff.; Haider/Rosengren 1998). Wir wollen im folgenden einige Parameter des Scrambling und des Zusammenwirkens von Scrambling mit festen Abfolgen betrachten. Ziel bleibt die Auszeichnung grundlegender Abfolgen, die Ermittlung ihrer Motiviertheit sowie der Motiviertheit von anderen Abfolgen.

Normale und unmarkierte Satzgliedfolge

Beginnen wir mit der Abfolge von direktem und indirektem substantivischem Objekt (5). Die Grundzüge (705), Engel (1988: 325) und der Duden (1998: 822) sind für indobj – dirobj als Grundreihenfolge, andere Grammatiken wie Erben (1980: 274) oder Jung (1990: 143) möchten keine Abfolge auszeichnen.

(5) a. **Emma hat dem Studenten das Auto geliehen**
b. **Emma hat das Auto dem Studenten geliehen**

Die Schwierigkeit, hier eine Entscheidung zu treffen, besteht dann, wenn wie in 6 das letzte Komplement vor der rechten Satzklammer den Hauptakzent trägt (zu anderen Akzentuierungen später). Der Grund ist, daß unter den gegebenen Bedingungen beide Sätze normalbetont sind und eine normale Wortstellung haben.

(6) a. **Emma hat dem Studenten *das Auto* geliehen**
b. **Emma hat das Auto *dem Studenten* geliehen**

Was dabei mit Normalität gemeint ist, demonstriert 7 anhand von Fragen, auf die 6a eine mögliche Antwort ist.

(7) a. **Was hat Emma dem Studenten geliehen?**
Emma hat dem Studenten *das Auto* geliehen
b. **Was hat Emma hinsichtlich des Studenten gemacht?**
Emma hat dem Studenten *das Auto* geliehen
c. **Was hat Emma gemacht?**
Emma hat dem Studenten *das Auto* geliehen
d. **Was hat der Student erlebt?**
Emma hat dem Studenten *das Auto* geliehen
e. **Was ist geschehen?**
Emma hat dem Studenten *das Auto* geliehen

Im jeweils zweiten Satz ist der Teil, der die erfragte Information enthält, unterstrichen. Er enthält das jeweils Neue, ist das Rhema. Der Satzakzent bleibt derselbe, das Rhema ist trotzdem im Umfang variabel. Insgesamt ergeben sich fünf Möglichkeiten zu unterschiedlicher Rhematisierung.

Dieselbe Zahl von möglichen Rhemata hat 6b, auch hier sind es fünf (**Aufgabe 135**). Spielt man andere Satzgliedstellungen mit anderen Akzenten durch, dann stellt man fest, daß sich nirgendwo eine gleichgroße oder gar größere Zahl von Rhemata ergibt. Damit ist gesagt, daß 6a,b die Sätze sind, die in den meisten Kontexten auftreten können. Das ist die Explikation, die Höhle (1982) für ›normale Betonung‹ und ›normale Wortstellung‹ gibt. Beide Sätze in 6 sind in diesem Sinne normal.

Eine Bemerkung zum Terminologischen ist am Platze. Die mit 7 demonstrierte Möglichkeit, das Rhema vom letzten Komplement aus umfangreicher werden zu lassen, wird meistens nicht als Rhema-, sondern als Fokusprojektion bezeichnet. Das letzte, hauptbetonte Komplement heißt dann Fokusexponent, es bildet so etwas wie den Kopf der verschiedenen Foki. Ein Fokus bringt semantische Alternativen zum von ihm Bezeichneten ins Spiel, z. B. »das Auto und nicht das Fahrrad, den LKW, die Rollschuhe usw.« für 7a). Das Rhema dagegen liefert die neue, im Beispiel die erfragte Information (7.4). Rhema und Fokus fallen häufig und auch im Beispiel zusammen. Ob man den erläuterten Begriff von normaler Satzgliedstellung generell besser über die Fokus-Hintergrund-Gliederung oder die Thema-Rhema-Struktur des Satzes expliziert, lassen wir offen. Wichtig ist, daß man auf die beschriebene Weise zu *mehreren* normalen Satzgliedstellungen gelangen kann. Wir unterstellen, daß dies der Grund für die Unsicherheit bei der Bewertung von 5a,b ist.

Von einer normalen ist die unmarkierte Satzgliedstellung zu unterscheiden. Bei sonst gleichen Verhältnissen kann es nur *eine* unmarkierte geben. Betrachten wir zuerst das Verhalten von pronominalem und substantivischem Objekt.

(8) a. **Emma leiht ihm den Drucker/den Drucker ihm**
b. **Emma leiht ihn dem Studenten/dem Studenten ihn**
c. **Emma leiht das dem Studenten/dem Studenten das**
d. **Emma leiht es dem Studenten/*dem Studenten es**

Intuitiv ist die Abfolge Personalpronomen als Objekt – substantivisches Objekt eindeutig unmarkiert (8a,b). Eine Regelformulierung »Pesonalpronomina gehen als Objekte substantivischen voraus« ist rein syntaktisch, sie ist aber verträglich mit einer Reihe von nichtsyntaktischen Bedingungen aus 1. Beispielsweise ist ein Personalpronomen in der Regel kürzer als ein substantivisches Nominal (1h) und es ist – bis auf bestimmte strukturell ausgrenzbare Ausnahmen – definit (1e). Personalpronomina sind Deiktika, sie haben in der 1.Ps und 2.Ps einen Bezug auf Sprecher und Adressaten. Möglicherweise referiert man mit ihnen besonders häufig auf Belebtes (1 f). Dies und einiges andere könnten außersyntaktische Faktoren sein, die die pronominale Ergänzung im Gebrauch vor die substantivische rücken. Die unmarkierte Abfolge ist aber als solche syntaktisiert. Sie gilt unabhängig davon, ob etwa mit dem Personalpronomen auf Belebtes referiert wird. 8b zeigt, daß sie für andere Pronomina ebenfalls gilt. Aber sie kann auch außer Kraft gesetzt werden, beispielsweise wenn das Objekt die phonologisch schwache Form **es** hat (8d, 5.4.2). Insgesamt kann man sagen: Die Abfolge von pronominalem und substantivischem Objekt ist syntaktisch fest und funktional plausibel. Eine entsprechende Aussage für die Abfolgeregeln in 3 steht nicht ohne weiteres zur Verfügung, weil deren Funktionalität weniger offensichtlich ist.

Nun zu den substantivischen Ergänzungen. Wie ihre unmarkierte Abfolge ermittelt werden kann, zeigen wir am Vorgehen in Lenerz 1977. Auf dieser

Arbeit beruht der noch immer einflußreichste Begriff von unmarkierter Reihenfolge.

Lenerz untersucht die Rhematisierbarkeit von direktem und indirektem Objekt für beide Abfolgen dieser Ergänzungen. Bei der Abfolge indobj-dirobj ist jedes der Objekte für sich rhematisierbar, was man etwa durch einen Fragetest wie oben (7) feststellen kann. Beide Sätze in 9 sind grammatisch und auch ein wesentlicher Akzeptabilitätsunterschied liegt nicht vor. Das ist anders bei 10 mit der Abfolge dirobj-indobj. Hier kann das akkusativische Objekt *nicht* rhematisiert werden, 10b ist deutlich weniger akzeptabel als 10a.

(9) a. **Emma hat dem Studenten *das Auto* geliehen**
b. **Emma hat *dem Studenten* das Auto geliehen**

(10) a. **Emma hat das Auto *dem Studenten* geliehen**
b. ***Emma hat *das Auto* dem Studenten geliehen**

Stimmt man diesem Urteil zu, dann ergibt sich die Abfolge indobj-dirobj als unmarkiert, weil ihre Akzeptabilität von der Akzentverlagerung unberührt bleibt. Testen wir auf dieselbe Weise die Abfolge von Subjekt und direktem Objekt bei einem Verb wie **sehen**.

(11) a. **Sieht der Torwart *den Libero*?**
b. **Sieht *der Torwart* den Libero?**

(12) a. **Sieht den Libero *der Torwart*?**
b. ***Sieht *den Libero* der Torwart?**

12b ist ohne Zweifel von den vier Sätzen am wenigsten akzeptabel und man erhält als syntaktisch unmarkiert die Abfolge subj-dirobj. Führt man den Akzenttest noch für prototypische indirekte und präpositionale Objekte durch, so ergibt sich als syntaktisch unmarkiert die Abfolge subj-indobj-dirobj-probj. Dazu müssen lediglich noch gewisse Transitivitätsannahmen für die Abfolgerelation gemacht werden, z. B. wenn subj-dirobj und dirobj-probj, dann auch subj-probj **(Aufgabe 136)**.

Der Akzenttest ist nicht der einzige, mit dem die syntaktisch unmarkierte Abfolge ermittelt werden kann. In unserem System sind DEF/NDEF (definit/nicht definit, 5.2) Wortkategorien, d. h. sie sind syntaktische Kategorien. Die Markierung eines Nominals mit DEF oder NDEF ergibt sich syntaktisch aus dem Typ von Artikel oder Pronomen des Nominals.

(13) a. **Emma hat dem Studenten ein Auto geliehen**
b. **Emma hat einem Studenten das Auto geliehen**

(14) a. **Emma hat das Auto einem Studenten geliehen**
b. ***Emma hat ein Auto dem Studenten geliehen**

Bei diesem Test ist darauf zu achten, daß er nicht mit dem Akzenttest vermischt wird. Der Satzakzent muß in 13 und 14 auf einem der nichtbeteiligten Satzglieder liegen, also dem Subjekt oder dem Prädikat. Unter dieser Voraussetzung stellt sich 14b als am wenigsten akzeptabel heraus, die unmarkierte Abfolge ist wieder indobj-dirobj. 15 und 16 demonstriert den Test für Subjekt und direktes Objekt, es ergibt sich wieder subj-dirobj als syntaktisch unmarkierte Abfolge und insgesamt wie oben subj-indobj-dirobj-probj.

(15) a. **Sieht der Linienrichter einen Mittelfeldspieler?**
b. **Sieht ein Linienrichter den Mittelfeldspieler?**

(16) a. **Sieht den Mittelfeldspieler ein Linienrichter?**
b. ***Sieht einen Mittelfeldspieler der Linienrichter?**

Mit zwei voneinander unabhängigen syntaktischen Tests haben wir eine bestimmte Abfolge der Satzglieder als unmarkiert ermittelt und nennen sie deshalb syntaktisch unmarkiert. Bezogen auf diese Abfolge kann nun gefragt werden, was andere Abfolgen bewirken. Beide Tests deuten auch hier in dieselbe Richtung.

Die Artikelbedingung kann ebenso wie die Akzentbedingung auf die Thema-Rhema-Struktur bezogen werden. Bei ›natürlicher‹ Rhematisierung ist das rhematische Satzglied nicht definit (es trägt die neue Information) und es ist betont. Das thematische Satzglied ist definit (vorerwähnt oder sonstwie eingeführt) und es ist unbetont. Das spätere Satzglied kann daher sowohl bei unmarkierter wie bei markierter Abfolge nichtdefinit sein und es kann bei unmarkierter wie bei markierter Abfolge betont sein.

Eine Abweichung von der unmarkierten Abfolge ist wirksam auf der pragmatischen Ebene. Sie affiziert die Thema-Rhema-Struktur bzw. die Fokus-Hintergrund-Struktur. Bei ›natürlicher‹ Rhematisierung befinden sich alle Formmerkmale in Übereinstimmung mit dem sog. zweiten Behaghelschen Gesetz der Wortstellung, »daß das Wichtigere später steht als das Unwichtige, dasjenige, was zuletzt noch im Ohr klingen soll« (Behaghel 1932: 4)

Es bleibt die Frage, ob die unmarkierte Abfolge auch einer semantischen Deutung im Sinne der Belebtheitshierarchie zugänglich ist. Zu ihrer Beantwortung hat man zu prüfen, ob die Unmarkiertheit der Abfolge unabhängig vom Agensprofil des Verbs syntaktisiert ist. Betrachten wir ein Verb mit Agentivitätsanstieg vom Subjekt zum Objekt (17).

(17) a. **Interessiert das Angebot *den Trainer*?**
b. ***Interessiert *das Angebot* den Trainer?**

(18) a. **Interessiert den Trainer *das Angebot*?**
b. **Interessiert *den Trainer* das Angebot?**

Offensichtlich erscheint bei unmarkierter Abfolge wieder das Komplement mit der höchsten Agentivität zuerst. Die unmarkierte Abfolge lautet hier akkobj-subj (das akkusativische ist hier nicht direktes Objekt). Dasselbe läßt sich für die anderen Verben mit Agentivitätsanstieg zeigen, sei ihr Objekt dativisch oder akkusativisch. Damit gibt es nicht *die* unmarkierte Satzgliedfolge für das Deutsche, sondern sie ist vom Verbtyp abhängig. Dem Behaghelschen

Gesetz ist dann in jeder Hinsicht Genüge getan, wenn in einem Satz mit unmarkiertem (nämlich einem ditransitiven) Verb alle Bedingungen für eine natürliche Rhematisierung erfüllt sind (**Aufgabe 137**).

13.2 Zur Topologie der Nominalgruppe

Abfolge in der Nominalgruppe und im Satz

Die Grammatik der Nominalgruppe haben wir kennengelernt über die verschiedenen Typen des Attributs (Kap. 8) sowie die Verbindungen aus Artikel und Substantiv (5.2). Der Gesamtbereich wird jetzt noch einmal unter dem Aspekt von Abfolgeregularitäten und ihrem Verhältnis zu anderen Struktureigenschaften dieser Konstruktionen thematisiert. Die Topologie der NGr ist in der Literatur viel weniger ausführlich behandelt worden als die des Satzes, und meist wird sie im Anschluß an die des Satzes und unter Bezug darauf behandelt. Wir folgen diesem Vorgehen zum Teil, wollen uns aber bewußt bleiben, daß damit die Gefahr einer Projektion von Eigenschaften des Satzes auf die NGr verbunden ist.

Zur Beschreibung der Abfolgeregeln ziehen wir als prototypisch die NGr in 1 heran (s.a. 8.1). Sie besteht aus einer Folge von Artikel, adjektivischem Attribut, Kernsubstantiv, Genitivattribut, Präpositionalattribut und Attributsatz. Den Attributen stehen der Artikel als syntaktischer Kopf und ein Substantiv als syntaktischer Kern als die konstituierenden Bestandteile des Nominals gegenüber. Attribute sind kategorial regiert. Die Unterscheidung von Komplementen und Adjunkten bleibt für sie problematisch. Attribute sind syntaktische Modifikatoren (8.4; zur weiteren Auffächerung Schmidt 1993: 74ff.; IDS-Grammatik: 1968ff.).

(1)

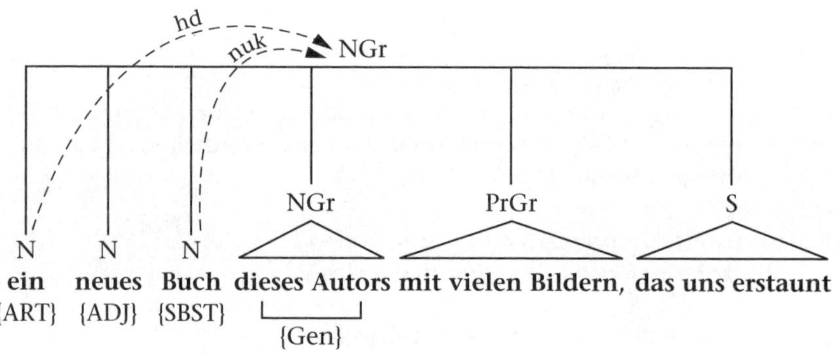

Die Abfolge der um den Kern gruppierten Einheiten folgt einer Schwerehierarchie, die wir bereits in anderer Form als Gesetz der wachsenden Glieder kennengelernt haben (13.1.2). Sowohl von der Länge als auch von der Struktur her sind die Artikelwörter prototypisch leichter als die adjektivischen Attribute, diese leichter als die Genitiv- und Präpositionalattribute und am schwersten sind die Attributsätze. Die Schwerehierarchie ist verarbeitungstechnisch funktional. Da sprachliche Einheiten zeitlich oder räumlich linearisiert sind, kann das Kurzzeitgedächtnis mit seiner beschränkten Kapazität mehr Bestandteile einer NGr speichern, wenn ihm zuerst die kürzeren angeboten werden. Im Deutschen wird dieser Effekt durch die formale Abstimmung der Einheiten am Anfang der NGr unterstützt. Die pränuklearen Artikelwörter und Adjektive sind ja durch Kongruenz- und Rektionsbeziehungen syntagmatisch eng aufeinander und den Kern bezogen (s. u.).

Hawkins (1985: 75 ff.; 88 ff.) stellt fest, daß die Schwerehierarchie insbesondere für solche Sprachen wirksam ist, die Präpositionen und nicht Postpositionen aufweisen. So wird man schwer Sprachen finden, die Präpositionen haben, gleichzeitig aber das adjektivische Attribut dem Kern nach- und den Relativsatz voraussteilen. Man kann von topologischer Analogie zwischen Nominalgruppe und Präpositionalgruppe sprechen.

Weniger deutlich ist der Zusammenhang zu den Abfolgeverhältnissen im Satz, besonders wenn das Deutsche SOV-Sprache sein soll. Lediglich bei der Annahme von SVO als Grundreihenfolge ließe sich eine Analogie herstellen. Man könnte sagen, daß im Satz wie in der NGr der Kern die Zentralstellung habe oder aber – bei Berücksichtigung von mehr Satzgliedern im Satz und nur den Attributen in der NGr – daß der Kern in zweiter Position stehe. Damit wäre der von Hawkins (1983: 133 ff.) herausgestellten Tendenz zur ›interkategorialen Harmonie‹ *(Cross-Category Harmony)* für NGr und Satz Genüge getan. Tatsächlich wird aber das Deutsche in der Wortstellungstypologie kaum jemals als SVO klassifiziert, und es wäre problematisch, alle für SOV vorgebrachten Argumente nur wegen etwas Harmonie als hinfällig anzusehen.

Die Nominalklammer

Wie beim Satz von einer Verbalklammer, so spricht man bei der NGr des Deutschen von einer Nominalklammer als topologischem Charakteristikum. Die Nominalklammer wird zwischen Kopf und Kern, beim Prototyp also zwischen Artikel und Substantiv angesetzt. Wie weit ist sie der Verbalklammer vergleichbar?

Wählen wir als Vergleichsgröße die Verbalklammer aus finiter und infiniter Verbform. Die beiden Verbformen sind in bestimmten syntaktischen Kontexten notwendig adjazent, darauf beruht zumindest teilweise der Klammereffekt (**weil sie nach Hause *gegangen ist*** vs. **Sie *ist* nach Hause *gegangen***). Artikel und Kernsubstantiv sind dagegen nicht notwendig adjazent. Das Reden von Finitheit beim Substantiv bleibt eine Metapher (5.2).

Zweitens ist die infinite Verbform von der finiten statusregiert, und auch umgekehrt bestehen Rektionsbindungen, etwa die der **sein/haben**-Wahl im Perfekt. Kein Kernsubstantiv verlangt dagegen einen ganz bestimmten Artikel. Gewisse Restriktionen lassen sich höchstens im Zusammenhang mit Subklassifizierungen der Substantive wie der in Gattungsnamen und Stoffsubstantive feststellen (5.4.3). Klammerbildend wirken sie nicht. Bezüglich Kasus und Numerus besteht zwischen Kern und Artikel eine Kongruenzbeziehung. Man kann sich ohne weiteres eine ›Kongruenzklammer‹ vorstellen, aber innerhalb der NGr des Deutschen liegt eine solche Klammer mit Sicherheit nicht vor, denn die Kongruenz erstreckt sich auch auf ein zwischen Artikel und Kern stehendes Adjektiv. Dieses Adjektiv wird also nicht eingeklammert, sondern es ergibt sich eine ›Kongruenzlinie‹, die alle drei Einheiten umfaßt.

Auch wenn man das unterschiedliche Flexionsverhalten von Artikel und Adjektiv hinsichtlich Kasus und Numerus berücksichtigt, kommt man nicht zu einer Klammerstruktur. Die Flexion von Artikel, Adjektiv und Substantiv ist so aufeinander abgestimmt, daß die Kategorien des Numerus und des Kasus hinreichend genau markiert sind (8.2). Nähme man beispielsweise die starke Form des Artikels als Kriterium für den ersten Klammerteil **(der blaue Himmel)**, dann würde bei einer schwachen Artikelform die Klammer nicht mit dem linken Rand des Nominals, sondern erst mit dem Adjektiv beginnen **(ein blauer Himmel)**. Auch bei Artikellosigkeit wie in **blauer Himmel** bestünde die Klammer nicht aus Artikel und Kern, sondern aus Adjektiv und Kern. Die Abhängigkeit der Adjektivflexion vom syntaktischen Kontext zeigt gerade, daß die klammeröffnende Funktion des Artikels nicht in seiner Numerus- und Kasusflexion zu suchen ist.

Sogar bei Berücksichtigung des Genus bleiben gewisse Schwierigkeiten mit der Nominalklammer. Der Artikel ist vom Substantiv hinsichtlich Genus regiert, aber dasselbe gilt für das adjektivische Attribut, und wenn kein Artikel vorhanden ist, wird die offene Genusmarkierung wieder vom Adjektiv allein übernommen **(kalter Wein; kalte Milch; kaltes Bier)**. Trotzdem zeigt sich beim Genus noch am ehesten ein echter Klammereffekt, besonders dann, wenn der Artikel stark flektiert. In Ausdrücken wie **dieser kalte Wein, diese kalte Milch, dieses kalte Bier** ist das Adjektiv hinsichtlich Genus unveränderlich. Dies gilt bei starker Flexion des Artikels für alle Kasus mit Ausnahme des Akk, wo die Form des Mask von der des Fem/Neut abweicht (**diesen kalten Wein, diese kalte Milch, dieses kalte Bier**, vgl. 8.2, Schema 1). Tatsächlich finden sich in der Literatur überwiegend Beispiele dieser Art, wenn die Wirksamkeit einer Nominalklammer illustriert werden soll. Streng genommen besteht diese Klammer aber nicht zwischen Artikel und Substantiv, sondern zwischen Artikel und Adjektiv, sofern ein Adjektiv vorhanden ist. Eingeklammert sind dann meistens Ergänzungen oder Adverbiale zum Adjektiv wie in 2a,b. Ist kein Adjektiv vorhanden, wird nur der Artikel vom Substantiv regiert. Man kann von einer Klammer sprechen, nur ist sie in der Regel leer.

(2) a. ***das*** **jedem Protestanten** ***vertraute*** **Liedgut**
b. ***die*** **hier im Augenblick** ***wichtige*** **Frage**

Es gibt weitere Unterschiede zur Verbalklammer. Nimmt man als ersten Bestandteil der Nominalklammer das Artikelwort, dann muß man Klammern zulassen, die mehrere erste Bestandteile aufweisen wie in **diesem deinem schönsten Ehrentage** oder **mancher solcher untaugliche Versuch**. Daß die erste Klammerposition doppelt besetzt sein kann, muß nicht gegen die Annahme einer Nominalklammer sprechen. Es könnte aber ein weiterer Hinweis darauf sein, daß der Klammereffekt nicht konstitutiv für die Struktur der NGr ist.

Eben dies scheint auch der sächsische Genitiv zu zeigen. Er ist als Genitiv vom Kernsubstantiv regiert, hat zu ihm aber keinen Positionsbezug. Nachstellung ist möglich. Geht er dem Kern voraus, dann besetzt er topologisch die Position des Artikels, was gleichzeitig zur starken Flexion des nachfolgenden Adjektivs führt (**Pauls größtes Vergnügen; Niedersachsens höchstem Fern-**

sehturm). Das Adjektiv flektiert wie bei Nichtbesetzung der Artikelposition und hat damit selbst die Merkmale des klammeröffnenden Elementes. Es kommt zu einer Klammerhäufung, die als solche kaum funktional sein kann.

Noch ein Unterschied zeigt sich schließlich, wenn man die jeweils klammerfreien Konstruktionen vergleicht. Ein Satz ist klammerfrei als Verbzweitsatz mit einfacher Verbform. Die einfache Verbform enthält den Stamm und ist finit (**Paula sieht Egon**). Ist eine Verbalklammer vorhanden, so sind Verbstamm und Finitum getrennt (**Paula hat Egon gesehen**). Die Klammerwirkung beruht teilweise auf dem spezifischen Formverhältnis zum klammerfreien Satz.

Eine NGr wäre klammerfrei, wenn sie keinen Artikel hat. Artikellosigkeit kann etwa bei Stoffsubstantiven (**kalte Milch**) oder pluralischem Substantiv (**hohe Bäume**) als Kern gegeben sein. Das Formverhältnis der klammerfreien Nominale zu denen mit Klammer bestünde einfach darin, daß einmal der Artikel fehlt und das andere mal vorhanden ist. Von einer Trennung der Klammerteile wie bei der Verbalklammer kann nicht die Rede sein. Möglicherweise ist dieser formale Mangel der Nominalklammer einer der Gründe dafür, daß man häufig klammerfreie Nominale gar nicht zuläßt und deshalb nicht von Artikellosigkeit spricht, sondern einen Nullartikel ansetzt.

Insgesamt zeigt sich, daß es im Bereich vor dem Kern der NGr verschiedene Klammereffekte gibt, nicht aber eine Klammer mit ähnlichem Status wie ihn die Verbalklammer im Satz hat.

Die Abfolge adjektivischer Attribute

Die Kennzeichnung der NGr in 1 als ›prototypisch‹ läßt einige Möglichkeiten zur Erweiterung außer Betracht, die topologisch von Interesse sind. Im Abschnitt vor dem Kern betrifft das vor allem adjektivische Attribute. Das Adjektiv kann einmal erweitert sein durch Ergänzungen und Adverbiale zur Adjektivgruppe wie in 2. Dieser Konstruktionstyp ist strukturell durchsichtig, sein Aufbau erschließt sich im allgemeinen problemlos aus dem syntaktischen Gesamtverhalten des Adjektivs. So hat ein Adjektiv als Prädikatsnomen Valenzen, die sich systematisch auf die in attributiver Position beziehen lassen (**dieser Wein ist jedem bekömmlich** vs. **dieser jedem bekömmliche Wein**). Auch solche Konstruktionen werden häufig zur Illustration der Wirksamkeit einer Nominalklammer herangezogen, weil die Ergänzungen und Adverbiale der AdjGr sowohl vom Artikel wie vom Kernsubstantiv formal unabhängig sind und deshalb eingeklammert wirken. Für die Berechtigung des Redens von einer Nominalklammer liefert die Konstruktion aber keine neuen Gesichtspunkte.

Die zweite Erweiterung besteht im Auftreten mehrerer und prinzipiell unbegrenzt vieler adjektivischer Attribute. Welche Struktur eine solche NGr hat, ist

(3) a. b.

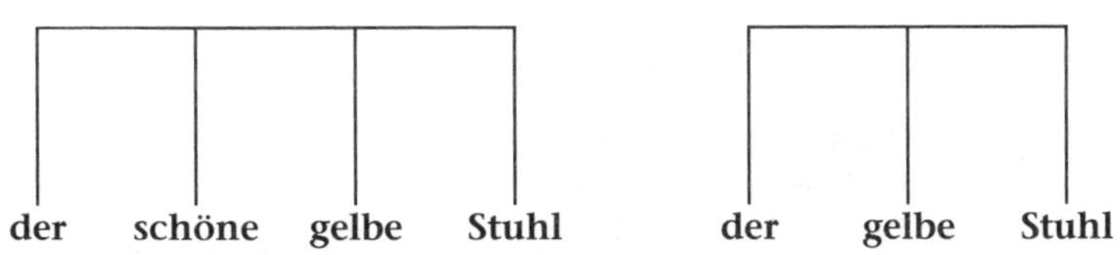

(4) a.

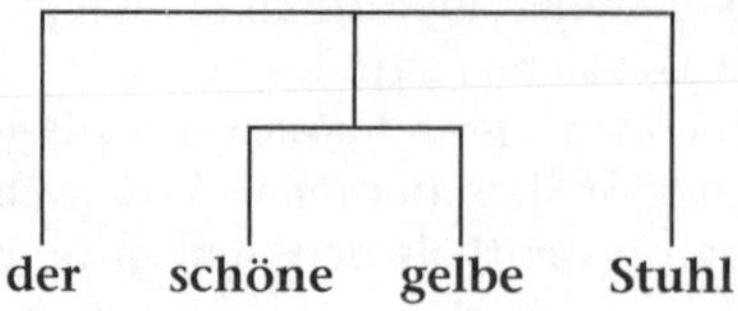

b.

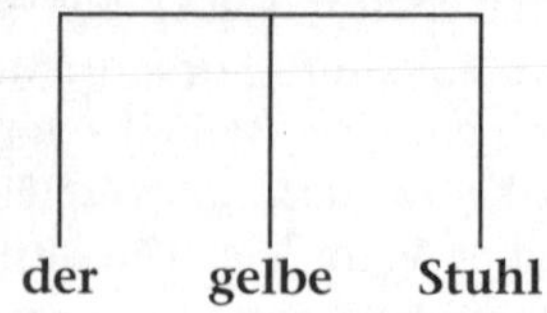

(5) a.

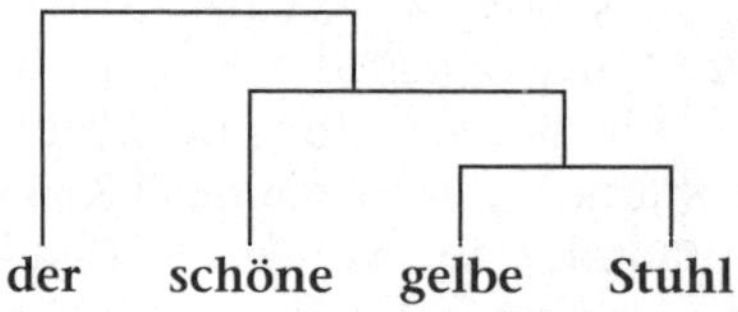

b.

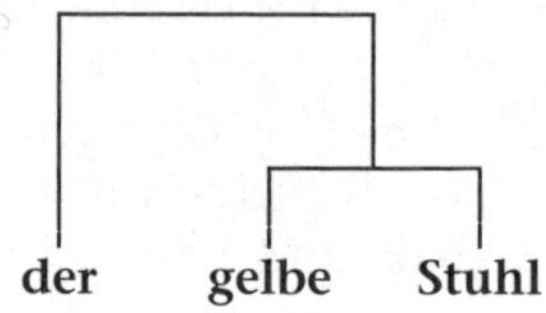

umstritten. Für den einfachsten Fall mit zwei Adjektiven sind bezüglich der Konstituentenhierarchie drei Möglichkeiten zu erwägen.

Die Einbettung mehrerer Adjektive ist nicht unabhängig davon, wie man das erste behandelt. Struktur 5a ist nur möglich auf der Basis von 5b. Setzt man 3b (identisch mit 4b) an, so besteht die Wahl zwischen 3a und 4a. Die Konstituente aus zwei Adjektiven in 4a könnte damit gerechtfertigt werden, daß die Adjektive hinsichtlich Genus, Kasus und Numerus identische Kategorien haben. Sie würde aber die Abstimmung eines jeden der Adjektive auf den Artikel und das Kernsubstantiv außer acht lassen. Die Adjektive zusammen haben keine anderen Formmerkmale als jedes von ihnen, deshalb kommt auf der Grundlage der syntagmatischen Relationen nur 3a infrage.

In der Literatur wird häufig eine Struktur wie 3a oder 4a einerseits einer wie in 5a andererseits gegenübergestellt, wenn auch mit sehr unterschiedlichen Begründungen. Eine dieser Begründungen besagt, daß mehrere Adjektive entweder koordiniert sein können (3a, 4a) oder aber daß sie eine unterschiedliche Nähe zum Kern haben (Eichinger 1987: 162f.). Lassen sich zwei Konstruktionen dieser Art unterscheiden?

Von koordinierten Adjektiven wird man erwarten, daß sie semantisch beide unmittelbar auf das Kernsubstantiv bezogen sind. Formal würde dem entsprechen, daß die Reihenfolge der Adjektive für die Grammatikalität des Ausdruckes ebenso wie für seine Bedeutung ohne Belang ist (6a,b). Ein weiteres Kriterium könnte sein, ob neben der Asyndese auch Koordination mit **und** möglich ist (6c,d).

(6) a. **der neue gelbe Stuhl**
b. **der gelbe neue Stuhl**
c. **der neue und gelbe Stuhl**
d. **der gelbe und neue Stuhl**

Ob 6c,d wirklich grammatisch und synonym zu 6a,b ist, lassen wir offen. Zweifelsfrei scheint aber zu sein, daß es Adjektivreihungen gibt, die nicht koordiniert sind, beispielsweise die in 7. Die Abfolge der Adjektive in 7b ist gegenüber der in 7a deutlich markiert, Synonymie besteht nicht, und sie besteht auch nicht zu 7c,d.

(7) a. **das neue technische Konzept**
b. **das technische neue Konzept**
c. **das neue und technische Konzept**
d. **das technische und neue Konzept**

Formal kann die Unmarkiertheit von 7a wie bei der Abfolge von Ergänzungen (13.1.2) an den Möglichkeiten der Akzentzuweisung erwiesen werden. Bei der Abfolge 7a ist der Akzent auf beiden Adjektiven möglich (8a,b). Bei der Abfolge 7b führt die Betonung des ersten Adjektivs zu wesentlich höherer Akzeptabilität als die des zweiten (8c,d).

(8) a. **das *neue* technische Konzept**
b. **das neue *technische* Konzept**
c. **das *technische* neue Konzept**
d. **das technische *neue* Konzept**

Auch an den Möglichkeiten der Kommatierung zeigt sich der Unterschied. 7a ist mit wie ohne Komma gleich gut **(das neue, technische Konzept)**, dagegen ist 7b mit Komma akzeptabler als ohne Komma **(das technische, neue Konzept)**. Darüber hinaus kann der Unterschied durch starke vs. schwache Flexion des zweiten Adjektivs signalisiert werden: **mit neuem, technischem Konzept** wäre Koordination, **mit neuem technischen Konzept** nicht (kein Komma, zweites Adjektiv schwach).

Es fragt sich nun, welche Grundlage die Abfolge beim nichtkoordinierenden Konstruktionstyp hat. Die Vorschläge in der Literatur weichen hinsichtlich der Zahl von Positionen stark voneinander ab, es finden sich zwischen zwei (Clément/Thümmel 1975: 245; 266) und mindestens zehn (Sommerfeldt 1971) unterschiedenen adjektivischen Positionen. Was die angesetzten Adjektivkategorien selbst betrifft, so läßt sich trotzdem eine allgemeine Tendenz angeben, die wir exemplarisch an den Kategorien der Dudengrammatik illustrieren (1998: 828). Der Duden spricht – in der Reihenfolge von links nach rechts – von vier Gruppen, nämlich (1) den Zahladjektiven u. ä. **(dritt, nächst, weiter, ander, zahlreich)**, (2) Adjektiven, mit denen eine zeitliche oder räumliche Lage angegeben wird **(hiesig, damalig, gestrig, obengenannt)**, (3) qualitativen Adjektiven und Farbadjektiven **(alt, gesund, schön, klein, sprechend, verloren)** und (4) Adjektiven, mit denen die stoffliche Beschaffenheit, die Herkunft, der Bereich bezeichnet wird **(metallisch, eisern, französisch, wissenschaftlich)**. NGr mit einem Adjektiv aus jeder Gruppe in unmarkierter Abfolge finden sich in 9. Die Kategorisierung des Duden ist zumindest partiell wiederzuerkennen etwa in Sommerfeldt 1971: 14 (quantifizierende Adjektive, relative pronominale Adjektive des Ortes und der Zeit, Wertungswörter im weiteren Sinn, Bezeichnungen für Qualitäten im weiteren Sinn, Bezeichnung verschiedener Relationen, phraseologisch gebundene Adjektive), in Eichinger 1987: 158 (quantifizierende, referentielle, qualifizierende, einordnende Adjektive) oder in Engel 1988: 634f. (quantitative, referentielle, qualitative, Herkunftsadjektive und klassifikatorische Adjektive).

(9) a. **die andere obengenannte alte eiserne Lampe**
b. **ein weiteres hiesiges kleines französisches Restaurant**

Bei der Deutung der Abfolge wird häufig auf das erste Behaghelsche Gesetz verwiesen, »daß das geistig eng Zusammengehörige auch eng zusammengestellt wird« (Behaghel 1932: 4). Es erscheint etwa in der Formulierung, im Adjektivteil gelte das grundlegende Prinzip »links determiniert rechts« (Askedal 1986: 343; ähnlich Engel 1988: 637f.). Nach Erben (1980:174) steht bei mehreren Adjektiven das »mit dem Substantivbegriff weniger verbundene« weiter links. In den Grundzügen (624) heißt es, das »mit dem Substantiv begrifflich enger verbundene Adjektiv steht in dessen unmittelbarer Nähe«. Die Idee ist immer, das dem Kernsubstantiv nächststehende Adjektiv bilde mit diesem einen ›Gesamtbegriff‹, der vom nächsten Adjektiv modifiziert und wiederum in einen neuen Gesamtbegriff überführt werde usw. Für die NGr in 9b etwa ergäbe sich die ›Begriffsstruktur‹ »ein (weiteres (hiesiges kleines (französisches Restaurant)))«, woraus dann manchmal direkt auf die Konstituentenhierarchie wie in 5a geschlossen wird.

Einen wichtigen Gesichtspunkt für die Abfolgeregularitäten von Adjektiven bringt Eichinger (1987) ins Spiel. Von den bei ihm postulierten Hauptklassen der quantifizierenden, referentiellen, qualifizierenden und einordnenden Adjektive stehen die einordnenden am dichtesten beim Kernsubstantiv. Sie kennzeichnen die Zugehörigkeit des vom Substantiv Bezeichneten, indem sie seine Herkunft benennen (**amerikanischer Olympiasieger; sowjetischer Vorschlag**), seine Materialbeschaffenheit spezifizieren (**metallischer Rahmen; gläserne Schüssel**) oder ihm einen ›Bereich‹ zuordnen (**akademische Vereinigung; politisches Argument**).

Wie verträglich ein Adjektiv aus einer der Subklassen mit einem Substantiv ist, hängt von den Bedeutungen beider Ausdrücke ab, und diese Verträglichkeit wirkt sich auch auf die Abfolge aus. Kombiniert man etwa ein Bereichsadjektiv mit einem Herkunftsadjektiv, so sind manchmal beide Abfolgen gleichgut möglich (10), manchmal aber nicht. Eichinger sieht etwa 11b als markiert gegenüber 11a an (1987:162).

(10) a. **der italienischen staatlichen Filmkontrolle**
b. **der staatlichen italienischen Filmkontrolle**

(11) a. **die amerikanischen militärischen Hilfsmaßnahmen**
b. **die militärischen amerikanischen Hilfsmaßnahmen**

Die Abfolgeregularitäten hängen also nicht von der jeweiligen Adjektivklasse allein ab, sondern auch vom Substantiv. Es kann sein, daß eine bestimmte Abfolge von Adjektiven bei bestimmten Substantiven unmarkiert, bei anderen markiert ist. Eichinger möchte diesen Einfluß des Kernsubstantivs auf die Subklassen seiner Adjektivklassifizierung beschränken, d. h. die vier Hauptklassen sollen ihre topologische Wirkung unabhängig von der Art des Kernsubstantivs entfalten. Damit ist eine interessante und weitläufige Frage zur Topologie der Adjektivattribute aufgeworfen. Nimmt man das erste Behaghelsche Gesetz wörtlich, dann muß man damit rechnen, daß die Abfolge der Adjektive vom Kernsubstantiv mit gesteuert wird, denn das ›geistig eng Zusammengehörige‹ muß nicht für alle Kombinationen aus Adjektiven und Substantiv dasselbe sein. Stellt sich aber heraus, daß es eine semantisch-kategorial geregelte Adjektivabfolge gibt, die unabhängig vom Kernsubstantiv einzelsprachlich oder gar universell (Seiler 1978; Schecker 1993) gilt, dann ist man berechtigt, die Abfolgeregularitäten zur Grundlage auch einer syntaktischen Klassifizierung der Adjektive zu machen **(Aufgabe 138)**.

Eine andersartige, möglicherweise gewichtige Deutung der Adjektivabfolge ergibt sich, wenn man den adjektivischen in den pränuklearen Bereich insgesamt einordnet. Am weitesten links stehen nach verbreiteter Auffassung Zahladjektive und solche, die Quantitäten bezeichnen. Diese Adjektive sind semantisch und teilweise formal den Artikelwörtern ähnlich. Sie bilden topologisch und funktional den Übergang vom Artikelbereich zum Adjektivbereich (5.2).

In der Mitte des Adjektivbereichs finden sich die eigentlichen Eigenschaftsterme, also die Adjektive, die semantisch als Prototypen dieser Kategorie zu gelten haben. Formal entspricht dem nicht nur die zentrale Position, sondern auch ihr syntaktisches und morphologisches Verhalten. So stellt die Dudengrammatik (1998: 828) fest, daß die erste, zweite und vierte der von ihr etablierten Adjektivgruppen nur attributiv verwendbar sei. Allein die dritte, hier als zentral anzusehende Gruppe der qualitativen und Farbadjektive ist danach durchgängig auch prädikativ möglich. Mit Komparierbarkeit ist die Abfolge von Adjektiven ebenfalls in Zusammenhang gebracht worden (Clément/Thümmel 1975: 267). Die zur Beschreibung der Abfolge verwendeten semantischen Kategorien lassen ganz allgemein den Schluß zu, daß die zentral stehenden Adjektive in der Regel komparierbar sind, während die in erster und in letzter Position stehenden Beschränkungen aufweisen. Schließlich ist zu erwähnen, daß deverbale Adjektive einschließlich der Partizipien meist in der Mitte des Bereichs angesiedelt werden (Sommerfeldt 1971: 16; Engel 1988: 635). Dieses Faktum wird bedeutsam im Hinblick auf den rechten Rand des Adjektivbereichs. Hier – unmittelbar vor dem Kernsubstantiv – stehen vor allem solche, die Substantivderivate sind, beispielsweise die Materialadjektive **(eisern, bleiern)** sowie große Klassen von Ableitungen auf **ig, lich** und insbesondere **isch** (Eichinger 1987). Treffen diese Überlegungen zu, dann hätten wir in der NGr die Abfolge Artikel – Adjektiv – Substantiv und innerhalb des Adjektivbereichs die vergleichbare Abfolge artikelverwandte Adjektive – prototypische Adjektive – substantivverwandte Adjektive. Zu den prototypischen gehören auch die deverbalen. Etwas abstrakt formuliert: Zentral im Adjektivbereich stehen die Einheiten, deren Grundfunktion die Prädikation ist.

Daß die substantivverwandten Adjektive unmittelbar vor dem Kern stehen, hat möglicherweise wieder eine interessante Generalisierung. Es fällt auf, daß das Substantiv substantivische Attribute besonders eng an sich bindet, d.h. substantivische Attribute sind dem Kernsubstantiv wann immer möglich adjazent. Das fängt an beim Substantivkompositum, das als Determinativkompositum aus dem Kern und dem Determinans (Attribut im weiteren Sinne) besteht

(*Führungs*anspruch), es setzt sich fort nach links mit desubstantivischen Adjektiven (*wissenschaft*licher *Führungs*anspruch) und es setzt sich fort nach rechts mit dem Genitivattribut, das dem Kern immer adjazent ist (*wissenschaft*licher *Führungs*anspruch der *Industrie*). Möglicherweise läßt sich auch die enge Apposition in solche Überlegungen einbeziehen. Wir wissen ja, daß zumindest einige ihrer Typen eine große Bindefestigkeit aufweisen (8.3.2). Es scheint innerhalb der NGr eine Tendenz zu geben, kategorial Gleiches räumlich zusammenzurücken.

Der postnukleare Bereich

Wir sind damit bei den Attributen, die dem Kern folgen. Dieser Bereich der NGr ist von den Grundtypen der Attribute her topologisch sehr einfach aufgebaut. Kompliziert sind die Verhältnisse wiederum dann, wenn man versucht, die Abfolge mehrerer Attribute derselben Kategorie – etwa mehrerer Präpositionalattribute – genauer zu beschreiben. Wir beschränken uns auf einige allgemeine Hinweise.

Die Abfolge Genitivattribut – Präpositionalattribut – Attributsatz ist strikt. Attributive Infinitivgruppen verhalten sich in erster Näherung wie Attributsätze (**der Aufruf der Kirchenleitung an ihre Gliedkirchen, den Hirtenbrief nicht zu verlesen**). Ein Abweichen von dieser Reihenfolge führt in aller Regel zu ungrammatischen Ausdrücken. Zwar finden sich beispielsweise immer wieder dem Präpositionalattribut nachgestellte Genitive wie in **die Einführung im Mittelalter eines doppelten Namens** oder **die Verfolgung im Stil von Hexenjagden Dutzender von Vertretern sowjetischer Intelligenz** (nach Kolde 1985: 273), aber solche Fälle bleiben jedenfalls in der geschriebenen Sprache marginal und dürften einer strukturellen Erfassung im Standarddeutschen nur schwer zugänglich sein. Ein Problem der Abfolge mehrerer Genitivattribute stellt sich als topologisches Problem nicht (ein aufschlußreicher Vergleich von Bewertungen solcher Konstruktionen durch verschiedene Sprechergruppen in Schmidt 1993: 199 ff.; s. a. Aufgabe 89).

Mehrere nachgestellte Präpositionalattribute sind dagegen möglich, und ihre Abfolge kann von unterschiedlichen Faktoren bestimmt sein. Einer scheint die Valenz des Substantivs zu sein, unbeschadet der Tatsache, daß wir lexikalische Valenz beim Substantiv als abgeleitet ansehen (8.4). Es scheint zu gelten, daß ein valenzgebundenes Attribut bei unmarkierter Abfolge näher am Kern steht als ein nicht valenzgebundenes.

(12) a. **das Streben nach Anerkennung mit allen Mitteln**
b. **das Streben mit allen Mitteln nach Anerkennung**

(13) a. **die Frage an Paul aus bester Absicht**
b. **die Frage aus bester Absicht an Paul**

So dürften 12a und 13a gegenüber 12b und 13b die unmarkierte Abfolge haben. Allerdings bleibt dies wieder eine intuitive Bewertung, die nicht operationalisiert ist. Das frühe Auftauchen der valenzgebundenen PrGr könnte dazu geführt haben, daß präpositionale Attribute mit temporaler und lokaler Bedeutung, die ja meist nicht valenzgebunden sind, generell spät auftauchen (14; zur Übersicht Kolde 1985: 265 ff.).

(14) a. **die Reise mit dem Bus von Berlin nach Köln**
b. **die Aufforderung zur Besonnenheit aus Tokio**
c. **der Reichtum an Bodenschätzen im Mittelalter**

Ein anderer Gesichtspunkt für die Abfolge von Präpositionalattributen ist die Vermeidung von Ambiguitäten. So kann die Ortsangabe **aus Schweden** in 15a je nach Position verschieden bezogen sein. Je weiter rechts sie steht, desto mehr Lesungen hat die NGr. Entsprechendes gilt für die Temporalangabe in 15b.

(15) a. **der Hinweis auf Importe von Stahl aus Schweden**

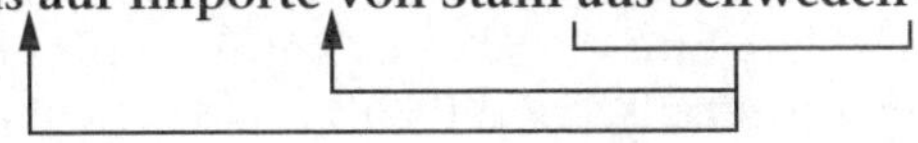

b. **die Bestimmungen über Manöverschäden vom Frühjahr**

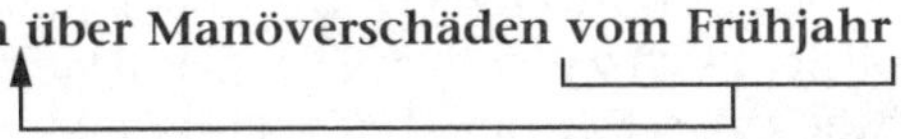

Schließlich hat das präpositionale Attribut mit **von** dann eine ausgeprägte Tendenz zur Nähe beim Kern, wenn es konkurrierend zum Genitivattribut auftritt (s. a. Aufgabe 84). Das gilt, wenn es eine spezifische Argumentfunktion hat (Subjektivus und Objektivus wie in **der Erlaß *vom* Verteidigungsministerium über die Verschrottung *von* Kochgeschirren in Königslutter**), aber auch sonst (**das Taschenmesser *von* Friedhelm mit dem Büchsenöffner**).

In letzter Position innerhalb der NGr stehen die Attributsätze. Die Art ihrer Bindung an das Kernsubstantiv ist von recht unterschiedlicher Art. Bei Relativsätzen beruht sie auf der formalen Korrespondenz des Relativpronomens mit dem Kern hinsichtlich Genus und Numerus (8.5), bei Ergänzungssätzen auf einer Rektionsbindung. Als Typ von Attribut ist der Relativsatz kategorial regiert. Jedes Substantiv kann Relativsätze jeder Form zu sich nehmen. Das ist bei den Ergänzungssätzen anders. Nicht jedes Substantiv nimmt etwa einen **daß**-Satz als Attribut, es liegt lexikalische Rektion vor.

Die unterschiedliche Anbindung der Attributsätze legt die Vermutung nahe, daß valenzgebundene fester mit dem Kern verbunden sind als Relativsätze. In der Literatur wird eine derartige Annahme auch immer wieder vertreten (Clément/Thümmel 1975: 235 ff.; 261 ff.; Vater 1986a: 127 ff.). Fraglich ist allerdings, ob sie oberflächensyntaktisch als Abfolgeregularität wirksam wird. Man müßte erwarten, daß valenzgebundene Attributsätze bei unmarkierter Abfolge näher am Kern stehen als Relativsätze. Ob das der Fall ist, kann ohne umfangreiche Datenbasis schwer entschieden werden. Eine unmittelbare Abfolge beider Arten von Attributsätzen ist nicht sehr häufig, und wo sie vorkommt, scheinen beide Abfolgen zumindest möglich zu sein (16).

(16) a. **das Versprechen, das Jutta dir gegeben hat, daß Andreas hilft**
b. **das Versprechen, daß Andreas hilft, das Jutta dir gegeben hat**

Daß beide Arten von Bindung topologisch relevant und in diesem Sinn fest sind, zeigt sich an der relativen Freiheit, mit der Attributsätze aus der NGr nach rechts herausgestellt werden können. Unbeschadet dabei sich ergebender Mehrdeutigkeiten ist es beispielsweise möglich und vielfach stilistisch-perzeptuell geboten, Attributsätze in das Nachfeld zu rücken (**Jutta hat das Versprechen vergessen, das sie dir gegeben hat** und **Jutta hat das Versprechen vergessen, daß Andreas dir helfen wollte; Aufgabe 139**).

Kommen wir noch einmal auf den Vergleich zwischen Nominalgruppe und Satz. Im Anschluß an Generalisierungen, wie sie die generative Grammatik postuliert, diskutieren etwa Kolde (1985) und Vater (1986a) die Anwendbarkeit des X-bar-Konzeptes auf beide Konstruktionen. Um den jeweiligen Kern (Verb bzw. Substantiv) gruppieren sich Komplemente und Adjunkte mit unterschiedlich fester Bindung. Es ergibt sich das Bild einer konzentrischen Figur. Diese Figur kann abgewandelt werden dadurch, daß eine Einheit einen anderen als ihren ›eigentlichen‹ Platz hinsichtlich des Kerns einnimmt. Durch solche Bewegungen wird der konzentrische Aufbau gestört, es entstehen Klammern als diskontinuierliche Konstituenten. Der topologische Vergleich zwischen NGr und Satz vollzieht sich wesentlich über den Begriff der Klammer.

Andere Arbeiten setzen am Feldbegriff mit der Frage an, wie weit man dieselbe Feldbegrifflichkeit zur Beschreibung von Sätzen und NGr verwenden kann (ausführlich Askedal 1986). Beide Verfahren decken gewisse Analogien auf, machen aber auch gravierende Unterschiede deutlich. Die Unterschiede sind u. E. in der Verschiedenheit der syntagmatischen Beziehungen zwischen dem jeweiligen Kern und seinen ›Begleitern‹ begründet. In der NGr liegt grundsätzlich kategoriale Rektion vor. Attribute sind fakultativ und ein wesentlicher Teil von ihnen kann mehrfach auftreten. Im Satz gibt es ebenfalls kategoriale Rektion (bezüglich des Subjekts und bezüglich der Adverbiale) und bestimmte Satzglieder können ebenfalls mehrfach auftreten (die Adverbiale), aber die syntaktische Subklassifizierung des Verbwortschatzes nach Zahl und Art der Ergänzungen spielt dennoch die entscheidende Rolle. Die Abfolge der Satzglieder ist damit prinzipiell anders geregelt als die der Attribute. Das Verb bestimmt die Abfolge der Ergänzungen, während das beim Substantiv wahrscheinlich nur hinsichtlich der Feinstruktur (etwa bei mehreren adjektivischen Attributen) der Fall ist. Auch der Klammerbegriff ist für beide Konstruktionen nicht derselbe, sofern man von einer Nominalklammer überhaupt sprechen möchte. Für eine einzelsprachliche, syntaktisch fundierte Beschreibung der Verhältnisse erweisen sich die konstruktiven Gemeinsamkeiten von Nominalgruppe und Satz als peripher, die Unterschiede als zentral.

Aufgabenstellungen

1. (S. 60)
Nominale Ergänzungen

a) Im Text heißt es, daß im Deutschen Vollverben der Kategorie NOM|NOM nicht existieren. Für welche Verben kommt die Zuweisung zu dieser Kategorie aber infrage?
b) Nennen Sie Verben der Kategorien NOM|GEN, NOM|DAT, NOM|GEN|AKK, NOM|AKK|AKK.
c) Eine besondere Form nominaler Ergänzungen sind reflexive Pronomina, das sind Pronomina, die hinsichtlich Person und Numerus mit einer anderen Ergänzung (meist dem Subjekt) korrespondieren. Was könnte dafür sprechen, Konstituenten dieser Art nicht zu den Ergänzungen zu zählen? Berücksichtigen Sie bei Ihren Überlegungen drei Gruppen von Sätzen:

(I) a. **Karl ärgert sich**
b. **Paula zieht sich an**
c. **Josef rasiert sich**

(II) a. **Franz irrt sich**
b. **Renate ruht sich aus**
c. **Helga besieht sich den Schaden**

(III) a. **Johanna freut sich**
b. **Fritz schämt sich**
c. **Luise bemächtigt sich des Mikrofons**

2. (S. 65)
Valenzmuster

Geben Sie mögliche Valenzmuster (Subjekt-Objekt-Kombinationen) an für **reden**, **sprechen** und **sagen.**

3. (S. 67)
Transitivierung – Kausativierung

a) Verben wie **kochen** verfügen über eine transitive Variante, in der sie eine Handlung bezeichnen (**Hans kocht Kartoffeln**). Man nennt die Verben in dieser Version kausativ, weil das vom Subjekt Bezeichnete etwas hinsichtlich des vom Objekt Bezeichneten ›verursacht‹ (3.2.3). Die intransitive Version dieser Verben ist nicht kausativ (**Die Suppe kocht**). Nennen Sie weitere Verben dieses Typs.
b) Zu dem starken Verb **liegen** gibt es ein schwaches Verb **legen**, das kausativ ist. Nennen Sie andere Verbpaare dieses Typs.
d) Was bewirken die Präfixe **be** und **ver** hinsichtlich der Verbvalenz?

4. (S. 74)
Reflexivität und Symmetrie

a) Zu den symmetrischen Verben gehören **ähneln, gleichen, einigen, treffen, verabreden.** Die drei letzten sind stets obligatorisch reflexiv, die beiden ersten sind es nur dann, wenn sie kein Dativ-Objekt haben:

(I) a. **Hans ähnelt seinem Vater**
b. **Hans und sein Vater ähneln sich**
c. ***Hans und sein Vater ähneln**

Offenbar besteht ein systematischer Zusammenhang zwischen Reflexivität und Symmetrie. Versuchen Sie, diesen Zusammenhang zu explizieren, indem sie die folgenden Sätze betrachten.

(II) a. **Hans sieht Emma**
b. **Hans sieht sich**
c. **Hans und Karl sehen sich**
d. **Hans und Karl sehen Emma**

b) Satz a ist nur symmetrisch, Satz d ist nur distributiv zu interpretieren (jeder freut sich selbst). Warum tendiert b in seiner Bedeutung eher zu a und c zu d?

a. **Hans und Karl treffen sich**
b. **Hans und Karl schlagen sich**
c. **Hans und Karl waschen sich**
d. **Hans und Karl freuen sich**

5. (S. 75)
Valenzunterschied und Bedeutungsunterschied
Suchen Sie nach Valenzunterschieden zwischen den Verben der folgenden Gruppen und zeigen Sie, welche Bedeutungsunterschiede ihnen entsprechen.

a) **sagen – reden – sprechen – behaupten – feststellen**
b) **(sich) wundern – staunen – (sich) ärgern – (sich) aufregen**
c) **suchen – besuchen – aufsuchen – absuchen – ersuchen – untersuchen – versuchen**

6. (S. 75)
wissen und **glauben**
Die Verben **wissen** und **glauben** unterscheiden sich u.a. darin, daß **wissen** in Objektposition einen **daß**-Satz und einen **ob**-Satz regiert (a), **glauben** dagegen nur einen **daß**-Satz (b).

a. **Karl weiß/glaubt, daß Paula in München ist**
b. **Karl weiß/*glaubt, daß Paula in München ist**

Mit welchem semantischen Unterschied zwischen den Verben hängt dieser syntaktische Unterschied zusammen?

7. (S. 76)
Semantische Rollen
Bestimmen Sie die semantischen Rollen der kursiv gedruckten Satzglieder in den folgenden Sätzen

a. ***Renate* schlägt *dem Personalrat einen Sitzungstermin* vor**
b. ***Dem Mimen* flicht *die Nachwelt keine Kränze***
c. ***Die Milch* ist geronnen, *die Kartoffeln* haben gekocht**
d. ***Deiner Schwester* fällt *das Glück* in *den Schoß***
e. ***Karl* droht *seinem Sohn mit dem Brotmesser***
f. **Wir müssen *die Stadtverwaltung* interessieren, aber *der Vorschlag* interessiert *die Stadtverwaltung* nicht**

8. (S. 79)
Basisprädikate
Geben Sie an, welche Basisprädikate in der Bedeutungsrepräsentation der Verben in folgenden Sätzen vorkommen

a. ***Der dritte Versuch* (x) ist *ihm* (y) mißlungen**
b. ***Karla* (x) vertraut *der Waldorfschule* (y) *ihre Kinder* (z) an**
c. ***Der Vorschlag* (x) beruhigt *die Öffentlichkeit* (y)**
d. ***Diesen Termin* (x) sagt *sie* (y) ab. Aber *ihrem Freund* (x) sagt *sie* (y) nicht ab**

9. (S. 81)
Ergative Verben
a) Nehmen Sie **gelingen** als Beispiel für ein ergatives Verb. Finden Sie eine Eigenschaft seines Subjekts, die übereinstimmt mit einer Eigenschaft des direkten Objekts eines transitiven Verbs wie **vergraben**?
b) Suchen Sie nach einstelligen ergativen Verben.

10. (S. 85)
Präpositionalobjekte, Kasusrektion
Suchen Sie nach weiteren Verbpaaren, die die Präpositionen **an**, **auf**, **über** mit Dat und mit Akk regieren.

11. (S. 85)
Zur Bedeutung von **sein**
a) In welcher semantischen Beziehung stehen das vom Subjekt und das vom Prädikatsnomen Bezeichnete in den folgenden Sätzen?

   a. **Karl ist Weltmeister im Speerwerfen**
   b. **Paul ist Hesse**
   c. **Die Sperber sind Raubvögel**
   d. **Milch ist eine Flüssigkeit**

b) Warum können wir sagen **Paul ist Schreiner** statt **Paul ist ein Schreiner**? Unter welchen Umständen kann der Artikel wegfallen?

12. (S. 88)
Adjektivvalenz

a) Nennen Sie Adjektive der Kategorien NOM|DAT (= nominativische und dativische Ergänzung), NOM|ÜBAKK (= nominativische und präpositionale Ergänzung **über** + Akk), NOM|INDAT, NOM|ZUDAT.
b) Nennen Sie Adjektive, die **daß**-, **ob**- und **wie**-Sätze als Subjekte regieren. Nennen Sie auch solche, die nur **daß**-Sätze als Subjekte regieren.
c) Die Zahl der Adjektive mit akkusativischer Ergänzung ist klein (**gewohnt, leid, müde, überdrüssig, wert, zufrieden**); warum?

13. (S. 91)
lassen, brauchen, nicht brauchen als Modalverben

a) Versuchen Sie zu entscheiden, ob **lassen** eher als Modalverb, als Vollverb oder als beides anzusehen ist. Berücksichtigen Sie mindestens die folgenden Daten:

   a. **Karl läßt antreten**
   b. **Sie läßt uns grüßen**
   c. **Sie läßt ihn laufen**
   d. **Sie läßt ihn**
   e. **Er läßt sie kalt**
   f. **Sie will ihn erfrieren lassen**
   g. ***Sie läßt ihn erfrieren wollen**
   h. **Daß du kommst, läßt mich hoffen**

b) Führen Sie eine analoge Analyse für **nicht brauchen** durch. Wo liegt der Unterschied zu **lassen**? Warum führen wir **nicht brauchen** neben **brauchen** in der Liste der möglichen Modalverben auf? (Siehe weiter Folsom 1968; Brünner 1979; Askedal 1997).

14. (S. 92)
wissen als Präteritopräsens

Das neuhochdeutsche **wissen** geht auf einen indogermanischen Stamm mit der Bedeutung »sehen« zurück (vgl. auch lateinisch **videre** und deutsch **weisen**, die dieselbe Wurzel haben). Könnte dieser Ursprung etwas damit zu tun haben, daß wissen zu den Präteritopräsentia gehört?

15. (S. 94)
Modalverben: inferentieller Gebrauch

a) Entscheiden Sie für die folgenden Sätze, ob eine inferentielle Interpretation besonders nahe liegt oder gar gefordert ist.

   (I) **Er will das tun. Er will das getan haben. Er wollte das tun. Er wollte das getan haben.**

   (II) **Er muß das tun. Er muß das getan haben. Er mußte das tun. Er mußte das getan haben. Er müßte das tun. Er müßte das getan haben.**

b) In der Literatur findet sich die These, daß bestimmte Formen von Modalverben bzw. Modalsätzen nur die inferentielle Lesart zulassen (dazu Calbert 1975: 14ff.; Gerstenkorn 1976: 290ff.). Systematisch bedeutsamer dürfte aber die These sein, daß der inferentielle Gebrauch besonders beschränkt und diese Beschränkung Ausdruck einer stärkeren Grammatikalisierung gegenüber dem ›normalen‹ Gebrauch ist. Diewald (1999: 25f.) sieht hier u.a. den Grammatikalisierungsparameter ›paradigmatische Variabilität‹ am Werk. So soll es eine ganze formal einheitliche Klasse von Formen geben, die niemals inferentiell lesbar sind. (Diewald spricht vom inferentiellen als vom ›deiktischen‹ Gebrauch, weil hier ein systematischer Bezug auf die Sprachsituation vorliege). Und von **dürfen** soll es überhaupt nur eine einzige Form geben, die man inferentiell verwenden kann. Finden Sie die gemeinten Formen?

16. (S. 95)
Modalverben: Satzgliedbestimmung
Man gebe die Subjekt-Prädikat-Objekt-Verhältnisse in folgenden Sätzen an.

a. **Karl muß fünf Mark Bußgeld bezahlen**
b. **Es muß nicht immer Beethoven sein**
c. **Es muß uns interessieren, wer hier Chef wird**
d. **Karl muß es teuer bezahlen, daß er sich gewehrt hat**
e. **Das muß nicht heißen, daß du nach Hamburg ziehen sollst**

17. (S. 97)
Modalverben: Imperativ
Erklären Sie mithilfe der im Text eingeführten Begriffe Handlungsziel und Quelle der Obligation, warum der Imperativ bei MV2 semantisch ausgeschlossen ist.

18. (S. 101)
Inflektiv
Warum kann Micky sagen »den Arm brech, kaputtlach, zitter, nörgel«, aber nicht »der Pluto komm, einatem, ableugne«?

19. (S. 106)
Verbflexion, Regelmäßigkeit
Die Regelmäßigkeit der Formbildung nimmt – auf's Ganze gesehen – von den schwachen Verben über die starken Verben und die Modalverben zu den Hilfsverben ab. Vergleichen Sie die Hilfsverben **haben**, **sein** und **werden** miteinander in Hinsicht auf die Regelmäßigkeit der Formbildung.

20. (S. 106)
Tempusbildung im Passiv
Stellen Sie analog zum Aktiv dar, wie die Tempusformen der schwachen Verben im Passiv gebildet werden. Verwenden Sie dabei zusätzlich Operation 5 als Bildung des Ablautes **werden** → **worden**.

21. (S. 110)
Formen des Perfekt

a) Bei Helbig/Buscha (1998: 141) heißt es: »Manche Verben haben verschiedene Varianten, die sich in der Bedeutung und in der Valenz unterscheiden und deshalb auch ihre Vergangenheitsformen in verschiedener Weise (**haben** oder **sein**) bilden.«

(I) a. **Er hat die Blume abgebrochen**
b. **Die Blume ist abgebrochen**

(II) a. **Der Lehrer hat ein neues Auto gefahren**
b. **Die Kinder sind in die Stadt gefahren**

(III) a. **Der Hund hat das Kind angesprungen**
b. **Der Motor ist angesprungen**

Kann oder soll man die Fälle einheitlich behandeln?

b) Bei einigen Verben ist der Inf Präs formgleich mit dem Part2 (z. B. **erfahren, ergeben, besehen**). Erklären Sie, wie es zu dieser Formgleichheit kommt.

22. (S. 111)
Zeitenfolge (Consecutio temporum)
Im Satzgefüge aus Haupt- und Nebensatz müssen die Tempora der Teilsätze so aufeinander abgestimmt sein, daß das intendierte zeitliche Verhältnis auch erreicht wird (z. B. Gleichzeitigkeit in **Als Karl kam, saßen wir beim Mittagessen**). Feste Regeln für die Zeitenfolge gibt es im Deutschen im allgemeinen nicht (s. a. 4.4). Der Duden (1973: 89) meint, daß es bei Konditionalsätzen Restriktionen gäbe. Satz b sei ausgeschlossen, weil »das Geschehen im eingebetteten Satz gleichzeitige Bedingung für das Geschehen im Trägersatz« ist. Trifft die Erklärung zu?

a. **Falls es regnet, bleiben wir zu Hause**
b. ***Falls es regnete, bleiben wir zu Hause**

23. (S. 112)
Zeitsystem
Stellen Sie für ein punktuelles Verb wie **finden** das Zeitsystem auf. Wo liegt der Unterschied zum Schema 8?

24. (S. 114)
Zeitbezüge

a) Veranschaulichen Sie die Zeitbezüge in den folgenden Sätzen und machen Sie sich die auftretenden Übereinstimmungen klar.

a. **Morgen um diese Zeit regnet es**
b. **Morgen um diese Zeit wird es regnen**
c. **Morgen um diese Zeit hat es geregnet**
d. **Morgen um diese Zeit wird es geregnet haben**

Probieren Sie auch die analogen Möglichkeiten mit **gestern um diese Zeit** durch.

b) Manchmal werden für das Deutsche zwei weitere Tempora angesetzt, die Konditional 1,2 (Weinrich 1964) oder Futur des Präteritums 1,2 (Jörgensen 1970: 30; Erben 1980: 85; 4.4) genannt werden. FutPrät1 meint **würde-**Konstruktionen wie in a, FutPrät2 solche in b:

a. **Paula dachte nach. Um Mitternacht würde es regnen**
b. **Paula dachte nach. Um Mitternacht würde es geregnet haben**

Ist die Bezeichnung Futur des Präteritums gerechtfertigt? Wie könnte man die Zeitbezüge in Anlehnung an 8 (Text) darstellen?

25. (S. 115)
Konjunktivformen
In der Grammatik von Erben (1980: 101) werden u.a. folgende Aussagen über die Bildung des Konj Präs bei Präteritopräsentia und Hilfsverben gemacht: Der Konj Präs wird gebildet
-vereinzelt durch Umlaut (**muß – müsse**)
-durch Ablaut (**weiß – wisse; will – wolle**)
-durch Ablaut und Umlaut zugleich (**darf – dürfe; kann – könne; mag – möge**)
-durch regelmäßige Anwendung eines von zwei im Ind Präs auftretenden Suppletivstämmen (**ihr seid – ich sei**).
Geben Sie die tatsächliche Regularität an, die alle diese Aussagen ersetzt und auch sonst für die Bildung des Konj Präs gilt.

26. (S. 116)
Realis – Potentialis – Irrealis
Meist werden die konjunktivischen Konditionalsätze insgesamt als irreal bezeichnet. In den Grundzügen (532) etwa heißt es, der Konditionalsatz im Konj Präs sei irreal, weil die benannten Sachverhalte nur »vorgestellt, gedacht« seien. Helbig/ Buscha (1975: 169) unterscheiden zwar Irrealis und Potentialis, bezeichnen aber den Satz **Wenn du kommst, fahren wir** als Realis, weil er »die Realisierbarkeit ... mit einem hohen Grad von Wahrscheinlichkeit« meine. **Wenn du kämest, führen wir** ist ein Potentialis wegen der »Realisierbarkeit ... mit einem geringen Grad von Wahrscheinlichkeit« (anders aber 1998: 201 ff.). Machen Sie sich Gedanken über die Angemessenheit solcher Explikationen.

27. (S. 119)
Faktivität und Konjunktiv I
a) Stellen Sie möglichst viele Verben des Sagens zusammen und überlegen Sie, welche von ihnen faktiv sind.
b) Wahrnehmungsverben (Verba sentiendi) wie **hören, sehen, fühlen, bemerken** haben eine konkrete und eine abstraktere (›übertragene‹) Bedeutung. Welche der beiden führt zu Faktivität? Wie verhalten sie sich zum Gebrauch des KonjI?

28. (S. 125)
Formen von **werden**
In Kap. 4.3 wurde vorgeschlagen, **werden** in bestimmten Kontexten als Modalverb anzusehen. Damit gäbe es sowohl ein Modalverb als auch ein Kopulaverb als auch ein Hilfsverb **werden**. Stellen Sie die Formen der 3.Ps Sg dieser drei Verben zusammen. (Als einen weitergehenden Vorschlag, **werden** als Modalverb anzusehen, Vater 1975; s.a. Wunderlich 1981; Redder 1999).

29. (S. 126)
Zur Gültigkeit des Diathesenverhältnisses
a) Zeigen Sie, daß das in 4b beschriebene Verhältnis von Aktiv- und Passivsätzen auch für Subjekte und Objekte gilt, die **zu**-Infinitive, **wie**-Sätze und **ob**-Sätze sind.
b) Bilden Sie einige Passivsätze mit dreistelligen Verben wie **jemanden erinnern an, jemandem etwas verkaufen, etwas von jemandem annehmen** (im Passiv doppelte **von**-Phrase!) und machen Sie sich die Gültigkeit von 4b,c klar.

30. (S. 127)
Passivtransformation
Eine grammatische Transformation formt einen Satz mit seiner Struktur (*Phrase marker*) in einen anderen Satz mit seiner Struktur um. Versuchen Sie, informell zu beschreiben, wie der Aktivsatz **Der Teufel versucht den Herren** in sein Passiv umzuformen ist. Die Aufgabe wird erleichtert, wenn Sie zunächst die syntaktischen Strukturen beider Sätze hinschreiben.

31. (S. 133)
Abgrenzung von Passivformen
Geben Sie eine grammatische Bestimmung der Form **verrückt** in den folgenden Ausdrücken.

a. **Karl verrückt den Schrank**
b. **Karl hat den Schrank verrückt**
c. **Der Schrank ist verrückt worden**
d. **Der Schrank wird verrückt**
e. **Der Schrank ist verrückt**
f. **Karl ist verrückt**
g. **Karl wird verrückt**
h. **Karl ist verrückt geworden**

32. (S. 134)
bekommen-Passiv
Nicht alle Dativverben bilden ein **bekommen**-Passiv. Charakterisieren Sie die passivfähigen Verben semantisch. Schreiben Sie auch das Diatheseschema gemäß 3 (Text) für das **werden**- und das **bekommen**-Passiv für ein Verb wie **ausfüllen** hin.

33. (S. 134)
Passiv und Adjektiv
Die folgenden Sätze haben eine passivische Bedeutung. Welcher von ihnen kommt einer Passivdiathese am nächsten?

a. **Die Reise ist nicht durchführbar**
b. **Karls Abneigung ist ihr unerklärlich**
c. **Ein derartiger Schritt ist nicht ratsam**

34. (S. 136)
Verwendung des Passivs
a) Nach Brinker 1971 erscheinen folgende Anteile der Verbformen im Passiv: Trivialliteratur 1.2%, Dichtung 1.5%, wissenschaftliche Texte 6.7%, Zeitungstexte 9%, Gebrauchstexte (z. B. Kochbücher, Gebrauchsanweisungen) 10.5%. Spekulieren Sie über die Gründe für eine solche Verteilung (kein Lösungshinweis).
b) Warum enthält der folgende Text nur agenslose Passive? Versuchen Sie, den Text ins Aktiv zu transformieren.
»Eine in der südfranzösischen Stadt Romans neu eingerichtete Moschee, die noch in diesem Monat eingeweiht werden sollte, wurde in der Nacht zum Montag durch einen Sprengstoffanschlag völlig zerstört. In Romans wurde erklärt, gegen die Renovierung der Moschee sei seit drei Monaten eine Untergrundkampagne geführt worden.«
c) Was könnte der Grund sein, wenn die Passivsätze in I,IIa statt der ›äquivalenten‹ Aktivsätze mit intransitiven Verben in I,IIb gewählt werden? Suchen Sie weitere Beispiele dieser Art.

(I) a. **Das Fenster wird geöffnet**
b. **Das Fenster geht auf**

(II) a. **Der Baum wurde umgestürzt**
b. **Der Baum stürzte um**

35. (S. 138)
a) Machen Sie sich klar, daß Feminina tatsächlich im Sg keinerlei Kasusendungen haben. Schreiben Sie die Formen für die vier Kasus von **die Lampe** und **die Hand** hin.
b) Geben Sie für jeden Eintrag im Schema 1 (Text) zwei Substantive an.

36. (S. 140)
a) Vergleichen Sie den Gen Sg von Anglizismen wie **Hit, Truck, Chip** mit dem von heimischen Substantiven wie **Rat, Stock, Fisch**. Worin besteht der Unterschied?
b) Im Kernwortschatz gibt es einige Substantive, die ›gemischt‹ flektieren. Sie haben der Gen Sg von der starken Flexion (**des Staates, Ohres, Endes**) und den Plural von der schwachen (**die Staaten, Ohren, Enden**). Zahlreiche Fremdwörter auf **or** verhalten sich ähnlich (**des Lektors – die Lektoren**). Kann man sagen, daß solche Fremdwörter diesem Flexionstyp folgen?

37. (S. 142)
Artikel + Substantiv
Geben Sie die volle syntaktische Beschreibung der NGr **ein Kind, keine Frau, der Heide**.

38. (S. 145)
Nominalgruppe: Flexion von Kopf und Kern
a) Was könnten die Gründe dafür sein, daß ein Substantiv im Pl mit Dativ-**n** wie in **Kindern gefällt das** oder **Das kann man mit Händen greifen** für sich allein stehen kann?
b) Es gibt einen berühmten Fall, in dem die Flexion des Substantivs doch einen Einfluß auf die des Kopfes haben kann. Wir haben **zu Beginn dieses Jahres** und **zu Beginn diesen Jahres.** Unter welchen Bedingungen ist die Variation **dieses/diesen** möglich?

39. (S. 147)
Zur Bedeutung des ›Nullartikels‹
a) Die Artikellosigkeit ist bei Substantiven wie **Baum/Wiese/Buch** (den Appellativa) i.a. beschränkt auf den Plural und hat dort weitgehend die Funktion des unbestimmten Artikels.
Offenbar abweichend von dieser Regularität kommen Substantive artikellos vor in Ausdrücken wie **Notizbuch und Bleistift**. Warum ist hier Artikellosigkeit möglich? Was bedeuten Ausdrücke dieser Art?
b) Was fällt Ihnen an Ausdrücken auf wie **eine Frau ohne Hut**; **ein Mann mit Schirm**?

40. (S. 147)
Zur Bedeutung definiter Kennzeichnungen
Von definiten Kennzeichnungen wurde festgestellt, daß sie sich auf ein bestimmtes Objekt oder eine bestimmte Menge von Objekten beziehen. Sind die markierten Teile der folgenden Ausdrücke definite Kennzeichnungen? (Beispiele nach Reis 1977: 125f.).

a. **Ich habe mein Studienbuch verloren. *Der ehrliche Finder* erhält eine Belohnung**
b. ***Die Studenten, die den Test nicht bestehen,* müssen den Kurs wiederholen**
c. ***Die Siegerin im olympischen 100-Meter-Lauf im nächsten Jahr* wird aus den USA kommen**

41. (S. 148)
Numerale: Flexion
Welche Numeralia (Bezeichnungen für Kardinalzahlen) flektieren in welcher Hinsicht?

42. (S. 149)
Nichtflektierte Artikelwörter
Einige Artikelwörter können nichtflekiert auftreten. In Spitzenstellung haben wir z.B. **manch/welch/solch ein Ereignis** oder **all diese Erlebnisse**. Soll man solche Einheiten als Köpfe ansehen? Wie flektieren nachfolgende Einheiten?

43. (S. 150)
›Genusschwankungen‹
Genusschwankungen kommen besonders häufig zwischen dem Maskulinum und dem Neutrum vor. Das gilt für das Deutsche allgemein, besonders aber auch für die Genuszuweisung bei Fremdwörtern (zu den Anglizismen auch Aufgabe 44a). Was könnte der Grund sein?

44. (S. 151)
Genuszuweisungen, Morphologie
a) Substantivische Anglizismen werden im Deutschen notwendig einem Genus zugeordnet, auch wenn das Englische Substantiv kein Genus kennt. Nach welchen Prinzipien wird die Genuszuweisung vorgenommen?

   Beispiele: **Job, Boss, Jury, Boom, Container, Monster, Gangster, City, Pipeline, Story, Baby, Girl, Image, Lunch, Deal, Poster, Gully, Fitness, Appartment, Publicity, Makeup, Teachin, Investment, Boiler, Knockout, Action, Bowling, Pullover.**

b) Vergleichen Sie die Substantivsuffixe **er, ling, schaft, ung** und **tum** hinsichtlich ihrer Bedeutung miteinander, indem Sie feststellen, zu welcher Art von Stämmen diese Suffixe treten. Läßt sich daraus das Genus der abgeleiteten Substantive erklären?
c) Die meisten Substantive auf **el** sind Maskulina. Wie kommt es dennoch relativ häufig zu Neutra wie **Bündel, Büschel, Kürzel, Mädel**?

45. (S. 152)
Phonologisch determiniertes Genus
a) Geben Sie Beispiele und Gegenbeispiele für die Regel an, daß einsilbige Substantive, die auf Nasal+Konsonant auslauten, masculini generis sind. Geben Sie Erklärungen für die Gegenbeispiele. Läßt sich etwas über die Priorität von Regularitäten unterschiedlicher Art vermuten?
b) Versuchen Sie, Regularitäten anzugeben für das Genus bei **Traum, Knall, Kur, Draht, Trick, Schluck, Pier, Knick, Tür, Drang, Spur, Druck, Knauf, Gier, Trotz.**
c) Morphologische Regeln zur Festlegung des Genus gelten sehr viel strikter als phonologische. Ist dies zu erwarten oder ist es eher überraschend?

46. (S. 156)
Genus von Personenbezeichnungen
a) Als Regelfall nimmt man an, daß bei Movierung das maskuline Substantiv den unmarkierten Fall darstellt und Basis für die Ableitung ist. Gleichzeitig wird es als übergeordneter Begriff verwendet. Überprüfen Sie die Reichweite dieser Hypothese an Bezeichnungen für traditionelle Frauenberufe, die heute auch von Männern ausgeübt werden (umfangreiches Material in Oksaar 1976).
b) Für zahlreiche Personenbezeichnungen gibt es neben der maskulinen Form eine abgeleitete feminine Form auf **in**. Die maskuline Form wird dabei sowohl sexusspezifisch als auch sexusunspezifisch zur Bezeichnung der

übergeordneten Gattung verwendet. Zur Beseitigung der damit gegebenen Asymmetrien zwischen Genus und Sexus schlägt Pusch (1980) vor, die bisherige Regelung durch die folgende zu ersetzen:

	bisher		zukünftig	
	Sg	Pl	Sg	Pl
männlich	**der Lehrer**	**die Lehrer**	**der Lehrer**	**die männl. Lehrers**
weiblich	**die Lehrerin**	**die Lehrerinnen**	**die Lehrer**	**die weibl. Lehrers**
neutral	**der Lehrer**	**die Lehrer**	**das Lehrer**	**die Lehrers**

Überlegen Sie, an welchen Stellen die neue Regelung bisher geltende morphosyntaktische Regularitäten des Deutschen verändern würde.

47. (S. 160)
Kasusmarkierung von Stoffsubstantiven
Zeigen Sie, daß Stoffsubstantive auch nach einer entsprechenden Präposition die Genitiv-Markierung nicht haben können, wenn sie ohne determinierende Einheit stehen. Finden Sie auch ein Beispiel für den Akk?

48. (S. 161)
Stoffsubstantive in generischen Sätzen
Bei Kopulasätzen mit Gattungsnamen im Subjekt und Prädikatsnomen kann man u.a. auf folgende Weise zu generischen Sätzen kommen.

a. **Ein Wal ist ein Fisch**
b. **Der Wal ist ein Fisch**
c. **Wale sind Fische**

Bilden Sie die entsprechenden Sätze mit einem Stoffsubstantiv im Subjekt, (1) wenn das Prädikatsnomen ein Gattungsname und (2) wenn das Prädikatsnomen ebenfalls ein Stoffsubstantiv ist.

49. (S. 164)
Eigenname vs. Gattungsname; Eigenname vs. Stoffname
Zeigen Sie, daß Substantive wie **Opel** und **Esso** sich sowohl wie Eigennamen als auch wie Gattungsnamen bzw. Stoffnamen verhalten.

50. (S. 167)
Abstrakta
a) Selbst bei einer Beschränkung auf Substantive gibt es eine ganze Reihe von Möglichkeiten, den Begriff des Abstraktums genauer zu fassen. Was könnte mit ›abstrakt‹ in den folgenden Beispielen jeweils gemeint

   a. **Zerstörung, Verweigerung, Bekömmlichkeit, Erholsamkeit, Unwillen, Unkraut, Bäcker, Schiffer**
   b. **Pflanze, Möbel, Musikinstrument, Küchengerät, Säugetier**
   c. **Recht, Gewalt, Friede, Freude, Glück**

b) Versuchen Sie, einige Abstrakta auf die Klassen COM, MAS und PRP zu verteilen. Unter einem Abstraktum soll dabei ein Substantiv mit ungegenständlicher Bedeutung verstanden werden.

51. (S. 173)
Personalpronomen
Warum ist es kommunikativ nicht sinnvoll, den Pl der 3.Ps des Personalpronomens nach dem Genus zu differenzieren?

52. (S. 176)
es als obligatorisches Subjekt
Bei den in 13 (Text) aufgeführten Verben besteht offenbar ein Zusammenhang zwischen dem Subjekt der einstelligen Version (z.B. **Alles fehlt**) und dem Präpositionalobjekt der zweistelligen Version (**Es fehlt an allem**). Was leistet die zweistellige Version gegenüber der einstelligen?

53. (S. 178)
es bei Adjektiven
Wie bei Verben, so tritt auch bei prädikativem Adjektiv ein Korrelat-**es** auf, wenn der Subjektsatz nachgestellt wird (a). Tritt ein Adverbial an die Spitze des Satzes, so kann **es** bei manchen Adjektiven wegfallen (c), bei anderen ist es obligatorisch (e).

a. **Es ist erkennbar, daß wir uns geirrt haben**
b. **Bald ist es erkennbar, daß wir uns geirrt haben**
c. **Bald ist erkennbar, daß wir uns geirrt haben**
d. **Bald ist es langweilig, daß du immer gewinnst**
e. ***Bald ist langweilig, daß du immer gewinnst**

Mit welcher anderen syntaktischen Eigenschaft der Adjektive fällt die Obligatorik von **es** zusammen?

54. (S. 179)
Bach-Peters-Paradox
Die amerikanischen Linguisten Emmon Bach und Stanley Peters haben auf Sätze der folgenden Art aufmerksam gemacht (Karttunen 1971):

Der Präsident, der es ablehnt, muß das Gesetz dennoch unterschreiben, das ihm vorgelegt wird

Welche Schwierigkeit ergibt sich, wenn man **es** und **ihm** als phorisch ansieht und also versucht, die jeweiligen Bezugsnominale aufzusuchen?

55. (S. 182)
Pronominale Flexion
a) Lassen sich die Formen des bestimmten Artikels **der** und die des Pronomens **dieser** so segmentieren, daß beide identische Flexion haben?
b) Der Gen Sg von **dieser Mann** kann lauten **dieses Mannes** und **diesen**

Mannes. Der Gen Sg von **dieser Mensch** lautet nur **dieses Menschen**, d.h. **diesen** ist hier ausgeschlossen. Warum?

56. (S. 183f.)
solcher, meiner
a) In vielen Kontexten sind **dieser** und **solcher** austauschbar **(Diese/Solche mag ich nicht; Diese/Solche Behauptungen nützen niemandem)**. Worin besteht der Bedeutungsunterschied?
b) Zeigen Sie, daß **dieser** und **solcher** sich syntaktisch unterschiedlich verhalten. Was drückt sich in diesem Unterschied aus?
c) Unterstellen Sie einmal, daß die Formen von **meiner/deiner/seiner** zum selben Paradigma gehören, d.h. daß es nur *ein* Possessivpronomen gibt. Führen Sie alle Formen dieses Superparadigmas auf und machen Sie sich anhand von Beispielen klar, was sie bedeuten.
Beschränken Sie sich der Übersicht halber auf den Nominativ.

57. (S. 185)
Bedeutung von Quantoren
a) Suchen Sie nach Sätzen, in denen **jeder** und **alle** nicht austauschbar sind.
b) **Einige, manche, mehrere** bedeuten alle »wenige Elemente einer Menge«. Worin unterscheiden sich ihre Bedeutungen?

58. (S. 189)
Fragepronomina
a) Zeigen Sie, daß das Fragepronomen **was** den Genitiv **wessen** hat und daß diese Form weder hinsichtlich des Genus noch des Numerus markiert ist.
b) Wie ist **wieviel** kategorial einzuordnen? Wie wird es dekliniert?

59. (S. 191)
Präpositionen, Rektion
a) Gibt es Präpositionen, die den Nominativ regieren? Dafür zu sprechen scheinen Ausdrücke wie **infolge Todesfall; wegen Mangel an Kohlen; laut Gesetz; mittels Geld** (Eroms 1981: 134f.). Liegt hier zweifelsfrei ein Nominativ vor?
b) Was spricht gegen die These, **als** und **wie** seien Präpositionen? (Eroms 1981: 135; Wunderlich 1984: 75f.). Was ist die Alternative?
c) Stellen Sie die Präpositionen zusammen, die andere Präpositionen regieren.

60. (S. 194)
Präpositionen, lokale Bedeutung
a) Welche Lage haben die von x_1, x_2 bezeichneten Objekte in **x_1 gegenüber x_2 (die Bank gegenüber dem Museum; der Mann mir gegenüber)**?
b) Veranschaulichen Sie durch Lageskizzen die Bedeutungen von

a. **der Baum vor mir**
b. **der Baum vor der Mauer**
c. **der Baum vor dem Haus**

61. (S. 195)
Präpositionen, temporale Bedeutung
a) Welchen Kasus regiert **bis**? **Bis** und **seit** haben teilweise komplementäre Bedeutung **(bis/seit Sonntag)**. **Seit** hat aber ein spezielles Bedeutungselement, das **bis** nicht hat.
Welches?
Was bedeutet **bis**? Warum verbindet sich **bis** gern mit einer zweiten Präposition?
b) **An** und **in** können beide temporale Bedeutung haben. Bei Helbig/Buscha (1998: 417) heißt es »Vor fem. Zeitangaben steht nicht **an**, sondern **in**«. Wie ist die Verteilung von **an** und **in** tatsächlich geregelt?

62. (S. 196)
Desubstantivische Präpositionen
Wie kommt es dazu, daß fast alle jüngeren Präpositionen den Genitiv regieren können? Machen Sie sich den Mechanismus ihrer Entstehung klar an zwei Gruppen:

a. **anhand, anstatt, aufgrund, infolge**
b. **abzüglich, anläßlich, vorbehaltlich, zuzüglich**

63. (S. 202)
Verschmelzungen
Warum kann man in Sätzen wie a die Verschmelzung ohne Bedeutungsveränderung durch die entsprechende Wortfolge ersetzen? Warum ist das in b nicht möglich, obwohl hier keine Idiomatisierung vorliegt? (Beispiele nach Wiegand 2000).

a. **Manfred und Ewald sprechen übers/über das Bundesverfassungsgericht**
b. **Manfred und Ewald treffen sich beim/*bei dem Papst**

64. (S. 205)
Subordinierende Konjunktionen
a) Gibt es lokale subordinierende Konjunktionen? Erben (1980: 204) nennt **wo, woher, wohin (Das Naturschutzgebiet beginnt, wo die Eichen stehen; Der Bach fließt, wohin viele Bäche dieser Landschaft fließen).**
b) Nennen Sie semantische Relationen, die sowohl mit Konjunktionen als auch mit Präpositionen bezeichnet werden können.

65. (S. 206)
Koordinierende Konjunktionen: **oder, aber, sondern**
a) Zeigen Sie anhand von Beispielen, welche Kategorien mit **oder** koordiniert werden können.
b) Gibt es einen Bedeutungsunterschied zwischen **entweder oder** und **oder**?
c) Über den semantischen Unterschied zwischen den adversativen Konjunktionen **aber** und **sondern** war lange Zeit nicht viel mehr bekannt, als daß **sondern** nur nach Sätzen mit einem Negationselement stehen kann:

(I) a. **Karl ist nicht klug, aber/sondern gefräßig**
b. **Karl ist klug, aber/*sondern gefräßig**

Worin besteht der Bedeutungsunterschied zwischen **aber** und **sondern**? Vergleichen Sie Sätze der folgenden Art:

(II) a. **Karl säuft nicht, aber/sondern er trinkt**
b. **Emma liest kein Buch, aber/sondern den Spiegel**
c. **Emma und Karl werden kaum zusammenziehen, aber/sondern sich ab und zu treffen**
d. **Das Barometer steigt nicht, aber/sondern es fällt**

Warum ist IId mit **aber** semantisch schwerer interpretierbar als mit **sondern**?

66. (S. 207)
Koordinierende Konjunktionen: Abgrenzung
a) Wie lassen sich koordinierende Konjunktionen syntaktisch von Adverbien wie **dennoch, trotzdem** abgrenzen? Nennen Sie Ausdrücke, die zu beiden Kategorien gehören.
b) Was ist der Status von **kaum** in Sätzen wie **Kaum beginnen die Ferien, fährt sie nach Italien**?

67. (S. 213)
Informationsstruktur
a) Betrachten Sie den Satz 1e in Hinsicht darauf, welche der Einheiten bei entsprechender Betonung auf Alternativen bezogen sind. Versuchen Sie, zwei Einheiten in derselben Äußerung hervorzuheben.
b) Was bewirkt die Betonung des Finitums in Sätzen wie den folgenden?

a. **Gabi *bringt* das Buch in die Bibliothek**
b. **Gabi *hat* das Haus verkauft**
c. ***Hat* sie das Buch abgegeben?**
d. **Wer *will* das Buch verkaufen?**

68. (S. 214)
Zur Kombinierbarkeit von Adverbien (dazu Bartsch 1972: 218 ff.; Lang/Steinitz 1977; Lang 1979; Pittner 1999: 86 ff.)
a) Zeigen Sie die Unterschiede im Verhältnis der Adverbien zueinander in folgenden Sätzen:

a. **Karl bucht seinen Urlaub jetzt hier**
b. **Karl bucht seinen Urlaub jetzt bald**
c. **Karl bucht seinen Urlaub jetzt leider**

b) In welchen Positionen können doppelte Adverbien (wie in a,c oben) stehen und in welchen nicht? Worin liegt die Beschränkung?

69. (S. 216)
Phorischer Gebrauch von Adverbien

a) Welche Bedeutungsunterschiede sind mit den Fortsetzungen a, b, c bei dem folgenden Satz verbunden?
Ich bin vor einem Jahr von Nijmegen nach Kleve umgezogen und
a. **hier**/ b. **dort**/c. **da will ich auch bleiben**
b) Was läßt sich über den Zeitbezug von **inzwischen** sagen? Bedeutet **inzwischen** dasselbe wie **unterdessen**?
c) Wie kann es dazu kommen, daß **vorhin** deiktisch, **vorher** aber phorisch ist?

70. (S. 217)
Bedeutung von Temporaladverbien

a) Wie kommt es, daß die folgenden Sätze mit dem einen Adverb grammatisch, mit dem anderen ungrammatisch sind?

   a. **Nach dem Urlaub schlief er anfangs/*vorhin schlecht**
   b. **Wenn ich ihn treffe, frage ich ihn sofort/*demnächst nach dir.**

b) Besonders ausführlich sind in der Literatur die Temporaladverbien **noch** und **schon** behandelt worden (Doherty 1973; König 1977a). Beschreiben Sie ihre Bedeutung in den folgenden Sätzen und machen Sie sich die Gemeinsamkeiten der temporalen und der nichttemporalen Bedeutung klar.

   (I) a. **Karl ist noch krank**
   b. **Renate ist schon zu Hause**

   (II) a. **Göttingen liegt noch in Niedersachsen**
   b. **Kassel liegt schon in Hessen**

71. (S. 219)
Adverbien auf **(er)weise**
Das vielleicht produktivste Suffix zur Bildung von Adverbien ist **(er)weise** (Fleischer/Barz 1992: 288).

a) Sind alle auf **(er)weise** gebildeten Einheiten wie **klugerweise, zufälligerweise, auszugsweise** usw. als Adverbien anzusehen?
b) Unter den Adverbien auf **erweise** finden sich faktive und nichtfaktive wie **möglicherweise, heimlicherweise, notwendigerweise**. An welcher syntaktischen Eigenschaft der zugrundeliegenden Adjektive läßt sich erkennen, daß die zuletzt genannten Adjektive nichtfaktiv sind?

72. (S. 226)
Adjektive und Adverbien
Mit der Kategorisierung der verbbezogenen Adverbiale als Adjektive schließen wir praktisch den Übergang vom Adjektiv zum Adverb im Sinne einer impliziten Ableitung aus. Nicht ausgeschlossen ist dagegen die explizite Ableitung von Adverbien aus Adjektiven (Aufgabe 71). Und auch umgekehrt können Adjektive aus Adverbien abgeleitet werden. Geben Sie Beispiele dafür.

73. (S. 230)
Adverbiale Adjektive: Subjekt- vs. Objektbezug

a) Nach den Ausführungen über die Semantik subjekt- und objektbezogener Adjektive kann man vermuten, daß bestimmte Adjektivklassen aufgrund ihrer morphologischen Struktur eher zum einen oder eher zum anderen Bezug neigen. Überlegen Sie, wie sich in dieser Beziehung die Adjektive auf **bar** und **lich** sowie das Partizip 1 verhalten.
b) Im Text wurde festgestellt, das objektbezogene Adjektiv neige zum Verhalten einer Verbpartikel. In den folgenden Sätzen sind die semantischen Bedingungen für diese Affinität erfüllt, das Adjektiv hat aber dennoch keine Tendenz zur Verbpartikel. Warum nicht?

a. **Helga hängt das Bild schief auf**
b. **Fritz parkt sein Auto unsichtbar**
c. **Paul streicht die Bank rot an**

74. (S. 230)
Adjektive: syntaktische Funktion
Bestimmen Sie die syntaktische Funktion der Adjektive in den folgenden Sätzen:

a. **Das kommende Jahr wird für keinen von uns bequem**
b. **»Stehen Sie bequem« sagte Manfred zu Günther**
c. **Egon blieb bequem sitzen**
d. **Anette macht es sich bequem**
e. **Paul findet Emmas Haus bequem**
f. **Else richtet ihre Wohnung bequem ein**

75. (S. 234)
Fokuspartikeln, Abtönungspartikeln

a) Vergleichen Sie die Fokuspartikeln in a und b daraufhin, welche Stellung sie dem vom Fokus Bezeichneten zur Menge der Alternativen geben.
   a. **Allein/nur/genau *dieser* Vorschlag hilft weiter**
   b. **Auch/bereits/sogar *dieser* Vorschlag hilft weiter**

b) Worin besteht der Unterschied zwischen den folgenden Sätzen?
   a. **Karls Auto ist eben besser**
   b. **Karls Auto ist einfach besser**

c) Kann man **ja** in den folgenden Sätzen einheitlich beschreiben?
   a. **Helga hat ja noch zwei Brüder**
   b. **Du bist ja ganz naß**
   c. **Mach ja das Licht aus**

76. (S. 238)
Adjektivflexion: Deklinationstypen und Zweifelsfälle

a) Nach welchen der folgenden Artikelwörter dekliniert das Adjektiv stark, nach welchen schwach bzw. gemischt?

dieser, kein, mein, aller, jeder, jener, anderer, mancher, folgender, solcher, mehrerer, sämtlicher, vieler

b) Wie dekliniert das Adjektiv nach Numeralia?
c) Bei mehreren Adjektiven ohne Artikel vor einem Substantiv lassen viele Grammatiken für den Dat Sg des Mask und Neut zwei Möglichkeiten zu wie in **gutem ungarischen Wein** und **gutem ungarischem Wein**. Wie soll man die Fälle beurteilen?
d) Wie dekliniert das Adjektiv in Verbindungen aus Personalpronomen + Adj + Subst vom Typ **du blöder Kerl**? Warum gibt es für diesen Fall keinen Genitiv?
e) Überlegen Sie, welchen Status und welchen funktionalen Aufbau Ausdrücke wie **leichten Schrittes, frohen Mutes, reinen Herzens** haben.

77. (S. 239)
NGr mit substantivierten Adjektiven
Die in den folgenden Sätzen kursiv gedruckten Formen werden meist als substantivierte Adjektive angesehen. Damit wären sie Substantive und Kern der jeweiligen NGr, und es wäre auch erklärt, warum Großschreibung gilt (z. B. Duden 1995: 414ff.; Deutsche Rechtschreibung 1996: 71ff.).

a. **Ein *Reicher* kommt selten in den Himmel**
b. **Die betuchten *Deutschen* hinterziehen jährlich 10 Milliarden an Steuern**
c. **Die deutschen *Betuchten* tun dasselbe**
d. **Frau Meier hat einen ganz *Verdächtigen* gesehen**
e. **Herr Meier meldet *Verdächtiges* lieber freiwillig**

Andererseits gilt der Substantivstatus solcher Wörter als zweifelhaft. Die Dudengrammatik schreibt ihnen ein ›Doppelgesicht‹ zu, Helbig/Buscha (1998: 249) sprechen hier lediglich vom ›substantivischen Gebrauch‹ der Adjektive. Was liegt vor?

78. (S. 239)
Quantoren-Floating
Eine andere Form der Distanzierung tritt in Erscheinung, wenn die topikalisierte NGr definit ist wie in a–c.

a. **Die Männer sind alle Verbrecher**
b. **Wir haben beide versagt**
c. **Den Schweizern gehört jedem ein Fahrrad und ein Karabiner**

Beschreiben Sie das Verhältnis der Nominale zueinander.

79. (S. 242)
Absolute und relative Adjektive
a) Absolute Adjektive haben wie Appellative als Extension Klassen von Objekten und können wie diese als Prädikatsnomina stehen. Man könnte

deshalb annehmen, Sätze wie a und b hätten dieselbe Bedeutung. Worin besteht aber der Unterschied?

a. **Dieses Haus ist quadratisch**
b. **Dieses Haus ist ein Quadrat**

b) Nennen Sie relative Adjektive, die in mehreren Paaren von Antonymen und folglich in mehreren Dimensionen vorkommen.
c) Zeigen Sie, daß bei antonymen Paaren von relativen Adjektiven das positiv polarisierte Adjektiv unmarkiert gegenüber dem negativ polarisierten ist (z. B. **lang** unmarkiert gegenüber **kurz**).
d) Sind **warm – kalt, hell – dunkel** und **laut – leise** relative Adjektive?
e) Wie kommt es dazu, daß folgende Sätze dasselbe bedeuten? (Beispiele aus Bierwisch 1987: 21).

a. **Das Fensterbrett ist 1 m breit und 20 cm lang**
b. **Das Fensterbrett ist 20 cm breit und 1 m lang**

80. (S. 245)
Adjektivisches Attribut: Struktur
a) Geben Sie die Konstituentenstrukturen folgender Ausdrücke an:

a. **ein erstaunlich hohes Tempo**
b. **der schnelle trickreiche Libero**
c. **eine jedem Kind bekömmliche Nahrung**
d. **eine hundert Meter lange Ölspur**

b) Beschreiben Sie den Aufbau folgender Nominalgruppen:

a. **der vom Pech verfolgte Trainer**
b. **ein des Autofahrens entwöhnter älterer Herr**
c. **viele dem Ehrgeiz verfallene Beamte**
d. **ein zügig arbeitender Fliesenleger**
e. **keine in Berlin geborene Sportlerin**

c) Was ist an den folgenden Ausdrücken auffällig?

a. **der deutsche Sprachbau**
b. **ein erhöhtes Spannungsverhältnis**
c. **ein staatlicher Funktionsträger**

81. (S. 246)
Genitivattribut: Einbettung

a.

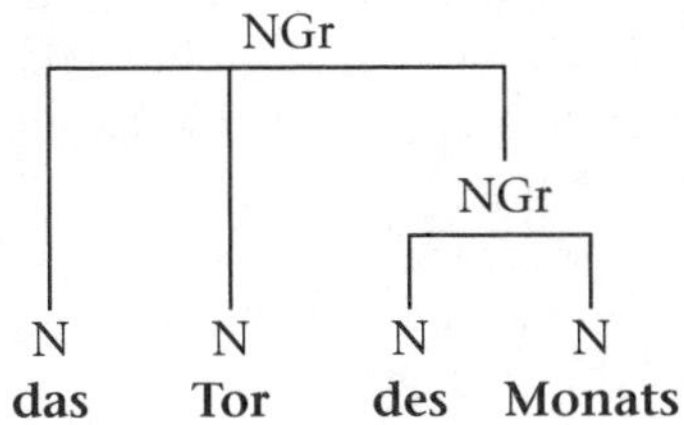

b.

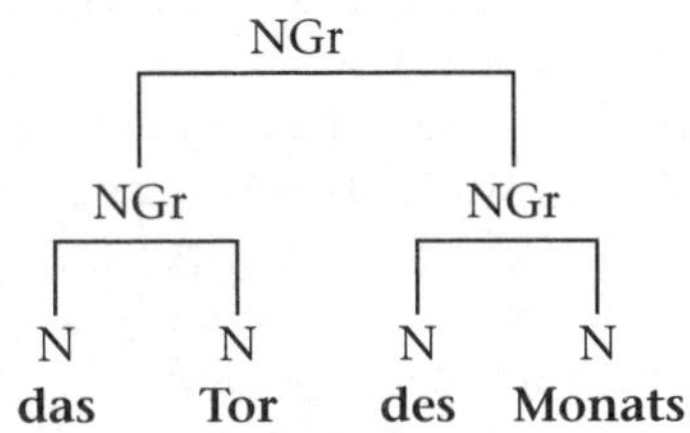

Geben Sie weitere als die im Text genannten Gründe dafür an, daß das Genitivattribut wie in a und nicht wie in b eingebettet ist.

82. (S. 247)
Endozentrische Konstruktionen
Nach Bloomfield sind endozentrische Konstruktionen solche Klassen von Ausdrücken, die in denselben Umgebungen vorkommen wie eine ihrer Konstituenten. Nennen Sie endozentrische Konstruktionen des Deutschen.

83. (S. 249)
Dativ-Attribut
In der Umgangssprache wird gerade dieser Attributtyp häufig mit einem Dativ realisiert, z. B. **deiner Schwester ihr Auto; dem Angeklagten seinen Kopf**. Beschreiben Sie den Aufbau solcher Einheiten.

84. (S. 249)
Genitivattribut: Bedeutung

a) Für den Genitivus qualitatis ist es typisch, daß das attribuierte Substantiv von einem Demonstrativum oder einer ›Qualitativangabe‹ begleitet ist (Teubert 1979: 154): **eine Katastrophe dieses Ausmaßes; ein Argument dieses Niveaus; eine Arbeit erheblichen Umfangs; ein Vollkornbrot bester Qualität; eine Maschine hoher Leistung.** Auf welche Weise schreibt ein Attribut dieser Art dem Kern eine Eigenschaft zu?
b) In den Grundzügen (309 f.) wird die Bedeutung von **die Häuser dieser Stadt** expliziert als »die Häuser gehören zu dieser Stadt«. Die Bedeutung von **Brigittes Klasse** sei »Brigitte gehört zu der Klasse«. Die Relation »gehört zu« besteht also gerade in umgekehrter Richtung. Dennoch sind die jeweiligen Umkehrungen der Ausdrücke unmöglich (***die Stadt dieses Hauses; *Brigitte dieser Klasse**). Die Gründe dafür seien ›unklar‹. Was liegt vor?

85. (S. 252)
Genitivattribut und Präpositionalattribut mit **von**
Wo ein Genitivattribut stehen kann, ist in vielen Fällen auch ein Präpositionalattribut mit **von** möglich (**die Erfindung Edisons** vs. **die Erfindung von Edison**). Die Beziehung zwischen beiden Konstruktionen ist so eng, daß das

von-Attribut häufig einfach als ›genitivisches Attribut‹ (Teubert 1979), ›analytischer Genitiv‹ (Pfeffer/ Lorentz 1979) oder ähnlich bezeichnet wird, obwohl es keinen Genitiv enthält. Einigkeit besteht darüber, daß das **von**-Attribut eher im Gesprochenen als im Geschriebenen und eher in informellen als in formellen Redestilen verwendet wird (Raad 1978; Pfeffer/Lorentz 1979). Aber es gibt auch Fälle, wo die **von**-Konstruktion den Vorteil semantischer Eindeutigkeit hat und sogar solche, wo sie strukturell notwendig ist, weil der Genitiv nicht markiert ist. Suchen Sie nach Fällen dieser Art.

86. (S. 252)
Genitivattribut: Subjektivus vs. Objektivus

a) Überlegen Sie, ob ein Genitivattribut bei den Substantiven auf **e, ei, heit, keit, tum** als Subjektivus, als Objektivus oder als beides gelesen werden kann.
b) Welches sind die Bedingungen dafür, daß das Genitivattribut in Ausdrükken wie den folgenden als Subjektivus wie als Objektivus gelesen werden kann?

   die Begleitung eines Freundes; der Besuch eines Verwandten; die Lieferung eines Computers; die Befragung des Kanzleramts

c) Warum werden die Genitivattribute in den folgenden Ausdrücken als Subjektivus gelesen, obwohl die zugrundeliegenden Verben transitiv sind?

   a. **Karls Besprechung, Erfindung, Erwerbung, Sammlung**
   b. **Karls Aufgabenstellung, Berichterstattung, Bauausführung, Wasserverdrängung**

87. (S. 255)
Lockere Apposition

a) Während bei der engen Apposition Kasusidentität nur in ganz bestimmten Fällen auftritt, gilt sie bei der lockeren Apposition als der Normalfall:

   a. **der Wirtschaftsminister, ein unglaublicher Reaktionär**
   b. **des Wirtschaftsministers, eines unglaublichen Reaktionärs**
   c. **dem Wirtschaftsminister, einem unglaublichen Reaktionär**
   d. **den Wirtschaftsminister, einen unglaublichen Reaktionär**

   Es ist deshalb schon längst erwogen worden, die lockere Apposition als einen Fall von Koordination anzusehen (Steinitz 1969: 231 ff.). Das wird hier auch von der Semantik her nahegelegt, denn bei der lockeren Apposition bezeichnen beide Nominale dasselbe Individuum. Überlegen Sie, bei welchen Formen der lockeren Apposition Kasusidentität nicht vorliegt (dazu Steinitz 1969: 207 ff.).

b) Ein besonderer Fall von lockerer Apposition ist die sogenannte Dativ-Apposition (Winter 1967 und insbesondere Gippert 1981. Dieser Arbeit sind auch die folgenden Beispiele entnommen).

a. **Solche Zwischenfälle sind in den Fußballarenen Argentiniens, dem Austragungsland der nächsten Fußballweltmeisterschaften, an der Tagesordnung**
b. **Er wurde stellvertretender Chef des Hauptstabes der Kasernierten Volkspolizei, dem Vorläufer der Nationalen Volksarmee**
c. **Dies läßt sich am besten am Beispiel Brasiliens, dem größten Land des Subkontinents, zeigen**
d. **»Ein Fräulein«, übermittelte der Botschafter ans AA, der Postanschrift von Draecker, »ist last but not least auch eine Frau«**

Den Grammatiken gelten solche Dativ-Appositionen als Abweichungen von der Kongruenzregel und daher als falsch (Duden 1998: 744). Wie kommen sie in den vier Beispielen wohl zustande?

88. (S. 261)
Enge Apposition
a) Nominalgruppen aus Maßangabe und Artangabe können syntaktisch ganz verschieden aufgebaut sein. Unter bestimmten Bedingungen fallen mehrere dieser Möglichkeiten zusammen, ein Ausdruck ist dann mehrfach syntaktisch interpretierbar. Wie sind die beiden folgenden Ausdrücke syntaktisch zu deuten?

a. **wegen zwei Kisten Erdbeerpflanzen**
b. **wegen zweier Kisten Erdbeerpflanzen**

b) Viele Substantive in der Position einer Maßangabe können im Sg wie im Pl stehen (a), andere nur im Pl (b). Worin besteht der Bedeutungsunterschied und welche Substantive sind vom Sg ausgeschlossen? (dazu Plank 1981: 143 ff.).

a. **drei Glas/Gläser Bier; zwei Blatt/Blätter Papier; zehn Faß/Fässer Wein; zwanzig Sack/Säcke Kartoffeln; zwei Kasten/Kästen Bier; hundert Schuß/Schüsse Munition**
b. **zwei Flaschen Wein; drei Tassen Kaffee; fünf Dosen Erbsen; zwei Stangen Zigaretten; zwei Reihen Tomaten; drei Portionen Eis**

89. (S. 261)
Präpositionales Attribut: Syntax und Abgrenzung
In welchen der folgenden Einheiten kommen Präpositionalattribute vor, und welches sind ihre Konstituentenstrukturen? (Beispiele nach Droop 1977: 10 ff.).

a. **das Ministerium an der Uferstraße des Rheins**
b. **das Ministerium für Verteidigung der Bundesrepublik**
c. **das Ministerium in Bonn am Marktplatz**
d. **das Ministerium am Marktplatz in Bonn**
e. **das Ministerium zwei Kilometer vor Godesberg**
f. **das Ministerium im Rücken, läßt es sich gut verhandeln**

90. (S. 264)
Valenz und präpositionales Attribut

a) Die folgenden Substantive sind Derivate transitiver Verben. Die Subjektrolle dieser Verben sollte deshalb beim Derivat als Genitivus subiectivus oder als Präpositionalattribut mit **durch** erscheinen. Sie erscheint aber als Attribut mit anderen Präpositionen. Was ist der Grund für dieses Verhalten?

   Entsetzen über; Erstaunen über; Schrecken über; Ekel vor; Freude über; Begeisterung über; Langeweile über

b) Der Referent des Genitivobjekts eines Verbs erscheint bei der Nominalisierung nicht als genitivisches Attribut, sondern als präpositionales. Bei Adjektiven ist das anders: **Er ist des Lateinischen unkundig – der des Lateinischen Unkundige; Sie ist des Wartens überdrüssig – die des Wartens Überdrüssige.** Warum verhalten sich Adjektive hier anders als Verben?
c) Bei Behandlung der Verbvalenz haben wir gesehen, daß das Verb je nach Verwendung Merkmale seiner Valenz systematisch ändert (Aktiv – Passiv, IGr). Müßte man auch beim Substantiv und beim Adjektiv verschiedene Verwendungsweisen unter diesem Gesichtspunkt berücksichtigen?

91. (S. 268)
Präpositionalattribut: Bezug auf den ersten Bestandteil von Komposita
Wie kommt in den folgenden NGr der Bezug des Präpositionalattributs auf den ersten Bestandteil des Kompositums zustande? (Beispiele nach Fabricius-Hansen 1993. S. a. Aufgabe 80 b).

a. **Wartezeit auf Pässe; Verhandlungsauftrag über die Verminderung von Kurzstreckenraketen; Befreiungsversuch von zwanghaften Strukturen**
b. **Mischungsverhältnis von Natur und Gesellschaft; Nutzenbewertung der Produktion**

92. (S. 270)
Relativer Anschluß

a) Beschreiben Sie den Aufbau des relativen Anschlusses, wenn das Kernnominal ein Personalpronomen ist.
b) Geben Sie eine Satzgliedanalyse von Satz 7b (Text).

93. (S. 272)
Restriktive vs. nichtrestriktive Relativsätze

a) Liegt das Bezeichnete eines Nominals eindeutig fest wie bei Eigennamen und Personalpronomina, so kann ein dem Nominal hinzugefügter Relativsatz im allgemeinen nur nichtrestriktiv gelesen werden. Ordnen Sie unter diesem Gesichtspunkt die folgenden Pronomina danach, ob bei ihnen ein restriktiver, ein nichtrestriktiver oder ein Relativsatz mit beiden Lesungen steht.

   aller, der, derjenige, dieser, einer, einiger, jeder, jemand, jener, keiner, mancher, niemand, solcher, vieler

b) Legen Sie in dem folgenden Satz den Hauptakzent auf das Prädikatsnomen, und zwar einmal auf den Artikel (**die**) und einmal auf das Substantiv (**Berliner**).

Es waren die Berliner, die den Umzug der Regierung wollten

Was ergibt sich für die Bedeutung? Bei welcher der beiden Versionen ist der Relativsatz restriktiv?

94. (S. 272)
dessen und **deren**

a) Zeigen Sie, wo Analyseschwierigkeiten auftreten würden, wenn das Relativpronomen **der** alle Formen mit dem Artikel **der** gemeinsam hätte.
b) In bestimmten Fällen steht der Gen **deren** in Konkurrenz mit der Form **derer**. Wo werden beide Formen verwendet, wo nur die Form **deren**?
c) Bestimmen Sie die syntaktische Funktion des Relativpronomens **deren** in den folgenden Ausdrücken:

a. **Disziplinlosigkeiten, deren er überdrüssig ist**
b. **Hypothesen, deren Beweisbarkeit infrage steht**
c. **Freundschaften, deren sich Joschka versichert hat**
d. **Ereignisse, deren sich jeder vornimmt zu gedenken**

95. (S. 274)
wer/was

a) Geben Sie die Konstituentenstruktur an von **Wer gewinnt, dem gratulieren wir.**
b) In Kontexten wie **das Mädchen, das** bzw. **das Beste, was** ist nicht immer klar, wann **das** und wann **was** zu verwenden ist. Geben Sie Kriterien an (Duden 1984, 676f.).

96. (S. 277)
Relativpronomen in PrGr

a) Analysieren Sie die relativen Anschlüsse in den folgenden Sätzen:

a. **Der Minister, von dem das Auto da drüben steht**
b. **Der Minister, von dessen Vorschlag wir begeistert sind**
c. **Der Minister, von dem die Opposition nichts hält**

b) Die PrGr aus Pr und Relativpronomen kann häufig durch ein Relativadverb **wo(r)**+Pr ersetzt werden (z.B. **an den – woran**). Wann ist eine Ersetzung grundsätzlich ausgeschlossen? Auch der umgekehrte Fall ist möglich: Häufig steht das Relativadverb dort, wo keine PrGr mit Relativpronomen stehen kann. Nennen Sie Fälle dieser Art. Bedenken Sie bei der Suche, daß das Relativadverb mit **wo** den Konjunktionen nahekommt.

97. (S. 281)
Stellung des Subjekts und Thema
Geben Sie alle Stellungsmöglichkeiten für das Subjekt an in dem Satz **Karl hat gestern den Zug verpaßt**. Geben Sie Text-(Dialog-)beispiele, die zeigen, daß das jeweils am Satzanfang stehende Satzglied Thema des Satzes sein kann. Zeigen Sie, daß das Subjekt auch dann nicht Thema sein muß, wenn es am Satzanfang steht.

98. (S. 282)
Referentielle Autonomie des Subjekts
Eine mit der Hypothese von der Referentialität des Subjekts verwandte Auffassung wird von Bátori vertreten. Bátori (1981: 119 ff.) stellt fest, daß ein Possessivum im Objekt sich auf das Subjekt beziehen kann (Ia, IIa), nicht aber umgekehrt.

(I) a. **Der Schäfer hütet seine Schafe**
b. ***Ihr Schäfer hütet die Schafe**

(II) a. **Der Besitzer muß seinen Wagen anmelden**
b. ***Sein Besitzer muß den Wagen anmelden**

Bátori nennt dies die referentielle Autonomie des Subjekts (im Verhältnis zu den übrigen Argumenten des Verbs). Suchen Sie nach Beispielen, die zeigen, daß das Subjekt nicht unbedingt autonom in diesem Sinne ist.

99. (S. 283)
Universeller und einzelsprachlicher Subjektbegriff
Nach Keenan (1976: 313; 319) sind folgende Eigenschaften typisch für Subjekte:

a. Das Subjekt ist das einzige Argument des Verbs, dessen Tilgung immer zu einem ungrammatischen Satz führt.
b. Das Subjekt ist ›normalerweise‹ das am weitesten links im Satz stehende Nominal. (Unter ›normalerweise‹ wollen wir verstehen »bei Normalbetonung«).
Zeigen Sie, daß beide Eigenschaften zwar charakteristisch für das Deutsche sind, aber keineswegs durchgängig gelten.
c. In Keenan/Comrie 1977 und Comrie/Keenan 1979 werden die Ergänzungen in einer Hierarchie angeordnet, die als *Noun Phrase Accessibility Hierarchy* bekannt geworden ist.
Ein Teil der Hierarchie lautet subj – dirobj – indobj – probj. Keenan und Comrie postulieren als universell: wenn in einer Sprache das Kernsubstantiv einer bestimmten Ergänzung einen Relativsatz als Attribut nehmen kann, dann können das die Kerne der Ergänzungen, die höher in der Hierarchie stehen, ebenfalls. Das bedeutet also, daß das Subjekt generell am ›relativsatzfreudigsten‹ ist, danach das direkte Objekt usw. Trifft das Theorem auf das Deutsche zu?

100. (S. 289)
Kongruenz bei Attributkonstruktionen
Ein beliebter Streitfall über die Korrektheit der Numeruskongruenz sind Verbindungen von Singular- und Pluralnominalen in Attributkonstruktionen und besonders als enge Apposition. Warum sind Sätze wie a–c Zweifelsfälle, solche wie d-e aber nicht?

a. **Eine Gruppe französischer Schüler besuchte/besuchten uns**
b. **Eine große Zahl von Stahlarbeitern muß/müssen umgeschult werden**
c. **Ein Zentner Kartoffeln ist/sind verkauft worden**
d. **Die Gruppe französischer Schüler besuchte/*besuchten uns**
e. **Eine Kompanie Reiter wird/*werden das Raketenbataillon ersetzen**

101. (S. 289)
Numeruskongruenz bei Koordination
a) Geben Sie die Regeln für Numeruskongruenz zwischen Subjekt und finitem Verb unter Berücksichtigung der folgenden Sätze an. Begründen Sie das unterschiedliche Verhalten von **und** und **oder**. Weiteres Material Duden 1984: 647 ff.

(I) a. **Hans und Karl fahren nach Berlin**
b. ***Hans und Karl fährt nach Berlin**
c. **Hans und auch Karl fährt nach Berlin**
d. **Hans oder Karl fährt nach Berlin**
e. ***Hans oder Karl fahren nach Berlin**

(II) a. ***Hans und Karl ist befreundet**
b. **Hans und Karl sind befreundet**

(III) a. **Sturm und Regen kann uns nichts anhaben**
b. **Sturm und Regen können uns nichts anhaben**

(IV) a. **Zu gewinnen und sich davonzumachen gelingt selten einem Spieler**
b. ***Zu gewinnen und sich davonzumachen gelingen selten einem Spieler**

b) Neigen die Konjunktionen **aber, sondern, weder noch, sowohl als auch, so wie** in ihrem Verhalten bezüglich Kongruenz eher dem Verhalten von **und** oder dem von **oder** zu?
c) Warum gerät man bei der Wahl der Verbform bei Satz a und b in Konflikte, bei c-e aber nicht?

a. **?Entweder ich oder du gehe/gehst/geht ins Kino**
b. **?Du und die Meiers fahrt/fahren zusammen**
c. **Karl und ich gehen ins Kino**
d. **Wir und die Meiers fahren zusammen**
e. **Entweder Hans oder ich wäre angestellt worden**

102. (S. 291)
Zur Unterscheidung von Subjekt und Prädikatsnomen
Welche Konstituente ist in den folgenden Ausdrücken das Subjekt?

a. **Mein Sohn wird Bäcker**
b. **Das sind Graugänse**
c. **Hochstapler, der er ist**
d. **Die Luxemburger, das sind unsere Vorbilder**
e. **Wer ist das?**
f. **Was wird das für ein Haus**

103. (S. 293)
Dativus ethicus
a) Wie wird der Ethicus in Imperativsätzen realisiert?
b) Welche Positionen kann der Ethicus im konjunktionalen Nebensatz mit dreistelligem Verb einnehmen?
c) Geben Sie syntaktische Bedingungen dafür an, ob der Dat in den folgenden Sätzen als Ethicus gelesen werden kann.

   a. **Karl schläft dir vielleicht lange**
   b. **Der glaubt mir noch immer dem Regierungssprecher**
   c. **Es ist mir vielleicht heiß**
   d. **Fall uns bloß nicht aus der Rolle**
   e. **Fall uns bloß nicht in den Rücken**

104. (S. 295)
Dativobjekt vs. Akkusativobjekt: Bedeutung
a) Nennen Sie Verben, bei denen eine bestimmte semantische Rolle sowohl als Dat wie auch als Akk realisiert sein kann. Sehen Sie Bedeutungsunterschiede?
b) Nennen Sie Verben mit Dativobjekt und solche mit Akkusativobjekt, die annähernd bedeutungsgleich sind und bei denen die semantische Rolle der Objekte annähernd übereinstimmt.
c) **Abfragen** und **lehren** gehören zu den Verben mit zwei akkusativischen Objekten. Sind beide Akkusative direkte Objekte im üblichen Sinne oder läßt sich ein direktes von einem eher indirekten Objekt unterscheiden?

105. (S. 297)
Zur Valenz dreistelliger Dativverben
a) Nennen Sie Verben, bei denen sowohl das direkte als das indirekte Objekt obligatorisch ist.
b) Nennen Sie Verben, bei denen das direkte Objekt nur bei Vorhandensein eines indirekten Objekts stehen kann, das indirekte Objekt aber auch für sich vorkommen kann.
c) Welche Valenzunterschiede gibt es zwischen **geben** und **nehmen** und wie wirken sie sich semantisch aus?

106. (S. 306)
Haben verbregierte Präpositionen generell Bedeutung?
Wenn verbregierte Präpositionen generell Bedeutung haben, dann sind diese Bedeutungen teilweise ziemlich abstrakt. Bei Lerot (1982: 277) wird vorgeschlagen, »eine Identitätsrelation zwischen der Bedeutung der regierten Präpositionen und einer Inhaltskomponente des regierenden Verbs herzustellen«. Semantisch einheitliche Klassen von Verben würden jeweils bestimmte Präpositionen fordern. Überlegen Sie, welches semantische Merkmal die Verben haben, die **auf** regieren. Klären Sie die Frage auch für andere Präpositionen.

107. (S. 307)
Nominales vs. präpositionales Objekt
a) Nennen Sie Verben, bei denen eine bestimmte semantische Rolle sowohl als nominales wie als präpositionales Objekt kodiert sein kann.
b) Was halten Sie von der These, daß »viele Verben, die ursprünglich mit einem reinen Kasus verbunden wurden, ihre Valenz zugunsten des Präpositionalobjekts geändert« hätten? (Duden 1973: 498; dazu auch Schmidt 1973: 168f.; Wegener 1985: 216ff.).

108. (S. 309)
Präpositionales Objekt vs. Adverbial
a) Was haben Verben wie **arbeiten (an), fallen (auf), leiden (unter), liegen (an), zurückführen (auf)** hinsichtlich ihrer Valenz gemeinsam?
b) So gut wie alle Valenztheoretiker nehmen an, daß PrGr mit direktionaler Bedeutung generell valenzgebunden sind, während solche mit lokaler Bedeutung oft als Adverbiale fungieren. Woran zeigt sich die stärkere Bindung der direktionalen PrGr an das Verb?

109. (S. 312)
Funktionsverbgefüge: Attribute
a) Ein adjektivisches Attribut in FVG steht häufig in Konkurrenz zu einem adjektivischen Adverbial (Heringer 1968a: 44ff.). Warum sind in I beide Konstruktionen möglich, in II aber nicht?

(I) a. **Die Fehltage kommen zur vollständigen Anrechnung**
b. **Die Fehltage kommen vollständig zur Anrechnung**

(II) a. **Karl bringt Paul in große Aufregung**
b. **Karl bringt Paul groß in Aufregung**

b) Verhält sich das adjektivische Adverbial stellungsmäßig bei Sätzen mit FV genauso wie bei Sätzen mit Vollverben?
c) Warum ist das Genitivattribut in a nicht möglich, wohl aber in b?

a. ***Die Arbeit kommt zum Abdruck dieses Verlages**
b. **Es kommt zum Abdruck dieser Arbeit**

110. (S. 314)
Funktionsverbgefüge: Lexikalisierungen
In FVG kommen u. a. folgende lexikalisierte Präpositionalgruppen vor. Nennen Sie Formmerkmale dieser PrGr, die ihre Lexikalisierung anzeigen.

zuwege, zustatten, instand, infrage, zutage, zuhilfe

111. (S. 315)
Funktionsverbgefüge: Syntax
Was spricht dagegen, **von ihren Eltern** in **Sie gerät in Abhängigkeit von ihren Eltern** als präpositionales Attribut anzusehen?

112. (S. 320)
Typen von Fragesätzen
Neben den Entscheidungs- und Ergänzungsfragesätzen wird manchmal als dritter Typ der sogenannte disjunktive oder alternative Fragesatz angesetzt (Conrad 1978: 124 ff.; Bäuerle 1979: 127 ff.).

a. **Kommt Karl am Montag? Ja/Nein**
b. **Wann kommt Karl? Am Montag**
c. **Kommt Karl am Montag oder Dienstag? Ja/Nein**
d. **Kommt Karl am Montag oder Dienstag? Am Montag**

Als disjunktive Frage gilt dabei nur der Fall d, bei dem die Antwort nicht **Ja/Nein** sein kann. Bei Interpretation des Fragesatzes wie in c liegt eine Entscheidungsfrage vor. Kann man das mit einer disjunktiven Frage Erfragte auch mithilfe von Entscheidungs- und/oder Ergänzungsfragen herausbekommen?

113. (S. 322)
Satzkomplemente: Einzel- und Problemfälle
a) Welche Formen von Sätzen nimmt **zweifeln** als Objekte?
b) Normalerweise besteht ein klarer Bedeutungsunterschied zwischen Sätzen mit **daß-** Komplement und solchen mit **ob**-Komplement (**Karla sieht, daß es brennt** vs. **Karla sieht, ob es brennt**). Wie verhält es sich damit bei Sätzen mit **vergessen** als Matrixverben?
c) Bei einigen Verben können **daß-** und **wie**-Komplemente annähernd dasselbe bedeuten (I), bei anderen keineswegs (II). Welche Verben verhalten sich wie **sehen** und was drückt sich in der näherungsweisen Synonymität von **daß-** und **wie**-Komplement aus?

(I) a. **Werner sieht, daß Renate nach Hause kommt**
b. **Werner sieht, wie Renate nach Hause kommt**
(II) a. **Werner weiß, daß Renate nach Hause kommt**
b. **Werner weiß, wie Renate nach Hause kommt**

d) Sätze wie **Sie akzeptiert/bedauert, wie du aussiehst** erwecken den Anschein, die Verben in 4b (Text) regierten neben **daß-** auch **w**-Sätze. Woran erkennt man, daß es sich dabei zumindest nicht um die ›normale‹ Regiertheit von **w**-Sätzen handelt?

114. (S. 328)
Relativsatz vs. indirekter Fragesatz
a) Ist der **w**-Satz in den folgenden Beispielen indirekter Fragesatz, Relativsatz oder beides?

a. **Karl entdeckt, was Emma versteckt hat**
b. **Karl findet, was Emma versteckt hat**
c. **Karl findet heraus, was Emma versteckt hat**
d. **Karl überlegt, wen Emma versteckt hat**

b) In unseren Beispielen war das **w**-Wort bisher immer Ergänzung im Nebensatz. Das ist nicht notwendig so. Beispielsweise kann **wo** Satzadverbial sein (a), **wie** kann Adverbial zum Verb sein (b).

a. **Er studiert in Köln – wo er studiert**
b. **Er trinkt langsam – wie er trinkt**

Wo- und **wie**-Sätze können sowohl Relativsätze als auch indirekte Fragesätze sein. Man sollte also auch hier neben den eindeutigen Fällen den doppeldeutigen Fall finden können. Suchen Sie nach entsprechenden Beispielen.
c) Der Relativsatz fungiert im unmarkierten Fall als Attribut, der indirekte Fragesatz als Objekt. Im Text wurde gezeigt, daß der Relativsatz unter bestimmten Bedingungen auch als Objekt auftreten kann und daß es Fälle von Ambiguität gibt. Kann auch umgekehrt der indirekte Fragesatz als Attribut fungieren? Gibt es Fälle, in denen ein Attributsatz sowohl als Relativsatz wie als indirekter Fragesatz angesehen werden muß?

115. (S. 332)
Korrelate
a) Vergleichen Sie die Verben in a und b bezüglich ihres Korrelats zum Objektsatz. Worin unterscheiden sie sich und worauf beruht der Unterschied?

a. **glauben, vermuten, annehmen, erlauben, planen, behaupten, mitteilen**
b. **schätzen, hassen, lieben, bedauern, übelnehmen, genießen, ertragen**

b) Stellen Sie die Verben mit Genitivobjekt und einem **daß**-Satz in dieser Position zusammen. Was läßt sich zum Verhalten des Korrelats sagen?

116. (S. 337)
Kausale Konjunktionen
a) Worin besteht der Unterschied zwischen **denn** und **da**?
b) Drückt **wegen** dasselbe semantische Verhältnis aus wie **weil**?

117. (S. 338)
Konzessive Konjunktionen und Irrelevanzkonditionale
Zu den Konzessivsätzen werden meist auch Sätze gerechnet, die mit **wenn auch, was auch (immer), wie auch (immer)** u. ä. eingeleitet sind (Grundzüge 807f.; Duden 1984: 696). Beispiele:

a. **Wenn das Buch auch gut ist, ist es doch für mich wenig hilfreich**
b. **Was du auch einwendest, es wird uns nicht beeinflussen**

Solche Sätze werden andererseits als Irrelevanzkonditionale von den Konzessivsätzen getrennt (König/Eisenberg 1984: 315f.; König 1991). Worin unterscheiden sie sich etwa von den **obwohl**-Sätzen?

118. (S. 341)
Temporale Konjunktionen
a) Beschreiben Sie die temporalen Bedeutungen von **bevor** und **nachdem.** Warum können diese Konjunktionen – anders als die bisher besprochenen – durch Attribute modifiziert werden wie in **kurz bevor, zwei Stunden nachdem**?
b) Beschreiben Sie die temporalen Bedeutungen von **solange** und **sowie.**

119. (S. 344f.)
Konditionalsätze: Syntax
a) Ermitteln Sie die Distribution des Korrelats **so** in Konditionalsätzen mit **wenn.**
b) Geben Sie die Konstituentenstrukturen der folgenden Sätze an und machen Sie sich die relationalen Verhältnisse klar.

   a. **Deiner Gesundheit ist es unzuträglich, wenn du rauchst**
   b. **Dir verzeihe ich es, wenn du den Schlüssel verlierst**
   c. **Dir schenke ich es, wenn du willst**

120. (S. 347)
Temporales und konditionales **wenn**
Lassen sich Tests denken, mit denen temporales und konditionales **wenn** unterscheidbar werden?

121. (S. 348)
Konditionale Konjunktionen: **wenn, falls, sofern**
a) Auch wenn man die temporale Bedeutung von **wenn** ausschließt, sind **wenn, falls** und **sofern** nicht bedeutungsgleich. Worin unterscheiden sich die Bedeutungen?
b) Was ist das Besondere an Sätzen wie **Wenn du es wissen willst, wir ziehen um. Wenn du Hilfe brauchst, Paula ist zuhause**?

122. (S. 359)
Zu-Infinitive in Subjektposition
a) Vergleichen Sie die unter a und b genannten Adjektive. Welche syntaktischen Unterschiede bestehen hinsichtlich der Subjektposition? Welche se-

mantischen bestehen bei Sätzen mit **zu**-Infinitiv im Subjekt? (Genauer Eisenberg 1976: 196ff.).

a. **denkbar, vertretbar, möglich, durchführbar, notwendig, nötig**
b. **frech, freundlich, gierig, ehrlich, gehässig, nett, väterlich**

b) Ziemlich umfangreiche Klassen von Verben nehmen **zu**-Komplemente sowohl in Subjekt- als auch in Objektposition. Eine der umfangreichsten sind dreistellige mit **zu**-Inf als Subjekt, akkusativischem Objekt und **zu**-Inf als Präpositionalobjekt (a,b).

a. **Mit dir zu reden, hindert mich daran, selbständig zu arbeiten**
b. **abhalten von, ablenken von, anregen zu, befreien von, beschützen vor, ermächtigen zu, erziehen zu, gewöhnen an, unterstützen bei, verführen zu**

Wie sehen die Kontrollverhältnisse aus? Sind die Verben faktiv?

123. (S. 362)
Zu-Infinitive in Objektposition
a) In Satz a kann der **daß**-Satz als Subjekt des Matrixverbs indirektes Subjekt des Inf sein. In b ist das ausgeschlossen. Hier muß mit Objektkontrolle gelesen werden, auch wenn das Objekt zu **helfen** wie im Beispiel gar nicht vorhanden ist. Worin besteht der entscheidende Unterschied zwischen a und b?

a. **Daß du zuhause bleibst, hilft nicht, die Startbahn zu verhindern**
b. **Daß du zuhause bleibst, hilft nicht, die Startbahn zu boykottieren**

b) Fast alle Theorien über Infinitivkonstruktionen nehmen an, daß den **zu**-Infinitiven das grammatische Subjekt fehlt. Damit ist gemeint, daß die **zu**-Infinitive eine enge strukturelle Beziehung zu Ausdrücken mit grammatischem Subjekt haben (etwa zu **daß**-Sätzen). Woraus rechtfertigt sich ein solcher Bezug syntaktisch? Warum kann man bei den **zu**-Infinitiven nicht einfach von einer besonderen Klasse subjektloser Ausdrücke sprechen? Immerhin gibt es doch auch sonst subjektlose Ausdrücke im Deutschen **(Hier wird getanzt; Ihn friert; Von Karl wird gelogen; Der Frau wurde von allen geholfen)**.

124. (S. 362)
Zu-Infinitive bei Verba dicendi
a) Sehen Sie einen Bedeutungsunterschied zwischen a und b?

a. **Karl hat uns mitgeteilt/geschrieben, daß er pünktlich dagewesen ist**
b. **Karl hat uns mitgeteilt/geschrieben, pünktlich dagewesen zu sein**

b) Zählen Sie Verba dicendi mit dativischem Objekt auf. Welche Kontrolleigenschaften haben diese Verben?

125. (S. 364)
Kohärenz
Ein wortbezogener Kohärenzbegriff kann zu einer weiteren Subklassifizierung der Kontrollverben mit Objektsinfinitiv herangezogen werden. Wir hatten schon gesehen, daß die IGr bei Verben wie **versuchen** (Text 20c) enger gebunden ist als bei Verben wie **beschließen** (Text 22c). Erstere würden innerhalb der Kontrollverben eine Klasse von Kohärenzverben bilden, die aber natürlich teilweise andere Eigenschaften haben als die der **scheinen**-Gruppe. Eine Besonderheit der kohärenten Kontrollverben zeigt sich beim Passiv. Vergleichen Sie das **werden**-Passiv zu folgenden Sätzen.

(I) **Karl versucht, den Jackpot zu knacken**
(II) **Karl beschließt, den Jackpot zu knacken**

126. (S. 369)
AcI und Small clause
Soll man Sätze wie die folgenden analog dem AcI analysieren?

a. **Paula findet dich klug**
b. **Emma macht Paul krank**
c. **Otto schreibt Egon gesund**

127. (S. 376)
Adverbiale Infinitive

a) Manche **um zu**-Konstruktionen sehen so aus, als seien sie Paraphrasen von Konditionalsätzen. Der Duden (1998: 805) bringt Beispiele wie I, ähnlich gelagert ist II.

   (I) a. **Ich würde die Rolläden herunterlassen, um das Licht zu dämpfen**
   b. **Ich würde die Rolläden herunterlassen, wenn ich das Licht dämpfen wollte**

   (II) a. **Man kauft sich ein Auto, um darin zu fahren**
   b. **Man kauft sich ein Auto, wenn man darin fahren will**

   Sind I,IIb tatsächlich Paraphrasen zu I,IIa, dann ist unsere Analyse der Infinitivkonstruktionen falsch. Sie besagt ja, der vom Hauptsatz bezeichnete Sachverhalt werde als zutreffend behauptet. In b ist der Hauptsatz aber Konsequenz eines konditionalen Gefüges und wird als solche nicht behauptet. Man muß daher zeigen können, daß b nicht Paraphrase zu a ist.
b) Die Grundbedeutung von **ohne** haben wir als konzessiv charakterisiert, sein Anwendungsbereich ist jedoch weiter. Wie könnte man die Bedeutung von **ohne** charakterisieren in Sätzen wie **Karl schreibt ein Buch, ohne es jemals zu vollenden; Helga redet, ohne etwas zu sagen**?
c) Auf dem Wege zur Konjunktion ist **außer**. Wird es wie **um, ohne, anstatt** eine Infinitivkonjunktion werden?

128. (S. 384)
Koordination: Konstituentenstrukturen, Gapping

a) Weisen Sie dem Satz **Hans kocht Tee und Egon Kaffee** Konstituentenstrukturen gemäß 11a,b,c (Text) zu.
b) Koordinationsreduktion im Rahmen einer transformationellen Grammatik beruht darauf, daß aus koordinierten Sätzen identische Teile gestrichen werden und der verbleibende Rest nach bestimmten Regeln neu strukturiert wird. Neben der Kategorienidentität spielt die sogenannte Richtungsbedingung eine Hauptrolle in diesem Prozeß:

a. Rückwärtstilgung   b. Vorwärtstilgung

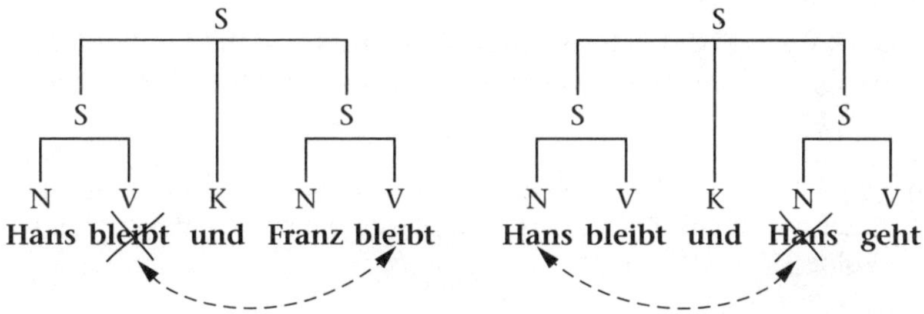

Man kann aus a die linke, aus b aber nur die rechte der identischen Konstituenten streichen, um einen grammatischen Satz zu erhalten. Streicht man die jeweils andere Konstituente, so erhält man die ungrammatischen Sätze ***Hans bleibt und Franz** aus a bzw. ***Bleibt und Hans geht** aus b.

Ein auf Satzglieder gerichteter Tilgungsprozeß dieser Art wird Gapping oder Lückenbildung genannt (häufig spricht man von Gapping nur dann, wenn auch das finite Verb getilgt ist; für das Deutsche Ross 1970; Bátori 1975; Kohrt 1976). Dabei soll die mögliche Tilgungsrichtung von strukturellen Gegebenheiten abhängen: Stehen die identischen Konstituenten am linken Rand der übergeordneten Konstituente, so ist Vorwärtstilgung möglich (b). Stehen sie am rechten Rand einer Konstituente, so ist Rückwärtstilgung möglich (a, vom falschen Numerus im Verb sehen wir einmal ab). Was jeweils getilgt werden kann, hinge danach von der Reihenfolge der Satzglieder in den nicht reduzierten Sätzen ab. Deshalb hat Gapping eine Rolle für die sprachtypologische Frage gespielt, welches die ›grundlegende‹ Anordnung von Subjekt, Prädikat und Objekt für eine Sprache ist (13.1).

Überprüfen Sie an Verbzweitsätzen mit Subjekt, Prädikat und Objekt (**Hans liest ein Buch und Egon schreibt einen Artikel**), ob und wie weit die Richtungsbedingung für das Deutsche gilt.

129. (S. 386)
Koordination: Subjekt
Kann man das Überschreiben morphologischer Beschränkungen durch phonologische Identität auch an der Subjekt-Prädikat-Korrespondenz zeigen?

130. (S. 387)
Koordination: Paarformeln
a) Als semantische Beschränkung für Binomialbildungen wie **Whisky und Soda; Rum und Kola; Gin-Tonic** soll die in Ross (1980) niedergelegte Alkoholregel gelten. Wie lautet sie wohl?
b) Suchen Sie nach weiteren Wortmerkmalen von Binomialbildungen.

131. (S. 390)
Koordination mit **als**: Kasusidentität
a) Warum kann in den folgenden Sätzen bei **als** sowohl ein Nom als auch ein Akk stehen?

  a. **Robert gibt sich als reichen Engländer/reicher Engländer aus**
  b. **Egon stellt sich als erfahrenen Diplomaten/erfahrener Diplomat dar**

b) Es gibt einen Fall, bei dem das Nominal bei **als** nicht den Kasus eines Bezugsnominals übernimmt, sondern unabhängig davon im Nom steht (Kolde 1971: 197 ff.):

(I) **Der Chef beschließt**
  a. **die Anstellung meines Bruders als verantwortlicher Betriebsleiter**
  b. **die Anstellung meines Bruders als verantwortlichen Betriebsleiter**
  c. ***die Anstellung meines Bruders als des verantwortlichen Betriebsleiters**

Die **als**-Phrase könnte sich sowohl auf einen Akk als auch auf einen Gen beziehen. Der Akk ist in Ib realisiert, der Gen ist ausgeschlossen (Ic). Dafür ist der Nom möglich (Ia). Überlegen Sie, wovon die Kasuszuweisung hier abhängt, indem Sie I mit II vergleichen.

(II) **Der Chef beschließt**
  a. ***die Bestrafung meines Bruders als verantwortlicher Betriebsleiter**
  b. ***die Bestrafung meines Bruders als verantwortlichen Betriebsleiter**
  c. **die Bestrafung meines Bruders als des verantwortlichen Betriebsleiters**

132. (S. 392)
Vergleichssätze, Konjunkte von **als**
Geben Sie möglichst viele Ausdrücke unterschiedlicher Form an, die als zweite Konjunkte von **als** auftreten können. Steckt die zweite Vergleichsgröße immer vollständig im zweiten Konjunkt?

133. (S. 397)
Satzmodus

a) Neben Aussage, Frage und Aufforderung werden in der IDS-Grammatik (630 ff.) als weitere Satzmodi der Heische-Modus (a,b), Wunschmodus (c,d) und Exklamativ-Modus (e–h) unterschieden. Diese Modi gelten als peripher. Kennzeichenen Sie ihre syntaktischen Merkmale (ohne Intonation).

   a. **Lang lebe die Deutsche Bahn**
   b. **Möge sie endlich verstaatlicht werden**
   c. **Hättest du nur etwas gesagt**
   d. **Wenn der Flieger nur schon unten wäre**
   e. **Siehst du aber erholt aus**
   f. **Wie siehst du erst aus**
   g. **Wie du erst aussiehst**
   h. **Daß sie das noch gewußt hat**

b) In folgender Abwandlung eines bekannten literarischen Textes kommen vier Verberstsätze in drei unterschiedlichen Funktionen vor. Charakterisieren Sie insbesondere den in der dritten Zeile (nach Robert Gernhardt: Steiner).

   Steiner sprach zu Hermann Hesse:
   »Nenn mir sieben Alpenpässe!«
   Sprach der Hesse zu dem Steiner:
   »Sag mal Rudolf, reicht nicht einer?«

134. (S. 404)
Topologische Felder und Klammer

a) Welche der im Text erläuterten Felder weisen Infinitivgruppen mit **zu** und solche mit **um zu** auf? Lassen sich die IGr einem der Satztypen zuordnen?
b) In seiner Typologie der Verbalklammer unterscheidet Weinrich (1986) u. a. die Lexikalklammer (a) von der Grammatikalklammer (b).

   a. **kamen – – entgegen; weichen – – aus; nahmen – – zur Kenntnis; fahre – – schwarz; laufe – – Ski**
   b. **hätte – – gehabt; war – – gewesen; werde – – gefragt; sehe – – kommen**

Was passiert, wenn eine Lexikalklammer mit einer Verbalklammer ›zusammentrifft‹?

135. (S. 406)
Normale Satzgliedfolge
Ermitteln Sie mithilfe des Fragetestes die möglichen Rhemata des Satzes **Emma hat das Auto *dem Studenten* geliehen.**

136. (S. 408)
Unmarkierte Satzgliedfolge

a) Zeigen Sie mit dem Akzenttest, daß die Abfolge subj-probj die unmarkierte ist für Verben wie **denken an, glauben an, hängen an.**
b) Womit könnte es zusammenhängen, daß bei den Pronomina bei unmarkierter Abfolge der Akk vor dem Dat steht (vgl. Text 3)?

137. (S. 410)
Unmarkierte Abfolge von Objekten
In Lötscher 1981 finden sich die folgenden Daten zur Demonstration des Faktums, daß sowohl akkobj-probj wie auch probj-akkobj die unmarkierte Abfolge sein könne. Auf den kursiv gesetzten Einheiten sollen die stärksten Akzente im Satz liegen. Diese Akzente sollen gleich stark sein.

(I) a. ***Armut*** **behindert** ***Kinder*** **an der** ***geistigen*** **Entwicklung**
b. **Der Angriff der** ***Hunnen*** **hat die** ***Goten*** **zum** ***Rückzug*** **gezwungen**

(II) a. ****Armut*** **behindert an der geistigen** ***Entwicklung Kinder***
b. ***Der Angriff der** ***Hunnen*** **hat zum** ***Rückzug*** **die** ***Goten*** **gezwungen**

(III) a. **Hans verdient sein Geld damit, daß er aus** ***Plastik Wildlederschuhe*** **herstellt**
b. **Gestern hörte ich von einem** ***Hausierer*** **eine unglaubliche** ***Geschichte***
c. **Der** ***Bettler*** **bekam von einem** ***Touristen*** **einen** ***100-Mark-Schein***
d. **Die** ***Behörden*** **geben an** ***Wohnungssuchende Hauszelte*** **ab**
e. **Gefährlich wäre es, von** ***Politikern Uneigennützigkeit*** **zu verlangen**
f. **Damit die Besucher sich abends nicht verirren, müssen wir an einen** ***Baum*** **eine** ***Lampe*** **hängen**

(IV) a. ***Hans verdient sein Geld damit, daß er** ***Wildlederschuhe*** **aus** ***Plastik*** **herstellt**
b. ***Gestern hörte ich eine unglaubliche** ***Geschichte*** **von einem** ***Hausierer***
c. ***Der** ***Bettler*** **bekam einen 100-Mark-Schein von einem** ***Touristen***
d. ***Die** ***Behörden*** **gaben** ***Hauszelte an Wohnungssuchende*** **ab**
e. ***Gefährlich wäre es,** ***Uneigennützigkeit*** **von** ***Politikern*** **zu verlangen**
f. ***Damit die Besucher sich abends nicht verirren, müssen wir eine** ***Lampe*** **an einen** ***Baum*** **hängen**

Die Sätze sollen hinsichtlich Thematizität ›neutral‹ gelesen werden. Damit ist bei Lötscher (1981: 44f.) gemeint, daß keines der relevanten Satzglieder thematisch und alle gleich rhematisch sind. Geben Sie eine Bewertung der Daten in I–IV.

138. (S. 417)
Folgen adjektivischer Attribute

a) Im Text wurde davon gesprochen, daß bei mehreren attributiven Adjektiven Koordination vorliegen kann und dies u.a. daran zu erkennen sei, daß man zwischen den Adjektiven **und** einfügen könne. Diese Beschreibung ist zu eng. Überlegen sie, in welcher Weise sie zu verbessern wäre.
b) Worin unterscheiden sich die adjektivischen Attribute in I von denen in II? (Beispiel nach Eichinger 1987: 161f.).

(I) a. **der wiedereingesetzte ägyptische Staatspräsident**
b. **direkte europäische Wahlen**
c. **die verschiedenen französischen Konsulate**

(II) a. **eine stahlverarbeitende japanische Firma**
b. **eine luftfahrttechnische amerikanische Zeitschrift**
c. **die politische europäische Gemeinschaft**

139. (S. 420)
Postpositive Nominalklammer
Kolde (1985: 270ff.) nimmt an, daß Kernsubstantiv und Attributsatz eine ›postpositive‹ (d.h. vom Kern nach rechts wirkende) Klammer bilden können. Wie könnte man dies beispielsweise für **daß**- und **ob**-Sätze begründen?

Lösungshinweise

1.

a) Die Kategorie NOM|NOM könnte erwogen werden für Kopulaverben: **Brutus ist/bleibt/wird ein ehrenwerter Mann** (3.3).

b) NOM|GEN: **bedürfen; gedenken; ermangeln**
NOM|DAT: **helfen; vertrauen; entsagen; schreiben; glauben; widersprechen**
NOM|AKK|GEN: **entheben; beschuldigen; überführen; belehren**
NOM|AKK|AKK: **nennen; lehren; abfragen; kosten**

c) Die Verben in 1 werden partimreflexiv genannt, weil sie sowohl reflexiv als auch nicht-reflexiv verwendet werden können. Die in II nennt man fakultativ reflexiv, weil das reflexive Pronomen fakultativ ist. Die in III sind obligatorisch reflexiv (Erben 1980: 216). Das reflexive Pronomen in II und III wird manchmal als Bestandteil der Verbform angesehen, weil hier keine substantivischen Nominale stehen können. Es würde damit nicht zu den Ergänzungen gezählt (Erben 1980: 216; Engel 1977: 176f.; 5.4.2; 9.1).

2.

Zu den vorkommenden Valenzmustern gehören die folgenden:
reden: NOM; NOM|AKK; NOM|MIDAT; NOM|ÜBAKK
sprechen: NOM; NOM|ZUDAT; NOM|VODAT; NOM|ÜBAKK; DASS|AKK; DASS|FÜAKK
sagen: NOM|AKK; NOM|DASS; NOM|OB; NOM|WIE; NOM|DAT|AKK; NOM|DAT|DASS ...; NOM|ZUDAT|AKK ...
Daß einige Ergänzungen fakultativ sind, wurde bei der Aufzählung nicht berücksichtigt. (Zur Semantik einiger Verba dicendi Aufgabe 6).

3.

a) ›Transitivierung‹ ist möglich für **Das Auto fährt; Der Stock bricht durch; Der Wagen bremst; Der Strick zerreißt; Die Tür schließt; Das Klavier spielt**. Zu den zahlreichen Mechanismen von Transitivierung bzw. Intransitivierung Erben 1972: 81ff.; 9.1.

b) **saugen – säugen; fallen – fällen; schwimmen – schwemmen; sinken – senken; sitzen – setzen; fahren – führen** (Fleischer/Barz 1992: 349f.).

d) Mit **be** werden transitive Verben gebildet, und zwar in erster Linie aus intransitiven (**bejammern, besiegen, bewachen**) oder aus Substantiven (**bebildern, beschallen, beglücken**). Mit **ver** werden Verben aus Verben abgeleitet, wobei sich meist keine Valenzänderung ergibt (**ändern – verändern; mischen – vermischen; lernen – verlernen**; aber **dampfen – verdampfen**). Bei der Ableitung von Verben aus Substantiven entstehen meist transitive Verben (**verglasen; verminen; verchromen**) (Wort, 7.1.2).

4.

a) Eine Relation R ist reflexiv, wenn jedes Element x der betrachteten Menge M in der Relation R zu sich selbst steht: xRx. In IIb umfaßt die betrachtete Menge genau ein Element, nämlich Hans. In IIc umfaßt sie zwei Elemente, nämlich Hans und Karl. In reflexiver oder distributiver Lesart bedeutet IIc also »Hans sieht sich und Karl sieht sich«. Nun kann dieser Satz aber auch gewonnen werden, indem man die Reflexivität sozusagen auf die Gesamtmenge bezieht und den Satz analog zu IId liest (symmetrische Lesart). IIc bedeutet dann »Hans und Karl sehen sich gegenseitig«.

b) Man schlägt eher andere als sich selbst, aber man wäscht eher sich selbst als andere. Obwohl sich daher jeweils eine der Interpretationen aufdrängt, können die Sätze b und c prinzipiell beide Lesarten haben.

5.

Wir können aus Raumgründen nur einen kurzen Hinweis auf Valenz- und Bedeutungsunterschiede von jeweils zwei der genannten Verben geben.

a) **sagen – reden**
   a. **Er redet**
   b. ***Er sagt**
   c. **Er redet über Paul**
   d. ***Er sagt über Paul**
   e. ***Er redet, daß Paul kommt**
   f. **Er sagt, daß Paul kommt**

   Das einwertige **reden** bezeichnet einen Zustand, in dem sich jemand befindet (a). Kommt der Inhalt des Redens zur Sprache, dann im Sinne des Themas, um das es geht (c). **Sagen** verlangt die Nennung des Inhalts, es ist einstellig nicht möglich (b). Im **daß**-Satz als direktem Objekt wird das Gesagte direkt inhaltlich wiedergegeben (f) (dazu weiter Dupuy-Engelhardt 1982; zu den englischen Äquivalenten ausführlich Dirven u. a. 1982; Polenz 1985: 102ff.).

b) Ist ein Präpositionalobjekt vorhanden, so ist **wundern** obligatorisch reflexiv (**sich wundern über**). **Sich wundern** und **staunen** sind syntaktisch und semantisch sehr ähnlich. Wahrscheinlich ist bei **staunen** eine einstellige neben einer zweistelligen Version anzusetzen, so daß **Karl staunt** einen Zustand meint, in dem sich Karl befindet. Dagegen dürfte bei **Karl wundert sich** ein Objekt mitverstanden sein, so daß der Satz zu lesen wäre »Karl wundert sich über etwas«.
   Die nicht reflexive Variante von **wundern** regiert ein akkusativisches Objekt und einen **daß**-Satz (neben dem Nom) als Subjekt. Hier besteht ein klarer syntaktischer und semantischer Unterschied zu **staunen**:

   a. **Daß sie schreibt, wundert mich**
   b. ***Daß sie schreibt, staunt mich**

c) **Suchen** regiert alternativ ein akkusativisches und ein präpositionales Objekt (**suchen nach**). Der Bedeutungsunterschied dürfte ein aktionartlicher sein derart, daß **nach etwas suchen** eher auf einen andauernden Vorgang verweist als **etwas suchen**. Von den Derivaten haben nur **absuchen** und **untersuchen** noch eine mit **suchen** eng verwandte Bedeutung. Sie sind auch die einzigen, die dasselbe Präpositionalobjekt wie **suchen** regieren. Ein Bezug von **besuchen, aufsuchen** und **versuchen** auf **suchen** dürfte wenig erbringen.

6.
Wer sagt **Karl weiß, daß Paula in München ist** muß davon überzeugt sein, daß Paula sich tatsächlich dort befindet. Er muß den **daß**-Satz für wahr halten. Man nennt Verben mit dieser Eigenschaft *faktiv*. Solche Verben regieren stets den **daß**- und den **ob**-Satz. **Glauben** ist nicht faktiv (zu Faktivität Kiparsky/ Kiparsky 1971; 4.4; zu **wissen** und **glauben** weiter Falkenberg Hg. 1988; Butulussi 1991; Eisenberg 1994: 89 ff.).

7.
a. Ag, Rez, Pat
b. Rez, Ag, Pat
c. Pat, Pat
d. Rez, Pat, Dir
e. Ag, Rez, Inst
f. Ag, Pat, Pat, Rez

8.
a. **mißlingen**: *Cause* (y . . .), *Exper* (y, x)
b. **anvertrauen**: *Control* (x . . .), *Move* (x, z), *Possess* (y,z)
c. **beruhigen**: *Cause* (x . . .), *Exper* (y, x)
d. **absagen**: *Control* (y . . .), *~Possess* (y, x). **absagen**: *Control* (y . . .), *~Possess* (x . . .)

9.
a) Das Perfekt Aktiv von ergativen Verben gleicht dem Zustandspassiv bestimmter transitiver Verben. Ergative Verben bilden also das Perfekt mit **sein**. Damit in Zusammenhang steht, daß das Part2 des ergativen Verbs dem Subjekt attribuierbar ist (a). Entsprechendes gilt für das transitive Verb (b).

   a. ergativ **Der Überfall ist gelungen – der gelungene Überfall**
   b. transitiv **Das Silber ist vergraben – das vergrabene Silber**

b) Einstellige ergative Verben sind z. B. **aufblühen**, **einschlafen**, **ankommen**, **untergehen**, **abtreten**, **umfallen**, **erschrecken**, **verrosten**, **erbleichen**.

   Die ergativen Verben heißen auch ‚unakkusativ', eben weil sie kein direktes Objekt haben können (zum Deutschen Grewendorf 1989; Abraham/Klimonow 1999).
   Der ältere Begriff von Ergativität gehört in die Sprachtypologie. Er kennzeichnet Sprachen, bei denen nicht wie im Deutschen der ›Subjektkasus‹

(Nominativ, Agens) der ranghöchste ist, sondern der ›Objektkasus‹ (Absolutiv, Nichtagens; Dixon 1979; Plank Hg. 1979).

10.
Beispiele: **sich freuen an** + Dat – **sich gewöhnen an** + Akk; **beharren auf** + Dat – **hoffen auf** + Akk; **grübeln über** + Dat – **sich aufregen über** + Akk.
Es fällt auf, daß bei solchen Präpositionen der Akk wesentlich häufiger auftritt als der Dat (einiges Material dazu in Duden 1984: 611 ff.; viel Material in Mater 1971).

11.
a) a. Beide Nominale bezeichnen dasselbe Individuum, der Kopulasatz drückt Identität aus. Nur in diesen Fällen sind Bezeichnungen wie Gleichsetzungsnominativ (Duden 1998: 638) oder Gleichgröße (Glinz 1965:161) eigentlich gerechtfertigt.
b. Das Subjekt bezeichnet ein Element der vom Prädikatsnomen bezeichneten Menge.
c. Mengeninklusion: die vom Subjekt bezeichnete Menge ist in der vom Prädikatsnomen bezeichneten enthalten.
d. Subjekt und Prädikatsnomen bezeichnen hier nicht (Mengen von) Individuen, sondern Substanzen. Das logische Verhältnis ist wie in c.

b) Wir betrachten nur Sätze mit einem Personennamen als Subjekt und einem singularischen Prädikatsnomen. Das Subjekt bezeichnet dann ein Element der vom Prädikatsnomen bezeichneten Menge (die auch die Einermenge sein kann). Unter diesen Bedingungen ergibt sich:

(I) a. **Karl ist Franzose / Schreiner / Aufsichtsratsvorsitzender**
b. **Karl ist ein Lügner / ein Könner / ein Angeber**
c. **Karl ist Lügner / Könner / Angeber**

In Ia liegt die vom Prädikatsnomen bezeichnete Klasse objektiv fest, sie ist vom Umfang her nicht infrage zu stellen. Damit hat der Kopulasatz die Funktion, die Zugehörigkeit von Karl zu dieser Klasse festzustellen. In Ib hat er eher die Funktion, Karl einer Klasse zuzuordnen und damit den Umfang dieser Klasse, der nicht in gleicher Weise festgelegt ist wie in Ia, mit zu bestimmen. Im Vergleich zu Ib ist die Klassenzugehörigkeit in Ia fest oder ›unveräußerlich‹. Allerdings ist dies nur einer von mehreren relevanten Faktoren, andere zeigen sich in II und III (dazu auch 9.1).

(II) a. **Dieser Hund ist ein Doberaner**
b. ***Dieser Hund ist Doberaner**

(III) a. **Sie ist eine Ausländerin**
b. **Sie ist Ausländerin**
c. **Es ist eine Ausländerin**
d. ***Es ist Ausländerin**

12.

a) NOM|DAT: **bewußt, geneigt, bekömmlich, dienlich, angeboren, lieb**
NOM|ÜBAKK: **ärgerlich, entsetzt, enttäuscht, erleichtert, fröhlich**
NOM|INDAT: **erfahren, geübt**
NOM|ZUDAT: **entschlossen, frech, gehässig, nett, niederträchtig**

b) DASS; OB; WIE: **erkennbar, sichtbar, bekannt, fraglich**; nur **DASS: glaubhaft, erlaubt, wahrscheinlich, notwendig**

c) Transitive Verben bezeichnen in der Regel Vorgänge oder Handlungen. Die semantische Rolle, die das akkusativische Objekt hier spielt, gibt es bei den Adjektiven nicht. Damit verknüpft sind weitere grammatische Eigenschaften: Zu Kopulasätzen gibt es fast nie ein Passiv, Kopulasätze enthalten fast nie Ergänzungssätze in der Position nominaler Objekte. Ersteres ist bei Sätzen mit transitiven Verben die Regel, letzteres ist häufig.

Akkusativische Ergänzungen kommen allerdings bei Adjektiven häufig vor als sogenannte Maßangaben wie in **Der Tisch ist einen Meter hoch** (8.3.2).

13.

a) Eine Ähnlichkeit zu MV2 zeigt h (**Daß du kommst, muß mich freuen**). Wie ein VV wird **lassen** gebraucht in Id, hier ist es auch passivfähig. Die übrigen Sätze haben mit dem AcI bei **lassen** zu tun. **Karl läßt antreten** ist nur scheinbar parallel strukturiert zu **Karl will/muß antreten. Lassen** nimmt hier fakultativ einen Akk (b, dazu weiter 11.2.2.).

b) **Brauchen** und **nicht brauchen** nehmen den Infinitiv mit **zu** als Ergänzung in der Position des direkten Objekts. Ihre Entwicklung zum Modalverb bedeutet syntaktisch, daß das **zu** weggelassen werden kann. Der Gang ist also ein gänzlich anderer als bei **lassen**, die semantische Nähe zu den Modalverben ist größer. Für die Syntax von **brauchen** spielt die Negation eine besondere Rolle. So ist **Ich brauche zu schlafen** ungrammatisch, nicht aber **Ich brauche nicht zu schlafen** oder **Ich brauche nur/kaum/wenig/nie zu schlafen**. Der Übergang zum Präteritopräsens wird daran deutlich, daß im Gesprochenen häufig das **t** der 3.Ps Sg wegfällt: **Sie brauch(t) das nicht zu tun**.

14.

Die Umdeutung der Vergangenheitsform zur Präsensform bedeutet, daß »Ich habe p gesehen« zu »Ich weiß p« wird. Die historisch vorgängige Bedeutung von **wissen** ist also konkret: Was man wahrgenommen hat, weiß man auch. Zur Herausbildung der Bedeutung der Modalverben Bech 1951.

15.

a) Siehe unter b).

b) Die einzige Form von **dürfen** soll **dürfte** sein so, wie sie im Text der Aufgabenstellung verwendet wurden. Keine inferentielle Lesart haben die zusammengesetzten Formen. So sind Ia,b inferentiell lesbar, nicht aber IIa,b.

(I) a. **Er muß das wissen**
b. **Er müßte das wissen**
(II) a. **Er hat das wissen müssen**
b. **Er hätte das wissen müssen**

16.
Die Hinweise beschränken sich auf eine Auswahl:
a. **fünf Mark Bußgeld** ist Objekt zu **bezahlen.**
b. **Es** ist Subjekt. **Beethoven** ist Prädikatsnomen zu **sein.**
c. **Es ... wer hier Chef wird** ist Subjekt.
d. **es ... daß er sich gewehrt hat** ist Objekt zu **bezahlen.**
e. **daß du nach Hamburg ziehen sollst** ist Objekt zu **heißen.**

17.
Bei einem Imperativ wie **Laß das** oder **Komm her** ist die Quelle der Obligation der Sprecher und das Äußern des Imperativs ist das Setzen einer Obligation für das Handlungsziel. Mit dem Äußern eines Modalsatzes wird nicht eine Obligation gesetzt, sondern es wird mitgeteilt, daß eine Obligation besteht. Zudem ist der Sprecher nicht generell die Quelle der Obligation.

18.
Nach der Analyse in Teuber 1999 ist der Inflektiv eine infinite Verbform, die niemals ein Subjekt haben kann und kein Komplement binden muß. Bei der Verbform handelt es sich in der Regel um die unmarkierte Stammform (dieselbe, die auch im Inf Präs vorkommt) ohne Flexionsendung. Eine Form wie **einatem** kommt nicht infrage, weil die Stammform **einatm** heißt und so nicht syllabierbar ist. Dagegen ist **ableugne** ausgeschlossen, weil es eine flektierte Form ist. Teuber legt dar, wie der Inflektiv als Grundform zur Ableitung aller Verbformen dienen kann.

19.
Hilfsverben, Präs Ind

a. **sein**

	Sg	Pl
1.	**bin**	**sind**
2.	**bist**	**seid**
3.	**ist**	**sind**

b. **werden**

	Sg	Pl
1.	**werde**	**werden**
2.	**wirst**	**werdet**
3.	**wird**	**werden**

c. **haben**

	Sg	Pl
1.	**habe**	**haben**
2.	**hast**	**habt**
3.	**hat**	**haben**

Am unregelmäßigsten ist **sein**. Die Formen sind durchweg suppletiv, haben aber trotzdem viele einzelne Merkmale der verbalen Flexion bewahrt. Insbesondere ist der Synkretismus zwischen der 1.Ps und 3.Ps Pl erhalten. Bei **werden** ist der Stammanlaut, der Vokalwechsel im Sg und die gesamte Formbildung im Plural regelmäßig. Bei **haben** ist das Endungsinventar insgesamt erkennbar.

Innerhalb des Prät ist die Formbildung regelmäßig, die Bildung der Stammformen wieder mehr (**war**) oder weniger (**wurde**, **hatte**) unregelmäßig. Der jeweilige Konjunktiv ist regelmäßig. Auch in der Wahrung von Regelmäßigkeiten bei den suppletiven Paradigmen können wir einen Reflex der Kategorienhierarchie sehen (ausführlich Nübling 1998).

20.

Präs	B1 A42	**werde gesucht**
Prät	B21 A42	**wurde gesucht**
Futl	B1 A42 B3	**werde gesucht werden**
Pf	C1 A42 B53	**ist gesucht worden**
Pqpf	C21 A42 B53	**war gesucht worden**
Fut2	B1 A42 B54 C3	**wird gesucht worden sein**

Streicht man das Partizip des Vollverbs (A42) heraus, so bleibt ein Schema übrig, das ganz analog dem der starken Verben im Aktiv ist.

21.

a) Die Fälle unterscheiden sich grundlegend voneinander. In I haben wir es mit der kausativen (transitiven) Variante und der systematisch darauf beziehbaren ›ergativen‹ (intransitiven) Variante zu tun (Kap. 3.2, Aufgabe 3a). Bei Typ II besteht das Problem darin, daß schon die intransitive Variante das Perfekt sowohl mit **haben** als auch mit **sein** bilden kann. In III kann ein syntaktisch-systematischer Bezug wohl gar nicht hergestellt werden.
b) Präfigierte Verben bilden das Part nicht mit **ge**. Deshalb kommt es bei starken Verben dann zur Formgleichheit, wenn das Part2 denselben Stammvokal hat wie der Inf Präs. Beispielsweise fallen die Formen bei **erheben – erhoben** nicht zusammen.

22.

Gleichzeitigkeit ist nicht gefordert, denn ebensogut wie a kann man sagen »Falls es geregnet hat, bleiben wir zu Hause«. Die Zweifelhaftigkeit von b beruht darauf, daß das Prät eine Betrachtzeit fordert.

23.

Der Unterschied besteht lediglich darin, daß das Zeitintervall bei **schlafen** durch einen Zeitpunkt ersetzt werden muß. Am Beispiel des Prät (**Karl fand den Schlüssel, als wir ankamen**) sieht man, daß ein imperfektiver Aspekt nicht realisiert ist.

24.

a) **Morgen um diese Zeit** fungiert generell als Ausdruck für die Betrachtzeit. Es gilt also: • Sprechzeit, —— = Aktzeit (eine Zeit, in der es regnet), × = morgen um diese Zeit.

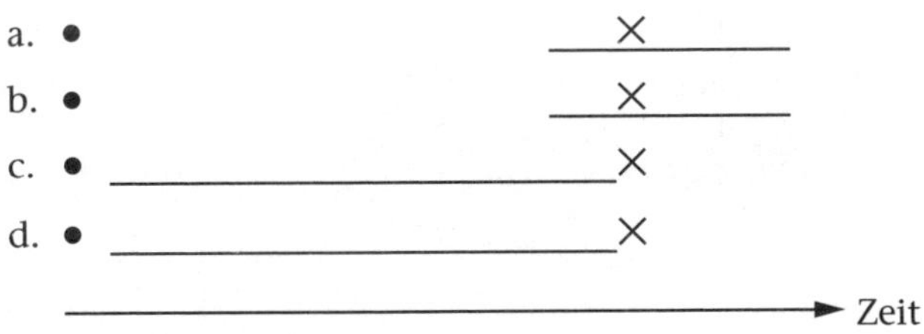

b) Für die Darstellung von a braucht man drei Zeiten. Den Zeitpunkt von **Paula dachte nach** nennen wir Evaluationszeit (#). Diese liegt vor der Betrachtzeit (um Mitternacht) und der Aktzeit, wobei die Betrachtzeit innerhalb der Aktzeit liegt.

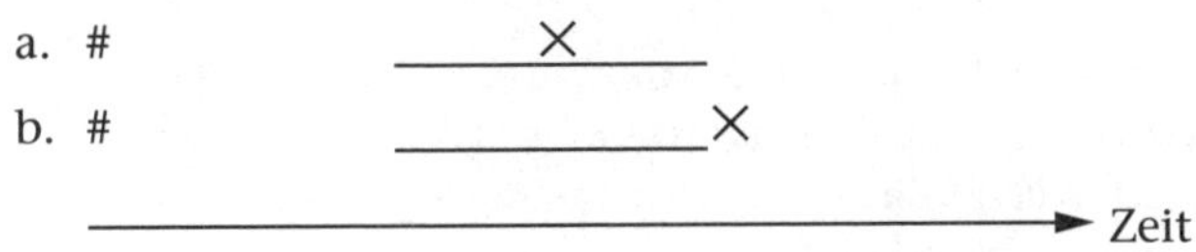

In Satz b ist außerdem Perfektivität signalisiert. Die Bezeichnung FutPrät ist dann gerechtfertigt, wenn man der Evaluationszeit hier dieselbe Rolle zuweist wie der Sprechzeit beim Futur. Genau so wird bei der Analyse als FutPrät auch verfahren. Das ›normale‹ Futur müßte dann streng genommen Futur des Präsens heißen. Das FutPrät wäre ein Tempus, in dem der Konjunktiv dieselben Formen hat wie der Indikativ.

25.
Der Konj Präs wird gebildet mit der Stammform des Inf Präs.

26.
Unter die Explikation der Grundzüge fallen auch die indikativischen Konditionalsätze. Sie wären sämtlich irreal. Bei Helbig/Buscha wird der semantische Unterschied zwischen Potentialis und Realis (nicht realisiert aber realisierbar vs. keine Aussage hinsichtlich Realisierbarkeit) verwischt zugunsten von größerer oder geringerer Wahrscheinlichkeit der Realisier-bar(!)-keit. Zwar kann der Sprecher mit dem Konj Prät seiner Skepsis gegenüber dem Eintreten der Sachverhalte Ausdruck verleihen, dies ist aber eine Folge des semantischen Unterschieds zwischen Realis und Potentialis und nicht dieser Unterschied selbst.

27.
a) Nicht-faktiv sind **behaupten, lügen, erklären, beschuldigen, vorwerfen, unterstellen**. Eine faktive Variante haben **unterstreichen, hervorheben, mitteilen, berichten, sagen**.
b) In dem Satz **Er hörte, daß Inge da sei** ist **hören** nichtfaktiv. Nur wenn der Indikativ steht (**Er hörte, daß Inge da war**), kann die sinnliche Wahrnehmung gemeint und das Verb faktiv sein.

28.
Werden als Modalverb existiert nach den Kriterien aus Kap. 3.4 nur im Ind Präs, Konj Präs und Konj Prät:

(I)	Ind Präs	**er wird**
	Konj Präs	**er werde**
	Konj Prät	**er würde**

Die Bedeutung wäre immer inferentiell. **Werden** als Kopulaverb hat ein vollständiges Paradigma im Aktiv:

(II)	Präs	**er wird/werde Bäcker**
	Prät	**er wurde/würde Bäcker**
	Pf	**er ist/sei Bäcker geworden**
	Pqpf	**er war/wäre Bäcker geworden**
	Futl	**er wird/werde Bäcker werden**
	Fut2	**er wird/werde Bäcker geworden sein**

Werden als Hilfsverb hat außer dem Infinitiv Präs und der Partizipialform **worden** nur die folgenden Formen:

(III) a. Präs **(er wird, er werde)**. Die Formen werden verwendet zur Bildung des Fut im Akt sowie zur Bildung des Präs und Fut im Pas.
b. Prät **(er wurde, er würde**). Die Formen werden verwendet zur Bildung des Prät im Pas.

Zu den Formen von **würde** s.a. 4.4.

29.
a) Bilden Sie etwa das Passiv zu folgenden Sätzen **Gabi beschließt, das Rauchen aufzugeben; Wie Rudolf Klavier spielt, hat uns begeistert; Josef fragt, ob er bleiben kann**.
b) Die Anwort ergibt sich.

30.
Wir geben zwei unterschiedliche Formulierungen für die Passivtransformation (b. und c.). Zuerst wird Zeile b. erläutert. Das erste Nomen im Nominativ (nennen wir es N^1_{Nom})wird zum Dativ (N^1_{Dat}) der PrGr mit **von**. Diese PrGr steht im Passivsatz nach dem finiten Verb.
Das zweite Nomen im Akkusativ (N^2_{Akk}) tritt an den Satzanfang als Nomen im Nominativ (N^2_{Nom}) Das Vollverb des Aktivsatzes ($V_{3.PsSg}$) tritt als Partizip Perfekt an den Schluß des Passivsatzes (V_{Part2}). Die Personalendung bildet mit **werden** das finite Verb. Insgesamt:

a.	**Der Teufel**	**versucht**	**den Herrn**	**→ Der Herr**	**wird**	**vom**	**Teufel**	**versucht**
b.	N^1_{Nom}	$V_{3.PsSg}$	N^2_{Akk}	→ N^2_{Nom}	**werd**+3.PsSg	**von**	N^1_{Dat}	V_{Part2}
c.	1	2	3	→ [3_{Nom}]	**werd**+3.PsSg	**von**	[1_{Dat}]	[2_{Part2}]

In der Form c sind die Konstituenten mit den Ziffern identifiziert. Die Passivtransformation ist in ihrer einfachsten Form tatsächlich ähnlich wie in c formuliert worden (Huber/Kummer 1974: 224). Man kann sich eine Transformationsgrammatik als einen Regelapparat vorstellen, mit dem zuerst die primären Sätze (wie der Aktivsatz) mit ihren Strukturen beschrieben (oder ›erzeugt‹) werden. In einem zweiten Schritt werden aus diesen die sekundären Sätze (wie der Passivsatz) mit ihren Strukturen durch Transformationen abgeleitet.

31.

Verrücken gehört zu den Verben, die das Part2 ohne **ge** bilden, daher die Vieldeutigkeit der Form **verrückt**. Satz d wird als Präs Pas interpretiert, Satz g als Kopulasatz. Die Trennung ist nur semantisch möglich. Satz e wird als Kurzform von c verstanden, Satz f wiederum als Kopulasatz, der von e nur semantisch zu trennen ist. h ist Pf zu g und auch morphosyntaktisch verschieden vom Pf in c.

32.

Das Subjekt muß agentivisch im Verhältnis zum indirekten Objekt sein. Diesem muß das Erstargument von *Exper* oder *Possess* zugeordnet sein, d.h. die semantische Rolle des Dat ist ein prototypischer Rezipient. In der Literatur wird manchmal auch angenommen, für den Dat genüge Belebtheit als Voraussetzung für das **bekommen**-Passiv. Nach 3.2.3 ist Belebtheit von *Exper* impliziert, d.h. die Fähigkeit zur Wahrnehmung ist die engere Bedingung.
Das Diatheseschema für **ausfüllen** in **Karla füllt dem Karl das Formular aus** sieht für das **werden**- und **bekommen**-Passiv folgendermaßen aus. Dabei wurde das **bekommen**-Passiv auf das **werden**-Passiv bezogen (was natürlich nicht zwingend ist).

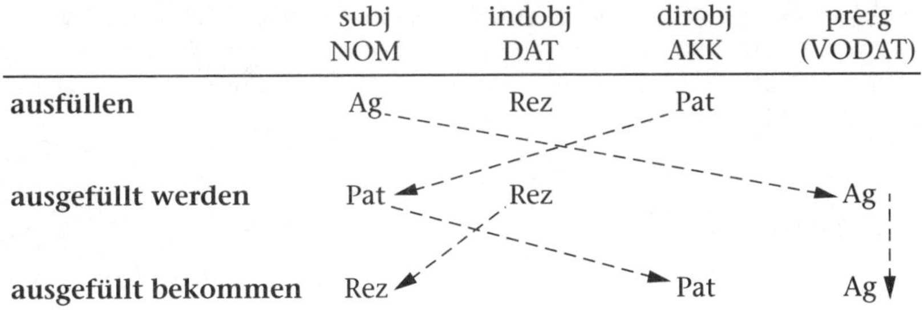

33.

Einer Passivdiathese am nächsten kommen Sätze mit Adjektiven auf **bar**. Dieses Suffix ist produktiv für transitive Verben. Das Subjekt des Kopulasatzes mit **bar**-Adjektiv entspricht dem direkten Objekt des Basisverbs, d.h. es liegt eine Art von Objektkonversion vor. Das Agens erscheint meist in einer PrGr mit **für**. Der ›Diathesecharakter‹ der Sätze mit **bar**-Adjektiv kommt auch dadurch zustande, daß diese Ableitung nicht nur produktiv, sondern sogar regelmäßig ist (Wort, 7.2.1).

34.

b) Die Agenslosigkeit könnte für die drei Passivformen unterschiedlich motiviert sein. Bei **eingeweiht werden** ist das Agens uninteressant, man kann es sich denken (Redundanz). Im nächsten Satz **(wurde ... zerstört)** ist das Agens von besonderem Interesse, aber unbekannt. Man beachte, daß die **durch**-Phrase nicht das Agens ist, denn sie kann genauso auch im Aktiv stehen. Im letzten Satz **(wurde erklärt)** könnte das Weglassen des Agens beabsichtigt sein, etwa deshalb, weil dadurch der Erklärung ein größeres Gewicht gegeben wird.

c) Die passivischen Sätze enthalten einen Hinweis auf ein Agens.

35.

a)

Nom	**die Lampe**	**die Hand**
Gen	**der Lampe**	**der Hand**
Dat	**der Lampe**	**der Hand**
Akk	**die Lampe**	**die Hand**

b)

Typ 1.	Fem: **Oma, Reling**; Mask: **Sponti, Chip**; Neut: **Logo, Baby**
Typ 2.	Fem: **Nase, Frau**
Typ 3.	Mask: **Tisch, Boss**; Neut: **Bein, Kreuz**
Typ 4.	Mask: **Held, Knabe**
Typ 5.	Fem: **Braut, Wurst**
Typ 6.	Neut: **Haus, Buch**

36.

a) Bei den heimischen Substantiven kann der Gen in der Regel silbisch wie nichtsilbisch sein (**des Stockes – des Stocks**). Bei den Anglizismen ist er im Regelfall nichtsilbisch (**des *Truckes – des Trucks**).

b) Die Fremdwörter auf **or** haben nur einen nichtsilbischen Gen Sg. Im Plural findet eine Akzentverschiebung auf die vorletzte Silbe statt. Damit unterscheiden sie sich doch erheblich von der gemischten Flexion. Man sollte also nicht davon sprechen, daß die gemischte Flexion produktiv ist (Fuhrhop 1998: 111 ff.).

37.

Beispiel **ein Kind**

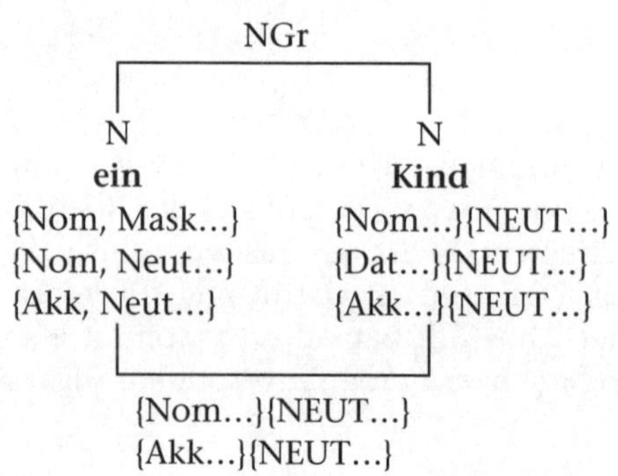

Man sieht, wie bestimmte für die Bestandteile mögliche syntaktische Interpretationen beim zusammengesetzten Ausdruck ausgeschaltet werden: Jede der einfachen Einheiten ist syntaktisch dreideutig, die zusammengesetzte ist nur zweideutig.
Beachten sie bei **der Heide**, daß es sowohl ein Wort **Heide** MASK als auch ein Wort **Heide** FEM gibt.

38.

a) Substantive im Plural können generell ohne Kopf stehen (zur Begründung 5.3.2). Die Beschränkungen liegen hier gerade umgekehrt wie im Singular. Vor allem der am Substantiv nicht markierte Genitiv braucht eine Stütze von außerhalb des Kerns: **Er erinnert sich *Freunde/der Freunde**; **die Ankunft *Freunde/der Freunde** (8.3.1).
b) Notwendige Bedingungen sind, daß der Kopf Form eines zweisilbigen Pronomens ist (Gen des Mask oder Neut) und das Substantiv ein Genitiv-**s** hat. In der neueren Literatur werden diese Bedingungen häufig auch als hinreichen angesehen (IDS-Grammatik: 1941 ff.; zu syntaktischen Beschränkungen Gallmann 1990: 258 ff.). Der Zweifelsfälle-Duden schließt pronominale Genitive auf **n** für **dieser** aus, für **jeder** aber nicht (Duden 1997: 195; 403).

39.

a) Ausdrücke der genannten Art kommen mit und ohne Artikel in Sätzen wie den folgenden vor (Vater 1979: 69 ff.).

   a. **Er nahm (das) Notizbuch und (den) Bleistift zur Hand**
   b. **Er ging, um (ein) Notizbuch und (einen) Bleistift zu besorgen**
   c. **(Der) Hund und (die) Katze sind Haustiere**

   Die artikellosen Ausdrücke dürften in Analogie zum artikellosen Plural gebildet sein. Satz c zeigt, daß die **und**-Koordination zweier Singularnominale den Plural im Verb nach sich zieht, insofern sind **und**-Koordinationen ›pluralisch‹ (12.2). Sie sind damit hinsichtlich Definitheit unmarkiert und können – wie in a und b – bei entsprechendem Kontext definit gelesen werden. Lang (1977: 60) meint, Ausdrücke dieser Art seien immer definit: »Die trotz des fehlenden Artikels eindeutig definite Interpretation der koordinierten Konjunkte beruht darauf, daß durch die Konjunkte eine Menge in ... hinsichtlich bestimmter Merkmale gleichartigen Bestandteilen *vollständig* aufgezählt wird«.
b) Hier dürfte ein zum Stoffsubstantiv analoger Gebrauch von Appellativa (**Hut, Schirm**) vorliegen, der auf bestimmte Präpositionen beschränkt ist. **Ohne** und **mit** treten häufig und in spezifischer Bedeutung mit Stoffsubstantiven auf (zu einem anderen Fall dieser Art s. a. Aufgabe 40).

40.

Die Nominale bezeichnen nicht etwas, das notwendigerweise in der Welt existiert. Beim Gebrauch definiter Nominale wird häufig eine Existenzpräsupposition gemacht, notwendig ist sie aber nicht, auch wenn man von Einhörnern und Nibelungen, Erzengeln und gutherzigen Reichen absieht. Man kann also durchaus von definiten Kennzeichnungen sprechen.

Die Nominale in den Beispielsätzen werden manchmal nichtreferentiell genannt, weil sie keinen Referenten in der Welt des Hier und Jetzt (bezogen auf die Sprechzeit) haben (Leys 1973; Reis 1977). Auch dieser Begriff von Referentialität meint nicht etwas, was zu den in Rede stehenden Ausdrücken selbst gehört. Zur Form läßt sich folgendes sagen. Wenn eine NGr kein Artikelwort nehmen *kann*, dann ist **die** in der Regel nichtreferentiell. Verträgt sie ein Artikelwort, dann ist **die** jedenfalls zum Referieren verwendbar. Für grammatische Zwecke ist ein solcher Begriff von referentieller NGr durchaus sinnvoll (Grundzüge: 441 f.). Nach diesem Kriterium ergibt sich beispielsweise, daß **Eis** in a referentiell ist, in b aber nicht.

a. **Sie kauft Eis (das Eis/ein Eis)**
b. **Sie läuft Eis (*das Eis/*ein Eis)**

41.
Die Eins flektiert wie ein Adjektiv (**der eine Baum**, sogar auch **die einen Bäume**); die Zwei, Drei und vielleicht die Vier haben noch den Gen (**zweier/dreier/vierer Bäume**), danach sind sie unflektierbar (***das Fällen neuner Bäume**; s. a. Wort, Aufg. 3, 76). Die Eins, Zwei und Drei sind auch konzeptuell etwas Besonderes. Sie beruhen nicht auf dem eigentlichen Zählen, sondern auf einer allgemeinen, keineswegs nur dem Menschen eigenen Fähigkeit zur Unterscheidung von nichtidentischen Entitäten (weiter H. Wiese 1995: 195 ff.).

42.
Diese Wörter verhalten sich uneinheitlich. **All** tritt nur zu ›vollständigen‹ NGr und beeinflußt die Flexion nachfolgender Einheiten nicht. Es hat keine Kopffunktion. **Manch**, **solch** und **welch** können einerseits (in mehr oder weniger obsoleter Verwendung) die flektierten Formen ersetzen und sind dann Kopf (**manch/solch/welch Erlebnis**). Folgt ein Adjektiv, so wird es stark flektiert (**manch schönes Erlebnis** vs. **manches schöne Erlebnis**). Auch hier ist **manch** Kopf. Die IDS-Grammatik (76; 1938 ff.) nennt solche Einheiten Prädeterminative. Nach unserem Verständnis sind sie das nur, soweit sie nicht Kopffunktion haben.

43.
Semantisch ist das Femininum gegenüber dem Maskulinum und dem Neutrum im allgemeinen markiert (s. u.). Für die Wahl des Femininums gibt es also beim morphologisch einfachen Substantiv häufiger semantische Gründe als für die Wahl des Neutrums oder des Maskulinums. Deshalb ist der Austausch zwischen Maskulinum und Neutrum besonders leicht (dazu auch Aufgabe 44a und 45b).

44.
a) Für die Genuszuweisung sind in erster Linie semantische und morphologische Gründe ausschlaggebend. Beides bedeutet, daß die Fremdwörter möglichst weitgehend analog zu eingesessenen deutschen Wörtern gesetzt werden (Köpcke 1982 14 ff.; Gregor 1983). Wichtig und zu wenig berücksichtigt bei der Genuszuweisung sind die Markiertheitsverhältnisse. Der mit Ab-

stand größte Teil der Anglizismen ist maskulin, an zweiter Stelle folgen die Neutra und an letzter die Feminina (Carstensen 1980: 41). Das Maskulinum wird also auch dann gewählt, wenn kein besonderer Grund für die Wahl eines anderen Genus vorliegt.

b) **ling**: meist Personenbezeichnung als Deverbative (**Lehrling, Mischling, Prüfling**) oder Deadjektiva (**Feigling, Schwächling**). Dies dürfte die Basis für das Maskulinum aller Substantive auf **ling** sein (**Grünling, Frühling, Rundling**). Ähnlich dürfte das Mask bei **er** erklärbar sein (Agensnominalisierung).
ung: es fällt auf, daß viele der das Femininum determinierenden Suffixe Abstrakta bilden. Die Substantive auf **ung** sind meist Verbalabstrakta, die auf **heit** und **keit** sind Adjektivabstrakta.
tum: Ableitungen auf **tum** sind meist desubstantivisch, wobei der Stamm eine Personenbezeichnung ist (**Banditentum, Soldatentum, Herzogtum**). **tum** bewirkt also meist einen Wechsel vom Maskulinum zum Neutrum. Der Grund ist möglicherweise, daß die Basis eine Personenbezeichnung ist, das Ergebnis aber nicht. Anders dagegen **schaft**: dieses Suffix bildet personenbezogene Substantive (**Bürgertum – Bürgerschaft**), die (deshalb?) nicht Neut, sondern Fem sind (weiter Wort, 7.2).

c) **el** kommt vor in Deverbativa (**Deckel, Griffel, Zügel**), zum anderen ist es ein Diminutivsuffix. Als solches zieht es das Neutrum nach sich.

45.

a) Von 87 Substantiven mit dieser Eigenschaft sind 74 MASK, 2 FEM und 11 NEUT.
Beispiele: **Schrank, Hang, Rand, Mönch, Stunk, Fink, Rumpf, Stumpf, Pimpf, Hund, Schwung, Mund, Wind, Drang.** Gegenbeispiele: **Bank, Hemd, Wand, Ding, Kind, Rind**. Von diesen sind zumindest die drei zuletzt genannten einer semantischen Genuszuweisung unterworfen.

b) Substantive, die auf [kn], [dr] oder [tr] anlauten, sind Maskulina. Substantive, die auf Langvokal+[r] enden, sind Feminina. Die von Köpcke herausgefundenen Regularitäten sind in einem wichtigen Punkt zu relativieren. Die meisten der Regeln beziehen sich auf das Maskulinum, einige auf Maskulinum und Neutrum und nur zwei auf das Femininum (1982: 105f.). Auch hier zeigt sich wieder, daß ›normalerweise‹ das Maskulinum oder das Neutrum und nur unter ganz bestimmten Bedingungen das Femininum gewählt wird. Die positive Spezifizierung ist also möglicherweise nur für das Femininum aussagekräftig. Dadurch werden Köpckes Ergebnisse zweifelhaft. – Nimmt man die Fakten aus den Aufgaben 44 und 45 zusammen, dann kann man feststellen, daß das Mask für einfache Substantive unmarkiert ist, das Fem für abgeleitete. Das Fem ist offenbar an solche Ableitungssuffixe gebunden, die von ihrer Semantik her nicht ein Mask oder Neut nahelegen. Das sind die, mit denen Abstrakta gebildet werden.

c) Es ist zu erwarten, weil Ableitungssuffixe im Prinzip die grammatische Kategorisierung des Derivats festlegen. Dazu gehört bei den Substantiven auch das Genus.

46.

a) In den meisten Fällen wird – ganz unabhängig davon, ob die Bezeichnung für den traditionell von Frauen ausgeübten Beruf eine movierte Form ist – für die nachdrängenden männlichen Kollegen eine neue Bezeichnung erfunden (**Krankenschwester – Krankenpfleger; Fürsorgerin – Sozialarbeiter; Kindergärtnerin – Erzieher; Mannequin – Dressman**). In vielen Fällen ist das maskuline Substantiv auch hier bereits zur Gattungsbezeichnung geworden. Eine mögliche Ausnahme könnte der zu erwartende **Hebammer** sein. Oder hat sich **Geburtshelfer** schon durchgesetzt?

b) – das Neutrum würde mit einer Bedeutung, die es bisher nicht hat, systematisch im Feld der Personenbezeichnungen verankert. Die Bedeutung des Neutrums war bisher »weder Maskulinum noch Femininum« (z. B. **das Kind**). Sie wäre jetzt »sowohl Maskulinum als auch Femininum«.
– der Eingriff in die Regeln zur Pluralbildung wäre erheblich. Die bisher eher restriktive Verwendung des **s** würde erweitert. Der Zusammenhang von Flexionstyp und Genus würde enger. Das Neutrum, das bisher hier keine Pluralendung hat (**das Messer – die Messer**) würde – ähnlich dem Femininum – den Plural stärker am Substantiv markieren.
– die Wörter **Lehrer** (MASK) und **Lehrer** (FEM) hätten eine völlig neue Art von Plural. Der Paradigmenbegriff für das Substantiv müßte geändert werden.
– das Deutsche hätte in **die männlichen Lehrers** usw. eine offene Genusmarkierung, ähnlich der im Marengar. Das Adjektiv hätte einen ähnlichen Status wie das Hilfsverb in zusammengesetzten Verbformen.

47.

Zum Genitiv

(I) a. **Wegen ungelieferten Erdöls fängt man keinen Krieg an**
b. ***Wegen Erdöls fängt man keinen Krieg an**
c. **Wegen Erdöl fängt man keinen Krieg an**

Zum Akkusativ. Beispiele sind hier schwer zu finden, weil es kaum Stoffsubstantive gibt, die den Akk gegenüber dem Nom markieren. Das Substantiv **Ochse** ist in II ohne Zweifel als Stoffsubstantiv verwendet und kann die Regularität illustrieren.

(II) a. **Karl ißt gern gebratenen Ochsen**
b. ***Karl ißt gern Ochsen**
c. **Karl ißt gern Ochse**

48.

(I) a. **Ein Stahl ist ein Halbfabrikat**
b. **Der Stahl ist ein Halbfabrikat**
c. **Stähle sind Halbfabrikate**
d. **Stahl ist ein Halbfabrikat**
e. ***Stahl ist Halbfabrikat**

(II) a. **Ein Stahl ist ein Metall**
b. **Der Stahl ist ein Metall – Der Wal ist ein Fisch**
c. **Stähle sind Metalle**
d. **Stahl ist ein Metall – Ein Wal ist ein Fisch**
e. **Stahl ist Metall – Wale sind Fische**

Die Sätze a und c haben jeweils die Lesung »Sorte von Stahl«, die anderen betreffen direkt die Substanz Stahl. Die konstruktiven Entsprechungen zu Sätzen mit Gattungsnamen wurden in II vermerkt (dazu weiter Gerstner-Link/Krifka 1993).

49.
Als Eigenname

(I) a. **Opel/Esso macht wieder Gewinne**
b. **Opels/Essos Preispolitik ist bedenklich**

Opel als Gattungsname

(II) a. **Ein Opel ist ein Zweitakter**
b. ***Opel ist ein Zweitakter**
c. **Da kommen drei grüne Opel**
d. **Viele Opel haben keine Handbremse**

Esso als Stoffname

(III) a. **Esso ist teuer**
b. ***Essos Preis ist hoch**
c. **Bitte fünfzig Liter Esso**
d. **Ein Esso, so gut wie noch nie**

50.
a) Abstrakt sind die Substantive unter Ia insofern, als sie abgeleitet sind. Nimmt man an, daß die Bedeutung eines Derivats zumindest unter bestimmten Bedingungen eine Funktion der Bedeutung seiner Bestandteile ist, dann ist die Bedeutung des Derivats ›relativ‹ abstrakt: **Zerstörung** ist abstrakter als **zerstören**, **Bäcker** ist abstrakter als **backen** (Sapir 1961: 91 ff.). Bei den sogenannten Verbalabstrakta (Verbderivaten) wird die Abstraktheit meist durch die Feststellung expliziert, im Abstraktum sei ein Satzinhalt aufgehoben (›Satzwörter‹, Erben 1980: 13Sf.; Wort 7.2).
Die Substantive unter Ib sind abstrakt in dem Sinne, daß sie zwar etwas Gegenständliches, nicht aber etwas Anschauliches bezeichnen. Das liegt daran, daß sie sehr hoch in der Begriffshierarchie stehen. Während etwa **Baum** noch anschaulich ist, gilt das für **Pflanze** nicht mehr.
Die Substantive unter Ic bezeichnen Ungegenständliches. Dies ist wohl der allgemeinste Begriff von abstrakt überhaupt (zur Übersicht Tancré 1975: 35 ff.; Ewald 1992).

b) Betrachten wir die Substantive **Fest, Zorn** und **Hoffnung. Fest** ist zählbar und verhält sich wie ein Appellativum. **Zorn** kann im Sg artikellos stehen (**Zorn ist kein guter Ratgeber**), ist nicht zählbar und verhält sich auch sonst wie ein Stoffsubstantiv (Mayer 1981: 85ff.). **Hoffnung** gehört zu beiden Kategorien. Es gibt Hoffnung ebenso wie viel Hoffnung und viele Hoffnungen usw. **Hoffnung** ist von seiner Bedeutung her sowohl zählbar (**eine Hoffnung, noch eine Hoffnung**) als auch nicht zählbar.
Ob es abstrakte Eigennamen gibt, sei dahingestellt. Infrage kommen solche wie **Justitia** oder **Fortuna**.

51.
Wenn man sich pronominal auf mehrere Entitäten bezieht, dann fallen in der Regel diese Entitäten nicht alle unter einen Ausdruck vom gleichen Genus. In einem Satz wie **Sie helfen uns** können unter **sie** ebenso wie unter **uns** Entitäten fallen, die mit Maskulina oder Feminina oder Neutra oder beliebigen Kombinationen davon bezeichnet werden. Eine Aufspaltung des Plurals nach dem Genus würde zu vielfachen Bezeichnungskonflikten und bei phorischem Gebrauch zu vielfachen Kongruenzkonflikten führen, die nur durch eine weitere Komplizierung des Paradigmas (Frage: wie könnte das aussehen?) oder durch komplexere Syntax auszugleichen wären. Aus diesem Grund haben sämtliche Pronomina ebenso wie die mit ihnen verwandten Artikel keine Genusdifferenzierung im Plural (zu der scheinbaren Ausnahme **seine** vs. **ihre** 5.4.3). Überlegen Sie auch, wie das Französische, das eine Genusdifferenzierung im Pl hat, das Problem löst.

52.
Ein einheitlicher Bedeutungsunterschied zwischen einstelliger und zweistelliger Version ist nicht erkennbar. Zwei Funktionen sind denkbar. (1) Durch ›Umwandlung‹ in ein Präpositionalobjekt wird das betreffende Argument rhematisiert (s.u.). (2) Die betreffenden Argumente sind semantisch nicht typisch für das Subjekt (kein Agens). Möglicherweise kommt es unter diesen Umständen besonders leicht zu einer Verlagerung ins Objekt.

53.
Die Adjektive, die auch einen **zu**-Infinitiv als Subjekt zulassen **(Es ist langweilig, immer zu gewinnen)**, verlangen **es** beim Satztyp b,d. Zu dieser Gruppe gehören **ärgerlich, entsetzlich, schädlich, erlaubt, begreiflich, fraglich, notwendig.** Wo kein **zu**-Infinitiv als Subjekt möglich ist, kann **es** wegfallen wie bei **sichtbar, bekannt, klar, ungewiß, sicher** (zu den Kopulasätzen auch Pütz 1986: 100ff.).

54.
Als Bezugsnominale erhält man:
es ≙ das Gesetz, das ihm vorgelegt wird
ihm ≙ der Präsident, der es ablehnt
Jedes der Nominale enthält das andere als Pronomen. Beim Versuch der Auflösung kommt es zu Zirkularität.

55.

a) Wir segmentieren das Pronomen so, daß alle Formen auf **e** (Schwa) enden und erhalten dann für Artikel und Pronomen dasselbe Flexionsmuster:

	Mask	Fem	Neut	Pl
Nom	**r**	–	**s**	–
Gen	**s**	**r**	**s**	**r**
Dat	**m**	**r**	**m**	**n**
Akk	**n**	–	**s**	–

Für das Pronomen kann dann erwogen werden, das **e** als stammbildendes Morphem ebenfalls abzutrennen. Selbst für die Artikel ist eine Analyse dieser Art ins Auge gefaßt worden (Kloeke 1985: 76f.).

b) Die Einheit ist nicht als Gen erkennbar, sondern würde als Akk gelesen (s. a. 8.2).

56.

a) **Solcher** bezieht sich auf eine Vergleichsgröße, es bedeutet »von dieser Art« (Grundzüge: 672ff.).

b) a. **Einen solchen/*Einen diesen mag ich nicht**
   b. **Solch einen/*Dies einen mag ich nicht**

Determination und Verweis sind bei **dieser** untrennbar. Mit **solcher** wird auf eine Vergleichsgröße (Menge) verwiesen, über der dann quantifiziert werden kann (**ein solcher, viele solche**). Das bringt **solcher** in die Nähe von Adjektiven (5.2). Im Gesprochenen finden wir statt **solch einen** meist **so einen**. Auch daran wird deutlich, daß **solch** einen Vergleich impliziert.

c) **Meiner** bezeichnet eine Relation R zwischen a und b, wobei a eine Variable über kommunikative Rollen (1., 2., 3.Ps) und b eine über Objekte ist. Für das Forminventar sind relevant die Person von a sowie der Numerus und das Genus von a und b. Der von a und b unabhängige Kasus wird nicht berücksichtigt. M, F, N stehen für Mask, Fem, Neut.

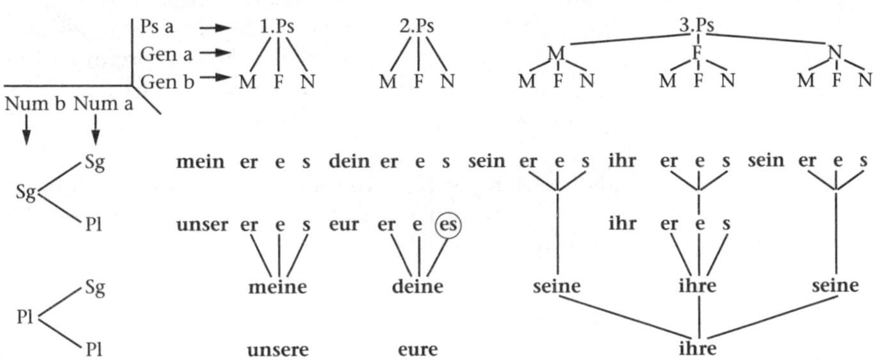

Beispiel: die durch ○ herausgehobene Form **eures** (auch **euers**) ist bezüglich a bestimmt durch 2.Ps Pl: es ist von mehreren Adressaten die Rede. Bezüglich b ist sie bestimmt durch Neut Sg, d.h. es ist von einem Objekt die Rede, das von einem Nominal im Neut Sg bezeichnet werden kann. Die Bedingungen sind erfüllt in **Das Fahrrad ist euers.**

57.

a) Der Austausch ist nicht möglich, wenn entweder nur die Gesamtmenge oder nur die einzelnen Elemente einer Menge gemeint sein können: **Alle Studenten treffen sich – *Jeder Student trifft sich. Jede Minute läuft ein Auto vom Band – *Alle Minuten läuft ein Auto vom Band.**

b) Die neutralste Bedeutung hat **einige** mit »wenige, aber nicht ein Element«. Bei **mehrere** wird ausdrückiich betont, daß es nicht ein Element ist. **Manche** signalisiert, daß die angesprochene Teilmenge über die Gesamtmenge ›verteilt‹ ist, d.h. **manche** ist wie **jeder** distributiv zu lesen. Der Sg **mancher** greift ›exemplarisch‹ ein Element heraus (Oomen 1977: 78ff).

58.

(a) Beispiel:

Wessen haben sie sich bemächtigt, { **des Gazastreifens** / **des Amtes** / **der Macht** / **der Rathäuser** } ?

Offenbar tritt **wessen** als Genitiv des Fragepronomens **was** nur als Objekt auf und nicht als Attribut (***Wessen letzte Zeile ist jambisch?** Ross 1979).

b) **Wieviel** ist ein Fragepronomen, das auch als Artikel verwendbar ist (**wieviel Brot; wieviele Autos**). Seine Besonderheit ist, daß die deklinierten Formen fast durchweg durch die undeklinierte Form **wieviel** ersetzt werden können (**wievieler Wein – wieviel Wein; wieviele Autos – wieviel Autos**). Streng genommen muß das undeklinierte **wieviel** zu den Frageadverbien gezählt werden (s.u.).

59.

a) Es handelt sich jedenfalls nicht um eine Rektionsbeziehung wie bei den übrigen Kasus. Fügt man nämlich einen Artikel oder ein anderes adsubstantivisches Element ein, dann werden die Ausdrücke im Nom ungrammatisch (***infolge ein Todesfall; ,*wegen der Mangel an Kohlen**). Wirksam ist die Regularität, daß Substantive mit Kasusmarkierung im Sg nicht für sich stehen können (5.3).

b) Die Alternative ist, **als** und **wie** als Konjunktionen anzusehen. Verbinden diese Konjunktionen Nominalausdrücke, so ist Kasusidentität zwischen den Nominalen gefordert. **Als** und **wie** verhalten sich in diesem Punkt wie **und** (12.3):

a. Nom
Nächste Woche werden Elke und Emil eingestellt
Nächste Woche wird Elke als Assistentin eingestellt

b. Gen
Ich erinnere mich deiner und der guten alten Zeit
Ich erinnere mich deiner als eines guten Freundes

Konstruieren Sie selber entsprechende Beispiele für den Dat und den Akk.

c) Beispiele: **seit über drei Wochen; bis nach Augsburg; Schäden an über zehn Prozent des Waldes; ein Preis von über 100 Mark; infolge von Witterungseinflüssen; gegenüber von mir; bis auf Franz; von unter der Brücke**. Das hier vorliegende Rektionsverhalten ist u. W. im Einzelnen noch nicht untersucht.

60.

a) Zwischen x_1 und x_2 liegt eine Fläche F (z. B. eine Straße, ein Teich, ein Fluß, ein Sportplatz). Verbindet man x_1 und x_2 mit einer geraden Linie, so schneidet diese Linie die dem Objekt x_1 am nächsten liegende Begrenzung von F senkrecht (Moilanen 1979: 49 ff.).

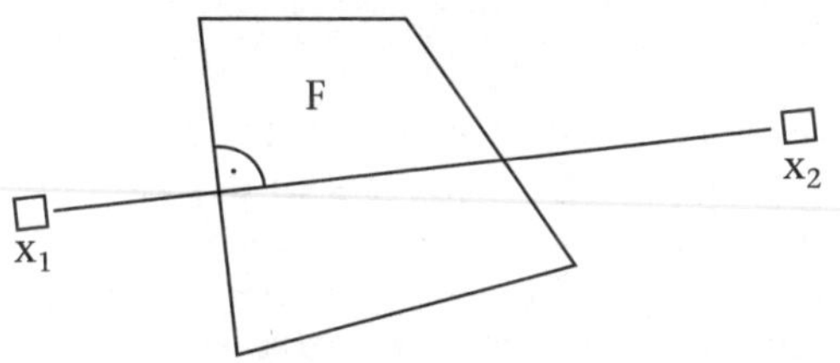

b) Bei Objekten mit einer Vorderseite und insbesondere Personen sind die Vorderseiten einander zugewandt.

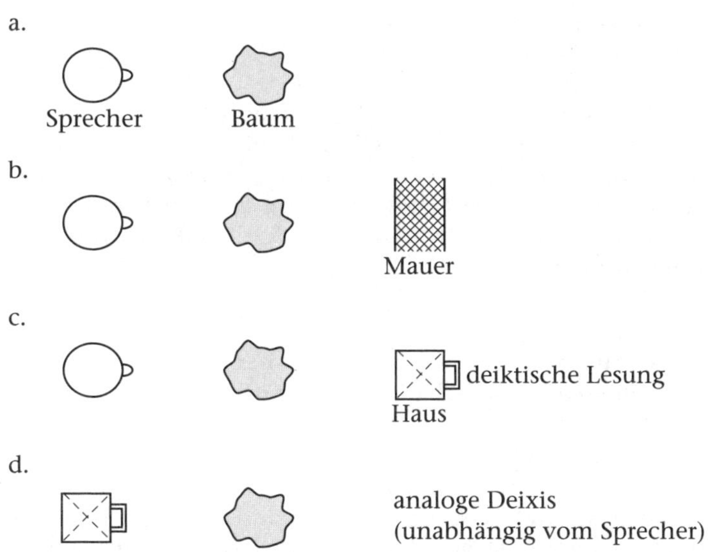

61.

a) **Bis** regiert den Akk (**bis nächste Woche, bis vorletzten Dienstag**). **Seit** ist stärker als **bis** auf die zeitliche Lesart fixiert und deiktisch. **Seit Dienstag** meint immer »von Dienstag an bis zur Sprechzeit«. **Bis** ist nicht notwendig deiktisch.
Bis verweist auf die Strecke (den Weg) zwischen einem kontextuell gesetzten Ausgangspunkt und dem mit der PrGr gegebenen Ziel (**Karl fährt in den Schwarzwald – Karl fährt bis in den Schwarzwald**). Deshalb ist es dort ausgeschlossen, wo ausdrücklich ein bestimmter Punkt angesprochen wird (***bis am nächsten Sonntag; *bis im Bett**).
b) Ist eine Zeitspanne gemeint, so steht **in**, egal, wie lang sie ist (**in einer Stunde; in der nächsten Woche; in der Nacht; im Morgengrauen**). **An** steht nur bei Tag und bei den Tageszeiten sowie bei Tagesangaben (**am Tag danach; am Morgen; am 28. August; am Mittwoch; an drei Tagen im Monat**). Das zeigt, wie wichtig der Tag für unsere Zeitwahrnehmung ist, nicht nur als Zeitspanne, sondern auch als Grundeinheit für Folgen von Zeitpunkten. Nur wenn diese Bedeutung von **Tag** nicht gemeint ist, kann **in** stehen: **in den Tagen der Not** (Schröder 1977: 140ff.).

62.

Der Genitiv war ursprünglich meistens ein Genitivattribut. Die Präpositionen in Gruppe a sind wohl in zwei Schritten entstanden. Aus **an der Hand dieses Beispiels** wurde zunächst der Artikel gelöscht. Das war möglich, sobald **Hand** seine konkrete Bedeutung verlor, es entstand **an Hand dieses Beispiels**. Danach rückten Präposition und Substantiv zusammen zu **anhand**.
In Gruppe b liegt wohl Konversion aus Adjektiven vor, die ihrerseits desubstantivisch sind. Aus **Abzug der Steuern** wird **abzüglich der Steuern**. Bei desubtantivischen Adjektiven trat gelegentlich der Umlaut auf. Es gab aber auch eine Regularität zur Ableitung aus der (umgelauteten) Pluaralstammform (Wilmanns 1896: 484ff.).

63.

Das Bundesverfassungsgericht gibt es in unserer Wahrnehmung genau einmal. Deswegen bewirkt Neutralisierung von Definitheit nichts. Der Papst ist ebenfalls ein Unikum, das Substantiv ist aber vom Typ ›Eigenname mit Artikel‹. Die in b geforderte explizit restriktive Lesart ist schwer zu erreichen, aber sie ist natürlich möglich: **Manfred und Ewald treffen sich bei dem Papst, den sie schon immer bewundern**.

64.

a) Die Alternative wäre, Sätze mit **wo, wohin, woher** als indirekte Fragesätze anzusehen. Dafür spricht zweierlei: (1) **wo, woher, wohin** haben im Nebensatz Satzgliedstatus (sind Objekt bzw. Adverbial); (2) sie sind erfragbar (**Wo beginnt das Naturschutzgebiet?** 10.2).
b) Neben den im Text erwähnten temporalen Beziehungen sind zu nennen kausale (**wegen, aufgrund**), konzessive (**trotz**), instrumentale (**mit, durch, mittels**), finale (**zwecks**). Auch bei den ›inhaltsleeren‹ könnte man nach Parallelen suchen. Inhaltsleere Präpositionen leiten Objekte ein, inhalts-

leere Konjunktionen kommen ebenfalls in erster Linie in Ergänzungen vor. Ein wichtiger Unterschied besteht allerdings darin, daß bei den Konjunktionen einige auf diese Funktion spezialisiert sind (nämlich **daß** und **ob**).

65.

a) Beispiele
Substantivische Nominale aller Art (**Edith oder Erich; die Braut von Emil oder das Motorrad von Inge**); Adjektive (**frei oder einsam; sein rotes oder grünes Hemd**); Artikel (**der oder die Arbeitslose**); Voll-, Kopula- und Modalverben (**Karl ist oder wird Minister** usw.); Adverbien (**heute oder morgen**); Präpositionen (**auf oder unter dem Tisch**); Konjunktionen (**weil oder obwohl er das tat**); alle Formen von Sätzen und Infinitivgruppen.

b) **Entweder oder** ist im unmarkierten Fall exklusiv zu lesen. Mit einem Satz wie **Entweder Inge oder Helga kann mitkommen** ist gemeint, daß nicht beide mitkommen können. Einfaches **oder** ist in dieser Hinsicht weniger festgelegt. **Inge oder Helga kann mitkommen** schließt nicht unbedingt aus, daß beide mitkommen können (sogenanntes inklusives **oder**) (Kohrt 1979).

c) Wie bei den meisten anderen koordinierenden Konjunktionen müssen die Konjunkte von **aber** und **sondern** semantisch kontrastfähige Elemente enthalten (12.2). In Satz IIa sind dies **saufen** vs. **trinken**, in IIb **ein Buch** vs. **der Spiegel**, in IIc **zusammenwohnen** vs. **sich treffen**.
Werden zwei Sätze mit **aber** verbunden, so wird die Gültigkeit des ersten durch den zweiten eingeschränkt. **Trinken** meint in IIa bei **aber** eine milde Form des Saufens. Der Satz **Karl säuft nicht** bleibt zwar wahr, jedoch wird durch den Nachsatz klargestellt, daß auch ein anderer Satz wahr ist, der die Gültigkeit des ersten einschränkt (**Karl trinkt**). Mit **aber** wird also auf das Gemeinsame in den Bedeutungen der kontrastfähigen Elemente abgehoben.
Mit **sondern** wird nicht die Gültigkeit des ersten Konjunkts eingeschränkt, sondern es findet eine Korrektur statt. Der erste Satz ist daher ein Widerspruch. Der Widerspruch muß offen durch ein Negationselement als solcher gekennzeichnet sein, deshalb steht **sondern** nur nach ›negativen Sätzen‹. Bei antonymen Bedeutungen wie in IId kann nur **sondern** stehen, weil hier eine Korrektur, kaum aber eine Einschränkung semantisch möglich ist.
Zu **sondern** und dem Verhältnis von **aber** und **sondern** Stickel 1970: 152ff.; Pusch 1975; Asbach-Schnitker 1979.

66.

a) Adverbien in Spitzenstellung führen zu ›Inversion‹ von Subjekt und finitem Verb. Sie besetzen das Vorfeld:

a. **Karl hat sich angestrengt, trotzdem hat er verloren**
b. ***Karl hat sich angestrengt, trotzdem er hat verloren**
c. **Karl hat sich angestrengt, aber er hat verloren**
d. ***Karl hat sich angestrengt, aber hat er verloren**

Beide Verwendungsmöglichkeiten haben **doch, jedoch**. Auch hinsichtlich der Stellungsmöglichkeiten unterscheiden sich Konjunktionen und Adverbien. Konjunktionen stehen in der Regel nur am Satzanfang (Ausnahme: **aber**).

b) Wir betrachten dazu:

a. **Kaum beginnen die Ferien, fährt sie nach Italien**
b. ***Sie fährt nach Italien, kaum beginnen die Ferien**
c. **Kaum daß die Ferien beginnen, fährt sie nach Italien**
d. **Sie fährt nach Italien, kaum daß die Ferien beginnen**

In a ist **kaum** Adverb. Es signalisiert, daß das bezeichnete Ereignis einem anderen unmittelbar vorausgeht. Der Satz mit **kaum** erzwingt deshalb einen weiteren, der ihm folgt und dessen Vorfeld er besetzt. Es liegt also nicht Koordination vor. Engel 1988 spricht von einem abhängigen Hauptsatz. Die Abfolge der Sätze ist ikonisch bezüglich ihres Zeitverhältnisses (b). **Kaum daß** ist als subordinierende Konjunktion grammatikalisiert (Pittner 1999: 160f.).

67.

a) Mit der Spitzenstellung des direkten Objekts im Vorfeld befindet sich sowohl dieses als auch das Adverb in einer markierten Position. Naheliegend ist ein Intonationsverlauf, bei dem das Objekt durch steigende, das Adverb durch fallende Intonation hervorgehoben wird: ***Den Spiegel* liest Helga *immer*.** Dieses zweigipflige Intonationsmuster führt dazu, daß *beide* Einheiten auf Alternativen bezogen werden, z. B. ***Den Spiegel* liest Helga *immer*, aber *Bild* noch *öfter*.** Dabei nimmt die erste Einheit Information aus dem vorhergehenden Text wieder auf, ist also thematisch, während die zweite neue Information bringt und insofern rhematisch ist. Das Adverb kann auch als Fokus angesehen werden. Man spricht von einer zweigipfligen Intonationsstruktur mit der beschriebenen Funktion als von I-Topikalisierung (mit **I** für ›Intonation‹; Jacobs 1988; 1997; zu einem weiteren Topikbegriff Lötscher 1999, zu einem engeren s. u.).
Nehmen wir die Gelegenheit wahr und fassen wir an dieser Stelle die informationsstrukturellen Begriffe so zusammen, wie wir sie verwenden.

1. *Thema – Rhema* meint das Verhältnis von gegebener und neuer Information. Die Thema-Rhema-Struktur ist insbesondere auch für Textkohärenz von Bedeutung. Nahezu gleichbedeutend wird oft Topik – Kommentar verwendet. Wir vermeiden die Begriffe in dieser Bedeutung.
2. *Fokus – Hintergrund* meint die Hervorhebung einer Einheit zum Bezug auf Alternativen. Häufig spricht man auch vom Fokusakzent als vom Kontrastakzent (zu Fokus und insbesondere Fokusprojektion auch 13.2.2).
3. *Topikalisierung*. Neben I-Topikalisierung wie eben erläutert gibt es den Begriff Topikalisierung in einem oberflächensyntaktischen Sinn. Topikalisiert ist danach jede Einheit, die das Vorfeld besetzt, unabhängig davon, was sie dort bewirkt. Das direkte Objekt in 1e ist ›syntaktisches Topik‹ in diesem Sinne.

Wird der Topikbegriff inhaltlich gewendet, dann ist damit das gemeint, worüber etwas ausgesagt wird, sprechakttheoretisch z. B. das, worüber etwas behauptet wird. *Was* behauptet wird, steht im Kommentar. Der normale Aussagehauptsatz besteht bei normaler Verwendung aus Topik und Kommentar in diesem Sinn (13.1.1).

b) Hervorgehoben wird, daß der entsprechende Satz wahr sein soll. Man nennt diese Art der Fokussierung des Finitums in Verbzweit- und Verberstsätzen deshalb Verum-Fokus (Höhle 1988; 1992). Etwas Ähnliches wird beispielsweise auch mit manchen Abtönungspartikeln erreicht (7.4).

68.

a) a. ist zu lesen als »Helga liest jetzt und hier die Zeitung«, d. h. die Adverbien sind beide dem Satz **Karl bucht seinen Urlaub** nebengeordnet.
   b. **jetzt bald** hat nur gemeinsam eine Funktion als Adverbial.
   c. **leider** ist Adverbial zu **Karl bucht jetzt seinen Urlaub**. **Jetzt** ist Adverbial zu **Karl bucht seinen Urlaub**.

Bei geeigneter Subklassifizierung der Adverbien könnte der Unterschied für die Konstituentenstrukturen folgendes bedeuten (mit △ für **Karl bucht seinen Urlaub**)

a.

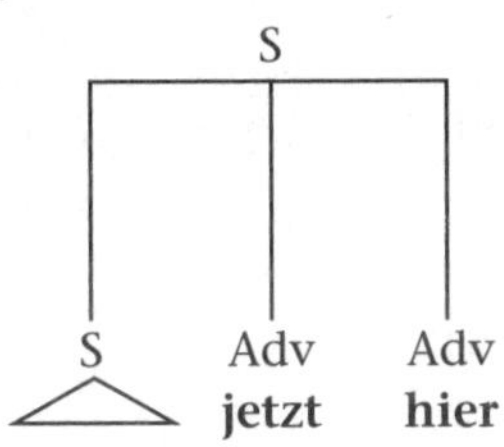

b.

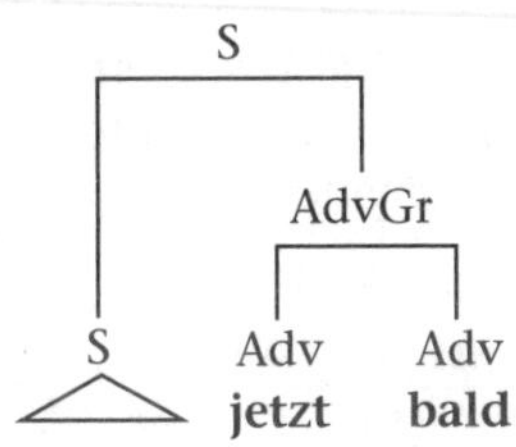

c.

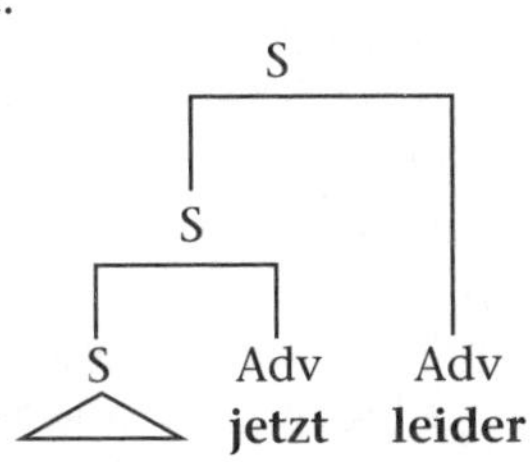

b) Doppelte Adverbien können nicht in Spitzenstellung auftreten, vgl. ***Jetzt hier bucht Karl seinen Urlaub** und ***Jetzt leider bucht Karl seinen Urlaub**. Geht das Adverb voraus, dann muß es bis zur Verarbeitung des Satzes gespeichert bleiben. Das geht einmal, aber offenbar nicht zweimal. Diese Deutung paßt dazu, daß Satz b grammatisch ist: **Jetzt bald bucht Karl seinen Urlaub**.

69.

a) a. Sprecher befindet sich in Kleve.
   b. Sprecher befindet sich nicht in Kleve.
   c. bezüglich a und b unmarkiert. Ehrich (1983: 210) nimmt dies als Hinweis darauf, daß nicht **hier** und nicht **dort**, wohl aber **da** neben der deiktischen eine rein phorische Verwendung hat. **Da** wäre das einzige rein phorische lokale Adverb.

b) **Inzwischen** bezeichnet einen Zeitpunkt innerhalb eines Zeitintervalls, das nach ›vorn‹ abgeschlossen ist:

   a. **Inzwischen war Karl nach Hause gekommen**
   b. **Inzwischen wird Egon die Kartoffeln schälen**

   Im Gegensatz zu **unterdessen** ist **inzwischen** aspektuell festgelegt auf Perfektivität.

c) **Hin** hat die Bedeutung »weg von der Origo (X) in Richtung auf ein angegebenes Ziel« (□), **her** hat die Bedeutung »in Richtung auf die Origo, weg von einem angegebenen Ziel«, vgl. **hinein – herein; hinaus – heraus; hinauf-herauf; hinunter – herunter**.

   (I) a. **hin** X ⟶ □
       b. **her** X ⟵ □

   Bei den Temporaladverbien **vorher, nachher** ist nur das Bedeutungselement »weg von einem Ziel (Zeitpunkt)« erhalten, bei **vorhin** nur das deiktische Element:

   (II) a. **vorher** ⟵ □
        b. **nachher** □ ⟶
        c. **vorhin** ⟵ X

70.

a) Der von **Er schlief schlecht** bezeichnete Sachverhalt wird sowohl von **nach dem Urlaub** als auch von **vorhin** auf jeweils eine Betrachtzeit orientiert. Solche Mehrfachbezüge sind grundsätzlich ausgeschlossen, auch wenn sie sich rein zeitlich nicht widersprechen. **Anfangs** gibt nicht eine Betrachtzeit an, sondern eine genauere Bestimmung derselben.

b) Ia besagt, daß Karl zur Sprechzeit krank ist und daß er in einem der Sprechzeit unmittelbar vorausgehenden Zeitintervall krank war. Die zweite Bedingung wird meist als Präsupposition von **noch** gefaßt. Für Ib gilt entsprechend, daß der Sachverhalt für ein gewisses Zeitintervall nach der Sprechzeit zutrifft.
   IIa besagt, daß Göttingen in Niedersachsen liegt, aber daß es Städte gibt, die tiefer in diesem Land liegen. Göttingen liegt schon ziemlich nahe der Grenze. Man kann sich eine Ordnung unter niedersächsischen Städten danach vorstellen, wie dicht sie an der Grenze liegen. Diese Ordnung entspricht strukturell der zeitlichen Ordnung in I. Das Analogon zur Sprechzeit ist die Grenze selbst, der Übergang von ›noch Niedersachsen‹ zu ›schon Hessen‹.

71.

a) Adverbien sind nur die von Adjektiven abgeleiteten wie **bedauerlicherweise, zufälligerweise, klugerweise** (Suffix **erweise**). Die von Substantiven abgeleiteten wie **auszugsweise, andeutungsweise, quartalsweise, gebietsweise** sind Adjektive (Sufffix **weise**):

   a. **die auszugsweise/andeutungsweise Veröffentlichung**
   b. **ein *bedauerlicherweiser/*zufälligerweiser Verlust**

b) Nichtfaktive Adjektive nehmen keine **wie**-Sätze als Subjekte:
   a. **Wie du aussiehst ist bedauerlich**
   b. ***Wie du aussiehst ist möglich**

72.

Zu dieser Gruppe gehören vor allem modale Adverbien auf **lich** wie **wahrscheinlich, angeblich, eigentlich, mutmaßlich, tatsächlich, augenscheinlich**. Als Adjektive kommen sie nur attributiv vor. In einem Satz wie **Karl kommt wahrscheinlich** ist **wahrscheinlich** nicht adverbiales Adjektiv, sondern Adverb. Es tritt als Konstituente neben den Satz **Karl kommt**.
Natürlich gibt es daneben auch explizite Ableitungen von Adjektiven aus Adverbien. Von Bedeutung sind in erster Linie die auf **ig** (**morgig, dortig, vorherig, sofortig, alleinig**; Fleischer/Barz 1992: 256ff.).

73.

a) Die genannten Adjektivklassen sind deverbal und haben schon aus diesem Grunde eine Tendenz zum Subjekt- und Objektbezug. Eher subjektbezogen sind Partizipien wie **schreiend, kommend, bittend**, denn sie beziehen sich wie Verben auf Vorgänge. Eher objektbezogen sind die auf **bar** und **lich**, u.a. wegen ihres ›passivischen‹ Bedeutungsanteils **(Sie hängt das Bild sichtbar auf; Sie stellt den Zusammenhang begreiflich dar)**.
b) Der Grund ist morphologischer Art. Ein Verb kann nicht zwei Partikeln haben (a, c). In b ist das Adjektiv zu komplex, um als Verbpartikel infrage zu kommen (Wort 8.4)

74.

a. Prädikatsnomen (Kopulasatz); b. adverbiales Adjektiv (prädikatbezogen); c. adverbiales Adjektiv (prädikat- oder subjektbezogen. Im zweiten Fall in der Bedeutung »Egon ist bequem«); d. Verbpartikel; e. Ergänzung (Verb mit doppeltem Akkusativ; aber auch andere Verben nehmen Adjektive als Ergänzungen, vgl. **Der Stuhl sieht bequem aus**; Grundzüge: 380; Helbig/Buscha 1998: 542ff.); f. adverbiales Adjektiv, objektbezogen.

75.

a) Bei den Partikeln in a wird »dieser Vorschlag« den Alternativen gegenübergestellt, er befindet sich außerhalb der Menge (restriktive oder exklusive Partikeln). In b ist »dieser Vorschlag« einer der Gesamtmenge (additive oder inklusive Partikeln).
b) **Karls Auto ist einfach besser** liefert eine unbestreitbare Prämisse. Wenn

aber jemand fragt: »Was schließt du daraus, daß Karl mehr Geld für sein Auto bekommt als Fritz?«, dann ist die Antwort »Daß Karls Auto einfach besser ist«. Hier wird eine Folgerung gezogen.

c) **Ja** ist in allen Beispielen ein Evidenzindikator. In a wird der Satz als gemeinsames Hintergrundwissen und damit als Evidenz für das Zutreffen der Behauptung hingestellt. In b dient eine sinnliche Wahrnehmung als Evidenz und in c wird unterstellt, daß die Adressatin weiß, warum das Licht unbedingt ausgemacht werden muß.

76.

a) Klare Zuordnungen lassen sich nur für einen Teil der Ausdrücke angeben. So dekliniert das Adjektiv nach **kein, mein** immer gemischt **(mein kleiner Bruder)**, nach **dieser, jeder, jener** schwach **(dieser guten Idee)**. Sonst schwankt die Deklination aus unterschiedlichen Gründen. So können **manch, solch, viel** undekliniert auftreten und ziehen dann starke Adjektivformen nach sich (**manch großer Mann**); sind sie dekliniert, so ist das Adjektiv meist schwach (**mancher große Mann; manche großen Männer**). Im Pl kommen aber auch starke Formen vor (**manche große Männer**). Nach **aller** schwankt die Deklination sogar mit dem Genus. Während in **aller guter Wein** das Adjektiv stark ist, kann im Neut nur die schwache Form stehen (**alles gute Bier** vs. ***alles gutes Bier**). Dieses Verhalten zeigt sowohl die Zwischenstellung der Quantorausdrücke zwischen den Adjektiven, Artikeln und Pronomina (5.2) als auch die Flexibilität des Adjektivs hinsichtlich der Wahl des Flexionstyps (s. u.).

b) Ist das Numerale nicht deklinierbar, so erscheint das Adjektiv stark. Ist es dekliniert (**zweier, dreier**), so erscheint das Adjektiv meist ebenfalls stark (**zweier aufgeweckter Studenten**). Ausgeschlossen ist die schwache Form aber nicht (**zweier aufgeweckten Studenten**; Helbig/Buscha 1975: 271).

c) Die erstgenannte Lösung erhebt den Gesichtspunkt »genau eine starke Form unter den adnominalen Einheiten« zur Norm. Die zweitgenannte bringt einen ganz anderen Gesichtspunkt zur Geltung. Sie nimmt an, daß beim Auftauchen mehrerer adjektivischer Attribute diese gleichberechtigt neben dem Substantiv stehen, also koordiniert sein können. Koordination läge bei identischer Flexion vor, sonst nicht. Möglicherweise geht also mit dem Form- ein Funktionsunterschied einher. Die Frage stellt sich im Prinzip auch für den Dat Sg des Fem (**guter ungarischer/en Gulaschsuppe**) und den Gen Pl (**guter ungarischer/en Weine**; s. a. 13.2).

d) Das Adjektiv dekliniert stark. Einen Genitiv gibt es nicht, weil das Personalpronomen im Genitiv unweigerlich als Possessivum aufgefaßt würde (**deines blöden Kerles**). Die anderen Kasus gibt es sehr wohl (**dir blödem Kerl; dich blöden Kerl**).

e) Es handelt sich um adverbiale Genitive, die meist personenbezogen sind. Das Adjektiv ist Kopf, schon weil es obligatorisch auftritt. Bevorzugt sind Kernsubstantive mit **s**-Genitiv (Kernorientierung). Feminina kommen kaum vor (**Sie kommt leichten Schrittes/? froher Miene**, aber möglich z. B. **guter Hoffnung**). Dieser Typ von adverbialem Genitiv hat häufig neben dem verbalen auch einen Bezug zum Subjekt. Er ist darin dem adverbial gebrauchten Adjektiv ähnlich (7.3). Syntaktisch ist er weitgehend isoliert. Etwas produktiver erscheint eine ähnliche Konstruktion als Genitivus qualitatis (8.3.1).

77.

Die in Rede stehenden Wörter werden vor allem zur Bezeichnung von Personen (**eine Witzige, der Komische, die Gläubigen, ein Abhängiger, die Besiegten, die Sitzende**) oder als Adjektivabstrakta im Neutrum verwendet (**etwas Witziges, Neues, Seltenes, Altes, Bedeutendes, Trinkbares**). Inerhalb der NGr verhalten sie sich konsequent wie kopforientierte Adjektive, d.h. sie flektieren bei vorhandenem Kopf schwach oder gemischt. Ist kein Kopf vorhanden, flektieren sie pronominal, kommen aber beim Genitiv in Schwierigkeiten:

a. Nom: **Trinkbares ist hier schwer zu finden**
b. Akk: **Wir kommen auch ohne Trinkbares zurecht**
c. Dat: **Wir suchen nach Trinkbarem**
d. Gen: ***Er bedarf Trinkbaren/Trinkbares**

Das Problem tritt wahrscheinlich auf, weil der Gen kernorientiert ist, hier aber ein Kern fehlt. Der Status solcher Wörter als Substantive wird in Zweifel gezogen, weil sie – abgesehen von d – Wie Adjektive und insbesondere auch in Hinsicht auf das Genus flektieren.

Zur Klärung ihrer Rolle als möglicher Kern einer NGr sind verschiedene Vorschläge gemacht worden, u.W. aber bisher ohne abschließendes Ergebnis (Vater 1987; Olsen 1987; Problemzusammenfassung in Bhatt 1990: 175ff.). Dieser Worttyp darf nicht verwechselt werden mit Konversionen wie **das Laufen, der Lauf** oder Ableitungen wie **die Frische, die Güte**. Solche Wörter haben ein bestimmtes Genus sowie einen Flexionstyp und sind in diesem Sinne Substantive.

78.

Das erste Nominal hat einen Kopf oder ist ein Pronomen. Es besteht Kasuskongruenz. Als distanziertes Nominal im Sg kommt nur **jeder** vor. Der quantifizierende Ausdruck in Distanzstelltung veweist auf unterschiedliche Art und Weise auf die Gesamtmenge des vom topikalisierten Nominal Bezeichneten.

Die Distanzstellung wurde zunächst auch für kopflose topikalisierte NGr vor allem bei quantifizierenden Ausdrücken beschrieben. Man stellte sich vor, sie seien aus der NGr herausbewegt worden und sprach deshalb von Quantifier floating. Bei der Konstruktion mit kopflosem Bezugsnominal spricht man von Split topicalization, die IDS-Grammatik verwendet die neutrale Bezeichnung NP-Aufspaltung (ausführlicher Pittner 1995; IDS-Grammatik: 1611ff.).

79.

a) Das substantivische Nominal dient primär der Referenzfixierung, das adjektivische der Zuschreibung von Eigenschaften. **Ein Quadrat** signalisiert den Bezug auf ein beliebiges Element der Klasse der Quadrate. Quadrate sind Entitäten bestimmter Art, zu denen Häuser nicht gehören, deshalb ist Satz b semantisch abweichend. Die Eigenschaft quadratisch kann ein Ding haben, ohne daß es zu den Quadraten gehört.

Differenzierungen dieser Art sind durchaus geläufig. Man darf jemandes Verhalten wohl ungestraft faschistisch nennen. Justitiabel ist dagegen die Bezeichnung Faschist.

b) **hoch – niedrig** (Dimension Höhe); **hoch – tief** (Dimension Tonhöhe); **tief-flach** (Dimension Tiefe). **Tief** kann also sowohl positiv polarisiert (Tiefe) als auch negativ polarisiert sein (Tonhöhe).
alt – jung (Dimension Lebensalter); **alt – neu** (Dimension Alter von Artefakten); **alt – frisch** (Dimension Alter von Verderblichem).

c) Wenn auf die Dimension bezuggenommen wird, findet das positiv polarisierte Adjektiv Verwendung. Die Dimension selbst wird von der Nominalisierung dieses Adjektivs bezeichnet (**Höhe, Weite, Alter** und nicht **Niedrigkeit, Enge, Jugend** als Dimensionsbezeichnungen). Aber auch in vielen syntaktischen Kontexten zeigt sich der Unterschied:

a. **Wie lang/*kurz ist der Film?**
b. **Der Baum ist 30 Meter hoch/*niedrig**
c. **Paula ist genauso alt/*jung wie Theo**

d) Sie sind absolut, zumindest haben sie eine absolute Bedeutung. Diese Adjektive beziehen sich direkt auf Sinnesqualitäten (Temperaturempfindlichkeit der Haut, Gesichtssinn, Gehör). Deshalb setzt die Empfindsamkeit des Menschen hier einen kontextunabhängigen Normalwert. Ganz deutlich wird das am unpersönlichen **es**, das diese Adjektive als Subjekt in Kopulasätzen nehmen können **(Es ist warm)**. Hier ist eine Vergleichsgröße sogar syntaktisch ausgeschlossen (zu **warm – kalt** genauer Eisenberg 1976: 158 ff.).

e) In a sind Breite und Tiefe bezogen auf die Lage des Fensters. ›Breite‹ hat ein Gegenstand normalerweise in einer Richtung parallel zur Erdoberfläche und senkrecht zu **vor – hinter**. ›Tiefe‹ hat er in der Richtung von **vor – hinter**.
In b haben Breite und Länge nichts mit einem Bezug auf die Lage des Fensters bzw. der Orientierung seines Benutzers zu tun. Sie beziehen sich allein auf Merkmale der Bedeutung von **Brett**.

80.

a) Es handelt sich beim zweiten der Ausdrücke um eine NGr, die aus vier Nomina besteht (Asyndese; s. a. Aufgabe 138).

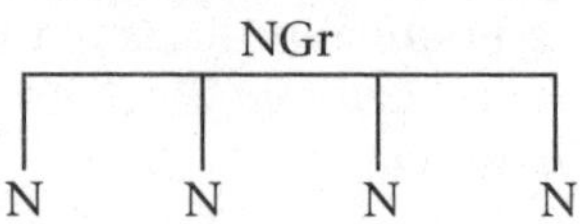

Die NGr in a, c und d enthalten jeweils eine Adjektivgruppe als Konstituente. In a ist **erstaunlich** Attribut zu **hohes**, in c enthält die AdjGr eine Dativergänzung und in d enthält sie eine Maßangabe.

b) Die Attribute enthalten jeweils eine Adjektivgruppe mit Partizip als Kern (zum Verhältnis von Partizip und Adjektiv 4.5). Zum partizipialen Kern können alle Verbargumente außer dem Subjekt treten (a-c), außerdem alle Adverbiale (d,e). Satzwertige Komplemente sind nur eingeschränkt möglich. Strukturen dieser Art kommen Infinitkonstruktionen (Infinitivgruppen und Partizipialgruppen) nahe, weisen aber in Unterschied zu ihnen einen nominal flektierten, eben einen adjektivischen, Kern auf. Dieses sog. erweiterte Partizipialattribut gilt als Charakteristikum für das nichtliterarische geschriebene Deutsch.

c) Das Attribut ist semantisch jeweils auf den ersten Bestandteil des Kompositums zu beziehen, die Konstruktion sieht aber an sich einen Bezug auf den zweiten Bestandteil vor (Bergmann 1980; 8.4).

81.

Weitere syntaktische Gesichtspunkte ergeben sich vor allem daraus, daß zu einem Substantiv mehrere Attribute treten können. Bei Struktur a können alle diese Attribute dem Kern nebengeordnet werden, bei Struktur b ergeben sich Komplikationen. Hier nur als Beispiel das adjektivische Attribut:

a.

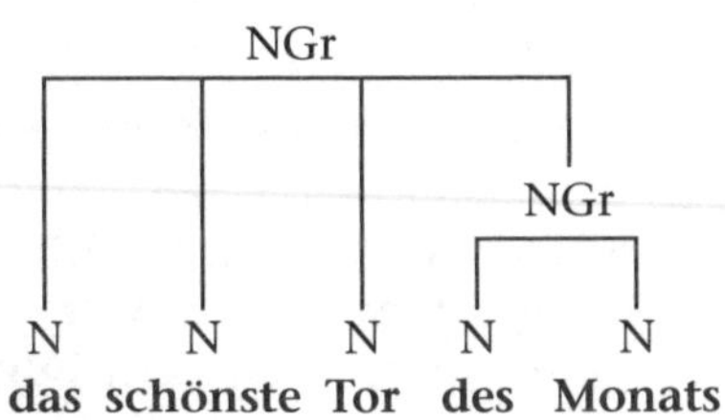

b.

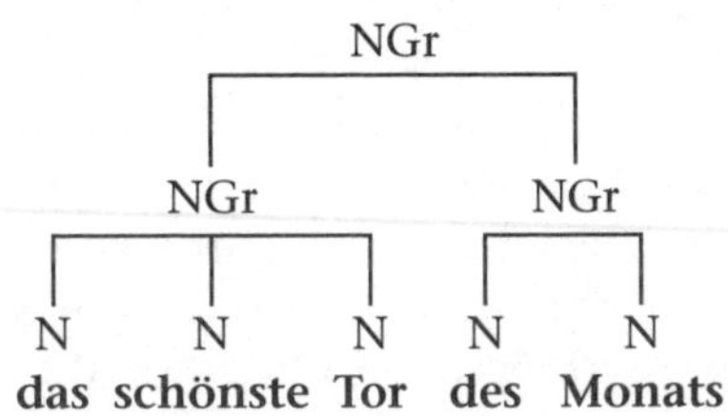

In b ist das Adjektivattribut strukturell näher beim Kern als das Genitivattribut. Dafür gibt es keine Rechtfertigung. Im übrigen wäre – wie stets – die Struktur b und nicht a besonders zu rechtfertigen, denn b ist die kompliziertere von beiden.

82.

Adjektivattribut: **der Baum – der alte Baum – der hohe alte Baum**
Relativsatz: **der Mann – der Mann, der das Auto gekauft hat – der Mann, der das Auto gekauft hat, das gestern vor unserem Haus stand**
Präpositionalattribut: **der Fußweg – der Fußweg durch den Wald – der Fußweg durch den Wald bei Gorleben**
Koordination: **Emma – Emma oder Luise – Emma oder Luise oder Wolfgang**

83.

Der zweite Teil der NGr besteht aus einer NGr im von außen geforderten Kasus, deren Kopf ein Possessivartikel ist (**sein Auto; seinem Auto; seine Autos** usw., mit dem Gen gibt es allerdings Schwierigkeiten). Der erste Teil der Konstruktion besteht aus einer referentiellen NGr im Dativ (**dem Lehrer sein Auto; einem Lehrer sein Auto; manchem Lehrer sein Auto**). Sie ist Antezedens für das Possessivum. Bei einem Personalpronomen, kommt nur die 3.Ps infrage

(ihm sein Auto; *dir dein Auto). Haben Pronomen und Artikel denselben Stamm, dann schließt der Horror aequi Wohlgeformtheit aus (***ihr ihr Auto**). Extremisten können auf das Mask des Possessivums ausweichen (**ihr sein Auto**).

84.

a) Im Sinne unserer Analyse der Qualitätsadjektive (8.2) kann das attribuierte Substantiv zur Ermittlung einer ›Dimension‹ beitragen. Das Adjektiv bezeichnet Orientierung und Dimension. Ähnlich liegen die Verhältnisse hier.
b) Abgesehen von der Frage, ob in beiden Fällen tatsächlich dieselbe semantische Relation besteht, ist folgendes zu sagen. **Brigitte** als Eigenname bezieht sich auf genau ein Objekt, deshalb ist **Brigitte dieser Klasse** unmöglich. Sehr wohl möglich ist dagegen **die Brigitte dieser Klasse**. Ein Haus ist als Bestandteil einer Stadt nicht so markant, daß man sagt **die Stadt dieses Hauses**. In einer Beschreibung des antiken Pergamon kann man aber lesen »Die Stadt dieser jüngeren Burg dehnte sich schnell nach zwei Richtungen aus«. Hier gehört die Stadt zur Burg und nicht umgekehrt.

85.

Der Gen Pl ist beim Substantiv nicht markiert, deshalb kann es nicht heißen ***der Bau Häuser; *die Entwicklung Maschinen**, sondern nur **der Bau von Häusern; die Entwicklung von Maschinen**. Tritt ein Artikel oder ein Adjektiv zum Attribut, so ist der Gen möglich (**der Bau der Häuser; der Bau stabiler Häuser**). Besonders interessant sind Fälle wie ***der Antrag Münchner Bürger** vs. **der Antrag vieler Bürger**. Der erste Ausdruck ist ungrammatisch, weil **Münchner** sowohl Nom als Gen sein kann, während in **vieler** der Gen markiert ist. Das Genitivattribut hat also Lücken.

Eine zweite Gruppe von Beispielen findet sich bei den Stoffsubstantiven. Stoffsubstantive tragen, wenn sie allein auftreten, keine Kasusendung (5.3). Deshalb sind Ausdrücke wie ***die Lieferung Stahls; *die Verarbeitung Betons** ungrammatisch (eine etwas andere Deutung solcher Erscheinungen in Schachtl 1989).

86.

a) Allgemeine Aussagen lassen sich nur soweit machen, wie ein Ableitungsverhältnis zu Verben und Adjektiven besteht. Bei **e** kommt der Objektivus vor in Ableitungen von transitiven Verben (**Einnahme, Ausgabe, Entnahme**). Bei Ableitungen von intransitiven Verben (**Lage, Klage**) und Adjektiven (**Güte, Breite, Blässe**) überwiegt der Subjektivus. Deverbativa auf **ei** haben den Subjektivus (**Blödelei, Faselei, Mogelei**). Die Substantive auf **heit** und **keit** sind deadjektivisch (**Dummheit, Sauberkeit**). Den Subjektivus haben ebenfalls die Deverbativa und Deadjektiva auf **tum** (**Reichtum, Deutschtum, Wachstum, Irrtum**).
b) Die entsprechenden Verben müssen nicht nur transitiv sein, sondern sie müssen auch Substantive desselben semantischen Typs als Subjekt und Objekt nehmen.

c) In a handelt es sich um sogenannte Gegenstandsnominalisierungen. Das Substantiv bezeichnet nicht Handlungen, sondern deren Ergebnis. Ein agensfähiges Subjekt wie **Karl** legt diese Interpretation nahe, und umgekehrt kann bei dieser Interpretation ein Ausdruck wie **Karl** nur als Subjektivus verstanden werden. In b ist das Objekt Teil des Substantivs, die Objektstelle ist also besetzt. Deshalb die Interpretation des Genitivs als Subjektivus.

87.

a) Kasusidentität kann dann nicht vorliegen, wenn die Apposition kein Nominal ist.

a. ***des Wirtschaftsministers, früher eines unglaublichen Reaktionärs**
b. **des Wirtschaftsministers, früher ein unglaublicher Reaktionär**
c. **der Wirtschaftsminister, früher ein unglaublicher Reaktionär**

Die Einheit **früher ein unglaublicher Reaktionär** ist keine NGr, ihr kann deshalb auch nicht als Ganzer ein Kasus zugewiesen werden. In diesem Fall tritt als Kasus in der Apposition der Nom auf wie in b. Der Ausdruck a mit zwei Genitiven ist ungrammatisch. Es wäre also falsch, in c von Kasusidentität zwischen der **Wirtschaftsminister** und **ein unglaublicher Reaktionär** als einer syntagmatischen Beziehung zu sprechen. Das zweite Nominal steht nicht im Nom, weil das erste im Nom steht und umgekehrt, sondern es steht in Nom, weil es in der durch ein Adverb erweiterten Apposition immer im Nom steht.

b) In Beispiel a könnte statt des Genitivs **Argentiniens** auch **von Argentinien** stehen. Möglicherweise ist dies der ›Bezugsdativ‹. In b ist (wie immer bei Feminina) der Genitiv **der Kasernierten Volkspolizei** formgleich mit dem Dativ. In c könnte es statt **am Beispiel Brasiliens** auch heißen **an Brasilien**. Die Präposition **an** spielt mit Sicherheit eine Rolle. Im letzten Beispiel regiert das Verb **(übermitteln)** neben **an** + Akk auch den Dativ. Auch hier ist also wieder ›latent‹ ein Dativ vorhanden. In allen vier Beispielen kann die ›falsch gebildete‹ Apposition auf einen vorhandenen oder latenten Dativ bezogen werden. Gippert meint jedoch, daß der Dativ sich auch über Fälle dieser Art hinaus als Kasus der lockeren Apposition durchsetzen werde. Zur Frage der Kasusidentität bei der lockeren Apposition umfassend Bergenholtz 1985.

88.

a) **wegen zwei Kisten Erdbeerpflanzen: wegen** regiert den Dativ, **zwei Kisten** ist ein Dativ. **Erdbeerpflanzen** kann dann gelesen werden als Nominativ (keine Kasusendung der Artangabe), als Genitiv (dann ist es Partitivus) oder als Dativ (dann liegt Kasusidentität vor).
wegen zweier Kisten Erdbeerpflanzen: wegen regiert den Genitiv, **zweier Kisten** ist ein Genitiv. **Erdbeerpflanzen** kann dann gelesen werden als Nominativ (keine Kasusendung der Artangabe) oder als Genitiv (dann ist es Partitivus oder es liegt Kasusidentität vor, d.h. der Genitiv der Artangabe kann in diesem Fall selbst doppelt gedeutet werden).

b) **Drei Glas Bier** ist gegenüber **drei Gläser Bier** eine Abstraktion. Gemeint ist damit eine reine Maßeinheit, die absieht von den konkret-physikalischen Eigenschaften des von **Glas** Bezeichneten (Ljungerud 1955: 109f.). Plank (1981: 142ff.) meint, daß die hier im Sg auftauchenden Substantive zu einer Kategorie ›Maßeinheit‹ zusammenzufassen sind. Ausgeschlossen von dieser Kategorie sind alle Substantive, die den Pl auf **en** bilden. Was der Pl auf **en** mit den Maßeinheiten zu tun hat, ist nicht restlos geklärt.

89.
a ist eine ›normale‹ Attributkonstruktion. In b bezieht sich der Genitiv auf die gesamte NGr **Ministerium für Verteidigung**:

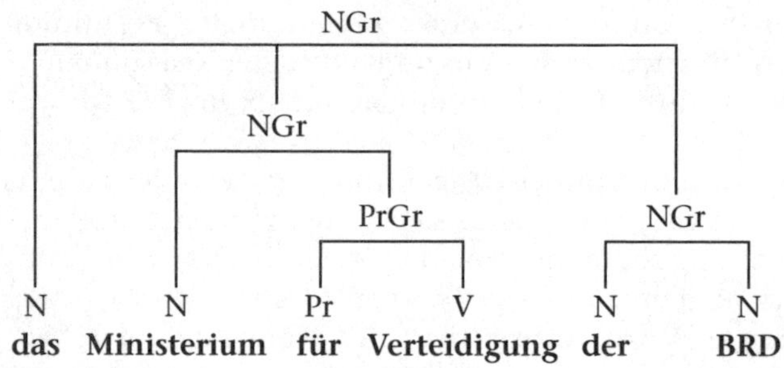

Eine derartige Struktur, bei der das Genitivattribut nicht auf das nächststehende Substantiv bezogen ist, kommt nur unter besonderen Bedingungen vor (Kolde 1985: 255f.). Neuerdings spricht man hier von Adjazenzverletzung (Bhatt 1990: 167ff.; Lühr 1991; J.E.Schmidt 1993). Im Beispiel ist **Ministerium für Verteidigung** eine feste Fügung, die semantisch den Status eines Eigennamens hat.
In c sind beide PrGr auf **Ministerium** bezogen, in d nur die erste. Von der Konstruktion her liegen Mehrdeutigkeiten vor, d.h. was tatsächlich gemeint ist, läßt sich nur semantisch entscheiden. In e handelt es sich um einen Fall von enger Apposition. Formal kann das festgemacht werden an der Maßangabe **zwei Kilometer** (8.3.2). In f ist **im Rücken** nicht Präpositionalattribut. Die PrGr und das Nominal rücken als Argumente eines Verbs zusammen, sie haben noch die Form der Ergänzung **(jemand hat das Ministerium im Rücken; das Gewehr im Anschlag; den Kopf in der Schlinge)**. Funktional sind solche Ausdrücke Adverbiale. Man bezeichnet sie auch als absolute Akkusative (Duden 1984: 581).

90.
a) Bei den psychischen Verben steht in Subjektposition häufig ein nicht agensfähiger Aktant, während die Objektposition »der psychisch am Vorgang beteiligten Person« vorbehalten ist (Lenerz 1977: 144). Die üblichen semantischen Merkmale von Subjekt und Objekt sind bei diesen Verben wegen ihrer besonderen Bedeutung vertauscht. Überall dort, wo sich eine grammatische Erscheinung am Agenscharakter des Subjekts festmachen läßt, fallen diese Verben auf (3.2.3).

b) Es dürfte mit der Attributfunktion des Adjektivs zusammenhängen. In **der des Lateinischen kundige Knabe** ist **des Lateinischen** noch immer Objekt. Die Nominalisierung des Adjektivs läuft über diese deklinierte Form. Dafür spricht auch, daß das Genitivattribut nur vorangestellt sein kann (***der Unkundige des Lateinischen**). Man muß sogar fragen, ob es sich überhaupt schon um ein Attribut oder noch um ein Objekt handelt, denn entsprechende Konstruktionen gibt es auch mit dem Dativ (**der dem Teufel Verfallene**), dem Akkusativ (**die den Heiland Suchenden**) und mit PrGr (**die auf Frieden Hoffende**). Bestimmte Nominalisierungen des Adjektivs bleiben grammatisch dichter bei der Basis als das bei Deverbativen möglich ist. Hier macht sich geltend, daß das Adjektiv selbst ein Nomen ist (dekliniert).

c) Beim Substantiv wäre jedenfalls das Prädikatsnomen von den übrigen Verwendungsweisen zu trennen, beim Adjektiv die attributive von der prädikativen. Beide Male fällt das Subjektargument heraus (**die Milch ist ihm bekömmlich – die ihm bekömmliche Milch**, dazu ausführlich Korhonen 1981).

91.
In den Beispielen aus a ist die PrGr des Attributs vom ersten Bestandteil des Kompositums lexikalisch regiert (**warten auf** + Akk usw.), nicht aber vom zweiten. Die Beispiele in b weisen ›Doppelbezug‹ auf, d. h. die PrGr ist sowohl vom ersten als auch vom zweiten Bestandteil regiert. Die semantischen Bezüge werden dadurch unklar.

92.
a) Beispiele:
   a. **Du, der du der Sohn Gottes bist**
   b. **Er, der einer der Vordenker der Nation ist**
   c. **Ich, dem alle Felle davongeschwommen sind**

   In a und b ist das Relativpronomen Subjekt. In diesem Fall wird das Personalpronomen der 1. und 2.Ps im Relativsatz wiederholt und ist maßgeblich für die Personalendung (**bist** in a). Das Personalpronomen der 3.Ps wird nicht wiederholt (b), weil keine Abstimmungsprobleme bezüglich Ps auftreten. Ist das Relativpronomen nicht Subjekt wie in c, so wird das Personalpronomen nicht wiederholt.

b) **Andreas** ist Subjekt, **verspricht** ist Prädikat und der Rest ist direktes Objekt. Zu jedem der Infinitive gehört wieder ein direktes Objekt. Das Relativpronomen ist direktes Objekt zu **zu singen.** Es ist innerhalb des Relativsatzes also dreimal eingebettet.

93.
a) restriktiv: **derjenige, jeder, jemand, keiner, niemand**
   nichtrestriktiv: **dieser, jener**
   doppeldeutig: **aller, der, einer, einiger, mancher, solcher, vieler**

b) Bei Hauptakzent auf dem Artikel handelt es sich um einen normalen Kopulasatz. Der Relativsatz ist restriktiv. Das **es** im Subjekt ist phorisch und ersetzbar durch **das.** Bei Hauptakzent auf dem Substantiv ist der Kopulasatz generisch zu lesen. **Es** ist expletiv, der Relativsatz ist nichtrestriktiv. Die Klassische Transformationsgrammatik leitet ihn ab aus dem Satz **Die Berliner wollten den Umzug**, d. h. der Kopulasatz, der ja eigentlich ›Hauptsatz‹ ist, kommt im Ausgangssatz gar nicht vor. Sätze dieser Form werden zur Fokussierung einzelner Satzglieder verwendet. Sie gehören zu den Herausstellungskonstruktionen. Die Transformationsgrammatik spricht von Spaltsatz (engl. cleft sentence).

94.

a) In zahlreichen Fällen würde das Relativpronomen im Genitiv auch als Artikel zum folgenden Substantiv gelesen werden können. Beispiele:

a. **der Staat, des Beamten** statt **der Staat, dessen Beamten**
b. **die Blume, der Blüte** statt **die Blume, deren Blüte**
c. **die Frau, der Kinder** statt **die Frau, deren Kinder**

b) Als Objekt steht selten **derer** und meist **deren** (a), als Attribut nur **deren** (b). Die Beschränkung des Attributs auf **deren** ist damit begründet, daß dieses Attribut dem Kernsubstantiv vorausgeht (5.4.3).

a. **die Partei, derer/deren er sich bedient**
b. **die Partei, deren/*derer Führung dies veranlaßt hatte**

c) a. Genitivobjekt zum Prädikatsnomen. b. Genitivattribut. c. Genitivobjekt zum Prädikat. d. Genitivobjekt zum Infinitiv. Nur in a. und c. ist das Relativpronomen Satzglied des Relativsatzes.

95.

a)

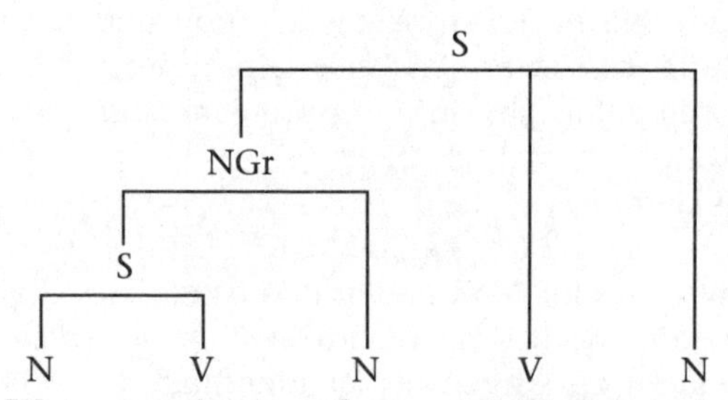

b) Nach Demonstrativ- und Indefinitpronomina wird fast durchweg **was** verwendet (**das, alles, manches, vieles, einiges, weniges, dasjenige**). Außerdem nach substantivierten Adjektiven (**das Kluge, das Entscheidende, das Beste**) es sei denn, das substantivierte Adjektiv bezeichnet etwas Individuelles (**das Kleine, das sie im Arm hielt**, Duden 1984: 677). Nach **nichts** und **etwas** kann sowohl **das** als auch **was** stehen, nach Substantiven steht im allgemeinen **das**.

96.

a) a. **von dem** ist Präpositionalattribut zu **Auto**
   b. **dessen** ist Genitivattribut zu **Vorschlag**, **von dessen Vorschlag** ist Objekt zu **begeistert**.
   c. **von dem** ist Objekt zu **hält**.

b) Eine Ersetzung der PrGr durch Relativadverb ist nicht möglich, wenn das Relativpronomen auf Personen referiert (**die Studenten, auf die es ankommt** vs. ***die Studenten, worauf es ankommt**). Am unproblematischsten ist die Ersetzung, wenn das Relativpronomen eine Form des Neut Sg ist (**das Auto, mit dem** vs. **das Auto, womit**).
Das Relativadverb steht dann nicht für eine PrGr, wenn es sich auf den gesamten übergeordneten Satz bezieht wie in **Karl kommt nach Berlin, wofür wir ihm dankbar sind.**
Als PrGr kommt hier allenfalls **für was** infrage. Wir hatten ja gesehen, daß auch **was** auf den ganzen übergeordneten Satz bezogen sein kann (Bsp. 20b im Text).

97.

Karl hat gestern den Zug verpaßt; Gestern hat Karl den Zug verpaßt; Den Zug hat Karl gestern verpaßt; Den Zug hat gestern Karl verpaßt. Wenn A sagt »Otto hat gestern den Zug verpaßt« und B antwortet »Nein, Karl hat gestern den Zug verpaßt«, dann ist **Karl** nicht das Thema des Satzes. Die formale Kennzeichnung erfolgt durch die Intonation (›Kontrastakzent‹ auf dem Subjekt).

98.

Beispiele: **Diesen Kreuzer hatte seine Mannschaft schon am Tage vorher verlassen. An den Ayatollah glauben nur noch seine Verwandten** und sogar: **Nur seine Verwandten glauben noch an den Ayatollah**.
Die Pronominalisierbarkeit eines Nominals hängt offenbar auch von der Reihenfolge der Satzglieder und der Thema-Rhema-Struktur ab.

99.

a. Gegenbeispiele: Verben, die kein Subjekt nehmen müssen (**Mich friert es – Mich friert**), passivische Sätze wie **Ihm wurde schlecht geraten**.
b. Bei Verben, die typischerweise ein agenshaftes Objekt nehmen, ist die Spitzenstellung des Subjekts häufig nicht die unmarkierte Stellung, z. B. **Ihn traf der Schlag; Ihrer harrt ein schweres Los; Mir fehlen die richtigen Beziehungen; Mich wundert deine Frechheit** (13.1.2).
c. Das Theorem trifft auf das Deutsche zu. Im Deutschen können alle der genannten Ergänzungen Relativsätze haben. Die Hierarchie von Keenan und Comrie thematisiert früh einen Aspekt der Kasushierarchie. Diese hat für Relativsätze eine Reihe weiterer Konsequenzen (8.5; 10.2).

100.
Mit dem unbestimmten Artikel bzw. Numerale bei Maßeinheiten und verwandten Substantiven wird ein Ausdruck gebildet, der eine Menge von unbestimmt vielen Entitäten bezeichnet (Maßangabe, 8.3.2). Dagegen wird in d die Menge mit dem bestimmten Artikel als *ein* Objekt gekennzeichnet. Hier ist daher nur der Singular möglich. In e bezeichnet die Maßeinheit eine Menge mit festliegender Anzahl von Elementen. Auch dadurch ist der Plural ausgeschlossen.

101.
a) Die Grundregel lautet, daß durch **und** koordinierte Nominale den Plural, durch **oder** koordinierte Nominale den Singular beim Verb fordern. Ic ist grammatisch, weil auch die Interpretation naheliegt, daß Hans und Karl getrennt nach Berlin fahren. Diese Interpretation ist für Ia ebenfalls möglich, erzwingt hier aber dennoch den Plural. II enthält ein symmetrisches Prädikat. IIIa ist eine sogenannte Constructio ad sensum. Sie ist möglich bei ›formelhaften‹ (Duden 1984: 653) koordinierten Subjekten wie **Grund und Boden; Freund und Feind** (Paarformeln, 12.2). IV erfordert den Singular des Verbs, weil **zu**-Infinitive nicht bezüglich Numerus flektierbar sind.
b) wie **und: sowohl als auch, so wie** (›verbindend‹)
wie **oder: aber, sondern, weder noch** (›gegenüberstellend‹). Diese Aufstellung gibt nur einen Anhalt für den Fall, daß beide Konjunkte im Sg stehen **(Weder Hans noch Paul kommt)**. Steht eines der Konjunkte im Plural, so wird vielfach Pl gewählt **(Weder die Kinder noch Gabi kommen)**. Das gilt um so mehr, wenn das pluralische Nominal dichter beim Verb steht **(Weder Gabi noch die Kinder kommen** vs. ***Weder Gabi noch die Kinder kommt)**.
c) **Ich** bezieht sich auf den Sprecher. Wenn **ich** mit einem anderen Nominal durch **und** verbunden wird, dann schließt der entstehende Ausdruck den Sprecher ein, er könnte also durch **wir** pronominalisiert werden. In c steht daher die Personalform, die mit **wir** kongruiert. Allgemein gibt es eine Tendenz, die Personalendung mit der niedrigsten Ordnungszahl, also die origonächste zu wählen (sog. Pronominalisierungsregel). Eine entsprechende Regel gilt natürlich auch bei Left dislocation **(Hans und du, ihr . . .; Paula und ich, wir . . .)**. Die Sätze d,e sind grammatisch, weil die Verbformen, die von den einzelnen Nominalen gefordert werden, gleichlauten, z. B. **wir fahren, die Meiers fahren** (12.2).

102.
In a ist **mein Sohn** das Subjekt. **Bäcker** kann nicht Subjekt sein, weil es ohne determinierendes Element steht (Artikel, Pronomen). Das artikellose Vorkommen von Appellativa im Sg ist auf bestimmte syntaktische Funktionen beschränkt, zu denen das Prädikatsnomen gehört, nicht aber das Subjekt.
In b ist **Graugänse** Subjekt (Numeruskongruenz). Man kann Subjekt und Prädikatsnomen auch durch den im Text erwähnten Stellungstest mit **nicht** unterscheiden (**Graugänse sind das nicht** vs. ***Das sind Graugänse nicht**). Allgemein scheint zu gelten: Ist das Subjekt referentiell, so kann **nicht** nur dem nachgestellten Subjekt folgen (**Bäcker wird Karl nicht**). Ist nur das Prädi-

katsnomen referentiell, kann **nicht** nur bei nachgestelltem Prädikatsnomen folgen (**Graugänse sind das nicht**). Sind beide nicht referentiell, kann **nicht** wiederum nur dem nachgestellten Subjekt folgen (**Säugetiere sind Graugänse nicht**).
In c ist **er** Subjekt. Man erkennt das an analog gebildeten Ausdrücken wie **Unschuldslamm, das du bist/*ist**. Wie in c so ist in d das Subjekt nach links herausgestellt.
Stellungskriterien versagen in Fragesätzen, weil hier das Fragewort am Anfang steht. e und f sind analog zu b gebaut, wenn man in beiden Sätzen **das** als Subjekt ansieht. Bei f wird das deutlicher in der Form **Was für ein Haus wird das?**

103.

a) Es kommt nur die 1.Ps des Personalpronomens vor. Sie folgt unmittelbar dem finiten Verb (Wackernagel-Position, 13.1.2).
b) Es scheinen generell zwei Positionen möglich zu sein, nämlich nach der Konjunktion und nach dem Subjekt, z. B.

   a. **wenn mir der Meier dem Schulze das Bundesverdienstkrenz überreicht**
   b. **wenn der Maier mir dem Schulze das Bundesverdienstkreuz überreicht**

c) Generell kann das dativische Pronomen der 1. und 2.Ps als Ethicus gelesen werden, wenn es dem finiten Verb unmittelbar folgt. Nimmt das Verb oder Adj kein Dativobjekt, dann ist als Ethicus zu lesen (a,d), wenn der Dat nicht ein Judicantis ist (s. u.). Nimmt das Verb oder Adj einen Dat, so ist die Lesung als Ethicus unwahrscheinlich, nicht aber ausgeschlossen (b,c). Es sei denn, das Dativobjekt ist obligatorisch (e).

104.

a) a. **mir (mich) dünkt/ekelt/graust/schwindelt/schmerzt/juckt ...**
   b. **er beißt/kratzt/sticht/kneift/schneidet mir (mich) ins Bein**

   Abraham (1983: 198ff.) sieht in erster Linie stilistische Varianten. Wegener (1985: 166ff.) sieht für die Verben in a keine generellen Bedeutungsunterschiede, bei denen in b sieht sie einen höheren Grad an Intentionalität beim Subjekt und Intensität des Involviertseins beim Objekt der transitiven Variante. Bei Wegener weitere Verbgruppen dieser Art.
b) Neben Einzelfällen wie **gratulieren – beglückwünschen**; **helfen – unterstützen**; **imponieren – beeindrucken** gibt es zu vielen Dativverben eine morphologische Ableitung mit direktem Objekt und präpositionalem Objekt (**jemandem etwas schenken** vs. **jemanden mit etwas beschenken**; ebenso **neiden – beneiden**; **liefern – beliefern**; **zahlen – bezahlen**; **kochen – bekochen**). Wegener (1985: 171ff.) diskutiert für die **be**-Verben vor allem die Möglichkeit einer ›holistischen‹ (auf das Ganze gerichteten) Interpretation. Danach heißt etwa **jemanden bekochen** eher, daß man ihn ›rundum‹ bekocht. **Jemandem kochen** hieße das nicht unbedingt (Wort, 7.1.2).

c) Wir vergleichen **abfragen** (AKK|AKK) mit **wegnehmen** (DAT|AKK) (Plank 1987: 41ff.) in Sätzen wie **Paula fragt den Andreas den Katechismus ab** und **Paula nimmt dem Andreas den Parkplatz weg.**

(I) Attribuiertes Partizip
a. **Der abgefragte Katechismus/der weggenommene Parkplatz**
b. **der abgefragte Andreas/*der weggenommene Andreas**

(II) **bekommen**-Passiv
a. **Der Andreas bekommt von Paula den Katechismus abgefragt**
b. ***Der Katechismus bekommt den Andreas von Paula abgefragt**

(III) **werden**-Passiv
a. **Der Andreas wird von Paula den Katechismus abgefragt**
b. **Der Katechismus wird *den Andreas/dem Andreas von Paula abgefragt**

Wir erwarten, daß der belebte Akk **(den Andreas)** eher Eigenschaften eines indirekten Objekts hat. Bei der Attribuierung des Partizips zeigt sich ein unterschiedliches Verhalten der Akkusative nicht, wohl aber beim Passiv. Nur der belebte Akk läßt sich wie ein Dat zum Subjekt des **bekommen**-Passivs machen (II). Interessant ist IIIb. Dieses ›normale‹ **werden**-Passiv wird nur dann grammatisch, wenn man aus dem zweiten Akk einen Dat macht. Es entsteht dadurch das Passiv eines Dativverbs wie in **Der Parkplatz wird dem Andreas von Paula weggenommen**.

Eine Tendenz zum indirekten Objekt gibt es nicht bei allen Verben mit doppeltem Akkusativ, beispielsweise nicht bei **nennen** und **schimpfen**. Hier spricht man vom Gleichsetzungsakkusativ.

105.

a) **jemandem etwas abgewinnen, abgewöhnen, aufnötigen, einschärfen, gönnen, überlassen.**
b) **danken: er dankt ihm – er dankt ihm etwas - *er dankt etwas;** **nachrufen: er ruft ihm nach – er ruft ihm etwas nach - *er ruft etwas nach**; ebenso **vorjammern, vorschwindeln, zuflüstern.**
c) Der Unterschied zeigt sich bei Besetzung von nur zwei Stellen: **er gibt etwas** hat eine spezielle Bedeutung (»er spendet etwas«). **Nehmen** hat eine derartige Variante nicht. **Er nimmt etwas** impliziert »für sich«. Der Dativ hat bei **nehmen** zwei Lesungen. **Er nimmt ihr etwas** kann heißen »von ihr« und »für sie«. Es dürfte schwer sein zu bestreiten, daß **nehmen** gegenüber **geben** unmarkiert ist.

106.

Bei **vertrauen auf, sich verlassen auf, spekulieren auf, sich vorbereiten auf, hoffen auf, sich konzentrieren auf, warten auf, hinwirken auf** liegt der vom Nominal bezeichnete Sachverhalt nach einer kontextuell gegebenen Bezugszeit. Er ist bezüglich der im Subjekt genannten Person prospektiv (wird erstrebt oder erwartet).

107.

a) Genitivobjekt und Präpositionalobjekt: **spotten über, sich entsinnen an, sich erfreuen an, sich erinnern an.** Dativobjekt und Präpositionalobjekt: **schreiben an, vertrauen auf, sagen zu.** Akkusativobjekt und Präpositionalobjekt: **rufen nach, anfangen mit, fliehen vor, schreiben an, bauen an, verlangen nach.**

b) Für viele Verben trifft das zu, aber man hat mit einer derartigen Aussage den Übergang des Deutschen zum ›analytischen Bau‹ wohl nicht hinreichend charakterisiert. Das Genitivobjekt geht zwar zurück. Das liegt aber in der Mehrheit der Fälle daran, daß die Verben mit Genitiv aus dem Gebrauch kommen. Zum Dativobjekt 9.2. Beim Akkusativ gibt es den Fall des systematischen Nebeneinanders von Kasus- und Präpositionalobjekt mit aktionsartlichem Bedeutungsunterschied wie in **etwas schreiben** vs. **an etwas schreiben**. Das Präpositionalobjekt erweitert seine Domäne also auch dadurch, daß neue Verben gebildet werden oder sich neue Verbvarianten neben den alten etablieren. Eine direkte Verdrängung gibt es bei den Attributen (8.4).

108.

a) Diese Verben haben jeweils ein Valenzmuster mit nichtkommutierbarer Präposition (**Die Wahl fällt auf Karl; Das liegt an Emil**) neben einer, in der dieselbe Präposition ein Adverbial oder eine Ergänzung mit kommutierbarer Präposition einleitet (**Egon liegt am Boden**).

b) So gut wie jeder Satz kann mit einer lokalen PrGr versehen werden, dagegen vertragen sich viele Verben nicht mit direktionalen. Die direktionale Bedeutung ist gegenüber der lokalen semantisch markiert (6.1.1).

(I) a. **Karl liest/schläft/entschließt sich/verhungert auf der Straße**
b. **Karl *liest/*schläft/*entschließt sich/*verhungert auf die Straße**

Die enge Bindung direktionaler Präpositionen zeigt sich auch daran, daß sie einen Hang haben, als Präfix (II) oder Partikel Bestandteil eines Verbs zu werden, das den Akk regiert (Wort 7.1.1).

(II) a. **Renate schreibt ihren Namen unter den Brief**
b. **Renate unterschreibt den Brief mit ihrem Namen**

Aber auch bei direktionalen Präpositionen mit Dativ kommt der Übergang vor (**jemandem zuwinken, nachblicken, ausweichen, entgegengehen**). Häufig ist sogar dort das direktionale Element bei Dativverben unverkennbar, wo die Präposition an sich gar nicht direktional ist (**jemandem beispringen, beitreten, auffallen, nahegehen**).

Befunde dieser Art kann man mit einem typologischen Charakteristikum des Deutschen in Zusammenhang bringen. Das Deutsche gehört zu den Sprachen, die über viele ›neutrale‹ Bewegungsverben verfügen, d.h. Verben, die nur die Art der Bewegung und nicht gleichzeitig ihren Pfad bezeichnen (**fahren, springen, laufen, schwimmen**...). Dagegen hat etwa das Französische einfache Verben wie **entrer, sortir**, dir transitiv sind und den Pfad einschließen. Der Pfad wird im Deutschen durch Präfix (**befahren**), Verbpartikel (**hinfahren**) oder direktionale PrGr (**in die Garage fahren**) realisiert (weiter Bertele 2004).

109.

a) In IIb kommt es zu semantischer Inkompatibilität, weil das Adjektiv sich nicht mit dem Basisverb verträgt:

   a. **Die Fehltage werden vollständig angerechnet**
   b. **Karl regt Paul groß auf**

b) Es verhält sich so wie in Sätzen mit präpositionalem Objekt, d.h. es kann am Satzanfang und nach dem Finitum stehen:

   a. **Vollständig kommen die Fehltage zur Anrechnung**
   b. **Die Fehltage kommen vollständig zur Anrechnung**
   c. ***Die Fehltage kommen zur Anrechnung vollständig**

c) In b ist das Attribut ein Objektivus (**Abdruck** ist Derivat eines transitiven Verbs). Dieselbe semantische Rolle ist in a als Subjekt kodiert, daher kann das Genitivattribut nicht mehr als Objektivus gelesen werden. Die Konstruktion in Satz b ist eine der wenigen, in denen referentielle Nominale in FVG vorkommen können.

110.

Einige enthalten das obsolete Dativ-**e**. **Zustatten** enthält keine Substantivform des gegenwärtigen Deutsch. **Frage** ist ein Appellativum und müßte einen Artikel nehmen. **Zuhilfe** hat außer der Zusammenschreibung kein Merkmal, das Lexikalisierung anzeigt.

111.

Präpositionale Attribute gehen dem Kern in der Regel nicht voraus (8.4). Hier ist aber sogar Spitzenstellung möglich: **Von ihren Eltern gerät sie in Abhängigkeit**.

112.

Statt d kommt man auch mit einer Entscheidungsfrage ans Ziel. Offenbar wird präsupponiert, daß Karl am Montag oder Dienstag kommt. Fragt man also »Kommt Karl am Montag?« und die Antwort ist »Nein«, dann kommt er am Dienstag.

Möglich ist auch die Fragesatzform **Wann kommt Karl, am Montag oder Dienstag?** mit einer Ergänzungsfrage als Bestandteil. Auch die einfache Ergänzungsfrage führt natürlich zum Ziel. Jede Ergänzungsfrage kann offenbar durch eine Folge von Entscheidungsfragen ersetzt werden. Kommen bei der Frage **Wann kommt Karl?** n Zeitpunkte als Antwort infrage, dann kann die Antwort mit maximal n-1 Entscheidungsfragen gefunden werden.

113.

a) **Zweifeln** ist ein umstrittenes Verb. **Zweifeln, daß** ist jedenfalls grammatisch, **zweifeln, wie** ist jedenfalls ungrammatisch. **Zweifeln, ob** ist ganz gebräuchlich, aber synchron ungrammatisch. Es handelt sich bei **zweifeln, ob** um einen jener Grammatikfehler, die unmittelbar das Denken betreffen und zugleich einen Eingriff in die Struktur des Lexikons darstellen. Der Satz **Karl zweifelt *an* Egons Zahlungsfähigkeit** kann paraphrasiert werden mit **Karl zweifelt, daß Egon zahlungsfähig ist**, nicht aber mit **ob** als Konjunktion.
Zweifeln, ob bringt dieses Verb in die Nähe von **fragen**. Hier dürfte auch der Grund für die Verbreitung von **zweifeln, ob** liegen. **Zweifeln, daß** betrifft einen Sachverhalt und thematisiert keine Alternativen. **Zweifeln, ob** schließt die Alternative mit ein. Es läßt damit die Position des Sprechers bzw. des vom Subjekt Bezeichneten im Unklaren.
Zweifeln, ob ist die ältere Verwendung, **zweifeln, daß** ist demgegenüber jung. Etablieren sich beide Verwendungen nebeneinander, so haben wir damit ein Verb, das nur **daß**- und **ob**-Komplemente, nicht aber **w**-Komplemente nimmt. Solche Verben gibt es an sich im Deutschen nicht. Außerdem würde bei **zweifeln** der **daß**-Satz dasselbe bedeuten wie der **ob**-Satz. Auch das gibt es sonst nicht. An die Stelle des eigentlichen **zweifeln** treten gegenwärtig verstärkt **bezweifeln** und **anzweifeln**. Beide schließen jedenfalls das **ob**-Komplement aus.

b) **Karl hat vergessen, daß Hans schläft** und **Karl hat vergessen, ob Hans schläft** bedeuten für den Zustand von Karl dasselbe: er weiß eben nicht mehr, ob das eine oder das andere der Fall ist. Für den Sprecher bedeuten die Sätze allerdings etwas Unterschiedliches. Da **vergessen** faktiv ist, teilt er im ersten Fall mit **Hans schläft**. Im zweiten bleibt das offen (zu den Verben dieses Typs genauer Zint-Dyhr 1982: 80ff.).

c) Es handelt sich um Verben der Sinneswahrnehmung sowie einige Verba dicendi (**berichten**, **erzählen**, **ausführen**, **erwähnen**, **überliefern**). Sätze mit diesen Verben haben zwei Lesungen. **Werner sieht, wie Renate nach Hause kommt** kann dasselbe heißen wie mit **daß**-Satz, es kann aber auch heißen »Werner sieht, auf welche Weise Renate nach Hause kommt«. Bei dieser letzten Lesung wird **wie** ›normal‹ gelesen, also als Adverbial. Im ersten Fall kommt **wie** einer Konjunktion sehr nahe. Was **wie** im Gegensatz zu **daß** dann genau bedeutet, ist nicht ganz klar. Vater (1976: 219f.) meint, der **wie**-Satz betone stärker den Vorgang in seinem Verlauf, der **daß**-Satz erfasse ihn als Ganzen. Beim **wie**-Satz decke sich der Vorgang im Komplementsatz zeitlich mit dem Wahrnehmungsvorgang, den das Matrixverb bezeichnet. Dieser Unterschied könnte für **sehen**, **hören**, **beobachten** gelten. Es ist aber unklar, was ihm bei Verba dicendi entspricht (s.a. 11.2.2).

d) **W**-Sätze bilden eine einheitliche Rektionsklasse. Bei den genannten Verben sind jedoch viele **w**-Sätze ausgeschlossen, z.B. ***Sie akzeptiert/bedauert, wer das sagt** (10.2.2).

114.

a) a,c sind doppeldeutig, b nur Relativsatz, d nur indirekter Fragesatz.

b) Wir geben je ein Beispiel für **wo** und **wie**.

(I) a. **Emma schläft, wo Karl arbeitet**
b. **Emma überprüft, wo Karl arbeitet**
c. **Emma erzählt, wo Karl arbeitet**

(II) a. **Brigitte fährt Auto, wie Gerhard abwäscht**
b. **Brigitte guckt zu, wie Gerhard abwäscht**
c. **Brigitte liest, wie Gerhard abwäscht**

In Ia, IIa ist der Nebensatz Relativsatz, in b ist er indirekter Fragesatz und in c ist er doppeldeutig (Zaefferer 1984: 60f.).

c) In I ist der Attributsatz ein Relativsatz, in II ist er indirekter Fragesatz.

(I) a. **Wir suchen die Halle, wo (in der) Karl arbeitet**

(II) a. **die Frage, wo Karl arbeitet**
b. **die Mitteilung, wo Karl arbeitet**
c. **die Entscheidung, wo Karl arbeitet**

Ein indirekter Fragesatz steht insbesondere bei Nominalisierungen von Verben, die indirekte Fragesätze nehmen, aber auch bei einer Reihe anderer Substantive (8.4). Fälle von Doppeldeutigkeit scheint es bei den Attributsätzen nicht zu geben. Auch wenn man das Matrixverb doppeldeutiger Sätze nominalisiert, ergibt sich keine doppeldeutige NGr (vgl. **Emma erzählt, wo Karl arbeitet** vs. **Emmas Erzählung, wo Karl arbeitet**). Möglicherweise findet man bei anderen Nominalisierungstypen Doppeldeutigkeiten. Die Frage wurde u.W. nicht genauer untersucht.

115.

a) Die Verben in a sind nichtfaktiv, die in b sind faktiv. Sandberg (1998: 112ff.) sieht bezüglich des Korrelats den wesentlichen Punkt darin, daß das Objekt bei den Verben in a ein ›Produkt‹ bezeichne, also eine Art effiziertes Objekt sei. Das **es** habe hier eine phorische Funktion (**Sie glaubt es ihm, daß er alles versucht hat**). In b dagegen sei der vom **daß**-Satz bezeichnete Sachverhalt »von außen gegeben« und mit ihm werde »etwas unternommen«. Es handele sich hier letztlich um ein affiziertes Objekt und in dieser Bedeutung der Verben sei **es** obligatorisch und Bestandteil des Verbs (**Sie schätzt/liebt/bedauert es, daß er alles versucht hat**).
So interessant die These ist, so wenig ist sie mit der Sprecherintuition verträglich. Ein Satz wie **Sie schätzt, daß er alles versucht hat** ist nicht nur in der Bedeutung »annehmen«, sondern auch in der Bedeutung »hoch bewerten« grammatisch, auch wenn er sich ohne **es** mit der zweiten Bedeutung in den von Sandberg konsultierten Korpora nicht findet. Den in Abschnitt 3.2.3 formulierten Anforderungen an inkrementelle Objekte genügen die Verben in b ebenfalls nicht.

b) Das Korrelat **dessen** kann obligatorisch (a) oder fakultativ (b und c) sein.

a. **bedürfen, sich bedienen, harren**
b. **sich rühmen, sich entsinnen, sich erinnern**
c. **beschuldigen, anklagen, bezichtigen**

Im Gegensatz zu a kann bei den Verben unter b und c auch ein **zu**-Infinitiv die Objektstelle besetzen. Das zeigt die höhere syntaktische Integration dieser Komplementstelle und begründet wahrscheinlich, daß ein Korrelat nicht unabdingbar ist. Die Verben in b haben Subjektkontrolle, die in c. Objektkontrolle.

116.

a) **Denn** ist semantisch näher bei **da** als bei **weil**. Der Unterschied ist aber, daß das Zutreffen des Sachverhalts im **da**-Satz präsupponiert wird, während das Zutreffen des Sachverhalts im **denn**-Satz behauptet wird (zu **denn** ausführlich Lang 1977; zu **denn** und **da** Pasch 1982; Redder 1990).

b) **Wegen** hat kausale Bedeutung in einem weiteren Sinne als **weil**. Eine PrGr mit **wegen** ist semantisch verträglich nicht nur mit **weil**-Sätzen, sondern auch mit konzessiven und finalen Konstruktionen:

a. **Karl schreibt Paul wegen seines Besuches**

b. **Karl schreibt Paul,** {
weil er ihn besuchen will
damit er ihn besucht
um ihn zu besuchen
obwohl er ihn besucht

Entsprechende Kontexte vorausgesetzt, kann a anstelle sämtlicher Sätze in b geäußert werden.

117.

Konzessivsatzgefüge sind wahr, wenn sowohl der Adverbialsatz als auch der Bezugssatz wahr ist. Bei Irrelevanzkonditionalen muß nur der Bezugssatz wahr sein. Das hängt mit der Bedeutung des Adverbialsatzes zusammen: Der Satz **wenn das Buch auch gut ist** bezeichnet nicht einen Sachverhalt, sondern deren zwei (»Ob das Buch gut ist oder ob das Buch nicht gut ist«). Für die Wahrheit des Gesamtsatzes ist es gleichgültig, welche der Alternativen zutrifft. Bei Satz Ib ist der Adverbialsatz sogar generisch, er enthält also unbestimmt viele Alternativen.

118.

a) Mit **bevor** (ähnlich **ehe**) und **nachdem** wird ein Zeitpunkt (Nebensatz) zu einem Zeitintervall oder einem anderen Zeitpunkt (Hauptsatz) in die Beziehung der Nachzeitigkeit bzw. Vorzeitigkeit gesetzt. Da es sich dabei um ein reines Vorher-Nachher-Verhältnis handelt, kann der Zeitabstand quantifiziert werden (**zwei Stunden, bevor sie auftritt**). Entsprechend ihrer jeweiligen Bedeutung kann natürlich auch ein Teil der anderen temporalen Konjunktionen modifiziert werden, die auf einen Zeitpunkt gerichteten **bis** und **seit** etwa durch **genau, fast** und **kaum**.

b) Im **solange**-Satz wird das Zeitintervall spezifiziert, währenddessen der vom Hauptsatz bezeichnete Sachverhalt zutrifft. Im Unterschied zu **während** besteht der Sachverhalt im Hauptsatz mindestens bis zum selben Zeitpunkt wie der im Nebensatz.

Sowie bedeutet dasselbe wie **nachdem**, betont aber die unmittelbare Vorzeitigkeit. Modifizierung durch Attribute wie bei **nachdem** ist nicht möglich.

119.

a) **So** steht nur in Spitzenstellung in der Konsequenz bei vorgestelltem Antezedens. Seine Funktion besteht im Verweis vom Inhalt des Antezedens auf den der Konsequenz (s.u., Text). Die positionelle Fixiertheit von **so** zwischen den Bezugssätzen dürfte mit seiner Rolle in Vergleichssätzen zusammenhängen, in denen **so** in beiden Teilen des Vergleichs vorkommt (**So weit wir gegangen sind, so weit war kein Feuer zu sehen**). Erhalten ist eine solche Form in der Konjunktion **sofern**, die ja auch als Korrelat auftreten kann (**Sofern das gelingt, sofern bekommst du eine Belohnung**). Ähnlich auch **insofern.**
b) Satz Ia,b sind doppeldeutig mit **es** als Korrelat zum **wenn**-Satz einerseits und **es** als ›echtem Objekt‹ andererseits. Ic hat die erste Lesart nicht. Hier kann der **wenn**-Satz nur Adverbial sein.

120.

Hartung (1964) diskutiert einen Ersetzungstest: läßt sich **wenn** nur durch **falls** und **sofern**, aber nicht durch temporale Konjunktionen ersetzen, so ist es konditional. Bei ausschließlicher Ersetzbarkeit durch temporale Konjunktionen ist **wenn** temporal. Vielfach bleibt **wenn** also von vornherein auf beide Weisen deutbar. Hartung meint allerdings, daß fast alle **wenn**-Sätze zumindest auch konditional interpretierbar sind (1964: 352). Meist nimmt man an, daß temporales **wenn** auch konditional interpretierbar ist, aber nicht umgekehrt. Oder anders: die konditionale als die abstraktere Relation hat nicht immer eine temporale als Gegenstück, die die Sachverhalte in das geforderte Zeitverhältnis bringt (Fischer 1981: 105ff.; Pittner 1999: 173f.).

121.

a) (I) a. **Wenn Karl gewonnen hat, dann nur, weil es regnete**
b. **Falls/Sofern Karl gewonnen hat, dann nur, weil es regnete**

(II) a. **Wenn/Falls Karl gewinnt, besuchen wir euch**
b. **Sofern Karl gewinnt, besuchen wir euch**

Ia kann geäußert werden, wenn der Sprecher weiß, daß es geregnet hat. Ib kann unter dieser Bedingung nicht geäußert werden. IIa besagt, daß wir euch nur dann besuchen, wenn Karl gewinnt. IIb schließt nicht aus, daß wir euch auch dann besuchen, wenn Karl nicht gewinnt.

b) Der Hauptsatz ist ein Kernsatz, der **wenn**-Satz ist formal vom Hauptsatz weitgehend unabhängig. (›nicht integriert‹) und geht ihm stets voraus. Dem entspricht semantisch, daß zwischen **wenn**-Satz und Hauptsatz nicht wie sonst bei Konditionalsätzen ein ›innerer Zusammenhang‹ besteht. Der Hauptsatz wird als wahr behauptet. Von beiden Sätzen wird unterstellt, daß der Inhalt des einen für den des anderen diskurspragmatisch relevant sei. Sätze dieser Art werden deshalb auch Relevanz-Konditionale genannt (Köpcke-Panther 1989. s.a. Aufgabe 117).

122.

a) Es zeigen sich ganz ähnliche Zusammenhänge, wie wir sie bei den im Text besprochenen Verben kennengelernt haben. **Frech, freundlich** usw. sind faktiv. Sie nehmen außer dem **daß**-Satz einen ergänzenden **wenn**-Satz. Das Adjektiv bezeichnet eine Eigenschaft des vom Komplement bezeichneten Vorgangs sowie des beteiligten Subjekts. **Karl einzuladen ist freundlich** meint auch, daß derjenige freundlich ist, der Karl einlädt.
Denkbar, möglich usw. sind nicht faktiv, ihre Bedeutung ist modal im engeren Sinne. Ein ergänzender **wenn**-Satz als Paraphrase zum **zu**-Inf ist nicht möglich.

b) Bezüglich des Subjektinfinitivs liegen die Verhältnisse, wie wir sie bereits kennen. Die Verben sind hinsichtlich der **daß**-Sätze im Subjekt faktiv, ergänzende **wenn**-Sätze sind möglich. Objektkontrolle ist eingeschränkt gegeben.
Hinsichtlich des Objektinfinitivs ist die Objektkontrolle strikt (wenn ein Objekt vorhanden ist). Nur ein Teil der Verben ist hinsichtlich des **daß**-Satzes im Objekt faktiv. Einige sind faktiv hinsichtlich des Nichtzutreffens des bezeichneten Sachverhaltes.

123.

a) **Verhindern** nimmt einen **daß**-Satz als Subjekt, **boykottieren** nicht. Für die Kontrollbeziehung spielen also auch die Valenzeigenschaften des Verbs im Infinitivkomplement eine Rolle. Weitere Beispiele dieser Art 9.1.2.

b) Von den subjektlosen Ausdrücken können gerade keine **zu**-Infinitive gebildet werden, sondern nur von solchen mit Subjekt:

a. **Karl nimmt an, daß er dabei ist**
b. **Karl nimmt an, dabei zu sein**
c. **Karl nimmt an, daß getanzt wird**
d. ***Karl nimmt an, getanzt zu werden**

d ist ungrammatisch, weil das Infinitivkomplement eine subjektlose Konstruktion enthält. Derselbe Effekt läßt sich auch mit den anderen in der Aufgabenstellung genannten subjektlosen Konstruktionen erzielen (Höhle 1978: 123f.).

124.

a) Nach Ebert (1985: 7) sind die Sätze mit **daß**-Komplement rein berichtend, der Sprecher enthalte sich jeder Stellungnahme. Beim Infinitivkomplement sei dies nicht so. Einen Bedeutungsunterschied dieser Art zwischen **daß**- und Infinitivkomplement sieht Ebert nicht bei Verben wie **behaupten** und **vorgeben**.
Möglicherweise schlägt hier erneut die Klassifikation der Verba dicendi in solche mit und ohne faktive Lesart durch, wie wir sie schon bei der Bedeutung des Konjunktivs in Komplementsätzen festgestellt haben (4.4).

b) Verben wie **mitteilen, eröffnen, bestellen, klarmachen, gestehen, beichten, offenbaren, erzählen** haben im Standardfall fast durchweg wechselnde Kontrolle, wenn ein Dativobjekt vorhanden ist. Im übrigen ist die Kontrollbeziehung so wie bei den Verben mit Subjektkontrolle beeinflußbar.

Bei den Verba dicendi kann die Person, über die geredet wird, in einer PrGr mit **von** oder **über** genannt werden (Siebert-Ott 1983: 75 ff.). Ist das der Fall, dann kontrolliert das Nominal dieser PrGr (**Paul behauptet von Karl zu schwindeln**). Vielfach führt eine solche PrGr aber zu Sätzen am Rande der Grammatikalität (**?Karl teilte von Egon mit, der Sieger zu sein**).

125.
Satz I hat zwei **werden**-Passive, Satz I hat nur eins:

(I) a. **Den Jackpot zu knacken wird von Karl versucht**
b. **Der Jackpot wird von Karl zu knacken versucht**

(II) a. **Den Jackpot zu knacken wird von Karl beschlossen**
b. ***Der Jackpot wird von Karl zu knacken beschlossen**

Bei Ib spricht man von langem Passiv oder Fernpassiv, weil hier das direkte Objekt aus der eingebetteten IGr zum Subjekt des Matrixverbs konvertiert wird. Diese Möglichkeit ist ein weiteres Anzeichen für die Durchlässigkeit der Grenze von IGr bei **versuchen** im Gegensatz zu **beschließen**.

Neben dem wortbezogenen wird häufig auch ein topologischer Kohärenzbegriff verwendet. Er macht sich daran fest, ob die Einheiten eines Verbalkomplexes zusammenstehen oder nicht. Schon Bech (1983) verwendete in diesem Zusammenhang den Begriff des Kohärenzfeldes. Ein topologischer Kohärenzbegriff ist konstruktionsbezogen, nicht wortbezogen, d. h. bei einem bestimmten Verb können dann kohärente wie inkohärente Kostruktionen vorkommen. Der wortbezogene und der topologische Kohärenzbegriff sind natürlich teilweise miteinander unverträglich (z. B. IDS-Grammatik: 2186 ff.).

126.
Die Kurzform des Adjektivs entspricht als Grundform dem Infinitiv des Verbs, s. a. seine Funktion als Prädikatsnomen. Die Verben in den Beispielsätzen a-c regieren also einen Akk und ein Adj. Den Akk regieren diese Verben auch sonst. Die Konstruktion ist durchaus mit dem AcI vergleichbar. Wir haben diesen strukturell fixierten Grenzfall des ›objektbezogenen‹ adverbialen Adjektivs als Objektsprädikativ kennengelernt (7.3). In generativen Analysen spricht man bei dieser Konstruktion von Small clause, weil im Gegensatz zum AcI eine Verbform fehlt. Aus theoretischen Gründen wird dort manchmal in der Tiefenstruktur ein ›leeres Verb‹ in der Small clause angesetzt. (z. B. Suchsland 1987). Der Begriff Small clause wird gelegentlich auch allgemeiner für prädikative Strukturen ohne Finitum verwendet (umfassend Staudinger 1997).

127.
a) Wir zeigen das Nichtbestehen der Paraphraserelation für 1. Fragt jemand: »Was würdest du tun, wenn dein Kind Masern hätte?« könnte man antworten »Ich würde die Rolläden herunterlassen, um das Licht zu dämpfen«. Unmöglich wäre die Antwort »Ich würde die Rolläden herunterlassen, wenn ich das Licht dämpfen wollte«. Das **würde** in Ia zeigt also nicht eine

Konditionalität im Satz an. Die Bedingung ist außerhalb gesetzt (»Wenn dein Kind Masern hätte«). Mit Ia wird behauptet, daß man unter dieser Bedingung die Rolläden herunterlassen würde. In Ib wird etwas gänzlich anderes behauptet.

b) Das Adverbial bezeichnet hier eine »Folge, die nicht eingetreten ist oder nicht eintreten soll« (Erben 1980: 208). In diesem Sinne sind **ohne**-Konstruktionen konsekutiv. Die konsekutive Bedeutung ist jedoch keine ganz andere als die konzessive, insofern die ›nichteingetretene Folge‹ eine ist, die normalerweise nicht erwartet wird.

c) Der **zu**-Infinitiv nach **außer** ist valenzgebunden (**Karl wünscht sich nichts außer zu schlafen**). Als Konjunktion verhält sich **außer** ähnlich wie **als** und **wie** (**Er fragt niemanden außer seinen Bruder**).

128.

a) Weist man Strukturen nach 11a zu, so spricht man **und** jede konstituentenbildende Kraft ab. Die Folge sind hierarchisch unstrukturierte Gebilde, in denen weder der Begriff Konjunkt noch der Ausdruck ohne **und**-Koordination etwas mit der Konstituentenbildung zu tun hat.
Eine Struktur nach 11b führt vielfach zu unerwünschter Konstituentenbildung. Für einige steht nicht einmal ein Kategorienname bereit. Ähnliches gilt für c.

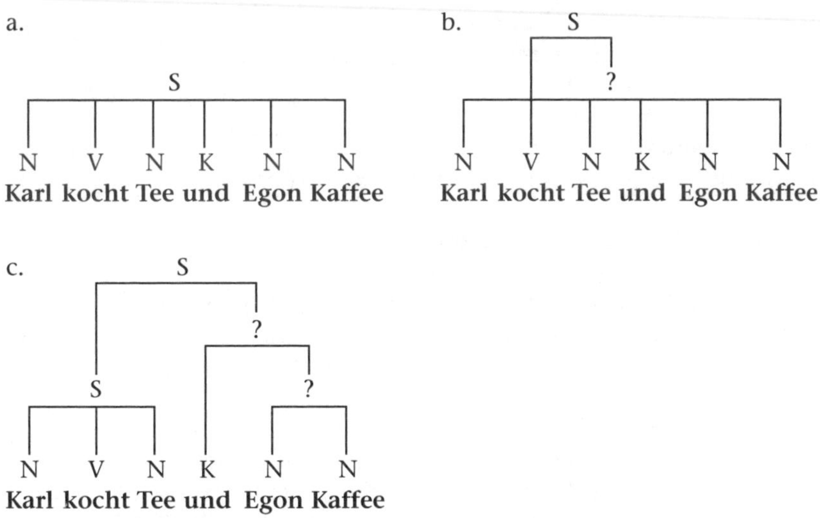

b) Folgende grammatische Sätze lassen sich ableiten:

(I) a. **Hans liest ein Buch und ~~Hans~~ schreibt einen Artikel**
b. **Hans liest ein Buch und ~~Hans liest~~ einen Artikel**
c. **Hans liest ~~einen Artikel~~ und Egon schreibt einen Artikel**
d. **Hans ~~schreibt einen Artikel~~ und Egon schreibt einen Artikel**
e. **Hans liest ein Buch und Egon ~~liest~~ einen Artikel**

Die Sätze a bis d entsprechen der Richtungsbedingung. Für b und d ist sie allerdings so zu erweitern, daß auch mehrere Konstituenten nacheinander gestrichen werden können. Satz e ergibt sich nicht, denn das Verb steht nicht am Rand einer übergeordneten Konstituente. Das Verb ist in dieser Hinsicht ›neutral‹. In solchen Fällen ist Vorwärtstilgung eher möglich als Rückwärtstilgung. Vorwärtstilgung ist generell unrestringierter als Rückwärtstilgung, weil der Satz von links nach rechts geäußert bzw. wahrgenommen wird, das rechte Konjunkt also leichter ›vervollständigt‹ werden kann als das linke.

Für die Nebensätze im Deutschen ist die Richtungsbedingung kompliziert. Deshalb nur der Hinweis, daß das Verb sowohl vorwärts als auch rückwärts getilgt sein kann:

(II) a. **weil Hans ein Buch liest und Egon einen Artikel ~~liest~~**
b. **weil Hans ein Buch ~~liest~~ und Egon einen Artikel liest**

Auch hier zeigt sich die geringere Restringiertheit der Vorwärtstilgung. Stimmen die Verbformen in beiden Sätzen hinsichtlich Person oder Numerus nicht überein, so ist dennoch Vorwärtstilgung möglich, nicht aber Rückwärtstilgung (III; Reis 1974).

(III) a. **weil ich ein Buch lese und Egon einen Artikel**
b. ***weil ich ein Buch und Egon einen Artikel liest**

129.
Korrespondenzkonflikte verschwinden, wenn phonologische Identität der Verbformen vorliegt. Das betrifft Person und Numerus (Eisenberg 1973).

a. **Ihr und Paul geht ins Stadion**
b. ***Wir und Paul geht ins Stadion**
c. **weil wir das Haus und die Müllers den Garten kaufen**
d. ***weil wir das Haus und ihr den Garten kaufen**

130.
a) Der Stärkere geht voran
b) Müller (1997: 20) nennt zum Beispiel Kasusflexion bei substantivischen Paarformeln (**des Grund und Bodens**), Genusrektion (**diese Rum und Kola**), Nichtmodifizierbarkeit des zweiten Bestandteils (***bei Nacht und dickem Nebel**). Auch distributionelle Eigenschaften weisen in diese Richtung, z. B. **Er arbeitet nachts/Tag und Nacht**.

131.
a) Der Nom ist vom Subjekt, der Akk vom Reflexivum übernommen.
b) **Anstellung** und **Bestrafung** sind Nominalisierungen von Verben unterschiedlichen Typs. Insbesondere ist eine **als**-Phrase Ergänzung zu **anstellen** (**jemanden als etwas anstellen**), aber nicht zu **bestrafen**. Das hat einen semantischen Unterschied zur Folge. In II besteht zwischen **mein Bruder**

und **verantwortlicher Betriebsleiter** ein einfaches Subsumtionsverhältnis, in I ist dieses Verhältnis modal. Mein Bruder ist nicht, sondern er wird erst durch die Anstellung Betriebsleiter.

Der Ausschluß des Genitivs in Ic ist dadurch bedingt, daß das Genitivattribut bei der Nominalisierung von **anstellen** nur als Subjektivus oder Objektivus interpretierbar ist (8.3.1).

132.
Beispiele
(I) Ergänzungen
a. **Hans schläft länger als Paul**
b. **Emilie enthält sich des Rauchens konsequenter als des Trinkens**
c. **Karl schreibt lieber an seine Tante als an seine Oma**
d. **Wir wissen länger, daß Paula nach Münster geht, als daß Willy Entwicklungshelfer wird**
e. **Wir halten es für besser, die Knolle zu bezahlen als ein Fahrtenbuch zu riskieren**

(II) Adverbiale
a. **Paula schläft im Heu besser als in ihrem Bett**
b. **Sabine hört es lieber, wenn die Glocken läuten als wenn das Telefon klingelt**
c. **Olga kommt öfter, um sich zu beschweren als um zu arbeiten**

(III) Attribute
a. **Manfreds Kanonen schießen schlechter als Erichs**
b. ***Die Kanonen von Manfred schießen schlechter als von Erich**
c. **Die Kanonen von Manfred schießen schlechter als die von Erich**
d. **Der große Klaus ist größer als der kleine**
e. **Der große ist größer als der kleine Klaus**

Als einziges substantivisches Attribut scheint der sächsische Genitiv infrage zu kommen (IIIa). Bei den Präpositionalattributen (IIIb,c) muß der Kern im zweiten Konjunkt wieder aufgenommen werden (**die von Erich** in IIIc). In IIIa enthält das zweite Konjunkt die Vergleichsgröße nur unvollständig. (»Erichs Kanonen«). Vergleichbar auch IIId und IIIe. Diese Beispiele zeigen, daß bei **als** mit ähnlichen richtungsabhängigen ›Lückenbildungen‹ zu rechnen ist wie bei **und**. Andere Fälle dieser Art:

(IV) a. **Elisabeth redet lieber mit als zu den Studenten**
b. **Ein Kamel kommt leichter durch ein Nadelöhr als ein Reicher in den Himmel**

133.
a) Heische-Modus: Der Heischesatz ist ein Verbzweit- oder Verberstsatz im Konj Präs (volitiver Konjunktiv, 4.4). Die häufigsten Verben des Verberstsatzes sind **mögen** und **sein.**

Wunsch-Modus: Im Wunschsatz steht das Verb im Konj Prät oder Konj Pqpf, auch **würde** + Inf ist möglich. Der Wunschsatz ist ein Verberstsatz (c) oder Verbletztsatz mit **daß**, häufiger mit **wenn**. Er kann als Spezialfall des Potentialis oder Irrealis angesehen werden (4.4).
Exklamativ-Modus: Der Exklamativsatz ist formal sehr variabel. Sämtliche Satztypen kommen vor, bei den Verbletztsätzen vor allem **daß**- und **w**-Sätze (g,h). Absolut dominant sind Verbzweitsätze, die mit **wie** oder **was** beginnen (Näf 1996, dort auch ein Plädoyer für Exklamativsatz als selbständiger Satzmodus). Die IDS-Grammatik spricht von der charakteristischen Intonationskontur als dem Exklamativakzent.

b) Bei der dritten Zeile handelt es sich um einen sog. narrativen Verberst-Deklarativsatz, wie er typischerweise in Erzählungen des Gesprochenen auftritt (**Stehen zwei Kölner auf der Rheinbrücke. Sagt der Scheel**...). Der narrative ist der wichtigste Typ von Verberst-Deklarativsätzen, die Reis (2000) im Anschluß an Önnerfors (1997) zusammenfassend darstellt. Die Sätze sind vollständig, sind aber nicht wie etwa Satz 2c im Text als Ellipsen von Verbzweitsätzen anzusehen.
Mit dem Vorfeld fehlt dem narrativen Verberst-Deklarativsatz die typische Topikposition. Wird ein Topik gebraucht, dann muß auch ein Verbzweitsatz verwendet werden. So kann man auf die Frage **Wo bist du gewesen**? antworten **Ich war in Bolivien**, aber nicht **War ich in Bolivien**. Mit dem Verberst-Deklarativsatz werden, wie Reis (2000: 224) es formuliert, »wahre Propositionen ausgesagt«, während mit dem Verbzweitsatz ausgesagt wird, »*daß* sie wahr sind.« Dem Verberstsatz fehlt sozusagen die illokutive Kraft einer Behauptung.

134.

a) Die IGr mit **zu** besteht aus Mittelfeld (subjektlos), Verbalkomplex und möglicherweise einem Nachfeld. Die IGr mit **um zu** besetzt außerdem das Feld der subordinierenden Konjunktion. Beide Konstruktionen haben, wie früher gezeigt wurde, anstelle des Finitums den **zu**-Inf. Dieser ist Teil des Verbalkomplexes. Die IGr sind topologisch den Spannsätzen zuzuordnen.
b) Weinrich beschreibt den Vorgang so, daß die Lexikalklammer ihre Bestandteile invertiert und in dieser Reihenfolge komprimiert (**entgegenkommen; ausweichen; zur Kenntnis nehmen**). In dieser Form wird die ehemalige Lexikalklammer als zweiter Bestandteil einer Grammatikalklammer inkorporiert (**wäre – – entgegengekommen; war – – ausgewichen; werde – – zur Kenntnis genommen**).

135.

a. **Wem hat Emma das Auto geliehen? <u>*Dem Studenten*</u>**
b. **Was hat Emma mit dem Auto gemacht? <u>*Dem Studenten* geliehen</u>**
c. **Was hat Emma gemacht? <u>Das Auto *dem Studenten* geliehen</u>**
d. **Was ist mit dem Auto passiert? <u>Hat Emma *dem Studenten* geliehen</u>**
e. **Was ist passiert? <u>Emma hat das Auto *dem Studenten* geliehen</u>**

Man sieht, daß die Sätze 6a und 6b (Text) nur teilweise dieselben Rhemata haben.

136.

a) (I) a. **Denkt der Torwart *an das Endspiel*?**
b. **Denkt *der Torwart* an das Endspiel?**

(II) a. **Denkt an das Endspiel *der Torwart*?**
b. **Denkt *an das Endspiel* der Torwart?**

Die beiden Sätze in II sind weniger akzeptabel als die in I, am schlechtesten ist wohl IIb.

b) Die Gründe könnten formaler Art sein. Akkusativische Pronomina sind im allgemeinen phononlogisch leichter als dativische (**ihn – ihm, ihnen – sie, dem – den**; Wegener 1985: 253 f.).

137.

Es geht insbesondere um eine Bewertung der Sätze in III vs. IV, weil hier die ›ungewöhnliche‹ Reihenfolge probj-akkobj als unmarkiert auftreten soll. Lötscher meint, man könne dies nur pragmatisch erklären.
Einige der Akzeptabilitätsurteile für IV sind zumindest zweifelhaft, auch wenn man ›neutrale‹ Thematizität annimmt. So sind IVa und IVf mindestens so akzeptabel wie IIIa und IIIf. Für alle anderen Sätze genügt ein Bezug auf die Belebtheitshierarchie. Wichtig bei den PrGr ist darüber hinaus ihre mögliche syntaktische Funktion. In IVa-c und IVe kann die PrGr auch als Attribut gelesen werden. In III ist die syntaktische Funktion dagegen eindeutig.

138.

a) Bei Koordination wird mit jedem Adjektiv für sich über das vom Substantiv Bezeichnete prädiziert. Zwischen den so entstehenden Propositionen können ganz unterschiedliche semantische Beziehungen bestehen. Es finden sich folglich neben **und** auch andere koordinierende Konjunktionen, z. B.: **ein schöner, teurer Teppich** vs. **ein schöner aber teurer Teppich; nicht verschnittener, reiner Alkohol** vs. **nicht verschnittener, sondern reiner Alkohol.** In anderen Fällen ergibt sich das semantische Verhältnis nicht aus der Bedeutung der Adjektive allein, sondern es muß lexikalisiert sein, z. B. **ein grüner oder gelber Pullover** vs. ***ein grüner, gelber Pullover.** Interessanterweise können in dieser Konstruktion auch einige subordinierende Konjunktionen auftreten, und zwar besonders solche, die einen Hang zur Koordination haben: **ein langweiliges weil viel zu langes Buch; ein teurer obwohl schöner Teppich.**

b) Die adjektivischen Attribute in II lassen sich ohne Akzeptabilitätsverlust in der Reihenfolge vertauschen, die in 1 nicht. Die Gründe dafür sind semantischer Art. Bei IIc liegt möglicherweise Koordination vor.

139.

Die genannten Satztypen sind valenzgebunden, stehen aber beim Auftauchen weiterer postpositiver Attribute am weitesten rechts, klammern diese Attribute also über die Rektionsbeziehung ein. Kolde selbst siedelt valenzgebundene Attributsätze tiefenstrukturell als dem Kern adjazent an. Oberflächenstrukturell sind sie dann extraponiert. Es entsteht eine diskontinuierliche Konstituente, was die Rede von der Klammer besonders sinnfällig macht.

Siglen

AQ	Anthropological Quarterly. Washington.
Beitrr	Beiträge zur Geschichte der deutschen Sprache und Literatur. Halle.
Beitrr (Tüb)	Beiträge zur Geschichte der deutschen Sprache und Literatur. Tübingen.
BNF	Beiträge zur Namensforschung. Heidelberg.
CLS	Papers from the Annual Regional Meeting of the Chicago Linguistic Society. Chicago.
CPs	Cognitive Psychology. New York.
DaF	Deutsch als Fremdsprache. Leipzig.
Die Sprache	Die Sprache. Wien.
DRLAV	Documentation et Recherche en Linguistique Allemande Contemporaine – Vincennes. Paris.
DS	Deutsche Sprache. Berlin.
FL	Foundations of Language. Dordrecht.
FoL	Folia Linguistica. Den Haag.
GAGL	Groninger Arbeiten zur Germanistischen Linguistik. Groningen.
GL	Germanistische Linguistik. Hildesheim.
HSK	Handbücher der Sprach- und Kommunikationstheorie. Berlin.
IRAL	International Review of Applied Linguistics in Language Teaching. Heidelberg.
JCGL	The Journal of Comparative Germanic Linguistics. Dordrecht.
JL	Journal of Linguistics. London.
JP	Journal of Pragmatics. Amsterdam.
JS	Journal of Semantics. Dordrecht.
KGBL	Kopenhagener Beiträge zur Germanistischen Linguistik. Kopenhagen.
KLAGE	Kölner linguistische Arbeiten. Germanistik. Köln.
LA	Linguistic Analysis. New York.
LAB	Linguistische Arbeitsberichte. Leipzig.
LAB (West)	Linguistische Arbeiten und Berichte. Berlin.
Language	Language. Baltimore.
LaP	Linguistics and Philosophy. Dordrecht.
LaSp	Language and Speech. New York.
LAUD	Linguistic Agency University of Duisburg. Duisburg.
LB	Linguistische Berichte. Hamburg.
LeuvB	Leuvense Bijdragen. Löwen.
LI	Linguistic Inquiry. Cambridge (Mass.).
LiLi	Zeitschrift für Literaturwissenschaft und Linguistik. Stuttgart.
Lingua	Lingua. Amsterdam.
Linguistics	Linguistics. Berlin.
Mspråk	Moderna Språk. Lund.
Mu	Muttersprache. Wiesbaden.
NphM	Neuphilologische Mitteilungen. Helsinki.
OBST	Osnabrücker Beiträge zur Sprachtheorie. Osnabrück.
PD	Praxis Deutsch. Velber.
PhiP	Philologica Pragensia. Prag.
PzL	Papiere zur Linguistik. Tübingen.
RLV	Revue des Langues Vivantes. Brüssel.
S&P	Sptache und Pragmatik. Lund.
SaS	Slovo a Slovesnost. Prag.
SGG	Studia Germanica Gandensia. Gent.
SiL	Studies in Language. Amsterdam.

Spr.wiss.	Sprachwissenschaft. Heidelberg.
StL	Studium Linguistik. Kronberg.
STZ	Sprache im technischen Zeitalter. Stuttgart.
STUF	Sprachtypologie und Universalienforschung. Berlin.
TCLP	Travaux du Cercle linguistique de Prague. Prag.
TLP	Travaux linguistiques de Prague. Prag.
WW	Wirkendes Wort. Düsseldorf.
ZAS	Zentrum für Allgemeine Sprachwissenschaft, Typologie und Universalienforschung. Berlin.
ZDL	Zeitschrift für Dialektologie und Linguistik. Wiesbaden.
ZDPh	Zeitschrift für deutsche Philologie. Halle.
ZDS	Zeitschrift für deutsche Sprache. Berlin.
ZfG	Zeitschrift für Germanistik. Leipzig.
ZfS	Zeitschrift für Semiotik. Berlin.
ZGL	Zeitschrift für germanistische Linguistik. Berlin.
ZPSK	Zeitschrift für Phonetik, Sprachwissenschaft und Kommunikationsforschung. Berlin
ZS	Zeitschrift für Sprachwissenschaft. Göttingen, jetzt Berlin.

Literaturverzeichnis

Abraham, W. (1969): Verbklassifikation und das Komplement »Indirekter Fragesatz«. Die Sprache 15. S. 113–134

Abraham, W. (Hg.) (1982): Satzglieder im Deutschen. Vorschläge zur syntaktischen, semantischen und pragmatischen Fundierung. Tübingen

Abraham, W. (1983): Der Dativ im Deutschen. In: Colloque du Centre de Recherches germaniques de l'université de Nancy II. Nancy. S. 2–101

Abraham, W. (1983a): The Control Relation in German. In: Abraham, W. (Hg.): On the Formal Syntax of the Westgermania. Amsterdam. S. 217–242

Abraham, W. (Hg.) (1985): Erklärende Syntax des Deutschen. Tübingen

Abraham, W. (1995): Deutsche Syntax im Sprachenvergleich. Grundlegung einer typologischen Syntax des Deutschen. Tübingen

Abraham, W. (2001): Gibt es im Deutschen eine Klasse von Präpositionen mit Doppelrektion? DS 29. S. 63–75

Abraham, W./Klimonow, W. (1998): Typologisch-kontrastive Miszellen: Perfektivität ubiquitär – Ergativität nusquam. In: Wegener, H. (Hg.) (1998). S. 1–32

Admoni, W. (1970): Der deutsche Sprachbau. München. 3. Aufl.

Admoni, W. (1995): Das Problem der theoretischen Anweisungen in den grammatischen Lehrbüchern. In: Ágel, V./Brdar-Szabó, R. (Hg.) (1995). S. 169–174

Ágel, V. (1993): Ist die Dependenzgrammatik wirklich am Ende? ZGL 21. S. 20–70

Ágel, V. (1996): Finites Substantiv. ZGL 24. S. 16–57

Ágel, V. (1997): Reflexiv-Passiv, das (im Deutschen) keines ist. Überlegungen zu Reflexivität, Medialität, Passiv und Subjekt. In: Dürscheid, C. u. a. (Hg.) (1997). S. 147–187

Ágel, V./Brdar-Szabó, R. (Hg.) (1995): Grammatik und deutsche Grammatiken. Tübingen

Allwood, J./Andersson, L.-G./Dahl, Ö. (1973): Logik für Linguisten. Tübingen

Altmann, H. (1976): Die Gradpartikeln im Deutschen. Tübingen

Altmann, H. (1981): Formen der ›Herausstellung‹ im Deutschen: Rechtsversetzung, Linksversetzung, freies Thema und verwandte Konstruktionen. Tübingen

Altmann, H. (1987): Zur Problematik der Konstitution von Satzmodi als Formtypen. In: Meibauer, J. (Hg.) (1987). S. 22–56

Altmann, H. (Hg.) (1988): Intonationsforschungen. Tübingen

Altmann, H. (1993): Satzmodus. In: Jacobs, J. u. a. (Hg.) (1993). S. 1006–1029

Ammon, U. (1972): Zur sozialen Funktion der pronominalen Anrede im Deutschen. LiLi 7. S. 73–88

Anderson, J.M. (1971): The Grammar of Case. Towards a Localistic Theory. Cambridge

Andersson, S.-V./Kvam, S. (1984): Satzverschränkungen im heutigen Deutsch. Tübingen

Andresen, H. (1973): Ein methodischer Vorschlag zur Unterscheidung von Ergänzung und Angabe im Rahmen der Valenztheorie. DS 1. S. 49–63

Asbach-Schnitker, B. (1979): Die adversativen Konnektoren *aber, sondern* und *but* nach negierten Sätzen. In: Weydt, H. (Hg.) (1979). S. 457–468

Asbach-Schnitker, B./Roggenhofer, J. (Hg.) (1987): Neuere Forschungen zur Wortbildung und Historiographie der Linguistik. Festgabe für Herbert E. Brekle zum 50. Geburtstag. Tübingen

Askedal, J.O. (1986): Zur vergleichenden Stellungsfelderanalyse von Verbalsätzen und nicht-verbalen Satzgliedern im Deutschen. DaF 23. S. 269–273 und 342–348

Askedal, J.O. (1986a): Über ›Stellungsfelder‹ und ›Satztypen‹ im Deutschen. DS 14. S. 193–223

Askedal, J.O. (1987): Syntaktische Symmetrie und Asymmetrie im Bereich der passivischen Fügungen des Deutschen. In: CRLG (Hg.) (1987). S. 17–49

Askedal, J.O. (1990): Zur syntaktischen und referentiell-semantischen Typisierung der deutschen Pronominalform *es*. DaF 27. S. 213–225

Askedal, J.O. (1991): ›Ersatzinfinitiv/Partizipersatz‹ und Verwandtes. Zum Aufbau des verbalen Schlußfeldes in der modernen deutschen Standardsprache. ZGL 19. S. 1–23

Askedal, J.O. (1995): Valenz und Grammatikalisierung. In: Eichinger, L.M./Eroms, H.W. (Hg.) (1995). S. 11–35

Askedal, J.O. (1996): Zur Regrammatikalisierung des Konjunktivs in der indirekten Rede im Deutschen. DS 24. S. 289–304

Askedal, J.O. (1997): *brauchen* mit Infinitiv. Aspekte der Auxiliarisierung. Jahrb. der ungarischen Germanistik 1997. S. 53–68

Askedal, J.O. (1998): Satzmustervariation und Hilfsverbproblematik beim deutschen Verb *scheinen*. In: Donhauser, K./Eichinger, L.M. (Hg.) (1998). S. 49–74

Asher, R.E. (Hg.) (1994): The Encyclopedia of Language and Linguistics. Vol 6. Oxford

Augst, G. u.a. (Hg.) (1997): Zur Neuregelung der deutschen Orthographie. Begründung und Kritik. Tübingen

Bach, E. (1962): The Order of Elements in a Transformational Grammar of German. Language 38. S. 263–269

Bærentzen, P. (1995): Zum Gebrauch der Pronominalformen *deren* und *derer* im heutigen Deutsch. Beitrr (Tüb) 117. S. 199–217

Bäuerle, R. (1979): Temporale Deixis, temporale Frage. Zum propositionalen Gehalt deklarativer und interrogativer Sätze. Tübingen

Bäuerle, R. (1994): Zustand-Prozeß-Ereignis. Zur Kategorisierung von Verb(alphras)en. WAS 10. S. 1–32

Bäuerle, R. (1995): Temporalsätze und Bezugspunktsetzung im Deutschen. In: Handwerker, B. (Hg.) (1995). S. 155–176

Bäuerle, R./Zimmermann, E. (1991): Fragesätze. In: Stechow, A. v./Wunderlich, D. (Hg.) (1991). S. 333–348

Ballmer, T./Brennenstuhl W. (1982): Zum Adverbial- und Adjektivwortschatz der deutschen Sprache. LB 78. S. 1–32

Bahner, W. u.a. (Hg.) (1988): The contribution of wordstructure-theories to the study of word formation. Berlin

Ballweg, J. (1984): Praesentia non sunt mulitplicanda praeter necessitatem. In: Stickel, G. (Hg.) (1984). S. 243–261

Bartsch, R. (1972): Adverbialsemantik. Die Konstitution logisch-semantischer Repräsentationen von Adverbialkonstruktionen. Frankfurt

Bartsch. R./Vennemann, T. (1972): Semantic Structures. A Study in the Relation between Semantics an Syntax. Frankfurt

Bátori, I. (1975): Ein transformationelles Modell für die Koordination im Deutschen. In: Bátori, I. u.a. (1975). S. 1–43

Bátori, I. (1981): Die Grammatik aus der Sicht kognitiver Prozesse. Tübingen

Bátori, I. u.a. (1975): Syntaktische und semantische Studien zur Koordination. Tübingen

Baufeld, C. (1980): Zur semantischen Beschreibung der Pluraliatantum im Deutschen. In: Linguistische Studien, Reihe A, Arbeitsbericht 65. S. 69–82

Baufeld, C. (1986): Ergebnisse und Probleme bei der Hierarchisierung von Sememen – dargestellt anhand der Pluraliatantum des Deutschen. In: Sommerfeldt, K.-E./Spiewok, W. (Hg.): Beiträge zu einer funktional-semantischen Sprachbetrachtung. Leipzig. S. 37–49

Baum, R. (1976): Dependenzgrammatik. Tübingen

Baumgärtner, K. (1970): Konstituenz und Dependenz. In: Steger, H. (Hg.): Vorschläge für eine strukturelle Grammatik des Deutschen. Darmstadt. S. 52–77

Bausch, K.-H. (1975): Die situationsspezifische Variation der Modi in der indirekten Rede. DS 3. S. 332–344

Bausch, K.-H. (1979): Modalität und Konjunktivgebrauch in der gesprochenen deutschen Standardsprache. Teil 1. München

Bausewein, K. (1990): Akkusativobjekt, Akkusativobjektsätze und Objektsprädikative im Deutschen. Tübingen

Bech, G. (1951): Grundzüge der Entwicklungsgeschichte der hochdeutschen Modalverba. Kopenhagen

Bech, G. (1983): Studien über das deutsche Verbum infinitum. Tübingen. 2.Aufl. Original 1955/1957

Bechert, J. (1979): Ergativity and the constitution of Grammatical Relations. In: Plank, F. (Hg.) (1977). S. 45–59

Bechert, J. (1982): Grammatische Kategorien: Affinität, Markiertheit und pragmatische

Begründung. Beobachtungen am Kontinuum der Nominativ-/Ergativsprachen. In: Abraham, W. (Hg.) (1982). S. 41–58

Becker, K.F. (1843): Ausführliche deutsche Grammatik als Kommentar der Schulgrammatik. Zweiter Band. Frankfurt 1843. 2.Ausg.

Becker, R. (1978): Oberflächenstrukturelle Unterschiede zwischen restriktiven und nichtrestriktiven Relativsätzen im Deutschen. KLAGE 4

Beckmann, F. (1997): Untersuchungen zur Grammatik der Adjunkte. Berlin

Behaghel, O. (1923): Deutsche Syntax. Eine geschichtliche Darstellung. Bd. I. Heidelberg

Behaghel, O. (1924): Deutsche Syntax. Eine geschichtliche Darstellung. Bd. II. Heidelberg

Behaghel, O. (1932): Deutsche Syntax. Eine geschichtliche Darstellung. Bd. IV. Heidelberg

Behrens, U. (1989): Wenn nicht alle Zeichen trügen. Interpunktion als Markierung syntaktischer Konstruktionen. Frankfurt/M.

Beneš, E. (1967): Die funktionale Satzperspektive. DaF 1. S. 23–28

Bense, E./Eisenberg, P./Haberland, H. (Hg.) (1976): Beschreibungsmethoden des amerikanischen Strukturalismus. München

Bergenholtz, D. (1985): Kasuskongruenz in der Apposition. Beitrr (Tüb) 107. S. 21–44

Berger, D. (1968): Interpunktionsfragen in der Sprachberatung. Die wissenschaftliche Redaktion 5. Mannheim. S. 30–43

Bergerová, H. (1997): Vergleichssätze in der deutschen Gegenwartssprache. Syntaktische und semantische Beschreibung einer Nebensatzart. Frankfurt

Bergmann, R. (1980): Verregnete Feriengefahr und Deutsche Sprachwissenschaft. Zum Verhältnis von Substantivkompositum und Adjektivattribut. Spr.wiss. 5. S. 234–265

Bertele, R (2004): The typology of motion and posture verbs: A variationist account. In: Kortmann, B. (Hg.): Dialectology meets Typology. Berlin. S. 93–126

Bhatt, C. (1990): Die snytaktische Struktur der Nominalphrase im Deutschen. Tübingen

Bickes, G. (1984): Das Adjektiv im Deutschen. Untersuchungen zur Syntax und Semantik einer Wortart. Frankfurt

Bierwisch, M. (1963): Grammatik des Deutschen Verbs. Berlin

Bierwisch, M. (1970): Probleme und Methoden des Strukturalismus. Frankfurt

Bierwisch, M. (1970a): Einige semantische Universalien in deutschen Adjektiven. In: Steger, H. (Hg.): Vorschläge für eine strukturelle Grammatik des Deutschen. Darmstadt. S. 239–270

Bierwisch, M. (1972): Zur Klassifizierung semantischer Merkmale. In: Kiefer, F. (Hg.): Semantik und generative Grammatik I. Frankfurt. S. 69–99

Bierwisch, M. (1987): Dimensionsadjektive als strukturierender Ausschnitt des Sprachverhaltens. In: Bierwisch, M./Lang, E. (Hg.) (1987). S. 1–28

Bierwisch, M./Heidolph, K.E. (Hg.) (1970): Progress in Linguistics. Den Haag

Bierwisch, M./Lang, E. (1987): Grammatische und konzeptuelle Aspekte von Dimensionsadjektiven. Berlin

Birkmann, T. (1987): Präteritopräsentia. Morphologische Entwicklungen einer Sonderklasse in den altgermanischen Sprachen. Tübingen.

Bittner, A. (1996): Starke ›schwache‹ Verben, schwache ›starke‹ Verben. Deutsche Verbflexion und Natürlichkeit. Tübingen

Blatz, F. (1896): Neuhochdeutsche Grammatik mit Berücksichtigung der historischen Entwicklung der deutschen Sprache. Zweiter Band. Satzlehre (Syntax). Karlsruhe. 3.Aufl.

Blatz, F. (1900): Neuhochdeutsche Grammatik mit Berücksichtigung der historischen Entwicklung der Deutschen Sprache. Erster Band. Einleitung. Lautlehre. Wortlehre. Karsruhe. 3.Aufl.

Bloomfield, L. (1935): Language. London. (Britische Ausgabe)

Blühdorn, H. (1993): Deixis und Deiktika in der deutschen Gegenwartssprache. DS 21. S. 44–62

Blume, K. (1995): Die semantische Transitivität von Verben mit /Nom/Dat-Kasusrahmen. Düsseldorf (=Arbeiten des SFB 282, Nr. 68)

Borsley, R.D. (1997): Syntax-Theorie. Ein zusammengefaßter Zugang. Deutsche Bearbeitung von Peter Suchsland. Tübingen

Bosch, P. (1983): Agreement and Anaphora. A Study of the Rôles of Pronouns in Syntax and Discourse. New York

Braunmüller, K. (1977): Referenz und Pronominalisierung. Tübingen

Brauße, U. (1988): Wissenssätze und Wissensfragen mit eingebetteten *daß*- und *ob*-Nebensätzen. In: Lang, E. (Hg.) (1988). S. 176–215
Breindl, E. (1989): Präpositionalobjekte und Präpositionalobjektsätze im Deutschen. Tübingen
Bresson, D./Dalmas, M. (Hg.) (1994): Partizip und Partizipialgruppen im Deutschen. Tübingen
Brettschneider, G. (1978): Koodination und syntaktische Komplexität. München
Brinker, K. (1969): Zur Funktion *sein* + *zu* + Infinitiv. In: Duden-Beiträge 37. Mannheim. S. 23–34
Brinker, K. (1971): Das Passiv im heutigen Deutsch. München
Brinker, K. (1972): Konstituentenstrukturgrammatik und operationale Satzgliedanalyse. Frankfurt
Brinkmann, H. (1971): Die deutsche Sprache. Gestalt und Leistung. Düsseldorf. 2.Aufl.
Brünner, G. (1979): Modales ›nicht-brauchen‹ und ›nicht-müssen‹. LB 62. S. 81–93
Brünner, G./Redder, A. (1983): Studien zur Verwendung der Modalverben. Tübingen
Brugmann, K. (1889): Das Nominalgeschlecht in den indogermanischen Sprachen. Internationale Zeitschrift für Allgemeine Sprachwissenschaft 4. S. 100–109. Auch in Sieburg, H. (Hg.) (1997)
Brugmann, K. (1891): Zur Frage der Entstehung des grammatischen Geschlechts. Beitrr 15. S. 523–531. Auch in Sieburg, H. (Hg.) (1997)
Budde, M. (1996): Non-reducible Grammatical Relations without Semantic Content. The German Prefield – *es* as a Problem of General Syntax. In: Sackmann, R. (Hg.): Theoretical Linguistics and Grammatical Description. Amsterdam. S. 45–64
Bühler, K. (1965): Sprachtheorie. Die Darstellungsfunktion der Sprache. Stuttgart. Original 1934
Büring, D./Hartmann, K. (1998): Asymmetrische Koordination. LB 174. S. 172–201
Buscha, J. (1989): Lexikon deutscher Konjunktionen. Leipzig
Butt, M./Fuhrhop, N. (Hg.) (1999): Variation und Stabilität in der Wortstruktur. Hildesheim
Butulussi, E. (1991): Studien zur Valenz kognitiver Verben im Deutschen und Neugriechischen. Tübingen
Bybee, J.L. (1985): Morphology. A Study of the Relation Between Meaning and Form Amsterdam.
Calbert, J.P. (1975): Toward the Semantics of Modality. In: Calbert/Vater (1975). S. 1–70
Calbert, J./Vater, H. (1975): Aspekte der Modalität. Tübingen
Carstensen, B. (1980): Das Genus englischer Fremd- und Lehnwörter im Deutschen. In: Viereck, W. (Hg.) (1981). S. 37–75
Cherubim, D. (1975): Grammatische Kategorien. Das Verhältnis von ›traditioneller‹ und ›moderner‹ Sprachwissenschaft. Tübingen
Cho, J.-K. (1999): Infinitivkonstruktionen im Deutschen. Sprachsystem und Sprachentwicklung seit dem 18. Jahrhundert. Frankfurt/M.
Chomsky, N. (1957): Syntactic Structures. Den Haag
Chomsky, N. (1969): Aspekte der Syntax-Theorie. Frankfurt. Original 1965
Chomsky, N. (1970): Remarks on nominalization. In: Jacobs, R.A./Rosenbaum, P.S. (Hg.). S. 184–221
Chomsky, N. (1973): Strukturen der Syntax. Den Haag. Übersetzung von Chomsky 1957
Chomsky, N. (1984): Lectures on Government and Binding. Dordrecht. 3.Aufl.
Chomsky, N. (1996): The Minimalist Program. Cambridge (Mass.) 2.Aufl.
Clément, D. (Hg.) (1980): Empirische rechtfertigung von syntaxen. Köln
Clément, D. (1986): A propos de faux vides et de faux PRO: les sujets des infinitives de l'Allemand introduites par *um-zu* sont-il controlés? DRLAV 34/35. S. 257–273
Clément, D./Thümmel, W. (1975): Grundzüge einer syntax der deutschen standardsprache. Frankfurt
Cole, P./Sadock, J. (Hg.) (1977): Syntax and Semantics 8. Grammatical Relations. New York
Comrie, B. (1978): Ergativity. In: Lehmann, W. P. (Hg.): Syntactic Typology: Studies in the Phenomenology of Language. Austin. S. 329–394
Comrie, B./Keenan, E.L. (1979): Noun Phrase Accessibility Revisited. Language 55. S. 649–664

Conrad, R. (1978): Studien zur Syntax und Semantik von Frage und Antwort. Berlin
Cooper, W.E./Ross, J.R. (1975): World Order. In: Grossmann, R.E./San, L.J./Vance, T.J. u.a. (Hg.): Papers from the Parasession on Functionalism, Chicago. S. 63–111
Corbett, G. (1991): Gender. Cambridge
Coulmas, F. (1982): Some remarks on Japanese deictics. In: Weissenborn, J./Klein, W. (Hg.) (1982). S. 209–221
CRLG (Hg.) (1987): Das Passiv im Deutschen. Tübingen
Dal, I. (1969): Über Kongruenz und Rektion im Deutschen. In: Engel, U./Grebe, P./Rupp, H. (Hg.): Festschrift für Hugo Moser zum 60. Geburtstag am 19. Juni 1969. Düsseldorf. S. 9–18
Dahl, Ö. (1999): Animacy and the notion of semantic gender. In: Unterbeck, B./Rissanen, M. (Hg.) (1999). S. 99–115
Darski, J. (1979): Die Adjektivdeklination im Deutschen. Spr.wiss. 4. S. 190–205
Darski, J. (1999): Bildung der Tempora im Standarddeutschen. Tübingen
David, J. (1995): Dauert ein dreistündiger Flug lange oder nicht lange? Überlegungen zur paradigmatischen Definition des Adverbialakkusativs. In: Métrich, R./Vuillanme, M. (Hg.): Rand und Band. Tübingen. S. 13–18
Debus, F./Leirbukt, O. (Hg.) (1997): Aspekte der Modalität im Deutschen. Hildesheim. (=GL 136)
Demske-Neumann, U. (1994): Modales Passiv und *Tough Movement.* Zur strukturellen Kausalität eines syntaktischen Wandels im Deutschen und Englischen. Tübingen
Demske, U. (1996): Prenominal Genitives and DP-Structure in the History of German. In: Dufresne, M./Dupuis, F. (Hg.): Features and Diachronic Change. Montreal.
Desportes, Y. (1984): Das System der räumlichen Präpositionen im Deutschen. Strukturgeschichte vom 13. bis zum 20. Jahrhundert. Heidelberg
Deutsche Rechtschreibung (1996): Deutsche Rechtschreibung. Regeln und Wörterverzeichnis. Tübingen
Dieckmann, W./Paul, J./Voigt, G./Zeck, J. (2000): ›Satzarten‹ in Gebrauchsgrammatiken des Deutschen. In: Thieroff, R. u.a. (Hg.) (2000). S. 247–261
Di Meola, C. (2000): Die Grammatikalisierung deutscher Präpositionen. Tübingen
Dietrich, R. (1992): Modalität im Deutschen. Zur Theorie der relativen Modalität. Opladen
Diewald, G. (1991): Deixis und Textsorten im Deutschen. Tübingen
Diewald, G. (1997): Grammatikalisierung. Eine Einführung in Sein und Werden grammatischer Formen. Tübingen
Diewald, G. (1999): Die Modalverben im Deutschen: Grammatikalisierung und und Polyfunktionalität. Tübingen
Dirven, R./Goossens, I./Putseys, I./Vorlat, E. (1982): The Scene of Linguistic Action and its Perspectivization by *speak, talk say* and *tell.* Amsterdam
Dixon, R.M.W. (1979): Ergativity. Language 55. S. 59–138
Doherty, M. (1973): ›Noch‹ and ›schon‹ and their presuppositions. In: Kiefer, F./Ruwet, N. (Hg.): Generative Grammar in Europe. Dordrecht. S. 154–177
Dougherty, R.C. (1969): An interpretive theory of pronominal reference. FL 5. S. 488–519
Dowty, D.R. (1991): Thematic proto-roles and argument selection. Language 67. S. 547–619
Drach, E. (1940): Grundgedanken der deutschen Satzlehre. Frankfurt. 3. Aufl.
Droescher, W. (1974): Das deutsche Adverbialsystem. DaF 11. S. 279–285
Droop, H. G. (1977): Das präpositionale Attribut. Tübingen
Duden (1966): Grammatik der deutschen Gegenwartssprache. Mannheim. 2.Aufl.
Duden (1973): Grammatik der deutschen Gegenwartssprache. Mannheim. 3.Aufl.
Duden (1984): Grammatik der deutschen Gegenwartssprache. Mannheim. 4.Aufl.
Duden (1991): Rechtschreibung der deutschen Sprache. Mannheim. 20.Aufl.
Duden (1997): Richtiges und gutes Deutsch. Wörterbuch der sprachlichen Zweifelsfälle. Mannheim. 4.Aufl.
Duden (1998): Grammatik der deutschen Gegenwartssprache. Mannheim. 6.Aufl.
Duden (2001): Richtiges und gutes Deutsch. Wörterbuch der sprachlichen Zweifelsfälle. Mannheim. 5. Aufl.
Dürscheid, C. (2002): »Polemik satt und Wahlkampf pur« – Das postnominale Adjektiv im Deutschen. ZS 21. S. 57–81

Dürscheid, C. u.a. (Hg.) (1997): Sprache im Fokus. Festschrift für Heinz Vater. Tübingen
Dupuy-Engelhardt, H. (1982): ›Reden, sagen, sprechen‹. Von den Distributions- zu den Bedeutungsunterschieden. In: Recherches linguistiques. Articles offerts à Marthe Phillipp. Göppingen. S. 95–112
Durrell, M. (1977): Zur morphologischen Struktur der deutschen Nominalgruppe. DaF 14. S. 44–52
Durrell, M. (1979): Some problems in the morphology of the German noun phrase. Transactions of the Philological Society. S. 66–88
Ebert, R. (1975): Subject Raising, the Clause Squish and German *scheinen*-Constructions. In: CLS 11. S. 177–187
Edmondson, J.A. (1982): Einführung in die Transformationssyntax des Deutschen. Tübingen
Eggers, H. (1972): Die Partikel *wie* als vielseitige Satzeinleitung. In: Linguistische Studien 1. Düsseldorf. S. 159–182
Eggers, H. (1973): Modale Infinitivkonstruktionen des Typs *er ist zu loben*. In: Linguistische Studien IV. Düsseldorf. S. 39–45
Eggers, H. (1980): *Derer* oder *deren?* Zur Normenproblematik im Deutschen. Mspråk 74. S. 133–138
Ehlich, K. (1982): Deiktische und phorische Prozeduren beim literarischen Erzählen. In: Lämmert, E. (Hg.): Erzählforschung. Stuttgart. S. 112–129
Ehlich, K. (1983): Deixis und Anapher. In: Rauh, G. (Hg.) (1983). S. 79–97
Ehlich, K. (1987): *so* – Überlegungen zum Verhältnis sprachlicher Formen und sprachlichen Handelns, allgemein und an einem widerspenstigen Beispiel. In: Rosengren, I. (Hg.) (1987). S. 279–298
Ehlich, K./Rehbein, J. (1972): Einige Interrelationen von Modalverben. In: Wunderlich, D. (Hg.): Linguistische Pragmatik. Frankfurt. S. 318–340
Ehrich, V. (1983): *Da* im System der lokalen Demonstrativadverbien des Deutschen. ZS 2. S. 197–219
Ehrich, V. (1991): Nominalisierungen. In: Stechow, A.v./Wunderlich, D. (Hg.) (1991). S. 441–458
Ehrich, V. (1992): Hier und Jetzt. Studien zur lokalen und temporalen Deixis im Deutschen. Tübingen
Ehrich V./Rapp, J. (2000): Sortale Bedeutung und Argumentstruktur: *ung*-Nominalisierungen im Deutschen. ZS 19. S. 245–303
Eichinger, L.M. (1979): Überlegungen zum Adverb. Spr.wiss. 4. S. 82–92
Eichinger, L.M. (1982): Syntaktische Transposition und semantische Derivation. Die Adjektive auf *isch* im heutigen Deutsch. Tübingen
Eichinger, L.M. (1987): Die Adjektive auf *-isch* und die Serialisierungsregeln in deutschen Nominalgruppen. In: Asbach-Schnittker, B./Roggenhofer, J. (Hg.) (1987). S. 155–176
Eichinger, L.M. (1989): Raum und Zeit im Verbwortschatz des Deutschen. Tübingen
Eichinger, L.M. (1993): Vom Nutzen der Nominalklammer. In: Vuillaume, M./Marillier, J.-F./ Behr, I. (Hg.) (1993). S. 85–104
Eichinger, L.M./Eroms, H.-W. (Hg.) (1995): Dependenz und Valenz. Hamburg
Eichler, W./Bünting, K.-D. (1976): Deutsche Grammatik. Form, Leistung und Gebrauch der Gegenwartssprache. Kronberg. 1.Aufl.
Eisenberg, P. (1973): A note on ›identity of constituents‹. LI 4. S. 417–420
Eisenberg, P. (1976): Oberflächenstruktur und logische Struktur. Untersuchungen zur Syntax und Semantik des deutschen Prädikatadjektivs. Tübingen
Eisenberg, P. (1980): Das Deutsche und die Universalien: wenn der Kasus zurückschlägt. LB 67. S. 63–67
Eisenberg, P. (1985): Maß und Zahl. Zur syntaktischen Deutung einer ungefestigten Konstruktion im Deutschen. In: Ballmer, T./Posner, R. (Hg.): Nach-Chomskysche Linguistik. Berlin. S. 311–320
Eisenberg, P. (1992): Adverbiale Infinitive: Abgrenzung, Grammatikalisierung, Bedeutung. In: Hoffmann, L. (Hg.) (1992). S. 206–224
Eisenberg, P. (1993): Der Kausalsatz ist nicht zu retten. PD 118. S. 10–11
Eisenberg, P. (1994): Grundriß der deutschen Grammatik. Stuttgart. 3.Aufl.
Eisenberg, P. (2002): Morphologie und Distribution – Zur Morphosyntax von Adjektiv und Adverb im Deutschen. In Schmöe, F. (Hg.). S. 61–76

Eisenberg, P. (2004): Kategorienhierarchie und verbales Paradigma. Die analytischen Formen im Passiv, Perfekt, Konjunktiv. In: Leirbukt, O. (Hg.): Tempus/Temporalität und Modus/Modalität im Deutschen. Tübingen. Im Druck
Eisenberg, P./Hartmann, D./Klann, G./Lieb, H.-H. (1975): Syntaktische Konstituentenstrukturen des Deutschen. LAB (West) 4. S. 61–165
Eisenberg, P./Smith, G. (2002): Der einfache Genitiv. Eigennamen als Attribute. In: Peschel, C. (Hg.): Grammatik und Grammatikvermittlung. Frankfurt/M. S. 113–126
Eisenberg, P./Smith, G./Teuber, O. (2001): Ersatzinfinitiv und Oberfeld. Ein großes Rätsel der deutschen Syntax. DS 30. S. 242–260
Engel, U. (1970): Studie zur Geschichte des Satzrahmens und seiner Durchbrechung. In: Moser, H. u.a. (Hg.): Studien zur Syntax des heutigen Deutsch. Düsseldorf. S. 45–61
Engel, U. (1972): Syntaktische Besonderheiten der deutschen Alltagssprache. In: Sprache der Gegenwart. Düsseldorf. S. 199–228
Engel, U. (1977): Syntax der deutschen Gegenwartssprache. Berlin. 1.Aufl.
Engel, U. (1988): Deutsche Grammatik. Heidelberg. 1.Aufl.
Engel, U. (1991): Deutsche Grammatik. Heidelberg. 2.Aufl.
Engel, U./Grebe, P./Rupp, H. (Hg.) (1969): Festschrift für Hugo Moser zum 60. Geburtstag am 19. Juni 1969. Düsseldorf
Engel, U./Schumacher, H. (1978): Kleines Valenzlexikon deutscher Verben. Tübingen. 2.Aufl.
Engelen, B. (1968): Zum System der Funktionsverbgefüge. WW 18. S. 289–303
Engelen, B. (1975): Untersuchungen zu Satzbauplan und Wortfeld in der geschriebenen deutschen Sprache der Gegenwart. Bd. 1. München
Engelen, B. (1986): Einführung in die Syntax der deutschen Sprache. Band II. Satzglieder und Satzbaupläne. Baltmannsweiler
Engelen, B. (1990): Der Genitivus definitivus und vergleichbare Konstruktionen. ZD 4. S. 2–17
Erben, J. (1978): Über ›Kopula‹-verben und ›verdeckte‹ (kopulalose) Ist-Prädikationen. In: Moser, H./Rupp, H./Steger, H. (Hg.): Deutsche Sprache: Geschichte und Gegenwart. Bern. S. 75–92
Erben, J. (1980): Deutsche Grammatik. Ein Abriß. München. 12.Aufl.
Eroms. H.-W. (1975): Subjektwahl und Konversen. In: Drachmann, G. (Hg.): Akten der 1. Salzburger Frühlingstagung für Linguistik. Tübingen. S. 319–333
Eroms, H.-W. (1978): Zur Konversion der Dativphrasen. Spr.wiss. 3. S. 357–405
Eroms, H.-W. (1981): Valenz, Kasus und Präpositionen. Untersuchungen zur Syntax und Semantik präpositionaler Konstruktionen in der deutschen Gegenwartssprache. Heidelberg
Eroms, H.-W. (Hg.) (1984): Studia linguistica et philologica. Heidelberg
Eroms, H.-W. (1986): Funktionale Satzperspektive. Tübingen
Eroms, H.-W. (2000): Syntax der deutschen Sprache. Berlin
Eroms, H.-W. (2001): Gelöste und ungelöste Fragen der verbalen Valenz. In: Thielemann, W./Welke, K. (Hg.): Valenztheorie – Einsichten und Ausblicke. Münster. S. 11–25
Ertel, S. (1969): Psychophonetik. Untersuchungen über Lautsymbolik und Motivation. Göttingen
Ertel. S. (1975): Gestaltpsychologische Denkmodelle für die Struktur der Sprache. In: Ertel S./Kemmler, L./Stadler, M. (Hg.): Gestalttheorie in der modernen Psychologie. Darmstadt. S. 94–107
Esau, H. (1973): Nominalization and Complementation in Modern German. Amsterdam
Esau, H. (1973a): The Order of Elements in the German Verb Constellation. Linguistics 98. S. 20–40
Ewald, P. (1992): Konkreta vs. Abstrakta. Zur semantischen Subklassifikation deutscher Substantive. Spr.wiss. 17. S. 259–281
Fabricius-Hansen, C. (1980): Sogenannte ergänzende *wenn*-Sätze. Ein Beispiel semantisch-syntaktischer Argumentation. In: Dyhr, M./Hylgaard-Jensen, K./Olsen, J. (Hg.): Festschrift für Gunnar Bech. Kopenhagen. S. 160–188
Fabricius-Hansen, C. (1986): Tempus fugit. Über die Interpretation temporaler Strukturen im Deutschen. Düsseldorf
Fabricius-Hansen, C. (1992): Subordination. In: Hoffmann, L. (Hg.) (1992). S. 458–483

Fabricius-Hansen, C. (1993): Nominalphrasen mit Kompositum als Kern. Beitrr (Tüb) 115. S. 193–243

Fabricius-Hansen, C. (2000): Die Geheimnisse der deutschen *würde*-Konstruktion. In: Thieroff, R. u. a. (Hg.) (2000). S. 83–96

Fabricius-Hansen, C./Sæbø, K.J. (1983): Über das Chamäleon *wenn* und seine Umwelt. LB 83. S. 1–35

Fagan, S.M. (1992): The Syntax and Semantics of Middle Constructions. A Study with Special Reference to German. Cambridge

Falkenberg, G. (1974): Drei Argumente gegen die Zweiteilung in NP und VP. ZGL 2. S. 25–48

Falkenberg, G. (Hg.) (1988): Wissen, Wahrnehmen, Glauben. Epistemische Ausdrücke und propositionale Einstellungen. Tübingen

Fanselow, G. (1987): Konfigurationalität. Untersuchungen zur Universalgrammatik am Beispiel des Deutschen. Tübingen

Fanselow, G./Felix, S. (Hg.) (1991): Strukturen und Merkmale syntaktischer Kategorien. Tübingen

Fernández Bravo, N. (1993): Les énoncés interrogatifs en allemand contemporain. Tübingen

Fillmore, Ch. (1968): The Case for Case. In: Bach, E./Harms, R. (Hg.): Universals in Linguistic Theory. New York. S. l-88

Fillmore, Ch. (1977): The Case for Case Reopened. In: Cole, P./Sadock, J. (Hg.) (1977). S. 59–81. Deutsch in: Pleines, J. (Hg.) (1981). S. 15–43

Findreng, A. (1976): Zur Kongruenz in Person und Numerus zwischen Subjekt und finitem Verb im modernen Deutsch. Oslo

Firbas, J. (1964): On Defining the Theme in Functional Sentence Analysis. In: TLP 1. S. 267–280

Fischer, B.-J. (1981): Satzstruktur und Satzbedeutung. Plädoyer für eine semantikfundierende Oberflächengrammatik; am Beispiel der Bedingungssätze des Deutschen. Tübingen

Flämig, W. (1991): Grammatik des Deutschen. Einführung in Struktur- und Wirkungszusammenhänge. Berlin

Flämig, W./Haftka, B./Hartung, W.D./Heidolph, K.E./ Lehmann, D./Pheby; I. (1972): Skizze der deutschen Grammatik. Berlin

Fleischer, W. (1997): Phraseologie der deutschen Gegenwartssprache. Leipzig. 2. Aufl.

Fleischer, W./Barz, I. (1992): Wortbildung der deutschen Gegenwartssprache. Unter Mitarbeit von Susanne Schröder. Tübingen

Fodor, I. (1959): The Origin of Grammatical Gender. Lingua 8. S. 1–41

Folsom, M.H. (1968): »bauchen« im System der Modalverben. Mu 78. S. 321–329

Fónagy, J. (1963): Die Metaphern in der Phonetik. Den Haag

Fourquet, J. (1973): Prolegomena zu einer deutschen Grammatik. Düsseldorf. 4. Aufl.

Fourquet, J. (1973a): Zum Gebrauch des deutschen Konjunktivs. In: Linguistische Studien IV. Düsseldorf. S. 61–73

Frank, N. (2000): Probleme lexikalischer Selektion und abhängige Verbzweitsätze. LB 184. S. 469–483

Fries, N. (1992): Zur Syntax des Imperativs im Deutschen. ZS 11. S. 153–188

Fries, N. (1996): Flexionsmorphologie und Syntax des Imperativs im Deutschen und Neugriechischen. S&P 42

Fritz, M. (1998): Die urindogermanischen *s*-Stämme und die Genese des dritten Genus. In: Meid, W. (Hg.): Sprache und Kultur der Indogermanen. Innsbruck. S. 255–264

Fuhrhop, N. (1998): Grenzfälle morphologischer Einheiten. Tübingen

Fuhrhop, N. (2003): ›Infinitivverben‹: Nehmen *lernen* und *lieben* einen verbalen Infinitiv als Ergänzung? In: Maienborn, C. (Hg.). S. 99–114

Gärtner, H.-M. (2000): Are There V2 Relative Clauses in German? JCGL 3(2). S. 97–141

Gallmann, P. (1990): Kategoriell komplexe Wortformen. Das Zusammenwirken von Morphologie und Syntax bei der Flexion von Nomen und Adjektiv. Tübingen

Gallmann, P. (1996): Die Steuerung der Flexion in der DP. LB 164. S. 283–314

Gallmann, P./Lindauer, Th. (1994): Funktionale Kategorien in Nominalphrasen. Beitrr (Tüb) 116. S. 1–27

Gelhaus, H. (1977): Der modale Infinitiv. Tübingen

Gerstenkorn, A. (1976): Das »Modal«-System im heutigen Deutsch. München
Gerstner-Link, C./Krifka, M. (1993): Genericity. In: Jacobs, J. u. a. (Hg.) (1993). S. 966–978
Gippert, J. (1981): Zur Dativ-Apposition im Deutschen. Beitrr (Tüb) 103. S. 31–62
Givón, T. (1979): On Understanding Grammar. New York
Givón, T. (1984): Syntax. A functional-typological introduction. Bd.1. Amsterdam
Glinz, H. (1965): Die innere Form des Deutschen. Bern. 4. Aufl.
Gloy, K. (1993): Sprachnormenforschung in der Sackgasse? Überlegungen zu Renate Bartsch, Sprachnormen: Theorie und Praxis. Beitrr (Tüb) 115. S. 30–65
Gréciano, G./Schumacher, W. (Hg.) (1996): Lucien Tesnière – Syntaxe structurale et opérations mentales. Tübingen
Greenberg, J.H. (1966): Some universals of grammar with particular reference to the order of meaningful elements. In: Greenberg, J.H. (Hg.): Universals of Language. Cambridge, Mass. S. 13–113. 2.Aufl.
Greenberg, J.H. (1978): How Does a Language Acquire Gender Markers? In: Greenberg (Hg.) (1978). S. 47–80
Greenberg, J.H. (Hg.) (1978): Universals of Language. Vol. 3: Word Structure. Stanford
Gregor, B. (1983): Genuszuordnung. Das Genus englischer Lehnwörter im Deutschen. Tübingen
Grewendorf, G. (1982): Zur Pragmatik der Tempora im Deutschen. DS 10. S. 213–236
Grewendorf, G. (1984): Besitzt die deutsche Sprache ein Präsens? In: Stickel, G. (Hg.) (1984). S. 224–242
Grewendorf, G. (1986): Relativsätze im Deutschen: Die Rattenfänger-Konstruktion. LB 105. S. 409–434
Grewendorf, G. (1987): Kohärenz und Restrukturierung. Zu verbalen Komplexen im Deutschen. In: Asbach-Schnitker, B./Roggenhofer, J. (Hg.) (1987). S. 123–144
Grewendorf, G. (1988): Aspekte der deutschen Syntax. Eine Rektions-Bindungs-Analyse, Tübingen
Grewendorf, G. (1989): Ergativity in German. Dordrecht
Grewendorf, G. (1994): Kohärente Infinitive und Inkorporation. In: Steube, A./Zybatow, G. (Hg.) (1994). S. 31–48
Grinder, J./Postal, P.M. (1971): Missing antecedents. LI 22. S. 269–312
Grundzüge: Grundzüge einer deutschen Grammatik. Von einem Autorenkollektiv unter Leitung von Karl-Erich Heidolph, Walter Fämig und Wofgang Motsch. Berlin 1981
Günther, H./Pape, S. (1976): Funktionsverbgefüge als Problem der Beschreibung komplexer Verben in der Valenztheorie. In: Schumacher, H. (Hg.) (1976). S. 92–128
Günthner, S. (1996): From subordination to coordination? Verb-second position in German causal und concessive constructions. Pragmatics 6. S. 323–356
Gunkel, L. (2003): Infinitheit, Passiv und Kausativkonstruktionen im Deutschen. Tübingen
Gunkel, L. (2003a): Reflexivierung in AcI-Konstruktionen. In: Gunkel, L. u. a. (Hg.): Arbeiten zur Reflexivierung. Tübingen. S. 115–133
Haberland, H. (1985): Zum Problem der Verschmelzung von Präposition und bestimmtem Artikel im Deutschen. OBST 30. S. 82–107
Hackel, W. (1999): Enge appositionelle Syntagmen in der deutschen Gegenwartssprache. Mehr als ein marginales grammatisches Problem. Frankfurt/M.
Haftka, B. (Hg.) (1994): Was determiniert die Wortstellungsvariation? Opladen
Hahnemann, S. (1999): Vergleiche im Vergleich. Zur Syntax und Semantik ausgewählter Vergleichsstrukturen mit ›als‹ und ›wie‹ im Deutschen. Tübingen
Haider, H. (1985): Über *sein* oder nicht *sein* zur Grammatik des Pronomens ›sich‹. In: Abraham, W. (Hg.) (1985). S. 221–252
Haider, H. (1992): Die Stuktur der Nominalphrase – Lexikalische und funktionale Strukturen. In: Hoffmann, L. (Hg.) (1992). S. 304–333
Haider, H. (1993): Deutsche Syntax – generativ. Vorstudien zur Theorie einer projektiven Grammatik. Tübingen
Haider, H./Rosengren, I. (1998): Scrambling. S&P 49
Hajos, A. (1972): Wahrnehmungspsychologie. Stuttgart
Hamp, E.P./Houscholder, F./Austerlitz, R. (Hrsg.) (1966): Readings in linguistics II. Chicago
Handwerker, B. (Hg.) (1995): Fremde Sprache Deutsch. Grammatische Beschreibung – Erwerbsverläufe – Lehrmethodik. Tübingen

Harras, G./Bierwisch, M. (Hg.) (1996). Wenn die Semantik arbeitet. Tübingen
Hartmann, D. (1977): Aussagesätze, Behauptungshandlungen und die kommunikativen Funktionen der Satzpartikeln *ja, nämlich* und *einfach*. In: Weydt, H. (Hg.) (1977). S. 101–114
Hartmann, D. (1980): Zur sprachlichen Form von Dispositionsbegriffen. LB 67. S. 23–29
Hartmann, D. (1994): Particles. In: Asher, R. E. (Hg.) (1994). S. 2953–2958
Hartung, W. (1964): Die bedingenden Konjunktionen der deutschen Gegenwartssprache. Beitrr 86. S. 350–387
Hartung, W. (1977): Zum Inhalt des Normbegriffs in der Linguistik. In: Normen in der sprachlichen Kommunikation. Berlin. S. 9–69
Harweg, R. (1971): Zum Verhältnis von Satz, Hauptsatz und Nebensatz. ZDL 38. S. 16–46
Harweg, R. (1979): Sind negative Behauptungssätze immer Verneinungen? ZGL 7. S. 279–303
Harweg, R. (1983): Genuine Gattungseigennamen. In: Faust, M. u. a. (Hg.): Allgemeine Sprachwissenschaft, Sprachtypologie und Textlinguistik. Tübingen. S. 157–171
Harweg, R. (1990): Studien zur Deixis. Bochum
Harweg, R. (1990a): Zeiggesten, Wahrnehmung und starke Deiktika. In: Harweg, R. (1990). S. 295–307
Harweg, R. (1990b): Autodeiktika und Heterodeiktika oder Die Determination der Deiktika. In: Harweg, R. (1990). S. 1–26
Harweg, R. (1990c): Textdeixis. In: Harweg, R. (1990). S. 177–212
Haspelmath, M. (1990): The grammaticalization of passive morphology. SiL 14. S. 25–71
Hauser-Suida, U./Hoppe-Beugel, G. (1972): Die Vergangenheitstempora in der deutschen geschriebenen Sprache der Gegenwart. Düsseldorf
Hawkins, J. A. (1978): Definiteness and Indefiniteness: a Study in Reference and Grammaticality Prediction. London
Hawkins, J. A. (1983): Word Order Universals. New York
Hawkins, J. A. (1985): A Comparative Typology of Englisch and German: Unifying the Contrasts. London
Heeschen C. (1972): Grundfragen der Linguistik. Stuttgart
Heidolph, K. E. (1970): Zur Bedeutung negativer Sätze. In: Bierwisch, M./Heidolph, K. E. (Hg.): (1970). S. 86–101
Helbig, G. (1973): Zu Problemen des Attributs in der deutschen Gegenwartssprache (2). DaF 10. S. 11–17
Helbig, G. (1973a): Die Funktion der substantivischen Kasus in der deutschen Gegenwartssprache. Halle
Helbig, G. (1974): Bemerkungen zu den Pronominaladverbien und zur Pronominalität. DaF 11. S. 270–279
Helbig, G. (1974): Was sind indirekte Fragesätze? DaF 11. S. 193–202
Helbig, G. (1979): Probleme der Beschreibung von Funktionsverbgefügen im Deutschen. DaF 16. S. 273–286
Helbig, G. (1991): Entwicklungen und Kontroversen in der Valenztheorie. In: Iwasaki, E./ Shichija, Y. (Hg.): Akten des VIII. Internationalen Germanistenkongresses Tokyo 1990. München. Bd. 1. S. 44–61
Helbig, G. (1992): Probleme der Valenz- und Kasustheorie. Tübingen
Helbig, G./ Buscha, J. (1975): Deutsche Grammatik. Ein Handbuch für den Ausländerunterricht. Leipzig 3. Aufl.
Helbig, G./ Buscha, J. (1986): Deutsche Grammatik. Ein Handbuch für den Ausländerunterricht. Leipzig. 9. Aufl.
Helbig, G./Buscha, J. (1998): Deutsche Grammatik. Ein Handbuch für den Ausländerunterricht. Leipzig. 18. Aufl.
Helbig, G./Schenkel, W. (1975): Wörterbuch zur Valenz und Distribution deutscher Verben. Leipzig. 3.Aufl.
Helbig, G./Schenkel, W. (1991): Wörterbuch zur Valenz und Distribution deutscher Verben. Tübingen. 8.Aufl.
Hentschel, E./Weydt, H. (1990): Handbuch der deutschen Grammatik. Berlin
Heringer, H. J. (1967): Wertigkeiten und nullwertige Verben im Deutschen. ZDS 23. S. 13–34

Heringer, H.J. (1968): Präpositionale Ergänzungsbestimmungen im Deutschen. ZDPh 87. S. 426–457

Heringer, H.J. (1968a): Die Opposition von *kommen* und *bringen* als Funktionsverben. Düsseldorf

Heringer, H.J. (1970): Theorie der deutschen Syntax. München. 1.Aufl.

Heringer, H.J. (1984): Neues von der Verbszene. In: Stickel, G. (Hg.) (1984). S. 34–64

Heringer, H.J. (1988): Ja, ja, die Partikeln! Können wir Partikelbedeutungen prototypisch erfassen? ZPSK 41. S. 730–754

Heringer, H.J./Strecker, B./Wimmer, R. (1980): Syntax. Fragen – Lösungen – Alternativen. München

Hermanns, F. (1987): Ist das Zustandspassiv ein Passiv? Versuch einer terminologischen Ungereimtheit auf die Spur zu kommen. In: CRLG (Hg.) (1987). S. 181–213

Herrlitz, W. (1973): Funktionsverbgefüge vom Typ ›in Erfahrung bringen‹. Tübingen

Hetland, J. (1992): Satzadverbien im Fokus. Tübingen

Heuer, K. (1977): Untersuchungen zur Abgrenzung der obligatorischen und fakultativen Valenz des Verbs. Frankfurt/M.

Heyse, J.Chr.A. (1838/1849): Theoretisch-praktische deutsche Grammatik oder Lehrbuch der deutschen Sprache. Hannover. 2 Bde. 5.Aufl.

Hockett, C.F. (1947): Problems of Morphemic Analysis. Language 23. S. 321–343. Auch in Joos, M. (Hg.) (1957)

Hockett, C.F. (1976): Eine Bemerkung über ›Struktur‹. In: Bense, E. u.a. (Hg.) (1976). S. 229–302. Original 1948

Hockett, C.F. (1976a): Zwei Modelle für die grammatische Beschreibung. In: Bense, E. u.a. (Hg.) (1976). S. 303–331. Original 1954

Höhle, T. (1978): Lexikalistische Syntax: Die Aktiv-Passiv-Relation und andere Infinitkonstruktionen im Deutschen. Tübingen

Höhle, T. (1982): Explikation für ›normale Betonung‹ und ›normale Wortstellung‹. In: Abraham, W. (Hg.) (1982). S. 75–154

Höhle, T. (1986): Der Begriff ›Mittelfeld‹. Anmerkungen über die Theorie der topologischen Felder. In: Akten des VII: Internationalen Germanisten-Kongresses Göttingen 1985. Bd. 3. Tübingen. S. 329–340

Höhle, T. (1988): VERUM-Fokus. S&P 5. S. 1–7

Höhle, T. (1990): Assumptions about asymmetric coordination in German. In: Mascaró, J./ Nespor, M. (Hg.): Grammar in progress. Dordrecht. S. 221–235

Höhle, T. (1992): Über Verum-Fokus im Deutschen. In: Jacobs, J. (Hg.): Informationsstruktur und Grammatik. Opladen. S. 112–141

Hoffmann, L. (Hg.) (1992): Deutsche Syntax. Ansichten und Aussichten. Berlin

Hoffmann, L. (1998): Parenthesen. LB 175. S. 299–328

Hofmann, U. (1994): Zur Topologie im Mittelfeld: pronominale und nominale Satzglieder. Tübingen

Horlitz; B. (1975): Nullwertigkeit und semantische Bestimmung von Witterungsverben am Beispiel von ›regnen‹. ZGL 3. S. 175–181

Hottenroth, P.-M. (1982): The system of local deixis in Spanish. In: Weissenborn, J./Klein, W. (Hg.) (1982). S. 133–153

Huber, W./Kummer, W. (1974): Transformationelle Syntax des Deutschen 1. München

Hyvärinen, I. (1984): Zur Satzgliedanalyse der AcI-Konstruktionen bei den deutschen Verben der Sinneswahrnehmung. DS 12. S. 303–325

IDS-Grammatik: Zifonun, G. u.a.: Grammatik der deutschen Sprache. 3 Bde. Berlin 1997

Ijbema, A./Abraham, W. (2000): Die syntaktische Funktion des infinitivischen *zu*. In: Thieroff, R. u.a. (Hg.) (2000). S. 123–137

Issatschenko, A.V. (1971): Das syntaktische Verhältnis der Bezeichnungen von Körperteilen im Deutschen. In: Syntaktische Studien. Studia Grammatica V. S. 7–27

Jackendoff, R. (1972): Semantic Interpretation in Generative Grammar. Cambridge, Mass.

Jacobs, J. (1982): Syntax und Semantik der Negation im Deutschen. München

Jacobs, J. (1983): Fokus und Skalen. Zur Syntax und Semantik der Gradpartikeln im Deutschen. Tübingen

Jacobs, J. (1988): Fokus-Hintergrund-Gliederung und Grammatik. In: Altmann, H. (Hg.) (1988). S. 89–134

Jacobs, J. (1991): On the semantics of modal particles. In: Abraham, W. (Hg.): Discourse Particles. Amsterdam. S. 141–162
Jacobs, J. (Hg.) (1992): Informationsstruktur und Grammatik. Opladen
Jacobs, J. u.a. (Hg.) (1993): Syntax. Ein internationales Handbuch zeitgenössischer Forschung. Berlin. (1. Halbband 1993; 2. Halbband 1995. =HSK 9)
Jacobs, J. (1994): Kontra Valenz. Trier
Jacobs, J. (1994a): Das lexikalische Fundament der Unterscheidung von obligatorischen und fakultativen Ergänzungen. ZGL 22. S. 284–319
Jacobs, J. (1997): I-Topikalisierung. LB 168. S. 91–133
Jacobs, R.A./Rosenbaum, P.S. (Hg.) (1970): Readings in English Transformational Grammar. Waltham, Mass.
Jaeger, Chr. (1992): Probleme der syntaktischen Kongruenz. Theorie und Normvergleich im Deutschen. Tübingen
Jäger, S. (1971): Der Konjunktiv in der deutschen Sprache der Gegenwart. München
Jäger, S. (1971a): Gebrauch und Leistung des Konjunktivs in der deutschen geschriebenen Hochsprache der Gegenwart. WW 21. S. 238–254
Jakobson, R. (1960): Linguistics and Poetics. In: Sebeok, T.A. (Hg.): Style in Language. Cambridge (Mass.). S. 350–377
Jakobson, R. (1966): Zur Struktur des russischen Verbums. In: Hamp, E.P. u.a. (Hg.) (1966). S. 22–30. Original 1932
Jakobson, R. (1966a): Beitrag zur allgemeinen Kasuslehre. In: Hamp, E.P. u.a. (Hg.) (1966). S. 51–89. Original 1936
Jarvella, R./Klein, W. (Hg.) (1982): Speech, Place, and Action. New York
Jespersen, O. (1969): Analytic Syntax. New York
Joos, M. (Hg.) (1957): Readings in Linguistics. The Development of Descriptive Linguistics in America, 1925–56. Chicago
Jørgensen, P. (1970): Tysk Grammatik III. Kopenhagen. 3. Aufl.
Jude, W.K. (1975): Deutsche Grammatik. Neufassung R.F. Schönhaar. Braunschweig. 16. Aufl.
Jung, W. (1973): Grammatik der deutschen Sprache. Leipzig. 5. Aufl.
Jung, W. (1990): Grammatik der deutschen Sprache. Mannheim. 10. Aufl.
Karttunen, L. (1971): Definite Descriptions with Crossing Coreference. FL 7. S. 157–182
Kasper, W. (1987): Semantik des Konjunktivs II in Deklarativsätzen des Deutschen. Tübingen
Katz, J. (1972): Semantic Theory. New York
Kaznelson, S.D. (1974): Sprachtypologie und Sprachdenken. Berlin
Keenan, E. (1976): Towards a Universal Definition of ›Subject‹. In: Li, C. (Hg.): Subject and Topic. New York. S. 303–333
Keenan, E./Comrie, B. (1977): Noun Phrase Accessibility and Universal Grammar. LI 8. S. 63–99
Keller, R. (1993): Das epistemische *weil* – Bedeutungswandel einer Konjunktion. In: Heringer, W./Stötzel, G. (Hg.): Sprachgeschichte und Sprachkritik. Berlin. S. 219–247
Kiparsky, P./Kiparsky C. (1971): Fact. In: Bierwisch, M./Heidolph, K.E. (Hg.). S. 143–173
Klein, J. (1987): Die konklusiven Sprechhandlungen. Studien zur Pragmatik, Semantik, Syntax und Lexik von BEGRÜNDEN, ERKLÄREN-WARUM, FOLGERN und RECHTFERTIGEN. Tübingen
Klein, W. (1978): Wo ist hier? LB 58. S. 18–40
Klein, W. (1979): Wegauskünfte. LiLi 33. S. 9–57
Klein, W. (1982): Local Deixis in Route Directions. In: Jarvella, R./Klein, W. (Hg.) (1982). S. 161–182
Klein, W. (1994): Time in language. London
Klein, W. (1999): Wie sich das deutsche Perfekt zusammensetzt. LiLi 29, 113. S. 52–85
Klein, W. (2000): An analysis of the German Perfekt. Language 76. S. 358–382
Klein, W.P. (2002): Der Apostroph in der deutschen Gegenwartssprache. Logographische Gebrauchserweiterungen auf phonographischer Basis. ZGL 30. S. 169–197
Kloeke, W. van Lessen (1985): Enklitische Formen und Flexion im Bairischen und Hochdeutschen. In: Kürschner, W./Vogt, R. (Hg.): Grammatik, Semantik, Textlinguistik. Tübingen. S. 73–80

Knobloch C. (1992): Eigennamen als Unterklasse der Nomina und in der Technik des Sprechens. Spr.wiss. 17. S. 451–473

König, E. (1977): Modalpartikeln in Fragesätzen. In: Weydt, H. (Hg.) (1977). S. 115–130

König, E. (1977a): Temporal and non-temporal uses of ›noch‹ and ›schon‹ in German. LaP 1. S. 173–198

König, E. (1991): Konzessive Konjunktionen. In: Stechow, A. von/Wunderlich, D. (Hg.) (1991). S. 631–639

König, E. (1993): Focus Particles. In: Jacobs, J. u.a. (Hg.) (1993). 1. Halbband. S. 978–987

König, E. (1997): Zur Bedeutung von Modalpartikeln im Deutschen. Ein Neuansatz im Rahmen der Relevanztheorie. In: Debus, F./Leirbukt, O. (Hg.) (1997). S. 57–75

König, E./Eisenberg, P. (1984): Zur Pragmatik von Konzessivsätzen. In: Stickel, G. (Hg.) (1984). S. 313–332

König, E./Siemund, P. (1998): Intensifikatoren und Topikalisierung. Kontrastive Beobachtungen zum Deutschen, Englischen und anderen germanischen Sprachen. In: Wegener, H. (Hg.) (1998). S. 87–110

König, E./Siemund, P. (2000): Zur Rolle der Intensifikatoren in einer Grammatik des Deutschen. In: Thieroff, R. u.a. (Hg.) (2000). S. 229–245

Köpcke, K.-M. (1982): Untersuchungen zum Genussystem der deutschen Gegenwartssprache. Tübingen

Köpcke, K.-M. (Hg.) (1994): Funktionale Untersuchungen zur deutschen Nominal- und Verbalmorphologie. Tübingen

Köpcke, K.-M/Panther, K.-U. (1989): On correlations between word order and pragmatic function of conditional sentences in German. JP 13. S. 685–711

Köpcke, K.-M/Panther, K.-U. (1991): Kontrolle und Kontrollwechsel im Deutschen. ZPSK 44. S. 143–166

Köpcke, K.-M/Panther, K.-U. (2004): Zur Identifikation leerer Subjekte in infinitivischen Komplementsätzen – ein semantisch-pragmatisches Modell. FoL 36. S. 191–218

Köpcke, K.-M/Zubin, D.A. (1983): Die kognitive Organisation der Genuszuweisung zu den einsilbigen Nomen der deutschen Gegenwartssprache. ZGL 11. S. 166–182

Köpcke, K.-M/Zubin, D.A. (1984): Sechs Prinzipien für die Genuszuweisung im Deutschen: Ein Beitrag zur natürlichen Klassifikation. LB 93. S. 26–50

Kohler, K. (1995): Einführung in die Phonetik des Deutschen. Berlin. 2.Aufl.

Kohrt, M. (1976): Koordinationsreduktion und Verbstellung in einer generativen Grammatik des Deutschen. Tübingen

Kohrt, M. (1979): *Entweder-oder* oder *oder,* oder? Oder nicht? In: Vandeweghe, W./van de Velde, M. (Hg.): Bedeutung, Sprechakte und Texte. Tübingen. S. 63–74

Kohrt, M. (1979a): Verbstellung und ›doppelter Infinitiv‹ im Deutschen. LeuvB 68. S. 1–31

Kohz, A. (1982): Linguistische Aspekte des Anredeverhaltens. Untersuchungen am Deutschen und Schwedischen. Tübingen

Kolb, H. (1960): Der inhumane Akkusativ. ZDW 16. S. 168–177

Kolde, G. (1971): Einige Bemerkungen zur Funktion, Syntax und Morphologie der mit ›als‹ eingeleiteten Nominalphrasen im Deutschen. Mu 81. S. 182–203

Kolde, G. (1985): Zur Topologie deutscher Substantivgruppen. Rahmenbildung und mehrfache Attribuierung. ZGL 13. S. 241–277

Konerding, K.-P. (2002): Konsekutivität als grammatisches und diskurspragmatisches Phänomen. Tübingen

Korhonen, J. (1981): Zum Verhältnis von verbaler und nominaler Valenz am Beispiel des heutigen Deutsch. NphM 82. S. 36–59

Kratzer, A. (1978): Semantik der Rede. Königstein

Kraus, K. (1921): *Es.* Die Fackel 572–576. S. 46–53

Kraus, K. (1932): Subjekt und Prädikat. Die Fackel 876–884. S. 147–165

Krifka, M. (1989): Nominalreferenz und Zeitkonstitution: Zur Semantik von Massentermen, Pluraltermen und Aktionsarten. München

Krivonosov, A. (1977): Deutsche Modalpartikeln im System der unflektierten Wortklassen. In: Weydt, H. (Hg.) (1977). S. 176–216

Kürschner, W. (1983): Studien zur Negation im Deutschen. Tübingen

Kunze, J. (1997): Typen der reflexiven Verbverwendung im Deutschen und ihre Herkunft. ZS 16. S. 83–180

Kutschiera, F. v. (1972): Wissenschaftstheroie I. München
Kvam. S. (1979): Diskontinuierliche Anordnung von eingebetteten Infinitivphrasen im Deutschen. Eine Diskussion der topologischen Einheiten Kohärenz und Inkohärenz. DS 7. S. 315–325
Kvam, S. (1980): Noch einmal diskontinuierliche Infinitivphrasen. Bemerkungen zu dem Aufsatz von Dieter Wunderlich. DS 8. S. 151–156
Kvam, S. (1984): Zur Syntax der Partizipialkonstruktionen im Deutschen. Ein Vergleich mit den Infinitivkonstruktionen. In: Krenn, H. u. a. (Hg.): Sprache und Text. Tübingen. S. 65–76
Lakoff, G./Peters, St. (1969): Phrasal Conjunction and Symmetric Predicates. In: Reibel, D./ Shane, S. (Hg.) Modern Studies in English. Englewood Cliffs. S. 113–142
Lang, E. (1977): Semantik der koordinativen Verknüpfung. Berlin
Lang, E. (1979): Zum Status der Satzadverbiale. SaS 40. S. 200–213
Lang, E. (1985): Symmetrische Prädikate: Lexikoneintrag und Interpretationsspielraum. Linguistische Studien, Reihe A, Heft 127. Berlin. S. 75–113
Lang, E. (1987): Semantik der Dimensionsauszeichnung räumlicher Objekte. In: Bierwisch, M./Lang, E. (Hg.) (1987). S. 287–458
Lang, E. (Hg.) (1988): Studien zum Satzmodus I. Berlin
Lang, E. (Hg.) (2002): Die Wortart ›Konjunktion‹. In: Cruse, D.A. u.a. (Hg.): Lexikologie. Ein internationales Handbuch zur Natur und Struktur von Wörtern und Wortschätzen. Berlin. 1. Halbband. S. 634–641
Lang, E./Steinitz, R. (1977): Können Satzadverbiale performativ gebraucht werden? Studia Grammatica 17. S. 51–80
Lang, E./Zifonun, G. (Hg.) (1996): Deutsch-typologisch. Berlin
Lang, M./Thümmel, W. (1974): Literaturwissenschaftliche Betrachtung sprachwissenschaftlich-historischer Denkmäler. LB 31. S. 59–72
Langacker, R. W. (1987): Nouns and Verbs. Language 63. S. 53–94
Lasnik, H. (1976): Remarks on coreference. LA 2. S. 1–22
Lauterbach, St. (1993): Genitiv, Komposition und Präpositionalattribut – zum System nominaler Relationen im Deutschen. München
Lawrenz, B. (1993): Apposition. Begriffsbestimmung und syntaktischer Status. Tübingen
Lee, S.M. (1994): Untersuchungen zur Valenz des Adjektivs in der deutschen Gegenwartssprache. Frankfurt
Lees, B.B. (1960): The Grammar of English Nominalizations. Den Haag
Lees, B.B./Klima, E.S. (1963): Rules for English pronominalization. Language 39. S. 17–28
Lehmann, C. (1985): Grammaticalization: synchronic variation and diachronic change. Lingua e stile 20. S. 308–318
Lehmann, C. (1992): Deutsche Prädikatklassen in typologischer Sicht. In: Hoffmann, L. (Hg.) (1992). S. 155–185
Lehmann, C. (1992a): Valenz. In: Auschutz, N. (Hg.): Texte, Wörter, Sätze, Moneme. Heidelberg
Lehmann, C. (2002): New reflections on grammaticalization and lexicalization. In: Wischer, J./Diewald, G. (Hg.): New Reflections on Grammaticalization. Amsterdam. S. 1–18
Lehr, U. (1998): Sprachberatungsstellen in Deutschland und der Schweiz. Mu 108. S. 207–216
Leirbukt, O. (1987): Bildungs- und Restriktionsregeln des *bekommen*-Passivs. In: CRLG (Hg.) (1987). S. 99–116
Leirbukt, O. (1995): Über Setzung und Nichtsetzung des Korrelats bei Relativsätzen mit *wer*. In: Popp, H. (Hg.) (1995). S. 151–163
Leirbukt, O. (1997): Untersuchungen zum *bekommen*-Passiv im heutigen Deutsch. Tübingen
Leisi, E. (1971): Der Wortinhalt. Seine Struktur im Deutschen und Englischen. Heidelberg. 4.Aufl.
Leiss, E. (1992): Die Verbalkategorien des Deutschen. Ein Beitrag zur Theorie der sprachlichen Kategorisierung. Berlin
Leiss, E. (1994): Genus und Sexus. Kritische Anmerkungen zur Sexualisierung von Grammatik. LB 152. S. 281–300. Auch in Sieburg, H. (Hg.) (1997)
Lenerz, J. (1977): Zur Abfolge nominaler Satzglieder im Deutschen. Tübingen

Lenerz, J. (1985): Zur Theorie des syntaktischen Wandels: das expletive *es* in der Geschichte des Deutschen. In: Abraham, W. (Hg.) (1985). S. 99–136
Lenerz, J. (1993): Zur Syntax und Semantik deutscher Personalpronomina. In: Reis, M. (Hg.) (1993). S. 117–153
Lenz, B. (1993): Ausgewählte Aspekte von *werden, sein* und *bleiben.* In: Arbeiten des SFB 282, 51. Wuppertal. S. 1–29
Lenz, B. (1993a): Probleme der Kategorisierung deutscher Partizipien. ZS 12. S. 39–76
Lenz, B. (1996): Negationsverstärkung und Jespersens Zyklus im Deutschen und in anderen europäischen Sprachen. In: Lang, E./Zifonun, G. (Hg.) (1996). S. 183–200
Lenz, B. (1998): Objektvariation bei Genitiv-Verben. PzL 58. S. 3–34
Lerot, J. (1982): Die verbregierten Präpositionen in Präpositionalobjekten. In: Abraham, W. (Hg.) (1982). S. 261–291
Leys, O. (1971): Die präpositionalen Infinitive im Deutschen. LeuvB 60. S. 1–56
Leys, O. (1973): Das Reflexivpronomen. Eine Variante des Personalpronomens. In: Sitta, H./Brinker, K. (Hg.): Studien zur Texttheorie und zur deutschen Grammatik. Düsseldorf. S. 223–242
Leys, O. (1979): Was ist ein Eigenname? Ein pragmatisch orientierter Standpunkt. LeuvB 68. S. 61–68
Leys, O. (1988): Prospektives *um.* DS 16. S. 97–102
Leys, O. (1991): Skizze einer kognitiv-semantischen Typologie der deutschen *um*-Infinitive. LeuvB 80. S. 167–203
Lieb, H.-H. (1975): Oberflächensyntax. In: LAB (West) 4. S. 1–51
Lieb, H.-H. (1977): Outline of Integrational Linguistics. LAB (West) 9
Lieb, H.-H. (1977a): Abtönungspartikel als Funktion: eine Grundlagenstudie. In: Weydt, H. (Hg.) (1977). S. 155–175
Lieb, H.-H. (1978): On the syntax and semantics of German modal verbs. In: Paradis, M. (Hg.): The Fourth LACUS Forum 1977. Columbia, S. C. S. 560–575
Lieb, H.-H. (1980): Segment und Intonation: Zur phonologischen Basis von Syntax und Morphologie. In: Lieb, H.-H. (Hg.) (1980). S. 134–150
Lieb, H.-H. (Hg.) (1980): Oberflächensyntax und Semantik. Tübingen
Lieb, H.-H. (1983): Integrational Linguistics. Volume I: General Outline. Amsterdam
Lieb, H.-H. (1992): Integrational Linguistics: Outline of a theory of language. In: Lieb, H.-H. (Hg.): Prospects for a New Structuralismus. Amsterdam. S. 127–182
Lieb, H.-H. (1992a): Paradigma und Klassifikation: Explikation des Paradigmenbegriffs. ZS 11. S. 6–43
Lindauer, Th. (1995): Genitivattribute. Eine morphosyntaktische Untersuchung zum deutschen DP/NP-System. Tübingen
Ljungerud, I. (1955): Zur Nominalflexion in der deutschen Literatursprache nach 1900. Lund
Lobin, H. (1993): Koordinationssyntax als prozedurales Phänomen. Tübingen
Löbel, E. (1986): Apposition und Komposition in der Quantifizierung. Tübingen
Löbel, E. (1989): Q as a functional category. In: Bhatt, C. u. a. (Hg.): Syntactic phrase structure phenomena in noun phrases and sentences. Amsterdam. S. 133–158
Löbel, E. (1990): D und Q als funktionale Kategorien in der Nominalphrase. LB 132. S. 232–264
Löbner, S. (1986): In Sachen Nullartikel. LB 101. S. 64–65
Löbner, S. (1987): Definites. JS 4. S. 279–326
Löbner, S. (1987a): Natural Language und Generalized Quantifier Theory. In: Gärdenfors, P. (Hg.): Generalized Quantifiers. Dordrecht 1987. S. 181–201
Lötscher, A. (1981): Abfolgeregeln für Ergänzungen im Mittelfeld. DS 9. S. 44–60
Lötscher, A. (1999): Topikalisierungsstrategien und die Zeitlichkeit der Rede. In: Redder, A./Rehbein, J. (Hg.) (1999). S. 143–169
Ludwig, O. (1971): Ein Vorschlag für die semantische Analyse des Präsens. LB 14. S. 34–41
Ludwig, O. (1972): Thesen zu den Tempora im Deutschen. ZDPh 91. S. 58–81
Lühr, R. (1991): Adjazens in komplexen Nominalphrasen. In: Fanselow, G./Felix, S. (Hg.) (1991). S. 33–51
Lutzeier, P. (1991): Major Pillars of German Syntax. An Introduction to CRMS-Theory. Tübingen
Lyons, J. (1980): Einführung in die moderne Linguistik. München. 5.Aufl.

Maas, U. (1974): Grundkurs Sprachwissenschaft I. Die herrschende Lehre. München
Maienborn, C. (2003): Die logische Form von Kopulasätzen. Berlin
Maienborn, C. (Hg.) (2003): (A)Symmetrien – (A)Symmetries. Beiträge zu Ehren von Ewald Lang – Papers in Honor of Ewald Lang. Tübingen
Marx-Moyse, J. (1983): Untersuchungen zur deutschen Satzsyntax. *Es* als vorausweisendes Element eines Subjektsatzes. Wiesbaden
Mater, E. (1971): Deutsche Verben. 6. Rektionsarten. Leipzig
Mathiot, M./Garvin, P.L. (1975): The Functions of Language. – A Sociocultural View. AQ 48. S. 148–156
Mattheier, K. (2000): Die Durchsetzung der deutschen Hochsprache im 19. und beginnenden 20. Jahrhundert: sprachgeographisch, sprachsoziologisch. In: Besch, W. u.a. (Hg.): Sprachgeschichte. Ein Handbuch zur Geschichte der deutschen Sprache und ihrer Erforschung. Berlin. 2. Teilband. S. 1951–1966. 2. Aufl.
Matzel, K. (1976): Dativ und Präpositionalphrase. Spr.wiss. 1. S. 144–186
Matzel, K. (1989): Adverbialia, Satzbaupläne und Satzbautypen. In: Matzel, K./Roloff, H.-G. (Hg.): Festschrift für Herbert Kolb zu seinem 65. Geburtstag. Bern. S. 430–446
Mayer, R. (1981): Ontologische Aspekte der Nominalsemantik. Tübingen
Mayerthaler, W. (1981): Morphologische Natürlichkeit. Frankfurt
Meibauer, J. (1987): Probleme einer Theorie des Satzmodus. In: Meibauer, J. (Hg.) (1987). S. 1–21
Meibauer, J. (Hg.) (1987): Satzmodus zwischen Grammatik und Pragmatik. Tübingen
Meier, G.F. (1961): Das Zero-Problem in der Linguistik. Kritische Untersuchungen zur strukturalistischen Analyse der Relevanz sprachlicher Form. Berlin
Meier, H. (1964): Deutsche Sprachstatistik. Hildesheim
Meineke, E. (1996): Das Substantiv in der deutschen Gegenwartssprache. Heidelberg
Metschkowa-Atanassowa, S. (1983): Temporale und konditionale *wenn*-Sätze. Untersuchungen zu ihrer Abgrenzung und Typologie. Düsseldorf
Moilanen, M. (1979): Statische lokative Präpositionen im heutigen Deutsch. Tübingen
Moilanen, M. (1983): Karl geht ins Freibad baden. In: Linguistische Studien. Reihe A. Arbeitsberichte 107. Berlin. S. 137–146
Molnárfi, L. (1998): Kasusstrukturalität und struktureller Kasus – zur Lage des Dativs im heutigen Deutsch. LB 176. S. 535–580
Moravcsik, E. (1993): Government. In: Jacobs, J. u.a. (Hg.) (1993). S. 705–721
Moravia, A. (o.J.): Ich und er. München
Morris, C. (1973): Zeichen, Sprache und Verhalten. Düsseldorf
Moskalskaja, O.J. (1971): Grammatik der deutschen Gegenwartssprache. Moskau
Motsch, W. (1965): Untersuchungen zur Apposition im Deutschen. In: Syntaktische Studien. Studia Grammatica V. Berlin. S. 87–132
Motsch, W. (1967): Können attributive Adjektive durch Transformationen erklärt werden? FoL 1. S. 25–48
Motsch, W. (1971): Syntax des deutschen Adjektivs. Berlin. 6.Aufl.
Motsch, W. (Hg.) (1989): Wortstruktur und Satzstruktur. Berlin
Motsch, W. (1999): Deutsche Wortbildung in Grundzügen. Berlin
Müller, G. (1997): Beschränkungen für Binomialbildung im Deutschen. Ein Beitrag zur Interaktion von Phraseologie und Grammatik. ZS 16. S. 5–51
Müller, St. (2002): Complex Predicates. Verbal Complexes, Resultative Constructions, and Particle Verbs in German. Stanford
Müller, St. (2003): Mehrfache Vorfeldbesetzung. DS 32. S. 19–62
Muray, G. (1946): The beginnings of grammar. Greekstudies. Oxford
Näf, A. (1996): Die w-Exklamativsätze im Deutschen – zugleich ein Plädoyer für eine Rehabilitierung der Empirie in der Sprachwissenschaft. ZGL 24. S. 135–152
Nübling, D. (1992): Klitika im Deutschen. Schriftsprache, Umgangssprache, alemannische Dialekte. Tübingen
Nübling, D. (1998): Zur Funktionalität von Suppletion. In: Butt, M./Fuhrhop, N. (Hg.) (1998). S. 77–101
Nußbaumer, M./Sitta, H. (1986): Negationstypen im Spannungsfeld zwischen Satz- und Sondernegation. DaF 23. S. 348–359
Öhlschläger, G. (1989): Zur Syntax und Semantik der Modalverben des Deutschen. Tübingen

Önnerfors, O. (1997): Verb-erst-Deklarativsätze. Grammatik und Pragmatik. Stockholm
Ogawa, A. (2003): Dativ und Valenzerweiterung. Syntax, Semantik, Typologie. Tübingen
Oksaar, E. (1976): Berufsbezeichnungen im heutigen Deutsch. Düsseldorf
Olsen, S. (1981): Problems of *seem/scheinen* Constructions and their Implications for the Theory of Predicate Sentential Complementation. Tübingen
Olsen, S. (1986): Wortbildung im Deutschen: eine Einführung in die Theorie der Wortstruktur. Stuttgart
Olsen, S. (1987): Zum substantivierten Adjektiv im Deutschen: Deutsch als eine pro-drop Sprache. StL 21. S. 1–35
Olsen, S. (1992): Zur Grammatik des Wortes. Argumente zur Argumentvererbung. LB 137. S. 3–32
Olsen, S./Fanselow, G. (1991): DET, COMP und INFL: Zur Syntax funktionaler Kategorien und grammatischer Funktionen. In: Olsen, S./Fanselow, G. (Hg.) (1991). S. 1–14
Olsen, S./Fanselow, G. (Hg.) (1991): DET, COMP und INFL. Zur Syntax funktionaler Kategorien und grammatischer Funktionen. Tübingen
Oomen, I. (1977): Determination bei generischen, definiten und indefiniten Beschreibungen im Deutschen. Tübingen
Oppenrieder, W. (1991): Preposition Stranding im Deutschen? Da will ich nichts von hören! In: Fanselow, G./Felix, S. (Hg.) (1991). S. 159–173
Oppenrieder, W. (1991a): Von Subjekten, Sätzen und Subjektsätzen. Untersuchungen zur Syntax des Deutschen. Tübingen
Pape-Müller, S. (1980): Textfunktionen des Passivs. Untersuchungen zur Verwendung von grammatisch-lexikalischen Passivformen. Tübingen
Parsons, T. (1970): An Analysis of Mass Terms and Amount Terms. FL 6. S. 362–388
Pasch, R. (1982): Untersuchungen zu den Gebrauchsbedingungen der deutschen Kausalkonjunktionen *da, denn* und *weil.* In: Untersuchungen zu Funktionswörtern. Linguistische Studien. Reihe A. Nr.104. Berlin. S. 41–243
Pasch, R. (1989): Adverbialsätze – Kommentarsätze – Adjungierte Sätze. Eine Hypothese zu den Typen von Bedeutungen von ›weil‹, ›da‹ und ›denn‹. In: Motsch, W. (Hg.) (1989). S. 141–158
Pasch, R. (1991): Überlegungen zur Syntax und zur semantischen Interpretation von w-Interrogativsätzen. DS 19. S. 193–212
Pasch, R. (1994): Konzessivität von ›wenn‹-Konstruktionen. Tübingen
Pasch, R. (1997): *Weil* mit Hauptsatz – Kuckucksei im *denn*-Nest. DS 25. S. 252–271
Pasch, R. u. a. (2003): Handbuch der Konnektoren. Linguistische Grundlagen der Beschreibung und syntaktische Merkmale der deutschen Satzverknüpfer (Konjunktionen, Satzadverbien und Partikeln). Berlin
Paul, H. (1916): Deutsche Grammatik. Band I. Teil I: Geschichtliche Einleitung. Teil II: Lautlehre. Halle
Paul, H. (1917): Deutsche Grammatik. Band II. Teil III: Flexionslehre Halle
Paul, H. (1919): Deutsche Grammatik. Band III. Teil IV: Syntax (Erste Hälfte). Halle
Paul, H. (1920): Deutsche Grammatik. Band V. Teil IV: Wortbildungslehre. Halle
Paul, H. (1975): Prinzipien der Sprachgeschichte. Tübingen. 9.Aufl. Original 1880
Pelletier, F. J. (1979): Non-Singular Reference. Some Preliminaries. In: ders. (Hg.) (1979): Mass Terms: Some Philosophical Problems. Dordrecht. S. 1–14
Peters, J. (2004): Intonation. In: Duden. Grammatik der deutschen Gegenwartssprache. Mannheim. 7. Aufl. Im Druck
Petkov, P. (1979): Die Temporalleistung der Konjunktionen im Deutschen. In: Weydt, H. (Hg.) (1979). S. 215–222
Pfeffer. J. A./Lorentz, J. P. (1979): Der analytische Genitiv mit ›von‹ in Wort und Schrift. Mu 89 S. 53–70
Pilz, K. D. (1981): Phraseologie. Redensartforschung. Stuttgart
Pinkal, M. (1980): Zur semantischen Analyse von Adjektiven. In: Ballweg, J./G1inz, H. (Hg.): Grammatik und Logik. Düsseldorf. S. 231–259
Pittner, K. (1995): Alles Extraktion oder was? Zur Distanzstellung von Quantoren im Deutschen. PzL 52. S. 27–41
Pittner, K. (1995a): Regeln für die Bildung von freien Relativsätzen. Eine Antwort an Oddleif Leirbukt. DaF 32. S. 195–200

Pittner, K. (1996): Zur morphologischen Defektivität des Pronomens *wer.* DaF 33. S. 73–77
Pittner, K. (1999): Adverbiale im Deutschen. Untersuchungen zu ihrer Stellung und Interpretation. Tübingen
Plank, F. (1977): Markiertheitsumkehrung in der Syntax. PzL 17/18. S. 6–66
Plank, F. (Hg.) (1979): Ergativity. Towards a Theory of Grammatical Relations. New York
Plank, F. (1979): Zur Affinität von *selbst* und *auch.* In: Weydt, H. (Hg.) (1979). S. 269–284
Plank, F. (1981): Morphologische (Ir-)Regularitäten. Aspekte der Wortstukturtheorie. Tübingen
Plank, F. (1984): Zur Rechtfertigung der Numerierung der Person. In: Stickel, G. (Hg.) (1984). S. 195–205
Plank, F. (1985): Prädikativ und Koprädikativ. ZGL 13. S. 154–185
Plank, F. (1986): Über den Personenwechsel und den anderer deiktischer Kategorien in der wiedergegebenen Rede. ZGL 14. S. 284–308
Plank, F. (1987): Direkte indirekte Objekte, oder: was uns *lehren* lehrt. LeuvB 76. S. 37–61
Plank, F. (Hg.) (1991): Paradigms. The Economy of Inflection. Berlin
Plank, F. (1992): Possessives and the distinction between determiners and modifiers (with special reference to German). JL 28. S. 453–468
Platz, B. (1977): Kritisches zur Kritik an der traditionellen Grammatik. WW 27. S. 104–120
Pleines, J. (1976): Handlung – Kausalität – Intention. Probleme der Beschreibung semantischer Relationen. Tübingen
Pleines, J. (Hg.) (1981): Beiträge zum Stand der Kasustheorie. Tübingen
Polenz, P. v. (1963): Funktionsverben im heutigen Deutsch. Sprache in der rationalisierten Welt. Düsseldorf
Polenz, P. v. (1969): Der Pertinenzdativ und seine Satzbaupläne. In: Engel, U./Grebe, P./ Rupp, H. (Hg.) (1969). S. 146–171
Polenz, P. v. (1985): Deutsche Satzsemantik. Grundbegriffe des Zwischen-den-Zeilen-Lesens. Berlin
Polenz, P. v. (1987): Funktionsverben, Funktionsverbgefüge und Verwandtes. Vorschläge zur satzsemantischen Lexikographie. ZGL 15. S. 169–189
Polenz, P. v. (1999): Deutsche Sprachgeschichte vom Spätmittelalter bis zur Gegenwart. Band III, 19. und 20. Jahrhundert. Berlin
Popp, H. (Hg.) (1995): Deutsch als Fremdsprache. An den Quellen eines Faches. Festschrift für Gerhard Helbig zum 65. Geburtstag. München
Porzig, W. (1973): Wesenhafte Bedeutungsbeziehungen. In: Schmidt, L. (Hg.): Wortfeldforschung. Darmstadt. S. 78–103
Primus, B. (1987): Grammatische Hierarchien. Eine Beschreibung und Erklärung von Regularitäten des Deutschen ohne grammatische Relationen. München
Primus, B. (1993): Syntactic Relations. In: Jacobs, J. u.a. (Hg.) (1993). S. 686–705
Primus, B. (1996): Dependenz und Serialisierung: das Deutsche im Sprachvergleich. In: Lang, E./Zifonun, G. (Hg.) (1996). S. 57–91
Primus, B. (1997): Der Wortgruppenaufbau in der Geschichte des Deutschen: Zur Präzisierung von synthetisch vs. analytisch. Spr.wiss. 22. S. 133–159
Primus, B. (1997a): Satzbegriffe und Interpunktion. In: Augst, G. u.a. (Hg.) (1997). S. 463–488
Primus, B. (1998): Rektionsprinzipien. In: Wegener, H. (Hg.) (1998). S. 135–170
Primus, B. (1998a): Dekomposition semantischer Rollen und gespaltene Intransitivität. In: Zaefferer, D. (Hg.) (1998). S. 105–148
Primus, B. (1999): Cases and Thematic Roles. Ergative, Accusative and Active. Tübingen
Pütz, H. (1986): Über die Syntax der Pronominalform ›es‹ im modernen Deutsch. Tübingen. 2. Aufl.
Pütz, H. (1989): Referat – vor allem Berichtete Rede – im Deutschen und Norwegischen. In: Abraham, W./Janssen, T. (Hg.): Tempus – Aspekt – Modus. Die lexikalischen und grammatischen Formen in den germanischen Sprachen. Tübingen. S. 185–222
Pusch, L. F. (1972): Die Substantivierung von Verben mit Satzkomplementen im Englischen und im Deutschen. Frankfurt
Pusch, L. F. (1975): Über den Unterschied zwischen *aber* und *sondern* oder die Kunst des Widersprechens. In: Bátori, I. u.a. (1975). S. 45–62

Pusch, L.F. (1980): Das Deutsche als Männersprache – Diagnose und Therapievorschläge. LB 69. S. 59–74
Pusch, L.F. (1990): Alle Menschen werden Schwestern. Feministische Sprachkritik. Frankfurt
Quine, W.V.O. (1960): Word and Object. Cambridge, Mass.
Raabe, H. (1979): Apposition. Untersuchungen zu Begriff und Struktur. Tübingen
Raad, A. v. (1978): Das substantivische Attribut. Genitivischer Anschluß oder Präpositionalverbindung mit ›von‹. In: Raad, A. v./Voorwinden, N. (Hg.): Studien zur Linguistik und Didaktik. Leiden. S. 179–214
Radden, G. (1985): Spatial Metaphors Underlying Prepositions of Causality. In: Paprotté, W./Dirven, R. (Hg.): The Ubiquity of Metaphor. Amsterdam. S. 177–205
Radtke, P. (1998): Die Kategorien des deutschen Verbs. Zur Semantik grammatischer Kategorien. Tübingen
Raffelsiefen, R. (1987): Verschmelzungsformen in German: A Lexical Analysis. LA 17. S. 123–146
Ramat, P./Ricca, D. (1998): Sentence adverbs in the languages of Europe. In: van der Auwera, J. (Hg.): Adverbial constructions in the languages of Europe. Berlin. S. 187–275
Rapp, I. (1996): Zustand? Passiv? Überlegungen zum sogenannten ›Zustandspassiv‹. ZS 15. S. 231–265
Rapp, I. (1997): Fakultativität von Verbargumenten als Reflex der semantischen Struktur. LB 172. S. 490–529
Rapp, I. (1997a): Partizipien und semantische Struktur. Zur passivischen Konstruktion mit dem 3. Status. Tübingen
Rath, R. (1972). Adverbialisierte Adjektive im Deutschen. LB 20. S. 1–18
Rath, R. (1979): Neue Untersuchungen zu Partizipialkonstruktionen der deutschen Gegenwartssprache. LeuvB 68. S. 33–48
Rauh, G. (1983): Tenses as Deictic Categories. An Analysis of English and German Tenses. In: Rauh, G. (Hg.) (1983). S. 229–275
Rauh, G. (Hg.) (1983): Essays on Deixis. Tübingen
Rauh, G. (1988): Tiefenkasus, thematische Relationen und Thetarollen. Die Entwicklung einer Theorie von semantischen Relationen. Tübingen
Rauh, G. (1995): Präpositionen und Rollen. Spr.wiss. 20. S. 123–167
Redder, A. (1983): Zu *wollen* und *sollen*. In: Brünner, G./Redder, A.: Studien zur Verwendung der Modalverben. Tübingen.
Redder, A. (1987): *wenn,... so*. Zur Korrelatfunktion von *so*. In: Rosengren, I. (Hg.) (1987). S. 315–326
Redder, A. (1990): Grammatiktheorie und sprachliches Handeln: »denn« und »da«. Tübingen
Redder, A. (1999): ›Werden‹ – funktional-grammatische Bestimmungen. In: Redder, A./ Rehbein, J. (Hg.) (1999). S. 295–336
Redder, A./Rehbein, J. (Hg.) (1999): Grammatik und mentale Prozesse. Tübingen
Rehbock, H. (1991): Fragen stellen – Zur Interpretation des Interrogativsatzmodus. In: Reis, M./Rosengren, I. (Hg.) (1991). S. 13–47
Reichenbach, H. (1947): Elements of Symbolic Logic. Toronto
Reis, M. (1974): Patching up with Counterparts. FL 12, 2. S. 493–503
Reis, M. (1976): Zum grammatischen Status der Hilfsverben. Beitrr (Tüb.) 98. S. 64–82
Reis, M. (1976a): Reflexivierung in deutschen A.c.I.-Konstruktionen. Ein transformationsgrammatisches Dilemma. PzL 9. S. 5–82
Reis, M. (1977): Präsuppositionen und Syntax. Tübingen
Reis, M. (1982): Zum Subjektbegriff im Deutschen. In: Abraham, W. (Hg.) (1982). S. 171–210
Reis, M. (1985): Satzeinleitende Strukturen im Deutschen. In: Abraham, W. (Hg.) (1985). S. 269–309
Reis, M. (1985a): Mona Lisa kriegt zu viel – Vom sogenannten ›Rezipientenpassiv‹ im Deutschen. LB 96. S. 140–155
Reis, M. (1987): Die Stellung der Verbargumente im Deutschen. Stilübungen zum Grammatik-Pragmatik-Verhältnis. In: Rosengren, I. (Hg.) (1987). S. 139–178
Reis, M. (1991): Was konstituiert w-Interrogativsätze? Gegen Paschs Überlegungen zur Syntax und Semantik interrogativer w-Konstruktionen. DS 19. S. 213–238

Reis, M. (1991a): Echo-w-Sätze und Echo-w-Fragen. In: Reis, M./Rosengren, I. (Hg.): Fragesätze und Fragen. Tübingen. S. 49–76
Reis, M. (1993): Satzfügung und kommunikative Gewichtung. Zur Grammatik und Pragmatik von Neben- vs. Unterordnung am Beispiel ›implikativer‹ *und*-Konstruktionen im Deutschen. In: Reis, M. (Hg.) (1993). S. 203–249
Reis, M. (Hg.) (1993): Wortstellung und Informationsstruktur. Tübinen
Reis, M. (2000): Anmerkungen zu Verb-erst-Satz-Typen im Deutschen. In: Thieroff, R. u. a. (Hg.) (2000). S. 215–227
Reis, M. (2001): Bilden die Modalverben im Deutschen eine syntaktische Klasse? In: Müller, R./Reis, M. (Hg.): Modalität und Modalverben im Deutschen. Hamburg. S. 287–318
Reis. M./Rosengren, I. (Hg.) (1991): Fragesätze und Fragen. Tübingen
Reis, M./Rosengren, I. (1991): Einleitung. In: dies. (Hg.) (1991). S. 1–11
Reis, M./Vater, H. (1982): Beide. In: Brettschneider, G./Lehmann, C. (Hg.): Wege zur Universalienforschung. Tübingen. S. 365–391
Renz, I. (1993): Adverbiale im Deutschen. Ein Vorschlag zu ihrer Klassifikation und unifikationsbasierten Repräsentation. Tübingen
Riemsdijk, H. van (1985): Zum Rattenfängereffekt bei Infinitiven in deutschen Relativsätzen. In: Abraham, W. (Hg.) (1985). S. 75–98
Rösler, D. (2000): Zur Beschreibung und Vermittlung erweiterter Partizipialattribute. In: Thieroff, R. u. a. (Hg.) S. 263–274
Rohrer, C. (1971): Die Beziehung zwischen Disjunktion und Quantifizierung mit Existenzzeichen. In: Stechow, A. v. (Hg.): Beiträge zur generativen Grammatik. Braunschweig. S. 218–237
Rosenbaum, P.S. (1970): A Principle Governing Deletion in English Sentential Complementation. In: Jacobs, R. A./Rosenbaum, P. S. (Hg.) (1970). S. 20–29
Rosengren, I. (Hg.) (1981): Sprache und Pragmatik. Lunder Symposium 1980. Lund
Rosengren, I. (Hg.) (1987): Sprache und Pragmatik. Lunder Symposium 1986. Stockholm
Rosengren, I. (1994): Scrambling – was ist das? In: Haftka, B. (Hg.) (1994). S. 175–196
Ross, J.R. (1967): Constraints on Variables in Syntax. Diss. MIT, Cambridge (Mass.)
Ross, J.R. (1970): Gapping and the Order of Constituents. In: Bierwisch, M./Heidolph, K. F. (Hg.) (1970). S. 249–259
Ross, J.R. (1972): Auxiliare als Hauptverben. In: Abraham, W./Binnick, R. (Hg.): Generative Semantik. Frankfurt/Main. S. 96–115
Ross, J.R. (1979): Wem der Kasus schlägt. LB 63. S. 26–32
Ross, J.R. (1980): Ikonismus in der Phraseologie. ZfS 2. S. 39–56
Royen, G. (1929): Die nominalen Klassifikationssysteme in den Sprachen der Erde. Mödling bei Wien
Rüttenauer, M. (1978): Vorkommen und Verwendung der adverbialen Proformen im Deutschen. Hamburg
Rüttenauer, M. (1979): Bemerkungen zur Kritik an älteren und modernen Grammtiktheorien. Spr.wiss. 4. S. 93–105
Růžička, R. (1999): Control in grammar and pragmatics. A cross-linguistic study. Amsterdam
Sandberg, B. (1998): Zum »es« bei transitiven Verben vor satzförmigem Akkusativobjekt. Tübingen
Sapir, E. (1961): Die Sprache. München. Original 1921
Sasse, H.-J. (1978): Subjekt und Ergativ: Zur pragmatischen Grundlage primärer grammatischer Relationen. FoL 12. S. 219–252
Saussure, F. de (1967): Grundfragen der allgemeinen Sprachwissenschaft. Berlin. 2. Aufl. Original 1916
Savigny E. v. (1974): Die Philosophie der normalen Sprache. Frankfurt. 2. Aufl.
Schecker, M. (1993): Zur Reihenfolge pränominaler Adjektive im Rahmen einer kognitiv orientierten Grammatik. In: Vuillaume, M./Marillier, J.-F./Behr, I. (Hg.) (1993). S. 105–129
Schellinger, W. (1988): Zu den Präposition-Artikel-Verschmelzungen im Deutschen. LB 115. S. 214–228
Schierholz, S.J. (2001): Präpositionalattribute. Syntaktische und semantische Analysen. Tübingen

Schierholz, St. (2004): Valenzvererbung? Präpositionalattributkonstruktionen und ihre Herleitung. In: Stanescu, S. (Hg.): Die Valenztheorie. Bestandsaufnahme und Perspektiven. Frankfurt/M. Im Druck

Schlobinski, P. (1992): Funktionale Grammatik und Sprachbeschreibung. Eine Untersuchung zum gesprochenen Deutsch sowie zum Chinesischen. Opladen

Schlobinski, P. (Hg.) (1997): Syntax des gesprochenen Deutsch. Opladen

Schmidt, J.E. (1993): Die deutsche Substantivgruppe und die Attribuierungskomplikation. Tübingen

Schmidt, W. (1973): Grundfragen der deutschen Grammatik. Eine Einführung in die funktionale Sprachlehre. Berlin

Schmöe, F. (2002): Lokale Adverbien im Deutschen. In: Schmöe, F. (Hg.), S. 77–93

Schmöe, F. (Hg.) (2002): Das Adverb: Zentrum und Peripherie einer Wortklasse. Wien

Schmöe, F. (2003): Die deutschen Adverbien als Wortklasse. Habilschrift Universität Bamberg

Schoenthal, G. (1976): Das Passiv in der deutschen Standardsprache. München

Schoenthal G. (1987): Kontextsemantische Analysen zum Passivgebrauch im heutigen Deutsch. Zur Mitteilungsperspektive im Passivsatz. In: CRLG (Hg.) (1987). S. 161–179

Schröder, J. (1977): Ansätze zu einer Semantik der Präpositionen. In: Helbig, G. (Hg.): Probleme der Bedeutung und Kombinierbarkeit im Deutschen. Leipzig. S. 116–147

Schröder, J. (1978): Zum Zusammenhang von Lokativität und Direktionalität bei einigen wichtigen deutschen Präpositionen. DaF 15. S. 9–15

Schröder, J. (1990): Lexikon deutscher Präpositionen. Leipzig

Schrodt, R. (1995): Aspekt, Aktionsart und Objektsgenitiv im Deutschen: Wie weit kann eine systematische Erklärungsmöglichkeit für den Schwund des Genitivobjekts gehen? In: Brandner, E./Ferraresi, G. (Hg.): Language Change and Generative Grammar. Opladen. S. 71–94.

Schweisthal, K.G. (1971): Präpositionen in der maschinellen Sprachbearbeitung. Bonn

Searle, J. (1971): Sprechakte. Frankfurt

Seifert, J. (2004): Funktionsverbgefüge in der deutschen Gesetzessprache (18.–20. Jahrhundert). Hildesheim

Seiler, H. (1978): Determination: A functional dimension for interlanguage comparison. In: Seiler, H. (Hg.): Language Universals. Tübingen. S. 301–328

Seiler, H. (1983): Possession as an Operational Dimension of Language. Tübingen

Selting, M. (1993): Phonologie der Intonation. Probleme bisheriger Modelle und Konsequenzen einer neuen interpretativ-phonologischen Analyse. ZS 11. S. 99–138

Selting, M. (1995): Prosodie im Gespräch. Aspekte einer interaktionalen Phonologie der Konversation. Tübingen

Serébrennikow, B.A. (Hg.) (1973): Allgemeine Sprachwissenschaft. Bd. I: Existenzformen, Funktionen und Geschichte der Sprache. München

Seyfert, G. (1976): Zur Theorie der Verbgrammatik. Tübingen

Sgall, P. (1972): Topic, Focus, and the Ordering of Elements of Semantic Representation. PhiP 15. S. 1–14

Siebert-Ott, G.M. (1983): Kontroll-Probleme in infiniten Komplementkonstruktionen. Tübingen

Sieburg, H. (Hg.) (1997): Sprache – Genus/Sexus. Frankfurt/M.

Simon, H.J. (2003): Für eine grammatische Kategorie ›Respekt‹ im Deutschen. Synchronie, Diachronie und Typologie der deutschen Anredepronomina. Tübingen

Sitta, H. (1971): Semanteme und Relationen. Zur Systematik der Inhaltssatzgefüge im Deutschen. Frankfurt

Sommerfeldt, K.E. (1971): Zur Wortstellung in der Gruppe des Substantivs. DaF 8. S. 13–19

Sommerfeldt, K.E./Schreiber, H. (1983): Wörterbuch zur Valenz und Distribution deutscher Adjektive. Tübingen. 3.Aufl.

Sommerfeldt, K.E./Schreiber, H. (1983a): Wörterbuch zur Valenz und Distribution der Substantive. Tübingen. 2.Aufl.

Sonnenberg, B. (1992): Korrelate im Deutschen. Beschreibung, Geschichte und Grammatiktheorie. Tübingen

Sperber, D./Wilson, S. (1986): Relevance, Communication and Cognition. Oxford

Starke, G. (1973): Satzmodelle mit prädikativem Adjektiv im Deutschen. DaF 10. S. 138–147

Starke, G. (1977): Zur Abgrenzung und Subklassifizierung der Adjektive und Adverbien. In: Helbig, G. (Hg.): Beiträge zur Klassifizierung der Wortarten. Leipzig. S. 190–203
Staudinger, B. (1997): Sätzchen. Small Clauses im Deutschen. Tübingen
Stechow, A. v. (1980): Modalverben in einer Montague-Grammatik. In: Clément, D. (Hg.) (1980). S. 124–152
Stechow, A. v./Sternefeld, W. (1988): Bausteine syntaktischen Wissens. Ein Lehrbuch der generativen Grammatik. Opladen
Stechow, A. von/Wunderlich, D. (Hg.) (1991): Semantik. Ein internationales Handbuch der zeitgenössischen Forschung. Berlin (=HSK 6)
Steger, H. (Hg.) (1970): Vorschläge für eine strukturale Grammatik des Deutschen. Darmstadt
Steinbach, M. (2002): Middle Voice. A comparative study in the syntax-semantics interface in German. Amsterdam
Steinitz, R. (1969): Adverbial-Syntax. Studia grammatica X. Berlin
Steinitz, R. (1974): Nominale Pro-formen. In: Kallmeyer, W./Klein, W./Netzer, K./Siebert, H. (Hg.): Lektürekolleg zur Textlinguistik II. Frankfurt. S. 246–265
Steinitz, R. (1981): Der Status der Kategorie ›Aktionsart‹ in der Grammatik (oder: Gibt es Aktionsarten im Deutschen?). Berlin (=Ling.Studien. Reihe A. Arbeitsberichte 76)
Steinitz, R. (1999): Die Kopula *werden* und die Situationstypen. ZS 18. S. 121–151
Stetter, C. (1995): Zu den normativen Grundlagen der Sprachberatung. In: Biere, B. U./ Hoberg, R. (Hg.) (1995). S. 37–54
Steube, A. (1980): Temporale Bedeutung im Deutschen. Berlin
Stickel, G. (1970): Untersuchungen zur Negation im heutigen Deutsch. Braunschweig
Stickel, G. (Hg.) (1984): Pragmatik in der Grammatik. Düsseldorf
Storrer, A. (1992): Verbvalenz. Theoretische und methodische Grundlagen ihrer Beschreibung in Grammatikographie und Lexikographie. Tübingen
Suchsland, P. (1987): Zum AcI und zu verwandten Konstruktionen im Deutschen. DaF 24. S. 321–329
Suchsland, P. (1987a): Zu Syntax und Semantik von *lassen*. ZPSK 40. S. 652–667
Sütterlin, L. (1923): Die deutsche Sprache der Gegenwart. Leipzig. 5.Aufl.
Tancré, I. (1975): Transformationelle Analyse von Abstraktkomposita. Tübingen
Tanz, C. (1971): Sound Symbolism in words relating to proximity and distance. LaSp 14. S. 266–276
Tebartz-van Elst, A. (1991): Das Rechtschreibwörterbuch aus der Sicht der Sprachberatung. In: Augst, G./Schaeder, B. (Hg.): Rechtschreibwörterbücher in der Diskussion. Frankfurt. S. 363–380
Tesnière, L. (1980): Grundzüge der strukturalen Syntax. Stuttgart. Original 1959
Teuber, O. (1999): *fasel beschreib erwähn* – Der Inflektiv als Wortform des Deutschen. In: Butt, M./Fuhrhop, N. (Hg.) (1999). S. 7–26
Teuber, O. (2000): Gibt es zwei Genitive im Deutschen? In: Thieroff, R. u.a. (Hg.) (2000). S. 171–183
Teuber, O. (2002): Analytische Verbformen des Deutschen. Syntax – Semantik – Grammatikalisierung. Diss. Universität Potsdam
Teubert, W. (1979): Valenz des Substantivs. Attributive Ergänzungen und Angaben. Düsseldorf
Thieroff, R. (1992): Das finite Verb im Deutschen. Tempus-Modus-Distanz. Tübingen
Thieroff, R. (2000): Morphosyntax nominaler Einheiten im Deutschen. Habilschrift, Universität Bonn
Thieroff, R. u.a. (Hg.) (2000): Deutsche Grammatik in Theorie und Praxis. Tübingen
Thümmel, W. (1968): Deutsche *und*-Koordination und die rekursive Kapazität der Transformationsgrammatik. Lingua 20. S. 381–414
Thümmel, W. (1970): Formale Schwierigkeiten bei der Beschreibung von Satzverknüpfungen mit Hilfe von Konstituentenstrukturregeln. Mu 80. S. 145–155
Thümmel, W. (1979): Die syntaktischen verschiedenheiten der konjunktionen *da* und *weil* in der deutschen standardsprache. In: DRLAV 19. S. 1–18
Thümmel, W. (1979a): Vorüberlegungen zu einer Theorie der Satzverknüpfung. Koordination und Subordination in der generativen Transformationsgrammatik. Frankfurt
Thurmaier, M. (2001): Vergleiche und Vergleichen. Eine Studie zu Form und Funktion der Vergleichsstrukturen im Deutschen. Tübingen

Traugott, E. C./Heine, B. (Hg.) (1991): Approaches to Grammaticalization. Amsterdam. 2Bde.
Trubetzkoy, N. S. (1989): Grundzüge der Phonologie. Göttingen. 7.Aufl. Original 1939
Uhmann, S. (1991): Fokusphonologie. Tübingen
Uhmann, S. (1993): Das Mittelfeld im Gespräch. In: Reis, M. (Hg.) (1993). S. 313–354
Uhmann, S. (1998): Verbstellungsvariation in **weil**-Sätzen: Lexikalische Differenzierung mit grammatischen Folgen. ZS 17. S. 92–139
Ullmer-Ehrich, V. (1977): Zur Syntax und Semantik von Substantivierungen im Deutschen. Kronberg
Ullmer-Ehrich, V. (1979): Wohnraumbeschreibungen. LiLi 9 (33). S. 58–83
Ullmer-Ehrich, V. (1982): The Structure of Living Space Descriptions. In: Jarvella, R./Klein, W. (Hg.) (1982). S. 219–249
Ulvestad, B. (1975): ›Nicht‹ im Vorfeld. In: Engel, U./Grebe, P. (Hg.): Sprachsystem und Sprachgebrauch. Düsseldorf. S. 373–392
Universalwörterbuch (1996): Duden. Deutsches Universalwörterbuch Mannheim. 3.Aufl.
Unterbeck, B./Rissanen, M. (Hg.) (1999): Gender in Grammar and Cognition. Berlin
Uszkoreit, H. (1987): Word Order and Constituent Structure in German. Stanford
Valentin, P. (1998): Zur Semantik des Nominativs. In: Vuillaume, M. (Hg.) (1998). S. 115–130
Varnhorn, B. (1986): Nochmals: Ergänzungen und Angaben. Forschungskritik und ein neuer Vorschlag. DS 14. S. 1–11
Van Pottelberge, J. (2001): Verbonominale Konstruktionen, Funktionsverbgefüge. Vom Sinn und Unsinn eines Untersuchungsgegenstandes. Heidelberg
Varnhorn, B. (1993): Adjektive und Komparation. Studien zur Syntax, Semantik und Pragmatik adjektivischer Vergleichskonstrukte. Tübingen
Vater, H. (1965): Eigennamen und Gattungsbezeichnungen. Mu 75. S. 207–213
Vater, H. (1975): *werden* als Modalverb. In: Calberg/Vater (1975). S. 71–148
Vater, H. (1976): *Wie*-Sätze. In: Braunmüller, K./Kürschner, W. (Hg.): Grammatik. Tübingen. S. 209–222
Vater, H. (1979): Das System der Artikelformen im gegenwärtigen Deutsch. Tübingen. 2.Aufl.
Vater, H. (1984): Determinantien und Quantoren im Deutschen. ZS 3. S. 19–42
Vater, H. (1986): Zur Abgrenzung der Determinantien und Quantoren. In: Vater, H. (Hg.) (1986). S. 13–31
Vater, H. (Hg.) (1986): Zur Syntax der Determinantien. Tübingen
Vater, H. (1987): Zu sogenannten ›substantivischen Adjektiven‹ im Deutschen. In: Dyhr, M./Olsen, J. (Hg.): Festschrift für Karl Hyldgaard-Jensen. Kopenhagen. S. 279–240
Vater, H. (1988): Mittelkonstruktionen im Englischen, Dänischen und Deutschen. In: Mrazović P./Teubert, W. (Hg.): Valenzen im Kontrast. Heidelberg. S. 398–417
Vater, H. (1995): Zum Reflexiv-Passiv im Deutschen. In: Popp, H. (Hg.) (1995). S. 185–192
Vater, H. (2000): ›Pronomiriantien‹ – oder: Pronomina sind Determinantien. In: Thieroff, R. u. a. (Hg.) (2000). S. 185–199
Vendler, Z. (1967): Linguistics in Philosophy. Ithaca (N. Y.)
Vennemann, T. (1974): Zur Theorie der Wortstellungsveränderung: ›von SXV zu SVX. über TVX‹. In: Dinser, G. (Hg.): Zur Theorie der Sprachveränderung. Kronberg. S. 265–314
Vennemann, T. (1980): Universalphonologie als partielle Sprachtheorie. In: Lieb, H.-H. (Hg.) (1980). S. 125–133
Vennemann, T. (1987): Tempora und Zeitrelation im Standarddeutschen. Spr.wiss. 12. S. 234–249
Viereck, W. (Hg.) (1981): Studien zum Einfluß der englischen Sprache auf das Deutsche. Tübingen
Vieregge, W. H. (1989): Phonetische Transkription. Theorie und Praxis der Symbolphonetik. Stuttgart
Vogel, P. M. (1997): Unflektierte Adjektive im Deutschen: Zum Verhältnis von semantischer Struktur und syntaktischer Funktion und ein Vergleich mit flektierten Adjektiven. Spr.wiss. 22. S. 403–433

Vogel, P.M. (1999): Nominal abstracts and gender in Modern German: A ›quantitative‹ approach. In: Unterbeck, B./Rissanen, M. (Hg.) (1999). S. 461–493

Vogel, R./Steinbach, M. (1998): The Dative – an Oblique Case. LB 173. S. 65–90

Vuillaume, M. (Hg.) (1998): Die Kasus im Deutschen. Form und Inhalt. Tübingen

Vuillaume, M./Marillier, J.-F./Behr, I. (Hg.) (1993): Studien zur Syntax und Semantik der Nominalgruppe. Tübingen

Wängler, H.H. (1963): Rangwörterbuch der deutschen Umgangssprache. Marburg

Wahrig, G. (1978): Wörterbuch der deutschen Sprache. München

Wall, R. (1973): Einführung in die Logik und Mathematik für Linguisten 2. Algebraische Grundlagen. Kronberg

Weber, H. (1988): Zur Inhaltsstruktur des Verbs *sein*. In: Lüdtke, J. (Hg.): Energeia und Ergon. Bd. 3. Tübingen. S. 509–522

Weber, H. (1993): Zur Feldstruktur der Seinsverben. In: Lutzeier, P. (Hg.): Studien zur Wortfeldtheorie. Tübingen. S. 35–53

Wegener, H. (1985): Der Dativ im heutigen Deutsch. Tübingen

Wegener, H. (1985a): ›Er bekommt widersprochen‹ – Argumente für die Existenz eines Dativpassivs im Deutschen. LB 96. S. 127–139

Wegener, H. (1989): ›Kontrolle‹ – semantisch gesehen. DS 17. S. 206–228

Wegener, H. (1989a): Eine Modalpartikel besonderer Art: Der Dativus Ethicus. In: Weydt, H. (Hg.) (1989). S. 56–73

Wegener, H. (1991): Der Dativ – ein struktureller Kasus? In: Fanselow, G./Felix, S. (Hg.) (1991). S. 70–103

Wegener, H. (1998): Der Kasus des EXP. In: Vuillaume, M. (Hg.) (1998). S. 71–84

Wegener, H. (Hg.) (1998): Deutsch kontrastiv. Typologisch-vergleichende Untersuchungen zur deutschen Grammatik. Tübingen

Wegener, H. (2000): *da, denn* und *weil* – der Kampf der Konjunktionen. Zur Grammatikalisierung im kausalen Bereich. In: Thieroff, R. u.a. (Hg.) (2000). S. 69–81

Weinrich, H. (1964): Tempus – Besprochene und erzählte Welt. Stuttgart

Weinrich, H. (1986): Klammersprache Deutsch. In: Sprachnormen in der Diskussion. Berlin. S. 116–145

Weinrich, H. (1993): Textgrammatik der deutschen Sprache. Mannheim (2. Aufl. Hildesheim 2003)

Weisgerber, L. (1963): Die Welt im ›Passiv‹. In: Die Wissenschaft von deutscher Sprache und Dichtung. Stuttgart. S. 25–59

Weissenborn, J./Klein, W. (Hg.) (1982): Here and There. Cross-linguistic Studies on Deixis and Demonstration. Amsterdam

Werner, O. (1975): Zum Genus im Deutschen. DS 3. 35–58

Wesche, B. (1995): Symmetric Coordination. An Alternative Theory of Phrase Structure. Tübingen

Weuster, E. (1983): Nicht-eingebettete Satztypen mit Verb-Endstellung im Deutschen. In: Olszok, K./Weuster, E. (1983). S. 7–87

Weydt, H. (1969): Abtönungspartikel. Bad Homburg

Weydt, H. (Hg.) (1977): Aspekte der Modalpartikeln. Studien zur deutschen Abtönung. Tübingen

Weydt, H. (Hg.) (1979): Die Partikeln der deutschen Sprache. Berlin

Wichter, S. (1978): Probleme des Modusbegriffs im Deutschen. Tübingen

Wiegand, H.E. (1996): Über primäre, von Substantiven ›regierte‹ Präpositionen in Präpositionalattributkonstruktionen. In: Harras, G./Bierwisch, M. (Hg.) (1996). S. 109–147

Wiegand, H.E. (2000): Verschmelzungen in allgemeinen einsprachigen Wörterbüchern des Deutschen. In: Kramer, U. (Hg): Lexikologisch-lexikographische Aspekte der deutschen Gegenwartssprache. Tübingen. S. 59–96

Wiese, B. (1980): Grundprobleme der Koordination. Lingua 51. S. 17–44

Wiese, B. (1982): German past participles and sancta simplicitas. Linguistics 20. S. 573–582

Wiese, B. (1983): Anaphora by pronouns. Linguistics 21. S. 373–417

Wiese, B. (1984): Kongruenz zwischen Verb und Prädikativ – eine Ausnahme zur Subjekt-Verb-Kongruenz? Hektographiert. FB Germanistik, Freie Universität Berlin

Wiese, B. (1994): Die Personal- und Numerusendungen der deutschen Verbformen. In: Köpcke, K.-M. (Hg.) (1994). S. 161–192

Wiese, H. (1995): Semantische und konzeptuelle Strukturen von Numeralkonstruktionen. ZS 14. S. 181–235
Wilmanns, W. (1893/1909): Deutsche Grammatik. Gotisch, Alt-, Mittel- und Neuhochdeutsch. 4 Bde. Straßburg
Wimmer, R. (1980): Die Bedeutung des Eigennamens. Semasia 5. S. 1–21
Winter, W. (1967): Vom Genitiv im heutigen Deutsch. ZDS 22. S. 21–35
Wöllstein-Leisten, A. (2001): Die Syntax der dritten Konstruktion. Tübingen
Wolf, N.R. (1981): Althochdeutsch – Mittelhochdeutsch. Heidelberg (= Geschichte der deutschen Sprache. Bd.1).
Wolf, N.R. (1984): Einige Überlegungen zur substantivischen Valenz. Mit besonderem Blick auf nicht-abgeleitete Substantive. In: Eroms, H.-W. (Hg.) (1984). S. 409–416
Wunderlich, D. (1970): Tempus und Zeitreferenz im Deutschen. München
Wunderlich, D. (1973): Vergleichssätze. In: Kiefer/Ruwet (Hg.): Generative Grammar in Europe. Dordrecht. S. 629–672
Wunderlich, D. (1976): Fragesätze und Fragen. In: ders.: Studien zur Sprechakttheorie. Frankfurt. S. 181–250
Wunderlich, D. (1980): Diskontinuierliche Infinitivphrasen im Deutschen. Anmerkungen zu einem Aufsatz von Sigmund Kvam. DS 8. S. 145–151
Wunderlich, D. (1981): Modalverben im Diskurs und im System. In: Rosengren, I. (Hg.) (1981). S. 11–53, 111–113
Wunderlich, D. (1982): Sprache und Raum. StL 12. S. 1–19 und 13, S. 37–59
Wunderlich, D. (1984): Zur Syntax der Präpositionalphrase im Deutschen. ZS 3. S. 65–99
Wunderlich, D. (1987): An investigation of lexical composition: the case of German *be*-verbs. Linguistics 25. S. 283–331
Wunderlich, D. (1987a): Some Problems of Coordination in German. In: Regle, U./Rohrer, C. (Hg.): Natural Language Parsing and Linguistic Theories. Dordrecht. S. 289–316
Wunderlich, D. (1997): Argument extension by lexical adjunction. JS 14. S. 95–142
Wunderlich, D./Fabri, R. (1995): Minimalist Morphology. An Approach to Inflection. ZS 14. S. 236–294
Wunderlich, D./Herweg, M. (1991): Lokale und direktionale Präpositionen. In: Stechow/Wunderlich (Hg.) (1991). S. 758–785
Wurzel, W.U. (1987): Zur Morphologie der Dimensionsadjektive. In: Bierwisch, M./Lang, E. (Hg.) (1987). S. 459–516
Wurzel, W.U. (1994): Skizze der natürlichen Morphologie. PzL 50. S. 23–50
Zaefferer, D. (1984): Frageausdrücke und Fragen im Deutschen. Zu ihrer Syntax, Semantik und Pragmatik. München
Zaefferer, D. (Hg.) (1998): Deskriptive Grammatik und allgemeiner Sprachvergleich. Tübingen
Zemb, J. M. (1994): Kognitive Klärungen. Gespräche über den deutschen Satz. Hamburg
Zifonun, G. (1995): Minimalia grammaticalia: Das nicht-phorische *es* als Prüfstein grammatischer Theoriebildung. DS 23. S. 39–60
Zifonun, G. (2001): Grammatik des Deutschen im europäischen Vergleich: Der Relativsatz. Mannheim: JDS (= amades 3)
Zifonun, G. u.a.(1997) → IDS-Grammatik
Zint-Dyhr, I. (1982): Ergänzungssätze im heutigen Deutsch. Untersuchungen zum komplexen Satz. Tübingen
Zitterbart, J.P. (2002): Zur korrelativen Subordination im Deutschen. Tübingen
Zubin, D.A./Köpcke, K.-M. (1981): Gender: a less than arbitrary grammatical category. In: CLS 17. S. 439–449
Zubin, D.A./Köpcke, K.-M. (1984): Affect Classification in the German Gender System. Lingua 63. S. 41–96
Zubin, D.A./Köpcke, K.-M. (1985): Cognitive constraints on the order of subject and object in German. SiL 9. S. 77–108
Zubin, D.A./Köpcke, K.-M. (1996): Prinzipien für die Genuszuweisung im Deutschen. In: Lang, E./Zifonun, G. (Hg.) (1996). S. 473–491
Zwicky; A.M. (1980): On Argumentation in Generative Grammar. Dordrecht 1980

Sachregister

Wortregister